Verwalten und Warten einer Microsoft Windows Server 2003-Umgebung – Original Microsoft Training für Examen 70-290

2. Auflage

Dieses Buch ist die deutsche Übersetzung von: Dan Holme and Orin Thomas:
MCSA/MCSE Self-Paced Training Kit (Exam 70-290): Managing and Maintaining
a Microsoft Windows Server 2003 Environment, Second Edition
Microsoft Press, Redmond, Washington 98052-6399

15 14 13 12 11 10 9 8 7 6 5 4 3
10 09

ISBN 978-3-86645-909-0

Übersetzung: Lemoine International GmbH, Köln, und Michael Ringel, Bonn
Korrektorat: Claudia Mantel-Rehbach, München
Fachlektorat und Satz: Günter Jürgensmeier, München
Umschlaggestaltung: Hommer Design GmbH, Haar (www.HommerDesign.com)
Layout und Gesamtherstellung: Kösel, Krugzell (www.KoeselBuch.de)

Inhaltsverzeichnis

Über dieses Buch

Willkommen zur zweiten Auflage von *Verwalten und Warten einer Microsoft Windows Server 2003-Umgebung – Original Microsoft Training*. Das vorliegende Buch stellt eine effiziente Vorbereitung auf die MCSE-Prüfung dar und vermittelt gleichzeitig das erforderliche Wissen zur Implementierung von Windows Server 2003 in einem Unternehmensnetzwerk. Das Verständnis der zugrunde liegenden Technologien, der Vielzahl von Konfigurationsoptionen für die verschiedenen Features sowie der komplexen Interaktion zwischen den Komponenten soll dazu beitragen, den Leser für die Herausforderungen der IT-Branche zu rüsten. Darüber hinaus möchten die Autoren erreichen, dass hinter jeder erfolgreich abgelegten MCSE-Zertifizierung ein sachkundiger, erfahrener und kompetenter Spezialist steht.

Zielgruppe

Dieses Buch richtet sich an Experten aus dem Bereich der Informationstechnologie (IT), die an der Prüfung 70-290, *Verwalten und Warten einer Microsoft Windows Server 2003-Umgebung,* teilnehmen möchten, sowie an IT-Spezialisten, die mit der Administration von Microsoft Windows Server 2003-Computern betraut sind.

Hinweis Die Auswahl der Prüfungsthemen unterliegt ausschließlich Microsoft und kann sich ohne vorherige Ankündigung ändern.

Voraussetzungen

Dieses Training erfordert die folgenden Vorkenntnisse:

- Mindestens 12 bis 18 Monate Erfahrung mit der Administration von Windows-Technologien in einer Netzwerkumgebung.
- Verständnis der Microsoft Active Directory-Verzeichnisdienste und damit zusammenhängender Konzepte, wie zum Beispiel Gruppenrichtlinien.

Über die CD-ROM

Dieses Buch enthält eine Begleit-CD mit einer Vielzahl zusätzlicher Informationen in englicher Sprache:

- Die Microsoft Press Readiness Review Suite von MeasureUp. Dieses Paket aus Praxistests und Lernzielkontrollen umfasst Fragen mit unterschiedlichen Schwierigkeitsgraden und bietet mehrere Testmodi. Sie können Ihr Verständnis der in diesem Buch vorgestellten Konzepte einschätzen und anhand der Testergebnisse einen auf Sie zugeschnittenen Lernplan erarbeiten.

- Eine elektronische Version dieses Buchs (E-Book) in englischer Sprache. Informationen zur Verwendung der Onlineversion dieses Buchs finden Sie im Abschnitt „Die Onlinebücher“ in dieser Einleitung.
- Eine elektronische Ausgabe (E-Book) des *Windows Scripting Self-Paced Learning Guide* von Ed Wilson.
- Beispielkapitel aus verschiedenen Microsoft Press-Büchern liefern zusätzliche Informationen zu Windows Server 2003 und über Microsoft Press erhältliche Ressourcen.
- Ein Überblick über Windows Server 2003 Service Pack 1.
- Dokumente über Windows x64 und die 64-Bit-Versionen von Windows Server 2003.
- Eine Beschreibung der Software Update Services (SUS) und der Automatisierung der Benutzer- und Gruppenverwaltung mit VBScript.
- Ein Demo-Programm: „Answering Simulation Questions“.
- Links zu kostenlosen E-Learning-Kursen und Hilfsangeboten.

Eine weitere CD-ROM enthält eine 180-Tage-Evaluierungsversion von Microsoft Windows Server 2003 SP1, Enterprise Edition. In diesem Training brauchen Sie SP1.

Hinweis Bei der zum Lieferumfang gehörenden 180-Tage-Evaluierungsversion handelt es sich nicht um die Vollversion von Windows Server 2003. Diese Evaluierungsversion ist nur für die Verwendung im Rahmen dieses Trainings vorgesehen. Microsoft stellt keinen technischen Support für Evaluierungsversionen bereit.

Weitere Supportinformationen zu diesem Buch und der beiliegenden CD-ROM finden Sie auf der Supportwebsite von Microsoft Press unter **http://www.microsoft.com/germany/mspress/support**. Sie können darüber hinaus eine E-Mail an **presscd@microsoft.com** senden oder sich unter der Adresse *Microsoft Press, Verwalten und Warten einer Microsoft Windows Server 2003-Umgebung, Konrad-Zuse-Straße 1, 85716 Unterschleißheim* schriftlich an uns zu wenden.

Aufbau des Buchs

Das Buch ist in zwei Hauptabschnitte gegliedert. Teil I dient dem Selbststudium in individuellem Lerntempo und ermöglicht anhand von Übungen die praktische Umsetzung der vermittelten Fähigkeiten. In Teil II erhält der Leser anhand von Fragen und Antworten die Möglichkeit, die während des Selbststudiums erworbenen Kenntnisse zu prüfen.

Teil I: Selbststudium

Jedes Kapitel beginnt zunächst mit einem Überblick der im Kapitel behandelten Prüfungslernziele. Es wird aufgezeigt, inwiefern die bereitgestellten Informationen in der Praxis von Bedeutung sind, und es werden die Voraussetzungen zur Bearbeitung der Lektionen im jeweiligen Kapitel genannt.

Die einzelnen Kapitel sind in Lektionen unterteilt. Diese Lektionen enthalten Praxisübungen, die sich aus einer oder mehreren Teilübungen zusammensetzen. In diesen Übungen erhalten Sie die Möglichkeit, Ihre erworbenen Fähigkeiten unter Beweis zu stellen oder die beschriebenen Teile der Anwendung näher zu untersuchen. Jede Lektion umfasst eine Reihe von Lernzielkontrollfragen, mit denen Ihr Wissen in Bezug auf die in einer Lektion behandelten Themen geprüft wird. Die Antworten auf die Fragen sind am Ende jedes Kapitels im Abschnitt „Fragen und Antworten" zu finden.

Im Anschluss an die Lektionen können Sie Ihr erworbenes Wissen auf ein Fallbeispiel anwenden. Hierbei erarbeiten Sie in mehreren Schritten eine Lösung für ein realistisches Testfallszenario. Darüber hinaus werden Sie in einer Übung zur Problembehandlung auf Schwierigkeiten hingewiesen, die bei der Umsetzung des vermittelten Wissens möglicherweise auftreten können.

Jedes Kapitel endet mit einer Zusammenfassung der wichtigsten Konzepte und einem kurzen Abschnitt, in dem prüfungsrelevante Schlüsselinformationen und -begriffe aufgelistet werden.

Praxistipp Nützliche Informationen

In Hinweisen wie diesem finden Sie weiter gehende Informationen, die für Sie von Nutzen sein können. Die als „Praxistipp" formatierten Hinweise enthalten praktische Tipps von erfahrenen IT-Spezialisten.

Teil II: Prüfungsvorbereitung

In Teil II können Sie sich mit der Art von Fragen vertraut machen, die in der MCP-Prüfung gestellt werden. Durch die Bearbeitung der Lernziele und Beispielfragen erkennen Sie die Bereiche, in denen Sie Ihre Kenntnisse vor der Zertifizierungsprüfung unter Umständen noch vertiefen sollten.

Weitere Informationen Eine vollständige Liste der Microsoft-Zertifizierungsprüfungen und der jeweiligen Prüfungsthemen finden Sie unter **http://www.microsoft.com/learning/mcp/default.asp**.

Teil II ist nach Prüfungslernzielen gegliedert. Jedes Kapitel deckt eine der Hauptlernzielgruppen ab, die so genannten *Lernzielbereiche*. Zu Beginn eines Kapitels werden zunächst die Fähigkeiten beschrieben, die zum Bestehen der Prüfung erforderlich sind. Darüber hinaus wird in einer Liste mit weiterführender Literatur auf Informationsquellen hingewiesen, anhand derer Sie die in einem Lernziel abgedeckten Aufgaben oder Fähigkeiten weiter vertiefen können.

Innerhalb eines Lernzielbereichs werden die in der Prüfung abgefragten Lernziele aufgeführt. Jedes Lernziel umfasst verschiedene Prüfungsfragen. Die Antworten werden durch Erläuterungen zu richtigen und falschen Antworten ergänzt.

Auf der CD Diese Fragen stehen auch als Praxistest auf der Begleit-CD-ROM zur Verfügung.

Informative Hinweise

Das vorliegende Training enthält verschiedene Hinweise, deren Bedeutung nachstehend erläutert wird:

Tipp Enthält Informationen zur schnelleren Durchführung einer Aufgabe oder einer alternativen Vorgehensweise.

Wichtig Enthält Informationen, die zur Ausführung einer Aufgabe von besonderer Bedeutung sind.

Hinweis Enthälten zusätzliche Informationen.

Vorsicht Enthält wichtige Informationen zu einem möglichen Datenverlust. Lesen Sie diese Informationen sorgfältig.

Warnung Enthält wichtige Informationen über mögliche Schäden; lesen Sie die hier bereitgestellten Informationen sorgfältig.

Weitere Informationen Enthält Verweise auf andere Informationsquellen.

Planung Enthält Tipps und nützliche Informationen im Hinblick auf die Implementierungsplanung.

Sicherheitshinweis Liefert Informationen, die Sie der Erhöhung der Sicherheit in Ihrer Arbeitsumgebung benötigen.

Prüfungstipp Kennzeichnet Informationen, die Sie sich vor dem Ablegen der Zertifizierungsprüfung aneignen müssen.

Insidertipp Enthält praktische Hinweise auf mögliche Folgen, die sich bei Umsetzung der in einer Lektion vermittelten Informationen in der Praxis ergeben.

Typografische Konventionen

Im vorliegenden Buch werden die nachstehend aufgeführten Konventionen verwendet.

- Zeichen oder Befehle, die durch den Benutzer eingegeben werden, sowie Elemente der Benutzeroberfläche erscheinen in **Fettformatierung**.
- In Syntaxanweisungen sind Platzhalter für variable Informationen *kursiv* formatiert. Buchtitel werden ebenfalls durch *Kursivschrift* hervorgehoben.
- Datei- und Ordnernamen sind **fett** formatiert. Bei der Eingabe von Dateinamen in einem Dialogfeld oder an einer Eingabeaufforderung können Sie Kleinbuchstaben verwenden, sofern nicht ausdrücklich anders angegeben.
- Dateierweiterungen werden in Kleinbuchstaben angegeben.
- Akronyme werden durch Großbuchstaben gekennzeichnet.
- `Nicht proportionale Schrift` wird für Beispielcode und Beispielbildschirmtext sowie für an einer Eingabeaufforderung oder in Initialisierungsdateien einzugebenden Text verwendet.
- Optionale Elemente werden in Syntaxanweisungen von eckigen Klammern [] umschlossen. In einer Befehlssyntax bedeutet [*Dateiname*], dass ein beliebiger Dateiname mit dem Befehl eingegeben werden kann. Geben Sie nur die in der Klammer enthaltenen Informationen ein, nicht die Klammern selbst.
- Erforderliche Elemente werden in Syntaxanweisungen von geschweiften Klammern {} umschlossen. Geben Sie nur die in der Klammer enthaltenen Informationen ein, nicht die Klammern selbst.

Tastaturkonventionen

- Ein Pluszeichen (+) zwischen zwei Tastenbezeichnungen gibt an, dass die beiden Tasten gleichzeitig zu drücken sind. „Drücken Sie ALT+TAB“ bedeutet beispielsweise, dass Sie die ALT-Taste gedrückt halten, während Sie die TAB-Taste drücken.
- Ein Komma (,) zwischen zwei oder mehr Tastenbezeichnungen bedeutet, dass die Tasten nacheinander zu drücken sind, nicht gleichzeitig. „Drücken Sie ALT, F, X“ gibt beispielsweise an, dass Sie die jeweilige Taste drücken und wieder loslassen, bevor Sie die nächste Taste betätigen. Bei der Aufforderung „Drücken Sie ALT+W, L“ müssen Sie zunächst ALT und W gleichzeitig betätigen, beide Tasten wieder loslassen und dann L drücken.

Erste Schritte

Das vorliegende Training umfasst praktische Übungen, in denen Sie die Möglichkeit erhalten, sich die erforderlichen Fertigkeiten zur Implementierung, Unterstützung und Problembehandlung der Windows Server 2003-Technologien anzueignen. Nutzen Sie diese Abschnitte, um Ihre Arbeitsumgebung für das Selbststudium vorzubereiten. Die meisten Übungen können auf einem einzelnen Computer in einer Testumgebung durchgeführt werden. Einige der optionalen Übungen erfordern einen zweiten Computer, auf dem Windows Server 2003 oder Windows XP ausgeführt wird. Dieser Computer muss über ein Netzwerk mit dem ersten Computer verbunden sein.

Vorsicht Die Übungen sowie auf dem Testcomputer vorgenommene Änderungen können in einem größeren Netzwerk zu unerwünschten Ergebnissen führen. Wenden Sie sich daher zunächst an Ihren Netzwerkadministrator, bevor Sie diese Übungen durchführen.

Hardwarevoraussetzungen

Der Testcomputer muss über die folgende Minimalkonfiguration verfügen. Sämtliche Hardwarekomponenten sollten in der Microsoft Windows Server 2003-Hardwarekompatibilitätsliste aufgeführt sein und die unter **http://www.microsoft.com/windows/catalog/server/default.aspx** zugänglichen Anforderungen erfüllen.

- CPU: Mindestens 133 MHz (733 MHz empfohlen)
- RAM: Mindestens 128 MB (256 MB empfohlen, maximal 64 GB)
- Festplattenspeicher für die Installation: 1,5 GB bis 2,0 GB; WSUS: 10 GB
- Monitor mit einer Auflösung von 800 × 600 oder besser
- CD-ROM- oder DVD-ROM-Laufwerk
- Microsoft-Maus oder kompatibles Zeigegerät

Softwarevoraussetzungen

Zur Durchführung der Übungen in diesem Training ist die folgende Software erforderlich:

- Windows Server 2003 SP1, Enterprise Edition (auf der Begleit-CD-ROM finden Sie eine 180-Tage-Evaluierungsversion von Windows Server 2003 SP1, Enterprise Edition)
- Windows XP Professional (nicht auf der CD-ROM enthalten; ist nur für einige optionalen Übungen erforderlich)

Vorsicht Bei der zum Lieferumfang gehörenden 180-Tage-Evaluierungsversion handelt es sich nicht um die Vollversion von Windows Server 2003. Diese Evaluierungsversion ist nur für die Verwendung im Rahmen dieses Trainings vorgesehen. Der technische Support von Microsoft steht für Evaluierungseditionen nicht zur Verfügung. Weitere Supportinformationen zu diesem Buch und der beiliegenden CD-ROM finden Sie auf der Supportwebsite von Microsoft Press unter **http://www.microsoft.com/germany/mspress/support**. Sie haben darüber hinaus die Möglichkeit, eine E-Mail an **presscd@microsoft.com** zu senden.

Installationsanweisungen

Richten Sie Ihren Computer gemäß den Herstellervorgaben ein. Der Server sollte folgendermaßen konfiguriert werden:

- Windows Server 2003 SP1, Enterprise Edition

Wichtig Zum Lieferumfang dieses Trainings gehört das Service Pack 1. Installieren Sie das Service Pack für die Übungen dieses Trainings.

- Computername: **Server01**
- Domänencontroller in der Domäne **contoso.com**
- 1 GB nicht partitionierter Festplattenspeicher

Wenn Sie mit der Installation von Windows Server 2003 vertraut sind, können Sie den Server gemäß den oben angegebenen Richtlinien konfigurieren. Andernfalls folgen Sie den ausführlichen Installationsanweisungen in Kapitel 1, „Einführung in Microsoft Windows Server 2003".

Der zweite Computer dient als zweiter Server oder als Windows XP-Client für die optionalen praktischen Übungen. Wie der zweite Computer konfiguriert wird, erfahren Sie in den betreffenden Kapiteln, in denen ein zweiter Computer eingesetzt wird, jeweils im Abschnitt „Bevor Sie beginnen".

Vorsicht Wenn Ihre Computer zu einem größeren Netzwerk gehören, müssen Sie in Absprache mit Ihrem Netzwerkadministrator dafür Sorge tragen, dass die für das Setup von Windows Server 2003 verwendeten Computer- und Domänennamen sowie weitere Informationen in Kapitel 1 nicht zu Konflikten bei Netzwerkoperationen führen. Falls derartige Konflikte auftreten, bitten Sie Ihren Netzwerkadministrator um die Mitteilung konfliktfreier Werte. Verwenden Sie in diesem Fall diese Werte für sämtliche Übungen in diesem Buch.

Die Microsoft Press Readiness Review Suite

Die CD-ROM enthält einen Praxistest mit 300 Beispielprüfungsfragen und eine Lernzielkontrolle mit weiteren 125 Fragen. Verwenden Sie diese Tools zum weiterführenden Studium und zur Bestimmung der Lernzielbereiche, in denen Sie Ihr Wissen vor einer Prüfungsteilnahme noch weiter vertiefen sollten.

► **So installieren Sie den Praxistest und die Lernzielkontrolle**

1. Legen Sie die Begleit-CD-ROM in das CD-ROM-Laufwerk ein.

Auf der CD Falls auf Ihrem Computer die Option **AutoPlay** deaktiviert ist, lesen Sie bitte die Datei **Readme.txt**. Diese Datei finden Sie auf der Begleit-CD-ROM.

2. Klicken Sie im angezeigten Menü auf die Option **Readiness Review Suite**, und folgen Sie den Anweisungen.

Die Onlinebücher

Die CD-ROM enthält eine Onlineversion des vorliegenden Trainings in englischer Sprache sowie eine elektronische Ausgabe (E-Book) des Buchs *Windows Scripting Self-Paced Learning Guide* von Ed Wilson, Beispielkapitel aus einigen Microsoft Press-Büchern und wichtige Whitepapers. Die Onlinebücher und das zusätzliche Material werden im Portable Document Format (PDF) bereitgestellt und können mit dem Adobe Acrobat Reader angezeigt werden.

► **So verwenden Sie die Onlinebücher**

1. Legen Sie die Begleit-CD-ROM in das CD-ROM-Laufwerk ein.

Auf der CD Falls auf Ihrem Computer die Option **AutoPlay** deaktiviert ist, lesen Sie bitte die Datei **Readme.txt**. Diese Datei finden Sie auf der Begleit-CD-ROM.

2. Klicken Sie im angezeigten Menü auf die Option **E-Book**, oder wählen Sie eine der anderen PDFs.

Das Microsoft Certified Professional-Programm

Das Microsoft Certified Professional-Programm (MCP) bietet Ihnen eine optimale Möglichkeit, Ihre Kenntnisse der aktuellen Microsoft-Produkte und -Technologien zu überprüfen. Die Prüfungen und entsprechenden Zertifikate dienen als Nachweis Ihrer Kompetenz in Bezug auf Entwurf, Entwicklung, Implementierung und Unterstützung von Lösungen mit Microsoft-Produkten und -Technologien. Computerspezialisten, die über Microsoft-Zertifikate verfügen, sind als Experten anerkannt und in der Branche äußerst gefragt. Die Zertifizierung bringt zahlreiche Vorteile für Bewerber, Arbeitgeber und Unternehmen mit sich.

Weitere Informationen Eine vollständige Liste der Microsoft-Zertifikate finden Sie unter **http://www.microsoft.com/learning/itpro/default.asp**.

Technischer Support

Microsoft Press bemüht sich um die Richtigkeit der in diesem Buch sowie der auf der Begleit-CD enthaltenen Informationen. Anmerkungen, Fragen oder Verbesserungsvorschläge bezüglich dieses Buchs oder der Begleit-CD können Sie an Microsoft Press weiterleiten:

Per E-Mail: **presscd@microsoft.com**

Per Post: Microsoft Press
Betrifft: *Verwalten und Warten einer Microsoft Windows Server 2003-Umgebung, 2. Auflage*
Konrad-Zuse-Straße 1
85716 Unterschleißheim

Weitere Supportinformationen zu diesem Buch und der beiliegenden CD-ROM finden Sie auf der Supportwebsite von Microsoft Press unter **http://www.microsoft.com/germany/**

mspress/support. Sie können eine Frage auch direkt in die Microsoft Press Knowledge Base eingeben. Besuchen Sie hierzu die Website **www.microsoft.com/mspress/support/search.asp**. Weitere Informationen zu den Softwareprodukten von Microsoft erhalten Sie unter der Adresse **http://www.microsoft.com/germany/support**.

Die Evaluierungssoftware

Systemvoraussetzungen

Für die Ausführung der Übungen in Teil I müssen Ihre Computer folgende Systemvoraussetzungen erfüllen:

- Microsoft Windows Server 2003 mit Service Pack 1, Enterprise Edition (eine 180-Tage-Testversion der Windows Server 2003 Enterprise Edition mit SP1 ist auf der Begleit-CD-ROM enthalten)
- CPU: Mindestens ein Prozessor mit 133-MHz (733 MHz empfohlen)
- RAM: Mindestens 128 MB (256 MB empfohlen)
- Speicherplatz für Setup: 1,5 GB bis 2,0 GB
- Speicherplatz für die Installation von WSUS: 10 GB
- Monitor mit einer Mindestauflösung von 800 × 600
- CD-ROM- oder DVD-ROM-Laufwerk
- Microsoft-Maus oder kompatibles Zeigegerät

Zur Anzeige des E-Books und anderer Materialien von der Begleit-CD-ROM, die als PDF vorliegen, brauchen Sie den Adobe Reader (**www.adobe.com**).

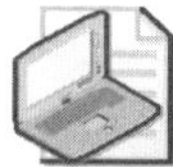

Hinweis Windows XP Professional wird nur für optionale praktische Übungen gebraucht. Es ist nicht auf der CD-ROM enthalten.

Deinstallation

Die beiliegende zeitlich begrenzte Version der Microsoft Windows Server 2003 Enterprise Edition mit SP1 läuft 180 Tage nach der Installation ab. Wenn Sie die Software nicht mehr verwenden möchten, müssen Sie Ihr ursprüngliches Betriebssystem neu installieren. Zu diesem Zweck müssen Sie eventuell das Laufwerk neu formatieren.

Support

Bei der zum Lieferumfang gehörenden 180-Tage-Evaluierungsversion handelt es sich nicht um die Vollversion von Windows Server 2003. Diese Evaluierungsversion ist nur zur Verwendung im Rahmen dieses Trainings vorgesehen. Microsoft stellt keinen technischen Support für Evaluierungsversionen bereit.

Vorsicht Die zum Lieferumfang dieses Trainings gehörende Evaluierungsversion von Windows Server 2003 mit SP1, Enterprise Edition, sollte nicht auf einem primären Arbeitscomputer eingesetzt werden. Microsoft stellt keinen technischen Support für Evaluierungsversionen bereit. Informationen zum Onlinesupport für die Vollversion von Microsoft Windows Server 2003, Enterprise Edition, die *möglicherweise* auch auf die Evaluierungsversion zutreffen, finden Sie unter folgender Adresse: **http://www.microsoft.com/germany/support**.

Informationen zu allen Verwendungsaspekten der zum Lieferumfang des Trainings gehörenden Evaluierungsedition werden im Supportabschnitt der Microsoft Press-Website bereitgestellt (**http://www.microsoft.com/germany/mspress/support**). Informationen zum Erwerb von Vollversionen aller Microsoft-Softwareprodukte erhalten Sie unter **http://www.microsoft.com/germany**.

T E I L I

Selbststudium

KAPITEL 1

Einführung in Microsoft Windows Server 2003

Das vorliegende Kapitel deckt keine spezifischen Prüfungsthemen ab. Nach einer Einführung in die Microsoft Windows Server 2003-Produktfamilie werden in diesem Kapitel verschiedene Installations- und Konfigurationsaspekte behandelt. Hierbei werden vor allem Informationen bereitgestellt, die für die Zertifizierungsprüfung 70-290 relevant sind.

Bedeutung dieses Kapitels

Dieses Buch dient dazu, Ihnen einerseits das zum Verwalten und Warten einer Microsoft Windows Server 2003-Umgebung erforderliche Wissen zu vermitteln und Sie gleichzeitig effektiv auf die Zertifizierungsprüfung 70-290 vorzubereiten. Es werden zwar Kenntnisse hinsichtlich der Microsoft Windows-Technologien vorausgesetzt, aber die Windows Server 2003-Familie und der Microsoft Active Directory-Dienst selbst sind Ihnen möglicherweise neu. Im vorliegenden Kapitel werden daher die verschiedenen Versionen und Editionen von Windows Server 2003 vorgestellt, und es werden die Hauptunterschiede zwischen diesen Versionen/Editionen angeführt. Auf diese Weise können Sie ermitteln, welche Version am ehesten den Anforderungen Ihrer Organisation gerecht wird. Anschließend werden Sie durch den Vorgang der Installation und Konfiguration eines Windows Server 2003-Computers geleitet, der als Domänencontroller in einer Active Directory-Domäne eingesetzt wird.

Lektionen in diesem Kapitel:

Bevor Sie beginnen

In diesem Kapitel werden Sie durch die Schritte geleitet, die zur Konfiguration eines Windows Server 2003-Computers erforderlich sind. Sie können den hier konfigurierten Computer anschließend zur Durchführung der praktischen Übungen in diesem Training verwenden. Der Computer sollte über mindestens eine Festplatte verfügen, die zum Zweck der Installation von Windows Server 2003 gelöscht werden kann.

Lektion 1: Die Windows Server 2003-Familie

Windows Server 2003 ist natürlich sicherer, zuverlässiger, stabiler und leichter zu verwalten als jede vorherige Version von Windows. Im Folgenden werden wir die Plattform näher untersuchen und einen Vergleich zu Microsoft Windows 2000 anstellen. Diese Lektion liefert einen Kurzüberblick über die Windows Server 2003-Familie, der Schwerpunkt liegt hierbei auf den Unterschieden zwischen den Produktversionen: Web Edition, Standard Edition, Enterprise Edition und Datacenter Edition. Außerdem gibt Ihnen diese Lektion einen Überblick über die Erweiterungen, die das Service Pack 1 (SP1) mit sich bringt.

Am Ende dieser Lektion werden Sie in der Lage sein, die folgende Aufgabe auszuführen:

- Beschreiben der Sicherheitsverbesserungen durch SP1
- Beschreiben der Bedeutung von Windows Server 2003 R2 im Produktlebenszyklus
- Aufzählen der Hauptunterschiede zwischen den Windows Server 2003-Editionen

Veranschlagte Zeit für diese Lektion: 5 Minuten

Einführung in die Windows Server 2003-Serverfamilie

Windows Server 2003 stellt eine Aktualisierungsstufe der Plattform und der Technologien dar, die mit Windows 2000 eingeführt wurden. Wenn Sie bereits über Erfahrung im Umgang mit Windows 2000-Servern verfügen, wird Ihnen die Umstellung auf Windows Server 2003 relativ leicht fallen. Wenn Sie bisher mit Microsoft Windows NT 4.0 gearbeitet haben: Willkommen in einer neuen Welt!

Lassen Sie sich jedoch von der inkrementellen Natur der Aktualisierung nicht in die Irre führen. Hinter den Upgrades verbergen sich bedeutende und lang ersehnte Verbesserungen hinsichtlich Sicherheit und Stabilität des Betriebssystems sowie der Verwaltungstools. In vielen Büchern wäre dies die Stelle, an der Sie eine lange Liste der neuen Features präsentiert bekommen. Tatsächlich ist diese Liste für Windows Server 2003 sehr umfangreich, und angesichts dieser Features wird nahezu jeder Administrator ein Upgrade auf Windows Server 2003 für sinnvoll erachten. Die Features jedoch, die für Sie von Interesse sind, unterscheiden sich vielleicht von denen, die ein anderer IT-Spezialist für wichtig hält.

Sie könnten sich beispielsweise für die bedeutenden Erweiterungen von Active Directory interessieren, die neuen Tools zur Unterstützung gängiger, aber komplexer Gruppenrichtlinienobjekte, die Verbesserungen im Hinblick auf die Unternehmenssicherheit, die Neuerungen an den Terminaldiensten, oder für eine Vielzahl anderer verbesserter Funktionen des neuen Betriebssystems. Wenn Sie eine Umstellung auf Windows Server 2003 erwägen, sollten Sie sich auf der Microsoft-Website unter **http://www.microsoft.com/germany/windowsserver2003** ein genaues Bild von der neuen Plattform machen und selbst entscheiden, welche Verbesserungen für Ihre Umgebung tatsächlich von Bedeutung sind.

Service Pack 1

Windows Server 2003 SP1 verbessert die Sicherheit von Windows Server 2003 durch eine große Anzahl von Sicherheitsupdates, die bereits im Betriebssystem integriert sind. Sie können Service Pack 1 auch auf bereits vorhandene Windows Server 2003-Installationen anwenden. Neue Features wie die Windows-Firewall, die Sicherheitsupdatekonfiguration für Windows Server und der Sicherheitskonfigurations-Assistent verringern durch das Schließen von Ports während der Installation und entsprechend der Aufgabe eines Servers die Angriffsfläche und das Sicherheitsrisiko. In dieser zweiten Auflage dieses Trainings werden die wichtigen Änderungen beschrieben, die das Service Pack 1 mit sich bringt.

Auf der CD Auf der Begleit-CD-ROM dieses Buchs finden Sie eine Produktübersicht über Windows Server 2003 Service Pack 1, aus der Sie mehr über das Service Pack 1 erfahren.

Windows Server 2003 R2

Windows Server 2003 R2 erweitert das Betriebssystem Windows Server 2003 zudem noch um folgende Features:

- Erleichterung der Verwaltung von Servern, die in Zweigstellen stehen
- Verbesserte Identitätsverwaltung über Plattformen, Anwendungen und Organisationen hinweg
- Vereinfachte Konfiguration und Verwaltung von Speichermedien
- Unterstützung von umfangreichen Hochleistungs-Webanwendungen
- Kosteneffektive Virtualisierung von Servern

Windows Server 2003 R2 baut auf der Codebasis von Windows Server 2003 SP1 auf. Tatsächlich handelt es sich bei der ersten CD-ROM der Installationsmedien von Windows Server 2003 R2 um Windows Server 2003 mit Service Pack 1. Die zweite CD-ROM ermöglicht die Installation der neuen Features.

Wichtig Die Prüfung 70-290 deckt zwar auch das Service Pack 1 ab, umfasst aber nicht die Features, die mit Release 2 eingeführt werden. Daher wird in diesem Buch davon ausgegangen, dass Sie R2 nicht installiert haben. Wenn Sie die R2-Features installieren, müssen Sie die Arbeitsschritte aus den praktischen Übungen nach Bedarf anpassen.

Auf der CD Auf der Begleit-CD-ROM dieses Buchs finden Sie das Dokument *Windows Server 2003 R2 Overview Guide*, das Ihnen einen Überblick über Windows Server 2003 R2 gibt.

Windows Server 2003-Editionen

Obwohl die Liste der neuen Features schon sehr umfangreich ist, ist die Evaluierung des neuen Betriebssystems noch interessanter, weil Windows Server 2003 in verschiedenen Versionen verfügbar ist, u.a. beispielsweise als 32-Bit-, 64-Bit- sowie als Embedded-Version. Die wichtigsten Unterscheidungen sind die zwischen den vier Produkteditionen, die nachfolgend nach Funktionalitätsumfang und Preis sortiert aufgeführt werden:

- Windows Server 2003 Web Edition
- Windows Server 2003 Standard Edition
- Windows Server 2003 Enterprise Edition
- Windows Server 2003 Datacenter Edition

Web Edition

Um Windows Server 2003 gegenüber anderen Webservern attraktiver zu gestalten, hat Microsoft eine abgespeckte, aber dennoch sehr leistungsstarke Windows Server 2003-Edition veröffentlicht, die speziell für Webdienste entworfen wurde. Funktionsumfang und Lizenzierung ermöglichen dem Benutzer eine einfache Bereitstellung von Webseiten, Websites, Webanwendungen und Webdiensten.

Die Web Edition unterstützt 2 Gigabyte (GB) Arbeitsspeicher und einen Zwei-Wege-SMP (Symmetric Multiprocessor). Es wird eine unbegrenzte Anzahl an anonymen Webverbindungen unterstützt, allerdings nur 10 eingehende SMB-Verbindungen (Server Message Block). Dies ist für das Content Publishing jedoch völlig ausreichend. Der Server kann nicht als Internetgateway, DHCP- oder Faxserver eingesetzt werden. Obwohl eine Remoteverwaltung per Remotedesktop möglich ist, kann der Server nicht im herkömmlichen Sinne als ein Terminalserver verwendet werden, der gleichzeitig mehrere Benutzersitzungen unterstützt. Der Server kann einer Domäne angehören, jedoch nicht als Domänencontroller fungieren.

Windows Server 2003 R2 ist nicht als Web-Edition erhältlich.

Standard Edition

Die Standard Edition von Windows Server 2003 ist ein stabiler, für unterschiedliche Zwecke einsetzbarer Server, der Verzeichnis-, Datei-, Druck-, Anwendungs-, Multimedia- und Webdienste für kleine Unternehmen bis hin zu Organisationen mittlerer Größe bereitstellen kann. Im Vergleich zu Windows 2000 wurde der Funktionsumfang erheblich erweitert. Im Einzelnen stellt die Standard Edition folgende zusätzliche Features bereit: einen kostenlosen POP3-Dienst (Post Office Protocol), der in Kombination mit dem ebenfalls mitgelieferten SMTP-Dienst (Simple Mail Transfer Protocol) die Konfiguration eines kleinen, eigenständigen Mailservers ermöglicht; und NLB (Network Load Balancing), ein nützliches Tool, das bisher nur in der Advanced Server Edition von Windows 2000 zur Verfügung stand.

Die Standard Edition von Windows Server 2003 unterstützt bis zu 4 GB RAM und einen Vier-Wege-SMP.

Enterprise Edition

Die Enterprise Edition von Windows Server 2003 ist eine leistungsstarke Serverplattform für mittelständische bis große Unternehmen. Zu den Features der Unternehmensklasse zählen die Unterstützung von acht Prozessoren, 32 GB RAM und 8-Knoten-Clustering (einschließlich SAN-basiertem [Storage Area Network] Clustering und verteiltem Clustering an verschiedenen Standorten) sowie Unterstützung für Intel Itanium-basierte 64-Bit-Computer, die auf 64 GB RAM und 8-Wege-SMP skaliert werden können.

Darüber hinaus unterscheidet sich die Enterprise Edition durch folgende Features von der Standard Edition:

- Unterstützung der Microsoft Metadirectory Services (MMS), die eine Integration verschiedener Verzeichnisse, Datenbanken und Dateien in Active Directory ermöglichen.
- Hinzufügen von Speicher bei laufendem Betrieb, d.h. unterstützte Hardwaresysteme können ohne Ausfallzeit oder Neustart um zusätzlichen Speicher erweitert werden.
- Windows System Resource Manager (WSRM), dieser unterstützt die Zuweisung von CPU- und Speicherressourcen auf Anwendungsbasis.

Datacenter Edition

Die Datacenter Edition, die ausschließlich in Form einer OEM-Version als Bestandteil eines High-End-Serverhardwarepakets zur Verfügung steht, bietet nahezu unbegrenzte Skalierbarkeit: auf 32-Bit-Plattformen 32-Wege SMP mit 64 GB RAM, auf 64-Bit-Plattformen 64-Wege SMP mit 512 GB RAM. Darüber hinaus ist eine 128-Wege-SMP-Version erhältlich, die zwei 64-Wege-SMP-Partitionen unterstützt.

64-Bit-Editionen

Windows Server 2003 SP1, Enterprise Edition, und Windows Server 2003 SP1, Datacenter Edition, sind für Computer verfügbar, die mit Intel Itanium-Prozessoren ausgestattet sind. Windows Server 2003 Standard x64 Edition, Enterprise x64 Edition und Datacenter x64 Edition wurden im Jahr 2005 veröffentlicht und haben mit Windows Server 2003 SP1 eine gemeinsame Codebasis, auch wenn die x64-Editionen nicht als SP1 ausgewiesen werden. Diese Versionen sind für die Prozessoren AMD Opteron, AMD Athlon 64, Intel Xeon und Pentiums mit Intel EM64T vorgesehen. Jede der x64-Editionen ist auch in der Windows Server 2003 R2-Version verfügbar, mit Ausnahme der Itanium-Versionen.

Die 64-Bit-Editionen von Windows Server 2003 sind für höhere CPU-Taktfrequenzen vorgesehen und bieten schnellere Fließkommaberechnungen als die 32-Bit-Versionen. Verbesserungen bei der CPU-Codierung und in der Befehlsausführung führen zu erheblich schnelleren Rechenoperationen. Ein beschleunigter Zugriff auf einen enorm großen Speicheradressbereich ermöglicht eine reibungslose Verarbeitung komplexer, ressourcenintensiver Anwendungsoperationen, wie sie beispielsweise bei sehr umfangreichen Datenbankanwendungen, wissenschaftlichen Forschungsanwendungen und stark ausgelasteten Webservern auftreten.

Einige Features der 32-Bit-Versionen stehen in den 64-Bit-Editionen nicht zur Verfügung. Vor allem bieten die 64-Bit-Versionen keine Unterstützung für 16-Bit-Windows-Anwendungen, Real-Mode-Anwendungen, POSIX-Anwendungen oder Druckdienste für Apple Macintosh-Clients.

Auf der CD Auf der Begleit-CD-ROM dieses Buchs finden Sie das Dokument *Benefits of Windows x64 and 64-Bit Computing with Windows Server 2003*, in dem die Vorteile der x64-Versionen von Windows Server 2003 beschrieben werden.

Windows Small Business Server 2003

Windows Small Business Server 2003 (SBS 2003), ebenfalls in den Produktlinien SP1 und R2 verfügbar, wurde speziell für kleinere Firmen entwickelt und bietet unter anderem Datei- und Druckdienste, E-Mail (Microsoft Exchange Server 2003 und Microsoft Outlook), Intranet und Webdienste (Microsoft Windows SharePoint Services), einen Faxdienst für Gruppen (Microsoft Faxdienst) und in der Premium-Edition Internet-Proxy und Firewall (Microsoft ISA-Server), Datenbank (Microsoft SQL Server 2000, in R2 SQL Server 2005 Workgroup Edition) und Webentwicklung (Microsoft Office FrontPage 2003). Die Prüfung 70-290 erstreckt sich nicht auf Features, die nur in SBS 2003 zu finden sind.

Weitere Informationen Unter **http://www.microsoft.com/windowsserver2003/sbs** finden Sie weitere Informationen über Windows Small Business Server 2003.

Lernzielkontrolle

Die folgenden Fragen dienen dazu, die wichtigsten Lehrinhalte dieser Lektion zu vertiefen. Können Sie eine Frage nicht beantworten, arbeiten Sie das entsprechende Lektionsmaterial noch einmal durch, und versuchen Sie dann erneut, die Frage zu beantworten. Die Antworten auf die Lernzielkontrollfragen finden Sie im Abschnitt „Fragen und Antworten" am Ende dieses Kapitels.

1. Sie planen den Aufbau von Windows Server 2003-Computern für eine Abteilung mit 250 Mitarbeitern. Der Server soll zur Verwaltung der Basisverzeichnisse und freigegebenen Ordner für die Abteilung eingesetzt werden und mehrere Drucker bedienen, an die Abteilungsdokumente gesendet werden. Welche Edition von Windows Server 2003 ist die kosteneffektivste Lösung für die Abteilung?

   ____

   ____

2. Sie planen die Bereitstellung von Windows Server 2003-Computern für eine neue Active Directory-Domäne in einem großen Unternehmen, das verschiedene, separate Active Directory-Verzeichnisse einsetzt, die von den einzelnen Tochterunternehmen verwaltet werden. Das Unternehmen hat beschlossen, Exchange Server 2003 als einheitliche Messagingplattform für alle Tochterunternehmen einzuführen, und plant die Verwendung von Microsoft Metadirectory Services (MMS) zur Synchronisation geeigneter Objekteigenschaften innerhalb der Organisation. Welche Edition von Windows Server 2003 ist die kosteneffektivste Lösung für diese Bereitstellung?

   ____

   ____

3. Sie möchten mehrere Server einrichten, um Internetzugriff auf die E-Commerce-Anwendung Ihres Unternehmens bereitzustellen. Sie planen vier Server für die Front-End-Webanwendung und einen Server für eine stabile, aktive SQL-Datenbank. Welche Editionen sind die kosteneffektivsten Lösungen?

____

____

____

____

____

Zusammenfassung der Lektion

- Windows Server 2003 SP1 weist wichtige Sicherheitsverbesserungen für die Produktfamilie auf.
- Windows Server 2003 R2 erweitert Windows Server 2003 SP1 um eine Anzahl von Features. Zur Installation von Windows Server 2003 R2 sind zwei CD-ROMs erforderlich. Mit der ersten CD-ROM wird das Betriebssystem Windows Server 2003 SP1 installiert und mit der zweiten die neuen Features von R2.
- Windows Server 2003 ist in 64-Bit- und in 32-Bit-Versionen erhältlich.
- Die Hauptunterschiede zwischen den Windows Server 2003-Versionen liegen in den Produkteditionen: Web Edition, Standard Edition, Enterprise Edition und Datacenter Edition. Jede dieser Versionen unterstützt einen Satz von Funktionen, der einem speziellen Zweck dient.
- Allgemein gesehen stellt Windows Server 2003 ein Upgrade von Windows 2000 dar. Die Verbesserungen im Hinblick auf Sicherheit und Funktionsumfang sind jedoch erheblich, und Sie werden wahrscheinlich feststellen, dass einige dieser Features eine wesentliche Verbesserung für Ihre Umgebung sind.

Lektion 2: Installieren und Konfigurieren von Windows Server 2003 und Active Directory

Der Schwerpunkt der Zertifizierungsprüfung 70-290 liegt auf der Verwaltung und Wartung einer Windows Server 2003-Umgebung. Die Lernziele der Prüfung richten sich weniger auf Active Directory selbst, einige der Lernziele sind jedoch thematisch mit der Verwaltung verschiedener Active Directory-Objekte verknüpft. Hierzu zählen insbesondere Benutzer, Gruppen, Computer, Drucker und Ordnerfreigaben. In den folgenden Kapiteln werden die Prüfungslernziele im Einzelnen erläutert und durch praktische Übungen sinnvoll ergänzt. Zur Durchführung der Übungen ist ein konfigurierter Domänencontroller erforderlich, auf dem Windows Server 2003 ausgeführt wird. Wenn Sie über Erfahrung hinsichtlich der Konfiguration von Domänencontrollern verfügen und Grundkenntnisse in Bezug auf die Erstellung von Benutzer-, Gruppen- und Computerkonten haben, können Sie diese Lektion überspringen. Wenn Sie nur wenig Erfahrung mit Active Directory haben, bietet diese Lektion eine ausreichende Grundlage für die Arbeit mit Windows Server 2003.

Am Ende dieser Lektion werden Sie in der Lage sein, die folgenden Aufgaben auszuführen:

- Installieren von Windows Server 2003 SP1
- Benennen der Hauptstrukturen und -konzepte von Active Directory
- Erstellen eines Domänencontrollers
- Erstellen von Active Directory-Objekten, u.a. Benutzer, Gruppen und Organisationseinheiten (Organizational Units, OUs)

Veranschlagte Zeit für diese Lektion: 60 Minuten

Installieren und Konfigurieren von Windows Server 2003

Als erfahrener IT-Spezialist haben Sie sicherlich schon viel Zeit mit der Installation von Windows-Plattformen verbracht. Beachten Sie bei der Installation von Windows Server 2003 SP1 die folgenden wichtigen Unterschiede:

- **Installation über eine startfähige CD-ROM** Die meisten Administratoren kamen Ende der 90er Jahre zum ersten Mal mit startfähigen CD-ROMs zum Installieren eines Betriebssystems in Berührung. Windows Server 2003 setzt diesen Trend fort und kann direkt von CD-ROM installiert werden. Windows Server 2003 weicht jedoch in einem Punkt von Altbekanntem ab: Die Installation von Diskette wird *nicht* mehr unterstützt.
- **Verbesserte grafische Benutzeroberfläche während des Setups** Windows Server 2003 verwendet während des Setups eine grafische Benutzeroberfläche, die der von Windows XP ähnelt. Der aktuelle Stand der Installation ist besser erkennbar, und der Benutzer wird über die verbleibende Zeit bis zum Abschluss der Installation informiert.
- **Sicherheitsupdatekonfiguration** Nach der Installation des Betriebssystems bleibt ein Server für Angriffe anfällig, in denen Schwächen ausgenutzt werden, die erst nach der Veröffentlichung von SP1 beseitigt wurden. Um solche Lücken zu schließen, akti-

viert die Sicherheitsupdatekonfiguration die Windows-Firewall. Dadurch werden eingehende Verbindungsanforderungen so lange abgelehnt, bis ein Administrator die wichtigsten aktuellen Sicherheitsupdates installiert und die automatischen Updates aktiviert hat.

- **Produktaktivierung** Einzelhandels- und Evaluierungsversionen von Windows Server 2003 erfordern eine Aktivierung des Produkts. Volumenlizenzprogramme wie z.B. Open License, Select License oder Enterprise Agreement erfordern keine Aktivierung.

Die spezifischen Schritte zur Installation und Konfiguration von Windows Server 2003 SP1 werden in den Übungen 1 und 2 erläutert.

Nach der Installation, Aktualisierung und Aktivierung von Windows Server 2003 können Sie den Server mithilfe der Seite **Serververwaltung** konfigurieren (Abbildung 1.1). Diese Seite wird bei der Anmeldung automatisch gestartet. Die Seite erleichert, basierend auf der jeweiligen Serverfunktion, die Installation spezifischer Dienste, Tools und Konfigurationen. Klicken Sie auf **Funktion hinzufügen oder entfernen**, um den Serverkonfigurations-Assistenten zu starten.

Abbildung 1.1 Die Seite **Serververwaltung**

Wenn Sie **Standardoptionen für einen ersten Server** wählen, stuft der Serverkonfigurations-Assistent den Server zu einem Domänencontroller in einer neuen Domäne herauf, installiert Active Directory und, sofern erforderlich, DNS (Domain Name System), DHCP (Dynamic Host Configuration Protocol) sowie den RRAS-Dienst (Routing And Remote Access Service, Routing und RAS-Dienst).

Wenn Sie **Benutzerdefinierte Konfiguration** wählen, kann der Serverkonfigurations-Assistent die folgenden Funktionen konfigurieren:

- **Dateiserver** Bietet bequemen, zentralen Zugriff auf Dateien und Verzeichnisse für Einzelbenutzer, Abteilungen und gesamte Organisationen. Die Auswahl dieser Option ermöglicht die Verwaltung von Benutzerfestplattenspeicher mithilfe von Datenträgerkontingenten. Darüber hinaus kann durch Aktivierung des Indexdienstes die Leistung bei der Suche im Dateisystem verbessert werden.
- **Druckserver** Bietet zentralen und verwalteten Zugriff auf Druckgeräte, indem freigegebene Drucker und Druckertreiber für Clientcomputer bereitgestellt werden. Die Auswahl dieser Option startet den Druckerinstallations-Assistenten zum Installieren von Druckern und den zugehörigen Windows-Druckertreibern. Zusätzlich werden die Internetinformationsdienste (IIS 6.0) installiert, und es wird eine IPP-Konfiguration (Internet Printing Protocol) sowie eine Installation der webbasierten Druckerverwaltungstools vorgenommen.
- **Anwendungsserver (IIS, ASP.NET)** Stellt Infrastrukturkomponenten für das Hosten von Webanwendungen zur Verfügung. Für diese Serverfunktion werden sowohl IIS 6.0 als auch ASP.NET und COM+ installiert und konfiguriert.
- **Mailserver (POP3, SMTP)** Installiert POP3 und SMTP, damit der Server als E-Mail-Server für POP3-Clients fungieren kann.
- **Terminalserver** Stellt Anwendungen und Serverressourcen, z.B. Drucker und Speicher für mehrere Benutzer bereit, so als seien diese Anwendungen und Ressourcen auf dem jeweiligen Benutzercomputer installiert. Benutzer stellen eine Verbindung mit den Terminaldiensten oder Remotedesktopclients her. Im Gegensatz zu Windows 2000 stellt Windows Server 2003 die Funktion **Remotedesktop für Verwaltung** automatisch bereit. Terminalserverfunktionen sind nur dann erforderlich, wenn Benutzeranwendungen auf einem Terminalserver gehostet werden.
- **RAS/VPN-Server** Stellt Routing- und RAS-Dienste über mehrere Protokolle für DFÜ-, LAN- (Local Area Network) und WAN-Verbindungen (Wide Area Network) bereit. VPN-Verbindungen (Virtuelles Privates Netzwerk) ermöglichen Remotesites und Benutzern den sicheren Zugriff auf das Netzwerk über gewöhnliche Internetverbindungen.
- **Domänencontroller (Active Directory)** Stellt Verzeichnisdienste für Clients im Netzwerk zur Verfügung. Bei Auswahl dieser Option wird ein Domänencontroller für eine neue oder vorhandene Domäne konfiguriert. Darüber hinaus wird eine Installation von DNS vorgenommen und der Assistent zum Installieren von Active Directory ausgeführt.
- **DNS-Server** Bietet eine Auflösung von Hostnamen, indem Hostnamen in IP-Adressen (Forward-Lookup) und IP-Adressen in Hostnamen (Reverse-Lookup) übersetzt werden. Bei Auswahl dieser Option wird der DNS-Dienst installiert, anschließend wird der Assistent für die DNS-Serverkonfiguration gestartet.
- **DHCP-Server** Stellt automatische IP-Adressierungsdienste für Clients zur Verfügung, die für die Verwendung von dynamischen IP-Adressen konfiguriert wurden. Bei Aus-

wahl dieser Option wird der DHCP-Dienst installiert, anschließend wird der Bereichserstellungs-Assistent gestartet, um einen oder mehrere IP-Adressbereiche im Netzwerk zu definieren.

- **Streaming Media-Server** Stellt Windows Media Services (WMS) bereit. WMS ermöglicht dem Server das Streamen multimedialer Inhalte über ein Intranet oder das Internet. Inhalte können gespeichert und bei Bedarf bereitgestellt oder in Echtzeit abgerufen werden. Bei Auswahl dieser Option wird WMS installiert.
- **WINS-Server** Bietet eine Auflösung von Computernamen, indem NetBIOS-Namen in IP-Adressen übersetzt werden. Die Installation von WINS (Windows Internet Name Service) ist nur dann erforderlich, wenn Sie Altbestände an Betriebssystemen wie Windows 95 oder Windows NT unterstützen müssen. Für Betriebssysteme wie Windows 2000 und Windows XP wird kein WINS benötigt, es kann jedoch vorkommen, dass ältere Anwendungen auf diesen Plattformen eine NetBIOS-Namensauflösung erfordern. Bei Auswahl dieser Option wird WINS installiert.

Zur Durchführung der praktischen Übungen in diesem Buch konfigurieren Sie einen Computer mit dem Namen **Server01**, der als Domänencontroller in der Domäne **contoso.com** fungiert. Die Schritte, die zur Konfiguration des Servers als Domänencontroller mit dem Serverkonfigurations-Assistenten ausgeführt werden müssen, werden in Übung 3 am Ende dieser Lektion erläutert.

Active Directory

Der Planung, Implementierung und Unterstützung von Active Directory wurden bereits zahlreiche Bücher gewidmet. Wenn Sie Erfahrung im Umgang mit Active Directory haben, werden Sie feststellen, dass der folgende Abschnitt nur einen groben Überblick über die Active Directory-Architektur liefert, da eine detaillierte Beschreibung aller Aspekte mehrere Bände füllen würde. Im Folgenden werden ausschließlich diejenigen Informationen bereitgestellt, die Sie zur Vorbereitung auf die Zertifizierungsprüfung 70-290 tatsächlich benötigen.

Netzwerke, Verzeichnisdienste und Domänencontroller

Netzwerke wurden an dem Tag erfunden, als der erste Benutzer keine Lust mehr hatte, den Flur hinunterzugehen, um sich aus dem Büro eines Kollegen etwas zu holen. Letztlich geht es bei allen Netzwerken darum, den Remotezugriff auf Ressourcen zu ermöglichen. Bei diesen Ressourcen handelt es sich häufig um Dateien, Ordner und Drucker. Im Lauf der Zeit kamen weitere Ressourcen hinzu, vor allem E-Mail-Dienste, Datenbanken und Anwendungen. Es ist ein Mechanismus erforderlich, der die Nachverfolgung dieser Ressourcen ermöglicht und zumindest ein Verzeichnis der Benutzer und Gruppen bereitstellt, um die Ressourcen gegen unerwünschte Zugriffe schützen zu können.

Microsoft Windows-Netzwerke unterstützen zwei Arten von Verzeichnisdienstmodellen: die Arbeitsgruppe und die Domäne. In Organisationen mit Windows Server 2003-Implementierung findet vorrangig das Domänenmodell Anwendung. Es zeichnet sich dadurch aus, dass zur Verwaltung der Unternehmensressourcen ein einzelnes Verzeichnis – Active Directory – eingesetzt wird, dem alle sicheren Systeme vertrauen, die der Domäne angehören. Diese Systeme können daher die Sicherheitsprinzipale (Benutzer-, Gruppen- und Computerkonten) im Verzeichnis zum Schutz ihrer Ressourcen einsetzen. Active Directory fungiert hier als Speicherort für Identitätsinformationen und stellt eine einzige, vertrauenswürdige Liste aller Ressourcen in der Domäne bereit.

Active Directory selbst ist jedoch mehr als nur eine Datenbank. Es handelt sich um eine Sammlung unterstützender Dateien, wie beispielsweise Transaktionsprotokolle und das Systemvolume (Sysvol), das Anmeldeskripts und Gruppenrichtlinieninformationen umfasst. Die Dienste unterstützen und verwenden die Datenbank, wie z.B. LDAP (Lightweight Directory Access Protocol), das Kerberos-Sicherheitsprotokoll, Replikationsprozesse und der Dateireplikationsdienst. Die Datenbank sowie die zugehörigen Dienste werden auf einem oder mehreren Domänencontrollern installiert. Ein Domänencontroller ist ein Server, der durch Ausführung des Assistenten zum Installieren von Active Directory über die Befehlszeile oder, dies ist die Vorgehensweise in Übung 3, durch Ausführung des Serverkonfigurations-Assistenten heraufgestuft wurde. Sobald ein Server zu einem Domänencontroller heraufgestuft wurde, verwaltet er eine Kopie von Active Directory, ein so genanntes Replikat. Änderungen an der Datenbank eines Domänencontrollers werden auf alle Domänencontroller innerhalb der Domäne repliziert.

Domänen, Strukturen und Gesamtstrukturen

Active Directory erfordert mindestens eine Domäne und umgekehrt. Eine Domäne ist die zentrale Verwaltungseinheit im Windows Server 2003-Verzeichnisdienst. Ein Unternehmen kann jedoch in einer Active Directory-Implementierung über mehrere Domänen verfügen. Gibt es mehrere Domänen, können sie logische Einheiten bilden, die als *Strukturen* bezeichnet werden, wenn sie fortlaufende DNS-Namen verwenden. Beispielsweise verwenden **contoso.com**, **us.contoso.com** und **europe.contoso.com** einen zusammenhängenden DNS-Namespace und würden daher als Domänenstruktur bezeichnet.

Wenn die Domänen in Active Directory keinen gemeinsamen Domänenstamm verwenden, werden mehrere Strukturen gebildet. Dies führt zu der umfangreichsten Struktur in Active Directory, der *Gesamtstruktur*. Eine Active Directory-Gesamtstruktur umfasst alle Domänen innerhalb eines Active Directory-Verzeichnisses. Eine Gesamtstruktur kann mehrere Domänen in verschiedenen Strukturen oder lediglich eine Domäne umfassen. Ist mehr als eine Domäne vorhanden, gewinnt eine weitere Active Directory-Komponente an Bedeutung: der globale Katalog. Er stellt Informationen zu Objekten bereit, die sich in anderen Domänen der Gesamtstruktur befinden.

Objekte und Organisationseinheiten (OUs)

Unternehmensressourcen werden in Active Directory in Form von Objekten (als Datensätze in der Datenbank) abgebildet. Jedes Objekt verfügt über zahlreiche Attribute (Eigenschaften), die das Objekt definieren. Zu einem Benutzerobjekt beispielsweise gehören Benutzername und Kennwort; ein Gruppenobjekt umfasst den Gruppennamen und eine Liste der Mitglieder.

Öffnen Sie zum Erstellen eines Objekts in Active Directory über die Programmgruppe **Verwaltung** die Konsole **Active Directory-Benutzer und -Computer**. Erweitern Sie die Domäne, um die Container und Organisationseinheiten (Organizational Units, OUs) anzuzeigen. Klicken Sie mit der rechten Maustaste auf einen Container oder eine OU, und wählen Sie die Option **Neu, *Objekttyp***.

Active Directory kann mehrere Millionen Objekte verwalten, unter anderem Benutzer, Gruppen, Computer, Drucker, freigegebene Ordner, Standorte, Standortverknüpfungen, Gruppenrichtlinienobjekte (Group Policy Objects, GPOs) und sogar DNS-Zonen und Hosteinträge. Sie können sich vorstellen, dass Zugriff und Verwaltung des Verzeichnisses ohne jegliche Struktur in einem heillosen Chaos enden würden.

Der Strukturierung dient ein spezifischer Objekttyp mit Namen Organisationseinheit (Organizational Unit, OU). OUs fungieren als Container innerhalb einer Domäne und ermöglichen Ihnen das Zusammenfassen von Objekten, die Gemeinsamkeiten hinsichtlich Verwaltung oder Konfiguration aufweisen. OUs dienen jedoch nicht nur zur Strukturierung von Active Directory-Objekten, sie erfüllen außerdem wichtige Verwaltungsfunktionen, da auf Ebene der Organisationseinheiten Verwaltungsaufgaben delegiert und Gruppenrichtlinien mit OUs verknüpft werden können.

Delegierung

Die Delegierung von administrativen Aufgaben entspringt der einfachen Idee, einem Bereichsadministrator die Möglichkeit zu geben, die Kennwörter für eine bestimmte Benutzergruppe ändern zu können. Zu jedem Objekt in Active Directory (in diesem Fall Benutzerobjekte) gehört eine Zugriffssteuerungsliste (Access Control List, ACL), die Berechtigungen für dieses Objekt definiert, genau wie Dateien auf einem Datenträger über ACLs verfügen, die den Zugriff auf diese Dateien definieren. Die Zugriffssteuerungsliste für ein Benutzerobjekt definiert beispielsweise, welche Gruppen zum Zurücksetzen des Kennworts berechtigt sind. Da es recht kompliziert wäre, einem Bereichsadministrator für jedes einzelne Benutzerkennwort eine Änderungsberechtigung zuzuweisen, werden stattdessen alle relevanten Benutzer in einer einzelnen OU zusammengefasst und dem Administrator die Berechtigung zum Zurücksetzen von Kennwörtern auf Ebene der Organisationseinheit zugewiesen. Die Berechtigung wird an alle Benutzerobjekte innerhalb der Organisationseinheit vererbt, sodass der Administrator die benötigten Berechtigungen für alle Benutzer erhält.

Das Zurücksetzen von Benutzerkennwörtern ist lediglich ein Beispiel für die Delegierung von administrativen Aufgaben. Es gibt Tausende von Berechtigungskombinationen, die Gruppen zugewiesen werden können, die mit der Verwaltung und Unterstützung von Active Directory betraut sind. Mithilfe von Organisationseinheiten können Unternehmen das eingesetzte Verwaltungsmodell direkt abbilden, und es kann genau festgelegt werden, in welcher Art die Benutzer Objekte in der Domäne bearbeiten können.

Gruppenrichtlinien

In Organisationseinheiten werden auch Objekte – Computer und Benutzer – zusammengefasst, die eine ähnliche Konfiguration aufweisen. Praktisch jede Konfiguration, die Sie an einem System vornehmen, kann über ein Active Directory-Merkmal zentral verwaltet werden, das **Gruppenrichtlinie** genannt wird. Gruppenrichtlinien ermöglichen z.B. die Festlegung von Sicherheitseinstellungen und das Bereitstellen von Software. Ferner können Sie mit entsprechenden Gruppenrichtlinien das Verhalten von Betriebssystem und Anwendungen konfigurieren, ohne sich selbst an den betroffenen Computer zu begeben. Sie legen die gewünschte Konfiguration einfach in einem Gruppenrichtlinienobjekt fest.

Gruppenrichtlinienobjekte sind Sammlungen aus Hunderten von möglichen Konfigurationseinstellungen, die von Benutzeranmelderechten und Berechtigungen bis zu der Software reichen, die auf einem System ausgeführt werden kann. Ein Gruppenrichtlinienobjekt ist mit einem Container in Active Directory verknüpft – gewöhnlich mit einer Organisationseinheit, es ist jedoch auch die Verknüpfung mit Domänen oder sogar Standorten möglich –, und alle Benutzer und Computer unterhalb dieses Containers unterliegen den Einstellungen in diesem Gruppenrichtlinienobjekt.

Im Rahmen der Zertifizierungsprüfung 70-290 werden Sie sehr wahrscheinlich mit Gruppenrichtlinien zu tun haben. Sie müssen vor allem wissen, dass es sich bei den Gruppenrichtlinien um ein Hilfsmittel zur zentralen Konfiguration handelt, dass einige Einstellungen nur für Computer, andere nur für Benutzer gelten und dass nur die Computer oder Benutzer einer Richtlinie unterliegen, die sich unterhalb der OU befinden, mit der die Richtlinie verknüpft wurde.

Weitere Informationen

Wie bereits erwähnt, ist Active Directory ein umfangreiches und komplexes Thema, das eines eingehenden Studiums bedarf, wenn Sie Windows Server 2003 als Domänencontroller implementieren möchten. Als weiterführende Lektüre werden folgende Microsoft Press-Titel empfohlen:

- *Active Directory for Microsoft Windows Server 2003 – Technical Reference*
- *Microsoft Windows Server 2003 Active Directory-Infrastruktur – Original Microsoft Training,* 2. Auflage

Praktische Übung: Installieren und Konfigurieren von Windows Server 2003 SP1

In dieser Übung konfigurieren Sie einen Computer für die Ausführung von Windows Server 2003 SP1. Anschließend stufen Sie den Server zu einem Domänencontroller in der Domäne **contoso.com** herauf.

Übung 1: Installieren von Windows Server 2003 SP1

Diese Übung sollte auf einem Computer durchgeführt werden, der mit Windows Server 2003 SP1 kompatibel ist. Es wird vorausgesetzt, dass die primäre Festplatte völlig leer ist. Wenn Ihre Festplatte bereits partitioniert ist, können Sie die Übung an die Konfiguration Ihres Systems anpassen.

1. Konfigurieren Sie das Computer-BIOS oder Festplattencontroller-BIOS so, dass der Systemstart von der CD-ROM erfolgt. Wenn Sie sich bezüglich der Vorgehensweise nicht sicher sind, schlagen Sie in der Hardwaredokumentation nach.
2. Legen Sie die Windows Server 2003 SP1-Installations-CD-ROM in das CD-ROM-Laufwerk ein, und starten Sie den Computer neu.

Hinweis Verwenden Sie zur Installation von Windows Server 2003 SP1 die CD-ROM der Evaluierungsversion von Windows Server 2003, die diesem Training beiliegt.

3. Wenn die primäre Festplatte nicht leer ist, werden Sie in einer Meldung dazu aufgefordert, zum Start von der CD-ROM eine beliebige Taste zu drücken. Sofern diese Meldung angezeigt wird, drücken Sie eine beliebige Taste.

   Nach dem Start des Computers werden Sie mit einer Meldung darüber informiert, dass nun die Systemkonfiguration untersucht wird. Anschließend erscheint der Windows Setup-Bildschirm.

4. Falls Ihr Computer spezielle Massenspeichertreiber erfordert, die nicht im Treibersatz von Windows Server 2003 enthalten sind, drücken Sie bei Aufforderung die Taste F6, und stellen Sie geeignete Treiber bereit.

5. Sie werden aufgefordert, zur Durchführung einer automatischen Systemwiederherstellung die Taste F2 zu drücken. Die automatische Systemwiederherstellung ist ein neues Feature von Windows Server 2003, das die Notfallreparaturfunktion von früheren Windows-Versionen ersetzt. Dieses Feature wird in Kapitel 13 besprochen. Drücken Sie zu diesem Zeitpunkt *nicht* die F2-Taste. Die Installation wird fortgesetzt.

   Die graue Statusleiste am unteren Bildschirmrand weist darauf hin, dass der Computer untersucht und Dateien geladen werden. Dies ist zum Starten einer Minimalversion des Betriebssystems erforderlich.

6. Wenn Sie eine Evaluierungsversion von Windows Server 2003 installieren, werden Sie mit einer Setupmeldung auf diese Tatsache hingewiesen. Lesen Sie die Informationen auf dem Bildschirm **Setupmeldung**, und drücken Sie zum Fortfahren die EINGABE-TASTE.

   Es wird der Willkommensbildschirm für das Setup angezeigt.

   Beachten Sie, dass Sie das Windows Server 2003-Setupprogramm neben der Neuinstallation des Betriebssystems auch zur Reparatur einer beschädigten Windows-Installation verwenden können. Die Wiederherstellungskonsole wird in Kapitel 13 beschrieben.

7. Lesen Sie die Informationen auf dem Bildschirm **Willkommen**, und drücken Sie zum Fortfahren die EINGABETASTE. Die Lizenzbestimmungen werden angezeigt.

8. Lesen Sie die Lizenzbestimmungen, und verwenden Sie die BILD-NACH-UNTEN-Taste, um auch die Informationen am unteren Bildschirmrand anzuzeigen.

9. Akzeptieren Sie die Lizenzbestimmungen, indem Sie die Taste F8 drücken.

   Im Anschluss wird der Windows Server 2003-Setupbildschirm angezeigt, auf dem Sie aufgefordert werden, einen freien Speicherbereich oder eine vorhandene Partition für die Installation des Betriebssystems auszuwählen. In dieser Phase des Setups können Sie Partitionen auf der Festplatte erstellen oder löschen.

   Für das Durcharbeiten der Übungen in diesem Buch müssen Sie eine Partition konfigurieren, die zur Installation des Betriebssystems ausreicht (die empfohlene Mindestgröße beträgt 3 GB), und es ist ein nicht zugewiesener Bereich von mindestens 1 GB erforderlich. Bei den folgenden Schritten wird vorausgesetzt, dass Ihre Festplatte mindestens 4 GB groß ist und keine Daten enthält. Sie können die Anweisungen entsprechend Ihrer jeweiligen Situation anpassen.

10. Drücken Sie die Taste E, um eine Partition zu erstellen.
11. Zum Erstellen einer 3 GB großen Partition geben Sie den Wert **3072** in das Feld **Partition in folgender Größe (in MB) erstellen** ein. Drücken Sie anschließend die EINGABETASTE.
12. Vergewissern Sie sich, dass die vorgenommene Partitionierung der in Abbildung 1.2 ähnelt. Für die praktischen Übungen wird die Einrichtung einer Partition **C:** mit mindestens 3 GB sowie 1 GB nicht partitionierter Speicher empfohlen.

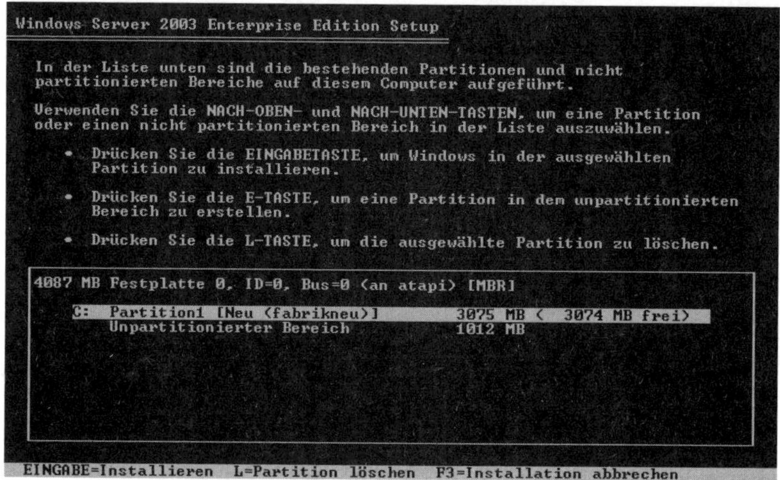

Abbildung 1.2 Partitionierung der Festplatte für das Setup

13. Wählen Sie den Eintrag **C: Partition1 [Neu (fabrikneu)]**, und drücken Sie die EINGABETASTE, um mit der Installation zu beginnen.

    Sie werden aufgefordert, ein Dateisystem für die Partition auszuwählen.
14. Stellen Sie sicher, dass die Option **Partition mit dem NTFS-Dateisystem formatieren** ausgewählt ist, und drücken Sie zum Fortfahren die EINGABETASTE.

    Die Partition wird mit dem NTFS-Dateisystem formatiert, die Festplatte wird auf Fehler untersucht, die eine Installation verhindern könnten, Dateien werden auf die Festplatte kopiert, und die Installation wird eingeleitet. Dieser Vorgang dauert einige Minuten.

    Schließlich wird eine rote Statusleiste eingeblendet, die anzeigt, dass der Computer in 15 Sekunden neu gestartet wird, um die Installation im GUI-Modus (mit einer grafischen Benutzeroberfläche) fortzusetzen.
15. Nach Abschluss der Textmodusphase des Setups wird das System neu gestartet. Drücken Sie diesmal bei der Aufforderung zum Start von CD-ROM keine Taste.

Windows Setup startet mit einer grafischen Benutzeroberfläche, die den Fortschritt der Installation im linken Bildschirmbereich anzeigt. Die Optionen **Sammeln von Informationen**, **Dynamisches Update** und **Vorbereiten der Installation** sind ausgewählt. Die Phase zum Sammeln von Informationen wurde bereits vor Start des GUI-Modus abgeschlossen, das dynamische Update kommt beim Start von CD-ROM nicht zum Einsatz. Das System bereitet nun die Installation vor, indem Dateien auf die Festplatte des Computers kopiert werden.

16. Wählen Sie auf der Seite **Regions- und Sprachoptionen** geeignete Sprach- und Texteingabeeinstellungen aus, und klicken Sie auf **Weiter**.

Tipp Sie können die hier vorgenommenen Einstellungen nach der Installation des Betriebssystems mithilfe der Option **Regions- und Sprachoptionen** in der Systemsteuerung ändern.

Die Seite **Benutzerinformationen** wird angezeigt, und Sie werden aufgefordert, einen Benutzer- und Organisationsnamen anzugeben.

17. Geben Sie im Feld **Name** Ihren Namen und im Feld **Organisation** den Organisationsnamen ein, und klicken Sie auf **Weiter**.

Der Bildschirm zur Eingabe des Produktschlüssels wird angezeigt.

18. Geben Sie den auf der Windows Server 2003 SP1-Installations-CD-ROM angegebenen Produktschlüssel ein, und klicken Sie auf **Weiter**.

Das Setupprogramm zeigt den Bildschirm **Lizenzierungsmodi** an und fordert Sie damit zur Wahl eines Lizenzierungsmodus auf.

19. Stellen Sie sicher, dass die Option **Pro Server-Anzahl der gleichzeitigen Verbindungen** auf den Wert 5 eingestellt ist, und klicken Sie auf **Weiter**.

Vorsicht Die Option **Pro Server-Anzahl der gleichzeitigen Verbindungen** und der Wert 5 für gleichzeitige Verbindungen sind Beispielwerte, die zum Zweck dieser Übung verwendet werden. Sie sollten die Anzahl der gleichzeitigen Verbindungen basierend auf den von Ihnen erworbenen Lizenzen auswählen. Sie können alternativ auch die Option **Pro Gerät oder pro Benutzer** wählen.

Die Seite **Computername und Administratorkennwort** wird eingeblendet.

Der angegebene Organisationsname wird zur Erstellung eines Standardcomputernamens verwendet. Wenn Sie zuvor keinen Organisationsnamen angegeben haben, wird Ihr Name zur Erzeugung eines Computernamens herangezogen.

20. Geben Sie im Textfeld **Computername** den Wert **Server01** ein.

Windows Server 2003 zeigt den Computernamen in Großbuchstaben an, egal, wie Sie ihn eingeben. Im weiteren Verlauf dieses Trainings wird in den praktischen Übungen der Name **Server01** verwendet.

Vorsicht Falls Ihr Computer zu einem Netzwerk gehört, sollten Sie sich an den Netzwerkadministrator wenden, bevor Sie einen Computernamen zuweisen.

21. Geben Sie in den Textfeldern **Administratorkennwort** und **Kennwort bestätigen** ein komplexes Kennwort für das Administratorkonto ein (ein Kennwort, das nicht leicht zu erraten ist). *Prägen Sie sich das Kennwort ein*, denn für die meisten praktischen Übungen ist eine Anmeldung als Administrator erforderlich.

Wichtig Bei einer manuellen Installation können die folgenden Schritte nur dann ausgeführt werden, wenn das angegebene Administratorkennwort den Komplexitätsanforderungen von Windows Server 2003 entspricht. Sie können das Kennwortfeld auch leer lassen, doch von dieser Vorgehensweise wird nachdrücklich abgeraten.

Wenn an den Server ein Modem angeschlossen wurde, wird das Dialogfeld **Modemwählinformationen** angezeigt.

22. Geben Sie die Vorwahl für Ihren Standort ein, und klicken Sie auf **Weiter**. Die Seite **Datum- und Uhrzeiteinstellungen** wird eingeblendet.
23. Geben Sie Datum, Uhrzeit und Zeitzone an. Klicken Sie dann auf **Weiter**.

Wichtig Die Dienste von Windows Server 2003 sind von den Datums- und Uhrzeiteinstellungen des Computers abhängig. Stellen Sie sicher, dass Sie Datum und Uhrzeit richtig einstellen, und wählen Sie die geeignete Zeitzone für Ihren Standort.

Das Setupprogramm installiert die Netzwerksoftware und die Seite **Netzwerkeinstellungen** erscheint.

24. Aktivieren Sie die Option **Standardeinstellungen**, und klicken Sie auf **Weiter**.

    Die Seite **Arbeitsgruppe oder Computerdomäne** wird geöffnet.

25. Vergewissern Sie sich, dass die erste Option ausgewählt ist und dass der Arbeitsgruppenname **Arbeitsgruppe** lautet. Klicken Sie anschließend auf **Weiter**.

    Das Setupprogramm installiert und konfiguriert die restlichen Betriebssystemkomponenten. Nach Abschluss der Installation wird der Computer automatisch neu gestartet, und das Dialogfeld **Willkommen** wird eingeblendet. Sie können mit Übung 2 fortfahren.

Übung 2: Durchführen der Sicherheitsupdatekonfiguration

Windows Server 2003 SP1 und Windows Server 2003 R2 führen Sie zur Verbesserung der Sicherheit und Zuverlässigkeit eines Servers durch die Schritte, die zur Installation der wichtigsten nach SP1 erschienenen Softwareupdates erforderlich sind. Dieser Vorgang wird Sicherheitsupdatekonfiguration genannt. Zur weiteren Steigerung der Sicherheit sperrt die Windows-Firewall alle eintreffenden Verbindungsanforderungen, mit Ausnahme der Verbindungen, die während der Installation oder durch Richtlinieneinstellungen explizit zugelassen werden. Nach dem Abschluss der Sicherheitsupdatekonfiguration wird die Windows-Firewall deaktiviert.

Sobald der Computer mit dem frisch installierten Windows Server 2003 hochgefahren ist und das Dialogfeld **Willkommen** erscheint, fahren Sie folgendermaßen fort:

1. Drücken Sie die Tastenkombination STRG+ALT+ENTF, und geben Sie das zuvor festgelegte Administratorkennwort ein.

   Wenn Sie eine Version von Windows Server 2003 R2 installieren, werden Sie aufgefordert, die CD-ROM einzulegen, auf der die neuen Features von R2 enthalten sind.

Wichtig In den praktischen Übungen dieses Buchs wird davon ausgegangen, dass Sie die R2-Features *nicht* installiert haben. Falls Sie sich für die Installation der R2-Features entscheiden, müssen einige Schritte in den praktischen Übungen unter Umständen entsprechend abgeändert werden.

2. Klicken Sie auf **Abbrechen**, um die Installation abzuschließen, ohne die R2-Features zu installieren. Das Setupprogramm weist Sie darauf hin, dass Sie die Installation der R2-Features später nachholen können, indem Sie das Programm **Setup2.exe** auf der CD-ROM 2 starten. Klicken Sie auf **OK**.

Hinweis Einige Editionen von Windows Server 2003, die zum Lieferumfang dieses Trainings gehörende Evaluierungsversion eingeschlossen, erfordern nach der Installation eine Aktivierung des Betriebssystems. Die Aktivierung muss innerhalb von 14 Tagen nach der Installation erfolgen. Der Aktivierungsvorgang ist einfach und kann über das Internet oder per Telefon durchgeführt werden. Wenn Sie Ihre Windows Server 2003-Lizenz im Rahmen eines Microsoft-Volumenlizenzprogramms erworben haben, ist eine Aktivierung der Lizenz nicht erforderlich.

3. Klicken Sie zur Einleitung der Windows Server 2003-Aktivierung auf das entsprechende Symbol im Infobereich der Systemleiste. Folgen Sie den Anweisungen.

Hinweis Zur Produktaktivierung über das Internet muss **Server01** an ein Netzwerk angeschlossen sein, und Sie müssen wahrscheinlich die TCP/IP-Einstellung Ihrer Netzwerkkarte anpassen, damit die Werte für IP-Adresse, Subnetzmaske, Standardgateway und DNS-Serveradresse stimmen.

   Die Seite **Sicherheitsupdatekonfiguration für Windows Server** erscheint. Folgen Sie den Anweisungen auf dieser Seite.

4. Klicken Sie auf **Diesen Server aktualisieren**.

   Die Microsoft Windows Update-Site öffnet sich im Internet Explorer. Der Internet Explorer weist sie darauf hin, dass die verstärkte Sicherheitskonfiguration des Internet Explorers aktiviert ist.

5. Klicken Sie auf **OK**, um die Meldung über die verstärkte Sicherheitskonfiguration des Internet Explorers zu bestätigen.

   Eine Sicherheitswarnung des Internet Explorers fordert Sie auf, Windows Update zu installieren.

6. Klicken Sie auf **Installieren**.

7. Folgen Sie zur Installation der Updates den Anweisungen der Windows Update-Website. Welche Schritte im Einzelnen erforderlich sind, hängt davon ab, welche Updates seit

der Veröffentlichung von SP1 von Microsoft veröffentlicht worden sind. Mit der Wahl einer Schnellsuche können Sie gewöhnlich die wichtigsten Updates installieren, einschließlich der wichtigsten Sicherheitsupdates. Für bestimmte Updates kann es erforderlich werden, den Server neu zu starten.

8. Wiederholen Sie die Schritte 4 bis 8, bis Windows Update Sie darüber informiert, dass keine Updates mit hoher Priorität mehr vorliegen.

Hinweis In einer Produktivumgebung wird empfohlen, dass Sie Ihr System mit Microsoft Update (**http://update.microsoft.com/microsoftupdate**) aktualisieren, statt mit Windows Update. Die Microsoft Update-Site bietet Updates für Windows Server 2003 und eine Reihe von Microsoft-Anwendungen und Diensten, darunter SQL Server und Exchange Server.

9. Klicken Sie auf der Seite **Sicherheitsupdatekonfiguration für Windows Server** auf die Option **Automatische Updates für diesen Server konfigurieren**.

   Das Dialogfeld **Systemeigenschaften** öffnet sich mit vorgewählter Registerkarte **Automatische Updates**.

10. Klicken Sie auf **Automatisch**.
11. Klicken Sie auf **OK**.
12. Klicken Sie auf der Seite **Sicherheitsupdatekonfiguration für Windows Server** auf **Fertig stellen**.

    Das Meldungsfeld **Sicherheitsupdatekonfiguration für Windows Server** fordert Sie auf, zu bestätigen, dass Sie alle verfügbaren Sicherheitsupdates heruntergeladen und installiert haben.

13. Klicken Sie auf **Ja**.

    Die Windows-Firewall wird deaktiviert und lässt eingehende Verbindungen zu. Wenn Sie die Windows-Firewall aktivieren und konfigurieren möchten, können Sie sie in der Systemsteuerung öffnen.

    Die Seite **Serververwaltung** erscheint. Sie können mit Übung 3 fortfahren.

Übung 3: Konfigurieren des Servers

In dieser Übung konfigurieren Sie den Server als ersten Domänencontroller in einer Active Directory-Domäne mit dem Namen **contoso.com**.

Hinweis Beim Start des Assistenten zum Installieren von Active Directory können die angezeigten Schritte abweichen, wenn eine weitere Domäne im Netzwerk gefunden wird. Die nachfolgend beschriebenen Schritte setzen voraus, dass der Assistent in einem isolierten Netzwerk ausgeführt wird. Wenn der Computer an ein Netzwerk mit einer weiteren Domäne angeschlossen ist, können Sie entweder Ihre Auswahl an die Gegebenheiten anpassen oder vor dem Durcharbeiten der Übungen die Verbindung zum Netzwerk trennen.

1. Öffnen Sie, sofern nicht bereits geschehen, die Seite **Serververwaltung** über die Programmgruppe **Verwaltung**.
2. Klicken Sie auf **Funktion hinzufügen oder entfernen**. Der **Serverkonfigurations-Assistent** wird angezeigt.
3. Klicken Sie auf **Weiter**. Der Assistent ermittelt die Netzwerkeinstellungen.
4. Klicken Sie auf **Standardkonfiguration für einen ersten Server**, und klicken Sie auf **Weiter**.
5. Geben Sie unterhalb von **Active Directory-Domänenname** den Namen **contoso.com** ein, und klicken Sie auf **Weiter**.
6. Stellen Sie sicher, dass unter **NetBIOS-Domänenname** der Wert CONTOSO angezeigt wird, und klicken Sie auf **Weiter**.
7. Vergewissern Sie sich, dass die auf der Seite **Zusammenfassung der Auswahl** angezeigten Informationen mit denen in Abbildung 1.3 übereinstimmen, und klicken Sie auf **Weiter**.

   Der Serverkonfigurations-Assistent informiert Sie darüber, dass das System neu gestartet werden muss, und Sie werden aufgefordert, alle geöffneten Programme zu schließen.
8. Klicken Sie auf **OK**.

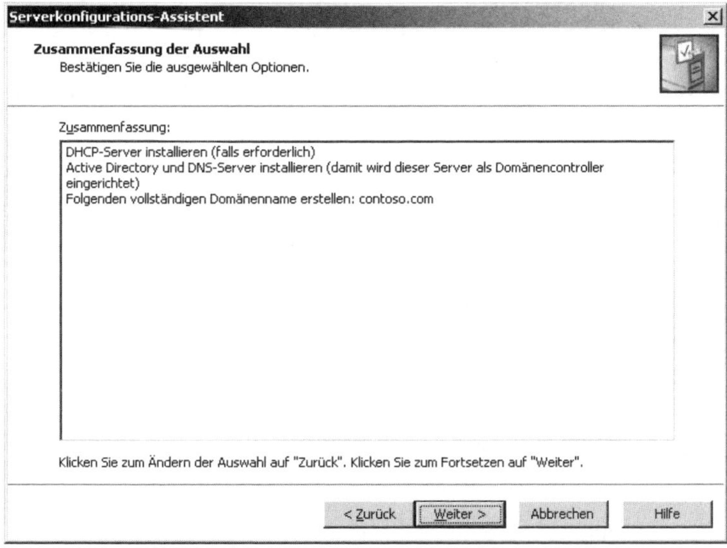

Abbildung 1.3 Zusammenfassung der Auswahl

9. Melden Sie sich nach dem Neustart des Systems als Administrator an.
10. Der **Serverkonfigurations-Assistent** zeigt eine Liste der abschließend durchzuführenden Aufgaben an, wie in Abbildung 1.4 dargestellt.

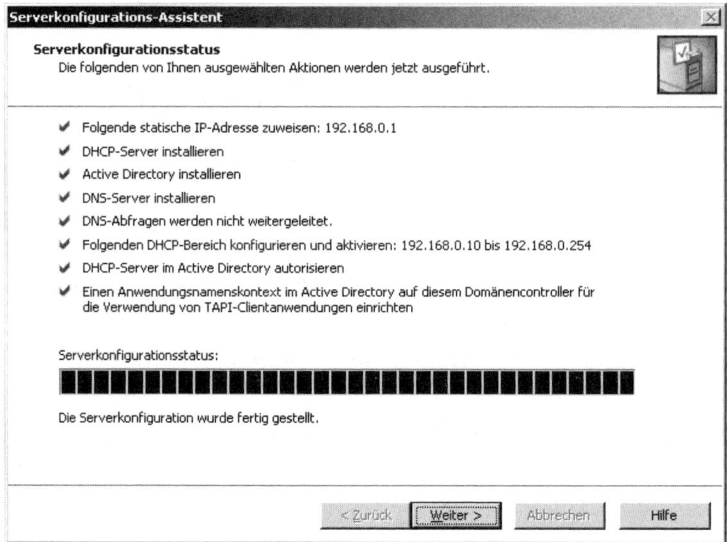

Abbildung 1.4 Der Serverkonfigurations-Assistent

11. Klicken Sie auf **Weiter** und dann auf **Fertig stellen**.
12. Öffnen Sie die Konsole **Active Directory-Benutzer und -Computer** über die Programmgruppe **Verwaltung**. Vergewissern Sie sich, dass Sie nun über eine Domäne namens **contoso.com** verfügen, indem Sie die Domäne erweitern und in der Organisationseinheit **Domain Controllers** nach dem Computerkonto für **Server01** suchen.

Lernzielkontrolle

Die folgenden Fragen dienen dazu, die wichtigsten Lehrinhalte dieser Lektion zu vertiefen. Können Sie eine Frage nicht beantworten, arbeiten Sie das entsprechende Lektionsmaterial noch einmal durch, und versuchen Sie dann erneut, die Frage zu beantworten. Die Antworten auf die Lernzielkontrollfragen finden Sie im Abschnitt „Fragen und Antworten" am Ende dieses Kapitels.

1. Welche der folgenden Versionen von Windows Server 2003 SP1 erfordert eine Produktaktivierung? (Wählen Sie alle zutreffenden Antworten aus.)
   a. Windows Server 2003 Standard Edition, Einzelhandelsversion
   b. Windows Server 2003 Enterprise Edition, Evaluierungsversion
   c. Windows Server 2003 Enterprise Edition, Open License-Version
   d. Windows Server 2003 Standard Edition, Volumenlizenzversion

2. Worin besteht in Active Directory der Unterschied zwischen einer Domäne, einer Domänenstruktur und einer Gesamtstruktur?

3. Welche der folgenden Aussagen über das Setup von Windows Server 2003 trifft zu? (Wählen Sie alle zutreffenden Antworten aus.)

   a. Das Setup kann durch einen Start von CD-ROM eingeleitet werden.

   b. Das Setup kann durch einen Start von Diskette eingeleitet werden.

   c. Während des Setups ist zur Erfüllung der Komplexitätsanforderungen in jedem Fall die Eingabe eines Kennworts erforderlich.

   d. Während des Setups können Sie als Produktschlüssel ausschließlich Einsen (1) eingeben.

   e. Der Server lässt eingehende Verbindungen erst zu, wenn die Sicherheitsupdatekonfiguration abgeschlossen ist.

Zusammenfassung der Lektion

1. Die Einzelhandels- und Evaluierungsversionen von Windows Server 2003 erfordern eine Produktaktivierung.
2. Die **Sicherheitsupdatekonfiguration für Windows Server** aktiviert die Windows-Firewall und verhindert dadurch eingehende Verbindungen, bis ein Administrator die Sicherheitsupdates hoher Priorität installiert und **Automatische Updates** aktiviert hat.
3. Die Seite **Serververwaltung** und der Serverkonfigurations-Assistent bieten Unterstützung bei der Installation und Konfiguration zusätzlicher Dienste auf Basis der gewünschten Serverfunktion.
4. Active Directory, der Verzeichnisdienst von Windows Server 2003, wird mithilfe des Assistenten zum Installieren von Active Directory auf einem Server installiert. Dieser Assistent wird unter Verwendung des Serverkonfigurations-Assistenten oder durch Eingabe von **Dcpromo** an der Befehlszeile ausgeführt.

Fragen und Antworten

Lernzielkontrolle Lektion 1

Seite 8

1. Sie planen den Aufbau von Windows Server 2003-Computern für eine Abteilung mit 250 Mitarbeitern. Der Server soll zur Verwaltung der Basisverzeichnisse und freigegebenen Ordner für die Abteilung eingesetzt werden und mehrere Drucker bedienen, an die Abteilungsdokumente gesendet werden. Welche Edition von Windows Server 2003 ist die kosteneffektivste Lösung für die Abteilung?

   Die Standard Edition von Windows Server 2003 ist eine stabile Plattform zur Bereitstellung von Datei- und Druckdiensten in kleinen bis mittleren Unternehmen oder Abteilungen.

2. Sie planen die Bereitstellung von Windows Server 2003-Computern für eine neue Active Directory-Domäne in einem großen Unternehmen, das verschiedene, separate Active Directory-Verzeichnisse einsetzt, die von den einzelnen Tochterunternehmen verwaltet werden. Das Unternehmen hat beschlossen, Exchange Server 2003 als einheitliche Messagingplattform für alle Tochterunternehmen einzuführen, und plant die Verwendung von Microsoft Metadirectory Services (MMS) zur Synchronisation geeigneter Objekteigenschaften innerhalb der Organisation. Welche Edition von Windows Server 2003 ist die kosteneffektivste Lösung für diese Bereitstellung?

   Die Enterprise Edition von Windows Server 2003 ist die kosteneffektivste Lösung mit Unterstützung von MMS. Die Standard Edition und die Web Edition bieten keine MMS-Unterstützung.

3. Sie möchten mehrere Server einrichten, um Internetzugriff auf die E-Commerce-Anwendung Ihres Unternehmens bereitzustellen. Sie planen vier Server für die Front-End-Webanwendung und einen Server für eine stabile, aktive SQL-Datenbank. Welche Editionen sind die kosteneffektivsten Lösungen?

   Die Web Edition von Windows Server 2003 ist eine kosteneffektive Plattform für die vier Webanwendungsserver. Die Web Edition bietet jedoch keine Unterstützung für Unternehmensanwendungen wie SQL Server; die zum Lieferumfang der Web Edition gehörende MSDE-Version unterstützt lediglich 25 gleichzeitige Verbindungen. Aus diesem Grund ist die Standard Edition von Windows Server 2003 die kosteneffektivste Plattform für SQL Server.

Lernzielkontrolle Lektion 2

Seite 24

1. Welche der folgenden Versionen von Windows Server 2003 SP1 erfordert eine Produktaktivierung? (Wählen Sie alle zutreffenden Antworten aus.)

   a. Windows Server 2003 Standard Edition, Einzelhandelsversion

   b. Windows Server 2003 Enterprise Edition, Evaluierungsversion

   c. Windows Server 2003 Enterprise Edition, Open License-Version

   d. Windows Server 2003 Standard Edition, Volumenlizenzversion

   Richtig sind Antwort a und b.

2. Worin besteht in Active Directory der Unterschied zwischen einer Domäne, einer Domänenstruktur und einer Gesamtstruktur?

Eine Domäne ist in Active Directory die zentrale Verwaltungseinheit. Eine Gesamtstruktur kennzeichnet den Geltungsbereich von Active Directory. Eine Gesamtstruktur muss mindestens eine Domäne umfassen. Enthält eine Gesamtstruktur mehr als eine Domäne, bilden Domänen, die einen zusammenhängenden DNS-Namespace verwenden – d.h., die Domänen verwenden eine gemeinsame Stammdomäne – eine Domänenstruktur. Domänen, die keinen zusammenhängenden DNS-Namespace verwenden, bilden separate Domänenstrukturen innerhalb der Gesamtstruktur.

3. Welche der folgenden Aussagen über das Setup von Windows Server 2003 trifft zu? (Wählen Sie alle zutreffenden Antworten aus.)

   a. Das Setup kann durch einen Start von CD-ROM eingeleitet werden.

   b. Das Setup kann durch einen Start von Diskette eingeleitet werden.

   c. Während des Setups ist zur Erfüllung der Komplexitätsanforderungen in jedem Fall die Eingabe eines Kennworts erforderlich.

   d. Während des Setups können Sie als Produktschlüssel ausschließlich Einsen (1) eingeben.

   e. Der Server lässt eingehende Verbindungen erst zu, wenn die Sicherheitsupdatekonfiguration abgeschlossen ist.

   Richtig sind Antwort a, c und e.

KAPITEL 2

Verwalten von Microsoft Windows Server 2003

In diesem Kapitel abgedeckte Prüfungsziele:

- Remoteverwaltung von Servern
  - Verwalten eines Servers per Remoteunterstützung
  - Verwalten eines Servers unter Verwendung des Remoteverwaltungsmodus der Terminaldienste
  - Verwalten eines Servers mit den verfügbaren Supporttools
- Problembehandlung der Terminaldienste
  - Diagnose und Beseitigung von Sicherheitsproblemen bei den Terminaldiensten
  - Diagnose und Beseitigung von Clientzugriffsproblemen bei den Terminaldiensten

Bedeutung dieses Kapitels

Mit den Verwaltungsprogrammen von Windows Server 2003, auch Snap-Ins genannt, können Sie Benutzerkonten verwalten, Einstellungen von Computersoftware und Diensten ändern, neue Hardware installieren und viele andere Arbeiten durchführen. Die Microsoft Management Console (MMC) ist das Grundgerüst, in dem diese Snap-Ins arbeiten. Die Standardkonsolen, die mit Windows Server 2003 ausgeliefert werden, enthalten ein oder mehrere Snap-Ins, die für eine bestimmte Aufgabe vorgesehen sind. MMCs lassen sich aber auch so zusammenstellen, dass sie für die Anforderungen des Administrators und für die zu erledigende Aufgabe maßgeschneidert sind. Zudem unterstützen viele MMC-Snap-Ins auch die Remote-Administration, sodass Sie eine Verbindung mit einem anderen Computer herstellen und diesen Computer verwalten können, ohne auf das „Turnschuh-Netz“ (der Gang zum betreffenden Computer) angewiesen zu sein.

Zur Verwaltung von Remotesystemen bietet Windows Server 2003 noch einige andere wichtige Optionen. Wenn Sie eine bessere Kontrolle brauchen, als sich durch eine Remoteverbindung mit MMC-Snap-Ins erreichen lässt, können Sie auf **Remotedesktop**

für Verwaltung und **Remoteunterstützung** zurückgreifen. **Remotedesktop für Verwaltung** öffnet eine Sitzung, die Ihnen die vollständige Kontrolle über ein Remotesystem gibt, so als wären Sie lokal an der Konsole des betreffenden Computers angemeldet. Remotedesktop ähnelt einer „Fernsteuerungssoftware" wie PCAnywhere oder Virtual Network Computer (VNC), ist aber vollständig in Microsoft Windows XP und Windows Server 2003 integriert. **Remoteunterstützung** wird für die Verbindung mit einer bestehenden Sitzung auf einem Remotecomputer verwendet und ermöglicht ihnen, sich anzusehen, was ein anderer Benutzer in der betreffenden Sitzung tut, und gibt Ihnen sogar die Kontrolle über das Geschehen. **Remoteunterstützung** eignet sich besonders zur Unterstützung von Benutzern, wobei Sie dem Benutzer direkt helfen können.

Schließlich unterstützt Windows Server 2003 die herkömmlichen Terminaldienste, sodass mehrere Benutzer auf demselben Server Sitzungen eröffnen oder eine Verbindung mit vorhandenen Sitzungen herstellen können. Die Terminaldienste und der Remotedesktopclient verringern die Kosten von Support und Verwaltung, weil die Installation und Konfiguration von Anwendungen nur einmal erfolgt, nämlich auf dem Terminalserver. Die Desktops der Benutzer dienen als „Terminals" und setzen nur ein Betriebssystem und den Remotedesktopclient voraus. Benutzer können auch mit einem sehr einfachen Client auf Hardware- oder Softwarebasis eine Verbindung mit einem Terminalserver herstellen. Dieses Kapitel beschreibt jede dieser Optionen für die Verwaltung und Unterstützung von lokalen Systemen und Remotesystemen.

Lektionen in diesem Kapitel:

Bevor Sie beginnen

Für das Durcharbeiten der Übungen in diesem Kapitel gelten folgende Voraussetzungen:

- Sie müssen über einen Computer verfügen, auf dem Windows Server 2003 installiert ist. Um die Aufgaben wie vorgegeben bearbeiten zu können, sollte Ihr Server **Server01** heißen und als Domänencontroller in der Domäne **contoso.com** fungieren.
- Sie müssen über ein ordnungsgemäß konfiguriertes und funktionierendes TCP/IP-Netzwerk (Transmission Control Protocol/Internet Protocol) verfügen, zu dem Ihre Konsole sowie Zielcomputer für die Remoteverwaltung eine Verbindung herstellen können (zur Administration von Remotecomputern).
- Sie müssen über einen zweiten Windows Server 2003-Computer namens **Server02** verfügen, der als Mitgliedsserver der Domäne **contoso.com** konfiguriert ist.

Lektion 1: Die Microsoft Management Console

Die Grundlage der Verwaltung von Windows Server 2003 ist die Microsoft Management Console (MMC). Die MMC stellt eine standardisierte, gemeinsame Oberfläche für ein oder mehrere Tools bereit, die so genannten *Snap-Ins*, die jeweils auf bestimmte Aufgaben spezialisiert sind. Bei den Standardtools zur Verwaltung von Windows Server 2003 handelt es sich um MMCs mit einem oder mehreren Snap-Ins, die jeweils einem speziellen Zweck dienen. Das Verwaltungstool **Active Directory-Benutzer und -Computer** ist beispielsweise eine MMC mit dem Snap-In **Active Directory-Benutzer und -Computer**.

Am Ende dieser Lektion werden Sie in der Lage sein, die folgenden Aufgaben auszuführen:

- Konfigurieren einer MMC mit einzelnen Snap-Ins
- Konfigurieren einer MMC mit mehreren Snap-Ins
- Speichern einer MMC-Konsole im Autoren- oder Benutzermodus

Veranschlagte Zeit für diese Lektion: 15 Minuten

Die MMC

Die MMC ist ein Grundgerüst mit zwei Anzeigeflächen, nämlich der *Konsolenstruktur*, auch *Bereichsansicht* genannt, und der *Detailansicht*. Menüs und Symbolleisten bieten in einer MMC Befehle zur Bearbeitung der übergeordneten und untergeordneten Fenster, der Snap-Ins und der Konsole selbst an.

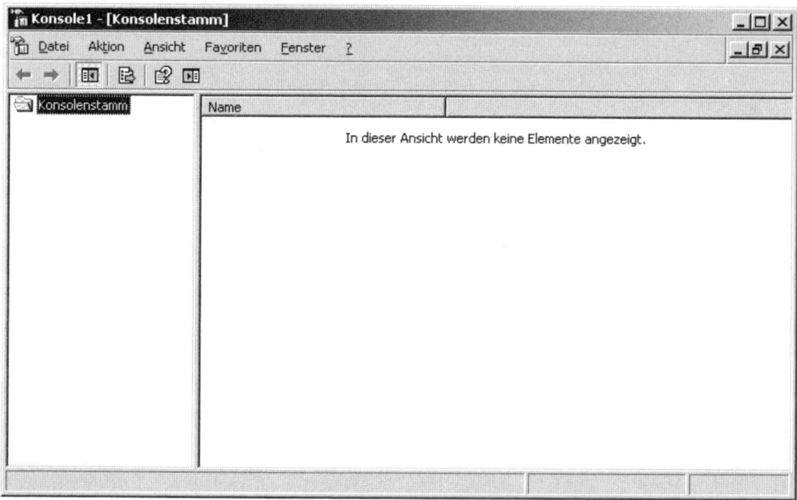

Abbildung 2.1 Eine leere MMC

Navigation in der MMC

Abbildung 2.1 zeigt eine leere MMC. Beachten Sie, dass die Konsole über einen Namen verfügt und dass ein Konsolenstamm vorhanden ist. Zu diesem Konsolenstamm werden die gewählten Snap-Ins hinzugefügt.

Jede Konsole besteht aus Konsolenstruktur, Konsolenmenü und Symbolleisten sowie einem Detailbereich. Die Inhalte dieser Elemente variiert in Abhängigkeit von Design und Funktionsumfang des verwendeten Snap-Ins. Abbildung 2.2 zeigt eine MMC mit zwei geladenen Snap-Ins.

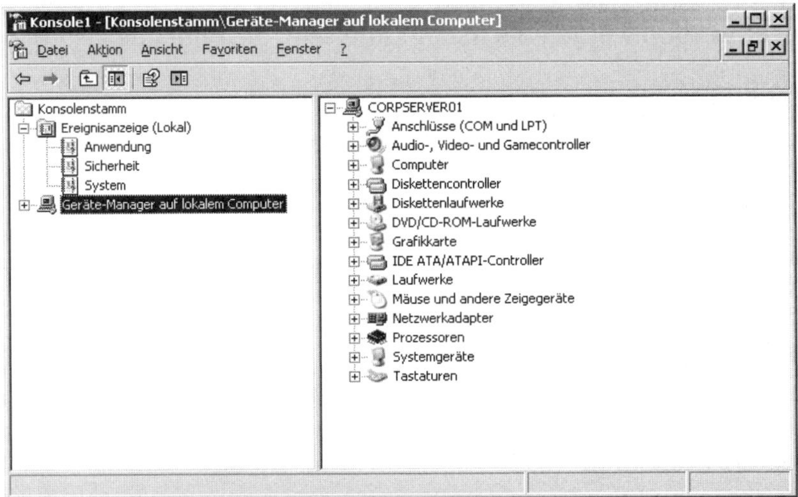

Abbildung 2.2 Eine MMC mit zwei Snap-Ins

Tabelle 2.1 Häufig verwendete MMC-Menüs und -Befehle

Menü	Befehle
Datei	Erstellen einer neuen Konsole, Öffnen einer vorhandenen Konsole, Hinzufügen oder Entfernen von Snap-Ins zu/aus einer Konsole, Festlegen von Optionen für das Speichern einer Konsole, Anzeigen einer Liste der vor Kurzem verwendeten Konsolendateien, Befehl zum Beenden
Aktion	Variiert nach Snap-In, enthält jedoch im Allgemeinen Snap-In-spezifische Funktionen zum Exportieren, Ausgeben und Konfigurieren sowie Hilfefunktionen
Ansicht	Variiert nach Snap-In, umfasst jedoch eine Anpassungsoption zum Ändern allgemeiner Konsoleneigenschaften
Favoriten	Ermöglicht das Hinzufügen und Strukturieren gespeicherter Konsolen
Fenster	Öffnen eines neuen Fensters, Anordnen der Fenster (überlappend oder untereinander), Wechseln zwischen den geöffneten untergeordneten Fenstern in der Konsole
Hilfe	Allgemeines Hilfemenü für die MMC sowie die geladenen Snap-In-Hilfemodule

Einsatz der MMC-Menüs und -Symbolleisten

Obgleich jedes Snap-In eigene Menü- und Symbolleistenelemente hinzufügt, stehen verschiedene Hauptmenüs und Befehle für die Standardsituationen zur Verfügung, die sich für praktisch alle Snap-Ins ergeben (siehe Tabelle 2.1).

Erweitern der MMC mit Snap-Ins

Jede MMC enthält eine Sammlung verschiedener Tools, die so genannten *Snap-Ins*. Ein Snap-In erweitert die MMC um spezifische Verwaltungsfunktionen. Es wird zwischen zwei Arten von Snap-Ins unterschieden, den eigenständigen Snap-Ins und den Erweiterungen.

Eigenständige Snap-Ins

Eigenständige Snap-Ins werden durch den Entwickler einer Anwendung bereitgestellt. Sämtliche Verwaltungstools für Windows Server 2003 beispielsweise stehen entweder als einzelne Snap-In-Konsolen oder in Form von vorkonfigurierten Kombinationen aus Snap-Ins für bestimmte Aufgaben zur Verfügung. Die Konsole **Dateiserververwaltung** (**Filesvr.msc**) enthält z.B. Snap-Ins für die Konfiguration, Überwachung und Optimierung von Speicherplatz und Freigaben auf einem Dateiserver.

Erweiterungs-Snap-Ins

Erweiterungs-Snap-Ins, oder Erweiterungen, sind für die Verwendung innerhalb eigenständiger Snap-Ins konzipiert. Wenn Sie eine Erweiterung hinzufügen, stellt Windows Server 2003 die Erweiterung an eine geeignete Stelle im eigenständigen Snap-In.

Viele Snap-Ins können als eigenständiges Snap-In eingesetzt werden oder die Funktionalität von anderen Snap-Ins erweitern. Das Snap-In **Ereignisanzeige** kann beispielsweise als eigenständiges Snap-In laufen, wie in der Konsole **Ereignisanzeige**, und ist zudem als Erweiterung für das Snap-In **Computerverwaltung** verfügbar.

Erstellen einer benutzerdefinierten MMC

Sie können eines oder mehrere Snap-Ins nehmen und damit maßgeschneiderte MMCs erstellen, mit denen Sie die für die Administration erforderlichen Programme ergänzen können.

Gehen Sie zur Erstellung einer benutzerdefinierten MMC folgendermaßen vor:

1. Klicken Sie auf **Start** und anschließend auf **Ausführen**.
2. Geben Sie im Textfeld **Öffnen** den Befehl **mmc** ein, und klicken dann auf **OK**. Eine leere MMC wird angezeigt.
3. Klicken Sie im Menü **Datei** auf **Snap-In hinzufügen/entfernen.** Die MMC zeigt das Dialogfeld **Snap-In hinzufügen/entfernen** mit vorgewählter Registerkarte **Eigenständig** an. Beachten Sie bitte, dass noch keine Snap-Ins geladen wurden.

4. Öffnen Sie mit einem Klick auf **Hinzufügen** das Dialogfeld **Eigenständiges Snap-In hinzufügen**. Suchen Sie das gewünschte Snap-In heraus und klicken Sie dann auf **Hinzufügen**. Viele Snap-Ins erwarten von Ihnen dann die Angabe, ob der lokale Computer oder ein anderer Computer aus dem Netzwerk verwaltet werden soll.
5. Wenn Sie alle erforderlichen Snap-Ins hinzugefügt haben, schließen Sie die Dialogfelder.
6. Klicken Sie zur Speicherung der benutzerdefinierten MMC im Menü **Datei** auf **Speichern**.

Insidertipp Nehmen Sie sich ein paar Minuten Zeit, um Ihre täglichen Aufgaben zu analysieren, und fassen Sie sie nach Funktionstyp und Häufigkeit zusammen. Erstellen Sie zwei oder drei benutzerdefinierte Konsolen, welche die am häufigsten verwendeten Tools enthalten. Die Tatsache, dass Sie dann weniger häufig verschiedene Tools öffnen oder schließen bzw. zwischen diesen wechseln müssen, führt zu einer erheblichen Zeitersparnis.

Konsolenoptionen

Konsolenoptionen steuern die Funktionsweise einer MMC. Sie legen beispielsweise fest, welche Knoten in der Konsolenstruktur geöffnet werden können, welche Snap-Ins hinzugefügt und welche Fenster erstellt werden können. Sie können Konsolenoptionen im Dialogfeld **Optionen** konfigurieren, das Sie im Menü **Datei** mit einem Klick auf **Optionen** öffnen.

Autorenmodus

Wenn Sie eine Konsole im Autorenmodus speichern (dies ist die Standardeinstellung), ermöglichen Sie den Vollzugriff auf alle MMC-Funktionen. Zu diesen zählen beispielsweise:

- Hinzufügen oder Entfernen von Snap-Ins
- Erstellen von Fenstern
- Erstellen von Taskpadansichten und Tasks
- Anzeigen aller Bereiche der Konsolenstruktur
- Ändern der Konsolenoptionen
- Speichern der Konsole

Benutzermodi

Wenn Sie eine MMC mit bestimmten Funktionen bereitstellen möchten, können Sie den gewünschten Benutzermodus festlegen und die Konsole anschließend speichern. Per Voreinstellung werden Konsolen im Ordner **Verwaltung** des Benutzerprofils gespeichert. Tabelle 2.2 beschreibt die beim Speichern einer MMC verfügbaren Benutzermodi.

Tabelle 2.2 MMC-Benutzermodi

Art des Benutzermodus	Beschreibung
Vollzugriff	Ermöglicht Benutzern die Navigation zwischen Snap-Ins, das Öffnen von Fenstern und das Zugreifen auf alle Bereiche der Konsolenstruktur.
Beschränkter Zugriff, mehrere Fenster	Hindert Benutzer daran, neue Fenster zu öffnen oder auf bestimmte Bereiche der Konsolenstruktur zuzugreifen, ermöglicht jedoch das Anzeigen mehrerer Fenster in der Konsole.
Beschränkter Zugriff, Einzelfenster	Hindert Benutzer daran, neue Fenster zu öffnen oder auf bestimmte Bereiche der Konsolenstruktur zuzugreifen. Es kann nur ein Fenster in der Konsole angezeigt werden.

Hinweis MMCs haben nach ihrer Speicherung die Erweiterung *.msc. Die Konsole **Active Directory-Benutzer und -Computer** beispielsweise trägt den Namen **Dsa.msc** (Directory Services Administrator.msc).

Tipp Verwaltungskonsolen erstellen Sie für Ihre Administratoren, indem Sie benutzerdefinierte Konsolen speichern, bei Bedarf in einem eingeschränkten Benutzermodus, und die resultierenden .msc-Dateien für die betreffenden Personen bereitstellen. Jedes Snap-In, das in einer benutzerdefinierten Konsole eingesetzt wird, muss auf dem System installiert sein. Das bedeutet zum Beispiel, dass die Windows Server 2003-Verwaltungsprogramme (**Adminpak.msi**) auf dem System installiert sein müssen, wenn eine Konsole mit dem Snap-In **Active Directory-Benutzer und -Computer** funktionieren soll.

Praktische Übung: Erstellen und Speichern von Konsolen

In dieser Übung erstellen, konfigurieren und speichern Sie eine MMC.

Übung 1: Eine Konsole mit Ereignisanzeige

1. Klicken Sie auf **Start** und anschließend auf **Ausführen**.
2. Geben Sie im Feld **Öffnen** den Befehl **mmc** ein, und klicken Sie dann auf **OK**.
3. Maximieren Sie die Fenster **Konsole1** und **Konsolenstamm**.
4. Klicken Sie im Menü **Datei** auf **Optionen**, um den konfigurierten Konsolenmodus anzuzeigen.

   In welchem Modus wird die Konsole ausgeführt?

   ____

   ____

5. Stellen Sie sicher, dass in der Dropdownliste **Konsolenmodus** die Einstellung **Autorenmodus** angezeigt wird, und klicken Sie anschließend auf **OK**.

6. Klicken Sie im Menü **Datei** auf **Snap-In hinzufügen/entfernen**.

   Das Dialogfeld **Snap-In hinzufügen/entfernen** mit aktivierter Registerkarte **Eigenständig** wird angezeigt. Beachten Sie, dass keine Snap-Ins geladen sind.

7. Klicken Sie im Dialogfeld **Snap-Ins hinzufügen/entfernen** auf **Hinzufügen**, um das Dialogfeld **Eigenständiges Snap-In hinzufügen** einzublenden.

8. Markieren Sie das Snap-In **Ereignisanzeige**, und klicken Sie auf **Hinzufügen**.

   Das Dialogfeld **Computer auswählen** wird eingeblendet, in dem Sie den zu verwaltenden Computer auswählen können. Sie können das Snap-In **Ereignisanzeige** für den lokalen Computer hinzufügen, an dem Sie arbeiten, oder Sie können die Ereignisanzeige für einen Remotecomputer hinzufügen, sofern Ihr Computer Teil eines Netzwerks ist.

9. Aktivieren Sie die Option **Lokalen Computer**, und klicken Sie anschließend auf **Fertig stellen**.

10. Klicken Sie im Dialogfeld **Eigenständiges Snap-In hinzufügen** auf **Schließen** und anschließend im Dialogfeld **Snap-In hinzufügen/entfernen** auf **OK**.

    Im Konsolenstamm wird nun der Knoten **Ereignisanzeige (Lokal)** angezeigt. Sie können die Breite des Fensterbereichs mit der Konsolenstruktur anpassen und beliebige Knoten erweitern, die Sie anzeigen möchten.

11. Fügen Sie selbstständig das Snap-In **Geräte-Manager (Lokal)** hinzu.

12. Speichern Sie die MMC unter dem Namen **MeineEreignisse**.

Lernzielkontrolle

Die folgenden Fragen dienen dazu, die wichtigsten Lehrinhalte dieser Lektion zu vertiefen. Können Sie eine Frage nicht beantworten, arbeiten Sie das entsprechende Lektionsmaterial noch einmal durch, und versuchen Sie dann erneut, die Frage zu beantworten. Die Antworten auf die Lernzielkontrollfragen finden Sie im Abschnitt „Fragen und Antworten“ am Ende dieses Kapitels.

1. Wie lautet der Standardmodus, wenn Sie eine MMC erstellen?

   ____

2. Kann der Fokus für ein Snap-In gleichzeitig auf den lokalen Computer und einen Remotecomputer festgelegt werden?

   ____

   ____

3. Sie möchten den Zugriff beschränken, der mit einem Snap-In möglich ist. Wie erstellen Sie die MMC, die das Snap-In enthält?

   ____

   ____

Zusammenfassung der Lektion

Die Microsoft Management Console (MMC) ist ein leistungsfähiges Grundgerüst für die Organisation und Strukturierung von Snap-Ins. Die hierarchische Anzeige ähnelt der von Windows Explorer und bietet die bekannte Darstellung der Snap-In-Features in Form einer Ordnerstruktur. Es gibt zwei Arten von Snap-Ins, die eigenständigen und die Erweiterungs-Snap-Ins. Das Aussehen und Verhalten der Erweiterungs-Snap-Ins innerhalb der MMC richtet sich nach dem Kontext ihrer Platzierung. Jede Konsole kann in einem von zwei Arbeitsmodi konfiguriert werden, im Autoren- oder Benutzermodus. Der Benutzermodus bietet für eine gespeicherte Konsole verschiedene Stufen der Funktionsbeschränkung.

Lektion 2: Remoteverwaltung von Computern mithilfe der MMC

In Lektion 1 haben Sie erfahren, wie Sie eine benutzerdefinierte MMC mit Snap-Ins erstellen können, die zur Verwaltung von Remotecomputern vorgesehen sind. Außerdem erlauben viele Snap-Ins den Wechsel auf einen anderen Computer, indem man das Snap-In in der Konsolenstruktur mit der rechten Maustaste anklickt und einen Befehl wie **Verbindung mit anderem Computer herstellen, Verbindung mit Domäne herstellen, Verbindung mit Domänencontroller herstellen** oder ähnlich wählt. Die Verwendung der MMC zur Remoteverwaltung eines anderen Computers (wie in Abbildung 2.3 gezeigt) kann ihnen die Kosten und den Zeitaufwand eines persönlichen Gangs zu dem betreffenden Computer ersparen.

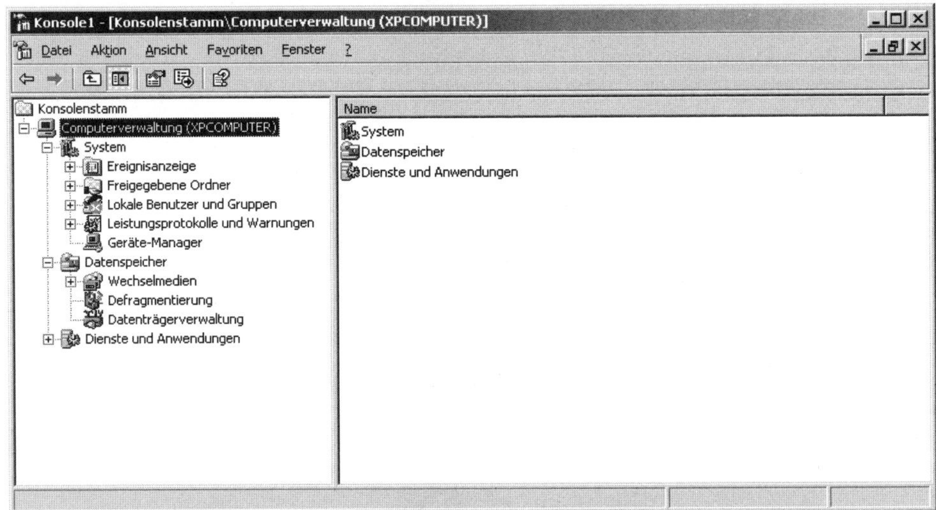

Abbildung 2.3 Verbindungsherstellung zu einem Benutzercomputer über die Konsole **Computerverwaltung**

Am Ende dieser Lektion werden Sie in der Lage sein, die folgende Aufgabe auszuführen:

- Erstellen einer MMC zur Remoteverwaltung eines Computers

Veranschlagte Zeit für diese Lektion: 10 Minuten

Einrichten des Snap-Ins für die Remoteverwendung

Zur Herstellung einer Verbindung mit und die Verwaltung von anderen Computersystemen mithilfe der Konsole **Computerverwaltung** müssen Sie die Konsole mit einem Konto starten, das über Administratorrechte auf dem Remotecomputer verfügt. Wenn Sie keine Administratorrechte auf dem Zielcomputer besitzen, werden Snap-Ins zwar geladen, bieten aber nur Lesezugriff oder zeigen gar keine Informationen an.

Tipp Sie können über die Funktion **Ausführen als** (der Befehl **RunAs**) eine sekundäre Anmeldung vornehmen und eine Konsole mit anderen Anmeldeinformationen starten als denen, mit denen Sie zurzeit angemeldet sind.

Wenn Sie zur Verwaltung eines Remotesystems bereit sind, können Sie eine vorhandene Konsole mit geladenem Snap-In öffnen oder eine neue MMC mit einem Snap-In einrichten, das Sie beim Hinzufügen für die Remoteverbindung konfigurieren. Wenn Sie ein Remotesystem mit der bereits vorhandenen Konsole **Computerverwaltung** verwalten möchten, führen Sie die folgenden Schritte aus:

1. Öffnen Sie die Konsole **Computerverwaltung**, indem Sie mit der rechten Maustaste auf **Arbeitsplatz** klicken und im Kontextmenü den Befehl **Verwalten** auswählen.
2. Klicken Sie in der Konsolenstruktur mit der rechten Maustaste auf den Knoten **Computerverwaltung**, und klicken Sie auf die Option **Verbindung zu anderem Computer herstellen**.
3. Geben Sie in das in Abbildung 2.4 gezeigte Dialogfeld den Namen oder die IP-Adresse des Computers ein, oder durchsuchen Sie das Netzwerk nach dem gewünschten Computer. Klicken Sie anschließend zur Verbindungsherstellung auf **OK**.

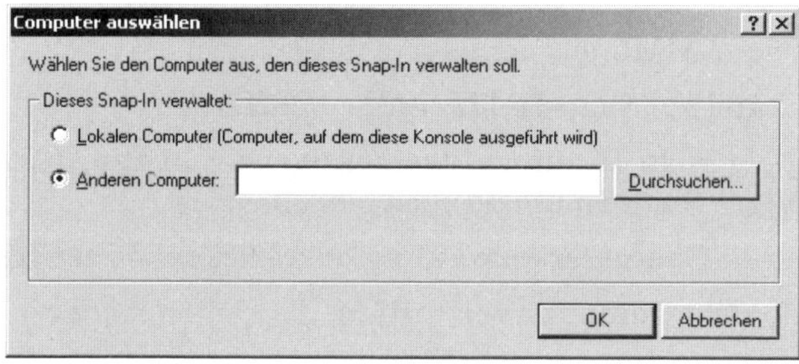

Abbildung 2.4 Festlegen eines lokalen Kontexts bzw. eines Remotekontexts für ein Snap-In

Nach der Verbindungsherstellung können Sie Verwaltungsaufgaben auf dem Remotecomputer ausführen.

Wenn Sie mit der MMC eine Verbindung mit einem Remotesystem herstellen, erfolgt der Verbindungsaufbau mithilfe von Remoteprozeduraufrufen (RPCs). Falls auf dem Remotesystem die Windows-Firewall aktiviert ist, werden in der Standardkonfiguration eingehende Verbindungsanforderungen abgelehnt. Um die Remoteverwaltung mit der MMC zu ermöglichen, konfigurieren Sie die Remoteverwaltungsausnahme. Durch diese Ausnahme werden die TCP-Ports 135 und 445 geöffnet und Programmausnahmen für **Svchost.exe** und **Lsass.exe** hinzugefügt, damit bestimmte Dienste zusätzliche, dynamisch zugewiesene Ports öffnen können, gewöhnlich im Bereich von 1024 bis 1034. Außerdem ist der Computer dadurch in der Lage, nicht angeforderten DCOM- und RPC-Datenverkehr anzunehmen (DCOM steht für Distributed Component Object Model).

Zur Konfiguration dieser Ausnahme öffnen Sie das lokale oder das Domänengruppenrichtlinienobjekt und navigieren zum Knoten **Computerkonfiguration**, **Administrative Vorlagen**, **Netzwerk**, **Netzwerkverbindungen**, **Windows-Firewall**. Dann öffnen Sie das

Domänenprofil. Es ist für die Einstellung der Firewall zuständig, solange der Computer mit der Domäne verbunden ist. Klicken Sie in der Detailansicht mit einem Doppelklick auf die Richtlinie **Windows-Firewall: Remoteverwaltungsausnahme zulassen**. Aktivieren Sie die Richtlinie und geben Sie die IP-Adressen an, von denen aus eine Remoteverwaltung durchgeführt werden darf.

Weitere Informationen über den Umgang mit Gruppenrichtlinienobjekten finden Sie im Hilfe- und Supportcenter und in der Onlinehilfe der Konsolen **Gruppenrichtlinienverwaltung** und **Gruppenrichtlinienobjekt-Editor**.

Praktische Übung: Hinzufügen eines Remotecomputers für die Verwaltung (optional)

Hinweis Zur Durchführung dieser Übung müssen Sie über einen Computer für eine Remoteverbindung verfügen und auf diesem Remotecomputer Administratorrechte besitzen.

Übung 1: Herstellen einer Remoteverbindung mithilfe der MMC

In dieser Übung bearbeiten Sie eine vorhandene MMC zur Verbindungsherstellung mit einem Remotecomputer.

1. Öffnen Sie die gespeicherte MMC aus der Übung in Lektion 1 (MeineEreignisse).
2. Klicken Sie im Menü **Datei** auf **Snap-In hinzufügen/entfernen**.
3. Klicken Sie im Dialogfeld **Snap-Ins hinzufügen/entfernen** auf **Hinzufügen**, um das Dialogfeld **Eigenständiges Snap-In hinzufügen** einzublenden.
4. Markieren Sie das Snap-In **Computerverwaltung**, und klicken Sie auf **Hinzufügen**.
5. Aktivieren Sie im Dialogfeld **Computerverwaltung** die Option **Anderen Computer**.
6. Geben Sie den Namen oder die IP-Adresse des Computers ein, oder durchsuchen Sie das Netzwerk nach dem gewünschten Computer. Klicken Sie anschließend auf **Fertig stellen**, um die Verbindung herzustellen.
7. Klicken Sie im Dialogfeld **Eigenständiges Snap-In hinzufügen** auf **Schließen**, und klicken Sie anschließend auf **OK**, um das Snap-In **Computerverwaltung** in die Konsole **MeineEreignisse** zu laden.

   Sie können den Remotecomputer nun mithilfe der Verwaltungstools verwalten.

Lernzielkontrolle

Die folgenden Fragen dienen dazu, die wichtigsten Lehrinhalte dieser Lektion zu vertiefen. Können Sie eine Frage nicht beantworten, arbeiten Sie das entsprechende Lektionsmaterial noch einmal durch, und versuchen Sie dann erneut, die Frage zu beantworten. Die Antworten auf die Lernzielkontrollfragen finden Sie im Abschnitt „Fragen und Antworten“ am Ende dieses Kapitels.

1. Welche Anmeldeinformationen sind für die Verwaltung eines Remotecomputers mithilfe der MMC erforderlich?

2. Kann für bereits vorhandene MMC-Snap-Ins der lokale Kontext in einen Remotekontext geändert werden, oder muss für die Remoteverbindung ein Snap-In des gleichen Typs in die MMC geladen werden?

3. Stehen alle Funktionen innerhalb eines Snap-Ins, das auf einem lokalen Computer verwendet wird, auch bei einer Remoteverbindung zur Verfügung?

Zusammenfassung der Lektion

Viele MMC-Snap-Ins können nicht nur mit dem lokalen Computer eine Verbindung herstellen, sondern auch mit Remotecomputern. Sie können eine Verbindung mit einem Remotecomputer bereits beim Laden des Snap-Ins herstellen, oder nach dem Laden, indem Sie ein vorhandenes Snap-In mit der rechten Maustaste anklicken und den Befehl zur Verbindungsherstellung wählen. Sie müssen über Administratorrechte auf dem Zielcomputer verfügen, um einen Remotecomputer mit Snap-Ins verwalten zu können. Außerdem müssen Sie die Remoteverwaltungsausnahme konfigurieren, falls die Windows-Firewall aktiviert ist, damit eingehende Verbindungsanforderungen nicht abgelehnt werden.

Lektion 3: Verwalten von Servern mit dem Remotedesktop für Verwaltung

Mit der Windows 2000 Server-Familie wurde eine integriertes Paket aus Tools und Technologien eingeführt, das sowohl die Remoteverwaltung als auch die gemeinsame Verwendung von Anwendungen über die Terminaldienste ermöglicht. Diese Entwicklung wurde fortgesetzt: Die Terminaldienste sind nun wesentlicher Bestandteil der Windows Server 2003-Familie und gehören zu den Standardkomponenten. Der Remotedesktop wurde verbessert und ist im Installationsumfang enthalten: Mit nur einem Mausklick stehen auf einem Windows Server 2003-Computer zwei gleichzeitige Verbindungen für die Remoteverwaltung zur Verfügung. Durch das Hinzufügen der Terminalserverkomponente und eine geeignete Lizenzierungskonfiguration kann ein Administrator die Technologien zusätzlich so erweitern, dass mehrere Benutzer Anwendungen auf dem Server ausführen können. In dieser Lektion erfahren Sie, wie das Feature Remotedesktop für Verwaltung aktiviert wird.

Am Ende dieser Lektion werden Sie in der Lage sein, die folgenden Aufgaben auszuführen:

- Konfigurieren eines Servers zur Aktivierung von Remotedesktop für Verwaltung
- Zuweisen von Benutzern zu geeigneten Gruppen für die Remoteverwaltung von Servern
- Herstellen einer Serververbindung mit Remotedesktop für Verwaltung

Veranschlagte Zeit für diese Lektion: 15 Minuten

Aktivieren und Konfigurieren von Remotedesktop für Verwaltung

Die Terminaldienste ermöglichen die Verwendung von Remotedesktop, Remoteunterstützung und Terminalserver für die gemeinsame Anwendungsnutzung. Der Dienst wird standardmäßig auf Windows Server 2003 installiert und so konfiguriert, dass er Remotedesktop für Verwaltung unterstützt. Remotedesktop für Verwaltung erlaubt nur zwei gleichzeitige Remoteverbindungen und schließt nicht die Terminalserverkomponenten zur gemeinsamen Anwendungsnutzung ein. Aus diesem Grund sind die Systembelastung durch Remotedesktop für Verwaltung und die Lizenzierungsanforderungen nur gering. Sie müssen weitere Komponenten – Terminalserver und die Terminalserverlizenzierung – über das Programm **Software** der Systemsteuerung hinzufügen.

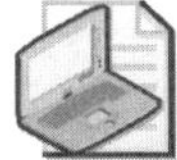

Hinweis Da es sich bei den Terminaldiensten und der davon abhängigen Funktion Remotedesktop für Verwaltung um Standardkomponenten von Windows Server 2003 handelt, können über jeden Server Remoteverbindungen für die Konsole bereitgestellt werden. Der Begriff „Terminalserver" bezieht sich nun auf einen Windows Server 2003-Computer, der nach Hinzufügen der Terminalserverkomponente mehreren Benutzern eine gemeinsame Anwendungsnutzung ermöglicht. Der Terminalserver wird in Lektion 5 ausführlicher besprochen.

Standardmäßig werden auf einem Windows Server 2003-Computer alle zur Konfiguration und Unterstützung von Clientverbindungen sowie zur Verwaltung der Terminaldienste erforderlichen Verwaltungstools installiert. Diese Tools und ihre jeweilige Funktion werden in Tabelle 2.3 beschrieben.

Tabelle 2.3 Standardkomponenten von Terminalserver und Remotedesktop

Installierte Software	Zweck
Terminaldienste-konfiguration	Festlegen von Eigenschaften auf dem Terminalserver, einschließlich Einstellungen für Sitzung, Netzwerk, Clientdesktop sowie Einstellungen für die Remoteüberwachung von Clients.
Terminaldienste-verwaltung	Senden von Nachrichten an verbundene Terminalserverclients, Trennen oder Abmelden von Sitzungen, Einrichten der Remoteüberwachung oder Shadowing von Sitzungen.
Installations-dateien für Remotedesktop-client	Installation der Windows Server 2003- oder Windows XP-Remotedesktop-client-Anwendung. Die 32-Bit-Remotedesktop-Clientsoftware lässt sich aus dem Pfad **%SystemRoot%\System32\Clients\Tsclient\Win32** des Terminalservers installieren.
Terminaldienste-lizenzierung	Konfiguration von Lizenzen für Clientverbindungen mit einem Terminalserver. Dieses Tool ist nicht in Umgebungen einsetzbar, die nur Remotedesktop für Verwaltung verwenden.

Zur Aktivierung von Remotedesktopverbindungen auf einem Windows Server 2003-Computer zeigen Sie zunächst in der Systemsteuerung die Systemeigenschaften an. Klicken Sie auf der Registerkarte **Remote** auf die Option **Remotedesktop auf diesem Computer aktivieren**.

Hinweis Wenn es sich bei dem Terminalserver um einen Domänencontroller handelt, müssen Sie zusätzlich die Gruppenrichtlinien auf dem Domänencontroller so konfigurieren, dass Terminaldiensteverbindungen für die Gruppe **Remotedesktopbenutzer** zugelassen sind. Domänencontroller erlauben standardmäßig nur Mitgliedern der Gruppe **Administratoren** eine Anmeldung über die Terminaldienste. Mitgliedsserver lassen standardmäßig eine Terminaldiensteverbindung für Mitglieder der Gruppe **Remotedesktopbenutzer** zu.

Remotedesktopverbindung

Remotedesktopverbindung ist die clientseitige Software zur Verbindungsherstellung mit einem Server im Remotedesktop- oder Terminalservermodus. Funktionell besteht aus Sicht des Clients kein Unterschied zwischen Remotedesktop für Verwaltung und Terminalserver.

Auf Windows XP- und Windows Server 2003-Computern wird die Remotedesktopverbindung standardmäßig installiert, wenn auch ihr Standardspeicherort in der Programmgruppe **Start\Programme\Zubehör\Kommunikation** nicht leicht zu finden ist.

Für andere Plattformen kann Remotedesktopverbindung von der Windows Server 2003-CD-ROM oder über den Clientinstallationsordner (**%SystemRoot%\System32\Clients\Tsclient\Win32**) von einem beliebigen Windows Server 2003-Computer installiert werden.

Das .msi-basierte Installationspaket für Remotedesktopverbindung kann auf Windows 2000-Systemen über Gruppenrichtlinien oder über SMS bereitgestellt werden.

Tipp Es wird empfohlen, ältere Versionen des Terminaldiensteclients auf die aktuellste Version von Remotedesktopverbindung zu aktualisieren, um eine möglichst effiziente, sichere und stabile Umgebung zu erhalten. Die neue Version von Remotedesktopverbindung bietet dies durch Verbesserungen wie eine überarbeitete Benutzeroberfläche, 128-Bit-Verschlüsselung und alternative Portauswahl.

Abbildung 2.5 zeigt den Remotedesktopclient, konfiguriert zur Verbindungsherstellung mit **Server01** in Domäne **contoso.com**.

Abbildung 2.5 Remotedesktopclient

Konfigurieren des Remotedesktopclients

Sie können eine Vielzahl von Aspekten der Remotedesktopverbindung sowohl von Client- als auch von Serverseite aus steuern. In Tabelle 2.4 werden die Konfigurationseinstellungen und ihre Verwendung aufgeführt. Sie verwalten die clientseitige Konfiguration im Remotedesktopclient. Die serverseitigen Einstellungen nehmen Sie in der Konsole **Terminaldienstekonfiguration** vor. Der größte Teil der serverseitigen Einstellungen ist im Dialogfeld **Eigenschaften** der Verbindung **RDP-Tcp** zu finden. Wenn sich Einstellungen des Servers und des Clients widersprechen, haben die Einstellungen des Servers Vorrang.

Tabelle 2.4 Remotedesktopeinstellungen

Einstellung	Funktion
Clienteinstellungen	
Allgemein	Optionen zur Auswahl des Computers, zu dem eine Verbindung hergestellt werden soll; Einstellung statischer Anmeldeinformationen und Option zum Speichern von Einstellungen für diese Verbindung.
Anzeige	Steuert die Größe und Farbtiefe des Remotedesktopclient-Fensters und enthält eine Option zur Anzeige der Verbindungsleiste im Vollbildmodus.
Lokale Ressourcen	Optionen zur Konfiguration von Sound-, Maus- und Tastaturereignissen sowie der Bildschirmausgabe auf dem lokalen Computer. Hier können Sie festlegen, wie Windows-Tastaturkombinationen durch den Remotecomputer interpretiert werden (z.B. ALT+TAB) und ob lokale Verbindungen mit Datenträgern, Druckern und Anschlüssen für die Remoteverbindung zur Verfügung stehen sollen.
Programme	Hier können Sie Pfad und Zielordner für Programme festlegen, die nach der Verbindungsherstellung gestartet werden sollen.
Erweitert	Auf dieser Registerkarte können basierend auf der verfügbaren Bandbreite zwischen Remotecomputer und lokalem Computer verschiedene Anzeigefunktionen aktiviert oder deaktiviert werden. Hier können Elemente wie Desktophintergrund, Anzeige des Fensterinhalts beim Ziehen, Menü- und Fensteranimationen, Designs und Bitmapcaching aktiviert oder deaktiviert werden (bei aktivierter Bitmapzwischenspeicherung werden nur die Bildschirmänderungen übertragen, statt bei jeder Aktualisierung den gesamten Bildschirm neu aufzubauen).
Servereinstellungen	
Anmeldeeinstellungen	Hier können statische Anmeldeinformationen für die Verbindung angegeben werden, die anstelle der vom Client bereitgestellten Daten verwendet werden.
Sitzungen	Hier können Sie Einstellungen zum Beenden einer getrennten Verbindung, Sitzungslimits und Leerlaufzeitlimit sowie Einstellungen zum erneuten Verbindungsaufbau konfigurieren, die die Clienteinstellungen außer Kraft setzen.
Umgebung	Überschreibt für diese Verbindung Einstellungen aus dem Benutzerprofil, welche das Starten von Programmen nach Verbindungsherstellung betreffen. Hier festgelegte Pfad- und Zieleinstellungen überschreiben die der Remotedesktopverbindung.
Berechtigungen	Ermöglicht das Festlegen zusätzlicher Berechtigungen für diese Verbindung.
Remoteüberwachung	Legt fest, ob eine Remoteüberwachung in einer Remotedesktopverbindungssitzung möglich ist, und falls ja, ob der Benutzer zu Beginn der Remoteüberwachungssitzung eine entsprechende Berechtigung erteilen muss. Zusätzliche Einstellungen können die Remoteüberwachungssitzung auf eine Anzeige beschränken oder eine vollständige Interaktion mit der Remotedesktopclientsitzung ermöglichen.
Clienteinstellungen	Setzt Einstellungen aus der Clientkonfiguration außer Kraft, steuert die Farbtiefe und deaktiviert verschiedene Kommunikationsports (E/A).
Netzwerkadapter	Gibt an, welche Netzwerkkarten auf dem Server Verbindungen über Remotedesktop für Verwaltung akzeptieren.
Allgemein	Legt die Verschlüsselungsstärke und den Authentifizierungsmechanismus für Serververbindungen fest.

Tipp Sie können Verbindungen für Remotedesktop für Verwaltung auch mit dem Snap-In **Remotedesktops** oder mit dem Befehl **Mstsc.exe** herstellen. Diese beiden Clients unterstützen die Verbindung mit der Konsolensitzung (Sitzung 0) eines Servers. Sie ist mit der Sitzung identisch, die Sie bei einer interaktiven Anmeldung beim Server erhalten. In einer Konsolensitzung können Sie Arbeiten durchführen, die in anderen Sitzungen mit Remotedesktop für Verwaltung (Sitzungen 1 oder 2) nicht erlaubt sind.

Problembehandlung der Terminaldienste

Bei Einsatz von Remotedesktop für Verwaltung stellen Sie eine Verbindung mit einer Sitzung auf dem Server her. Für fehlgeschlagene Verbindungen oder problematische Sitzungen gibt es verschiedene mögliche Ursachen:

- **Netzwerkfehler** Fehler in der standardmäßigen TCP/IP-Netzwerkkonfiguration können zu Fehlern oder Unterbrechungen bei einer Remotedesktopverbindung führen. Funktioniert DNS nicht ordnungsgemäß, kann ein Client den Server möglicherweise nicht anhand des Namens ermitteln. Liegt ein Routingproblem vor oder wurde der Port für die Terminaldienste (standardmäßig Port 3389) nicht ordnungsgemäß auf Client oder Server konfiguriert, kann die Verbindung nicht hergestellt werden.
- **Firewall-Einstellungen** Remotedesktop und Terminaldienste benutzen standardmäßig Port 3389. Jede Firewall, die sich auf dem Server oder zwischen Server und Client befindet, muss den TCP-Port 3389 offen lassen. Sie können den Port als Portausnahme definieren oder die vorkonfigurierte Ausnahme für Remotedesktop aktivieren.
- **Anmeldeinformationen** Benutzer müssen der Gruppe **Administratoren** oder **Remotedesktopbenutzer** angehören, um über Remotedesktop für Verwaltung eine Serververbindung herstellen zu können.

Prüfungstipp Prüfen Sie die Gruppenmitgliedschaften, wenn der Zugriff bei der Einrichtung einer Verbindung über Remotedesktop für Verwaltung verweigert wird. In früheren Versionen des Terminalservers mussten Sie zur Verbindungsherstellung mit dem Server der Gruppe der Administratoren angehören, obgleich spezielle Berechtigungen manuell eingerichtet werden konnten. Nun können Sie auf Mitgliedsservern und Arbeitsstationen Mitglied der Gruppe **Remotedesktopbenutzer** sein. In der Praxis können Sie jedem Benutzer oder jeder Gruppe mithilfe der Gruppenrichtlinien das Recht zur Anmeldung über die Terminaldienste gewähren. Allerdings können Sie die Standardbeschränkung auf zwei gleichzeitige Verbindungen für Remotedesktop für Verwaltung nicht aufheben.

- **Richtlinien** Auf einem Domänencontroller kann nur ein Administrator Verbindungen über Remotedesktop herstellen. Sie müssen für alle anderen Remotebenutzerverbindungen die Sicherheitsrichtlinien des Domänencontrollers ändern, wenn solche Verbindungen zulässig sein sollen.

- **Zu viele gleichzeitige Verbindungen** Wenn Sitzungen ohne Abmeldung getrennt werden, wurde aus Sicht des Servers möglicherweise das Limit für gleichzeitige Verbindungen erreicht, obwohl zu diesem Zeitpunkt nicht zwei Personen eine Verbindung hergestellt haben. Vielleicht hat ein Administrator eine Remotesitzung geschlossen, ohne sich abzumelden. Wenn zwei weitere Administratoren versuchen, eine Verbindung zum Server herzustellen, dann gelingt dies nur einem der beiden, da dann das Limit der zwei gleichzeitigen Verbindungen erreicht ist. In der Terminaldiensteverwaltung können Sie nach offenen, unbenutzten und unnötigen Sitzungen suchen und diese Sitzungen beenden.

Weitere Informationen Weitere Informationen über die Terminaldienste und den Remotedesktopclient finden Sie in Lektion 5.

Praktische Übung: Installieren der Terminaldienste und Durchführen der Remoteverwaltung

In dieser Lektion erfahren Sie, wie **Server01** zur Aktivierung von Verbindungen für Remotedesktop für Verwaltung konfiguriert wird. Anschließend optimieren Sie **Server01**, um die Verfügbarkeit der Verbindung sicherzustellen, wenn die Verbindung nicht in Verwendung ist, und Sie beschränken die Anzahl der gleichzeitigen Verbindungen auf eine. Anschließend führen Sie eine Remoteverwaltungssitzung von **Server02** (oder einem anderen Remotecomputer) aus.

Wenn Ihnen für diese praktische Übung nur ein Computer zur Verfügung steht, können Sie den Remotedesktopclient dazu einsetzen, eine Verbindung zu den Terminaldiensten auf demselben Computer herzustellen. Passen Sie die Verweise auf einen Remotecomputer in dieser Übung auf den lokalen Computer an.

Übung 1: Konfigurieren des Servers für Remotedesktop

In dieser Übung aktivieren Sie Remotedesktopverbindungen, ändern die Anzahl gleichzeitiger Serververbindungen und konfigurieren Einstellungen für das Trennen von Verbindungen.

1. Melden Sie sich als Administrator an **Server01** an.
2. Öffnen Sie über die Systemsteuerung das Dialogfeld **Systemeigenschaften**.
3. Aktivieren Sie auf der Registerkarte **Remote** den Remotedesktop. Schließen Sie das Dialogfeld **Systemeigenschaften**.
4. Öffnen Sie die Konsole **Terminaldienstekonfiguration** über den Ordner **Verwaltung**.
5. Klicken Sie in der MMC **tscc-[Terminaldienstekonfiguration\Verbindungen]** im Detailbereich mit der rechten Maustaste auf die Verbindung **RDP-Tcp**, und klicken Sie auf **Eigenschaften**.
6. Ändern Sie auf der Registerkarte **Netzwerkadapter** den Wert für **Maximale Verbindungen** in **1**.
7. Aktivieren Sie auf der Registerkarte **Sitzungen** beide Kontrollkästchen mit der Bezeichnung **Benutzereinstellungen außer Kraft setzen**, und ändern Sie die Einstellun-

gen folgendermaßen ab: getrennte Verbindungen werden nach 15 Minuten geschlossen, es gilt kein Zeitlimit für aktive Verbindungen, das Leerlaufsitzungslimit beträgt 15 Minuten.

- Getrennte Sitzung beenden: 15 Minuten
- Zeitlimit für aktive Sitzungen: Nie
- Leerlaufsitzungslimit: 15 Minuten
- Wenn das Sitzungslimit erreicht oder die Verbindung getrennt wurde: Sitzung trennen

Diese Konfiguration stellt sicher, dass immer nur eine Person eine Verbindung zum Terminalserver aufbauen kann, dass getrennte Sitzungen nach 15 Minuten geschlossen werden und dass im Leerlauf befindliche Sitzungen nach 15 Minuten getrennt werden. Anhand dieser Einstellungen wird sichergestellt, dass keine getrennte oder im Leerlauf befindliche Verbindung eine Verbindungsherstellung zu Remotedesktop für Verwaltung verhindert.

Übung 2: Verbindungsherstellung zum Server mit dem Remotedesktopclient

1. Öffnen Sie auf **Server02** (oder einem anderen Remotecomputer bzw. auf **Server01**, wenn kein Remotecomputer zur Verfügung steht) das Dialogfeld **Remotedesktopverbindung** (klicken Sie auf **Zubehör** und **Kommunikation**), stellen Sie eine Verbindung zu **Server01** her, und melden Sie sich an **Server01** an.
2. Öffnen Sie auf **Server01** die **Terminaldiensteverwaltung** (über das Menü **Verwaltung** oder durch Start von **Tsadmin.exe**). Sie sollten die mit **Server01** aufgebaute Remotesitzung sehen.
3. Belassen Sie die Sitzung für 15 Minuten im Leerlauf, oder schließen Sie den Remotedesktopclient, ohne sich vom Terminalserver abzumelden. Die Sitzung sollte in diesem Fall nach 15 Minuten automatisch getrennt werden.

Sie sind nun per Remoteverbindung an **Server01** angemeldet und können Aufgaben auf **Server01** ausführen, als wären Sie interaktiv an der Konsole angemeldet.

Lernzielkontrolle

Die folgenden Fragen dienen dazu, die wichtigsten Lehrinhalte dieser Lektion zu vertiefen. Können Sie eine Frage nicht beantworten, arbeiten Sie das entsprechende Lektionsmaterial noch einmal durch, und versuchen Sie dann erneut, die Frage zu beantworten. Die Antworten auf die Lernzielkontrollfragen finden Sie im Abschnitt „Fragen und Antworten“ am Ende dieses Kapitels.

1. Wie viele gleichzeitige Verbindungen können zu einem Terminalserver hergestellt werden, der im Remoteverwaltungsmodus ausgeführt wird? Begründen Sie Ihre Antwort.

___

___

___

2. Wie können Sie Administratoren am besten eine Remoteserververwaltung über die Terminaldienste ermöglichen?
   a. Es sind keine Schritte erforderlich; Administratoren haben per Voreinstellung Zugriff.
   b. Entfernen Sie die Administratoren aus der Berechtigungsliste für die Terminalserververbindung, und bringen Sie die Administratorkonten in der Gruppe **Remotedesktop für Verwaltung** unter.
   c. Erstellen Sie für die tägliche Arbeit ein separates Benutzerkonto mit eingeschränktem Berechtigungsumfang für Administratoren, und stellen Sie dieses Konto in die Gruppe **Remotedesktop für Verwaltung**.
3. Welches Tool wird zur Aktivierung von Remotedesktop auf einem Server eingesetzt?
   a. Terminaldiensteverwaltung
   b. Terminaldienstekonfiguration
   c. **Systemeigenschaften** in der Systemsteuerung
   d. Terminaldienstelizenzierung

Zusammenfassung der Lektion

Administratoren und Mitglieder der Gruppe **Remotedesktopbenutzer** können über Remotedesktopverbindung eine Verbindung zu einem Server herstellen. Die Terminaldienste werden standardmäßig auf Windows Server 2003 installiert und ermöglichen bis zu zwei gleichzeitige Verbindungen für Remotedesktop für Verwaltung. Der Client für Remotedesktopverbindung, eine Standardkomponente von Windows XP und Windows Server 2003, kann über die Windows Server 2003-Installations-CD-ROM oder (nach Freigabe des Verzeichnisses) von einem beliebigen Windows Server 2003-Computer aus auf jeder 32-Bit Windows-Plattform installiert werden. Die Konfiguration von Verbindungen für Remotedesktop für Verwaltung erfolgt über Einstellungen auf dem Client (Remotedesktopverbindung) und dem Server (Terminaldienstekonfiguration). Wichtige Verbindungseinstellungen können über den Server geändert werden.

Lektion 4: Einsatz der Remoteunterstützung

Computerbenutzer, besonders Benutzer ohne technischen Hintergrund, haben häufig Konfigurationsprobleme oder Fragen zur Bedienung, die für einen Support-Mitarbeiter, Freund oder Familienangehörigen per Telefon nur schwer zu diagnostizieren und zu beheben sind. Die Remoteunterstützung bietet Benutzern die Möglichkeit, auf einfachere Weise die benötigte Hilfe anzufordern, und trägt durch die Entlastung des unternehmenseigenen Helpdesks dazu bei, die Kosten für den Benutzersupport zu senken.

Am Ende dieser Lektion werden Sie in der Lage sein, die folgenden Aufgaben auszuführen:

- Aktivieren eines Computers für Remoteunterstützungsanforderungen
- Anfordern von Remoteunterstützung und Aufbauen einer Remoteunterstützungssitzung über eine der verfügbaren Methoden

Veranschlagte Zeit für diese Lektion: 30 Minuten

Grundlagen der Remoteunterstützung

Mithilfe der Remoteunterstützung, die unter Windows Server 2003 und Windows XP verfügbar ist, kann ein Administrator oder ein Supportmitarbeiter eine Verbindung zu dem Computer eines Benutzers herstellen, mit dem Benutzer kommunizieren und sich ansehen, was der Benutzer gerade macht, oder selbst die Kontrolle über Tastatur und Maus übernehmen.

Hinweis In der Dokumentation und den Schnittstellenbeschreibungen von Microsoft wird die Person, die zur Remoteunterstützung eine Verbindung mit einem Client herstellt, als Experte oder Helfer bezeichnet.

Durch die Remoteunterstützung ist es aus einem der folgenden Gründe häufig nicht mehr erforderlich, dass ein Administrator den betreffenden Benutzer persönlich aufsucht:

- **Technische Unterstützung** Ein Systemadministrator oder Helpdeskmitarbeiter kann mithilfe der Remoteunterstützung eine Verbindung mit einem Remotecomputer herstellen und dessen Konfiguration ändern, neue Software installieren oder versuchen, Probleme des Benutzers zu lösen.
- **Problembehandlung** Durch eine Verbindung im schreibgeschützten Modus kann ein Experte die Handlungen eines Remotebenutzers verfolgen und zu erkennen versuchen, ob eine unpassende Vorgehensweise die Quelle der Probleme ist, die den Benutzer plagen. Der Experte kann auch eine Verbindung im interaktiven Modus herstellen und versuchen, das Problem zu reproduzieren oder zur Behebung des Problems die Systemeinstellung zu verändern. Das ist wesentlich effizienter als der Versuch, unerfahrenen Benutzern per Telefon irgendwelche Anweisungen zu geben.
- **Training** Trainer und Helfer können den Benutzern bestimmte Vorgehensweisen demonstrieren, ohne zu den Benutzern gehen oder reisen zu müssen.

Konfiguration der Remoteunterstützung

Damit ein Windows XP- oder Windows Server 2003-Computer für die Remoteunterstützung zugänglich wird, muss die Remoteunterstützung auf eine der folgenden Weisen konfiguriert werden:

- **Mithilfe der Systemeigenschaften** Öffnen Sie in der Systemsteuerung das Programm **System** und klicken Sie auf die Registerkarte **Remote**. Aktivieren Sie dann das Kontrollkästchen **Remoteunterstützung aktivieren und das Senden von Einladungen von diesem Computer zulassen**.

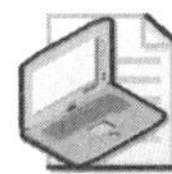

Hinweis Nach einem Klick auf die Schaltfläche **Erweitert** der Registerkarte **Remote** des Dialogfelds **Systemeigenschaften** kann der Benutzer festlegen, ob der Experte die Kontrolle über den Computer erhält oder nur die Aktivitäten auf dem Computer mitverfolgen kann. Der Benutzer kann auch die Zeitspanne angeben, für die eine Einladung zur Remoteunterstützung gültig bleiben soll.

- **Mithilfe der Gruppenrichtlinien** Navigieren Sie in einem lokalen oder einem zu einer Domäne gehörigen Gruppenrichtlinienobjekt zum Knoten **Computerkonfiguration**, **Administrative Vorlagen**, **System**, **Remoteunterstützung**, und aktivieren Sie die Richtlinie **Angeforderte Remoteunterstützung**.

Hinweis Mit der Richtlinie **Angeforderte Remoteunterstützung** können Sie auch festlegen, in welchem Umfang der Experte die Kontrolle über den Computer erhält, wie lange die Einladung gilt und wie die E-Mail-Einladungen versendet werden.

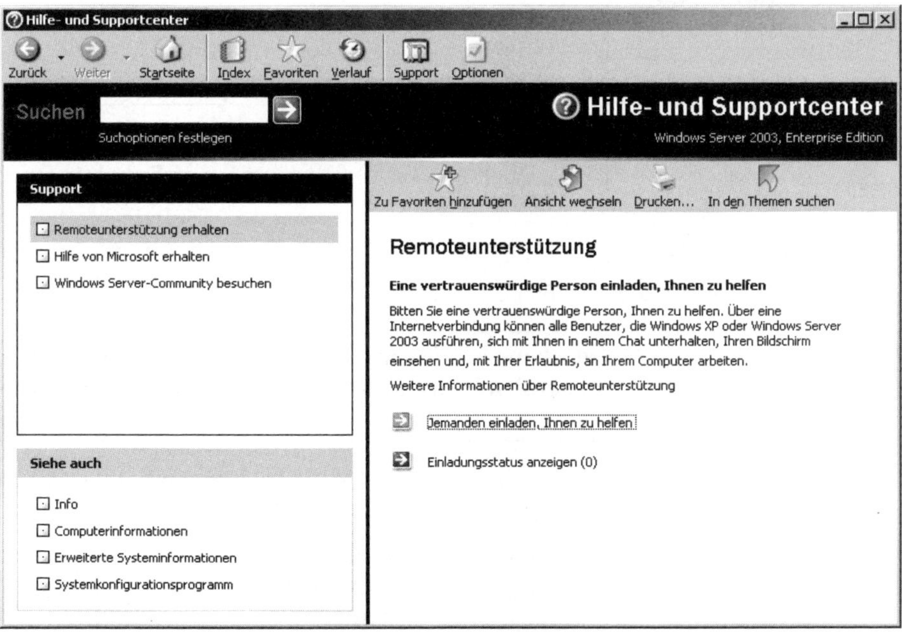

Abbildung 2.6 Anfordern von Remoteunterstützung im Hilfe- und Supportcenter

Erstellen einer Unterstützungseinladung

Um Remoteunterstützung zu erhalten, muss ein Client eine entsprechende Einladung verfassen und an den gewünschten Experten senden. Der Client kann die Einladung mit Windows Messenger, als E-Mail oder als Datei an den Experten senden. Abbildung 2.6 zeigt im Hilfe- und Supportcenter die Seite, die man zum Versenden einer Einladung verwenden kann.

Sicherheitshinweis Wenn der Benutzer per E-Mail oder Datei Remoteunterstützung anfordert, ist für die Remoteunterstützungssitzung ein Kennwort erforderlich, das beiden Beteiligten bekannt ist. Der Benutzer sollte ein komplexes Kennwort festlegen und dem Helfer dieses Kennwort in einem Telefongespräch mitteilen oder über eine sichere E-Mail zukommen lassen.

Wenn Sie den Windows Messenger-Dienst für Ihre Remoteunterstützung verwenden möchten, müssen Sie in Ihrer Kontaktliste den für Windows Messenger gültigen Benutzernamen des gewünschten Experten zur Verfügung haben. Windows Messenger zeigt an, ob der Experte online ist oder nicht. Abbildung 2.7 veranschaulicht die Anforderung von Remoteunterstützung über Windows Messenger.

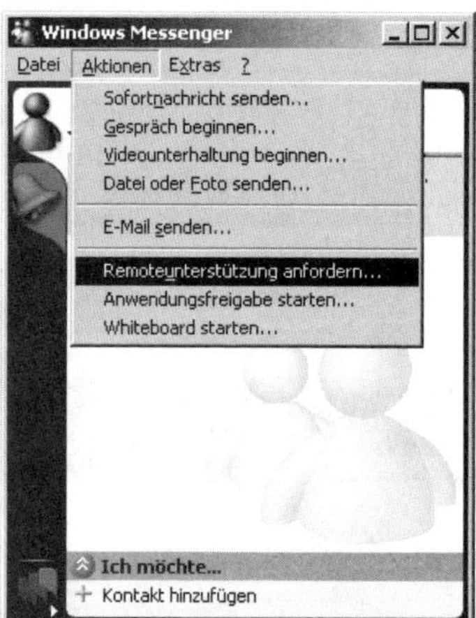

Abbildung 2.7 Anfordern von Remoteunterstützung

Hinweis Die Anzeige des Onlinestatus im Hilfefenster für die Remoteunterstützung ist nicht dynamisch; Sie müssen daher den Bildschirm aktualisieren, damit der aktuelle Status sichtbar wird.

Für eine erfolgreiche Anforderung per E-Mail müssen beide Computer einen MAPI-fähigen (Messaging Application Programming Interface) E-Mail-Client verwenden.

Als dritte Option können Sie die Einladung als Datei speichern und diese Datei auf einem Wechselmedium oder als E-Mail-Anhang an den Empfänger schicken, wobei die Voraussetzung eines MAPI-fähigen E-Mail-Clients entfällt.

Wenn ein Benutzer eine Einladung zur Remoteunterstützung übermittelt, sendet der Client ein verschlüsseltes Ticket auf Basis von XML an den Experten, der gebeten wird, die Einladung anzunehmen.

Annehmen einer Unterstützungseinladung

Wenn der Experte die Einladung zur Remoteunterstützung annimmt, kann er eine Verbindung mit dem Remotecomputer herstellen. Der Benutzer wird darüber informiert, dass der Experte eine Verbindung aufbaut, und er wird aufgefordert, die Remoteunterstützungssitzung zu bestätigen. Anschließend ist der Experte in der Lage, sich die Sitzung auf dem Remotecomputer direkt anzusehen. Der Experte und der Benutzer können online kommunizieren, um das Problem des Benutzers zu lösen. Außerdem lassen sich Dateien übertragen. Wenn der Experte die vollständige Kontrolle wünscht und die Konfiguration dies zulässt, wird der Benutzer wiederum aufgefordert, diesen Wunsch nach Kontrolle zu bestätigen.

Hinweis Die Remoteunterstützung bietet keine Möglichkeit, mit der Administratoren eine Benutzersitzung heimlich „ausspionieren" könnten. Jede Verbindung mit dem Experten muss vom Benutzer bestätigt werden.

Anbieten von Remoteunterstützung für einen Benutzer

Sie können die Remoteunterstützung auch so konfigurieren, dass Sie eine Problembehandlung einleiten können, ohne vom Benutzer eingeladen worden zu sein. Diese ungemein nützliche Option ermöglicht es den Helfern, Remoteunterstützungssitzungen zum Beispiel auf einen Telefonanruf hin einzuleiten. Der Benutzer braucht dann keine Einladung zu versenden.

Um diese Vorgehensweise zu ermöglichen, müssen Sie in den lokalen Gruppenrichtlinien des Zielcomputers (des Computers des Benutzers) die Richtlinie **Remoteunterstützung anbieten** aktivieren. Zu finden ist diese Richtlinie im Container **Computerkonfiguration**, **Administrative Vorlagen**, **System**, **Remoteunterstützung** und sie heißt **Remoteunterstützung anbieten**. Aktivieren Sie diese Richtlinie und geben Sie die Benutzerkonten der Helfer an, die Remoteunterstützung anbieten dürfen, ohne zuvor eine Einladung erhalten zu haben. Geben Sie die Konten in der Form **Domäne\Benutzername** an und sorgen Sie dafür, dass alle Helfer auf den Computern, mit denen Sie eine Remoteunterstützungsverbindung aufnehmen dürfen, Mitglieder der lokalen Gruppe **Administratoren** sind.

Tipp Die Richtlinie **Remoteunterstützung anbieten** ermöglicht Ihnen, die Namen von Benutzern oder Gruppen festzulegen, die als Experten angesehen werden. Darüber hinaus können Sie festlegen, ob diese Experten Arbeiten durchführen oder nur beobachten dürfen.

Ein Helfer kann nun mit der Remoteunterstützung für einen Benutzercomputer beginnen. Voraussetzung hierbei ist, dass die übermittelten Anmeldeinformationen mit denen eines in der Gruppenrichtlinie des Zielcomputers definierten Helfers übereinstimmen. Wenn Sie ohne Einladung eine Remoteunterstützung anbieten möchten, öffnen Sie das Hilfe- und Supportcenter, klicken auf **Tools** und anschließend auf **Programme des Hilfe- und Sup-**

portcenters. Klicken Sie als Nächstes auf **Anbieten von Remoteunterstützung**. Abbildung 2.8 zeigt die Programme des Hilfe- und Supportcenters. Geben Sie den Namen oder die IP-Adresse des Zielcomputers ein und klicken Sie auf **Verbinden**. Wenn mehrere Benutzer angemeldet sind, wählen Sie eine Benutzersitzung aus. Dann klicken Sie auf **Remoteunterstützung starten**.

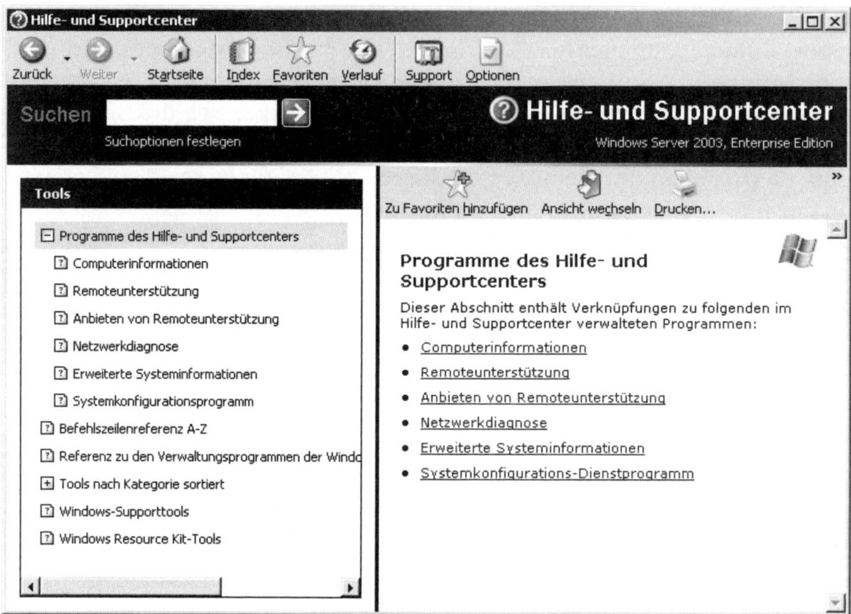

Abbildung 2.8 Die Programme des Hilfe- und Supportcenters

Der Benutzer erhält eine Popupmeldung mit dem Hinweis, dass ein Helfer eine Remoteunterstützungssitzung eingeleitet hat. Wenn der Benutzer dieses Hilfsangebot akzeptiert, kann die Remoteunterstützung fortgesetzt werden.

Absicherung der Remoteunterstützung

Da ein Experte, der einem Benutzer Remoteunterstützung anbietet, auf dem Remotecomputer nahezu jede Arbeit so durchführen kann, als wäre er ein lokaler Benutzer, kann dieses Feature ein beträchtliches Sicherheitsrisiko darstellen. Ein nichtautorisierter Benutzer, der per Remoteunterstützung die Kontrolle über einen Computer erlangt, kann großen Schaden anrichten. Allerdings wurde die Remoteunterstützung dahingehend ausgelegt, das Risiko möglichst klein zu halten. So weist die Remoteunterstützung unter anderem folgende Schutzmechanismen auf:

- **Einladungen** Keine Person kann per Remoteunterstützung eine Verbindung zu einem anderen Computer herstellen, wenn diese Person keine Einladung vom Client erhalten hat. Clients können die Gültigkeitsdauer ihrer Einladungen nach Tagen, Stunden und Minuten beschränken, um zu verhindern, dass Experten später eine Verbindung zum Computer herstellen.

- **Interaktiver Verbindungsaufbau** Wenn ein Experte die Einladung eines Clients annimmt und eine Verbindung mit dem Computer aufbauen möchte, muss ein Benutzer an der Clientkonsole anwesend sein, um dem Experten Zugriff zu gewähren. Sie können die Remoteunterstützung nicht verwenden, um eine Verbindung mit einem unbeaufsichtigten Computer herzustellen.
- **Clientseitige Kontrolle** Der Client hat stets die Kontrolle darüber, ob eine Remoteunterstützungsverbindung besteht. Er kann die Verbindung jederzeit beenden, indem er die ESC-Taste drückt oder auf der clientseitigen Remoteunterstützungsseite auf **Steuerung beenden (ESC)** klickt.
- **Remoteunterstützungskonfiguration** Mithilfe des Dialogfelds **Systemeigenschaften** oder der **Remoteunterstützung**-Gruppenrichtlinien können Benutzer und Administratoren festlegen, ob Experten die Erlaubnis erhalten, die Kontrolle über Clientcomputer zu übernehmen. Ein Experte, der nur Lesezugriff erhält, kann die Konfiguration des Computers in keiner Weise per Remoteunterstützung ändern. Mithilfe der Gruppenrichtlinien können Administratoren auch festlegen, welche Benutzer den Expertenstatus erhalten, damit niemand sonst per Remoteunterstützung eine Verbindung mit einem Clientcomputer herstellen kann, auch nicht mit der Erlaubnis des Clients.

Firewallbeschränkungen für die Remoteunterstützung

Die Remoteunterstützung setzt auf der Technologie der Terminaldienste auf, d.h. für die Remoteunterstützung muss derselbe Port verwendet werden wie für die Terminaldienste, Port 3389. Die Remoteunterstützung funktioniert nicht, wenn ausgehender Datenverkehr für Port 3389 blockiert ist. Zudem müssen noch weitere Ausnahmen festgelegt werden. Unter Windows XP verfügt die Windows-Firewall über eine vordefinierte Ausnahme für die Remoteunterstützung, die Sie aktivieren können. Konfigurieren Sie unter Windows Server 2003 folgende Ausnahmen oder verwenden Sie entsprechende Gruppenrichtlinien:

- TCP Port 135
- **%WinDir%\SYSTEM32\Sessmgr.exe**
- **%WinDir%\PCHealth\HelpCtr\Binaries\Helpsvc.exe**
- **%WinDir%\PCHealth\HelpCtr\Binaries\Helpctr.exe**

Zusätzlich gibt es verschiedene weitere Sicherheitsbedenken in Bezug auf die Firewall, insbesondere im Hinblick auf die Netzwerkadressübersetzung (Network Address Translation, NAT).

- Die Remoteunterstützung unterstützt UPnP (Universal Plug and Play) für NAT-Geräte. Dies ist besonders in kleineren Heimnetzwerken nützlich, da das Windows XP-Feature zur gemeinsamen Nutzung der Internetverbindung (Internet Connection Sharing, ICS) UPnP unterstützt. Windows 2000 ICS dagegen bietet *keine* Unterstützung für UPnP.

Prüfungstipp Achten Sie auf Fragen, bei denen Windows 2000 ICS für die Remoteunterstützung von einem großen Unternehmens-Helpdesk für ein kleines Zweigstellenbüro eingesetzt wird. Da Windows 2000 ICS keine Unterstützung für UPnP bietet, kommt es in diesen Fällen zu Problemen bei der Remoteunterstützung.

- Über die Remoteunterstützung werden Internet-IP-Adresse und Nummer des TCP-Ports auf dem UPnP NAT-Gerät ermittelt, und die Adresse wird in das verschlüsselte Ticket für die Remoteunterstützung eingefügt. Internet-IP-Adresse und TCP-Portnummer werden zur Verbindungsherstellung durch das NAT-Gerät vom Helfer oder von der anfordernden Arbeitsstation zum Einrichten einer Remoteunterstützungssitzung verwendet. Die Verbindungsanforderung für die Remoteunterstützung wird anschließend durch das NAT-Gerät an den Client weitergeleitet.
- Die Verbindung kann nicht hergestellt werden, wenn sich der anfordernde Benutzer hinter einem Nicht-UPnP NAT-Gerät befindet und die Einladungsdatei per E-Mail gesendet wird. Beim Senden einer Einladung über den Windows Messenger funktioniert ein Nicht-UPnP NAT-Gerät, wenn ein Client sich hinter einem NAT-Gerät befindet. Befinden sich Helfer und anfordernder Computer beide hinter einem Nicht-UPnP NAT-Gerät, schlägt die Verbindung zur Remoteunterstützung fehl.

Wenn Sie eine softwarebasierte, persönliche Firewall oder NAT in einer Heimumgebung einsetzen, können Sie die Remoteunterstützung ohne besondere Konfiguration nutzen.

Hinweis Der Windows Messenger-Dienst selbst ist davon abhängig, dass Port 1863 geöffnet ist.

Praktische Übung: Verwenden der Remoteunterstützung über Windows Messenger

Diese praktische Übung erfordert entweder einen Partner oder einen zweiten Computer zur Einrichtung der Remoteunterstützungssitzung. Auf **Server01** und **Server02** sollte der Windows Messenger mit zwei unterschiedlichen Konten installiert und konfiguriert sein. Falls Ihnen zur Durchführung dieser praktischen Übung nur ein Computer zur Verfügung steht, können Sie eine Remoteunterstützungssitzung einrichten, indem Sie zwei separate Windows Messenger-Konten auf einem Computer einrichten. Sie sind hierbei allerdings nicht in der Lage, die Bildschirmsteuerung zu übernehmen.

1. Öffnen Sie auf **Server02** (oder einem anderen Computer) den Windows Messenger, und melden Sie sich mit Ihrem Messenger-Konto 2 an.
2. Wählen Sie über das Windows Messenger-Fenster, an dem Sie mit Messenger-Konto 1 angemeldet sind, im Menü **Aktion** die Option **Remoteunterstützung anfordern**.
3. Wählen Sie im Dialogfeld **Remoteunterstützung anfordern** das Messenger-Konto 2, und klicken Sie auf **OK**.
4. Es folgt eine Reihe von Anforderungs- und Bestätigungsmeldungen zwischen den zwei Windows Messenger-Anwendungen. Klicken Sie in den verschiedenen Meldungen auf **Akzeptieren** oder **OK**, um die Remoteunterstützungssitzung einzurichten.
5. Zunächst wird die Remoteunterstützungssitzung im Modus **Bildschirm nur anzeigen** gestartet. Zur Übernahme der Steuerung des Benutzercomputers klicken Sie im oberen Bereich des Remoteunterstützungsfensters auf **Steuerung übernehmen**. Der andere Teilnehmer muss Ihre Anforderung zur Steuerungsübernahme akzeptieren.

Hinweis Die Steuerungsübernahme oder die Sitzung kann jederzeit sowohl durch den anfordernden Benutzer als auch durch den Helfer beendet werden.

Unabhängig von der Steuerungsübernahme durch den Helfer sind Bildschirmanzeige, Dateitransfer und Livechat aktiviert.

Lernzielkontrolle

Die folgenden Fragen dienen dazu, die wichtigsten Lehrinhalte dieser Lektion zu vertiefen. Können Sie eine Frage nicht beantworten, arbeiten Sie das entsprechende Lektionsmaterial noch einmal durch, und versuchen Sie dann erneut, die Frage zu beantworten. Die Antworten auf die Lernzielkontrollfragen finden Sie im Abschnitt „Fragen und Antworten“ am Ende dieses Kapitels.

1. Worin ähneln sich Remoteunterstützung und Remotedesktop für Verwaltung? Wo liegen die Unterschiede?

   ____

   ____

   ____

   ____

   ____

   ____

2. Welche Vorteile bietet die Remoteunterstützung?

   ____

   ____

3. Welche der folgenden firewallbedingten Einschränkungen gelten für die Remoteunterstützung?
   a. Port 3389 muss geöffnet sein.
   b. NAT kann nicht eingesetzt werden.
   c. Eine gemeinsame Nutzung der Internetverbindung ist nicht möglich.
   d. Sie können die Remoteunterstützung nicht für VPNs (Virtuelle Private Netzwerke) einsetzen.

Zusammenfassung der Lektion

Die Remoteunterstützung ist eine gegenseitige Vereinbarung: Der Benutzer kann einen Experten um Hilfe bitten oder der Helfer kann, sofern die Gruppenrichtlinien entsprechend konfiguriert sind, eine Hilfesitzung einleiten. In beiden Fällen muss der Benutzer der Sitzungseinrichtung ausdrücklich zustimmen und kann die Übernahme der Steuerung des Benutzerdesktops durch den Helfer jederzeit ablehnen oder beenden. Der Helfer kann die Steuerung des Benutzerdesktops zu keinem Zeitpunkt unangekündigt übernehmen. Die Remoteunterstützung baut auf den Terminaldiensten auf und verwendet für Sitzungseinrichtung, Chat, Bildschirmanzeige, Bildschirmsteuerung und Dateitransfer die Oberfläche des Hilfesystems und des Windows Messengers. Die Technologie der Terminaldienste und der Remoteunterstützung sind so eng miteinander verknüpft, dass beide Dienste Port 3389 verwenden. Dieser muss bei Einsatz einer Firewall geöffnet werden, um eine Remoteunterstützungssitzung erfolgreich aufbauen zu können.

Lektion 5: Terminalserver

In Lektion 3 haben Sie erfahren, wie man Terminaldienste, insbesondere **Remotedesktop für Verwaltung**, verwenden kann, um von einem Remoteclient eine Verbindung zu einem Server herzustellen. Sie haben erfahren, dass Remotedesktop für Verwaltung standardmäßig auf jedem Windows Server 2003-Computer installiert wird und dass ein Server nach der Aktivierung im Programm **System** der Systemsteuerung zwei gleichzeitige Verbindungen von Benutzern zulässt, die zur Gruppe **Remotedesktopbenutzer** gehören.

Die Terminaldienste von Windows Server 2003 sind zudem in der Lage, für mehrere Benutzer, die gleichzeitig ihre Sitzungen abhalten, Anwendungen bereitzustellen. Dieses Feature, das den Terminaldiensten im Anwendungsservermodus von Windows 2000 Server ähnelt, wird nun Terminalserver genannt. In dieser Lektion erfahren Sie mehr über den Terminalserver und über die speziellen Probleme, die sich bei der Einrichtung und Fehlersuche in einer Terminalserverumgebung ergeben können.

Am Ende dieser Lektion werden Sie in der Lage sein, die folgenden Aufgaben auszuführen:

- Installieren des Terminalservers zur Unterstützung von Multiuseranwendungen
- Einrichten eines Clients für eine Remotedesktopverbindung
- Konfigurieren und Verwalten von Remotedesktopsitzungen
- Problembehandlung im Zusammenhang mit dem Terminalserver

Veranschlagte Zeit für diese Lektion: 30 Minuten

Installieren und Konfigurieren einer Terminalserverumgebung

Bei der Einrichtung einer Terminalserverumgebung sind einige wichtige Aspekte zu bedenken.

Die Terminalserverkomponenten

Der Terminalserver lässt sich mit dem **Assistenten für Windows-Komponenten** installieren, der im Programm **Software** der Systemsteuerung zu finden ist, oder durch die Wahl von **Funktionen hinzufügen oder entfernen** auf der Seite **Serververwaltung**, wodurch der **Serverkonfigurations-Assistent** gestartet wird. Es wird empfohlen, eigenständige Mitgliedsserver als Terminalserver zu konfigurieren, nicht als Domänencontroller. Empfehlungen zur Hardware sind im Hilfe- und Supportcenter zu finden.

Anwendungen

Da Anwendungen auf einem Terminalserver für mehrere Benutzer bereitgestellt werden, die möglicherweise gleichzeitig mit denselben Anwendungen arbeiten, müssen bestimmte Registrierungsschlüssel, Dateien und Ordner auf einem Terminalserver anders als auf einem Server installiert werden, der nicht als Terminalserver dient. Verwenden Sie zur Installation einer Anwendung auf einem Terminalserver immer das Programm **Software** aus der Systemsteuerung. **Software** schaltet den Terminalserver vor dem Start des Installationsprogramms der Anwendung automatisch in den Installationsmodus. In diesem Modus konfiguriert der Terminalserver die Anwendung so, dass sie im Multiusermodus ausgeführt werden kann.

Gelegentlich lässt sich eine Anwendung, ein Patch oder ein anderer auf die Installation bezogener Vorgang nicht mit dem Programm **Software** durchführen. Vielleicht bietet ein Hersteller für seine Anwendung die Möglichkeit zur Online-Aktualisierung an. Diese Aktualisierung lässt sich nicht mit dem Programm **Software** einleiten. Öffnen Sie in solchen Fällen eine Eingabeaufforderung und geben Sie den Befehl **Change User /Install**, bevor Sie die Installation oder den Patchvorgang einleiten. Sobald der Vorgang abgeschlossen ist, verwenden Sie den Befehl **Change User /Execute**. Beachten Sie bitte auch, dass einige Anwendungen auf Kompatibilitätsskripts angewiesen sind, die das Installationsverhalten auf einem Terminalserver ändern.

Am besten installiert man den Terminalserver vor allen Anwendungen, die im Multiusermodus ausgeführt werden. Umgekehrt sollten alle Anwendungen, die im Multiusermodus installiert wurden, zuerst entfernt werden, bevor der Terminalserver von einem Server entfernt wird. Wenn Sie auf einem vorhandenen Terminalserver zusätzliche Anwendungen installieren, dann achten Sie darauf, dass Sie alle Benutzersitzungen zurücksetzen oder abmelden und neue Verbindungen durch die Eingabe von **Change Logon /Disable** in einer Eingabeaufforderung sperren. Sobald die Anwendungen installiert sind, lassen Sie wieder neue Verbindungen zu, indem Sie in einer Eingabeaufforderung **Change Logon /Enable** eingeben. Die Registerkarte **Systemeigenschaften**, die in Abbildung 2.9 zu sehen ist, ermöglicht ebenfalls die Deaktivierung von Terminalserververbindungen.

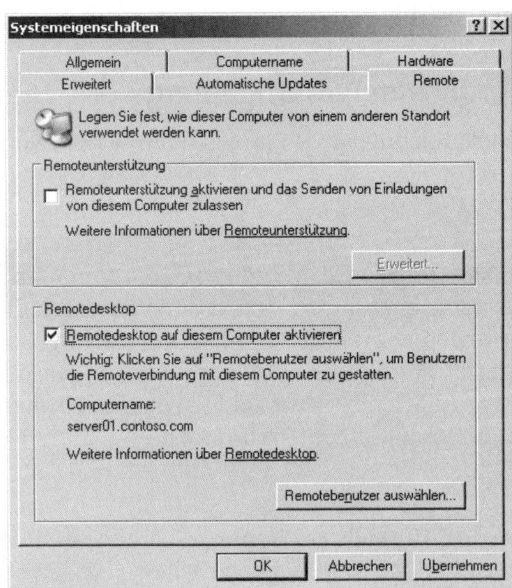

Abbildung 2.9 Die Registerkarte **Remote** des Dialogfelds **Systemeigenschaften**

Bei der Installation des Terminalservers können Sie zwischen vollständiger Sicherheit und niedriger Sicherheit wählen. Die Standardvorgabe **Vollständige Sicherheit** schützt bestimmte Betriebssystemdateien, Registrierungsschlüssel und gemeinsam benutzte Programmdateien. Ältere Anwendungen funktionieren vielleicht nicht bei dieser Sicherheitsstufe. Dann können Sie **Niedrige Sicherheit** wählen. Die Einstellung lässt sich jederzeit mit den **Servereinstellungen** in der Konsole **Terminaldienstekonfiguration** ändern, die in Abbildung 2.10 zu sehen ist.

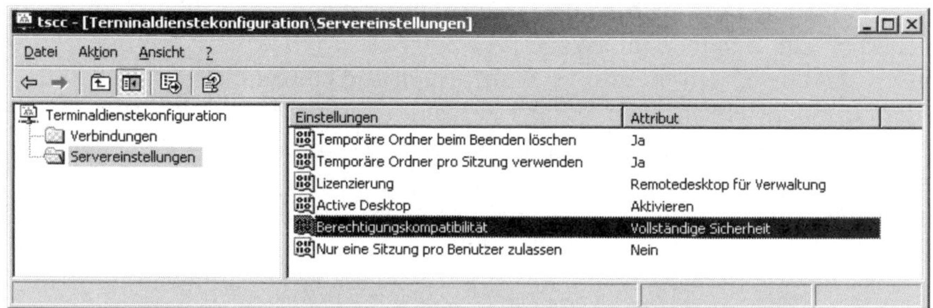

Abbildung 2.10 **Servereinstellungen** in der Konsole **Terminaldienstekonfiguration**

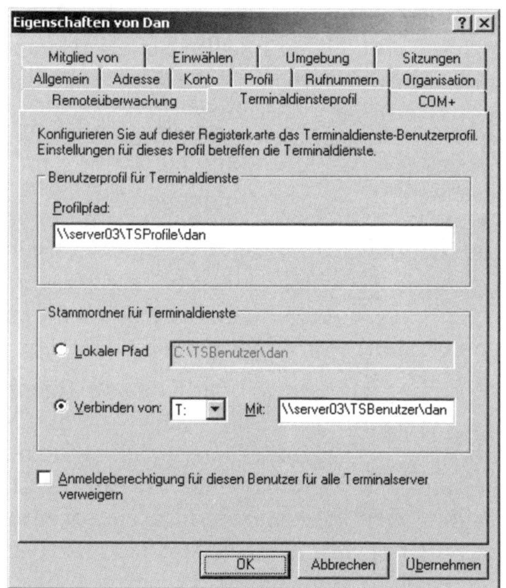

Abbildung 2.11 Die Einstellung **Stammordner für Terminaldienste** eines Benutzerkontos

Viele Administratoren verstehen die Bedeutung des **Stammordners für Terminaldienste** nicht richtig. Diese Einstellung, die im Zusammenhang mit dem Benutzerkonto vorgenommen wird (Abbildung 2.11), oder durch Gruppenrichtlinien, legt einen Ordner fest, in dem die Terminaldienste benutzerspezifische Dateien für Multiuseranwendungen speichern. Sie wirkt sich aber nicht auf den Speicherort für Datendateien der Benutzer aus. Standardmäßig wird der **Stammordner für Terminaldienste** im Profil des Benutzers als Ordner namens **Windows** angelegt. Wenn Sie den Ort festlegen möchten, an dem Benutzerdaten gespeichert werden, ändern Sie auf der Registerkarte **Profil** des Benutzerkontos die Einstellung für den **Basisordner** oder lenken, was die bessere Lösung ist, den Ordner **Eigene Dateien** um.

Installieren des Remotedesktopverbindungsclients

Der Client **Remotedesktopverbindung** (**Mstsc.exe**) wird standardmäßig auf allen Computern installiert, auf denen Windows Server 2003 oder Windows XP eingesetzt wird. Der Client unterstützt alle 32-Bit-Windows-Plattformen und kann auf Windows 2000-Systemen mithilfe der Gruppenrichtlinien installiert werden, oder auf älteren Plattformen mit anderen Methoden zur Softwareinstallation. Nach der Installation ist der Client im Startmenü nicht immer leicht zu finden. Schauen Sie in der Programmgruppe **Zubehör** unter **Kommunikation** nach und erstellen Sie an einem besser geeigneten Ort eine Verknüpfung mit dem Client.

Lizenzierung

Nach einer 120 Tage dauernden Evaluierungsphase sind Verbindungsversuche mit einem Terminalserver nicht mehr erfolgreich, wenn der Terminalserver keine Clientlizenz von einem Terminalserver-Lizenzserver anfordern kann. Daher müssen Sie als Bestandteil Ihrer Terminalserver-Installation auch einen Terminalserver-Lizenzserver installieren, vorzugsweise auf einem Server, der nicht als Terminalserver dient.

Installieren Sie die Terminalserverlizenzierung mit dem Programm **Software**. Sie werden gefragt, ob der Server ein Unternehmenslizenzserver oder ein Domänenlizenzserver werden soll. Ein Unternehmenslizenzserver ist die gebräuchlichste Konfiguration und der Server kann Lizenzen an Terminalserver aus jeder Windows 2000- oder Windows Server 2003-Domäne in der Gesamtstruktur liefern. Benutzen Sie einen Domänenlizenzserver, wenn Sie für jede Domäne eine separate Lizenzdatenbank verwalten möchten, oder wenn Terminalserver in einer Arbeitsgruppe oder einer Microsoft Windows NT 4-Domäne laufen.

Nach der Installation wird die Terminalserverlizenzierung mit der Konsole **Terminalserverlizenzierung** aus der Programmgruppe **Verwaltung** verwaltet. Die erste durchzuführende Arbeit ist die Aktivierung des Terminalserver-Lizenzservers. Klicken Sie den Terminalserver-Lizenzserver mit der rechten Maustaste an und wählen Sie **Server aktivieren**. Nach der Aktivierung des Servers müssen die Clientlizenzpakete installiert werden. Wie das geschieht, wird im Hilfe- und Supportcenter erklärt. Die Terminalserverlizenzierung unterstützt zwei Arten von Clientzugriffslizenzen (Client Access Licenses, CALs): Pro Gerät und Pro Sitzung. Beide Arten von CALs können mit demselben Terminalserver-Lizenzserver verwaltet werden.

Hinweis Die Terminalserverlizenzierung hat nichts mit den Server- und Clientzugriffslizenzen (CALs) für Windows Server 2003 zu tun. Terminalserver-CALs sind Lizenzen für die Verbindung mit einer Benutzersitzung, die auf einem Terminalserver stattfindet. Sie müssen trotzdem noch die Lizenzanforderungen für die Anwendungen beachten, die von den Benutzern in diesen Sitzungen verwendet werden. In den Endbenutzer-Lizenzverträgen (EULAs) finden Sie nähere Angaben über die Lizenzierung der Anwendungen, die auf einem Terminalserver installiert werden.

Problembehandlung und Verwaltung des Terminalservers

Es gibt einige Tools zur Konfiguration von Terminalservern, Benutzereinstellungen der Terminaldienste, Terminaldienstverbindungen und Terminaldienstsitzungen. Dazu gehören **Gruppenrichtlinienobjekt-Editor**, **Terminaldienstekonfiguration**, **Active Directory-Benutzer und -Computer** sowie der Client **Remotedesktopverbindung** selbst. Dieser Abschnitt beschreibt die Verwendung dieser Tools und die wichtigsten Konfigurationseinstellungen anhand der Erstellung, Verwendung und Beendigung einer Benutzersitzung.

Verwaltungspunkte

Wenn ein Benutzer versucht, eine Verbindung mit einem Terminalserver herzustellen, finden mehrere Prozesse statt, und bei jedem Schritt ergibt sich die Gelegenheit, das Verhalten der Verbindung zu konfigurieren.

Der Client **Remotedesktopverbindung** ermöglicht 32-Bit-Windows-Plattformen, mit dem Remote Desktop Protocol (RDP) eine Verbindung mit einem Terminalserver herzustellen. Gegenüber älteren Versionen des Terminaldiensteclients wurde der Client stark verbessert und umfasst nun eine größere Auswahl an Datenumleitungstypen (darunter Dateisystem, serieller Anschluss, Drucker, Audio und Zeitzone). Außerdem unterstützt er Verbindungen in einer Farbqualität, die bis zu 24-Bit-Farbe reicht. Für den Client gibt es zahlreiche Werte, mit denen sich die Verbindung und das Erscheinungsbild für den Benutzer einstellen lassen. Abbildung 2.12 zeigt einige dieser Werte. Die Einstellungen werden in Remote Desktop Connection-Dateien (.rdp) gespeichert, die sich bei späteren Verbindungen leicht öffnen oder als Verbindungsprofil an andere Benutzer weitergeben lassen. Die Einstellungen in der .rdp-Datei oder im Remotedesktopverbindung-Client gelten für die Verbindung des aktuellen Benutzers mit dem angegebenen Terminalserver.

Abbildung 2.12 Der **Remotedesktopverbindung**-Client

Wenn ein Benutzer eine Verbindung mit einem Terminalserver herstellt, fragt der Server die Werte ab, die im Benutzerkonto für die Terminaldienste angegeben sind. Wenn die Benutzerkonten für die Terminaldienste auf dem Terminalserver gespeichert werden, zeigt das Snap-In **Lokale Benutzer und Gruppen** die Einstellungen für die Terminaldienste an, die im Benutzerkonto vorgenommen wurden. Meistens werden die Konten aber im Active Directory-Verzeichnisdienst gespeichert. In diesem Fall zeigt das Snap-In **Active Directory-Benutzer und -Computer** die Einstellungen für die Terminaldienste an, und zwar auf den Registerkarten **Umgebung**, **Remoteüberwachung** und **Terminaldiensteprofil** des Eigenschaftendialogfelds des Benutzerkontos (siehe auch Abbildung 2.11). Die Einstellungen im Benutzerkonto haben Vorrang vor den Einstellungen des Remotedesktopclients.

Beim Verbindungsversuch mit einem Terminalserver gibt ein Client den Namen oder die IP-Adresse des Servers an. Der Terminalserver erhält die Verbindungsanforderung durch den angegebenen Netzwerkadapter. Diese Verbindung wird durch ein Verbindungsobjekt verwaltet, das in der Konsole **Terminaldienstekonfiguration** angezeigt wird (Abbildung 2.13). Die Einstellungen dieses Verbindungsobjekts wirken sich auf alle Benutzerverbindungen aus, die durch den Netzwerkadapter erfolgen. Die Einstellungen für diese Verbindung haben Vorrang vor den Werten aus der Anfrage des Clients und den Werten aus dem Benutzerkonto.

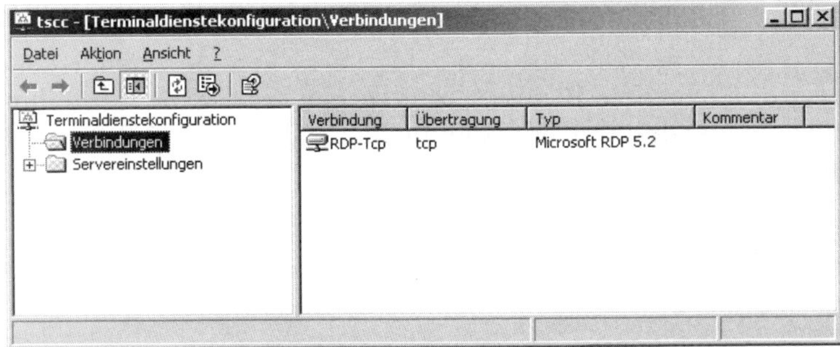

Abbildung 2.13 Die Konsole **Terminaldienstekonfiguration**

Prüfungstipp Die Eigenschaften der **RDP-Tcp**-Verbindung eines Terminalservers, die sich in der **Terminaldienstekonfiguration** abfragen lassen, haben in allen Benutzersitzungen, die auf dem betreffenden Terminalserver laufen und diese Verbindung benutzen, Vorrang vor den Einstellungen des Clients und des Benutzerkontos.

In den Gruppenrichtlinien von Windows Server 2003 gibt es zahlreiche Richtlinien für Computer und Benutzer, mit denen sich die Terminaldienste steuern lassen. Die in Gruppenrichtlinienobjekten vorgenommenen Einstellungen haben Vorrang vor den Werten des Remotedesktopverbindungsclients, des Benutzerkontos oder der **RDP-Tcp**-Verbindung des Terminalservers. Natürlich gelten diese Einstellungen nur für Benutzer oder Computer, die sich in der Organisationseinheit (OU) befinden, mit welcher das Gruppenrichtlinienobjekt verknüpft ist. In einer Umgebung, deren Terminalserver nur auf Betriebssystemen der Windows Server 2003-Familie laufen, ermöglichen Gruppenrichtlinien eine Terminaldienstekonfiguration mit dem geringsten Verwaltungsaufwand. Die Terminaldienste-Gruppenrichtlinien wirken sich nicht auf Terminalserver aus, die auf älteren Windows-Versionen laufen.

Ist eine Benutzersitzung zustande gekommen, lassen sich die Benutzer, Sitzungen und Anwendungen auf jedem Terminalserver mit dem Verwaltungsprogramm **Terminaldiensteverwaltung** überwachen. Die **Terminaldiensteverwaltung** kann auch dazu dienen, den Server zu verwalten, Benutzersitzungen oder Prozesse zurückzusetzen oder eine Verbindung mit ihnen herzustellen oder zu trennen.

Bevor Sie sich näher mit der Konfiguration und den Tools für Terminalserver befassen, sollten Sie sich noch einmal die Priorität der Einstellungen einprägen.

1. Gruppenrichtlinien für Computer. Der größte Teil der Terminalserverkonfiguration kann in Gruppenrichtlinienobjekten erfolgen, die mit der OU verknüpft sind, zu der das Computerobjekt des Terminalservers gehört. Diese Richtlinien haben Vorrang vor allen anderen Einstellungen, die mit anderen Tools vorgenommen werden.
2. Gruppenrichtlinien für Benutzer.
3. Die Konfiguration des Terminalservers oder der **RDP-Tcp**-Verbindung mit dem Tool **Terminaldienstekonfiguration**. Dieses Tool ist zwar server- und verbindungsspezifisch und kann daher keine allgemein gültige Konfiguration erstellen, wie es mit Gruppenrichtlinien möglich ist, aber es kann Windows 2000-Terminalserver konfigurieren. Außerdem können sich Umstände ergeben, in denen sich die Konfigurationen der Terminalserver oder der Verbindungen voneinander unterscheiden sollen. Dann ist die **Terminaldienstekonfiguration** das Werkzeug der Wahl.
4. Eigenschaften des Benutzerkontos, die mit dem Snap-In **Active Directory-Benutzer und -Computer** festgelegt werden.
5. Die Konfiguration des Remotedesktopverbindungsclients.

Konfiguration der Verbindung

Ob ein Benutzer eine Verbindung mit einem Terminalserver herstellen und sich anmelden kann, hängt von mehreren Faktoren ab, von denen jeder zu einer Fehlermeldung führt, wenn er versagt.

- Die Verbindung auf dem Terminalserver muss zugänglich sein. Wenn der Client den Server nicht über TCP/IP erreichen kann oder die **RDP-Tcp**-Verbindung des Terminalservers deaktiviert ist, wird die wenig aussagekräftige Fehlermeldung angezeigt, dass der Client keine Verbindung zum Server herstellen kann.

Hinweis Wenn Sie die Windows-Firewall oder eine andere Firewall verwenden, achten Sie darauf, dass der TCP-Port 3389 geöffnet ist. In der Windows-Firewall gibt es eine vorkonfigurierte Ausnahme für Remotedesktop, die dafür sorgt.

- Remotedesktop muss aktiviert sein. Die Fähigkeit des Terminalserver zum Aufbau von neuen Verbindungen lässt sich auf der Registerkarte **Remote** des Dialogfelds **Systemeigenschaften** oder mit den Befehlen **Change Logon /Disable** und **Change Logon /Enable** steuern. Wurde die Anmeldung deaktiviert, erscheint eine Fehlermeldung, die besagt, dass Terminalserversitzungen deaktiviert wurden oder dass Remoteanmeldungen deaktiviert wurden.

- Der Server muss über freie Verbindungen verfügen. Im Eigenschaftendialogfeld der Verbindung, zum Beispiel der Standard-**RDP-Tcp**-Verbindung, wird auf der Registerkarte **Netzwerkadapter** die Anzahl der verfügbaren Verbindungen festgelegt (Abbildung 2.14). Stehen nicht genügend Verbindungen zur Verfügung, erscheint eine Fehlermeldung mit dem Hinweis, dass ein Netzwerkfehler eine Verbindung verhindert.

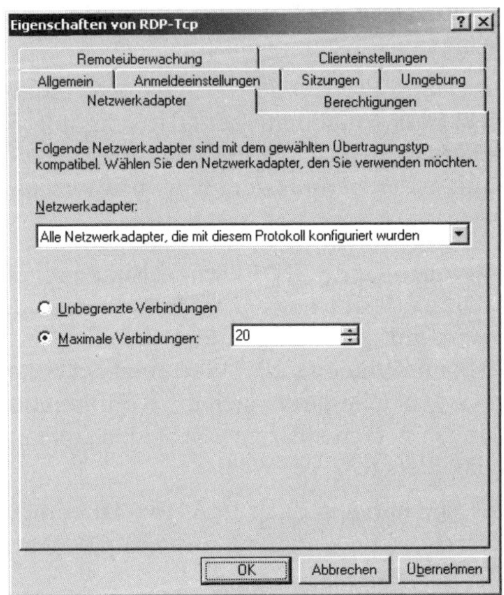

Abbildung 2.14 Die Registerkarte **Netzwerkadapter** des Dialogfelds **Eigenschaften von RDP-Tcp**

- Die Verschlüsselung muss kompatibel sein. Die Standardeinstellung ermöglicht jedem Client, ohne Berücksichtigung seiner Fähigkeit zur Verschlüsselung eine Verbindung mit einem Terminalserver herzustellen. Wenn Sie auf der Registerkarte **Allgemein** des Eigenschaftendialogfelds der Verbindung mit der Auswahlliste **Verschlüsselungsstufe** (Abbildung 2.15) die Anforderungen an die Verschlüsselung für eine Verbindung ändern, können Clients, die nicht zur gewählten Verschlüsselung fähig sind, keine Verbindung mehr herstellen.
- Der Benutzer muss über die erforderlichen Berechtigungen verfügen. Wie in Abbildung 2.16 gezeigt, hat die Gruppe **Remotedesktopbenutzer** die Berechtigung **Benutzerzugriff**. Das gibt der Gruppe die erforderlichen Rechte für eine Anmeldung beim Server. Die Zugriffssteuerungsliste (Access Control List, ACL) der Verbindung lässt sich ändern, sodass sich der Zugriff auch in anderen als den vorgegebenen Konfigurationen steuern lässt. Weitere Informationen finden Sie im Hilfe- und Supportcenter. Hat ein Benutzer nicht die Berechtigung für eine Verbindung, erscheint eine Fehlermeldung mit dem Hinweis, dass der Benutzer keinen Zugang zur Sitzung erhält.

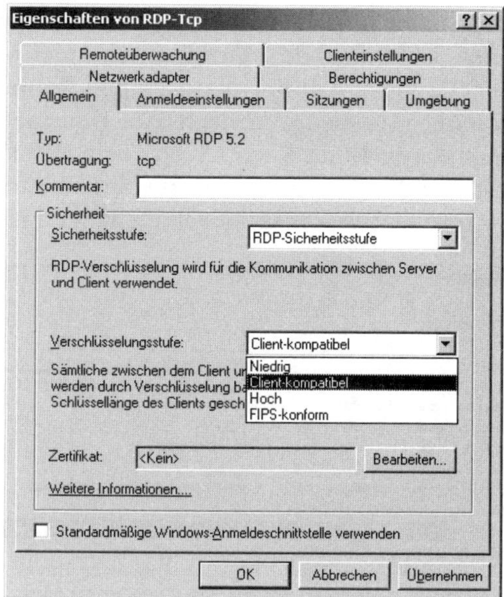

Abbildung 2.15 Die Registerkarte **Allgemein** des Dialogfelds **Eigenschaften von RDP-Tcp**

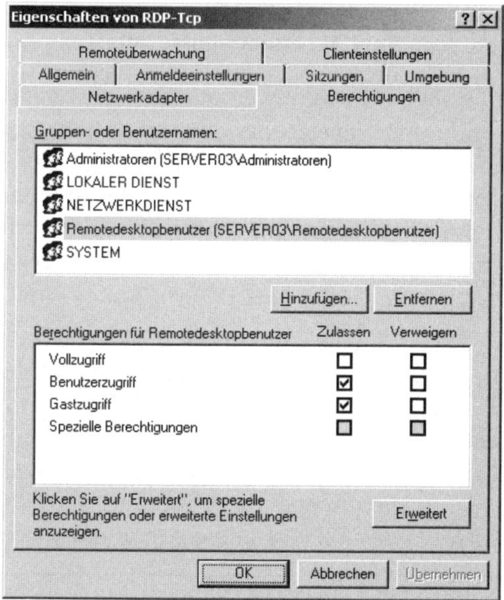

Abbildung 2.16 Die Registerkarte **Berechtigungen** des Dialogfelds **Eigenschaften von RDP-Tcp**

- Der Benutzer muss über das Recht verfügen, sich auf dem Terminalserver anzumelden. Windows Server 2003 unterscheidet zwischen dem Recht, sich lokal auf einem Server anzumelden, und dem Recht, sich mit einer Remotedesktopverbindung auf einem Server anzumelden. Mit den Richtlinien **Anmelden über Terminaldienste zulassen**, wie in Abbildung 2.17 gezeigt, und **Anmelden über Terminaldienste verweigern** lässt sich der Zugang in den lokalen Richtlinien oder Gruppenrichtlinien steuern. Auf Mitgliedsservern haben die lokalen Gruppen **Administratoren** und **Remotedesktopbenutzer** das Recht, sich über Terminaldienste anzumelden. Auf Domänencontrollern haben standardmäßig nur Administratoren dieses Recht. Verfügt ein Benutzer nicht über das erforderliche Recht zur Anmeldung, erscheint eine Fehlermeldung mit dem Hinweis, dass die Richtlinien des Terminalservers keine Anmeldung erlauben.

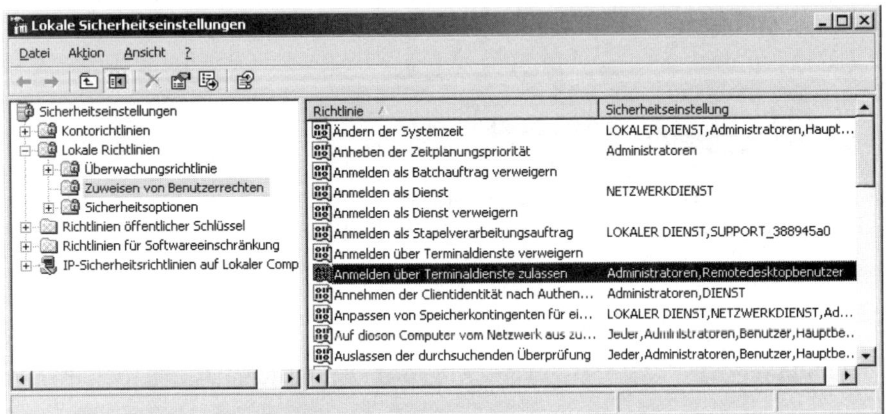

Abbildung 2.17 Die Richtlinie **Anmelden über Terminaldienste zulassen**

- Der Benutzer muss zur richtigen Gruppe oder den richtigen Gruppen gehören. Wenn Sie zum Beispiel einer bestimmten Gruppe das Recht geben, sich über die Terminaldienste anzumelden, muss ein Benutzer, der eine Verbindung mit dem Terminalserver herzustellen versucht, dieser Gruppe angehören. Entsprechend der Standardkonfiguration eines Terminalservers auf einem Mitgliedsserver müssen Benutzer Mitglieder der Gruppe **Remotedesktopbenutzer** sein, um eine Verbindung mit dem Terminalserver herzustellen.
- Die Terminalserveranmeldung darf im Benutzerkonto nicht deaktiviert sein. Die Registerkarte **Terminaldiensteprofil** (Abbildung 2.11) des Benutzerkontos zeigt an, ob sich der Benutzer bei einem Terminalserver anmelden darf. Ist die Anmeldung deaktiviert, erhält der Benutzer eine Fehlermeldung, die besagt, dass die Berechtigung zur interaktiven Anmeldung deaktiviert wurde. Diese Fehlermeldung wird leicht mit ungenügenden Anmelderechten verwechselt, wobei dann aber aus der Fehlermeldung hervorgeht, dass die lokalen Richtlinien des Servers keine Anmeldung zulassen.

Hinweis Ein Terminalserver hat standardmäßig eine **RDP-Tcp**-Verbindung und kann pro Netzwerkadapter nur ein Verbindungsobjekt haben. Ist ein Terminalserver aber mit mehreren Adaptern ausgerüstet, können Sie für diese Adapter Verbindungen erstellen. Jede Verbindung hat Eigenschaften, die sich auf alle Benutzersitzungen auswirken, die über diese Serververbindung übermittelt werden.

Geräteumleitung

Hat sich ein Benutzer erfolgreich verbunden, bieten Windows Server 2003 und der Remotedesktopclient eine Reihe von Geräteumleitungsoptionen an, darunter:

- **Audioumleitung** Sie ermöglicht die Wiedergabe von Audiodateien, die in der Terminalserversitzung abgespielt werden, auf dem lokalen PC des Benutzers. Dieses Feature wird auf der Registerkarte **Lokale Ressourcen** des Clients **Remotedesktopverbindung** angegeben (siehe Abbildung 2.12). Allerdings wird die Audioumleitung standardmäßig auf der Registerkarte **Clienteinstellungen** des Dialogfelds **Eigenschaften von RDP-Tcp** deaktiviert (Abbildung 2.18). Die Audioumleitung kann in einem Gruppenrichtlinienobjekt festgelegt werden.

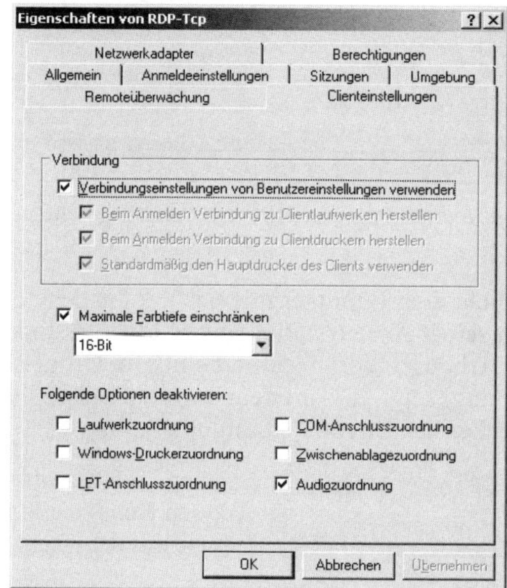

Abbildung 2.18 Die Registerkarte **Clienteinstellungen** des Dialogfelds **Eigenschaften von RDP-Tcp**

- **Laufwerkumleitung** Sie ermöglicht dem Benutzer in einer Remotedesktopsitzung den Zugriff auf Laufwerke seines lokalen Computers. Lokale Laufwerke werden in **Arbeitsplatz** in der Gruppe **Andere** angezeigt (Abbildung 2.19). Diese Option ist standardmäßig deaktiviert und kann auf der Registerkarte **Lokale Ressourcen** des Remotedesktopclients aktiviert werden. Die Einstellung in den Verbindungseigenschaften in **Terminaldienstekonfiguration** hat Vorrang vor den Einstellungen des Clients und kann die Laufwerkumleitung deaktivieren. Diese Einstellung lässt sich auch in den Gruppenrichtlinien vornehmen. Die Einstellung **Beim Anmelden Verbindung zu Clientlaufwerken herstellen** im Benutzerkonto wirkt sich aber nicht auf die Laufwerkumleitung des Clients **Remotedesktopverbindung** aus. Sie ist zur Verwaltung der Laufwerkumleitung für Citrix-ICA-Clients (Integrated Computing Architecture) vorgesehen.

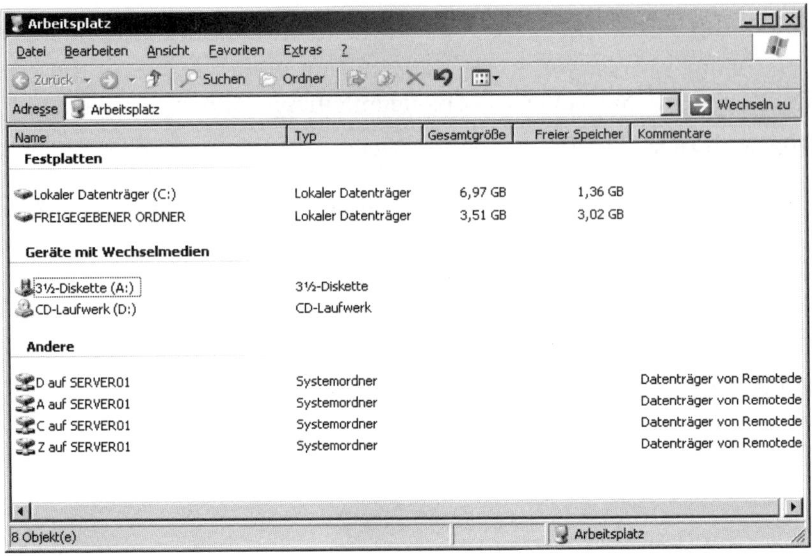

Abbildung 2.19 **Arbeitsplatz** zeigt in einer Remotedesktopsitzung umgeleitete Clientlaufwerke an

- **Druckerumleitung** Sie ermöglicht dem Benutzer in einer Remotedesktopsitzung den Zugriff auf Drucker, die lokal an seiner Arbeitsstation angeschlossen sind, sowie auf Netzwerkdrucker, die auf seiner Arbeitsstation installiert sind. Im Ordner **Drucker und Faxgeräte** werden Drucker angezeigt, die auf dem Terminalserver installiert wurden, sowie die umgeleiteten Drucker des Clients (Abbildung 2.20).

Abbildung 2.20 Der Ordner **Drucker und Faxgeräte** zeigt die umgeleiteten Drucker eines Clients an

Wie die Laufwerkumleitung wird auch die Druckerumleitung auf der Registerkarte **Lokale Ressourcen** des Clients **Remotedesktopverbindung** eingestellt. Die Druckerumleitung lässt sich mit Eigenschaften der **RDP-Tcp**-Verbindung deaktivieren. Außerdem wird die Druckerumleitung deaktiviert, wenn die Einstellung **Beim Anmelden Verbindung zu Clientdruckern herstellen** in den Eigenschaften eines Benutzerkontos nicht aktiviert ist (Abbildung 2.21). Die Wahl dieser Option im Benutzerkonto führt nicht zur Druckerumleitung. Der Client muss die Umleitung auf der Registerkarte **Lokale Ressourcen** angeben. Ist die Option aber deaktiviert, hat die Einstellung im Benutzerkonto Vorrang vor der Einstellung des Clients. In den Eigenschaften des Benutzerkontos ist auch eine Einstellung **Standardmäßig den Hauptdrucker des Clients verwenden** zu finden. Ist sie aktiviert, während die Druckerumleitung wirksam ist, wird als Standarddrucker in der Remotedesktopsitzung derselbe Drucker eingesetzt, der auf der Arbeitsstation des Benutzers als Standarddrucker dient. Ist die Einstellung **Standardmäßig den Hauptdrucker des Clients verwenden** deaktiviert, wird in der Remotedesktopsitzung der Standarddrucker des Terminalservercomputers verwendet. Die Druckerumleitung lässt sich mit einem Gruppenrichtlinienobjekt festlegen.

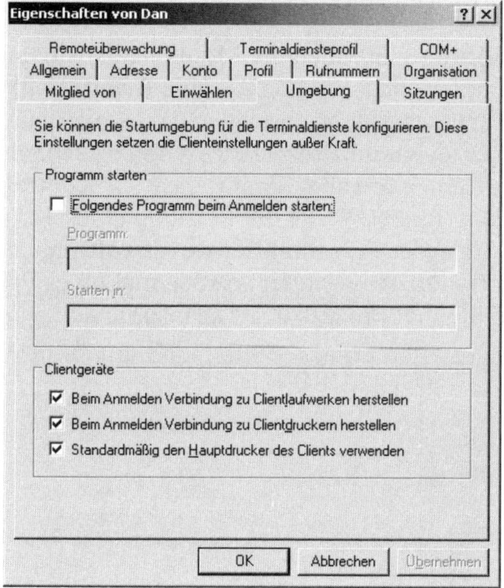

Abbildung 2.21 Die Registerkarte **Umgebung** des Eigenschaftendialogfelds eines Benutzerkontos

- **Umleitung des seriellen Anschlusses** Sie erlaubt dem Benutzer, in einer Terminalserversitzung eine Anwendung einzusetzen, die ein Gerät verwendet, das am seriellen Anschluss der Arbeitsstation des Benutzers angeschlossen ist, wie beispielsweise ein Barcodeleser. Auch dieses Feature ist auf der Registerkarte **Lokale Ressourcen** des Clients zu finden und kann in den Eigenschaften einer **RDP-Tcp**-Verbindung deaktiviert werden. Die Umleitung eines seriellen Anschlusses lässt sich mit einem Gruppenrichtlinienobjekt festlegen.
- **LPT- und COM-Anschlusszuordnung** Sie ermöglicht es einem Benutzer, in einer Terminalserversitzung einen Drucker zu installieren, der einem Drucker zugeordnet wird, der mit einem LPT- oder COM-Anschluss der Arbeitsstation des Benutzers verbunden ist. Diese Methode der Druckerumleitung ist mit Windows Server 2003 und dem Remotedesktopverbindungsclient nicht erforderlich, weil damit eine wesentlich

einfachere Druckerumleitung möglich ist, wie bereits beschrieben. Allerdings wird die LPT- und COM-Anschlusszuordnung immer noch standardmäßig durchgeführt. Die Anschlusszuordnung lässt sich in den Eigenschaften der **RDP-Tcp**-Verbindung oder mit einem Gruppenrichtlinienobjekt deaktivieren.

- **Zwischenablagezuordnung** Sie ermöglicht es dem Benutzer, Informationen zwischen einer Remotedesktopsitzung und der Arbeitsstation des Clients zu kopieren und einzufügen. Dieses Feature ist im Client **Remotedesktopverbindung** standardmäßig aktiviert und lässt sich mit der Benutzerschnittstelle des Clients nicht ändern. Die Zwischenablagezuordnung lässt sich mit den Eigenschaften der **RDP-Tcp**-Verbindung oder mit einem Gruppenrichtlinienobjekt deaktivieren.

Verwalten von Sitzungen und Prozessen

Die Konsole **Terminaldiensteverwaltung** gibt Ihnen die Möglichkeit, Sitzungen und Prozesse auf einem Terminalserver zu überwachen. Sie können eine Benutzersitzung trennen, abmelden oder zurücksetzen, dem Benutzer eine Nachricht schicken oder einen Prozess beenden, der von einem Benutzer gestartet wurde. Prozesse lassen sich auch mit dem **Task-Manager** überwachen und beenden. Achten Sie aber darauf, dass das Kontrollkästchen **Prozesse aller Benutzer anzeigen** aktiviert ist. Wenn die Leistung eines Terminalservers zu wünschen übrig lässt, überprüfen Sie in der **Terminaldiensteverwaltung** oder im **Task-Manager**, welche Prozesse von den Benutzern gestartet wurden und ob es Prozesse gibt, die nicht mehr reagieren und übermäßig viel Prozessorzeit beanspruchen.

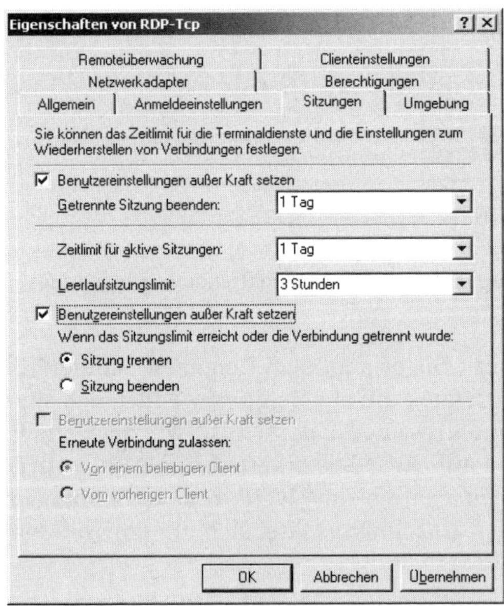

Abbildung 2.22 Die Registerkarte **Sitzungen** des Dialogfelds **Eigenschaften von RDP-Tcp**

Verwalten von Benutzersitzungen

Es gibt eine ganze Reihe von Einstellungen, die sich auf das Verhalten einer Benutzersitzung auswirken, die aktiv war, sich im Leerlauf befand oder eine gewisse Zeit getrennt war. Diese Einstellungen lassen sich in der Konsole **Terminaldienstekonfiguration** auf der Registerkarte **Sitzungen** des Dialogfelds **Eigenschaften von RDP-Tcp** vornehmen (Abbildung 2.22). Die Konfiguration kann auch mit Gruppenrichtlinien erfolgen.

Lastausgleich auf Terminalservern

In älteren Implementierungen der Terminaldienste war es schwierig, einen Lastausgleich unter Terminalservern zu erreichen. In den Enterprise- und Datacenter-Editionen von Windows Server 2003 wurde die Möglichkeit geschaffen, Server zu Clustern zusammenzufassen. Dabei handelt es sich um eine logische Gruppierung von Terminalservern. Stellt ein Benutzer eine Verbindung zu einem Cluster her, wird er an einen bestimmten Server verwiesen. Wird die Sitzung des Benutzers getrennt und versucht der Benutzer, die Verbindung wiederherzustellen, sucht der Terminalserver, der die Verbindungsanforderung erhält, im Sitzungsverzeichnis den Terminalserver heraus, auf dem die getrennte Sitzung ausgeführt wird, und leitet den Client an den betreffenden Server weiter. Zur Einrichtung eines Terminalserverclusters brauchen Sie:

- Eine Lastausgleichstechnologie wie Network Load Balancing (NLB) oder DNS-Round-Robin. Die Lastausgleichslösung verteilt die Clientverbindungen an die beteiligten Terminalserver.
- Ein Terminaldienste-Sitzungsverzeichnis. Sie müssen das Terminaldienste-Sitzungsverzeichnis, das in den Enterprise- und Datacenter-Editionen von Windows Server 2003 standardmäßig installiert wird, in der Konsole **Dienste** aus der Programmgruppe **Verwaltung** aktivieren. Es hat sich bewährt, das Sitzungsverzeichnis auf einem Server zu aktivieren, auf dem kein Terminalserver ausgeführt wird. Das Terminaldienste-Sitzungsverzeichnis umfasst eine Datenbank, in der die Benutzersitzungen auf den Servern des Clusters eingetragen werden. Der Computer, auf dem das Sitzungsverzeichnis geführt wird, erstellt eine lokale Gruppe namens **Sitzungsverzeichnis Computer**, zu der Sie die Computerkonten aller Server des Clusters hinzufügen müssen.
- Eine Terminalserver-Verbindungskonfiguration. Schließlich müssen Sie die Server des Clusters auf das Sitzungsverzeichnis hinweisen. Zu diesem Vorgang gehört die Angabe, dass der Server Teil eines Verzeichnisses ist, sowie der Name des Sitzungsverzeichnisservers und der Name des Clusters. Sie können dem Cluster einen beliebigen Namen geben, solange auf jedem Server des Clusters derselbe Name angegeben wird. Diese Einstellungen lassen sich im Knoten **Servereinstellungen** von **Terminaldienstekonfiguration** vornehmen, oder mit einem Gruppenrichtlinienobjekt, das mit der OU verknüpft ist, das die Computerobjekte für die Terminalserver des Clusters enthält.

Wenn ein Benutzer eine Verbindung mit dem Cluster aufnimmt, geschieht Folgendes:

1. Wenn sich der Benutzer beim Terminalservercluster anmeldet, sendet der Terminalserver, der die Clientanmeldung erhält, eine Abfrage an den Sitzungsverzeichnisserver.
2. Der Sitzungsverzeichnisserver prüft, ob der Benutzername bereits in seiner Datenbank steht, und reagiert folgendermaßen:

- Gibt es keine getrennten Sitzungen für den Benutzer, wird die Anmeldung auf dem Server fortgesetzt, der die Verbindungsanforderung erhalten hat.
- Gibt es auf einem anderen Server bereits eine getrennte Sitzung für den Benutzer, wird die Benutzersitzung an diesen Server weitergeleitet und die Anmeldung fortgesetzt.
- Wenn sich der Benutzer für eine neue oder getrennte Sitzung anmeldet, wird das Sitzungsverzeichnis aktualisiert.

Prüfungstipp Merken Sie sich, was für die Erstellung eines Terminalserverclusters erforderlich ist. Wenn Sie vorhaben, in Ihrem Unternehmen einen Terminalservercluster aufzubauen, finden Sie im Hilfe- und Supportcenter detaillierte Anweisungen.

Remoteüberwachung

Der Terminalserver erlaubt es einem Administrator, sich die Sitzung eines Benutzers anzusehen oder die Kontrolle zu übernehmen. Dieses Feature erlaubt Administratoren nicht nur, die Aktionen eines Benutzers auf einem Terminalserver zu überwachen, sondern es funktioniert auch ähnlich wie Remoteunterstützung, wobei ein Helpdesk-Mitarbeiter die Sitzung eines Benutzers kontrollieren und Aktionen vornehmen kann, die der Benutzer ebenfalls sehen kann.

Zur Einrichtung der Remoteüberwachung müssen Benutzer und Administrator beide mit Terminalserversitzungen verbunden sein. Der Administrator muss in der Programmgruppe **Verwaltung** die Konsole **Terminaldiensteverwaltung** öffnen, mit der rechten Maustaste die Sitzung des Benutzers anklicken und **Remoteüberwachung** wählen. Standardmäßig wird der Benutzer darüber informiert, dass ein Administrator eine Verbindung mit der Sitzung herstellen möchte, und kann diese Anfrage annehmen oder ablehnen.

Wichtig Die Remoteüberwachung steht nur dann zur Verfügung, wenn die Terminaldiensteverwaltung innerhalb einer Terminalserversitzung verwendet wird. Sie können keine Remoteüberwachung einrichten, indem Sie die Terminaldiensteverwaltung auf Ihrem PC öffnen.

In den Einstellungen zur Remoteüberwachung kann festgelegt werden, dass eine Sitzung remote angezeigt und gesteuert werden kann und ob der Benutzer aufgefordert werden soll, seine Zustimmung zu geben oder zu verweigern. Diese Einstellungen können in den Eigenschaften des Benutzerkontos auf der Registerkarte **Remoteüberwachung** festgelegt werden, wie in Abbildung 2.23 gezeigt, oder in den Eigenschaften der **RDP-Tcp**-Verbindung, welche die Einstellung des Benutzerkontos außer Kraft setzen. Auch Gruppenrichtlinien können zur Konfiguration der Remoteüberwachung verwendet werden.

Neben der Aktivierung der Einstellungen zur Remoteüberwachung muss ein Administrator über die Berechtigungen zur Aufnahme der Remoteüberwachung über die Terminalserververbindung verfügen. Über die Registerkarte **Berechtigungen** des Dialogfelds **Eigenschaften von RDP-Tcp** können Sie einer Gruppe die Berechtigung **Vollzugriff** oder, durch Klicken auf **Erweitert**, die Berechtigung **Remoteüberwachung** zuweisen, wie in Abbildung 2.24 dargestellt.

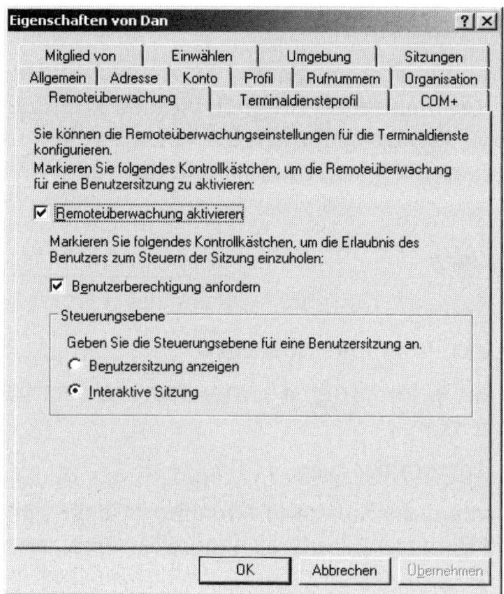

Abbildung 2.23 Die Registerkarte **Remoteüberwachung** im Eigenschaftendialogfeld eines Benutzerkontos

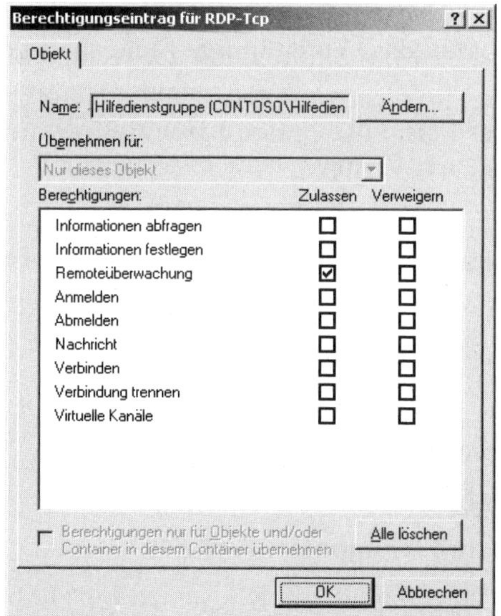

Abbildung 2.24 Die Berechtigung **Remoteüberwachung**

Weitere Informationen Bevor Sie einen Terminalserver in einer Produktivumgebung implementieren, sollten Sie das Buch *Microsoft Windows Server 2003-Terminaldienste* von Bernhard Tritsch (Microsoft Press, 2004) lesen.

Praktische Übung: Installieren des Terminalservers

In dieser Übung installieren Sie den Terminalserver auf **Server02**, richten ein Benutzerkonto so ein, dass eine Anmeldung über Terminalserver möglich ist, und konfigurieren die Geräteumleitung. Zur Durchführung dieser Übung benötigen Sie einen zweiten Computer namens **Server02**, auf dem Windows Server 2003 installiert ist und der zur Domäne **contoso.com** gehört.

Übung 1: Installieren des Terminalservers

1. Melden Sie sich auf **Server02** an.
2. Öffnen Sie in der **Systemsteuerung** das Programm **Software**.
3. Klicken Sie auf **Windows-Komponenten hinzufügen/entfernen**, um den **Assistenten für Windows-Komponenten** zu öffnen.
4. Markieren Sie das Kontrollkästchen **Terminalserver**.

   Es erscheint eine Konfigurationswarnung, die Sie daran erinnert, dass die verstärkte Sicherheitskonfiguration des Internet Explorers das Browsen in Terminalserversitzungen einschränkt.
5. Klicken Sie auf **Ja** und dann auf **Weiter**.

   Es erscheint eine Meldung mit Hinweisen zur Installation von Anwendungen auf einem Terminalserver.
6. Klicken Sie auf **Weiter** und sorgen Sie dafür, dass **Vollständige Sicherheit** gewählt ist. Klicken Sie dann auf **Weiter**.
7. Wählen Sie auf der Seite **Terminalserver Setup** die Option **Lizenzserver innerhalb von 120 Tagen festlegen**, und klicken Sie auf **Weiter**.
8. Wählen Sie **Lizenzmodus pro Benutzer**, und klicken Sie auf **Weiter**.

   Die Seite **Komponenten werden konfiguriert** wird angezeigt, während der Terminalserver installiert wird.
9. Klicken Sie auf **Fertig stellen**.
10. Starten Sie **Server02** erneut.

Übung 2: Konfigurieren von Terminalserverbenutzern

1. Melden Sie sich auf **Server01** als Administrator an.
2. Öffnen Sie **Active Directory-Benutzer und -Computer**.
3. Erstellen Sie im Container **Users** ein Benutzerkonto auf den Namen **Lorrin Smith-Bates**.

   Vielleicht haben Sie bei der Bearbeitung von Übungen aus anderen Kapiteln bereits ein Konto für Lorrin Smith-Bates angelegt. Notieren Sie sich den Benutzernamen und das Kennwort dieses Kontos, denn in der nächsten Übung werden Sie sich als Lorrin Smith-Bates anmelden.

4. Erstellen Sie im Container **Users** ein globales Sicherheitsgruppenkonto namens **Contoso-Terminalserverbenutzer**.
5. Fügen Sie Lorrin Smith-Bates zur Gruppe **Contoso-Terminalserverbenutzer** hinzu.
6. Fügen Sie die Gruppe **Contoso-Terminalserverbenutzer** zur Gruppe **Druck-Operatoren** hinzu.

   Da Lorrin ein Benutzer ist, kann er sich nicht am Domänencontroller **Server01** anmelden. Im Rahmen dieser Übung braucht Lorrin aber das Recht, sich lokal an **Server01** anzumelden. Das Aufnehmen seines Kontos in die Gruppe **Druck-Operatoren** ist ein einfacher Weg, dieses Ziel zu erreichen.
7. Melden Sie sich von **Server01** ab.
8. Melden Sie sich als Administrator auf **Server02** an.
9. Klicken Sie auf **Start**, klicken Sie mit der rechten Maustaste auf **Arbeitsplatz** und wählen Sie **Verwalten**.
10. Erweitern Sie in der Konsolenstruktur das Snap-In **Lokale Benutzer und Gruppen**.
11. Wählen Sie den Knoten **Gruppen**.
12. Klicken Sie in der Detailansicht mit einem Doppelklick auf **Remotedesktopbenutzer**.
13. Fügen Sie die Gruppe **Contoso-Terminalserverbenutzer** als Mitglied hinzu.

Übung 3: Anmelden auf einem Terminalserver mit Geräteumlenkung

1. Melden Sie sich auf **Server01** als Lorrin Smith-Bates an.
2. Öffnen Sie **Remotedesktopverbindung** aus der Programmgruppe **Alle Programme\Zubehör\Kommunikation**.
3. Geben Sie im Textfeld **Computer** den Namen **server02.contoso.com** ein, und klicken Sie auf **Verbinden**.
4. Melden Sie sich in der Remotedesktopsitzung als Lorrin Smith-Bates auf **Server02** an.
5. Öffnen Sie **Arbeitsplatz**, und überzeugen Sie sich davon, dass es sich bei den angezeigten Laufwerken um die Laufwerke von **Server02** handelt.
6. Melden Sie sich in der Remotedesktopsitzung von **Server02** ab.
7. Öffnen Sie **Remotedesktopverbindung**, erneut und klicken Sie auf die Schaltfläche **Optionen**.
8. Klicken Sie auf die Registerkarte **Lokale Ressourcen**, markieren Sie das Kontrollkästchen **Laufwerke**, und klicken Sie auf **Verbinden**.
9. Eine Sicherheitswarnung wird angezeigt. Klicken Sie auf **OK**.
10. Melden Sie sich in der Remotedesktopsitzung als Lorrin Smith-Bates auf **Server02** an.
11. Öffnen Sie **Arbeitsplatz**, und überzeugen Sie sich davon, dass Sie nun die Laufwerke von **Server01** in einer Gruppe namens **Andere** sehen.
12. Melden Sie sich in der Remotedesktopsitzung von **Server02** ab.

13. Melden Sie sich nicht von **Server01** ab. Melden Sie sich direkt auf **Server02** als Administrator an.
14. Öffnen Sie auf **Server02** die Konsole **Terminaldienstekonfiguration** aus dem Ordner **Verwaltung**.
15. Wählen Sie in der Konsolenstruktur **Verbindungen**.
16. Klicken Sie in der Detailansicht mit einem Doppelklick auf **RDP-Tcp**.
17. Markieren Sie auf der Registerkarte **Clienteinstellungen** das Kontrollkästchen **Laufwerkzuordnung**, und schließen Sie das Dialogfeld **Eigenschaften von RDP-Tcp** mit einem Klick auf **OK**.
18. Öffnen Sie auf **Server01**, auf dem Sie immer noch als Lorrin angemeldet sind, **Remotedesktopverbindung**.
19. Sorgen Sie dafür, dass als **Computer** immer noch **server02.contoso.com** angegeben wird und dass auf der Registerkarte **Lokale Ressourcen** das Kontrollkästchen **Laufwerke** markiert ist.
20. Klicken Sie auf **Verbinden**, und schließen Sie die Sicherheitsmeldung mit einem Klick auf **OK**. Melden Sie sich auf **Server02** als Lorrin Smith-Bates an.
21. Öffnen Sie **Arbeitsplatz**.

    Die lokalen Laufwerke werden nicht länger umgeleitet. Die Einstellung, die Sie in den Eigenschaften der **RDP-Tcp**-Verbindung vorgenommen haben, setzen die Einstellungen des Clients außer Kraft.

Lernzielkontrolle

Die folgenden Fragen dienen dazu, die wichtigsten Lehrinhalte dieser Lektion zu vertiefen. Können Sie eine Frage nicht beantworten, arbeiten Sie das entsprechende Lektionsmaterial noch einmal durch, und versuchen Sie dann erneut, die Frage zu beantworten. Die Antworten auf die Lernzielkontrollfragen finden Sie im Abschnitt „Fragen und Antworten" am Ende dieses Kapitels.

1. Sie haben Remotedesktopverbindungen auf **Server02** aktiviert, einem Mitgliedsserver der domäne **contoso.com**. Auf **Server02** ist der Terminalserver installiert. Sie möchten, dass Danielle Tiedt mit dem Client **Remotedesktopverbindung** eine Verbindung herstellen kann. Welche zusätzliche Konfiguration müssen Sie auf **Server02** vornehmen?

   ____

   ____

2. Sie haben Remotedesktopverbindungen auf **Server01** aktiviert, einem Domänencontroller in der Domäne **contoso.com**. Auf **Server01** ist der Terminalserver installiert. Sie möchten, dass Terry Adams mit dem Client **Remotedesktopverbindung** eine Verbindung herstellen kann. Terry ist Mitglied der Gruppe **Remotedesktopbenutzer** von **Server01**. Welche zusätzliche Konfiguration muss erfolgen, damit Terry eine Verbindung herstellen kann?

____

____

____

3. Nennen Sie drei Orte, an denen Sie Terminalservereinstellungen vornehmen können, die Vorrang vor den Einstellungen des Remotedesktopverbindungsclients haben.

____

____

Zusammenfassung der Lektion

- Der Terminalserver bietet Anwendungen in einer Multiuserumgebung an. Diese Anwendungen müssen unter Verwendung des Programms **Software** oder des Befehls **Change User** installiert werden.
- Damit ein Benutzer erfolgreich eine Verbindung herstellen kann, müssen auf dem Server Remotedesktopverbindungen aktiviert sein. Das Verbindungsobjekt des Servers (zum Beispiel die **RDP-Tcp**-Verbindung) muss Verbindungen für eine Gruppe zulassen, zu welcher der Benutzer gehört. Der Benutzer muss einer Gruppe angehören, der das Recht **Anmelden über Terminaldienste zulassen** zugewiesen wurde, und das Benutzerkonto muss die Anmeldung am Terminalserver zulassen. Auf einem Mitgliedsserver werden standardmäßig alle erforderlichen Berechtigungen für die Gruppe **Remotedesktopbenutzer** konfiguriert. Sie brauchen also nur die Remotedesktopverbindungen zu aktivieren und den Benutzer zu dieser Gruppe hinzuzufügen.
- Die Sicherheitsrichtlinien eines Domänencontrollers gewähren nicht standardmäßig das Benutzerrecht **Anmelden über Terminaldienste zulassen.**
- Auf dem Client, in einem Benutzerkonto, in der Verbindung oder auf dem Server lassen sich zahlreiche Terminalservereinstellungen konfigurieren. Die meisten dieser Einstellungen lassen sich für Terminalserver, die unter Windows Server 2003 ausgeführt werden, auch mit Gruppenrichtlinien festlegen.
- Windows Server 2003 und der Client **Remotedesktopverbindung** unterstützen die Umleitung von Geräten, einschließlich Audiogeräten, Druckern und Laufwerken.
- Um einen Lastausgleich unter den Terminalserver zu erreichen, müssen Sie eine entsprechende Lastausgleichstechnologie wie Network Load Balancing (NLB) oder DNS-Round-Robin konfigurieren, auf einem Server das **Terminaldienste-Sitzungsverzeichnis** aktivieren, Computerkonten für die Server zur lokalen Gruppe **Sitzungsverzeichnis Computer** des Verzeichnisservers hinzufügen und die zum Cluster gehörigen Computer mit **Terminaldienstekonfiguration** oder Gruppenrichtlinien konfigurieren.

Sie können die Terminaldienstesitzung eines Benutzers überwachen und kontrollieren, indem Sie mit dem Client **Remotedesktopverbindung** eine Verbindung zum Terminalserver herstellen, die **Terminaldiensteverwaltung** öffnen, die Benutzersitzung mit der rechten Maustaste anklicken und **Remoteüberwachung** wählen.

Übung mit Fallbeispiel

Als Bestandteil der firmeneigenen Remoteadministration hat Ihr Unternehmen die Remoteunterstützung auf allen Computern aktiviert. Ihre Vertriebsmitarbeiter sind viel unterwegs und erledigen ihre Arbeiten auf diesen Geschäftsreisen mithilfe von Laptopcomputern.

Im internen Netzwerk setzen Sie den Windows Messenger zur spontanen Kommunikation mit Clients und für die Remoteunterstützung ein. Da das Versenden und Empfangen von Sofortnachrichten über das Internet nicht zugelassen werden soll, wurde Port 1863 an der Firewall gesperrt.

Sie möchten Remoteunterstützung für Ihre Remotebenutzer bereitstellen, können über Windows Messenger jedoch keine Verbindung herstellen, um festzustellen, ob die Benutzer online sind.

Kann die Remoteunterstützung für Ihre Remotebenutzer eingesetzt werden? Falls ja, wie würden Sie vorgehen?

Übung zur Problembehandlung

Sie versuchen, sich über eine Remotedesktopverbindung mit einem Windows Server 2003-Server in Ihrer Umgebung zu verbinden, erhalten jedoch beim Verbindungsaufbau wieder und wieder die in Abbildung 2.25 gezeigte Meldung.

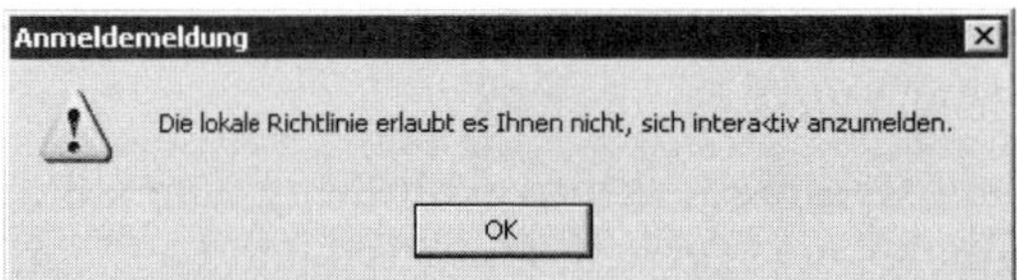

Abbildung 2.25 Fehlermeldung, die beim Versuch der Verbindungsherstellung mit der Remotedesktop für Verwaltung-Konsole angezeigt wird

Sie haben die Einstellungen auf dem Server geprüft und Folgendes sichergestellt:

- Sie sind ein Mitglied der Gruppe **Remotedesktopbenutzer**.
- Sie sind kein Mitglied der Gruppe **Administratoren**.
- Sie können eine Verbindung zu Freigaben auf dem Terminalservercomputer herstellen, und der Computer kann erfolgreich angepingt werden.

Welche weiteren Einstellungen prüfen Sie auf dem Terminalservercomputer, um dieses Problem zu beseitigen?

____

____

____

____

____

Zusammenfassung des Kapitels

- MMCs sind die gemeinsame Oberfläche für Systemtools in Windows Server 2003.
- Snap-Ins sind einzelne Tools, die in eine MMC geladen werden können.
- Einige Snap-Ins können zur Konfiguration von Remotecomputern eingesetzt werden; andere sind auf den lokalen Computerzugriff beschränkt.
- MMCs können entweder im Autorenmodus (Vollzugriff) oder im Benutzermodus (beschränkter Zugriff) gespeichert werden. Der Modus einer MMC kann einem Benutzer weder mehr Rechte zuweisen noch Rechte zur Aufgabenausführung einschränken, die dem Benutzer durch seinen Berechtigungssatz zugewiesen wurden.
- Remotedesktop für Verwaltung ermöglicht die Verwaltung eines Servers von einem Remotestandort, so als sei der Benutzer interaktiv an der lokalen Konsole angemeldet.
- Remotedesktop für Verwaltung steht für Desktopbetriebssysteme nur unter Windows XP zur Verfügung.
- Die Remoteunterstützung ähnelt Remotedesktop für Verwaltung, sie ermöglicht eine Remoteanzeige und -steuerung von Windows XP-Desktopcomputern.
- Die Remoteunterstützung kann auch auf einem Windows Server 2003-Server eingesetzt werden.
- Für die Remoteunterstützung sind zwei Benutzer erforderlich: ein Benutzer am Zieldesktop, und ein zweiter, der Helfer, an einem weiteren Computer. Beide Benutzer müssen den Steuerungsaktionen während der Sitzung zustimmen, und die Sitzung kann jederzeit durch einen der beiden Teilnehmer beendet werden.

Prüfungsrelevante Themen

Vor Absolvieren der Prüfung sollten Sie anhand der nachfolgend aufgeführten Schlüsselinformationen und -begriffe prüfen, welche Themen Sie gegebenenfalls noch einmal durcharbeiten müssen. Gehen Sie die entsprechenden Lektionen und Praxisübungen erneut durch, und lesen Sie die Abschnitte „Weiterführende Literatur“ in Teil II, um weitere Informationen zu den abgedeckten Lernzielen für die Prüfung zu erhalten.

Schlüsselinformationen

- MMCs sind die Container für Snap-Ins.
- Snap-Ins können im lokalen Kontext oder im Remotekontext verwendet werden, eine gleichzeitige Verwendung auf einem lokalen und einem Remotecomputer ist jedoch nicht möglich.
- Snap-Ins können den spezifischen Verwaltungsanforderungen entsprechend in einer einzigen Konsole kombiniert werden.
- MMCs können im Benutzermodus gespeichert werden, um ihre Konfiguration einzuschränken. Die Fähigkeit zur Aufgabendurchführung mit dem Tool wird jedoch durch Berechtigungen geregelt, nicht durch die Einschränkungen, die für eine bestimmte MMC-Konsole gelten. Wenn ein Benutzer über ausreichende Berechtigungen zum Verwalten eines Computers verfügt, kann er MMCs mit beliebigen Snap-Ins erstellen.
- Remotedesktop für Verwaltung erfordert Berechtigungen zur Verbindungsherstellung mit dem Remotedesktopclient. Standardmäßig wird diese Berechtigung nur der Gruppe **Administratoren** zugewiesen.
- Die Remoteunterstützung ist eine bidirektionale, von beiden Seiten gebilligte Sitzung. Der Helfer kann zu keinem Zeitpunkt ohne Autorisierung die Steuerung eines Benutzercomputers übernehmen.
- Port 3389, der Port, der auch von Remotedesktop für Verwaltung verwendet wird, muss an der Firewall geöffnet sein, damit Remoteunterstützungssitzungen eingerichtet werden können.

Schlüsselbegriffe

Remoteunterstützung im Vergleich zu Remotedesktop für Verwaltung Die Remoteunterstützung ermöglicht das Einrichten einer remote gesteuerten Sitzung durch einen erfahrenen Benutzer, der von einem weniger erfahrenen Benutzer hierzu eingeladen worden ist. Die Anmeldeinformationen zur Authentifizierung werden in Form eines geheimen Kennworts innerhalb der Einladung durch den anfordernden Benutzer bereitgestellt. Remotedesktop für Verwaltung betrifft nur einen Benutzer, der sich remote an einem Computer anmeldet, auf dem die Terminalserverdienste ausgeführt werden. Dieser Computer muss außerdem so konfiguriert sein, dass Remotedesktopverbindungen durch den Benutzer möglich sind.

Microsoft Management Console (MMC) Für Remotedesktop für Verwaltung erforderliche Anmeldeinformationen und Serverkonfiguration, die für Remotedesktop für Verwaltung-Verbindungen erforderlich sind.

Fragen und Antworten

Seite 78

Lernzielkontrolle Lektion 1

1. Wie lautet der Standardmodus, wenn Sie eine MMC erstellen?

   Der Standardmodus für eine MMC ist der Autorenmodus.

2. Kann der Fokus für ein Snap-In gleichzeitig auf den lokalen Computer und einen Remotecomputer festgelegt werden?

   Nein. Snap-Ins können zur Verbindung mit dem lokalen Computer oder einem Remotecomputer konfiguriert werden, jedoch nicht gleichzeitig.

3. Sie möchten den Zugriff beschränken, der mit einem Snap-In möglich ist. Wie erstellen Sie die MMC, die das Snap-In enthält?

   Speichern Sie die Konsole in einem der Benutzermodi, je nach gewünschtem Einschränkungsgrad.

Seite 40

Lernzielkontrolle Lektion 2

1. Welche Anmeldeinformationen sind für die Verwaltung eines Remotecomputers mithilfe der MMC erforderlich?

   Sie müssen über Administratorrechte auf dem Remotecomputer verfügen, um die Remoteverwaltung durchführen zu können.

2. Kann für bereits vorhandene MMC-Snap-Ins der lokale Kontext in einen Remotekontext geändert werden, oder muss für die Remoteverbindung ein Snap-In des gleichen Typs in die MMC geladen werden?

   Der Kontext eines Snap-Ins kann durch Zugriff auf die Eigenschaften des Snap-Ins geändert werden. Ein Snap-In muss zur Änderung seiner Konfiguration nicht erneut geladen werden.

3. Stehen alle Funktionen innerhalb eines Snap-Ins, das auf einem lokalen Computer verwendet wird, auch bei einer Remoteverbindung zur Verfügung?

   Nein, es stehen nicht alle Funktionen zur Verfügung. Die Komponente **Geräte-Manager** im Snap-In **Computerverwaltung** beispielsweise kann nur zur Anzeige von Remotecomputerkonfigurationen verwendet werden. Es ist nicht möglich, Änderungen an der Gerätekonfiguration des Remotecomputers vorzunehmen.

Seite 48

Lernzielkontrolle Lektion 3

1. Wie viele gleichzeitige Verbindungen können zu einem Terminalserver hergestellt werden, der im Remoteverwaltungsmodus ausgeführt wird? Begründen Sie Ihre Antwort.

   Drei; zwei Remoteverbindungen und eine Verbindung über die Konsole. Technisch gesehen liegt die Beschränkung damit bei zwei Verbindungen, da für einen im Remotedesktopmodus für die Remoteverwaltung konfigurierten Terminalserver die Komponenten für die gemeinsame Verwendung von Anwendungen nicht installiert werden.

2. Wie können Sie Administratoren am besten eine Remoteserververwaltung über die Terminaldienste ermöglichen?

   a. Es sind keine Schritte erforderlich; Administratoren haben per Voreinstellung Zugriff.

   b. Entfernen Sie die Administratoren aus der Berechtigungsliste für die Terminalserververbindung, und bringen Sie die Administratorkonten in der Gruppe **Remotedesktop für Verwaltung** unter.

   c. Erstellen Sie für die tägliche Arbeit ein separates Benutzerkonto mit eingeschränktem Berechtigungsumfang für Administratoren, und stellen Sie dieses Konto in die Gruppe **Remotedesktop für Verwaltung**.

   Richtig ist Antwort c. Es wird empfohlen, sich unter Verwendung eines Kontos mit minimalen Rechten anzumelden und Verwaltungstools anschließend über den Befehl **Ausführen als** (**RunAs**) über ein Konto mit weiteren Rechten auszuführen.

3. Welches Tool wird zur Aktivierung von Remotedesktop auf einem Server eingesetzt?

   a. Terminaldiensteverwaltung

   b. Terminaldienstekonfiguration

   c. **Systemeigenschaften** in der Systemsteuerung

   d. Terminaldienstelizenzierung

   Richtig ist Antwort c.

Seite 57

Lernzielkontrolle Lektion 4

1. Worin ähneln sich Remoteunterstützung und Remotedesktop für Verwaltung? Wo liegen die Unterschiede?

   Die Remoteunterstützung ermöglicht die Remotesteuerung eines Computers, als ob der Benutzer vor Ort an der Konsole angemeldet wäre. Gleiches gilt für eine Verbindung zu einem Terminalserver, die über Remotedesktop für Verwaltung hergestellt wurde.

   Remotedesktop für Verwaltung wird allein über das lokale oder domänenweite Kontenverzeichnis gesteuert, das für die Terminalserververbindungen auf diesem Computer konfiguriert ist. Die Remoteunterstützung erfordert ein „Handshake" zwischen Benutzer und Helfer.

2. Welche Vorteile bietet die Remoteunterstützung?

   Es ist nicht erforderlich, dass ein Experte dem Benutzer vor Ort bei der Problemlösung hilft. Die Schwierigkeit der Problemlösung per Telefon entfällt.

3. Welche der folgenden firewallbedingten Einschränkungen gelten für die Remoteunterstützung?

   a. Port 3389 muss geöffnet sein.

   b. NAT kann nicht eingesetzt werden.

   c. Eine gemeinsame Nutzung der Internetverbindung ist nicht möglich.

   d. Sie können die Remoteunterstützung nicht für VPNs (Virtuelle Private Netzwerke) einsetzen.

   Richtig ist Antwort a.

Seite 78

Lernzielkontrolle Lektion 5

1. Sie haben Remotedesktopverbindungen auf **Server02** aktiviert, einem Mitgliedsserver der domäne **contoso.com**. Auf **Server02** ist der Terminalserver installiert. Sie möchten, dass Danielle Tiedt mit dem Client **Remotedesktopverbindung** eine Verbindung herstellen kann. Welche zusätzliche Konfiguration müssen Sie auf **Server02** vornehmen?

   Fügen Sie Danielle Tiedt auf **Server02** zur lokalen Gruppe **Remotedesktopbenutzer** hinzu.

2. Sie haben Remotedesktopverbindungen auf **Server01** aktiviert, einem Domänencontroller in der Domäne **contoso.com**. Auf **Server01** ist der Terminalserver installiert. Sie möchten, dass Terry Adams mit dem Client **Remotedesktopverbindung** eine Verbindung herstellen kann. Terry ist Mitglied der Gruppe **Remotedesktopbenutzer** von **Server01**. Welche zusätzliche Konfiguration muss erfolgen, damit Terry eine Verbindung herstellen kann?

   Konfigurieren Sie ein Gruppenrichtlinienobjekt wie beispielsweise das Standarddomänencontroller-Gruppenrichtlinienobjekt so, dass die Gruppe Remotedesktopbenutzer das Benutzerrecht **Anmelden über Terminaldienste zulassen** erhält.

3. Nennen Sie drei Orte, an denen Sie Terminalservereinstellungen vornehmen können, die Vorrang vor den Einstellungen des Remotedesktopverbindungsclients haben.

   Die Eigenschaften des Benutzerobjekts in Active Directory, die Eigenschaften der Terminalserververbindung (zum Beispiel **RDP-Tcp**-Verbindung) und die Gruppenrichtlinien für Terminaldienste.

Seite 80

Übung mit Fallbeispiel

Kann die Remoteunterstützung für Ihre Remotebenutzer eingesetzt werden? Falls ja, wie würden Sie vorgehen?

Sie müssen eine der folgenden Methoden zur Anforderung von Remoteunterstützung verwenden.

- **Per E-Mail**: Senden Sie über die Programme des Hilfe- und Supportcenters eine E-Mail an den Helfer. Wenn der Helfer auf den Link in der E-Mail zugreift, kann er eine Remoteunterstützungssitzung einrichten.
- **Per Datei**: Erstellen Sie über die Programme des Hilfe- und Supportcenters eine Remoteunterstützungsdatei. Senden Sie die Datei per E-Mail an den Helfer, oder lassen Sie den Helfer über ein freigegebenes Verzeichnis auf die Datei zugreifen. Wenn der Helfer auf den Link in der Datei zugreift, kann er eine Remoteunterstützungssitzung einrichten.

Bei beiden Methoden wird dringend empfohlen, ein Kennwort für die Remoteunterstützungssitzung festzulegen und dem Helfer das Kennwort auf sicherem Wege zukommen zu lassen, um die Remoteunterstützungssitzung vor einem nichtautorisierten Zugriff zu schützen.

Seite 80

Übung zur Problembehandlung

Welche weiteren Einstellungen prüfen Sie auf dem Terminalservercomputer, um dieses Problem zu beseitigen?

Bei dem fraglichen Terminalserver handelt es sich wahrscheinlich um einen Domänencontroller, und die Standarddomänencontrollerrichtlinie wurde nicht aktiviert, um Remoteverbindungen über die Gruppe **Remotedesktopbenutzer** zuzulassen. Die lokale Gruppenrichtlinie auf Domänencontrollern verbietet Remoteverbindungen durch Nichtadministratoren und muss daher geändert werden. Die einfachste Möglichkeit zur Änderung der lokalen Richtlinie besteht darin, die Richtlinie mit einer Änderung der Standard-Domänencontrollerrichtlinie außer Kraft zu setzen.

KAPITEL 3

Benutzerkonten

In diesem Kapitel abgedeckte Prüfungsziele:

- Erstellen und Verwalten von Benutzerkonten
- Erstellen und Verwalten von Benutzerkonten unter Verwendung des MMC Snap-Ins **Active Directory-Benutzer und -Computer**
- Automatisiertes Erstellen und Bearbeiten von Benutzerkonten
- Importieren von Benutzerkonten
- Verwalten lokaler, servergespeicherter und verbindlicher Benutzerprofile
- Problembehandlung für Benutzerkonten
- Diagnose und Beseitigung von Kontosperrungen
- Diagnose und Beseitigung von Problemen im Hinblick auf Kontoeigenschaften
- Problembehebung bei der Benutzerauthentifizierung

Bedeutung dieses Kapitels

Bevor die Mitarbeiter in Ihrem Unternehmen auf die benötigten Ressourcen zugreifen können, müssen Sie die Authentifizierung der Mitarbeiter aktivieren. Natürlich ist die primäre Komponente bei dieser Authentifizierung die Benutzeridentität, die oft auch als Konto oder Benutzerkonto bezeichnet wird, im Microsoft Active Directory-Verzeichnisdienst. Im vorliegenden Kapitel prüfen und erweitern Sie Ihr Wissen in Bezug auf Erstellung, Verwaltung und Problembehandlung von Benutzerkonten und Authentifizierung.

In jedem Unternehmen ergeben sich täglich neue Herausforderungen für die Benutzerverwaltung. Die für ein Standardbenutzerkonto konfigurierten Eigenschaften unterscheiden sich wahrscheinlich von denen, die Sie auf ein Konto eines Helpdesk-Mitarbeiters anwenden, die sich wiederum von denen unterscheiden, die für das integrierte Administratorkonto konfiguriert sind. Methoden, die sich für das effektive Erstellen oder Bearbeiten einzelner Benutzerkonten eignen, sind weniger geeignet bis ineffizient, wenn Sie mit einer Vielzahl von Konten arbeiten, beispielsweise bei der Erstellung von Konten für neu eingestellte Mitarbeiter.

Zur effektiven Bearbeitung unterschiedlichster Szenarien bei der Kontenverwaltung werden nachfolgend verschiedene Fertigkeiten und Tools für die Benutzerverwaltung untersucht. Zum Einsatz kommen hierbei das Snap-In **Active Directory-Benutzer und -Computer** sowie einige leistungsstarke Befehlszeilenprogramme.

Lektionen in diesem Kapitel:

Bevor Sie beginnen

In diesem Kapitel werden Fähigkeiten und Konzepte im Zusammenhang mit Benutzerkonten in Active Directory vorgestellt. Es wird vorausgesetzt, dass Sie über mindestens 18 Monate praktische Erfahrung im Umgang mit Active Directory, der Microsoft Management Console (MMC) sowie dem Snap-In **Active Directory-Benutzer und -Computer** verfügen. Bereiten Sie für die praktischen Übungen anhand der Beispiele in diesem Kapitel Folgendes vor:

- Einen Windows Server 2003-Computer (Standard oder Enterprise Edition) namens **Server01**, der als Domänencontroller in der Domäne **contoso.com** konfiguriert ist
- Folgende Organisationseinheiten (OUs) erster Ebene: **Administrative Gruppen**, **Mitarbeiter** und **Sicherheitsgruppen**
- Zwei globale Gruppen namens **Vertriebsmitarbeiter** und **Vertriebsleiter** in der OU **Sicherheitsgruppen**
- Die Konsole **Active Directory-Benutzer und -Computer** oder eine angepasste Konsole mit dem Snap-In **Active Directory-Benutzer und -Computer**

Lektion 1: Erstellen und Verwalten von Benutzerobjekten

Active Directory erfordert die Überprüfung der Identität eines Benutzers – ein Prozess, der Authentifizierung genannt wird –, bevor dieser Benutzer auf Ressourcen zugreifen kann. Der Eckpfeiler der Authentifizierung ist die Benutzeridentität, oder das Benutzerkonto, mit Benutzeranmeldenamen, Kennwort und eindeutiger Sicherheitskennung (Security Identifier, SID). Während der Anmeldung authentifiziert Active Directory den vom Benutzer eingegebenen Benutzernamen sowie das Kennwort. Das Sicherheitsteilsystem kann anschließend das Sicherheitszugriffstoken erstellen, das den Benutzer repräsentiert. Das Zugriffstoken enthält die SID des Benutzerkontos sowie die SIDs der Gruppen, denen der Benutzer angehört. Dieses Token kann dann zur Überprüfung der einem Benutzer zugewiesenen Rechte verwendet werden. Zu diesen Rechten zählt unter anderem die lokale Anmeldung am System sowie die Autorisierung für den Zugriff auf Ressourcen, die durch Zugriffssteuerungslisten (Access Control Lists, ACLs) gesichert werden.

Die Identität eines Benutzers ist in das Active Directory-Benutzerobjekt integriert. Das Benutzerobjekt umfasst nicht nur Benutzername, Kennwort und Sicherheitskennung, sondern auch Kontaktinformationen wie z.B. Telefonnummern und Adressen, Unternehmensinformationen wie Position, direkte Vorgesetzte und Abteilungsleiter sowie Gruppenmitgliedschaften. Darüber hinaus enthält das Benutzerobjekt Konfigurationsinformationen, beispielsweise Einstellungen zu servergespeichertem Profil, Terminaldiensten, Remotezugriff und Remoteüberwachungseinstellungen. In dieser Lektion prüfen und erweitern Sie Ihr Wissen im Hinblick auf Benutzerobjekte in Active Directory.

Am Ende dieser Lektion werden Sie in der Lage sein, die folgenden Aufgaben auszuführen:

- Erstellen von Benutzerobjekten in Active Directory mithilfe des Snap-Ins **Active Directory-Benutzer und -Computer**
- Konfigurieren von Benutzerobjekteigenschaften
- Erläutern wichtiger Kontooptionen, die durch ihre Beschreibungen nicht selbsterklärend sind
- Gleichzeitiges Ändern der Eigenschaften mehrerer Benutzer

Veranschlagte Zeit für diese Lektion: 15 Minuten

Erstellen von Benutzerobjekten mithilfe von *Active Directory-Benutzer und -Computer*

Sie können ein Benutzerobjekt mit dem Snap-In **Active Directory-Benutzer und -Computer** erstellen. Obwohl Benutzerobjekte im Domänenstamm oder in einem beliebigen Standardcontainer erstellt werden können, empfiehlt es sich, einen Benutzer stets in einer Organisationseinheit zu erstellen, damit die Vorteile der administrativen Delegierung sowie der Gruppenrichtlinienobjekte (Group Policy Objects, GPOs) voll ausgeschöpft werden können.

Zum Erstellen eines Benutzerobjekts markieren Sie zunächst die OU oder den Container, in dem Sie das Objekt erstellen möchten. Klicken Sie anschließend auf das Menü **Aktion**, wählen Sie **Neu**, und klicken Sie auf **Benutzer**. Sie müssen der Gruppe **Organisations-Admins**, **Domänen-Admins** oder **Konten-Operatoren** angehören oder über delegierte Verwaltungsberechtigungen zum Erstellen von Benutzerobjekten in dem Container verfügen. Wenn Sie keine ausreichenden Berechtigungen zum Erstellen von Benutzerobjekten besitzen, ist der Befehl zum Erstellen neuer Benutzer nicht verfügbar.

Das Dialogfeld **Neues Objekt – Benutzer** wird angezeigt, wie dargestellt in Abbildung 3.1. Die erste Seite des Dialogfelds **Neues Objekt – Benutzer** erfordert Angaben im Zusammenhang mit dem Benutzernamen. In Tabelle 3.1 werden die Eigenschaften beschrieben, die auf der ersten Seite dieses Dialogfelds angezeigt werden.

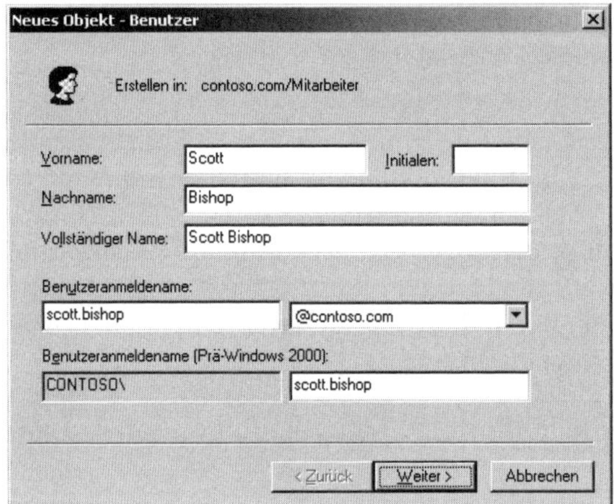

Abbildung 3.1 Das Dialogfeld **Neues Objekt – Benutzer**

Tabelle 3.1 Benutzereigenschaften auf der ersten Seite des Dialogfelds **Neues Objekt – Benutzer**

Eigenschaft	Beschreibung
Vorname	Der Vorname des Benutzers. Nicht erforderlich.
Initialen	Der Anfangsbuchstabe des zweiten Vornamens des Benutzers. Nicht erforderlich.
Nachname	Der Nachname des Benutzers. Nicht erforderlich.
Vollständiger Name	Der vollständige Name des Benutzers. Wenn Sie Werte für den Vor- oder Nachnamen eingeben, wird der vollständige Name automatisch eingetragen. Sie können den vorgeschlagenen Wert jedoch problemlos ändern. Die Eingabe in dieses Feld ist obligatorisch. Der hier eingegebene Name erzeugt verschiedene Benutzerobjekteigenschaften, insbesondere CN (Common Name, allgemeiner Name), DN (Distinguished Name, definierter Name), Name und Anzeigename. Da der CN innerhalb eines Containers eindeutig sein muss, muss der hier von Ihnen eingegebene Name in Bezug auf alle weiteren Objekte in der OU (bzw. einem anderen Container), in der Sie das Benutzerobjekt erstellen, eindeutig sein. ▶

Eigenschaft	Beschreibung
Benutzer-anmeldename	Der Benutzerprinzipalname (User Principal Name, UPN) besteht aus einem Anmeldenamen und einem UPN-Suffix, bei dem es sich standardmäßig um den DNS-Namen der Domäne handelt, in der das Objekt erstellt wird. Die Eigenschaft ist erforderlich, und der gesamte Benutzerprinzipalname, vorliegend im Format **Anmeldename@UPN-Suffix**, muss innerhalb der Active Directory-Gesamtstruktur eindeutig sein. Ein Beispiel für einen Benutzerprinzipalnamen lautet **jemand@contoso.com**. Der Benutzerprinzipalname kann zur Anmeldung an einem beliebigen Microsoft Windows-System mit Windows 2000, Windows XP oder Windows Server 2003 verwendet werden. Sie können die Optionen ändern, die als UPN-Suffix zur Verfügung stehen, indem Sie das Eigenschaftendialogfeld des Snap-Ins **Active Directory-Domänen und -Vertrauensstellungen** öffnen.
Benutzeran-meldename (Prä-Windows 2000)	Dieser Anmeldename wird für die Anmeldung von kompatiblen Clients wie z.B. Microsoft Windows 95, Windows 98, Windows Millennium Edition (Windows Me), WindowsNT 4.0 oder WindowsNT 3.51 verwendet. Sie können ihn auch zur Anmeldung auf Systemen verwenden, auf denen Windows 2000, Windows XP oder Windows Server 2003 ausgeführt wird. Die Eingabe in dieses Feld ist obligatorisch, der eingegebene Name muss innerhalb der Domäne eindeutig sein.

Klicken Sie auf **Weiter**, wenn Sie auf der ersten Seite des Dialogfelds **Neues Objekt – Benutzer** alle Werte eingegeben haben. Die zweite Seite des Dialogfelds wird angezeigt (siehe Abbildung 3.2), in dem Sie Benutzerkennwort und Kontoeigenschaften festlegen.

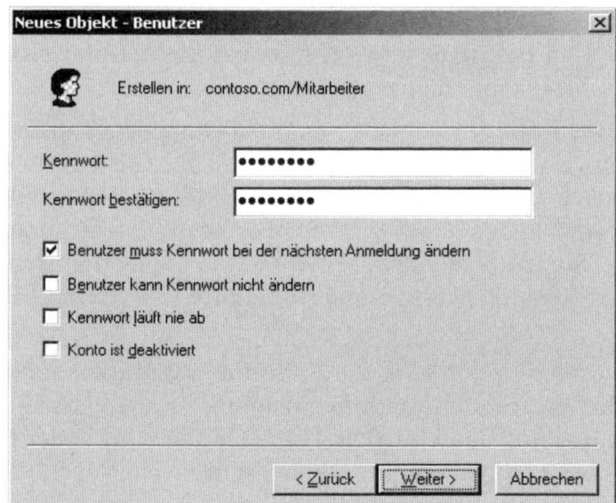

Abbildung 3.2 Die zweite Seite des Dialogfelds **Neues Objekt – Benutzer**

Sicherheitshinweis Die standardmäßigen Kontorichtlinien in einer Windows Server 2003-Domäne – festgelegt im GPO für die Standarddomänenrichtlinie – erfordern komplexe Kennwörter, die aus mindestens sieben Zeichen bestehen. Ferner muss ein Kennwort drei von vier Zeichentypen umfassen: Großbuchstaben, Kleinbuchstaben, numerische und nichtalphanumerische Zeichen.

Wenn Sie Windows Server 2003 in einer Testumgebung einsetzen, sollten Sie die gleichen empfohlenen Vorgehensweisen implementieren, die auch in einem produktiv eingesetzten Netzwerk erforderlich sind. In diesem Buch werden Sie daher angehalten, komplexe Kennwörter für die erstellten Benutzerkonten festzulegen; merken Sie sich diese Kennwörter für die Übungen, für die Sie sich als ein bestimmter Benutzer anmelden müssen.

Die auf der zweiten Seite des Dialogfelds **Neues Objekt – Benutzer** verfügbaren Eigenschaften sind in Tabelle 3.2 zusammengefasst.

Tabelle 3.2 Benutzereigenschaften auf der zweiten Seite des Dialogfelds **Neues Objekt – Benutzer**

Eigenschaft	Beschreibung
Kennwort	Das Kennwort, das für die Benutzerauthentifizierung verwendet wird. Aus Sicherheitsgründen sollten Sie immer ein Kennwort zuweisen. Das Kennwort wird bei seiner Eingabe auf dem Bildschirm in Form von Punkten angezeigt.
Kennwort bestätigen	Geben Sie das Kennwort erneut ein, um sicherzustellen, dass es richtig eingegeben wurde.
Benutzer muss Kennwort bei der nächsten Anmeldung ändern	Aktivieren Sie dieses Kontrollkästchen, wenn der Benutzer das Kennwort bei der ersten Anmeldung ändern soll. Diese Option ist nicht verfügbar, wenn Sie die Option **Kennwort läuft nie ab** aktiviert haben. Bei Auswahl dieser Option wird die Option **Benutzer kann Kennwort nicht ändern** automatisch deaktiviert, da sich diese Optionen gegenseitig ausschließen.
Benutzer kann Kennwort nicht ändern	Aktivieren Sie dieses Kontrollkästchen, wenn ein Domänenbenutzerkonto von mehreren Personen verwendet wird (beispielsweise das Gastkonto) oder wenn Sie die Kontrolle über die Kennwörter für die Benutzerkonten behalten möchten. Diese Option wird in der Regel zur Verwaltung von Dienstkontokennwörtern eingesetzt. Sie ist nicht verfügbar, wenn Sie die Option **Benutzer muss Kennwort bei der nächsten Anmeldung ändern** aktiviert haben.
Kennwort läuft nie ab	Aktivieren Sie dieses Kontrollkästchen, wenn das Kennwort nicht ablaufen soll. Bei Auswahl dieser Option wird die Einstellung **Benutzer muss Kennwort bei der nächsten Anmeldung ändern** automatisch deaktiviert, da sich diese Optionen gegenseitig ausschließen. Diese Option wird in der Regel zur Verwaltung von Dienstkontokennwörtern eingesetzt.
Konto ist deaktiviert	Aktivieren Sie dieses Kontrollkästchen, wenn Sie das Benutzerkonto deaktivieren möchten. Verwenden Sie diese Option beispielsweise bei der Erstellung eines Objekts für einen neu eingestellten Mitarbeiter, der noch keinen Netzwerkzugriff benötigt.

Insidertipp Bei der Erstellung von Objekten für neue Benutzer sollten Sie ein eindeutiges, komplexes Kennwort für die einzelnen Benutzer festlegen, das einem festen Schema folgt. Aktivieren Sie für neue Benutzer die Option **Benutzer muss Kennwort bei der nächsten Anmeldung ändern**. Benötigt der Benutzer vorerst keinen Zugriff auf das Netzwerk, deaktivieren Sie das Konto. Stellen Sie jedoch sicher, dass das Benutzerkonto aktiviert ist, wenn der Benutzer zum ersten Mal auf das Netzwerk zugreifen muss. Der Benutzer wird aufgefordert, ein neues, eindeutiges Kennwort festzulegen, das nur der Benutzer kennt.

Einige der in Tabelle 3.2 aufgeführten Kontooptionen können unter Umständen zu Konflikten mit Richtlinien führen, die in den Domänenrichtlinien festgelegt sind. Die Standarddomänenrichtlinie beispielsweise implementiert eine empfohlene Vorgehensweise, nach der die Speicherung von Kennwörtern mit umkehrbarer Verschlüsselung deaktiviert wird. In dem seltenen Fall jedoch, dass eine umkehrbare Verschlüsselung erforderlich ist, hat die Benutzerkontoeigenschaft **Kennwort mit umkehrbarer Verschlüsselung speichern** vor diesem spezifischen Benutzerobjekt Vorrang. In ähnlicher Weise kann über die Domänenrichtlinie ein maximales Kennwortalter festgelegt worden sein. Wenn ein Benutzerobjekt mit der Einstellung **Kennwort läuft nie ab** konfiguriert wurde, setzt diese Konfiguration die Domänenrichtlinien außer Kraft.

Verwalten von Benutzerobjekten mit *Active Directory-Benutzer und -Computer*

Beim Erstellen eines Benutzers werden Sie aufgefordert, die gängigsten Benutzereigenschaften zu konfigurieren, darunter Anmeldename und Kennwort. Benutzerobjekte haben jedoch zahlreiche weitere Eigenschaften, die Sie jederzeit mithilfe des Snap-Ins **Active Directory-Benutzer und -Computer** einstellen können. Diese Eigenschaften erleichtern die Verwaltung von und die Suche nach einem Objekt.

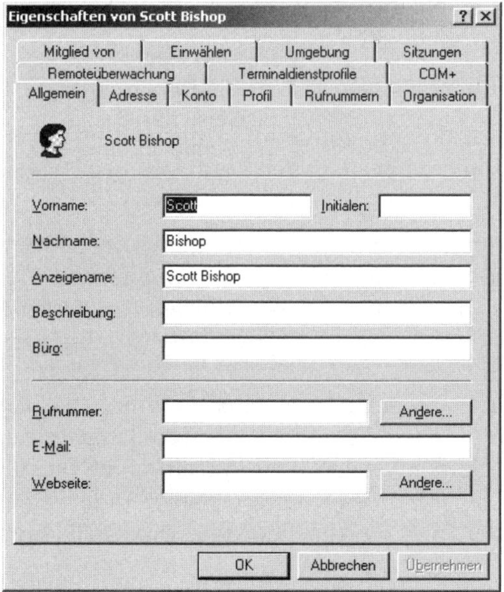

Abbildung 3.3 Das Dialogfeld mit den Benutzereigenschaften

Zur Konfiguration der Eigenschaften eines Benutzerobjekts wählen Sie es aus, klicken auf das Menü **Aktion** und wählen die Option **Eigenschaften**. Das Dialogfeld mit den Benutzereigenschaften wird angezeigt, wie in Abbildung 3.3 dargestellt. Zur Anzeige der Objekteigenschaften können Sie alternativ auch mit der rechten Maustaste auf das Objekt klicken und im Kontextmenü die Option **Eigenschaften** wählen.

Die auf den Seiten des Eigenschaftendialogfelds angezeigten Eigenschaften lassen sich in verschiedene Kategorien unterteilen:

- **Kontoeigenschaften** Die Registerkarte **Konto** zeigt Eigenschaften, die Sie beim Erstellen eines Benutzerobjekts festlegen, u.a. den Anmeldenamen, das Kennwort und die Kontoeigenschaften.
- **Persönliche Informationen** Die Registerkarten **Allgemein**, **Rufnummern** und **Organisation**, wobei die Registerkarte **Allgemein** Namenseigenschaften anzeigt, die beim Erstellen eines Benutzerobjekts konfiguriert werden.
- **Benutzerkonfigurationsverwaltung** Auf der Registerkarte **Profil** können Sie Benutzerprofilpfad, Anmeldeskript und Speicherort des Basisverzeichnisses festlegen.
- **Gruppenmitgliedschaft** Auf der Registerkarte **Mitglied von** können Sie Benutzergruppen hinzufügen und entfernen sowie die Hauptgruppe des Benutzers festlegen.
- **Terminaldienste** Die vier Registerkarten **Terminaldienstprofile**, **Umgebung**, **Remoteüberwachung** und **Sitzungen** ermöglichen Ihnen die Konfiguration und Verwaltung der Benutzerumgebung bei Verbindung über eine Terminaldienstesitzung.
- **Remotezugriff** Die Registerkarte **Einwählen** ermöglicht das Aktivieren und Konfigurieren von Remotezugriffsberechtigungen für einen Benutzer.
- **Anwendungen** Die Registerkarte **COM+** weist dem Benutzer Active Directory COM+-Partitionsgruppen zu. Dieses neue Feature von Windows Server 2003 erleichtert die Verwaltung verteilter Anwendungen.

Kontoeigenschaften

Von besonderer Bedeutung sind die Benutzerkontoeigenschaften, die sich auf der Registerkarte **Konto** des Dialogfelds mit den Benutzereigenschaften befinden. Ein Beispiel sehen Sie in Abbildung 3.4.

Mehrere dieser Eigenschaften wurden bereits in Tabelle 3.2 erläutert. Diese Eigenschaften wurden beim Erstellen des Benutzerobjekts konfiguriert und können wie eine Vielzahl von Kontoänderungen mithilfe der Registerkarte **Konto** geändert werden. Einige der Eigenschaften sind nicht gerade selbsterklärend und werden daher in Tabelle 3.3 näher erläutert.

Tipp Bei der Konfiguration von Domänenkonten für Dienste ist es üblich, das Kennwort so festzulegen, dass es nie abläuft. Geben Sie in solchen Situationen ein langes, komplexes Kennwort ein. Wenn das Dienstkonto auf einer beschränkten Anzahl von Systemen von Diensten benutzt wird, können Sie die Sicherheit des Kontos erhöhen, indem Sie die Eigenschaft **Anmelden** mit einer Liste der Systeme konfigurieren, die das Dienstkonto verwenden.

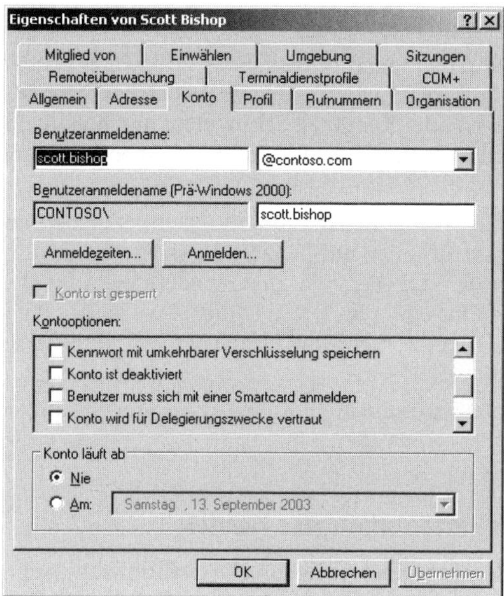

Abbildung 3.4 Die Registerkarte **Konto**

Tabelle 3.3 Benutzerkontoeigenschaften

Eigenschaft	Beschreibung
Anmeldezeiten	Klicken Sie auf **Anmeldezeiten**, um die Zeiträume festzulegen, in denen sich ein Benutzer am Netzwerk anmelden kann.
Anmelden	Klicken Sie auf **Anmelden**, wenn Sie die Arbeitsstationen beschränken möchten, an denen sich ein Benutzer anmelden kann. In anderen Bereichen der Benutzeroberfläche trägt diese Option den Namen **Computereinschränkungen**. Sie müssen zur Verwendung dieser Option NetBIOS über TCP/IP aktiviert haben, da zur Anmeldebeschränkung nicht die MAC-Adresse (Media Access Control) der Netzwerkkarte, sondern der Computername herangezogen wird.
Kennwort mit umkehrbarer Verschlüsselung speichern	Diese Option, die das Kennwort in Active Directory speichert, ohne den leistungsstarken, nicht umkehrbaren Hash-Verschlüsselungsalgorithmus von Active Directory zu verwenden, steht für die Unterstützung von Anwendungen zur Verfügung, die eine Kenntnis des Benutzerkennworts erfordern. Sofern nicht unbedingt erforderlich, sollte diese Option nicht aktiviert werden, da sie den Kennwortschutz erheblich herabsetzt. Die mit einer umkehrbaren Verschlüsselung gespeicherten Kennwörter sind ähnlich unsicher wie Kennwörtern, die in Klartext gespeichert werden. Macintosh-Clients, die das AppleTalk-Protokoll verwenden, erfordern die Kenntnis des Benutzerkennworts. Wenn ein Benutzer sich an einem Macintosh-Client anmeldet, müssen Sie die Option **Kennwort mit umkehrbarer Verschlüsselung speichern** aktivieren. ▶

Eigenschaft	Beschreibung
Benutzer muss sich mit einer Smartcard anmelden	Smartcards sind tragbare, manipulationsresistente Hardwaregeräte, die eindeutige Identifikationsinformationen für Benutzer speichern. Sie werden an ein System angeschlossen oder in ein Gerät eingelegt und bieten eine zusätzliche, Hardwareidentifikationskomponente für den Authentifizierungsvorgang.
Konto wird für Delegierungszwecke vertraut	Diese Option ermöglicht einem Dienstkonto, die Identität eines Benutzers anzunehmen, um in dessen Namen auf Netzwerkressourcen zuzugreifen. In der Regel ist diese Option nicht aktiviert, insbesondere nicht für Benutzerobjekte, die Personen repräsentieren. Diese Option wird häufig für Dienstkonten in dreischichtigen (oder mehrschichtigen) Anwendungsinfrastrukturen eingesetzt.
Konto läuft ab	Verwenden Sie diese Option, um den Gültigkeitszeitraum eines Kontos festzulegen.

Gleichzeitiges Verwalten von Eigenschaften mehrerer Konten

Windows Server 2003 ermöglicht die gleichzeitige Änderung von Eigenschaften mehrerer Benutzerkonten. Sie wählen einfach mehrere Benutzerobjekte aus, indem Sie die STRG-Taste gedrückt halten, während Sie auf die einzelnen Benutzer klicken, oder Sie verwenden eine andere Methode für die Mehrfachauswahl. Stellen Sie sicher, dass Sie nur Objekte eines Typs auswählen, z.B. Benutzer. Nachdem Sie mehrere Objekte ausgewählt haben, klicken Sie auf das Menü **Aktion** und wählen dann **Eigenschaften**.

Wenn Sie mehrere Benutzerobjekte ausgewählt haben, steht ein Teilsatz an Eigenschaften zur Bearbeitung zur Verfügung, und zwar auf folgenden Registerkarten:

- **Allgemein** Beschreibung, Büro, Rufnummer, Fax, Webseite, E-Mail
- **Konto** Benutzerprinzipalnamenssuffix, Anmeldezeiten, Computereinschränkungen (Anmeldearbeitsstationen), Kontooptionen, Konto läuft ab
- **Adresse** Straße, Postfach, Ort, Bundesland/Kanton, PLZ, Land/Region
- **Profil** Profilpfad, Anmeldeskript, Basisordner
- **Organisation** Position, Abteilung, Firma, Vorgesetzte(r)

Tipp Sie sollten wissen, welche Eigenschaften geändert werden können, wenn mehrere Benutzer gleichzeitig geändert werden. In Fallbeispielen und Simulationen, bei denen eine schnelle Änderung der Eigenschaften vieler Benutzerobjekte gefordert ist, wird häufig Ihr Wissen in Bezug auf die Mehrfachauswahl von Objekten geprüft.

Es gibt dennoch viele Eigenschaften, die nur für jeden Benutzer einzeln geändert werden können. Ferner können bestimmte Verwaltungsaufgaben, z.B. das Zurücksetzen von Kennwörtern und das Umbenennen von Konten, nur für einzelne Benutzerobjekte ausgeführt werden.

Gespeicherte Abfragen

Die MMC-Konsole **Active Directory-Benutzer und -Computer** und das gleichnamige Snap-In weisen einen neuen Knoten namens **Gespeicherte Abfragen** auf. Mit diesem Knoten können Sie Ansichten von Active Directory-Objekten erstellen, in denen die aktuellen Ergebnisse einer von Ihnen definierten Abfrage angezeigt werden. Manche Administratoren nennen diese Objekte „virtuelle Ordner“ oder „virtuelle OUs“

Im Hilfe- und Supportcenter von Windows finden Sie Einzelheiten darüber, wie gespeicherte Abfragen erstellt werden (suchen Sie nach „gespeicherte Abfragen“). Zu wissen, wie man gespeicherte Abfragen erstellt, lohnt sich nicht nur für die Zertifizierungsprüfung, sondern auch für den Arbeitsalltag. Beispiele für nützliche gespeicherte Abfragen wären:

- Alle Benutzer, Gruppen oder Computer in der Domäne oder in einer OU und deren untergeordnete OUs
- Deaktivierte Benutzer- oder Computerkonten
- Gesperrte Konten
- Benutzer mit bestimmten Funktionen oder bestimmter Firmenzugehörigkeit
- Benutzer, die ihre Kennwörter längere Zeit nicht mehr geändert oder sich längere Zeit nicht mehr angemeldet haben
- Benutzerkonten, deren Kennwörter niemals ablaufen

Mit dem Ergebnissatz, der von einer gespeicherten Abfrage angezeigt wird, können Sie dieselben Verwaltungsarbeiten durchführen wie mit anderen Objekten in einer OU. Zum Beispiel können Sie eine gespeicherte Abfrage verwenden, um alle Benutzer in einer Domäne zu suchen, die ihre Kennwörter in den letzten 90 Tagen nicht geändert haben, und deren Konten deaktivieren. Oder Sie verwenden eine gespeicherte Abfrage, die gesperrte Konten anzeigt. Auf diese Weise erkennen Sie die Konten, die gelöscht werden sollten. Durch die Verwendung von gespeicherten Abfragen und durch die Änderungen von mehreren Benutzerkonten in einem Arbeitsgang können Sie Domänenbenutzer, Gruppen und Computer mit minimalem Aufwand verwalten.

Verschieben eines Benutzers

Wird ein Benutzer innerhalb einer Organisation versetzt, müssen Sie unter Umständen das zugehörige Benutzerobjekt verschieben, um die Änderung in der Verwaltung oder Konfiguration des Objekts widerzuspiegeln. Zum Verschieben eines Objekts in **Active Directory-Benutzer und -Computer** markieren Sie zunächst das Objekt. Klicken Sie dann im Menü **Aktion** auf **Verschieben**. Alternativ können Sie auch mit der rechten Maustaste auf das Objekt klicken und im Kontextmenü die Option **Verschieben** wählen.

Tipp Ein neues Feature von Windows Server 2003 ist die Unterstützung von Drag & Drop-Operationen. Es wird in verschiedenen Snap-Ins unterstützt, so auch in **Active Directory-Benutzer und -Computer**. Sie können Objekte zwischen verschiedenen OUs verschieben, indem Sie sie per Maus an die gewünschte Stelle ziehen und dort loslassen.

Praktische Übung: Erstellen und Verwalten von Benutzerobjekten

In dieser Übung erstellen Sie drei Benutzerobjekte. Anschließend bearbeiten Sie die Eigenschaften dieser Objekte.

Übung 1: Erstellen von Benutzerobjekten

1. Melden Sie sich an **Server01** als Administrator an.
2. Öffnen Sie die Konsole **Active Directory-Benutzer und -Computer**.
3. Erstellen Sie eine Organisationseinheit namens **Mitarbeiter**, und wählen Sie dann die OU **Mitarbeiter** aus.
4. Erstellen Sie ein Benutzerkonto mit den folgenden Informationen. Achten Sie darauf, dass Sie ein komplexes Kennwort festlegen.

Textfeldname	Typ
Vorname	Dan
Nachname	Holme
Benutzeranmeldename	dan.holme
Benutzeranmeldename (Prä-Windows 2000)	dholme

5. Erstellen Sie ein zweites Benutzerobjekt mit den folgenden Eigenschaften:

Eigenschaft	Typ
Vorname	Hank
Nachname	Carbeck
Benutzeranmeldename	hank.carbeck
Benutzeranmeldename (Prä-Windows 2000)	hcarbeck

6. Erstellen Sie ein Benutzerobjekt für sich selbst. Folgen Sie dabei den gleichen Konventionen für Benutzeranmeldenamen wie für die ersten zwei Objekte.

Übung 2: Bearbeiten von Benutzerobjekteigenschaften

1. Öffnen Sie das Eigenschaftendialogfeld für Ihr Benutzerobjekt.
2. Konfigurieren Sie für Ihr Benutzerobjekt geeignete Eigenschaften auf den Registerkarten **Allgemein**, **Adresse**, **Profil**, **Rufnummern** und **Organisation**.
3. Untersuchen Sie die zahlreichen Eigenschaften, die mit Ihrem Benutzerobjekt verknüpft sind, nehmen Sie jedoch noch keinerlei Änderungen an anderen Eigenschaften vor.
4. Klicken Sie abschließend auf **OK**.

Übung 3: Bearbeiten der Eigenschaften mehrerer Benutzerobjekte

1. Öffnen Sie die Konsole **Active Directory-Benutzer und -Computer**, und wechseln Sie zur OU **Mitarbeiter** in der Domäne **contoso.com**. Klicken Sie in der Konsolenstruktur auf die OU **Mitarbeiter**, um im Detailbereich die in Übung 1 erstellten Benutzerobjekte anzuzeigen.
2. Klicken Sie auf das Benutzerobjekt von Dan Holme.
3. Halten Sie die STRG-Taste gedrückt, und klicken Sie auf das Benutzerobjekt für Hank Carbeck.
4. Klicken Sie im Menü **Aktion** auf **Eigenschaften**.
5. Beachten Sie den Unterschied zwischen dem nun angezeigten Eigenschaftendialogfeld und dem detaillierteren Eigenschaftendialogfeld aus Übung 2. Untersuchen Sie die verfügbaren Eigenschaften bei Auswahl mehrerer Objekte, aber nehmen Sie noch keine Änderungen vor.
6. Konfigurieren Sie die folgenden Eigenschaften für die zwei Benutzerobjekte:

Eigenschaftenseite	Eigenschaft	Typ
Allgemein	Beschreibung	Hat mir alles beigebracht, was ich über Windows Server 2003 wissen muss
Allgemein	Rufnummer	(425) 555-0175
Allgemein	Webseite	**http://www.microsoft.com/learning/books/**
Adresse	Straße	One Microsoft Way
Adresse	Ort	Redmond
Adresse	Bundesland/Kanton	Washington
Adresse	PLZ	98052
Organisation	Position	Autor
Organisation	Firma	Microsoft Press

7. Klicken Sie auf **OK**, wenn Sie die Konfiguration der Eigenschaften abgeschlossen haben.
8. Öffnen Sie die Eigenschaften des Objekts **Dan Holme**.
9. Vergewissern Sie sich, dass die in Schritt 6 konfigurierten Eigenschaften auf das Objekt angewendet wurden. Klicken Sie auf **OK**, wenn Sie den Vorgang abgeschlossen haben.
10. Klicken Sie auf das Benutzerobjekt von Dan Holme.
11. Halten Sie die STRG-Taste gedrückt, und klicken Sie auf das Benutzerobjekt für Hank Carbeck. Klicken Sie auf das Menü **Aktion**.
12. Beachten Sie, dass der Befehl **Kennwort zurücksetzen** nicht verfügbar ist, wenn Sie mehr als ein Benutzerobjekt ausgewählt haben. Welche weiteren Befehle stehen bei der Mehrfachauswahl ebenfalls nicht zur Verfügung? Experimentieren Sie ein wenig, indem Sie einen Benutzer auswählen, auf das Menü **Aktion** klicken und anschließend das Menü bei Auswahl von zwei Benutzern erneut aufrufen.

Lernzielkontrolle

Die folgenden Fragen dienen dazu, die wichtigsten Lehrinhalte dieser Lektion zu vertiefen. Können Sie eine Frage nicht beantworten, arbeiten Sie das entsprechende Lektionsmaterial noch einmal durch, und versuchen Sie dann erneut, die Frage zu beantworten. Die Antworten auf die Lernzielkontrollfragen finden Sie im Abschnitt „Fragen und Antworten" am Ende dieses Kapitels.

1. Sie verwenden **Active Directory-Benutzer und -Computer** zum Konfigurieren von Benutzerobjekten in Ihrer Domäne, und Sie sind in der Lage, Adresse und Rufnummer für Ihr eigenes Benutzerobjekt zu ändern. Der Befehl zum Erstellen neuer Benutzer ist jedoch nicht verfügbar. Wie lautet die wahrscheinliche Erklärung hierfür?

   ____

   ____

2. Sie erstellen verschiedene Benutzerobjekte für ein Team von befristet eingestellten Mitarbeitern. Diese werden beginnend in vier Wochen für zwei Monate täglich von 9.00 bis 17.00 Uhr in Ihrem Unternehmen arbeiten. Außerhalb dieser Zeiten werden diese Mitarbeiter nicht arbeiten. Welche der folgenden Eigenschaften sollten Sie zunächst konfigurieren, um maximale Sicherheit für die Objekte zu gewährleisten?

   a. Kennwort
   b. Anmeldezeiten
   c. Konto läuft ab
   d. Kennwort mit umkehrbarer Verschlüsselung speichern
   e. Konto wird für Delegierungszwecke vertraut
   f. Benutzer muss Kennwort bei der nächsten Anmeldung ändern
   g. Konto ist deaktiviert
   h. Kennwort läuft nie ab

3. Welche der folgenden Eigenschaften und Verwaltungsaufgaben können für mehrere Benutzerobjekte gleichzeitig konfiguriert oder durchgeführt werden?

   a. Nachname
   b. Benutzeranmeldename
   c. Konto deaktivieren
   d. Konto aktivieren
   e. Kennwort zurücksetzen
   f. Kennwort läuft nie ab
   g. Benutzer muss Kennwort bei der nächsten Anmeldung ändern
   h. Anmeldezeiten
   i. Computereinschränkungen (Anmeldearbeitsstationen)
   j. Position
   k. Mitarbeiter

Zusammenfassung der Lektion

- Sie müssen zum Erstellen von Benutzerobjekten der Gruppe **Organisations-Admins**, **Domänen-Admins** oder **Konten-Operatoren** angehören oder über delegierte Verwaltungsberechtigungen verfügen.
- Benutzerobjekte umfassen Eigenschaften, die typischerweise mit einer „Benutzeridentität“ oder einem „Benutzerkonto“ verknüpft sind, z.B. Anmeldenamen und Kennwort sowie die eindeutige Sicherheitskennung (SID) für den Benutzer.
- Benutzerobjekte verfügen darüber hinaus über Eigenschaften in Bezug auf die Person, die sie repräsentieren. Hierzu zählen persönliche Informationen, Gruppenmitgliedschaften und administrative Einstellungen. Windows Server 2003 ermöglicht eine Änderung dieser Eigenschaften für mehrere Benutzer gleichzeitig.

Lektion 2: Erstellen mehrerer Benutzerobjekte

Gelegentlich kann es erforderlich sein, innerhalb kurzer Zeit mehrere Benutzerobjekte zu erstellen. In einer Schule könnte beispielsweise eine neue Klasse eingerichtet oder in einem Unternehmen eine Gruppe neuer Mitarbeiter eingestellt werden. In diesen Situationen müssen Sie wissen, wie die Erstellung von Benutzerobjekten effektiv vereinfacht oder automatisiert werden kann, um nicht jedes Konto einzeln erstellen zu müssen. In Lektion 1 haben Sie erfahren, wie Benutzerobjekte mithilfe der Konsole **Active Directory-Benutzer und -Computer** erstellt und verwaltet werden. In dieser Lektion werden diese Konzepte, Fertigkeiten und Tools erweitert auf die Benutzererstellung anhand von Vorlagenobjekten, importierten Objekten und Befehlszeilenskripts.

Am Ende dieser Lektion werden Sie in der Lage sein, die folgenden Aufgaben auszuführen:

- Erstellen und Verwenden von Benutzerobjektvorlagen
- Importieren von Benutzerobjekten aus durch Kommas getrennten Dateien
- Einsetzen neuer Befehlszeilenprogramme zum Erstellen und Verwalten von Benutzerobjekten

Veranschlagte Zeit für diese Lektion: 15 Minuten

Erstellen und Verwalten von Benutzerobjektvorlagen

Objekte weisen häufig gemeinsame Eigenschaften auf. Beispielsweise ist es wahrscheinlich, dass alle Vertriebsmitarbeiter denselben Sicherheitsgruppen angehören, sich zu denselben Zeiten am Netzwerk anmelden und über Basisordner und servergespeicherte Profile auf ein und demselben Server verfügen. In diesen Fällen ist es von Vorteil, wenn die gemeinsamen Eigenschaften bei der Erstellung eines Benutzerobjekts bereits voreingestellt sind. Erreicht wird dies durch die Erstellung eines generischen Benutzerobjekts, einer so genannten *Vorlage*, die zum Erstellen neuer Benutzer kopiert wird.

Zum Anlegen einer Benutzervorlage erstellen Sie ein Benutzerobjekt mit den zugehörigen Eigenschaften. Stellen Sie das Benutzerobjekt in die geeigneten Gruppen.

Sicherheitshinweis Das Benutzerobjekt sollte in jedem Fall *deaktiviert* werden, da es sich lediglich um eine Vorlage handelt, die nicht für den Zugriff auf Netzwerkressourcen vorgesehen ist.

Zum Erstellen eines auf der Vorlage basierenden Benutzers wählen Sie die Vorlage aus und klicken im Menü **Aktion** oder im Kontextmenü auf **Kopieren**. Sie werden ähnlich wie bei der Erstellung eines neuen Benutzers zur Eingabe von Eigenschaften aufgefordert: Vor- und Nachname, Initialen, Anmeldenamen, Kennwort und Kontooptionen. Nach der Objekterstellung werden Sie feststellen, dass nach der folgenden, auf Eigenschaftenseiten beruhenden Beschreibung verschiedene Eigenschaften aus der Vorlage kopiert wurden:

- **Allgemein** Keine Eigenschaften kopiert.
- **Adresse** Alle Eigenschaften kopiert, Ausnahme: Straßenangabe.

- **Konto** Alle Eigenschaften kopiert. Ausnahme: Anmeldenamen. Zur Eingabe dieser Eigenschaft werden Sie beim Kopieren der Vorlage aufgefordert.
- **Profil** Alle Eigenschaften kopiert. Profil- und Basisordnerpfade werden entsprechend dem Anmeldenamen für den neuen Benutzer angepasst.
- **Rufnummern** Keine Eigenschaften kopiert.
- **Organisation** Alle Eigenschaften kopiert. Ausnahme: Position.
- **Mitglied von** Alle Eigenschaften kopiert.
- **Einwählen, Umgebung, Sitzung, Remoteüberwachung, Terminaldienstprofile, COM+** Keine Eigenschaften kopiert.

Tipp Ein Benutzer, der durch das Kopieren einer Vorlage erstellt wurde, gehört per Voreinstellung den gleichen Gruppen an wie die Vorlage. Daher gelten für den neuen Benutzer die Berechtigungen und Rechte, die diesen Gruppen zugewiesen sind. Dem Vorlagenobjekt direkt zugewiesene Berechtigungen oder Rechte dagegen werden *nicht* kopiert oder angepasst, der Benutzer erhält keine dieser Berechtigungen oder Rechte.

Importieren von Benutzerobjekten mithilfe von *Csvde*

Gelegentlich ergeben sich Sitationen, in denen schnell eine Reihe von Objekten erstellt werden müssen, wenn beispielsweise ein neues Schuljahr mit vielen Schülern beginnt oder eine Organisation neue Mitarbeiter einstellt. In solchen Situationen kann es hilfreich sein, die Konten anhand vorhandener Datenquellen zu importieren, damit nicht jedes Konto einzeln erstellt werden muss.

Csvde ist ein Befehlszeilenprogramm, mit dem Sie anhand einer durch Kommas getrennten Textdatei (auch CSV-Datei genannt) Objekte in Active Directory importieren oder aus dem Verzeichnisdienst in eine durch Kommas getrennte Textdatei exportieren können. Dieses Format kann problemlos vom Windows-Editor und Microsoft Excel gelesen und geschrieben werden. Der Befehl **Csvde** ist eine leistungsstarke Methode zum schnellen Erzeugen von Objekten. Die grundlegende Befehlssyntax lautet folgendermaßen:

```
csvde [-i] [-f Dateiname] [-k]
```

-i: Gibt den Importmodus an. Sofern nicht angegeben, wird standardmäßig der Exportmodus gewählt.

-f *Dateiname*: Gibt den Namen der Importdatei an.

-k: Ignoriert während der Importoperation Fehler wie „Objekt bereits vorhanden“, „Beschränkungsverletzung“ und „Attribut oder Wert bereits vorhanden“ und setzt die Verarbeitung fort.

Die Importdatei selbst ist eine durch Kommas getrennte Textdatei (*.csv oder *.txt), bei der die erste Zeile eine Liste der LDAP-Attributnamen (Lightweight Directory Access Protocol) für die importierten Attribute umfasst, gefolgt von einer Zeile für jedes Objekt, wobei jede Zeile mit einem Zeilenendzeichen (Wagenrücklauf) abgeschlossen wird. Jedes Objekt muss genau die Attribute enthalten, die in der ersten Zeile angegeben sind, und zwar in genau derselben Reihenfolge wie in der ersten Zeile. Enthält ein Attribut Leerzeichen oder Kommas, muss es in Anführungszeichen angegeben werden, z.B.:

```
DN,objectClass,sAMAccountName,sn,givenName,userPrincipalName
"CN=Scott Bishop,OU=Mitarbeiter,DC=contoso,DC=com",
    user,sbishop,Bishop,Scott,scott.bishop@contoso.com
```

Der Import dieser Datei würde zur Erstellung eines Benutzerobjekts namens **Scott Bishop** in der OU **Mitarbeiter** führen. Anmeldenamen, Vor- und Nachname werden durch die Datei konfiguriert. Das Objekt wird anfänglich deaktiviert. Sobald Sie das Kennwort zurückgesetzt haben, können Sie das Objekt aktivieren.

Prüfungstipp **Csvde** unterstützt nicht den Import oder Export von Benutzerkennwörtern.

Wenn obligatorische Attribute fehlen, lässt sich das Objekt nicht erstellen. Beispielsweise kann ein Benutzerkonto nicht ohne DN und Objektklassen angelegt werden. Es empfiehlt sich, bei der Erstellung eines Benutzerkontos den Prä-Windows 2000-Anmeldenamen (**sAMAccountName**) zu berücksichtigen, den Vornamen (**givenName**), den Nachnamen (**sn**), Anzeigenamen (**displayName)** und den Benutzerprinzipalnamen (**userPrincipal-Name**).

Beachten Sie bitte, dass in der Datei auch das Attribut **objectClass** verwendet wird. Das bedeutet, dass Sie mit **Csvde** auch andere Objekttypen erstellen können. Beispielsweise würde mit der Objektklasse **group** ein Gruppenobjekt erstellt werden.

Weitere Informationen Kapitel 4, „Gruppenkonten", enthält ein Beispiel dafür, wie mit **Csvde** Gruppen importiert werden. Nähere Informationen zum leistungsstarken **Csvde**-Befehl, einschließlich genauer Angaben über Parameter und die Verwendung zum *Exportieren* von Verzeichnisobjekten, finden Sie im Hilfe- und Supportcenter von Windows Server 2003. Der **Ldifde**-Befehl, der in Kapitel 4, Lektion 3 vorgestellt und im Hilfe- und Supportcenter ebenfalls ausführlich behandelt wird, ermöglicht das Importieren und Exportieren von Konten unter Verwendung des LDAP-Formats. Dieser Befehl und seine Dateistruktur sind ebenso leicht zu verstehen wie die von **Csvde** verwendete, durch Kommas getrennte Datei. Allerdings unterstützt **Ldifde** den Import und die Änderung, nicht aber den Export von Benutzerkennwörtern.

Einsatz von Active Directory-Befehlszeilenprogrammen

Windows Server 2003 bietet zahlreiche leistungsstarke Befehlszeilenprogramme zur vereinfachten Verwaltung von Active Directory. Sie werden häufig als DS-Befehle bezeichnet, weil sie den Verzeichnisdienst betreffen und weil jeder Befehl mit „Ds" beginnt.

Weitere Informationen Der Schwerpunkt dieser Lektion liegt auf den gebräuchlichsten Verzeichnisdienst-Befehlszeilenprogrammen und Parametern sowie auf der Verwendung dieser Programme für Benutzerobjekte. In Kapitel 4 werden diese Programme noch einmal im Zusammenhang mit Gruppenobjekten beschrieben. Weitere Informationen über diese Tools und ihre Parameter finden Sie im Hilfe- und Supportcenter. Suchen Sie nach dem Begriff „Verzeichnisdienst-Befehlszeilenprogramme". Nach erfolgter Suche finden Sie in der Liste der Suchergebnisse unter anderem den Eintrag **Verzeichnisdienst-Befehlszeilen-programme: Befehlszeilenreferenz**.

In der folgenden Liste werden die verschieden Tools kurz vorgestellt:

- **Dsadd** Fügt Objekte zum Verzeichnis hinzu.
- **Dsget** Zeigt Eigenschaften von Objekten im Verzeichnis an.
- **Dsmod** Ändert ausgewählte Attribute eines im Verzeichnis vorhandenen Objekts.
- **Dsmove** Verschiebt ein Objekt vom aktuellen Container an einen neuen Speicherort. Kann auch den Namen eines Objekts ändern, ohne es zu verschieben.
- **Dsrm** Entfernt ein Objekt, die gesamte Teilstruktur eines Objekts oder beides.
- **Dsquery** Führt in Active Directory eine Abfrage nach Objekten durch, die bestimmte Suchkriterien erfüllen. Dieser Befehl wird häufig zum Erstellen einer Objektliste verwendet. Die Objekte werden anschließend zur Verwaltung oder Bearbeitung an andere Befehlszeilenprogramme weitergeleitet.

Diese sechs Tools werden in späteren Abschnitten ausführlicher beschrieben. Jedes Tool hat einen oder mehrere Befehlszeilenparameter. Bevor Sie sich aber genauer mit den einzelnen Tools und Parametern beschäftigen, sollten Sie sich folgendes Beispiel ansehen:

```
dsquery user "OU=Mitarbeiter,DC=Contoso,DC=Com" -stalepwd 60
```

Dieser Befehl fragt die OU **Mitarbeiter** ab und liefert eine Liste der Benutzerobjekte, deren Kennwörter sei 60 Tagen nicht geändert wurden (**stalepwd** bedeutet „stale password", veraltetes Kennwort). Sie können sich denken, wie nützlich diese Abfrage ist, wenn die Einhaltung der Kennwortrichtlinien überprüft werden muss. Außerdem werden an diesem Beispiel wichtige Konzepte deutlich, die auch für andere Verzeichnisdienstbefehle gelten:

- DS-Befehle geben die Klasse (oder den Objekttyp) eines Objekts an, das erstellt oder verwaltet werden soll. Das obige Beispiel erstellt ein Objekt mit dem Zielobjekttyp **User**. Der Zielobjekttyp ist einer der Werte, die für eine Active Directory-Objektklasse vordefiniert wurden. Gängige Beispiele sind: **Computer**, **User**, **OU**, **Group** und **Server** (d.h. Domänencontroller).
- Der definierte Name (Distinguished Name, DN) des Objekts, für das der Befehl ausgeführt wird, wird Zielobjektidentität genannt. Der DN eines Objekts ist ein Attribut, das für Objektname und -standort innerhalb einer Active Directory-Gesamtstruktur steht. In Lektion 1, Übung 1 haben Sie beispielsweise ein Benutzerobjekt mit folgendem DN erstellt: **CN=Dan Holme**, **OU=Mitarbeiter**, **DC=Contoso**, **DC=com**. Im obigen Beispiel wird die OU mit dem definierten Namen **OU=Mitarbeiter**, **DC=Contoso**, **DC=com** abgefragt.

Hinweis Bei Verwendung definierter Namen (DNs) in einem Befehlszeilenparameter muss der Name in Anführungszeichen eingeschlossen werden, wenn er Leerzeichen enthält. Enthält eine Unterkomponente des definierten Namens einen umgekehrten Schrägstrich oder ein Komma, sollten Sie die bereits genannten Onlinehilfethemen zu Rate ziehen.

- Vor der Option **Stalepwd** aus dem obigen Beispiel steht ein Bindestrich. Bei Optionen und Parametern ist die Groß- und Kleinschreibung nicht relevant, und den einzelnen Optionen oder Parametern können, sofern erforderlich, Bindestriche (-) oder Schrägstriche (/) vorangestellt werden.
- Welche Parameter und Optionen bei einem Befehl benutzt werden, hängt von der Art des verwendeten Objekts ab. So hat das **User**-Objekt zum Beispiel eine Eigenschaft namens **Stalepwd**. Ein **Group**-Objekt verfügt über eine Eigenschaft **Members**.

Die DS-Programme stellen standardmäßig eine Verbindung zu dem Domänencontroller her, der für Ihren Computer zuständig ist, und verwenden die Anmeldeinformationen des Kontos, mit dem Sie sich angemeldet haben. Jeder DS-Befehl hat Parameter, mit denen sich dieses Standardverhalten ändern lässt. Diese Parameter werden in den folgenden Tabellen für die einzelnen Befehle aufgeführt.

Dsquery

Der Befehl **Dsquery** führt in Active Directory eine Abfrage nach Objekten durch, die bestimmte Suchkriterien erfüllen. Die grundlegende Befehlssyntax lautet folgendermaßen:

```
dsquery Objekttyp [{Startknoten | forestroot | domainroot}] [-o {dn | rdn | samid}]
[-scope {subtree | onelevel | base}] [-name Name] [-desc Beschreibung]
[-upn Benutzerprinzipalname] [-samid SAMName] [-inactive AnzahlWochen]
[-stalepwd AnzahlTage] [-disabled] [{-s Server | -d Domäne}] [-u Benutzername]
[-p {Kennwort | *}]
```

Wie Sie sehen, gibt es zahlreiche Parameter und Optionen für die Parameter. Tatsächlich gibt es sogar noch mehr, als hier aufgeführt werden. Lassen Sie sich von solch einer Liste aber nicht abschrecken. Erstens sind viele der Optionen bei den Verzeichnisdienst-Befehlszeilenprogrammen gleich. Wenn Sie die Bedeutung einer bestimmten Option für einen bestimmten Befehl lernen, können Sie dieses Wissen auch bei anderen Befehlen verwenden. Zweitens brauchen Sie die Optionen nicht in allen Einzelheiten zu kennen, um die Prüfung 70-290 zu bestehen. Und im Arbeitsalltag können Sie natürlich auf die Dokumentation zurückgreifen, wenn Sie die Befehle brauchen.

Prüfungstipp Um die Anforderungen der Prüfung 70-290 erfüllen zu können, müssen Sie die Bedeutung und Anwendung der Befehle kennen und wissen, wie die Befehle zusammenhängen. Und Sie müssen bestimmte Aufgaben mit den DS-Befehlen durchführen können. Sehen Sie sich die Beispiele aus dieser Lektion genau an.

Die wichtigsten Parameter sind in Tabelle 3.4 zusammengefasst.

Tabelle 3.4 Parameter für den **Dsquery**-Befehl

Parameter	Beschreibung
Abfragebereich	
Objekttyp	Erforderlich. Der Objekttyp repräsentiert die zu durchsuchende(n) Objektklasse(n). Als Objekttyp können **Computer**, **Subnet**, **Contact**, **Group**, **OU**, **Site**, **Server**, **User** oder das Platzhalterzeichen „*" angegeben werden, das für eine beliebige Objektklasse steht. In dieser Lektion liegt der Schwerpunkt der Befehlsverwendung auf der Abfrage von Benutzerobjekten (**User**).
{*Startknoten* forestroot | domainroot}	Optional. Gibt den Knoten an, bei dem die Suche begonnen wird. Sie können den Stamm der Gesamtstruktur (**forestroot**), den Domänenstamm (**domainroot**) oder den definierten Namen eines Knotens (***Startknoten***) angeben. Wenn **forestroot** angegeben wird, erfolgt die Suche mithilfe des globalen Katalogs. Der Standardwert lautet **domainroot**.
-scope {subtree | onelevel | base}	Gibt den Suchbereich an. Bei Angabe von **subtree** umfasst der Suchbereich eine Teilstruktur unterhalb des Startknotens. Durch **onelevel** erstreckt sich der Suchbereich nur auf Objekte, die dem Startknoten unmittelbar untergeordnet sind. Bei Angabe des Wertes **base** erstreckt sich der Suchbereich nur auf das Objekt, das durch den Startknoten repräsentiert wird. Wenn **forestroot** als ***Startknoten*** festgelegt wird, ist **subtree** der einzig zulässige Wert für die Bereichsangabe. Per Voreinstellung lautet der Suchbereich **subtree**.
Anzeige des Ergebnissatzes	
-o {dn | rdn | samid}	Gibt das Format an, in dem die Liste der bei der Suche gefundenen Einträge ausgegeben oder angezeigt wird. Bei Angabe von **dn** wird der definierte Name für jeden Eintrag angezeigt. Bei Angabe von **rdn** wird der relativ definierte Name (RDN) für jeden Eintrag angezeigt. Der Wert **samid** zeigt den SAM-Kontonamen (Security Accounts Manager) für jeden Eintrag an. Per Voreinstellung lautet das Format **dn**.
Abfragekriterien	
-name *Name*	Sucht nach Benutzern, deren Namensattribut (Wert des CN-Attributs) mit dem Wert ***Name*** übereinstimmt. Die Verwendung von Platzhaltern ist möglich. Beispiele: „Jon*" oder „*ath" oder „j*dt" würden jeweils eine Ergebnisliste liefern, in der auch Benutzer mit dem Namen Jonathan stehen.
-desc *Beschreibung*	Sucht nach Benutzern, deren Beschreibungsattribut mit ***Beschreibung*** übereinstimmt. Die Verwendung von Platzhaltern ist möglich.
-upn *Benutzerprinzipalname*	Sucht nach Benutzern, deren UPN-Attribut mit ***UPN*** übereinstimmt.
-samid *SAMName*	Sucht nach Benutzern, deren SAM-Kontoname mit ***SAMName*** übereinstimmt. Die Verwendung von Platzhaltern ist möglich.
-inactive *AnzahlWochen*	Sucht nach allen Benutzern, die für die angegebene Anzahl an Wochen inaktiv (nicht angemeldet) waren.
-stalepwd *AnzahlTage*	Sucht nach allen Benutzern, die für die angegebene Anzahl an Tagen ihr Kennwort nicht geändert haben.
-disabled	Sucht nach allen Benutzern, deren Konten deaktiviert sind.

▶

Parameter	Beschreibung
Für den Befehl verwendete Domänencontroller und Anmelderechte	
{-s *Server* | d *Domäne*}	Stellt eine Verbindung zu einem angegebenen Remoteserver oder zu einer Domäne her.
-u *Benutzername*	Gibt den Benutzernamen an, mit dem sich der Benutzer an einem Remoteserver anmeldet. Per Voreinstellung wird durch Angabe von **u** der Benutzername verwendet, mit dem der Benutzer angemeldet ist. Sie können zur Angabe eines Benutzernamens eines der folgenden Formate verwenden: ■ Benutzername (z.B. **Linda**) ■ Domäne\Benutzername (z.B. **widgets\Linda**) ■ UPN (z.B. **Linda@widgets.microsoft.com**)
-p {*Kennwort* | *}	Gibt entweder ein Kennwort oder ein * zur Anmeldung an einem Remoteserver an. Wenn Sie * verwenden, werden Sie zur Eingabe eines Kennworts aufgefordert.

Tipp Die Inaktivität eines Benutzers wird in Wochen angegeben, die Zeitspanne seit der letzten Kennwortänderung jedoch in Tagen.

Sehen Sie sich noch einmal das Beispiel an, das bereits zu Beginn dieses Abschnitts verwendet wurde:

```
dsquery user "OU=Mitarbeiter,DC=Contoso,DC=Com" -stalepwd 60
```

Nun erkennen Sie wahrscheinlich die folgenden Komponenten des Befehls:

- **Abfragebereich** Der Abfragebereich setzt sich aus zwei Komponenten zusammen. Die erste ist der Zielobjekttyp **User**. Die zweite ist die Zielobjektidentität **Startknoten**, in diesem Fall der DN der Organisationseinheit **Mitarbeiter**.
- **Abfragekriterium** Das Kennwort wurde seit mindestens 60 Tagen nicht geändert: **-stalepwd 60**.
- **Anzeige des Ergebnisses** In DN-Form. Die Option **-o** wurde nicht benutzt. Daher erfolgt die Ausgabe im Standardformat, nämlich als Liste mit den DNs der Objekte, die das Suchkriterium im angegebenen Bereich erfüllen.

Weiterleitung von *Dsquery*-Ergebnissen an andere Verzeichnisdienstbefehle

Dsquery wird oft verwendet, um eine Liste von Objekten zu erstellen, die mit anderen DS-Befehlen bearbeitet werden sollen. Dazu wird das Ergebnis von **Dsquery** an einen zweiten Befehl weitergeleitet. Ein Beispiel:

```
dsquery user "OU=Mitarbeiter,DC=Contoso,DC=Com" -stalepwd 60| dsmod user -mustchpwd yes
```

Diese Befehlszeile fragt die OU **Mitarbeiter** nach Benutzern ab, die ihre Kennwörter schon 60 Tage lang nicht geändert haben, und leitet die resultierende Objektliste an den Befehl **Dsmod** weiter, der in jedem Objekt die Eigenschaft **Benutzer muss Kennwort bei der nächsten Anmeldung ändern** konfiguriert. Auch die anderen DS-Befehle akzeptieren DNs als Eingaben.

Um zu verstehen, wie diese Befehlszeile funktioniert, beginnen Sie am besten mit einem einfacheren Beispiel für **Dsmod** (der Befehl **Dsmod** wird später noch ausführlicher besprochen):

```
dsmod user "CN=Dan Holme,OU=Mitarbeiter,DC=Contoso,DC=Com" -mustchpwd yes
```

Dieser Befehl ändert das Konto des Benutzers Dan Holme und setzt ein Flag. Dieses Flag hat die Bedeutung, dass der Benutzer bei der nächsten Anmeldung sein Kennwort ändern muss. Auch hier sehen Sie wieder die üblichen Komponenten:

- Zielobjekttyp: **User**
- Zielobjektidentität: Dan Holme. Der DN von Objekten wie Benutzern, Gruppen und Computern beginnt mit dem allgemeinen Namen (common name, CN) des Objekts, gefolgt von dessen übergeordneten OUs und der Domäne.
- Die Option -**mustchpwd**, mit der die Eigenschaft **Must Change Password** gemeint ist, und der Wert **yes**. Dadurch wird das Flag gesetzt.

Sie können sich vorstellen, wie ermüdend es werden kann, diesen Befehl für jeden Benutzer eingeben zu müssen, der sein Kennwort ändern soll. Aber Sie brauchen den Zielobjektparameter nicht als DN einzugeben, sondern können auch eine Objektliste verwenden, die durch *Weiterleitung* von einem anderen Befehl übermittelt werden kann. Weiterleitung (Piping) ist ein Vorgang, bei dem die Ausgabe eines Befehls direkt an einen anderen Befehl weitergeleitet wird, also nicht auf der Konsole angezeigt wird. Dazu verknüpfen Sie die betreffenden Befehle auf der Befehlszeile mit dem Pipe-Symbol (|).

Sehen Sie sich die folgende Befehlszeile an:

```
dsquery user "OU=Mitarbeiter, DC=Contoso,DC=Com" -stalepwd 60 | dsmod user -mustchpwd yes
```

Der Ihnen bereits bekannte Befehl **Dsquery** erzeugt eine Liste der Benutzer, die ihre Kennwörter seit mindestens 60 Tagen nicht geändert haben. Dann folgt das Pipe-Symbol. Es bedeutet, dass die Ausgabe von **Dsquery** (standardmäßig eine Liste mit DNs) an den nachfolgenden Befehl weitergeleitet wird. Nach dem Pipe-Symbol folgt der Befehl **Dsmod** ohne Angabe eines Zielobjekts. Diese Syntax weist den Befehl **Dsmod** an, die Eingabe vom Befehl **Dsquery** anzunehmen. Es ist kein Zufall, dass der Zielobjektparameter eines Verzeichnisdienstbefehls den DN eines Objekts verarbeiten kann und dass der **Dsquery**-Befehl standardmäßig eine DN-Liste erzeugt. Der **Dsmod**-Befehl wird für jeden Eintrag in der von **Dsquery** erzeugen Liste wiederholt. Die Kombination „**Dsquery**, weitergeleitet an **Dsmod**" sorgt also dafür, dass das Kennwortänderungsflag in allen Benutzerkonten der OU **Mitarbeiter** gesetzt wird, deren Kennwort seit mindestens 60 Tagen nicht geändert wurde.

Auf **Dsmod** kommen wir später noch ausführlicher zurück. Zum Abschluss der Besprechung von **Dsquery** und der Weiterleitung von Ergebnissen an andere Befehle sei nochmals darauf hingewiesen, dass **Dsquery** häufig dazu benutzt wird, eine Liste von Objekten zu erstellen, die bestimmte Kriterien erfüllen, und diese Objektliste an einen anderen Verzeichnisdienstbefehl weiterzuleiten.

Dsadd

Der Befehl **Dsadd** ermöglicht das Erstellen von Objekten in Active Directory. Zum Erstellen eines Benutzerobjekts verwenden Sie den Befehl **Dsadd User**. Mit den Parametern von **Dsadd** können Sie spezifische Eigenschaften eines Objekts konfigurieren. Die Parameter sind selbsterklärend, aber das Hilfe- und Supportcenter von Windows Server 2003 stellt ausführliche Beschreibungen der **Dsadd**-Befehlsparameter bereit, falls Sie weitere Informationen wünschen.

```
dsadd user BenutzerDN ...
```

Der Parameter *BenutzerDN* ... gibt einen oder mehrere definierte Namen für das oder die neuen Benutzerobjekte an. Enthält ein DN ein Leerzeichen, muss der gesamte definierte Name in Anführungszeichen gesetzt werden. Der Parameter *BenutzerDN* ... kann über eine der folgenden Methoden eingegeben werden:

- Durch Weiterleitung einer Liste mit definierten Namen von einem anderen Befehl, z.B. **Dsquery**.
- Durch Eingabe der einzelnen DNs auf der Befehlszeile, getrennt durch Leerzeichen.
- Durch Leerlassen des DN-Parameters. In diesem Fall können Sie die definierten Namen in der Eingabeaufforderung nacheinander eingeben. Drücken Sie nach jedem eingegebenen DN die EINGABETASTE. Drücken Sie nach dem letzten DN zunächst STRG+Z und anschließend die EINGABETASTE.

Die üblichen Parameter des Befehls **Dsadd User** sind, wie unten gezeigt, weitgehend selbsterklärend. Sollten Sie eine genauere Beschreibung der folgenden oder anderer Parameter wünschen, hilft Ihnen das Windows Hilfe- und Supportcenter weiter. Suchen Sie einfach nach dem Namen des Befehls, Dsadd.

- -samid *SAMName*
- -upn *Benutzerprinzipalname*
- -fn *Vorname*
- -mi *Initiale*
- -ln *Nachname*
- -display *Anzeigename*
- -empid *MitarbeiterNr*
- -pwd {*Kennwort* | *} Bei Verwendung von * werden Sie zur Eingabe eines Kennworts aufgefordert
- -desc *Beschreibung*
- -memberof *GruppenDN*;...
- -office *Büro*
- -tel *Rufnummer*
- -email *EMail*
- -hometel *PrivateRufnummer*

- -pager *Pagernummer*
- -mobile *Mobilnummer*
- -fax *Faxnummer*
- -iptel *IP-Rufnummer*
- -webpg *Webseite*
- -title *Position*
- -dept *Abteilung*
- -company *Firma*
- -mgr *VorgesetzterDN*
- -hmdir *Basisverzeichnis*
- -hmdrv *Laufwerkbuchstabe*:
- -profile *Profilpfad*
- -loscr *Skriptpfad*
- -mustchpwd {yes | no}
- -canchpwd {yes | no}
- -reversiblepwd {yes | no}
- -pwdneverexpires {yes | no}
- -acctexpires *AnzahlTage*
- -disabled {yes | no}

Wie bei **Dsquery** können Sie die Parameter **-s**, **-u** und **-p** anhängen, um den Domänencontroller für die Befehlsausführung sowie Benutzername und Kennwort – die Anmeldeinformationen – anzugeben, mit denen der Befehl **Dsadd** ausgeführt werden soll.

- {-s *Server* | -d *Domäne*}
- -u *Benutzername*
- -p {*Kennwort* | *}

Das besondere Token **$username$** (Groß-/Kleinschreibung nicht relevant) kann den SAM-Kontonamen in den Parameterwerten **-email**, **-hmdir**, **-profile** und **-webpg** ersetzen. Wenn ein SAM-Kontoname beispielsweise „Denise“ lautet, kann der Parameter **-hmdir** in einem der folgenden Formate angegeben werden:

- -hmdir \\server05\Denise
- -hmdir \\server05\$username$

Dsmod

Der Befehl Dsmod ändert die Eigenschaften eines oder mehrerer Objekte.

```
dsmod user BenutzerDN ... Parameter
```

Der Befehl verarbeitet den Parameter ***BenutzerDN ...*** genau wie der **Dsadd**-Befehl und akzeptiert die gleichen Parameter. Statt Objekte mit Eigenschaften hinzuzufügen, werden jedoch vorhandene Objekte bearbeitet. Beachten Sie folgende Ausnahmen: Es ist nicht möglich, mithilfe des Befehls **Dsmod User** den Wert ***SAMName*** (Parameter **-samid**) oder die Gruppenmitgliedschaft (Parameter **-memberof**) eines Benutzerobjekts zu ändern.

Prüfungstipp Sie können den in Kapitel 4, „Gruppenkonten", besprochenen **Dsmod Group**-Befehl verwenden, um mit einem Befehlszeilenprogramm die Gruppenmitgliedschaft zu ändern.

Der **Dsmod**-Befehl akzeptiert darüber hinaus den Parameter **-c**. Dieser Parameter versetzt **Dsmod** in den fortlaufenden Betriebsmodus, bei dem Fehler berichtet werden, die Objektbearbeitung jedoch fortgesetzt wird. Ohne den Parameter **-c** wird die Ausführung von **Dsmod** beim ersten Fehler beendet.

Indem Sie die Ergebnisse von **Dsquery** an **Dsmod** weiterleiten, können Sie mit einer einzigen Befehlszeile leicht ausgewählte Eigenschaften von vielen Benutzerobjekten ändern. Ein Beispiel:

```
dsquery user "OU=Mitarbeiter,DC=Contoso,DC=Com" | dsmod user -PROFILE
    "\\Server04\Profile\$username$"
```

Dieser Befehl ändert die Benutzerkonten der OU **Mitarbeiter** so ab, dass deren Benutzerprofileigenschaft jeweils auf ein individuelles Benutzerprofil verweist, das auf dem freigegebenen Verzeichnis **Profile** von **Server04** liegt. Beachten Sie bitte die Verwendung des Tokens **$username$**, das bereits bei der Erläuterung von **Dsadd** beschrieben wurde. DS-Befehle verwenden **$username$** und nicht das Token **%UserName%**, das in den Verwaltungsprogrammen mit grafischer Benutzerschnittstelle eingesetzt wird. Das folgende Beispiel verknüpft die **U:**-Laufwerke der Mitarbeiter mit deren Stammordnern auf **Server04**.

```
dsquery user "OU=Mitarbeiter,DC=Contoso,DC=Com" | dsmod user -HMDIR
    "\\Server04\Profile\$username$" -HMDRV U:
```

Dsget

Der Befehl **Dsget** ruft ausgewählte Eigenschaften vorhandener Objekte ab und gibt sie aus.

```
dsget user BenutzerDN ... Parameter
```

Der Befehl verarbeitet den Parameter ***BenutzerDN ...*** genau wie der Befehl **Dsadd** und akzeptiert die gleichen Parameter. Ausnahme: **Dsget** akzeptiert *nur* die Parameter und keine damit zusammenhängenden Argumente. **Dsget** akzeptiert beispielsweise den Parameter **-samid**, nicht jedoch das Parameter/Wert-Paar **-samid *SAMName***. Der Grund hierfür liegt auf der Hand: Sie fügen keine Eigenschaften hinzu oder ändern sie, sondern zeigen eine Eigenschaft lediglich an. Außerdem kennt der Befehl **Dsget** keinen Parameter **-pass-**

word, da keine Kennwörter angezeigt werden können. **Dsget** verfügt zusätzlich über die Parameter **-dn** und **-sid**, mit denen der definierte Name bzw. die Sicherheitskennung eines Benutzerobjekts angezeigt wird.

Wie **Dsquery** gibt **Dsget** mit der Option **-dn** DNs zurück. Daher wird auch dieser Befehl häufig benutzt, um andere Verzeichnisdienstbefehle mit DNs zu versorgen.

Prüfungstipp Prägen Sie sich die Unterschiede zwischen **Dsquery** und **Dsget** ein. **Dsquery** führt anhand von Suchkriterien auf Eigenschaftenbasis eine Suche durch und gibt einen aus Objekten bestehenden Ergebnissatz aus. **Dsget** zeigt Eigenschaften für ein oder mehrere ausgewählte Objekte an.

Dsmove

Der Befehl **Dsmove** ermöglicht Ihnen das Verschieben oder Umbenennen von Objekten innerhalb einer Domäne. Der Befehl kann nicht zum Verschieben von Objekten zwischen Domänen eingesetzt werden. Die Befehlssyntax lautet folgendermaßen:

```
dsmove ObjektDN [-newname NeuerName] [-newparent ÜbergDN]
```

Dsmove unterstützt außerdem die Parameter **-s**, **-u** und **-p**, wie beschrieben im Abschnitt zu **Dsquery**.

Das Objekt wird mit seinem definierten Namen im Parameter ***ObjektDN*** angegeben. Zum Umbenennen des Objekts geben Sie dessen neuen allgemeinen Namen (CN) im Parameter ***NeuerName*** an. Um ein Objekt an einen anderen Ort zu verschieben, geben Sie im Parameter ***ÜbergDN*** den definierten Namen eines Containers an.

Dsrm

Dsrm entfernt ein Objekt oder die zugehörige Teilstruktur oder beides. Die grundlegende Befehlssyntax lautet folgendermaßen:

```
dsrm ObjektDN ... [-subtree [-exclude]] [-noprompt] [-c]
```

Dsrm unterstützt außerdem die Parameter **-s**, **-u** und **-p**, wie beschrieben im Abschnitt zu **Dsquery**.

Das Objekt wird unter Verwendung des definierten Namens im Parameter ***ObjektDN*** angegeben. Der Parameter **-subtree** weist **Dsrm** an, die Objektinhalte zu löschen, wenn es sich bei dem Objekt um ein Containerobjekt handelt. Der Parameter **-exclude** schließt das Objekt selbst aus und kann nur in Kombination mit **-subtree** verwendet werden. Die Angabe von **-subtree** und **-exclude** würde beispielsweise zum Löschen der OU-Inhalte und der zugehörigen Teilstruktur führen, die angegebene OU selbst bliebe jedoch erhalten. Per Voreinstellung wird ohne die Optionen **-subtree** und **-exclude** nur das angegebene Objekt gelöscht.

Sie müssen den Löschvorgang für jedes Objekt bestätigen, sofern Sie nicht den Parameter **-noprompt** angegeben haben. Der Parameter **-c** versetzt **Dsrm** in den fortlaufenden (continuous) Betriebsmodus, bei dem Fehler berichtet werden, die Verarbeitung zusätzlicher Objekte jedoch fortgesetzt wird. Ohne den Parameter **-c** wird die Verarbeitung beim ersten Fehler angehalten.

Automatisieren der Benutzerverwaltung mit VBScript

Bei der Prüfung 70-290 werden von Ihnen Grundkenntnisse darüber erwartet, wie man Skripts einsetzt, die in VBScript geschrieben sind. Sie müssen einfache VBScript-Operationen verstehen, aber nicht unbedingt auch selbst schreiben können. Allerdings ist eine gründlichere Kenntnis von VBScript sinnvoll, wenn es um die Verwaltung von Active Directory im täglichen Betrieb geht. Da die Verwendung von VBScript Kenntnisse aus mehreren Bereichen erfordert, einschließlich Kenntnisse in der Verwaltung von Benutzern und Gruppen, haben wir auf der Begleit-CD-ROM dieses Buchs eine Ergänzung mit dem Titel „Using VBScript to Automate User and Group Administration" aufgenommen.

Auf der CD Versäumen Sie nicht, die Ergänzung „Using VBScript to Automate User and Group Administration" zu lesen, die Sie auf der Begleit-CD-ROM dieses Buchs finden.

Praktische Übung: Erstellen mehrerer Benutzerobjekte

In dieser Übung erstellen und verwalten Sie Benutzerobjekte mithilfe von Vorlagen und Befehlszeilenprogrammen.

Übung 1: Erstellen einer Benutzervorlage

1. Melden Sie sich an **Server01** als Administrator an.
2. Öffnen Sie die Konsole **Active Directory-Benutzer und -Computer**.
3. Wählen Sie die OU **Mitarbeiter** in der Konsolenstruktur aus.
4. Erstellen Sie anhand der folgenden Informationen ein Benutzerkonto:

Textfeldname	Eingabe
Vorname	Vorlage
Nachname	Vertriebsmitarbeiter
Benutzeranmeldename	Vorlage.vertr.mit
Benutzeranmeldename (Prä-Windows 2000)	Vorlagevertrmit

5. Klicken Sie auf **Weiter**.
6. Aktivieren Sie die Option **Konto ist deaktiviert**. Klicken Sie auf **Weiter**.
7. Die Zusammenfassung wird angezeigt. Klicken Sie auf **Fertig stellen**.

Hinweis Wie im Abschnitt „Bevor Sie beginnen" dieses Kapitels erwähnt, sollten Sie in der OU **Sicherheitsgruppen** eine Gruppe namens **Vertriebsmitarbeiter** erstellen. Wenn Sie diese Gruppe noch nicht erstellt haben, holen Sie dies jetzt nach.

8. Öffnen Sie die Eigenschaften des Objekts **Vorlage Vertriebsmitarbeiter**.

9. Legen Sie folgende Eigenschaften für das Vorlagenkonto fest:

Registerkarte	Eigenschaft	Wert
Mitglied von	Mitglied von	Vertriebsmitarbeiter
Konto	Anmeldezeiten	Montag bis Freitag, 9.00 Uhr bis 17.00 Uhr
Konto	Konto läuft ab	Drei Monate ab dem aktuellen Datum
Organisation	Firma	Contoso
Profil	Profilpfad	**\\Server01\Profile\%UserName%**

10. Klicken Sie auf **OK**, wenn Sie die Konfiguration der Kontoeigenschaften abgeschlossen haben.

Übung 2: Erstellen von Benutzern durch Kopieren einer Benutzervorlage

1. Wählen Sie die OU **Mitarbeiter** in der Konsolenstruktur aus.
2. Markieren Sie das Objekt **Vorlage Vertriebsmitarbeiter**.
3. Klicken Sie im Menü **Aktion** auf **Kopieren**.
4. Erstellen Sie anhand der folgenden Informationen ein neues Benutzerkonto:

Textfeldname	Eingabe
Vorname	Scott
Nachname	Bishop
Benutzeranmeldename	Scott.Bishop
Benutzeranmeldename (Prä-Windows 2000)	Sbishop
Konto ist deaktiviert	Deaktivieren Sie das Kontrollkästchen.
Kennwort/Kennwort bestätigen	Geben Sie (wie zuvor in diesem Kapitel beschrieben) ein komplexes Kennwort ein, und bestätigen Sie es.

5. Klicken Sie auf **Weiter** und anschließend auf **Fertig stellen**.
6. Öffnen Sie die Eigenschaften des Objekts **Scott Bishop**.
7. Vergewissern Sie sich, dass die Informationen aus der Vorlage auf den Registerkarten **Mitglied von**, **Konto** und **Organisation** für das neue Konto übernommen wurden.
8. Da Sie dieses Konto für weitere Übungen in diesem Kapitel verwenden werden, setzen Sie zwei Eigenschaften zurück. Stellen Sie auf der Registerkarte **Konto** die Option **Konto läuft ab** auf **Nie** ein, und legen Sie die **Anmeldezeiten** so fest, dass eine Anmeldung jederzeit möglich ist.

Übung 3: Importieren von Benutzerobjekten mithilfe von *Csvde*

1. Öffnen Sie den Editor (Notepad).
2. Geben Sie die folgenden Informationen ein. Gehen Sie bei der Informationseingabe sehr sorgfältig vor, und erstellen Sie 3 Textzeilen:

```
DN,objectClass,sAMAccountName,sn,givenName,userPrincipalName
"CN=Danielle Tiedt,OU=Mitarbeiter,DC=contoso,DC=com",
    user,dtiedt,Tiedt,Danielle,danielle.tiedt@contoso.com
"CN=Lorrin Smith-Bates,OU=Mitarbeiter, DC=contoso,DC=com",user,lsmithbates,
    Smith-Bates,Lorrin,lorrin.smithbates@contoso.com
```

3. Speichern Sie die Datei unter dem Namen **"C:\Benutzer.csv"**. Achten Sie darauf, auch die Anführungszeichen anzugeben. Ohne Anführungszeichen wird die Datei als **C:\Benutzer.csv.txt** gespeichert.
4. Öffnen Sie eine Eingabeaufforderung, und geben Sie folgenden Befehl ein:

   ```
   csvde -i -f c:\benutzer.csv
   ```
5. Wenn bestätigt wird, dass der Befehl erfolgreich ausgeführt wurde, öffnen Sie die Konsole **Active Directory-Benutzer und -Computer**, und vergewissern Sie sich, dass die Objekte in der OU **Mitarbeiter** erstellt wurden. Wenn Fehler bei der Befehlsausführung gemeldet werden, öffnen Sie die Datei **Benutzer.csv** im Editor, und korrigieren Sie die Fehler.
6. Sie werden sich im weiteren Verlauf dieses Kapitels als diese Benutzer anmelden. Da die Benutzer ohne Kennwörter importiert wurden, müssen Sie die Kennwörter zurücksetzen (aber führen Sie vorher die Übung 4 dieser Lektion durch). Nach Konfiguration der Kennwörter aktivieren Sie die Konten. Sie können auf die Befehle **Kennwort zurücksetzen** und **Konto aktivieren** entweder über das Menü **Aktion** oder über das Kontextmenü des Objekts zugreifen.
7. Wenn Sie Zugriff auf eine Anwendung haben, die durch Kommas getrennte Textdateien öffnen kann, z.B. Microsoft Excel, dann öffnen Sie **C:\Benutzer.csv**. Die Struktur der Datei kann im Spaltenformat sehr viel leichter interpretiert werden als in der einzeiligen, durch Kommas getrennten Textdateidarstellung des Editors.

Übung 4: Einsetzen von Active Directory-Befehlszeilenprogrammen

1. Öffnen Sie eine Eingabeaufforderung, und geben Sie folgenden Befehl ein:

   ```
   dsquery user "OU=Mitarbeiter, DC=Contoso,DC=Com" -stalepwd 7
   ```
2. Über diesen Befehl werden Benutzerobjekte ermittelt, deren Kennwörter seit sieben Tagen nicht geändert wurden. Es sollten nach Befehlsausführung daher zumindest die in den Übungen 1 und 2 erstellten Objekte angezeigt werden. Falls nicht, erstellen Sie mindestens ein neues Benutzerobjekt, und führen Sie Schritt 1 erneut aus.
3. Geben Sie den folgenden Befehl ein, und drücken Sie die EINGABETASTE:

   ```
   dsquery user "OU=Mitarbeiter, DC=Contoso,DC=Com" -stalepwd 7 |
       dsmod user -mustchpwd yes
   ```
4. Der Befehl verwendet die Ergebnisse von **Dsquery** als Eingabe für den Befehl **Dsmod**. Über den Befehl **Dsmod** wird die Option **Benutzer muss Kennwort bei der nächsten Anmeldung ändern** für jedes Objekt konfiguriert. Überprüfen Sie die erfolgreiche Befehlsausführung, indem Sie die Registerkarte **Konto** der betreffenden Objekte untersuchen.

Lernzielkontrolle

Die folgenden Fragen dienen dazu, die wichtigsten Lehrinhalte dieser Lektion zu vertiefen. Können Sie eine Frage nicht beantworten, arbeiten Sie das entsprechende Lektionsmaterial noch einmal durch, und versuchen Sie dann erneut, die Frage zu beantworten. Die Antworten auf die Lernzielkontrollfragen finden Sie im Abschnitt „Fragen und Antworten“ am Ende dieses Kapitels.

1. Welche Methode ist die effizienteste, wenn Sie 100 neue Benutzerobjekte erstellen möchten, bei denen identische Einstellungen für Profilpfad, Basisordnerpfad, Position, Webseite, Firma, Abteilung und Vorgesetzte konfiguriert werden müssen?

2. Über welches Tool können Sie Konten ermitteln, die seit zwei Monaten nicht mehr genutzt wurden?
   a. Dsadd
   b. Dsget
   c. Dsmod
   d. Dsrm
   e. Dsquery
3. Welche Variable kann für die Befehle **Dsmod** und **Dsadd** verwendet werden, um benutzerspezifische Basis- und Profilordner zu erstellen?
   a. %UserName%
   b. $username$
   c. CN=Username
   d. *<Username>*
4. Welche Tools ermöglichen die Ausgabe der Rufnummern aller Benutzer in einer OU?
   a. Dsadd
   b. Dsget
   c. Dsmod
   d. Dsrm
   e. Dsquery

Zusammenfassung der Lektion

- Eine Benutzerobjektvorlage ist ein Objekt, das kopiert wird, um neue Benutzer zu erstellen. Wenn es sich bei der Vorlage nicht um einen „echten“ Benutzer handelt, sollte das Objekt deaktiviert werden. Aus Vorlagen wird nur ein Teil der Benutzereigenschaften kopiert.
- Der Befehl **Csvde** ermöglicht das Importieren von Verzeichnisobjekten aus einer durch Kommas getrennten Textdatei.
- Windows Server 2003 bietet einige neue leistungsstarke Befehlszeilenprogramme, mit denen Verzeichnisobjekte erstellt, verwaltet und gelöscht werden können: **Dsquery**, **Dsget**, **Dsadd**, **Dsmove**, **Dsmod** und **Dsrm**. **Dsquery** erzeugt einen aus Objekten bestehenden Ergebnissatz, der als Eingabe an andere Befehle übergeben werden kann.

Lektion 3: Verwalten von Benutzerprofilen

Müssten Sie keinen Benutzersupport leisten, würden Sie dieses Buch wahrscheinlich nicht lesen. Daher wissen Sie, dass es verschiedene Elemente im Benutzersystem gibt, deren Vorhandensein erforderlich ist, um den Benutzer glücklich zu machen. Wenn sich ein Benutzer beispielsweise anmeldet und keinen Zugriff auf seine Favoriten im Microsoft Internet Explorer hat, wenn eine Neukonfiguration des benutzerdefinierten Wörterbuchs erforderlich ist, wenn der Benutzer seine Verknüpfungen oder Dokumente nicht auf dem Desktop findet, dann kommt es zu einem starken Einbruch bei der Benutzerproduktivität, und beim Helpdesk klingelt das Telefon. Jedes dieser Beispiele hängt mit Komponenten des Benutzerprofils zusammen. Profile können so konfiguriert werden, dass ihre Verfügbarkeit, Sicherheit und Zuverlässigkeit verbessert werden. In dieser Lektion erfahren Sie, wie lokale, servergespeicherte und verbindliche Profile sowie Gruppenprofile verwaltet werden.

Am Ende dieser Lektion werden Sie in der Lage sein, die folgenden Aufgaben auszuführen:

- Beschreiben der Anwendung von lokalen und servergespeicherten Profilen
- Konfigurieren eines servergespeicherten Benutzerprofils
- Erstellen eines vorkonfigurierten servergespeicherten Profils oder Gruppenprofils
- Konfigurieren eines verbindlichen Profils

Veranschlagte Zeit für diese Lektion: 15 Minuten

Benutzerprofile

Ein Benutzerprofil ist eine Sammlung aus Ordnern und Datendateien, welche diejenigen Elemente Ihrer Desktopumgebung enthalten, die sie zu Ihrer ganz persönlichen Umgebung machen. Zu den Einstellungen zählen:

- Verknüpfungen im Startmenü, auf dem Desktop und in Ihrer Schnellstartleiste
- Dokumente auf dem Desktop und, sofern keine Umleitung konfiguriert ist, im Ordner **Eigene Dateien**

Tipp Die Eigenschaften des Ordners **Eigene Dateien** und die Gruppenrichtlinien zur Ordnerumleitung ermöglichen eine Umleitung des Ordners **Eigene Dateien**, damit dieser auf einen Netzwerkordner zeigt. Diese empfohlene Vorgehensweise ermöglicht die Speicherung des Benutzerordners **Eigene Dateien** auf einem Server, sodass die Benutzerordner gesichert, auf Viren geprüft und den Benutzern innerhalb der gesamten Organisation zur Verfügung gestellt werden können, falls sie sich nicht auf dem gewohnten Desktop, sondern auf einem anderen System anmelden. Der Ordner **Eigene Dateien** kann auch offline verfügbar gemacht werden, damit Benutzer selbst dann Zugriff auf ihre Dateien erhalten, wenn sie nicht am Netzwerk angemeldet sind.

- Internet Explorer-Favoriten und -Cookies
- Zertifikate (sofern implementiert)
- Anwendungsspezifische Dateien, z.B. das benutzerdefinierte Microsoft Office-Wörterbuch, Benutzervorlagen und AutoVervollständigen-Liste
- Netzwerkumgebung
- Desktopanzeigeeinstellungen, z.B. Darstellung, Hintergrund und Bildschirmschoner

Diese wichtigen Elemente sind benutzerspezifisch. Es ist wünschenswert, dass diese Einstellungen zwischen den Anmeldevorgängen erhalten bleiben, dass sie verfügbar sind, wenn der Benutzer sich an einem anderen System anmeldet, und auch dann noch vorhanden sind, wenn das Benutzersystem ausfällt und neu installiert werden muss.

Lokale Benutzerprofile

Per Voreinstellung werden Benutzerprofile auf dem lokalen System im Ordner **%SystemDrive%\Dokumente und Einstellungen\%UserName%** gespeichert. Benutzerprofile funktionieren folgendermaßen:

- Wenn ein Benutzer sich zum ersten Mal an einem System anmeldet, erstellt das System ein Profil für den Benutzer, indem es das Profil des Standardbenutzers (**Default User**) kopiert. Der neue Profilordner wird nach dem Anmeldenamen benannt, den der Benutzer bei der ersten Anmeldung angibt.
- Sämtliche Änderungen, die am Benutzerdesktop und der Softwareumgebung vorgenommen werden, werden im lokalen Benutzerprofil gespeichert. Jeder Benutzer verfügt über ein eigenes Profil, daher sind die Einstellungen benutzerspezifisch.
- Die Benutzerumgebung wird durch das Profil für alle Benutzer (**All Users**) erweitert, das Verknüpfungen für Desktop, Startmenü, Netzwerkumgebung und selbst Anwendungsdaten umfassen kann. Die Elemente des Profils **All Users** in Kombination mit dem Benutzerprofil ergeben die Benutzerumgebung. Per Voreinstellung kann das Profil **All Users** nur durch Mitglieder der Gruppe **Administratoren** geändert werden.
- Das Profil ist in der Tat lokal. Meldet sich ein Benutzer an einem anderen System an, stehen die zu einem Profil gehörenden Dokumente und Einstellungen dem Benutzer nicht zur Verfügung. Stattdessen behandelt das neue System den Benutzer wie oben beschrieben: Es wird ein neues lokales Profil für den Benutzer erzeugt, wenn es sich um die erste Anmeldung an diesem System handelt.

Servergespeicherte Benutzerprofile

Wenn Benutzer an mehr als einem Computer arbeiten, können Sie servergespeicherte Benutzerprofile konfigurieren. Auf diese Weise ist sichergestellt, dass die zu einem Profil gehörenden Dokumente und Einstellungen unabhängig vom Anmeldecomputer stets zur Verfügung stehen. Servergespeicherte Profile werden, wie der Name vermuten lässt, auf einem Server gespeichert. Dies bedeutet gleichzeitig, dass die Profile gesichert, auf Viren geprüft und zentral verwaltet werden können. Selbst in einer Umgebung, in der die Benutzer nicht an verschiedenen Computern arbeiten, gewährleisten servergespeicherte Profile

Verfügbarkeit für die wichtigen, in einem Profil gespeicherten Informationen. Fällt ein Benutzersystem aus und muss neu installiert werden, ist durch ein servergespeichertes Profil sichergestellt, dass die Benutzerumgebung des neuen Systems mit der des alten Systems identisch ist.

Zur Konfiguration eines servergespeicherten Profils erstellen Sie einen freigegebenen Ordner auf einem Server. Im Idealfall sollte es sich bei dem Server um einen Dateiserver handeln, der in regelmäßigen Abständen gesichert wird.

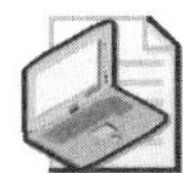

Hinweis Stellen Sie sicher, dass Sie der Gruppe **Jeder** für den freigegebenen Ordner die Freigabeberechtigung **Vollzugriff** erteilen. Die Windows Server 2003-Standardfreigabeberechtigung lautet **Lesen**. Diese Einstellung ist für ein servergespeichertes Profil jedoch nicht ausreichend.

Geben Sie auf der Registerkarte **Profil** des Dialogfelds mit den Benutzereigenschaften den Profilpfad in folgendem Format an: ***<Server >******<Freigabe>******%UserName%***. Die Variable **%UserName%** wird automatisch durch den Anmeldenamen des Benutzers ersetzt.

So einfach ist das. Bei der nächsten Benutzeranmeldung ermittelt das System den Speicherort des servergespeicherten Profils.

Prüfungstipp Ein servergespeichertes Benutzerprofil ist nichts weiter als ein freigegebener Ordner und ein Pfad zum Benutzerprofilordner innerhalb dieser Freigabe, der ordnungsgemäß im Profilpfad für das Benutzerobjekt angegeben ist. Servergespeicherte Profile sind in keiner Weise Eigenschaften eines Computerobjekts.

Wenn sich der Benutzer *abmeldet*, lädt das System das Profil auf den Profilserver hoch. Der Benutzer kann sich anschließend an diesem System oder einem beliebigen anderen System in der Domäne anmelden. Die zum Profil gehörenden Dokumente und Einstellungen werden stets übernommen.

Hinweis In Windows Server 2003 gibt es eine neue Richtlinie namens **Nur lokale Benutzerprofile zulassen**. Wird diese Richtlinie mit einer OU verknüpft, die Computerkonten enthält, ist eine Verwendung von servergespeicherten Benutzerprofilen auf diesen Computern nicht möglich. Die Benutzer erhalten stattdessen lokale Profile.

Wenn sich ein Benutzer mit einem servergespeicherten Profil zum ersten Mal an einem System anmeldet, wird das Profil **Default User** nicht kopiert. Stattdessen wird das servergespeicherte Profil von seinem Netzwerkspeicherort heruntergeladen. Meldet sich der Benutzer ab oder meldet er sich an einem System an, an dem er bereits gearbeitet hat, kopiert das System ausschließlich geänderte Dateien.

Hinweis Um sicherzustellen, dass Laptopbenutzer ihr servergespeichertes Profil korrekt erhalten, sorgen Sie dafür, dass sich die Benutzer mindestens einmal anmelden, während sie mit dem Netzwerk verbunden sind, damit das servergespeicherte Profil heruntergeladen wird, bevor sie offline arbeiten.

Synchronisieren von servergespeicherten Profilen

Im Gegensatz zu früheren Versionen von Microsoft Windows wird unter Windows 2000, Windows XP und Windows Server 2003 nicht bei jeder An- oder Abmeldung das gesamte Benutzerprofil herauf- oder heruntergeladen. Stattdessen wird das Benutzerprofil *synchronisiert*, das heißt, zwischen dem lokalen System und dem Netzwerkprofilordner werden nur Dateien übertragen, die geändert wurden. Auf diese Weise wird die An- und Abmeldung mit einem servergespeicherten Profil gegenüber früheren Windows-Versionen erheblich beschleunigt. Organisationen, die bisher aus Angst vor negativen Auswirkungen auf Anmelde- und Netzwerkdatenverkehr von einer Implementierung servergespeicherter Profile abgesehen haben, sollten ihre Konfiguration unter diesem Aspekt neu überdenken.

Sicherheitshinweis Die Rechte für eine lokal zwischengespeicherte Kopie eines servergespeicherten Profils sind so gesetzt, dass nur der Benutzer und die Administratorgruppe des Computers Zugriff auf das Profil erhalten. Wenn sich noch andere Benutzer auf dem Computer anmelden, die zur Administratorgruppe gehören, möchten Sie vielleicht verhindern, dass diese Benutzer Zugriff auf die lokalen Kopien von servergespeicherten Profilen anderer Benutzer erhalten. Dazu aktivieren Sie in einem Gruppenrichtlinienobjekt die Richtlinie **Zwischengespeicherte Kopien von servergespeicherten Profilen löschen** im Knoten **Computerkonfiguration\Administrative Vorlagen\System\Benutzerprofile**.

Erstellen eines vorkonfigurierten Benutzerprofils

Sie können ein angepasstes Benutzerprofil erstellen, um eine geplante, vorkonfigurierte Desktop- und Softwareumgebung bereitzustellen. Dieses Vorgehen ist sinnvoll, wenn Sie Folgendes erreichen möchten:

- Bereitstellen einer produktiven Arbeitsumgebung mit leichtem Zugriff auf die benötigten Netzwerkressourcen und Anwendungen
- Verhindern des Zugriffs auf nicht benötigte Ressourcen und Anwendungen
- Vereinfachte Problembehandlung für das Helpdesk durch die Vorgabe eines überschaubaren, konsistenten Desktops

Für das Erstellen eines vorkonfigurierten Benutzerprofils sind keine besonderen Tools erforderlich. Melden Sie sich einfach an einem System an, und ändern Sie die Desktop- und Softwareeinstellungen wie gewünscht ab. Es wird empfohlen, diese Änderungen mit einem anderen als Ihrem üblichen Arbeitskonto vorzunehmen, damit Sie nicht unnötig Ihr eigenes Profil ändern.

Melden Sie sich nach Erstellung des Profils mit Administratorrechten am System an. Öffnen Sie über die Systemsteuerung das Dialogfeld **Systemeigenschaften**, klicken Sie auf die Registerkarte **Erweitert**, und klicken Sie dann im Bereich **Benutzerprofile** auf die Schaltfläche **Einstellungen**. Wählen Sie das erstellte Profil aus, und klicken Sie auf **Kopieren nach**. Geben Sie den UNC-Pfad (Universal Naming Convention) zum Profil an. Verwenden Sie hierbei das folgende Format: \\<***Server***>\<***Freigabe***>\<***Benutzername***>.

Klicken Sie im Bereich **Benutzer** auf **Ändern**, um den Benutzer auszuwählen, für den Sie das Profil konfiguriert haben. Auf diese Weise wird die Zugriffssteuerungsliste für den Profilordner so konfiguriert, dass der angegebene Benutzer Zugriff erhält. Abbildung 3.5 zeigt ein Beispiel. Klicken Sie auf **OK**, um das Profil an den Netzwerkspeicherort zu kopieren.

Hinweis Sie müssen Mitglied der Gruppe **Administratoren** sein, um ein Profil kopieren zu können.

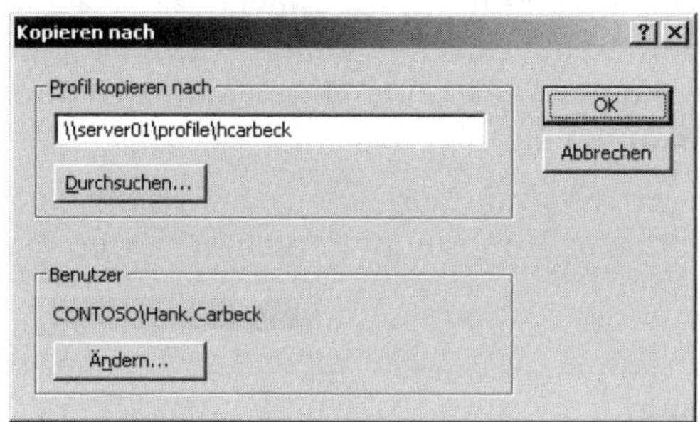

Abbildung 3.5 Kopieren eines vorkonfigurierten Benutzerprofils an einen Netzwerkspeicherort

Öffnen Sie abschließend die Eigenschaften des Benutzerobjekts, und geben Sie auf der Registerkarte **Profil** den gleichen UNC-Profilpfad an. Voilà! Wenn sich der Benutzer das nächste Mal an einem Domänencomputer anmeldet, wird das konfigurierte Profil heruntergeladen und zur Festlegung der Benutzerumgebung verwendet.

Tipp Denken Sie bei der Verwendung vorkonfigurierter Profile bzw. jeder Art von servergespeicherten Profilen an mögliche Probleme im Hinblick auf unterschiedliche Hardwarekomponenten oder Systeme, an denen sich ein Benutzer anmeldet. Ein Beispiel: Wenn Desktopverknüpfungen basierend auf einer XGA-Auflösung (1024 × 768) angeordnet werden und der Benutzer sich an einem System mit SVGA-Auflösung (800 × 600) anmeldet, sind einige der Verknüpfungen möglicherweise nicht sichtbar.

Profile sind darüber hinaus nicht vollständig plattformübergreifend. Ein für Windows 98 entworfenes Profil beispielsweise funktioniert auf einem Windows Server 2003-System nicht ordnungsgemäß. Sie werden selbst Inkonsistenzen beim Wechsel zwischen Windows Server 2003-Systemen und Windows XP oder Windows 2000 Professional feststellen.

Erstellen eines vorkonfigurierten Standardprofils

Bei der Vorstellung der Benutzerprofile haben wir darauf hingewiesen, dass das System sein Standardbenutzerprofil als Vorlage für das Benutzerprofil verwendet, wenn sich ein Benutzer das erste Mal bei einem System anmeldet und noch nicht über ein servergespeichertes Profil verfügt, oder wenn der für den Benutzer konfigurierte Ordner, in dem das servergespeicherte Profil liegen sollte, leer ist. Wenn Sie also die anfängliche Umgebung für alle Benutzer konfigurieren möchten, die sich an einem System anmelden, müssen Sie das Standardbenutzerprofil des Systems konfigurieren.

Führen Sie dazu folgende Schritte durch, die im vorigen Abschnitt, „Erstellen eines vorkonfigurierten Benutzerprofils", erläutert wurden.

1. Erstellen Sie ein Profil. Verwenden Sie dafür am besten ein temporäres Benutzerkonto, damit Sie Ihr eigenes Profil nicht unnötig verändern.
2. Melden Sie sich mit einem anderen Konto an, das auf dem System zur Administratorengruppe gehört.
3. Löschen Sie den Inhalt des vorhandenen Standardbenutzerprofils, das gewöhnlich unter **C:\Dokumente und Einstellungen\Default User** zu finden ist. Beachten Sie bitte, dass es sich dabei um einen versteckten Ordner handelt. Daher müssen Sie in den **Ordneroptionen** der Systemsteuerung unter **Versteckte Dateien und Ordner** die Option **Alle Dateien und Ordner anzeigen** gewählt haben.
4. Kopieren Sie das Benutzerprofil mit dem **System**-Programm der Systemsteuerung in den Ordner **Default User**, wie in Abbildung 3.6 gezeigt. Sorgen Sie dafür, dass die Gruppe **Jeder** das Profil benutzen darf.

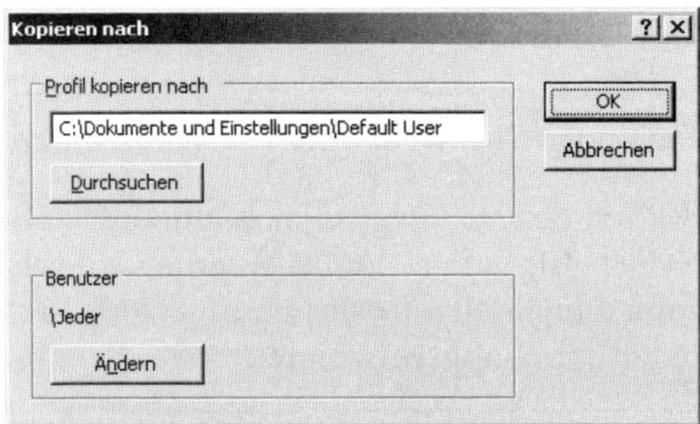

Abbildung 3.6 Kopieren einer vorkonfigurierten Standardbenutzerdatei

Benutzer, die sich zum ersten Mal beim System anmelden und noch kein Benutzerprofil haben, erhalten eine Kopie des von Ihnen vorkonfigurierten Standardbenutzerprofils.

Wenn Sie für alle Computer in Ihrer Domäne ein vorkonfiguriertes Standardbenutzerprofil erstellen möchten, befolgen Sie dieselben Schritte, mit der Ausnahme, dass Sie das Profil in die NETLOGON-Freigabe eines Domänencontrollers in einen Unterordner namens **Default User** kopieren, zum Beispiel ***Servername*\NETLOGON\Default User**. Darin ist ***Servername*** der Name eines Domänencontrollers. Domänencontroller replizieren den Inhalt ihrer NETLOGON-Freigaben. Daher wird auch das neue Standardbenutzerprofil auf alle Domänencontroller repliziert. Die Computer in der Domäne finden in der NETLOGON-Freigabe das neue Standardbenutzerprofil und ersetzen ihr lokales Standardbenutzerprofil. Jeder neue Benutzer, der sich anschließend das erste Mal an einem beliebigen Computer aus der Domäne anmeldet und noch kein lokales oder servergespeichertes Profil hat, erhält eine Kopie des Profils, das Sie konfiguriert haben.

Prüfungstipp Zur Erstellung eines vorkonfigurierten Standardprofils ersetzen Sie das **Default User**-Profil des Computers. Zur Erstellung eines vorkonfigurierten Standardprofils für die gesamte Domäne kopieren Sie das vorkonfigurierte Profil in einen Unterordner namens **Default User** auf der NETLOGON-Freigabe.

Zwei Punkte dürfen Sie nicht vergessen, wenn Sie in der Praxis ein Standardbenutzerprofil für eine Domäne konfigurieren:

- Das Standardbenutzerprofil in der NETLOGON-Freigabe eines Domänencontrollers ersetzt das Standardbenutzerprofil aller Computer aus der Domäne, einschließlich der Server und Domänencontroller. Das ist in Ihrer Umgebung vielleicht nicht akzeptabel.
- Die NETLOGON-Freigabe eines Domänencontrollers erlaubt nur Lesezugriffe. Um das vorkonfigurierte Profil auf einen Domänencontroller kopieren zu können, müssen Sie daher entweder die Berechtigungen für die NETLOGON-Freigabe für die Zeit ändern, in der Sie das Profil hochladen, oder das Profil mithilfe einer anderen Freigabe an denselben Ort kopieren. Der Standardort für die NETLOGON-Freigabe auf einem Domänencontroller ist **C:\windows\sysvol\sysvol\contoso.com\scripts**, wobei Sie **contoso.com** durch den DNS-Namen Ihrer Domäne ersetzen. Daher können Sie das Profil auch in den Ordner ***Servername*\c$\windows\sysvol\sysvol\contoso.com\scripts** kopieren, wobei ***Servername*** der Name eines Domänencontrollers ist. Die Standardfreigabe **C$** zur Laufwerksverwaltung ist so konfiguriert, dass Administratoren Schreibzugriff auf das gesamte Volume erhalten.

Erstellen eines vorkonfigurierten Gruppenprofils

Servergespeicherte Profile ermöglichen Ihnen die Erstellung einer standardmäßigen Desktopumgebung für mehrere Benutzer mit ähnlichen Aufgabenbereichen. Dieser Vorgang ähnelt dem Erstellen eines vorkonfigurierten Benutzerprofils, abgesehen davon, dass das Profil anschließend mehreren Benutzern zur Verfügung gestellt wird.

Erstellen Sie anhand der oben beschriebenen Schritte ein Profil. Verwenden Sie beim Kopieren des Profils auf den Server den folgenden Pfad: \\\\<***Server***>\<***Freigabe***>\<***Gruppenprofilname***>. Sie müssen allen Benutzern Zugriff erteilen, für die dieses Profil vorgesehen ist. Klicken Sie daher im Bereich **Benutzer** auf **Ändern**, und wählen Sie eine Gruppe aus, die sämtliche Benutzer enthält. Alternativ können Sie auch die vordefinierte Gruppe **Benutzer** wählen, die alle Domänenbenutzer umfasst. Das Profil wird ausschließlich auf die Benutzer angewendet, für die Sie den Profilpfad des Benutzerobjekts konfigurieren.

Nach dem Kopieren des Profils an den Netzwerkspeicherort müssen Sie die Profilpfade der Benutzer ändern, auf die das Profil angewendet werden soll. Windows Server 2003 vereinfacht diese Aufgabe, indem Sie mehrere Benutzer auswählen und den Profilpfad für alle Benutzer gleichzeitig ändern können. Geben Sie den gleichen UNC-Pfad ein, den Sie auch beim Kopieren des Profils an einen Netzwerkspeicherort verwendet haben. Beispiel: \\\\<***Server***>\<***Freigabe***>\<***Gruppenprofilname***>.

Prüfungstipp Der Profilpfad wird als Eigenschaft eines oder mehrerer *Benutzerobjekte* konfiguriert. Der Pfad wird keinem Gruppenobjekt zugewiesen. Wenngleich es sich um ein Gruppenprofil handelt, sollten Sie nicht dem Fehler unterliegen, das Profil mit einem Gruppenobjekt zu verknüpfen.

Da von mehreren Benutzern auf das Gruppenprofil zugegriffen wird, müssen Sie das Gruppenprofil abschließend als verbindlich festlegen. Dieser Vorgang wird im nächsten Abschnitt beschrieben.

Konfigurieren eines verbindlichen Profils

Ein verbindliches Profil verhindert eine Änderung der Profilumgebung durch die Benutzer. Genauer gesagt werden bei einem verbindlichen Profil zwischen den Sitzungen keine Änderungen gespeichert. Daher kann ein Benutzer zwar Änderungen vornehmen, der Desktop sieht jedoch bei der nächsten Anmeldung wieder so aus wie bei der letzten Anmeldung, d.h., Änderungen werden nicht dauerhaft vorgenommen.

Verbindliche Profile eignen sich in Situationen, in denen Sie den Desktop sperren möchten. Praktisch gesehen sind verbindliche Profile bei der Implementierung von Gruppenprofilen wichtig, da Sie wahrscheinlich nicht möchten, dass die von einem Benutzer vorgenommenen Änderungen sich auf die Umgebung anderer Benutzer auswirken.

Zur Konfiguration eines verbindlichen Profils ist lediglich die Umbenennung einer Datei im Stammordner des Profils erforderlich. Interessanterweise werden verbindliche Profile *nicht* durch Zuweisung von Berechtigungen konfiguriert. Die Datei, die umbenannt werden muss, trägt den Namen **Ntuser.dat**. Es handelt sich um eine versteckte Datei, daher müssen Sie zunächst die Option **Alle Dateien und Ordner anzeigen** aktivieren. Wechseln Sie dazu über die Systemsteuerung zu den **Ordneroptionen**, oder entfernen Sie das Attribut **Versteckt** mithilfe des Befehls **attrib** über die Befehlszeile. Möglicherweise müssen Sie zusätzlich die Anzeige von Dateierweiterungen im Windows Explorer konfigurieren.

Suchen Sie in dem Profil, das Sie als verbindlich festlegen möchten, nach der Datei **Ntuser.dat**. Benennen Sie die Datei in **Ntuser.man** um. Das Profil, ob lokal oder servergespeichert, ist nun als verbindlich festgelegt.

Praktische Übung: Verwalten von Benutzerprofilen

In dieser Übung erstellen Sie servergespeicherte und vorkonfigurierte servergespeicherte Benutzerprofile sowie verbindliche Gruppenprofile. Sie melden sich mehrmals an und ab. Da eine lokale Anmeldung an einem Domänencontroller unter Verwendung von Standardkonten nicht möglich ist, fügen Sie die betroffenen Benutzer zunächst zur Gruppe **Druck-Operatoren** hinzu, um eine erfolgreiche Anmeldung zu ermöglichen.

Übung 1: Konfigurieren von Benutzern für die Anmeldung am Domänencontroller

In der Praxis ist es in nur in ganz seltenen Fällen erwünscht, dass Benutzer die Berechtigung zur lokalen Anmeldung an einem Domänencontroller besitzen. In unserer aus einem System bestehenden Testumgebung ist diese Fähigkeit jedoch von grundlegender Bedeutung. Es gibt bei der Vorgehensweise verschiedene Möglichkeiten, die einfachste Methode ist jedoch das Hinzufügen der Gruppe **Domänen-Benutzer** zur Gruppe **Druck-Operatoren**. Die Gruppe **Druck-Operatoren** verfügt über das Recht zur lokalen Anmeldung.

1. Öffnen Sie die Konsole **Active Directory-Benutzer und -Computer**.
2. Wählen Sie in der Konsolenstruktur den Container **Builtin**.
3. Öffnen Sie die Eigenschaften der Gruppe **Druck-Operatoren**.
4. Verwenden Sie die Registerkarte **Mitglieder**, um die Gruppe **Domänen-Benutzer** hinzuzufügen.

Übung 2: Erstellen einer Profilfreigabe

1. Erstellen Sie einen Profilordner auf Laufwerk **C:**.
2. Klicken Sie mit der rechten Maustaste auf den Profilordner, und klicken Sie auf **Freigabe und Sicherheit**.
3. Klicken Sie auf die Registerkarte **Freigabe**.
4. Geben Sie den Ordner unter dem Freigabenamen **Profile** frei.
5. Klicken Sie auf die Schaltfläche **Berechtigungen**.
6. Aktivieren Sie das Kontrollkästchen **Zulassen** für die Berechtigung **Vollzugriff**.
7. Klicken Sie auf **OK**.

Sicherheitshinweis Windows Server 2003 wendet auf Freigaben standardmäßig beschränkte Freigabeberechtigungen an. Die meisten Organisation folgen der empfohlenen Vorgehensweise, indem sie die Freigabeberechtigung **Vollzugriff** festlegen und der ACL des Ordners über die Registerkarte **Sicherheit** der Ordnereigenschaften spezifische NTFS-Berechtigungen zuweisen. Für den Fall, dass ein Administrator eine Ressource vor ihrer Freigabe nicht einschränkt, legt Windows Server 2003 im Interesse der Sicherheit die Freigabeberechtigung **Lesen** fest.

Übung 3: Erstellen einer Benutzerprofilvorlage

1. Erstellen Sie ein Benutzerkonto, das ausschließlich zur Erstellung von Profilvorlagen dient. Halten Sie sich bei der Kontoerstellung an folgende Vorgaben:

Textfeldname	Eingabe
Vorname	Profil
Nachname	Konto
Benutzeranmeldename	Profil
Benutzeranmeldename (Prä-Windows 2000)	Profil

2. Melden Sie sich von **Server01** ab.
3. Melden Sie sich über das Konto **Profil** an.
4. Passen Sie den Desktop an. Sie können beispielsweise Verknüpfungen zu lokalen Ressourcen oder Netzwerkressourcen erstellen, z.B. eine Desktopverknüpfung zum Laufwerk **C:**.
5. Passen Sie den Desktop mithilfe der Anzeigeeinstellungen in der Systemsteuerung an. Auf der Registerkarte **Desktop** des Dialogfelds **Eigenschaften von Anzeige** können Sie den Desktophintergrund festlegen und durch Klicken auf **Desktop anpassen** zum Desktop die Symbole **Eigene Dateien**, **Arbeitsplatz**, **Netzwerkumgebung** und **Internet Explorer** hinzufügen.
6. Melden Sie sich mit dem Konto **Profil** ab.

Übung 4: Einrichten eines vorkonfigurierten Benutzerprofils

1. Melden Sie sich als Administrator an.
2. Öffnen Sie die Systemsteuerung, und doppelklicken Sie auf **System**, um das Dialogfeld **Systemeigenschaften** zu öffnen.
3. Klicken Sie auf die Registerkarte **Erweitert**.
4. Klicken Sie unter **Benutzerprofile** auf **Einstellungen**. Das Dialogfeld **Benutzerprofile** wird angezeigt.
5. Markieren Sie das Benutzerprofil für das Konto **Profil**.
6. Klicken Sie auf **Kopieren nach**.
7. Geben Sie unter **Profil kopieren nach** folgenden Pfad ein: **\\Server01\Profile\hcarbeck**.
8. Klicken Sie im Abschnitt **Benutzer** auf **Ändern**.
9. Geben Sie **Hank** ein, und klicken Sie auf **OK**.
10. Prüfen Sie die Einträge im Dialogfeld **Kopieren nach**, und klicken Sie auf **OK**.
11. Nachdem das Profil an den Netzwerkspeicherort kopiert wurde, klicken Sie zweimal auf **OK**, um die Dialogfelder **Benutzerprofile** und **Systemeigenschaften** zu schließen.
12. Öffnen Sie den Ordner **C:\Profile**, um sich zu vergewissern, dass der Profilordner **Hcarbeck** erstellt wurde.
13. Öffnen Sie die Konsole **Active Directory-Benutzer und -Computer**, und wählen Sie in der Konsolenstruktur die OU **Mitarbeiter** aus.
14. Öffnen Sie die Eigenschaften des Benutzerobjekts **Hank Carbeck**.
15. Klicken Sie auf die Registerkarte **Profil**.
16. Geben Sie im Feld **Profilpfad** folgenden Pfad ein: **\\Server01\Profile\%UserName%**.
17. Klicken Sie auf **Übernehmen**, und überzeugen Sie sich davon, dass die Variable **%UserName%** durch den Wert **hcarbeck** ersetzt wurde. Es ist wichtig, dass der Profilpfad mit dem tatsächlichen Netzwerkpfad zum Profilordner übereinstimmt.
18. Klicken Sie auf **OK**.
19. Prüfen Sie die erfolgreiche Konfiguration des vorkonfigurierten, servergespeicherten Benutzerprofils, indem Sie sich zunächst abmelden und anschließend mit dem Benutzernamen **hank.carbeck@contoso.com** wieder anmelden. Es sollten die Desktopänderungen angezeigt werden, die Sie nach Anmeldung mit dem Konto **Profil** vorgenommen haben.

Übung 5: Einrichten eines vorkonfigurierten, verbindlichen Gruppenprofils

1. Melden Sie sich als Administrator an.
2. Öffnen Sie die Systemsteuerung, und doppelklicken Sie auf **System**, um das Dialogfeld **Systemeigenschaften** zu öffnen.
3. Klicken Sie auf die Registerkarte **Erweitert**.

4. Klicken Sie unter **Benutzerprofile** auf **Einstellungen**.
5. Markieren Sie das Benutzerprofil für das Konto **Profil**.
6. Klicken Sie auf **Kopieren nach**.
7. Geben Sie unter **Profil kopieren nach** folgenden Pfad ein: **\\Server01\Profile\Vertrieb**.
8. Klicken Sie im Abschnitt **Benutzer** auf **Ändern**.
9. Geben Sie **Benutzer** ein, und klicken Sie auf **OK**.
10. Prüfen Sie die Einträge im Dialogfeld **Kopieren nach**, und klicken Sie auf **OK**.
11. Nachdem das Profil an den Netzwerkspeicherort kopiert wurde, klicken Sie zweimal auf **OK**, um die Dialogfelder **Benutzerprofile** und **Systemeigenschaften** zu schließen.
12. Öffnen Sie den Ordner **C:\Profile**, um sich zu vergewissern, dass der Profilordner **Vertrieb** erstellt wurde.
13. Öffnen Sie über die Systemsteuerung die Ordneroptionen, und klicken Sie auf die Registerkarte **Ansicht**. Prüfen Sie, ob unter **Erweiterte Einstellungen** die Option **Alle Dateien und Ordner anzeigen** aktiviert ist.
14. Öffnen Sie den Ordner **C:\Profile\Vertrieb**, und benennen Sie die Datei **Ntuser.dat** in **Ntuser.man** um. Auf diese Weise wird das Profil als verbindlich festgelegt.
15. Öffnen Sie die Konsole **Active Directory-Benutzer und -Computer**, und wählen Sie in der Konsolenstruktur die OU **Mitarbeiter** aus.
16. Wählen Sie im Detailbereich die folgenden Objekte aus, indem Sie auf das erste Objekt klicken und bei gedrückter STRG-Taste auf alle nachfolgenden Objekte klicken: **Scott Bishop**, **Danielle Tiedt**, **Lorrin Smith-Bates**.
17. Klicken Sie im Menü **Aktion** auf **Eigenschaften**.
18. Klicken Sie auf die Registerkarte **Profil**, und aktivieren Sie das Kontrollkästchen **Profilpfad**.
19. Geben Sie im Feld **Profilpfad** folgenden Pfad ein: **\\Server01\Profile\Vertrieb**.
20. Klicken Sie auf **OK**.
21. Prüfen Sie die erfolgreiche Konfiguration des vorkonfigurierten, servergespeicherten Benutzerprofils, indem Sie sich zunächst abmelden und anschließend mit dem Benutzernamen **danielle.tiedt@contoso.com** wieder anmelden.
22. Prüfen Sie, ob das Profil als verbindlich festgelegt wurde, indem Sie das Desktopaussehen verändern. Sie können die Änderung vornehmen, die Änderung wird jedoch für nachfolgende Sitzungen nicht gespeichert.
23. Melden Sie sich ab, und melden Sie sich erneut als Danielle Tiedt wieder an. Da es sich um ein verbindliches Profil handelt, sollten die im vorherigen Schritt vorgenommenen Änderungen nicht mehr sichtbar sein.
24. Melden Sie sich ab, und melden Sie sich als Scott Bishop unter dem Benutzernamen **scott.bishop@contoso.com** wieder an. Es sollte der gleiche Desktop angezeigt werden.

Lernzielkontrolle

Die folgenden Fragen dienen dazu, die wichtigsten Lehrinhalte dieser Lektion zu vertiefen. Können Sie eine Frage nicht beantworten, arbeiten Sie das entsprechende Lektionsmaterial noch einmal durch, und versuchen Sie dann erneut, die Frage zu beantworten. Die Antworten auf die Lernzielkontrollfragen finden Sie im Abschnitt „Fragen und Antworten“ am Ende dieses Kapitels.

1. Beschreiben Sie, wie ein Benutzerdesktop erstellt wird, wenn keine servergespeicherten Benutzerprofile implementiert wurden.

   ____

   ____

   ____

   ____

   ____

2. Sortieren Sie die nachfolgend aufgelisteten Schritte in der Reihenfolge, in der sie zum Erstellen eines vorkonfigurierten, servergespeicherten Benutzerprofils ausgeführt werden müssen. Verwenden Sie alle aufgeführten Schritte.
   - ☐ Passen Sie die Desktop- und Benutzerumgebung an.
   - ☐ Melden Sie sich als ein Benutzer mit ausreichenden Berechtigungen zum Ändern von Benutzerkontoeigenschaften an.
   - ☐ Kopieren Sie das Profil an einen Netzwerkspeicherort.
   - ☐ Erstellen Sie ein Benutzerkonto, sodass das Profil ohne Änderung eines aktuellen Benutzerprofils erstellt werden kann.
   - ☐ Melden Sie sich über das Profilkonto an.
   - ☐ Geben Sie den UNC-Pfad zum Profil auf der Eigenschaftenseite **Profil** eines Benutzers ein.
   - ☐ Melden Sie sich als lokaler Administrator oder als Domänenadministrator an.
3. Wie legen Sie ein Profil als verbindlich fest?
   a. Legen Sie die Ordnerberechtigungen auf der Eigenschaftenseite **Sicherheit** so fest, dass die Berechtigung **Schreiben** verweigert wird.
   b. Legen Sie die Ordnerberechtigungen auf der Eigenschaftenseite **Freigabe** so fest, dass nur Leseberechtigungen erteilt werden.
   c. Ändern Sie die Attribute des Profilordners so ab, dass das Attribut **Schreibgeschützt** gesetzt ist.
   d. Benennen Sie die Datei **Ntuser.dat** in **Ntuser.man** um.

Zusammenfassung der Lektion

- Windows Server 2003 stellt ein individuelles Profil für jeden Benutzer bereit, der sich am System anmeldet. Profile werden standardmäßig auf dem lokalen System im Ordner **%SystemDrive%\Dokumente und Einstellungen\%UserName%** gespeichert.
- Servergespeicherte Profile erfordern lediglich eine Ordnerfreigabe sowie die Einstellung des Profilpfads in den Benutzerobjekteigenschaften.
- Vorkonfigurierte Profile sind einfach nur Profile, die in den Profilpfad kopiert werden, bevor der Profilpfad im Benutzerobjekt konfiguriert wird.
- Gruppenprofile müssen als verbindlich festgelegt werden, sodass von einem einzelnen Benutzer vorgenommene Änderungen sich nicht auf andere Benutzer auswirken. Die Festlegung als verbindlich erfolgt durch Umbenennen der Datei **Ntuser.dat** in **Ntuser.man**.

Lektion 4: Sicherheit und Problembehandlung der Authentifizierung

Nachdem Sie Benutzerobjekte konfiguriert haben und sich die Benutzer mithilfe dieser Konten authentifizieren, sehen Sie sich zwei zusätzlichen Herausforderungen gegenüber: Einerseits gibt es Sicherheitsrisiken, die ohne Gegenmaßnahmen zu einer Beeinträchtigung der Integrität des Unternehmensnetzwerks führen können; andererseits müssen Sie dafür sorgen, Netzwerk und Authentifizierung möglichst benutzerfreundlich und zuverlässig zu gestalten. Unglücklicherweise stehen diese zwei Ansprüche in Konflikt zueinander – je sicherer ein Netzwerk, desto weniger bedienerfreundlich ist es. In dieser Lektion werden Probleme in Bezug auf die Benutzerauthentifizierung besprochen. Sie lernen die Auswirkung von Domänenkontorichtlinien kennen, einschließlich Kennwortrichtlinien und Richtlinien zur Kontosperrung. Darüber hinaus erfahren Sie, wie die Überwachung anmeldebezogener Ereignisse konfiguriert wird und wie Sie verschiedene authentifizierungsbezogene Aufgaben für Benutzerobjekte durchführen.

Am Ende dieser Lektion werden Sie in der Lage sein, die folgenden Aufgaben auszuführen:

- Benennen von Domänenkontorichtlinien und ihrer Auswirkung auf Kennwortanforderungen und Authentifizierung
- Konfigurieren der Überwachung für Anmeldeereignisse
- Ändern von authentifizierungsbezogenen Attributen von Benutzerobjekten

Veranschlagte Zeit für diese Lektion: 15 Minuten

Sichere Authentifizierung mithilfe von Richtlinien

Der Active Directory-Dienst von Windows Server 2003 unterstützt Sicherheitsrichtlinien, die den Kennwortschutz innerhalb eines Unternehmens erhöhen. Natürlich müssen Sie eine Kennwortrichtlinie entwerfen, die für Angreifer abschreckend wirkt und für die Benutzer dennoch so geeignet ist, dass Kennwörter nicht vergessen werden, denn das würde zu einem erhöhten Anrufaufkommen beim Helpdesk führen oder im schlimmsten Fall sogar dazu, dass Kennwörter aufgeschrieben werden.

Ein Windows Server 2003-Computer, der als Mitgliedsserver eingesetzt wird, verwaltet eine Richtlinie für lokale Benutzerkonten. Diese lokale Sicherheitsrichtlinie kann unter Verwendung des gleichnamigen Snap-Ins **Lokale Sicherheitsrichtlinie** verwaltet werden.

Sie werden häufiger mit einer Richtlinie arbeiten, welche die Domänenbenutzerobjekte betrifft. Die Domänenkontorichtlinien werden mithilfe der Standarddomänenrichtlinien verwaltet. Wählen Sie zur Anzeige und Änderung dieser Richtlinien eines der folgenden Programme:

- Öffnen Sie im Ordner **Verwaltung** die Konsole **Sicherheitsrichtlinie für Domänen**.
- Öffnen Sie die **Gruppenrichtlinienverwaltung** (Group Policy Management Console, GPMC), erweitern Sie den Knoten **Gruppenrichtlinienobjekte** der gewünschten

Domäne, klicken Sie das Gruppenrichtlinienobjekt **Default Domain Policy** mit der rechten Maustaste an und wählen Sie **Bearbeiten**.

- Wenn die Gruppenrichtlinienverwaltung nicht installiert ist, öffnen Sie die MMC oder das Snap-In **Active Directory-Benutzer und -Computer**. Wählen Sie den Domänenknoten aus, und klicken Sie im Menü **Aktion** oder im Kontextmenü auf **Eigenschaften**. Klicken Sie auf die Registerkarte **Gruppenrichtlinie**. Wählen Sie **Default Domain Policy** und klicken Sie auf **Bearbeiten**.

Die Konsole **Gruppenrichtlinienobjekt-Editor** wird geöffnet, mit Fokus auf die Standarddomänenrichtlinien. Öffnen Sie nacheinander die Knoten **Computerkonfiguration**, **Windows-Einstellungen**, **Sicherheitseinstellungen** und **Kontorichtlinien**.

Kennwortrichtlinien

Die Domänenkontorichtlinien ermöglichen eine Erhöhung des Kennwortschutzes in Ihrem Netzwerk, indem empfohlene Vorgehensweisen in Bezug auf die Kennwortverwaltung erzwungen werden. Die Richtlinien werden in Tabelle 3.5 beschrieben.

Tabelle 3.5 Kennwortrichtlinien

Richtlinie	Beschreibung
Kennwort-chronik erzwingen	Bei Aktivierung dieser Richtlinie verwaltet Active Directory eine Liste der kürzlich verwendeten Kennwörter und hindert die Benutzer an der Erstellung von Kennwörtern, die mit einem Kennwort aus dieser Chronik übereinstimmen. Wenn ein Benutzer dazu aufgefordert wird, sein Kennwort zu ändern, kann nicht erneut dasselbe Kennwort eingegeben werden, sodass eine Umgehung des maximalen Kennwortalters nicht möglich ist. Die Richtlinie ist standardmäßig aktiviert, der Maximalwert ist auf 24 eingestellt. Viele IT-Organisationen verwenden einen Wert zwischen 6 und 12.
Maximales Kennwortalter	Diese Richtlinie legt fest, wann die Benutzer zur Änderung ihrer Kennwörter gezwungen werden. Kennwörter, die nie oder nur selten geändert werden, sind leichter zu knacken und können von einem Angreifer dazu verwendet werden, über ein gültiges Konto in das System einzudringen. Der Standardwert beträgt 42 Tage. IT-Organisationen verlangen in der Regel alle 30 bis 90 Tage eine Kennwortänderung.
Minimales Kennwortalter	Wenn Benutzer ihre Kennwörter ändern müssen, können Benutzer selbst bei aktivierter Kennwortchronik einfach ihre Kennwörter mehrmals hintereinander ändern, um die Kennwortanforderungen zu umgehen und zu ihren ursprünglichen Kennwörtern zurückzukehren. Die Richtlinie **Minimales Kennwortalter** verhindert dies, indem erzwungen wird, dass zwischen zwei Kennwortänderungen ein bestimmter Zeitraum in Tagen verstreichen muss. Natürlich kann ein Kennwort in Active Directory jederzeit durch einen Administrator oder einen Supportmitarbeiter mit entsprechenden Berechtigungen zurückgesetzt werden. Der Benutzer kann sein Kennwort innerhalb des über diese Einstellung festgelegten Zeitraums jedoch nur einmal ändern.
Minimale Kennwortlänge	Diese Richtlinie gibt die minimale Anzahl an Zeichen für ein Kennwort an. Der Standardwert in Windows Server 2003 beträgt sieben. ▶

Richtlinie	Beschreibung
Kennwort muss den Komplexitätsvoraussetzungen entsprechen	Diese Richtlinie erzwingt Regeln oder Filter für neue Kennwörter. Der standardmäßige Kennwortfilter von Windows Server 2003 (passfilt.dll) legt folgende Kennwortanforderungen fest: ■ Das Kennwort darf nicht auf dem Kontonamen des Benutzers basieren. ■ Das Kennwort muss mindestens sechs Zeichen umfassen. ■ Das Kennwort muss Zeichen aus mindestens drei der vier folgenden Zeichentypgruppen enthalten: □ Großbuchstaben (A–Z) □ Kleinbuchstaben (a–z) □ arabische Ziffern (0–9) □ nichtalphanumerische Zeichen (z.B. !$#,%) Diese Richtlinie ist unter Windows Server 2003 standardmäßig aktiviert.

Hinweis Das Konfigurieren von Kennwortlänge und Komplexitätsanforderungen wirkt sich nicht auf vorhandene Kennwörter aus. Diese Änderungen betreffen neue Konten und geänderte Kennwörter, nachdem die Richtlinie angewendet wurde.

Kontosperrungsrichtlinien

Als Kontosperrung wird im weitesten Sinne das Konzept bezeichnet, dass das System nach mehreren fehlgeschlagenen Anmeldeversuchen durch einen einzelnen Benutzer davon ausgeht, dass ein Angreifer durch Knacken des Kennworts in das System einzudringen versucht, und als Schutzmaßnahme das Konto sperrt, um weitere Anmeldeversuche zu verhindern. Domänenkontorichtlinien legen die Beschränkungen für ungültige Anmeldeversuche fest, ausgedrückt in einer Anzahl ungültiger Anmeldungen innerhalb eines bestimmten Zeitraums, und die Anforderungen zur Entsperrung von Konten, beispielsweise, ob die Entsperrung nach Ablauf einer Frist automatisch erfolgt oder ob ein Administrator kontaktiert werden muss. In Tabelle 3.6 werden die Kontosperrungsrichtlinien zusammengefasst.

Tabelle 3.6 Kontosperrungsrichtlinien

Richtlinie	Beschreibung
Kontensperrungsschwelle	Diese Richtlinie gibt die Anzahl ungültiger Anmeldeversuche an, die zu einer Kontosperrung führt. Der Wert kann im Bereich von 0 bis 999 liegen. Ein zu niedriger Wert (beispielsweise der Wert 3) kann zu Sperrungen aufgrund normaler Eingabefehler führen. Bei Festlegung des Wertes 0 wird ein Konto nie gesperrt. Der Sperrungszähler wird durch Anmeldungen an gesperrten Arbeitsstationen nicht beeinflusst. ▶

Richtlinie	Beschreibung
Kontosperrdauer	Diese Richtlinie legt den Zeitraum fest, der nach einer Sperrung verstreichen muss, bevor Active Directory ein Benutzerkonto automatisch wieder freigibt. Diese Richtlinie ist standardmäßig nicht aktiviert, da sie nur in Kombination mit der Richtlinie **Kontensperrungsschwelle** nützlich ist. Die Richtlinie akzeptiert Werte von 0 bis 99999 Minuten (etwa 10 Wochen). Bei Einstellung des Wertes 0 muss sich der Benutzer an einen Administrator wenden, damit das Konto manuell entsperrt wird. Obwohl die Einstellung des Werts 0 Sicherheit verspricht und häufig empfohlen wird, ist sie tatsächlich nicht empfehlenswert, weil sie Angreifern die Möglichkeit gibt, den Betrieb empfindlich zu stören oder lahm zu legen, indem sie die Sperrung von Dienst-, Benutzer- oder Computerkonten verursachen (Denial Of Service, DoS). Stattdessen reicht ein niedriger Wert (5 bis 15 Minuten) aus, um Angriffe auf Konten deutlich zu senken, DoS-Angriffe zu erschweren und gleichzeitig berechtigte Benutzer nicht unnötig lange zu beeinträchtigen, deren Konten versehentlich gesperrt wurden.
Zurücksetzungsdauer des Kontosperrungszählers	Diese Einstellung legt die Zeitspanne fest, die nach einem ungültigen Anmeldeversuch verstreichen muss, bevor der Zähler wieder auf 0 zurückgesetzt wird. Der Wertebereich liegt zwischen 1 und 99999 Minuten und muss kleiner oder gleich der Kontosperrdauer sein.

Plattformübergreifende Aspekte

Organisationen implementieren häufig eine Mischung aus Verzeichnisdienst-, Server- und Clientplattformen. In Umgebungen, bei denen Windows 95-, Windows 98-, Windows Me- oder Windows NT 4.0-Computer in einer Active Directory-Domäne eingesetzt werden, müssen Administratoren verschiedene Aspekte berücksichtigen.

- Kennwörter: Während Windows 2000, Windows XP Professional und Windows Server 2003 Kennwörter mit bis zu 127 Zeichen unterstützen, beträgt die maximale Kennwortlänge unter Windows 95, Windows 98 und Windows Me nur 14 Zeichen.
- Active Directory-Client: Der Active Directory-Client kann von der Microsoft-Website heruntergeladen und auf Windows 95-, Windows 98-, Windows Me- und Windows NT 4.0-Systemen installiert werden. Der Client ermöglicht Plattformen mit früheren Windows-Editionen die Nutzung zahlreicher Active Directory-Features, die unter Windows 2000 Professional oder Windows XP Professional verfügbar sind. Hierzu zählen u.a.:
  - Standorterkennung: Ein System mit Active Directory-Client versucht, sich an einem Domänencontroller am jeweiligen Standort anzumelden, statt die Anmeldung an einem beliebigen Domänencontroller im Unternehmen vorzunehmen.
  - Active Directory Service Interfaces (ADSI): Nutzen Sie Skripts zur Verwaltung von Active Directory.
  - Verteiltes Dateisystem (DFS): Zugriff auf freigegebene DFS-Ressourcen auf Windows 2000- und Windows Server 2003-Servern. ▶

- NTML-Authentifizierung (NT LAN Manager), Version 2: Nutzen Sie die verbesserten Authentifizierungsfunktionen von NTML Version 2.
- Active Directory Windows-Adressbuch: Eigenschaftenseiten
- Active Directory-Suchfunktionen, integriert in die Befehle **Start**, **Suchen**.

Die folgenden unter Windows 2000 Professional und Windows XP Professional unterstützten Features werden über den Active Directory-Client auf Windows 95, Windows 98 und Windows NT 4.0 *nicht* bereitgestellt:

- Kerberos V5-Authentifizierung
- Unterstützung für Gruppenrichtlinien oder Änderungs- und Konfigurationsverwaltung
- Dienstprinzipalname (Service Principal Name, SPN) oder gegenseitige Authentifizierung

Zusätzlich sollten Sie in gemischten Umgebungen folgende Punkte bedenken:

- Ohne den Active Directory-Client können Benutzer von Systemen vor Windows 2000 ihre Kennwörter nur dann ändern, wenn das System auf den einzigen Domänencontroller zugreifen kann, der als so genannter PDC-Emulator (Primary Domain Controller) dient. Um festzustellen, welches System als PDC-Emulator in einer Domäne fungiert, öffnen Sie die Konsole **Active Directory-Benutzer und -Computer**, wählen den Domänenknoten aus, klicken auf **Aktion** und dann auf **Betriebsmaster** und wechseln zur Registerkarte **PDC**. Ist der PDC-Emulator nicht verfügbar (ist der Computer offline oder an einem anderen Standort mit zurzeit nicht aktiver Netzwerkverbindung), kann der Benutzer sein Kennwort nicht ändern.
- Wie Sie in diesem Kapitel erfahren haben, verfügen Benutzerobjekte über zwei Anmeldenameneigenschaften. Der Prä-Windows 2000-Anmeldename (oder SAM-Name) entspricht dem Benutzernamen unter Windows 95, Windows 98 oder Windows NT 4.0. Wenn sich die Benutzer anmelden, geben sie ihren Benutzernamen ein und müssen die Domäne im Feld **Anmelden an** auswählen. In anderen Situationen kann der Benutzername im Format ***<Domänenname>\<Benutzeranmeldename>*** eingegeben werden.
- Benutzer, die sich unter Verwendung von Windows 2000 oder höheren Plattformen anmelden, können ebenfalls diese Methode einsetzen oder den effizienteren Benutzerprinzipalnamen (UPN) verwenden. Der UPN hat das Format ***<Benutzeranmeldename>@<UPN-Suffix>***, wobei es sich bei dem UPN-Suffix per Voreinstellung um den DNS-Namen der Domäne handelt, in der sich das Benutzerobjekt befindet. Bei Verwendung der UPN-Anmeldung ist es nicht erforderlich, die Domäne über das Feld **Anmelden an** auszuwählen. Tatsächlich wird das Feld gesperrt, sobald Sie das **at**-Symbol (@) eingeben.

Überwachen der Authentifizierung

Wenn Sie Angriffe zur Ermittlung von Benutzerkennwörtern fürchten oder Authentifizierungsprobleme beseitigen möchten, können Sie eine Überwachungsrichtlinie konfigurieren. Die über die Richtlinie im Sicherheitsprotokoll erstellten Einträge können bei den genannten Aufgaben nützlich sein.

Überwachungsrichtlinien

Die folgenden Richtlinien finden Sie im **Gruppenrichtlinienobjekt-Editor** (oder im Snap-In **Lokale Sicherheitsrichtlinie**) unter **Computerkonfiguration**, **Windows-Einstellungen**, **Lokale Richtlinien**, **Überwachungsrichtlinie**. Sie können die Überwachung erfolgreicher oder fehlgeschlagener Ereignisse konfigurieren.

- **Kontenverwaltung überwachen** Konfiguriert die Überwachung von Aktivitäten wie z.B. Erstellen, Löschen oder Ändern von Benutzer-, Gruppen- oder Computerkonten. Das Zurücksetzen von Kennwörtern wird ebenfalls protokolliert, wenn die Überwachung der Kontenverwaltung aktiviert ist.
- **Anmeldeversuche überwachen** Diese Richtlinie überwacht jede Instanz einer Benutzeranmeldung, die eine Domänencontrollerauthentifizierung umfasst. Für Domänencontroller ist diese Richtlinie im Standard-Gruppenrichtlinienobjekt der Domäne definiert. Beachten Sie erstens, dass diese Richtlinie immer dann zu einem Sicherheitsprotokolleintrag auf einem Domänencontroller führt, wenn sich ein Benutzer interaktiv oder über das Netzwerk mit einem Domänenkonto anmeldet. Zweitens müssen Sie berücksichtigen, dass zur vollständigen Auswertung der Überwachungsergebnisse die Sicherheitsprotokolle auf allen Domänencontrollern geprüft werden müssen, da die Benutzerauthentifizierung auf die Domänencontroller eines Standorts oder einer Domäne verteilt wird.
- **Anmeldeereignisse überwachen** Zu den Anmeldeereignissen zählen An- und Abmeldung, unabhängig davon, ob sie interaktiv oder über eine Netzwerkverbindung erfolgen. *Anmeldeversuche* (account logon events) werden auf dem lokalen Computer für lokale Konten und auf dem Domänencontroller für Netzwerkkonten erzeugt, wogegen *Anmeldeereignisse* (logon events) dort auftregen, wo die Anmeldung erfolgt. Wenn Sie die Richtlinie **Anmeldeversuche überwachen** für die Überwachung erfolgreicher Anmeldungen auf einem Domänencontroller konfigurieren, werden durch Arbeitsstationsanmeldungen keine Überwachungseinträge erzeugt. Nur interaktive und Netzwerkanmeldungen am Domänencontroller selbst generieren Anmeldeereignisse.

Tipp Prägen Sie sich den Unterschied zwischen Anmeldeversuchen und Anmeldeereignissen ein. Wenn ein Benutzer sich mit einem Domänenkonto an einer Arbeitsstation anmeldet, registriert die Anmeldestation ein Anmeldeereignis, der Domänencontroller registriert einen Anmeldeversuch. Wenn der Benutzer eine Verbindung zu einer Ordnerfreigabe eines Netzwerkservers herstellt, registriert der Server ein Anmeldeereignis, der Domänencontroller registriert einen Anmeldeversuch.

Sicherheitsereignisprotokoll

Nachdem Sie die Überwachung konfiguriert haben, füllen sich die Sicherheitsprotokolle mit Ereignismeldungen. Sie können diese Meldungen anzeigen, indem Sie im Snap-In **Ereignisanzeige** auf **Sicherheit** klicken und anschließend auf das Ereignis doppelklicken.

Prüfungstipp Denken Sie daran, dass Anmeldeversuche auf jedem Domänencontroller überwacht werden müssen, damit nachvollziehbar wird, ob und wann ein Benutzer versucht hat, sich mit einem Domänenkonto anzumelden. Anmeldeereignisse müssen auf sämtlichen Systemen überwacht werden, damit nachvollziehbar wird, ob und wann sich ein Benutzer auf diesen Systemen angemeldet hat, sei es mit einem lokalen Konto oder mit einem Domänenkonto.

Verwalten der Benutzerauthentifizierung

Wenn Benutzer ihre Kennwörter vergessen, sie versetzt oder entlassen werden, müssen Sie entsprechende Verwaltungsaufgaben hinsichtlich der Benutzerobjekte ausführen. Zu den gängigsten Verwaltungsaufgaben in Bezug auf die Benutzerkontensicherheit gehören das Entsperren von Konten, das Zurücksetzen von Kennwörtern sowie das Deaktivieren, Aktivieren, Umbenennen und Löschen von Benutzerobjekten.

Entsperren eines Benutzerkontos

Die Kontosperrungsrichtlinien erfordern, dass bei Überschreitung des Limits für ungültige Benutzeranmeldeversuche das Konto gesperrt wird. Entweder sind in diesem Fall für einen bestimmten Zeitraum keine weiteren Anmeldungen möglich, oder das Konto muss durch einen Administrator entsperrt werden. Wenn ein Benutzerkonto gesperrt ist, erhält der Benutzer beim nächsten Anmeldeversuch eine entsprechende Fehlermeldung, wie in Abbildung 3.7 gezeigt.

Abbildung 3.7 Diese Meldung bedeutet, dass das Benutzerkonto gesperrt ist

Zum Entsperren eines Benutzerkontos markieren Sie das Benutzerobjekt, klicken auf **Aktion** und anschließend auf **Eigenschaften**. Klicken Sie auf die Registerkarte **Konto**, und deaktivieren Sie das Kontrollkästchen **Konto ist gesperrt**.

Zurücksetzen von Benutzerkennwörtern

Wenn ein Benutzer sein Kennwort vergisst, erhält er beim nächsten Anmeldeversuch eine Fehlermeldung wie in Abbildung 3.8. Sie müssen das Kennwort zurücksetzen. Hierzu brauchen Sie das alte Kennwort des Benutzers nicht zu kennen. Markieren Sie einfach das Benutzerobjekt und wählen Sie im Menü **Aktion** oder im Kontextmenü den Befehl **Kennwort zurücksetzen**. Geben Sie das neue Kennwort zweimal ein, um die Änderung zu bestätigen, und aktivieren Sie im Interesse der Sicherheit die Option **Benutzer muss Kennwort bei der nächsten Anmeldung ändern**.

Abbildung 3.8 Diese Meldung weist darauf hin, dass der Benutzername, das Kennwort oder die Domäne ungültig ist

Tipp Einige Tage vor Ablauf seines Kennworts wird der Benutzer daran erinnert, dass er sein Kennwort ändern sollte. Beachtet oder erhält der Benutzer diese Benachrichtigungen nicht, weil er nicht mit dem Netzwerk verbunden oder nicht im Büro ist, läuft das Kennwort ab. Nach Ablauf des Kennworts kann der Benutzer sein Kennwort nicht ändern, wenn er sich nicht anmelden kann. Dann muss ein Administrator das Kennwort des Benutzers zurücksetzen. Auch in solchen Fällen empfiehlt es sich, die Option **Benutzer muss Kennwort bei der nächsten Anmeldung ändern** zu aktivieren.

Deaktivieren, Aktivieren, Umbenennen und Löschen von Benutzerobjekten

Personaländerungen können das Deaktivieren, Aktivieren oder Umbenennen eines Benutzerobjekts erforderlich machen. Das Vorgehen ist hierbei für alle Aufgaben ähnlich. Markieren Sie das Benutzerobjekt, und wählen Sie im Menü **Aktion** den geeigneten Befehl aus:

- **Deaktivieren und Aktivieren eines Benutzers** Benötigt ein Benutzer für einen längeren Zeitraum keinen Zugriff auf das Netzwerk, sollten Sie das Konto deaktivieren. Reaktivieren Sie das Konto, wenn der Benutzer sich wieder anmelden muss. Beachten Sie, dass je nach aktuellem Status des Objekts nur einer der Befehle **Deaktivieren** oder **Aktivieren** im Menü **Aktion** angezeigt wird.

  Wenn ein Benutzer versucht, sich mit einem deaktivierten Konto anzumelden, erhält er eine entsprechende Fehlermeldung (Abbildung 3.9).

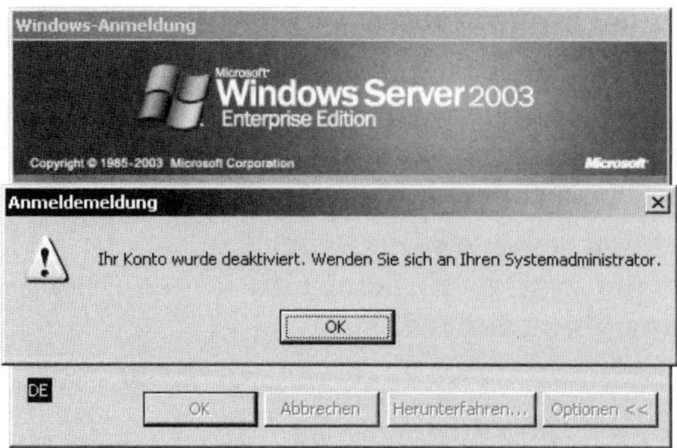

Abbildung 3.9 Diese Meldung weist darauf hin, dass das Konto des Benutzers deaktiviert wurde

- **Löschen eines Benutzers** Wenn ein Benutzer Ihre Organisation verlässt und die Stelle auf absehbare Zeit nicht neu besetzt wird, löschen Sie das Benutzerobjekt. Bedenken Sie, dass beim Löschen eines Benutzers sämtliche Gruppenmitgliedschaften und, durch Löschen der Sicherheitskennung, die zugehörigen Rechte und Berechtigungen verloren gehen. Wenn Sie ein neues Benutzerobjekt mit dem gleichen Namen erstellen, verfügt dieses über eine andere Sicherheitskennung. Daher müssen Rechte, Berechtigungen und Gruppenmitgliedschaften neu zugewiesen werden.
- **Umbenennen eines Benutzers** Sie benennen ein Benutzerobjekt um, wenn sich der Name ändert (z.B. durch Heirat), oder wenn ein Benutzer das Unternehmen verlässt und Sie die zugehörigen Rechte, Berechtigungen und Gruppenmitgliedschaften sowie einen Großteil der Benutzereigenschaften auf einen neuen Mitarbeiter übertragen möchten.

  Wenn ein Benutzer versucht, sich mit einem Konto anzumelden, das gelöscht oder umbenannt wurde, erfolgt die Anmeldung mit einem ungültigen Benutzernamen. Der Benutzer erhält dieselbe Fehlermeldung wie bei der Eingabe eines ungültigen Kennworts (Abbildung 3.8).

Prüfungstipp Prägen Sie sich den Unterschied zwischen dem Deaktivieren und dem Löschen eines Objekts sowie den Unterschied zwischen Aktivierung und Entsperrung eines Benutzerkontos ein.

Es ist auch möglich, dass eine falsche Konfiguration des Benutzer- oder Computerkontos in Active Directory die Anmeldung eines Benutzers verhindert. In den folgenden Abschnitten werden häufiger auftretende Authentifizierungsproblemszenarien beschrieben.

Ändern der Kontoablaufzeit

Wenn ein Benutzerkonto abgelaufen ist, erhält der Benutzer eine Anmeldemeldung mit dem Text „Ihr Konto ist abgelaufen. Bitte wenden Sie sich an Ihren Systemadministrator". Sie können das Konto reaktivieren, indem Sie das Eigenschaftendialogfeld des Benutzers öffnen und auf die Registerkarte **Konto** klicken (Abbildung 3.4). Im Bereich **Konto läuft**

ab wählen Sie entweder **Nie**, wenn das Benutzerkonto nie ablaufen soll, oder Sie legen ein zukünftiges Ablaufdatum fest.

Ändern oder Entfernen von Computereinschränkungen

Computereinschränkungen, eingeführt in Lektion 1, legen die Computer fest, an denen sich ein Benutzer anmelden kann. Sie lassen sich nach einem Klick auf die Schaltfläche **Anmelden** auf der Registerkarte **Konto** des Eigenschaftendialogfelds des Benutzers ändern (Abbildung 3.4). Versucht ein Benutzer, für den Computereinschränkungen festgelegt wurden, sich an einem nicht dafür vorgesehenen Computer anzumelden, erhält er eine entsprechende Meldung (Abbildung 3.10).

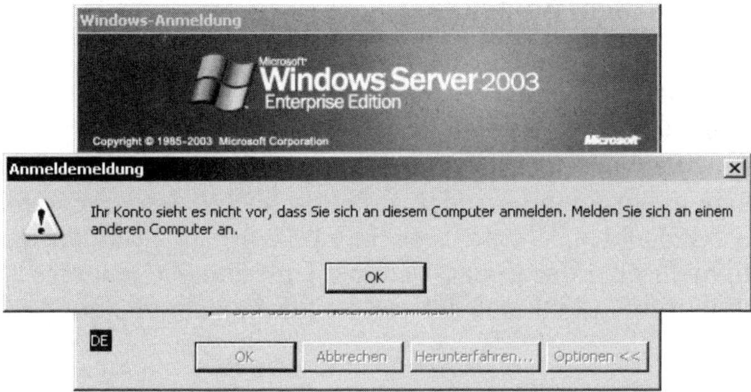

Abbildung 3.10 Diese Anmeldemeldung weist darauf hin, dass sich der Benutzer nicht am Computer anmelden darf

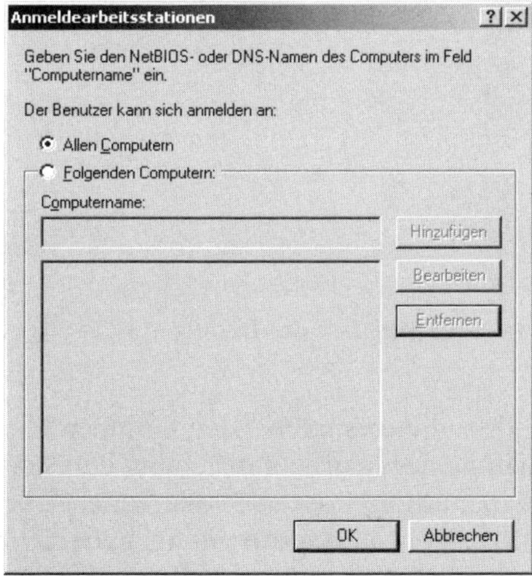

Abbildung 3.11 Das Dialogfeld für Computereinschränkungen

Gehen Sie zur Problemlösung folgendermaßen vor:

- Weisen Sie den Benutzer an, sich nur an einer Arbeitsstation anzumelden, die er benutzen darf.
- Tragen Sie die Arbeitsstation in die Liste der Arbeitsstationen ein, die der Benutzer verwenden darf.
- Entfernen Sie alle Computereinschränkungen, indem Sie auf der Registerkarte **Konto** des Benutzers auf die Schaltfläche **Anmelden** klicken und dann **Allen Computern** wählen, wie in Abbildung 3.11. Dadurch erlaubt das Benutzerkonto dem Benutzer, sich auf einem beliebigen Clientcomputer im Netzwerk anzumelden.

Gewähren des Rechts zur lokalen Anmeldung

Auch die Möglichkeit, sich lokal an einem System anzumelden, wird durch die Zuweisung entsprechender Benutzerrechte beeinflusst. Standardmäßig hat die lokale Gruppe **Benutzer**, zu der auch **Domänen-Benutzer** gehören, das Recht, sich lokal auf allen Mitgliedsservern und Arbeitsstationen anzumelden, aber nicht auf Domänencontrollern. Daher sollten Benutzer eigentlich in der Lage sein, sich auf allen Mitgliedsservern oder Arbeitsstationen einer Domäne anzumelden. Wurde diese Standardvorgabe geändert, verfügt ein Benutzer vielleicht nicht mehr über das Recht, sich lokal auf einem Computer anzumelden. Der Benutzer erhält in diesem Fall eine entsprechende Anmeldemeldung (Abbildung 3.12).

Abbildung 3.12 Diese Anmeldemeldung weist darauf hin, dass der Benutzer nicht über das Recht zur lokalen Anmeldung verfügt

Sorgen Sie zur Lösung des Problems dafür, dass die entsprechenden Gruppen über das Recht verfügen, sich lokal am Computer anzumelden. Zur Untersuchung der Sicherheitsrichtlinien eines Computers öffnen Sie auf einem Mitgliedsserver oder einer Arbeitsstation in der Programmgruppe **Verwaltung** die MMC-Konsole **Lokale Sicherheitsrichtlinie**, oder die MMC-Konsole **Sicherheitsrichtlinie für Domänencontroller**, falls es sich um einen Domänencontroller handelt. Erweitern Sie **Lokale Richtlinien** und wählen Sie **Zuweisen von Benutzerrechten**. Auf einem Windows-XP-System heißt die gesuchte Richtlinie **Lokal anmelden**, auf einem Windows Server 2003-System heißt sie **Lokal anmelden zulassen.**

Es ist auch möglich, dass das Recht zur lokalen Anmeldung in einem Gruppenrichtlinienobjekt konfiguriert wurde. Allerdings geht die Analyse der wirksamen Gruppenrichtlinienobjekte mit einem Richtlinienergebnissatz über den Rahmen dieses Buchs hinaus. Informationen darüber, wie Sie den Richtlinienergebnissatz zur Suche nach dem richtigen Gruppenrichtlinienobjekt verwenden, das Sie ändern müssen, um eine lokale Anmeldung der Benutzer zu ermöglichen, finden Sie im Hilfe- und Supportcenter.

Verwalten der Benutzeranmeldezeiten

Sie können mit einem Benutzerkonto auch die Zeiten festlegen, in denen sich ein Benutzer anmelden darf oder nicht, wenn Sie auf der Registerkarte **Konto** eines Benutzers auf die Schaltfläche **Anmeldezeiten** klicken (Abbildung 3.4). Wenn ein Benutzer versucht, sich zu einer Zeit anzumelden, in der ihm die Anmeldung nicht erlaubt ist, erhält er eine entsprechende Fehlermeldung (Abbildung 3.13). Ein Benutzer ist nicht in der Lage, sich außerhalb der ihm zugestandenen Zeiten anzumelden.

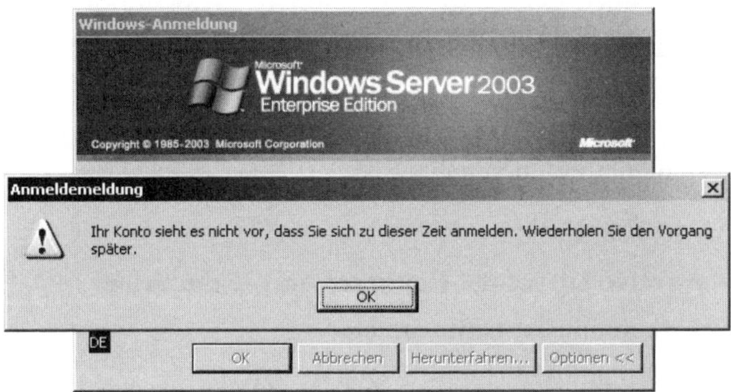

Abbildung 3.13 Ein Benutzer hat versucht, sich zu einer Zeit anzumelden, in der ihm die Anmeldung nicht erlaubt ist

Ist der Benutzer bereits auf einem Computer angemeldet, wenn seine vorgesehene Anmeldezeit abläuft, wird er nicht automatisch vom System getrennt. In Windows ist es nicht vorgesehen, einen Benutzer zur Abmeldung von einem Computer zwingen zu können, bei dem der Benutzer angemeldet ist. Allerdings ist es mit den entsprechenden Sicherheitsrichtlinien möglich, einen Benutzer von Netzwerkressourcen zu trennen, wenn seine vorgesehenen Anmeldezeiten abgelaufen sind. Diese Regelung hat zur Folge, dass der Benutzer nach Ablauf seiner vorgesehenen Anmeldezeit zwar keinen Zugriff mehr auf Ressourcen hat, die auf Mitgliedsservern oder anderen Arbeitsstationen der Domäne liegen, aber er kann auf dem lokalen System weiterarbeiten.

Um einen Benutzer zwangsweise von Netzwerkressourcen trennen zu können, aktivieren Sie die Richtlinie **Netzwerksicherheit: Abmeldung nach Ablauf der Anmeldezeit erzwingen**. Zu finden ist diese Richtlinie im Knoten **Lokale Richtlinien\Sicherheitsoptionen** eines Gruppenrichtlinienobjekts. Es empfiehlt sich, die Richtlinie in einem Gruppenrichtlinienobjekt zu konfigurieren, das domänenweit gilt, wie beispielsweise das Standarddomänenrichtlinienobjekt **Default Domain Policy**, das Sie mit der MMC-Konsole **Sicherheitsrichtlinie für Domänen** aus dem Ordner **Verwaltung** öffnen können.

Anmelden mit zwischengespeicherten Anmeldeinformationen verhindern

Wenn sich ein Benutzer erfolgreich bei einem Windows-Betriebssystem angemeldet hat, speichert der Computer die Anmeldeinformationen des Benutzers zwischen (einschließlich des Benutzernamens und Kennworts). Das ermöglicht dem Benutzer eine Anmeldung, auch wenn der Domänencontroller nicht erreichbar ist. Für Laptopbenutzer, die offline arbeiten, ist das durchaus sinnvoll. Vielleicht möchten Sie aber in bestimmten Umgebungen oder auf bestimmten Computern verhindern, dass sich Benutzer mit zwischengespeicherten Anmeldeinformationen anmelden können. Anders gesagt, Sie wollen dafür sorgen, dass die Computer mit dem Netzwerk verbunden und in der Lage sein müssen, einen Domänencontroller zu erreichen. Das erreichen Sie durch die Aktivierung und entsprechende Einstellung der Sicherheitsrichtlinie **Interaktive Anmeldung: Anzahl zwischenzuspeichernder vorheriger Anmeldungen**. Zu finden ist diese Richtlinie im Knoten **Computerkonfiguration\Windows-Einstellungen\Sicherheitseinstellungen\Lokale Richtlinien\Sicherheitsoptionen** eines Gruppenrichtlinienobjekts.

Praktische Übung: Sicherheit und Problembehandlung der Authentifizierung

In dieser Übung konfigurieren Sie Domänenüberwachungsrichtlinien. Anschließend generieren Sie Anmeldeereignisse. Und dann untersuchen Sie die Anmeldeergebnisse und beheben Probleme, die sich vielleicht ergeben haben.

Übung 1: Konfigurieren von Richtlinien

1. Öffnen Sie die Konsole **Active Directory-Benutzer und -Computer**.
2. Wählen Sie den Domänenknoten aus: **contoso.com**.
3. Klicken Sie im Menü **Aktion** auf den Befehl **Eigenschaften**.
4. Wählen Sie auf der Registerkarte **Gruppenrichtlinie** den Eintrag **Default Domain Policy**, und klicken Sie auf **Bearbeiten**.
5. Öffnen Sie nacheinander die Knoten **Computerkonfiguration**, **Windows-Einstellungen**, **Sicherheitseinstellungen** und **Kontorichtlinien**. Klicken Sie dann auf **Kontosperrungsrichtlinien**.
6. Doppelklicken Sie auf die Richtlinie **Kontosperrdauer**.
7. Aktivieren Sie das Kontrollkästchen **Diese Richtlinieneinstellung definieren**.
8. Geben Sie als Sperrdauer den Wert **0** ein, und klicken Sie dann auf **Übernehmen**.

   Sie werden in einer Meldung darüber informiert, dass die Richtlinien **Kontensperrungsschwelle** und **Zurücksetzungsdauer des Kontosperrungszählers** durch das System konfiguriert werden.
9. Klicken Sie auf **OK**, um die Einstellungen zu bestätigen, und klicken Sie erneut auf **OK**, um das Richtliniendialogfeld zu schließen.
10. Vergewissern Sie sich, dass die Richtlinie **Kontosperrdauer** auf den Wert 0 eingestellt ist, dass die Sperrschwelle den Wert 5 aufweist und dass der Kontosperrungszähler nach 30 Minuten zurückgesetzt wird.
11. Schließen Sie das Fenster **Gruppenrichtlinienobjekt-Editor**.

12. Klicken Sie auf **OK**, um das Eigenschaftendialogfeld für die Domäne **contoso.com** zu schließen.
13. Wählen Sie den Container **Domain Controllers** unterhalb des Domänenknotens aus.
14. Klicken Sie im Menü **Aktion** auf **Eigenschaften**.
15. Wählen Sie auf der Registerkarte **Gruppenrichtlinie** den Eintrag **Default Domain Controllers Policy**, und klicken Sie auf **Bearbeiten**.
16. Klicken Sie nacheinander auf **Computerkonfiguration**, **Windows-Einstellungen**, **Sicherheitseinstellungen** und **Lokale Richtlinien**. Klicken Sie dann auf **Überwachungsrichtlinie**.
17. Doppelklicken Sie auf die Richtlinie **Anmeldeversuche überwachen**.
18. Aktivieren Sie die Option **Diese Richtlinieneinstellungen definieren**, wählen Sie sowohl die Option **Erfolgreich** als auch **Fehlgeschlagen** und klicken dann auf **OK**.
19. Doppelklicken Sie auf die Richtlinie **Anmeldeereignisse überwachen**.
20. Aktivieren Sie die Option **Diese Richtlinieneinstellungen definieren**, wählen Sie sowohl die Option **Erfolgreich** als auch **Fehlgeschlagen** und klicken dann auf **OK**.
21. Doppelklicken Sie auf die Richtlinie **Kontenverwaltung überwachen**.
22. Aktivieren Sie die Option **Diese Richtlinieneinstellungen definieren**, klicken Sie auf **Erfolgreich** und anschließend auf **OK**.
23. Schließen Sie das Fenster **Gruppenrichtlinienobjekt-Editor**.
24. Klicken Sie auf **OK**, um das Eigenschaftendialogfeld für den Container **Domain Controllers** zu schließen.

Übung 2: Generieren von Anmeldeereignissen

1. Melden Sie sich von **Server01** ab.
2. Generieren Sie zwei fehlgeschlagene Anmeldeversuche, indem Sie sich zweimal mit dem Benutzernamen **sbishop** und einem *ungültigen* Kennwort anmelden.
3. Melden Sie sich als **sbishop** mit dem richtigen Kennwort an.
4. Melden Sie sich ab.

Übung 3: Generieren von Ereignissen zur Kontenverwaltung

1. Melden Sie sich als Administrator an.
2. Öffnen Sie die Konsole **Active Directory-Benutzer und -Computer**.
3. Wechseln Sie in der Konsolenstruktur zur OU **Mitarbeiter**, und wählen Sie sie aus.
4. Wählen Sie im Detailbereich das Benutzerobjekt **Scott Bishop** aus, und klicken Sie auf das Menü **Aktion**.
5. Klicken Sie auf den Befehl **Kennwort zurücksetzen**.
6. Geben Sie ein neues Kennwort für Scott Bishop ein, bestätigen Sie es, und klicken Sie anschließend auf **OK**.

Übung 4: Untersuchen von Ereignismeldungen zur Authentifizierungssicherheit

1. Öffnen Sie über die Programmgruppe **Verwaltung** die Konsole **Computerverwaltung**.
2. Erweitern Sie die **Ereignisanzeige**, und klicken Sie auf **Sicherheit**.
3. Stellen Sie sicher, dass die Spalte **Kategorie** breit genug ist, um den Typ des protokollierten Ereignisses anzuzeigen.
4. Untersuchen Sie die Ereignisse, die in Übung 2 und 3 erzeugt wurden. Beachten Sie die fehlgeschlagenen Anmeldeversuche, die erfolgreichen Anmeldungen sowie das Zurücksetzen des Kennworts für Scott Bishop.

Lernzielkontrolle

Die folgenden Fragen dienen dazu, die wichtigsten Lehrinhalte dieser Lektion zu vertiefen. Können Sie eine Frage nicht beantworten, arbeiten Sie das entsprechende Lektionsmaterial noch einmal durch, und versuchen Sie dann erneut, die Frage zu beantworten. Die Antworten auf die Lernzielkontrollfragen finden Sie im Abschnitt „Fragen und Antworten" am Ende dieses Kapitels.

1. Sie aktivieren die Richtlinie zur Kennwortkomplexität für Ihre Domäne. Beschreiben Sie die Kennwortanforderungen, und erläutern Sie, wann diese Anforderungen in Kraft treten.

   ____

   ____

   ____

   ____

   ____

2. Sie möchten potenzielle Wörterbuchangriffe zur Kennwortermittlung in Ihrem Unternehmen überwachen. Welche Überwachungsrichtlinie sollten Sie konfigurieren, und welches Protokoll bzw. welche Protokolle werten Sie aus?

   ____

   ____

   ____

3. Ein Benutzer hat sein Kennwort vergessen und versucht mehrere Male, sich mit einem falschen Kennwort anzumelden. Schließlich erhält der Benutzer eine Meldung, die ihn darüber informiert, dass das Konto entweder deaktiviert oder gesperrt ist. Der Benutzer wird aufgefordert, sich an einen Administrator zu wenden. Wie gehen Sie vor?

   a. Sie löschen das Benutzerobjekt und erstellen es neu.
   b. Sie benennen das Benutzerobjekt um.
   c. Sie aktivieren das Benutzerobjekt.
   d. Sie entsperren das Benutzerobjekt.
   e. Sie setzen das Kennwort für das Benutzerobjekt zurück.

Zusammenfassung der Lektion

- Die Standarddomänenrichtlinie steuert Kontorichtlinien, z.B. Kennwort- und Kontosperrungsrichtlinien.
- Die Standard-Domänencontrollerrichtlinie definiert wichtige Überwachungsrichtlinien für Domänencontroller.
- Die Authentifizierungsüberwachung erzeugt Ereignisse in den Sicherheitsprotokollen aller Domänencontroller.

Übung mit Fallbeispiel

Ein Konkurrent von Contoso wurde vor Kurzem Opfer eines Hackerangriffs, bei dem durch Überwindung des Kennwortschutzes unternehmensinterne Daten offen gelegt wurden. Sie möchten die Sicherheitskonfiguration von Contoso überwachen und legen folgende Anforderungen fest:

- Anforderung 1: Da Sie Ihre Domänencontroller erst vor Kurzem von Windows 2000 Server auf Windows Server 2003 aufgerüstet haben, verwenden Sie weiterhin die Domänenkontorichtlinie von Windows 2000 Server. Die Domänenkontorichtlinien sollen folgende Anforderungen umsetzen:
  - Kennwortänderungen alle 60 Tage
  - 8 Zeichen umfassende Kennwörter
  - Kennwortkomplexität
  - Minimale Kennwortdauer 1 Woche
  - Kennwortchronik mit 20 Kennwörtern
  - Kontosperrung nach fünf ungültigen Anmeldeversuchen innerhalb einer Zeitspanne von 60 Minuten
  - Administratoreingriff zum Entsperren gesperrter Konten
- Anforderung 2: Zusätzlich muss sichergestellt werden, dass diese Richtlinien innerhalb von 24 Stunden in Kraft treten. Die Kennwortrichtlinien werden implementiert, wenn ein Benutzer sein Kennwort ändert – die Richtlinien betreffen keine vorhandenen Kennwörter. Es ist daher erforderlich, dass die Benutzer ihre Kennwörter so schnell wie möglich ändern. Dienstkonten sollen hiervon nicht betroffen sein. Contoso speichert Dienstkonten in der OU **Dienstkonten**. Benutzerkonten werden in der OU **Mitarbeiter** und in 15 weiteren, darunter liegenden OUs verwaltet.
- Anforderung 3: Einschränken der Desktopumgebung für Vertriebsbeauftragte, um die Wahrscheinlichkeit der Installation von benutzerdefinierten Websymbolleisten, Wetteranzeigen, Hintergrundbild-des-Tages-Dienstprogrammen oder anderer Software zu senken, bei der vielleicht eine Internetverbindung hergestellt und der Desktop unter Umständen Angriffen ausgesetzt wird.

Anforderung 1

Die erste Anforderung hat mit den Einstellungen zur Kennwortänderung und Kontosperrung zu tun.

1. Welches der folgenden Elemente muss geändert werden, um Anforderung 1 zu erfüllen?
   a. Die Domänencontroller-Sicherheitsvorlage **Hisecdc.inf**
   b. Die Standarddomänenrichtlinie
   c. Die Standard-Domänencontrollerrichtlinie
   d. Die Domänencontroller-Sicherheitsvorlage **Setup Security.inf**
2. Welche Richtlinie muss konfiguriert werden, damit sich die Benutzer nach einer Kontosperrung an das Helpdesk wenden, um eine Entsperrung der Konten vorzunehmen?
   a. **Kontosperrdauer**: 999
   b. **Kontensperrungsschwelle**: 999
   c. **Kontosperrdauer**: 0
   d. **Kontensperrungsschwelle**: 0

Konfigurieren Sie die geeigneten Domänenrichtlinien. Hinweise finden Sie in Lektion 4, Übung 1.

Anforderung 2

Anforderung 2 weist darauf hin, dass Sie die Benutzer zwingen möchten, schnellstmöglich ihre Kennwörter zu ändern. Sie wissen, dass Benutzerkonten das Flag **Benutzer muss Kennwort bei der nächsten Anmeldung ändern** haben.

1. Wie können Sie die Benutzerkonten möglichst schnell und effektiv so konfigurieren, dass eine Kennwortänderung bei der nächsten Anmeldung erforderlich ist?
   a. Wählen Sie ein Benutzerkonto aus. Öffnen Sie die Kontoeigenschaften, und aktivieren Sie auf der Registerkarte **Konto** die Option **Benutzer muss Kennwort bei der nächsten Anmeldung ändern**. Wiederholen Sie diesen Schritt für jedes Benutzerkonto.
   b. Drücken Sie STRG+A, um alle Benutzer in der OU **Mitarbeiter** auszuwählen. Klicken Sie auf **Eigenschaften**, und aktivieren Sie auf der Registerkarte **Konto** die Option **Benutzer muss Kennwort bei der nächsten Anmeldung ändern**. Wiederholen Sie diesen Schritt für jede OU.
   c. Verwenden Sie den Befehl **Dsadd**.
   d. Verwenden Sie den Befehl **Dsrm**.
   e. Verwenden Sie die Befehle **Dsquery** und **Dsmod**.
2. Über den Befehl **Dsquery** können Sie eine Objektliste erstellen, die auf Standort oder Eigenschaften basiert. Anschließend übergeben Sie die ermittelten Objekte an den

Befehl **Dsmod**, der die Objekte ändert. Öffnen Sie dazu eine Eingabeaufforderung, und geben Sie folgenden Befehl ein:

```
DSQUERY user "OU=Mitarbeiter,DC=Contoso,DC=Com"
```

Der Befehl erzeugt eine Liste aller Benutzerobjekte in der OU **Mitarbeiter**. Der Vorteil bei dieser Methode liegt darin, dass auch Benutzer eingeschlossen werden, die sich in untergeordneten OUs der OU **Mitarbeiter** befinden. Die Anforderung weist darauf hin, dass sich unterhalb der OU **Mitarbeiter** 15 weitere OUs befinden. Durch den Befehl **Dsquery** würden sämtliche dieser Benutzer in der Objektliste berücksichtigt.

Geben Sie zur Erfüllung der Anforderung den folgenden Befehl ein:

```
DSQUERY user "OU=Mitarbeiter,DC=Contoso,DC=Com" | DSMOD user -mustchpwd yes
```

Anforderung 3

Diese Anforderung deutet darauf hin, dass Sie die Benutzerprofile der Vertriebsmitarbeiter ändern müssen.

1. Welche Art von Profil ist am geeignetsten, um eine eingeschränkte Desktopumgebung für alle Vertriebsmitarbeiter zu definieren?
   a. Lokales Profil
   b. Lokales, verbindliches Profil
   c. Das Profil **All Users**
   d. Vorkonfiguriertes, servergespeichertes Gruppenprofil
   e. Vorkonfiguriertes, servergespeichertes, verbindliches Gruppenprofil
2. In Lektion 3, Übung 5, haben Sie ein Profil namens **Vertrieb** erstellt. Sie haben dieses Profil als verbindlich festgelegt, indem Sie die Datei **Ntuser.dat** in **Ntuser.man** umbenannt haben. Abschließend haben Sie das Profil verschiedenen Benutzern zugewiesen. Wie können Sie sicherstellen, dass jeder neue Vertriebsmitarbeiter dieses Profil verwendet?

Übung zur Problembehandlung

In dieser Übung erzeugen Sie verschiedene Anmeldefehler und kontenbezogene Fehler. Sie ermitteln anschließend die Ursache für diese Fehler und korrigieren sie.

Zur Durchführung dieser Übung benötigen Sie verschiedene Benutzerkonten. Die in der Übung erwähnten Benutzerkonten sind diejenigen, die Sie in Lektion 2, Übung 3, erstellt haben. Darüber hinaus müssen Sie die Domänenkontorichtlinien, wie in Lektion 4, Übung 1, beschrieben, konfiguriert haben.

Übung 1: Erzeugen von Anmelde- und Kontofehlern

1. Melden Sie sich von **Server01** ab.
2. Erzeugen Sie eine Kontosperrung, indem Sie sich sechs Mal mit dem Benutzernamen **lsmithbates** und einem *ungültigen* Kennwort anmelden. Beachten Sie den Unterschied

zwischen den Meldungen, die Sie nach einem fehlgeschlagenen Versuch und nach der Kontosperrung erhalten.

3. Melden Sie sich als Benutzerin Danielle Tiedt mit dem Benutzernamen **dtiedt** an.
4. Drücken Sie STRG+ALT+ENTF, und ändern Sie das Kennwort.
5. Drücken Sie ein zweites Mal die Tastenkombination STRG+ALT+ENTF, und versuchen Sie, das Kennwort wieder in das ursprüngliche Kennwort zu ändern. Ist die Kennwortänderung möglich? Begründen Sie Ihre Antwort.
6. Versuchen Sie, das Kennwort in einen anderen, neuen Wert zu ändern. Ist die Kennwortänderung möglich? Begründen Sie Ihre Antwort.
7. Melden Sie sich ab.

Übung 2: Überwachen und Ermitteln von Anmeldeereignissen und Ereignissen zur Kontenverwaltung

1. Melden Sie sich als Administrator an.
2. Öffnen Sie die Konsole **Computerverwaltung** über die Programmgruppe **Verwaltung**.
3. Erweitern Sie die Ereignisanzeige, und klicken Sie auf **Sicherheit**.
4. Stellen Sie sicher, dass die Spalte **Kategorie** breit genug ist, um den Typ des protokollierten Ereignisses anzuzeigen.
5. Untersuchen Sie die Ereignisse, die in Übung 2 und 3 erzeugt wurden. Beachten Sie die fehlgeschlagenen Anmeldeversuche, die Sperrung und den Versuch zum Zurücksetzen von Danielle Tiedts Kennwort.

Übung 3: Ordnungsgemäße Authentifizierung und Kontoprobleme

1. Öffnen Sie die Konsole **Active Directory-Benutzer und -Computer**.
2. Wechseln Sie in der Konsolenstruktur zur OU **Mitarbeiter**, und wählen Sie sie aus.
3. Markieren Sie im Detailbereich das Benutzerobjekt **Danielle Tiedt**.
4. Klicken Sie im Menü **Aktion** auf **Kennwort zurücksetzen**.
5. Geben Sie das ursprüngliche Kennwort von Danielle Tiedt als neues Kennwort ein. Warum können Sie das Kennwort jetzt ändern, während Sie bei Anmeldung als Danielle Tiedt hierzu nicht in der Lage waren?
6. Wählen Sie das Benutzerobjekt **Lorrin Smith-Bates** aus.
7. Klicken Sie im Menü **Aktion** auf **Eigenschaften**.
8. Klicken Sie auf die Registerkarte **Konto**, und deaktivieren Sie das Kontrollkästchen **Konto ist gesperrt**.
9. Klicken Sie auf **OK**.

Zusammenfassung des Kapitels

- Sie müssen zum Erstellen von Benutzerobjekten der Gruppe **Organisations-Admins**, **Domänen-Admins** oder **Konten-Operatoren** angehören oder über delegierte Verwaltungsberechtigungen verfügen.
- Benutzerobjekte umfassen Eigenschaften, die typischerweise mit einem Benutzerkonto verknüpft sind, z.B. Anmeldenamen und Kennwort, sowie die eindeutige Sicherheitskennung (SID) für den Benutzer. Benutzerobjekte verfügen darüber hinaus über Eigenschaften in Bezug auf die Person, die sie repräsentieren. Hierzu zählen persönliche Informationen, Gruppenmitgliedschaften und administrative Einstellungen. Windows Server 2003 ermöglicht eine Änderung dieser Eigenschaften für mehrere Benutzer gleichzeitig.
- Eine Benutzerobjektvorlage ist ein Objekt, das kopiert wird, um neue Benutzer zu erstellen. Wenn es sich bei der Vorlage nicht um einen „echten" Benutzer handelt, sollte das Objekt deaktiviert werden. Aus Vorlagen wird nur ein Teil der Benutzereigenschaften kopiert.
- Der Befehl **Csvde** ermöglicht das Importieren von Verzeichnisobjekten aus einer durch Kommas getrennten Textdatei.
- Windows Server 2003 unterstützt einige neue leistungsstarke Befehlszeilenprogramme, mit denen Verzeichnisobjekte erstellt, verwaltet und gelöscht werden können: **Dsquery**, **Dsget**, **Dsadd**, **Dsmove**, **Dsmod** und **Dsrm**. Der Befehl **Dsquery** erzeugt einen aus Objekten bestehenden Ergebnissatz, der als Eingabe an die anderen Befehle übergeben werden kann.
- Windows Server 2003 stellt ein individuelles Profil für jeden Benutzer bereit, der sich am System anmeldet. Profile werden standardmäßig auf dem lokalen System im Ordner **%SystemDrive%\Dokumente und Einstellungen\%UserName%** gespeichert.
- Servergespeicherte Profile erfordern lediglich eine Ordnerfreigabe sowie den in den Benutzerobjekteigenschaften konfigurierten Profilpfad.
- Vorkonfigurierte Profile sind Profile, die in den Profilpfad kopiert werden, bevor der Profilpfad im Benutzerobjekt konfiguriert wird.
- Gruppenprofile müssen als verbindlich festgelegt werden, sodass von einem einzelnen Benutzer vorgenommene Änderungen sich nicht auf andere Benutzer auswirken. Die Festlegung als verbindlich erfolgt durch Umbenennen der Datei **Ntuser.dat** in **Ntuser.man**.
- Die Standarddomänenrichtlinie steuert Kontorichtlinien, z.B. Kennwort- und Kontosperrungsrichtlinien, die Standard-Domänencontrollerrichtlinie hingegen definiert wichtige Überwachungsrichtlinien für Domänencontroller.
- Die Authentifizierungsüberwachung erzeugt Ereignisse in den Sicherheitsprotokollen aller Domänencontroller.

Prüfungsrelevante Themen

Vor Absolvieren der Prüfung sollten Sie anhand der nachfolgend aufgeführten Schlüsselinformationen und -begriffe prüfen, welche Themen Sie gegebenenfalls noch einmal durcharbeiten müssen. Gehen Sie die entsprechenden Lektionen und Praxisübungen erneut durch, und lesen Sie die Abschnitte „Weiterführende Literatur“ in Teil II, um weitere Informationen zu den abgedeckten Lernzielen für die Prüfung zu erhalten.

Schlüsselinformationen

- Die Gruppenmitgliedschaften oder Berechtigungen (oder beides), die zum Erstellen von Benutzerkonten erforderlich sind.
- Die verfügbaren Optionen zum Erstellen oder Verwalten mehrerer Benutzerkonten: Benutzervorlagen, Import und Befehlszeilenprogramme. Prägen Sie sich die Unterschiede zwischen diesen Optionen sowie Vor- und Nachteile jeder Option ein.
- Die Eigenschaften, auf die zugegriffen kann bzw. die geändert werden können (oder beides), wenn Sie ein Benutzerobjekt erstellen oder mithilfe der Konsole **Active Directory-Benutzer und -Computer** ändern, wenn Sie eine Vorlage kopieren, Abfragen mit **Dsquery** durchführen oder Benutzer mithilfe von **Dsadd** und **Dsmod** hinzufügen und ändern.
- Das Vorgehen zum Konfigurieren eines servergespeicherten Benutzerprofils, eines vorkonfigurierten, servergespeicherten Benutzerprofils oder eines vorkonfigurierten, verbindlichen Gruppenprofils.
- Die Auswirkung von Gruppenrichtlinien auf Kennwort- und Kontosperrungseinstellungen.
- Vorgehen beim Überwachen von Authentifizierungsereignissen.

Schlüsselbegriffe

Benutzerkontovorlage In einigen Fällen hat sie einen anderen Namen, die Idee ist jedoch immer dieselbe. Ein Vorlagenkonto wird als Basis zur Erstellung neuer Konten eingesetzt. Die Vorlage wird *kopiert*, um einen neuen Benutzer und einige der zugehörigen Eigenschaften zu kopieren. Vor allem werden auch die Gruppenmitgliedschaften kopiert.

Deaktivierte Konten im Vergleich zu gesperrten Konten Ein Konto ist deaktiviert, wenn es abgelaufen ist oder durch einen Administrator deaktiviert wurde. Ein Konto ist gesperrt, wenn ein in der Kontosperrungsrichtlinie festgelegter Grenzwert an ungültigen Anmeldeversuchen für das Konto überschritten wurde.

Verbindliches Profil Ein Benutzerprofil, bei dem Änderungen zwischen den Sitzungen nicht erhalten bleiben. Ein Benutzer *kann* ein verbindliches Profil ändern, die vorgenommenen Änderungen werden jedoch bei der Abmeldung nicht gespeichert. Gruppenprofile müssen als verbindlich festgelegt werden, da sich von einem Benutzer vorgenommene Änderungen ansonsten auf alle weiteren Benutzer auswirken.

Fragen und Antworten

Seite 100

Lernzielkontrolle Lektion 1

1. Sie verwenden **Active Directory-Benutzer und -Computer** zum Konfigurieren von Benutzerobjekten in Ihrer Domäne, und Sie sind in der Lage, Adresse und Rufnummer für Ihr eigenes Benutzerobjekt zu ändern. Der Befehl zum Erstellen neuer Benutzer ist jedoch nicht verfügbar. Wie lautet die wahrscheinliche Erklärung hierfür?

   Sie haben keine ausreichenden Berechtigungen zum Erstellen eines Benutzerobjekts im Container. Die Snap-In-Befehle spiegeln den zugelassenen Umfang an administrativen Aufgaben wider. Wenn Sie keine Berechtigung zum Erstellen eines Objekts besitzen, steht der Befehl **Neu** nicht zur Verfügung.

2. Sie erstellen verschiedene Benutzerobjekte für ein Team von befristet eingestellten Mitarbeitern. Diese werden beginnend in vier Wochen für zwei Monate täglich von 9.00 bis 17.00 Uhr in Ihrem Unternehmen arbeiten. Außerhalb dieser Zeiten werden diese Mitarbeiter nicht arbeiten. Welche der folgenden Eigenschaften sollten Sie zunächst konfigurieren, um maximale Sicherheit für die Objekte zu gewährleisten?

   a. Kennwort
   b. Anmeldezeiten
   c. Konto läuft ab
   d. Kennwort mit umkehrbarer Verschlüsselung speichern
   e. Konto wird für Delegierungszwecke vertraut
   f. Benutzer muss Kennwort bei der nächsten Anmeldung ändern
   g. Konto ist deaktiviert
   h. Kennwort läuft nie ab

   Richtig sind Antwort a, b, c, f, g.

3. Welche der folgenden Eigenschaften und Verwaltungsaufgaben können für mehrere Benutzerobjekte gleichzeitig konfiguriert oder durchgeführt werden?

   a. Nachname
   b. Benutzeranmeldename
   c. Konto deaktivieren
   d. Konto aktivieren
   e. Kennwort zurücksetzen
   f. Kennwort läuft nie ab
   g. Benutzer muss Kennwort bei der nächsten Anmeldung ändern
   h. Anmeldezeiten
   i. Computereinschränkungen (Anmeldearbeitsstationen)

j. Position

k. Mitarbeiter

Richtig sind Antwort c, d, f, g, h, i, j.

Seite 117

Lernzielkontrolle Lektion 2

1. Welche Methode ist die effizienteste, wenn Sie 100 neue Benutzerobjekte erstellen möchten, bei denen identische Einstellungen für Profilpfad, Basisordnerpfad, Position, Webseite, Firma, Abteilung und Vorgesetzte konfiguriert werden müssen?

   Dsadd ist die effizienteste Option. Sie können eine Befehlszeile eingeben, die sämtliche Parameter umfasst. Indem Sie den Parameter **BenutzerDN** leer lassen, können Sie die definierten Namen der Benutzer nacheinander an der Befehlskonsole eingeben. Eine Benutzerobjektvorlage bietet keine Möglichkeit zum Konfigurieren von Optionen wie Position, Rufnummer und Webseite. Das Erzeugen einer durch Kommas getrennten Textdatei wäre vergleichsweise zeitaufwendig und wenig effizient, insbesondere da so viele Parameter identisch sind.

2. Über welches Tool können Sie Konten ermitteln, die seit zwei Monaten nicht mehr genutzt wurden?

   a. Dsadd

   b. Dsget

   c. Dsmod

   d. Dsrm

   e. Dsquery

   Richtig ist Antwort e.

3. Welche Variable kann für die Befehle **Dsmod** und **Dsadd** verwendet werden, um benutzerspezifische Basis- und Profilordner zu erstellen?

   a. %UserName%

   b. $username$

   c. CN=Username

   d. <*Username*>

   Richtig ist Antwort b.

4. Welche Tools ermöglichen die Ausgabe der Rufnummern aller Benutzer in einer OU?

   a. Dsadd

   b. Dsget

   c. Dsmod

   d. Dsrm

   e. Dsquery

   Richtig sind Antwort b und e. **Dsquery** erzeugt eine Liste der Benutzerobjekte innerhalb einer OU und ermöglicht die Übergabe dieser Liste an den Befehl **Dsget**, über den wiederum bestimmte Eigenschaften, wie z.B. Rufnummern, ausgegeben werden können.

Seite 130

Lernzielkontrolle Lektion 3

1. Beschreiben Sie, wie ein Benutzerdesktop erstellt wird, wenn keine servergespeicherten Benutzerprofile implementiert wurden.

   Wenn ein Benutzer sich zum ersten Mal an einem System anmeldet, erstellt das System ein benutzerspezifisches Profil, indem das Profil **Default User** kopiert wird. Das Profil wird standardmäßig in einem Ordner mit dem Namen **%Systemdrive%\Dokumente und Einstellungen\%UserName%** gespeichert. Die Benutzerumgebung ist eine Kombination aus dem benutzerspezifischen Profil und dem Profil **All Users**.

2. Sortieren Sie die nachfolgend aufgelisteten Schritte in der Reihenfolge, in der sie zum Erstellen eines vorkonfigurierten, servergespeicherten Benutzerprofils ausgeführt werden müssen. Verwenden Sie alle aufgeführten Schritte.

   1. Erstellen Sie ein Benutzerkonto, sodass das Profil ohne Änderung eines aktuellen Benutzerprofils erstellt werden kann.
   2. Melden Sie sich über das Profilkonto an.
   3. Passen Sie die Desktop- und Benutzerumgebung an.
   4. Melden Sie sich als lokaler Administrator oder als Domänenadministrator an.
   5. Kopieren Sie das Profil an einen Netzwerkspeicherort.
   6. Melden Sie sich als ein Benutzer mit ausreichenden Berechtigungen zum Ändern von Benutzerkontoeigenschaften an.
   7. Geben Sie den UNC-Pfad zum Profil auf der Eigenschaftenseite **Profil** eines Benutzers ein.

3. Wie legen Sie ein Profil als verbindlich fest?

   a. Legen Sie die Ordnerberechtigungen auf der Eigenschaftenseite **Sicherheit** so fest, dass die Berechtigung **Schreiben** verweigert wird.

   b. Legen Sie die Ordnerberechtigungen auf der Eigenschaftenseite **Freigabe** so fest, dass nur Leseberechtigungen erteilt werden.

   c. Ändern Sie die Attribute des Profilordners so ab, dass das Attribut **Schreibgeschützt** gesetzt ist.

   d. Benennen Sie die Datei **Ntuser.dat** in **Ntuser.man** um.

   Richtig ist Antwort d.

Seite 146

Lernzielkontrolle Lektion 4

1. Sie aktivieren die Richtlinie zur Kennwortkomplexität für Ihre Domäne. Beschreiben Sie die Kennwortanforderungen, und erläutern Sie, wann diese Anforderungen in Kraft treten.

   Das Kennwort darf nicht auf dem Benutzerkontonamen basieren, muss mindestens sieben Zeichen umfassen und mindestens jeweils ein Zeichen aus drei der vier folgenden Kategorien enthalten: Großbuchstaben, Kleinbuchstaben, arabische Ziffern und nichtalphanumerische Zeichen. Die Anforderungen treten umgehend für alle neuen Konten in Kraft. Auf vorhandene Konten werden die Anforderungen bei der nächsten Kennwortänderung angewendet.

2. Sie möchten potenzielle Wörterbuchangriffe zur Kennwortermittlung in Ihrem Unternehmen überwachen. Welche Überwachungsrichtlinie sollten Sie konfigurieren, und welches Protokoll bzw. welche Protokolle werten Sie aus?

   Die Richtlinie zum Überwachen von Anmeldeversuchen ist unter den gegebenen Umständen die effektivste Überwachungsmethode. Fehlgeschlagene Anmeldeversuche generieren Ereignisse in den Sicherheitsprotokollen aller Domänencontroller.

3. Ein Benutzer hat sein Kennwort vergessen und versucht mehrere Male, sich mit einem falschen Kennwort anzumelden. Schließlich erhält der Benutzer eine Meldung, die ihn darüber informiert, dass das Konto entweder deaktiviert oder gesperrt ist. Der Benutzer wird aufgefordert, sich an einen Administrator zu wenden. Wie gehen Sie vor?

   a. Sie löschen das Benutzerobjekt und erstellen es neu.

   b. Sie benennen das Benutzerobjekt um.

   c. Sie aktivieren das Benutzerobjekt.

   d. Sie entsperren das Benutzerobjekt.

   e. Sie setzen das Kennwort für das Benutzerobjekt zurück.

   Richtig sind Antwort d und e. Wenngleich der Meldungstext unter Windows 2000 und anderen früheren Versionen des Betriebssystems auf ein deaktiviertes Konto hinweist, ist das Konto tatsächlich gesperrt. Auch die deutsche Version von Windows Server 2003 SP1 zeigt in der Anmeldemeldung noch nicht klar an, dass das Konto gesperrt ist. Sie können das Problem jedoch erkennen, indem Sie die Ursache für die Meldung untersuchen: Ein Benutzer hat sein Kennwort vergessen. Sie müssen das Konto entsperren und das Kennwort zurücksetzen.

Seite 148

Übung mit Fallbeispiel, Anforderung 1

1. Welches der folgenden Elemente muss geändert werden, um Anforderung 1 zu erfüllen?

   a. Die Domänencontroller-Sicherheitsvorlage **Hisecdc.inf**

   b. Die Standarddomänenrichtlinie

   c. Die Standard-Domänencontrollerrichtlinie

   d. Die Domänencontroller-Sicherheitsvorlage **Setup Security.inf**

   Die richtige Antwort ist b.

2. Welche Richtlinie muss konfiguriert werden, damit sich die Benutzer nach einer Kontosperrung an das Helpdesk wenden, um eine Entsperrung der Konten vorzunehmen?

   a. **Kontosperrdauer**: 999

   b. **Kontensperrungsschwelle**: 999

   c. **Kontosperrdauer**: 0

   d. **Kontensperrungsschwelle**: 0

   Die richtige Antwort ist c.

   Konfigurieren Sie die geeigneten Domänenrichtlinien. Hinweise finden Sie in Lektion 4, Übung 1.

Seite 148

Übung mit Fallbeispiel, Anforderung 2

1. Wie können Sie die Benutzerkonten möglichst schnell und effektiv so konfigurieren, dass eine Kennwortänderung bei der nächsten Anmeldung erforderlich ist?
   a. Wählen Sie ein Benutzerkonto aus. Öffnen Sie die Kontoeigenschaften, und aktivieren Sie auf der Registerkarte **Konto** die Option **Benutzer muss Kennwort bei der nächsten Anmeldung ändern**. Wiederholen Sie diesen Schritt für jedes Benutzerkonto.
   b. Drücken Sie STRG+A, um alle Benutzer in der OU **Mitarbeiter** auszuwählen. Klicken Sie auf **Eigenschaften**, und aktivieren Sie auf der Registerkarte **Konto** die Option **Benutzer muss Kennwort bei der nächsten Anmeldung ändern**. Wiederholen Sie diesen Schritt für jede OU.
   c. Verwenden Sie den Befehl **Dsadd**.
   d. Verwenden Sie den Befehl **Dsrm**.
   e. Verwenden Sie die Befehle **Dsquery** und **Dsmod**.

   Die richtige Antwort ist e.

Seite 149

Übung mit Fallbeispiel, Anforderung 3

1. Welche Art von Profil ist am geeignetsten, um eine eingeschränkte Desktopumgebung für alle Vertriebsmitarbeiter zu definieren?
   a. Lokales Profil
   b. Lokales, verbindliches Profil
   c. Das Profil **All Users**
   d. Vorkonfiguriertes, servergespeichertes Gruppenprofil
   e. Vorkonfiguriertes, servergespeichertes, verbindliches Gruppenprofil

   Die richtige Antwort ist b.
2. In Lektion 3, Übung 5, haben Sie ein Profil namens **Vertrieb** erstellt. Sie haben dieses Profil als verbindlich festgelegt, indem Sie die Datei **Ntuser.dat** in **Ntuser.man** umbenannt haben. Abschließend haben Sie das Profil verschiedenen Benutzern zugewiesen. Wie können Sie sicherstellen, dass jeder neue Vertriebsmitarbeiter dieses Profil verwendet?

   Ändern Sie die Vorlage für Vertriebsmitarbeiter, die Sie in Lektion 2, Übung 1, erstellt haben. Geben Sie auf der Registerkarte **Profil** den folgenden Pfad an: **\\Server01\Profile\Vertrieb**. Überprüfen Sie die Funktion der Vorlage, indem Sie die Vorlage zum Erstellen eines neuen Benutzerkontos kopieren. Melden Sie sich anschließend als dieser Benutzer an. Nehmen Sie Änderungen am Desktop vor, melden Sie sich ab und anschließend erneut wieder an. Die am Profil vorgenommenen Änderungen werden zwischen zwei Sitzungen nicht gespeichert.

K A P I T E L 4

Gruppenkonten

In diesem Kapitel abgedeckte Prüfungsziele:

- Erstellen und Verwalten von Gruppen
  - Erstellen und Bearbeiten von Gruppen mithilfe der MMC **Active Directory-Benutzer und -Computer**
  - Ermitteln und Ändern des Bereichs einer Gruppe
  - Verwalten von Gruppenmitgliedschaften
  - Automatisiertes Erstellen und Ändern von Gruppen

Bedeutung dieses Kapitels

Benutzer, Gruppen und Computer sind die Schlüsselobjekte im Active Directory-Verzeichnisdienst, da sie Mitarbeitern, deren Vorgesetzten, Systemadministratoren – jeder Person, die einen Computer im Netzwerk verwendet – die Einrichtung einer Identität als Sicherheitsprinzipal im Netzwerk ermöglicht. Ohne diese Identifizierung erhält das Personal keinen Zugriff auf die Computer, Anwendungen und Daten, die im Rahmen der täglichen Arbeit benötigt werden. Wenngleich es stimmt, dass die minimal erforderliche Identifikation die eines Benutzers und eines Computers ist, wird die Verwaltung einzelner Sicherheitsprinzipale unnötig kompliziert, sofern Benutzer nicht in Gruppen zusammengefasst werden. Das Zuweisen von Berechtigungen an Hunderte von Einzelbenutzern ist nicht praktikabel; der sinnvolle Einsatz von Gruppen vereinfacht den Prozess der Erstellung und Verwaltung von Berechtigungen erheblich.

Microsoft Windows Server 2003 stellt zwei Arten von Gruppen mit jeweils drei unterschiedlichen Bereichen bereit. Ein klares Verständnis von Aufbau und Bereich dieser Gruppen gewährleistet den optimalen Einsatz administrativer Ressourcen bei Erstellung, Zuweisung und Verwaltung des Ressourcenzugriffs. Die Möglichkeiten der Gruppenerstellung richten sich auch danach, auf welcher Funktionsebene die Domäne oder Gesamtstruktur ausgeführt wird, in der eine Gruppe erstellt wird: Microsoft Windows 2000 gemischt oder pur, Windows Server 2003 interim oder Windows Server 2003. Im Lieferumfang von Windows Server 2003 sind bereits verschiedene vordefinierte Gruppen enthalten. Darüber hinaus können Sie so viele zusätzliche Gruppen erstellen, wie Sie benötigen.

Lektionen in diesem Kapitel:

Bevor Sie beginnen

Für das Durcharbeiten der Übungen in diesem Kapitel gelten folgende Voraussetzungen:

- Sie müssen über einen Computer namens **Server01** verfügen, auf dem Windows Server 2003 installiert ist.
- **Server01** sollte als Domänencontroller in der Domäne **contoso.com** fungieren.

Lektion 1: Grundlegendes zu Gruppentypen und -bereichen

Gruppen sind Objekte, die Benutzer-, Computer- und andere Gruppenobjekte als Mitglieder aufnehmen können. Wenn für eine Gruppe Sicherheitsberechtigungen in der Zugriffssteuerungsliste (Access Control List, ACL) einer Ressource festgelegt werden, erhalten alle Mitglieder dieser Gruppe die festgelegten Berechtigungen.

Windows Server 2003 stellt zwei Arten von Gruppen bereit: Sicherheitsgruppen und Verteilergruppen. *Sicherheitsgruppen* werden für die Zuweisung von Berechtigungen für den Zugriff auf Netzwerkressourcen eingesetzt. *Verteilergruppen* dienen der Zusammenfassung von Benutzern für E-Mail-Verteilerlisten. Sicherheitsgruppen können als E-Mail-Verteilergruppen eingesetzt werden, Verteilergruppen können jedoch nicht in einer ACL stehen. Die sorgfältige Planung der Gruppenstruktur wirkt sich auf Verwaltung und Skalierbarkeit aus. Dies gilt insbesondere für Unternehmensumgebungen, in denen mit mehreren Organisationseinheiten (Organizational Units, OUs), Domänen oder Gesamtstrukturen gearbeitet wird.

Tipp Sie können zwar Berechtigungen für einzelne Benutzer und Computer konfigurieren, aber das sollte eher die Ausnahme als die Regel sein. Die beste Vorgehensweise besteht darin, Berechtigungen an Gruppen zu vergeben.

Am Ende dieser Lektion werden Sie in der Lage sein, die folgenden Aufgaben auszuführen:

- Benennen der zwei Arten von Gruppen und ihrer Verwendung
- Benennen der drei Arten von Gruppenbereichen und ihrer Verwendung
- Beschreiben des Unterschieds zwischen Gruppen und Identitäten

Veranschlagte Zeit für diese Lektion: 15 Minuten

Domänenfunktionsebenen

Unter Windows Server 2003 stehen vier Domänenfunktionsebenen zur Verfügung: Windows 2000 gemischt (Standardeinstellung), Windows 2000 pur, Windows Server 2003 interim und Windows Server 2003.

- **Windows 2000 gemischt** Zur Unterstützung von Microsoft Windows NT 4.0-, Windows 2000- und Windows Server 2003-Domänencontrollern
- **Windows 2000 pur** Zur Unterstützung von Windows 2000- und Windows Server 2003-Domänencontrollern
- **Windows Server 2003 interim** Zur Unterstützung von Windows NT 4.0- und Windows Server 2003-Domänencontrollern
- **Windows Server 2003** Zur Unterstützung von Windows Server 2003-Domänencontrollern ▶

In diesem oder einem späteren Kapitel erläuterte Beschränkungen für Gruppeneigenschaften beziehen sich auf diese Domänenfunktionsebenen. Weitere Informationen über Domänenfunktionsebenen finden Sie im Windows Hilfe- und Supportcenter.

Gruppenbereich

Der *Gruppenbereich* definiert, in welcher Form den Gruppenmitgliedern Berechtigungen zugewiesen werden. Windows Server 2003-Gruppen – Sicherheits- und Verteilergruppen – werden in drei Gruppenbereiche unterteilt: lokale Domäne, global und universell.

Hinweis Lokale Gruppen werden zwar nicht zu den Gruppenbereichen von Windows Server 2003 gezählt, aber sie werden der Vollständigkeit halber hier aufgeführt.

Lokale Gruppen

Lokale Gruppen (oder lokale Computergruppen) werden hauptsächlich im Rahmen der Abwärtskompatibilität mit Windows NT 4.0 eingesetzt. Lokale Benutzer und Gruppen finden sich auf Windows Server 2003-Computern, die als Mitgliedsserver konfiguriert wurden. Domänencontroller verwenden keine lokalen Gruppen.

- Lokale Gruppen können Mitglieder von beliebigen Domänen innerhalb einer Gesamtstruktur, von vertrauenswürdigen Domänen in anderen Gesamtstrukturen sowie von vertrauenswürdigen kompatiblen (downlevel) Domänen enthalten.
- Eine lokale Gruppe gilt nur computerweit; Ressourcenberechtigungen können nur auf dem Computer gewährt werden, auf dem die Gruppe vorliegt.

Lokale Domänengruppen

Lokale Domänengruppen werden hauptsächlich zum Zuweisen von Zugriffsberechtigungen für globale Gruppen eingesetzt, damit diese auf lokale Domänenressourcen zugreifen können. Lokale Domänengruppen

- liegen in allen Funktionsebenen für Domänen (gemischt, interim und pur) und Gesamtstrukturen vor.
- stehen domänenweit nur in Domänen der Funktionsebene **Windows 2000 pur** oder **Windows Server 2003** zur Verfügung. Lokale Domänengruppen fungieren als lokale Gruppen auf Domänencontrollern, wenn es sich um eine gemischte oder Interimsdomäne handelt.
- können Mitglieder von beliebigen Domänen in der Gesamtstruktur, von vertrauenswürdigen Domänen in anderen Gesamtstrukturen sowie von vertrauenswürdigen kompatiblen (downlevel) Domänen enthalten.
- gelten domänenweit in den Domänenfunktionsebenen **Windows 2000 pur** und **Windows Server 2003** und können zur Erteilung von Ressourcenberechtigungen auf einem beliebigen Windows Server 2003-Computer innerhalb der Domäne (aber nicht darüber hinaus) verwendet werden, in der die Gruppe vorliegt.

Globale Gruppen

Globale Gruppen dienen hauptsächlich der Bereitstellung einer kategorisierten Gruppenmitgliedschaft in lokalen Domänengruppen für einzelne Sicherheitsprinzipale oder zur direkten Berechtigungszuweisung (insbesondere im Fall von gemischten oder Interimsdomänen). Globale Gruppen dienen innerhalb einer Domäne häufig zur Zusammenfassung von Benutzern oder Computern mit gleicher Tätigkeit bzw. Funktion. Globale Gruppen

- liegen in allen Funktionsebenen für Domänen (gemischt, interim und pur) und Gesamtstrukturen vor.
- können nur Mitglieder der eigenen Domäne enthalten.
- können als Mitglieder in lokale Computergruppen oder lokale Domänengruppen aufgenommen werden.
- können Berechtigungen für beliebige Domänen erhalten (einschließlich vertrauenswürdiger Domänen in anderen Gesamtstrukturen und Prä-Windows 2003-Domänen).
- können weitere globale Gruppen enthalten (nur Domänenfunktionsebenen **Windows 2000 pur** oder **Windows Server 2003**)

Universelle Gruppen

Universelle Gruppen dienen hauptsächlich der Erteilung von Zugriff auf Ressourcen in allen vertrauenswürdigen Domänen, können jedoch ausschließlich als Sicherheitsprinzipal (Typ **Sicherheitsgruppe**) auf der Domänenfunktionsebene **Windows 2000 pur** oder **Windows Server 2003** eingesetzt werden.

- Universelle Gruppen können Mitglieder einer beliebigen Domäne in der Gesamtstruktur enthalten.
- In Domänen, die mit der Domänenfunktionsebene **Windows 2000 pur** oder **Windows Server 2003** konfiguriert sind, können Sie universellen Gruppen Berechtigungen in einer beliebigen Domäne erteilen, Domänen anderer Gesamtstrukturen eingeschlossen, mit denen eine Vertrauensstellung besteht.

Tipp Universelle Gruppen können zur Abbildung und Zusammenlegung von domänenübergreifenden Gruppen eingesetzt werden und unternehmensweite Funktionen übernehmen. Als Richtschnur gilt Folgendes: Gruppen mit weitem Geltungsbereich, die nur selten geändert werden, sollten als universelle Gruppen definiert werden.

Prüfungstipp Merken Sie sich bitte, dass globale Gruppen nur Benutzer, Computer und (in den Domänenfunktionsebenen **Windows 2000 pur** oder **Windows Server 2003**) andere globale Gruppen aus derselben Domäne enthalten können. Globale Gruppen können nie Mitglieder aus anderen Domänen enthalten.

Tabelle 4.1 Sicherheitsgruppenbereich und Mitgliedschaft

Gruppenbereich	Mitglieder können sein	Gruppen können Mitglied sein von
Domänenfunktionsebene *Windows 2000 pur* oder *Windows Server 2003*		
Lokale Domäne	Computerkonten, Benutzer, globale Gruppen und universelle Gruppen einer beliebigen Domäne der Gesamtstruktur oder einer vertrauenswürdigen Domäne. Lokale Domänengruppen derselben Domäne.	Lokale Domänengruppen derselben Domäne.
Global	Benutzer, Computer und globale Gruppen derselben Domäne.	Globale Gruppen in derselben Domäne. Lokale Domänengruppen aus jeder Domäne der Gesamtstruktur oder einer vertrauenden Domäne.
Universell	Universelle Gruppen, globale Gruppen, Benutzer und Computer einer beliebigen Domäne in der Gesamtstruktur.	Andere universelle Gruppen oder lokale Domänengruppen in anderen Domänen der Gesamtstruktur.
Domänenfunktionsebene *Windows 2000 gemischt* oder *Windows Server 2003 interim*		
Lokale Domäne	Computerkonten, Benutzer und globale Gruppen einer beliebigen Domäne der Gesamtstruktur oder einer vertrauenswürdige Domäne.	Kann auf diesen Domänenfunktionsebenen kein Mitglied einer anderen Gruppe sein.
Global	Nur Benutzer und Computer derselben Domäne.	Lokale Domänengruppen in anderen Domänen der Gesamtstruktur oder einer vertrauenden Domäne.
Universell	Universelle Sicherheitsgruppen sind auf diesen Domänenfunktionsebenen nicht verfügbar. Allerdings lassen sich Verteilergruppen mit universellem Bereich erstellen.	

Es gibt zwar zahlreiche Möglichkeiten zur Verwaltung von Benutzern und Gruppen, wie Tabelle 4.1 andeutet, aber es gibt auch eine wichtige Vorgehensweise zur Verwaltung von Benutzern, Gruppenmitgliedschaften und Ressourcenzugriff in einer Active Directory-Domäne, die sich bewährt hat. Sie wird im Folgenden beschrieben, und zwar anhand von Beispielen, die zur Gesamtstruktur von Contoso gehören, einem weltweiten Reiseveranstalter mit zwei Domänen: **adventure-works.com** und **blueyonderairlines.com**.

Ein Beispiel für die empfohlene Vorgehensweise

In der Firma Contoso sind Benutzer Mitglieder von globalen Gruppen. (Eine globale Gruppe steht für die Bedeutung, die ihre Mitglieder haben, zum Beispiel durch ihre Aufgabe in der Firma, den Standort oder eine organisatorische Position.) Mitglieder der Buchhaltung von Adventure Works gehören zur globalen Gruppe **AdventureWorks\Buchhalter**. In entsprechender Weise gehören die Buchhalter, die für Blue Yonder Airlines arbeiten, zur globalen Gruppe **Buchhalter** der Domäne **BlueYonderAirlines**.

In den Domänenfunktionsebenen **Windows 2000 pur** und **Windows Server 2003** können globale Gruppen Mitglieder von universellen Gruppen sein. (Eine universelle Gruppe hat eine Bedeutung, die sich über mehrere Domänen der Gesamtstruktur erstreckt.) In diesem Beispiel wird eine globale Gruppe namens **ContosoBuchhalter** erstellt. Die beiden Gruppen **AdventureWorks\Buchhalter** und **BlueYonderAirlines\Buchhalter** sind ihre beiden Mitglieder. Diese Gruppe repräsentiert alle Buchhalter, die in den beiden Geschäftsfeldern von Contoso arbeiten.

Globale und universelle Gruppen sind Mitglieder von lokalen Domänengruppen. (Eine lokale Domänengruppe beschreibt den Zugriff, der für die Durchführung einer bestimmten Arbeit erforderlich ist.) In der Domäne **AdventureWorks** wird eine Freigabe erstellt, auf der das Budget von Adventure Works verwaltet wird. Entsprechend enthält eine Freigabe in der Domäne **BlueYonderAirlines** das Budget der Fluggesellschaft. Es wurde festgelegt, dass die Buchhalter beider Firmen in der Lage sein sollen, die Buchhaltungsdaten der eigenen Firma zu ändern und die Daten der anderen Firma einzusehen. Die folgenden lokalen Sicherheitsgruppen werden erstellt und erhalten Zugriffsrechte auf die Freigaben:

- **AdventureWorks\Budget_Ändern** Diese Gruppe erhält das Recht, die Buchhaltungsdaten von Adventure Works zu ändern. Die Gruppe **AdventureWorks\Buchhalter** ist Mitglied.
- **AdventureWorks\Budget_Lesen** Diese Gruppe erhält Lesezugriff auf das Budget von Adventure Works. Die universelle Gruppe **ContosoBuchhalter** ist Mitglied. Wenn sich die Domäne nicht in den Domänenfunktionsebenen **Windows 2000 pur** oder **Windows Server 2003** befindet, gibt es diese Gruppe nicht. Mitglieder der Gruppe **AdventureWorks\Budget_Lesen** wären dann die beiden globalen Gruppen **AdventureWorks\Buchhalter** und **BlueYonderAirlines\Buchhalter**.
- **BlueYonderAirlines\Budget_Ändern** Diese Gruppe erhält das Recht, die Buchhaltungsdaten der Fluggesellschaft zu ändern. Die Gruppe **BlueYonderAirlines\Buchhalter** ist Mitglied.
- **BlueYonderAirlines\Budget_Lesen** Diese Gruppe erhält Lesezugriff auf das Budget der Fluggesellschaft. Die universelle Gruppe **ContosoBuchhalter** ist Mitglied. Wenn sich die Domäne nicht in den Domänenfunktionsebenen **Windows 2000 pur** oder **Windows Server 2003** befindet, gibt es diese Gruppe nicht. Mitglieder der Gruppe **BlueYonderAirlines\Budget_Lesen** wären dann die beiden globalen Gruppen **AdventureWorks\Buchhalter** und **BlueYonderAirlines\Buchhalter**. ▶

Diese Empfehlung bringt zwar eine große Anzahl von Gruppen für eine Organisation mit sich, aber sie vereinfacht die Überwachung, weil die Anzahl der Einträge in einer Zugriffssteuerungsliste gering ist, und sie ermöglicht eine flexible Verwaltung des Ressourcenzugriffs. Wenn beispielsweise eine externe Firma beauftragt wird, die Buchhaltung zu überprüfen, könnte man die Benutzerkonten dieser Buchprüfer in einer Gruppe **Buchprüfer** unterbringen und diese Gruppe dann in jeder Domäne zur Gruppe **Budget_Ändern** hinzufügen. In der Praxis würde man der Gruppe **Budget_Lesen** wohl die Berechtigung geben, viele Ressourcen einzusehen, die mit der Buchhaltung zu tun haben. Die Verwaltung des Zugriffs auf alle budgetbezogenen Ressourcen wird aber wesentlich einfacher, wenn man die Gruppenmitgliedschaften ändert, statt die einzelnen ACLs der budgetbezogenen Ressourcen zu ändern.

Konvertieren von Gruppen

Der Bereich einer Gruppe wird zum Zeitpunkt ihrer Erstellung festgelegt. Auf der Domänenfunktionsebene **Windows 2000 pur** oder **Windows Server 2003** können lokale Domänengruppen und globale Gruppen jedoch in universelle Gruppen konvertiert werden, und Sie können universelle Gruppen in globale und lokale Domänengruppen konvertieren, die zu der Domäne gehören, in der Sie die universelle Gruppe erstellt haben. Sie können den Gruppenbereich ändern, indem Sie im Bereich **Gruppenbereich** des Eigenschaftendialogfelds der Gruppe einfach den gewünschten Bereich auswählen.

Den Gruppenbereich können Sie auch mit dem Befehl **Dsmod** ändern, der in Kapitel 3 und in Lektion 3 dieses Kapitels beschrieben wird. Mit der folgenden Zeile wird die Gruppe **Finanzen** in der Organisationseinheit **Gruppen** zum Beispiel zur universellen Gruppe.

```
dsmod group "CN=Finanzen,OU=Gruppen,DC=contoso,DC=com" -scope u
```

Zulässig sind die Bereichsangaben **u** (universal), **g** (global) und **l** (domain local). Eine Änderung des Bereichs ist nicht zulässig, wenn

- die Domänenfunktionsebene nicht **Windows 2000 pur** oder **Windows Server 2003** ist.
- die Mitgliedschaften der Gruppe nach einer Bereichsänderung Mitgliedschaftsregeln verletzen würde. Wenn die Gruppe **Finanzen** zum Beispiel Mitglied einer anderen globalen Gruppe ist, können Sie die Gruppe **Finanzen** nicht zu einer universellen Gruppe konvertieren, weil universelle Gruppen nicht zu globalen Gruppen gehören dürfen.

Tipp Eine globale Gruppe lässt sich zwar nicht direkt in eine lokale Domänengruppe umwandeln, aber Sie erhalten den gewünschten Bereich, indem Sie die globale Gruppe in eine universelle Gruppe konvertieren und die universelle Gruppe dann zur lokalen Domänengruppe konvertieren.

In der Domänenfunktionsebene **Windows 2000 pur** oder **Windows Server 2003** ist es zudem möglich, den Typ einer Gruppe von Verteilergruppe auf Sicherheitsgruppe zu ändern, und von Sicherheitsgruppe auf Verteilergruppe. Führen Sie die Änderung im Bereich **Gruppenbereich** des Eigenschaftendialogfelds der Gruppe durch (Abbildung 4.1), oder verwenden Sie **Dsmod** mit dem Parameter **-secgrp no**.

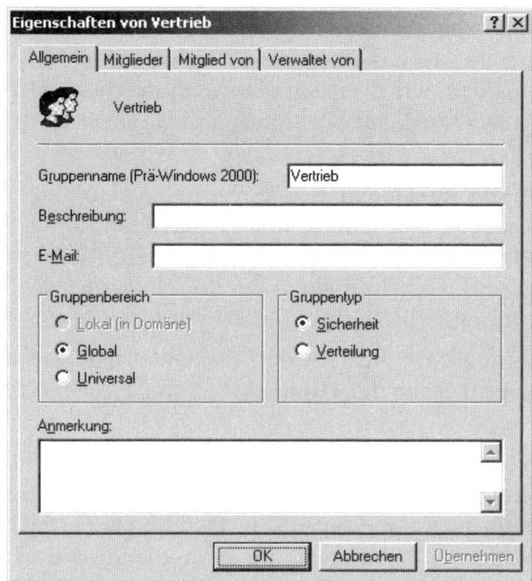

Abbildung 4.1 Das Eigenschaftendialogfeld der Gruppe **Vertrieb**

Hinweis Beachten Sie bitte die Auswirkungen auf die Sicherheit, wenn Sie eine Sicherheitsgruppe, der man den Zugang zu einer Ressource gewähren oder verweigern kann, in eine Verteilergruppe ändern, die nicht länger überprüft wird, wenn ein Benutzer auf die Ressource zugreift. Es ist möglich, dass Mitglieder der Gruppe nach der Konvertierung keinen Zugriff mehr auf die Ressource haben, die sie mit der Sicherheitsgruppe noch benutzen konnten, oder dass sie Zugriff auf Ressourcen erhalten, die ihnen vorher verwehrt blieben.

Spezialidentitäten

Es gibt außerdem einige Sondergruppen, genannt *Spezialidentitäten*, die durch das Betriebssystem verwaltet werden. Spezialidentitäten können weder erstellt noch gelöscht werden, noch kann ihre Mitgliedschaft durch einen Administrator geändert werden. Spezialidentitäten werden weder im Snap-In **Active Directory-Benutzer und -Computer** noch in einem weiteren Tool zur Computerverwaltung angezeigt, eine Berechtigungszuweisung in einer Zugriffssteuerungsliste ist aber dennoch möglich. Tabelle 4.2 beschreibt einige der Spezialidentitäten von Windows Server 2003.

Tabelle 4.2 Spezialidentitäten und ihre Funktion

Identität	**Funktion**
Jeder	Repräsentiert alle aktuellen Netzwerkbenutzer, Gäste und Benutzer anderer Domänen eingeschlossen. Immer wenn sich ein Benutzer am Netzwerk anmeldet, wird er automatisch zur Gruppe **Jeder** hinzugefügt.
Netzwerk	Repräsentiert Benutzer, die derzeit über das Netzwerk auf eine Ressource zugreifen (im Gegensatz zu Benutzern, die auf eine Ressource zugreifen, indem sie sich lokal an dem Computer anmelden, auf dem sich die Ressource befindet). Immer wenn ein Benutzer über das Netzwerk auf eine Ressource zugreift, wird er automatisch zur Gruppe **Netzwerk** hinzugefügt.
Interaktiv	Repräsentiert alle Benutzer, die derzeit an einem bestimmten Computer angemeldet sind und auf eine Ressource auf diesem Computer zugreifen (im Gegensatz zu Benutzern, die über das Netzwerk auf die Ressource zugreifen). Immer wenn ein Benutzer auf eine Ressource auf dem Computer zugreift, an dem er angemeldet ist, wird er automatisch zur Gruppe **Interaktiv** hinzugefügt.
Anonymous-Anmeldung	Die Gruppe **Anonymous-Anmeldung** bezieht sich auf jeden Benutzer, der auf eine Netzwerkressource zugreift, ohne den Authentifizierungsprozess durchlaufen zu haben.
Authentifizierte Benutzer	Die Gruppe **Authentifizierte Benutzer** umfasst alle Benutzer, die sich unter Verwendung eines gültigen Benutzerkontos gegenüber dem Netzwerk authentifiziert haben. Bei der Berechtigungszuweisung können Sie anstelle der Gruppe **Jeder** die Gruppe **Authentifizierte Benutzer** verwenden, um anonymen Ressourcenzugriff zu verhindern.
Ersteller-Besitzer	Die Gruppe **Ersteller-Besitzer** bezieht sich auf den Benutzer, der eine Ressource erstellt oder deren Besitz übernommen hat. Erstellt beispielsweise ein Benutzer eine Ressource und übernimmt der Administrator anschließend den Besitz dieser Ressource, so wird der Administrator als **Ersteller-Besitzer** eingestuft.
Dialup	Die Gruppe **Dialup** umfasst alle Benutzer, die über eine DFÜ-Verbindung mit dem Netzwerk verbunden sind.

Vorsicht Sie können diesen Gruppen Berechtigungen für Netzwerkressourcen zuweisen, hierbei sollten Sie jedoch mit äußerster Vorsicht vorgehen. Mitglieder dieser Gruppen sind nicht notwendigerweise Benutzer, die sich gegenüber der Domäne authentifiziert haben. Wenn Sie beispielsweise der Gruppe **Jeder** Vollzugriff für eine Freigabe erteilen, haben Benutzer, die eine Verbindung aus beliebigen, als vertrauenswürdig eingestuften Domänen herstellen, Zugriff auf diese Freigabe.

Praktische Übung: Ändern von Gruppentyp und -bereich

In dieser Übung erstellen Sie Gruppen und ändern anschließend ihren Bereich.

Übung 1: Erstellen und Ändern einer Gruppe

In dieser Übung ändern Sie den Typ einer Gruppe und ihren Bereich.

1. Erstellen Sie in der Konsole **Active Directory-Benutzer und -Computer** im Container **Benutzer** eine globale Verteilergruppe mit dem Namen **Agenten**.
2. Klicken Sie mit der rechten Maustaste auf die Gruppe **Agenten**, und wählen Sie **Eigenschaften**.

   Können Sie Bereich und Typ der Gruppe ändern? Begründen Sie Ihre Antwort.

   ____

   ____

   Wenn Sie Typ und Bereich der Gruppe nicht ändern können, lautet die verwendete Domänenfunktionsebene entweder **Windows 2000 gemischt** oder **Windows Server 2003 interim**. Sie müssen die Domäne auf die Funktionsebene **Windows 2000 pur** oder **Windows Server 2003** heraufstufen, um Gruppentyp oder -bereich ändern zu können.

Lernzielkontrolle

Die folgenden Fragen dienen dazu, die wichtigsten Lehrinhalte dieser Lektion zu vertiefen. Können Sie eine Frage nicht beantworten, arbeiten Sie das entsprechende Lektionsmaterial noch einmal durch, und versuchen Sie dann erneut, die Frage zu beantworten. Die Antworten auf die Lernzielkontrollfragen finden Sie im Abschnitt „Fragen und Antworten" am Ende dieses Kapitels.

1. Welcher Typ von Domänengruppe ähnelt am ehesten der lokalen Gruppe auf einem Mitgliedsserver? Inwiefern ähneln sich die Gruppen?

   ____

   ____

   ____

   ____

   ____

   ____

2. Sie verwenden universelle Gruppen in Ihrer Domäne oder Gesamtstruktur und möchten den Mitgliedern einer universellen Gruppe Berechtigungen für bestimmte Zugriffsarten erteilen. Welche Voraussetzungen müssen für die universelle Gruppe erfüllt sein?

   ____

   ____

   ____

3. Welche Sicherheitsprinzipale können in einer Domäne mit der Funktionsebene **Windows Server 2003** als Mitglieder in eine globale Gruppe aufgenommen werden?

Zusammenfassung der Lektion

- Es gibt zwei Arten von Gruppen: Sicherheitsgruppen und Verteilergruppen. Sicherheitsgruppen können Berechtigungen zugewiesen werden, während Verteilergruppen für Abfragecontainer verwendet werden, z.B. als E-Mail-Verteilergruppen. Einer Verteilergruppe können keine Berechtigungen für eine Ressource zugewiesen werden.
- Die Sicherheitsberechtigungen für eine Gruppe werden, wie bei jedem anderen Sicherheitsprinzipal auch, z.B. einem Benutzer oder Computer, in einer Zugriffssteuerungsliste (Access Control List, ACL) zugewiesen.
- Bei Verwendung der Domänenfunktionsebene **Windows 2000 pur** oder **Windows Server 2003** können sowohl Sicherheits- als auch Verteilergruppen als lokale Domänengruppe, globale oder universelle Gruppe erstellt werden, jede mit einem anderen Bereich im Hinblick auf die enthaltenen Sicherheitsprinzipale.

Lektion 2: Verwalten von Gruppenkonten

Die MMC **Active Directory-Benutzer und -Computer** ist das primäre Tool zur Verwaltung von Sicherheitsprinzipalen – Benutzern, Gruppen und Computern – in der Domäne. Bei der Erstellung einer Gruppe legen Sie deren Bereich, Typ und Mitgliedschaft fest. Darüber hinaus verwenden Sie die MMC **Active Directory-Benutzer und -Computer** auch zum Bearbeiten der Mitgliedschaft vorhandener Gruppen.

Am Ende dieser Lektion werden Sie in der Lage sein, die folgenden Aufgaben auszuführen:

- Erstellen einer Gruppe
- Ändern der Mitgliedschaft einer Gruppe
- Ermitteln der Domänengruppen, denen ein Benutzer angehört

Veranschlagte Zeit für diese Lektion: 10 Minuten

Erstellen einer Sicherheitsgruppe

Das Tool, das Sie zur Erstellung von Gruppen am häufigsten nutzen werden, ist die MMC **Active Directory-Benutzer und -Computer**, die Sie über den Ordner **Verwaltung** öffnen. Klicken Sie innerhalb der MMC **Active Directory-Benutzer und -Computer** mit der rechten Maustaste in den Detailbereich des Containers, in dem Sie eine Gruppe erstellen möchten, und wählen Sie anschließend den Befehl **Neu, Gruppe**. Anschließend müssen Sie Typ und Bereich der zu erstellenden Gruppe auswählen.

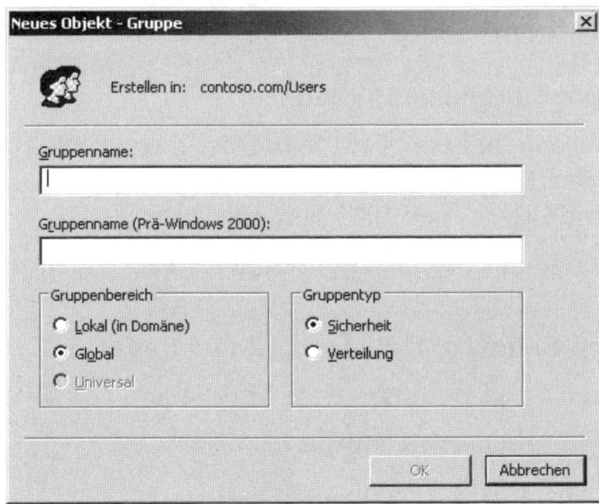

Abbildung 4.2 Sicherheitsgruppen in gemischten oder Interimsdomänen

In der Regel erstellen Sie eine Sicherheitsgruppe, da dieser Typ Gruppe zum Festlegen von Berechtigungen in einer Zugriffssteuerungsliste benötigt wird. In einer gemischten oder Interimsdomäne können Sie nur Sicherheitsgruppen mit den Bereichen **Lokal (in Domäne)** und **Global** erstellen. Wie Abbildung 4.2 zeigt, können Sie in einer gemischten oder Interimsdomäne keine Sicherheitsgruppe mit dem Bereich **Universal** erstellen.

Sie können allerdings lokale Domänengruppen, globale und universelle Gruppen als Verteilergruppen in einer gemischten oder Interimsdomäne erstellen. In Domänen mit der Funktionsebene **Windows 2000 pur** oder **Windows Server 2003** können Sie Sicherheitsgruppen und Verteilergruppen mit einem beliebigen Bereich erstellen.

Ändern der Gruppenmitgliedschaft

Das Hinzufügen oder Löschen von Mitgliedern aus einer Gruppe erfolgt ebenfalls über die Konsole **Active Directory-Benutzer und -Computer**. Klicken Sie mit der rechten Maustaste auf eine beliebige Gruppe, und wählen Sie den Befehl **Eigenschaften**. Abbildung 4.1 zeigt das Eigenschaftendialogfeld einer globalen Sicherheitsgruppe mit dem Namen **Vertrieb**.

In Tabelle 4.3 werden die im Eigenschaftendialogfeld vorhandenen Registerkarten zur Mitgliederkonfiguration erläutert.

Tabelle 4.3 Konfiguration der Mitgliedschaft

Registerkarte	Funktion
Mitglieder	Hinzufügen, Löschen oder Auflisten der Sicherheitsprinzipale, die dieser Gruppe angehören
Mitglied von	Hinzufügen, Löschen oder Auflisten der Gruppen, zu denen diese Gruppe gehört

Praktische Übung: Ändern der Gruppenmitgliedschaft

In dieser Übung arbeiten Sie mit Gruppenmitgliedschaften und Verschachtelung, um zu ermitteln, welche Kombinationen aus Gruppenmitgliedschaften möglich sind.

Übung 1: Verschachteln von Gruppenmitgliedschaften

1. Sofern die Domänenfunktionsebene nicht bereits auf **Windows Server 2003** festgelegt ist, verwenden Sie die MMC **Active Directory-Benutzer und -Computer**, um die Domänenfunktionsebene auf **Windows Server 2003** heraufzustufen.
2. Erstellen Sie drei globale Gruppen in der Organisationseinheit **Users**: **Gruppe 1**, **Gruppe 2** und **Gruppe 3**.
3. Erstellen Sie drei Benutzerkonten: **Benutzer 1**, **Benutzer 2** und **Benutzer 3**.
4. Machen Sie **Benutzer 1**, **Benutzer 2** und **Benutzer 3** zu Mitgliedern von **Gruppe 1**.
5. Machen Sie **Gruppe 1** zu einem Mitglied von **Gruppe 2**.

   Welche Gruppen können jetzt in universelle Gruppen konvertiert werden? Testen Sie Ihre Theorie (Sie sollten in der Lage sein, 2 der 3 Gruppen fehlerlos zu konvertieren).

   ____

   ____

Lernzielkontrolle

Die folgenden Fragen dienen dazu, die wichtigsten Lehrinhalte dieser Lektion zu vertiefen. Können Sie eine Frage nicht beantworten, arbeiten Sie das entsprechende Lektionsmaterial noch einmal durch, und versuchen Sie dann erneut, die Frage zu beantworten. Die Antworten auf die Lernzielkontrollfragen finden Sie im Abschnitt „Fragen und Antworten" am Ende dieses Kapitels.

1. Welche Registerkarte im Eigenschaftendialogfeld einer Gruppe verwenden Sie, um Benutzer zu der Gruppe hinzuzufügen?

   ____

   ____

2. Sie möchten die für die Gruppe **Vertrieb** verantwortliche Gruppe **IT-Administratoren** in die Gruppe **Vertrieb** aufnehmen, damit ihre Mitglieder Zugriff auf dieselben Ressourcen erhalten (festgelegt durch Berechtigungen in einer Zugriffssteuerungsliste) wie die Gruppe **Vertrieb**. Auf welche Registerkarte im Eigenschaftendialogfeld der Gruppe **IT-Administratoren** greifen Sie zu, um diese Einstellung vorzunehmen?

   ____

   ____

3. Ihre Umgebung besteht aus einer Windows Server 2003- und einer Windows NT 4.0-Domäne. Welche Gruppenbereiche können Sie für die Zuweisung von Berechtigungen für Ressourcen auf einem beliebigen Domänencomputer verwenden?

   ____

   ____

   ____

   ____

Zusammenfassung der Lektion

- Die Änderung von Gruppenmitgliedschaften erfolgt über die MMC **Active Directory-Benutzer und -Computer**.
- Wenn Sie auf die Eigenschaften eines Sicherheitsprinzipals zugreifen, den Sie zu einem Mitglied einer Gruppe machen möchten, legen Sie die Mitgliedschaft auf der Registerkarte **Mitglied von** des Eigenschaftendialogfelds für den Sicherheitsprinzipal fest. Wenn Sie auf den Container (die Gruppe) zugreifen, die Mitglieder aufnehmen soll, legen Sie die Mitglieder des Containers auf der Registerkarte **Mitglieder** fest.
- Gruppen können verschachtelt werden, wenn die Funktionsebene der zugehörigen Domäne entweder **Windows 2000 pur** oder **Windows Server 2003** lautet. Handelt es sich um eine Domäne im gemischten oder Interimsmodus, d.h., Sie unterstützen weiterhin Windows NT 4.0-Domänencontroller, ist eine Gruppenverschachtelung nicht möglich.
- Eine Änderung von Typ oder Bereich einer Gruppe ist nur möglich, wenn die Domänenfunktionsebene **Windows 2000 pur** oder **Windows Server 2003** lautet.

Lektion 3: Automatisiertes Verwalten von Gruppenkonten

Auch wenn die MMC **Active Directory-Benutzer und -Computer** eine komfortable Möglichkeit zum Erstellen und Ändern einzelner Gruppen ist, ist dies nicht die effizienteste Methode, wenn Sie eine große Anzahl an Sicherheitsprinzipalen erstellen müssen. Zum Lieferumfang von Windows Server 2003 gehört das Tool **Ldifde.exe**, das den Import und Export großer Mengen an Sicherheitsprinzipalen, einschließlich Gruppen, vereinfacht.

Am Ende dieser Lektion werden Sie in der Lage sein, die folgenden Aufgaben auszuführen:

- Importieren von Sicherheitsprinzipalen mit **Ldifde**
- Exportieren von Sicherheitsprinzipalen mit **Ldifde**
- Einsatz der Befehle **Dsadd** und **Dsmod** zum Erstellen und Ändern von Gruppen

Veranschlagte Zeit für diese Lektion: 30 Minuten

Praxistipp Kontoerstellung

Oft liegen bereits Daten vor, in denen ein großer Teil der Informationen zu finden ist, die Sie für Windows Server 2003-Active Directoy brauchen. Die Daten liegen vielleicht in einem anderen Verzeichnisdienst, wie Windows NT 4.0- oder Windows 2000-Active Directory, Novell Directory Services (NDS), oder in einer anderen Datenbank. (Personalabteilungen sind z.B. dafür bekannt, Daten anzusammeln.)

Wenn Sie Zugriff auf solche Benutzerdaten haben, können Sie versuchen, diese Daten in Active Directory zu übernehmen. Für die Übertragung von Daten zwischen Verzeichnisdiensten gibt es viele Tools, wie beispielsweise **Ldifde.exe**. Außerdem verfügen die meisten Datenbankprogramme über die Fähigkeit, Daten in eine kommaseparierte Textdatei (CSV) zu exportieren, die sich mit **Csvde.exe** importieren lässt.

Verwenden von *Csvde*

Csvde, das ausführlicher in Kapitel 3, „Benutzerkonten", besprochen wird, unterstützt die Erstellung von Objekten aus kommaseparierten Textdateien. Das folgende Beispiel zeigt eine .csv-Datei, die eine Gruppe namens **Marketing** erstellt und zu dieser Gruppe zwei Mitglieder hinzufügt, nämlich Dan Holme und Scott Bishop. Die Objekte, die im Attribut **member** angegeben werden, müssen bereits im Verzeichnisdienst vorhanden sein. Die definierten Namen (DNs) der Mitgliedsobjekte werden durch Semikolons getrennt.

```
objectClass,sAMAccountName,DN,member
    group,Marketing,"CN=Marketing,OU=Mitarbeiter,DC=contoso,DC=com",
    "CN=Dan Holme,OU=Mitarbeiter,DC=contoso,DC=com;CN=Scott Bishop,
    OU=Mitarbeiter,DC=contoso,DC=com"
```

Mit folgendem Befehl können Sie diese Datei in Active Directory importieren:

```
csvde -i -f Dateiname.csv
```

Verwenden von *Ldifde*

Der Befehl **Ldifde** ermöglicht den Import und Export von Konten mit LDAP-Dateiformaten (Lightweight Directory Access Protocol). Er wird im Windows Hilfe- und Supportcenter beschrieben (suchen Sie nach „Ldifde"). Abbildung 4.3 zeigt die wichtigsten **Ldifde-** Befehle, die nach Eingabe des Befehls **ldifde /?** an der Eingabeaufforderung angezeigt werden.

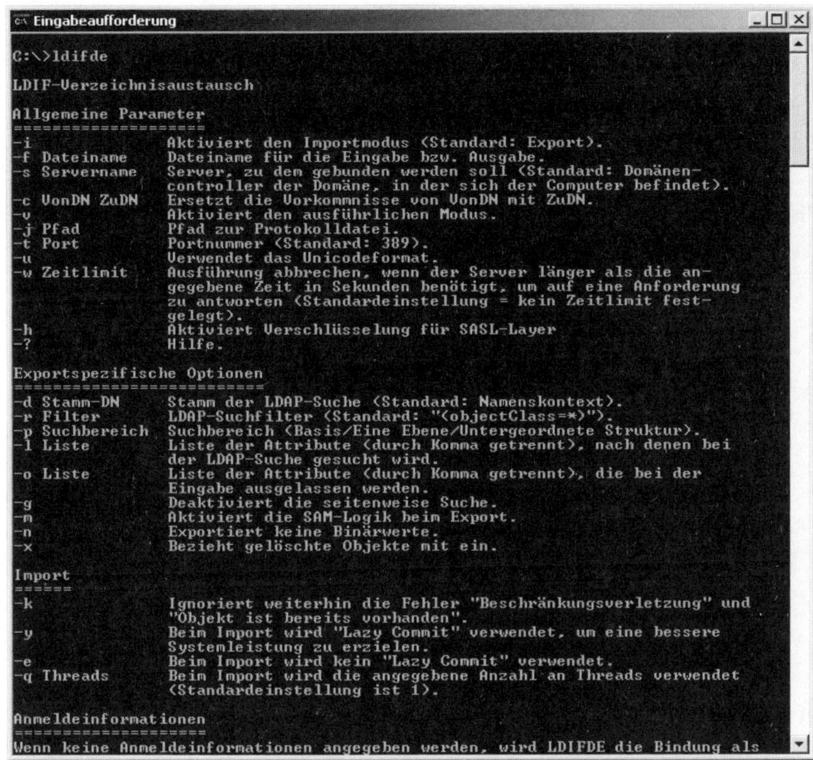

Abbildung 4.3 Befehlszeilen-Hilfe für **Ldifde**

Die beiden wichtigsten Optionen für den Befehl **Ldifde** sind:

- **-i** Schaltet den Importmodus ein (vorgegeben ist der Exportmodus).
- **-f *Dateiname*** Zur Angabe des Namens der Ausgabedatei.

Der folgende Befehl importiert zum Beispiel Objekte aus einer Datei namens **Groups.ldf**:

```
ldifde.exe -i -f groups.ldf
```

In Tabelle 4.4 werden die wichtigsten **Ldifde**-Befehle näher erläutert.

Tabelle 4.4 Die wichtigsten **Ldifde**-Befehle

Befehl	Verwendung
Allgemeine Parameter	
-i	Aktiviert den Importmodus (Standard: Export)
-f *Dateiname*	Dateiname für die Eingabe oder Ausgabe
-s *Servername*	Server, zu dem gebunden werden soll
-c *VonDN ZuDN*	Ersetzt die Vorkommen von **VonDN** durch **ZuDN**
-v	Aktiviert den ausführlichen Modus
-j *Pfad*	Pfad zur Protokolldatei
-t *Port*	Portnummer (Standard: 389)
-?	Hilfe
Exportspezifische Parameter	
-d *StammDN*	Stamm der LDAP-Suche (Standard: Namenskontext)
-r *Filter*	LDAP-Suchfilter (Standard: "(objectClass=*)")
-p *Suchbereich*	Suchbereiche (Basis/Eine Ebene/Untergeordnete Struktur)
-l *Liste*	Liste der Attribute (durch Komma getrennt), nach denen bei der LDAP-Suche gesucht wird
-o *Liste*	Liste der Attribute (durch Komma getrennt), die bei der Eingabe ausgelassen werden
-g	Deaktiviert die seitenweise Suche
-m	Aktiviert die SAM-Logik beim Export
-n	Exportiert keine Binärwerte
Importspezifische Parameter	
-k	Ignoriert die Importfehler „Beschränkungsverletzung“ und „Objekt ist bereits vorhanden“
Anmeldeinformationen	
-a *BenutzerDN*	Befehl wird mit dem angegebenen Benutzer-DN und Kennwort ausgeführt. Beispiel: "cn=Administrator,dc=contoso,dc-com Kennwort"
-b *Benutzername Domäne*	Befehl wird mit den bereitgestellten Anmeldeinformationen Benutzer, Domäne und Kennwort ausgeführt. Per Voreinstellung werden die Anmeldeinformationen des aktuell angemeldeten Benutzers verwendet.

Hinweis Das Dienstprogramm **Ldifde** gehört zum Lieferumfang von Windows Server 2003. Sie können es auf einen Computer mit Windows 2000 Professional oder Windows XP kopieren. Es kann anschließend an Windows Server 2003 Active Directory gebunden und remote eingesetzt werden.

Das Dateiformat für **Ldifde** ist komplizierter als das CSV-Dateiformat. LDIF (Lightweight Data Interchange Format) ist ein angehender Internet-Standard für Dateiformate, die für Batchoperationen mit LDAP-konformen Verzeichnissen verwendet werden (LDAP steht für Lightweight Directory Access Protocol). Sie können LDIF für den Import und Export von Daten verwenden, wobei in Active Directory Batchoperationen wie das Hinzufügen, Erstellen, Löschen und Ändern möglich sind. Das Befehlszeilenprogramm **Ldifde** von Windows Server 2003 unterstützt Batchoperationen, die auf dem LDIF-Dateiformat basieren. Daher ist das LDIF-Format für **Ldifde** das, was das CSV-Format für **Csvde** ist.

Das LDIF-Dateiformat besteht aus Attributnamen, an die sich jeweils ein Doppelpunkt und der Attributwert anschließen. Nehmen wir zum Beispiel an, Sie möchten mit **Ldifde** im Container **Users** der Domäne **contoso.com** zwei globale Gruppen namens **Marketing** und **Finanzen** erstellen. Die LDIF-Datei würde dann ungefähr so aussehen:

```
DN: CN=Marketing,CN=Users,DC=Contoso,DC=Com
changeType: add
CN: Marketing
description: Marketing-Benutzer
objectClass: group
sAMAccountName: Marketing

DN: CN=Finanzen,CN=Users,DC=Contoso,DC=Com
changeType: add
CN: Finanzen
description: Finanzen-Benutzer
objectClass: group
sAMAccountName: Finanzen
```

Es ist zwar nicht unbedingt erforderlich, aber gewöhnlich speichert man diese Textdatei mit der Namenserweiterung .ldf, zum Beispiel als **Groups.ldf**. Der **changeType**-Eintrag ist kein Attributname, sondern sein Wert gibt die gewünschte Operation an. Die drei gültigen **changeType**-Werte sind **add**, **modify** und **delete**. Wie die Namen sagen, sorgt **add** für den Import neuer Inhalte ins Verzeichnis, **modify** ändert die Konfiguration des vorhandenen Inhalts, und **delete** löscht den angegebenen Inhalt.

Der Befehl zum Import des Inhalts der oben gezeigten LDIF-Datei lautet:

```
ldifde.exe -i -f groups.ldf
```

Durch diesen Befehl werden im Container **Users** der Domäne **contoso.com** zwei globale Gruppen namens **Marketing** und **Finanzen** erstellt. Eine LDIF-Datei für **Ldifde**, die zwei neue Mitglieder zu einer Gruppe hinzufügen, könnte so aussehen:

```
DN: CN=Finanzen,CN=Users,DC=Contoso,DC=Com
changeType: modify
add: member
member: CN=Dan Holme,OU=Mitarbeiter,dc=contoso,dc=com
member: CN=Scott Bishop,OU=Mitarbeiter,dc=contoso,dc=com
-
```

Der **changeType** wird auf **modify** gesetzt, dann wird die gewünschte Änderung angegeben: Füge Objekte zum Attribut **member** hinzu. Anschließend wird jedes neue Mitglied auf einer separaten Zeile angegeben, die mit dem Attributnamen **member** beginnt. Die Änderungsoperation wird mit einer Zeile abgeschlossen, die einen einfachen Bindestrich enthält. Eine Änderung der dritten Zeile in die folgende würde die beiden angegebenen Mitglieder aus der Gruppe entfernen:

```
delete: member
```

Prüfungstipp Beide Programme, **Csvde** und **Ldifde**, beherrschen den Import und Export von Objekten, sodass sich in einem Arbeitsgang mit minimalen Verwaltungsaufwand eine große Zahl von Sicherheitsprinzipalen erstellen lässt, einschließlich Benutzern oder Gruppen. Allerdings ist der **Ldifde**-Befehl und seine Dateistruktur für Administratoren nicht annähernd so einfach wie eine kommaseparierte Datei für **Csvde**. Für die Prüfung 70-290 sollten Sie wissen, dass beide Befehle Objekte importieren und exportieren können und ihre eigenen Dateiformate haben. Nur **Ldifde** ist in der Lage, vorhandene Objekte zu ändern oder zu entfernen.

Erstellen von Gruppen mit *Dsadd*

Der bereits in Kapitel 3 vorgestellte Befehl **Dsadd** wird zum Hinzufügen von Objekten zu Active Directory eingesetzt. Zum Hinzufügen einer Gruppe verwenden Sie die folgende Syntax:

```
dsadd group GruppenDN ...
```

Der Parameter *GruppenDN* ... gibt einen oder mehrere definierte Namen für die neuen Benutzerobjekte an. Enthält ein DN ein Leerzeichen, muss der gesamte definierte Name in Anführungszeichen gesetzt werden. Der Parameter *GruppenDN* ... kann unter Verwendung einer der folgenden Methoden eingegeben werden:

- Durch Weiterleitung einer Liste mit definierten Namen von einem anderen Befehl, z.B. **Dsquery**.
- Durch Eingabe der einzelnen DNs an der Befehlszeile, getrennt durch Leerzeichen.
- Durch Leerlassen des DN-Parameters. In diesem Fall können Sie die definierten Namen nacheinander an der Tastaturkonsole der Eingabeaufforderung eingeben. Drücken Sie nach jedem eingegebenen DN die EINGABETASTE. Drücken Sie nach dem letzten DN zunächst STRG+Z und anschließend die EINGABETASTE.

Der Befehl **Dsadd Group** akzeptiert nach dem DN-Parameter die folgenden optionalen Parameter:

- **-secgrp** *{yes | no}* Legt fest, ob es sich um eine Sicherheitsgruppe (yes) oder eine Verteilergruppe (no) handelt. Der Standardwert lautet **yes**.
- **-scope** *{l | g | u}* Legt fest, ob es sich um eine lokale Domänengruppe (l), um eine globale Gruppe (g) oder um eine universelle Gruppe (u) handelt.
- **-samid** ***SAMName***
- **desc** ***Beschreibung***
- **-memberof** ***GruppenDN*** **...** Legt Gruppen fest, in welche die neue Gruppe als Mitglied aufgenommen werden soll.
- **-members** ***MitgliedDN*** **...** Legt Mitglieder fest, die zur Gruppe hinzugefügt werden sollen.

Wie in Kapitel 3 erläutert, können Sie die Parameter **-s**, **-u** und **-p** anhängen, um den Domänencontroller für die Befehlsausführung sowie Benutzername und Kennwort – die Anmeldeinformationen – anzugeben, mit denen der Befehl **Dsadd** ausgeführt werden soll.

- **{-s *Server* | -d *Domäne*}**
- **-u *Benutzername***
- **-p {*Kennwort* | *}**

Um zum Beispiel in der OU **Mitarbeiter** der Domäne **contoso.com** eine neue globale Sicherheitsgruppe namens **Marketing** zu erstellen, eignet sich folgender Befehl:

```
dsadd group "CN=Marketing,OU=Mitarbeiter,DC=Contoso,DC=Com"
    -samid Marketing -secgrp yes -scope g
```

Ermitteln von Gruppenattributen mit *Dsget*

Der in Kapitel 3 vorgestellte Befehl **Dsget** gibt die gewünschten Attribute von einem oder mehreren Objekten zurück. Bei der Verwaltung von Gruppen ist der Befehl **Dsget** besonders wichtig, denn er kann eine Liste der Gruppenmitglieder liefern. Der folgende Befehl ergibt zum Beispiel eine Liste der DNs für alle Mitglieder der Gruppe **Vertrieb**:

```
dsget group "CN=Vertrieb,OU=Mitarbeiter,DC=contoso,DC=com" -members
```

Prüfungstipp **Dsquery** gibt eine Liste von Objekten aus Active Directory zurück, wobei Objekteigenschaften zur Formulierung von Suchkriterien dienen. Dieser Befehl ist am gebräuchlichsten, wenn es darum geht, eine DN-Liste an andere Befehle des Verzeichnisdienstes weiterzuleiten. **Dsget** ist dagegen der einzige Verzeichnisdienstbefehl, der eine Liste der DNs von den Mitgliedern einer Gruppe erstellen kann.

Ermitteln der Domänengruppen, denen ein Benutzer angehört

Active Directory ermöglicht eine flexible Gruppenverschachtelung, bei der folgende Richtlinien gelten:

- Globale Gruppen können in anderen globalen Gruppen, universellen oder lokalen Domänengruppen verschachtelt werden.
- Universelle Gruppen können als Mitglieder in andere universelle Gruppen oder lokale Domänengruppen aufgenommen werden.
- Lokale Domänengruppen können anderen lokalen Domänengruppen angehören.

Diese Flexibilität kann natürlich zu einer Komplexität führen, bei der es ohne geeignete Tools äußerst schwierig wäre, die direkten oder indirekten Gruppenmitgliedschaften eines Benutzers zu ermitteln. Aber der Befehl **Dsget** löst dieses Problem. Geben Sie an einer Eingabeaufforderung den folgenden Befehl ein:

```
dsget user BenutzerDN -memberof [-expand]
```

Die Option **-memberof** gibt den Wert des Attributs **MemberOf** zurück. Dieses Attribut liefert Informationen darüber, welchen Gruppen der Benutzer direkt angehört. Durch Hinzufügen der Option **-expand** werden diese Gruppen rekursiv durchsucht, was zur Ausgabe einer umfangreichen Liste aller Gruppen führt, denen der Benutzer innerhalb der Domäne angehört.

Bearbeiten von Gruppen mit *Dsmod*

Der bereits in Kapitel 3 vorgestellte Befehl **Dsmod** wird zum Bearbeiten von Objekten in Active Directory eingesetzt. Zum Bearbeiten einer Gruppe verwenden Sie die folgende Syntax:

```
dsmod group GruppenDN ...
```

Mit dem Befehl können viele der Optionen von **Dsadd Group** verwendet werden, u.a. **-samid**, **-desc**, **-secgrp** und **-scope**. Im Normalfall würden Sie diese Attribute einer vorhandenen Gruppe jedoch kaum ändern. Stattdessen werden Sie Optionen verwenden, die eine Änderung der Gruppenmitgliedschaft ermöglichen. Hierzu zählen insbesondere:

- **-addmbr** ***MitgliedsDN*** Fügt zur angegebenen Gruppe Mitglieder hinzu
- **-rmmbr** ***MitgliedsDN*** Entfernt Mitglieder aus der angegebenen Gruppe

Hierbei steht, wie bei allen Verzeichnisdienstbefehlen, die ***MitgliedsDN*** für den vollständigen, definierten Namen eines anderen Active Directory-Objekts, eingeschlossen in Anführungszeichen, sofern der DN Leerzeichen enthält.

Hinweis Sie können in einer Befehlszeile jeweils nur die Option **-addmbr** *oder* die Option **-rmmbr** verwenden. In einem einzelnen **Dsmod Group**-Befehl können nicht beide Optionen gleichzeitig verwendet werden.

Haben Sie z.B. vor, einen Benutzer namens David Jones aus der OU **Mitarbeiter** der Domäne **contoso.com** zur globalen Sicherheitsgruppe **Marketing** hinzuzufügen, lautet der entsprechende **Dsmod Group**-Befehl so:

```
dsmod group "CN=Marketing,OU=Mitarbeiter,DC=Contoso,DC=Com"
    -addmbr "CN=David Jones,OU=Mitarbeiter,DC=Contoso,DC=Com"
```

Sie können **Dsget** mit **Dsmod** kombinieren, um eine Gruppenmitgliedschaft zu kopieren. Im folgenden Beispiel wird der Befehl **Dsget** verwendet, um Informationen über alle Mitglieder der Gruppe **Vertrieb** zu erhalten und die betreffenden Benutzer durch die Weitergabe der Liste an **Dsmod** in die Gruppe **Marketing** aufzunehmen:

```
dsget group "CN=Vertrieb,OU=Mitarbeiter,DC=Contoso,DC=Com" -members |
    dsmod group "CN=Marketing,OU=Mitarbeiter,DC=Contoso,DC=Com" -addmbr
```

Verschieben und Umbenennen von Gruppen mit *Dsmove*

Der Befehl **Dsmove**, eingeführt in Kapitel 3, ermöglicht das Verschieben oder Umbenennen eines Objekts innerhalb einer Domäne. Sie können ihn aber nicht zur Verschiebung von Objekten in andere Domänen verwenden. Die Basissyntax ist:

```
dsmove ObjektDN [-newname NeuerName] [-newparent ÜbergDN]
```

Das Objekt wird mit seinem definierten Namen im Paramter **ObjektDN** angegeben. Wenn Sie das Objekt umbenennen möchten, geben Sie den neuen allgemeinen Namen im Parameter **NeuerName** an. Zur Verschiebung eines Objekts an einen neuen Ort geben Sie den definierten Namen eines Containers im Parameter **ÜbergDN** an.

Wenn Sie zum Beispiel den Namen der Gruppe **Marketing** in **Public Relations** ändern möchten, geben Sie Folgendes ein:

```
dsmove "CN=Marketing,OU=Mitarbeiter,DC=Contoso,DC=Com" -newname "Public Relations"
```

Um diese Gruppe dann in die OU **Marketing** zu verschieben, geben Sie den Befehl:

```
dsmove "CN=Public Relations,OU=Mitarbeiter,DC=Contoso,DC=Com"
    -newparent "OU=Marketing,DC=Contoso,DC=Com"
```

Hinweis Sie können eine Gruppe auch in der MMC oder dem Snap-In **Active Directory-Benutzer und -Computer** verschieben oder umbenennen, indem Sie die Gruppe wählen und im Menü **Aktion** oder im Kontextmenü **Verschieben** oder **Umbenennen** wählen.

Löschen von Gruppen mit *Dsrm*

Mit dem Befehl **Dsrm**, eingeführt in Kapitel 3, lässt sich eine Gruppe löschen. Die Basissyntax ist:

```
dsrm ObjektDN ... [-subtree [-exclude]] [-noprompt] [-c]
```

Das Objekt wird mit seinem definierten Namen im Parameter **ObjectDN** angegeben. Sie werden bei jedem Objekt aufgefordert, die Löschung zu bestätigen, sofern Sie nicht den Parameter **-noprompt** angeben. Die Option **-c** veranlasst **Dsrm** dazu, die Arbeit auch dann fortzusetzen, wenn Fehler auftreten. Fehler werden zwar gemeldet, aber die weiteren Objekte werden bearbeitet. Ohne die Option **-c** bricht **Dsrm** die Bearbeitung beim ersten Fehler ab.

Mit dem folgenden Befehl können Sie die Gruppe **Public Relations** löschen:

```
dsrm "CN=Public Relations,OU=Marketing,DC=Contoso,DC=Com"
```

Automatisieren der Benutzerverwaltung mit VBScript

Bei der Prüfung 70-290 werden von Ihnen Grundkenntnisse darüber erwartet, wie man Skripts einsetzt, die in VBScript geschrieben sind. Sie müssen einfache VBScript-Operationen verstehen, aber Skripts nicht unbedingt auch selbst schreiben können. Allerdings ist eine gründlichere Kenntnis von VBScript sinnvoll, wenn es um die Verwaltung von Active Directory bei der täglichen Arbeit geht. Da die Verwendung von VBScript Kenntnisse aus mehreren Bereichen erfordert, einschließlich Kenntnisse in der Verwaltung von Benutzern und Gruppen, haben wir auf der Begleit-CD-ROM dieses Buchs eine Ergänzung mit dem Titel „Using VBScript to Automate User and Group Administration“ aufgenommen.

Auf der CD Versäumen Sie nicht, die Ergänzung „Using VBScript to Automate User and Group Administration“ zu lesen, die Sie auf der Begleit-CD-ROM dieses Buchs finden.

Praktische Übung: Verwalten von Gruppenkonten mit *Ldifde*

In den folgenden Übungen listen Sie die für **Ldifde** verfügbaren Optionen auf, exportieren Benutzer aus Active Directory und erstellen ein Gruppenobjekt im Verzeichnis.

Übung 1: Starten von *Ldifde*

In dieser Übung listen Sie die für **Ldifde** verfügbaren Befehlsoptionen auf.

1. Öffnen Sie eine Eingabeaufforderung.
2. Geben Sie an der Eingabeaufforderung den Befehl **Ldifde /?** ein, um eine Liste der verfügbaren Optionen anzuzeigen.

Übung 2: Exportieren von Benutzern aus einer Organisationseinheit

In dieser Übung exportieren Sie die gesamten Inhalte einer OU mit dem Namen **Marketing**, einschließlich aller Benutzer, aus der Domäne **contoso.com**.

1. Erstellen Sie in der Domäne **contoso.com** (**Server01** fungiert als Domänencontroller für **contoso.com**) eine OU mit dem Namen **Marketing**.
2. Fügen Sie zur OU **Marketing** zwei oder drei Benutzer hinzu. Diese Benutzer können nach Belieben benannt werden.
3. Öffnen Sie eine Eingabeaufforderung, und geben Sie den folgenden **Ldifde**-Befehl ein (das Zeichen **:** weist darauf hin, dass der folgende Teil noch zu einer Zeile gehört):

```
ldifde -f marketing.ldf -s server01 :
-d "ou=Marketing,dc=contoso,dc=com" :
-p subtree -r "(objectCategory=CN=Person,CN=Schema,CN=Configuration,:
DC=contoso,DC=com)"
```

Abbildung 4.4 zeigt die Bildschirmausgabe.

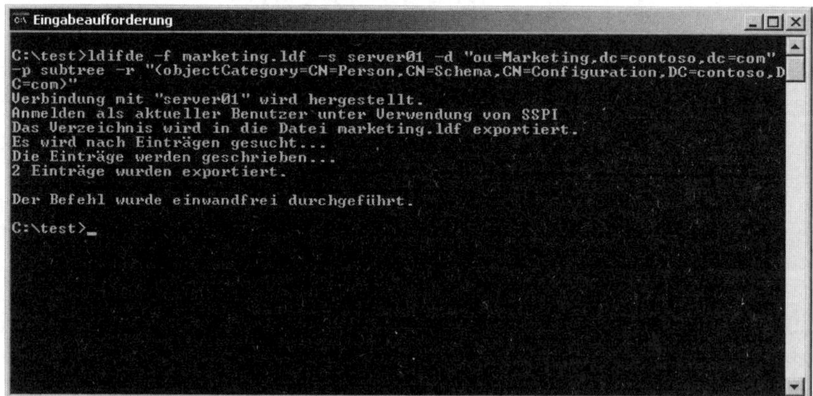

Abbildung 4.4 Ausgabe des **Ldifde**-Befehls zum Export der OU **Marketing**

Es wird eine LDIF-Datei mit dem Namen **Marketing.ldf** erstellt, indem eine Verbindung zu **Server01** hergestellt und die OU **Marketing** (einschließlich darunter befindlicher Strukturen) nach Objekten der Kategorie **Person** durchsucht wird.

Übung 3: Verwenden von *Ldifde* zum Erstellen einer Gruppe

In dieser Übung fügen Sie zur OU **Marketing** in der Domäne **contoso.com** über den Befehl **Ldifde** eine Gruppe namens **Management** hinzu.

1. Starten Sie einen Texteditor, z.B. den Windows-Editor, und erstellen Sie eine Textdatei mit dem Namen **NeueGruppe.ldf**. (Speichern Sie die Datei als LDIF-Datei, nicht als Textdatei.)
2. Bearbeiten Sie die LDIF-Datei **NeueGruppe.ldf**, indem Sie folgenden Text hinzufügen:

```
dn: CN=Management,OU=Marketing,DC=contoso,DC=com
changetype: add
cn: Management
objectClass: group
samAccountName: Marketing
```

3. Speichern und schließen Sie die LDIF-Datei.
4. Öffnen Sie eine Eingabeaufforderung, geben Sie den folgenden Befehl ein, und drücken Sie die EINGABETASTE:

```
ldifde -i -f NeueGruppe.ldf -s server01
```

Tipp Achten Sie auf Leerraum (Tabulatoren, Leerzeichen, Zeilenumbrüche, Zeilenvorschübe) in der Datei. Befinden sich überflüssige Leerraumzeichen in der Datei, kann der Befehl nicht ausgeführt werden.

5. Vergewissern Sie sich anhand des Snap-Ins **Active Directory-Benutzer und -Computer**, dass die neue Gruppe erstellt wurde.

Lernzielkontrolle

Die folgenden Fragen dienen dazu, die wichtigsten Lehrinhalte dieser Lektion zu vertiefen. Können Sie eine Frage nicht beantworten, arbeiten Sie das entsprechende Lektionsmaterial noch einmal durch, und versuchen Sie dann erneut, die Frage zu beantworten. Die Antworten auf die Lernzielkontrollfragen finden Sie im Abschnitt „Fragen und Antworten" am Ende dieses Kapitels.

1. Welcher der folgenden **Ldifde**-Parameter ändert die Funktion von **Ldifde** von Export in Import?

   a. -i

   b. -t

   c. -f

   d. -s

2. Welche Objektklassen können mithilfe von Ldifde exportiert und importiert werden?

   ____

   ____

3. Sie verfügen über eine Benutzerdatenbank, die eine Funktion zum Exportieren von CSV-Dateien aufweist. Können Sie eine solche Datei verwenden, oder ist für den Import die manuelle Erstellung einer *.ldf-Datei erforderlich?

____

____

____

Zusammenfassung der Lektion

- **Ldifde** ist ein Tool, das zum Lieferumfang von Windows Server 2003 gehört und das Importieren und Exportieren von Daten in bzw. aus Active Directory ermöglicht.
- Wenn Sie bereits über ein Verzeichnis mit Benutzerdaten verfügen, können Sie mithilfe von **Ldifde** die gewünschten Daten für den Import nach Active Directory exportieren. Diese Vorgehensweise ist im Allgemeinen sehr viel effizienter als das manuelle Erstellen einzelner Elemente. CSV-Dateien können verwendet werden, sofern die Daten ordnungsgemäß formatiert sind, d.h. mit allen erforderlichen Elementen und in der richtigen Reihenfolge.
- **Ldifde** kann zur Verwendung mit einem Active Directory-Verzeichnis von einem Windows Server 2003-Computer auf einen Windows 2000- oder Windows XP-Desktop kopiert werden.

Übung mit Fallbeispiel

Sie sind im Begriff, Ihr Active Directory-Verzeichnis aufzubauen, und haben von der Personalabteilung einige Benutzerdaten erhalten, die Vor- und Nachname, Adresse und Rufnummer einschließen. Die Unternehmensrichtlinie schreibt vor, dass der Benutzeranmeldename aus Vorname oder Initialen sowie Nachname gebildet wird (Ben Smith würde z.B. den Anmeldenamen **bsmith** erhalten).

Sie verfügen über 500 Benutzer, 30 Gruppen und 10 OUs. Wie können Sie Ihr Active Directory möglichst schnell und einfach einrichten?

Übung zur Problembehandlung

Das Erstellen einzelner Objekte (Benutzer, Gruppen und Computer) in Ihrem Active Directory-Verzeichnis ist kein Problem, das Auffinden von Objekten und ihrer Verknüpfungen kann nach der Erstellung einer großen Anzahl von Objekten jedoch bereits eine Herausforderung sein. In einer umfangreichen Umgebung mit mehreren Domänen (oder in einer kleineren, komplizierten Umgebung) kann sich das Beheben von Ressourcenzugriffsproblemen als schwierig herausstellen. Wenn beispielsweise die Benutzerin Sarah auf einige, jedoch nicht alle von ihr benötigten Ressourcen zugreifen kann, wurde sie möglicherweise nicht als Mitglied in die Gruppen aufgenommen, denen Berechtigungen für diese Ressourcen zugewiesen wurden.

Wenn Sie über mehrere Domänen mit mehreren OUs in jeder Domäne verfügen und in jeder dieser OUs mehrere, verschachtelte Gruppen vorliegen, kann es Sie einige Zeit kosten, die Mitgliedschaft dieser vielen Gruppen zu untersuchen und zu prüfen, ob der Benutzer Mitglied der geeigneten Gruppen ist. Die Konsole **Active Directory-Benutzer und -Computer** wäre in diesem Fall nicht das geeignete Tool.

Sie verwenden den Befehl **Dsget**, um eine umfassende Liste aller Gruppen abzurufen, in denen ein Benutzer Mitglied ist. Im Rahmen dieser Übung wird der Benutzer **Ben Smith** in der Domäne **contoso.com**, OU **Benutzer**, verwendet.

1. Verwenden Sie für die folgenden Schritte einen Benutzer aus Ihrem Active Directory-Verzeichnis. Wenn Sie über keine geeignete Objektstruktur verfügen, erstellen Sie mehrere verschachtelte Gruppen in verschiedenen OUs, und fügen Sie den Benutzer nur zu einigen dieser Gruppen als Mitglied hinzu.
2. Öffnen Sie eine Eingabeaufforderung.
3. Geben Sie den folgenden Befehl ein (ersetzen Sie **Ben Smith** durch den gewählten Benutzernamen und OU):

   ```
   dsget user "CN=Ben Smith,CN=Benutzer,DC=contoso,DC=com" -memberof -expand
   ```

   Es wird eine vollständige Liste aller Gruppen angezeigt, in denen der Benutzer Mitglied ist.

Zusammenfassung des Kapitels

- Gruppen können in einer beliebigen OU innerhalb von Active Directory erstellt werden.
- Es gibt zwei Arten von Gruppen: Sicherheitsgruppen und Verteilergruppen.
- Es gibt drei Arten von Gruppenbereichen: lokale Domäne, global und universell.
- Das manuelle Erstellen von Gruppen erfolgt über die MMC **Active Directory-Benutzer und -Computer**.
- Die automatisierte Erstellung von Gruppen erfolgt mit dem Befehlszeilenprogramm **Ldifde**.
- Verzeichnisdienstprogramme wie **Dsquery**, **Dsget** und **Dsmod** können zum Auflisten, Erstellen und Bearbeiten von Gruppen und deren Mitgliedschaft eingesetzt werden.
- Gruppentypen können nur geändert werden, wenn die Domänenfunktionsebene mindestens **Windows 2000 pur** lautet.
- Eine erweiterte Gruppenverschachtelung ist nur möglich, wenn die Domänenfunktionsebene mindestens **Windows 2000 pur** lautet.

Prüfungsrelevante Themen

Vor Absolvieren der Prüfung sollten Sie anhand der nachfolgend aufgeführten Schlüsselinformationen und -begriffe prüfen, welche Themen Sie gegebenenfalls noch einmal durcharbeiten müssen. Gehen Sie die entsprechenden Lektionen und Praxisübungen erneut durch, und lesen Sie die Abschnitte „Weiterführende Literatur" in Teil II, um weitere Informationen zu den abgedeckten Lernzielen für die Prüfung zu erhalten.

Schlüsselinformationen

- Die Gruppentypen und die verfügbaren Nutzungsmöglichkeiten in Abhängigkeit von der Domänenfunktionsebene
- Der Bereich von Gruppen und die verschiedenen Verschachtelungen in Abhängigkeit von der Domänenfunktionsebene
- Grundlegende Verwendung von **Active Directory-Benutzer und -Computer** zum Erstellen von Gruppen und zum Bearbeiten der Gruppenmitgliedschaft
- Grundlegende Verwendung von **Ldifde** zum Exportieren von Gruppen aus einem Verzeichnis in ein anderes sowie zum Erstellen von Gruppen
- Grundlegende Verwendung von **Dsget** zum Auflisten aller Gruppenmitgliedschaften für einen Benutzer

Schlüsselbegriffe

Lokale Domänengruppe (Bereich) In gemischten oder Interimsdomänen stehen diese lokalen Gruppen nur auf Domänencontrollern, nicht domänenweit zur Verfügung.

Globale Gruppe (Bereich) Eine Gruppe, die in Domänen beliebiger Funktionsebene domänenweit zur Verfügung steht.

Universelle Gruppe (Bereich) Eine Gruppe, die domänenweit für alle Funktionsebenen zur Verfügung stehen kann, für Domänen der Funktionsebene **Windows 2000 gemischt** und **Windows Server 2003 interim** jedoch auf den Bereich **Verteiler** beschränkt ist.

Sicherheitsgruppe (Typ) Kann über Berechtigungen verfügen, die in einer Zugriffssteuerungsliste (Access Control List, ACL) zugewiesen werden.

Verteilergruppe (Typ) Kann nicht über Berechtigungen verfügen, die in einer Zugriffssteuerungsliste zugewiesen werden.

Fragen und Antworten

Seite 169 Lernzielkontrolle Lektion 1

1. Welcher Typ von Domänengruppe ähnelt am ehesten der lokalen Gruppe auf einem Mitgliedsserver? Inwiefern ähneln sich die Gruppen?

   Lokale Domänengruppen sind lokalen Gruppen auf einem Mitgliedsserver insofern sehr ähnlich, als sie in einer gemischten oder Windows Server 2003-Interimsdomäne auf die Computer beschränkt sind, auf denen sie vorliegen. Im Falle von lokalen Domänengruppen ist dies der Domänencontroller. Solange die Domänenfunktionsebene nicht auf **Windows 2000 pur** oder **Windows Server 2003** heraufgestuft wird, können lokale Domänengruppen nicht für die Berechtigungszuweisung auf einem beliebigen Server in der Domäne verwendet werden; diese Funktion bleibt auf die Domänencontroller beschränkt.

2. Sie verwenden universelle Gruppen in Ihrer Domäne oder Gesamtstruktur und möchten den Mitgliedern einer universellen Gruppe Berechtigungen für bestimmte Zugriffsarten erteilen. Welche Voraussetzungen müssen für die universelle Gruppe erfüllt sein?

   Für die universelle Gruppe gilt:

   - Die Domänenfunktionsebene muss **Windows 2000 pur** oder **Windows Server 2003** lauten.
   - Die universelle Gruppe muss vom Typ **Sicherheit** sein (nicht vom Typ **Verteiler**).

3. Welche Sicherheitsprinzipale können in einer Domäne mit der Funktionsebene **Windows Server 2003** als Mitglieder in eine globale Gruppe aufgenommen werden?

   - Benutzer
   - Computer
   - Universelle Gruppen
   - Globale Gruppen

Seite 173 Lernzielkontrolle Lektion 2

1. Welche Registerkarte im Eigenschaftendialogfeld einer Gruppe verwenden Sie, um Benutzer zu der Gruppe hinzuzufügen?

   Zum Hinzufügen von Mitgliedern zu einer Gruppe wird die Registerkarte **Mitglieder** verwendet.

2. Sie möchten die für die Gruppe **Vertrieb** verantwortliche Gruppe **IT-Administratoren** in die Gruppe **Vertrieb** aufnehmen, damit ihre Mitglieder Zugriff auf dieselben Ressourcen erhalten (festgelegt durch Berechtigungen in einer Zugriffssteuerungsliste) wie die Gruppe **Vertrieb**. Auf welche Registerkarte im Eigenschaftendialogfeld der Gruppe **IT-Administratoren** greifen Sie zu, um diese Einstellung vorzunehmen?

   Sie verwenden die Registerkarte **Mitglied von**, um die Gruppe **IT-Administratoren** zu der Gruppe **Vertrieb** hinzuzufügen.

3. Ihre Umgebung besteht aus einer Windows Server 2003- und einer Windows NT 4.0-Domäne. Welche Gruppenbereiche können Sie für die Zuweisung von Berechtigungen für Ressourcen auf einem beliebigen Domänencomputer verwenden?

   In einer Domäne mit der Funktionsebene **Windows Server 2003 interim**, die Funktionsebene, die

Sie zur Unterstützung einer Windows NT 4.0-Domäne benötigen, können Sie nur globale Gruppen als Sicherheitsprinzipale einsetzen. Lokale Domänengruppen sind nur nützlich auf den Domänencontrollern in der Windows Server 2003-Domäne, und universelle Gruppen können in einer Domäne mit der Funktionsebene **Windows Server 2003 interim** nicht als Sicherheitsgruppen eingesetzt werden.

Seite 183

Lernzielkontrolle Lektion 3

1. Welcher der folgenden **Ldifde**-Parameter ändert die Funktion von **Ldifde** von Export in Import?

   a. -i

   b. -t

   c. -f

   d. -s

   Richtig ist Antwort a. Der Parameter **-i** ändert die Ldifde-Standardfunktion von Export in Import.

2. Welche Objektklassen können mithilfe von Ldifde exportiert und importiert werden?

   Mithilfe von Ldifde können beliebige Objekte in Active Directory importiert bzw. daraus exportiert werden, z.B. Benutzer, Gruppen, Computer oder OUs. Zusätzlich können einige der Eigenschaften dieser Objekte mit Ldifde bearbeitet werden.

3. Sie verfügen über eine Benutzerdatenbank, die eine Funktion zum Exportieren von CSV-Dateien aufweist. Können Sie eine solche Datei verwenden, oder ist für den Import die manuelle Erstellung einer *.ldf-Datei erforderlich?

   Sie können eine CSV-Datei für den Import von Benutzerdaten nach Active Directory verwenden. Windows Server 2003 füllt fehlende Werte nach Möglichkeit mit Standardwerten auf. Wenn jedoch in der Datei erforderliche Elemente fehlen, treten Fehler beim Import auf und das Objekt wird nicht erstellt.

Seite 184

Übung mit Fallbeispiel

Sie verfügen über 500 Benutzer, 30 Gruppen und 10 OUs. Wie können Sie Ihr Active Directory möglichst schnell und einfach einrichten?

Wenngleich es auf diese Frage keine absolut richtige Antwort gibt, sind verschiedene Komplexitätsgrade zu berücksichtigen. Eine Kombination verschiedener Methoden ist wahrscheinlich die beste Vorgehensweise, unter Berücksichtigung der folgenden Aspekte:

- Die Benutzerdaten können nach Bedarf bearbeitet werden, diese Änderungen sind jedoch minimal, und die Benutzer können mithilfe von Ldifde in das Active Directory-Verzeichnis importiert werden.
- Die OU-Struktur kann einen Teil der Benutzerstruktur bilden und mit geringem Bearbeitungsaufwand aus derselben Datei aufgebaut werden. Verwenden Sie für die OUs ebenfalls Ldifde.
- Bei den Gruppen liegen die Dinge etwas anders. Da es sich bei der Gruppenmitgliedschaft in Active Directory um ein mehrwertiges Attribut handelt, muss die Gruppenmitgliedschaft bei Erstellung der Gruppe für jede Gruppe einzeln aufgelistet werden. Es wäre eher verwirrend, diese Daten in eine einzelne Datei aufzunehmen, und es könnte leicht zu Fehlern kommen. Die Gruppenmitgliedschaften sollten daher individuell definiert werden.

KAPITEL 5

Computerkonten

In diesem Kapitel abgedeckte Prüfungsziele:

- Erstellen und Verwalten von Computerkonten in einer Active Directory-Umgebung
- Problembehandlung von Computerkonten
  - Diagnose und Beseitigung von Problemen mit Computerkonten durch Einsatz des MMC-Snap-Ins **Active Directory-Benutzer und -Computer**
  - Zurücksetzen eines Computerkontos

Bedeutung dieses Kapitels

Als Administrator ist Ihnen bewusst, dass der Unternehmensumgebung im Lauf der Zeit weitere Hardware hinzugefügt wird, dass Computer zu Reparaturzwecken abgeschaltet werden müssen, dass Computer den Benutzer oder ihre Funktion wechseln können und dass alte Geräte außer Betrieb genommen oder aktualisiert werden, was zum Erwerb von Austauschsystemen führt. Jede dieser Aktivitäten erfordert das Aktualisieren von Computerkonten in Active Directory.

Ebenso wie ein Benutzer über Benutzername und Kennwort des Benutzerobjekts authentifiziert wird, wird für jeden Computer ein Konto mit Name und Kennwort verwaltet, um eine sichere Beziehung zwischen Computer und Domäne herzustellen. Ein Benutzer kann sein Kennwort vergessen, was das Zurücksetzen des Kennworts erforderlich macht, oder für einen längeren Zeitraum abwesend sein, sodass das Benutzerobjekt deaktiviert werden muss. Aus ähnlichen Gründen kann es erforderlich sein, ein Computerkonto zurückzusetzen oder zu deaktivieren.

In diesem Kapitel erfahren Sie, wie Computerobjekte erstellt werden, welche die Sicherheitseigenschaften einschließen, die ein Objekt zu einem „Konto" machen, und Sie verwalten diese Objekte mithilfe der Konsole **Active Directory-Benutzer und -Computer** sowie den leistungsstarken Befehlszeilenprogrammen von Microsoft Windows Server 2003. Ferner lernen Sie den Prozess kennen, über den ein Computer einer Domäne beitritt, sodass Sie potenzielle Fehlerstellen erkennen und eine effiziente Problembehandlung von Computerkonten durchführen können. Abschließend werden die Hauptfähigkeiten vorgestellt, die für die Problembehandlung und Reparatur von Computerkonten erforderlich sind.

Lektionen in diesem Kapitel:

Bevor Sie beginnen

In diesem Kapitel werden Fähigkeiten und Konzepte in Bezug auf Computerkonten in Active Directory beschrieben. Bereiten Sie für die praktischen Übungen anhand der Beispiele in diesem Kapitel Folgendes vor:

- Einen Windows Server 2003-Computer (Standard oder Enterprise Edition) namens **Server01**, der als Domänencontroller in der Domäne **contoso.com** konfiguriert ist.
- Folgende Organisationseinheiten (Organizational Units, OUs) erster Ebene: **Administrative Gruppen**, **Desktops** und **Server**.
- Eine globale Sicherheitsgruppe namens **Bereitstellung** in der OU **Administrative Gruppen**.
- Die Konsole **Active Directory-Benutzer und -Computer** oder eine angepasste Konsole mit dem Snap-In **Active Directory-Benutzer und -Computer**.
- Eine der Übungen, bei denen ein Computer einer Domäne beitritt, kann nur durchgeführt werden, wenn Sie über einen zweiten Computer verfügen, auf dem Microsoft Windows 2000 Professional, Windows XP oder Windows Server 2003 ausgeführt wird und der mit **Server01** verbunden ist. Darüber hinaus muss der DNS-Dienst ordnungsgemäß konfiguriert sein, auf **Server01** oder an anderer Stelle, und der zweite Computer muss zur Verwendung dieses DNS-Servers konfiguriert sein, damit er den Domänencontroller **Server01** der Domäne **contoso.com** findet.

Lektion 1: Beitritt eines Computers zu einer Domäne

Computer, auf denen Windows Server 2003 oder ein anderes Windows-Betriebssystem ausgeführt wird, gehören per Standardkonfiguration einer Arbeitsgruppe an. In einer Arbeitsgruppe kann ein Windows NT-basierter Computer (dies schließt Windows NT 4.0, Windows 2000, Windows XP und Windows Server 2003 ein) Benutzer ausschließlich mit der lokalen SAM-Datenbank (Security Accounts Manager) authentifizieren. Es handelt sich in jeder Beziehung um ein eigenständiges System. Die Mitgliedschaft in der Arbeitsgruppe spielt lediglich eine untergeordnete Rolle, insbesondere im Hinblick auf den Suchdienst. Obwohl ein an einem Arbeitsgruppencomputer arbeitender Benutzer nicht mit einem Domänenkonto an diesem Computer angemeldet ist, kann er trotzdem auf Freigaben zugreifen, die sich auf anderen Computern einer Arbeitsgruppe oder Domäne befinden. Die anderen Computer fordern ihn einfach zur Eingabe eines Benutzernamens und Kennworts auf.

Bevor Sie sich mit Ihrem Domänenbenutzerkonto an einem Computer anmelden können, muss dieser Computer einer Domäne angehören. Für den Beitritt eines Computers zu einer Domäne sind zwei Schritte erforderlich: Erstens muss ein Konto für den Computer erstellt werden, zweitens muss der Computer für den Beitritt zur Domäne mit diesem Konto konfiguriert werden. Der Schwerpunkt dieser Lektion liegt auf den Fähigkeiten, die zur Erstellung von Computerkonten und dem Beitritt von Computern zu einer Domäne erforderlich sind. In der nächsten Lektion werden die Computerkonten eingehender untersucht.

Wie für Benutzer werden auch für Computer Konten verwaltet, die einen Namen, ein Kennwort und eine Sicherheitskennung (Security Identifier, SID) umfassen. Diese Eigenschaften sind in Active Directory in die Klasse der Computerobjekte integriert. Die Vorbereitungen für den Beitritt eines Computers zu einer Domäne ähneln daher sehr stark denen, die zur Aufnahme eines Benutzers in eine Domäne erforderlich sind: Sie müssen ein Computerobjekt in Active Directory erstellen.

Am Ende dieser Lektion werden Sie in der Lage sein, die folgenden Aufgaben auszuführen:

- Erstellen von Computerkonten mithilfe der Konsole **Active Directory-Benutzer und -Computer**
- Erstellen von Computerkonten mithilfe des Befehlszeilenprogramms **Dsadd**
- Erstellen von Computerkonten mithilfe des Befehlszeilenprogramms **Netdom**
- Beitritt eines Computers zu einer Domäne durch Änderung der Eigenschaften für die Netzwerkidentifikation
- Erläutern der Wichtigkeit des Erstellens von Computerkonten vor Beitritt zu einer Domäne

Veranschlagte Zeit für diese Lektion: 20 Minuten

Erstellen von Computerkonten

Sie müssen einer der Gruppen **Administratoren** oder **Konten-Operatoren** auf den Domänencontrollern angehören, um ein Computerobjekt in Active Directory erstellen zu können. Die Gruppen **Domänen-Admins** und **Organisations-Admins** sind standardmäßig Mitglieder der Gruppe **Administratoren**. Alternativ können Sie Administrationsaufgaben delegieren, sodass andere Benutzer oder Gruppen Computerobjekte erstellen können.

Allerdings sind Domänenbenutzer auch in der Lage, über einen indirekten Prozess Computerobjekte zu erstellen. Wird ein Computer zu einer Domäne hinzugefügt und liegt für diesen Computer kein Konto vor, erstellt Active Directory in der OU **Computers** automatisch ein Computerobjekt. Jeder Benutzer aus der Gruppe **Authentifizierte Benutzer** (tatsächlich also alle Benutzer) kann zur Domäne 10 Computer hinzufügen und demnach auf diese Weise 10 Computerobjekte erstellen.

Erstellen von Computerobjekten mithilfe von *Active Directory-Benutzer und -Computer*

Zum Erstellen eines Computerobjekts oder „Kontos“ öffnen Sie die Konsole **Active Directory-Benutzer und -Computer** und wählen den Container oder die OU aus, in der das Objekt erstellt werden soll. Klicken Sie anschließend im Menü **Aktion** oder im Kontextmenü (aufgerufen durch einen Rechtsklick auf das Objekt) den Befehl **Neu, Computer**. Das Dialogfeld **Neues Objekt – Computer** wird geöffnet, wie dargestellt in Abbildung 5.1.

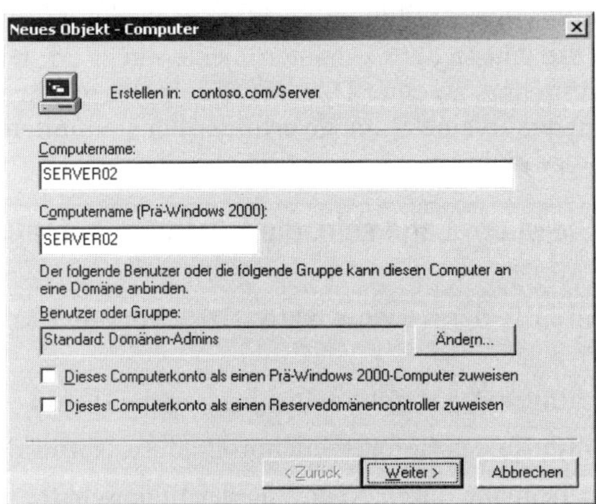

Abbildung 5.1 Das Dialogfeld **Neues Objekt – Computer**

Geben Sie im Dialogfeld **Neues Objekt – Computer** den gewünschten Computernamen ein. Die weiteren Eigenschaften aus diesem Dialogfeld werden in der nächsten Lektion behandelt. Klicken Sie auf **Weiter**. Auf der folgenden Seite des Dialogfelds wird eine global eindeutige Kennung (Globally Unique Identifier, GUID) angefordert. Eine GUID wird verwendet, um ein Computerkonto auf eine Bereitstellung über die Remoteinstallationsdienste vorzubereiten. Eine ausführliche Behandlung dieses Themas würde jedoch den Rahmen dieses Trainings sprengen. Die Eingabe einer GUID ist nicht erforderlich, wenn Sie ein Computerkonto für einen Rechner erstellen, der auf andere Weise in die Domäne aufgenommen wird. Klicken Sie daher einfach auf **Weiter** und anschließend auf **Fertig stellen**.

Erstellen von Computerobjekten mithilfe von *Dsadd*

Die Wahrscheinlichkeit ist relativ hoch, dass Sie den oben beschriebenen Vorgang schon öfters durchgeführt haben. Aber bevor Sie zu dem Urteil kommen, dass es nichts Neues unter der Sonne gebe, sollten Sie sich mit einem neuen, leistungsstarken Befehlszeilenprogramm von Windows Server 2003 vertraut machen: **Dsadd**. Dieses Programm ermöglicht das Erstellen von Computerobjekten über die Befehlszeile oder eine Stapelverarbeitungsdatei.

In Kapitel 3, „Benutzerkonten", haben Sie **Dsadd** bereits zum Erstellen von Benutzerobjekten eingesetzt. Zum Erstellen von Computerobjekten geben Sie lediglich den Befehl **Dsadd Computer *ComputerDN***, wobei ***ComputerDN*** für den definierten Namen (DN) des Computers steht, z.B. **CN=Desktop123,OU=Desktops,DC=contoso,DC=com**.

Enthält ein Computer-DN ein Leerzeichen, muss der gesamte definierte Name in Anführungszeichen gesetzt werden. Der Parameter ***ComputerDN*** kann mehr als einen definierten Namen für neue Computerobjekte umfassen, wodurch **Dsadd Computer** eine komfortable Möglichkeit zum Generieren mehrerer Objekte in einem Arbeitsschritt ist. Der Parameter kann unter Verwendung einer der folgenden Methoden eingegeben werden:

- Durch Weiterleitung einer Liste mit definierten Namen von einem anderen Befehl, z.B. **Dsquery**.
- Durch Eingabe der einzelnen DNs an der Befehlszeile, getrennt durch Leerzeichen.
- Durch Leerlassen des DN-Parameters. In diesem Fall können Sie die definierten Namen nacheinander an der Tastaturkonsole der Eingabeaufforderung eingeben. Drücken Sie nach jedem eingegebenen DN die EINGABETASTE. Drücken Sie nach dem letzten DN zunächst STRG+Z und anschließend die EINGABETASTE.

Der Befehl **Dsadd Computer** akzeptiert nach dem DN-Parameter die folgenden optionalen Parameter:

- -samid *SAMName*
- -desc *Beschreibung*
- -loc *Speicherort*

Erstellen eines Computerkontos mit *Netdom*

Der Befehl **Netdom** steht als Komponente der Support Tools zur Verfügung, die sich im Verzeichnis **Support\Tools** der Windows Server 2003-CD-ROM befinden und von dort installiert werden können. **Netdom** ist auch auf der Windows XP- und Windows 2000-CD verfügbar. Verwenden Sie die für die jeweilige Plattform geeignete Version. **Netdom** ermöglicht die Ausführung zahlreicher Aufgaben hinsichtlich Domänenkonto und Sicherheit von der Befehlszeile aus.

Zum Erstellen eines Computerkontos in einer Domäne geben Sie den folgenden Befehl ein:

```
netdom add Computername /domain:Domänenname /userd:Benutzer /PasswordD:Benutzerkennwort
[/ou:OUDN]
```

Dieser Befehl führt zur Erstellung eines Computerkontos für *Computername* in der Domäne *Domänenname* unter Verwendung der Anmeldeinformationen *Benutzer* und *Benutzerkennwort*. Der Parameter **/ou** führt dazu, dass das Objekt in der OU erstellt wird, die mittels *OUDN* im Anschluss an den Parameter angegeben wird. Geben Sie keinen definierten Namen für die OU an, wird das Computerkonto per Voreinstellung in der OU **Computers** erstellt. Das verwendete Benutzerkonto muss natürlich über die Berechtigung zum Erstellen von Computerobjekten verfügen.

Beitritt eines Computers zu einer Domäne

Ein Computerkonto allein reicht zum Einrichten einer sicheren Beziehung zwischen einer Domäne und einem Computer nicht aus. Der Computer muss der Domäne beitreten.

Gehen Sie zum Beitritt eines Computers zur Domäne folgendermaßen vor:

1. Öffnen Sie ein Dialogfeld, in dem sich der Name des Computers ändern lässt. Dazu stehen mehrere Wege zur Auswahl:
   - Klicken Sie mit der rechten Maustaste auf **Arbeitsplatz** und anschließend auf **Eigenschaften**. Klicken Sie auf die Registerkarte **Computername**.
   - Öffnen Sie die Systemsteuerung, doppelklicken Sie auf **System**, und klicken Sie im Dialogfeld **Systemeigenschaften** auf die Registerkarte **Computername**.

Hinweis Die Registerkarte **Computername** heißt auf Windows 2000-Systemen **Netzwerkidentifikation**. Die Schaltfläche **Ändern** trägt den Namen **Eigenschaften**. Die Funktionalität ist jedoch identisch.

   - Öffnen Sie über die Systemsteuerung den Ordner **Netzwerkverbindungen**, und wählen Sie im Menü **Erweitert** den Befehl **Netzwerkidentifikation**.
2. Klicken Sie auf der Registerkarte **Computername** auf **Ändern**. Das in Abbildung 5.2 gezeigte Dialogfeld **Computernamen ändern** wird angezeigt, in dem Sie Name und Domänen- bzw. Arbeitsgruppenzugehörigkeit des Computers ändern können.

Prüfungstipp Sie können den Computernamen oder die Mitgliedschaft des Computers nicht ändern, wenn Sie nicht als Benutzer mit Administratorrechten an diesem System angemeldet sind. Die Schaltfläche **Ändern** wird nur für Benutzer aktiviert, die der Gruppe der lokalen Administratoren angehören.

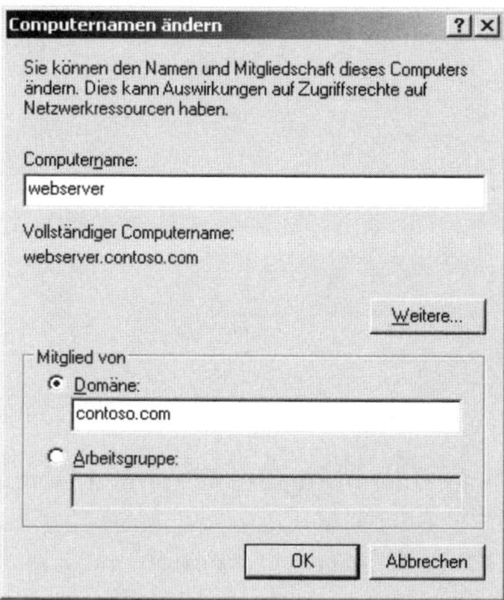

Abbildung 5.2 Das Dialogfeld **Computernamen ändern**

3. Klicken Sie im Dialogfeld **Computernamen ändern** auf **Domäne**, und geben Sie den Namen der Domäne ein.

Tipp Wenngleich es möglich ist, die Zieldomäne über den (flachen) NetBIOS-Domänennamen zu ermitteln, wird empfohlen, den DNS-Namen der Zieldomäne einzugeben. Die Konfiguration von DNS ist auf Computern mit Windows 2000, Windows XP oder Windows Server 2003 besonders wichtig. Durch Verwenden des DNS-Domänennamens nutzen Sie den bevorzugten Prozess für die Namensauflösung und testen die DNS-Konfiguration des Computers. Ist der Computer nicht in der Lage, die gewünschte Domäne zu ermitteln, sollten Sie sicherstellen, dass die richtigen DNS-Servereinträge für die Netzwerkverbindung konfiguriert sind.

4. Klicken Sie auf **OK**. Der Computer stellt eine Verbindung zum Domänencontroller her. Treten bei der Verbindungsherstellung mit der Domäne Probleme auf, sollten Sie Netzwerkkonnektivität und -konfiguration sowie die DNS-Konfiguration überprüfen.

Kann der Computer die Domäne erfolgreich kontaktieren, werden Sie, wie in Abbildung 5.3 gezeigt, zur Eingabe eines Benutzernamens und eines Kennworts aufgefordert, das über die nötigen Rechte für den Beitritt zu der Domäne verfügt. Beachten Sie, dass es sich bei den angeforderten Anmeldeinformationen um Ihren *Domänenbenutzernamen* und das zugehörige Kennwort handelt.

Wenn Sie *kein* Domänencomputerkonto mit einem Namen erstellt haben, der mit dem Computernamen übereinstimmt, erstellt Active Directory automatisch ein Konto im Container **Computers**. Sobald ein Domänencomputerkonto erstellt oder gefunden wurde, richtet der Computer eine Vertrauensstellung mit der Domäne ein, übernimmt die SID aus dem Konto und nimmt Änderungen an den Gruppenmitgliedschaften vor. Der Computer muss anschließend neu gestartet werden, um den Vorgang abzuschließen.

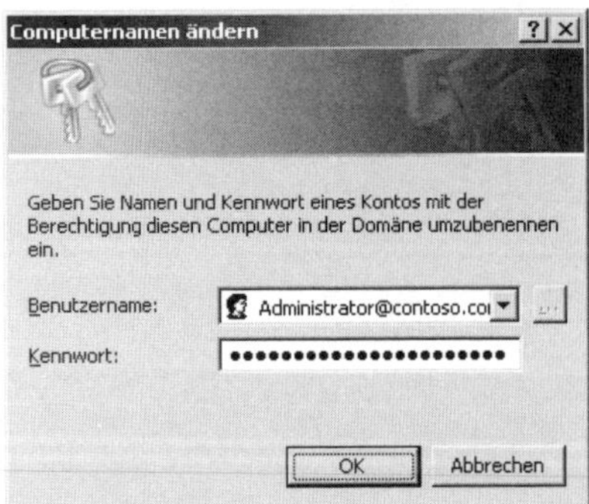

Abbildung 5.3 Aufforderung zur Eingabe von Anmeldeinformationen für den Domänenbeitritt

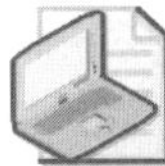

Hinweis Sie können auch den Befehl **Netdom Join** dazu verwenden, eine Arbeitsstation oder einen Server in eine Domäne aufzunehmen. Die Funktionalität dieses Befehls ist mit der Eigenschaftenseite **Computernamen ändern** identisch mit der Ausnahme, dass Sie zusätzlich auch die OU angeben können, in der ein Konto erstellt werden soll, sofern das Computerobjekt noch nicht in Active Directory vorliegt.

Container *Computers* vs. Organisationseinheiten

Der Container **Computers** ist in Active Directory der Standardspeicherort für Computerobjekte. Nach der Aktualisierung einer Domäne von Windows NT 4.0 auf Active Directory befinden sich zunächst alle Computerkonten in diesem Container. Darüber hinaus wird bei einem Beitritt eines Computers zu der Domäne bei fehlendem Domänenkonto für diesen Computer automatisch ein Computerobjekt im Container **Computers** erstellt.

Tipp Zum Lieferumfang von *Microsoft Windows Server 2003 – Die technische Referenz* (Resource Kit) gehört das Tool **Redircomp**, mit dem Sie die Erstellung automatischer Computerobjekte an eine OU Ihrer Wahl umleiten können. Die Domäne muss sich hierzu in der Domänenfunktionsebene **Windows Server 2003** befinden (siehe Kapitel 4, Lektion 1). Dieses Tool ist nützlich in Organisationen, in denen die Erstellung von Computerkonten weniger streng gesteuert wird. Da automatisch erstellte Computerobjekte in einer OU angelegt werden, können sie anhand von Richtlinien verwaltet werden, die mit dieser OU verknüpft werden. Weitere Informationen zum Tool **Redircomp** finden Sie in der technischen Referenz zu Windows Server 2003.

Obwohl der Container **Computers** der Standardordner für Computerobjekte ist, handelt es sich nicht um den idealen Container für Computerobjekte. Im Gegensatz zu OUs können Container wie beispielsweise **Computers**, **Users** und **Builtin** nicht mit Richtlinien verknüpft werden, was den Geltungsbereich von Gruppenrichtlinien für Computer einschränkt.

Eine empfohlene Vorgehensweise beim Entwurf der Active Directory-Struktur besteht deshalb darin, mindestens eine OU für Computer zu erstellen. Häufig werden Sie jedoch mehrere OUs für Computer erstellen, basierend auf Verwaltungsabteilung oder -bereich oder zur getrennten Administration von Laptops, Desktops und Servern. Beispiel: Es gibt eine Standard-OU für Domänencontroller in Active Directory, die mit der Standard-Domänencontrollerrichtlinie verknüpft ist. Durch die Erstellung mindestens einer Organisationseinheit für Computer erhält eine Organisation die Möglichkeit zur flexibleren Verwaltungsdelegierung und Computerverwaltung mit Gruppenrichtlinien.

Wenn Ihre Organisation eine oder mehrere Organisationseinheiten für Computer verwendet, müssen Sie sämtliche Computerobjekte, die automatisch im Container **Computers** erstellt werden, in eine geeignete OU verschieben. Zum Verschieben eines Computerobjekts markieren Sie den Computer und wählen im Menü **Aktion** den Befehl **Verschieben**. Alternativ können Sie das neue Drag & Drop-Feature der MMC zum Verschieben des Objekts einsetzen.

Sie können ein Computerobjekt oder ein beliebiges anderes Objekt auch mit dem Befehl **Dsmove** verschieben. Die Syntax von **Dsmove** lautet folgendermaßen:

```
dsmove ObjektDN [-newname NeuerName] [-newparent ÜbergDN]
```

Der Parameter **-newname** ermöglicht eine Umbenennung des Objekts. Der Parameter **-newparent** erlaubt das Verschieben eines Objekts. Um beispielsweise einen Computer namens **DesktopABC** vom Container **Computers** in die OU **Desktops** zu verschieben, müssen Sie folgenden Befehl eingeben:

```
dsmove "CN=DesktopABC,CN=Computers,DC=Contoso,DC=com" -newparent
"OU=Desktops,DC=Contoso,DC=com"
```

In diesem Befehl wird erneut der Unterschied zwischen dem *Container* **Computers** (CN) und der *Organisationseinheit* **Desktop** (OU) deutlich.

Sie müssen über entsprechende Berechtigungen zum Verschieben von Objekten in Active Directory verfügen. Die Standardberechtigungen ermöglichen Mitgliedern der Gruppe **Konten-Operatoren** das Verschieben von Computerobjekten zwischen Containern und auch das Verschieben von Objekten zwischen dem Container **Computers** und einer beliebigen OU. Hiervon *ausgeschlossen* ist das Verschieben von Objekten in oder aus der OU **Domain Controllers**. Administratoren, Mitglieder der Gruppen **Domänen-Admins** und **Organisations-Admins** eingeschlossen, können Computerobjekte zwischen beliebigen Containern verschieben. Dies gilt für den Container **Computers**, die OU **Domain Controllers** und jede weitere OU.

Tipp Es hat sich bewährt, schon vor dem Beitritt eines Computers zu einer Domäne das betreffende Computerkonto in der gewünschten Organisationseinheit zu erstellen (wie in den obigen Abschnitten beschrieben). Dadurch wird sichergestellt, dass die Administration des Computerkontos korrekt delegiert wird und dass sich der Computer im Bereich der Gruppenrichtlinienobjekte befindet, die Ihre Organisation zur Konfiguration von Computern erstellt hat.

Praktische Übung: Beitritt eines Computers zu einer Active Directory-Domäne

In dieser Übung erstellen Sie mithilfe von **Active Directory-Benutzer und -Computer** und **Dsadd** Computerkonten. Anschließend nehmen Sie einen Computer in die Domäne auf, wenn Sie Zugriff auf ein zweites System haben.

Übung 1: Erstellen von Computerobjekten mithilfe von *Active Directory-Benutzer und -Computer*

1. Öffnen Sie die Konsole **Active Directory-Benutzer und -Computer**.
2. Erstellen Sie in der OU **Server** ein Computerobjekt für einen Computer mit dem Namen **Server02**. Konfigurieren Sie nur den Computernamen. Nehmen Sie keine Änderungen an den weiteren Standardeigenschaften vor.

   Wie ein Benutzer verfügt auch ein Computer über zwei Namen, den Computernamen und den Prä-Windows 2000-Computernamen. Es wird empfohlen, diese Namen gleich zu halten.

Übung 2: Erstellen von Computerkonten mit *Dsadd*

1. Öffnen Sie eine Eingabeaufforderung.
2. Geben Sie den folgenden Befehl ein:

```
dsadd computer "cn=desktop03,ou=server,dc=contoso,dc=com"
```

Übung 3: Verschieben eines Computerobjekts

1. Öffnen Sie die Konsole **Active Directory-Benutzer und -Computer**.
2. Verwenden Sie den Befehl **Verschieben**, um das Computerobjekt **Desktop03** aus der OU **Server** in die OU **Desktops** zu verschieben.
3. Ziehen Sie **Server02** vom Container **Servers** in den Container **Computers**.
4. Wählen Sie den Container **Computers** aus, um sich davon zu überzeugen, dass **Server02** an die richtige Position verschoben wurde. Bei Drag & Drop-Operationen kann es leicht zu Benutzerfehlern kommen.

Insidertipp Die MMC ist bekannt dafür, leichte Panikattacken zu erzeugen. Es erfolgt *keine* automatische Aktualisierung. Sie müssen den Befehl **Aktualisieren** verwenden oder auf die Taste F5 drücken, um die Konsolenansicht nach Änderungen, wie z.B. dem Verschieben eines Objekts, zu aktualisieren.

5. Öffnen Sie die Eigenschaften des Containers **Computers**. Beachten Sie, dass das Eigenschaftendialogfeld im Gegensatz zu einer Organisationseinheit wie z.B. der OU **Server** *keine* Registerkarte **Gruppenrichtlinien** aufweist. Dies ist einer der Gründe, warum Organisationen eine oder mehrere zusätzliche OUs für Computerobjekte erstellen.
6. Öffnen Sie eine Eingabeaufforderung.

7. Geben Sie den folgenden Befehl ein:

```
dsmove "CN=Server02,CN=Computers,DC=contoso,DC=com" -newparent
"OU=Server,DC=contoso,DC=com"
```

   Dieser Befehl verschiebt das Computerobjekt (wie Sie wahrscheinlich bereits vermuten) wieder zurück in die OU **Server**.

8. Vergewissern Sie sich, dass der Computer wieder in der OU **Server** vorliegt.

Übung 4 (optional): Beitritt eines Computers zu einer Domäne

Diese Übung erfordert ein zusätzliches System, das mit **Server01** vernetzt ist. Zusätzlich ist eine ordnungsgemäße DNS-Konfiguration erforderlich, damit **Server01** die entsprechenden DNS-Einträge erstellen kann. Die DNS-Konfiguration des zusätzlichen Computers muss eine Ermittlung von **Server01** als Domänencontroller der Domäne **contoso.com** ermöglichen.

1. Wenn Sie über ein zusätzliches System verfügen und der Domäne in der nächsten Übung beitreten können, erstellen Sie entweder mithilfe der Konsole **Active Directory-Benutzer und -Computer** oder über den Befehl **Dsadd** in der OU **Desktops** ein Konto für den betreffenden Computer. Stellen Sie sicher, dass der Name des Computerobjekts und der Computername übereinstimmen.
2. Melden Sie sich am Computer an. Sie müssen sich als Benutzer anmelden, der Mitglied der lokalen Administratorengruppe ist, um die Domänenmitgliedschaft ändern zu können.
3. Wechseln Sie zur Registerkarte **Computername**, indem Sie in der Systemsteuerung auf **System** doppelklicken oder den Befehl **Netzwerkidentifikation** im Menü **Erweitert** des Ordners **Netzwerkverbindungen** wählen.
4. Klicken Sie auf **Ändern**.
5. Klicken Sie auf **Domäne**, und geben Sie den DNS-Domänennamen **contoso.com** ein.
6. Klicken Sie auf **OK**.
7. Geben Sie bei Aufforderung die Anmeldeinformationen für das Domänenadministratorkonto der Domäne **contoso.com** ein.
8. Klicken Sie auf **OK**.
9. Sie werden in einer Meldung darüber informiert, dass ein Neustart des Computers erforderlich ist. Klicken Sie in den verschiedenen Meldungsfenstern auf **OK**, um die Dialogfelder zu schließen. Starten Sie das System neu.

Lernzielkontrolle

Die folgenden Fragen dienen dazu, die wichtigsten Lehrinhalte dieser Lektion zu vertiefen. Können Sie eine Frage nicht beantworten, arbeiten Sie das entsprechende Lektionsmaterial noch einmal durch, und versuchen Sie dann erneut, die Frage zu beantworten. Die Antworten auf die Lernzielkontrollfragen finden Sie im Abschnitt „Fragen und Antworten“ am Ende dieses Kapitels.

1. Welche Anmeldeinformationen sind *mindestens* erforderlich, um ein Windows Server 2003-Computerkonto in einer OU innerhalb einer Domäne zu erstellen? Berücksichtigen Sie sämtliche der erforderlichen Schritte. Gehen Sie davon aus, dass in Active Directory noch kein Konto für den Computer erstellt wurde.
   a. Domänen-Admins
   b. Organisations-Admins
   c. Administratoren auf einem Domänencontroller
   d. Konten-Operatoren auf einem Domänencontroller
   e. Server-Operatoren auf einem Domänencontroller
   f. Konten-Operatoren auf dem Server
   g. Server-Operatoren auf dem Server
   h. Administratoren auf dem Server
2. An welchen Stellen in der Benutzeroberfläche können Sie die Domänenmitgliedschaft eines Windows Server 2003-Computers ändern?
   a. Eigenschaften von **Arbeitsplatz**
   b. Anwendung **System** in der Systemsteuerung
   c. **Active Directory-Benutzer und -Computer**
   d. Ordner **Netzwerkverbindungen**
   e. Anwendung **Benutzer** in der Systemsteuerung
3. Welche Befehlszeilenprogramme können zum Erstellen eines Domänencomputerkontos in Active Directory eingesetzt werden?
   a. Netdom
   b. Dsadd
   c. Dsget
   d. Netsh
   e. Nslookup

Zusammenfassung der Lektion

- Mitglieder der Gruppen **Administratoren** und **Konten-Operatoren** verfügen per Voreinstellung über die Berechtigung zum Erstellen von Computerobjekten in Active Directory.
- Computerkonten können mithilfe von **Active Directory-Benutzer und -Computer**, **Dsadd** und **Netdom** erstellt werden.
- Sie müssen als Mitglied der Gruppe der *lokalen* Administratoren angemeldet sein, um die Domänenmitgliedschaft eines Computers zu ändern.

Lektion 2: Verwalten von Computerkonten

In der vorangegangenen Lektion haben Sie die grundlegenden Elemente der Beziehung zwischen einem Computer und einer Domäne untersucht: das Computerkonto und den Beitritt des Computers zur Domäne. Diese Lektion liefert eine genauere Betrachtung des Computerobjekts in Active Directory. Sie lernen weitere Eigenschaften und Berechtigungen kennen, die ein Computerobjekt ausmachen, und Sie erfahren, wie diese Eigenschaften und Berechtigungen mithilfe der Benutzeroberfläche und Befehlszeilenprogramme verwaltet werden können.

Am Ende dieser Lektion werden Sie in der Lage sein, die folgenden Aufgaben auszuführen:

- Konfigurieren der Berechtigungen für ein neues Active Directory-Computerobjekt
- Konfigurieren der Eigenschaften eines Active Directory-Computerobjekts
- Ermitteln und Verwalten von Computerkonten mithilfe der Konsole **Active Directory-Benutzer und -Computer**

Veranschlagte Zeit für diese Lektion: 10 Minuten

Verwalten von Computerobjektberechtigungen

In Lektion 1 haben Sie erfahren, dass Sie einen Computer in eine Domäne aufnehmen können, indem Sie Anmeldeinformationen eines Domänenadministrators angeben, wenn Sie während des Beitritts dazu aufgefordert werden. Im Interesse der Sicherheit sollten jedoch lediglich die minimal erforderlichen Anmeldeberechtigungen zum Durchführen einer bestimmten Aufgabe verwendet werden, und da erscheint die Verwendung eines Domänenadministratorkontos zum Hinzufügen eines Computers zur Domäne des Guten zu viel.

Erfreulicherweise ermöglicht Active Directory eine sehr fein abgestufte Steuerung der Gruppen oder Benutzer, die einen Computer unter Verwendung eines Domänencomputerkontos in eine Domäne aufnehmen können. Wenngleich die Standardgruppe die der **Domänen-Admins** ist, können Sie einer beliebigen Gruppe (z.B. einer Gruppe mit dem Namen **Installationsteam**) das Hinzufügen eines Computer zu einem Konto ermöglichen. Dies erreichen Sie am einfachsten während der Erstellung des Computerobjekts.

Wenn Sie ein Computerobjekt erstellen, enthält die erste Seite des Dialogfelds **Neues Objekt – Computer** (siehe Abbildung 5.1) einen Abschnitt mit der Überschrift **Der folgende Benutzer oder die folgende Gruppe kann diesen Computer an eine Domäne anbinden**. Klicken Sie auf **Ändern**, um einen beliebigen Benutzer oder eine Gruppe anzugeben. Diese Änderung führt zur Anpassung verschiedener Berechtigungen für das Computerobjekt in Active Directory.

Auf der anschließend angezeigten Seite des Dialogfelds **Neues Objekt – Computer** werden Sie zur Eingabe einer global eindeutigen Kennung (GUID) für den Computer aufgefordert. Diese GUID ist erforderlich, wenn Sie ein Konto für einen Computer vorbereiten, der unter Verwendung der Remoteinstallationsdienste installiert wird. Weitere Informationen zu den Remoteinstallationsdiensten finden Sie in der Microsoft Knowledge Base unter der Adresse **http://support.microsoft.com/**.

Falls Sie ein Konto für einen Computer erstellen, auf dem eine Vorgängerversion von Windows 2000 ausgeführt wird, aktivieren Sie das Kontrollkästchen **Dieses Computerkonto als einen Prä-Windows 2000-Computer zuweisen**. Erstellen Sie ein Konto für einen Windows NT-Reservedomänencontroller, und klicken Sie auf **Dieses Computerkonto als einen Reservedomänencontroller zuweisen**.

Tipp Denken Sie daran, dass nur Windows NT-basierte Computer einer Domäne angehören können, d.h., Windows 95-, Windows 98- und Windows Me-Computer (Windows Millenium Edition) können keiner Domäne beitreten oder Domänenkonten verwalten. Tatsächlich ist mit diesem Kontrollkästchen also Windows NT 4.0 gemeint.

Verwalten der Computerobjekte

Computerobjekte können Sie im Wesentlichen mit den Fertigkeiten verwalten, die in den Kapiteln 3 und 4 beschrieben wurden. Nach der Auswahl eines Computerobjekts können Sie im Menü **Aktion** oder im Kontextmenü

- den Computer löschen.
- den Computer umbenennen.
- den Computer deaktivieren oder aktivieren.
- den Computer in eine andere Organisationseinheit verschieben.
- den Computer zu einer Sicherheitsgruppe hinzufügen.

Tipp Die Möglichkeit, Computer in Gruppen zu verwalten, ist eine wichtige Erweiterung von Active Directory. Mit einer Gruppe, zu der Computer gehören, lassen sich die Berechtigungen für Ressourcenzugriffe so festlegen, dass allen Benutzer, die sich an den Computern anmelden, das Recht für den betreffenden Ressourcenzugriff gegeben oder verweigert wird. In vergleichbarer Weise lässt sich eine Gruppe, zu der Computer gehören, zur Filterung der Anwendung eines Gruppenrichtlinienobjekts verwenden.

- Das Computerkonto zurücksetzen. (Weitere Informationen finden Sie in Lektion 3.)

Wie bei Benutzern und Gruppen ist es auch möglich, mehrere Computerobjekte gleichzeitig auszuwählen und gleichzeitig zu verwalten oder zu ändern.

Konfigurieren von Computereigenschaften

Computerobjekte verfügen über mehrere Eigenschaften, die beim Erstellen eines Computerkontos über die Benutzeroberfläche nicht sichtbar sind. Öffnen Sie das Eigenschaftendialogfeld eines Computerobjekts, um seinen Standort festzulegen und eine Beschreibung einzufügen, die Gruppenmitgliedschaften und Einwählberechtigungen zu konfigurieren und das Objekt mit dem Benutzerobjekt des Computerbenutzers zu verknüpfen. Die betriebssystembezogenen Eigenschaftenseiten sind schreibgeschützt. Die Informationen werden automatisch in Active Directory veröffentlicht und bleiben leer, bis ein Computer unter Verwendung dieses Kontos der Domäne beitritt.

Verschiedene Objektklassen in Active Directory unterstützen die Eigenschaft **Manager**, die auf der Eigenschaftenseite **Verwaltet von** eines Computers angezeigt wird. Diese verknüpfte Eigenschaft erzeugt einen Querverweis auf ein Benutzerobjekt. Alle weiteren Eigenschaften – Adressen und Rufnummern – werden direkt aus dem Benutzerobjekt übernommen. Sie werden nicht als Teil des Computerobjekts selbst gespeichert.

Der in den Kapiteln 3 und 4 vorgestellte Befehl **Dsmod** kann auch zur Bearbeitung verschiedener Eigenschaften eines Computerobjekts eingesetzt werden. Sie untersuchen die Funktionsweise des Befehls **Dsmod** im später folgenden Abschnitt zur Problembehandlung von Computerkonten.

Ermittlung und Verbindungsherstellung zu Objekten in Active Directory

Wenn sich ein Benutzer mit einem bestimmten Problem an Sie wendet, möchten Sie vielleicht wissen, welches Betriebssystem und welche Service Packs auf dem Benutzersystem installiert sind. Sie haben erfahren, dass diese Informationen als Eigenschaften des Computerobjekts gespeichert werden. Die einzige Herausforderung besteht darin, das Computerobjekt zu finden, was sich in einer komplexen Active Directory-Umgebung mit mehreren Domänen und OUs als recht schwierig erweisen kann.

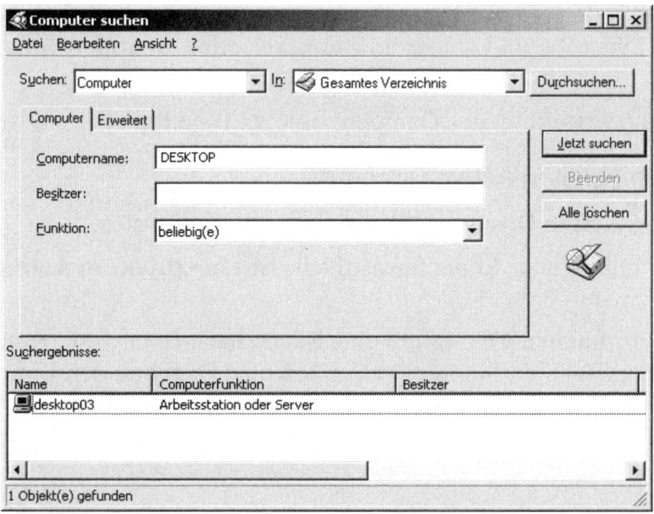

Abbildung 5.4 Das Dialogfeld **Computer suchen** mit Ergebnissen nach einer erfolgreichen Suche

Das Snap-In **Active Directory-Benutzer und -Computer** bietet bequemen Zugriff auf ein benutzeroberflächenbasiertes, leistungsstarkes Suchtool, das zum Auffinden einer Vielzahl von Objekttypen eingesetzt werden kann. In diesem Kontext jedoch beschränkt sich Ihre Suche auf ein Objekt vom Typ **Computer**. Klicken Sie auf der MMC-Symbolleiste auf die Schaltfläche **Sucht Objekt in Active Directory**. Das dann angezeigte Dialogfeld **Computer suchen** sehen Sie in Abbildung 5.4. Sie können Objekttyp (**Suchen**) und Suchbereich (**In**) festlegen und Suchkriterien angeben, bevor Sie auf **Jetzt suchen** klicken.

Die Liste der Suchergebnisse ermöglicht Ihnen die Auswahl eines Objekts. Darüber hinaus können Sie über das Menü **Datei** oder das Kontextmenü verschiedene gängige Objektaufgaben ausführen. Viele Administratoren schätzen die Möglichkeit, über den Befehl **Verwalten** die Konsole **Computerverwaltung** zu öffnen und eine direkte Verbindung zu einem Computer herzustellen, um Ereignisprotokolle, Geräte-Manager, Systeminformationen, Datenträger- und Dienstkonfiguration sowie lokale Benutzer- oder Gruppenkonten zu überprüfen.

Praktische Übung: Verwalten von Computerkonten

In dieser Übung suchen Sie nach einem Computerobjekt und bearbeiten seine Eigenschaften.

Übung 1: Verwalten von Computerkonten

1. Öffnen Sie die Konsole **Active Directory-Benutzer und -Computer**.
2. Wählen Sie die OU **Sicherheitsgruppen** aus, und erstellen Sie eine globale Sicherheitsgruppe mit dem Namen **Bereitstellung**.
3. Wählen Sie die Organisationseinheit **Desktops** aus.
4. Erstellen Sie ein Computerkonto mit dem Namen **Desktop04**. Klicken Sie auf der ersten Seite des Dialogfelds **Neues Objekt – Computer** unterhalb von **Der folgende Benutzer oder die folgende Gruppe kann diesen Computer an eine Domäne anbinden** auf **Ändern**. Geben Sie im Dialogfeld **Benutzer oder Gruppe wählen** den Namen **Bereitstellung** ein, und klicken Sie auf **OK**.
5. Vervollständigen Sie die Erstellung des Computerobjekts **Desktop04**.

Übung 2: Suchen von Objekten in Active Directory

1. Öffnen Sie die Konsole **Active Directory-Benutzer und -Computer**.
2. Klicken Sie auf der Symbolleiste auf die Schaltfläche **Sucht Objekt in Active Directory**.
3. Per Voreinstellung ist im **Suchen**-Dialogfeld eine Suche nach Benutzern, Kontakten und Gruppen vorgesehen. Wählen Sie in der Dropdownliste **Suchen** den Eintrag **Computer**, und klicken Sie in der Dropdownliste **In** auf **Gesamtes Verzeichnis**.
4. Geben Sie im Feld **Computername** den Text **Server** ein, und klicken Sie auf **Jetzt suchen**.

   In den Ergebnissen wird zumindest **Server01** angezeigt.

Übung 3: Ändern von Computereigenschaften

1. Öffnen Sie in den Suchergebnissen von Übung 2 das Eigenschaftendialogfeld für **Server01**.
2. Klicken Sie auf die Registerkarte **Standort**.
3. Geben Sie **Serverraum Zentrale** ein.
4. Klicken Sie auf die Registerkarte **Verwaltet von** und anschließend auf **Ändern**.

5. Geben Sie **Hank** ein, und klicken Sie auf **OK**.
6. Beachten Sie, dass Benutzername und Kontaktinformationen angezeigt werden.
7. Klicken Sie auf die Registerkarte **Betriebssystem**. Beachten Sie, dass Betriebssystemversion und installiertes Service Pack angezeigt werden.
8. (Optional) Wenn Sie zur Domäne in Übung 4 von Lektion 1 einen zweiten Computer hinzugefügt haben, öffnen Sie die Eigenschaften des betreffenden Computerobjekts, und prüfen Sie die betriebssystembezogenen Eigenschaften dieses Computers.

Lernzielkontrolle

Die folgenden Fragen dienen dazu, die wichtigsten Lehrinhalte dieser Lektion zu vertiefen. Können Sie eine Frage nicht beantworten, arbeiten Sie das entsprechende Lektionsmaterial noch einmal durch, und versuchen Sie dann erneut, die Frage zu beantworten. Die Antworten auf die Lernzielkontrollfragen finden Sie im Abschnitt „Fragen und Antworten" am Ende dieses Kapitels.

1. Welche Plattformen können einer Domäne beitreten?
   a. Windows 95
   b. Windows NT 4.0
   c. Windows 98
   d. Windows 2000
   e. Windows Me
   f. Windows XP
   g. Windows Server 2003
2. Sie öffnen ein Computerobjekt und stellen fest, dass auf der Registerkarte **Betriebssystem** keine Eigenschaften angezeigt werden. Was ist die Ursache hierfür?

   ____

   ____

   ____

   ____
3. Ein leitender Angestellter verfügt über einen Windows XP-Laptop, dessen Computername **TopDog** lautet. Sie möchten den Laptop zur Domäne hinzufügen und sicherstellen, dass der Computer umgehend mithilfe der Gruppenrichtlinien konfiguriert wird, die mit der OU **Desktops** verknüpft sind. Wie können Sie dieses Ziel erreichen?

   ____

   ____

   ____

   ____

4. Warum ist es empfehlenswert, *vor* Beitritt eines Computers zu einer Domäne ein Computerkonto in der Domäne zu erstellen?

Zusammenfassung der Lektion

- Sie können beliebigen Benutzern oder Gruppen über die Eigenschaft **Der folgende Benutzer oder die folgende Gruppe kann diesen Computer an eine Domäne anbinden** das Hinzufügen eines Computers zu einem Domänenkonto ermöglichen.
- Die Schaltfläche **Sucht Objekt in Active Directory** auf der Symbolleiste des Snap-Ins **Active Directory-Benutzer und -Computer** ermöglicht das Suchen und anschließende Verwalten von Computer- und anderen Active Directory-Objekten.

Lektion 3: Problembehandlung von Computerkonten

Active Directory-Domänen behandeln Computer als Sicherheitsprinzipale. Dies bedeutet, dass ein Computer ebenso wie ein Benutzer über ein Konto verfügt oder, genauer ausgedrückt, über bestimmte Eigenschaften im Computerobjekt, z.B. Name, Kennwort und Sicherheitskennung (Security Identifier, SID). Ebenso wie Benutzerkonten erfordern Computerkonten eine Wartung und gelegentlich auch eine Problembehandlung. Diese Lektion konzentriert sich auf Fähigkeiten und Konzepte im Zusammenhang mit der Problembehandlung von Computerkonten.

Am Ende dieser Lektion werden Sie in der Lage sein, die folgenden Aufgaben auszuführen:

- Beschreiben wichtiger Unterschiede zwischen dem Löschen, Deaktivieren und Zurücksetzen von Computerkonten
- Erkennen der Symptome von Problemen mit Computerkonten
- Problembehandlung von Computerkonten, z.B. durch Löschen, Deaktivieren, Zurücksetzen oder erneutes Beitreten, sowohl über die Befehlszeile als auch mit benutzeroberflächenbasierten Tools

Veranschlagte Zeit für diese Lektion: 20 Minuten

Löschen, Deaktivieren und Zurücksetzen von Computerkonten

Computerkonten besitzen, ebenso wie Benutzerkonten, eine eindeutige Sicherheitskennung (Security Identifier, SID), die einem Administrator das Erteilen von Berechtigungen für Computer ermöglicht. Ebenso wie Benutzerkonten können Computer als Mitglieder in Gruppen aufgenommen werden. Daher ist es (wie bei Benutzerkonten auch) wichtig, die Auswirkungen des Löschens eines Computerkontos zu verstehen. Wenn Sie ein Computerkonto löschen, gehen die zugehörigen Gruppenmitgliedschaften und die SID verloren. Wurde das Konto versehentlich gelöscht, und erstellen Sie anschließend ein neues, gleichnamiges Computerkonto, handelt es sich dennoch um ein neues Konto mit einer neuen SID. Die Gruppenmitgliedschaften müssen neu eingerichtet und direkt zugewiesene Berechtigungen dem neuen Konto erneut zugewiesen werden. Löschen Sie Computerobjekte nur dann, wenn Sie sicher sind, dass die sicherheitsbezogenen Attribute des Objekts nicht länger benötigt werden.

Wechseln Sie zum Löschen eines Computerkontos mithilfe der Konsole **Active Directory-Benutzer und -Computer** zu dem Objekt, und markieren Sie es. Wählen Sie dann im Menü **Aktion** oder im Kontextmenü den Befehl **Löschen** aus. Sie werden in einer Meldung zur Bestätigung des Löschvorgangs aufgefordert. Da der Löschvorgang nicht rückgängig gemacht werden kann, ist standardmäßig die Schaltfläche **Nein** aktiviert. Klicken Sie auf **Ja**, um das Objekt zu löschen.

Das in Kapitel 3 vorgestellte Befehlszeilenprogramm **Dsrm** ermöglicht das Löschen eines Computerobjekts über die Eingabeaufforderung. Geben Sie zum Löschen eines Computers mithilfe von **Dsrm** den folgenden Befehl ein:

```
DSRM ObjektDN
```

Hierbei steht ***ObjektDN*** für den definierten Namen des Computers, z.B. "CN=Desktop15, OU=Desktops,DC=contoso,DC=com". Auch hier werden Sie zur Bestätigung des Löschvorgangs aufgefordert.

Tipp Wenn ein Computer aus einer Domäne entfernt wird – wenn der Administrator die Mitgliedschaft des Computers in eine Arbeitsgruppe oder eine andere Domäne ändert –, versucht der Computer, das zugehörige Computerkonto in der Domäne zu löschen. Ist dies infolge einer fehlenden Verbindung, aufgrund von Netzwerkproblemen, Anmeldeinformationen oder Berechtigungen nicht möglich, verbleibt das Konto in Active Directory. Das Konto wird dann entweder sofort oder nach einem bestimmten Zeitraum deaktiviert. Wird das Konto nicht länger benötigt, muss es manuell gelöscht werden.

Wenn ein Computer offline geschaltet oder für einen längeren Zeitraum nicht genutzt wird, können Sie das Konto deaktivieren. Dieses Vorgehen entspricht der allgemeinen Sicherheitsregel, dass ein Identitätsspeicher eine Authentifizierung nur für die minimale Anzahl an Konten zulassen sollte, die zum Erreichen der Ziele einer Organisation erforderlich sind. Bei der Deaktivierung eines Kontos werden weder die Sicherheitskennung noch die Gruppenmitgliedschaften eines Computers geändert, sodass das Konto wieder aktiviert werden kann, sobald der Computer wieder online ist.

Im Kontextmenü oder im Menü **Aktion** für ein ausgewähltes Computerobjekt steht der Befehl **Konto deaktivieren** zur Verfügung. Ein deaktiviertes Konto wird im Snap-In **Active Directory-Benutzer und -Computer** mit einem roten X gekennzeichnet, wie dargestellt in Abbildung 5.5.

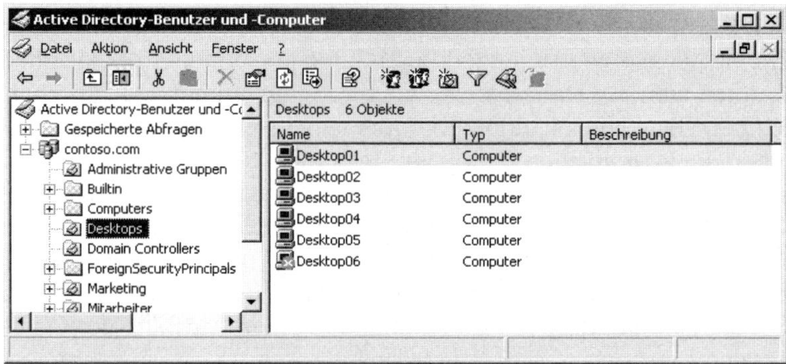

Abbildung 5.5 Ein deaktiviertes Computerkonto

Während ein Konto deaktiviert ist, kann der Computer keinen sicheren Kanal zu der Domäne aufbauen. Benutzer, die zuvor nicht an dem Computer angemeldet waren und daher auf dem Computer über keine zwischengespeicherten Anmeldeinformationen verfügen, können sich in diesem Fall erst wieder anmelden, wenn der sichere Kanal durch Aktivierung des Kontos wieder eingerichtet wird.

Zur Aktivierung eines Computerkontos markieren Sie einfach den Computer und wählen den Befehl **Konto aktivieren** im Menü **Aktion** oder im Kontextmenü.

Zur Deaktivierung oder Aktivierung eines Computers über die Eingabeaufforderung verwenden Sie den Befehl **Dsmod**. Der Befehl **Dsmod** ermöglicht die Bearbeitung von Active Directory-Objekten. Die Syntax zur Deaktivierung oder Aktivierung von Computern lautet wie folgt:

```
dsmod computer ComputerDN -DISABLED YES
dsmod computer ComputerDN -DISABLED NO
```

Wenn die Gruppenmitgliedschaften und die SID eines Computerkontos sowie die dieser SID zugewiesenen Berechtigungen für die Operationen einer Domäne wichtig sind, möchten Sie dieses Konto nicht löschen. Wie würden Sie also vorgehen, wenn ein Computer durch ein neues System mit aktualisierter Hardware ersetzt wird? In solch einer Situation würden Sie das Computerkonto *zurücksetzen*.

Beim Zurücksetzen eines Computerkontos wird das Kennwort zurückgesetzt, alle weiteren Eigenschaften des Computerobjekts bleiben jedoch erhalten. Mit zurückgesetztem Kennwort wird das Konto tatsächlich zur Nutzung „freigegeben". Ein beliebiger Computer – das aktualisierte System eingeschlossen – kann unter Verwendung dieses Kontos der Domäne beitreten.

Tatsächlich kann der zuvor mit diesem Konto in die Domäne aufgenommene Computer das zurückgesetzte Konto durch einen erneuten Beitritt in die Domäne wieder nutzen. Dieser Sachverhalt wird in der Übung zur Problembehandlung näher untersucht.

Wenn Sie ein Computerobjekt auswählen, steht der Befehl **Konto zurücksetzen** im Menü **Aktion** sowie im Kontextmenü zur Verfügung. Der Befehl **Dsmod** kann ebenfalls zum Zurücksetzen eines Computerkontos verwendet werden. Die Syntax lautet hierbei wie folgt:

```
dsmod computer ComputerDN -reset
```

Das im Lieferumfang der Supporttools auf der Windows Server 2003-CD-ROM enthaltene Befehlszeilenprogramm **Netdom** ermöglicht ebenfalls das Zurücksetzen eines Computerkontos.

Erkennen von Problemen mit Computerkonten

Computerkonten und die Vertrauensstellungen zwischen Computern und zugehörigen Domänen sind stabil. Allerdings können sich Szenarien ergeben, in denen sich ein Computer nicht mehr bei der Domäne authentifizieren kann. Dazu gehören folgende Beispiele:

- Nach der erneuten Installation des Betriebssystems auf einer Arbeitsstation kann sich die Arbeitsstation nicht mehr authentifizieren, obwohl der Techniker denselben Computernamen benutzt hat. Da bei der neuen Installation eine neue SID generiert wurde und der neue Computer nicht das Kennwort für das Computerkonto in der Domäne kennt, gehört er nicht zur Domäne und kann sich nicht bei der Domäne authentifizieren.
- Ein Computer wird aus einer Sicherung vollständig wiederhergestellt und kann sich nicht mehr authentifizieren. Wahrscheinlich hat der Computer sein Kennwort in der Domäne geändert, nachdem die Sicherung durchgeführt wurde. Computer ändern ihre Kennwörter alle 30 Tage und Active Directory merkt sich das aktuelle und das vorige

Kennwort.Wird der Computer mit einem veralteten Kennwort wiederhergestellt, kann sich der Computer nicht mehr authentifizieren.

In dem seltenen Fall, dass ein Konto oder ein sicherer Kanal ausfällt, sind die Symptome des Ausfalls offensichtlich. Die sichersten Anzeichen für ein Problem mit einem Computerkonto sind folgende:

- Meldungen bei der Anmeldung weisen darauf hin, dass keine Verbindung zu einem Domänencontroller hergestellt werden konnte, dass das Computerkonto nicht gefunden wurde, dass das Kennwort für das Computerkonto falsch ist oder dass die Vertrauensstellung (anders gesagt: die „sichere Beziehung") zwischen Computer und Domäne verloren gegangen ist. Ein Beispiel sehen Sie in Abbildung 5.6.

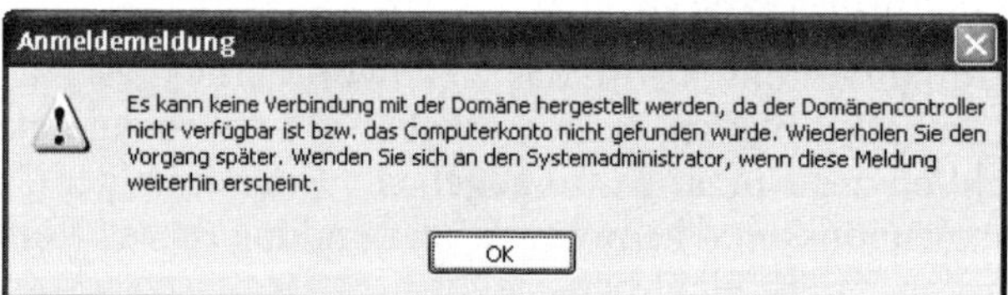

Abbildung 5.6 Anmeldemeldung eines Windows XP-Clients, die auf ein mögliches Problem mit dem Computerkonto hinweist

- Fehlermeldungen oder Ereignisse im Ereignisprotokoll, die auf ähnliche Probleme hinweisen oder angeben, dass Kennwörter, Vertrauensstellungen, sichere Kanäle oder Beziehungen zur Domäne oder einem Domänencontroller nicht geprüft werden konnten. Ein solcher Fehler ist zum Beispiel das Netlogon-Ereignis mit der Kennung 3210, Authentifizierung fehlgeschlagen, das im Ereignisprotokoll des Computers eingetragen wird.
- Es fehlt ein Computerkonto in Active Directory.

Tritt eine dieser Situationen ein, müssen Sie eine Problembehandlung für das Konto durchführen. Sie haben bereits erfahren, wie Computerkonten gelöscht, deaktiviert und zurückgesetzt werden, und zu Beginn des Kapitels wurde erläutert, wie ein Computer einer Domäne beitritt.

Bei der Problembehandlung von Computerkonten gelten folgende Regeln:

A. Ist das Computerkonto in Active Directory vorhanden, muss es zurückgesetzt werden.

B. Fehlt das Computerkonto in Active Directory, müssen Sie ein neues Computerkonto erstellen.

C. Gehört der Computer noch der Domäne an, muss der Computer aus der Domäne entfernt werden, indem er wieder zum Mitglied einer Arbeitsgruppe gemacht wird. Der Name der Arbeitsgruppe ist irrelevant. Es wird empfohlen, einen Arbeitsgruppennamen zu wählen, der noch nicht verwendet wird. In Szenarien, bei denen ein Computer ausgefallen ist oder ein neues System für einen Benutzer installiert wird, gehen Sie so vor, dass Sie das Betriebssystem mit dem Namen des zu ersetzenden Systems installieren oder erneut installieren.

D. Fügen Sie den Computer erneut zur Domäne hinzu. Alternativ können Sie auch einen anderen Computer zur Domäne hinzufügen. Der neue Computer muss in diesem Fall jedoch den gleichen Namen tragen wie das Computerkonto.

Wenden Sie zur Beseitigung von Problemen mit Computerkonten *alle vier Regeln* an. Die Regeln können in beliebiger Reihenfolge angewendet werden, abgesehen davon, dass Regel D immer als letzter Schritt ausgeführt werden muss. Nachfolgend werden zwei Fallbeispiele untersucht.

Im ersten Szenario beklagt sich ein Benutzer darüber, dass das System bei der Anmeldung eine Fehlermeldung ausgibt, der zufolge das Computerkonto fehlt. Unter Anwendung von Regel A öffnen Sie die Konsole **Active Directory-Benutzer und -Computer** und stellen fest, dass das Computerkonto vorhanden ist. Sie setzen das Konto zurück. Regel B findet keine Anwendung – das Konto ist vorhanden. Anschließend befolgen Sie Regel C und entfernen das System aus der Domäne. Nach Regel D fügen Sie den Computer anschließend erneut zur Domäne hinzu.

Im zweiten Szenario wurde ein Computerkonto versehentlich zurückgesetzt, d.h. Regel A wurde angewendet. Obwohl das Konto nicht beabsichtigt zurückgesetzt wurde, müssen Sie die verbleibenden drei Regeln anwenden, um das Problem zu beheben. Regel B findet keine Anwendung, da das Konto in der Domäne vorliegt. Regel C besagt, dass der Computer aus der Domäne entfernt werden muss, wenn er noch in der Domäne vorhanden ist. Anschließend kann der Computer entsprechend Regel D wieder in die Domäne aufgenommen werden.

Prüfungstipp Bei Beachtung dieser vier Regeln können Sie, sei es im Arbeitsalltag oder bei der Zertifizierungsprüfung, sämtliche Problemszenarien bewältigen, in denen ein Computerkonto seine Funktionalität verloren hat.

Ein weiteres, leicht zu behebendes Problemszenario ergibt sich, wenn das Konto eines Computers deaktiviert wurde. Klicken Sie einfach das Computerobjekt in **Active Directory-Benutzer und -Computer** mit der rechten Maustaste an und wählen Sie **Konto aktivieren**.

Praktische Übung: Problembehandlung von Computerkonten

In dieser Übung führen Sie eine Problembehandlung anhand eines realistischen Beispielszenarios durch. Ein Benutzer in der Domäne **contoso.com** teilt Ihnen mit, dass bei Anmeldung an **Desktop03** die folgende Fehlermeldung ausgegeben wird:

„Es kann keine Verbindung mit der Domäne hergestellt werden, da der Domänencontroller nicht verfügbar ist bzw. das Computerkonto nicht gefunden wurde. Wiederholen Sie den Vorgang später. Wenden Sie sich an den Systemadministrator, wenn diese Meldung weiterhin erscheint.“

Der Benutzer hat einige Zeit abgewartet und dann erneut versucht, sich anzumelden, erhielt jedoch die gleiche Fehlermeldung. Nach erneutem Warten und einer Neuanmeldung wurde die gleiche Meldung ein drittes Mal ausgegeben. Der Benutzer hat mittlerweile 20 Minuten lang erfolglos versucht, sich anzumelden. Leicht frustriert wendet er sich nun an Sie.

Übung 1: Problembehandlung von Computerkonten

1. Ermitteln Sie die wahrscheinlichste Ursache für das Benutzerproblem:
   a. Der Benutzer hat einen ungültigen Benutzernamen eingegeben.
   b. Der Benutzer hat ein ungültiges Kennwort eingegeben.
   c. Der Benutzer hat in der Liste **Anmelden an** die falsche Domäne ausgewählt.
   d. Der Computer hat den sicheren Kanal mit der Domäne verloren.
   e. Die Registrierung des Computers ist beschädigt.
   f. Der Computer verfügt über eine Richtlinie, die den Benutzer an einer interaktiven Anmeldung hindert.
2. Geben Sie anhand der nachstehenden Liste die Schritte an, die Sie zur Beseitigung des Problems ausführen müssen. Sortieren Sie die Schritte gemäß Vorgehensweise. Es sind nicht unbedingt alle Schritte erforderlich.
   a. Aktivieren des Computerkontos.
   b. **Desktop03** in die Domäne **contoso.com** aufnehmen.
   c. Ermitteln, ob das Computerkonto in Active Directory vorliegt.
   d. Zurücksetzen oder Neuerstellen des Computerkontos.
   e. **Desktop03** in eine Arbeitsgruppe aufnehmen.
   f. Löschen des Computerkontos.
   g. Deaktivieren des Computerkontos.

Übung 2: Wiederherstellung nach Problemen mit einem Computerkonto

1. Öffnen Sie die Konsole **Active Directory-Benutzer und -Computer**.
2. Klicken Sie auf **Sucht Objekt in Active Directory**, und suchen Sie nach **Desktop03**.
3. **Desktop03** erscheint in den Suchergebnissen, da Sie ihn in Lektion 1 erstellt haben.
4. Nachdem Sie festgestellt haben, dass das Konto vorhanden ist, setzen Sie das Konto zurück, indem Sie mit der rechten Maustaste auf **Desktop03** klicken und den Befehl **Konto zurücksetzen** auswählen.

Lernzielkontrolle

Die folgenden Fragen dienen dazu, die wichtigsten Lehrinhalte dieser Lektion zu vertiefen. Können Sie eine Frage nicht beantworten, arbeiten Sie das entsprechende Lektionsmaterial noch einmal durch, und versuchen Sie dann erneut, die Frage zu beantworten. Die Antworten auf die Lernzielkontrollfragen finden Sie im Abschnitt „Fragen und Antworten" am Ende dieses Kapitels.

1. Nach einer Phase der Expansion richtet Ihr Unternehmen eine zweite Domäne ein. Letztes Wochenende wurden mehrere Computer Ihrer Domäne in die neue Domäne verschoben. Sie öffnen die Konsole **Active Directory-Benutzer und -Computer** und stellen fest, dass sich die Objekte für diese Computer weiterhin in der Domäne befinden, jedoch mit einem roten X gekennzeichnet sind. Wie gehen Sie am besten vor?
   a. Sie aktivieren die Konten.
   b. Sie deaktivieren die Konten.
   c. Sie setzen die Konten zurück.
   d. Sie löschen die Konten.
2. Ein Benutzer berichtet, dass beim Anmeldungsversuch eine Meldung erscheint, der zufolge der Computer keine Verbindung zur Domäne herstellen kann, weil der Domänencontroller nicht verfügbar ist oder das Computerkonto möglicherweise fehlt. Sie öffnen das Snap-In **Active Directory-Benutzer und -Computer** und stellen fest, dass das Konto für diesen Computer tatsächlich fehlt. Wie gehen Sie vor?

   ____

   ____

3. Ein Benutzer berichtet, dass bei dem Versuch der Anmeldung eine Meldung erscheint, der zufolge der Computer keine Verbindung zur Domäne herstellen kann, weil der Domänencontroller nicht verfügbar ist oder das Computerkonto möglicherweise fehlt. Sie öffnen das Snap-In **Active Directory-Benutzer und -Computer** und stellen fest, dass das Computerkonto vorhanden ist und normal angezeigt wird. Wie gehen Sie vor?

   ____

   ____

Zusammenfassung der Lektion

- Computer verwalten Konten, die, ebenso wie Benutzer, über eine Sicherheitskennung (Security Identifier, SID) und Gruppenmitgliedschaften verfügen. Wägen Sie sorgfältig ab, ob ein Computerobjekt gelöscht werden sollte. Eine Deaktivierung von Computerobjekten ermöglicht eine spätere Aktivierung, wenn der Computer wieder in die Domäne aufgenommen werden muss.
- Probleme mit Computerkonten sind in der Regel offensichtlich und führen zu Fehlermeldungen und Ereignissen, die auf Probleme mit einem Konto, einem Kennwort, einem sicheren Kanal oder einer Vertrauensstellung hinweisen.
- Anhand der vier Regeln in Lektion 3 können Sie praktisch jedes Problem im Zusammenhang mit einem Computerkonto beseitigen.

Übung mit Fallbeispiel

Contoso entschließt sich zur Eröffnung von zwei Zweigniederlassungen: Ost und West. Es werden Computer für die jeweils 10 Vertriebsmitarbeiter in beiden Niederlassungsbüros angeschafft. Die den Computern zugewiesenen Bestandskennzeichen werden in der folgenden Tabelle aufgeführt.

Zweigniederlassung Ost	Zweigniederlassung West
ZO-2841	ZW-3748
ZO-2842	ZW-3749
ZO-2843	ZW-3750
ZO-2844	ZW-3751
ZO-2845	ZW-3752
ZO-2846	ZW-3753
ZO-2847	ZW-3754
ZO-2848	ZW-3755
ZO-2849	ZW-3756
ZO-2850	ZW-3757

Ihre Aufgabe besteht darin, Active Directory auf die Bereitstellung dieser Computer vorzubereiten.

Übung 1: Erstellen von OUs

Erstellen Sie zwei OUs in der Domäne **contoso.com**: **ZweigOst** und **ZweigWest**. Geben Sie die Namen wie angegeben und ohne Leerzeichen ein.

Übung 2: Erstellen der Computerkonten über ein Skript

1. Öffnen Sie den Editor.
2. Geben Sie gemäß folgendem Beispiel eine Zeile für jeden Computer ein:

   ```
   Dsadd Computer "CN=ZO-2841,OU=ZweigOst,DC=Contoso,DC=COM"
       -desc "Vertriebsmitarbeiter Computer" -loc "Niederlassung Ost"
   ```

   Stellen Sie sicher, dass Sie den Parameter **CN=** gemäß Bestandskennzeichnung der einzelnen Computer anpassen und anhand der Parameter **OU=** und **-loc** Name und Standortbeschreibung des Niederlassungsbüros für jeden Computer angeben.
3. Speichern Sie die Datei unter dem Namen **"C:\SkriptComputer.bat"**. Stellen Sie sicher, dass Sie den Namen in Anführungszeichen einschließen, da der Editor die Datei sonst automatisch mit der Erweiterung .txt speichert.
4. Öffnen Sie eine Eingabeaufforderung, und geben Sie **C:\SkriptComputer** ein.
5. Prüfen Sie die erfolgreiche Erstellung der Computerkonten, indem Sie die OUs **ZweigOst** und **ZweigWest** untersuchen. Die MMC wird nicht automatisch aktualisiert. Drücken Sie daher die Taste F5, wenn die neuen Computer anfänglich nicht angezeigt werden.

Übung zur Problembehandlung

Nach einem Wochenende, an dem ein Consultant Wartungsarbeiten an den Computern im Niederlassungsbüro Ost durchgeführt hat, beklagen sich die Benutzer über Probleme bei der Anmeldung. Sie untersuchen das Ereignisprotokoll auf einem der Computer im Niederlassungsbüro und stoßen auf das folgende Ereignis:

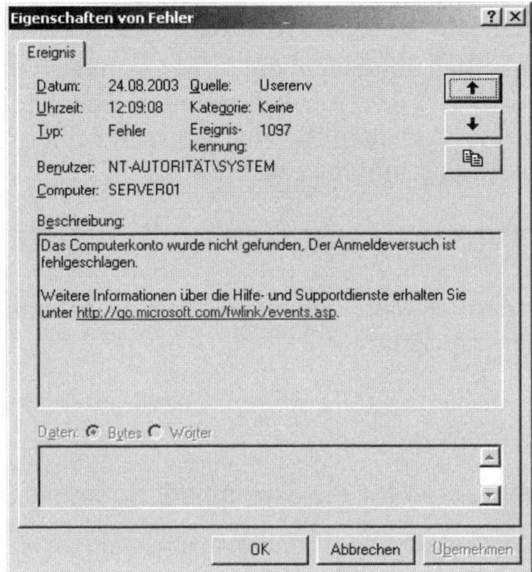

Es scheint ein Problem mit dem Computerkonto vorzuliegen.

Welche der folgenden Schritte müssen ausgeführt werden, um das Problem zu beheben?

1. Löschen der Computerkonten
2. Zurücksetzen der Benutzerkonten
3. Aufnehmen der Computer in eine Arbeitsgruppe
4. Deaktivieren der Computerkonten
5. Zurücksetzen der Computerkonten
6. Aktivieren der Computerkonten
7. Erstellen neuer Computerkonten
8. Aufnehmen der Computer in die Domäne

Übung 1 (optional): Simulieren des Problems

Wenn Sie zur Domäne Contoso in Lektion 1 einen zweiten Computer hinzugefügt haben, verschieben Sie das Computerobjekt für diesen Computer in die OU **ZweigOst**. Setzen Sie anschließend das Computerkonto in **Active Directory-Benutzer und -Computer** zurück.

1. Starten Sie den Computer neu, und versuchen Sie, sich an der Domäne anzumelden. Ist eine Anmeldung an der Domäne möglich? Können Sie sich mit Contoso-Domänenkonten anmelden, die Sie bereits in der Vergangenheit zur Anmeldung an dem Computer verwendet haben? Begründen Sie Ihre Antwort. (Hinweis: zwischengespeicherte Anmeldeinformationen)

   ____

   ____

2. Können Sie sich mit neuen Domänenkonten anmelden, die bisher nicht zur Anmeldung an diesem Computer verwendet wurden? Bei dem Versuch, sich mit einem neuen Domänenkonto am Computer anzumelden, erhalten Sie eine typische Fehlermeldung, die darauf hinweist, dass das Computerkonto möglicherweise fehlt.

   ____

   ____

3. Melden Sie sich als lokaler Administrator an, und untersuchen Sie das Ereignisprotokoll. Welche Fehlermeldungen werden angezeigt?

   ____

   ____

Übung 2: Zurücksetzen aller Computerkonten für die Zweigniederlassung Ost

Die schnellste Methode zum Zurücksetzen von Computerkonten, insbesondere von Konten, die sich alle in derselben OU befinden, ist die Verwendung eines Befehlszeilenprogramms.

1. Öffnen Sie eine Eingabeaufforderung.
2. Geben Sie den folgenden Befehl ein:

   ```
   dsquery computer "OU=ZweigOst,DC=contoso,DC=com"
   ```

   Dieser Befehl weist Active Directory an, eine Liste aller Computer in der OU **ZweigOst** zu erstellen. Die Liste sollte mit den Computerkonten übereinstimmen, die im Fallbeispiel erstellt wurden.
3. Geben Sie den folgenden Befehl ein:

   ```
   dsquery computer "OU=ZweigOst,DC=contoso,DC=com" | DSMOD COMPUTER -RESET
   ```

   Dieses Mal werden die Ergebnisse des Befehls **Dsquery** als Eingabe für den Befehl **Dsmod** verwendet. Der Befehl **Dsmod Computer -Reset** setzt sämtliche der angegebenen Konten zurück. Mission erfüllt.

Übung 3 (optional): Erneuter Beitritt zur Domäne

Wenn Sie über ein zweites System verfügen, setzen Sie das zugehörige Computerkonto zurück. Sie können nun das Entfernen von Computern aus einer Domäne üben, indem Sie die Mitgliedschaft des Computers in eine Arbeitsgruppe ändern. Treten Sie nach einem Neustart erneut der Domäne bei.

Zusammenfassung des Kapitels

- Sie müssen über Berechtigungen zum Erstellen von Objekten in Active Directory verfügen. Die Gruppen **Administratoren** und **Konten-Operatoren** verfügen über ausreichende Berechtigungen. Außerdem können Berechtigungen an andere Benutzer oder Gruppen delegiert werden.
- Bei der Erstellung eines Computerobjekts können Sie angeben, welche Benutzer oder Gruppen den Computer unter Verwendung dieses Kontos in die Domäne aufnehmen können.
- Die Konsole **Active Directory-Benutzer und -Computer** ermöglicht das Erstellen, Bearbeiten, Löschen, Deaktivieren, Aktivieren und Zurücksetzen von Computerobjekten.
- Über die Eingabeaufforderung können Sie Computerobjekte mithilfe des Befehls **Dsadd Computer** erstellen und seine Eigenschaften anhand des Befehls **Dsmod Computer** bearbeiten.
- Der Befehl **Dsmod Computer** wird auch zum Zurücksetzen, Deaktivieren und Aktivieren von Computerobjekten eingesetzt. Der Befehl **Dsrm** entfernt Computerobjekte. Das Supporttool **Netdom** umfasst zahlreiche Optionen zur Durchführung ähnlicher Aufgaben.
- Eine gängige Methode zur Beseitigung von Problemen in Bezug auf Computerkonten umfasst folgende Schritte: Neuerstellen oder Zurücksetzen des Computerkontos, Entfernen des Computers aus der Domäne, Wiederaufnahme des Computers in die Domäne.

Prüfungsrelevante Themen

Vor Absolvieren der Prüfung sollten Sie anhand der nachfolgend aufgeführten Schlüsselinformationen und -begriffe prüfen, welche Themen Sie gegebenenfalls noch einmal durcharbeiten müssen. Gehen Sie die entsprechenden Lektionen und Praxisübungen erneut durch, und lesen Sie die Abschnitte „Weiterführende Literatur“ in Teil II, um weitere Informationen zu den abgedeckten Lernzielen für die Prüfung zu erhalten.

Schlüsselinformationen

- Prägen Sie sich die mindestens erforderlichen Berechtigungen zum Erstellen eines Computerobjekts in Active Directory und die Berechtigungen zum Ändern der Mitgliedschaft eines Computers zwischen Arbeitsgruppen und Domänen ein.
- Machen Sie sich mit der Syntax der Befehle **Dsadd**, **Dsmod** und **Dsrm** vertraut. Denken Sie daran, dass **Dsmod** und **Dsadd** mindestens einen definierten Namen (DN) als Parameter erwarten. Der Befehl **Dsquery** kann zur Bereitstellung dieser Namen für **Dsmod** verwendet werden.
- Beachten Sie die Unterschiede zwischen dem Deaktivieren, Zurücksetzen und Löschen eines Computerkontos. Welche Auswirkungen hat jeder der genannten Vorgänge auf das Computerobjekt, die zugehörige Sicherheitskennung (SID) und das System selbst?

- Prägen Sie sich die vier Regeln zur Beseitigung von Problemen mit Computerkonten ein. Wenden Sie immer alle vier Regeln an, dann können Sie wahrscheinlich jede Frage in Bezug auf die Problembehandlung von Computerkonten richtig beantworten.
- Machen Sie sich mit der Suche nach Objekten in Active Directory und dem Verwalten dieser Objekte anhand der Suchergebnisse vertraut. Diese Fähigkeit kann auf viele Objekte in Active Directory und verschiedene Lernziele der Zertifizierungsprüfung angewendet werden.

Schlüsselbegriffe

Computerkonto Ein in Active Directory erstelltes Konto, das den Computer in der Domäne eindeutig identifiziert.

Fragen und Antworten

Seite 199

Lernzielkontrolle Lektion 1

1. Welche Anmeldeinformationen sind *mindestens* erforderlich, um ein Windows Server 2003-Computerkonto in einer OU innerhalb einer Domäne zu erstellen? Berücksichtigen Sie sämtliche der erforderlichen Schritte. Gehen Sie davon aus, dass in Active Directory noch kein Konto für den Computer erstellt wurde.

   a. Domänen-Admins

   b. Organisations-Admins

   c. Administratoren auf einem Domänencontroller

   d. Konten-Operatoren auf einem Domänencontroller

   e. Server-Operatoren auf einem Domänencontroller

   f. Konten-Operatoren auf dem Server

   g. Server-Operatoren auf dem Server

   h. Administratoren auf dem Server

   Richtig sind Antwort d und h. Die Gruppe **Konten-Operatoren** auf einem Domänencontroller erhält die zum Erstellen eines Computerobjekts in der Domäne mindestens erforderlichen Berechtigungen. Sie müssen Mitglied der lokalen Administratorengruppe auf dem Server sein, um die Domänenmitgliedschaft ändern zu können.

2. An welchen Stellen in der Benutzeroberfläche können Sie die Domänenmitgliedschaft eines Windows Server 2003-Computers ändern?

   a. Eigenschaften von **Arbeitsplatz**

   b. Anwendung **System** in der Systemsteuerung

   c. **Active Directory-Benutzer und -Computer**

   d. Ordner **Netzwerkverbindungen**

   e. Anwendung **Benutzer** in der Systemsteuerung

   Richtig sind Antwort a, b und d.

3. Welche Befehlszeilenprogramme können zum Erstellen eines Domänencomputerkontos in Active Directory eingesetzt werden?

   a. Netdom

   b. Dsadd

   c. Dsget

   d. Netsh

   e. Nslookup

   Richtig sind Antwort a und b.

Seite 205

Lernzielkontrolle Lektion 2

1. Welche Plattformen können einer Domäne beitreten?
   a. Windows 95
   b. Windows NT 4.0
   c. Windows 98
   d. Windows 2000
   e. Windows Me
   f. Windows XP
   g. Windows Server 2003

   Richtig sind Antwort b, d, f und g.

2. Sie öffnen ein Computerobjekt und stellen fest, dass auf der Registerkarte **Betriebssystem** keine Eigenschaften angezeigt werden. Was ist die Ursache hierfür?

   Bisher ist noch kein Computer mit diesem Konto der Domäne beigetreten. Wenn ein System der Domäne beitritt, werden die auf der Registerkarte **Betriebssystem** angezeigten Eigenschaften automatisch mit Werten aufgefüllt.

3. Ein leitender Angestellter verfügt über einen Windows XP-Laptop, dessen Computername **TopDog** lautet. Sie möchten den Laptop zur Domäne hinzufügen und sicherstellen, dass der Computer umgehend mithilfe der Gruppenrichtlinien konfiguriert wird, die mit der OU **Desktops** verknüpft sind. Wie können Sie dieses Ziel erreichen?

   Erstellen Sie für den Computer **TopDog** ein Computerobjekt in der OU **Desktops**. Geben Sie bei Erstellung des Kontos das Benutzerkonto des Angestellten für die Eigenschaft **Der folgende Benutzer oder die folgende Gruppe kann diesen Computer an eine Domäne anbinden** an.

4. Warum ist es empfehlenswert, *vor* Beitritt eines Computers zu einer Domäne ein Computerkonto in der Domäne zu erstellen?

   Es gibt verschiedene Gründe, die dafür sprechen, vor Beitritt eines Computers zu einer Domäne ein Computerkonto in der Domäne zu erstellen. Der erste Grund beruht auf der Tatsache, dass beim Beitritt eines Computers zu einer Domäne automatisch ein Konto erstellt wird, wenn nicht zuvor ein Konto erstellt wurde. Das automatisch erstellte Computerkonto wird im Standardordner **Computers** erstellt. Als Folge werden Computerrichtlinien, die gewöhnlich mit OUs verknüpft sind, nicht auf den neu in die Domäne aufgenommenen Computer angewendet. Und da die meisten Organisationen über spezifische OUs für Computer verfügen, müssen Sie einen zusätzlichen Schritt ausführen: Sie müssen das Computerobjekt nach Beitritt zur Domäne in die richtige OU verschieben. Wenn Sie im Voraus ein Computerkonto erstellen, können Sie darüber hinaus festlegen, welche Gruppen (oder Benutzer) das System mit diesem Konto zur Domäne hinzufügen dürfen. Kurz gesagt: Sie sind flexibler und haben mehr Kontrolle über den Bereitstellungsvorgang.

Seite 198

Lektion 3, Praktische Übung 1

1. Ermitteln Sie die wahrscheinlichste Ursache für das Benutzerproblem:
   a. Der Benutzer hat einen ungültigen Benutzernamen eingegeben.
   b. Der Benutzer hat ein ungültiges Kennwort eingegeben.
   c. Der Benutzer hat in der Liste **Anmelden an** die falsche Domäne ausgewählt.
   d. Der Computer hat den sicheren Kanal mit der Domäne verloren.
   e. Die Registrierung des Computers ist beschädigt.
   f. Der Computer verfügt über eine Richtlinie, die den Benutzer an einer interaktiven Anmeldung hindert.

   Richtig ist, wie Sie wahrscheinlich bereits vermuten, Antwort D. Der Computer hat den sicheren Kanal mit der Domäne verloren.

2. Geben Sie anhand der nachstehenden Liste die Schritte an, die Sie zur Beseitigung des Problems ausführen müssen. Sortieren Sie die Schritte gemäß Vorgehensweise. Es sind nicht unbedingt alle Schritte erforderlich.
   a. Aktivieren des Computerkontos.
   b. **Desktop03** in die Domäne **contoso.com** aufnehmen.
   c. Ermitteln, ob das Computerkonto in Active Directory vorliegt.
   d. Zurücksetzen oder Neuerstellen des Computerkontos.
   e. **Desktop03** in eine Arbeitsgruppe aufnehmen.
   f. Löschen des Computerkontos.
   g. Deaktivieren des Computerkontos.

   Die richtige Reihenfolge der Schritte lautet e, c, d und b. Schritt e muss nicht zuerst ausgeführt werden. Dieser Schritt muss lediglich vor Schritt b erfolgen. Die Schritte c und d sind in dieser Reihenfolge und vor Schritt b durchzuführen. Schritt b muss zuletzt ausgeführt werden.

Seite 212

Lernzielkontrolle Lektion 3

1. Nach einer Phase der Expansion richtet Ihr Unternehmen eine zweite Domäne ein. Letztes Wochenende wurden mehrere Computer Ihrer Domäne in die neue Domäne verschoben. Sie öffnen die Konsole **Active Directory-Benutzer und -Computer** und stellen fest, dass sich die Objekte für diese Computer weiterhin in der Domäne befinden, jedoch mit einem roten X gekennzeichnet sind. Wie gehen Sie am besten vor?
   a. Sie aktivieren die Konten.
   b. Sie deaktivieren die Konten.
   c. Sie setzen die Konten zurück.
   d. Sie löschen die Konten.

   Richtig ist Antwort d. Als die Computer aus der Domäne entfernt wurden, sind die zugehörigen Konten nicht gelöscht worden, wahrscheinlich aufgrund von Berechtigungseinstellungen. Die Computer gehören nun einer anderen Domäne an, sie werden nicht länger benötigt.

2. Ein Benutzer berichtet, dass beim Anmeldungsversuch eine Meldung erscheint, der zufolge der Computer keine Verbindung zur Domäne herstellen kann, weil der Domänencontroller nicht verfügbar ist oder das Computerkonto möglicherweise fehlt. Sie öffnen das Snap-In **Active Directory-Benutzer und -Computer** und stellen fest, dass das Konto für diesen Computer tatsächlich fehlt. Wie gehen Sie vor?

   Erstellen Sie ein Computerkonto, entfernen Sie den Benutzercomputer aus der Domäne, und lassen Sie den Computer anschließend der Domäne erneut beitreten.

3. Ein Benutzer berichtet, dass bei dem Versuch der Anmeldung eine Meldung erscheint, der zufolge der Computer keine Verbindung zur Domäne herstellen kann, weil der Domänencontroller nicht verfügbar ist oder das Computerkonto möglicherweise fehlt. Sie öffnen das Snap-In **Active Directory-Benutzer und -Computer** und stellen fest, dass das Computerkonto vorhanden ist und normal angezeigt wird. Wie gehen Sie vor?

   Setzen Sie das Computerkonto zurück, entfernen Sie den Computer aus der Domäne, und lassen Sie den Computer anschließend der Domäne erneut beitreten.

Seite 215

Übung zur Problembehandlung

Welche der folgenden Schritte müssen ausgeführt werden, um das Problem zu beheben?

1. Löschen der Computerkonten
2. Zurücksetzen der Benutzerkonten
3. Aufnehmen der Computer in eine Arbeitsgruppe
4. Deaktivieren der Computerkonten
5. Zurücksetzen der Computerkonten
6. Aktivieren der Computerkonten
7. Erstellen neuer Computerkonten
8. Aufnehmen der Computer in die Domäne

Richtig sind Antwort 5, 3 und 8. Diese Schritte sind die effizienteste Lösung: Sie setzen die Computerkonten zurück und nehmen die Computer erneut in die Domäne auf.

K A P I T E L 6

Dateien und Ordner

In diesem Kapitel abgedeckte Prüfungsziele:

- Konfigurieren des Zugriffs auf freigegebene Ordner
  - Verwalten von Berechtigungen für freigegebene Ordner
- Beheben von Problemen mit den Terminaldiensten
  - Diagnostizieren und Lösen von Problemen hinsichtlich der Sicherheit der Terminaldienste
- Konfigurieren von Dateisystemberechtigungen
  - Überprüfen der effektiven Berechtigungen bei der Berechtigungsvergabe
  - Ändern des Besitzes von Dateien und Ordnern
- Beheben von Problemen mit dem Zugriff auf Dateien und freigegebene Ordner
- Verwalten eines Webservers
  - Verwalten der Internetinformationsdiente (IIS)
  - Verwalten der Sicherheit für IIS

Bedeutung dieses Kapitels

Zu den täglichen Herausforderungen eines Administrators gehören Aufgaben im Zusammenhang mit der Verwaltung von Netzwerkdateien und Ordnern, d.h. von Ressourcen, die von den Benutzern in Ihrer Organisation benötigt werden. Ist es einem Benutzer nicht möglich, auf eine zur Durchführung einer Aufgabe benötigte Ressource zuzugreifen, klingelt beim Helpdesk das Telefon. Als Folge verwenden Sie Zeit und Geld darauf, Berechtigungen oder Gruppenmitgliedschaften zu bearbeiten, um das Problem zu beheben. Wird auf eine sensible Ressource durch eine nichtautorisierte Person zugegriffen, klingelt irgendwann wieder das Telefon auf Ihrem Schreibtisch – und als Folge müssen Sie möglicherweise Zeit und Geld darauf verwenden, sich einen neuen Job zu suchen.

Sie kennen zweifellos die grundlegenden Komponenten der Ressourcensicherheit in den Windows-Technologien – die Erteilung von Zugriffsberechtigungen für Benutzer oder Gruppen. Microsoft Windows Server 2003 bietet Erweiterungen, feine Unterschiede, Tools und Features, die über die Funktionalität von Microsoft Windows 2000 und Windows XP hinausgehen und im Vergleich zu Microsoft Windows NT 4.0 auffallend anders sind. Und jede dieser Neuerungen wirkt sich auf die empfohlenen Vorgehensweisen hinsichtlich Verwaltung und Problembehandlung von Dateien und Ordnern aus.

In diesem Kapitel werden die Konzepte und Fähigkeiten beschrieben, die in Zusammenhang mit der Verwaltung von freigegebenen Ordnern stehen, und Sie lernen das nützliche Snap-In **Freigegebene Ordner** kennen. Sie untersuchen die verschiedenen Dialogfelder des Zugriffssteuerungslisten-Editors, auch ACL-Editor (Access Control List) genannt, von denen jedes einzelne wichtige Funktionen unterstützt. Nach Untersuchung einer Auswahl von Berechtigungskonfigurationen bestimmen Sie die *effektiven Berechtigungen*, also die tatsächlichen Berechtigungen eines Benutzers, basierend auf Benutzer- und Gruppenberechtigungen. Anschließend konfigurieren Sie die Überwachung, um Dateizugriff und -operationen zu überwachen. Abschließend erhalten Sie einen Überblick über die Verwaltung der Internetinformationsdienste (IIS), die wie der Datei- und Druckfreigabedienst eine alternative Methode für den Netzwerkzugriff auf Dateien und Ordnern bieten.

Lektionen in diesem Kapitel:

Bevor Sie beginnen

In diesem Kapitel werden Fähigkeiten und Konzepte in Bezug auf Computerkonten in Active Directory beschrieben. Bereiten Sie für die praktischen Übungen anhand der Beispiele in diesem Kapitel Folgendes vor:

- Einen Windows Server 2003-Computer (Standard oder Enterprise Edition) namens **Server01**, der als Domänencontroller in der Domäne **contoso.com** konfiguriert ist.
- Folgende Organisationseinheiten (OUs) erster Ebene: **Sicherheitsgruppen** und **Mitarbeiter**.
- Die Gruppe **Domänen-Benutzer** muss ein Mitglied der Gruppe **Druck-Operatoren** sein, damit sich „normale" Benutzer während der praktischen Übungen an einem Domänencontroller anmelden können.
- Fünf globale Sicherheitsgruppen in der OU **Sicherheitsgruppen**: **Team Projekt 101**, **Team Projekt 102**, **Techniker**, **Manager** und **Subunternehmer**.
- Konten in der OU **Mitarbeiter** für folgende Benutzer: **Scott Bishop**, **Dan Holme**, **Danielle Tiedt** und **Lorrin Smith-Bates**. Hierbei muss Scott Bishop der Gruppe

Techniker, **Subunternehmer** und **Team Projekt 101** angehören, Danielle Tiedt den Gruppen **Techniker** und **Team Projekt 101**, Dan Holme der Gruppe **Techniker** sowie Lorrin Smith-Bates den Gruppen **Manager** und **Team Projekt 101**.

- Zugriff auf das Snap-In **Freigegebene Ordner** über die Konsole **Computerverwaltung**, Zugriff auf die Konsole **Dateiserververwaltung** (verfügbar über die **Serververwaltung**) oder eine angepasste MMC-Konsole (Microsoft Management Console).

Lektion 1: Einrichten von freigegebenen Ordnern

Netzwerke oder sogar unsere Jobs wären überflüssig, wenn Unternehmen es nicht für wichtig hielten, die auf einem Computer gespeicherten Informationen und Ressourcen den Benutzern anderer Computer zur Verfügung zu stellen. Das Erstellen eines freigegebenen Ordners für die Zugriffsbereitstellung gehört daher zu den grundlegendsten Aufgaben eines jeden Netzwerkadministrators. Die freigegebenen Ordner in Windows Server 2003 werden mit dem Snap-In **Freigegebene Ordner** verwaltet.

Am Ende dieser Lektion werden Sie in der Lage sein, die folgenden Aufgaben auszuführen:

- Erstellen eines freigegebenen Ordners mit dem Windows Explorer und dem Snap-In **Freigegebene Ordner**
- Konfigurieren von Berechtigungen und anderer Eigenschaften freigegebener Ordner
- Verwalten von Benutzersitzungen und geöffneten Dateien

Veranschlagte Zeit für diese Lektion: 15 Minuten

Freigeben eines Ordners

Bei der Freigabe eines Ordners wird die **Datei- und Druckerfreigabe für Microsoft-Netzwerke** (auch Serverdienst genannt) so konfiguriert, dass die Clients mithilfe der Komponente **Client für Microsoft-Netzwerke** (auch bekannt als Arbeitsstationsdienst) Netzwerkverbindungen mit dem betreffenden Ordner und den zugehörigen Unterordnern herstellen können.

Hinweis Neu in SP1! Die Windows-Firewall, eingeführt mit SP1 und standardmäßig von der Sicherheitsupdatekonfiguration deaktiviert, hindert Clients am Zugriff auf freigegebene Dateien und Ordner eines Servers, wenn sie aktiviert wird. Achten Sie darauf, eine Ausnahme für Datei- und Druckerfreigabe zu konfigurieren. Diese öffnet die TCP-Ports 139 und 445 und die UDP-Ports 137 und 138. Außerdem ist es noch üblich, eine Ausnahme für die Remoteverwaltung zu konfigurieren (die Ports 135 und 445) und eingehende Echoanforderungen zuzulassen, eine ICMP-Ausnahme.

Sie haben sicher schon einen Ordner im Windows Explorer freigegeben, indem Sie mit der rechten Maustaste darauf geklickt, die Option **Freigabe und Sicherheit** gewählt und anschließend die Option **Diesen Ordner freigeben** aktiviert haben. Die bekannte Registerkarte **Freigabe** im Eigenschaftendialogfeld eines Ordners ist im Windows Explorer jedoch nur dann verfügbar, wenn Sie eine Freigabe konfigurieren, während Sie interaktiv oder über die Terminaldienste an einem Computer angemeldet sind. Sie können mit dem Windows Explorer keinen Ordner auf einem Remotesystem freigeben. Aus diesem Grund wird in den folgenden Abschnitten die Erstellung, Konfiguration und Verwaltung eines freigegebenen Ordners mithilfe des Snap-Ins **Freigegebene Ordner** untersucht, das sowohl auf lokalen Systemen als auch auf Remotesystemen eingesetzt werden kann.

Wenn Sie das Snap-In **Freigegebene Ordner** öffnen, entweder als benutzerdefiniertes MMC-Snap-In oder als Teil der Konsolen **Computerverwaltung** oder **Dateiserververwaltung**, bemerken Sie sofort, dass unter Windows Server 2003 bereits verschiedene administrative Standardfreigaben vorkonfiguriert sind. Diese Freigaben stellen eine Verbindung zum Systemverzeichnis (üblicherweise **C:\Windows**) sowie zum Stamm jedes installierten Volumes bereit. Jede dieser Freigaben enthält ein Dollarzeichen ($) im Freigabenamen. Das Dollarzeichen am Ende eines Freigabenamens konfiguriert die Freigabe als *verborgene Freigabe*, die nicht in Suchlisten erscheint, zu der Sie jedoch über einen UNC-Pfad (Universal Naming Convention) im Format \\***Servername\Freigabename$*** eine Verbindung herstellen können.

Tipp Die Gruppen **Administratoren**, **Server-Operatoren** und **Sicherungs-Operatoren** eines Systems können sich mit administrativen Freigaben verbinden.

Zur Freigabe eines Ordners auf einem Computer stellen Sie zunächst eine Verbindung zum gewünschten Computer her. Klicken Sie hierzu im Snap-In **Freigegebene Ordner** mit der rechten Maustaste auf den Stammknoten der Konsole, und wählen Sie den Befehl **Verbindung mit anderem Computer herstellen**. Sobald das Snap-In auf den gewünschten Computer ausgerichtet ist, klicken Sie auf den Knoten **Freigaben**, und wählen Sie entweder im Kontextmenü oder im Menü **Aktion** die Option **Neue Freigabe** aus.

Tipp Sie müssen Mitglied der Gruppen **Administratoren** oder **Hauptbenutzer** des Computers sein, um einen freigegebenen Ordner erstellen zu können.

Der **Ordnerfreigabe-Assistent** wird gestartet, der über folgende wichtige Seiten und Einstellungen verfügt:

- **Die Seite *Ordnerpfad*** Geben Sie den Pfad zum Ordner auf der *lokalen Festplatte* des verwalteten Systems an. Wenn sich der Ordner beispielsweise auf Laufwerk D: befindet, würde der Ordnerpfad **D:*Ordnername*** lauten.
- **Die Seite *Name, Beschreibung und Einstellungen*** Geben Sie den Freigabenamen ein. Wenn Ihr Netzwerk ältere Clients enthält (Clients mit DOS-basierten Systemen), müssen Sie sich an die 8.3-Namenskonvention halten, um einen erfolgreichen Zugriff auf die Freigaben sicherzustellen. Der Freigabename ergibt zusammen mit dem Servernamen den UNC-Pfad zur Ressource im Format ***Servername\Freigabename***. Fügen Sie am Ende des Freigabenamens ein Dollarzeichen ($) ein, wenn Sie eine verborgene Freigabe erstellen. Im Gegensatz zu den integrierten administrativen Freigaben kann auf verborgene Freigaben, die manuell erstellt wurden, durch beliebige Benutzer zugegriffen werden. Der Zugriff wird einzig durch die Freigabeberechtigungen für den Ordner eingeschränkt.
- **Die Seite *Berechtigungen*** Wählen Sie geeignete Freigabeberechtigungen aus.

Verwalten eines freigegebenen Ordners

Der Knoten **Freigaben** im Snap-In **Freigegebene Ordner** listet alle Freigaben auf einem Computer auf und stellt ein Kontextmenü für jede Freigabe bereit, über das Sie die Ordnerfreigabe aufheben, die Freigabe im Windows Explorer öffnen oder die Eigenschaften der Freigabe konfigurieren können. Sämtliche Eigenschaften, die Sie im Ordnerfreigabe-Assistenten eingeben, können im Eigenschaftendialogfeld der Freigabe bearbeitet werden, wie in Abbildung 6.1 dargestellt.

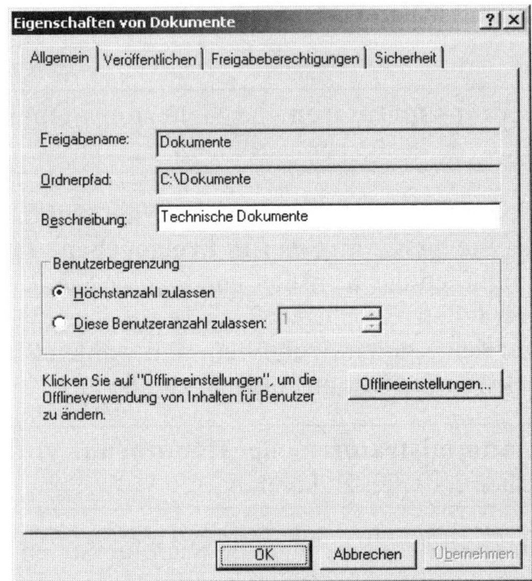

Abbildung 6.1 Die Registerkarte **Allgemein** eines freigegebenen Ordners

Das Eigenschaftendialogfeld enthält folgende Registerkarten:

- **Allgemein** Die erste Registerkarte bietet Zugriff auf Freigabenamen, Ordnerpfad, Beschreibung, Anzahl gleichzeitiger Benutzerverbindungen und Offlineeinstellungen. Freigabename und Ordnerpfad sind schreibgeschützt. Zur Umbenennung einer Freigabe müssen Sie die Ordnerfreigabe zunächst aufheben und anschließend eine neue Freigabe mit dem neuen Namen und den neuen Berechtigungen erstellen.
- **Veröffentlichen** Wenn Sie das Kontrollkästchen **Diese Freigabe in Active Directory veröffentlichen** aktivieren (wie dargestellt in Abbildung 6.2), wird in Active Directory ein Objekt zur Darstellung des freigegebenen Ordners erstellt.

  Zu den Objekteigenschaften zählen eine Beschreibung und Schlüsselwörter. Administratoren können den freigegebenen Ordner über das Dialogfeld **Benutzer, Kontakte und Gruppen suchen** anhand von Beschreibung oder Schlüsselwörtern suchen. Durch Auswahl des Eintrags **Freigegebene Ordner** in der Dropdownliste **Suchen** in diesem Dialogfeld wird das in Abbildung 6.3 gezeigte Dialogfeld **Freigegebene Ordner suchen** angezeigt.

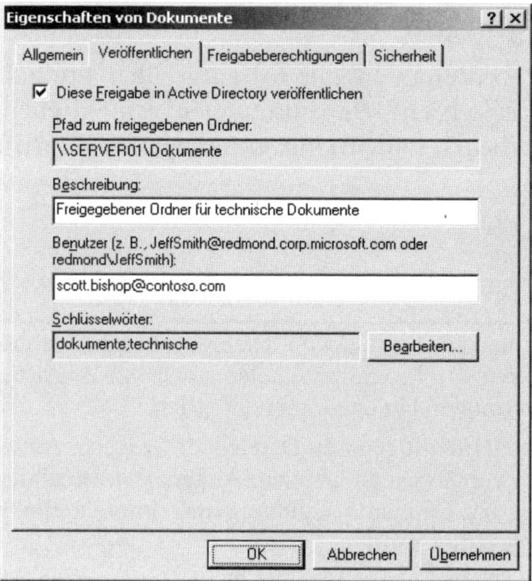

Abbildung 6.2 Die Registerkarte **Veröffentlichen** eines freigegebenen Ordners

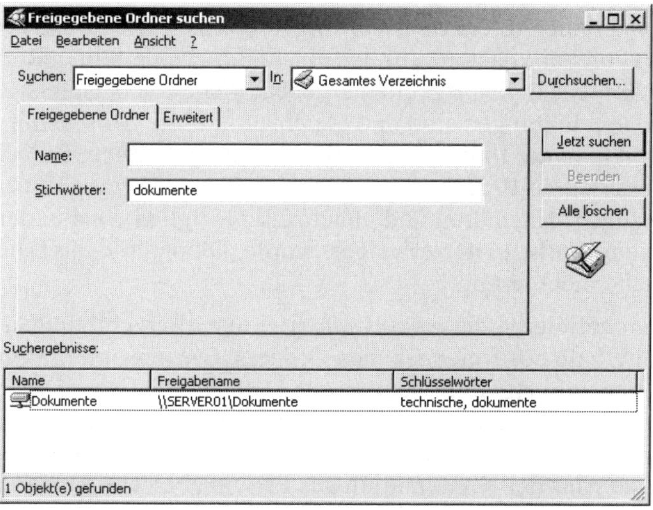

Abbildung 6.3 Suche nach einem freigegebenen Ordner

- **Freigabeberechtigungen** Auf der Registerkarte **Freigabeberechtigungen** können Sie Freigabeberechtigungen konfigurieren.
- **Sicherheit** Mithilfe der Registerkarte **Sicherheit** können Sie NTFS-Berechtigungen für den Ordner konfigurieren.

Konfigurieren von Freigabeberechtigungen

Verfügbare Freigabeberechtigungen werden in Tabelle 6.1 aufgeführt. Freigabeberechtigungen sind zwar nicht so detailliert wie NTFS-Berechtigungen, ermöglichen aber trotzdem die Konfiguration eines freigegebenen Ordners für grundlegende Zugriffsszenarien: Lesen, Ändern und Vollzugriff.

Tabelle 6.1 Freigabeberechtigungen

Berechtigungen	Beschreibung
Lesen	Anzeigen von Ordnernamen, Dateinamen, Dateidaten und Attributen. Darüber hinaus ist das Ausführen von Programmdateien sowie der Zugriff auf weitere Ordner innerhalb des freigegebenen Ordners möglich.
Ändern	Erstellen von Ordnern, Hinzufügen von Dateien zu Ordnern, Ändern von Daten in Dateien, Anhängen von Daten an Dateien, Ändern von Dateiattributen, Löschen von Ordnern und Dateien; Ausführen von Aktionen, die über die Berechtigungen **Lesen** gestattet werden.
Vollzugriff	Ändern von Dateiberechtigungen, Übernehmen der Besitzrechte für Dateien; Ausführen von Aktionen, die über die Berechtigung **Ändern** gestattet werden.

Freigabeberechtigungen können erteilt oder verweigert werden. Die effektiven Berechtigungen sind das Gesamtergebnis, das sich aus den einem Benutzer erteilten Berechtigungen sowie aus sämtlichen Gruppenzugehörigkeiten ergeben. Wenn Sie beispielsweise Mitglied einer Gruppe mit Leseberechtigungen sind und gleichzeitig einer Gruppe mit Änderungsberechtigungen angehören, lautet Ihre effektive Berechtigung **Ändern**. Berechtigungsverweigerungen haben vor erteilten Berechtigungen jedoch immer Vorrang. Wenn Sie z.B. einer Gruppe mit Lesezugriff angehören und gleichzeitig Mitglied einer anderen Gruppe sind, der die Berechtigung **Vollzugriff** verweigert wurde, können Sie die Dateien oder Ordner in dieser Freigabe nicht lesen.

Freigabeberechtigungen definieren die *maximalen* effektiven Berechtigungen für alle Dateien und Ordner unterhalb des freigegebenen Ordners. Die gewährten Berechtigungen können durch NTFS-Berechtigungen für spezifische Dateien und Ordner weiter eingeschränkt, jedoch nicht erweitert werden. Anders gesagt: Der Zugriffsumfang eines Benutzers für eine Datei oder einen Ordner wird durch die restriktivsten effektiven Berechtigungen bestimmt, die sich aus der Kombination aus Freigabeberechtigungen und NTFS-Berechtigungen für diese Ressource ergeben. Beispiel: Sie möchten einer Gruppe Vollzugriff auf einen Ordner gewähren und haben über NTFS-Berechtigungen Vollzugriff erteilt. Wenn jedoch die standardmäßigen Freigabeberechtigungen (**Jeder: Lesen**) oder sogar die Freigabeberechtigung **Ändern** gelten, wird der über NTFS erteilte Vollzugriff durch die Freigabeberechtigung eingeschränkt. Diese Dynamik verkompliziert die Verwaltung des Ressourcenzugriffs und ist einer der Gründe dafür, aus dem viele Unternehmen nach der Richtlinie vorgehen, Freigaben mit umfangreichen Berechtigungen zu konfigurieren (**Jeder: Vollzugriff**) und anschließend NTFS-Berechtigungen zum Schutz von Dateien und Ordnern einzusetzen. Weitere Informationen zu den vielfältigen Sichtweisen und Beweggründen bei der Diskussion um die Freigabeberechtigungen finden Sie im nachstehenden Abschnitt „Freigabeberechtigungen aus drei Perspektiven".

Freigabeberechtigungen aus drei Perspektiven

Es ist wichtig, den Blickwinkel zu verstehen, aus dem heraus Freigabeberechtigungen in Microsoft-Implementierungen und Zertifizierungslernzielen und Ressourcen wie dem vorliegenden Buch betrachtet werden.

Für Freigabeberechtigungen geltende Einschränkungen

Freigabeberechtigungen weisen wesentliche Einschränkungen auf, unter anderem die folgenden:

- **Bereich** Freigabeberechtigungen gelten nur für den Netzwerkzugriff über den Client für Microsoft-Netzwerke; sie finden keine Anwendung, wenn lokal oder über die Terminaldienste auf Dateien und Ordner zugegriffen wird oder der Netzwerkzugriff auf andere Weise erfolgt, z.B. über HTTP (Hypertext Transfer Protocol), FTP (File Transfer Protocol), Telnet usw.
- **Replikation** Freigabeberechtigungen werden nicht über den Dateireplikationsdienst repliziert.
- **Ausfallsicherheit** Freigabeberechtigungen werden bei der Sicherung oder Wiederherstellung eines Datenvolumes nicht berücksichtigt.
- **Fehlende Dauerhaftigkeit** Freigabeberechtigungen gehen verloren, wenn Sie den freigegebenen Ordner verschieben oder umbenennen.
- **Keine abgestufte Steuerung** Freigabeberechtigungen sind nicht granular, sie bieten eine einzige Berechtigungsvorlage, die auf alle Dateien und Ordner unterhalb des freigegebenen Ordners angewendet wird. Sie können den Zugriff auf Ordner oder Dateien unterhalb eines freigegebenen Ordners nicht ausweiten, und Sie können den Zugriff ohne NTFS-Berechtigungen nicht weiter einschränken.
- **Überwachung** Sie können keine auf Freigabeberechtigungen basierende Überwachung konfigurieren.
- **Hier zeigen NTFS-Berechtigungen ihre Stärke** Es gibt NTFS-Berechtigungen, die eine stabile, sichere Zugriffssteuerung für Dateien und Ordner ermöglichen. NTFS-Berechtigungen werden repliziert, bei Sicherung und Wiederherstellung eines Datenvolumes berücksichtigt, können überwacht werden, bieten außergewöhnliche Flexibilität und können einfach verwaltet werden. Organisationen verlassen sich daher bei der Steuerung des Ressourcenzugriffs auf NTFS-Berechtigungen.
- **Komplexität** Wenn sowohl Freigabeberechtigungen als auch NTFS-Berechtigungen angewendet werden, treten die restriktivsten Berechtigungen in Kraft. Dies erschwert die Analyse der effektiven Berechtigungen sowie das Beseitigen von Problemen beim Dateizugriff. ▶

Einsatz von Freigabeberechtigungen in der Praxis

Aufgrund dieser Einschränkungen werden Freigabeberechtigungen fast nur in dem seltenen Fall eingesetzt, dass ein Laufwerk mit dem Dateisystem FAT oder FAT32 formatiert ist, für die NTFS-Berechtigungen nicht unterstützt werden. In allen anderen Fällen gilt für die Praxis folgende Regel: Konfigurieren Sie Freigaben mit der Freigabeberechtigung **Vollzugriff** für die Gruppe **Jeder**, und schränken Sie den Zugriff auf den freigegebenen Ordner sowie alle darunter befindlichen Dateien oder Ordner mithilfe von NTFS-Berechtigungen ein.

Verschärfung der Freigabeberechtigungen durch Microsoft

Vor Windows XP lautete die standardmäßige Freigabeberechtigung **Vollzugriff** für die Gruppe **Jeder**. Bei dieser Voreinstellung war die Einhaltung der oben genannten Faustregel für die Praxis einfach: Administratoren ließen die Freigabeberechtigung unverändert und konfigurierten NTFS-Berechtigungen. Unter Windows Server 2003 lautet die standardmäßige Freigabeberechtigung für die Gruppe **Jeder** jetzt **Lesen**, der Gruppe **Administratoren** wird die Berechtigung **Vollzugriff** erteilt. Dies ist problematisch, da für alle Benutzer ohne Administratorrechte die gesamte Ordnerstruktur nun auf den Lesezugriff beschränkt ist.

Microsoft nahm diese Änderung mit einem noblen Ziel vor: Erhöhung der Sicherheit für freigegebene Ressourcen durch standardmäßige Einschränkung des Zugriffsumfangs bei Freigabe. Viele Administratoren, die bisher einen Ordner freigaben und dabei vergaßen, die NTFS-Berechtigungen zu prüfen, mussten später feststellen, dass eine Berechtigung zu „locker" definiert war. Durch Konfigurieren der Freigabe mit Leseberechtigungen hilft Microsoft Administratoren dabei, dieses Problem zu vermeiden. Die meisten Unternehmen vermeiden jedoch aufgrund interner Einschränkungen die Vergabe von Freigabeberechtigungen und konzentrieren sich stattdessen auf einen Schutz mithilfe von NTFS-Berechtigungen. In diesen Fällen müssen Administratoren nun daran denken, Freigabeberechtigungen zu konfigurieren (**Jeder: Vollzugriff**), um die unternehmenseigenen Richtlinien umsetzen zu können.

Lernziele der Zertifizierungsprüfung

Es gibt eine dritte Sichtweise für Freigabeberechtigungen: die Lernziele für die Zertifizierung. Wenngleich Freigabeberechtigungen typischerweise in Abstimmung mit strikten Unternehmensrichtlinien (**Jeder: Vollzugriff**) implementiert werden, können Freigabeberechtigungen eines Tages von dieser Einstellung abweichen. Darüber hinaus besteht die Möglichkeit, dass Daten auf FAT- oder FAT32-Volumes gespeichert werden, für die Freigabeberechtigungen die einzige Möglichkeit für die Zugriffssteuerung sind, d.h., Sie müssen das Konzept der Freigabeberechtigungen verstehen, um den Lernzielen von MCP-Prüfungen gerecht werden zu können. Von besonderer Wichtigkeit sind Szenarien, in denen sowohl Freigabeberechtigungen als auch NTFS-Berechtigungen auf eine Ressource angewendet werden. In diesen Fällen legen die restriktivsten effektiven Berechtigungen die effektiven Berechtigungen der Ressource fest, wenn auf sie über den Client für Microsoft-Netzwerke zugegriffen wird. ▶

Schenken Sie daher den Freigabeberechtigungen genügend Aufmerksamkeit, und machen Sie sich mit ihren Feinheiten vertraut. Machen Sie sich vertraut damit, wie effektive Berechtigungen in Kombination mit NTFS-Berechtigungen ausgewertet werden. Konfigurieren Sie Ihre Freigaben anschließend gemäß den Richtlinien Ihres Unternehmens, die wahrscheinlich im Gegensatz zu den neuen standardmäßigen Freigabeberechtigungen von Windows Server 2003 die Berechtigung **Vollzugriff** für die Gruppe **Jeder** vorsehen.

Prüfungstipp Nur sehr wenige Administratoren beschränken die Anzahl der Benutzerverbindungen für einen freigegebenen Ordner, aber es ist möglich. Achten Sie in der Zertifizierungsprüfung darauf, ob die Beschränkung der Anzahl von Benutzerverbindungen vielleicht dazu führt, dass ein Benutzer keinen Zugriff auf einen freigegebenen Ordner erhält. Aus der Meldung, die der Benutzer erhält, geht hervor, dass der Server keine Verbindungen annehmen kann. Beachten Sie bitte, dass Windows XP Professional- und Windows 2000 Professional-Computer nicht mehr als 10 gleichzeitige Benutzerverbindungen zulassen.

Verwalten von Benutzersitzungen und geöffneten Dateien

Gelegentlich muss ein Server zu Wartungszwecken abgeschaltet werden, es müssen Sicherungen durchgeführt oder andere Aufgaben erledigt werden, die es erforderlich machen, dass Benutzerverbindungen getrennt und geöffnete Dateien geschlossen und entsperrt werden. In jedem dieser Szenarien kommt das Snap-In **Freigegebene Ordner** zum Einsatz.

Über den Knoten **Sitzungen** im Snap-In **Freigegebene Ordner** können Sie überwachen, wie viele Benutzer mit einem bestimmten Server verbunden sind, und Sie können, falls erforderlich, die Benutzer trennen. Der Knoten **Geöffnete Dateien** liefert eine Liste aller geöffneten Dateien und Dateisperren für einen einzelnen Server und ermöglicht es Ihnen, eine geöffnete Datei zu schließen oder alle geöffneten Dateien zu trennen.

Praktische Übung: Einrichten von freigegebenen Ordnern

In dieser Übung konfigurieren Sie einen freigegebenen Ordner und bearbeiten die Freigabeberechtigungen. Anschließend stellen Sie eine Verbindung zur Freigabe her und simulieren die gängigen Verfahren, die vor dem Abschalten eines Servers ausgeführt werden.

Übung 1: Freigeben eines Ordners

1. Erstellen Sie auf Laufwerk C einen Ordner mit dem Namen **Dokumente**. Geben Sie den Ordner *noch nicht* frei.
2. Öffnen Sie die **Serververwaltung** aus dem Ordner **Verwaltung**.
3. Klicken Sie in der Kategorie **Dateiserver** auf die Option **Diesen Server verwalten**. Wenn Ihr Server nicht mit der Funktion des Dateiservers konfiguriert wurde, können Sie diese Funktion nun hinzufügen oder die Dateiserververwaltung anhand des folgenden Tipps starten.

Tipp Die Konsole **Dateiserververwaltung** ist eine äußerst nützliche Konsole, daher können Sie für den leichteren Zugriff eine Verknüpfung erstellen. Der Pfad zu der Konsole lautet **%SystemRoot%\System32 \Filesvr.msc**.

4. Wählen Sie den Knoten **Freigaben** aus.
5. Klicken Sie in der Taskliste im Detailbereich auf die Option **Einen freigegebenen Ordner hinzufügen**. Auch im Menü **Aktion** und in den Kontextmenüs stehen entsprechende Befehle für das Hinzufügen eines freigegebenen Ordners zur Verfügung.
6. Der Ordnerfreigabe-Assistent wird gestartet. Klicken Sie auf **Weiter**.
7. Geben Sie den Pfad **C:\Dokumente** ein, und klicken Sie auf **Weiter**.
8. Übernehmen Sie den standardmäßigen Freigabenamen, **Dokumente**, und klicken Sie auf **Weiter**.
9. Klicken Sie auf der Seite **Berechtigungen** auf **Benutzerdefinierte Freigabe- und Ordnerberechtigungen verwenden**, und klicken Sie dann auf **Anpassen**.
10. Wählen Sie das Kontrollkästchen **Zulassen** neben der Berechtigung **Vollzugriff**, und klicken Sie auf **OK**.
11. Klicken Sie auf **Fertig stellen** und anschließend auf **Schließen**.

Übung 2: Verbindungsherstellung zu einem freigegebenen Ordner

1. Klicken Sie in der Konsole **Dateiserververwaltung** auf den Knoten **Sitzungen**. Werden unter diesem Knoten Sitzungen angezeigt, klicken Sie in der Taskliste auf **Alle Sitzungen trennen**, und klicken Sie zur Bestätigung auf **Ja**.
2. Klicken Sie im Menü **Start** auf den Befehl **Ausführen**. Geben Sie den UNC-Pfad zum freigegebenen Ordner **\\Server01\Dokumente** ein, und klicken Sie dann auf **OK**.

   Durch Verwendung eines UNC-Pfads anstelle eines physischen Pfads wie **C:\Dokumente** erstellen Sie eine Netzwerkverbindung zu dem freigegebenen Ordner, ebenso wie ein Benutzer es täte.
3. Klicken Sie in der Konsole **Dateiserververwaltung** auf den Knoten **Sitzungen**. Beachten Sie, dass jetzt eine Sitzung mit dem Server angezeigt wird. Sie müssen die Konsolenanzeige unter Umständen durch Drücken von F5 aktualisieren.
4. Klicken Sie auf den Knoten **Geöffnete Dateien**. Beachten Sie, dass **C:\Dokumente** als geöffnet angezeigt wird.

Übung 3: Trennen von Sitzungen von einem Server

1. Wählen Sie in der Konsole **Dateiserververwaltung** den Knoten **Sitzungen**.
2. Klicken Sie in der Taskliste auf **Alle Sitzungen trennen**.

Lernzielkontrolle

Die folgenden Fragen dienen dazu, die wichtigsten Lehrinhalte dieser Lektion zu vertiefen. Können Sie eine Frage nicht beantworten, arbeiten Sie das entsprechende Lektionsmaterial noch einmal durch, und versuchen Sie dann erneut, die Frage zu beantworten. Die Antworten auf die Lernzielkontrollfragen finden Sie im Abschnitt „Fragen und Antworten" am Ende dieses Kapitels.

1. Welches der folgenden Tools ermöglicht einem Administrator die Verwaltung einer Freigabe auf einem Remoteserver? Wählen Sie alle zutreffenden Antworten aus.
   a. Snap-In **Freigegebene Ordner**
   b. Windows Explorer, ausgeführt auf einem lokalen Computer, verbunden mit der Remoteserverfreigabe oder verborgenen Freigabe
   c. Windows Explorer, ausgeführt auf dem Remotecomputer in einer Terminaldienst- oder Remotedesktopsitzung
   d. Konsole **Dateiserververwaltung**
2. Auf einem FAT32-Volume wird ein Ordner freigegeben. Der Gruppe **Projektmanager** wird die Freigabeberechtigung **Vollzugriff** erteilt. Die Gruppe **Projekttechniker** erhält die Freigabeberechtigung **Lesen**. Julie gehört der Gruppe **Projekttechniker** an. Sie wird befördert und zur Gruppe **Projektmanager** hinzugefügt. Wie lauten ihre effektiven Berechtigungen für diesen Ordner?

   ____

3. Auf einem NTFS-Volume wird ein Ordner mit den standardmäßigen Freigabeberechtigungen freigegeben. Der Gruppe **Projektmanager** wird die NTFS-Berechtigung **Vollzugriff** erteilt. Julie, die der Gruppe **Projektmanager** angehört, berichtet, dass sie keine Dateien in diesem Ordner erstellen kann. Weshalb kann Julie keine Dateien erstellen?

   ____

   ____

   ____

   ____

   ____

   ____

Zusammenfassung der Lektion

- Der Windows Explorer kann nur zur Konfiguration von Freigaben auf einem lokalen Volume eingesetzt werden. Dies bedeutet, dass Sie sich lokal (interaktiv) am Server anmelden müssen oder über den Remotedesktop (die Terminaldienste) eine Verbindung herstellen müssen, um den Windows Explorer zur Freigabenverwaltung zu verwenden.

- Das Snap-In **Freigegebene Ordner** ermöglicht das Verwalten von Freigaben auf lokalen Computern und Remotecomputern.
- Sie können eine verborgene Freigabe erstellen, die nicht in Suchlisten angezeigt wird, indem Sie ein Dollarzeichen ($) an das Ende des Freigabenamens anhängen. Verbindungen zur Freigabe werden über den UNC-Pfad der Form \\***Servername******Freigabename***$ hergestellt. Benutzer können die Freigabe verwenden, sofern sie ihren Namen kennen und über die entsprechenden Freigabe- und NTFS-Berechtigungen verfügen. Nur Administratoren können die verborgenen administrativen Freigaben verwenden, einschließlich der verborgenen Laufwerksfreigaben.
- Freigabeberechtigungen definieren die maximalen effektiven Berechtigungen für alle Dateien und Ordner, auf die über den Client für Microsoft-Netzwerke auf einen freigegebenen Ordner zugegriffen wird.
- Freigabeberechtigungen gelten nicht für den lokalen (interaktiven) Zugriff, den Zugriff über die Terminaldienste, IIS oder eine andere Art von Zugriff.

Lektion 2: Konfigurieren von Dateisystemberechtigungen

Windows-Server unterstützen eine fein abgestufte Steuerung des Zugriffs auf Dateien und Ordner über NTFS. Die Zugriffsberechtigungen für Ressourcen werden als Zugriffssteuerungseinträge (Access Control Entries, ACEs) in einer Zugriffssteuerungsliste (Access Control List, ACL) gespeichert, die Teil der Sicherheitsbeschreibung für eine Ressource ist. Wenn ein Benutzer versucht, auf eine Ressource zuzugreifen, wird das Sicherheitszugriffstoken, das die Sicherheitskennungen (Security Identifiers, SIDs) der Benutzer- und Gruppenkonten enthält, mit den SIDs in den ACEs der Zugriffssteuerungsliste verglichen. Dieser Prozess der *Autorisierung* hat seit der Einführung von Windows NT keine grundlegende Änderung erfahren. Die Details der Autorisierungsimplementierung jedoch, die zur Verwaltung des Ressourcenzugriffs verfügbaren Tools und die Genauigkeit, mit welcher der Zugriff konfiguriert werden kann, haben sich mit jeder Version von Windows geändert.

In dieser Lektion werden die Details und neuen Features der Ressourcenzugriffssteuerung von Windows Server 2003 untersucht. Sie erfahren, wie der Zugriffssteuerungslisten-Editor zur Verwaltung von Berechtigungsvorlagen, Vererbung und speziellen Berechtigungen eingesetzt wird, und Sie ermitteln die effektiven Berechtigungen für einen Benutzer oder eine Gruppe.

Am Ende dieser Lektion werden Sie in der Lage sein, die folgenden Aufgaben auszuführen:

- Konfigurieren von Berechtigungen mit dem Zugriffssteuerungslisten-Editor von Windows Server 2003
- Verwalten der ACL-Vererbung
- Ermitteln der effektiven Berechtigungen
- Überprüfen der effektiven Berechtigungen
- Ändern des Besitzes von Dateien und Ordnern
- Übertragen des Besitzes von Dateien und Ordnern

Veranschlagte Zeit für diese Lektion: 30 Minuten

Konfigurieren von Berechtigungen

Der Windows Explorer ist das gängigste Tool zur Verwaltung von Zugriffsberechtigungen für Ressourcen, sowohl auf einem lokalen Volume als auch auf einem Remoteserver. Im Gegensatz zu freigegebenen Ordnern können mit dem Windows Explorer Berechtigungen lokal und remote konfiguriert werden.

Der Zugriffssteuerungslisten-Editor

Wie in früheren Versionen von Windows kann die Sicherheit für Dateien und Ordner auf einem beliebigen NTFS-Volume konfiguriert werden, indem Sie mit der rechten Maustaste auf die Ressource klicken und **Eigenschaften** (oder **Freigabe und Sicherheit**) wählen und anschließend auf die Registerkarte **Sicherheit** klicken. Für die angezeigte Schnittstelle gibt es viele Bezeichnungen. Sie wird Berechtigungsdialogfeld, Dialogfeld mit den

Sicherheitseinstellungen, Registerkarte **Sicherheit** oder Zugriffssteuerungslisten-Editor (ACL-Editor) genannt. Doch unabhängig vom Namen hat diese Schnittstelle stets das gleiche Aussehen. Ein Beispiel, die Registerkarte **Sicherheit** des Dialogfelds **Eigenschaften von Dokumente**, sehen Sie in Abbildung 6.4.

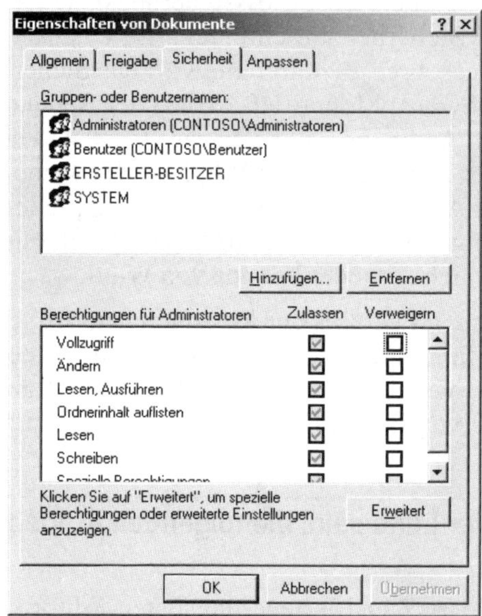

Abbildung 6.4 Der ACL-Editor im Dialogfeld **Eigenschaften von Dokumente**

Vor Windows 2000 waren Berechtigungen relativ einfach gestrickt, ab Windows 2000 und in allen folgenden Versionen führte Microsoft jedoch eine sehr viel flexiblere und leistungsstärkere Steuerung des Ressourcenzugriffs ein. Mit der Leistung stieg jedoch auch die Komplexität, und mittlerweile verfügt der Zugriffssteuerungslisten-Editor über drei Dialogfelder, von denen jedes eine unterschiedliche und wichtige Funktionalität unterstützt.

Das erste Dialogfeld bietet einen ersten Überblick über die Sicherheitseinstellungen oder Berechtigungen der Ressource. Hier können Sie die Konten auswählen, für die der Zugriff definiert wurde, und Sie können Berechtigungsvorlagen anzeigen, die dem jeweiligen Benutzer, der Gruppe oder dem Computer zugewiesen wurden. Jede in diesem Dialogfeld angezeigte Vorlage stellt ein Paket aus Berechtigungen dar, die zusammen eine häufig konfigurierte Zugriffsebene definieren. Um beispielsweise einem Benutzer das Lesen einer Datei zu ermöglichen, sind verschiedene granulare Berechtigungen erforderlich. Zur Maskierung dieser Komplexität können Sie einfach die Berechtigungsvorlage **Lesen, Ausführen** anwenden, und Windows sorgt im Hintergrund dafür, dass die richtigen Datei- oder Ordnerberechtigungen festgelegt werden.

Zur Anzeige weiterer Details über die Zugriffssteuerungsliste klicken Sie auf **Erweitert**. Auf diese Weise gelangen Sie zum zweiten Dialogfeld des Zugriffssteuerungslisten-Editors, dem Dialogfeld **Erweiterte Sicherheitseinstellungen**, siehe Abbildung 6.5. Dieses Dialogfeld listet die spezifischen Zugriffssteuerungseinträge auf, die der Datei oder dem Ordner zugewiesen wurden. Diese Liste stellt die genaueste Annäherung der Benutzeroberfläche an die tatsächlich in der Zugriffssteuerungsliste selbst gespeicherten Informationen dar. Das zweite Dialogfeld ermöglicht außerdem die Konfiguration der Überwachung, das Verwalten der Besitzrechte sowie das Auswerten der effektiven Berechtigungen.

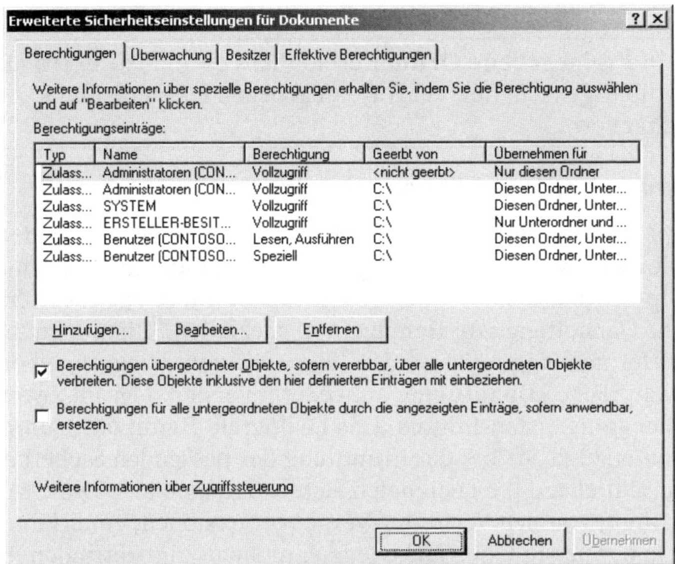

Abbildung 6.5 Das Dialogfeld **Erweiterte Sicherheitseinstellungen** des ACL-Editors

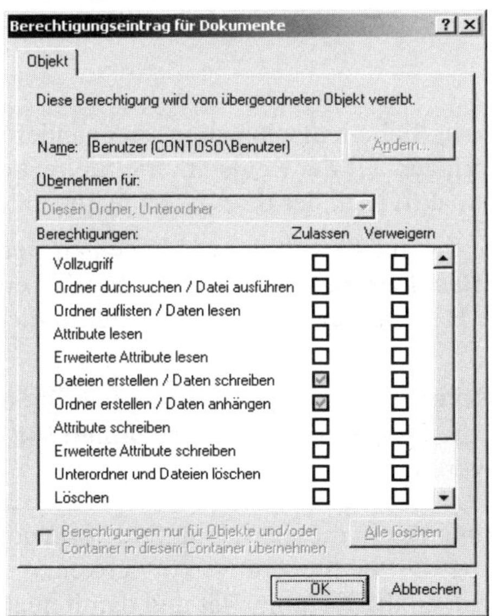

Abbildung 6.6 Das Dialogfeld **Berechtigungseintrag** des ACL-Editors

Wenn Sie eine Berechtigung in der Liste **Berechtigungseinträge** auswählen und auf **Bearbeiten** klicken, wird das dritte Dialogfeld des ACL-Editors geöffnet. Dieses in Abbildung 6.6 gezeigte Dialogfeld **Berechtigungseintrag** listet im Detail die Berechtigungen auf, die den entsprechenden Berechtigungseintrag in den Berechtigungslisten des ersten und zweiten Dialogfelds ausmachen.

Prüfungstipp Das Snap-In **Freigegebene Ordner** ermöglicht ebenfalls Zugriff auf den ACL-Editor. Öffnen Sie die Eigenschaften eines freigegebenen Ordners, und klicken Sie auf die Registerkarte **Sicherheit**.

Hinzufügen und Entfernen von Berechtigungseinträgen

Jedem Sicherheitsprinzipal können Ressourcenzugriffsberechtigungen erteilt oder verweigert werden. Unter Windows Server 2003 sind folgende Sicherheitsprinzipale zulässig: Benutzer, Gruppen, Computer und die besondere Objektklasse **InetOrgPerson** (beschrieben in RFC 2798), die zur Darstellung von Benutzern in speziellen Situationen mit gemischten Verzeichnisplattformen eingesetzt wird. Klicken Sie zum Hinzufügen einer Berechtigung auf die Schaltfläche **Hinzufügen**, entweder im ersten oder im zweiten Dialogfeld des Zugriffssteuerungslisten-Editors. Das Dialogfeld **Benutzer, Computer oder Gruppen wählen** unterstützt Sie bei der Ermittlung des passenden Sicherheitsprinzipals. Wählen Sie anschließend die geeigneten Berechtigungen aus. Die Oberfläche unterscheidet sich geringfügig von den Windows-Vorgängerversionen, ein erfahrener Administrator wird sich in der neuen Oberfläche jedoch mühelos zurechtfinden. Sie können eine explizite Berechtigung, die Sie zu einer Zugriffssteuerungsliste hinzugefügt haben, wieder entfernen, indem Sie die Berechtigung auswählen und auf **Entfernen** klicken.

Ändern von Berechtigungen

Eine Berechtigung kann im Dialogfeld mit den Sicherheitseinstellungen geändert werden, indem zur Anwendung der Berechtigungsvorlagen auf der Registerkarte **Sicherheit** die Kontrollkästchen **Zulassen** oder **Verweigern** aktiviert oder deaktiviert werden.

Für eine feiner abgestufte Steuerung klicken Sie auf **Erweitert**, wählen einen Berechtigungseintrag und klicken anschließend auf **Bearbeiten**. Es können nur explizit erteilte Berechtigungen bearbeitet werden. Vererbte Berechtigungen werden später in dieser Lektion behandelt.

Das in Abbildung 6.6 gezeigte Dialogfeld **Berechtigungseintrag** ermöglicht Ihnen das Bearbeiten von Berechtigungen sowie über die Dropdownliste **Übernehmen für** die Festlegung des Bereichs der Berechtigungsvererbung.

Vorsicht Sie müssen sich über die Auswirkung der in diesem Dialogfeld vorgenommenen Änderungen im Klaren sein. Die sehr fein abgestuften Steuerungsmöglichkeiten sind zwar begrüßenswert, mit der Granularität steigt jedoch die Komplexität und damit auch das Risiko von Fehlern bei der Einstellung.

Neue Sicherheitsprinzipale

Windows Server 2003 gestattet, im Gegensatz zu Windows NT 4.0, das Hinzufügen von *Computern* oder Gruppen von Computern zu einer Zugriffssteuerungsliste. Dies eröffnet die Möglichkeit zur Ressourcenzugriffssteuerung anhand der Clientcomputer, unabhängig vom Benutzer, der auf eine Ressource zuzugreifen versucht. Beispiel: Sie möchten einen öffentlich zugänglichen Computer im Aufenthaltsraum für die Benutzer aufstellen, die Abteilungsleiter jedoch daran hindern, während der Mittagspause unabsichtlich sensible Daten offen zu legen. Indem Sie den Computer zu den Zugriffssteuerungslisten hinzufügen und Zugriffsberechtigungen verweigern, kann ein Abteilungsleiter zwar von seinem Desktop aus auf sensible Daten zugreifen, von dem Computer im Aufenthaltsraum aus jedoch nicht.

Windows Server 2003 ermöglicht darüber hinaus die Verwaltung des Ressourcenzugriffs, basierend auf der Art der Anmeldung. Sie können spezielle Konten, z.B. **Interaktiv**, **Netzwerk** und **Terminalserverbenutzer**, zu einer Zugriffssteuerungsliste hinzufügen. Das Konto **Interaktiv** repräsentiert alle Benutzer, die lokal an der Konsole angemeldet sind. Zu den Terminalserverbenutzern zählen Benutzer, die per Remotedesktop oder über die Terminaldienste verbunden sind. Das Konto **Netzwerk** repräsentiert eine Verbindung über das Netzwerk, z.B. ein Windows-System, auf dem der Client für Microsoft-Netzwerke ausgeführt wird.

Berechtigungsvorlagen und spezielle Berechtigungen

Berechtigungsvorlagen, sichtbar auf der Registerkarte **Sicherheit** des Dialogfelds mit den Sicherheitseinstellungen, sind Sammlungen spezieller Berechtigungen, die im dritten Dialogfeld (in diesem Beispiel heißt es **Berechtigungseintrag für Dokumente**) einzeln aufgeführt werden. Die meisten der Vorlagen und speziellen Berechtigungen sind selbsterklärend, während andere über den Rahmen dieses Buchs hinausgehen. Die folgenden Punkte sind jedoch erwähnenswert:

- **Lesen, Ausführen** Diese Berechtigungsvorlage reicht aus, um Benutzern das Öffnen und Lesen von Dateien und Ordnern zu ermöglichen. Über die Berechtigung **Lesen, Ausführen** können Benutzer eine Ressource auch kopieren – vorausgesetzt, sie besitzen Schreibberechtigungen für den Zielordner oder das Zielmedium. Es gibt keine Windows-Berechtigung, die das Kopieren verhindert. Diese Funktionalität wird durch Digital Rights Management-Technologien (DRM) möglich, wenn diese in Windows-Plattformen integriert wird.
- **Schreiben/Ändern** Sofern auf einen Ordner angewendet, ermöglicht die Berechtigungsvorlage **Schreiben** Benutzern das Erstellen neuer Dateien und Ordner. Bei Anwendung auf eine Datei können mit dieser Berechtigung die Inhalte, Attribute (Versteckt, System, Schreibgeschützt) und erweiterten Attribute einer Datei (definiert durch die für das Dokument zuständige Anwendung) geändert werden. Die Vorlage **Ändern** fügt die Berechtigung zum Löschen des Objekts hinzu.
- **Berechtigungen ändern** Nachdem Sie eine Weile mit der Änderung von Zugriffssteuerungslisten verbracht haben, fragen Sie sich vielleicht, wer Berechtigungen ändern kann. Die Antwort lautet: zunächst einmal der Besitzer der Ressource. Die

Besitzrechte werden im weiteren Verlauf dieser Lektion behandelt. Darüber hinaus kann jeder Benutzer die ACL einer Ressource bearbeiten, der über die effektive Berechtigung **Berechtigungen ändern** verfügt. Die Berechtigung **Berechtigungen ändern** wird mithilfe des dritten Dialogfelds **Berechtigungseintrag** im Zugriffssteuerungslisten-Editor verwaltet. Diese Berechtigung ist auch in der Berechtigungsvorlage **Vollzugriff** enthalten.

Vererbung

Windows Server 2003 unterstützt die Berechtigungsvererbung, was einfach bedeutet, dass die auf einen Ordner angewendeten Berechtigungen standardmäßig auch auf die Dateien und Ordner unterhalb des Ordners angewendet werden. Jegliche Änderungen an der übergeordneten Zugriffssteuerungsliste wirken sich auch auf die Inhalte dieser Ordner aus. Durch die Vererbung werden zentrale Verwaltungspunkte ermöglicht, mit denen zur Verwaltung der Zugriffsrechte für eine Teilstruktur des Dateisystems oder die Ressourcen unterhalb eines Ordners jeweils nur eine einzige ACL erforderlich ist.

Grundlegendes zur Vererbung

Die Vererbung ist das Ergebnis von zwei Merkmalen der Sicherheitsbeschreibung einer Ressource. Erstens sind Berechtigungen per Voreinstellung vererbbar. Wie bereits in Abbildung 6.5 angedeutet, wird die Berechtigung **Lesen, Ausführen** in der Liste **Übernehmen für** mit der Einstellung **Diesen Ordner, Unterordner und Dateien** angegeben. Dies allein reicht für die Berechtigungsvererbung jedoch noch nicht aus. Der zweite Punkt ist der, dass bei Erstellung neuer Objekte standardmäßig die Option **Berechtigungen übergeordneter Objekte, sofern vererbbar, über alle untergeordneten Objekte verbreiten** aktiviert ist. Dieses Kontrollkästchen befindet sich im selben Dialogfeld.

Neu erstellte Dateien oder Ordner übernehmen daher die vererbbaren Berechtigungen der ihnen übergeordneten Elemente, und alle Änderungen an diesen übergeordneten Elementen wirken sich auch auf die untergeordneten Dateien und Ordner aus. Es ist hilfreich, sich mit dieser zweistufigen Implementierung der Vererbung vertraut zu machen, da sie zwei Methoden zur Vererbungsverwaltung bietet: vom übergeordneten und vom untergeordneten Element aus.

Vererbte Berechtigungen werden in jedem Dialogfeld des Zugriffssteuerungslisten-Editors anders angezeigt. Im ersten und dritten Dialogfeld (Registerkarte **Sicherheit** und Dialogfeld **Berechtigungseintrag**) werden vererbte Berechtigungen als abgeblendete Kontrollkästchen angezeigt, um sie von Berechtigungen zu unterscheiden, die direkt für die Ressource festgelegt wurden, den so genannten expliziten Berechtigungen (diese werden nicht abgeblendet dargestellt). Das zweite Dialogfeld **Erweiterte Sicherheitseinstellungen** zeigt für jeden Berechtigungseintrag, von welchem Ordner die Berechtigung vererbt wurde.

Außerkraftsetzen der Vererbung

Die Vererbung ermöglicht das Konfigurieren von Berechtigungen an höherer Stelle innerhalb einer Ordnerstruktur. Diese anfänglichen Berechtigungen und alle Änderungen an diesen Berechtigungen werden an alle untergeordneten Dateien und Ordner weitergegeben, die (standardmäßig) für die Berechtigungsvererbung konfiguriert wurden.

Gelegentlich kann es jedoch nötig sein, die Berechtigungen für einen Unterordner oder eine Datei zu ändern, um den Zugriff für einen Benutzer oder eine Gruppe zu erweitern oder einzuschränken. Sie können vererbte Berechtigungen nicht aus einer Zugriffssteuerungsliste entfernen. Sie können eine vererbte Berechtigung jedoch durch die Zuweisung einer expliziten Berechtigung außer Kraft setzen (überschreiben). Alternativ können Sie die Berechtigungsvererbung deaktivieren und eine rein explizite ACL erstellen.

Zum Außerkraftsetzen einer vererbten Berechtigung durch Zuweisung einer expliziten Berechtigung klicken Sie einfach auf das Kontrollkästchen der geeigneten Berechtigungen. Wenn ein Ordner beispielsweise die Berechtigung **Lesen** der Gruppe **Vertriebsmitarbeiter** geerbt hat und Sie nicht möchten, dass Vertriebsmitarbeiter auf den Ordner zugreifen, dann können Sie das Kontrollkästchen **Verweigern** der Berechtigung **Lesen** aktivieren.

Entfernen der Vererbung

Zur Deaktivierung der gesamten Berechtigungsvererbung öffnen Sie das Dialogfeld **Erweiterte Sicherheitseinstellungen** und deaktivieren das Kontrollkästchen **Berechtigungen übergeordneter Objekte, sofern vererbbar, über alle untergeordneten Objekte verbreiten**. Auf diese Weise deaktivieren Sie die Vererbung durch übergeordnete Elemente. Sie müssen in diesem Fall den Ressourcenzugriff verwalten, indem Sie ausreichende explizite Berechtigungen zuweisen.

Windows unterstützt Sie durch eine spezielle Meldung, die Sie bei der Deaktivierung der Vererbung erhalten, bei der Erstellung einer ACL mit expliziten Berechtigungen. Sie werden gefragt, ob Sie die Berechtigungseinträge kopieren oder entfernen möchten, wie in Abbildung 6.7 dargestellt.

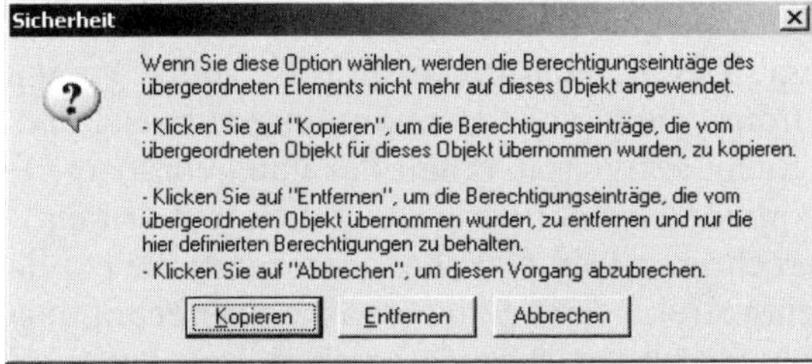

Abbildung 6.7 Kopieren oder Entfernen von Berechtigungseinträgen

Durch das Kopieren von Berechtigungseinträgen erstellen Sie explizite Berechtigungen, die mit den geerbten identisch sind. Sie können anschließend einzelne Berechtigungseinträge entfernen, die Sie nicht für die Ressource übernehmen möchten. Wenn Sie die Berechtigungseinträge entfernen, erhalten Sie eine leere Zugriffssteuerungsliste, zu der Sie anschließend Berechtigungseinträge hinzufügen. Das Ergebnis ist auf beiden Wegen eine ACL, die explizite Berechtigungen umfasst. Die Frage lautet, ob es einfacher ist, mit einer leeren Zugriffssteuerungsliste zu beginnen und alle Berechtigungen selbst zuzuweisen, oder mit einer Kopie der vererbten Berechtigungen zu starten und die Liste nach Wunsch abzuändern. Wenn die neue ACL kaum Übereinstimmungen mit den geerbten Berechtigungen aufweist, entfernen Sie die Berechtigungseinträge. Unterscheidet sich die neue ACL nur leicht von den geerbten Berechtigungen, ist es effektiver, die Berechtigungseinträge zu kopieren.

Wenn Sie die Vererbung durch Deaktivierung der Option **Berechtigungen übergeordneter Objekte, sofern vererbbar, über alle untergeordneten Objekte verbreiten** deaktivieren, setzen Sie die Vererbung außer Kraft. Der gesamte Ressourcenzugriff wird durch explizite Berechtigungen gesteuert, die der Datei oder dem Ordner zugewiesen sind. Änderungen an der ACL eines übergeordneten Ordners wirken sich *nicht* auf die Ressource aus. Auch wenn die übergeordneten Berechtigungen vererbbar sind, werden sie nicht an das untergeordnete Element vererbt. Sie sollten die Außerkraftsetzung der Vererbung nur sparsam einsetzen, da sie die Verwaltung, Auswertung und Problembehandlung des Ressourcenzugriffs erschwert.

Erneute Aktivierung der Vererbung

Die Vererbung kann auf zwei Arten erneut aktiviert werden: ausgehend von der untergeordneten Ressource oder vom übergeordneten Ordner aus. Die Ergebnisse unterscheiden sich hierbei leicht. Es kann erforderlich werden, die Vererbung für eine Ressource erneut zu aktivieren, wenn Sie die Berechtigungsvererbung versehentlich deaktiviert oder wenn sich die Geschäftsanforderungen geändert haben. Aktivieren Sie hierzu einfach wieder die Option **Berechtigungen übergeordneter Objekte, sofern vererbbar, über alle untergeordneten Objekte verbreiten** im Dialogfeld **Erweiterte Sicherheitseinstellungen**. Vererbbare Berechtigungen werden nun wieder vom übergeordneten Element an die Ressource weitergegeben. Alle expliziten Berechtigungen, die Sie der Ressource zugewiesen haben, gelten jedoch weiterhin. Die resultierende ACL ist eine Kombination aus expliziten Berechtigungen (die Sie bei Bedarf entfernen können) und vererbten Berechtigungen. Aufgrund dieser Dynamik werden einige vererbte Berechtigungen im ersten oder dritten Dialogfeld des ACL-Editors möglicherweise nicht angezeigt. Ein Beispiel: Eine Ressource verfügt über die explizite Berechtigung **Lesen, Ausführen** für die Gruppe **Vertriebsmitarbeiter**. Wenn der übergeordnete Ordner die gleiche Berechtigung aufweist und Sie die Vererbung an das untergeordnete Element aktivieren, erhält das untegeordnete Objekt sowohl eine geerbte *als auch* eine explizite Berechtigung. Im ersten und dritten Dialogfeld wird im Kontrollkästchen für die Berechtigung ein Häkchen angezeigt; die expliziten Berechtigungen verdecken in der Benutzeroberfläche die vererbten Berechtigungen. Die vererbten Berechtigungen sind jedoch vorhanden; dies lässt sich anhand des zweiten Dialogfelds **Erweiterte Sicherheitseinstellungen** nachprüfen.

Die zweite Methode für das erneute Aktivieren der Vererbung erfolgt über den übergeordneten Ordner. Aktivieren Sie im Dialogfeld **Erweiterte Sicherheitseinstellungen** des Ordners das Kontrollkästchen **Berechtigungen für alle untergeordneten Objekte durch die angezeigten Einträge, sofern anwendbar, ersetzen**. Das Ergebnis: alle ACLs der Unterordner und Dateien werden entfernt, und die für den übergeordneten Ordner geltenden Berechtigungen werden übernommen. Bei dieser Methode werden die übergeordneten Berechtigungen sozusagen ohne Rücksicht auf Verluste durchgesetzt. Bei Anwendung dieser Option werden alle einem Unterordner und Dateien zugewiesenen expliziten Berechtigungen entfernt, im Gegensatz zu der vorherigen Methode, bei der die Vererbung von der untergeordneten Ressource ausgehend wieder aktiviert wurde. Die Vererbung wird wiederhergestellt, sodass alle Änderungen an der Zugriffssteuerungsliste des übergeordneten Ordners an die Unterordner und Dateien weitergegeben werden. An diesem Punkt können Sie neue explizite Berechtigungen für Unterordner und Dateien festlegen. Die Option **Berechtigungen für alle untergeordneten Objekte durch die angezeigten Einträge, sofern anwendbar, ersetzen** wirkt sich bei Anwendung sofort aus. Nach erfolgter Umstellung werden die übergeordneten Berechtigungen aber nicht mehr zwangsläufig durchgesetzt.

Effektive Berechtigungen

Üblicherweise gehören Benutzer mehr als einer Gruppe an, und diese Gruppen haben in der Regel unterschiedliche Zugriffsberechtigungen für Ressourcen. Enthält eine ACL mehrere Einträge, müssen Sie in der Lage sein, die Berechtigungen zu ermitteln, die basierend auf den Gruppenmitgliedschaften tatsächlich für einen Benutzer gelten. Die sich ergebenden Berechtigungen werden als *effektive Berechtigungen* bezeichnet.

Prüfungstipp Die effektiven Berechtigungen sind Gegenstand fast aller Microsoft Windows Server 2003-Prüfungen sowie der Design- und Clientprüfungen. Arbeiten Sie diesen Abschnitt und sämtliche Übungs- und Lernzielkontrollfragen hinsichtlich der effektiven Berechtigungen sorgfältig durch, um sicherzugehen, dass Sie dieses Thema gut genug beherrschen.

Grundlegendes zu effektiven Berechtigungen

Die effektiven Berechtigungen werden durch folgende Regeln bestimmt:

- **Dateiberechtigungen setzen Ordnerberechtigungen außer Kraft** Dies ist keine wirkliche Regel, wird in der einschlägigen Dokumentation jedoch so dargestellt und ist daher erwähnenswert. Jede Ressource verwaltet eine Zugriffssteuerungsliste (ACL), die allein für die Festlegung des Ressourcenzugriffs verantwortlich ist. Auch wenn Einträge vielleicht nur deswegen in dieser ACL erscheinen, weil sie von einem übergeordneten Ordner vererbt werden, handelt es sich dennoch um Einträge in der ACL dieser Ressource. Das Sicherheitsteilsystem prüft den Zugriffsumfang keineswegs anhand des übergeordneten Ordners. Sie können diese Regel daher folgendermaßen interpretieren: Die einzige ACL, die zählt, ist die der Ressource.
- **Gewährte Berechtigungen sind kumulativ** Der Umfang des Ressourcenzugriffs kann durch Berechtigungen bestimmt werden, die einer oder mehreren Gruppen zugewiesen wurden, deren Mitglied Sie sind. Berechtigungen, die einer Benutzer-, Gruppen- oder Computer-ID in Ihrem Sicherheitszugriffstoken zugewiesen sind, gelten für Sie. Daher stellen die effektiven Berechtigungen eine Summe der gewährten Berechtigungen dar. Wenn der Gruppe **Vertriebsmitarbeiter** die Berechtigungen **Lesen, Ausführen** sowie **Schreiben** für einen Ordner zugewiesen werden und die Gruppe **Manager** erhält die Berechtigungen **Lesen, Ausführen** sowie **Löschen**, dann besitzt ein Benutzer, der beiden Gruppen angehört, die effektiven Berechtigungen, die der Berechtigungsvorlage **Ändern** entsprechen: **Lesen und Ausführen**, **Schreiben** und **Löschen**.
- **Verweigerte Berechtigungen haben Vorrang vor gewährten Berechtigungen** Eine Berechtigung, die verweigert wurde, hat Vorrang vor einem Berechtigungseintrag, der den betreffenden Zugriff ermöglicht. Wenn, in weiterer Ausführung des obigen

Beispiels, der Gruppe **Zeitarbeiter** die Berechtigung **Lesen** verweigert wird und ein vorübergehend als Vertriebsmitarbeiter eingesetzter Benutzer sowohl der Gruppe **Vertriebsmitarbeiter** als auch der Gruppe **Zeitarbeiter** angehört, kann der Benutzer den Ordner nicht lesen.

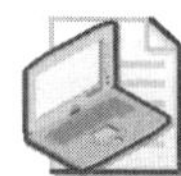

Hinweis Zu den empfohlenen Vorgehensweisen gehört, die Berechtigungsverweigerung möglichst sparsam einzusetzen und sich stattdessen darauf zu konzentrieren, die Berechtigungen zu erteilen, die zur Ausführung einer Aufgabe mindestens erforderlich sind. Das Verweigern von Berechtigungen erschwert die Verwaltung der Zugriffssteuerungslisten und sollte nur dann zum Einsatz kommen, wenn es absolut notwendig ist, einem Benutzer den Zugriff zu verweigern, der über andere Gruppenmitgliedschaften Berechtigungen für die betroffene Ressource erhalten hat.

Insidertipp Wenn ein Benutzer aufgrund einer verweigerten Berechtigung nicht auf eine Ressource zugreifen kann, der Zugriff jedoch erwünscht ist, müssen Sie entweder die Berechtigungsverweigerung aufheben oder den Benutzer aus der Gruppe entfernen, für die die Berechtigung verweigert wurde. Wird die Berechtigungsverweigerung geerbt, können Sie Zugriff erteilen, indem Sie eine explizite Berechtigung hinzufügen.

- **Explizite Berechtigungen setzen geerbte Berechtigungen außer Kraft** Ein Berechtigungseintrag, der explizit für eine Ressource definiert wird, setzt einen anders lautenden ererbten Berechtigungseintrag außer Kraft. Diese Regel folgt einem sinnvollen und nachvollziehbaren Entwurfskonzept: Ein übergeordneter Ordner legt mithilfe der vererbbaren Berechtigung eine „Regel" fest. Ein untergeordnetes Objekt benötigt Zugriff, was eine Ausnahme von der Regel ist, und deshalb wird zur Objekt-ACL eine explizite Berechtigung hinzugefügt. Die explizite Berechtigung hat Vorrang.

Tipp Ein Ergebnis dieses Verfahrens ist, dass eine explizit erteilte Berechtigung eine geerbte Berechtigungsverweigerung außer Kraft setzt.

Prüfungstipp Zur Bestimmung der effektiven Berechtigungen eines Benutzers müssen Sie die Freigabe- und die NTFS-Berechtigungen des Benutzers und der Gruppen berücksichtigen, zu denen der Benutzer gehört. In der Praxis müssen Sie zudem den Anmeldetyp, den Computer und seine Gruppenmitgliedschaften in die Auswertung einbeziehen. In einer Zertifizierungsprüfung ist dies aber relativ unwahrscheinlich.

Zur Bestimmung der effektiven Freigabeberechtigungen listen Sie alle gewährten Berechtigungen auf und streichen dann alle verweigerten Berechtigungen. Zur Bestimmung der effektiven NTFS-Berechtigungen listen Sie alle vererbten gewährten Berechtigungen auf, streichen alle vererbten verweigerten Berechtigungen, fügen alle explizit gewährten Berechtigungen hinzu und entfernen alle explizit verweigerten Berechtigungen. Zum Schluss vergleichen Sie die effektiven Freigabeberechtigungen und die effektiven NTFS-Berechtigungen. Das restriktivere Ergebnis ergibt die wirksamen Zugriffsberechtigungen des Benutzers.

Ermitteln effektiver Berechtigungen

Die außergewöhnlich flexiblen und fein abgestuften Steuerungsmöglichkeiten des NTFS-Dateisystems hinsichtlich Berechtigungen und Vererbung erschweren die Berechtigungsverwaltung. Wie können Sie bei all den Berechtigungen, Benutzern und Gruppen wissen, welchen Zugriff ein Benutzer tatsächlich hat?

Microsoft stellt mit Windows Server 2003 ein lang ersehntes Tool bereit, das Antworten auf diese Frage liefert. Die Registerkarte **Effektive Berechtigungen** im Dialogfeld **Erweiterte Sicherheitseinstellungen** (siehe Abbildung 6.8) bietet eine zuverlässige Annäherung an den tatsächlichen Zugriffsumfang, den ein Benutzer für eine Ressource erhält.

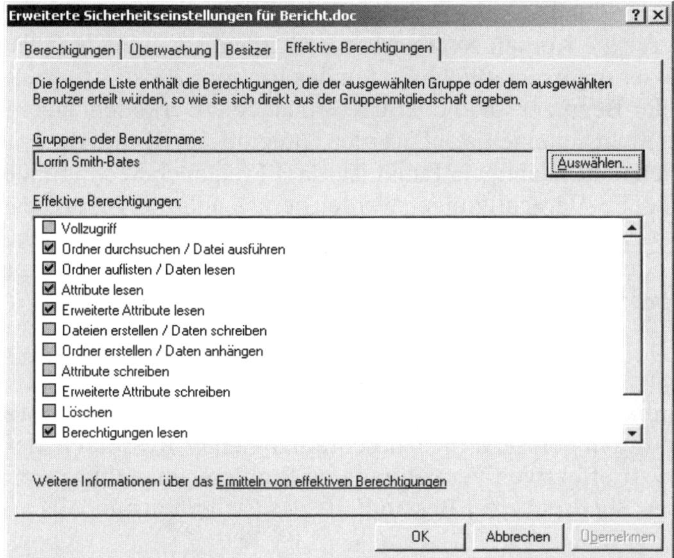

Abbildung 6.8 Die Registerkarte **Effektive Berechtigungen** im Dialogfeld **Erweiterte Sicherheitseinstellungen**

Klicken Sie zur Verwendung des Tools **Effektive Berechtigungen** auf die Schaltfläche **Auswählen**, und geben Sie einen Benutzer, eine Gruppe oder ein integriertes Konto für die Analyse an. Windows Server 2003 erstellt anschließend eine Liste der effektiven Berechtigungen. Bei der Liste handelt es sich jedoch nur um eine Annäherung. Es werden weder Freigabeberechtigungen berücksichtigt, noch werden die speziellen Mitgliedschaften des Kontos ausgewertet, wie z.B. die folgenden:

- Anonymous-Anmeldung
- Batch
- Erstellergruppe
- Dialup
- Unternehmensdomänencontroller
- Interaktiv

- Netzwerk
- Proxy
- Eingeschränkt
- Interaktive Remoteanmeldung
- Dienst
- System
- Terminalserverbenutzer
- Andere Organisation
- Diese Organisation

Eine ACL kann Einträge für die Konten **Netzwerk** oder **Interaktiv** enthalten. Auf diese Weise können dem Benutzer unterschiedliche Stufen des Ressourcenzugriffs zugewiesen werden, je nachdem, ob der Benutzer lokal oder über einen Netzwerkclient angemeldet ist. Da der fragliche Benutzer nicht angemeldet ist, werden anmeldespezifische Berechtigungseinträge ignoriert. Der vielleicht wichtigste Punkt ist, dass Freigabeberechtigungen nicht ausgewertet werden, nur NTFS-Berechtigungen werden berücksichtigt. Wenn Sie möchten, können Sie jedoch als zusätzliche Aufgabe die effektiven Berechtigungen einschließlich Freigabeberechtigungen oder ein integriertes oder ein spezielles Computerkonto untersuchen, z.B. **Interaktiv** oder **Netzwerk**.

Ressourcenbesitz

Windows Server 2003 enthält einen speziellen Sicherheitsprinzipal namens **Ersteller-Besitzer** sowie einen Eintrag in der Sicherheitsbeschreibung einer Ressource, der den Objektbesitzer definiert. Zur effektiven Verwaltung und Problembehandlung von Ressourcenberechtigungen müssen Sie diese zwei Bestandteile des Sicherheitsmodells verstehen.

Ersteller-Besitzer

Wenn ein Benutzer eine Datei oder einen Ordner erstellt (was möglich ist, wenn dem Benutzer die Berechtigungen **Dateien erstellen / Daten schreiben** oder **Ordner erstellen / Daten anhängen** erteilt wurden), ist der Benutzer der Ersteller und anfängliche Besitzer dieser Ressource. Sämtliche Berechtigungen des übergeordneten Ordners, die dem speziellen Konto **Ersteller-Besitzer** zugewiesen sind, werden dem Benutzer der neuen Ressource explizit zugewiesen.

Ein Beispiel: Angenommen, ein Ordner ermöglicht Benutzern das Erstellen von Dateien (Berechtigung **Dateien erstellen / Daten anhängen** wurde zugewiesen), und die Ordnerberechtigungen gestatten Benutzern außerdem das **Lesen, Ausführen** und erteilen dem Konto **Ersteller-Besitzer** die Berechtigung **Vollzugriff**. Diese Berechtigung gestattet Maria das Erstellen einer Datei. Maria erhält, als Besitzerin der Datei, Vollzugriff für die Datei. Tia kann ebenfalls eine Datei erstellen und würde für ihre Datei ebenfalls die Berechtigung **Vollzugriff** erhalten. Tia und Maria können die Datei der jeweils anderen jedoch nur lesen. Tia könnte jedoch die ACL der von ihr erstellten Datei ändern, um Maria mehr Zugriffsberechtigungen zu geben. Zu Tias vollständiger Kontrolle über ihre Datei gehört auch die Berechtigung **Ändern**.

Besitz

Wenn Tia aus bestimmten Gründen die ACL bearbeitet und sich selbst die Berechtigung **Vollzugriff** verweigert, könnte sie dennoch weiterhin die Zugriffssteuerungsliste bearbeiten, da der Besitzer eines Objekts die zugehörige ACL immer ändern kann. Auf diese Weise ist sichergestellt, dass Benutzer nicht versehentlich den Zugriff auf ihre eigenen Dateien und Ordner sperren und für immer verlieren.

Es wird empfohlen, den Objektbesitz zu verwalten, sodass der Besitzer eines Objekts stets richtig definiert ist. Die Empfehlung rührt zum Teil daher, dass Ressourcenbesitzer die ACLs für ihre Objekte ändern können, aber auch daher, dass neuere Technologien wie z.B. Datenträgerkontingente sich bei der Berechnung des von einem Benutzer belegten Festplattenspeichers auf das Besitzattribut stützen. Vor Windows Server 2003 war die Verwaltung des Ressourcenbesitzes eher schwierig. Windows Server 2003 bietet ein wichtiges Tool zur Vereinfachung der Besitzübertragung.

Der Besitzer eines Objekts wird in der Sicherheitsbeschreibung des Objekts definiert. Der Benutzer, der eine Datei oder einen Ordner erstellt, ist zunächst auch der Besitzer. Ein anderer Benutzer kann den Besitz der Ressource übernehmen oder die Besitzrechte auf eine der folgenden Weisen erhalten:

- **Administratoren können den Besitz übernehmen** Ein Benutzer, der Mitglied der Gruppe **Administratoren** eines Systems ist oder anderweitig auf einem Computer das Benutzerrecht **Besitz übernehmen** erhalten hat, kann den Besitz für ein beliebiges Objekt im System übernehmen.

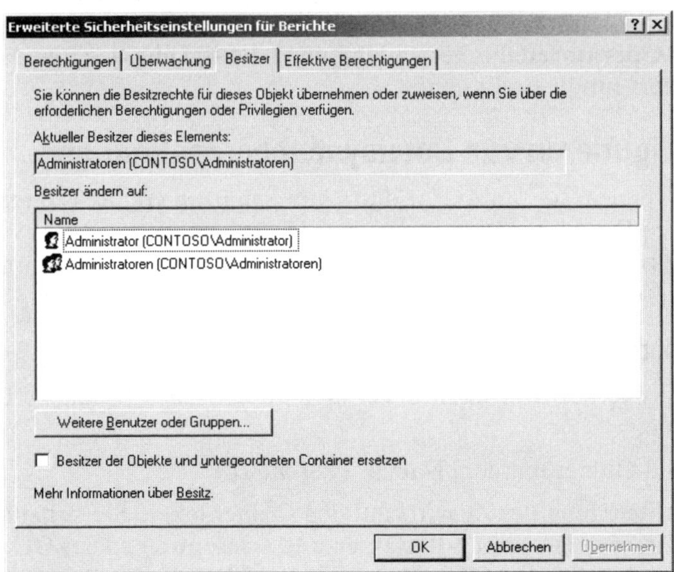

Abbildung 6.9 Die Registerkarte **Besitzer** im Dialogfeld **Erweiterte Sicherheitseinstellungen**

Zum Übernehmen des Besitzes einer Ressource klicken Sie im Dialogfeld **Erweiterte Sicherheitseinstellungen** auf die Registerkarte **Besitzer**, wie dargestellt in Abbildung 6.9. Wählen Sie Ihr Benutzerkonto aus der Liste aus, und klicken Sie auf **Übernehmen**. Aktivieren Sie das Kontrollkästchen **Besitzer der Objekte und untergeordneten Container ersetzen**, um auch den Besitz von Unterordnern und Dateien zu übernehmen.

- **Benutzer können den Besitz übernehmen, wenn ihnen die Berechtigung *Besitz übernehmen* erteilt wird** Die spezielle Berechtigung **Besitz übernehmen** kann beliebigen Benutzern oder Gruppen erteilt werden. Ein Benutzer mit der Berechtigung **Besitz übernehmen** kann den Besitz einer Ressource übernehmen und anschließend als Besitzer die ACL ändern, um sich selbst ausreichende Berechtigungen zu geben.
- **Administratoren können die Besitzübertragung vereinfachen** Ein Administrator kann den Besitz für beliebige Ordner oder Dateien übernehmen. Anschließend kann der Administrator als Besitzer die Ressourcenberechtigungen so ändern, dass dem neuen Besitzer die Berechtigung **Besitz übernehmen** erteilt wird. Der Benutzer kann anschließend den Besitz der Ressource übernehmen.
- **Das Benutzerrecht *Wiederherstellen von Dateien und Verzeichnissen* ermöglicht die Besitzübertragung** Ein Benutzer mit dem Benutzerrecht **Wiederherstellen von Dateien und Verzeichnissen** kann den Besitz einer Datei von einem Benutzer auf einen anderen übertragen. Wenn Ihnen das Recht **Wiederherstellen von Dateien und Verzeichnissen** gewährt wurde, können Sie auf **Weitere Benutzer oder Gruppen** klicken und den neuen Benutzer auswählen. Hierbei handelt es sich um ein neues Feature von Windows Server 2003, das Mitgliedern der Gruppen **Administratoren** und **Sicherungs-Operatoren** die Verwaltung und Übertragung des Ressourcenbesitzes ohne Benutzerintervention ermöglicht.

Praktische Übung: Konfigurieren von Dateisystemberechtigungen

In dieser Übung verwenden Sie den ACL-Editor zum Schützen von Ressourcen, zur Auswertung der effektiven Berechtigungen sowie zum Übertragen des Besitzes von Dateien. Stellen Sie sicher, dass Sie die im Abschnitt „Bevor Sie beginnen" aufgeführten Benutzer- und Gruppenkonten erstellt haben.

Übung 1: Konfigurieren von NTFS-Berechtigungen

1. Öffnen Sie den Ordner **C:\Dokumente**, der in der praktischen Übung zu Lektion 1 freigegeben wurde.
2. Erstellen Sie einen Ordner mit dem Namen **Projekt 101**.
3. Erstellen Sie zur Steuerung des Zugriffs auf den Ordner lokale Sicherheitsgruppen. Erstellen Sie mit **Active Directory-Benutzer und -Computer** in der OU **Sicherheitsgruppen** die folgenden lokalen Sicherheitsgruppen: **Mitarbeiter Projekt 101** und **Lektoren Projekt 101**.
4. Zur Verwaltung des Zugriffs fügen Sie zu den beiden lokalen Gruppen, die Sie gerade erstellt haben, globale Gruppen hinzu, die in diesem Beispiel für Angestellte stehen.

Fügen Sie die globale Gruppe **Team Projekt 101** zur Gruppe **Mitarbeiter Projekt 101** hinzu. Fügen Sie die Gruppe **Manager** zur Gruppe **Lektoren Projekt 101** hinzu.

5. Öffnen Sie in Windows Explorer den ACL-Editor, indem Sie mit der rechten Maustaste auf den Ordner **Projekt 101** klicken, den Befehl **Eigenschaften** wählen und zur Registerkarte **Sicherheit** wechseln.
6. Konfigurieren Sie den Ordnerzugriff gemäß der nachstehenden Tabelle. Berücksichtigen und konfigurieren Sie hierbei Vererbung und Berechtigungen für Gruppen.

Sicherheitsprinzipal	Zugriff
Administratoren	Vollzugriff
Mitarbeiter Projekt 101	Können Daten lesen, Dateien und Ordner hinzufügen, und besitzen Vollzugriff auf selbst erstellte Dateien und Ordner.
Lektoren Projekt 101	Können alle Dateien lesen und ändern, jedoch keine Dateien löschen, die sie nicht selbst erstellt haben. Haben Vollzugriff auf selbst erstellte Dateien und Ordner.
System	Dienste, die als Systemkonto ausgeführt werden, sollen Vollzugriff erhalten.

Wenn Sie der Meinung sind, die richtigen Berechtigungen konfiguriert zu haben, klicken Sie auf **Übernehmen** und anschließend auf **Erweitert**. Vergleichen Sie das Dialogfeld **Erweiterte Sicherheitseinstellungen für Projekt 101** mit dem in Abbildung 6.10 dargestellten Dialogfeld.

Zur Konfiguration dieser Berechtigungen müssen Sie die Vererbung deaktivieren. Andernfalls erhalten nicht nur die Benutzer aus den lokalen Gruppen von Projekt 101, sondern alle Benutzer die Berechtigung zum Lesen von Dateien im Ordner **Projekt 101**. Der übergeordnete Ordner, **C:\Dokumente**, vererbt die Berechtigung **Lesen, Ausführen** an die Gruppe **Benutzer**. Die einzige Möglichkeit zur Verhinderung dieses Zugriffs besteht in der Deaktivierung der Option **Berechtigungen übergeordneter Objekte, sofern vererbbar, über alle untergeordneten Objekte verbreiten**. Beachten Sie, dass nicht ausdrücklich verlangt wurde, die Gruppe **Benutzer** am Lesen von Dateien zu hindern. Allerdings war ein Lesezugriff auch nicht verlangt, und im Interesse der Sicherheit sollte immer nur der minimal erforderliche Zugriff gewährt werden.

Nach Deaktivierung der Vererbung sollte das Dialogfeld **Erweiterte Sicherheitseinstellungen** dem in Abbildung 6.10 dargestellten ähneln.

Die Option zur Berechtigungsvererbung wurde deaktiviert, und alle Berechtigungen werden als <**nicht geerbt**> angezeigt. Die Sicherheitsprinzipale **Administratoren**, **System** und **Ersteller-Besitzer** verfügen über Vollzugriff. Denken Sie daran, dass Benutzer Vollzugriff für selbst erstellte Ressourcen (Dateien oder Ordner) besitzen, wenn der Gruppe **Ersteller-Besitzer** Vollzugriff erteilt wird. Für die Gruppe **Mitarbeiter Projekt 101** wird ein spezieller Berechtigungseintrag angezeigt. Wenn Sie diesen Eintrag markieren und auf **Bearbeiten** klicken, sehen Sie die der Gruppe **Mitarbeiter Projekt 101** zugewiesenen speziellen Berechtigungen. Diese sollten mit denen in Abbildung 6.11 übereinstimmen.

Abbildung 6.10 Die Registerkarte **Berechtigungen** im Dialogfeld **Erweiterte Sicherheitseinstellungen**

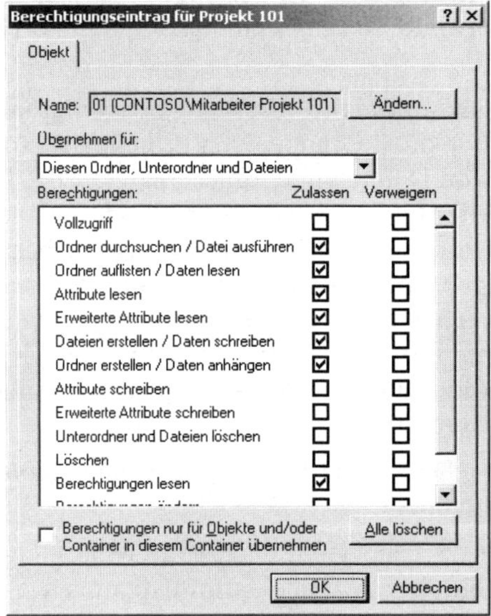

Abbildung 6.11 Spezielle Berechtigungen für die Gruppe **Mitarbeiter Projekt 101**

Der Gruppe **Lektoren Projekt 101** wurde die Berechtigung **Lesen, Schreiben, Ausführen** zugewiesen. Diese Vorlage umfasst die Berechtigungen zum Erstellen von Dateien und Ordnern sowie, ähnlich wie bei den Mitgliedern von **Mitarbeiter Projekt 101**, die Berechtigungen, die der Spezialidentität **Ersteller-Besitzer** für diese Ressource zugewiesen wurden: **Vollzugriff**. Diese Berechtigung ermöglicht Mitgliedern der Gruppe **Lektoren Projekt 101** *nicht* das Löschen der Dateien anderer Benutzer. Beachten Sie, dass die Berechtigungsvorlage **Ändern** (die in diesem Fall nicht zugewiesen wird) dagegen die Berechtigung **Löschen** enthält.

Übung 2: Arbeiten mit Berechtigungsverweigerungen

1. Nehmen wir an, eine Gruppe von Subunternehmern wird beauftragt. Alle Benutzerkonten für Subunternehmer sind Mitglieder der globalen Sicherheitsgruppe **Subunternehmer**, die zur lokalen Gruppe **Subunternehmer mit beschränktem Zugriff** gehört. Benutzer in der Gruppe **Subunternehmer**, und somit in der Gruppe **Subunternehmer mit beschränktem Zugriff**, gehören keiner weiteren Gruppe in der Domäne an. Was müssen Sie tun, um Subunternehmer am Zugriff auf den Ordner **Projekt 101** zu hindern, den Sie in der vorherigen Übung geschützt haben?

   ____

   ____

   ____

2. Angenommen, ein Subunternehmerkonto, z.B. das Konto **Scott Bishop**, gehört sowohl der Gruppe **Subunternehmer** als auch der Gruppe **Team Projekt 101** an, die wiederum Mitglied der Gruppe **Mitarbeiter Projekt 101** ist. Was müssen Sie tun, um einen Subunternehmerzugriff zu verhindern?

   ____

   ____

   ____

   ____

3. Erstellen Sie eine lokale Sicherheitsgruppe namens **Subunternehmer mit beschränktem Zugriff**. Fügen Sie die Gruppe **Subunternehmer** als Mitglied hinzu.
4. Konfigurieren Sie den Ordner **Projekt 101** so, dass der Gruppe **Subunternehmer mit beschränktem Zugriff** die Berechtigung **Vollzugriff** verweigert wird.

Übung 3: Effektive Berechtigungen

1. Öffnen Sie das Dialogfeld **Erweiterte Sicherheitseinstellungen für Projekt 101**, indem Sie die Ordnereigenschaften öffnen, auf **Sicherheit** und anschließend auf **Erweitert** klicken.
2. Klicken Sie auf **Effektive Berechtigungen**.

3. Wählen Sie einen der folgenden Benutzer aus, und prüfen Sie die Berechtigungen.

Benutzer	Effektive Berechtigungen
Scott Bishop	Keine Berechtigungen
Dan Holme	Keine Berechtigungen
Danielle Tiedt	Ordner durchsuchen / Datei ausführen Ordner auflisten / Daten lesen Attribute lesen Erweiterte Attribute lesen Dateien erstellen / Daten schreiben Ordner erstellen / Daten anhängen Berechtigungen lesen
Lorrin Smith-Bates	Ordner durchsuchen / Datei ausführen Ordner auflisten / Daten lesen Attribute lesen Erweiterte Attribute lesen Dateien erstellen / Daten schreiben Ordner erstellen / Daten anhängen Attribute schreiben Erweiterte Attribute schreiben Berechtigungen lesen

Falls diese Berechtigungen nicht mit den von Ihnen konfigurierten übereinstimmen, liegt entweder ein Fehler in der Berechtigungsliste (wiederholen Sie in diesem Fall die Übungen 1 und 2) oder in den Gruppen und Gruppenmitgliedschaften vor (lesen Sie in diesem Fall den Abschnitt „Bevor Sie beginnen" in diesem Kapitel). Korrigieren Sie eventuell vorhandene Fehler, und prüfen Sie erneut die effektiven Berechtigungen.

Übung 4: Besitz

1. Melden Sie sich als Danielle Tiedt an.
2. Öffnen Sie den freigegebenen Ordner, indem Sie eine Verbindung zu **Server01\Dokumente** herstellen.
3. Öffnen Sie den Ordner **Projekt 101**, und erstellen Sie eine Textdatei mit dem Namen **Bericht**.
4. Öffnen Sie das Dialogfeld **Erweiterte Sicherheitseinstellungen für Bericht**.
5. Überzeugen Sie sich davon, dass sämtliche Berechtigungen vom übergeordneten Ordner vererbt werden. Welche Unterschiede bestehen zwischen der ACL für dieses Objekt und der Zugriffssteuerungsliste für den Ordner **Projekt 101**?

____

____

____

6. Melden Sie sich als Administrator an.
7. Öffnen Sie das Dialogfeld **Erweiterte Sicherheitseinstellungen für Bericht**.
8. Klicken Sie auf die Registerkarte **Besitzer**.
9. Vergewissern Sie sich, dass Danielle als aktuelle Besitzerin aufgeführt wird.
10. Wählen Sie Ihr Benutzerkonto aus, und klicken Sie auf **Übernehmen**. Sie sind nun der Besitzer des Objekts.
11. Ein Benutzer mit dem Benutzerrecht **Wiederherstellen von Dateien und Verzeichnissen** kann den Besitz eines Objekts auf einen anderen Benutzer übertragen. Klicken Sie auf **Weitere Benutzer oder Gruppen**, und wählen Sie **Lorrin Smith-Bates** aus. Sobald Lorrins Konto in der Liste **Besitzer ändern auf** angezeigt wird, markieren Sie es und klicken auf **Übernehmen**.
12. Überzeugen Sie sich davon, dass Lorrin nun Besitzer der Datei **Bericht** ist.
13. Besitzt Lorrin nun die Berechtigung **Vollzugriff** für das Objekt? Begründen Sie Ihre Antwort. Verfügt Danielle weiterhin über die Berechtigung **Vollzugriff**, oder ändern sich ihre Berechtigungen? Vergewissern Sie sich anhand der Seite **Effektive Berechtigungen**.

Hinweis Nachdem ein Objekt erstellt wurde, wirkt sich eine Änderung der Besitzrechte in keiner Weise auf die Zugriffssteuerungsliste (ACL) aus. Der neue Besitzer (oder ein beliebiger Benutzer mit der Berechtigung **Berechtigungen ändern**) kann jedoch in einem weiteren Schritt die ACL ändern, um sich selbst ausreichenden Ressourcenzugriff zu erteilen.

Lernzielkontrolle

Die folgenden Fragen dienen dazu, die wichtigsten Lehrinhalte dieser Lektion zu vertiefen. Können Sie eine Frage nicht beantworten, arbeiten Sie das entsprechende Lektionsmaterial noch einmal durch, und versuchen Sie dann erneut, die Frage zu beantworten. Die Antworten auf die Lernzielkontrollfragen finden Sie im Abschnitt „Fragen und Antworten“ am Ende dieses Kapitels.

1. Wie lauten die mindestens erforderlichen NTFS-Berechtigungen, die ein Benutzer zum Öffnen von Dokumenten sowie zum Ausführen von Programmen benötigt, die sich in einem freigegebenen Ordner befinden?
   a. Vollzugriff
   b. Ändern
   c. Schreiben
   d. Lesen, Ausführen
   e. Ordnerinhalt auflisten

2. Bill beklagt sich darüber, dass er nicht auf den Abteilungsplan zugreifen kann. Sie öffnen die Registerkarte **Sicherheit** für den Plan und stellen fest, dass alle Dokumentberechtigungen vom übergeordneten Ordner vererbt werden. Es besteht eine Berechtigungsverweigerung für die Gruppe, der Bill angehört. Welche der folgenden Maßnahmen führt dazu, dass Bill auf den Plan zugreifen kann?
   a. Ändern der Berechtigungen des übergeordneten Ordners durch Hinzufügen der Berechtigung **Vollzugriff** für Bill.
   b. Ändern der Berechtigungen des übergeordneten Ordners durch Hinzufügen der Berechtigung **Lesen** für Bill.
   c. Ändern der Berechtigungen für den Plan durch Hinzufügen der Berechtigung **Lesen** für Bill.
   d. Ändern der Berechtigungen für den Plan durch Deaktivieren der Berechtigungsvererbung, Kopieren der Berechtigungseinträge und Entfernen der Berechtigungsverweigerung.
   e. Ändern der Berechtigungen für den Plan durch Deaktivieren der Berechtigungsvererbung, Kopieren der Berechtigungseinträge und Hinzufügen der Berechtigung **Vollzugriff** für Bill.
   f. Entfernen von Bill aus der Gruppe mit zugewiesener Berechtigungsverweigerung.
3. Bill ruft erneut an, da er weiterhin keinen Zugriff auf den Abteilungsplan erhält. Sie prüfen Bills Konto mithilfe des Tools **Effektive Berechtigungen** und stellen fest, dass Bill eigentlich über ausreichende Berechtigungen verfügt. Welche Erklärung gibt es für die Diskrepanz zwischen den angezeigten Ergebnissen im Tool **Effektive Berechtigungen** und dem Problem, von dem Bill berichtet?

   ____

   ____

   ____

   ____

   ____

Zusammenfassung der Lektion

- NTFS-Berechtigungen können mithilfe des Zugriffssteuerungslisten-Editors (ACL-Editors) konfiguriert werden, der dafür drei Dialogfelder bereitstellt: die Registerkarte **Sicherheit**, das Dialogfeld **Erweiterte Sicherheitseinstellungen** und das Dialogfeld **Berechtigungseintrag**.
- Berechtigungen können zugelassen oder verweigert werden, explizit oder durch Vererbung. Eine verweigerte Berechtigung hat Vorrang vor einer erteilten Berechtigung, und explizite Berechtigungen haben Vorrang vor vererbten Berechtigungen. Als Ergebnis kann eine explizit erteilte Berechtigung eine vererbte Berechtigungsverweigerung außer Kraft setzen.

- Die Vererbung ermöglicht einem Administrator die Berechtigungsverwaltung von einem einzigen übergeordneten Ordner aus, der Dateien und Ordner mit gleichen Anforderungen an den Ressourcenzugriff enthält. Die ACL eines neuen Objekts umfasst standardmäßig die vom übergeordneten Ordner geerbten Berechtigungen.
- Es ist möglich, die Auswirkung vererbter Berechtigungen auf ein Objekt auf verschiedene Arten zu ändern. Sie können die Berechtigung des übergeordneten Objekts ändern und die neue Berechtigung an das Objekt vererben. Sie können explizite Objektberechtigungen festlegen, die Vorrang vor den vererbten Berechtigungen haben. Oder Sie deaktivieren die Berechtigungsvererbung für das Objekt und konfigurieren eine ACL mit expliziten Berechtigungen, die den Ressourcenzugriff definieren.
- Die Registerkarte **Effektive Berechtigungen** im Dialogfeld **Erweiterte Sicherheitseinstellungen** ist ein nützliches Tool, das eine angenäherte Darstellung des Ressourcenzugriffs für einen Benutzer oder eine Gruppe liefert, indem die Kontoberechtigungen sowie die Berechtigungen für Gruppen ausgewertet werden, denen ein Benutzer angehört.
- Der Besitzer eines Objekts kann die Zugriffssteuerungsliste (ACL) für das Objekt jederzeit bearbeiten. Ein Benutzer mit der Berechtigung **Besitz übernehmen** kann den Besitz des Objekts übernehmen, Administratoren können den Besitz beliebiger Objekte im System übernehmen. Die Gruppen **Administratoren**, **Sicherungs-Operatoren** und weitere Konten mit dem Benutzerrecht **Wiederherstellen von Dateien und Verzeichnissen** können den Besitz einer Datei oder eines Ordners vom aktuellen Besitzer auf einen beliebigen anderen Benutzer oder eine Gruppe übertragen.

Lektion 3: Überwachen des Dateisystemzugriffs

Viele Unternehmen überwachen den Dateisystemzugriff, um Einblick in die Ressourcennutzung zu erhalten und potenzielle Sicherheitslücken aufzuspüren. Windows Server 2003 unterstützt eine fein abgestufte Überwachung basierend auf Benutzer- oder Gruppenkonten und den spezifischen Aktionen, die mit diesen Konten ausgeführt werden. Zur Konfiguration der Überwachung müssen Sie drei Schritte ausführen: Festlegen von Überwachungseinstellungen, Aktivieren der Überwachungsrichtlinien und Auswerten der Ereignisse im Sicherheitsprotokoll. In dieser Lektion werden diese drei Schritte untersucht, und Sie erhalten Informationen zur Einrichtung einer effektiven Überwachung, die Ihnen die Erfüllung von Geschäftsanforderungen ermöglicht, ohne dabei in protokollierten Ereignissen zu ersticken.

Am Ende dieser Lektion werden Sie in der Lage sein, die folgenden Aufgaben auszuführen:

- Konfigurieren von Überwachungseinstellungen für eine Datei oder einen Ordner
- Aktivieren der Überwachung auf einem eigenständigen Server oder einer Gruppe von Servern
- Untersuchen von protokollierten Ereignissen im Sicherheitsprotokoll

Veranschlagte Zeit für diese Lektion: 20 Minuten

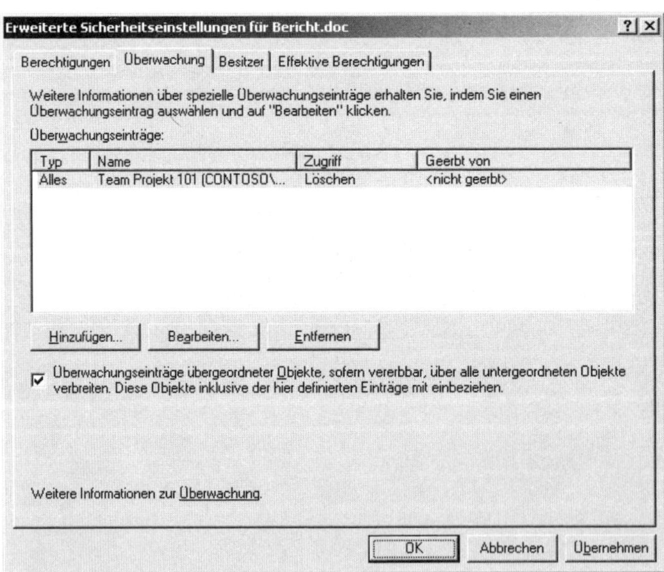

Abbildung 6.12 Die Registerkarte **Überwachung** im Dialogfeld **Erweiterte Sicherheitseinstellungen**

Konfigurieren von Überwachungseinstellungen

Zur Festlegung der Aktionen, die Sie überwachen und nachverfolgen möchten, müssen Sie Überwachungseinstellungen im Dialogfeld **Erweiterte Sicherheitseinstellungen** der Datei oder des Ordners konfigurieren. Die in Abbildung 6.12 dargestellte Registerkarte **Überwachung** sieht der zuvor untersuchten Registerkarte **Berechtigungen** verblüffend ähnlich. Anstelle von Berechtigungseinträgen fügen Sie hier jedoch Überwachungseinträge hinzu.

Klicken Sie auf **Hinzufügen**, um die zu überwachenden Benutzer, Gruppen oder Computer festzulegen. Geben Sie anschließend im Dialogfeld **Überwachungseintrag** (dargestellt in Abbildung 6.13) die zu überwachenden Berechtigungen an.

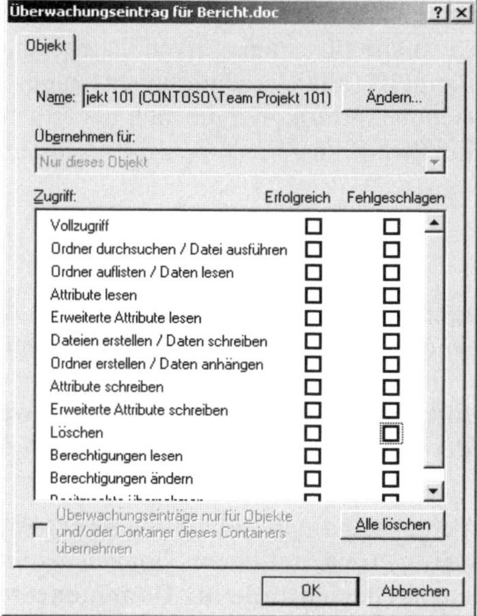

Abbildung 6.13 Das Dialogfeld **Überwachungseintrag**

Sie können erfolgreiche oder fehlgeschlagene Ereignisse (oder beides) überwachen, wenn das Konto versucht, mithilfe der dem Objekt zugewiesenen granularen Berechtigungen auf die Ressource zuzugreifen.

Eine Erfolgsüberwachung kann in folgenden Situationen eingesetzt werden:

- Zur Protokollierung des Ressourcenzugriffs im Rahmen von Berichterstellung und Rechnungsstellung.
- Zur Überwachung von Zugriffen, aus denen hervorgeht, dass der Benutzer mehr Aktionen ausführen kann als geplant, d.h. wenn zu weitreichende Berechtigungen erteilt wurden.
- Zur Ermittlung von Zugriffen, die für ein bestimmtes Konto ungewöhnlich sind. Dies könnte darauf hinweisen, dass ein Benutzerkonto von einem Hacker missbraucht wird.

Die Fehlerüberwachung ermöglichen Folgendes:

- Eine Überwachung auf Zugriffsversuche mit böswilligen Absichten, bei denen der Versuch unternommen wird, auf geschützte Ressourcen zuzugreifen.
- Ermitteln von Zugriffsversuchen auf Dateien oder Ordner, auf die ein Benutzer Zugriff benötigt. In diesem Fall wurden nicht genügend Berechtigungen zur Durchführung einer Aufgabe zugewiesen.

Überwachungseinstellungen unterliegen wie Berechtigungen den Regeln der Vererbung. Vererbbare Überwachungseinstellungen werden auf Objekte übertragen, die eine Vererbung zulassen.

Hinweis Überwachungsprotokolle haben die Tendenz, sehr schnell sehr umfangreich zu werden. Eine goldene Regel lautet daher, bei der Überwachung nur die minimal erforderlichen Einstellungen zum Erreichen des gesetzten Ziels vorzunehmen. Die Überwachung erfolgreicher und fehlgeschlagener Zugriffsversuche für einen aktiven Datenordner, für den der Gruppe **Jeder** die Berechtigung **Vollzugriff** (alle Berechtigungen) zugewiesen wurde, führt zur Erzeugung enormer Überwachungsprotokolle, die sich negativ auf die Leistung des Servers auswirken können und die Ermittlung eines spezifischen überwachten Ereignisses praktisch unmöglich machen.

Aktivieren der Überwachung

Das Konfigurieren von Überwachungseinträgen in der Sicherheitsbeschreibung für eine Datei oder einen Ordner aktiviert, für sich genommen, noch nicht die Überwachung. Die Überwachung muss mithilfe einer Richtlinie aktiviert werden. Nach Aktivierung der Überwachung beginnt das Sicherheitsteilsystem mit der Berücksichtigung von Überwachungseinstellungen sowie mit der Protokollierung der in den Einstellungen festgelegten Zugriffsversuche.

Die Überwachungsrichtlinie kann auf einem eigenständigen Server unter Verwendung der Konsole **Lokale Sicherheitsrichtlinie** aktiviert werden, auf einem Domänencontroller erfolgt die Aktivierung über die Konsole **Sicherheitsrichtlinie für Domänencontroller**. Wählen Sie den Knoten **Überwachungsrichtlinie** unterhalb von **Lokale Richtlinien** aus, und doppelklicken Sie auf die Richtlinie **Objektzugriffsversuche überwachen**. Wählen Sie die Option **Diese Richtlinieneinstellungen definieren**, und aktivieren Sie entweder die Überwachung für erfolgreiche oder fehlgeschlagene Zugriffsversuche, oder beides.

Hinweis Beachten Sie, dass der überwachte und protokollierte Zugriff eine Kombination der Überwachungseinträge für spezifische Dateien und Ordner sowie der Einstellungen in der Überwachungsrichtlinie ist. Wenn Sie die Überwachungseinträge zur Protokollierung fehlgeschlagener Zugriffsversuche konfiguriert haben, in der Richtlinie jedoch die Erfolgsüberwachung aktivieren, bleiben Ihre Überwachungsprotokolle leer.

Sie können die Überwachung für einen oder mehrere Computer auch mithilfe von Active Directory-Gruppenrichtlinienobjekten (Group Policy Objects, GPOs) aktivieren. Der Knoten **Überwachungsrichtlinie** befindet sich unterhalb von **Computerkonfiguration**, **Windows-Einstellungen**, **Sicherheitseinstellungen**, **Lokale Richtlinien**, **Überwachungsrichtlinie**. Wie bei allen Gruppenrichtlinien sind diejenigen Computer von der Richtlinie betroffen, die in den Geltungsbereich der Richtlinie fallen. Wenn Sie eine Richtlinie mit der OU **Servers** verknüpfen und die Überwachung aktivieren, wird für alle Computerobjekte in der OU **Servers** der Ressourcenzugriff gemäß den Überwachungseinträgen für Dateien und Ordner auf diesen Systemen überwacht.

Untersuchen des Sicherheitsprotokolls

Nachdem Überwachungseinträge für Dateien und Ordner konfiguriert wurden und die Überwachung des Objektzugriffs mithilfe einer lokalen Richtlinie oder einer Gruppenrichtlinie aktiviert wurde, beginnt das System mit der Protokollierung des Zugriffs gemäß den Überwachungseinträgen. Sie können die Ergebnisse der Überwachung mithilfe des Sicherheitsprotokolls in der Ereignisanzeige anzeigen und untersuchen, wie dargestellt in Abbildung 6.14.

Wie erkennbar ist, enthält das Sicherheitsprotokoll in Abhängigkeit vom durchgeführten Überwachungstyp zahlreiche Einträge. Sie können die Ereignisse sortieren, um Objektzugriffsereignisse besser ermitteln zu können. Klicken Sie hierzu auf die Spaltenüberschrift **Kategorie**, und suchen Sie nach Ereignissen der Kategorie **Objektzugriff**.

Ereignisanzeige

Datei Aktion Ansicht ?

Ereignisanzeige (Lokal)
- Anwendung
- Sicherheit
- System
- Verzeichnisdienst
- DNS-Server
- Dateireplikationsdienst

Sicherheit 21.188 Ereignis(se)

Typ	Datum	Uhrzeit	Quelle	Kategorie	Ereignis	Benutzer	Computer
Erfolgsübe...	13.05.2006	08:47:39	Security	Objektzugriff	562	SYSTEM	SERVER01
Erfolgsübe...	13.05.2006	08:47:39	Security	Objektzugriff	560	SYSTEM	SERVER01
Erfolgsübe...	13.05.2006	08:47:38	Security	Objektzugriff	562	dtiedt	SERVER01
Erfolgsübe...	13.05.2006	08:47:38	Security	Objektzugriff	562	dtiedt	SERVER01
Erfolgsübe...	13.05.2006	08:47:38	Security	Objektzugriff	562	dtiedt	SERVER01
Erfolgsübe...	13.05.2006	08:47:38	Security	Verzeichnisdienstz...	565	dtiedt	SERVER01
Erfolgsübe...	13.05.2006	08:47:38	Security	Verzeichnisdienstz...	565	dtiedt	SERVER01
Erfolgsübe...	13.05.2006	08:47:38	Security	Verzeichnisdienstz...	565	dtiedt	SERVER01
Erfolgsübe...	13.05.2006	08:47:37	Security	An-/Abmeldung	551	dtiedt	SERVER01
Erfolgsübe...	13.05.2006	08:47:29	Security	Objektzugriff	562	dtiedt	SERVER01
Erfolgsübe...	13.05.2006	08:47:29	Security	Objektzugriff	567	dtiedt	SERVER01
Erfolgsübe...	13.05.2006	08:47:29	Security	Objektzugriff	560	dtiedt	SERVER01
Erfolgsübe...	13.05.2006	08:47:29	Security	Objektzugriff	562	dtiedt	SERVER01
Erfolgsübe...	13.05.2006	08:47:29	Security	Objektzugriff	564	dtiedt	SERVER01
Erfolgsübe...	13.05.2006	08:47:29	Security	Objektzugriff	567	dtiedt	SERVER01
Erfolgsübe...	13.05.2006	08:47:29	Security	Objektzugriff	560	dtiedt	SERVER01
Erfolgsübe...	13.05.2006	08:47:24	Security	Objektzugriff	562	dtiedt	SERVER01
Erfolgsübe...	13.05.2006	08:47:24	Security	Objektzugriff	567	dtiedt	SERVER01

Abbildung 6.14 Das Sicherheitsprotokoll in der Ereignisanzeige

Die Sortierung bietet jedoch nur wenig Hilfestellung beim Durchforsten der protokollierten Ereignisse. Es ist häufig ratsamer, das Ereignisprotokoll zu filtern. Klicken Sie hierzu im Menü **Ansicht** auf **Filter**, oder markieren Sie das Sicherheitsprotokoll, und wählen Sie im Menü **Aktion** oder im Kontextmenü den Befehl **Eigenschaften**, und klicken Sie anschließend auf die Registerkarte **Filter**. Auf der Registerkarte **Filter** können Sie Filterkriterien wie z.B. Ereignistyp, Kategorie, Quelle, Datumsbereich, Benutzer und Computer angeben. Abbildung 6.15 zeigt ein Beispiel eines Filters, der zum Ermitteln von Objektzugriffsereignissen in einem bestimmten Zeitraum eingesetzt wird.

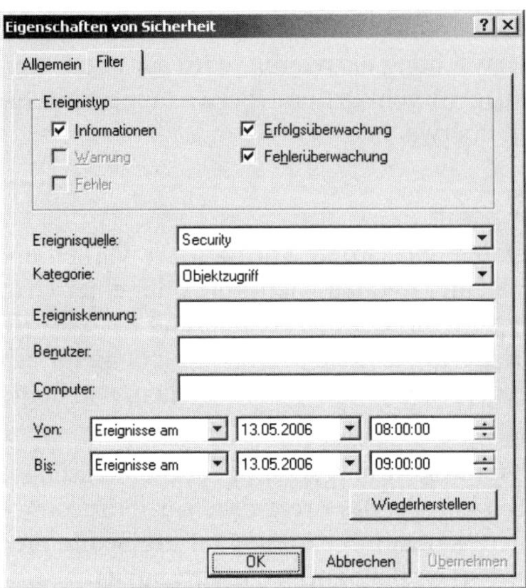

Abbildung 6.15 Die Registerkarte **Filter**

Und schließlich haben Sie die Möglichkeit, das Sicherheitsprotokoll durch Auswahl des Befehls **Protokolldatei speichern unter** im Kontextmenü des Protokolls zu exportieren. Das systemeigene Ereignisprotokollformat verwendet die Erweiterung .evt. Sie können diese Datei mit der Ereignisanzeige auf einem anderen System öffnen. Alternativ können Sie die Protokolldaten in einem Textformat speichern, in dem Tabulatorzeichen oder Kommas als Trennzeichen dienen. Solch ein Format kann von einer Vielzahl von Analysetools, einschließlich Microsoft Excel, gelesen werden. In Excel können Sie natürlich ebenfalls Filter anwenden, um nach spezifischen Informationen zu suchen, beispielsweise nach den Inhalten des Ereignisfelds **Beschreibung**.

Praktische Übung: Überwachen des Dateisystemzugriffs

In dieser Übung konfigurieren Sie Überwachungseinstellungen, aktivieren Überwachungsrichtlinien für den Objektzugriff und filtern spezifische Ereignisse im Sicherheitsprotokoll. Das Ziel besteht darin, das Löschen von Dateien aus einem wichtigen Ordner zu überwachen, um sicherzustellen, dass ausschließlich autorisierte Benutzer Dateien löschen.

Übung 1: Konfigurieren von Überwachungseinstellungen

1. Melden Sie sich als Administrator an.
2. Öffnen Sie das Dialogfeld **Erweiterte Sicherheitseinstellungen** für den Ordner **C:\Dokumente\Projekt 101**.
3. Klicken Sie auf die Registerkarte **Überwachung**.
4. Fügen Sie einen Überwachungseintrag zur Nachverfolgung der Gruppe **Mitarbeiter Projekt 101** hinzu. Geben Sie an, dass erfolgreiche und fehlgeschlagene Verwendungsversuche der Berechtigung **Löschen** überwacht werden sollen.

Übung 2: Aktivieren der Überwachungsrichtlinie

Da Sie an einem Domänencontroller angemeldet sind, verwenden Sie die Konsole **Sicherheitsrichtlinie für Domänencontroller** zum Aktivieren der Überwachung. Auf einem eigenständigen Server würden Sie die Konsole **Lokale Sicherheitsrichtlinie** einsetzen. Sie könnten auch Gruppenrichtlinienobjekte zur Aktivierung der Überwachung verwenden.

1. Öffnen Sie die Konsole **Sicherheitsrichtlinie für Domänencontroller** über den Ordner **Verwaltung**.
2. Erweitern Sie den Knoten **Lokale Richtlinien**, und klicken Sie auf **Überwachungsrichtlinie**.
3. Doppelklicken Sie auf **Objektzugriffsversuche überwachen**.
4. Wählen Sie **Diese Richtlinieneinstellungen definieren**.
5. Aktivieren Sie sowohl die Erfolgs- als auch die Fehlerüberwachung.
6. Klicken Sie auf **OK**, und schließen Sie die Konsole.
7. Zur Aktualisierung der Richtlinie und um sicherzustellen, dass alle Einstellungen angewendet werden, öffnen Sie eine Eingabeaufforderung und geben den Befehl **Gpupdate** ein.

Übung 3: Erzeugen von Überwachungsereignissen

1. Melden Sie sich als Danielle Tiedt an.
2. Stellen Sie eine Verbindung zu **Server01\Docs\Project 101** her.
3. Löschen Sie die Textdatei **Bericht**.

Übung 4: Untersuchen des Sicherheitsprotokolls

1. Melden Sie sich als Administrator an.
2. Öffnen Sie die Ereignisanzeige über den Ordner **Verwaltung**.
3. Wählen Sie das Sicherheitsprotokoll aus.
4. Welche Arten von Ereignissen werden im Sicherheitsprotokoll angezeigt? Werden nur Ereignisse zum Objektzugriff angezeigt? Sehen Sie andere Arten von Ereignissen? Denken Sie daran, dass Richtlinien die Überwachung einer Vielzahl von sicherheitsbezogenen Aktionen aktivieren können, z.B. die Überwachung von Verzeichnisdienstzugriff, Kontenverwaltung, Anmeldung usw.
5. Klicken Sie im Menü **Ansicht** auf **Filter**, um das Protokoll zu filtern und den Suchbereich einzuschränken.
6. Konfigurieren Sie einen Filter, der die Anzeige möglichst weit einschränkt. Was wissen Sie über die Ereignisse, die Sie ermitteln möchten? Sie wissen, dass es sich um eine Erfolgs- oder Fehlerüberwachung handelt, dass die Ereigniskategorie **Objektzugriff** lautet und dass die Ereignisse heute eingetreten sind. Prüfen Sie Ihren Filter anhand von Abbildung 6.15.
7. Klicken Sie auf **Übernehmen**.

8. Gibt es eine einfachere Methode zum Auffinden des Ereignisses, das protokolliert wurde, als Danielle die Datei **Bericht** gelöscht hat? Öffnen Sie das Ereignis, und untersuchen Sie den Inhalt. Die Beschreibung weist auf Benutzer, Datei und durchgeführte Aktion hin. Sie können in der Ereignisanzeige zwar keine Filterung auf den Inhalt der Beschreibung durchführen, Sie können die Datei jedoch hierzu in ein Analysetool wie Microsoft Excel exportieren.
9. (Optional) Wenn Sie Zugriff auf Microsoft Excel haben, klicken Sie mit der rechten Maustaste auf das Sicherheitsprotokoll, und wählen Sie **Protokolldatei speichern unter**. Geben Sie einen Namen ein, und wählen Sie als Dateityp die Einstellung **CSV (Komma getrennt) (*.csv)**. Öffnen Sie die Datei in Excel.

Lernzielkontrolle

Die folgenden Fragen dienen dazu, die wichtigsten Lehrinhalte dieser Lektion zu vertiefen. Können Sie eine Frage nicht beantworten, arbeiten Sie das entsprechende Lektionsmaterial noch einmal durch, und versuchen Sie dann erneut, die Frage zu beantworten. Die Antworten auf die Lernzielkontrollfragen finden Sie im Abschnitt „Fragen und Antworten" am Ende dieses Kapitels.

1. Welche der folgenden Schritte müssen Sie ausführen, um ein Protokoll des Ressourcenzugriffs für eine Datei oder einen Ordner zu erstellen? Wählen Sie alle zutreffenden Antworten aus.
   a. Konfigurieren von NTFS-Berechtigungen, die dem Konto **System** die Überwachung des Ressourcenzugriffs ermöglichen.
   b. Konfigurieren von Überwachungseinträgen, welche die Art der Zugriffsüberwachung festlegen.
   c. Aktivieren der Richtlinie **Rechteverwendung überwachen**.
   d. Aktivieren der Richtlinie **Objektzugriffsversuche überwachen**.
2. Welche der folgenden Filterkriterien für ein Sicherheitsprotokoll eignen sich zum Ermitteln spezifischer Datei- und Ordnerzugriffsereignisse? Wählen Sie alle zutreffenden Antworten aus.
   a. Das Datum des Ereignisses
   b. Der Benutzer, der das Ereignis erzeugt hat
   c. Die Art des Objektzugriffs, die das Ereignis erzeugt hat
   d. Erfolgs- oder Fehlerüberwachung
3. Die Benutzer von der Firma Contoso verwenden Microsoft Office-Anwendungen für den Ressourcenzugriff auf **Server01**. Ihre Aufgabe besteht darin, durch eine Überwachung von **Server01** sicherzustellen, dass die Berechtigungen nicht zu restriktiv sind, sodass die Benutzer nicht an der Ausführung von ihnen übertragenen Aufgaben gehindert werden. Durch welches Protokoll und welche Art von Ereignis werden die erforderlichen Informationen bereitgestellt?

a. Anwendungsprotokoll; Erfolgsüberwachung
b. Anwendungsprotokoll; Fehlerüberwachung
c. Sicherheitsprotokoll; Erfolgsüberwachung
d. Sicherheitsprotokoll; Fehlerüberwachung
e. Systemprotokoll; Erfolgsüberwachung
f. Systemprotokoll; Fehlerüberwachung

Zusammenfassung der Lektion

- Überwachungseinträge sind in der Sicherheitsbeschreibung von Dateien und Ordnern auf NTFS-Volumes enthalten. Sie können mit dem Windows Explorer, über die Eigenschaften einer Datei oder eines Ordners oder unter Verwendung des Dialogfelds **Erweiterte Sicherheitseinstellungen** konfiguriert werden.
- Überwachungseinträge allein erzeugen noch keine Überwachungsprotokolle. Sie müssen zusätzlich über die Konsole **Lokale Sicherheitsrichtlinie**, die Konsole **Sicherheitsrichtlinie für Domänencontroller** oder anhand eines Gruppenrichtlinienobjekts die Richtlinie **Objektzugriffsversuche überwachen** aktivieren.
- Das Sicherheitsprotokoll, anzeigbar im Snap-In **Ereignisanzeige**, ermöglicht Ihnen das Auffinden und Untersuchen von Ereignissen im Zusammenhang mit dem Objektzugriff.

Lektion 4: Verwalten der Internetinformationsdienste (IIS)

In Lektion 1 wurden die Aspekte der Ordnerfreigabe behandelt, sodass Benutzer mithilfe des Clients für Microsoft-Netzwerke auf Ressourcen von Servern zugreifen können, auf denen die Datei- und Druckfreigabe für Microsoft-Netzwerke ausgeführt wird. Dies ist jedoch nur eine der Möglichkeiten, Benutzer mit dem benötigten Zugriff auf Dateien und Ordner auszustatten. Der Zugriff kann auch über Internettechnologien wie z.B. FTP- und Webdienste (HTTP) erfolgen. Weil die Bedeutung des Webs für Arbeit und Wirtschaft immer noch steigt, ist es wichtig, einen Webserver betreiben und sichern zu können. Windows Server 2003 bietet wesentlich verbesserte Internetinformationsdienste (Internet Information Services, IIS).

In dieser Lektion erfahren Sie, wie Sie die Internetinformationsdienste (IIS) installieren und verwalten. Sie erfahren, wie Web- und FTP-Sites, virtuelle Verzeichnisse und die IIS-Sicherheit konfiguriert wird.

Weitere Informationen Weitere Informationen zu den Internetinformationsdiensten (IIS) finden Sie im *Microsoft IIS 6.0 Taschenratgeber für Administratoren* (Microsoft Press, 2003).

Am Ende dieser Lektion werden Sie in der Lage sein, die folgenden Aufgaben auszuführen:

- Installieren der Internetinformationsdienste (IIS)
- Einrichten von Web- und FTP-Sites
- Konfigurieren einer Standardseite für das Web
- Erstellen eines virtuellen Webverzeichnisses
- Ändern von Authentifizierungs- und Sicherheitseinstellungen für IIS
- Sichern der Metabasis der Internetinformationsdienste

Veranschlagte Zeit für diese Lektion: 20 Minuten

Installation der Internetinformationsdienste 6.0

Um die Angriffsfläche eines Windows Server 2003-Systems möglichst gering zu halten, werden die Internetinformationsdienste (Internet Information Services, IIS) nicht standardmäßig installiert. Die Internetinformationsdienste werden mithilfe der Option **Windows-Komponenten hinzufügen/entfernen** installiert, auf die Sie über das Tool **Software** in der Systemsteuerung zugreifen. Aktivieren Sie die Option **Anwendungsserver**, klicken Sie auf **Details**, und wählen Sie **Internetinformationsdienste (IIS)**. Sie können steuern, welche Unterkomponenten von IIS installiert werden. Sofern Sie jedoch die Funktion der Unterkomponenten nicht genau kennen, sollten Sie keine Standardkomponenten entfernen. Sie können jedoch Komponenten wie z.B. ASP.NET, FTP oder die FrontPage-Servererweiterungen hinzufügen.

Verwalten der Webumgebung

Bei Installation der Internetinformationsdienste (IIS) wird eine Standardwebsite erstellt, mit deren Hilfe Sie schnell und einfach eine Webumgebung implementieren können. Sie können diese Webumgebung jedoch auch an Ihre spezifischen Anforderungen anpassen. Windows Server 2003 stellt die zur Verwaltung von IIS und der zugehörigen Sites benötigten Tools bereit.

Nach Abschluss der Installation können Sie die Konsole **Internetinformationsdienste-Manager** über die Programmgruppe **Verwaltung** öffnen. Per Voreinstellung wird IIS zur ausschließlichen Verwendung von statischen Inhalten konfiguriert. Wählen Sie zur Aktivierung von dynamischen Inhalten den Knoten **Webdiensterweiterungen** aus. Wie in Abbildung 6.16 dargestellt, weisen alle Erweiterungen standardmäßig den Status **Verweigert** auf. Markieren Sie die gewünschte Erweiterung, und klicken Sie dann auf **Zulassen**.

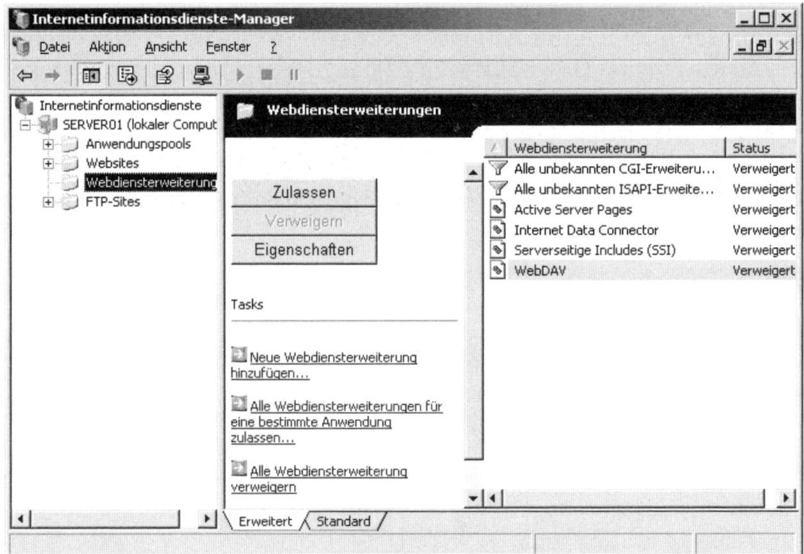

Abbildung 6.16 Das Snap-In **Internetinformationsdienste-Manager**

Wenn ein Client über die Internetinformationsdienste (IIS) auf eine Ressource zugreift, finden folgende grundlegende Prozesse statt:

- Der Client gibt einen URL (Universal Resource Locator) an und verwendet hierzu eines der folgenden Formate:
  - **http://DNS.Name.Domaene/virtuellesVerzeichnis/Seite.htm**
  - **ftp://DNS.Name.Domaene/virtuellesVerzeichnis**
- Der DNS-Dienst (Domain Name System) löst den Namen in eine IP-Adresse auf und gibt die Adresse an den Client zurück.
- Der Client stellt eine Verbindung zur IP-Adresse des Servers her und verwendet hierzu einen dienstspezifischen Port (üblicherweise Port 80 für HTTP und Port 21 für FTP).

- Der URL repräsentiert keinen physischen Pfad zu der Ressource auf dem Server, sondern eine Virtualisierung des Pfads. Der Server übersetzt die eingehende Anforderung in den physischen Pfad und erzeugt geeignete Ressourcen für den Client. Der Server könnte beispielsweise für einen FTP-Client die Dateien in einem Ordner auflisten oder für einen HTTP-Client die Startseite übermitteln.
- Dieser Vorgang kann durch eine Authentifizierung (Anmeldeinformationen, einschließlich Benutzername und Kennwort) und Autorisierung (Zugriffssteuerung über Berechtigungen) gesichert werden.

Sie können diesen Vorgang nachvollziehen, indem Sie einen Browser öffnen und den Befehl **http://server01** eingeben. Der Server gibt die Seite **In Bearbeitung** an den Clientbrowser aus.

Konfigurieren und Verwalten von Web- und FTP-Sites

Bei der Installation der Internetinformationsdienste (IIS) wird eine einzige Website konfiguriert, die Standardwebsite. Obwohl IIS, in Abhängigkeit von der Hardwarekonfiguration Ihres Servers, Tausende oder Zehntausende von Sites hosten kann, ist die Standardwebsite eine optimale Möglichkeit, die Funktionalität und Verwaltung von Websites mit IIS kennen zu lernen. Diese Standardwebsite ist zugänglich, wenn Sie einen Browser öffnen und den folgenden URL eingeben: **http://server01.contoso.com**. Die angezeigte Seite lautet in diesem Fall **In Bearbeitung**.

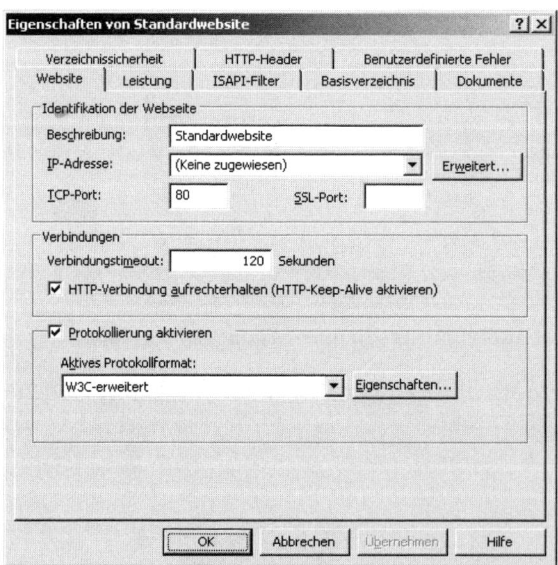

Abbildung 6.17 Die Registerkarte **Website** im Eigenschaftendialogfeld der Standardwebsite

Beachten Sie, dass eine Browseranforderung an einen Webserver an die IP-Adresse des Servers gerichtet wird, die vom DNS-Dienst anhand des URLs aufgelöst wird. Die Anforderung enthält den URL, und der URL enthält häufig nur den Sitenamen (z.B. **www.microsoft.com**). Wie erzeugt der Server die Homepage? Wenn Sie das Eigenschaftendialogfeld der Standardwebsite öffnen und die Registerkarte **Website** untersuchen (Abbildung 6.17), sehen Sie, dass die IP-Adresseneinstellung der Site zurzeit **(Keine zugewiesen)** auf Port 80 lautet. Die Anforderung des Browsers erfolgt demnach auf Port 80 des Servers, der dann ermittelt, dass die Standardwebsite angezeigt werden soll.

Abbildung 6.18 Die Registerkarte **Basisverzeichnis** im Eigenschaftendialogfeld der Standardwebsite

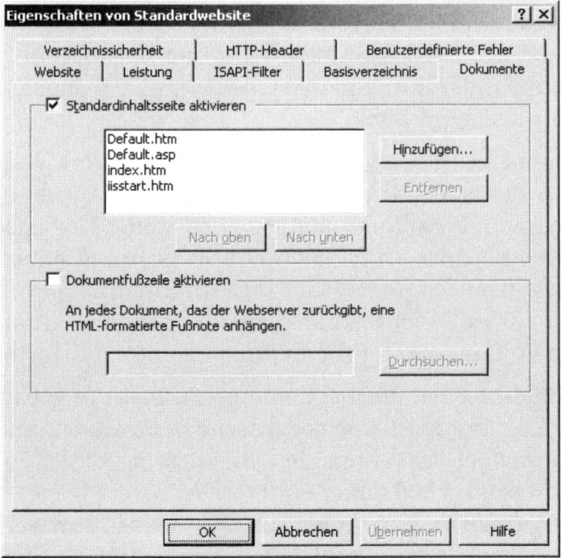

Abbildung 6.19 Die Registerkarte **Dokumente** im Eigenschaftendialogfeld der Standardwebsite

Die nächste Frage lautet, welche Informationen übermittelt werden sollen. Wenn der URL lediglich den Sitenamen enthält (z.B. **www.microsoft.com** oder **server01.contoso.com**), wird die ausgegebene Seite aus dem Basisverzeichnis abgerufen. Die Registerkarte **Basisverzeichnis** (siehe Abbildung 6.18) zeigt den physischen Pfad zum Basisverzeichnis, üblicherweise **c:\inetpub\wwwroot**.

Welche Datei genau sollte an den Client zurückgegeben werden? Diese Information ist auf der Registerkarte **Dokumente** definiert (Abbildung 6.19). IIS sucht in der Reihenfolge nach den Dateien, in der sie aufgelistet werden. Sobald eine der angegebenen Dateien im lokalen Pfad des Basisverzeichnisses gefunden wird, erfolgt die Rückgabe der Seite an den Client, und die Suche nach weiteren Übereinstimmungen wird eingestellt. Wird keine Übereinstimmung gefunden, gibt IIS eine Fehlermeldung (404 – Datei nicht gefunden) an den Client zurück, die darauf hinweist, dass die Seite nicht gefunden wurde.

Ein Browser könnte im URL natürlich auf eine spezifische Seite verweisen, z.B. auf **http://server01.contoso.com/kontaktinfo.htm**. In diesem Fall wird die angegebene Seite aus dem Basisverzeichnis abgerufen. Kann die Seite nicht gefunden werden, wird ein 404-Fehler (Datei nicht gefunden) zurückgegeben.

Zum Erstellen einer Website klicken Sie mit der rechten Maustaste auf den Knoten **Websites** oder eine vorhandene Website im IIS-Manager und klicken auf **Neu** und **Website**. Zur Konfiguration einer Website öffnen Sie das zugehörige Eigenschaftendialogfeld. Es ist möglich, die IP-Adresse der Site zu konfigurieren. Verfügt ein Server über mehrere IP-Adressen, kann jede IP-Adresse eine separate Website repräsentieren. Sie können außerdem den Pfad zu dem Verzeichnis konfigurieren, das als Basisverzeichnis verwendet wird. Und Sie können die Liste bzw. Reihenfolge der Dokumente bearbeiten, die als Standardinhaltsseite abgerufen werden können.

Meistens hostet ein Server für eine bestimmte IP-Adresse mehrere Websites. Sie erreichen das, in dem Sie jeder Site einen eindeutigen Port zuordnen. Wird zum Beispiel eine Website erstellt und Port 8080 zugeordnet, muss der Port von den Clients im URL angegeben werden, zum Beispiel **http://server.contoso.com:8080**.

Oder Sie verwenden Hostheader, um eine bestimmte IP-Adresse für mehrere Websites benutzen zu können. Der Clientbrowser muss Hostheader unterstützen. Gewöhnlich unterstützen die aktuellen Browser wie Internet Explorer und Mozilla Firefox Hostheader. Der Clientbrowser nimmt den URL, zum Beispiel **http://www.contoso.com**, in seine HTTP-Anforderung auf. Der Server benutzt dann den Hostheader zur Ermittlung der gewünschten Website. Stellen Sie sicher, dass es für jede Website einen eindeutigen DNS-Eintrag gibt, der auf dieselbe IP-Adresse verweist. Dann konfigurieren Sie jede Site mit Hostheadern.

Ein URL kann auch komplexere Pfadinformationen enthalten, z.B. **http://www.microsoft.com/windowsserver2003**. Dieser URL fordert keine spezifische Seite an; am Ende des URLs ist keine Erweiterung wie .htm oder .asp vorhanden. Stattdessen werden Informationen aus dem Verzeichnis **windowsserver2003** angefordert. Der Server wertet diese zusätzliche URL-Komponente als virtuelles Verzeichnis aus. Der als **windowsserver2003** bezeichnete Ordner, der die gewünschten Dateien enthält, kann an beliebiger Stelle gespeichert sein. Die Dateien müssen nicht auf dem IIS-Server vorliegen.

Zum Erstellen eines virtuellen Verzeichnisses klicken Sie mit der rechten Maustaste auf eine Website und wählen **Neu** und anschließend **Virtuelles Verzeichnis**. Der Assistent fordert Sie zur Eingabe eines Alias auf, der dem im URL verwendeten Ordnernamen entspricht. Sie müssen außerdem den physischen Pfad zu der Ressource angeben, die sich auf einem lokalen Volume oder auf einem Remoteserver befinden kann.

Prüfungstipp Sie haben außerdem die Möglichkeit, ein virtuelles Webverzeichnis auf einem NTFS-Laufwerk zu erstellen, indem Sie im Windows Explorer mit der rechten Maustaste auf einen Ordner klicken, den Befehl **Eigenschaften** wählen und anschließend zur Registerkarte **Webfreigabe** wechseln.

FTP-Sites funktionieren ähnlich wie Websites und werden auch so verwaltet. IIS installiert eine FTP-Site, die Standard-FTP-Site, und konfiguriert sie zur Antwort auf alle eingehenden FTP-Anforderungen (alle nicht zugewiesenen Adressen, Port 21). Die FTP-Site gibt an den Client eine Liste der Dateien zurück, die sich im Ordner befinden, der auf der Registerkarte **Basisverzeichnis** angegeben wurde. FTP-Sites können auch virtuelle Verzeichnisse enthalten, sodass z.B. **ftp://server01.contoso.com/pub** Ressourcen von einem anderen Server als **ftp://server01.contoso.com/hersteller-uploads** zurückgeben kann. FTP-URLs und -Sites verwenden keine Standarddokumente.

Komplexe IIS-Server können Zehntausende von Sites hosten, jede einzelne mit angepassten Einstellungen. Der Verlust all dieser Konfigurationsinformationen kann sehr unangenehm sein, denn obwohl eine normales Dateisystemsicherung die Wiederherstellung von Datendateien nach einem Ausfall ermöglicht, geht doch die Konfiguration verloren. Zur Sicherung oder Wiederherstellung der IIS-Konfiguration müssen Sie die *Metabasis* und das *Schema* sichern oder wiederherstellen. Dabei handelt es sich um XML-Dokumente (Extensible Markup Language), die zur Speicherung von Einstellungen verwendet werden.

Gehen Sie zur manuellen Sicherung der IIS-Konfiguration folgendermaßen vor:

1. Klicken Sie im **Internetinformationsdienste-Manager** mit der rechten Maustaste auf den Serverknoten, und klicken Sie zunächst auf **Alle Tasks** und dann auf **Konfiguration sichern/ wiederherstellen**. Klicken Sie auf **Sicherungskopie erstellen**. Wenn Sie dazu aufgefordert werden, geben Sie einen Namen für die Sicherung ein und klicken auf **OK**.

   Die Metabasis und das Schema werden im Verzeichnis **%WinDir%\System32\Inetsrv\Metaback** gesichert.

2. Zur Sicherung der Daten aus dem Verzeichnis **Metaback** verwenden Sie eine Sicherungsmethode Ihrer Wahl.

Tipp Der Befehl **IISBack.vbs** unterstützt die Sicherung und Wiederherstellung der IIS-Konfiguration auf der Befehlszeile. Details finden Sie in der Onlinehilfe von Windows Server 2003.

Hinweis Bei der Sicherung der IIS-Konfiguration wird der Inhalt der Website nicht gesichert. Verwenden Sie dafür eine geeignete Sicherungsmethode, zum Beispiel eine der Methoden aus Kapitel 7.

Schützen von Dateien auf IIS

Die Sicherheit für Dateien, auf die über IIS zugegriffen wird, fällt in verschiedene Kategorien: Authentifizierung, Autorisierung über NTFS-Berechtigungen und IIS-Berechtigungen. Die Authentifizierung ist (wie bekannt) der Prozess der Auswertung von Anmeldeinformationen in Form von Benutzername und Kennwort. Per Voreinstellung werden alle IIS-Anforderungen erfüllt, indem die Identität des Benutzers durch das Konto **IUSR_Computername** angenommen wird. Bevor Sie damit beginnen, den Ressourcenzugriff für bestimmte Benutzer zu beschränken, müssen Sie Domänenkonten oder lokale Benutzerkonten erstellen und eine andere Authentifizierung als die Standardeinstellung, den anonymen Zugriff, konfigurieren.

Konfigurieren von Authentifizierungsmethoden

Auf der Registerkarte **Verzeichnissicherheit** des Servers, einer Web- oder FTP-Site, eines virtuellen Verzeichnisses oder einer Datei können Sie die folgenden Authentifizierungsmodelle konfigurieren:

Webauthentifizierungsoptionen

- **Anonyme Authentifizierung** Benutzer können ohne Benutzername oder Kennwort auf die öffentlichen Bereiche Ihrer Website zugreifen.
- **Standardauthentifizierung** Erfordert, dass der Benutzer über ein lokales Konto oder ein Domänenbenutzerkonto verfügt. Anmeldeinformationen werden als Klartext gesendet.
- **Digest-Authentifizierung** Stellt die gleiche Funktionalität wie die Standardauthentifizierung bereit, bietet jedoch erweiterte Sicherheit, da die Benutzeranmeldeinformationen über das Netzwerk gesendet werden. Die Digest-Authentifizierung beruht auf dem HTTP 1.1-Protokoll.
- **Erweiterte Digest-Authentifizierung** Nur verfügbar, wenn das Benutzerkonto Teil eines Active Directory-Verzeichnisses ist. Sammelt Benutzeranmeldeinformationen und speichert sie auf dem Domänencontroller. Die erweiterte Digest-Authentifizierung erfordert, dass der Benutzer Internet Explorer 5 oder höher sowie das HTTP 1.1-Protokoll verwendet.
- **Integrierte Windows-Authentifizierung** Sammelt Informationen über eine sichere Form der Authentifizierung (gelegentlich als Windows NT Herausforderung/Rückmeldung bezeichnet), bei der Benutzername und Kennwort verschlüsselt werden, bevor sie über das Netzwerk gesendet werden.
- **Zertifikatsauthentifizierung** Fügt SSL-Sicherheit (Secure Sockets Layer) über Client- oder Serverzertifikate (oder beides) hinzu. Diese Option ist nur verfügbar, wenn Sie die Zertifikatsdienste installiert und konfiguriert haben.
- **.NET Passport-Authentifizierung** Bietet eine einmalige Anmeldung über SSL, HTTP-Umleitungen, Cookies, Microsoft JScript und starke symmetrische Verschlüsselungsschlüssel.

Tipp Sie müssen die anonyme Authentifizierung deaktivieren und mindestens eine der anderen Authentifizierungsoptionen für NTFS konfigurieren. Wenn Besucher der Website anonym authentifiziert werden, ist keine Authentifizierung unter Anwendung der NTFS-Berechtigungen möglich.

FTP-Authentifizierungsoptionen

- **Anonyme FTP-Authentifizierung** Erteilt Benutzern den Zugriff auf die öffentlichen Bereiche Ihrer FTP-Site, ohne dass Benutzername oder Kennwort eingegeben werden müssen.
- **FTP-Standardauthentifizierung** Erfordert, dass sich Benutzer mit Benutzername und Kennwort eines gültigen Windows-Benutzerkontos anmelden.

Definieren des Ressourcenzugriffs mit Berechtigungen

Nach der Konfiguration der Authentifizierung werden Dateien und Ordnern Berechtigungen zugewiesen. Eine gängige Methode zur Definition des Ressourcenzugriffs in IIS sind NTFS-Berechtigungen. NTFS-Berechtigungen deshalb, weil sie mit einer Datei oder einem Ordner verknüpft sind und daher den Zugriff auf die Ressource unabhängig von der Zugriffsart definieren.

IIS definiert auch Berechtigungen für Sites und virtuelle Verzeichnisse. Wenngleich NTFS-Berechtigungen eine spezifische Zugriffsebene für vorhandene Windows-Benutzer und -Gruppenkonten definieren, gelten die im Rahmen der Verzeichnissicherheit für eine Site oder ein virtuelles Verzeichnis konfigurierten Berechtigungen für *alle* Benutzer und Gruppen.

Prüfungstipp Wenn IIS-Berechtigungen und NTFS-Berechtigungen beide konfiguriert sind, wird die restriktivere Berechtigung verwendet.

Tabelle 6.2 liefert genauere Informationen zu den Webberechtigungsstufen. Sie können diese Berechtigungen auf den Registerkarten **Virtuelles Verzeichnis** oder **Basisverzeichnis** des Eigenschaftendialogfelds eines virtuellen Verzeichnisses oder einer Website einstellen.

Die Ausführberechtigungen steuern die Sicherheitsstufe der Skriptausführung und werden in Tabelle 6.3 beschrieben. Sie können diese Berechtigungen auf den Registerkarten **Virtuelles Verzeichnis** oder **Basisverzeichnis** des Eigenschaftendialogfelds eines virtuellen Verzeichnisses oder einer Website einstellen.

Neu in SP1!

Die Windows-Firewall, eingeführt mit SP1 und standardmäßig von der Sicherheitsupdatekonfiguration deaktiviert, verhindert eingehende Verbindungen mit Diensten, die auf einem IIS-Server ausgeführt werden. Sie müssen einige Ausnahmen für Ports und Anwendungen konfigurieren. Zu den gebräuchlichsten Ausnahmen gehören:

- **Websites** Browser, die HTTP verwenden, verbinden sich gewöhnlich mit Port 80. Also muss Port 80 für TCP-Verbindungen geöffnet sein, damit die grundlegenden Webdienste funktionieren.
- **Webdienste** Viele Webdienste verlangen eine Authentifizierung und Verschlüsselung mit HTTPS, das zur TCP-Datenübermittlung Port 443 verwendet. Zu diesen Diensten gehören Internetdrucken (IPP), das in Kapitel 8 beschrieben wird, WebDAV, BITS, FrontPage 2002-Servererweiterungen und die IIS-Remoteverwaltungsprogramme.
- **Remotedesktop-Webverbindungen** Die Ports 80, 443 und 3389 müssen für TCP geöffnet sein, damit Clients erfolgreich eine Verbindung mit einem Windows-Server herstellen können, auf dem Terminaldienste laufen. Die Ports 80 und 443 sind für die Website erforderlich, und Port 3389 ermöglicht Remotdesktop. Außerdem muss Port 135 für TCP geöffnet sein, wenn eine Terminaldienstelizenzierung erforderlich ist. Weitere Informationen über Terminaldienste finden Sie in Kapitel 2.
- **FTP** Erfordert Port 21 für TCP-Verbindungen.

Schließlich ist es noch üblich, eine Ausnahme für die Remoteverwaltung zu konfigurieren (die Ports 135 und 445) und eingehende Echoanforderungen zuzulassen, eine ICMP-Ausnahme.

Tabelle 6.2 IIS-Verzeichnisberechtigung

Berechtigung	Erläuterung
Lesen (Standardeinstellung)	Benutzer können Dateiinhalte und Eigenschaften anzeigen.
Schreiben	Benutzer können Dateiinhalte und Eigenschaften ändern.
Skriptzugriff	Benutzer können auf den Quellcode für Dateien zugreifen, z.B. auf die Skripts in einer ASP-Anwendung (Active Server Pages). Diese Option ist nur verfügbar, wenn eine der Berechtigungen **Lesen** oder **Schreiben** zugewiesen wurde. Wenn die Berechtigung **Lesen** erteilt wurde, kann der Quellcode gelesen werden. Wurde die Berechtigung **Schreiben** gewährt, kann im Quellcode auch geschrieben werden. Machen Sie sich klar, dass die Erteilung von Lese- und Schreibzugriff auf den Quellcode ein Sicherheitsrisiko für Ihren Server sein kann.
Verzeichnis durchsuchen	Benutzer können Dateilisten und Auflistungen anzeigen.

Tabelle 6.3 Anwendungsausführberechtigungen

Berechtigung	Erläuterung
Keine	Legen Sie die Berechtigungen für eine Anwendung auf **Keine** fest, wenn Sie Programme oder Skripts an der Ausführung hindern möchten.
Nur Skripts	Legen Sie die Berechtigungen für eine Anwendung auf **Nur Skripts** fest, um die mit einem Skriptmodul verknüpfte Anwendung in diesem Verzeichnis ohne Berechtigungen für ausführbare Dateien auszuführen. Die Einstellung **Nur Skripts** bietet mehr Sicherheit als **Skripts und ausführbare Dateien**, da Sie die Anwendungen eingrenzen können, die im Verzeichnis ausgeführt werden können.
Skripts und ausführbare Dateien	Legen Sie die Berechtigungen für eine Anwendung auf **Skripts und ausführbare Dateien** fest, um einer beliebigen Anwendung die Ausführung in diesem Verzeichnis zu ermöglichen, mit Skriptmodulen verknüpfte Anwendungen sowie Windows-Binärdateien (.dll- und .exe-Dateien) eingeschlossen.

Praktische Übung: Verwalten der Internetinformationsdienste

In dieser Übung installieren Sie die Internetinformationsdienste (IIS) und konfigurieren eine neue Website und ein virtuelles Verzeichnis.

Übung 1: Installieren der Internetinformationsdienste (IIS)

1. Öffnen Sie die Systemsteuerung, doppelklicken Sie auf **Software**, und klicken Sie dann auf **Windows-Komponenten hinzufügen/entfernen**.
2. Aktivieren Sie die Option **Anwendungsserver**, und klicken Sie auf **Details**.
3. Wählen Sie **Internetinformationsdienste (IIS)** aus, und klicken Sie auf **Details**.
4. Stellen Sie sicher, dass mindestens die Komponenten **Gemeinsame Dateien**, **FTP-Dienst (File Transfer Protocol)**, **WWW-Dienst** und **Internetinformationsdienste-Manager** ausgewählt sind.
5. Vervollständigen Sie die Installation.

Übung 2: Vorbereiten von simulierten Webinhalten

1. Erstellen Sie auf Laufwerk C einen Ordner mit dem Namen **ContosoCorp**.
2. Öffnen Sie den Editor, und erstellen Sie eine Datei mit dem Text „Willkommen bei Contoso!“ Speichern Sie die Datei unter folgendem Namen: **"C:\ContosoCorp\Default.htm"**. Achten Sie darauf, dass Sie den Namen in Anführungszeichen einschließen.
3. Erstellen Sie eine zweite Datei mit dem Text „Dies ist die Site für Projekt 101“. Speichern Sie die Datei unter dem Namen **"C:\Dokumente\Projekt 101\Default.htm"**. Stellen Sie auch hier sicher, dass der Name von Anführungszeichen umschlossen ist.

Übung 3: Erstellen einer Website

1. Öffnen Sie das Snap-In **Internetinformationsdienste-Manager** über die Programmgruppe **Verwaltung**.
2. Klicken Sie mit der rechten Maustaste auf die Standardwebsite, und wählen Sie **Beenden**.
3. Klicken Sie mit der rechten Maustaste auf den Knoten **Websites**, und wählen Sie **Neu** und dann **Website**.
4. Geben Sie als Beschreibung der Site **Contoso** ein, und legen Sie als Pfad **C:\ContosoCorp** fest. Übernehmen Sie alle weiteren Standardeinstellungen.

Übung 4: Erstellen eines sicheren virtuellen Verzeichnisses

1. Klicken Sie mit der rechten Maustaste auf die Site **Contoso**, und wählen Sie **Neu** und dann **Virtuelles Verzeichnis**.
2. Geben Sie im **Assistenten zum Erstellen eines virtuellen Verzeichnisses** als Alias **Projekt101** und als Pfad **C:\Dokumente\Projekt 101** an. Akzeptieren Sie alle anderen Vorgaben.
3. Öffnen Sie die Eigenschaften des virtuellen Verzeichnisses **Projekt101**.
4. Klicken Sie auf die Registerkarte **Verzeichnissicherheit**.
5. Klicken Sie im Bereich **Authentifizierung und Zugriffssteuerung** auf **Bearbeiten**.
6. Deaktivieren Sie die Option für den anonymen Zugriff. Der Zugriff auf die Dateien der Site ist jetzt nur mit einem gültigen Benutzerkonto möglich. Klicken Sie zweimal auf **OK**.
7. Öffnen Sie den Internet Explorer, und geben Sie die Adresse **http://server01.contoso.com** ein. Die Seite **Willkommen bei Contoso!** sollte angezeigt werden.
8. Geben Sie den URL **http://server01.contoso.com/Projekt101** ein. Sie werden zur Eingabe von Benutzername und Kennwort aufgefordert. Melden Sie sich als Scott Bishop an, um die Projekt101-Homepage anzuzeigen.
9. Ändern Sie die Berechtigungen für das Dokument **C:\Dokumente\Projekt 101\Default.htm** dergestalt, dass nur Administratoren das Dokument lesen können.
10. Schließen Sie den Internet Explorer, und öffnen Sie ihn erneut. Stellen Sie eine Verbindung zu **http://server01.contoso.com/Projekt101** her, und authentifizieren Sie sich als Administrator. Die Seite sollte angezeigt werden.
11. Schließen Sie den Internet Explorer, und öffnen Sie ihn anschließend wieder. Stellen Sie nun über den gleichen URL eine Verbindung als Scott Bishop her. Sie sollten die Fehlermeldung „Zugriff verweigert" erhalten (401 – Nicht autorisiert).

Lernzielkontrolle

Die folgenden Fragen dienen dazu, die wichtigsten Lehrinhalte dieser Lektion zu vertiefen. Können Sie eine Frage nicht beantworten, arbeiten Sie das entsprechende Lektionsmaterial noch einmal durch, und versuchen Sie dann erneut, die Frage zu beantworten. Die Antworten auf die Lernzielkontrollfragen finden Sie im Abschnitt „Fragen und Antworten" am Ende dieses Kapitels.

1. Sie richten in IIS eine Website auf **Server01** ein. Der Internetdomänenname der Site lautet **adatum.com**, und das Basisverzeichnis der Site ist als **C:\Web\Adatum** festgelegt. Welchen URL sollten Internetbenutzer für den Zugriff auf Dateien im Basisverzeichnis der Datei verwenden?
   a. http://server01.web.adatum
   b. http://web.adatum.com/server01
   c. http://server01.adatum/home
   d. http://server01.adatum.com
2. Die Daten für das Unternehmensintranet werden derzeit auf Laufwerk D Ihres IIS-Servers gespeichert. Es wird entschieden, dass die Personalabteilung Informationen zu Arbeitgeberleistungen und Unternehmensrichtlinien über den Abteilungsserver bereitstellt, und dass der URL für den Zugriff auf die Informationen **http://intranet.contoso.com/personal** lauten soll. Welche Konfiguration müssen Sie vornehmen?
   a. Eine neue Website
   b. Eine neue FTP-Site
   c. Ein virtuelles Verzeichnis aus einer Datei
   d. Ein virtuelles Verzeichnis
3. Sie möchten ohne die Infrastruktur der Zertifikatdienste größtmögliche Sicherheit für das Unternehmensintranet gewährleisten. Das Ziel besteht darin, eine Authentifizierung bereitzustellen, die für die Benutzer transparent ist und Ihnen den Schutz der Intranetressourcen mithilfe von Active Directory-Gruppenkonten ermöglicht. Alle Benutzer befinden sich innerhalb der Unternehmensfirewall. Welche Authentifizierungsmethode sollten Sie wählen?
   a. Anonymer Zugriff
   b. Standardauthentifizierung
   c. Digest-Authentifizierung
   d. Integrierte Windows-Authentifizierung

Zusammenfassung der Lektion

- Die Internetinformationsdienste (IIS) werden nicht standardmäßig installiert. Sie können zur Installation von IIS den Assistenten für Windows-Komponenten über das Tool **Software** starten.
- Das Basisverzeichnis einer Web- oder FTP-Site ist der physische Speicherort der Ressourcen, die von dieser Site angeboten werden.
- Ein virtuelles Verzeichnis besteht aus einem Alias und einem Pfad, der den IIS-Server auf den Speicherort der Ressourcen verweist. Der URL entspricht dem Format **http://Server.DNS.Name/virtuellesVerzeichnis**. Die Ressourcen können sich auf einem lokalen Volume oder auf einem Remoteserver befinden.
- IIS unterstützt mehrere Ebenen der Authentifizierung. Per Voreinstellung ist die anonyme Authentifizierung eingestellt, die beliebigen Benutzern den Zugriff auf öffentliche Bereiche der Site ermöglicht. Die integrierte Windows-Authentifizierung ermöglicht die Zuweisung von NTFS-Berechtigungen für Ressourcen, die Sie weiter schützen möchten.
- Der Zugriff auf IIS-Ressourcen auf einem NTFS-Volume wird durch Zugriffssteuerungslisten (ACLs) gesteuert, als würde der Zugriff über den Client für Microsoft-Netzwerke erfolgen.
- IIS verfügt über Verzeichnis- und Anwendungsberechtigungen. Wenn sowohl IIS-Berechtigungen als auch NTFS-Berechtigungen in Kraft sind, gelten die restriktiveren Berechtigungen.

Übung mit Fallbeispiel

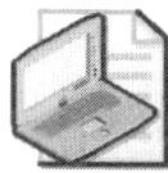

Hinweis Die folgende Übung dient zur Vorbereitung und Vervollständigung der anschließend folgenden Übung zur Problembehandlung. Es wird empfohlen, beide Übungen durchzuarbeiten, um einen maximalen Lernerfolg aus der praktischen Anwendung der Windows Server 2003-Dateisystemsicherheit zu ziehen.

Sie müssen die Internetinformationsdienste (IIS) installiert (siehe Lektion 4, Übung 1) und die im Abschnitt „Bevor Sie beginnen“ dieses Kapitels beschriebenen Gruppen- und Benutzerkonten erstellt haben.

Die Firma Contoso möchte eine Intranetsite für Unternehmens- und Abteilungsnachrichten konfigurieren. Es gelten folgende Anforderungen: Die Site soll sowohl für Mitarbeiter als auch leitende Angestellte einfach zu bedienen sein, wobei Letztere für die Aktualisierung der Nachrichtendokumente verantwortlich sind. Alle Mitarbeiter verwenden die aktuellste Internet Explorer-Version zum Durchsuchen des Intranets. Die leitenden Angestellten verwenden weitere Tools für die Webseitenerstellung.

Übung 1: Erstellen von freigegebenen Ordnern und Beispielwebinhalten

Hinweis Es gibt tatsächlich viele Methoden zur Erstellung von freigegebenen Ordnern. Gehen Sie in dieser Übung wie beschrieben vor.

1. Öffnen Sie eine Eingabeaufforderung.
2. Geben Sie die folgenden Befehle ein:

```
md c:\ContosoIntranetNews
net share News=c:\ContosoIntranetNews
```

3. Öffnen Sie den Editor, und erstellen Sie eine Datei mit dem Text „Contoso-Unternehmensnachrichten". Speichern Sie die Datei unter dem Namen **"C:\ContosoIntranet-News\Default.htm"**, und achten Sie darauf, auch die Anführungszeichen einzugeben.
4. Richten Sie die folgende Berechtigung für den Ordner **C:\ContosoIntranetNews** ein:

   Manager: Ändern
5. Klicken Sie im Eigenschaftendialogfeld des Ordners **C:\ContosoIntranetNews** auf die Registerkarte **Webfreigabe**.
6. Wählen Sie in der Dropdownliste **Freigeben** den Eintrag **Contoso**. Wenn Sie die Übungen in Lektion 4 nicht bearbeitet haben, ist die Website **Contoso** nicht vorhanden. Wählen Sie stattdessen die Standardwebsite. Klicken Sie auf **Diesen Ordner freigeben**, und geben Sie als Alias **News** ein. Übernehmen Sie die Standardberechtigungen, und klicken Sie auf **OK**.

Übung 2: Optimieren des Intranetzugriffs

In dieser Übung überzeugen Sie sich von der Funktionalität des Intranets und optimieren die Bedienerfreundlichkeit.

1. Öffnen Sie den Internet Explorer, und geben Sie folgenden URL ein: **http://server01.contoso.com/News**.
2. Sie werden zur Eingabe von Benutzername und Kennwort aufgefordert. Authentifizieren Sie sich als Administrator. Die Seite **Contoso-Unternehmensnachrichten** sollte angezeigt werden.
3. Schließen Sie den Internet Explorer.

   Sie werden zur Eingabe von Anmeldeinformationen aufgefordert, da für die Seite mit den Unternehmensnachrichten kein anonymer Zugriff zugelassen wurde. Wenn Sie ein virtuelles Verzeichnis anhand der Registerkarte **Webfreigabe** erstellen, wird der anonyme Zugriff standardmäßig deaktiviert.
4. Öffnen Sie mithilfe des IIS-Managers die Eigenschaften des virtuellen Verzeichnisses **News**.
5. Klicken Sie auf die Registerkarte **Verzeichnissicherheit**, und klicken Sie anschließend im Bereich **Authentifizierung und Zugriffssteuerung** auf **Bearbeiten**.
6. Aktivieren Sie den anonymen Zugriff.

7. Wiederholen Sie die Schritte 1 bis 3, um sicherzustellen, dass die Änderung übernommen wurde.

Übung 3: Bestätigen, dass leitende Angestellte Intranetinhalte ändern können

Hinweis Zur Simulation der Remoteverwaltung für die Intranetinhalte ist es wichtig, dass Sie die angegebenen die UNC-Pfade für die Ordner und Dateien verwenden. Verwenden Sie keine lokalen Pfade.

1. Melden Sie sich von **Server01** ab, und melden Sie sich anschließend als Lorrin Smith-Bates wieder an, der Mitglied der Gruppe **Manager** ist.
2. Öffnen Sie den Editor, und erstellen Sie eine Datei mit dem Text „Gute Nachrichten, Contoso!". Speichern Sie das Dokument unter folgendem Namen: **"\\server01\news\guteNachrichten.htm"**. Stellen Sie sicher, dass der Name von Anführungszeichen umschlossen ist und dass Sie anstelle des lokalen Pfads per UNC-Pfad auf den Ordner **News** verweisen.
3. Können Sie die Datei speichern?

   Arbeiten Sie die Übung zur Problembehandlung durch, um das soeben entdeckte Problem zu diagnostizieren und zu beseitigen.

Übung zur Problembehandlung

Hinweis Diese Übung zur Problembehandlung dient zur Vervollständigung der vorangegangenen Übung mit Fallbeispiel. Es wird empfohlen, beide Übungen durchzuarbeiten, um einen maximalen Lernerfolg aus der praktischen Anwendung der Windows Server 2003-Dateisystemsicherheit zu ziehen.

Sie müssen die Internetinformationsdienste (IIS) installiert (siehe Lektion 4, Übung 1) und die im Abschnitt „Bevor Sie beginnen" dieses Kapitels beschriebenen Gruppen- und Benutzerkonten erstellt haben. Darüber hinaus müssen Sie mindestens Übung 1 des Fallbeispiels ausgeführt haben.

Lorrin Smith-Bates wendet sich an das Helpdesk, da er nicht in der Lage ist, Dokumente im Intranetordner **News** zu speichern. Er hat eine Webseite im Editor erstellt und wollte die Datei unter dem Namen **\\server01\News\guteNachrichten.htm** speichern, als der Fehler auftrat.

Der Ordner ist unter **C:\ContosoIntranetNews** gespeichert, unter dem Namen **News** freigegeben und als virtuelles Verzeichnis **News** für die Contoso-Website konfiguriert. Die angezeigte Fehlermeldung ist eine „Zugriff verweigert"-Meldung. Dies deutet darauf hin, das der Computer zwar eine Verbindung zum Server herstellen kann, die Speicherung der Datei jedoch aufgrund von Berechtigungseinstellungen nicht möglich ist.

Melden Sie sich als Administrator an **Server01** an, um die folgenden Schritte zur Problembehandlung durchzuführen.

Schritt 1: Bestätigen der Gruppenmitgliedschaft

Sie sind sich relativ sicher, dass Sie Lorrin in die Gruppe **Manager** aufgenommen haben und dass die Gruppe **Manager** über die Berechtigung **Ändern** für den Ordner **C:\ContosoIntranetNews** verfügt. Wie können Sie die Gruppenmitgliedschaft von Lorrin bestätigen?

Der in Kapitel 3 besprochene Befehl **Dsget** kann zum Auflisten von Gruppenmitgliedschaften herangezogen werden. Öffnen Sie eine Eingabeaufforderung, und geben Sie folgenden Befehl ein:

```
dsget user "CN=Lorrin Smith-Bates,OU=Mitarbeiter,DC=Contoso,DC=com" -memberof -expand
```

Es sollten die nachfolgend aufgeführten Gruppen angezeigt werden, plus einige weitere Gruppen – abhängig davon, welche Übungen Sie bisher durchgearbeitet haben.

"CN=Manager,OU=Sicherheitsgruppen,DC=contoso,DC=com"

"CN=Team Projekt 101,OU=Sicherheitsgruppen,DC=contoso,DC=com"

"CN=Domänenbenutzer,CN=Benutzer,DC=contoso,DC=com"

"CN=Druck-Operatoren,CN=Builtin,DC=contoso,DC=com"

"CN=Benutzer,CN=Builtin,DC=contoso,DC=com"

Wie können Sie die Gruppenmitgliedschaft von Lorrin sonst noch bestätigen? Öffnen Sie die Konsole **Active Directory-Benutzer und -Computer**, und untersuchen Sie die Seite **Mitglied von** im Eigenschaftendialogfeld für Lorrin Smith-Bates.

Schritt 2: Untersuchen der effektiven Berechtigungen

Untersuchen Sie die dem Ordner **C:\ContosoIntranetNews** zugewiesenen Berechtigungen. Aus der Registerkarte **Sicherheit** und dem Dialogfeld **Erweiterte Sicherheitseinstellungen** sollte hervorgehen, dass der Gruppe **Manager** die Berechtigung **Ändern** zugewiesen wurde.

Klicken Sie im Dialogfeld **Erweiterte Sicherheitseinstellungen** auf die Registerkarte **Effektive Berechtigungen**, und wählen Sie das Benutzerkonto von Lorrin aus. Untersuchen Sie seine effektiven Berechtigungen. Die Berechtigungen sollten ihm das Erstellen von Dateien und das Schreiben von Daten im Ordner ermöglichen.

Schritt 3: Bewerten der Situation

Wenn Lorrin über die effektiven Berechtigungen zum Erstellen von Dateien und zum Schreiben von Daten verfügt, warum erhält er dann eine „Zugriff verweigert"-Meldung? Wenn Sie die Fehlerursache nicht bereits erraten, sehen Sie sich erneut die Zusammenfassungen von Lektion 1 und 4 an.

Das Problem kann von anderen Berechtigungen herrühren, die dem Ordner **C:\ContosoIntranetNews** zugewiesen sind. Freigabeberechtigungen, Websiteberechtigungen oder Berechtigungen für virtuelle Verzeichnisse definieren den maximal erlaubten Zugriff. Wenn also eine oder mehrere dieser Berechtigungen zu restriktiv konfiguriert wurde, könnte dies zu einer Einschränkung von Lorrins NTFS-Berechtigung **Ändern** führen.

Als Lorrin seine Webseite im Editor gespeichert hat, war er remote mit dem Server verbunden. Ermitteln Sie in der folgenden Liste die an der Verbindung beteiligten Client- und Dienstkomponenten:

- FTP-Publishingdienst
- WWW-Publishingdienst
- Telnet-Dienst
- Datei- und Druckerfreigabe für Microsoft-Netzwerke
- Internetbrowserclient
- FTP-Client
- Telnet-Client
- Client für Microsoft-Netzwerke

Lorrin verwendet den Client für Microsoft-Netzwerke zur Verbindungsherstellung mit der Datei- und Druckerfreigabe für Microsoft-Netzwerke. Sie können dies anhand des Pfads feststellen, den Lorrin zur Speicherung der Datei angibt: „\\server01\News\guteNachrichten.htm". Es handelt sich um einen UNC-Pfad, der eine Verbindung über ein Microsoft-Netzwerk herstellt.

Mit diesem Wissen können Sie Websiteberechtigungen oder Berechtigungen des virtuellen Verzeichnisses als Problemursache ausschließen. Diese Berechtigungen gelten nur für Verbindungen von Webclients mit dem Webdienst.

Damit bleibt eine mögliche Ursache für die Berechtigungsprobleme übrig: die Freigabeberechtigungen. Die standardmäßigen Freigabeberechtigungen in Windows Server 2003 lauten **Lesen** für die Gruppe **Jeder**. Da Freigabeberechtigungen den maximal erlaubten Zugriff definieren, haben sie Vorrang vor der NTFS-Ordnerberechtigung **Ändern**.

Schritt 4: Problemlösung

Ändern Sie die Freigabeberechtigung für den Ordner **C:\ContosoIntranetNews** so, dass die Gruppe **Jeder** die Berechtigung **Vollzugriff** erhält.

Die Geschäftsanforderung für die Intranetsite mit Unternehmensnachrichten sieht vor, dass die Benutzer nur Lesezugriff auf die Dokumente erhalten. Die standardmäßigen NTFS-Berechtigungen ermöglichen den Benutzern das Erstellen von Dateien und Ordnern und somit als den Besitzern dieser Dateien uneingeschränkten Zugriff.

Schränken Sie die NTFS-Berechtigungen für den Ordnern so ein, dass Benutzer die Berechtigung **Lesen, Ausführen** erhalten, allerdings ohne spezielle Berechtigungen (Dateien erstellen / Daten anhängen; Ordner erstellen / Daten anhängen).

Überprüfen Sie Ihre Änderung durch eine Anmeldung als Scott Bishop. Scott sollte in der Lage sein, die Seite **http://server01.contoso.com/News** anzuzeigen. Nach Verbindungsherstellung mit **\\server01\News** sollte es ihm *nicht* möglich sein, eine neue Datei zu erstellen oder eine vorhandene Datei zu bearbeiten.

Melden Sie sich anschließend als Lorrin an. Lorrin sollte in der Lage sein, die Intranetsite mit Unternehmensnachrichten anzuzeigen, in der Freigabe **\\server01\News** jedoch weder

Dateien erstellen noch Dateien ändern können. Sie sollten in der Lage sein, das neue Dokument wie in Übung 3 des Fallbeispiels beschrieben zu erstellen und auf dieses Dokument unter **http:/ /server01.contoso.com/News/guteNachrichten.htm** zuzugreifen.

Zusammenfassung des Kapitels

- Windows Server 2003 stellt neue Konsolen und Snap-Ins zur Verwaltung freigegebener Ordner, Überwachungsrichtlinien und der Internetinformationsdienste (IIS) bereit. Neben dem Snap-In **Freigegebene Ordner** wird weiterhin der Windows Explorer zum Verwalten von NTFS-Zugriffssteuerungslisten (Access Control Lists, ACLs) verwendet, auch wenn der ACL-Editor sehr viel leistungsstärker ist.
- NTFS-Berechtigungen können zugelassen oder verweigert werden, explizit oder durch Vererbung. Eine verweigerte Berechtigung hat Vorrang vor einer erteilten Berechtigung; und explizite Berechtigungen haben Vorrang vor vererbten Berechtigungen. Als Ergebnis kann eine explizit erteilte Berechtigung eine vererbte Berechtigungsverweigerung außer Kraft setzen.
- Der durch NTFS-Berechtigungen erteilte Zugriff kann durch Freigabeberechtigungen und IIS-Berechtigungen für FTP-Sites, Websites, virtuelle Verzeichnisse und Dokumente weiter eingeschränkt werden. Immer wenn einer Ressource zwei Arten von Berechtigungen zugewiesen sind, z.B. Freigabeberechtigungen und NTFS-Berechtigungen, müssen Sie beide Berechtigungssätze auswerten und den restriktiveren Berechtigungssatz ermitteln. Die restriktiveren Berechtigungen sind die effektiven Berechtigungen.
- Die Sicherheitsbeschreibung einer Datei oder eines Ordners umfasst auch Informationen zum Objektbesitzer. Sowohl der Besitzer als auch beliebige Benutzer mit der Berechtigung **Berechtigungen ändern** können die Zugriffssteuerungsliste (ACL) bearbeiten. Der Besitz kann von einem Benutzer mit der Berechtigung **Besitz übernehmen** übernommen oder durch beliebige Benutzer mit dem Benutzerrecht **Wiederherstellen von Dateien und Verzeichnissen** auf andere Benutzer übertragen werden.
- Die Sicherheitsbeschreibung enthält außerdem Überwachungseinträge, die bei Aktivierung der Überwachungsrichtlinie das System anweisen, spezifische Arten des Zugriffs für bestimmte Benutzer oder Gruppen zu protokollieren.

Prüfungsrelevante Themen

Vor Absolvieren der Prüfung sollten Sie anhand der nachfolgend aufgeführten Schlüsselinformationen und -begriffe prüfen, welche Themen Sie gegebenenfalls noch einmal durcharbeiten müssen. Gehen Sie die entsprechenden Lektionen und Praxisübungen erneut durch, und lesen Sie die Abschnitte „Weiterführende Literatur“ in Teil II, um weitere Informationen zu den abgedeckten Lernzielen für die Prüfung zu erhalten.

Schlüsselinformationen

- Machen Sie sich mit den Tools vertraut, die zur Konfiguration von freigegebenen Ordnern, NTFS-Berechtigungen und Internetinformationsdiensten (IIS) sowie der Überwachung eingesetzt werden. Nehmen Sie sich zur Untersuchung jedes Snap-Ins etwas Zeit, untersuchen Sie die konfigurierbaren Eigenschaften, und überlegen Sie, welche Rolle die jeweilige Eigenschaft bei der Verwaltung von Dateien und Ordnern spielt.
- Sie sollten mühelos die effektiven Berechtigungen ermitteln können, d.h., Sie müssen die Interaktion zwischen expliziten, vererbten, gewährten und verweigerten Berechtigungen für mehrere Benutzer, Gruppen, Computer und Anmeldearten wie z.B. **Interaktiv** im Gegensatz zu **Netzwerk** verstehen.
- Sie müssen die drei zur Konfiguration der Überwachung erforderlichen Schritte und die Strategien kennen, die Sie zur Ermittlung der effektivsten Überwachung (Erfolgs- oder Fehlerüberwachung) zum Erreichen eines bestimmten Ziels benötigen.
- Sie sollten praktische Erfahrung mit sowie grundlegende Kenntnisse von der Konfiguration einer Website und eines virtuellen Verzeichnisses haben. Wenn Sie keine Erfahrung im Umgang mit den Internetinformationsdiensten (IIS) besitzen, sollten Sie in jedem Fall die praktische Übung in Lektion 4 sowie die Übung mit Fallbeispiel und die Übung zur Problembehandlung durcharbeiten.

Schlüsselbegriffe

Verborgene Freigabe Ein freigegebener Ordner, der durch Anhängen eines Dollarzeichens ($) an den Freigabenamen nicht mehr angezeigt wird. Mithilfe des UNC-Pfads kann eine Verbindung zur Freigabe hergestellt werden (z.B. **\\server01\Dokumente$**), die Freigabe wird in Suchlisten jedoch nicht angezeigt. Windows Server 2003 erstellt verborgene administrative Freigaben wie beispielsweise **Admin$**, **Print$** sowie eine verborgene Freigabe für den Stamm aller Datenträgervolumes. Nur Administratoren können eine Verbindung zu den verborgenen administrativen Freigaben herstellen.

Vererbung Per Voreinstellung werden die einem Ordner zugewiesenen Berechtigungen auf den Ordner, Unterordner und Dateien angewendet. Zusätzlich sind Dateien und Ordner standardmäßig so konfiguriert, dass vererbbare Berechtigungen vom übergeordneten Ordner oder Volume an die Zugriffssteuerungsliste (ACL) des untergeordneten Objekts weitergegeben werden. Über diese zwei Mechanismen werden Berechtigungen, die einem Ordner höherer Ebene zugewiesen sind, an dessen Inhalte weitergegeben.

Effektive Berechtigungen Berechtigungen können zugelassen oder verweigert, vererbt oder explizit zugewiesen werden. Berechtigungen können einem oder mehreren Benutzern, Gruppen oder Computern zugewiesen werden. Die effektiven Berechtigungen sind die sich ergebenden Berechtigungen, die den tatsächlichen Zugriff für einen Sicherheitsprinzipal festlegen.

Besitz Sämtliche NTFS-Dateien oder -Ordner verwalten eine Eigenschaft, die den Sicherheitsprinzipal kennzeichnet, der über die Besitzrechte für die Ressource verfügt. Der Besitzer kann jederzeit die Zugriffssteuerungsliste (ACL) des Objekts bearbeiten, d.h., der

Besitzer kann nicht aus einer Ressource ausgesperrt werden. Der Besitz kann basierend auf der Berechtigung **Besitz übernehmen** und dem Benutzerrecht **Wiederherstellen von Dateien und Verzeichnissen** übernommen bzw. übertragen werden.

Die speziellen Konten: *Ersteller-Besitzer, Netzwerk* und *Interaktiv* Diese Sicherheitsprinzipale sind dynamisch und repräsentieren die Beziehung zwischen einem Benutzer und einer Ressource. Wenn ein Benutzer eine Datei oder einen Ordner erstellt, ist er der Ersteller-Besitzer dieser Ressource, und jedwede vererbbaren Berechtigungen des übergeordneten Ordners oder Volumes, die dem Konto **Ersteller-Besitzer** zugewiesen sind, werden dem Benutzer für das neue Objekt explizit zugewiesen. Die Konten **Netzwerk** und **Interaktiv** repräsentieren den Verbindungsstatus des Benutzers. Sie geben an, ob der Benutzer von einem Remoteclient aus mit der Ressource verbunden ist oder interaktiv an dem Computer angemeldet ist, auf dem die Ressource verwaltet wird.

Richtlinie *Objektzugriffsversuche überwachen* Diese Richtlinie, zu finden in der Konsole **Lokale Sicherheitsrichtlinie** eines eigenständigen Windows Server 2003-Computers oder in den Gruppenrichtlinienobjekten, bestimmt, ob der Zugriff auf Dateien, Ordner und Drucker im Sicherheitsprotokoll aufgezeichnet wird. Wenn diese Richtlinie aktiviert ist, legen die Überwachungseinträge für jedes Objekt fest, welche Aktivitäten protokolliert werden.

Virtuelles Verzeichnis Ein virtuelles Verzeichnis ist ein IIS-Objekt, durch das Sie einen Ordner auf einem beliebigen lokalen Volume oder Remotevolume wie einen Unterordner einer Website erscheinen lassen können.

Fragen und Antworten

Seite 235

Lernzielkontrolle Lektion 1

1. Welches der folgenden Tools ermöglicht einem Administrator die Verwaltung einer Freigabe auf einem Remoteserver? Wählen Sie alle zutreffenden Antworten aus.

   a. Snap-In **Freigegebene Ordner**

   b. Windows Explorer, ausgeführt auf einem lokalen Computer, verbunden mit der Remoteserverfreigabe oder verborgenen Freigabe

   c. Windows Explorer, ausgeführt auf dem Remotecomputer in einer Terminaldienst- oder Remotedesktopsitzung

   d. Konsole **Dateiserververwaltung**

   Richtig sind Antwort a, c und d. Der Windows Explorer kann nur zur Verwaltung einer lokalen Freigabe verwendet werden, daher müssen Sie eine Remotedesktopsitzung auf dem Remoteserver starten und den Windows Explorer in dieser Sitzung ausführen, um die Freigaben auf diesem Server verwalten zu können. Eine gängigere und praktischere Methode ist die Verwendung des Snap-Ins **Freigegebene Ordner**, das in der Konsole **Dateiserververwaltung** enthalten ist.

2. Auf einem FAT32-Volume wird ein Ordner freigegeben. Der Gruppe **Projektmanager** wird die Freigabeberechtigung **Vollzugriff** erteilt. Die Gruppe **Projekttechniker** erhält die Freigabeberechtigung **Lesen**. Julie gehört der Gruppe **Projekttechniker** an. Sie wird befördert und zur Gruppe **Projektmanager** hinzugefügt. Wie lauten ihre effektiven Berechtigungen für diesen Ordner?

   Vollzugriff

3. Auf einem NTFS-Volume wird ein Ordner mit den standardmäßigen Freigabeberechtigungen freigegeben. Der Gruppe **Projektmanager** wird die NTFS-Berechtigung **Vollzugriff** erteilt. Julie, die der Gruppe **Projektmanager** angehört, berichtet, dass sie keine Dateien in diesem Ordner erstellen kann. Weshalb kann Julie keine Dateien erstellen?

   Unter Windows Server 2003 lautet die standardmäßige Freigabeberechtigung **Lesen** für die Gruppe **Jeder**. Freigabeberechtigungen definieren die maximalen effektiven Berechtigungen für Dateien und Ordner in der Freigabe. Die Freigabeberechtigungen schränken die NTFS-Berechtigung **Vollzugriff** ein. Zur Korrektur des Problems müssen Sie die Freigabeberechtigungen so ändern, dass die Gruppe **Projektmanager** mindestens die Berechtigung **Ändern** erhält.

Seite 255

Lernzielkontrolle Lektion 2

1. Wie lauten die mindestens erforderlichen NTFS-Berechtigungen, die ein Benutzer zum Öffnen von Dokumenten sowie zum Ausführen von Programmen benötigt, die sich in einem freigegebenen Ordner befinden?

   a. Vollzugriff

   b. Ändern

c. Schreiben
d. Lesen, Ausführen
e. Ordnerinhalt auflisten

Richtig ist Antwort d.

2. Bill beklagt sich darüber, dass er nicht auf den Abteilungsplan zugreifen kann. Sie öffnen die Registerkarte **Sicherheit** für den Plan und stellen fest, dass alle Dokumentberechtigungen vom übergeordneten Ordner vererbt werden. Es besteht eine Berechtigungsverweigerung für die Gruppe, der Bill angehört. Welche der folgenden Maßnahmen führt dazu, dass Bill auf den Plan zugreifen kann?
   a. Ändern der Berechtigungen des übergeordneten Ordners durch Hinzufügen der Berechtigung **Vollzugriff** für Bill.
   b. Ändern der Berechtigungen des übergeordneten Ordners durch Hinzufügen der Berechtigung **Lesen** für Bill.
   c. Ändern der Berechtigungen für den Plan durch Hinzufügen der Berechtigung **Lesen** für Bill.
   d. Ändern der Berechtigungen für den Plan durch Deaktivieren der Berechtigungsvererbung, Kopieren der Berechtigungseinträge und Entfernen der Berechtigungsverweigerung.
   e. Ändern der Berechtigungen für den Plan durch Deaktivieren der Berechtigungsvererbung, Kopieren der Berechtigungseinträge und Hinzufügen der Berechtigung **Vollzugriff** für Bill.
   f. Entfernen von Bill aus der Gruppe mit zugewiesener Berechtigungsverweigerung.

   Richtig sind Antwort c, d und f.

3. Bill ruft erneut an, da er weiterhin keinen Zugriff auf den Abteilungsplan erhält. Sie prüfen Bills Konto mithilfe des Tools **Effektive Berechtigungen** und stellen fest, dass Bill eigentlich über ausreichende Berechtigungen verfügt. Welche Erklärung gibt es für die Diskrepanz zwischen den angezeigten Ergebnissen im Tool **Effektive Berechtigungen** und dem Problem, von dem Bill berichtet?

   Das Tool **Effektive Berechtigungen** liefert lediglich eine Annäherung an den Zugriffsumfang für einen Benutzer. Es ist möglich, dass ein Berechtigungseintrag einem anmeldebezogenen Konto zugewiesen ist, z.B. dem Konto **Interaktiv** oder **Netzwerk**, das den Zugriff verweigert. Berechtigungen für Anmeldegruppen werden durch das Tool **Effektive Berechtigungen** nicht ausgewertet. Die Ursache kann auch darin liegen, dass Sie nicht als Domänen-Administrator angemeldet sind und daher nicht alle Gruppenmitgliedschaften lesen können, was sich wiederum auf den angezeigten Berechtigungsbericht auswirken kann.

Seite 253

Übung 2: Arbeiten mit Berechtigungsverweigerungen

1. Nehmen wir an, eine Gruppe von Subunternehmern wird beauftragt. Alle Benutzerkonten für Subunternehmer sind Mitglieder der globalen Sicherheitsgruppe **Subunternehmer**, die zur lokalen Gruppe **Subunternehmer mit beschränktem Zugriff** gehört. Benutzer in der Gruppe **Subunternehmer**, und somit in der Gruppe **Subunternehmer**

mit beschränktem Zugriff, gehören keiner weiteren Gruppe in der Domäne an. Was müssen Sie tun, um Subunternehmer am Zugriff auf den Ordner **Projekt 101** zu hindern, den Sie in der vorherigen Übung geschützt haben?

Nichts. Da die Subunternehmer keiner weiteren Gruppe in der Domäne angehören, haben Sie keine Berechtigungen in der aktuellen ACL, die den Zugriff auf Ressourcen ermöglichen würde. Es ist daher nicht erforderlich, Berechtigungen zu verweigern.

2. Angenommen, ein Subunternehmerkonto, z.B. das Konto **Scott Bishop**, gehört sowohl der Gruppe **Subunternehmer** als auch der Gruppe **Team Projekt 101** an, die wiederum Mitglied der Gruppe **Mitarbeiter Projekt 101** ist. Was müssen Sie tun, um einen Subunternehmerzugriff zu verhindern?

   In diesem Fall müssen Sie eine Berechtigungsverweigerung für die Gruppe **Subunternehmer mit beschränktem Zugriff** konfigurieren. Da die Benutzer Berechtigungen durch die Mitgliedschaft in der Gruppe **Mitarbeiter Projekt 101** erhalten, müssen Sie diese Berechtigungen durch eine Berechtigungsverweigerung außer Kraft setzen.

Seite 254

Übung 4: Besitz

5. Überzeugen Sie sich davon, dass sämtliche Berechtigungen vom übergeordneten Ordner vererbt werden. Welche Unterschiede bestehen zwischen der ACL für dieses Objekt und der Zugriffssteuerungsliste für den Ordner **Projekt 101**?

   Der Ordner **Projekt 101** erteilt der Gruppe **Ersteller-Besitzer** die Berechtigung **Vollzugriff**. Die Datei **Bericht** erteilt Danielle die Berechtigung **Vollzugriff**. Bei Dateierstellung wurden ihrer SID die Berechtigungen zugewiesen, die der speziellen Gruppe **Ersteller-Besitzer** zugeordnet sind. Zusätzlich handelt es sich bei den Berechtigungen **Dateien erstellen** und **Ordner erstellen** für **Mitarbeiter Projekt 101** um Ordnerberechtigungen. Diese erscheinen nicht in der Zugriffssteuerungsliste (ACL) der Datei **Bericht**.

13. Besitzt Lorrin nun die Berechtigung **Vollzugriff** für das Objekt? Begründen Sie Ihre Antwort. Verfügt Danielle weiterhin über die Berechtigung **Vollzugriff**, oder ändern sich ihre Berechtigungen? Vergewissern Sie sich anhand der Seite **Effektive Berechtigungen**.

    Lorrin wurde kein Vollzugriff erteilt, sondern nur die Berechtigung **Ändern**. Lorrin ist Mitglied der Gruppe **Manager**, der die Berechtigung **Ändern** zugewiesen wurde. Die der Gruppe **Ersteller-Besitzer** zugeordnete Berechtigung **Vollzugriff** gilt nur für Benutzer, wenn sie ein Objekt erstellen.

Seite 264

Lernzielkontrolle Lektion 3

1. Welche der folgenden Schritte müssen Sie ausführen, um ein Protokoll des Ressourcenzugriffs für eine Datei oder einen Ordner zu erstellen? Wählen Sie alle zutreffenden Antworten aus.

   a. Konfigurieren von NTFS-Berechtigungen, die dem Konto **System** die Überwachung des Ressourcenzugriffs ermöglichen.

   b. Konfigurieren von Überwachungseinträgen, welche die Art der Zugriffsüberwachung festlegen.

c. Aktivieren der Richtlinie **Rechteverwendung überwachen**.

d. Aktivieren der Richtlinie **Objektzugriffsversuche überwachen**.

Richtig sind Antwort b und d.

2. Welche der folgenden Filterkriterien für ein Sicherheitsprotokoll eignen sich zum Ermitteln spezifischer Datei- und Ordnerzugriffsereignisse? Wählen Sie alle zutreffenden Antworten aus.

   a. Das Datum des Ereignisses

   b. Der Benutzer, der das Ereignis erzeugt hat

   c. Die Art des Objektzugriffs, die das Ereignis erzeugt hat

   d. Erfolgs- oder Fehlerüberwachung

   Richtig sind Antwort a, b und d.

3. Die Benutzer von der Firma Contoso verwenden Microsoft Office-Anwendungen für den Ressourcenzugriff auf **Server01**. Ihre Aufgabe besteht darin, durch eine Überwachung von **Server01** sicherzustellen, dass die Berechtigungen nicht zu restriktiv sind, sodass die Benutzer nicht an der Ausführung von ihnen übertragenen Aufgaben gehindert werden. Durch welches Protokoll und welche Art von Ereignis werden die erforderlichen Informationen bereitgestellt?

   a. Anwendungsprotokoll; Erfolgsüberwachung

   b. Anwendungsprotokoll; Fehlerüberwachung

   c. Sicherheitsprotokoll; Erfolgsüberwachung

   d. Sicherheitsprotokoll; Fehlerüberwachung

   e. Systemprotokoll; Erfolgsüberwachung

   f. Systemprotokoll; Fehlerüberwachung

   Richtig ist Antwort d.

Seite 277

Lernzielkontrolle Lektion 4

1. Sie richten in IIS eine Website auf **Server01** ein. Der Internetdomänenname der Site lautet **adatum.com**, und das Basisverzeichnis der Site ist als **C:\Web\Adatum** festgelegt. Welchen URL sollten Internetbenutzer für den Zugriff auf Dateien im Basisverzeichnis der Datei verwenden?

   a. http://server01.web.adatum

   b. http://web.adatum.com/server01

   c. http://server01.adatum/home

   d. http://server01.adatum.com

   Richtig ist Antwort d.

2. Die Daten für das Unternehmensintranet werden derzeit auf Laufwerk D Ihres IIS-Servers gespeichert. Es wird entschieden, dass die Personalabteilung Informationen zu Arbeitgeberleistungen und Unternehmensrichtlinien über den Abteilungsserver bereitstellt, und dass der URL für den Zugriff auf die Informationen **http://intranet.contoso.com/personal** lauten soll. Welche Konfiguration müssen Sie vornehmen?

   a. Eine neue Website

   b. Eine neue FTP-Site

   c. Ein virtuelles Verzeichnis aus einer Datei

   d. Ein virtuelles Verzeichnis

   Richtig ist Antwort d.

3. Sie möchten ohne die Infrastruktur der Zertifikatdienste größtmögliche Sicherheit für das Unternehmensintranet gewährleisten. Das Ziel besteht darin, eine Authentifizierung bereitzustellen, die für die Benutzer transparent ist und Ihnen den Schutz der Intranetressourcen mithilfe von Active Directory-Gruppenkonten ermöglicht. Alle Benutzer befinden sich innerhalb der Unternehmensfirewall. Welche Authentifizierungsmethode sollten Sie wählen?

   a. Anonymer Zugriff

   b. Standardauthentifizierung

   c. Digest-Authentifizierung

   d. Integrierte Windows-Authentifizierung

   Richtig ist Antwort d.

Seite 280

Übung mit Fallbeispiel, Übung 3

3. Können Sie die Datei speichern?

   Wenn Sie den Anweisungen im Fallbeispiel gefolgt sind, ist eine Speicherung der Datei nicht möglich.

K A P I T E L 7

Sichern von Daten

In diesem Kapitel abgedeckte Prüfungsziele:

- Verwalten von Sicherungsprozeduren
  - Überprüfen der erfolgreichen Beendigung von Sicherungsaufträgen
  - Verwalten von Sicherungsspeichermedien
- Konfigurieren der Sicherheit für Sicherungsvorgänge
- Planen von Sicherungsaufträgen
- Wiederherstellen von gesicherten Daten

Bedeutung dieses Kapitels

Sie haben hart an der Konfiguration und Wartung einer optimalen Serverumgebung gearbeitet. Sie haben den Server mit einem hoch entwickelten RAID-Subsystem ausgestattet, die Datei- und Freigabeberechtigungen sorgfältig verwaltet, den Server mithilfe von Richtlinien gesperrt und ihn physisch gesichert, um nichtautorisierte interaktive Anmeldungen zu verhindern. Doch heute ist all dies ohne Bedeutung, denn letzte Nacht wurde die Sprinkleranlage des Gebäudes ausgelöst und Ihre Server stehen unter Wasser. Was heute eine Rolle spielt, ist Ihre Fähigkeit, die Daten aus Sicherungskopien wiederherzustellen.

Zu den wichtigsten Aufgaben eines Netzwerkadministrators zählt die Planung und Durchführung von zuverlässigen Sicherungs- und Wiederherstellungsprozeduren. Microsoft Windows Server 2003 bietet leistungsstarke und flexible Tools, mit denen Sie Sicherungen von lokalen und Remotedaten durchführen können, einschließlich geöffneter und gesperrter Dateien. Ferner können Sie die Ausführung von Sicherungen für Zeiten mit niedriger Systemauslastung einplanen, z.B. nachts.

In diesem Kapitel wird die grafische Benutzeroberfläche und die Befehlszeilenfunktionalität des Dienstprogramms Ntbackup zum Schutz von Datendateien untersucht. Es wird erklärt, wie Sie eine effektive Sicherungs- und Medienverwaltungsstrategie planen, Sicherungen ausführen und die Daten in einer Vielzahl von Szenarien ordnungsgemäß wiederherstellen. Sie werden außerdem den neuen Volumeschattenkopie-Dienst nutzen, um Administratoren und Benutzern gleichermaßen eine schnellere Wiederherstellung verloren gegangener Daten zu ermöglichen. Im weiteren Verlauf des Buchs werden wir zu Ntbackup zurückkehren, um uns auf die Wiederherstellung des Betriebssystems während einer Systemwiederherstellung zu konzentrieren.

Lektionen in diesem Kapitel:

Bevor Sie beginnen

Bereiten Sie für die praktischen Übungen anhand der Beispiele in diesem Kapitel Folgendes vor:

- Das Snap-In **Active Directory-Benutzer und -Computer**
- Einen Windows Server 2003-Computer (Standard oder Enterprise Edition) namens **Server01**, der als Domänencontroller in der Domäne **contoso.com** konfiguriert ist

Lektion 1: Grundlagen der Sicherung

Im Mittelpunkt einer jeden Sicherungsprozedur stehen ein Sicherungstool und ein Sicherungsplan. Windows Server 2003 bietet dazu das zuverlässige, flexible Dienstprogramm Ntbackup. Ntbackup unterstützt einen Großteil der Funktionalität von Tools anderer Anbieter, wie z.B. die Möglichkeit der zeitlichen Planung von Sicherungen, und interagiert eng mit dem Volumeschattenkopie-Dienst und der Wechselmedienverwaltung. In dieser Lektion werden die konzeptionellen und verfahrenstechnischen Faktoren untersucht, die für das Sichern von Daten entscheidend sind, damit Sie sich mit den Grundlagen der Planung und Erstellung von Sicherungsaufträgen mithilfe von Ntbackup vertraut machen können.

Am Ende dieser Lektion werden Sie in der Lage sein, die folgenden Aufgaben auszuführen:

- Sichern von Daten auf lokalen Computern und Remotecomputern
- Beschreiben der verschiedenen Arten von Sicherungsaufträgen
- Entwickeln einer Sicherungsstrategie durch Kombination von normalen, inkrementellen und Differenz-Sicherungen

Veranschlagte Zeit für diese Lektion: 20 Minuten

Das Sicherungsprogramm

Das Sicherungsprogramm von Windows Server 2003, häufig auch wie die ausführbare Datei **Ntbackup** genannt, kann geöffnet werden, indem Sie nacheinander auf **Start, Alle Programme**, **Zubehör**, **Systemprogramme** und schließlich auf **Sicherung** klicken. Alternativ können Sie das Sicherungsprogramm starten, indem Sie den Befehl **ntbackup.exe** im Dialogfeld **Ausführen** eingeben.

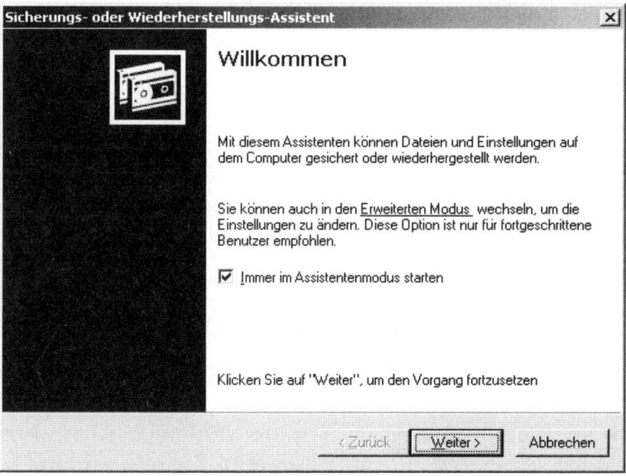

Abbildung 7.1 Der Sicherungs- und Wiederherstellungs-Assistent

Beim ersten Start des Sicherungsprogramms wird es im Assistentenmodus ausgeführt (siehe Abbildung 7.1). Im vorliegenden Kapitel wird stärker auf die häufig verwendete Standardoberfläche des Sicherungsprogramms eingegangen. Wenn Sie (wie die meisten Administratoren) der Meinung sind, dass die Standardoberfläche einfacher zu handhaben ist als der Assistentenmodus, deaktivieren Sie das Kontrollkästchen **Immer im Assistentenmodus starten**, und klicken Sie dann auf **Erweiterter Modus**.

Wie Sie auf der Registerkarte **Willkommen** des Sicherungsprogramms in Abbildung 7.2 sehen, können Sie Daten manuell (über die Registerkarte **Sichern**) oder mithilfe des Sicherungs-Assistenten sichern. Sie können außerdem unbeaufsichtigte Sicherungsaufträge planen. Das Sicherungsprogramm dient auch zur Wiederherstellung von Daten. Die Wiederherstellung kann hierbei manuell (über die Registerkarte **Medien wiederherstellen und verwalten**) oder mithilfe des Wiederherstellungs-Assistenten erfolgen. Der Assistent für die automatische Systemwiederherstellung, mit dem wichtige Betriebssystemdateien gesichert werden, wird in Kapitel 13, „Wiederherstellung nach Systemausfällen", näher erläutert.

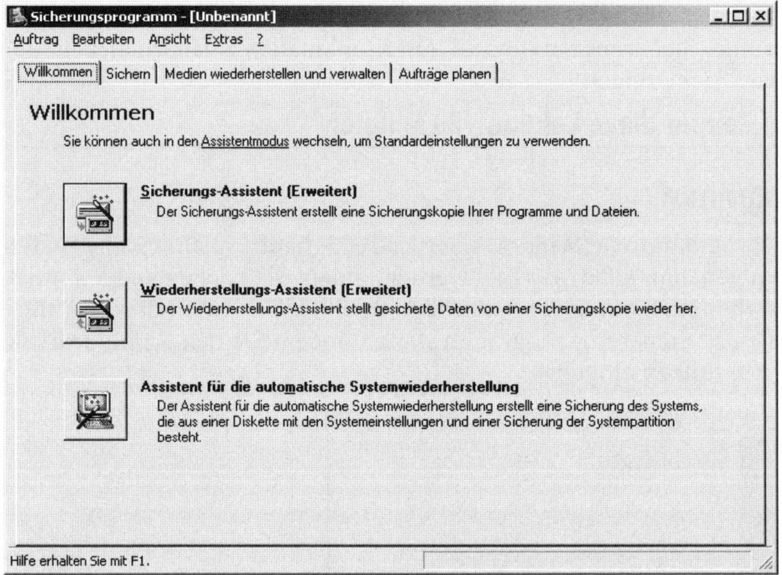

Abbildung 7.2 Die Registerkarte **Willkommen** des Sicherungsprogramms

Schwerpunkt dieser Lektion ist die Planung und Ausführung der Datensicherung. Zum Untersuchen des Funktionsumfangs des Sicherungsprogramms konzentrieren wir uns auf die Registerkarte **Sichern** (Abbildung 7.3), und nicht auf den Sicherungs-Assistenten.

Auf der Registerkarte **Sichern** können Sie die zu sichernden Dateien und Ordner auswählen. Die zu sichernden Objekte können sich auf lokalen Volumes oder in Netzwerkordnern befinden. Wenn Sie zum Sichern einen gesamten Ordner auswählen, wird ein blaues Häkchen neben dem Ordner angezeigt. Wenn Sie nur bestimmte Objekte in einem Ordner auswählen, wird neben dem Ordner ein abgeblendetes Häkchen angezeigt, was auf eine Teilsicherung hindeutet.

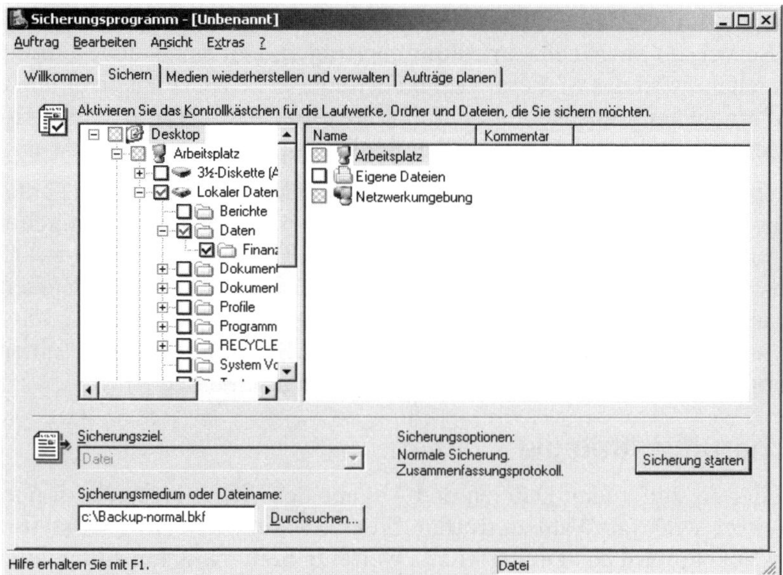

Abbildung 7.3 Die Registerkarte **Sichern** des Sicherungsprogramms

Auswahl der zu sichernden Dateien

Um Dateien und Ordner auf Remotecomputern zu sichern, wählen Sie entweder die Objekte auf einem zugeordneten Laufwerk aus oder erweitern die **Netzwerkumgebung**. Letzteres entspricht dem Verwenden eines UNC-Pfads (Universal Naming Convention), wie z.B. **\\Server01*Freigabename**Ressourcenpfad***. Wenngleich Dateien und Ordner über die **Netzwerkumgebung** weniger schnell ausgewählt werden können (Sie müssen durch mehrere Ebenen der Benutzeroberfläche navigieren, um zu den Dateien zu gelangen), ist dieses Vorgehen vorzuziehen, da sich Laufwerkzuordnungen eher ändern als UNC-Pfade.

Tipp Sie können die ausgewählten Dateien und Ordner mithilfe des Befehls **Auswahl speichern** im Menü **Auftrag** speichern. Später können Sie die Auswahl über den Befehl **Auswahl laden** im Menü **Auftrag** laden und so die Zeit einsparen, die sonst zur erneuten Auswahl der Dateien erforderlich wäre.

Auswahl des Sicherungsziels

Windows Server 2003 ermöglicht das Erstellen von Sicherheitsaufträgen auf verschiedenen Medientypen: Sie können Daten auf Bandlaufwerken, austauschbaren Datenträgern wie Iomega Jaz und, was am wichtigsten ist, direkt in eine Datei auf einem Volume sichern. Werden die Daten auf Band gesichert, muss der angegebene Name dem eines Bandes entsprechen, das in das Bandlaufwerk eingelegt ist.

Erfolgt die Sicherung in einer Datei, erstellt das Sicherungsprogramm eine .bkf-Datei am angegebenen Speicherort, bei dem es sich um ein lokales Volume oder einen Remoteordner handeln kann. Es ist nicht ungewöhnlich, dass Administratoren mit dem Sicherungsprogramm einzelne Dateien auf verschiedenen Servern sichern, die erstellten Sicherungsdateien auf einem zentralen Server zusammenführen und die Sicherungen schließlich von dem zentralen Server auf ein Wechselmedium übertragen. Um eine solche Zusammenführung zu erreichen, wird das Sicherungsziel entweder als UNC-Pfad zu einem einzelnen Speicherort auf einem zentralen Server oder auf den einzelnen Servern als eine lokale Datei konfiguriert, die später an den zentralen Speicherort kopiert wird.

Das Sicherungsprogramm weist zwei wichtige Beschränkungen auf. Erstens unterstützt es keine beschreibbaren DVD- und CD-Formate. Um diese Beschränkung zu umgehen, führen Sie eine Sicherung in eine Datei aus und übertragen die Datei anschließend auf CD oder DVD. Zweitens erfordern Sicherungen an beliebige Ziele – *ausgenommen* Sicherungen in eine Datei –, dass das Zielmedium in ein Gerät eingelegt ist, das physisch an das System angeschlossen wurde. Dies bedeutet zum Beispiel, dass Sie keine Daten auf einem Bandlaufwerk sichern können, das an einen Remoteserver angeschlossen ist.

Festlegen einer Sicherungsstrategie

Nach Auswahl der zu sichernden Dateien und Angabe des Sicherungsziels ist noch mindestens eine weitere wichtige Wahl zu treffen. Wenn Sie auf **Sicherung starten** und dann auf **Erweitert** klicken, wird das Dialogfeld **Erweiterte Sicherungsoptionen** angezeigt, in dem Sie die Sicherungsart angeben können. Die Sicherungsart bestimmt, welche der ausgewählten Dateien tatsächlich auf das Zielmedium übertragen werden.

Jede Sicherungsart steht auf bestimmte Weise in Beziehung zu einem Attribut, das es für jede Datei gibt: das Archivattribut. Das Archivattribut (A) ist ein Flag, das gesetzt wird, wenn eine Datei erstellt oder geändert wird. Um die Größe und Dauer von Sicherungsaufträgen zu verringern, werden bei den meisten Sicherungsarten nur die Dateien auf das Medium übertragen, deren Archivattribut gesetzt ist. Die häufigste Ursache für Verwirrung hinsichtlich des Archivattributs ist die Terminologie. Sie werden häufig hören, „Die Datei ist als gesichert markiert", was tatsächlich bedeutet, dass das Archivattribut nach einem bestimmten Sicherungsauftrag *entfernt* wurde. Beim nächsten Auftrag wird diese Datei nicht auf das Medium übertragen. Wurde die Datei jedoch geändert, wird das Archivattribut wieder gesetzt, sodass die Datei bei der nächsten Sicherung übertragen wird.

Prüfungstipp Beachten Sie beim Untersuchen der einzelnen Sicherungsarten, wie das Archivattribut verwendet und je nach Sicherungsart behandelt wird. Sie müssen die Vor- und Nachteile der einzelnen Sicherungsarten kennen und wissen, wie eine Datenstruktur basierend auf den implementierten Sicherungsprozeduren vollständig wiederhergestellt wird.

Normale Sicherungen

Alle ausgewählten Dateien und Ordner werden gesichert. Das Archivattribut wird entfernt. Bei einer normalen Sicherung wird das Archivattribut nicht verwendet, um die zu sichernden Dateien zu bestimmen. Alle ausgewählten Objekte werden auf das Zielmedium übertragen. Alle Sicherungsstrategien beginnen mit einer normalen Sicherung, die eine Grundlage für andere Sicherungsarten schafft und alle Dateien in einem Sicherungsauftrag erfasst.

Normale Sicherungen sind die zeitaufwendigsten Sicherungen und erfordern unter allen Sicherungsarten die meiste Speicherkapazität. Da sie jedoch eine vollständige Sicherung erzeugen, sind normale Sicherungen die effizienteste Möglichkeit, ein System wiederherzustellen. Sie müssen nicht mehrere Sicherungen wiederherstellen. Bei normalen Sicherungen wird das Archivattribut aller ausgewählten Dateien gelöscht.

Inkrementelle Sicherungen

Ausgewählte Dateien mit gesetztem Archivattribut werden auf dem Zielmedium gesichert. Das Archivattribut wird gelöscht. Wenn Sie einen Tag nach einer normalen Sicherung eine inkrementelle Sicherung durchführen, umfasst der Auftrag nur die Dateien, die im Verlauf dieses Tages erstellt oder geändert wurden. Wenn Sie einen Tag nach einer inkrementellen Sicherung eine weitere inkrementelle Sicherung durchführen, werden wieder nur die Dateien erfasst, die im Verlauf dieses Tages erstellt oder geändert wurden.

Inkrementelle Sicherungen sind die schnellste Sicherungsart mit den geringsten Speicherplatzanforderungen. Sie sind als Wiederherstellungssatz jedoch weniger effizient, da Sie zunächst die normale Sicherung und anschließend, in der Reihenfolge der Erstellung, alle nachfolgenden inkrementellen Sicherungen wiederherstellen müssen.

Differenz-Sicherungen

Ausgewählte Dateien mit gesetztem Archivattribut werden gesichert. Das Archivattribut wird anschließend nicht gelöscht. Da eine Differenz-Sicherung das Archivattribut verwendet, enthält der Auftrag nur Dateien, die seit der letzten normalen oder inkrementellen Sicherung erstellt oder geändert wurden. Bei einer Differenz-Sicherung wird das Archivattribut nicht gelöscht. Wenn Sie also zwei Tage nacheinander eine Differenz-Sicherung durchführen, umfasst der zweite Auftrag alle Dateien der ersten Differenz-Sicherung sowie alle Dateien, die im Verlauf des zweiten Tages erstellt oder geändert wurden. Dies hat zur Folge, dass Differenz-Sicherungen normalerweise größer und zeitaufwendiger sind als inkrementelle Sicherungen, jedoch kleiner und schneller als normale Sicherungen.

Differenz-Sicherungen sind als Wiederherstellungssatz jedoch wesentlich effizienter als inkrementelle Sicherungen. Um ein System vollständig wiederherzustellen, müssen Sie erst die normale und anschließend die letzte Differenz-Sicherung wiederherstellen.

Kopie-Sicherungen

Alle ausgewählten Dateien und Ordner werden gesichert. Bei Kopie-Sicherungen wird das Archivattribut weder verwendet noch gelöscht. Kopie-Sicherungen werden nicht für normale oder geplante Sicherungen verwendet. Diese Art der Sicherung eignet sich zum Verschieben von Daten zwischen Systemen oder zum Erstellen einer Archivkopie von Daten zu einem bestimmten Zeitpunkt, ohne die standardmäßigen Sicherungsprozeduren zu stören.

Tägliche Sicherungen

Alle ausgewählten Dateien und Ordner, die sich im Tagesverlauf geändert haben, werden abhängig vom Änderungsdatum der Dateien gesichert. Das Archivattribut wird weder verwendet noch gelöscht. Wenn Sie alle Dateien und Ordner sichern möchten, die sich im Lauf des Tages geändert haben, ohne einen Sicherungsplan zu beeinträchtigen, wählen Sie eine tägliche Sicherung.

Kombinieren von Sicherungsarten

Obwohl das allnächtliche Erstellen einer normalen Sicherung sicherstellt, dass ein Server am nächsten Tag aus einem einzelnen Sicherungsauftrag wiederhergestellt werden kann, dauert die Erstellung einer normalen Sicherung unter Umständen zu lange. Sie kann bewirken, dass der Übernachtauftrag bis in den Morgen hinein dauert und so die Systemleistung während der Geschäftszeiten stört. Um eine optimale Sicherungsstrategie zu entwickeln, müssen Sie die Dauer und Größe des Sicherungsauftrags sowie die Zeit berücksichtigen, die bei einem Ausfall zur Wiederherstellung des Systems benötigt wird. Es gibt zwei gängige Lösungen:

- **Normale plus Differenz-Sicherungen** Sonntags wird eine normale Sicherung ausgeführt, Montag bis Freitag erfolgen nachts Differenz-Sicherungen. Bei Differenz-Sicherungen wird das Archivattribut nicht gelöscht, was bedeutet, dass alle Sicherungen sämtliche Änderungen seit Sonntag enthalten. Kommt es am Freitag zu einer Datenbeschädigung, müssen Sie lediglich die normale Sicherung vom Sonntag und die Differenz-Sicherung vom Donnerstag wiederherstellen. Bei dieser Vorgehensweise dauert die Sicherung länger, besonders wenn sich Daten häufig ändern. Die Wiederherstellung erfolgt jedoch einfacher und schneller, da sich der Sicherungssatz auf weniger Datenträgern oder Bändern befindet.
- **Normale plus inkrementelle Sicherungen** Sonntags wird eine normale Sicherung ausgeführt, Montag bis Freitag erfolgen inkrementelle Sicherungen. Bei inkrementellen Sicherungen wird das Archivattribut gelöscht, was bedeutet, dass jede Sicherung nur die Dateien enthält, die sich seit der vorherigen Sicherung geändert haben. Kommt es am Freitag zu einer Datenbeschädigung, müssen Sie die normale Sicherung vom Sonntag und alle inkrementellen Sicherungen von Montag bis Freitag wiederherstellen. Bei dieser Strategie nimmt die Sicherung wenig Zeit in Anspruch, die Wiederherstellung dauert jedoch länger.

Praktische Übung: Durchführen verschiedener Sicherungsarten

In dieser Übung erstellen Sie mehrere Sicherungsaufträge und untersuchen dabei die Rolle des Archivattributs.

Übung 1: Erstellen von Beispieldaten

1. Öffnen Sie den Editor, und erstellen Sie eine Textdatei mit folgendem Text. Geben Sie alle Zeilen genau wie angegeben ein.

```
md C:\Daten
net share data=C:\Daten
md C:\Daten\Finanzen
cd C:\Daten\Finanzen
echo Finanzdatenchronik > Chronik.txt
echo Aktuelle Finanzdaten > Aktuell.txt
echo Budget > Budget.txt
echo Finanzprognosen > Prognosen.txt
```

2. Speichern Sie die Datei als **"c:\createfiles.bat"** (geben Sie den Namen dabei in Anführungszeichen an).
3. Öffnen Sie eine Eingabeaufforderung, und geben Sie den Befehl **cd c:** ein.
4. Geben Sie den Befehl **createfiles.bat** ein.
5. Öffnen Sie den Windows Explorer, und wechseln Sie zum Verzeichnis **C:\Daten\Finanzen**. Sie sollten folgende Anzeige sehen:

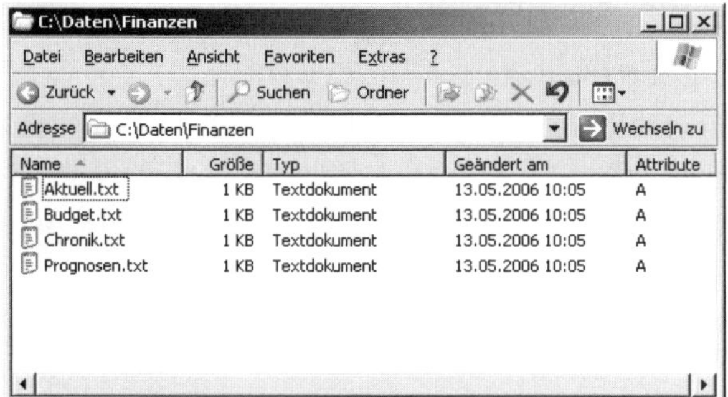

6. Wird die Spalte **Attribut** nicht angezeigt, klicken Sie mit der rechten Maustaste auf die Spaltenüberschrift **Geändert am**, und wählen Sie **Attribute** aus. Das Archivattribut wird angezeigt.

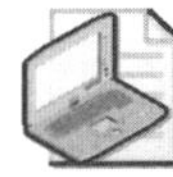

Hinweis Lassen Sie den Ordner **C:\Daten\Finanzen** im Windows Explorer geöffnet, da Sie sie in der gesamten Übung verwenden werden.

Übung 2: Durchführen einer normalen Sicherung

1. Öffnen Sie das Sicherungsprogramm, indem Sie an der Befehlszeile **Ntbackup.exe** eingeben, oder klicken Sie nacheinander auf **Start, Alle Programme**, **Zubehör**, **Systemprogramme** und schließlich auf **Sicherung**.
2. Deaktivieren Sie das Kontrollkästchen **Immer im Assistentenmodus starten**.
3. Klicken Sie auf **Erweiterter Modus**.
4. Klicken Sie auf die Registerkarte **Sichern**.
5. Erweitern Sie **Arbeitsplatz**, das Laufwerk **C:** und anschließend den Ordner **Daten**, und markieren Sie den Ordner **Finanzen**.

   Der Ordner **Finanzen** wird mit einem blauen Häkchen markiert, was auf eine vollständige Sicherung hindeutet. Der übergeordnete Ordner dagegen zeigt ein abgeblendetes Häkchen, was für eine Teilsicherung steht. Alle zum Ordner **Finanzen** hinzugefügten Dateien werden gesichert, Dateien dagegen, die zum Ordner **Daten** hinzugefügt wurden, werden nicht gesichert.
6. Wählen Sie im Menü **Auftrag** die Option **Auswahl speichern**.
7. Speichern Sie die Auswahl unter dem Namen **Sicherung Finanzen.bks**.

8. Geben Sie in das Feld **Sicherungsmedium oder Dateiname** Folgendes ein: **C:\Backup-normal.bkf**.

Hinweis In Produktivumgebungen werden Sie für Sicherungen wahrscheinlich Wechseldatenträger verwenden. Um jedoch die Hardwareanforderungen auf ein Minimum zu beschränken, werden zum Sichern und Wiederherstellen von Dateien in dieser Übung lokale Dateien verwendet. Falls Sie Zugriff auf ein Bandlaufwerk haben, können Sie es nach Wunsch in diesen Übungen einsetzen.

9. Klicken Sie auf **Sicherung starten** und dann auf **Erweitert**.
10. Prüfen Sie, ob im Dropdownfeld **Sicherungsart** die Einstellung **Normal** ausgewählt ist, und klicken Sie dann auf **OK**.
11. Wählen Sie **Daten auf dem Medium durch diese Sicherung ersetzen**, und klicken Sie auf **Starten**.
12. Beobachten Sie das Dialogfeld **Status: Sicherungsvorgang**. Klicken Sie nach Abschluss der Sicherung auf **Bericht**.
13. Untersuchen Sie den Bericht. Der Bericht sollte auf keine Fehler hinweisen.
14. Schließen Sie den Bericht und das Sicherungsprogramm.

    Beachten Sie, dass das Archivattribut im Windows Explorer nicht länger in der Spalte **Attribute** angezeigt wird.

Übung 3: Durchführen von Differenz-Sicherungen

1. Öffnen Sie **C:\Daten\Finanzen\Aktuell.txt**, und fügen Sie etwas Text hinzu. Speichern und schließen Sie die Datei.
2. Untersuchen Sie **C:\Daten\Finanzen** im Windows Explorer. Für welche Dateien wird das Archivattribut angezeigt?

   Nur für diejenige, die Sie gerade geändert haben.
3. Öffnen Sie das Sicherungsprogramm, und klicken Sie auf die Registerkarte **Sichern**.
4. Klicken Sie im Menü **Auftrag** auf die Option **Auswahl laden**, um die Auswahl **Sicherung Finanzen** zu laden.
5. Geben Sie in das Feld **Sicherungsmedium oder Dateiname** Folgendes ein: **C:\Backup-diff-Tag1.bkf**.
6. Klicken Sie auf **Sicherung starten**.
7. Klicken Sie auf **Erweitert**, und wählen Sie als Sicherungsart **Differenz**.
8. Starten Sie die Sicherung, und überprüfen Sie nach Abschluss, ob sie fehlerfrei durchgeführt worden ist.
9. Schließen Sie das Sicherungsprogramm.

10. Untersuchen Sie den Ordner im Windows Explorer. Für welche Dateien ist das Archivattribut gesetzt?

    Die Datei **Aktuell.txt** ist weiterhin für die Archivierung gekennzeichnet.

11. Öffnen Sie die Datei **Budget.txt**, und nehmen Sie einige Änderungen vor. Speichern und schließen Sie die Datei. Prüfen Sie, ob das Archivattribut nun gesetzt ist.
12. Wiederholen Sie die Schritte 3 bis 9, und erstellen Sie einen Sicherungsauftrag an folgendem Speicherort: **C:\Backup-diff-Tag2.bkf**. Überprüfen Sie den erstellten Sicherungsbericht. Wie viele Dateien wurden für die Sicherung kopiert?

    Zwei.

Übung 4: Durchführen inkrementeller Sicherungen

1. Öffnen Sie das Sicherungsprogramm, und klicken Sie auf die Registerkarte **Sichern**.
2. Klicken Sie im Menü **Auftrag** auf die Option **Auswahl laden**, um die Auswahl **Sicherung Finanzen** zu laden.
3. Geben Sie in das Feld **Sicherungsmedium oder Dateiname** Folgendes ein: **C:\Backup-ink-Tag2.bkf**.
4. Klicken Sie auf **Sicherung starten**.
5. Klicken Sie auf **Erweitert**, und wählen Sie als Sicherungsart **Inkrementell**.
6. Starten Sie die Sicherung, und überprüfen Sie nach Abschluss, ob sie fehlerfrei durchgeführt wurde.
7. Schließen Sie das Sicherungsprogramm.
8. Untersuchen Sie den Ordner im Windows Explorer. Für welche Dateien ist das Archivattribut gesetzt?

    Für keine.

9. Öffnen Sie die Datei **Prognosen.txt**, und nehmen Sie einige Änderungen vor. Speichern und schließen Sie die Datei. Für diese Datei sollte im Windows Explorer das Archivattribut angezeigt werden.
10. Wiederholen Sie die Schritte 1 bis 8, und erstellen Sie einen Sicherungsauftrag an folgendem Speicherort: **C:\Backup-ink-Tag3.bkf**.

Lernzielkontrolle

Die folgenden Fragen dienen dazu, die wichtigsten Lehrinhalte dieser Lektion zu vertiefen. Können Sie eine Frage nicht beantworten, arbeiten Sie das entsprechende Lektionsmaterial noch einmal durch, und versuchen Sie dann erneut, die Frage zu beantworten. Die Antworten auf die Lernzielkontrollfragen finden Sie im Abschnitt „Fragen und Antworten“ am Ende dieses Kapitels.

1. Welcher der folgenden Speicherorte kann *nicht* für eine Sicherung eines Windows Server 2003-Systems verwendet werden?
   a. Lokales Bandlaufwerk
   b. Lokale CD-RW
   c. Lokale Festplatte
   d. Freigegebener Ordner auf einem Remoteserver
   e. Lokale DVD+R
   f. Lokaler austauschbarer Datenträger
   g. Bandlaufwerk auf einem Remoteserver
2. Sie sollen einen Windows Server 2003-Dateiserver allabendlich sichern. Sie führen dazu eine manuelle, normale Sicherung durch. Anschließend sollen Sie einen Sicherungsauftrag planen, der die nächsten zwei Wochen allabendlich ausgeführt werden soll. Welche Sicherungsart wird am schnellsten abgeschlossen?
   a. Normal
   b. Differenz
   c. Inkrementell
   d. Kopie
3. Sie sollen einen Windows Server 2003-Dateiserver allabendlich sichern. Sie führen dazu eine manuelle, normale Sicherung durch. Anschließend sollen Sie einen Sicherungsauftrag planen, der die nächsten zwei Wochen allabendlich ausgeführt werden soll. Bei welcher Sicherungsart ist die Wiederherstellung verloren gegangener Daten am einfachsten?
   a. Normal
   b. Differenz
   c. Inkrementell
   d. Täglich
4. Sie sollen einen Windows Server 2003-Dateiserver allabendlich sichern. Sie führen dazu eine normale Sicherung durch. Am zweiten Abend überlegen Sie, ob Sie mit einer inkrementellen oder Differenz-Sicherung arbeiten sollen. Gibt es bei diesen zwei Sicherungsarten Unterschiede hinsichtlich Sicherungsgeschwindigkeit und gespeicherter Datenmenge? Gibt es Unterschiede in der Effizienz der Wiederherstellung, wenn der Server am nächsten Tag ausfallen sollte?

   ____

   ____

   ____

   ____

   ____

5. Überprüfen Sie die im Verlauf der praktischen Übung durchgeführten Schritte. Sagen Sie den Inhalt der folgenden Sicherungsaufträge voraus:
   - Backup-normal.bkf
   - Backup-diff-Tag1.bkf
   - Backup-diff-Tag2.bkf
   - Backup-ink-Tag2.bkf
   - Backup-ink-Tag3.bkf

   Gibt es Unterschiede beim Inhalt von **Backup-diff-Tag2** und **Backup-ink-Tag2**?

   ____

   ____

   ____

Zusammenfassung der Lektion

- Das Sicherungsprogramm Ntbackup ermöglicht das Sichern und Wiederherstellen von Daten in lokalen und Remoteordnern.
- Sie können Sicherungen in lokalen Dateien, auf Bandlaufwerken und Wechseldatenträgern sowie in freigegebenen Ordnern auf Remoteservern durchführen. Eine Datensicherung auf beschreibbaren CDs oder DVDs ist nicht möglich.
- Eine normale Sicherung bezeichnet eine vollständige Sicherung aller ausgewählten Dateien und Ordner und bildet stets den Ausgangspunkt aller Sicherungsstrategien.
- Bei einer inkrementellen Sicherung werden ausgewählte Dateien kopiert, die sich seit der letzten normalen oder inkrementellen Sicherung geändert haben. Bei normalen und inkrementellen Sicherungen wird das Archivattribut gelöscht.
- Bei einer Differenz-Sicherung werden alle Dateien kopiert, die sich seit der letzten normalen oder inkrementellen Sicherung geändert haben. Bei Differenz-Sicherungen wird das Archivattribut *nicht* gelöscht.
- Kopie- und tägliche Sicherungen werden seltener verwendet. Bei der Kopie-Sicherung werden alle ausgewählten Dateien und bei der täglichen Sicherung alle Dateien gesichert, die sich an einem angegebenen Datum geändert haben. Bei diesen Sicherungen wird das Archivattribut nicht zurückgesetzt, sodass sie für die Speicherung von zu sichernden oder zu übertragenden Daten verwendet werden können, ohne den normalen Sicherungsplan zu stören.

Lektion 2: Wiederherstellen von Daten

Außer einer Sicherungsstrategie müssen Sie auch Wiederherstellungsprozeduren entwickeln und überprüfen, um sicherzustellen, dass die beauftragten Mitarbeiter mit den Konzepten und Fähigkeiten vertraut sind, die für die Wiederherstellung von Daten wichtig sind. In dieser Lektion werden die Vorgänge und Optionen erläutert, die für die Wiederherstellung von Daten mit dem Sicherungsprogramm zur Verfügung stehen.

Am Ende dieser Lektion werden Sie in der Lage sein, die folgenden Aufgaben auszuführen:

- Wiederherstellen von Daten am ursprünglichen Speicherort oder in einem anderen Ordner
- Konfigurieren von Wiederherstellungsoptionen

Veranschlagte Zeit für diese Lektion: 10 Minuten

Wiederherstellung mit dem Sicherungsprogramm

Die Wiederherstellung von Daten ist ein unkomplizierter Vorgang. Nach Öffnen des Sicherungsprogramms und Klicken auf die in Abbildung 7.4 gezeigte Registerkarte **Medien wiederherstellen und verwalten** können Sie den wiederherzustellenden Sicherungssatz auswählen.

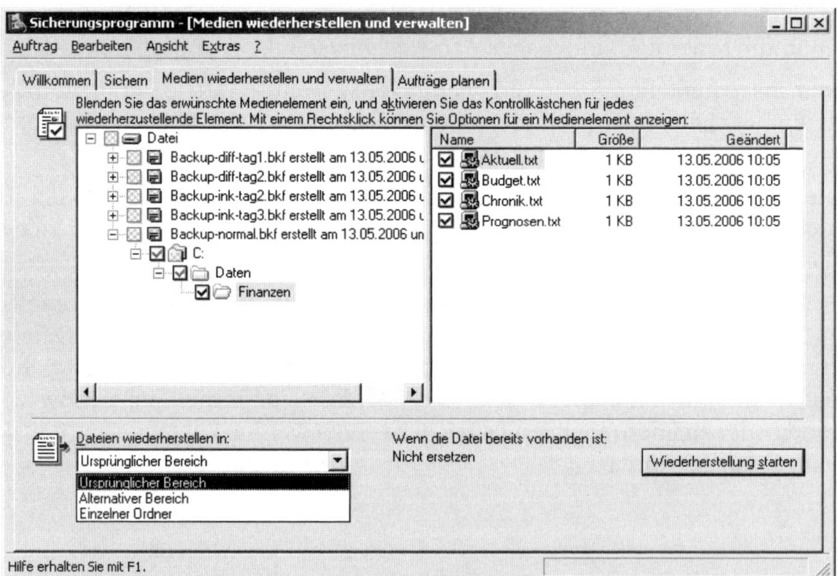

Abbildung 7.4 Die Registerkarte **Medien wiederherstellen und verwalten** des Sicherungsprogramms

Windows Server 2003 zeigt die Dateien und Ordner im Sicherungssatz an, nachdem der Katalog des Sicherungssatzes untersucht wurde. Sie können anschließend die Dateien und Ordner auswählen, die Sie wiederherstellen möchten. Wie bei der Sicherungsauswahl gibt ein blaues Häkchen an, dass eine Datei oder ein Ordner vollständig wiederhergestellt wird. Ein abgeblendetes Häkchen neben einem Ordner bedeutet, dass der Inhalt nicht vollständig wiederhergestellt wird.

Sie werden auch aufgefordert, den Wiederherstellungsspeicherort anzugeben. Dazu können Sie eine von drei Optionen wählen:

- **Ursprünglicher Bereich** Dateien und Ordner werden an dem Speicherort wiederhergestellt, an dem sie gesichert wurden. Die ursprüngliche Ordnerstruktur wird beihalten bzw. neu erstellt, falls Ordner gelöscht wurden.
- **Alternativer Bereich** Dateien und Ordner werden in einem Ordner wiederhergestellt, den Sie im Feld **Alternative** angeben. Die ursprüngliche Ordnerstruktur bleibt erhalten und wird unterhalb dieses Ordners erstellt. Dabei entspricht der angegebene alternative Speicherort dem Stamm (Volume) der gesicherten Daten. Wenn Sie beispielsweise den Ordner **C:\Daten\Finanzen** gesichert und den Ordner in **C:\Wiederherstellung** wiederhergestellt haben, finden Sie den Ordner **Finanzen** in **C:\Wiederherstellung\Daten\Finanzen**.
- **Einzelner Ordner** Dateien werden im angegebenen Ordner wiederhergestellt, ohne dass die Ordnerstruktur erhalten bleibt. Alle Dateien werden in einem einzigen Ordner wiederhergestellt.

Klicken Sie nach Auswahl der wiederherzustellen Dateien und des entsprechenden Speicherorts auf **Wiederherstellung starten**. Nach Klicken auf **OK** beginnt der Wiederherstellungsvorgang. Überprüfen Sie, ob Fehler aufgetreten sind.

Wiederherstellungsoptionen

Windows Server 2003 kann Dateien am Wiederherstellungsspeicherort während einer Wiederherstellung auf unterschiedliche Weise behandeln. Im Sicherungsprogramm können Sie über den Befehl **Optionen** im Menü **Extras** die Optionen auf der in Abbildung 7.5 gezeigten Registerkarte **Wiederherstellen** verwenden:

- **Datei auf meinem Computer nicht ersetzen** Bei Wahl dieser Standardoption überspringt das Wiederherstellungsprogramm Dateien, die sich bereits am Zielspeicherort befinden. Ein gängiges Szenario, in dem diese Option gewählt wird, liegt vor, wenn einige, jedoch nicht alle Dateien aus dem Wiederherstellungsspeicherort gelöscht wurden. Bei dieser Option werden solche fehlende Dateien durch die gesicherten Dateien ersetzt.
- **Datei auf dem Datenträger nur ersetzen, wenn die Datei auf dem Datenträger älter ist** Diese Option weist den Wiederherstellungsprozess an, vorhandene Dateien zu überschreiben, es sei denn, diese Dateien sind jünger als die Dateien im Sicherungssatz. Dahinter steht der Gedanke, dass eine Datei vielleicht neue Informationen enthält, wenn sie jünger ist als die gesicherte Kopie, und daher nicht überschrieben werden sollte.

- **Datei auf meinem Computer immer ersetzen** Bei dieser Wiederherstellungsoption werden alle Dateien durch die gesicherten Versionen überschrieben, unabhängig davon, ob die Dateien neuer sind als die Sicherung. Dabei gehen Daten in Dateien verloren, die seit dem letzten Sicherungsdatum geändert wurden. Alle Dateien am Zielspeicherort, die *nicht* im Sicherungssatz enthalten sind, bleiben dagegen erhalten.

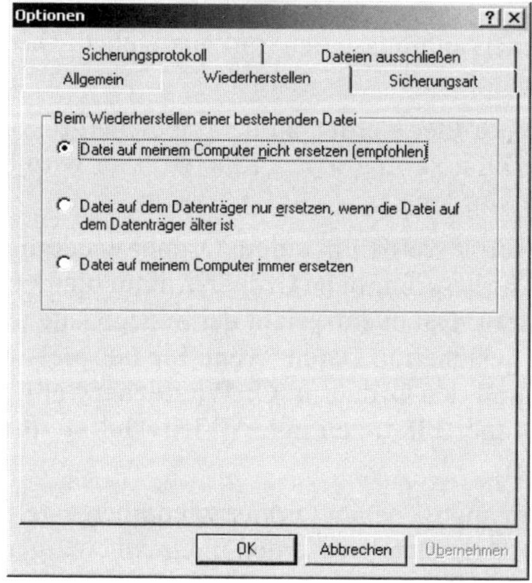

Abbildung 7.5 Optionen auf der Registerkarte **Wiederherstellen**

Klicken Sie nach Auswahl der wiederherzustellenden Dateien, der Wiederherstellungsoptionen und eines Wiederherstellungsziels auf **Wiederherstellung starten**, und bestätigen Sie die Wiederherstellung. Das Dialogfeld **Wiederherstellung starten** wird angezeigt.

Bevor Sie die Wiederherstellung bestätigen, können Sie einstellen, wie der Wiederherstellungsvorgang Sicherheitseinstellungen für die gesicherten Dateien verarbeitet, indem Sie im Dialogfeld **Wiederherstellung bestätigen** auf **Erweitert** klicken und die Option **Sicherheitsdaten wiederherstellen** wählen. Wenn Daten von einem NTFS-Volume gesichert wurden und auf diesem wiederhergestellt werden sollen, werden bei der Standardeinstellung Berechtigungen, Überwachungseinstellungen und Besitzinformationen wiederhergestellt. Bei Deaktivierung dieser Option werden Daten ohne die Sicherheitsbeschreibungen wiederhergestellt. Alle wiederhergestellten Dateien übernehmen die Berechtigungen des Zielordners oder -volumes der Wiederherstellung.

Praktische Übung: Wiederherstellen von Daten

In dieser praktischen Übung überprüfen Sie die Sicherungs- und Wiederherstellungsvorgänge mit der üblichen Methode: der Wiederherstellung an einem Testspeicherort.

Übung 1: Überprüfen der Sicherungs- und Wiederherstellungsprozeduren

Um die Sicherungs- und Wiederherstellungsprozeduren zu überprüfen, führen viele Administratoren eine Testwiederherstellung eines Sicherungssatzes durch. Um keine aktuellen Daten zu beschädigen, erfolgt die Testwiederherstellung nicht am ursprünglichen

Speicherort der Daten, sondern in einem anderen Ordner, der nach dem Test gelöscht werden kann. In einer Produktivumgebung sollte die Testwiederherstellung der Sicherung auch auf einem Reserveserver erfolgen. So wird gleichzeitig sichergestellt, dass das Sicherungsgerät (d.h. das Bandlaufwerk) ordnungsgemäß auf einem Server installiert ist und bei Ausfall des Hauptservers die benötigten Daten bereitstellen kann. Führen Sie dazu die folgenden Schritte durch:

1. Öffnen Sie das Sicherungsprogramm.
2. Klicken Sie auf **Medien wiederherstellen und verwalten**.
3. Klicken Sie auf das Pluszeichen, um den Knoten **Datei** zu erweitern.
4. Klicken Sie auf das Pluszeichen, um **Backup-normal.bkf** zu erweitern.
5. Aktivieren Sie das Kontrollkästchen, um **C:** auszuwählen.
6. Erweitern Sie **C:**, **Daten** und **Finanzen**. Sie sehen, dass durch Auswahl des Ordners **C:** dessen untergeordnete Ordner und Dateien ausgewählt wurden.
7. Wählen Sie im Dropdownfeld **Dateien wiederherstellen in** die Option **Alternativer Bereich**.
8. Geben Sie in das Feld **Alternative** Folgendes ein: **C:\Testwiederherstellung**.
9. Klicken Sie auf **Wiederherstellung starten**.
10. Klicken Sie im Dialogfeld **Wiederherstellung bestätigen** auf **OK**.
11. Klicken Sie nach Abschluss des Wiederherstellungsauftrags auf **Bericht**, und untersuchen Sie das Protokoll des Wiederherstellungsvorgangs.
12. Öffnen Sie den Ordner **C:\Testwiederherstellung**, und prüfen Sie, ob Ordnerstruktur und Dateien ordnungsgemäß wiederhergestellt wurden.
13. Wiederholen Sie die Schritte 1 bis 10, um die Datei **Backup-diff-Tag2.bkf** wiederherzustellen. Fahren Sie nach Abschluss des Wiederherstellungsvorgangs mit Schritt 14 fort, um den zugehörigen Bericht zu prüfen.
14. Klicken Sie nach Abschluss des Wiederherstellungsauftrags auf **Bericht**, um das zugehörige Protokoll anzuzeigen. Wenn Sie das Fenster mit dem Auftragsstatus versehentlich geschlossen haben, klicken Sie im Menü **Extras** auf **Bericht**, wählen Sie den neuesten Bericht aus, und klicken Sie auf **Ansicht**.
15. Untersuchen Sie den Bericht des soeben wiederhergestellten Auftrags. Wie viele Dateien wurden wiederhergestellt?

    ____

    Warum?

    ____

16. Wählen Sie im Menü **Extras** den Befehl **Optionen**, und klicken Sie auf die Registerkarte **Wiederherstellen**. Nun können Sie das Problem erkennen. Die Standardkonfiguration des Sicherungsprogramms sieht vor, dass Dateien auf dem Computer nicht ersetzt werden. Aus diesem Grund wurde der Differenz-Sicherungsauftrag, der Daten enthält, die nach der normalen Sicherung aktualisiert wurden, nicht erfolgreich wiederhergestellt.
17. Aktivieren Sie die Option **Datei auf meinem Computer immer ersetzen**.
18. Wiederholen Sie den Wiederherstellungsvorgang von **Backup-diff-Tag2.bkf**. Der Bericht sollte nun anzeigen, dass zwei Dateien wiederhergestellt wurden.
19. Sie haben nun Ihre Sicherungs- und Wiederherstellungsprozeduren samt der Notwendigkeit zum Ändern der Wiederherstellungsoptionen überprüft. Löschen Sie den Ordner **C:\Testwiederherstellung**.

Lernzielkontrolle

Die folgenden Fragen dienen dazu, die wichtigsten Lehrinhalte dieser Lektion zu vertiefen. Können Sie eine Frage nicht beantworten, arbeiten Sie das entsprechende Lektionsmaterial noch einmal durch, und versuchen Sie dann erneut, die Frage zu beantworten. Die Antworten auf die Lernzielkontrollfragen finden Sie im Abschnitt „Fragen und Antworten“ am Ende dieses Kapitels.

1. Ein Benutzer hat versehentlich die Daten aus einem Microsoft Word-Dokument gelöscht und das Dokument gespeichert, wodurch die ursprünglichen Daten unwiederbringlich geändert wurden. Am Vorabend wurde auf dem Server ein normaler Sicherungsvorgang durchgeführt. Welche Wiederherstellungsoption müssen Sie wählen?
   a. Datei auf meinem Computer nicht ersetzen
   b. Datei auf dem Datenträger nur ersetzen, wenn die Datei auf dem Datenträger älter ist
   c. Datei auf meinem Computer immer ersetzen
2. Eine Angestellte ist von einer Geschäftsreise zurückgekehrt. Vor der Reise hatte sie Dateien aus einem Netzwerkordner auf ihre Festplatte kopiert. Der Ordner wird mit anderen Angestellten gemeinsam genutzt, die während ihrer Abwesenheit ihre eigenen Dateien in dem Ordner bearbeitet haben. Nach ihrer Rückkehr verschob die Angestellte ihre Kopie der Dateien in die Netzwerkfreigabe, wodurch sie ihre Dateien mit den Änderungen aktualisierte, die sie während der Reise vorgenommen hatte. Dabei wurden jedoch alle Dateien überschrieben, die von ihren Kollegen geändert wurden. Die Kollegen beklagen sich darüber, dass ihre Daten durch die Versionen ersetzt wurden, die aktiv waren, als die Angestellte auf Geschäftsreise ging. Glücklicherweise haben Sie am Vorabend einen normaler Sicherungsvorgang des Ordners durchgeführt. Welche Wiederherstellungsoption müssen Sie wählen?

a. Datei auf meinem Computer nicht ersetzen

b. Datei auf dem Datenträger nur ersetzen, wenn die Datei auf dem Datenträger älter ist

c. Datei auf meinem Computer immer ersetzen

Tipp Benutzer sollten für das Arbeiten mit der Funktion **Offlinedateien** geschult werden, damit ein solches Problem – das nicht selten vorkommt – vermieden wird. Über die Funktion **Offlinedateien** werden nur geänderte Dateien synchronisiert, sodass vorgenommene Aktualisierungen in das Netzwerk übertragen werden, ohne Änderungen anderer Angestellte zu berühren.

3. Sie möchten die Wiederherstellungsprozeduren auf Ihrem Server testen, ohne Kopien der echten gesicherten Daten zu beeinträchtigen. Welcher Speicherort ist für diesen Zweck am besten geeignet?

   a. Ursprünglicher Bereich

   b. Alternativer Bereich

   c. Einzelner Ordner

Zusammenfassung der Lektion

- Mit dem Sicherungsprogramm können Sie gesicherte Daten auch wiederherstellen.
- Beim Wiederherstellen einer verloren gegangenen Datei oder eines Ordners wird als Speicherort der Wiederherstellung in der Regel die Option **Ursprünglicher Bereich** gewählt.
- Beim Testen von Wiederherstellungsprozeduren wird als Wiederherstellungsspeicherort die Option **Alternativer Bereich** empfohlen, damit die ursprünglichen Kopien gesicherter Dateien und Ordner nicht beeinträchtigt werden.
- Beim Wiederherstellen eines Differenz- oder inkrementellen Sicherungssatzes nach dem Wiederherstellen des normalen Sicherungssatzes müssen Sie die Wiederherstellungsoption **Datei auf meinem Computer immer ersetzen** wählen.
- Beim Wiederherstellen eines Ordners, in dem einige Dateien verloren gegangen, andere jedoch intakt sind, müssen Sie die Wiederherstellungsoption **Datei auf meinem Computer nicht ersetzen** oder **Datei auf dem Datenträger nur ersetzen, wenn die Datei auf dem Datenträger älter ist** wählen.

Lektion 3: Erweiterte Sicherung und Wiederherstellung

Jetzt, wo Sie einen Sicherungsplan erstellt und die Prozeduren für Sicherung und Wiederherstellung überprüft haben, werden wir uns eingehender mit diesen Vorgängen beschäftigen, damit Sie Sicherungsvorgänge so konfigurieren können, dass sie automatisch ablaufen, flexibler sind oder sogar einfacher werden. In dieser Lektion werden die zur Datensicherung gehörenden Techniken behandelt, wie z.B. Volumeschattenkopien und Wechselmedienverwaltung, und Optionen für die Erstellung von Skripts für und die Planung von Sicherungsvorgängen vorgestellt. Außerdem lernen Sie die neue Funktion zum Erstellen von Schattenkopien für freigegebene Ordner kennen, mit der Benutzer einfache Datenverluste ohne Eingriff des Administrators rückgängig machen können.

Am Ende dieser Lektion werden Sie in der Lage sein, die folgenden Aufgaben auszuführen:

- Konfigurieren von Gruppenmitgliedschaften, um einem Benutzer das Durchführen von Sicherungs- und Wiederherstellungsvorgängen zu ermöglichen
- Verwalten von Bandsicherungsmedien
- Katalogisieren von Sicherungssätzen
- Konfigurieren von Sicherungsoptionen
- Ausführen einer Sicherung über die Eingabeaufforderung
- Planen von Sicherungsaufträgen
- Konfigurieren und Verwenden von Schattenkopien für freigegebene Ordner

Veranschlagte Zeit für diese Lektion: 30 Minuten

Grundlegendes zum Volumeschattenkopie-Dienst

In Windows Server 2003 steht erstmals der Volumeschattenkopie-Dienst (Volume Shadow Copy Service, VSS) zur Verfügung. Der Volumeschattenkopie-Dienst ermöglicht das Sichern von Datenbanken und anderen Dateien, die aufgrund von Benutzer- oder Systemaktivitäten geöffnet oder gesperrt sind. Mithilfe von Schattenkopiesicherungen können Anwendungen Daten während einer Sicherung weiter auf ein Volume schreiben, und Administratoren können Sicherungen jederzeit durchführen, ohne Benutzer auszusperren oder das Übergehen von Dateien zu riskieren.

Obwohl der Volumeschattenkopie-Dienst eine wichtige Weiterentwicklung der Sicherungsfunktionalität von Windows Server 2003 ist, wird dennoch weiterhin empfohlen, Sicherungen zu Zeiten niedriger Netzwerkauslastung durchzuführen. Falls Sie über Anwendungen verfügen, die in geöffneten Dateien auf sehr komplexe Weise für konsistente Daten sorgen, kann dies die Konsistenz geöffneter Dateien in der Sicherung beeinträchtigen. Bei kritischen Anwendungen oder bei Anwendungen wie z.B. Microsoft SQL Server, die über eigene Sicherungsfunktionen verfügen, sollten Sie die Dokumentation der jeweiligen Anwendung lesen, um die beste Sicherungsprozedur zu ermitteln.

Sicherheit von Datensicherungen

Zum Sichern einer Datei benötigen Sie das Benutzerrecht **Sichern von Dateien und Verzeichnissen** bzw. die NTFS-Berechtigung **Lesen**. Zum Wiederherstellen einer Datei benötigen Sie das Benutzerrecht **Wiederherstellen von Dateien und Verzeichnissen** bzw. die NTFS-Berechtigung **Schreiben** für das Wiederherstellungsziel. Diese Berechtigungen sind sowohl der Gruppe **Administratoren** als auch der Gruppe **Sicherungs-Operatoren** zugewiesen. Sie können einem Benutzer, einer Gruppe oder einem Dienstkonto daher die benötigten Mindestberechtigungen erteilen, indem Sie das entsprechende Konto in die Gruppe **Sicherungs-Operatoren** auf dem Server aufnehmen.

Tipp In der Praxis sollten Sie keine Konten in die Gruppe **Sicherungs-Operatoren** aufnehmen, ohne die Auswirkungen auf die Sicherheit des Systems zu berücksichtigen. Mitglieder der Gruppe **Sicherungs-Operatoren** können eine Verbindung zu verborgenen administrativen Laufwerksfreigaben wie beispielsweise **C$** herstellen und haben die Möglichkeit, die Besitzverhältnisse von Dateien zu ändern. Es wird empfohlen, die Benutzerrechte zur Sicherung und Wiederherstellung von Dateien und Ordnern an Sicherheitsgruppen zu vergeben, die Sie im Active Directory-Verzeichnisdienst erstellt haben, statt diese vordefinierte Gruppe zu verwenden.

Benutzer mit dem Benutzerrecht **Wiederherstellen von Dateien und Verzeichnissen** können während der Wiederherstellung NTFS-Berechtigungen für Dateien entfernen. In Windows Server 2003 können sie außerdem den Besitz von Dateien zwischen Benutzern übertragen.

Deshalb sind die Überwachung der Mitgliedschaft in der Gruppe **Sicherungs-Operatoren** und der Schutz der Sicherungsbänder von großer Bedeutung. Ein ungeschütztes Sicherungsband bietet nichtautorisierten Benutzern die Möglichkeit, sensible Daten wiederherzustellen und auf diese zuzugreifen.

Verwalten von Medien

Das Sicherungsprogramm von Windows Server 2003 arbeitet eng mit dem Wechselmedienverwaltungsdienst zusammen. Die Wechselmedienverwaltung dient zur Verwaltung von automatischen Bandbibliotheken und CD-ROM-Bibliotheken, akzeptiert Anforderungen von Medien anderer Dienste oder, in diesem Fall, von Anwendungen und stellt sicher, dass die Medien ordnunsgemäß bereitgestellt oder geladen werden.

Die Wechselmedienverwaltung wird auch mit manuell bedienbaren Einzelmediengeräten wie Sicherungsband-, CD-ROM- oder Iomega Jaz-Laufwerken verwendet. Bei Einzelmedienlaufwerken überwacht die Wechselmedienverwaltung die Medien mithilfe ihrer Bezeichnungen oder Seriennummern. Beim Arbeiten mit der Wechselmedienverwaltung muss selbst bei einem Sicherungsgerät mit nur einem Medium jedes Band eine eindeutige Bezeichnung aufweisen.

Medienpools

Das Sicherungsprogramm von Windows Server 2003 verwaltet Bänder mithilfe der Wechselmedienverwaltung und *Medienpools* (siehe Abbildung 7.6).

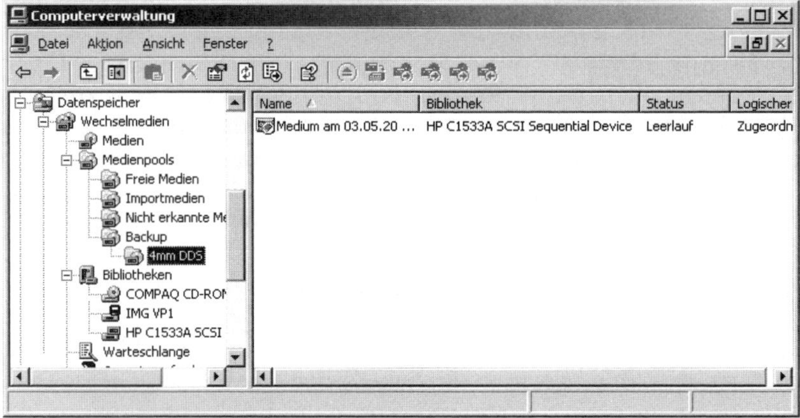

Abbildung 7.6 Medienpools

Vier Medienpools haben mit Sicherungen zu tun:

- **Nicht erkannte Medien** Bandmedien, die vollständig leer sind oder ein fremdes Format haben, bleiben so lange im Pool **Nicht erkannte Medien**, bis sie formatiert werden.
- **Freie Medien** Dieser Pool enthält neu formatierte Bandmedien sowie Bänder, die von einem Administrator explizit als frei markiert wurden. Freie Medien können in den Sicherungsmedienpool verschoben werden, indem auf sie ein Sicherungssatz geschrieben wird.
- **Backup** Dieser Pool enthält Medien, in die das Sicherungsprogramm Daten geschrieben hat. Das Sicherungsprogramm schreibt Daten nur auf Medien im Pool freier Medien (und bezeichnet das Band mit dem Namen, den Sie vor Beginn der Sicherung eingeben) und auf mit dem Namen angegebene Medien im **Backup**-Medienpool.
- **Importmedien** Dieser Pool enthält Medien, die auf dem lokalen Festplattenlaufwerk nicht katalogisiert sind. Durch das Katalogisieren eines solchen Bandes wird das Band in den Medienpool **Backup** verschoben.

Verwalten von Bändern und Medienpools

Ebenso wie die Sicherungsprozeduren und den Bandwechsel müssen Sie das Hinzufügen von Bändern zu diesen Medienpools und entsprechend das Entfernen von Bändern verwalten. Zu diesem Zweck sind über die Seite **Medien wiederherstellen und verwalten** des Sicherungsprogramms folgende Aktionen zugänglich:

- **Band formatieren** Klicken Sie mit der rechten Maustaste auf ein Band, und wählen Sie **Formatieren**. Das Formatieren ist keine sichere Methode zum Löschen von Bändern. Wenn Sie Bänder aus rechtlichen oder Sicherheitsgründen löschen müssen, verwenden Sie ein entsprechendes Dienstprogramm eines anderen Anbieters. Durch die Formatierung wird ein Band jedoch vorbereitet und in den Pool freier Medien verschoben. Nicht alle Laufwerke unterstützen das Formatieren.

- **Band spannen** Klicken Sie mit der rechten Maustaste auf ein Band, und wählen Sie **Spannen**. Nicht alle Laufwerke unterstützen das Spannen.
- **Als "verfügbar" markieren** Klicken Sie mit der rechten Maustaste auf ein Band, und wählen Sie **Als "verfügbar" markieren**. Dadurch wird das Band in den Pool freier Medien verschoben. Das Band wird jedoch *nicht* gelöscht. Wenn Sie Bänder aus rechtlichen Gründen löschen müssen, verwenden Sie ein entsprechendes Dienstprogramm eines anderen Anbieters.

Kataloge

Wenn das Sicherungsprogramm einen Sicherungssatz anlegt, erstellt es auch einen Katalog der Dateien und Ordner im Sicherungssatz. Dieser Katalog wird auf der Festplatte des Servers (lokaler Katalog) und im Sicherungssatz selbst (Medienkatalog) gespeichert. Der lokale Katalog vereinfacht und beschleunigt die Suche wiederherzustellender Dateien und Ordner. Das Sicherungsprogramm kann den Katalog sofort anzeigen und muss ihn nicht vom normalerweise langsameren Sicherungsmedium laden. Der Medienkatalog ist von Bedeutung, wenn das Laufwerk mit dem lokalen Katalog ausgefallen ist oder Sie Dateien auf ein anderes System übertragen möchten. In diesen Fällen kann Windows den lokalen Katalog aus dem Medienkatalog neu erstellen.

Auf der Seite **Medien wiederherstellen und verwalten** des Sicherungsprogramms können Sie Kataloge wie folgt verwalten:

- **Katalog löschen** Klicken Sie mit der rechten Maustaste auf einen Sicherungssatz, und wählen Sie **Katalog löschen**, wenn das Sicherungsmedium verloren gegangen ist oder beschädigt wurde oder wenn Sie Dateien auf ein anderes System übertragen und deshalb den lokalen Katalog nicht mehr benötigen. Der auf dem Sicherungsmedium befindliche Medienkatalog ist von diesem Befehl nicht betroffen.
- **Katalog** Ein zu einem Fremdsystem gehörendes Band, das nicht auf dem lokalen Computer katalogisiert ist, wird im Importmedienpool angezeigt. Klicken Sie mit der rechten Maustaste auf das Medium, und wählen Sie den Befehl **Katalog**. Windows erzeugt für das Band oder die Datei einen lokalen Katalog. Dadurch wird der Medienkatalog nicht erstellt oder geändert.

Tipp Wenn Sie über alle Bänder im Sicherungssatz verfügen und diese logisch und physisch unbeschädigt sind, öffnen Sie das Dialogfeld **Optionen** des Sicherungsprogramms und aktivieren auf der Registerkarte **Allgemein** die Option **Medienkataloge verwenden, um den Aufbau der Wiederherstellungskataloge zu beschleunigen**. Falls ein Band im Sicherungssatz fehlt oder ein Band logisch oder physisch beschädigt ist, deaktivieren Sie diese Option. Dies stellt sicher, dass der Katalog vollständig und fehlerfrei ist. Es kann jedoch lange dauern, den Katalog zu erstellen.

Sicherungsoptionen

Sicherungsoptionen werden konfiguriert, indem Sie im Menü **Extras** den Befehl **Optionen** wählen. Mit vielen dieser Optionen werden Standardeinstellungen festgelegt, die vom Sicherungsprogramm und dem Befehlszeilenprogramm Ntbackup verwendet werden. Diese Einstellungen können durch Optionen für einen bestimmten Auftrag außer Kraft gesetzt werden.

Allgemeine Optionen

Auf der Registerkarte **Allgemein** des Dialogfelds **Optionen** finden Sie die folgenden Einstellungen:

- **Auswahlinformationen vor dem Sichern und Wiederherstellen berechnen** Das Sicherungsprogramm schätzt vor Beginn des Vorgangs die Anzahl der zu sichernden bzw. wiederherzustellenden Dateien und Bytes ab.
- **Medienkataloge verwenden, um den Aufbau der Wiederherstellungskataloge zu beschleunigen** Falls ein System nicht über einen lokalen Katalog für ein Band verfügt, erlaubt diese Option dem System das Erstellen eines lokalen Katalogs aus dem Medienkatalog. Falls jedoch das Band mit dem Medienkatalog fehlt oder Medien im Satz beschädigt sind, können Sie diese Option deaktivieren. Das System durchsucht anschließend den gesamten Sicherungssatz (bzw. so viel davon, wie zur Verfügung steht), um den lokalen Katalog zu erstellen. Ein solcher Vorgang kann mehrere Stunden dauern, wenn der Sicherungssatz groß ist.
- **Daten standardmäßig nach Sicherung bestätigen** Das System vergleicht den Inhalt des Sicherungsmediums mit den ursprünglichen Dateien und protokolliert etwaige Abweichungen. Bei Aktivierung dieser Option dauert das Abschließen des Sicherungsauftrags wesentlich länger. Abweichungen sind wahrscheinlich, wenn sich Daten während der Sicherung bzw. Überprüfung häufig ändern. Daher wird aufgrund der hohen Anzahl von Änderungen, die fortlaufend an Systemdateien erfolgen, auch nicht empfohlen, Systemsicherungen zu vergleichen. Solange Sie Bänder wechseln bzw. entsorgen, bevor sie verbraucht sind, sollte es nicht erforderlich sein, die Daten zu überprüfen.
- **Inhalt von bereitgestellten Laufwerken sichern** Ein bereitgestelltes Laufwerk ist ein Volume, das einem Ordner im Namespace eines anderen Volumes zugeordnet ist, ohne über einen Laufwerkbuchstaben zu verfügen. Ist dieses Kontrollkästchen deaktiviert, wird nur der Pfad des Ordners gesichert, der einem Volume zugewiesen ist. Der Inhalt wird nicht gesichert. Bei Aktivierung dieses Kontrollkästchens wird der Inhalt des bereitgestellten Volumes ebenfalls gesichert. Die Sicherung eines Bereitstellungspunkts birgt keine Nachteile. Wenn die Sicherung jedoch einschließlich des Bereitstellungspunkts erfolgt und das bereitgestellte Laufwerk zusätzlich ebenfalls gesichert wird, enthält der Sicherungssatz doppelte Daten.

Wenn Sie hauptsächlich in eine Datei sichern und anschließend diese Datei auf einem anderen Medium speichern, *deaktivieren* Sie die folgenden Optionen. Wenn Sie Daten vornehmlich auf Band oder einem anderen Medium sicher, das von dem Wechselmediendienst verwaltet wird, *aktivieren* Sie die folgenden Optionen.

- **Warnung beim Starten des Sicherungsprogramms anzeigen, wenn der Wechselmediendienst nicht ausgeführt wird**
- **Warnung beim Starten der Sicherung anzeigen und wenn erkennbare Medien verfügbar sind**
- **Warnung anzeigen, wenn neue Medien hinzugefügt werden**
- **Verwendung von erkennbaren Medien immer ohne Aufforderung zulassen**

Tipp Die Option **Verwendung von erkennbaren Medien immer ohne Aufforderung zulassen** kann aktiviert werden, wenn Sie lokale Bandlaufwerke nur für Sicherungen und nicht für den Remotespeicherdienst oder andere Funktionen verwenden. Bei Wahl dieser Option müssen freie Medien nicht über den Knoten **Wechselmedien** in der Konsole **Computerverwaltung** zugeordnet werden.

Protokollieren der Sicherung

Das Dialogfeld **Optionen** enthält die Registerkarte **Sicherungsprotokoll**. Die Protokollierung warnt Sie vor Problemen, welche die Durchführbarkeit Ihrer Sicherung gefährden können. Legen Sie deshalb neben dem allgemeinen Sicherungsplan auch eine Protokollierungsstrategie fest. Bei der detaillierten Protokollierung werden alle gesicherten Dateien und Pfade aufgelistet. Das Protokoll ist jedoch überaus umfangreich, weshalb Probleme leicht übersehen werden. Aus diesem Grund wird die zusammenfassende Protokollierung empfohlen, die auch die Standardeinstellung ist. Zusammenfassende Protokolle erfassen übersprungene Dateien und Fehler.

Das System speichert 10 Sicherungsprotokolle im Pfad **%UserProfile%\Lokale Einstellungen\Anwendungsdaten\Microsoft\Windows NT\Ntbackup\Data**. Es gibt keine Möglichkeit, den Pfad oder die Anzahl der gespeicherten Protokolle zu ändern, bevor das älteste Protokoll ersetzt wird. Sie können aber diesen Pfad in Ihre Sicherung einbeziehen und auf diese Weise alte Protokolle sichern.

Ausschließen von Dateien

Über die Registerkarte **Dateien ausschließen** im Dialogfeld **Optionen** können Sie Erweiterungen und einzelne Dateien angeben, die während der Sicherung übersprungen werden sollen. Die Standardeinstellungen sorgen dafür, dass das Sicherungsprogramm Folgendes überspringt: die Auslagerungsdatei, temporäre Dateien, den Cache auf Clientseite, den Ordner **Debug**, die Datenbank und die Ordner des Dateireplikationsdienstes sowie andere lokale Protokolle und Datenbanken.

Dateien können in Abhängigkeit vom Dateibesitz ausgeschlossen werden. Klicken Sie unter **Für alle Benutzer ausgeschlossene Dateien** auf **Hinzufügen**, um bestimmte Dateien unabhängig von den Besitzverhältnissen auszuschließen. Klicken Sie unter **Für Benutzer** ***<Benutzername>*** **ausgeschlossene Dateien** auf **Hinzufügen**, um Dateien bestimmter Benutzer auszuschließen. Sie können Dateien anhand des **Registrierten Dateityps** oder mithilfe einer **Benutzerdefinierten Dateimaske** basierend auf einer Erweiterung angeben. Schließlich können Sie den Dateiausschluss über die Kontrollkästchen **Auf diesen Pfad**

anwenden und **Auf alle Unterordner anwenden** auf einen bestimmten Ordner oder ein Festplattenlaufwerk beschränken.

Erweiterte Sicherungsoptionen

Nach Auswahl der zu sichernden Dateien und Klicken auf **Sicherung starten** können Sie durch Klicken auf **Erweitert** weitere auftragsspezifische Optionen konfigurieren. Zu den wichtigeren Einstellungen gehören die folgenden:

- **Daten nach der Sicherung überprüfen** Durch diese Einstellung wird die Standardeinstellung im Dialogfeld **Sicherungsoptionen** außer Kraft gesetzt.
- **Gesicherte Daten komprimieren (falls möglich)** Bei dieser Einstellung werden die Daten komprimiert, um Speicherplatz auf dem Sicherungsmedium zu sparen. Diese Option ist nur verfügbar, wenn das Bandlaufwerk die Komprimierung unterstützt.
- **Volumeschattenkopie deaktivieren** Der Volumeschattenkopie-Dienst erlaubt das Sichern geöffneter Dateien. Bei Wahl dieser Option werden unter Umständen einige geöffnete oder verwendete Dateien übersprungen.

Der Befehl *Ntbackup*

Der Befehl **Ntbackup** bietet die Möglichkeit, Skripts für Sicherungsaufträge unter Windows Server 2003 zu schreiben. Die Syntax lautet wie folgt:

```
Ntbackup backup {"Pfad_zur_Sicherung" oder "@Auswahldatei.bks"} /j "Auftragsname" options
```

Mit dem ersten Befehlsparameter **backup** wird der Modus festgelegt. Wiederherstellungen über die Befehlszeile sind nicht möglich. Auf diesen Parameter folgt ein Parameter, der das zu sichernde Objekt angibt. Sie können den tatsächlichen Pfad zum lokalen Ordner, zur Netzwerkfreigabe oder Datei angeben, die Sie sichern möchten. Alternativ können Sie den Pfad zu einer Sicherungsauswahldatei (.bks-Datei) angeben, die mit der Syntax **@Auswahldatei.bks** verwendet werden muss. Das At-Symbol (@) muss vor dem Namen der Sicherungsauswahldatei stehen. Eine Sicherungsauswahldatei enthält Informationen über Dateien und Ordner, die Sie für die Sicherung ausgewählt haben. Sie müssen die Datei über die grafische Benutzeroberfläche des Sicherungsprogramms erstellen.

Der dritte Parameter, **/J *Auftragsname***, gibt den beschreibenden Auftragsnamen an, der im Sicherungsbericht verwendet wird.

Sie können aus einer sehr umfangreichen Parameterliste auswählen. Die nachfolgende Liste der Parameter ist nach der Art des durchzuführenden Sicherungsauftrags gruppiert.

Sichern in eine Datei

Verwendeter Parameter:

```
/F "Dateiname"
```

Hierbei steht ***Dateiname*** für den logischen Festplattenpfad und Dateinamen. Die folgenden Parameter dürfen mit diesem Parameter nicht verwendet werden: **/T /P /G.**

Das folgende Beispiel sichert die Remotefreigabe **Daten** auf **Server01** in einer lokalen Datei auf Laufwerk **E:**

```
ntbackup backup "\\Server01\Daten" /J "Sicherung des Ordners 'Daten' auf Server01" /F
"E:\Sicherung.bkf"
```

Anhängen an eine Datei oder ein Band

Verwendeter Parameter:

```
/A
```

Bei Einsatz dieses Parameters werden Daten an eine Datei oder ein Band angehängt. Beim Anhängen von Daten an ein Band müssen Sie zusätzlich zu diesem Parameter entweder **/G** oder **/T** verwenden. Kann nicht mit **/N** oder **/P** verwendet werden.

Das folgende Beispiel sichert die Remotefreigabe **Profile** auf **Server02** und hängt den Satz an den im ersten Beispiel erstellten Auftrag an:

```
ntbackup backup "\\Server02\Profile" /J "Sicherung des Ordners 'Profile' auf Server02" /F
"E:\Sicherung.bkf" /A
```

Sichern von Daten auf einem neuen Band oder in eine neue Datei bzw. Überschreiben eines vorhandenen Bandes

Verwendeter Parameter:

```
/N "Medienname"
```

Hierbei gibt ***Medienname*** den neuen Bandnamen an. **/A** darf nicht mit diesem Parameter verwendet werden.

Sichern auf einem neuen Band

Verwendeter Parameter:

```
/P "Poolname"
```

Hierbei gibt ***Poolname*** den Medienpool an, der das Sicherungsmedium enthält. Es handelt sich in der Regel um einen Unterpool des Sicherungsmedienpools, wie z.B. **4mm DDS**. Wenn Sie mit **/P** arbeiten, dürfen Sie die Optionen **/A**, **/G**, **/F** und **/T** nicht verwenden.

Das folgende Beispiel sichert Dateien und Ordner aus der Sicherungsauswahldatei **C:\Sicherung.bks** auf einem Bandlaufwerk:

```
ntbackup backup @c:\Sicherung.bks /j "Sicherungsauftrag 101"
/n "Befehlszeilen-Sicherungsauftrag" /p "4mm DDS"
```

Sichern auf einem vorhandenen Band

Um ein Band für einen Anhänge- oder Überschreibvorgang anzugeben, müssen Sie entweder den Parameter **/T** oder **/G** mit entweder **/A** (Anhängen) oder **/N** (Überschreiben) verwenden. Verwenden Sie mit **/T** oder **/G** nicht den Parameter **/P**.

Um ein Band nach Name anzugeben, verwenden Sie den Parameter **/T** mit folgender Syntax:

```
/T "Bandname"
```

Hierbei gibt ***Bandname*** ein gültiges Band im Medienpool an.

Um die Auswahldatei zu sichern und auf dem im vorherigen Beispiel erstellten Band anzuhängen, verwenden Sie diesen Befehl:

```
ntbackup backup @c:\Sicherung.bks /j "Sicherungsauftrag 102" /a
/t "Befehlszeilen-Sicherungsauftrag"
```

Um ein Band mit seiner GUID statt mit seinem Namen anzugeben, verwenden Sie den Parameter **/G** mit folgender Syntax:

```
/G "GUIDName"
```

Hierbei gibt ***GUIDName*** ein gültiges Band im Medienpool an.

Auftragsoptionen

Für jeden zuvor beschriebenen Auftragstyp können Sie mithilfe der folgenden Parameter weitere Auftragsoptionen angeben:

- **/M {*Sicherungsart*}** Gibt die Sicherungsart an, die folgende Einstellung haben kann: **normal**, **copy**, **differential**, **incremental** oder **daily**.
- **/D {"*Beschreibung angeben*"}** Gibt eine Bezeichnung für den Sicherungssatz an.
- **/V:{yes | no}** Überprüft die Daten nach Abschluss der Sicherung.
- **/R:{yes | no}** Beschränkt den Zugriff auf dieses Band auf den Besitzer oder Mitglieder der Gruppe **Administratoren**.
- **/L:{f | s | n}** Gibt den Typ der Protokolldatei an: f=vollständig (full), s=Zusammenfassung (summary), n=keine (none, es wird keine Protokolldatei angelegt).
- **/RS:{yes | no}** Sichert migrierte Datendateien, die sich im Remotespeicher befinden.

Tipp Der Befehlszeilenparameter **/RS** ist nicht erforderlich, um die lokale Wechselmediendatenbank zu sichern, die Remotespeicher-Platzhalterdateien enthält. Wenn Sie den Ordner **%SystemRoot%** sichern, sichert das Sicherungsprogramm automatisch auch die Wechselmediendatenbank.

- **/HC:{on | off}** Verwendet, falls möglich, die Hardwarekomprimierung auf dem Bandlaufwerk.
- **/SNAP:{on | off}** Gibt an, ob die Sicherung eine Volumeschattenkopie verwenden soll.

Planen von Sicherungsaufträgen

Erstellen Sie zum Planen eines Sicherungsauftrags zunächst einen Auftrag im Sicherungsprogramm. Klicken Sie anschließend auf **Sicherung starten**, um die erweiterten Sicherungsoptionen zu konfigurieren. Nachdem alle Optionen konfiguriert wurden, klicken Sie auf **Zeitplan** und geben im Dialogfeld **Kontoinformationen festlegen** den Benutzernamen und das Kennwort des Kontos ein, das vom Sicherungsauftrag verwendet werden soll.

Sicherheitshinweis Für optimale Sicherheit sollten Sie für jeden Dienst ein Konto erstellen, anstatt Dienste unter dem Konto **System** auszuführen. Konfigurieren Sie keine Dienste für die Ausführung unter einem Konto vom Typ **Benutzer**, wie z.B. Ihrem Benutzerkonto oder dem Konto **Administrator**. Wenn das Kennwort eines Kontos vom Typ **Benutzer** geändert wird, müssen Sie die Kennworteinstellungen aller Dienste ändern, die im Kontext dieses Kontos ausgeführt werden. Das Konto für den Sicherungsauftrag muss zur Gruppe **Sicherungs-Operatoren** gehören.

Geben Sie im Dialogfeld **Optionen für geplante Aufträge** einen Auftragsnamen ein, und klicken Sie auf **Eigenschaften**. Das in Abbildung 7.7 gezeigte Dialogfeld **Auftrag planen** wird eingeblendet. Legen Sie Datum, Uhrzeit und Häufigkeit des Auftrags fest. Über die Schaltfläche **Erweitert** können Sie weitere Zeitplaneinstellungen konfigurieren, einschließlich eines Datumsbereichs für den Auftrag. Auf der Registerkarte **Einstellungen** im Dialogfeld **Auftrag planen** können Sie den Auftrag optimieren, indem Sie z.B. angeben, dass der Auftrag nur ausgeführt werden soll, wenn der Computer für einen bestimmten Zeitraum im Leerlauf ist.

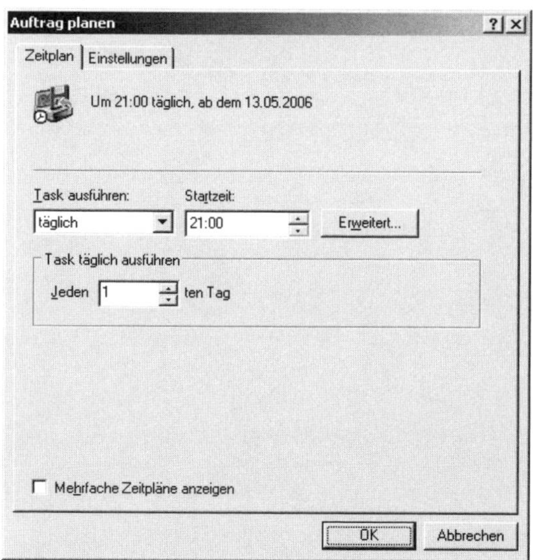

Abbildung 7.7 Das Dialogfeld **Auftrag planen**

Nach dem Planen eines Auftrags können Sie den Zeitplan bearbeiten, indem Sie auf die Registerkarte **Aufträge planen** des Sicherungsprogramms klicken. Die Aufträge sind in einem Kalender aufgeführt. Klicken Sie auf einen Auftrag, um den zugehörigen Zeitplan zu öffnen. Sie können zwar einen Auftrag hinzufügen, indem Sie auf der Registerkarte **Aufträge planen** auf **Auftrag hinzufügen** klicken, aber durch das Klicken auf **Auftrag hinzufügen** wird wieder der Sicherungs-Assistent geöffnet, damit Sie die zu sichernden Dateien und einige der Eigenschaften des Sicherungsauftrags auswählen können. Die meisten Administratoren finden es bequemer, einen Sicherungsauftrag direkt auf der Registerkarte **Sicherung** zu erstellen und dann auf **Sicherung starten** und **Zeitplan** zu klicken, wie oben beschrieben.

Schattenkopien freigegebener Ordner

Windows Server 2003 bietet Administratoren und Benutzern gleichermaßen eine weitere Möglichkeit der schnellen Wiederherstellung von Dateien und Ordnern. Mithilfe des Volumeschattenkopie-Dienstes führt Windows Server 2003 automatisch eine Zwischenspeicherung von Dateien durch, während diese bearbeitet werden. Falls ein Benutzer eine Datei löscht, überschreibt oder unerwünschte Änderungen vornimmt, können Sie einfach eine vorherige Version der Datei wiederherstellen. Dies ist eine sehr nützliche Funktion, die jedoch nicht als Ersatz für die Erstellung von Sicherungen gedacht ist. Sie wurde zur einfachen Behebung alltäglicher Probleme entwickelt, nicht jedoch für eine Wiederherstellung nach dem Verlust beträchtlicher Datenmengen.

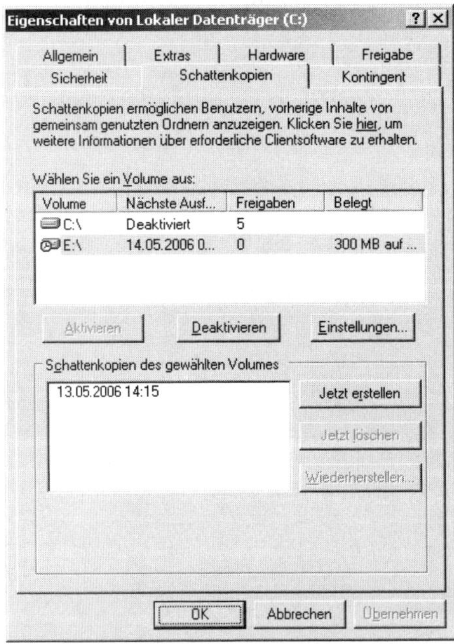

Abbildung 7.8 Die Registerkarte **Schattenkopien** im Eigenschaftendialogfeld eines Volumes

Aktivieren und Konfigurieren von Schattenkopien

Die Funktion zum Erstellen von Schattenkopien für freigegebene Ordner ist nicht standardmäßig aktiviert. Um sie zu aktivieren, öffnen Sie das Eigenschaftendialogfeld eines Volumes im Windows Explorer oder dem Snap-In **Datenträgerverwaltung**. Wählen Sie, wie in Abbildung 7.8 gezeigt, auf der Registerkarte **Schattenkopien** das Volume aus, und klicken Sie auf **Aktivieren**. Nach Aktivierung werden für alle freigegebenen Ordner auf dem Volume Schattenkopien erstellt. Bestimmte Freigaben auf einem Volume können nicht ausgewählt werden. Sie können eine Schattenkopie auch manuell erstellen, indem Sie auf **Jetzt erstellen** klicken.

Vorsicht Wenn Sie auf **Deaktivieren** klicken, löschen Sie alle Kopien, die vom Volumeschattenkopie-Dienst erstellt wurden. Überlegen Sie sorgfältig, ob Sie den Volumeschattenkopie-Dienst für ein Volume deaktivieren oder ob es vorteilhafter ist, den Zeitplan zu ändern, um zu verhindern, dass neue Schattenkopien angelegt werden.

Gemäß den Standardeinstellungen ist der Server so konfiguriert, dass Kopien freigegebener Ordner von Montag bis Freitag um 07.00 Uhr und um 12.00 Uhr erstellt werden. 10 Prozent des Speichers des Laufwerks, auf dem sich der freigegebene Ordner befindet, werden zum Zwischenspeichern von Schattenkopien verwendet.

Alle folgenden Einstellungen können durch Klicken auf **Einstellungen** auf der Registerkarte **Schattenkopien** geändert werden:

- **Speicherplatz auf folgendem Volume** Um die Systemleistung (nicht die Redundanz) zu verbessern, können Sie die Schattenspeicherung auf ein anderes Volume verschieben. Dies muss geschehen, wenn keine Schattenkopien vorhanden sind. Wenn Schattenkopien vorhanden sind und Sie das Speichervolume ändern möchten, müssen Sie alle Schattenkopien auf dem Volume löschen und anschließend das Speichervolume ändern.
- **Details** Dieses Dialogfeld enthält die gespeicherten Schattenkopien und Statistiken zur Speicherbelegung.
- **Maximale Größe** Der Mindestwert ist 100 MB. Wenn für die Schattenkopie zu wenig Speicherplatz vorhanden ist, werden ältere Dateiversionen gelöscht, um Platz für neue Versionen zu schaffen. Die ordnungsgemäße Konfiguration dieser Einstellung hängt von der Gesamtgröße der freigegebenen Ordner auf einem Volume mit aktivierten Schattenkopien, der Häufigkeit der Änderungen der Dateien und ihrer Größe sowie von der Anzahl vorheriger Versionen ab, die Sie beibehalten möchten. In jedem Fall werden maximal 63 Versionen einer beliebigen Datei gespeichert, bevor die älteste Version aus dem Schattenkopiespeicher entfernt wird.
- **Zeitplan** Sie können einen Zeitplan konfigurieren, der den Arbeitsmustern der Benutzer entspricht, und so sicherstellen, dass genügend vorherige Versionen vorhanden sind, ohne dass der Speicherbereich frühzeitig überfüllt wird und dadurch das Entfernen alter Versionen erzwungen wird. Bedenken Sie, dass beim Erstellen einer Schattenkopie alle Dateien kopiert werden, die sich seit der vorherigen Schattenkopie geändert haben. Wurde eine Datei zwischen Schattenkopien mehrmals aktualisiert, stehen diese Zwischenversionen nicht zur Verfügung.

Arbeiten mit Schattenkopien

Schattenkopien freigegebener Ordner ermöglichen den Zugriff auf vorherige Versionen von Dateien, die der Server gemäß einem konfigurierten Zeitplan zwischengespeichert hat. Dadurch haben Sie folgende Möglichkeiten:

- Wiederherstellen von Dateien, die versehentlich gelöscht wurden
- Wiederherstellen einer Datei nach versehentlichem Überschreiben
- Vergleichen von Dateiversionen während der Bearbeitung

Um auf vorherige Versionen zuzugreifen, öffnen Sie das Eigenschaftendialogfeld eines Ordners oder einer Datei und klicken anschließend auf die Registerkarte **Vorherige Versionen**, wie in Abbildung 7.9 gezeigt.

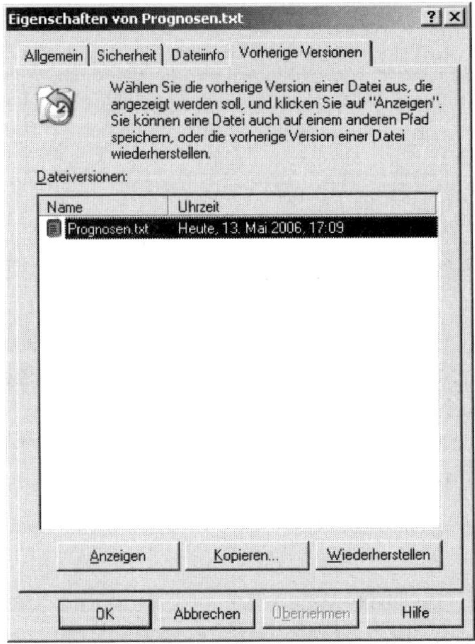

Abbildung 7.9 Die Registerkarte **Vorherige Versionen** einer freigegebenen Ressource

Die Seite **Vorherige Versionen** ist nicht verfügbar, wenn **Schattenkopien** auf dem Server nicht aktiviert ist oder wenn es keine vorherigen auf dem Server gespeicherten Versionen gibt. Diese Option steht ferner nicht zur Verfügung, wenn der Schattenkopieclient nicht auf dem System installiert ist. Diese Datei befindet sich im Ordner **%SystemRoot%\System32\ Clients\Twclient\x86** eines Windows Server 2003-Systems. Die Windows Installer-Datei (.msi) kann mithilfe von Gruppenrichtlinien, Systems Management Server (SMS) oder einer E-Mail-Nachricht bereitgestellt werden. Schließlich ist die Seite **Vorherige Versionen** nur dann verfügbar, wenn der Zugriff auf die Eigenschaften einer Datei über einen freigegebenen Ordner erfolgt. Ist die Datei auf dem lokalen Festplattenlaufwerk gespeichert, wird die Registerkarte **Vorherige Versionen** nicht angezeigt, auch wenn die Datei freigegeben und der Volumeschattenkopie-Dienst aktiviert ist. Ein Beispiel finden Sie in den praktischen Übungen dieser Lektion.

Sie haben dann die Möglichkeit, die Datei an ihrem vorherigen Speicherort wiederherzustellen oder sie an einen bestimmten Speicherort zu kopieren.

Sicherheitshinweis Im Gegensatz zu einem echten Wiederherstellungsvorgang werden bei der Wiederherstellung einer Datei über **Vorherige Versionen** die Sicherheitseinstellungen der vorherigen Version nicht wiederhergestellt. Wenn Sie die Datei am ursprünglichen Speicherort wiederherstellen und die Datei dort vorhanden ist, überschreibt die wiederhergestellte Version die aktuelle Verion und verwendet die der aktuellen Version zugewiesenen Berechtigungen. Wenn Sie eine vorherige Version an einen anderen Speicherort kopieren oder die Datei an ihrem ursprünglichen Speicherort wiederherstellen, die Datei dort aber nicht mehr vorhanden ist, übernimmt die wiederhergestellte vorherige Version die Berechtigungen des übergeordneten Ordners.

Wurde eine Datei gelöscht, können Sie natürlich nicht das Eigenschaftendialogfeld der Datei öffnen, um auf die Seite **Vorherige Versionen** zuzugreifen. Öffnen Sie stattdessen das Eigenschaftendialogfeld des übergeordneten Ordners, klicken Sie auf die Registerkarte **Vorherige Versionen**, und suchen Sie die vorherige Version des Ordners mit der Datei, die Sie wiederherstellen möchten. Klicken Sie auf **Ansicht**. Ein dem in Abbildung 7.10 ähnliches Ordnerfenster wird geöffnet, das den Inhalt des Ordners zum Zeitpunkt der Erstellung der Schattenkopien anzeigt. Klicken Sie mit der rechten Maustaste auf die Datei, wählen Sie **Kopieren** und fügen Sie die Datei in den Ordner ein, in dem die Datei neu erstellt werden soll.

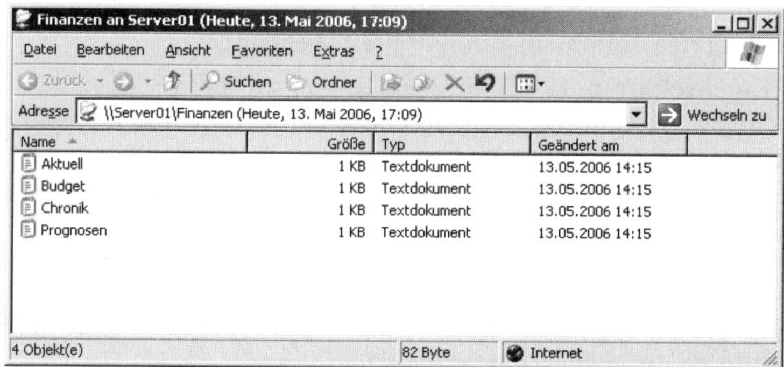

Abbildung 7.10 Die Inhaltsliste **Vorherige Versionen** eines Ordners

Wie Sie sehen, ist die Schattenkopiefunktion eine nützliche Ergänzung der Instrumente zum Verwalten von Dateiservern und freigegebenen Daten. Mit dem Volumeschattenkopie-Dienst können Sie Daten gemäß ihrem Zustand zu bestimmten Zeitpunkten sichern. Administratoren oder Benutzer können dadurch gelöschte oder beschädigte Dateien wiederherstellen oder Dateien mit vorherigen Versionen vergleichen. Ist der Zwischenspeicher des Volumeschattenkopie-Dienstes voll, werden alte Versionen entfernt und neue Schattenkopien hinzugefügt.

Wenn ein Benutzer Daten wiederhergestellt haben möchte und diese Daten nicht mehr über **Vorherige Versionen** verfügbar sind, können Sie die Daten aus einer Sicherung wiederherstellen. Wird der Server beschädigt, müssen Sie die Daten aus einer Sicherung wiederherstellen. Auch wenn der Volumeschattenkopie-Dienst die Verwaltbarkeit und Zuverlässigkeit freigegebener Dateien verbessert, ist er doch kein Ersatz für eine sorgfältig geplante und geprüfte Sicherungsprozedur.

Praktische Übung: Erweiterte Sicherung und Wiederherstellung

In dieser Übung planen Sie einen Sicherungsauftrag, führen eine Sicherung über eine Eingabeaufforderung durch und konfigurieren und verwenden die Funktion zum Erstellen von Schattenkopien für freigegebene Ordner.

Übung 1: Planen eines Sicherungsauftrags

1. Öffnen Sie das Sicherungsprogramm, und klicken Sie auf die Registerkarte **Sichern**.
2. Laden Sie im Menü **Auftrag** die Auswahl **Sicherung Finanzen**.
3. Legen Sie im Feld **Sicherungsmedium oder Dateiname** den Namen der Sicherungsdatei fest: **C:\Tägliche-Sicherung.bkf**.
4. Klicken Sie auf **Sicherung starten**.
5. Klicken Sie auf **Erweitert**, und konfigurieren Sie als Sicherungsart **Inkrementell**. Klicken Sie auf **OK**.
6. Klicken Sie auf **Zeitplan**.
7. Geben Sie im Dialogfeld **Kontoinformationen festlegen** Ihr Kennwort ein, und klicken Sie auf **OK**.
8. Nennen Sie den Auftrag **Tägliche inkrementelle Sicherung**.
9. Klicken Sie auf **Eigenschaften**. Konfigurieren Sie den Auftrag für die tägliche Ausführung. Legen Sie die Zeit auf zwei Minuten nach der aktuellen Zeit fest, damit Sie die Ergebnisse des Auftrags anzeigen können.
10. Schließen Sie die Konfiguration des geplanten Auftrags ab. Sie werden aufgefordert, Ihr Kennwort erneut einzugeben.
11. Schließen Sie das Sicherungsprogramm.
12. Öffnen Sie im Windows Explorer das Laufwerk **C:**, und warten Sie zwei Minuten. Sie können die Ausführung des Sicherungsauftrags verfolgen.
13. Öffnen Sie das Sicherungsprogramm, wählen Sie im Menü **Extras** den Befehl **Bericht**, und zeigen Sie das letzte Sicherungsprotokoll an, um den Status des Sicherungsauftrags zu bestätigen. Die Anzahl der kopierten Dateien kann null sein, wenn Sie keine Änderungen an den Dateien vorgenommen haben.
14. Wird der Auftrag nicht ordnungsgemäß ausgeführt, öffnen Sie im Ordner **Verwaltung** die Ereignisanzeige. Untersuchen Sie das Anwendungsprotokoll, um die Fehlerursache zu bestimmen.

Übung 2: Ausführen einer Sicherung über die Eingabeaufforderung

Eine der einfacheren Möglichkeiten zum Bestimmen der richtigen Parameter für eine Sicherung über die Eingabeaufforderung ist das Planen einer Sicherung, wie in Übung 1, und das anschließende Untersuchen des Befehls, der den geplanten Task erzeugt.

1. Öffnen Sie das Sicherungsprogramm, und klicken Sie auf die Registerkarte **Aufträge planen**.
2. Klicken Sie im Kalender auf das Symbol, das den geplanten Auftrag repräsentiert.
3. Klicken Sie auf **Eigenschaften**.
4. Markieren Sie den Befehl im Feld **Ausführen**, und drücken Sie STRG+C, um ihn zu kopieren.
5. Brechen Sie ab, um das Dialogfeld **Auftrag planen** zu schließen, und beenden Sie das Sicherungsprogramm.
6. Öffnen Sie eine Eingabeaufforderung.
7. Klicken Sie auf das Fenstermenü (das Symbol der Eingabeaufforderung in der linken oberen Ecke des Eingabeaufforderungsfensters), und wählen Sie im Menü **Bearbeiten** den Befehl **Einfügen**. Der Ntbackup-Befehl mit allen seinen Parametern wird in die Eingabeaufforderung eingefügt. Drücken Sie die EINGABETASTE. Der Sicherungsauftrag wird ausgeführt.

Hinweis Es wird empfohlen, dass Sie den geplanten Sicherungsauftrag zu diesem Zeitpunkt in der praktischen Übung löschen. Sie werden weitere Aufträge in der Übung mit Fallbeispiel planen, und es ist einfacher, mit diesen Aufträgen zu arbeiten, wenn der aktuelle Zeitplan leer ist. Klicken Sie im Sicherungsprogramm auf die Registerkarte **Aufträge planen** und anschließend im Kalender auf das Symbol, das den geplanten Auftrag repräsentiert. Klicken Sie auf **Löschen**.

Übung 3: Aktivieren von Schattenkopien

1. Stellen Sie sicher, dass der Ordner **C:\Daten** freigegeben ist und die Freigabeberechtigungen für die Gruppe **Jeder** auf **Vollzugriff** festgelegt sind.
2. Öffnen Sie **Arbeitsplatz**.
3. Klicken Sie mit der rechten Maustaste auf Laufwerk **C:**, und wählen Sie **Eigenschaften**.
4. Klicken Sie auf die Registerkarte **Schattenkopien**.
5. Wählen Sie das Volume **C:**, und klicken Sie auf **Aktivieren**.
6. Eine Meldung wird angezeigt. Klicken Sie auf **Ja**, um fortzufahren.

Übung 4: Simulieren von Änderungen an Netzwerkdateien

1. Öffnen Sie den Ordner **C:\Daten\Finanzen** und anschließend **Aktuell.txt**. Ändern Sie den Dateiinhalt, und speichern und schließen Sie die Datei.
2. Löschen Sie die Datei **C:\Daten\Finanzen\Prognosen.txt**.

Übung 5: Wiederherstellen von Dateien mithilfe vorheriger Versionen

1. Öffnen Sie die Datenfreigabe, indem Sie auf **Start** klicken, **Ausführen** wählen und **\\Server01\Daten** eingeben.

Hinweis Es ist wichtig, dass Sie den Ordner mithilfe des UNC- und nicht des lokalen Pfads öffnen. Die Registerkarte **Vorherige Versionen** ist nur verfügbar, wenn über das Netzwerk eine Verbindung mit einem freigegebenen Ordner besteht.

2. Öffnen Sie den Ordner **Finanzen**.
3. Klicken Sie mit der rechten Maustaste auf die Datei **Aktuell.txt**, und wählen Sie **Eigenschaften**.
4. Klicken Sie auf die Registerkarte **Vorherige Versionen**.
5. Wählen Sie die vorherige Version von **Aktuell.txt**.
6. Klicken Sie auf **Kopieren**, wählen Sie als Ziel **Desktop**, und klicken Sie nochmals auf **Kopieren**.
7. Klicken Sie auf **OK**, um das Eigenschaftendialogfeld zu schließen.
8. Öffnen Sie **Aktuell.txt** auf dem Desktop. Sie werden feststellen, dass es sich um eine Version ohne die Änderungen handelt, die Sie in Übung 4 vorgenommen haben.
9. Kehren Sie zu **\\Server01\Daten** zurück. Öffnen Sie diesmal nicht den Ordner **Finanzen**.
10. Um die gelöschte Datei **Prognosen.txt** wiederherzustellen, klicken Sie mit der rechten Maustaste auf den Ordner **Finanzen** und wählen **Eigenschaften**.
11. Klicken Sie auf die Registerkarte **Vorherige Versionen**.
12. Wählen Sie die vorherige Version des Ordners **Finanzen**, und klicken Sie auf **Anzeigen**.

    Ein Fenster wird geöffnet, das den Inhalt des Ordners zum Zeitpunkt zeigt, als die Schattenkopie erstellt wurde.
13. Klicken Sie mit der rechten Maustaste auf die Datei **Prognosen.txt**, und wählen Sie **Kopieren**.
14. Wechseln Sie zum Ordner mit dem aktuellen Ordner **\\Server01\Daten**.
15. Öffnen Sie den Ordner **Finanzen**.
16. Fügen Sie die Datei **Prognosen.txt** in den Ordner ein. Sie haben soeben die vorherige Version von **Prognosen.txt** wiederhergestellt.

Lernzielkontrolle

Die folgenden Fragen dienen dazu, die wichtigsten Lehrinhalte dieser Lektion zu vertiefen. Können Sie eine Frage nicht beantworten, arbeiten Sie das entsprechende Lektionsmaterial noch einmal durch, und versuchen Sie dann erneut, die Frage zu beantworten. Die Antworten auf die Lernzielkontrollfragen finden Sie im Abschnitt „Fragen und Antworten“ am Ende dieses Kapitels.

1. Scott Bishop ist ein Hauptbenutzer an einem Remotestandort mit 20 Benutzern. Der Standort verfügt über ein Windows Server 2003-System, das Datei- und Druckserver bereitstellt. An das System ist ein Bandlaufwerk angeschlossen. Da es vor Ort keinen Vollzeitadmininstrator gibt, wird Bishop mit der Sicherung und Wiederherstellung des Servers beauftragt. Sie wollen jedoch seine Rechte und Berechtigungen so einschränken, dass sie sich lediglich auf das Sichern und Wiederherstellen beziehen.

   Welches ist die empfohlene Vorgehensweise, um Bishop mit den erforderlichen Mindestberechtigungen zum Ausführen seiner Aufgabe zu versorgen?

   ____

   ____

   ____

2. Notieren Sie den Befehl, mit dem Sie den Ordner **C:\Daten\Finanzen** vollständig in die Datei **Sicherung.bkf** in der Freigabe **Sicherung** auf **Server02** mit dem Sicherungsauftragsnamen „Sicherung des Ordners Finanzen" sichern können. Notieren Sie anschließend den Befehl, mit dem Sie eine inkrementelle Sicherung durchführen und den Sicherungssatz an dieselbe Datei mit demselben Sicherungsauftragsnamen anhängen können.

   ____

   ____

   ____

3. Ein Benutzer hat eine Datei aus einem freigegebenen Ordner auf einem Server gelöscht. Der Benutzer öffnet die Eigenschaften des Ordners, ohne dass die Registerkarte **Vorherige Versionen** angezeigt wird. Welche der folgenden Aussagen kann zutreffen? (Wählen Sie alle zutreffenden Antworten aus.)

   a. Der Ordner ist nicht für Schattenkopien aktiviert.

   b. Das Volume auf dem Server ist nicht für Schattenkopien aktiviert.

   c. Der Benutzer hat nicht die Berechtigung zum Anzeigen des Schattenkopie-Zwischenspeichers.

   d. Der Schattenkopieclient ist nicht auf dem Computer des Benutzers installiert.

   e. Der Ordner befindet sich auf einem FAT-Volume.

Zusammenfassung der Lektion

- Sie benötigen das Recht zum Sichern und Wiederherstellen von Dateien, um das Sicherungsprogramm oder ein anderes Sicherungstool verwenden zu können. Dieses Recht ist standardmäßig den Gruppen **Sicherungs-Operatoren** und **Administratoren** zugewiesen.
- Das Dialogfeld **Optionen** ermöglicht die Konfiguration von allgemeinen, Sicherungs- und Wiederherstellungseinstellungen, die vielfach zu Standardeinstellungen werden, die das Verhalten des Sicherungsprogramms und des Ntbackup-Befehls steuern. Diese können durch auftragsspezifische Optionen außer Kraft gesetzt werden, die im Dialog-

feld **Erweiterte Sicherungsoptionen** des Sicherungsauftrags oder in Befehlszeilenparametern angegeben werden.

- Der Ntbackup-Befehl und seine vollständige Palette an Parametern ermöglichen das Starten eines Sicherungsauftrags über eine Eingabeaufforderung oder eine Batchdatei.
- Sicherungsaufträge können für eine regelmäßige und automatische Ausführung in Zeiträumen mit niedriger Systemauslastung geplant werden.
- Der Volumeschattenkopie-Dienst erlaubt einem Benutzer den Zugriff auf vorherige Versionen von Dateien und Ordnern in Netzwerkfreigaben. Mit diesen vorherigen Versionen können Benutzer gelöschte oder beschädigte Dateien wiederherstellen oder Versionen von Dateien vergleichen.

Übung mit Fallbeispiel

Sie haben die Aufgabe, eine Sicherungsstrategie für den freigegebenen Ordner **Finanzabteilung** zu konfigurieren. Die Sicherung soll automatisch in den Stunden nach Mitternacht erfolgen, da die Benutzer in Schichten von Montag bis Freitag von 04.00 Uhr bis 00.00 Uhr arbeiten. Die Dateien in dem Ordner ändern sich häufig – etwa die Hälfte der Dateien ändert sich einmal die Woche, die andere Hälfte fast täglich. Ihnen wird gesagt, dass Ausfallzeiten aufgrund eines Ausfalls der Serverfestplatte für das Unternehmen sehr kostspielig sind, weshalb eine Wiederherstellung so schnell wie möglich erfolgen muss.

1. Welche Art von Sicherungsauftrag sollten Sie für die nächtliche Ausführung vor dem Hintergrund erwägen, dass sich sehr viele Dateien täglich ändern und eine Wiederherstellung so schnell wie möglich erfolgen muss?

   ____

   ____

2. Sie konfigurieren einen normalen täglichen Sicherungsauftrag für 24.00 Uhr, nachdem die letzte Schicht nach Hause gegangen ist. Leider müssen Sie feststellen, dass der Sicherungsauftrag um 04.00 Uhr nicht abgeschlossen ist, wenn die Frühschicht zur Arbeit kommt. Wie können Sie Ihre Sicherungsstrategie ändern?

   ____

   ____

Übung 1: Erstellen von Beispieldaten

1. Öffnen Sie **Arbeitsplatz** und das Laufwerk **C:**.
2. Löschen Sie den Ordner **Daten**. Sie werden aufgefordert, Ihre Auswahl zu bestätigen. Sie werden ferner informiert, dass der Ordner freigegeben ist und dass durch Löschen des Ordners der freigegebene Ordner gelöscht wird. Bestätigen Sie, dass Sie die Warnmeldung verstanden haben, und fahren Sie fort.
3. Öffnen Sie die Eingabeaufforderung, und geben Sie den Befehl **cd c:** ein.

4. Geben Sie den Befehl **createfiles.bat** ein.

Hinweis Wenn Sie die Datei **createfiles.bat** in Lektion 1, Übung 1, nicht erstellt haben, führen Sie die Schritte 1-3 in Übung 1 aus, um das entsprechende Skript zu erstellen.

Übung 2: Planen des Sicherungsauftrags

Konfigurieren und planen Sie die folgenden Sicherungsaufträge. Wenn Sie Hilfestellung bei der Ausführung dieser Aufgaben benötigen, lesen Sie die Anweisungen in den praktischen Übungen von Lektion 1 und Lektion 3.

- Normaler Sicherungsauftrag sonntags um 21.00 Uhr zum Sichern des Ordners **C:\Daten\Finanzen** in die Datei **C:\Sicherung-Finanzen.bkf** (Überschreiben des Mediums).
- Differenz-Sicherungsauftrag Dienstag bis Samstag um 00.15 Uhr (d.h. Montagnacht bis Freitagnacht) zum Sichern desselben Ordners in dieselbe Datei (Anhängen an die vorhandenen Daten).

Übung 3: Simulieren der geplanten Aufträge

Anstatt bis Sonntagnacht auf die automatische Ausführung des normalen Sicherungsauftrags zu warten, führen Sie den Sicherungsauftrag über die Eingabeaufforderung aus.

1. Öffnen Sie das Sicherungsprogramm.
2. Klicken Sie auf die Registerkarte **Aufträge planen**.
3. Klicken Sie im Kalender auf das Symbol, das den normalen Sicherungsauftrag Sonntagnacht repräsentiert.
4. Klicken Sie auf **Eigenschaften**.
5. Markieren Sie den Befehl im Feld **Ausführen**, und drücken Sie STRG+C, um ihn zu kopieren.
6. Brechen Sie ab, um das Dialogfeld **Auftrag planen** zu beenden, und schließen Sie das Sicherungsprogramm.
7. Öffnen Sie die Eingabeaufforderung.
8. Klicken Sie auf das Fenstermenü (das Symbol der Eingabeaufforderung in der linken oberen Ecke des Eingabeaufforderungsfensters), und wählen Sie im Menü **Bearbeiten** den Befehl **Einfügen**. Der Ntbackup-Befehl mit allen seinen Parametern wird in die Eingabeaufforderung eingefügt. Drücken Sie die EINGABETASTE. Der Sicherungsauftrag wird ausgeführt.
9. Öffnen Sie **C:\Daten\Finanzen\Aktuell.txt**, und ändern Sie die Datei. Speichern und schließen Sie die Datei.
10. Wiederholen Sie die Schritte 1–8, wobei Sie diesmal den *Differenz*-Sicherungsauftrag an der Eingabeaufforderung ausführen, der für die allnächtliche Ausführung geplant ist.

Übung 4: Überprüfen der Prozedur

1. Öffnen Sie das Sicherungsprogramm.
2. Klicken Sie im Menü **Extras** auf **Bericht**.
3. Öffnen Sie die beiden letzten Sicherungsberichte, und prüfen Sie, ob die Aufträge erfolgreich abgeschlossen wurden. Der normale Auftrag sollte vier Dateien gesichert haben. Der Differenz-Auftrag sollte eine Datei gesichert haben.
4. Führen Sie eine Testwiederherstellung in den Ordner **C:\Testwiederherstellung** durch. Stellen Sie den normalen Auftrag und anschließend den Differenz-Auftrag wieder her. Wenn Sie Hilfestellung benötigen, kehren Sie zu den praktischen Übungen in Lektion 2 zurück.

Vorsicht Bedenken Sie, dass Sie vor der Wiederherstellung des Differenz-Auftrags die Wiederherstellungsoptionen so konfigurieren müssen (im Menü **Extras** über den Befehl **Optionen**), dass Dateien immer ersetzt werden. Sie müssen die Datei gegebenenfalls auch katalogisieren, um alle enthaltenen Sicherungssätze anzuzeigen.

Übung zur Problembehandlung

Dienstags um 13.00 Uhr wendet sich ein Mitarbeiter in der Finanzabteilung an Sie, um Ihnen zu sagen, dass er versehentlich einige Dateien aus dem Ordner **Finanzen** gelöscht hat. Sie sind zuversichtlich, dass die von Ihnen eingerichtete Sicherungsprozedur dafür sorgt, dass Sie die gelöschten Dateien wiederherstellen können. Sie wollen jedoch auch sicherstellen, dass Sie keine Dateien zurücksetzen, die geändert wurden, nachdem der nächtliche Sicherungsauftrag ausgeführt wurde.

In dieser Übung simulieren Sie den Arbeitsablauf, der ein solches Szenario erzeugt, um anschließend die fehlenden Daten wiederherzustellen.

Übung 1: Erzeugen eines Datenverlustes

1. Öffnen Sie den Ordner **C:\Daten\Finanzen**.
2. Öffnen Sie die Datei **Aktuell.txt**, und nehmen Sie einige Änderungen vor. Speichern und schließen Sie die Datei.
3. Öffnen Sie die Datei **Budget.txt**. Nehmen Sie einige Änderungen vor, und speichern und schließen Sie die Datei.
4. Löschen Sie die Dateien **Chronik.txt** und **Prognosen.txt**.

Übung 2: Planen der Wiederherstellung

Überprüfen Sie die Sicherungsstrategie, die Sie in der Übung mit Fallbeispiel entwickelt haben: eine normale Sicherung Sonntag nachts und eine Differenz-Sicherung jede Nacht an den Geschäftstagen.

1. Wie können Sie die fehlenden Daten wiederherstellen?

   ____

   ____

2. Wie können Sie verhindern, dass diese neueren Dateien von den Dateien im Sicherungssatz überschrieben werden?

   ____

   ____

Übung 3: Wiederherstellen der Daten

1. Öffnen Sie das Sicherungsprogramm.
2. Wählen Sie im Menü **Extras** den Befehl **Optionen**.
3. Klicken Sie auf die Registerkarte **Wiederherstellen**.
4. Konfigurieren Sie die Wiederherstellung so, dass neuere Dateien unberücksichtigt bleiben, indem Sie **Datei auf dem Datenträger nur ersetzen, wenn die Datei auf dem Datenträger älter ist** aktivieren. Schließen Sie das Dialogfeld **Optionen**.
5. Wählen Sie das Sicherungsmedium mit Ihrer normalen und Differenz-Sicherung.
6. Stellen Sie die normale Sicherung am ursprünglichen Speicherort wieder her.
7. Stellen Sie die Differenz-Sicherung am ursprünglichen Speicherort wieder her.
8. Öffnen Sie die Dateien **Aktuell.txt** und **Budget.txt**. Aufgrund der Tatsache, dass diese Dateien neuer sind als diejenigen im Sicherungssatz, und aufgrund der konfigurierten Wiederherstellungsoptionen sollten diese die Änderungen enthalten, die Sie in der Übung mit Fallbeispiel durchgeführt haben.

Zusammenfassung des Kapitels

- Sie benötigen das Recht zum Sichern und Wiederherstellen von Dateien, um das Sicherungsprogramm oder ein anderes Sicherungstool verwenden zu können. Dieses Recht ist standardmäßig den Gruppen **Sicherungs-Operatoren** und **Administratoren** zugewiesen.
- Das Sicherungsprogramm Ntbackup ermöglicht das Sichern und Wiederherstellen von Daten in lokalen und Remoteordnern in lokalen Dateien, auf Bandlaufwerken und Wechselmedien sowie in freigegebenen Ordnern auf Remoteservern. Sie können keine Daten auf beschreibbaren CDs oder DVDs sichern.
- Eine Sicherungsstrategie beginnt in der Regel mit einer normalen Sicherung, auf die regelmäßige inkrementelle oder Differenz-Sicherungen folgen. Bei inkrementellen Sicherungsaufträgen wird die Sicherung schneller erstellt, Differenz-Sicherungen können schneller wiederhergestellt werden. Sicherungsaufträge können für eine Ausführung in Zeiträumen mit niedriger Systemauslastung geplant werden.
- Kopie- und tägliche Sicherungen können zum Erfassen von Dateien verwendet werden, ohne den normalen Sicherungszeitplan zu stören.

- Mit dem Sicherungsprogramm können Sie auch gesicherte Daten am ursprünglichen oder einem anderen Speicherort wiederherstellen. Letzteres ist nützlich zum Testen und Überprüfen der Wiederherstellungsprozeduren. Sie können im Dialogfeld **Optionen** auf der Registerkarte **Wiederherstellen** steuern, welche Dateien bei einer Wiederherstellung ersetzt werden.
- Der Ntbackup-Befehl und seine vollständige Palette an Parametern ermöglichen das Starten eines Sicherungsauftrags über eine Eingabeaufforderung oder eine Batchdatei.
- Der Volumeschattenkopie-Dienst erlaubt einem Benutzer den Zugriff auf vorherige Versionen von Dateien und Ordnern in Netzwerkfreigaben. Mit diesen vorherigen Versionen können Benutzer gelöschte oder beschädigte Dateien wiederherstellen oder Versionen von Dateien vergleichen.

Prüfungsrelevante Themen

Vor Absolvieren der Prüfung sollten Sie anhand der nachfolgend aufgeführten Schlüsselinformationen und -begriffe prüfen, welche Themen Sie gegebenenfalls noch einmal durcharbeiten müssen. Gehen Sie die entsprechenden Lektionen und Praxisübungen erneut durch, und lesen Sie die Abschnitte „Weiterführende Literatur“ in Teil II, um weitere Informationen zu den abgedeckten Lernzielen für die Prüfung zu erhalten.

Schlüsselinformationen

- Benennen Sie die Gruppenmitgliedschaften bzw. Rechte, die benötigt werden, um einen Sicherungs- oder Wiederherstellungsvorgang durchführen zu können.
- Erstellen Sie den Anforderungen entsprechend eine Sicherungsstrategie, welche die Dauer der Sicherung der Daten und das Tempo berücksichtigt, mit dem Wiederherstellungen durchgeführt werden müssen.
- Machen Sie sich klar, wie Daten unter verschiedenen Bedingungen wiederhergestellt werden, z.B. bei einem vollständigen oder teilweisen Datenverlust. Vergleichen Sie den Datenverlust mit dem Sicherungszeitplan, um die Sicherungssätze zu bestimmen, die wiederhergestellt werden müssen. Prüfen Sie Ihre Kenntnisse der Reihenfolge, in der Sicherungssätze wiederhergestellt werden müssen, und wie auf der Festplatte vorhandene Dateien ersetzt werden sollen.
- Planen Sie einen Sicherungsauftrag, und konfigurieren Sie Sicherungsoptionen.
- Aktivieren Sie Schattenkopien für freigegebene Ordner, und stellen Sie Daten mithilfe der Registerkarte **Vorherige Versionen** im Eigenschaftendialogfeld einer Datei oder eines Ordners wieder her.

Schlüsselbegriffe

Kopie-, tägliche, Differenz-, inkrementelle und normale Sicherung Bei diesen fünf Sicherungsaufträgen werden zu sichernde Dateien anhand bestimmter Kriterien ausgewählt. *Kopie-* und *normale* Sicherungen sichern alle Dateien. *Tägliche* Sicherungen sichern Dateien, die an einem bestimmten Datum geändert wurden. *Differenz-* und *inkrementelle*

Sicherungen sichern Dateien, deren Archivattribut gesetzt ist. *Normale* und *inkrementelle* Sicherungen setzen zudem das Archivattribut zurück.

Archivattribut Ein Attribut, das gesetzt wird, wenn eine Datei erstellt oder geändert wird. Inkrementelle und Differenz-Sicherungen sichern Dateien, deren Archivattribut gesetzt ist. Bei inkrementellen Sicherungen wird das Archivattribut auch gelöscht.

Volumeschattenkopie-Dienst (VSS) Eine Funktion von Windows Server 2003, mit der Sie Dateien sichern können, die gesperrt oder geöffnet sind.

Medienpools: Nicht erkannte Medien, Importmedien, Freie Medien, Backup Die vier Wechselmedienkategorien. Ntbackup führt nur Sicherungen auf Medien im Pool freier Medien oder Medienpool **Backup** durch.

Schattenkopien für freigegebene Ordner Eine Funktion von Windows Server 2003, die nach ihrer Konfiguration auf dem Server und auf Clients den Benutzern das Abrufen vorheriger Versionen von Dateien erlaubt, ohne dass ein Administrator eingreifen muss.

Fragen und Antworten

Seite 301

Lernzielkontrolle Lektion 1

1. Welcher der folgenden Speicherorte kann *nicht* für eine Sicherung eines Windows Server 2003-Systems verwendet werden?

   a. Lokales Bandlaufwerk

   b. Lokale CD-RW

   c. Lokale Festplatte

   d. Freigegebener Ordner auf einem Remoteserver

   e. Lokale DVD+R

   f. Lokaler austauschbarer Datenträger

   g. Bandlaufwerk auf einem Remoteserver

   Richtig sind Antwort b, e und g.

2. Sie sollen einen Windows Server 2003-Dateiserver allabendlich sichern. Sie führen dazu eine manuelle, normale Sicherung durch. Anschließend sollen Sie einen Sicherungsauftrag planen, der die nächsten zwei Wochen allabendlich ausgeführt werden soll. Welche Sicherungsart wird am schnellsten abgeschlossen?

   a. Normal

   b. Differenz

   c. Inkrementell

   d. Kopie

   Richtig ist Antwort c.

3. Sie sollen einen Windows Server 2003-Dateiserver allabendlich sichern. Sie führen dazu eine manuelle, normale Sicherung durch. Anschließend sollen Sie einen Sicherungsauftrag planen, der die nächsten zwei Wochen allabendlich ausgeführt werden soll. Bei welcher Sicherungsart ist die Wiederherstellung verloren gegangener Daten am einfachsten?

   a. Normal

   b. Differenz

   c. Inkrementell

   d. Täglich

   Richtig ist Antwort a.

4. Sie sollen einen Windows Server 2003-Dateiserver allabendlich sichern. Sie führen dazu eine normale Sicherung durch. Am zweiten Abend überlegen Sie, ob Sie mit einer inkrementellen oder Differenz-Sicherung arbeiten sollen. Gibt es bei diesen zwei Sicherungsarten Unterschiede hinsichtlich Sicherungsgeschwindigkeit und gespeicherter Datenmenge? Gibt es Unterschiede in der Effizienz der Wiederherstellung, wenn der Server am nächsten Tag ausfallen sollte?

Am zweiten Abend können Sie eine der beiden Sicherungsarten wählen. Die normale Sicherung hat das Archivattribut entfernt. Sowohl eine inkrementelle als auch eine Differenz-Sicherung überträgt am zweiten Abend alle Dateien, die am zweiten Tag erstellt oder geändert wurden. Der Inhalt der beiden Aufträge ist also identisch. Aus diesem Grund gibt es keinen Unterschied bei der Wiederherstellung am dritten Tag. Sie müssten dazu die normale Sicherung und anschließend die Sicherung vom zweiten Abend wiederherstellen.

Bei inkrementellen und Differenz-Sicherungen wird jedoch das Archivattribut gesicherter Dateien anders behandelt. Bei der inkrementellen Sicherung wird es gelöscht, bei der Differenz-Sicherung bleibt es gesetzt. Die Unterschiede zeigen sich demnach bei der *nächsten* Sicherung. Eine zweite inkrementelle Sicherung überträgt nur Dateien, die seit der ersten inkrementellen Sicherung erstellt oder geändert wurden. Eine zweite Differenz-Sicherung enthält dagegen alle Dateien, die seit der letzten normalen Sicherung erstellt oder geändert wurden. Sie umfasst also auch alle Dateien, die bereits von der ersten Differenz-Sicherung kopiert wurden.

5. Überprüfen Sie die im Verlauf der praktischen Übung durchgeführten Schritte. Sagen Sie den Inhalt der folgenden Sicherungsaufträge voraus:
   - ☐ Backup-normal.bkf
   - ☐ Backup-diff-Tag1.bkf
   - ☐ Backup-diff-Tag2.bkf
   - ☐ Backup-ink-Tag2.bkf
   - ☐ Backup-ink-Tag3.bkf

   Gibt es Unterschiede beim Inhalt von **Backup-diff-Tag2** und **Backup-ink-Tag2**?
   - Backup-normal.bkf: Chronik.txt, Aktuell.txt, Budget.txt und Prognosen.txt
   - Backup-diff-Tag1.bkf: Aktuell.txt
   - Backup-diff-Tag2.bkf: Aktuell.txt und Budget.txt
   - Backup-ink-Tag2.bkf: Aktuell.txt und Budget.txt
   - Backup-ink-Tag3.bkf: Prognosen.txt

   Es gibt keine Unterschiede zwischen Backup-diff-Tag2 und Backup-ink-Tag2. Beide Sicherungsarten sichern Dateien, deren Archivattribut gesetzt ist. Da am ersten Tag eine normale Sicherung durchgeführt wurde, ist bei allen Dateien, die sich seit dem ersten Tag geändert haben, das Archivattribut gesetzt.

Seite 308 Lernzielkontrolle Lektion 2

1. Ein Benutzer hat versehentlich die Daten aus einem Microsoft Word-Dokument gelöscht und das Dokument gespeichert, wodurch die ursprünglichen Daten unwiederbringlich geändert wurden. Am Vorabend wurde auf dem Server ein normaler Sicherungsvorgang durchgeführt. Welche Wiederherstellungsoption müssen Sie wählen?

a. Datei auf meinem Computer nicht ersetzen

b. Datei auf dem Datenträger nur ersetzen, wenn die Datei auf dem Datenträger älter ist

c. Datei auf meinem Computer immer ersetzen

Richtig ist Antwort c. Die Datei ist auf dem Server vorhanden, wurde jedoch beschädigt. Sie müssen die Datei durch die Kopie im Sicherungssatz ersetzen.

2. Eine Angestellte ist von einer Geschäftsreise zurückgekehrt. Vor der Reise hatte sie Dateien aus einem Netzwerkordner auf ihre Festplatte kopiert. Der Ordner wird mit anderen Angestellten gemeinsam genutzt, die während ihrer Abwesenheit ihre eigenen Dateien in dem Ordner bearbeitet haben. Nach ihrer Rückkehr verschob die Angestellte ihre Kopie der Dateien in die Netzwerkfreigabe, wodurch sie ihre Dateien mit den Änderungen aktualisierte, die sie während der Reise vorgenommen hatte. Dabei wurden jedoch alle Dateien überschrieben, die von ihren Kollegen geändert wurden. Die Kollegen beklagen sich darüber, dass ihre Daten durch die Versionen ersetzt wurden, die aktiv waren, als die Angestellte auf Geschäftsreise ging. Glücklicherweise haben Sie am Vorabend einen normaler Sicherungsvorgang des Ordners durchgeführt. Welche Wiederherstellungsoption müssen Sie wählen?

   a. Datei auf meinem Computer nicht ersetzen

   b. Datei auf dem Datenträger nur ersetzen, wenn die Datei auf dem Datenträger älter ist

   c. Datei auf meinem Computer immer ersetzen

   Richtig ist Antwort b. Diese Option überschreibt keine der Dateien, die während der Abwesenheit der Angestellten geändert wurden. Das Datum dieser Dateien ist neuer als das in der Sicherung. Diese Option überschreibt jedoch die älteren Versionen, die die Angestellte in das Netzwerk übertragen hat, mit den Dateien der anderen Angestellten.

Tipp Benutzer sollten für das Arbeiten mit der Funktion **Offlinedateien** geschult werden, damit ein solches Problem – das nicht selten vorkommt – vermieden wird. Über die Funktion **Offlinedateien** werden nur geänderte Dateien synchronisiert, sodass vorgenommene Aktualisierungen in das Netzwerk übertragen werden, ohne Änderungen anderer Angestellte zu berühren.

3. Sie möchten die Wiederherstellungsprozeduren auf Ihrem Server testen, ohne Kopien der echten gesicherten Daten zu beeinträchtigen. Welcher Speicherort ist für diesen Zweck am besten geeignet?

   a. Ursprünglicher Bereich

   b. Alternativer Bereich

   c. Einzelner Ordner

   Richtig ist Antwort b. Die Wiederherstellung in einen alternativen Bereich stellt die Ordnerstruktur und die gesicherten Dateien wieder her. Sie können den Inhalt des Zielspeicherorts mit den ursprünglich gesicherten Dateien vergleichen, um den Erfolg des Wiederherstellungsvorgangs zu bestätigen.

Seite 306

Übung 1: Überprüfen der Sicherungs- und Wiederherstellungsprozeduren

15. Untersuchen Sie den Bericht des soeben wiederhergestellten Auftrags. Wie viele Dateien wurden wiederhergestellt?

    Keine.

    Warum?

    Die Antwort finden Sie in den Wiederherstellungsoptionen.

Seite 326

Lernzielkontrolle Lektion 3

1. Scott Bishop ist ein Hauptbenutzer an einem Remotestandort mit 20 Benutzern. Der Standort verfügt über ein Windows Server 2003-System, das Datei- und Druckserver bereitstellt. An das System ist ein Bandlaufwerk angeschlossen. Da es vor Ort keinen Vollzeitadmininstrator gibt, wird Bishop mit der Sicherung und Wiederherstellung des Servers beauftragt. Sie wollen jedoch seine Rechte und Berechtigungen so einschränken, dass sie sich lediglich auf das Sichern und Wiederherstellen beziehen.

   Welches ist die empfohlene Vorgehensweise, um Bishop mit den erforderlichen Mindestberechtigungen zum Ausführen seiner Aufgabe zu versorgen?

   Fügen Sie Bishop zur Gruppe **Sicherungs-Operatoren** hinzu. Der Gruppe **Sicherungs-Operatoren** ist standardmäßig die Berechtigung zum Sichern und Wiederherstellen von Dateien und Ordnern zugewiesen.

2. Notieren Sie den Befehl, mit dem Sie den Ordner **C:\Daten\Finanzen** vollständig in die Datei **Sicherung.bkf** in der Freigabe **Sicherung** auf **Server02** mit dem Sicherungsauftragsnamen „Sicherung des Ordners Finanzen" sichern können. Notieren Sie anschließend den Befehl, mit dem Sie eine inkrementelle Sicherung durchführen und den Sicherungssatz an dieselbe Datei mit demselben Sicherungsauftragsnamen anhängen können.

   ntbackup backup "C:\Daten\Finanzen" /J "Sicherung des Ordners 'Finanzen'" /F "\\Server02\Sicherung\Sicherung.bkf"

   ntbackup backup "C:\Daten\Finanzen" /J "Sicherung des Ordners 'Finanzen'" /F "\\Server01\Sicherung\Sicherung.bkf" /a /m incremental

3. Ein Benutzer hat eine Datei aus einem freigegebenen Ordner auf einem Server gelöscht. Der Benutzer öffnet die Eigenschaften des Ordners, ohne dass die Registerkarte **Vorherige Versionen** angezeigt wird. Welche der folgenden Aussagen kann zutreffen? (Wählen Sie alle zutreffenden Antworten aus.)

   a. Der Ordner ist nicht für Schattenkopien aktiviert.

   b. Das Volume auf dem Server ist nicht für Schattenkopien aktiviert.

   c. Der Benutzer hat nicht die Berechtigung zum Anzeigen des Schattenkopie-Zwischenspeichers.

   d. Der Schattenkopieclient ist nicht auf dem Computer des Benutzers installiert.

   e. Der Ordner befindet sich auf einem FAT-Volume.

Richtig sind Antwort b, d und e. Schattenkopien werden volume- und nicht ordnerabhängig aktiviert. Nach der Aktivierung von Schattenkopien wird jedem Benutzer mit installiertem Client die Registerkarte **Vorherige Versionen** einer Datei bzw. eines Ordners angezeigt, der sich geändert hat. Schattenkopien werden auf FAT- und NTFS-Volumes unterstützt.

Seite 328

Übung mit Fallbeispiel

1. Welche Art von Sicherungsauftrag sollten Sie für die nächtliche Ausführung vor dem Hintergrund erwägen, dass sich sehr viele Dateien täglich ändern und eine Wiederherstellung so schnell wie möglich erfolgen muss?

   Ziehen Sie normale Sicherungen in Betracht. In dem freigegebenen Ordner erfolgen so viele Änderungen, dass Sie beim Arbeiten mit einer Differenz- oder inkrementellen Sicherung im Vergleich zu einer normalen Sicherung nur einen Vorteil von 50 Prozent haben. Zudem ist kein Sicherungstyp schneller wiederherzustellen als eine normale Sicherung, da der Sicherungssatz alle wiederherzustellenden Dateien enthält.

2. Sie konfigurieren einen normalen täglichen Sicherungsauftrag für 24.00 Uhr, nachdem die letzte Schicht nach Hause gegangen ist. Leider müssen Sie feststellen, dass der Sicherungsauftrag um 04.00 Uhr nicht abgeschlossen ist, wenn die Frühschicht zur Arbeit kommt. Wie können Sie Ihre Sicherungsstrategie ändern?

   Erstellen Sie eine normale Sicherung einmal pro Woche, am besten sonntags, und erstellen Sie für den Rest der Woche nachts Differenz-Sicherungen. Wenngleich sowohl Differenz- als auch inkrementelle Sicherungen zur Verfügung stehen, bieten Differenz-Sicherungen eine schnellere Wiederherstellungsfunktion, da der letzte Differenz-Sicherungssatz alle Dateien enthält, die seit der normalen Sicherung aktualisiert wurden.

Seite 330

Übung zur Problembehandlung, Übung 2: Planen der Wiederherstellung

1. Wie können Sie die fehlenden Daten wiederherstellen?

   Eine normale Sicherung umfasst alle ausgewählten Dateien. Sie bildet die Grundlage, von der aus Sie mit der Wiederherstellung der verloren gegangenen Daten beginnen. Die Differenz-Sicherung enthält alle Dateien, die sich seit der letzten normalen Sicherung geändert haben. Nach der Wiederherstellung der normalen Sicherung können Sie die letzte differenzielle Sicherung wiederherstellen. Beachten Sie jedoch, dass einige der Dateien (Budget.txt und Aktuell.txt) im Anschluss an die nächtliche Differenz-Sicherung geändert wurden.

2. Wie können Sie verhindern, dass diese neueren Dateien von den Dateien im Sicherungssatz überschrieben werden?

   Das Dialogfeld **Optionen** enthält die Registerkarte **Wiederherstellungsoptionen**, auf der Sie angeben können, wie Dateien im Sicherungssatz in das Ziel geschrieben werden. Sie können das Sicherungsprogramm anweisen, nur die Dateien auf der Festplatte zu überschreiben, die älter sind als die Dateien im Sicherungssatz. Neuere Dateien bleiben erhalten.

KAPITEL 8

Drucker

In diesem Kapitel abgedeckte Prüfungsziele:

- Beheben von Problemen mit Druckerwarteschlangen.
- Überwachen von Datei- und Druckservern. Zu den Tools zählen u.a. der Task-Manager, die Ereignisanzeige und der Systemmonitor.

Bedeutung dieses Kapitels

In der Aufgabenliste eines Administrators wimmelt es in der Regel von Aufgaben im Zusammenhang mit Druckern. Ob beim Testen oder Bereitstellen neuer Druckerhardware, der Problembehandlung von Druckaufträgen oder dem Sichern und Überwachen der Druckernutzung – Sie müssen sich häufig genauso viel mit Druckern beschäftigen wie mit dem Datei- oder Ordnerzugriff.

Microsoft Windows Server 2003 bietet leistungsstarke Features zur Unterstützung der Druckdienste von Unternehmen. In diesem Kapitel erhalten Sie eine Einführung in die Einrichtung und Konfiguration von Druckern unter Windows Server 2003, die Wechselbeziehungen zwischen Druckern und dem Microsoft Active Directory-Verzeichnisdienst, die Verbindungsherstellung von Clients zu Netzwerkdruckern und die Überwachung und Problembehandlung von Druckdiensten. Sie erfahren, wie lokale, Netzwerk- und Internetdrucker verwaltet und Drucker für eine maximale Flexibilität und Sicherheit konfiguriert werden.

Lektionen in diesem Kapitel:

Bevor Sie beginnen

In diesem Kapitel werden die Fähigkeiten und Konzepte im Zusammenhang mit Druckern behandelt, die mit Windows Server 2003 verwaltet werden. Es wird vorausgesetzt, dass Sie über mindestens 18 Monate praktische Erfahrung im Umgang mit dem Active Directory-Verzeichnisdienst und der Microsoft Management Console (MMC) verfügen. Da jedoch viele Administratoren aus anderen Druckerumgebungen zu Windows Server 2003 kommen, wie z.B. Novell NetWare, und sich die Druckerterminologie etwas geändert hat, befasst sich die erste Lektion dieses Kapitels mit den Grundlagen der Druckerkonfiguration. Lektion 2 und Lektion 3 bauen auf diesen Grundlagen auf, um Sie auf die weiterentwickelte, flexible Verwaltung, Unterstützung, Überwachung und Problembehandlung von Druckern in einer Windows Server 2003-Umgebung vorzubereiten.

Wenngleich es vorteilhaft ist, über einen Drucker und zwei Computer (einen Windows Server 2003-Computer und einen Client mit Windows XP oder Windows 2000 Professional) zu verfügen, können Sie die Übungen in diesem Kapitel auch ohne Drucker und mit nur einem Computer bearbeiten. Bereiten Sie Folgendes vor:

- Einen Windows Server 2003-Computer (Standard oder Enterprise Edition) namens **Server01**, der als Domänencontroller in der Domäne **contoso.com** konfiguriert ist
- Eine Organisationseinheit erster Ebene mit dem Namen **Sicherheitsgruppen**
- Die Konsole **Active Directory-Benutzer und -Computer** oder eine angepasste Konsole mit dem Snap-In **Active Directory-Benutzer und -Computer**

Lektion 1: Installieren und Konfigurieren von Druckern

Windows Server 2003 unterstützt leistungsstarke, sichere und flexible Druckdienste. Durch Verwenden eines Windows Server 2003-Computers zum Verwalten von Druckern, die lokal an den Computer oder an das Netzwerk angeschlossen sind, können diese Drucker Anwendungen zur Verfügung gestellt werden, die lokal auf dem Windows Server 2003-Computer ausgeführt werden. Diese Drucker können auch für beliebige Clientplattformen verfügbar sein, wie z.B. frühere Versionen von Windows sowie NetWare-, UNIX- und Apple Macintosh-Clients. In dieser Lektion werden Grundkonzepte, Terminologie und Fähigkeiten im Zusammenhang mit der Einrichtung von Druckern unter Windows Server 2003 untersucht.

Am Ende dieser Lektion werden Sie in der Lage sein, die folgenden Aufgaben auszuführen:

- Beschreiben des Modells und der Terminologie des Druckens unter Windows
- Installieren eines logischen Druckers auf einem Druckserver für einen an das Netzwerk angeschlossenen Drucker
- Vorbereiten eines Druckservers zum Hosten von Clients, einschließlich Computern mit früheren Versionen von Windows
- Verbinden eines Druckerclients mit einem logischen Drucker auf einem Druckserver
- Verwalten von Druckaufträgen

Veranschlagte Zeit für diese Lektion: 15 Minuten

Grundlegendes zum Windows Server 2003-Druckermodell

Windows Server 2003 und frühere Versionen von Windows unterstützen zwei Arten von Druckern:

- **Lokal angeschlossene Drucker** Drucker, die an den Anschluss eines Druckservers angeschlossen sind, in der Regel am USB-Anschluss (Universal Serial Bus) oder einem parallelen Anschluss.
- **An das Netzwerk angeschlossene Drucker** Drucker, die mit dem Netzwerk statt mit einem Druckeranschluss verbunden sind. Ein an das Netzwerk angeschlossener Drucker ist ein Knoten im Netzwerk. Druckserver können den Drucker über ein Netzwerkprotokoll wie TCP/IP (Transmission Control Protocol/Internet Protocol) ansprechen.

Jede Art von Drucker wird auf dem Druckserver als logischer Drucker dargestellt. Der *logische Drucker* definiert die Eigenschaften und das Verhalten des Druckers. Er umfasst den Drucker, die Druckereinstellungen, die Standardeinstellungen für das Drucken und andere Eigenschaften, die steuern, wie ein Druckauftrag verarbeitet und zum ausgewählten Drucker übertragen wird. Diese Virtualisierung des Druckers mithilfe eines logischen Druckers bietet außergewöhnliche Flexibilität bei der Konfiguration Ihrer Druckdienste.

Hinweis In früheren Versionen von Windows und der dazugehörigen Dokumentation wurde der Drucker als „Druckgerät“ und der logische Drucker als „Drucker“ bezeichnet.

Es gibt zwei Wege, das Drucken mit Druckern zu ermöglichen, die ans Netzwerk angeschlossen sind. Bei dem einen Modell werden auf allen Computern logische Drucker installiert und direkt mit am Netzwerk angeschlossenen Druckern verbunden. Bei diesem Modell gibt es keinen Druckserver. Jeder Computer verwaltet seine eigenen Einstellungen, den Druckprozessor und die Warteschlange. Wenn Benutzer die Druckerwarteschlange anzeigen, sehen sie nur die Aufträge, die sie zum Drucker gesendet haben. Dabei haben sie keine Möglichkeit zu bestimmen, welche Aufträge von anderen Benutzern zum Drucker gesendet wurden. Darüber hinaus werden Fehlermeldungen nur auf dem Computer angezeigt, der den aktuellen Auftrag druckt. Schließlich erfolgt sämtliche Druckauftragsverarbeitung lokal auf dem Computer des Benutzers, ohne auf einen Druckserver ausgelagert zu werden.

Aufgrund dieser beträchtlichen Nachteile sieht die typische Konfiguration von Druckern in einem Unternehmen ein dreiteiliges Modell vor, das aus dem physischen Drucker selbst, einem auf einem Druckserver definierten logischen Drucker und den Druckerclients besteht, die eine Verbindung zum logischen Drucker auf dem Server herstellen. Der Schwerpunkt dieser Lektion liegt ausschließlich auf einer solchen Struktur, wenngleich die besprochenen Konzepte und Fähigkeiten auch für andere Druckerkonfigurationen gelten.

Das Drucken mithilfe eines Druckservers bietet die folgenden Vorteile:

- Der logische Drucker auf dem Druckserver legt die Druckereinstellungen fest und verwaltet die Druckertreiber.
- Der logische Drucker erzeugt eine einzelne Druckerwarteschlange, die auf allen Clientcomputern angezeigt wird, damit die Benutzer ihre Aufträge in Relation zu den Aufträgen der anderen Benutzer sehen können.
- Fehlermeldungen wie „Kein Papier“ oder „Papierstau“ werden allen Clients angezeigt, sodass alle Benutzer den Status des Druckers kennen.
- Die meisten Anwendungen und Druckertreiber lagern einen bestimmten, mitunter beträchtlichen Anteil an der Verarbeitung von Druckaufträgen auf den Server aus, wodurch die Reaktionsschnelligkeit der Clientcomputer beschleunigt wird. Wenn also ein Benutzer auf **Drucken** klickt, wird sein Auftrag schnell zum Druckserver gesendet, sodass die Benutzer ihre Arbeit fortsetzen können, während der Druckserver die Aufträge verarbeitet.
- Sicherheits-, Überprüfungs-, Überwachungs- und Protokollierungsfunktionen sind zentralisiert.

Installieren eines Druckers unter Windows Server 2003

Drucker werden in der Regel über den Ordner **Drucker und Faxgeräte** verwaltet, der Drucker- und Faxfunktionen integriert. Der Druckerinstallations-Assistent begleitet Sie durch die Druckereinrichtung. Die wichtigsten Optionen, die Sie festlegen müssen, lauten wie folgt:

- **Lokaler Drucker oder Netzwerk** Abbildung 8.1 zeigt diese Seite des Druckerinstallations-Assistenten. Wenn Sie einen Drucker auf einem Windows Server 2003-Computer einrichten, haben die Begriffe „lokaler Drucker" und „Netzwerkdrucker" vermutlich eine etwas andere Bedeutung, als Sie erwarten. Ein *lokaler Drucker* ist ein logischer Drucker, der einen direkt an den Server angeschlossenen Drucker oder einen eigenständigen, an das Netzwerk angeschlossenen Drucker unterstützt. Wenn Sie den Druckerinstallations-Assistenten anweisen, einen lokalen Drucker zu erstellen, indem Sie auf **Lokaler Drucker, der an den Computer angeschlossen ist** klicken, kann der Server den Drucker für andere Clients im Netzwerk freigeben. Ein *Netzwerkdrucker* ist dagegen ein logischer Drucker, der eine Verbindung zu einem Drucker herstellt, der direkt an einen anderen Computer angeschlossenen ist oder durch einen anderen Druckserver verwaltet wird. Die Benutzeroberfläche kann irreführend sein. Merken Sie sich also, dass bei einer gewöhnlichen Druckserverimplementierung der Druckserver lokale Drucker hostet (die Druckerhardware ist an den Computer oder das Netzwerk angeschlossen). Arbeitsstationen erstellen Netzwerkdrucker, die eine Verbindung zum freigegebenen logischen Drucker des Servers herstellen.

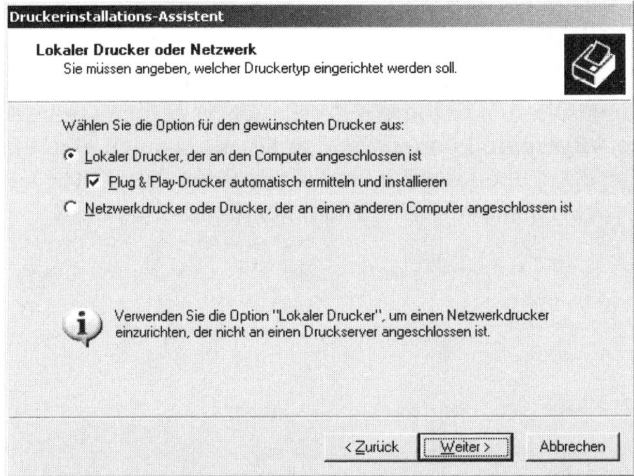

Abbildung 8.1 Die Seite **Lokaler Drucker oder Netzwerk** des Druckerinstallations-Assistenten

- **Druckeranschluss auswählen** Wenn Sie einen lokalen Drucker auf einem Druckserver erstellen, fordert der Druckerinstallations-Assistent Sie auf, den Anschluss anzugeben, an den der Drucker angeschlossen ist. Ist der Anschluss (Port) bereits vorhanden, sei es ein lokaler Anschluss wie **LPT1** oder ein Netzwerkanschluss, der durch eine IP-Adresse angegeben wird, wählen Sie den Anschluss in der Dropdownliste **Folgenden Anschluss verwenden**. Beim Einrichten eines logischen Druckers für einen an das Netzwerk angeschlossenen Drucker, für den noch kein Port erstellt wurde, klicken Sie auf **Einen neuen Anschluss erstellen**, wählen **Standard TCP/IP Port** und klicken auf **Weiter**. Der Assistent zum Hinzufügen eines Standard-TCP/IP-Druckerports wird gestartet. Nach Klicken auf **Weiter** werden Sie aufgefordert, die IP-Adresse oder den

DNS-Namen des Druckers anzugeben. Nachdem der Port hinzugefügt wurde, kehren Sie zum Druckerinstallations-Assistenten zurück.

- **Druckersoftware installieren** Falls der gewünschte Drucker per Plug & Play nicht automatisch erkannt und installiert wird, können Sie Ihren Drucker aus einer umfassenden Liste auswählen, die nach Herstellern geordnet ist. Ist der Drucker in der Liste nicht enthalten, können Sie auf **Datenträger** klicken und den Drucker mithilfe der vom Hersteller mitgelieferten Treiber installieren.
- **Druckername und Freigabename** Obgleich Windows Server 2003 lange Drucker- und Freigabenamen samt Leer- und Sonderzeichen unterstützt, ist es sinnvoller, kurze und prägnante Namen zu wählen. Der vollqualifizierte Namen sollte einschließlich Servername nicht länger als 32 Zeichen sein (Beispiel: **\\Server01\PSCRIPT**).

  Freigabe- und Druckername werden an verschiedenen Stellen auf der gesamten Windows-Benutzeroberfläche angezeigt und verwendet. Wenngleich der Freigabename unabhängig ist und sich vom Druckernamen unterscheiden kann, vereinheitlichen viele Unternehmen den Drucker- und den Freigabenamen, um Verwirrungen zu vermeiden.

Konfigurieren von Druckereigenschaften

Nach der Installation des logischen Druckers können Sie zahlreiche Eigenschaften konfigurieren, indem Sie das Eigenschaftendialogfeld des Druckers öffnen (siehe Abbildung 8.2). Auf der Registerkarte **Allgemein** können Sie den Druckernamen, den Standort und Kommentare festlegen. Diese Angaben wurden zuvor aus Ihren Antworten auf die Eingabeaufforderungen des Druckerinstallations-Assistenten übernommen.

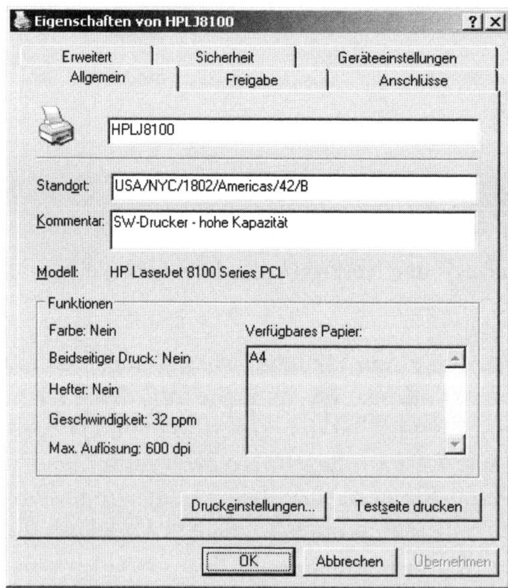

Abbildung 8.2 Die Registerkarte **Allgemein** im Eigenschaftendialogfeld eines Druckers

Auf der in Abbildung 8.3 gezeigten Registerkarte können Sie angeben, ob der logische Drucker freigegeben ist und demnach anderen Clients im Netzwerk zur Verfügung steht, und ob der Drucker in Active Directory aufgelistet wird. Dies ist eine Standardeinstellung für freigegebene Drucker, die es Benutzern erlaubt, Drucker schnell zu suchen und Verbindungen mit ihnen herzustellen.

Hinweis Auf der Registerkarte **Freigabe** können Sie die Freigabe eines Druckers aufheben, wenn Sie den Drucker offline schalten und verhindern möchten, dass Benutzer auf den Drucker zugreifen.

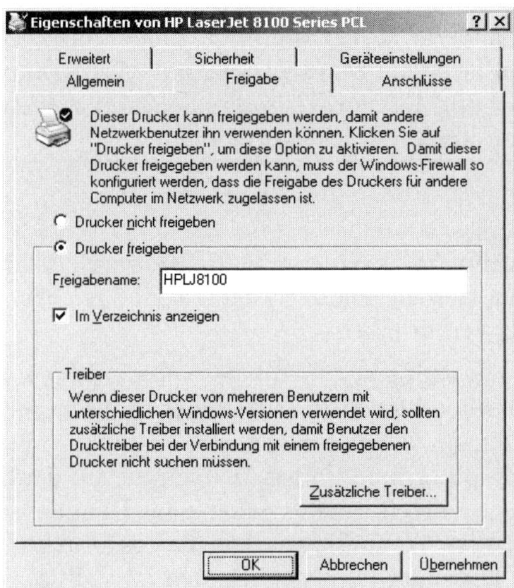

Abbildung 8.3 Die Registerkarte **Freigabe** im Eigenschaftendialogfeld eines Druckers

Während der Druckereinrichtigung lädt Windows Server 2003 Treiber auf den Druckserver, die den betreffenden Drucker auf Clients mit Windows Server 2003, Windows XP und Windows 2000 unterstützen. Druckertreiber sind plattformspezifisch. Falls andere Plattformen eine Verbindung zu dem freigegebenen logischen Drucker herstellen, installieren Sie die entsprechenden Treiber auf dem Server, damit Windows-Clients die Treiber automatisch herunterladen, wenn sie eine Verbindung herstellen. Andernfalls werden Sie aufgefordert, die korrekten Treiber für die einzelnen Clients anzugeben.

Klicken Sie auf der Registerkarte **Freigabe** des Eigenschaftendialogfelds auf **Zusätzliche Treiber**, wenn der Druckserver Treiber für Computer mit Windows-Versionen vor Windows 2000 anbieten soll. Wenn Sie eine frühere Version von Windows auswählen, fordert der Server Sie zur Angabe der Treiber für die entsprechende Plattform und den Drucker auf. Diese Treiber sind beim Druckerhersteller erhältlich oder manchmal auf der Original-CD-ROM der früheren Windows-Version zu finden.

Durch das Laden von Treibern für alle Clientplattformen auf den Server können Sie die Treiberverteilung zentralisieren und vereinfachen. Clientcomputer mit Microsoft Windows NT 4.0, Windows 2000, Windows XP und Windows Server 2003 laden den Treiber herunter, wenn sie sich erstmals mit dem freigegebenen Drucker verbinden. Sie prüfen ferner, dass sie bei jedem Druckvorgang über den aktuellen Druckertreiber verfügen. Sollte dies nicht der Fall sein, laden sie den aktualisierten Treiber herunter. Für diese Clientcomputer müssen Sie Druckertreiber nur auf dem Druckserver aktualisieren. Clientcomputer mit Windows 95 oder Windows 98 suchen nicht nach aktualisierten Druckertreibern, nachdem der Treiber erstmalig heruntergeladen und installiert wurde. Auf diesen Clientcomputern müssen Sie aktualisierte Druckertreiber manuell installieren.

Weitere Druckereigenschaften werden im weiteren Verlauf dieses Kapitels behandelt.

Tipp Sie können auf die Druckerordner anderer Server zugreifen, indem Sie das Netzwerk durchsuchen oder den Befehl **Ausführen** im Menü **Start** wählen und ***Servername*** eingeben. Sie können diese Ordner **Drucker und Faxgeräte** in Ihren eigenen ziehen, um bequemen Zugriff für die Verwaltung von Remotedruckern zu erhalten.

Verbinden von Clients mit Druckern

Drucker, die als logische Drucker auf einem Druckserver eingerichtet wurden, können für andere Systeme im Netzwerk freigegeben werden. Diese Systeme benötigen ebenfalls logische Drucker zum Abbilden der Netzwerkdrucker.

Das Konfigurieren eines Druckclients kann auf unterschiedliche Weise erfolgen, z.B. mit dem Druckerinstallations-Assistenten, der über den Ordner **Drucker und Faxgeräte** oder im Dialogfeld **Drucken** gestartet werden kann, das von fast allen Windows-Anwendungen angeboten wird, einschließlich Internet Explorer und Editor. Wählen Sie auf der Seite **Lokaler Drucker oder Netzwerk** die Option **Netzwerkdrucker oder Drucker, der an einen anderen Computer angeschlossen ist**. Wenn Sie zur Angabe des Druckernamens aufgefordert werden, können Sie Active Directory durchsuchen, den UNC-Pfad (Universal Naming Convention) (Beispiel: ***Server\Druckerfreigabename***) oder den URL (Uniform Resource Locator) des Druckers eingeben oder mithilfe des Suchdienstes nach dem Drucker suchen.

Am effizientesten ist die Einrichtung von Druckclients häufig, wenn man Active Directory nach dem Drucker durchsucht. Wählen Sie im Druckerinstallations-Assistenten auf der Seite **Drucker angeben** die Option **Einen Drucker im Verzeichnis suchen**, und klicken Sie auf **Weiter**. Das in Abbildung 8.4 gezeigte Dialogfeld **Drucker suchen** wird angezeigt, in das Sie Suchkriterien wie Druckername, Standort, Modell und Funktionen eingeben können. Bei vielen der Kriterien können Sie mit Platzhalterzeichen arbeiten. Nach Klicken auf **Jetzt suchen** wird eine Ergebnisliste angezeigt. Wählen Sie den Drucker aus, und klicken Sie auf **OK**. Der Druckerinstallations-Assistent begleitet Sie durch die verbleibenden Konfigurationsoptionen.

Tipp Sie können eine Suche speichern, indem Sie im Menü **Datei** auf **Suche speichern** klicken. Als Administrator können Sie benutzerdefinierte Suchen erstellen und auf den Desktops der Benutzer speichern, damit diese vordefinierte Untergruppen von Druckern im Unternehmen schnell finden können.

Ein logischer Drucker umfasst die Treiber, Einstellungen und Druckerwarteschlange für den Drucker am ausgewählten Anschluss. Wenn Sie im Ordner **Drucker und Faxgeräte** auf einen Drucker doppelklicken, wird ein Fenster mit den Aufträgen in der Warteschlange des Druckers angezeigt. Wenn Sie mit der rechten Maustaste auf einen Auftrag klicken, können Sie diesen anhalten, fortsetzen, abbrechen oder neu starten. Im Menü **Drucker** können Sie auch sämtliche Druckvorgänge anhalten oder abbrechen, auf die Druckereigenschaften zugreifen oder Drucker als Standard festlegen oder offline schalten. Das Durchführen dieser Aktionen hängt jedoch von den Berechtigungen in der Zugriffssteuerungsliste des Druckers ab.

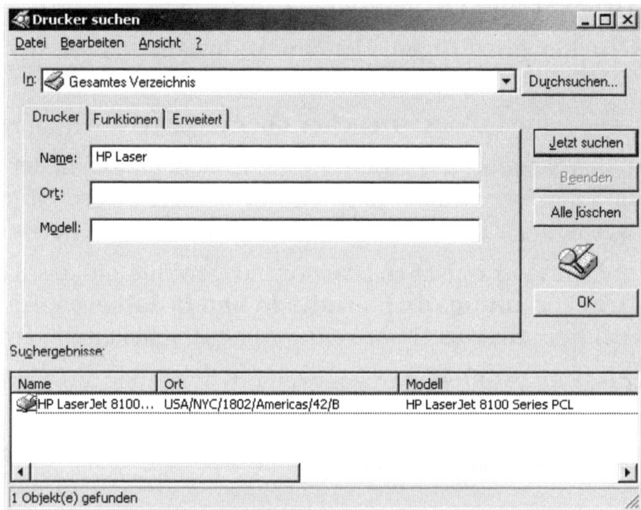

Abbildung 8.4 Das Dialogfeld **Drucker suchen**

Alternativ zum Druckerinstallations-Assistenten können Sie unter Windows Server 2003 und Windows XP mit dem standardmäßigen Startmenü die folgenden Schritte zum Konfigurieren eines Druckclients durchführen:

1. Klicken Sie auf **Start**, und wählen Sie **Suchen**.
2. Klicken Sie im Ausschnitt **Suchassistent** auf **Andere Suchoptionen**, dann auf **Drucker, Computer oder Personen** und schließlich auf **Nach einem Netzwerkdrucker**.
3. Das Dialogfeld **Drucker suchen** wird angezeigt, in dem Sie mithilfe verschiedener Kriterien nach dem Drucker suchen können.
4. Klicken Sie nach Eingabe der gewünschten Kriterien auf **Jetzt suchen**.

Praktische Übung: Installieren und Konfigurieren eines Druckers

In dieser praktischen Übung richten Sie einen logischen Drucker auf einem Druckserver ein und simulieren die Verbindungsherstellung von einem Client mit dem freigegebenen Drucker. Anschließend senden Sie einen Druckauftrag an den Drucker.

Es ist nicht erforderlich, dass ein Druckgerät an **Server01** oder das Netzwerk angeschlossen ist, und Sie benötigen auch keinen zweiten Computer, der als Druckclient fungiert. Wenn Ihnen jedoch diese zusätzlichen Komponenten zur Verfügung stehen, können Sie die Übungen unter Verwendung dieser Zusatzhardware durchführen.

Übung 1: Hinzufügen eines lokalen Druckers und Konfigurieren der Druckfreigabe

In dieser Übung fügen Sie zu **Server01** mit dem Druckerinstallations-Assistent einen logischen Drucker hinzu. Der Drucker verbindet sich mit einem an das Netzwerk angeschlossenen HP LaserJet 8100, der an der IP-Adresse **10.0.0.51** mit dem Netzwerk verbunden ist. Sie benötigen nicht tatsächlich einen Drucker, um diese Übung durchzuführen.

1. Melden Sie sich an **Server01** als Administrator an.
2. Öffnen Sie den Ordner **Drucker und Faxgeräte**.
3. Doppelklicken Sie auf **Drucker hinzufügen**. Der Druckerinstallations-Assistent wird gestartet.
4. Klicken Sie auf **Weiter**. Die Seite **Lokaler Drucker oder Netzwerk** wird angezeigt.

   Sie werden aufgefordert, den Standort des Druckers anzugeben. Obgleich der Drucker an das Netzwerk angeschlossen ist, wird der logische Drucker für diesen Drucker zu **Server01** hinzugefügt, weshalb der Drucker als lokaler Drucker angesehen wird.
5. Stellen Sie sicher, dass die Option **Logischer Drucker** ausgewählt und das Kontrollkästchen **Plug & Play-Drucker automatisch ermitteln und installieren** deaktiviert ist (da Sie einen Drucker für ein fiktives Gerät konfigurieren). Klicken Sie auf **Weiter**.
6. Die Seite **Druckeranschluss auswählen** wird angezeigt. Klicken Sie auf **Einen neuen Anschluss erstellen**.
7. Wählen Sie in der Dropdownliste **Anschlusstyp** den Eintrag **Standard TCP/IP Port** aus.

   Die neben **Local Port** verfügbaren Anschluss- bzw. Porttypen richten sich nach den installierten Netzwerkprotokollen. In diesem Fall ist TCP/IP installiert, weshalb dieser protokollbasierte Port verfügbar ist.
8. Klicken Sie auf **Weiter**. Der Assistent zum Hinzufügen eines Standard-TCP/IP-Druckerports wird gestartet.
9. Klicken Sie auf **Weiter**.
10. Geben Sie die IP-Adresse **10.0.0.51** ein, und übernehmen Sie den Standardportnamen **IP_10.0.0.51**.
11. Klicken Sie auf **Weiter**.

    Da tatsächlich an dieser Adresse kein physisches Druckgerät an das Netzwerk angeschlossen ist, kommt es zu einer Verzögerung, während der Assistent versucht, den Drucker zu ermitteln und zu identifizieren. Sie werden zudem aufgefordert, den Typ der Netzwerkschnittstelle anzugeben.
12. Wählen Sie als Gerätetyp **Hewlett Packard Jet Direct**.
13. Klicken Sie auf **Weiter**, und wählen Sie **Fertig stellen**. Der Assistent zum Hinzufügen eines Standard-TCP/IP-Druckerports wird geschlossen. Sie kehren zum Druckerinstallations-Assistenten zurück.

    Der Assistent fordert Sie auf, den Hersteller und das Modell des Druckers anzugeben. Sie fügen einen HP LaserJet 8100 Series PCL-Drucker hinzu.

Tipp Die Druckerliste ist in alphabetischer Reihenfolge sortiert. Wenn Sie einen Druckernamen nicht finden können, prüfen Sie, ob Sie den richtigen Speicherort durchsuchen.

14. Klicken Sie in der Liste **Hersteller** auf **HP**. Durchlaufen Sie die Liste **Drucker** nach unten, klicken Sie auf **HP LaserJet 8100 Series PCL**, und klicken Sie auf **Weiter**.

    Die Seite **Drucker benennen** wird angezeigt. Der Standardname im Feld **Druckername** ist das Druckermodell **HP LaserJet 8100 Series PCL**. Der Name, den Sie eingeben, muss den Namenskonventionen Ihres Unternehmens entsprechen. Verwenden Sie in dieser Übung den Namen **HPLJ8100**.

15. Geben Sie **HPLJ8100** ein, und klicken Sie auf **Weiter**.

    Die Seite **Druckerfreigabe** wird angezeigt und fordert Sie zur Angabe von Informationen zur Druckerfreigabe auf. Der Freigabename muss ebenfalls den Namenskonventionen Ihres Unternehmens entsprechen. Wie zuvor erwähnt, darf der UNC-Pfad des Druckers (***Servername******Druckerfreigabename***) nicht mehr als 32 Zeichen umfassen.

16. Stellen Sie sicher, dass die Option **Freigabename** aktiviert ist.
17. Geben Sie **HPLJ8100** in das Feld **Freigabename** ein, und klicken Sie auf **Weiter**.

    Die Seite **Standort und Kommentar** wird angezeigt.

Hinweis Der Druckerinstallations-Assistent zeigt die Werte an, die Sie in die Textfelder **Standort** und **Kommentar** eingeben, wenn ein Benutzer Active Directory nach einem Drucker durchsucht. Die Eingabe dieser Informationen ist optional, unterstützt die Benutzer jedoch beim Auffinden des Druckers.

18. Geben Sie **USA/NYC/1802/Americas/42/B** in das Feld **Standort** ein.
19. Geben Sie **SW-Drucker – hohe Kapazität** in das Feld **Kommentar** ein.
20. Klicken Sie auf **Weiter**.

    Die Seite **Testseite drucken** wird angezeigt. Eine erfolgreich ausgegebene Testseite bestätigt, dass der Drucker ordnungsgemäß eingerichtet wurde.

21. Wählen Sie **Nein** (da der Drucker nicht vorhanden ist), und klicken Sie auf **Weiter**. Die Seite **Fertigstellen des Assistenten** wird angezeigt, in der die gewählten Installationseinstellungen zusammengefasst werden.
22. Bestätigen Sie diese Angaben, und klicken Sie auf **Fertig stellen**.

    Im Fenster **Drucker und Faxgeräte** wird ein Symbol für den Drucker angezeigt. Beachten Sie, dass Windows Server 2003 eine geöffnete Hand unter dem Druckersymbol anzeigt. Dies bedeutet, dass der Drucker freigegeben ist. Beachten Sie auch das Häkchen neben dem Drucker, das darauf hinweist, dass der Drucker als Standarddrucker für den Druckserver festgelegt wurde.

23. Lassen Sie das Fenster **Drucker und Faxgeräte** geöffnet, da Sie es zum Abschließen der nächsten Übung benötigen.

Übung 2: Verbinden eines Clients mit einem Drucker

Wenn Sie auf weitere Computer zugreifen könnten, würden Sie auf jeder Arbeitsstation einen Drucker installieren, der eine Verbindung zum freigegebenen Drucker auf **Server01** herstellt. In dieser Übung benötigen Sie nur einen Computer (**Server01**). Sie können jedoch das Verbinden eines Druckerclients mit dem logischen Drucker des Servers simulieren.

1. Öffnen Sie den Ordner **Drucker und Faxgeräte**.
2. Starten Sie den Druckerinstallations-Assistenten, und klicken Sie auf **Weiter**.
3. Wählen Sie im Dialogfeld **Lokaler Drucker oder Netzwerk** die Option **Netzwerkdrucker oder Drucker, der an einen anderen Computer angeschlossen ist**, und klicken Sie auf **Weiter**
4. Stellen Sie sicher, dass **Einen Drucker im Verzeichnis suchen** ausgewählt ist, und klicken Sie auf **Weiter**. Das Dialogfeld **Drucker suchen** wird angezeigt.
5. Geben Sie ***NYC*** in das Feld **Ort** ein, und klicken Sie auf **Jetzt suchen**.
6. Wählen Sie den Drucker **HPLJ8100** in der Ergebnisliste aus, und klicken Sie auf **OK**.
7. Wählen Sie auf der Seite **Standarddrucker** des Druckerinstallations-Assistenten **Ja**, und klicken Sie auf **Weiter**.
8. Klicken Sie auf **Fertig stellen**.

   Im Ordner **Drucker und Faxgeräte** wird *kein* neues Druckersymbol angezeigt, da es nicht möglich ist, auf demselben Computer einen Druckerclient für einen logischen Drucker zu erstellen. Wenn Sie diese Übung auf einem zweiten Computer ausführen, wird das Symbol für den neuen Drucker angezeigt.

Übung 3: Offlineschalten eines Druckers und Drucken eines Testdokuments

In dieser Übung versetzen Sie den erstellen Drucker in den Status **Offline**. Wenn ein Drucker offline geschaltet wird, werden an diesen Drucker gesendete Dokumente in die Druckerwarteschlange gestellt, solange das Druckgerät nicht verfügbar ist. Dieser Schritt verhindert das Anzeigen von Fehlermeldungen zu nicht verfügbaren Druckgeräten in späteren Übungen. Andernfalls zeigt Windows Server 2003 Fehlermeldungen an, wenn versucht wird, Dokumente an ein fiktives Druckgerät zu senden, das tatsächlich auf dem Computer nicht zur Verfügung steht.

1. Klicken Sie im Fenster **Drucker und Faxgeräte** mit der rechten Maustaste auf das Symbol **HPLJ8100**.
2. Wählen Sie **Drucker offline verwenden**. Sie sehen, dass das Symbol abgeblendet angezeigt wird, da der Drucker nicht verfügbar ist und der Status als **Offline** angezeigt wird.
3. Doppelklicken Sie auf das Symbol **HPLJ8100**. Beachten Sie, dass die Liste der an das Druckgerät gesendeten Dokumente leer ist.
4. Zeigen Sie im Menü **Start** auf **Alle Programme**, dann auf **Zubehör**, und klicken Sie auf **Editor**.
5. Geben Sie im Editor einen beliebigen Beispieltext ein.

6. Ordnen Sie das Editor- und das HPLJ8100-Fenster so an, dass Sie den Inhalt beider Fenster sehen können.
7. Klicken Sie im Editor im Menü **Datei** auf **Drucken**. Das Dialogfeld **Drucken** wird angezeigt, in dem Sie Drucker und Druckoptionen auswählen können.

   Das Dialogfeld **Drucken** zeigt die Standort- und Kommentarinformationen, die Sie beim Erstellen des Druckers eingegeben haben. Es zeigt ferner den Drucker **HPLJ8100** als Standard- und ausgewählten Drucker und gibt an, dass der Drucker offline ist.
8. Klicken Sie auf **Drucken**. Der Editor zeigt kurz eine Meldung, die besagt, dass das Dokument auf Ihrem Computer gedruckt wird. Auf einem schnellen Computer ist diese Meldung eventuell nicht zu sehen.

   Im Fenster **HPLJ8100 – Drucker offline verwenden** wird das Dokument angezeigt, das darauf wartet, an das Druckgerät gesendet zu werden. Das Dokument bleibt in der Druckerwarteschlange, da Sie den Drucker offline geschaltet haben. Wäre der Drucker online, würde das Dokument an das Druckgerät gesendet.
9. Schließen Sie den Editor, und klicken Sie auf **Nein**, wenn Sie gefragt werden, ob die Dokumentänderungen gespeichert werden sollen.
10. Wählen Sie das Dokument im Fenster **HPLJ8100** aus, und klicken Sie im Menü **Drucker** auf **Alle Druckaufträge abbrechen**. Sie werden in einer Druckermeldung gefragt, ob Sie tatsächlich alle Druckaufträge für **HPLJ8100** abbrechen möchten.
11. Klicken Sie auf **Ja**. Das Dokument wird entfernt.
12. Schließen Sie das Fenster **HPLJ8100 – Drucker offline verwenden**.
13. Schließen Sie das Fenster **Drucker und Faxgeräte**.

Lernzielkontrolle

Die folgenden Fragen dienen dazu, die wichtigsten Lehrinhalte dieser Lektion zu vertiefen. Können Sie eine Frage nicht beantworten, arbeiten Sie das entsprechende Lektionsmaterial noch einmal durch, und versuchen Sie dann erneut, die Frage zu beantworten. Die Antworten auf die Lernzielkontrollfragen finden Sie im Abschnitt „Fragen und Antworten“ am Ende dieses Kapitels.

1. Sie richten einen Drucker auf Ihrem Windows Server 2003-Computer ein. Der Computer wird als Druckserver im Netzwerk verwendet. Sie planen, ein Druckgerät zu verwenden, das gegenwärtig als eigenständiges Druckgerät an das Netzwerk angeschlossen ist. Welchen Druckertyp müssen Sie zum Druckserver hinzufügen? (Wählen Sie alle zutreffenden Antworten aus.)

   a. Netzwerk

   b. Freigegeben

   c. Lokal

   d. Remote

2. Sie installieren einen Drucker auf einem Clientcomputer. Der Drucker wird mit einem logischen Drucker verbunden, der auf einem Windows Server 2003-Druckserver installiert ist. Welche Informationen können Sie zum Einrichten des Druckers bereitstellen? (Wählen Sie alle zutreffenden Antworten aus.)
   a. TCP/IP-Druckerport
   b. Modell des Druckgeräts
   c. URL zum Drucker auf dem Druckserver
   d. UNC-Pfad zur Druckfreigabe
   e. Druckertreiber
3. Einer Ihrer Drucker arbeitet nicht ordnungsgemäß. Sie möchten deshalb verhindern, dass Benutzer Druckaufträge an den logischen Drucker für dieses Gerät senden. Wie gehen Sie vor?
   a. Freigabe des Druckers aufheben
   b. Den Drucker aus Active Directory entfernen
   c. Den Druckeranschluss ändern
   d. Die Freigabe umbenennen
4. Sie verwalten einen Windows Server 2003-Computer, der als Druckserver konfiguriert ist. Sie möchten Wartungsarbeiten auf einem Druckgerät durchführen, das mit dem Druckserver verbunden ist. In der Druckerwarteschlange befinden sich mehrere Dokumente. Sie möchten verhindern, dass die Dokumente vom Drucker ausgegeben werden, aber gleichzeitig möchten Sie auch vermeiden, dass die Benutzer die Dokumente erneut an den Drucker senden müssen. Wie gehen Sie am besten vor?
   a. Öffnen Sie das Eigenschaftendialogfeld des Druckers, klicken Sie auf die Registerkarte **Freigabe**, und aktivieren Sie die Option **Drucker nicht freigeben**.
   b. Öffnen Sie das Eigenschaftendialogfeld des Druckers, und wählen Sie einen Anschluss, der keinem Druckgerät zugeordnet ist.
   c. Öffnen Sie das Fenster der Warteschlange des Druckers, wählen Sie das erste Dokument, und wählen Sie im Fenster **Dokument** den Befehl **Anhalten**. Wiederholen Sie diesen Vorgang für alle Dokumente.
   d. Öffnen Sie das Fenster für die Druckerwarteschlange, und wählen Sie im Menü **Drucker** die Option **Drucker anhalten**.

Zusammenfassung der Lektion

- Ein Druckerclient übermittelt einen Druckauftrag an einen Druckserver, der den Auftrag an den Drucker sendet. Der Druckerclient und der Druckserver verwalten beide einen logischen Drucker, der den Drucker repräsentiert.
- Ein lokaler Drucker unterstützt einen Drucker, der direkt an den Computer oder an das Netzwerk angeschlossen ist.
- Ein Netzwerkdrucker stellt eine Verbindung zu einem logischen Drucker her, der von einem anderen Computer, einem Druckserver, verwaltet wird.
- Microsoft Windows-Clients laden den Druckertreiber automatisch vom logischen Drucker auf dem Druckserver herunter. Druckertreiber für andere Windows-Versionen können über die Eigenschaftenseite **Freigabe** des Druckers hinzugefügt werden.

Lektion 2: Erweiterte Druckerkonfiguration und -verwaltung

In der vorherigen Lektion haben Sie erfahren, dass das Windows-Druckermodell am besten zum Tragen kommt, wenn ein logischer Drucker zur Unterstützung eines Geräts erstellt wird – entweder direkt an den Computer oder an das Netzwerk angeschlossen –, und wenn dieser logische Drucker für Druckerclients freigegeben ist. Der logische Drucker auf dem Druckserver bildet die Konfigurations- und Verwaltungszentrale. Die Treiber, die Sie auf dem Drucker installieren, werden automatisch von Windows-Clients heruntergeladen. Die Einstellungen, die Sie für den Drucker konfigurieren, werden als Einstellungen für alle Clients des Druckers verwendet.

In dieser Lektion erreicht diese Virtualisierung von Druckern als logische Geräte die nächste Stufe. Nach der Untersuchung der Druckereigenschaften, einschließlich Druckersicherheit, erfahren Sie nun, wie Druckerpools eingerichtet werden, um die Druckaufträge von Clients zu beschleunigen. Außerdem wird erklärt, wie Sie Ihre Drucker besser nutzen können, indem Sie mehr als einen logischen Drucker für ein Gerät erstellen, um Druckaufträge bzw. die Druckernutzung effektiver konfigurieren, verwalten und überwachen zu können. Schließlich wird erläutert, wie Sie Active Directory-Druckerobjekte und das Internetdrucken verwalten.

Am Ende dieser Lektion werden Sie in der Lage sein, die folgenden Aufgaben auszuführen:

- Verwalten und Konfigurieren von Druckereigenschaften
- Erstellen eines Druckerpools
- Konfigurieren mehrerer logischer Drucker zur Unterstützung eines einzelnen Druckers
- Verwalten von und Verbinden mit Druckern über Active Directory und IPP (Internet Printing Protocol)

Veranschlagte Zeit für diese Lektion: 30 Minuten

Verwalten von Druckereigenschaften

Drucker und Druckaufträge werden in den jeweiligen Eigenschaftendialogfeldern verwaltet. Auf diese Eigenschaftendialogfelder können Sie im Ordner **Drucker und Faxgeräte** zugreifen. Klicken Sie mit der rechten Maustaste auf einen Drucker, und wählen Sie **Eigenschaften**, um einen Drucker zu konfigurieren. Doppelklicken Sie auf einen Drucker, und klicken Sie in der Druckerwarteschlange mit der rechten Maustaste auf einen Druckauftrag. Wählen Sie **Eigenschaften**, um einen Druckauftrag zu konfigurieren. Die Anfangseigenschaften eines Druckauftrags werden aus den Eigenschaften des Druckers übernommen. Die Standardeigenschaften eines Druckauftrags können jedoch unabhängig von denen des Druckers geändert werden.

Steuern der Druckersicherheit

Windows Server 2003 ermöglicht die Steuerung der Druckernutzung und -verwaltung, indem Berechtigungen über die Registerkarte **Sicherheit** des Eigenschaftendialogfelds des Druckers zugewiesen werden. Sie können Berechtigungen zuweisen, die steuern, wer einen Drucker verwenden und wer den Drucker und die vom Drucker verarbeiteten Dokumente verwalten darf. Abbildung 8.5 zeigt eine typische Registerkarte **Sicherheit** im Eigenschaftendialogfeld eines Druckers.

Abbildung 8.5 Die Registerkarte **Sicherheit** im Eigenschaftendialogfeld eines Druckers

Über die Zugriffssteuerungsliste eines Druckers (Access Control List, ACL) können Sie die Nutzung eines Druckers beschränken und die Verwaltung eines Druckers an Benutzer delegieren, die ansonsten keine Administratoren sind. Windows Server 2003 bietet drei Druckerberechtigungsstufen: **Drucken**, **Drucker verwalten** und **Dokumente verwalten**.

Die Berechtigung **Drucken** ist standardmäßig der Gruppe **Jeder** zugewiesen. Die Auswahl dieser Berechtigung erlaubt allen Benutzern das Senden von Dokumenten zum Drucker. Um die Druckernutzung zu beschränken, entfernen Sie diese Berechtigung und weisen die Berechtigung **Drucken** anderen Gruppen oder einzelnen Benutzern zu. Alternativ können Sie die Berechtigung **Drucken** Gruppen oder Benutzern verweigern. Wie bei Zugriffssteuerungslisten für Dateisysteme werden erteilte Berechtigungen von verweigerten Berechtigungen außer Kraft gesetzt. Und wie bei Zugriffssteuerungslisten für Dateisysteme ist es am besten, den Zugriff einzuschränken, indem einer eingeschränkteren Benutzergruppe Berechtigungen erteilt werden, anstatt einer großen Gruppe Berechtigungen zu erteilen, um dann den Zugriff verwalten zu müssen, indem anschließend Berechtigungen verweigert werden.

Die Berechtigung **Dokumente verwalten** bietet die Möglichkeit, einen Druckauftrag abzubrechen, anzuhalten, fortzusetzen oder neu zu starten. Die Gruppe **Ersteller-Besitzer** verfügt über die Berechtigung **Dokumente verwalten**. Da eine der Gruppe **Ersteller-Besitzer** zugewiesene Berechtigung vom Benutzer übernommen wird, der ein Objekt erstellt, kann der Benutzer einen Druckauftrag, den er erstellt hat, abbrechen, anhalten, fortsetzen oder neu starten. Die Gruppen **Administratoren**, **Druck-Operatoren** und

Server-Operatoren verfügen auch über die Berechtigung **Dokumente verwalten**, was bedeutet, dass sie *beliebige* Dokumente in der Druckerwarteschlange abbrechen, anhalten, fortsetzen oder neu starten können. Diesen drei Gruppen ist auch die Berechtigung **Drucker verwalten** zugewiesen, die das Ändern der Druckereinstellungen und -konfiguration sowie der Zugriffssteuerungsliste selbst ermöglicht.

Tipp Wenn die Sicherheit eines Druckers nicht von großer Bedeutung ist, können Sie die Verwaltung des Druckers delegieren, indem Sie einer Gruppe, wie z.B. einer Gruppe ***<Druckerbenutzer>***, die Berechtigung **Dokumente verwalten** oder sogar **Drucker verwalten** zuweisen.

Zuweisen von Formaten zu Papierschächten

Wenn ein Druckgerät über mehrere Papierschächte verfügt, die jeweils unterschiedliche Papierformate enthalten, können Sie einem bestimmten Schacht ein Format zuweisen. Ein Format definiert die Papiergröße. Wenn Benutzer ein Dokument mit einem bestimmten Papierformat drucken, leitet Windows Server 2003 den Druckauftrag automatisch an den Papierschacht weiter, der das richtige Format enthält. Beispiele für Formate sind **A4**, **Legal**, **Letter**, **Umschlag** und **Executive**.

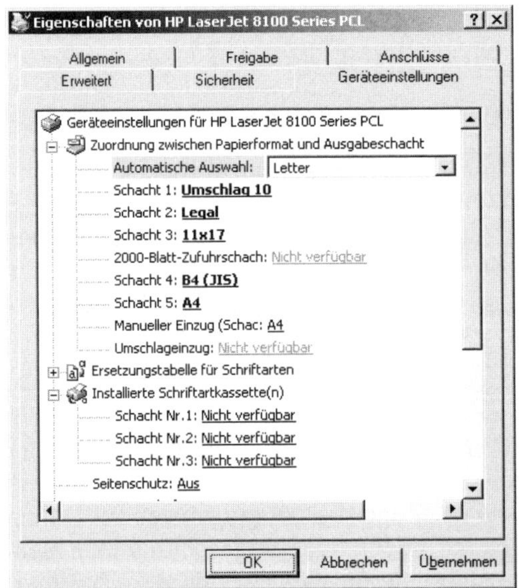

Abbildung 8.6 Die Registerkarte **Geräteeinstellungen** in den Eigenschaften eines Druckers

Um einem Papierschacht ein Format zuzuweisen, öffnen Sie die Registerkarte **Geräteeinstellungen** des Eigenschaftendialogfelds eines Druckers (siehe Abbildung 8.6). Die Anzahl der Papierschächte im Abschnitt **Zuordnung zwischen Papierformat und Ausgabeschacht** hängt vom Typ des installierten Druckers und der Anzahl der unterstützten Schächte ab. Weiter unten in der Geräteeinstellungsstruktur finden Sie Einstellungen für den Installationsstatus von Druckererweiterungen, wie z.B. weitere Papierschächte, Papierverarbeitungseinheiten, Schriftarten und Druckerspeicher.

Standardeinstellungen für Druckaufträge

Die Registerkarte **Allgemein** des Eigenschaftendialogfelds eines Druckers enthält die Schaltfläche **Druckeinstellungen**. Die Registerkarte **Erweitert** enthält eine Schaltfläche **Standardwerte**. Durch Klicken auf diese Schaltflächen wird ein Dialogfeld angezeigt, in dem Sie festlegen können, wie Druckaufträge vom logischen Drucker ausgegeben werden. Sie können die Seitenausrichtung (Quer- oder Hochformat), das beidseitige Drucken (falls unterstützt), die Papierquelle, die Auflösung und andere Dokumenteinstellungen festlegen. Diese Dialogfelder stimmen überein und sind ebenfalls identisch mit dem Dialogfeld, das angezeigt wird, wenn ein Benutzer im Dialogfeld **Drucken** auf **Eigenschaften** klickt.

Warum gibt es drei Eigenschaftendialogfelder für Druckaufträge? Im Dialogfeld **Standardwerte für Drucker** werden die Standardeinstellungen für alle Benutzer des logischen Druckers konfiguriert. Ist der Drucker freigegeben, werden seine Standardwerte zu den Standardwerten aller Drucker, die auf Clients mit dem freigegebenen Drucker verbunden werden. Im Dialogfeld **Druckeinstellungen** werden die benutzerdefinierten, persönlichen Einstellungen für einen Drucker konfiguriert. Alle Einstellungen im Dialogfeld **Druckeinstellungen** setzen die Standardwerte außer Kraft. Über das Eigenschaftendialogfeld, das durch Klicken auf **Eigenschaften** im Dialogfeld **Drucken** geöffnet wird, können die Eigenschaften des Auftrags konfiguriert werden, der gedruckt wird. Diese Eigenschaften setzen sowohl die Standardwerte als auch die Druckeinstellungen außer Kraft. Dank dieser drei Möglichkeiten der Festlegung von Druckauftragseigenschaften können Administratoren einen Drucker zentral konfigurieren, indem sie Standardwerte für den freigegebenen logischen Drucker festlegen, und trotzdem ist noch eine flexible und dezentrale Konfiguration durch Benutzer oder auf Dokumentbasis möglich.

Druckerzeitplan

Auf der in Abbildung 8.7 gezeigten Registerkarte **Erweitert** des Eigenschaftendialogfelds eines Druckers können Sie zahlreiche weitere Einstellungen konfigurieren, mit denen das Verhalten des logischen Druckers, seines Druckprozessors und der Druckerwarteschlange gesteuert werden kann. Zu den nützlicheren und interessanteren Einstellungen gehört der Zeitplan des Druckers.

Der Zeitplan des logischen Druckers bestimmt, wann ein Auftrag in der Warteschlange freigegeben und zum Drucker selbst gesendet wird. Ein Benutzer mit der Berechtigung **Drucken** kann jederzeit einen Auftrag zum Drucker senden. Der Auftrag wird jedoch so lange zurückgehalten, bis der Zeitplan des Druckers die Weiterleitung zum Druckeranschluss erlaubt. Eine solche Konfiguration ist nicht für normale Bürodrucker gedacht. Ein Zeitplan ist besonders für Situationen geeignet, in denen Benutzer große Aufträge drucken und Sie möchten, dass diese Aufträge nach Büroschluss oder zu Zeiten mit niedriger Auslastung gedruckt werden. Indem der Zeitplan so konfiguriert wird, dass der Drucker nachts verfügbar ist, können Benutzer einen Auftrag am Tag zum Drucker senden, der vom Drucker über Nacht ausgegeben wird. Die Benutzer können ihren Auftrag anschließend am nächsten Tag entnehmen.

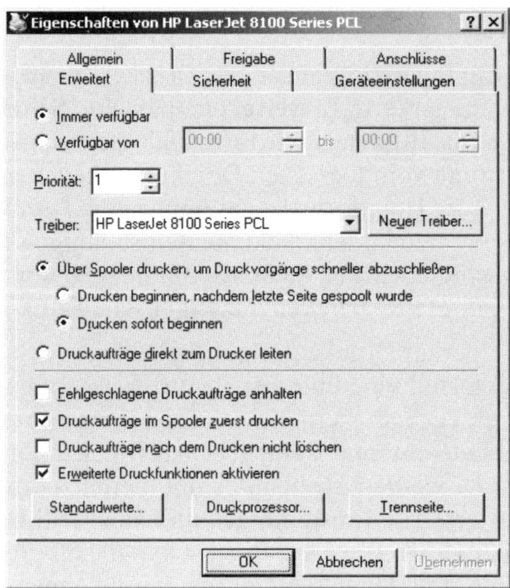

Abbildung 8.7 Die Registerkarte **Erweitert** im Eigenschaftendialogfeld eines Druckers

Tipp Wenn Sie einen Druckerpool einrichten, platzieren Sie die Druckgeräte am selben Standort, damit die Benutzer ihre Dokumente einfach finden können. Wenn Benutzer ihre Aufträge an einen Druckerpool senden, können sie nicht wissen, welcher Drucker den Auftrag tatsächlich gedruckt hat.

Einrichten eines Druckerpools

Ein Druckerpool ist ein logischer Drucker, der mehrere physische Drucker unterstützt, die entweder an den Server oder an das Netzwerk angeschlossen sind, oder eine Kombination solcher Drucker. Beim Erstellen eines Druckerpools werden die Dokumente der Benutzer zum ersten verfügbaren Drucker gesendet. Der logische Drucker, der den Pool repräsentiert, sucht automatisch einen freien Anschluss.

Druckerpools werden über die Registerkarte **Anschlüsse** im Eigenschaftendialogfeld des Druckers konfiguriert. Um Druckerpools einzurichten, aktivieren Sie das Kontrollkästchen **Druckerpool aktivieren**. Anschließend können Sie die Anschlüsse auswählen oder hinzufügen, die zum Pool gehören sollen. Abbildung 8.8 zeigt einen Druckerpool, der mit drei an das Netzwerk angeschlossenen Druckern verbunden ist.

Prüfungstipp Der vom Druckerpool verwendete Druckertreiber muss mit allen Druckern kompatibel sein, an die der Pool Aufträge weiterleitet.

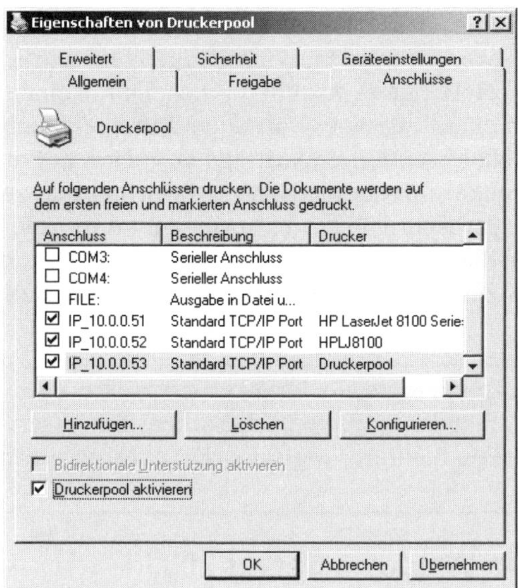

Abbildung 8.8 Die Registerkarte **Anschlüsse** im Eigenschaftendialogfeld eines Druckerpools mit einem aus drei Druckern bestehenden Pool

Konfigurieren mehrerer logischer Drucker für einen einzelnen Drucker

Wenngleich ein Druckerpool ein einzelner logischer Drucker ist, der mehrere Anschlüsse bzw. Drucker unterstützt, ist die umgekehrte Struktur gängiger und leistungsfähiger: mehrere logische Drucker zur Unterstützung eines einzelnen Anschlusses oder Druckers. Durch Erstellen mehrerer logischer Drucker, die Aufträge zum selben physischen Drucker leiten, können Sie für jeden logischen Drucker unterschiedliche Eigenschaften, Standardwerte, Sicherheitseinstellungen sowie Überprüfungs- und Überwachungsfunktionen konfigurieren.

Sie können z.B. den Führungskräften der Firma Contoso erlauben, ihre Aufträge sofort zu drucken, ohne dabei die Dokumente zu berücksichtigen, die von anderen Benutzern gedruckt werden. Dazu erstellen Sie einen zweiten logischen Drucker, der Aufträge mit einer höheren Priorität als die der anderen Benutzer zum selben Anschluss bzw. zum selben physischen Drucker leitet.

Mit dem Druckerinstallations-Assistenten können Sie einen weiteren logischen Drucker erstellen. Um eine Struktur mit mehreren logischen Druckern bei nur einem Anschluss einzurichten, verwenden zusätzliche Drucker denselben Anschluss wie ein vorhandener logischer Drucker. Der Drucker- und der Freigabename sind eindeutig. Öffnen Sie nach dem Hinzufügen des neuen Druckers dessen Eigenschaften, und konfigurieren Sie Treiber, Zugriffssteuerungsliste, Standardwerte und andere Einstellungen des neuen logischen Druckers.

Um eine hohe Pritorität für den neuen logischen Drucker zu konfigurieren, klicken Sie auf die Registerkarte **Erweitert** und legen die Priorität im Bereich von **1** (niedrigste Priorität) und **99** (höchste Priorität) fest. Wenn Sie dem logischen Drucker der Führungskräfte den

Wert **99** und dem Drucker der übrigen Benutzer den Wert **1** zuweisen, werden Dokumente, die an den Drucker der Führungskräfte gesendet werden, vor Dokumenten gedruckt, die in die Warteschlange des Druckers der anderen Benutzer gestellt wurden. Durch einen Druckauftrag einer Führungskraft wird der Druckauftrag eines normalen Benutzers nicht unterbrochen. Wenn der Drucker jedoch frei ist, akzeptiert er Aufträge vom Drucker mit der höheren Priorität vor Aufträgen vom Drucker mit der niedrigeren Priorität. Um zu verhindern, dass andere Benutzer den Drucker der Führungskräfte benutzen, konfigurieren Sie dessen Zugriffssteuerungsliste, entfernen die der Gruppe **Jeder** zugewiesene Druckberechtigung und erteilen stattdessen nur der Sicherheitsgruppe der Führungskräfte die Druckberechtigung.

Prüfungstipp Ein Druckerpool ist ein einzelner logischer Drucker, der mehrere Anschlüsse unterstützt. Alle anderen Variationen der standardmäßigen Druckclient/Druckserver/Drucker-Struktur basieren auf dem Erstellen mehrerer logischer Drucker für einen einzelnen Anschluss.

Druckerintegration in Active Directory in Windows Server 2003

Das Drucksubsystem von Windows Server 2003 ist eng in Active Directory integriert, sodass Benutzer und Administrator unternehmensweit mühelos nach Druckern suchen und eine Verbindung zu ihnen herstellen können. Sämtliche erforderliche Interaktion zwischen Druckern und Active Directory ist standardmäßig so konfiguriert, dass Eingriffe des Administrators nicht erforderlich sind. Sie müssen Änderungen nur vornehmen, wenn die Standardeinstellungen nicht Ihren Anforderungen entsprechen.

Wenn zu einem Windows Server 2003-Druckserver ein logischer Drucker hinzugefügt wird, erfolgt automatisch eine Veröffentlichung des Druckers in Active Directory. Der Druckserver erzeugt ein **printQueue**-Objekt und aktualisiert dessen Eigenschaften anhand des Treibers und der Einstellungen des logischen Druckers.

Insidertipp Die Druckerobjekte sind in **Active Directory-Benutzer und -Computer** nicht einfach zu finden. Sie müssen auf die Schaltfläche **Sucht Objekt in Active Directory** auf der MMC-Symbolleiste klicken oder im Menü **Ansicht** die Option **Benutzer, Gruppen und Computer als Container** wählen. Anschließend werden die Druckerobjekte im Druckserver angezeigt. Der Drucker wird in Active Directory im Computerobjekt des Druckservers abgelegt. Das Objekt kann in eine beliebige Organisationseinheit verschoben werden.

Bei Änderungen an der Druckerkonfiguration wird das Active Directory-Druckerobjekt aktualisiert. Sämtliche Konfigurationsinformationen werden erneut an den Active Directory-Speicher gesendet, auch wenn einige Informationen nicht geändert wurden.

Planung Das Erstellen und Aktualisieren von Druckerobjekten erfolgt zwar relativ schnell, doch müssen Objekte und Attribute repliziert werden, bevor sie sich auf einem Client auf die Ergebnisse des Vorgangs **Drucker suchen** auswirken. Die Replikationsverzögerung hängt von der Größe des Unternehmens und der Replikationstopologie ab.

Wird ein Druckserver aus dem Netzwerk entfernt, so wird sein Druckerobjekt aus Active Directory gelöscht. Der Druckerlöschdienst überprüft das Vorhandensein freigegebener Drucker, die in Active Directory abgebildet sind, indem die freigegebenen Drucker alle acht Stunden kontaktiert werden. Ein Druckerobjekt wird gelöscht, wenn der Dienst den Drucker zweimal nacheinander nicht kontaktieren kann. Dies kann passieren, wenn ein Druckserver offline geschaltet wurde. Das geschieht regelmäßig, wenn Drucker auf Windows 2000- oder Windows XP Arbeitsstationen freigegeben werden, die über Nacht oder am Wochenende heruntergefahren werden. Allerdings erstellt ein Druckserver die Druckerobjekte für seine Drucker neu, wenn der Computer gestartet oder der Druckspoolerdienst neu gestartet wird. Auch hier sind keine Administratoreingriffe erforderlich.

Veröffentlichen von Windows-Druckern

Mit dem Druckerinstallations-Assistenten hinzugefügte Drucker werden standardmäßig veröffentlicht. Beim Installieren oder Hinzufügen eines Druckers über den Druckerinstallations-Assistenten können Sie nicht verhindern, dass der Drucker in Active Directory veröffentlicht wird.

Wenn Sie einen Drucker erneut veröffentlichen möchten (z.B. nach Aktualisierung seines Namens oder anderer Eigenschaften) oder *nicht* möchten, dass ein freigegebener Drucker in Active Directory veröffentlicht wird, öffnen Sie das Eigenschaftendialogfeld des Druckers, klicken auf die Registerkarte **Freigabe** und aktivieren bzw. deaktivieren das Kontrollkästchen **Im Verzeichnis anzeigen**.

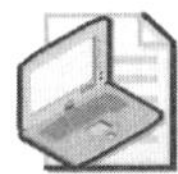

Hinweis Ein an einen lokalen Anschluss angeschlossener Drucker wird in der Regel von Plug & Play automatisch erkannt und installiert. In diesem Fall müssen Sie den Drucker über die Registerkarte **Freigabe** manuell freigeben und veröffentlichen.

Logische Drucker, die auf Computern mit Windows NT 4.0 oder Windows NT 3.51 freigegeben sind, werden nicht automatisch veröffentlicht. Sie können sie jedoch über die MMC **Active Directory-Benutzer und -Computer** manuell veröffentlichen. Klicken Sie mit der rechten Maustaste auf die Organisationseinheit oder einen anderen Container, in dem Sie den Drucker erstellen möchten, und wählen Sie **Neu, Drucker**.

Planung Sie sollten nur Druckerobjekte hinzufügen, die Druckern auf Computern mit Betriebssystemen vor Windows 2000 zugeordnet werden. Fügen Sie keine Druckerobjekte für Drucker auf Computern mit Windows 2000 oder höher hinzu. Lassen Sie diese Drucker sich selbst automatisch veröffentlichen.

Manuelles Konfigurieren des Veröffentlichungsverhaltens von Druckern

Alle bisher beschriebenen standardmäßigen Systemverhaltensweisen können mithilfe von lokalen oder Gruppenrichtlinien geändert werden. Druckerrichtlinien finden Sie im Knoten **Computerkonfiguration** unter **Administrative Vorlagen**. Öffnen Sie zum Anzeigen einer Beschreibung der einzelnen Richtlinien das Eigenschaftendialogfeld einer bestimmten Richtlinie, und klicken Sie auf **Erklärung**.

Nachverfolgen des Druckerstandorts

Das Nachverfolgen des Druckerstandorts ist eine (standardmäßig deaktivierte) Funktion, welche die Suche eines Benutzers nach einem Drucker in Großunternehmen wesentlich erleichtert. Dazu wird im Dialogfeld **Drucker suchen** nach einen bestimmten Schema ein Wert für das Feld **Ort** vorgegeben, damit die Ergebnismenge automatisch so gefiltert wird, dass dem Benutzer Drucker in seiner räumlichen Nähe angezeigt werden.

Um Drucker auf die Nachverfolgung des Standorts vorzubereiten, benötigen Sie einen oder mehrere Standorte *oder* eines oder mehrere Subnetze. Standort- und Subnetzobjekte werden mithilfe der MMC oder des Snap-Ins **Active Directory-Standorte und -Dienste** erstellt und verwaltet. Sie müssen außerdem die Registerkarte **Standort** im Eigenschaftendialogfeld des Standorts oder Subnetzes unter Verwendung einer Namenskonvention konfigurieren, die durch Schrägstriche getrennte Hierarchien von Standorten nachbildet. Der Standort **USA/NYC/1802/Americas/42/B** bezieht sich z.B. auf ein Gebäude auf der Avenue of the Americas Nr. 1802 in Manhattan im 42. Stock im Bereich B. Ein Druckerstandort kann sich über mehrere Subnetze bzw. mehrere Standorte erstrecken.

Sie müssen anschließend über die Richtlinie **Druckerstandortsuchtext im Vorhinein ausfüllen** die Nachverfolgung des Druckerstandorts aktivieren.

Active Directory kann den Standort eines Computers oder seine Subnetzzugehörigkeit aufgrund der IP-Adresse des Computers bestimmen. Beim Aufruf des Dialogfelds **Drucker suchen** wird der Standort des Computers gemäß dem zugehörigen Standort- oder Subnetzobjekt automatisch in das Feld **Ort** eingegeben. Die Schaltfläche **Durchsuchen** wird ebenfalls angezeigt, über die der Benutzer die Standorthierarchie von Druckern an anderen Standorten durchsuchen kann.

Durch diese leistungsfähige Funktion werden die Druckerverwaltung und -einrichtung wesentlich vereinfacht. Es ist jedoch eine sorgfältige Back-End-Planung erforderlich, um dafür zu sorgen, dass alle Subnetze definiert sind und dass eine sinnvolle, hierarchische Namenskonvention für Standorte einheitlich Anwendung findet. Weitere Informationen zu dieser Funktion finden Sie im Hilfe- und Supportcenter.

Internetdrucken

Windows Server 2003 unterstützt über das Internet Printing Protocol (IPP) eine zusätzliche Funktionalität, die es Benutzern ermöglicht, sich mit Druckern zu verbinden und Druckaufträge über gekapseltes HTTP (Hypertext Transfer Protocol) zu senden. Das Internetdrucken bietet Administratoren auch die Möglichkeit, Drucker unter Verwendung verschiedenster Internetbrowser und -plattformen zu verwalten und zu konfigurieren.

Einrichten des Internetdruckens

Das Internetdrucken wird unter Windows Server 2003 nicht standardmäßig installiert bzw. aktiviert. Sie müssen entsprechend den Angaben in Kapitel 6, „Dateien und Ordner“, die Internetinformationsdienste (IIS) installieren. Nach der IIS-Installation können Sie das Internetdrucken installieren. Führen Sie zum Installieren des Internetdruckens die folgenden Schritte aus:

1. Öffnen Sie in der Systemsteuerung **Software**, und klicken Sie auf **Windows-Komponenten hinzufügen/entfernen**.
2. Wählen Sie **Anwendungsserver** aus, und klicken Sie auf **Details**.
3. Wählen Sie **Internetinformationsdienste (IIS)** aus, und klicken Sie auf **Details**.
4. Wählen Sie **Internetdrucken** aus.

Nach der Installation von IIS und Internetdrucken können Sie die Funktion über das IIS-Snap-In bzw. die IIS-Konsole aktivieren oder deaktivieren. Erweitern Sie den Knoten des Servers, und klicken Sie auf **Webdiensterweiterungen**. Wählen Sie im Detailfenster **Internetdrucken** aus, und klicken Sie auf **Verweigern** oder **Zulassen**.

Das Internetdrucken erzeugt unter der Standardwebsite das virtuelle Verzeichnis **Printers**. Dieses virtuelle Verzeichnis zeigt auf **%SystemRoot%\Web\Printers**. Auf die Druckersite erfolgt der Zugriff über Microsoft Internet Explorer 4.01 und höher durch die Eingabe der Adresse des Druckservers in das Feld **Adresse**, gefolgt vom Namen des virtuellen Druckerverzeichnisses. Um z.B. auf die Seite zum Internetdrucken für **Server01** zuzugreifen, geben Sie **http://Server01/printers/** ein.

Hinweis Sie können die Authentifizierung und Zugriffssicherheit für das Internetdrucken über das Eigenschaftendialogfeld des virtuellen Verzeichnisses konfigurieren.

Verwenden und Verwalten von Internetdruckern

Sie können eine Verbindung zu **http://*Druckserver*/printers** herstellen, um alle Drucker auf dem Druckserver anzuzeigen. Nachdem Sie den gewünschten Drucker ausgewählt und auf diesen geklickt haben, wird eine Webseite für diesen Drucker angezeigt.

Um den Vorgang abzukürzen, können Sie, falls Sie den exakten Namen des Druckers kennen, zu dem eine Verbindung hergestellt werden soll, die Adresse des Druckers im folgenden Format eingeben:

http://*Druckserver*/*Druckerfreigabename*

Sobald die Webseite des Druckers angezeigt wird, können Sie, falls Sie über die entsprechenden Sicherheitsberechtigungen verfügen, eine Verbindung zu dem Drucker herstellen und ihn verwalten. Wenn Sie auf der Webseite des Druckers auf **Verbinden** klicken, erzeugt der Server eine .cab-Datei mit den dazugehörigen Druckertreiberdateien und überträgt die .cab-Datei auf den Clientcomputer. Der installierte Drucker wird auf dem Client im Ordner **Drucker** angezeigt. Der Drucker kann dann wie jeder andere Drucker im Ordner **Drucker und Faxgeräte** verwendet und verwaltet werden. Das Verwenden eines Webbrowsers zum Verwalten von Druckern hat mehrere Vorteile:

- Sie können Drucker von jedem Computer aus verwalten, der über einen Webbrowser verfügt, und zwar unabhängig davon, ob es sich um einen Windows Server 2003-Computer handelt und ob auf dem Computer der richtige Druckertreiber installiert ist.
- Sie können die Benutzeroberfläche anpassen. So haben Sie z.B. die Möglichkeit, Ihre eigene Webseite zu erstellen, die einen Gebäudeplan mit den Standorten der Drucker und Links zu den Druckern enthält.

- Sie können eine Übersichtsseite mit dem Status aller Drucker auf einem Druckserver anzeigen.
- Das Internetdrucken kann Druckgerätdaten in Echtzeit melden – z.B. ob das Druckgerät im Energiesparmodus betrieben wird –, sofern der Druckertreiber solche Informationen zur Verfügung stellt. Diese Informationen stehen im Fenster **Drucker und Faxgeräte** nicht zur Verfügung.

Praktische Übung: Erweiterte Druckerkonfiguration und -verwaltung

In dieser praktischen Übung konfigurieren Sie einen Druckerpool sowie einen zweiten logischen Drucker für einen einzelnen, an das Netzwerk angeschlossenen Drucker.

Übung 1: Konfigurieren eines Druckerpools

1. Erstellen Sie im Fenster **Drucker und Faxgeräte** einen neuen Drucker. Wenn Sie Hilfe beim Erstellen eines Druckers benötigen, befolgen Sie die Schritte in Lektion 1, Übung 1. Der Drucker sollte über die Netzwerkadresse **10.0.0.52** (neuer Port) angesprochen werden. Konfigurieren Sie den Drucker als **HP LaserJet 8100 Series PCL**, und verwenden Sie als Drucker- und Freigabename **Druckerpool**. Alle weiteren Eigenschaften einschließlich Standort und Kommentar sind mit denen in Lektion 1, Übung 1 identisch.
2. Öffnen Sie die Eigenschaften von **Druckerpool**.
3. Klicken Sie auf die Registerkarte **Anschlüsse**.
4. Aktivieren Sie das Kontrollkästchen **Druckerpool aktivieren** und anschließend das Kontrollkästchen neben dem Port **IP_10.0.0.51**.
5. Klicken Sie auf **Übernehmen**. Beide Netzwerkports sind nun ausgewählt.

   Profitieren Benutzer, die Druckaufträge an **HPLJ8100** senden, vom Druckerpool?

   ____

   ____

   ____

Übung 2: Konfigurieren mehrerer logischer Drucker für einen einzelnen Drucker

1. Erstellen Sie im Fenster **Drucker und Faxgeräte** einen neuen Drucker. Wenn Sie Hilfe beim Erstellen eines Druckers benötigen, befolgen Sie die Schritte in Lektion 1, Übung 1. Der Drucker sollte über die Netzwerkadresse **10.0.0.52** angesprochen werden (der Port ist bereits vorhanden). Konfigurieren Sie den Drucker als **HP LaserJet 8100 Series PCL**, und verwenden Sie als Drucker- und Freigabename **Prioritätsdrucker**. Alle weiteren Eigenschaften einschließlich Standort und Kommentar sind mit denen in Lektion 1, Übung 1, identisch.
2. Öffnen Sie die Eigenschaften von **Prioritätsdrucker**.
3. Klicken Sie auf die Registerkarte **Erweitert**.
4. Legen Sie **Priorität** auf den Wert **99** (die höchste Priorität) fest.

Übung 3: Untersuchen von Active Directory-Druckerobjekten

1. Öffnen Sie die Konsole **Active Directory-Benutzer und -Computer**.
2. Wählen Sie im Menü **Ansicht** die Option **Benutzer, Gruppen und Computer als Container**.
3. Erweitern Sie die Organisationseinheit **Domain Controllers**. **Server01** wird als untergeordneter Container angezeigt.
4. Wählen Sie in der Struktur **Server01** aus.

   Die Druckerobjekte werden im Detailfenster angezeigt. Falls für die in den Übungen 1 und 2 erstellten Drucker keine Objekte angezeigt werden, warten Sie einige Minuten. Der Druckserver benötigt eventuell einen Moment, um seine Drucker in Active Directory zu veröffentlichen. Sie müssen unter Umständen die Taste F5 (Aktualisieren) drücken, um die Druckerobjekte nach ihrer Veröffentlichung anzuzeigen.
5. Öffnen Sie die Eigenschaften des Objekts **Prioritätsdrucker**.

   Beachten Sie die Unterschiede zwischen den Eigenschaften, die in Active Directory veröffentlicht werden, und den Eigenschaften, die im Ordner **Drucker und Faxgeräte** angezeigt werden. Active Directory verwaltet eine eingeschränkte Zahl an Eigenschaften, d.h. die Eigenschaften, die am wahrscheinlichsten für die Suche nach einem Drucker in Frage kommen. Ferner ist zu beachten, dass durch Ändern einer Eigenschaft in Active Directory die Eigenschaft des Druckers nicht geändert wird. Wird dagegen eine Eigenschaft des Druckers geändert, wird die entsprechende Eigenschaft im Active Directory-Druckerobjekt aktualisiert.

Lernzielkontrolle

Die folgenden Fragen dienen dazu, die wichtigsten Lehrinhalte dieser Lektion zu vertiefen. Können Sie eine Frage nicht beantworten, arbeiten Sie das entsprechende Lektionsmaterial noch einmal durch, und versuchen Sie dann erneut, die Frage zu beantworten. Die Antworten auf die Lernzielkontrollfragen finden Sie im Abschnitt „Fragen und Antworten" am Ende dieses Kapitels.

1. Sie verwalten einen Windows Server 2003-Computer, der als Druckserver konfiguriert ist. Benutzer in der Gruppe **Marketing** beklagen sich darüber, dass sie über einen Drucker auf dem Server keine Dokumente drucken können. Sie zeigen in den Druckereigenschaften die Berechtigungen an. Die Gruppe **Marketing** verfügt über die Berechtigung **Dokumente verwalten**. Warum können die Benutzer keine Dokumente über den Drucker ausgeben?
   a. Der Gruppe **Jeder** muss die Berechtigung **Dokumente verwalten** erteilt werden.
   b. Der Gruppe **Administratoren** muss die Berechtigung **Drucker verwalten** erteilt werden.
   c. Der Gruppe **Marketing** muss die Berechtigung **Drucken** erteilt werden.
   d. Der Gruppe **Marketing** muss die Berechtigung **Drucker verwalten** erteilt werden.

2. Sie richten einen Druckerpool auf Ihrem Windows Server 2003-Computer ein. Der Druckerpool umfasst drei identische Druckgeräte. Sie öffnen die Eigenschaften des Druckers, und aktivieren auf der Registerkarte **Anschlüsse** die Option **Druckerpool aktivieren**. Was müssen Sie anschließend tun?
   a. Konfigurieren Sie den Anschluss **LPT1** für die Unterstützung von drei Druckern.
   b. Wählen oder erstellen Sie die Anschlüsse, die den drei Druckern zugeordnet sind.
   c. Konfigurieren Sie auf der Registerkarte **Geräteeinstellungen** die installierbaren Optionen zur Unterstützung zweier weiterer Druckgeräte.
   d. Konfigurieren Sie auf der Registerkarte **Erweitert** die Priorität der einzelnen Druckgeräte, damit Druckaufträge gleichmäßig auf die drei Druckgeräte verteilt werden.
3. Sie sind Administrator eines Windows Server 2003-Computers, der als Druckserver konfiguriert ist, und möchten die Druckdienste über einen Webbrowser auf einem Clientcomputer verwalten. Der Server heißt **Mktg1**. Den Freigabenamen des Druckers kennen Sie dagegen nicht. Über welchen URL können Sie sich mit dem Drucker verbinden?
   a. http://mktg1/printers
   b. http://printers/mktg1
   c. http://windows/web/printers
   d. http://windows/mktg1
4. Sie möchten einen logischen Drucker konfigurieren, damit große Druckaufträge mit niedriger Priorität nachts gedruckt werden. Welche der folgenden Optionen müssen Sie im Eigenschaftendialogfeld des Druckers konfigurieren?
   a. Priorität
   b. Verfügbar von / bis
   c. Drucken beginnen, nachdem letzte Seite gespoolt wurde
   d. Druckaufträge direkt zum Drucker leiten
   e. Druckaufträge nach dem Drucken nicht löschen

Zusammenfassung der Lektion

Das Windows-Druckermodell unterstützt mithilfe logischer Drucker eine flexible Nutzung von Druckern. Sie können einen logischen Drucker, der Aufträge an mehrere Geräte (einen Druckerpool) sendet, oder mehrere logische Drucker hinzufügen, die Aufträge an ein Gerät senden. Dabei ist jeder logische Drucker mit Druckereinstellungen, Standardwerten und Berechtigungen vorkonfiguriert, um einen bestimmten Typ von Druckaufgabe zu unterstützen.

Drucker werden in Active Directory veröffentlicht, um den Benutzern das Suchen von und Verbinden mit Druckern zu erleichtern. Windows Server 2003 unterstützt die Nachverfolgung von Druckerstandorten, was die Druckersuche weiter vereinfacht. Drucker können über das Intranet oder Internet mithilfe von IPP verwaltet werden und Dokumente drucken.

Lektion 3: Warten, Überwachen und Problembehandlung von Druckern

Sobald logische Drucker auf Druckservern eingerichtet, konfiguriert und freigegeben sind und sich Clients mit diesen Druckern verbunden haben, müssen Sie mit der Wartung und Überwachung dieser logischen und physischen Drucker beginnen. In dieser Lektion finden Sie Anleitungen zur Wartung und Problembehandlung von Druckern in einer Windows Server 2003-Umgebung. Es wird erläutert, wie Druckertreiber unterstützt, Druckaufträge umgeleitet, Leistungs- und Nutzungsprotokolle konfiguriert und Druckfehler methodisch behoben werden.

Am Ende dieser Lektion werden Sie in der Lage sein, die folgenden Aufgaben auszuführen:

- Verwalten von Druckertreibern
- Umleiten von Druckaufträgen
- Überwachen der Druckerleistung
- Überwachen des Druckerzugriffs
- Problembehandlung bei Druckerausfällen

Veranschlagte Zeit für diese Lektion: 20 Minuten

Warten von Druckern

Für den Druckdienst auf einem Windows Server 2003-Computer sind keine regelmäßigen Wartungsaufgaben vorgesehen. Die im Folgenden beschriebenen Wartungsaufgaben werden gewöhnlich in regelmäßigen Abständen nach Bedarf durchgeführt. Bedenken Sie beim Verwalten von Druckern, dass sich Aktionen auf einen Drucker bzw. alle Drucker eines Druckservers und nicht nur auf einzelne Druckaufträge auswirken können.

Verwalten von Druckertreibern

Die erste Gruppe von Wartungsaufgaben bezieht sich auf die Treiber auf dem Druckserver. Wie bereits zuvor in dieser Lektion erwähnt, ist es nützlich, Treiber für alle Clientplattformen zu installieren, die einen bestimmten freigegebenen Drucker verwenden. Windows-Clients laden den Treiber automatisch herunter, wenn sie eine Verbindung zu dem Drucker herstellen. Treiber für verschiedene Plattformen werden installiert, indem Sie im Eigenschaftendialogfeld eines Druckers auf der Registerkarte **Freigabe** auf **Zusätzliche Treiber** klicken.

Um die Treiber eines einzelnen logischen Druckers zu aktualisieren, klicken Sie im Eigenschaftendialogfeld auf die Registerkarte **Erweitert** und dann auf **Neuer Treiber**. Sie können dann weitere Treiber auswählen, indem Sie den Hersteller und das Modell angeben oder auf **Datenträger** klicken, um die vom Hersteller bereitgestellten Treiber zu installieren.

Sie können auch Treiber für den gesamten Druckserver verwalten. Wählen Sie im Ordner **Drucker und Faxgeräte** im Menü **Datei** die Option **Servereigenschaften**, und klicken

Sie auf die Registerkarte **Treiber**. Hier können Sie Eigenschaften der einzelnen Treiber auf dem Druckserver hinzufügen, entfernen, neu installieren und öffnen. Änderungen an diesen Treibern wirken sich auf alle Drucker auf dem Server aus.

Wenn Sie alle Dateien auflisten möchten, die zu einem bestimmten Druckertreiber gehören, öffnen Sie die Registerkarte **Treiber** des Druckservers, und klicken Sie auf **Eigenschaften**. Die Namen und Beschreibungen aller Dateien, die zu einem bestimmten Treiber gehören, werden angezeigt. In dieser Liste können Sie Details zu den Dateien anzeigen, indem Sie eine Datei markieren und auf **Eigenschaften** klicken.

Umleiten von Druckaufträgen

Ist ein Drucker ausgefallen, können Sie die Dokumente aus der Warteschlange dieses Druckers an einen anderen Drucker senden, der an einen lokalen Anschluss des Computers oder an das Netzwerk angeschlossen ist. Dieser Vorgang wird *Umleiten* von Druckaufträgen genannt. So können Benutzer Aufträge weiter zum logischen Drucker senden, Benutzer mit Dokumenten in der Warteschlange müssen ihre Aufträge nicht erneut senden.

Um Druckaufträge umzuleiten, öffnen Sie das Eigenschaftendialogfeld des Druckers und klicken auf die Registerkarte **Anschlüsse**. Wählen Sie einen vorhandenen Anschluss aus, oder fügen Sie einen neuen Anschluss hinzu. Das Kontrollkästchen des Anschlusses für den ausgefallenen Drucker wird sofort deaktiviert, es sei denn, ein Druckerpool ist aktiviert. In diesem Fall müssen Sie das Kontrollkästchen manuell deaktivieren.

Da Druckaufträge bereits für den vorherigen Drucker vorbereitet wurden, muss der Drucker am neuen Anschluss kompatibel mit dem Treiber sein, der vom logischen Drucker verwendet wird. Alle Druckaufträge werden nun zum neuen Anschluss umgeleitet. Einzelne Dokumente können nicht umgeleitet werden. Auch gegenwärtig im Druck befindliche Dokumente können nicht umgeleitet werden.

Überwachen von Druckern

Windows Server 2003 bietet mehrere Methoden zum Überwachen von Druckern und Druckressourcen.

Arbeiten mit dem *Systemmonitor* und mit *Leistungsprotokolle und Warnungen*

Die Snap-Ins **Systemmonitor** und **Leistungsprotokolle und Warnungen**, die beide zur MMC-Konsole **Leistung** gehören, ermöglichen ein Verfolgen der Druckerleistung in Echtzeit, das Protokollieren von Messwerten zur späteren Analyse sowie das Festlegen von Warnstufen und Aktionen. **Systemmonitor** und **Leistungsprotokolle und Warnungen** werden ausführlich in Kapitel 12, „Überwachen von Microsoft Windows Server 2003“, behandelt. Um einen Leistungsindikator zum Systemmonitor hinzuzufügen, klicken Sie mit der rechten Maustaste auf den Diagrammbereich und wählen **Leistungsindikatoren hinzufügen**. Wählen Sie das Leistungsobjekt (in diesem Fall **Druckerwarteschlange**), die gewünschten Leistungsindikatoren und die Instanz aus, die dem zu überwachenden logischen Drucker entspricht.

Nach Auswahl von **Druckerwarteschlange** als Leistungsobjekt wird eine Liste aller verfügbaren Leistungsindikatoren bereitgestellt. Sie können einen beliebigen Leistungsindikator auswählen und auf **Erklärung** klicken, um mehr über diesen bestimmten Leistungsmesser zu erfahren.

Die wichtigsten Leistungsindikatoren für die Überwachung der Druckleistung heißen wie folgt:

- **Bytes gedruckt/s** Die Anzahl der Bytes an Rohdaten, die pro Sekunden zum Drucker gesendet werden. Niedrige Werte für diesen Indikator können bedeuten, dass ein Drucker nicht ausgelastet ist, da entweder keine Aufträge vorhanden sind, die Druckerwarteschlangen nicht gleichmäßig belastet sind oder der Server überlastet ist. Dieser Wert variiert entsprechend dem Druckertyp. In der Druckerdokumentation finden Sie Richtwerte für einen akzeptablen Druckerdurchsatz.
- **Auftragsfehler** Anzahl der Auftragsfehler. Auftragsfehler werden in der Regel durch eine falsche Anschlusskonfiguration verursacht. Überprüfen Sie die Anschlusskonfiguration auf ungültige Einstellungen. Eine Druckauftragsinstanz erhöht diesen Wert nur einmal, auch wenn der Fehler mehrmals vorkommt. Ferner unterstützen einige Druckmonitore keine Auftragsfehlerindikatoren. In diesem Fall verbleibt der Indikator bei 0.
- **Aufträge** Die Anzahl der Aufträge in der Warteschlange.
- **Gesamtanzahl gedruckter Aufträge** Die Anzahl der Aufträge, die seit dem Start des Spoolers zum Drucker gesendet wurden.
- **Gesamtanzahl gedruckter Seiten** Die Anzahl der Seiten, die seit dem Start des Spoolers gedruckt wurden. Dieser Indikator liefert eine relativ genaue Schätzung des Druckervolumens, obgleich die Angabe je nach Art der Aufträge und der Dokumenteigenschaften dieser Aufträge nicht zu 100 Prozent stimmt.

Prüfungstipp Die Leistungsindikatoren **Gesamtanzahl gedruckter Aufträge** und **Gesamtanzahl gedruckter Seiten** sind kumulativ. Sie stehen für die Anzahl der Aufträge oder Seiten, die seit dem Systemstart bzw. dem Neustart des Spoolers gedruckt wurden.

Arbeiten mit dem Systemprotokoll

Mithilfe der Ereignisanzeige können Sie das Systemprotokoll als Informationsquelle für den Spooler und die Druckaktivität untersuchen. Der Spooler registriert Ereignisse beim Erstellen, Löschen und Ändern von Druckern. Ferner finden Sie Ereignisse mit Informationen zu Druckerverkehr, Festplattenspeicher, Spoolerfehlern und anderen Wartungselementen.

Um die Protokollierung von Spoolerereignissen zu steuern oder zu ändern, öffnen Sie den Ordner **Drucker und Faxgeräte** und wählen im Menü **Datei** die Option **Servereigenschaften**. Klicken Sie auf die Registerkarte **Erweitert**, um auf die in Abbildung 8.9 gezeigten Eigenschaften zuzugreifen. Auf dieser Seite können Sie die Ereignisprotokolleinträge und Druckauftragsbenachrichtigungen steuern. Auf dieser Registerkarte können Sie außerdem den Druckspoolerordner verschieben. Dies ist wichtig, wenn Sie einen aktiven Druckserver konfigurieren oder der Speicherkapazität eines Volumes für einen vorhandenen Druckspoolerordners nahezu erreicht ist.

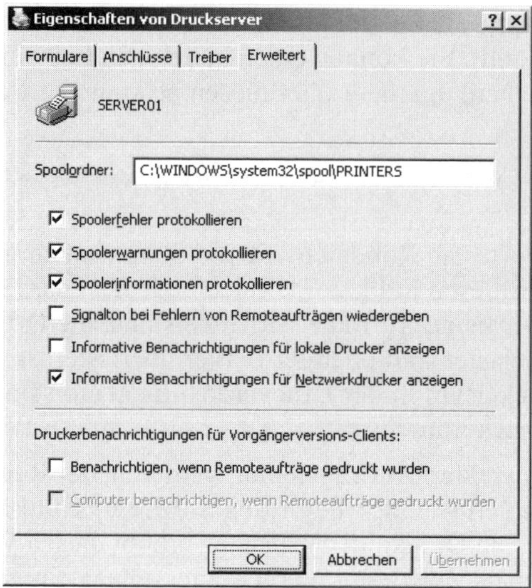

Abbildung 8.9 Die Registerkarte **Erweitert** im Dialogfeld **Eigenschaften des Druckservers**

Überwachen des Druckerzugriffs

Der Druckerzugriff kann wie der Datei- und Ordnerzugriff überwacht werden. Sie können angeben, welche Gruppen und Benutzer bzw. welche Aktionen bei einem bestimmten Drucker überwacht werden sollen. Nach Aktivierung der Überwachungsrichtlinie für den Objektzugriff können Sie die resultierenden Überwachungseinträge in der Ereignisanzeige anzeigen.

Um die Überwachung für einen Drucker zu konfigurieren, öffnen Sie sein Eigenschaftendialogfeld, klicken auf die Registerkarte **Sicherheit** und dann auf **Erweitert**. Klicken Sie auf die Registerkarte **Überwachung**, und fügen Sie für bestimmte Gruppen oder Benutzer Einträge hinzu. Für jeden Sicherheitsprinzipal, den Sie zur Überwachungseintragsliste hinzufügen, können Sie die Überwachung auf einen erfolgreichen bzw. fehlgeschlagenen Zugriff entsprechend den Standarddruckerberechtigungen überwachen, einschließlich **Drucken**, **Dokumente verwalten** und **Drucker verwalten**.

Sie müssen anschließend die Richtlinie **Objektzugriffsversuche überwachen** aktivieren, die Sie unter **Computerkonfiguration\Windows-Einstellungen\Sicherheitseinstellungen\ Lokale Richtlinien\Überwachungsrichtlinie** in der Gruppen- oder lokalen Richtlinie finden. Nach Aktivierung der Richtlinie können Sie das Ereignisprotokoll **Sicherheit** untersuchen, um Druckerüberwachungseinträge anzuzeigen und zu analysieren.

Tipp Die Druckerüberwachung erzeugt schon für einen einzelnen Druckauftrag Dutzende von Einträgen. Sie ist deshalb nur sinnvoll, wenn Sie sehr spezifische Probleme beheben müssen. Die Druckerüberwachung sollte nicht zum Überwachen oder Abrechnen der Druckernutzung verwendet werden. Hierzu sollten Leistungsindikatoren wie **Gesamtanzahl gedruckter Aufträge** und **Gesamtanzahl gedruckter Seiten** verwendet werden.

Problembehandlung von Druckern

Die Problembehandlung ist ein wichtiger Teil der Druckerverwaltung. Mithilfe der folgenden Informationen können Sie die Arten von Vorfällen und Problemen besser verstehen, bestimmen und angehen, die beim Drucken unter Windows Server 2003 auftreten können.

Beachten Sie bei der Problembehandlung, dass das Drucken mehrere Komponenten umfasst:

- Die Anwendung, aus der gedruckt wird.
- Den logischen Drucker auf dem Computer, auf dem die Anwendung ausgeführt wird.
- Die Netzwerkverbindung zwischen dem Druckclient und dem freigegebenen logischen Drucker auf dem Server.
- Den logischen Drucker auf dem Server, dessen Warteschlange, Treiber, Sicherheitseinstellungen usw.
- Die Netzwerkverbindung zwischen dem Druckserver und dem Drucker.
- Den Drucker mit seiner Hardware, Konfiguration und Status.

Eine effektive Vorgehensweise zur Beseitigung der meisten Druckprobleme ist die logische und methodische Problembehandlung aller Komponenten.

Bestimmen der Fehlerursache

Wenn der Benutzer einen Auftrag aus einer anderen Anwendung auf seinem Computer drucken kann, ist der Fehler meist auf die Anwendung zurückzuführen, deren Druckauftrag fehlschlug, und nicht auf den Computer, das Netzwerk, den Druckserver oder die Druckerhardware. In einigen Fällen kann jedoch das Verwenden eines anderen Treibers oder Datentyps die Druckfehler einer Anwendung beheben.

Wenn der Benutzer aus keiner Anwendung heraus drucken kann, sollten Sie prüfen, ob der Benutzer Aufträge über andere Drucker auf demselben oder anderen Druckservern ausgeben kann. Führt keine dieser Möglichkeiten zum Erfolg, und können andere Benutzer Aufträge über die Drucker im Netzwerk drucken, ist wahrscheinlich der Computer des Benutzers die Fehlerquelle.

Erstellen Sie einen lokalen Drucker auf dem fehlerhaften System, der direkt auf den Druckerport verweist, um so den Druckserver zu umgehen. Sollte dieses Vorgehen Erfolg haben, ist das Problem auf den Druckserver, die Kommunikation zwischen Benutzersystem und Druckserver oder die Druckerverbindungen auf dem Client zurückzuführen.

Prüfen, ob der Druckclient eine Verbindung zum Druckserver herstellen kann

Sie können den Verbindungsstatus zwischen dem Druckclient und dem Druckserver überprüfen, indem Sie auf dem Clientcomputer im Ordner **Drucker und Faxgeräte** das Druckerfenster öffnen. Wird das Druckerfenster mit Dokumenten in der Druckerwarteschlange geöffnet, ist der Client mit dem freigegebenen Drucker verbunden. Ein Fehler beim Öffnen des Druckerfensters ist ein Hinweis auf ein mögliches Netzwerk-, Authentifizierungs- oder Sicherheitsberechtigungsproblem. Versuchen Sie, die IP-Adresse des Druckservers anzupingen. Klicken Sie auf **Start**, wählen Sie **Ausführen**, und geben Sie \\<***Druckserver***>

ein. Wird das Fenster mit dem Ordner **Drucker und Faxgeräte** geöffnet, ist der Client mit dem Server verbunden. Überprüfen Sie die Sicherheitsberechtigungen für den logischen Drucker sorgfältig.

Prüfen, ob der Drucker betriebsbereit ist

Überprüfen Sie den Drucker selbst, und stellen Sie sicher, dass er betriebs- bzw. druckbereit ist. Drucken Sie über die Druckerkonsole eine Testseite. Überprüfen Sie die Kabelverbindung zwischen Drucker und Druckserver bzw. Netzwerk. Ist der Drucker an das Netzwerk angeschlossen, prüfen Sie, ob die Netzwerkkarten-LED leuchtet, was die Verbindung mit dem Netzwerk anzeigt.

Prüfen, ob der Druckserver auf den Drucker zugreifen kann

Die meisten Drucker können ihre IP-Adresse in der Druckerkonsole oder durch Drucken einer Konfigurationseite anzeigen. Prüfen Sie, ob die IP-Adresse des Druckers mit der IP-Adresse des Ports des logischen Druckers übereinstimmt. Die IP-Adresse des Ports wird im Eigenschaftendialogfeld des Druckers auf der Registerkarte **Anschlüsse** angezeigt. Stellen Sie sicher, dass die Kommunikation mit dem Drucker über das Netzwerk möglich ist, indem Sie die IP-Adresse des Druckers anpingen.

Prüfen, ob die Dienste des Druckservers ausgeführt werden

Über die MMC-Konsole **Dienste** können Sie prüfen, ob die für den Drucker erforderlichen Dienste ordnungsgemäß arbeiten. Prüfen Sie z.B., ob der RPC-Dienst (Remote Procedure Call, Remoteprodzeduraufruf) auf dem Druckserver ausgeführt wird. Remoteprozeduraufrufe sind für standardmäßige Netzwerkverbindungen mit freigegebenen Druckern erforderlich. Prüfen Sie auch, ob der Druckerspoolerdienst auf dem Server ausgeführt wird.

Tipp Die Befehle **Net Stop Spooler** und **Net Start Spooler** können über die Eingabeaufforderung ausgeführt werden, um den Druckerspoolerdienst neu zu starten. Wenn Sie den Spooler über die Befehlszeile oder die Benutzeroberfläche neu starten, werden alle Dokumente in allen Druckerwarteschlangen auf dem Server gelöscht.

Sie können auch das Volume untersuchen, auf dem der Spoolordner gespeichert ist, um sicherzustellen, dass genügend Festplattenspeicher für das Spoolen verfügbar ist. Der Speicherort des Spoolordners kann im Dialogfeld **Servereigenschaften** bestimmt und geändert werden. Wählen Sie zum Öffnen dieses Dialogfelds im Ordner **Drucker und Faxgeräte** im Menü **Datei** den Befehl **Servereigenschaften**.

Hinweis Der Standardpfad des Spoolordners lautet **%SystemRoot%\System32\Spool\Printers**. Bei einem Druckserver mit hoher Auslastung können Sie den Spoolordner in eine andere Partition als die System- oder Startpartition verschieben. Falls die Kapazität der Partition, auf der sich der Spoolordner befindet, durch Druckaufträge nahezu erreicht ist, wird das Drucken eingestellt, und – was noch wichtiger ist – es kann zu Instabilitäten beim Betriebssystem kommen.

Sie sollten auch das Systemprotokoll untersuchen, um festzustellen, ob der Spooler Fehlerereignisse registriert hat. Stellen Sie außerdem im Ordner **Drucker und Faxgeräte** sicher, dass sich der Drucker nicht im Modus **Offline** befindet.

Versuchen Sie, einen Auftrag aus einer Anwendung auf dem Druckserver zu drucken. Wenn Sie über den Druckserver einen Auftrag auf dem Drucker ausgeben können, liegt das Problem nicht beim Drucker. Wenn Sie aus einer Anwendung auf dem Druckserver keinen Auftrag über den Drucker ausgeben können, erstellen Sie einen neuen Drucker am selben Anschluss, und versuchen Sie, über den neuen Drucker zu drucken. Wird dieser Auftrag erfolgreich ausgeführt, liegt das Problem bei der Konfiguration des vorherigen logischen Druckers. Wird dieser Auftrag nicht ausgegeben, liegt ein Problem bei der Kommunikation mit dem Drucker oder der Hardware selbst vor.

Praktische Übung: Behandeln von Druckerproblemen

In dieser praktischen Übung leiten Sie die Druckausgabe um. Das Umleiten der Druckausgabe ist zur Vorbeugung und bei der Behandlung von aktuellen Problemen nützlich. Wenn Sie einen Drucker offline schalten, können Sie die Druckausgabe seiner logischen Drucker an ein anderes Gerät umleiten, das mit dem Treiber des logischen Druckers kompatibel ist. Wenn ein Drucker aufgrund eines Papierstaus oder eines anderen Fehlers ausfällt, können Sie auch die Aufträge umleiten, die bereits zum logischen Drucker gesendet und in dessen Warteschlange gestellt wurden. Die Benutzer müssen dann nicht warten, bis der ausgefallene Drucker repariert ist, und ihre Aufträge nicht nochmals senden.

Weitere praktische Problembehandlungsübungen finden Sie auch in den Abschnitten „Übung mit Fallbeispiel“ und „Übung zur Problembehandlung“ in diesem Kapitel.

Übung 1: Umleiten der Druckerausgabe

Wenn ein Druckgerät ausfällt, können Sie Druckaufträge an einen anderen Drucker umleiten. Angenommen, Sie haben einen Auftrag an **HPLJ8100** gesendet. Während Ihr Auftrag in der Warteschlange wartet, tritt bei einem Auftrag vor Ihrem ein Papierstau auf.

1. Öffnen Sie den Ordner **Drucker und Faxgeräte**, und prüfen Sie, ob **HPLJ8100** offline ist. Ist dies nicht der Fall, klicken Sie mit der rechten Maustaste auf den Drucker und wählen **Drucker offline verwenden**. Dies verhindert weitere Fehler, da die Druckausgabe an einen nicht vorhandenen Netzwerkport geleitet wird.
2. Öffnen Sie den Editor, und geben Sie Text in ein leeres Dokument ein.
3. Wählen Sie im Menü **Datei** den Befehl **Drucken**, und wählen Sie als Drucker **HPLJ8100**.
4. Doppelklicken Sie im Fenster **Drucker und Faxgeräte** auf **HPLJ8100**, um das Fenster des Druckers zu öffnen. Prüfen Sie, ob sich Ihr Druckauftrag in der Warteschlange befindet.
5. Klicken Sie im Menü **Drucker** auf **Eigenschaften**.
6. Klicken Sie auf die Registerkarte **Anschlüsse**.
7. Gemäß der Konfiguration in Lektion 1 sollte der Drucker den Netzwerkport **IP_10.0.0.51** verwenden.

8. Aktivieren Sie das Kontrollkästchen neben dem Port **IP_10.0.0.52**.
9. Klicken Sie auf **OK**. Sie haben die Druckausgabe umgeleitet. Alle Aufträge in der Warteschlange mit Ausnahme von Aufträgen, deren Druck bereits begonnen hat, werden an diesen neuen Port umgeleitet. Der an den neuen Port angeschlossene Drucker muss mit dem vom logischen Drucker verwendeten Treiber kompatibel sein, da Aufträge mithilfe des vorhandenen Treibers bereits verarbeitet und in die Warteschlange gestellt wurden.

Lernzielkontrolle

Die folgenden Fragen dienen dazu, die wichtigsten Lehrinhalte dieser Lektion zu vertiefen. Können Sie eine Frage nicht beantworten, arbeiten Sie das entsprechende Lektionsmaterial noch einmal durch, und versuchen Sie dann erneut, die Frage zu beantworten. Die Antworten auf die Lernzielkontrollfragen finden Sie im Abschnitt „Fragen und Antworten" am Ende dieses Kapitels.

1. Ein Windows 2003 Server-Computer ist als Druckserver konfiguriert. Während der Bürozeiten fällt die Druckersicherung aus und muss ausgetauscht werden. Benutzer haben bereits Aufträge an den Drucker gesendet, dem die IP-Adresse **192.168.1.81** zugewiesen ist. Ein identischer Drucker verwendet die Adresse **192.168.1.217** und wird von anderen logischen Druckern auf dem Server unterstützt. Welche Maßnahmen sollten Sie ergreifen, damit die Aufträge der Benutzer gedruckt werden können, ohne erneut abgeschickt werden zu müssen?
   a. Aktivieren Sie im Eigenschaftendialogfeld des ausgefallenen Druckers die Option **Druckerpool aktivieren**.
   b. Geben Sie an der Eingabeaufforderung **Net Stop Spooler** ein.
   c. Geben Sie an der Eingabeaufforderung **Net Start Spooler** ein.
   d. Wählen Sie im Eigenschaftendialogfeld des ausgefallenen Druckers den Port **192.168.1.217**.
   e. Klicken Sie im Eigenschaftendialogfeld des ausgefallenen Druckers auf **Hinzufügen**.
   f. Klicken Sie im Fenster **Drucker und Faxgeräte** mit der rechten Maustaste auf den ausgefallenen Drucker, und wählen Sie **Drucker offline verwenden**.
2. Sie richten die Druckfunktion auf einem Windows Server 2003-Computer ein. Sie schließen einen Drucker an, konfigurieren einen logischen Drucker und senden zu druckende Dokumente, doch die Dokumente werden nicht vollständig gedruckt und teilweise unkenntlich ausgegeben. Was ist die wahrscheinlichste Ursache des Problems?
   a. Zu wenig Festplattenspeicher für den Spooler
   b. Falscher Druckertreiber
   c. Falsch gewählter Anschluss
   d. Die Geräteeinstellungen des Druckers verwenden eine falsche Schriftartersetzung

3. Welche der folgenden Optionen bieten Ihnen den klarsten Überblick über die Druckernutzung mit genauen Angaben zu Toner- und Papierverbrauch?
   a. Konfigurieren Sie die Überwachung für einen logischen Drucker, und überwachen Sie die erfolgreiche Verwendung der Berechtigung **Drucken** durch die Systemgruppe **Jeder**.
   b. Exportieren Sie das Systemprotokoll in eine durch Kommas getrennte Textdatei, und analysieren Sie die Spoolerereignisse in Excel.
   c. Konfigurieren Sie ein Leistungsprotokoll, und überwachen Sie für jeden logischen Drucker den Leistungsindikator **Gesamtanzahl gedruckter Seiten**.
   d. Konfigurieren Sie ein Leistungsprotokoll, und überwachen Sie für jeden logischen Leistungsindikator den Leistungsindikator **Aufträge**.

Zusammenfassung der Lektion

- Die Treiber für einen logischen Drucker können über das Eigenschaftendialogfeld des Druckers aktualisiert oder hinzugefügt werden. Im Dialogfeld **Servereigenschaften** auf der Registerkarte **Treiber** können Treiber für alle Drucker auf einem Druckserver hinzugefügt, entfernt oder neu installiert werden.
- Wenn ein Drucker offline geschaltet werden muss oder ausgefallen ist, können Sie alle Druckaufträge mit Ausnahme von Aufträgen umleiten, deren Druck bereits begonnen hat. Dazu müssen Sie im Eigenschaftendialogfeld des ursprünglichen logischen Druckers den neuen Anschluss des Druckers hinzufügen oder auswählen. Der alternative Anschluss muss einen Drucker bereitstellen, der mit dem vom ursprünglichen Drucker verwendeten Treiber kompatibel ist.
- Über die Leistungsindikatoren **Gesamtanzahl gedruckter Aufträge** und **Gesamtanzahl gedruckter Seiten** können Sie die Druckernutzung überwachen. Mit den Leistungsindikatoren **Bytes gedruckt/s** und **Auftragsfehler** können Sie potenzielle Druckerprobleme überwachen.
- Weitere Informationen zur Druckerfunktionalität bieten vom Spoolerdienst protokollierte Systemereignisse, durch eine Aktivierung der Überwachung auf einem Drucker protokollierte Sicherheitsereignisse sowie die Richtlinie **Objektzugriffsversuche überwachen**.
- Da das Windows Server 2003-Druckermodell mit dem Drucker selbst, dem logischen Drucker auf einem Druckserver und dem Drucker auf einem Clientcomputer, der mit freigegebenen Druckern auf dem Server verbunden ist, modular aufgebaut ist, können Sie einen Druckerausfall methodisch beheben, indem Sie die einzelnen Komponenten und die Verbindungen zwischen diesen Komponenten nacheinander durchgehen.

Übung mit Fallbeispiel

Die Druckernutzung bei Contoso nimmt überhand, weshalb Sie der leitende Geschäftsführer gebeten hat, die Druckernutzung der Abteilungen Marketing und Vertrieb zu überwachen und ihnen in Rechnung zu stellen, da beide Abteilungen die Drucker stark nutzen.

Durchdenken der Lösung

1. Welches ist die effektivste Möglichkeit zur Überwachung der Druckernutzung, wenn Sie sie in Rechnung stellen möchten?

   ____

   ____

2. Wie können Sie den Leistungsindikator **Gesamtanzahl gedruckter Seiten** für die Abteilungen Vertrieb und Marketing getrennt überwachen?

   ____

   ____

Einrichten der Drucker

Wenn Sie nicht genau wissen, wie ein logischer Drucker installiert wird, gehen Sie Lektion 1, Übung 1, durch. Erstellen Sie mit dem Druckerinstallations-Assistenten zwei Drucker. Verwenden Sie die in den folgenden Tabellen angegebenen Einstellungen, um den Druckerinstallations-Assistenten und den Assistenten zum Hinzufügen eines Standard-TCP/IP-Druckerports abzuschließen.

Tabelle 8.1 Vertriebsdrucker

Beschreibung	**Einstellung**
Lokaler Drucker oder Netzwerk	Lokaler Drucker, der an den Computer angeschlossen ist. Verwenden Sie zur Druckererkennung *nicht* Plug & Play.
Druckeranschluss auswählen	Erstellen Sie den neuen Druckeranschluss **TCP/IP-Standardport**.
Druckername oder IP-Adresse	10.0.0.53
Portname	IP_10.0.0.53
Gerätetyp	Hewlett Packard Jet Direct
Hersteller	HP
Druckermodell	HP LaserJet 8100 Series PCL
Zu verwendender Treiber	Vorhandenen Treiber beibehalten
Druckername	Vertriebsdrucker
Option **Standarddrucker**	Nein
Freigabename	Vertriebsdrucker
Standort	NYC/US/1802/Americas/42/B
Kommentar	SW-Drucker - hohe Kapazität
Testseite drucken	Nein

Tabelle 8.2 Drucker für die Marketingabteilung

Beschreibung	Einstellung
Lokaler Drucker oder Netzwerk	Lokaler Drucker, der an den Computer angeschlossen ist. Verwenden Sie zur Druckererkennung *nicht* Plug & Play.
Druckeranschluss auswählen	Verwenden Sie den folgenden Port: IP_10.0.0.53
Hersteller	HP
Druckermodell	HP LaserJet 8100 Series PCL
Zu verwendender Treiber	Vorhandenen Treiber beibehalten
Druckername	Marketingdrucker
Option **Standarddrucker**	Nein
Freigabename	Marketingdrucker
Standort	NYC/USA/1802/Americas/42/B
Kommentar	SW-Drucker - hohe Kapazität
Testseite drucken	Nein

Erstellen von Druckerbenutzergruppen

Um den Druckern Berechtigungen zuweisen zu können, benötigen Sie Sicherheitsgruppen. (In Kapitel 4, „Gruppenkonten“, finden Sie Informationen zum Erstellen von Gruppen.) Erstellen Sie zwei Sicherheitsgruppen mit dem Geltungsbereich **Lokale Domäne**: **Marketing Druckerbenutzer** und **Vertrieb Druckerbenutzer**.

Zuweisen von Berechtigungen zu den Druckern

1. Öffnen Sie im Ordner **Drucker und Faxgeräte** das Eigenschaftendialogfeld von **Vertriebsdrucker**.
2. Klicken Sie auf die Registerkarte **Sicherheit**.
3. Wählen Sie die Gruppe **Jeder** aus, und klicken Sie auf **Entfernen**.
4. Klicken Sie auf **Hinzufügen**.
5. Geben Sie **Vertrieb Druckerbenutzer** ein, und klicken Sie auf **OK**.
6. Weisen Sie **Vertrieb Druckerbenutzer** die Berechtigung **Drucken** zu.
7. Wiederholen Sie die Schritte 1 bis 6, um ausschließlich der Gruppe **Marketing_ Druckerbenutzer** die Berechtigung **Drucken** für den **Marketingdrucker** zu erteilen.

Konfigurieren eines Leistungsprotokolls

1. Öffnen Sie in der Gruppe **Verwaltung** die MMC-Konsole **Leistung**.
2. Erweitern Sie den Knoten **Leistungsprotokolle und Warnungen**, und wählen Sie **Leistungsindikatorenprotokolle** aus.
3. Klicken Sie mit der rechten Maustaste auf **Leistungsindikatorenprotokolle**, und wählen Sie **Neue Protokolleinstellungen**.
4. Geben Sie den Protokollnamen **Druckernutzung** ein.

5. Klicken Sie auf **OK**. Das Eigenschaftendialogfeld des Protokolls **Druckernutzung** wird angezeigt.
6. Klicken Sie auf **Indikatoren hinzufügen**.
7. Wählen Sie in der Dropdownliste **Leistungsobjekt** den Eintrag **Druckerwarteschlange**.
8. Wählen Sie in der Liste **Leistungsindikatoren** den Eintrag **Gesamtanzahl gedruckter Seiten**.
9. Wählen Sie in der Liste **Instanzen** den Eintrag **Vertriebsdrucker**.
10. Klicken Sie auf **Hinzufügen**.
11. Wählen Sie in der Liste **Instanzen** den Eintrag **Marketingdrucker**.
12. Klicken Sie auf **Hinzufügen**.
13. Klicken Sie auf **Schließen**. Das Dialogfeld **Druckernutzung** lässt erkennen, dass das Protokoll nun für jede gewählte Druckerwarteschlange die Gesamtanzahl gedruckter Seiten nachverfolgt.
14. Wählen Sie als Abfrageintervall 30 Minuten aus, indem Sie **30** in das Feld **Intervall** eingeben und **Minuten** in der Dropdownliste **Einheiten** auswählen.

Hinweis Da **Gesamtanzahl gedruckter Seiten** kumulativ ist, entweder ab dem Start des Druckservers oder dem Neustart des Spoolerdienstes, ist ein kürzeres Abfrageintervall nicht erforderlich. Sie können die Abfrage auch in sehr langen Intervallen durchführen, solange der Server oder Spoolerdienst inmitten dieser Intervalle nicht neu gestartet wird.

15. Klicken Sie auf **OK**, um das Dialogfeld **Druckernutzung** zu schließen.
16. Falls Sie auf diesem Computer kein weiteres Leistungsprotokoll konfiguriert haben, werden Sie aufgefordert, den Ordner **C:\Perflogs** zu erstellen, in dem die Protokolle standardmäßig gespeichert werden. Klicken Sie zum Bestätigen auf **Ja**.
17. Im Detailfenster von **Leistungsindikatorenprotokolle** wird das Protokoll **Druckernutzung** grün angezeigt, was bedeutet, dass es aktiv ist.
18. Halten Sie das Protokoll an, indem Sie mit der rechten Maustaste darauf klicken und **Beenden** wählen.

Nach der Erstellung eines Leistungsprotokolls können Sie es im Systemmonitor untersuchen. Klicken Sie auf der Symbolleiste **Systemmonitor** auf **Protokolldaten anzeigen**, um das erstellte Leistungsprotokoll hinzuzufügen. Dieses spezielle Beispielprotokoll ist aber aus zwei Gründen ungültig. Erstens müssen zwei Abfragen im Leistungsprotokoll gespeichert werden, damit der Systemmonitor die Protokolldaten nutzen kann. Nur wenn Sie 60 Minuten warten oder das Abfrageintervall verkürzen, können Sie das Protokoll laden. Zweitens wird **Gesamtanzahl gedruckter Seiten** nicht erhöht, da der Drucker nicht vorhanden ist und demnach keine Seiten gedruckt werden.

Übung zur Problembehandlung

Die Marketingabteilung beklagt sich über die Druckqualität des Marketingdruckers. Wenn die Druckausgabe aus Microsoft Office-Anwendungen unter Windows XP erfolgt, werden die Dokumente fehlerfrei gedruckt. Wenn aus Adobe-Anwendungen gedruckt wird, entsprechen die Dokumente nicht immer den Anforderungen. Die Vertriebsabteilung, die eine Kombination aus Windows 2000- und Windows XP-Arbeitsstationen, Microsoft Office und Microsoft Customer Relationship Management (CRM) verwendet, meldet keine Probleme mit dem Vertriebsdrucker.

Bei der Untersuchung des Problems fällt Ihnen auf, dass einige Anwendungen unterschiedliche Ergebnisse liefern, je nachdem, ob die verwendeten Treiber PostScript-fähig sind oder nicht.

Analysieren der Lösung

Wo sollten Sie PostScript-Treiber hinzufügen? (Wählen Sie alle zutreffenden Antworten aus.)

1. Im Dialogfeld **Servereigenschaften** des Druckservers
2. Im Eigenschaftendialogfeld des Marketingdruckers
3. Im Eigenschaftendialogfeld des Vertriebsdruckers
4. In den auf den Desktops der einzelnen Benutzer der Marketingabteilung installierten Druckern

Ändern des Druckertreibers

1. Öffnen Sie den Ordner **Drucker und Faxgeräte**.
2. Öffnen Sie das Eigenschaftendialogfeld des Marketingdruckers.
3. Klicken Sie auf die Registerkarte **Erweitert**.
4. Klicken Sie auf **Neuer Treiber**. Der Assistent für die Druckertreiberinstallation wird angezeigt.
5. Klicken Sie auf **Weiter**.
6. Wählen Sie den Hersteller aus: HP.
7. Wählen Sie den Drucker aus: HP LaserJet 8100 Series PS.
8. Klicken Sie auf **Weiter** und danach auf **Fertig stellen**.
9. Beachten Sie, dass der PostScript-Treiber nun der Standardtreiber ist.
10. Klicken Sie auf die Dropdownliste **Treiber**. Sie sehen, dass der bisherige PCL-Treiber weiter aufgeführt wird. Wenn das Ändern des Treibers in PostScript das Problem nicht löst, können Sie problemlos zum PCL-Treiber zurückwechseln.

Zusammenfassung des Kapitels

- Die Druckerimplementierung unter Windows Server 2003 ist modular. Sie umfasst die Druckerhardware selbst, einen Druckserver mit einem freigegebenen, logischen Drucker, der den physischen Drucker repräsentiert, indem der lokale oder Netzwerkanschluss des Druckers angegeben wird, und einen logischen Drucker auf einem Client, der sich mit dem freigegebenen Drucker auf dem Druckserver verbindet. Es ist wichtig, dass Sie Struktur und Terminologie verstehen, da Dokumentation und Benutzeroberfläche nicht einheitlich und gelegentlich irreführend ist.
- Freigegebene Drucker werden in Active Directory veröffentlicht, wodurch die Benutzer nach Kriterien wie Standort oder anderen Druckereigenschaften mühelos nach Druckern suchen können.
- Wenn ein Benutzer im Dialogfeld **Drucker suchen** einen Drucker gefunden hat, wird der Drucker durch Doppelklicken darauf auf dem Computer des Benutzers installiert. Computer mit dem Betriebssystem Windows laden den Treiber automatisch vom Server herunter, wenn ein Administrator alle entsprechenden Treiber für den freigegebenen Drucker geladen hat.
- Ein einzelner logischer Drucker kann bei Erstellung eines Druckerpools Aufträge an mehrere Anschlüsse leiten.
- Ein einzelner physischer Drucker (Anschluss) kann von mehreren logischen Druckern verwendet werden, für die jeweils eindeutige Eigenschaften, Treiber, Einstellungen, Berechtigungen und Überwachungsmerkmale konfiguriert werden können. Dank dieser Struktur kann die Druckerhardware überaus flexibel genutzt werden.
- Wenn **Internetdrucken** auf dem Druckserver installiert und aktiviert ist, können über das Web Drucker verwaltet und installiert und Druckaufträge ausgegeben werden.
- Ereignisprotokolle und Leistungsindikatoren ermöglichen die Überwachung von Druckern. Die bereitgestellten Informationen können Hinweise auf mögliche Probleme liefern und für Nutzungsstatistiken eingesetzt werden.

Prüfungsrelevante Themen

Vor Absolvieren der Prüfung sollten Sie anhand der nachfolgend aufgeführten Schlüsselinformationen und -begriffe prüfen, welche Themen Sie gegebenenfalls noch einmal durcharbeiten müssen. Gehen Sie die entsprechenden Lektionen und Praxisübungen erneut durch, und lesen Sie die Abschnitte „Weiterführende Literatur" in Teil II, um weitere Informationen zu den abgedeckten Lernzielen für die Prüfung zu erhalten.

Schlüsselinformationen

- Die wichtige Unterscheidung zwischen einem Drucker, d.h. der Hardware, die auch als Druckgerät oder physischer Drucker bezeichnet wird, und einem logischen Drucker, der auch als Drucker bezeichnet wird.
- Der Unterschied zwischen einem Drucker im Ordner **Drucker und Faxgeräte** und einem Active Directory-Druckerobjekt.

- Die Verwaltung von Druckeranschlüssen. Der Unterschied zwischen Druckerpools und der Umleitung der Druckausgabe sowie die entsprechenden Konfigurationen.
- Die Konfiguration mehrerer logischer Drucker für einen einzelnen physischen Drucker. Machen Sie sich mit der Vielzahl der Eigenschaften vertraut, die für jeden logischen Drucker eindeutig konfiguriert werden können, einschließlich der Sicherheitsberechtigungen.
- Die Überwachung der Druckernutzung und Behandlung von Druckerproblemen.

Schlüsselbegriffe

Logischer Drucker Repräsentiert einen physischen Drucker, der den Druckeranschluss anspricht. Der logische Drucker umfasst Warteschlange, Treiber, Einstellungen, Berechtigungen und Standardwerte, die der Erstellung eines Druckauftrags dienen.

Netzwerkdrucker Im Kontext der Microsoft Windows-Benutzeroberfläche ein logischer Drucker, der ein Client eines freigegebenen logischen Druckers auf einem anderen Computer ist und mit diesem verbunden ist. Nicht zu verwechseln mit einem an das Netzwerk angeschlossenen Drucker, der von einem *lokalen Drucker* auf dem Druckserver angesprochen wird.

Fragen und Antworten

Seite 351

Lernzielkontrolle Lektion 1

1. Sie richten einen Drucker auf Ihrem Windows Server 2003-Computer ein. Der Computer wird als Druckserver im Netzwerk verwendet. Sie planen, ein Druckgerät zu verwenden, das gegenwärtig als eigenständiges Druckgerät an das Netzwerk angeschlossen ist. Welchen Druckertyp müssen Sie zum Druckserver hinzufügen? (Wählen Sie alle zutreffenden Antworten aus.)

   a. Netzwerk

   b. Freigegeben

   c. Lokal

   d. Remote

   Richtig sind Antwort b und c. Ein lokaler Drucker ist ein Drucker, der einen direkt an den Computer angeschlossenen Drucker oder einen eigenständigen an das Netzwerk angeschlossenen Drucker unterstützt. Damit der Computer als Druckserver fungieren kann, muss der Drucker freigegeben werden.

2. Sie installieren einen Drucker auf einem Clientcomputer. Der Drucker wird mit einem logischen Drucker verbunden, der auf einem Windows Server 2003-Druckserver installiert ist. Welche Informationen können Sie zum Einrichten des Druckers bereitstellen? (Wählen Sie alle zutreffenden Antworten aus.)

   a. TCP/IP-Druckerport

   b. Modell des Druckgeräts

   c. URL zum Drucker auf dem Druckserver

   d. UNC-Pfad zur Druckfreigabe

   e. Druckertreiber

   Richtig sind Antwort c und d. Wenn Sie einen Netzwerkdrucker hinzufügen, können Sie den Drucker in Active Directory suchen. Geben Sie den UNC-Pfad oder URL des Druckers ein, oder suchen Sie nach dem Drucker. Wenn Sie eine Verbindung zum Drucker herstellen können, wird das Modell vom freigegebenen logischen Drucker angegeben und der Treiber automatisch heruntergeladen.

3. Einer Ihrer Drucker arbeitet nicht ordnungsgemäß. Sie möchten deshalb verhindern, dass Benutzer Druckaufträge an den logischen Drucker für dieses Gerät senden. Wie gehen Sie vor?

   a. Freigabe des Druckers aufheben

   b. Den Drucker aus Active Directory entfernen

   c. Den Druckeranschluss ändern

   d. Die Freigabe umbenennen

Richtig ist Antwort a. Wenn Sie die Freigabe des Druckers aufheben, können die Benutzer das Druckgerät nicht mehr verwenden. Auf der Registerkarte **Freigabe** im Eigenschaftendialogfeld des Druckers können Sie die Freigabe des Druckers aufheben.

4. Sie verwalten einen Windows Server 2003-Computer, der als Druckserver konfiguriert ist. Sie möchten Wartungsarbeiten auf einem Druckgerät durchführen, das mit dem Druckserver verbunden ist. In der Druckerwarteschlange befinden sich mehrere Dokumente. Sie möchten verhindern, dass die Dokumente vom Drucker ausgegeben werden, aber gleichzeitig möchten Sie auch vermeiden, dass die Benutzer die Dokumente erneut an den Drucker senden müssen. Wie gehen Sie am besten vor?
   a. Öffnen Sie das Eigenschaftendialogfeld des Druckers, klicken Sie auf die Registerkarte **Freigabe**, und aktivieren Sie die Option **Drucker nicht freigeben**.
   b. Öffnen Sie das Eigenschaftendialogfeld des Druckers, und wählen Sie einen Anschluss, der keinem Druckgerät zugeordnet ist.
   c. Öffnen Sie das Fenster der Warteschlange des Druckers, wählen Sie das erste Dokument, und wählen Sie im Fenster **Dokument** den Befehl **Anhalten**. Wiederholen Sie diesen Vorgang für alle Dokumente.
   d. Öffnen Sie das Fenster für die Druckerwarteschlange, und wählen Sie im Menü **Drucker** die Option **Drucker anhalten**.

Richtig ist Antwort d. Wenn Sie die Option **Drucker anhalten** wählen, bleiben die Dokumente in der Druckerwarteschlange, bis Sie das Drucken fortsetzen. Diese Option gilt für alle Dokumente in der Warteschlange.

Seite 364

Übung 1: Konfigurieren eines Druckerpools

5. Klicken Sie auf **Übernehmen**. Beide Netzwerkports sind nun ausgewählt.

   Profitieren Benutzer, die Druckaufträge an **HPLJ8100** senden, vom Druckerpool?

   Nein. Der Druckerpool wurde für den freigegebenen Drucker **Druckerpool** konfiguriert. An den Druckerpool gesendete Druckaufträge können über die Drucker an 10.0.0.51 und 10.0.0.52 ausgegeben werden. An HPLJ8100 gesendete Druckaufträge können nur über den Drucker an 10.0.0.51 ausgegeben werden.

Seite 365

Lernzielkontrolle Lektion 2

1. Sie verwalten einen Windows Server 2003-Computer, der als Druckserver konfiguriert ist. Benutzer in der Gruppe **Marketing** beklagen sich darüber, dass sie über einen Drucker auf dem Server keine Dokumente drucken können. Sie zeigen in den Druckereigenschaften die Berechtigungen an. Die Gruppe **Marketing** verfügt über die Berechtigung **Dokumente verwalten**. Warum können die Benutzer keine Dokumente über den Drucker ausgeben?
   a. Der Gruppe **Jeder** muss die Berechtigung **Dokumente verwalten** erteilt werden.
   b. Der Gruppe **Administratoren** muss die Berechtigung **Drucker verwalten** erteilt werden.

c. Der Gruppe **Marketing** muss die Berechtigung **Drucken** erteilt werden.

d. Der Gruppe **Marketing** muss die Berechtigung **Drucker verwalten** erteilt werden.

Richtig ist Antwort c. Die Berechtigung **Drucken** ermöglicht den Benutzern das Senden von Dokumenten an den Drucker.

2. Sie richten einen Druckerpool auf Ihrem Windows Server 2003-Computer ein. Der Druckerpool umfasst drei identische Druckgeräte. Sie öffnen die Eigenschaften des Druckers, und aktivieren auf der Registerkarte **Anschlüsse** die Option **Druckerpool aktivieren**. Was müssen Sie anschließend tun?

    a. Konfigurieren Sie den Anschluss **LPT1** für die Unterstützung von drei Druckern.

    b. Wählen oder erstellen Sie die Anschlüsse, die den drei Druckern zugeordnet sind.

    c. Konfigurieren Sie auf der Registerkarte **Geräteeinstellungen** die installierbaren Optionen zur Unterstützung zweier weiterer Druckgeräte.

    d. Konfigurieren Sie auf der Registerkarte **Erweitert** die Priorität der einzelnen Druckgeräte, damit Druckaufträge gleichmäßig auf die drei Druckgeräte verteilt werden.

    Richtig ist Antwort b. Druckerpools werden über die Registerkarte **Anschlüsse** im Eigenschaftendialogfeld des Druckers konfiguriert. Um Druckerpools einzurichten, aktivieren Sie das Kontrollkästchen **Druckerpool aktivieren**. Anschließend können Sie die Anschlüsse auswählen oder hinzufügen, die zum Pool gehören sollen.

3. Sie sind Administrator eines Windows Server 2003-Computers, der als Druckserver konfiguriert ist, und möchten die Druckdienste über einen Webbrowser auf einem Clientcomputer verwalten. Der Server heißt **Mktg1**. Den Freigabenamen des Druckers kennen Sie dagegen nicht. Über welchen URL können Sie sich mit dem Drucker verbinden?

    a. http://mktg1/printers

    b. http://printers/mktg1

    c. http://windows/web/printers

    d. http://windows/mktg1

    Richtig ist Antwort a. Um über einen Webbrowser auf alle Drucker eines Druckservers zuzugreifen, öffnen Sie den Webbrowser und stellen eine Verbindung zu **http://*Druckserver*/printers** her, um eine Liste der Drucker anzuzeigen. Von dort aus können Sie auf einen bestimmten Drucker zugreifen. Wenn Sie auf einen bestimmten Drucker zugreifen möchten, ohne zuvor eine Liste aller Drucker anzuzeigen, verwenden Sie **http://*Druckserver*/*Druckerfreigabename***.

4. Sie möchten einen logischen Drucker konfigurieren, damit große Druckaufträge mit niedriger Priorität nachts gedruckt werden. Welche der folgenden Optionen müssen Sie im Eigenschaftendialogfeld des Druckers konfigurieren?

    a. Priorität

    b. Verfügbar von / bis

    c. Drucken beginnen, nachdem letzte Seite gespoolt wurde

d. Druckaufträge direkt zum Drucker leiten

e. Druckaufträge nach dem Drucken nicht löschen

Richtig ist Antwort b. Der Druckerzeitplan ermöglicht einem Drucker den Empfang von Aufträgen und deren Speicherung, bis der Drucker verfügbar ist. Bei der Standardeinstellung **Immer verfügbar** wird ein Auftrag zum Drucker gesendet, wenn dieser verfügbar ist. Wenn Sie **Verfügbar von/bis** konfigurieren, geben Sie den Zeitraum an, in dem Druckaufträge zum Drucker gesendet werden können.

Seite 374

Lernzielkontrolle Lektion 3

1. Ein Windows 2003 Server-Computer ist als Druckserver konfiguriert. Während der Bürozeiten fällt die Druckersicherung aus und muss ausgetauscht werden. Benutzer haben bereits Aufträge an den Drucker gesendet, dem die IP-Adresse **192.168.1.81** zugewiesen ist. Ein identischer Drucker verwendet die Adresse **192.168.1.217** und wird von anderen logischen Druckern auf dem Server unterstützt. Welche Maßnahmen sollten Sie ergreifen, damit die Aufträge der Benutzer gedruckt werden können, ohne erneut abgeschickt werden zu müssen?

   a. Aktivieren Sie im Eigenschaftendialogfeld des ausgefallenen Druckers die Option **Druckerpool aktivieren**.

   b. Geben Sie an der Eingabeaufforderung **Net Stop Spooler** ein.

   c. Geben Sie an der Eingabeaufforderung **Net Start Spooler** ein.

   d. Wählen Sie im Eigenschaftendialogfeld des ausgefallenen Druckers den Port **192.168.1.217**.

   e. Klicken Sie im Eigenschaftendialogfeld des ausgefallenen Druckers auf **Hinzufügen**.

   f. Klicken Sie im Fenster **Drucker und Faxgeräte** mit der rechten Maustaste auf den ausgefallenen Drucker, und wählen Sie **Drucker offline verwenden**.

   Richtig ist Antwort d. Da der andere Drucker bereits von logischen Druckern auf dem Server unterstützt wird, muss kein neuer Port hinzugefügt werden. Wählen Sie einfach den vorhandenen Port aus.

2. Sie richten die Druckfunktion auf einem Windows Server 2003-Computer ein. Sie schließen einen Drucker an, konfigurieren einen logischen Drucker und senden zu druckende Dokumente, doch die Dokumente werden nicht vollständig gedruckt und teilweise unkenntlich ausgegeben. Was ist die wahrscheinlichste Ursache des Problems?

   a. Zu wenig Festplattenspeicher für den Spooler

   b. Falscher Druckertreiber

   c. Falsch gewählter Anschluss

   d. Die Geräteeinstellungen des Druckers verwenden eine falsche Schriftartersetzung

   Richtig ist Antwort b. Ein falscher Druckertreiber kann dazu führen, dass Dokumente unkenntlich oder unvollständig ausgegeben werden. Installieren Sie den korrekten Druckertreiber.

3. Welche der folgenden Optionen bieten Ihnen den klarsten Überblick über die Druckernutzung mit genauen Angaben zu Toner- und Papierverbrauch?

   a. Konfigurieren Sie die Überwachung für einen logischen Drucker, und überwachen Sie die erfolgreiche Verwendung der Berechtigung **Drucken** durch die Systemgruppe **Jeder**.

   b. Exportieren Sie das Systemprotokoll in eine durch Kommas getrennte Textdatei, und analysieren Sie die Spoolerereignisse in Excel.

   c. Konfigurieren Sie ein Leistungsprotokoll, und überwachen Sie für jeden logischen Drucker den Leistungsindikator **Gesamtanzahl gedruckter Seiten**.

   d. Konfigurieren Sie ein Leistungsprotokoll, und überwachen Sie für jeden logischen Leistungsindikator den Leistungsindikator **Aufträge**.

   Richtig ist Antwort c. Der Leistungsindikator **Gesamtanzahl gedruckter Seiten** liefert den klarsten Überblick über Toner- und Papierverbrauch, da dieser Verbrauch eng mit der Anzahl der gedruckten Seiten und nicht mit der Anzahl der Aufträge verknüpft ist. Die im System- und Sicherheitsprotokoll protokollierten Spooler- und Objektzugriffsereignisse sind meist zu unübersichtlich und für diesen Zweck nicht geeignet.

Seite 376

Übung mit Fallbeispiel

1. Welches ist die effektivste Möglichkeit zur Überwachung der Druckernutzung, wenn Sie sie in Rechnung stellen möchten?

   Windows Server 2003 bietet das Leistungsobjekt **Druckerwarteschlange**, mit dem Sie die Druckernutzung aller logischen Drucker auf dem Server überwachen können. Der Leistungsindikator **Gesamtanzahl gedruckter Seiten** liefert wichtige Informationen zur Druckernutzung. Die Angaben sind nicht perfekt, da bestimmte Dokumenteigenschaften und besondere Druckfunktionen (wie z.B. Broschürendruck oder die Einstellung zum Drucken mehrerer Seiten pro Seite) direkt die Druckerhardware betreffen, ohne dass der Spoolderdienst die Auswirkungen erfassen kann. Es handelt sich jedoch um die bestmögliche Annäherung. Nach der Konfiguration eines Leistungsprotokolls und Erfassung des Leistungsindikators können Sie später das Protokoll untersuchen und die Nutzung in Rechnung stellen.

2. Wie können Sie den Leistungsindikator **Gesamtanzahl gedruckter Seiten** für die Abteilungen Vertrieb und Marketing getrennt überwachen?

   Der Leistungsindikator **Gesamtanzahl gedruckter Seiten** erfasst Leistungsdaten eines einzelnen logischen Druckers. Um diese beiden Gruppen getrennt zu überwachen, müssen Sie zwei getrennte logische Drucker konfigurieren. Beide logischen Drucker sprechen denselben Anschluss an, d.h. denselben physischen Drucker, erlauben jedoch nur den Benutzern einer Abteilung die Druckausgabe.

Seite 379

Übung zur Problembehandlung

Wo sollten Sie PostScript-Treiber hinzufügen? (Wählen Sie alle zutreffenden Antworten aus.)

1. Im Dialogfeld **Servereigenschaften** des Druckservers
2. Im Eigenschaftendialogfeld des Marketingdruckers
3. Im Eigenschaftendialogfeld des Vertriebsdruckers
4. In den auf den Desktops der einzelnen Benutzer der Marketingabteilung installierten Druckern

Richtig ist Antwort b. Wenn Sie zum Marketingdrucker den PostScript-Treiber hinzufügen, verwendet dieser Drucker den PostScript-Treiber, ohne dass der Vertriebsdrucker betroffen ist. Obgleich alle Clientdrucker den PostScript-Treiber ebenfalls benötigen, müssen Sie den Treiber nicht manuell hinzufügen. Windows 2000- und Windows XP-Clients laden den neuen Treiber automatisch herunter.

K A P I T E L 9

Verwalten des Betriebssystems

In diesem Kapitel abgedeckte Prüfungsziele:

- Verwalten der Software-Aktualisierungsinfrastruktur
- Verwalten der Software-Standortlizenzierung

Bedeutung dieses Kapitels

Am 14. Juni 2005 veröffentlichte Microsoft im Rahmen der monatlichen Updates 10 Sicherheitsbulletins. Drei von ihnen wurden als „sehr wichtig" (critical) eingestuft, und manche Experten erwarteten, dass es keine Woche dauern würde, bis der erste Code auftaucht, der diese Schwachstellen ausnutzt. Ende 2005 wurde eine Schwachstelle im Metadateiformat (Windows Metafile Format, WMF) beschrieben. Diese Schwachstelle wurde ausgenutzt, bevor Microsoft den Test eines entsprechenden Updates für die vielen Varianten des Betriebssystems und die betroffenen Anwendungen abschließen konnte. Heutzutage kann man einfach nicht mehr auf Service Pack 3 warten, weil man Service Pack 2 überspringen möchte, wie es so manche Organisation getan hat. Inzwischen setzt sich aber die Meinung durch, dass ein Unternehmensnetzwerk, das nicht mit entsprechenden Codeupdates versorgt wird, einfach nicht sicher ist. Softwareupdates sind zunehmend fester Bestandteil der Sicherheitsstrategie einer Organisation.

In diesem Kapitel wird erklärt, wie mithilfe von Microsoft Windows Server Update Services (WSUS) Server- und Desktopcomputer auf aktuellem Stand bleiben. WSUS ermöglicht einem Unternehmen die Zentralisierung der Übertragung, Tests, Genehmigung und Verteilung von wichtigen Windows-Updates und Windows-Sicherheitsrollups. Dieser Dienst spielt eine wichtige Rolle für die Erhaltung der Integrität Ihres Unternehmensnetzwerks. Zudem wird erläutert, wie Sie Service Packs auf einem oder mehreren Computern bereitstellen. Schließlich werden die Komponenten der Softwarelizenzierung für einen Standort untersucht.

Lektionen in diesem Kapitel:

Bevor Sie beginnen

In diesem Kapitel werden die Fähigkeiten und Konzepte im Zusammenhang mit der Verwaltung der Windows Server Update Services, der Bereitstellung von Service Packs und der Lizenzierung behandelt. Wenngleich es vorteilhaft ist, über zwei Computer (einen Microsoft Windows Server 2003-Computer und einen Client mit Windows XP oder Windows 2000 Professional) zu verfügen, können Sie die Übungen in diesem Kapitel auch mit nur einem Computer bearbeiten. Bereiten Sie Folgendes vor:

- Einen Windows Server 2003-Computer (Standard oder Enterprise Edition) namens **Server01**, der als Domänencontroller in der Domäne **contoso.com** konfiguriert ist
- 10 GB freier Platz auf der Festplatte, für die Installation von WSUS
- Eine Organisationseinheit (OU) erster Ebene mit dem Namen **Desktops**
- Ein für Internetverbindungen konfiguriertes Netzwerk

Lektion 1: Windows Server Update Services

Um die Sicherheit einer IT-Umgebung aufrechtzuerhalten, müssen Systeme mithilfe der neuesten Sicherheitspatches auf dem aktuellen Stand gehalten werden. Seit 1998 stellt Microsoft die Funktion Windows Update als webbasierte Quelle für Informationen und Downloads zur Verfügung. Ab Windows XP und Windows 2000, Service Pack 3, gibt es die Funktion **Automatische Updates**, bei der sich ein System automatisch mit Windows Update verbindet und alle neuen, in Frage kommende Patches oder Hotfixes herunterlädt. Obwohl die Windows Update-Server und der Automatische Updates-Client dafür sorgen, dass das System auf dem neuesten Stand bleibt, fühlen sich viele Administratoren nicht sehr wohl dabei, dass Computer oder Benutzer entscheiden, welcher Patch installiert werden soll, da ein Patch den Betrieb einer wichtigen Anwendung stören kann.

Microsofts erster Versuch, eine zentrale Technologie zur Verwaltung von Softwareupdates zu entwicklen, waren die Software Update Services (SUS). SUS erfüllte zwar die Forderungen der Microsoft-Kunden nach einer einfacheren Installation von Sicherheitsupdates, aber es fehlten noch wichtige Schlüsselfunktionen, beispielsweise die Fähigkeit zur Aktualisierung von Anwendungen wie Microsoft Office oder die einfache Erstellung eines Berichts über die Zustände von Computer im Netzwerk, auf denen Updates installiert wurden.

Mitte 2005 veröffentlichte Microsoft die Windows Server Update Services (WSUS), eine beträchtliche Erweiterung der Technologie, die mit SUS eingeführt wurde. Wie SUS ist auch WSUS eine Client/Server-Anwendung, mit deren Hilfe ein Server im Intranet als Zentrale für die Installation und Verwaltung von Updates dienen kann. Sie können Updates für WSUS-Clients genehmigen, die anschließend die genehmigten Aktualisierungen automatisch herunterladen und installieren, ohne dass die Anmeldeinformationen eines lokalen Administratorkontos oder eine Interaktion mit einem Benutzer erforderlich ist.

In dieser Lektion erfahren Sie, wie WSUS auf einem Windows Server 2003-Computer installiert und verwaltet wird. Die folgenden Lektionen begleiten Sie durch die Arbeitsschritte, die erforderlich sind, um die Computer im Netzwerk so zu konfigurieren, dass sie Updates von WSUS erhalten.

Prüfungstipp In der Prüfung 70-290 wird zu dem Zeitpunkt, da dieses Buch entsteht, nur SUS behandelt. Es ist zwar zu erwarten, dass Microsoft den Prüfungsstoff aktualisiert, aber es ist wichtig, sich vor dem Antritt zur Prüfung 70-290 über SUS zu informieren und es zu verstehen. Die alte Version dieses Kapitels finden Sie auf der Begleit-CD-ROM dieses Buchs im Ordner Bonus_Material.

Am Ende dieser Lektion werden Sie in der Lage sein, die folgenden Aufgaben auszuführen:

- Installieren von WSUS auf einem Windows Server 2003-Computer
- Konfigurieren von WSUS
- Installieren und Konfigurieren von **Automatische Updates** für WSUS-Clients

Veranschlagte Zeit für diese Lektion: 30 Minuten

Grundlegendes zu WSUS

Seit 1998 unterstützen Microsoft Windows-Betriebssysteme die Funktion Windows Update, eine global aufgestellte Quelle für Updates. Windows Update-Server interagieren mit Software auf Clientseite, um wichtige Updates, Sicherheitsrollups und Verbesserungen zu ermitteln, die für eine Clientplattform bestimmt sind, und anschließend die genehmigten Patches auf die Clients herunterzuladen. Einige Jahre später führte Microsoft **Automatische Updates** ein, eine Clientkomponente, mit der Benutzer die Suche, den Download und die Installation von Updates automatisch durchführen und somit einige der Risiken vermeiden können, mit denen es Benutzer zu tun haben, die nie die Windows Update-Website besuchen.

Aber **Automatische Updates** und das serverseitige Windows Update wiesen immer noch zwei entscheidende Schwächen auf. Erstens konnten sie nur das Betriebssystem Windows mit Updates versorgen. Um Patches für Microsoft Office-Anwendungen zu erhalten, mussten Benutzer die Office Updates-Website besuchen. Diese Patches konnten zudem nicht nach einem Zeitplan heruntergeladen oder ohne Benutzerinteraktion installiert werden. Es gab keinen Mechanismus zur automatischen Suche nach Updates für andere wichtige Microsoft-Plattformen, Server oder Anwendungen. Die zweite Schwäche von **Automatische Updates** und Windows Update bestand darin, dass sich nicht genau kontrollieren ließ, welche Updates installiert wurden. Damit bestand ein höheres Risiko, dass eine andere Systemkomponente oder Anwendung durch ein Update gestört oder funktionsunfähig werden könnte. Administratoren wünschten sich eine zentrale Lösung mit direkter Kontrolle über die Updates, die auf den von ihnen betreuten Clientcomputern installiert werden sollen.

Diese beiden wichtigen Kundenwünsche wurden in der ersten Hälfte des Jahrzehnts erfüllt, zuerst von SUS, das Unternehmen eine zentrale Verwaltung der Genehmigung und Installation von Updates ermöglichte, dann vom neuen Microsoft Updatedienst (**http://update.microsoft.com/microsoftupdate**), eine Weiterentwicklung von Windows Update, die Updates für eine Reihe von Plattformen, Servern und Anwendungen bietet, und schließlich von WSUS, das Ihnen eine bessere Kontrolle und Berichterstattung bietet und das Grundgerüst für ein Updatesystem darstellt, in dem Microsoft und seine Kunden neue Funktionen integrieren können. So liefert Microsofts neue Antispyware-Plattform zum Beispiel die Updates für Spyware-Definitionen über WSUS.

WSUS ist einfacher zu verstehen, wenn man die Komponenten betrachtet:

- **Updates** Updates sind überarbeitete Versionen des Codes einer Plattform, eines Servers oder einer Anwendung. Mikrosoft unterscheidet zwischen Sicherheitsupdates, nicht sicherheitsbezogenen Patches, die einfach nur „Updates“ genannt werden, Funktionserweiterungen, die „Feature Packs“ genannt werden, Korrekturen für sehr spezielle Probleme, die „Hotfixes“ heißen, sowie Sammlungen von Updates, die „kummulative Updates“, „Rollups“ oder „Service Packs“ genannt werden. Die Grenzen zwischen diesen Kategorien sind zwar manchmal etwas verschwommen, aber zwei Punkte sind wichtig: Erstens verdienen Sicherheitsupdates ihre sofortige und ungeteilte Aufmerksamkeit, mit dem Ziel, die Updates so schnell wie möglich zu prüfen und für die Installation auf den entsprechenden Computern vorzusehen. Um Ihnen die Analyse zu erleichtern, stuft Microsoft Sicherheitsupdates als „sehr wichtig“, „wichtig“, „mittel“

und „niedrig“ ein (engl.: critical, important, moderate und low). Zweitens sollten Hotfixes, die gewöhnlich sehr spezielle Aufgaben haben und keinen Regressionstest durchlaufen haben, nur auf Computern installiert werden, auf denen das vom Hotfix gelöste Problem tatsächlich auftritt. Die anderen Updatekategorien liegen irgendwo zwischen diesen beiden Extremen.

Updates bestehen aus zwei Elementen, nämlich aus der eigentlichen Updatedatei, die vom Client heruntergeladen und installiert wird, und aus den Informationen über das Update, wie Veröffentlichungsdatum, für welche Software das Update vorgesehen ist und ob es ältere Updates überflüssig macht. Die Informationen über ein Update werden Metadaten genannt.

- **Die Windows Update- und Microsoft Update-Dienste** Diese global aufgestellten Dienste bieten Updates für Clients. Benutzer, die diese Websites besuchen, laden ein ActiveX-Steuerelement herunter, welches das lokale System untersucht und die erforderlichen Updates identifiziert, herunterlädt und installiert.
- **Automatische Updates** Der **Automatische Updates**-Client ist zuständig für den Download von Updates von einem Windows Update-, einem Microsoft Update- oder einem WSUS-Server, sowie für die Installation dieser Updates auf Basis eines Zeitplans oder nach Einleitung durch einen Administrator.
- **WSUS auf einem IIS-Server (Internetinformationsdienste) mit Verbindung zu einer lokalen Datenbank oder Remotedatenbank** WSUS ist für die Synchronisation der Informationen über Updates zuständig, die von Microsoft Update erhältlich sind, und gewöhnlich auch für das Herunterladen der genehmigten Updates. Dadurch zentralisiert WSUS die Installation der Updates, sodass **Automatische Updates**-Clients in der Update-Infrastruktur des Intranets bedient werden können und sich nicht an die Online-Updatedienste von Microsoft wenden müssen. Sie können WSUS-Server unternehmensweit verteilen, damit die Verteilung der Updates an die Unternehmenscomputer möglichst effizient erfolgt, und Sie können jeden WSUS-Server so konfigurieren, dass er die Updates entweder von einem Microsoft Updatedienst oder von einem internen WSUS-Server herunterlädt. Als WSUS-Datenbank, in der Informationen über Updates und Clients gespeichert werden, kann Microsoft SQL Server 2000 oder höher oder das SQL Server-Desktopmodul (Windows) verwendet werden, das im Folgenden kurz WMSDE genannt wird. Die Wahl der Datenbank wird im Verlauf dieser Lektion noch besprochen.
- **Die WSUS-Verwaltungswebsite** Die gesamte WSUS-Administration erfolgt auf Webbasis. Nach der Installation und Konfiguration von WSUS besteht die routinemäßige Verwaltung in der Überprüfung, ob die Synchronisation des WSUS-Servers erfolgreich verläuft, sowie in der Genehmigung von Updates zur Verteilung an Netzwerkclients und in der Erstellung von Berichten über den Zustand der Update-Infrastruktur. Der Uniform Resource Locator (URL) der Verwaltungswebsite eines WSUS-Servers ist standardmäßig **http://*Servername*/WSUSAdmin**.
- **Gruppenrichtlinieneinstellungen** **Automatische Updates**-Clients können so konfiguriert werden, dass die Synchronisierung über einen WSUS-Server anstatt über **Windows Update**-Server erfolgt, indem die Registrierungen der Clients bearbeitet

oder, was effizienter ist, Windows Update-Richtlinien in einem Gruppenrichtlinienobjekt konfiguriert werden. Die Konfiguration eines **Automatische Updates**-Clients wird in der nächsten Lektion behandelt.

In einer Update-Infrastruktur mit diesen Komponenten gibt es folgende wichtige Vorgänge:

- **Abonnement der Updates** Ein WSUS-Administrator abonniert Updates anhand der Kategorie (zum Beispiel Sicherheitsupdates oder Service Packs), Technologie (zum Beispiel Windows Server 2003, Windows XP und Microsoft Office 2003) und Sprache. Abonnements können jederzeit geändert werden.
- **Synchronisation** Der WSUS-Server lädt Metadaten über Updates für die abonnierten Inhalte, Technologien und Sprachen während eines Vorgangs herunter, der *Synchronisation* genannt wird. Ist der Server so konfiguriert, dass er neben den Metadaten auch die Updatedateien herunterlädt, so werden auch die Dateien bei der Synchronisation heruntergeladen. Die Synchronisation kann zeitgesteuert oder manuell eingeleitet werden.
- **Genehmigung** Updates können von einem WSUS-Administrator oder automatisch nach Regeln genehmigt werden, die auf dem Server konfiguriert wurden. Die Genehmigung kann für eine der folgenden Aktionen erfolgen: Ermittlung, Installation oder Entfernung eines Updates. Diese Aktionen werden im Verlauf der Lektion genauer beschrieben.
- **Computerauswahl** Gewöhnlich wenden Administratoren bestimmte Updates nur auf eine Teilmenge der Computer an, je nach Aufgabe, Standort, Funktion oder Priorität der Computer. Im Gegensatz zu SUS ermöglicht WSUS die Auswahl von bestimmten Computergruppen für Updates.
- **Clientumleitung** Durch Registrierungseinträge oder Gruppenrichtlinien können Clients so eingestellt werden, dass sie Updates von einem WSUS-Server statt von Microsoft Update oder Windows Update erhalten. Wichtig ist, dass *alle* Systeme als Updateclients betrachtet werden sollten. Server und Domänencontroller sind ebenso auf eine regelmäßige Aktualisierung angewiesen wie Arbeitsstationen.
- **Ermittlung** Der **Automatische Updates**-Client erhält Metadaten über ein Update und überprüft anhand dieser Metadaten, ob das Update anwendbar ist.
- **Download** Hat ein System ein anwendbares Update erkannt, wird das Update auf die lokale Festplatte heruntergeladen. Updates werden mit dem intelligenten Hintergrundübertragungsdienst 2.0 (BITS, Background Intelligent Transfer Service) heruntergeladen, der nur die verfügbare Netzwerkbandbreite für die Dateiübertragung verwendet.
- **Installation** Die Updatedatei wird mit angehobenen Berechtigungen installiert. Daher sind keine Benutzerinteraktionen und auch keine Administratorrechte erforderlich. Da Microsofts Updates digital signiert sind und vom WSUS-Server und vom Client verifiziert werden, ist das Sicherheitsrisiko sehr gering.
- **Berichterstellung** Clients berichten dem WSUS-Server über den Status der Aktualisierungen. Administratoren können mit der WSUS Administrationswebsite Berichte über den Status der Computer oder Updates erstellen.

- **Neustart** Manche Updates erfordern einen Neustart des Computers. Allerdings verbessert Microsoft die Funktionsweise der Updates immer weiter, sodass Patches für Treiber, Dynamic-Link Libraries (DLLs), Programmierschnittstellen (APIs) oder Komponenten, die nicht auf der Ebene des Kernels ausgeführt werden, keinen Neustart mehr erfordern. Dieses Feature nennt sich „Hot Patching" und wurde mit Service Pack 1 eingeführt.

Nachdem Sie sich nun einen Überblick über die Komponenten und die Vorgänge verschafft haben, die mit der Übermittlung eines Updates von Microsoft zum Client verbunden sind, erfahren Sie im Rest dieser Lektion mehr über die serverseitige Installation und Konfiguration von WSUS. Vergessen Sie bitte nicht, dass Sie Clients zur Beschaffung von Updates mit Gruppenrichtlinien auf Ihren WSUS-Server verweisen. Die entsprechenden Einzelheiten werden im Verlauf der Lektion noch beschrieben. Jedes der in diesem Kapitel umrissenen Konzepte und jede der beschriebenen Vorgehensweisen wird in der WSUS-Dokumentation vertieft, die zusammen mit den WSUS-Installationsdateien unter **http://www.microsoft.com/wsus** erhältlich ist.

Entwerfen einer WSUS-Infrastruktur

Die WSUS-Dokumentation beschreibt die Überlegungen, die mit dem Entwurf einer Update-Infrastruktur verbunden sind. Zu den Schlüsselkonzepten gehört die Auswahl und Anordnung der WSUS-Server sowie die Beziehungen zwischen WSUS-Server und dem Microsoft Updatedienst.

Da WSUS zum Ziel hat, Clients so effizient wie möglich mit Updates zu versorgen, sollten Sie WSUS-Server so nah wie möglich an den Computern aufstellen. Schließlich sollen die Clients ihre Updates nicht von einem WSUS-Server herunterladen müssen, der am anderen Ende einer langsamen oder teuren WAN-Verbindung (Wide Area Network) steht. WSUS ist kein leistungsintensiver Dienst, und Sie können Ihre Update-Infrastruktur so auslegen, dass die Synchronisation der Updates mit Microsoft und die Auslieferung der Updates an Clients außerhalb der üblichen Bürozeiten erfolgt. Daher kann man WSUS durchaus auf Servern unterbringen, die während der Bürozeiten andere Aufgaben haben. Bedenken Sie aber, dass WSUS die Internetinformationsdienste und eine Datenbank benötigen, nämlich SQL Server 2000 oder höher, oder WMSDE.

Planung Es gibt noch einen weiteren Aspekt, der in großen Organisationen besonders wichtig ist: WSUS lässt sich nur durch Benutzer verwalten, die auf dem WSUS-Server zur lokalen Administratorgruppe gehören. Es gibt keine andere Möglichkeit, die WSUS-Verwaltung zu delegieren. Daher sollten Sie WSUS nur mit solchen Diensten und Ressourcen kombinieren, für die dieselben Benutzer Administratoren sind. Bei dieser Auslegung von Sicherheit und Delegierung liegt der Gedanke nah, dass WSUS auf einem Mitgliedsserver installiert werden sollte und nicht auf einem Domänencontroller. Sonst muss sich ein Benutzer zur Verwaltung von WSUS mit einem Konto anmelden, mit dem er die gesamte Domäne verwalten könnte.

Mit SUS verfügte ein Server nur über eine einzige Liste mit genehmigten Updates. Wenn Sie also verschiedene Clients mit unterschiedlichen Updates versorgen wollten, zum Beispiel Server mit einer bestimmten Updatesammlung und Workstations mit einer anderen, mussten Sie jede Computergruppe für die Verwendung eines separat verwalteten SUS-Servers konfigurieren. WSUS führt das Konzept der Clientgruppe ein, mit der Sie virtuelle Sammlungen von Computern definieren können, wobei jede nach einem eigenen Zeitplan eine separate Updatesammlung erhält. Zum Beispiel könnten Sie eine Gruppe namens **Testsysteme** erstellen, für die Sie die Installation von Updates sofort nach der Veröffentlichung der Updates durch Microsoft genehmigen. Wenn die Überprüfung auf den Testsystemen ergibt, dass sich die Updates für Ihre Organisation eignen, können Sie die Installation der Updates auf anderen Computern genehmigen. Dank der Clientgruppen können Sie auf demselben WSUS-Server viele verschiedene Updatekonfigurationen verwenden. Mit WSUS sind Sie nicht länger gezwungen, nur deswegen mehrere Server zu installieren, weil Sie mehrere Updatekombinationen verwenden möchten. Es kann trotzdem noch sinnvoll sein, mehrere WSUS-Server einzusetzen, wenn viele Clients mit Updates zu versorgen sind und die Netzwerkkosten minimiert werden sollen.

Nach der Auswahl der Server, auf denen WSUS installiert werden soll, müssen Sie festlegen, wie die Updates von Microsoft Update zu den einzelnen Servern gelangen sollen. Einer oder mehrere Server können ihre Updates direkt mit Microsoft Update synchronisieren. Jeder dieser Server kann unabhängig verwaltet werden, sodass auf jedem Server eine eigenständige und von den anderen Servern unabhängige Sammlung von genehmigten Updates vorliegen kann. In einer sehr stark dezentralisierten Update-Infrastruktur kann dies erwünscht sein.

Gebräuchlicher ist eine Konfiguration, bei der ein „Upstream"-WSUS-Server die Synchronisation mit Microsoft Update übernimmt, während andere „Downstream"-Server ihre Synchronisation mit diesem Server durchführen. Sie können sogar mehrere Ebenen von Downstreamservern einrichten, wobei jeder den nächsthöheren Upstreamserver als Updatequelle verwendet. Allerdings wird empfohlen, nicht mehr als drei Ebenen im Updatedienstmodell einzurichten.

Eine hierarchische Konfiguration lässt sich auf zweierlei Weise strukturieren, nämlich als Replikationsmodell oder als dezentrales Modell. In einem Replikationsmodell spiegelt der Downstream-WSUS-Server genau die Updates und Genehmigungen seines Upstreamservers. Dieses sehr zentralistische Verwaltungsmodell sorgt für die einheitliche Behandlung von Updates. Clients erhalten von jedem WSUS-Server dieselben Updates. Die Unterschiede zwischen den beiden Replikaten liegen in den Computern, die für die WSUS-Server konfiguriert wurden, und somit in den Computern, die auf den Servern zu den Clientcomputergruppen gehören.

In einem dezentralisierten Modell synchronisiert zwar jeder Downstreamserver seine Updates mit dem Upstreamserver, aber die Genehmigungen werden auf jedem Downstreamserver individuell verwaltet. Downstreamserver synchronisieren ein Update nur dann mit dem Upstreamserver, wenn das Update auf dem Upstreamserver genehmigt wurde. Daher ist der Upstreamserver die wichtigste Instanz, die über die Verfügbarkeit von Updates entscheidet, und nicht Microsoft Update. Die Administratoren der Downstreamserver können jede Teilmenge der verfügbaren Updates genehmigen. Solch eine Struktur möglicht es, dass die Administratoren der Upstreamserver die Verbreitung von Updates, die zu Problemen führen könnten, auf Downstreamserver und Clients verhindern können.

Installieren von WSUS auf einem Windows Server 2003-Computer

Eine Update-Infrastruktur umfasst sowohl Client- als auch Serverkomponenten. Die Clientkomponente **Automatic Updates** wird im Verlauf dieser Lektion noch beschrieben. Die Serverkomponente WSUS wird auf einem 32-Bit-Computer mit Windows 2000 Server (Service Pack 4 oder höher) oder einem Windows Server 2003-Computer ausgeführt. WSUS kann *nicht* auf einer 64-Bit-Version von Windows Server 2003 installiert werden. Das ist eine wichtige Ausnahme. 64-Bit-Computer, auf denen Windows Server 2003 ausgeführt wird, können *Clients* von WSUS sein. Sie können Updates von WSUS erhalten, aber nicht selbst Updatedienste für andere Clients anbieten.

WSUS ist nicht auf den Windows Server 2003-Datenträgern enthalten, kann jedoch kostenlos von der Microsoft WSUS-Website unter **http://www.microsoft.com/wsus** heruntergeladen werden. WSUS enthält das SQL Server-Desktopmodul (Windows), im Folgenden WMSDE genannt, das zur Unterstützung von WSUS erforderlich ist, sofern Sie nicht SQL Server 2000 oder höher verwenden. WSUS benötigt außerdem BITS 2.0 oder höher, das in SP1 enthalten ist und für ältere Versionen von Windows Server 2003 oder Windows 2000 von der WSUS-Site heruntergeladen werden kann.

Hinweis Der WSUS-Download steht nicht in allen Sprachen zur Verfügung. Allerdings bestimmt dieser Download nur die Installations- und Verwaltungsoberfläche der Serverkomponente. Patches für *alle* Gebietsschemata können über WSUS zur Verfügung gestellt werden.

Vor der Installation von WSUS müssen Sie die Internetinformationsdienste installieren, die, wie Sie in Kapitel 6 erfahren haben, unter Windows Server 2003 nicht automatisch installiert werden. Informationen über die Installation der Internetinformationsdienste finden Sie in Kapitel 6. Außerdem müssen Sie BITS 2.0 oder höher installieren, wenn auf dem Server SP1 nicht installiert ist. Starten Sie anschließend das WSUS-Installationspaket.

Nach Ihrer Zustimmung zum Lizenzvertrag erwartet der Setup-Assistent von Ihnen folgende Informationen:

- **Updatequelle auswählen** Jedes Update besteht aus zwei Komponenten: der eigentlichen Patchdatei und den Metadaten, welche die Plattformen und Sprachen angeben, für die der Patch gilt. WSUS lädt stets Metadaten herunter, mit deren Hilfe Sie Updates genehmigen und bestimmen, welche Clients im Intranet Daten von WSUS empfangen. Sie können festlegen, ob die eigentlichen Updatedateien heruntergeladen werden sollen und, falls ja, wo die Dateien gespeichert werden sollen.

Tipp Wenn Sie festlegen, dass die Updatedateien auf Microsoft Windows Update-Servern bleiben sollen, verbinden sich Automatische Updates-Clients mit Ihrem WSUS-Server, um eine Liste genehmigter Aktualisierungen abzurufen, und anschließend mit Microsoft Update-Servern, um die Dateien herunterzuladen. Dadurch können Sie die Kontrolle über die Clientaktualisierung behalten und die von Microsoft bereitgestellten global verteilten Hostingdienste nutzen.

Wenn Sie das Kontrollkästchen **Updates lokal speichern** aktivieren, wählt der Setup-Assistent standardmäßig das Laufwerk mit dem meisten freien Speicherplatz, auf dem er den Ordner **WSUS** erstellt. Sie können die Dateien in einer beliebigen NTFS-Partition speichern. Microsoft schlägt in der WSUS-Dokumentation mindestes 6 GB freien Speicherplatz vor, empfiehlt aber wesentlich mehr, nämlich 40 GB.

- **Datenbankoptionen** WSUS braucht eine Datenbank, in der die Updatemetadaten und die Clientberichte gespeichert werden. Unter Windows Server 2003 führt WSUS standardmäßig auf dem Laufwerk mit dem größten freien Speicherplatz eine WMSDE-Installation durch. Allerdings können Sie auch eine lokale Installation von SQL Server als Datenbank für WSUS auswählen.

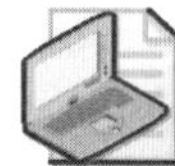

Hinweis Sie können WSUS und SQL Server auf separaten Computern installieren. Die WSUS-Installationsanleitung, die Sie von Microsofts WSUS-Website herunterladen können, beschreibt die Installation Schritt für Schritt. Allerdings können sich nicht mehrere WSUS-Server einen SQL-Server „teilen". Sie brauchen für jeden WSUS-Server einen SQL-Server oder einen WMSDE-Server.

- **Websiteauswahl** WSUS installiert sich auf der Standardwebsite, Port 80, eines IIS-Servers. Wenn auf dem Server bereits eine Website auf Port 80 vorhanden ist, können Sie WSUS so konfigurieren, dass es sich auf einer Alternativsite installiert, der Port 8530 zugeordnet wird. Nach Abschluss der Installation können Sie diesen Port ändern.
- **Updateeinstellungen spiegeln** Diese Seite des **Setup-Assistenten für Microsoft Windows Server Update Services** ermöglicht die Erstellung eines WSUS-Replikationsservers, der Updates, Genehmigungen, Gruppendefinitionen und Konfigurationseinstellungen von anderen WSUS-Server repliziert (Abbildung 9.1). Man kann ein Replikat nur an diesem Punkt in der Installation konfigurieren: Wählen Sie das Kontrollkästchen **Dieser Server erbt die Einstellungen von folgendem Server**, und geben Sie in **Servername** den Servernamen und in **TCP-Port** den TCP-Port ein. Nach dem Abschluss der Installation können Sie einen vorhandenen eigenständigen Server nicht mehr als Replikat konfigurieren. Umgekehrt lässt sich ein Replikationsserver auch nicht nachträglich als eigenständiger Server konfigurieren. Diese Seite des Setup-Assistenten ist für viele Administratoren verwirrend, die einen Downstreamserver installieren möchten. Downstreamserver, die Updatedateien von einem Upstreamserver herunterladen, aber in der Verwaltung der Genehmigungen, Gruppendefinitionen und vieler Einstellungen unabhängig sind, werden nach der Installation konfiguriert.

Wenn die Installation abgeschlossen ist, können Sie WSUS konfigurieren und verwalten. Die letzte Seite des **Microsoft Windows Server Update Services**-Setup-Assistenten öffnet sogar schon die Webadministrationsseite für WSUS.

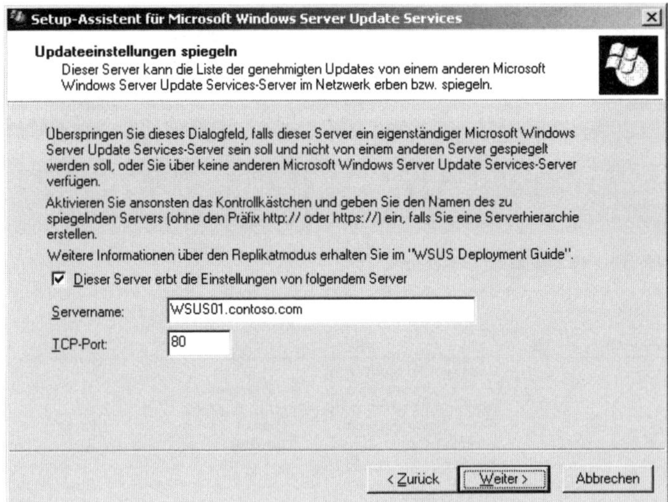

Abbildung 9.1 Die Seite **Updateeinstellungen spiegeln** des WSUS-Setup-Assistenten

Konfigurieren und Verwalten von WSUS

Zur Verwaltung der WSUS-Server führen Sie gewöhnlich fünf verschiedene Verwaltungsarbeiten aus: Konfigurieren von Einstellungen, Synchronisieren von Inhalten, Genehmigen von Updates, Verwalten von Computergruppen und Erstellen von Update-Statusberichten. Diese Arbeiten führen Sie in der WSUS-Verwaltungswebsite durch (Abbildung 9.2), auf die Sie durch Öffnen von **http://*WSUS-Servername*/WSUSAdmin** mit Internet Explorer 5.5 oder höher zugreifen. Die Verwaltung von WSUS ist vollständig webbasiert. Die Startseite der WSUS-Verwaltungswebsite zeigt einen nützlichen Überblick über Server und Updatestatus sowie eine Liste mit anstehenden Verwaltungsarbeiten.

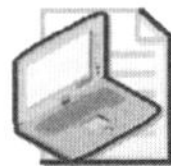

Hinweis Sie müssen Ihren WSUS-Server gegebenenfalls zu der Zone **Vertrauenswürdige Sites** hinzufügen, um auf die Site zugreifen zu können. Öffnen Sie den Internet Explorer, und wählen Sie im Menü **Extras** den Befehl **Internetoptionen**. Klicken Sie auf die Registerkarte **Sicherheit**. Deaktivieren Sie das Kontrollkästchen **Für Sites dieser Zone ist eine Serverüberprüfung (https:) erforderlich**, und fügen Sie Ihren Server zur Liste hinzu. Nach dem Eintrag des Servers können Sie das Kontrollkästchen bei Bedarf wieder aktivieren.

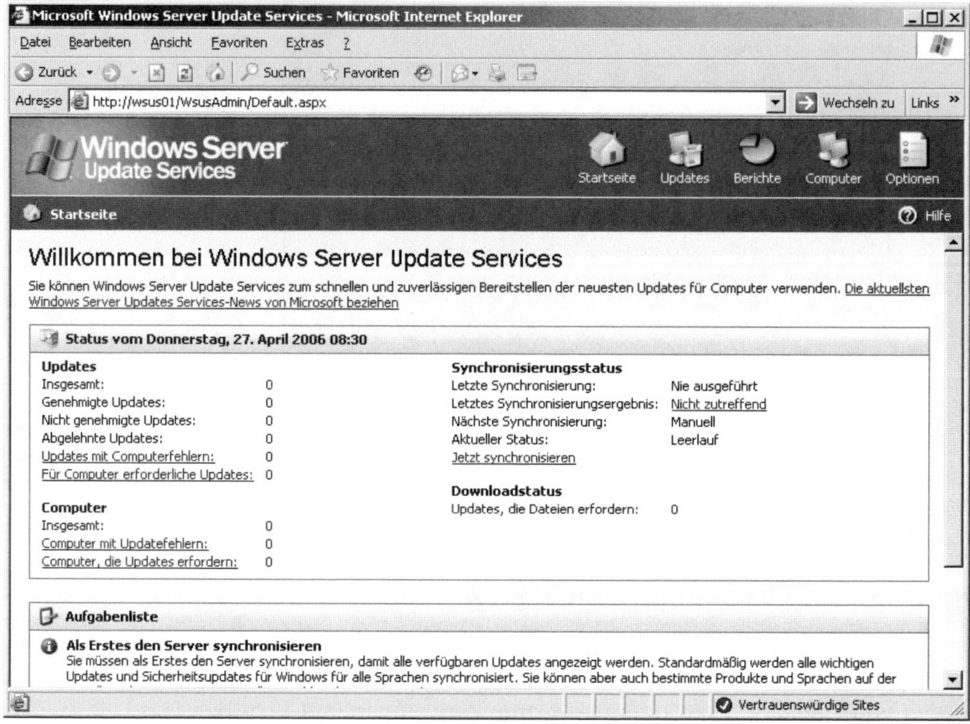

Abbildung 9.2 Die WSUS-Verwaltungswebsite

Konfigurieren der Windows Server Update Services-Einstellungen

Sie können zwar die WSUS-Konfiguration in gewissem Umfang bereits bei einer benutzerdefinierten Installation durchführen, aber erst auf der WSUS-Verwaltungswebsite sind alle WSUS-Einstellungen zugänglich. Klicken Sie auf der Verwaltungsseite der Windows Server Update Services in der oberen Navigationsleiste auf **Optionen**. Klicken Sie dann auf den Link **Synchronisationsoptionen**.

Die Einstellungen auf der Seite **Synchronisationsoptionen** sind am einfachsten zu verstehen, wenn man sich die Fragen ansieht, die Sie im Prinzip mit Ihrer Auswahl beantworten.

- **Mit wem synchronisiert sich dieser WSUS-Server?** Im Bereich **Updatequelle** konfigurieren Sie den Server als echten eigenständigen Server, der sich mit Micorosoft Update oder mit einem Upstreamserver synchronisiert. Wenn Sie **Von einem Windows Server Update Services-Upstreamserver synchronisieren** wählen, erstellen Sie ein hierarchisches Modell. Der Upstreamserver verwaltet Genehmigungen auf einer „globalen“ Ebene. Ein Downstreamserver synchronisiert nur solche Updates, die auf höherer Ebene genehmigt wurden. Ein Administrator kann auf dem Downstreamserver dann eins oder mehrere der Updates genehmigen. Vergessen Sie bitte nicht, dass sich dieses Modell vom Replikationsmodell unterscheidet, bei dem ein Replikat alle Genehmigungen und Einstellungen von seiner Quelle synchronisiert. Genehmigungen und viele der Einstellungen eines Downstreamservers werden unabhängig verwaltet. Ein Replikationsserver muss während der WSUS-Installation konfiguriert werden.

- **Welche Inhalte möchten Sie synchronisieren?** Benutzen Sie die Schaltflächen unter **Produkte**, **Updateklassifizierungen** und **Dateien und Sprachen aktualisieren** zur Auswahl der Art der Inhalte, die mit dem WSUS-Server synchronisiert werden. Zum Zeitpunkt dieser Veröffentlichung kann WSUS Updates für die Betriebssysteme Windows 2000 und höher, für Microsoft Office XP und höher, Microsoft SQL Server und Microsoft Exchange Server synchronisieren. Es gibt eine Reihe von Klassifikationen, wie wichtige Updates, Sicherheitsupdates, Service Packs, Treiber und Feature Packs. Beachten Sie bitte, dass Sie erst alle verfügbaren Produkte oder Klassifikationen sehen, wenn sich der Server das erste Mal mit Microsoft Updates synchronisiert hat. Standardmäßig lädt WSUS wichtige Updates und Sicherheitsupdates in jeder Sprache. Wählen Sie unter **Dateien und Sprachen aktualisieren** die Sprachen aus, für die Updates heruntergeladen werden. In einer Umgebung, in der unterschiedlich lokalisierte Versionen von Windows installiert sind, wählen Sie alle passenden Sprachen. Wenn Sie das Multilanguage User Interface benutzen, wählen Sie **Englisch**. Wenn Sie nur eine Sprache verwenden, wählen Sie diese Sprache oder die Option **Nur Updates, die mit dem Gebietsschema dieses Servers (Deutsch) übereinstimmen, downloaden**.
- **Was wird bei der Synchronisation heruntergeladen?** WSUS lädt Updatemetadaten für alle Updates herunter, die auf seiner Updatequelle verfügbar sind. Auch die dazugehörigen Installationsdateien können auf den Server heruntergeladen werden. Oder der WSUS-Server wird so konfiguriert, dass er nur als Verwalter der Liste genehmigter Updates fungiert, und die Clients laden die Updatedateien selbst von der Microsoft-Website herunter. In den meisten Unternehmen werden Updates lokal gespeichert, wie in Abbildung 9.3 gezeigt.

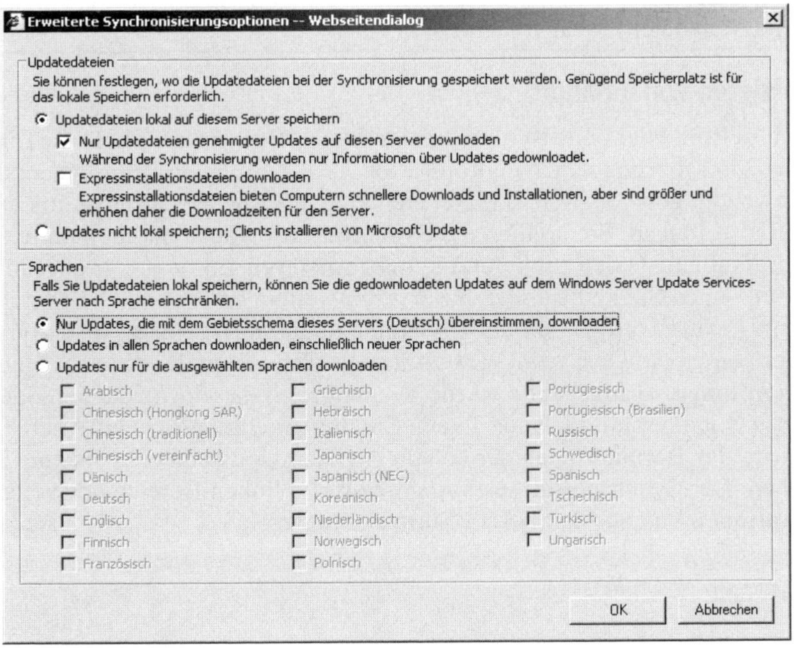

Abbildung 9.3 Speicheroptionen für Updatedateien

Wenn Updates lokal gespeichert werden, können Sie wählen, ob das Herunterladen der Installationsdateien so lange aufgeschoben werden soll, bis das Update genehmigt wurde. Das verringert die Belastung des Netzwerks, weil nicht genehmigte Updates gar nicht erst heruntergeladen werden. Außerdem können Sie das Herunterladen von Expressinstallationsdateien auswählen. Während die betreffende Datei bei einer Standardinstallation vollständig ersetzt wird, werden bei der Expressinstallation nur die Unterschiede zwischen einer vorhandenen Datei und ihrer aktualisierten Version übertragen und eingebaut. Diese Art der Aktualisierung wird „Delta-Komprimierung" genannt, weil nur die Änderungen (das Delta) erfasst werden. Dabei werden wesentlich weniger Daten vom WSUS-Server zum Client übertragen. Allerdings muss der WSUS-Server dann jede verfügbare Delta-Version herunterladen und speichern, um alle möglichen Variationen zwischen den Originalversionen einer Datei und der aktualisierten Version zu erfassen. Also wird eine etwas größere Datei von Microsoft zum WSUS-Server übertragen, um die Bandbreite zwischen dem Server und dem Endcomputer zu schonen.

- **Proxyserverkonfiguration** Wenn der Server, auf dem WSUS ausgeführt wird, die Verbindung mit Windows Update über einen Proxyserver herstellt, müssen Sie die Proxyeinstellungen konfigurieren.

Tipp Sie können zwar den WSUS-Server so konfigurieren, dass er Windows Update über einen Proxyserver verwendet, der eine Authentifizierung verlangt, aber der Client **Automatische Updates** kann nicht auf Windows Update zugreifen, wenn der Proxyserver eine Authentifizierung erwartet. Wenn Ihr Proxyserver eine Authentifizierung verlangt, können Sie WSUS so einstellen, dass es sich authentifiziert, und Sie müssen alle Updateinhalte (Dateien und Metadaten) lokal speichern.

Synchronisieren von Inhalten

Der Bereich **Zeitplan** der Seite **Synchronisierungsoptionen** ermöglicht die Einstellungen, die für eine Durchführung der Synchronisation nach Zeitplan erforderlich sind. Für die meisten Anwendungen von WSUS bietet sich eine tägliche Synchronisation außerhalb der normalen Bürozeiten an. Sie können die Synchronisation auch manuell einleiten, indem Sie in der Aufgabenliste den Link **Jetzt synchronisieren** anklicken. Während einer Synchronisation können Sie keine anderen Servereinstellungen ändern. Die Metadaten für die verfügbaren Updates werden von der Updatequelle heruntergeladen, also von Microsoft Update oder von einem Upstream-WSUS-Server. Wenn es in den **Erweiterten Synchronisierungsoptionen** so angegeben wurde, werden auch die Updatedateien oder Expressinstallationsdateien heruntergeladen. Wenn Sie nur genehmigte Updates herunterladen möchten, wird das Herunterladen der entsprechenden Updatedateien bis zur Genehmigung aufgeschoben. Der Synchronisationsvorgang wird im linken Bereich der Seite **Synchronisationsoptionen** und auf der WSUS-Startseite angezeigt.

Genehmigen von Updates

Zur Updateverwaltung gehört die Ermittlung, Bewertung und Genehmigung von Updates. Jede dieser Arbeiten können Sie auf der Seite **Updates** der WSUS-Verwaltungswebsite durchführen. Klicken Sie auf der WSUS-Startseite in der Navigationsleiste auf den Link **Updates**. Die Seite **Updates** erscheint (Abbildung 9.4)

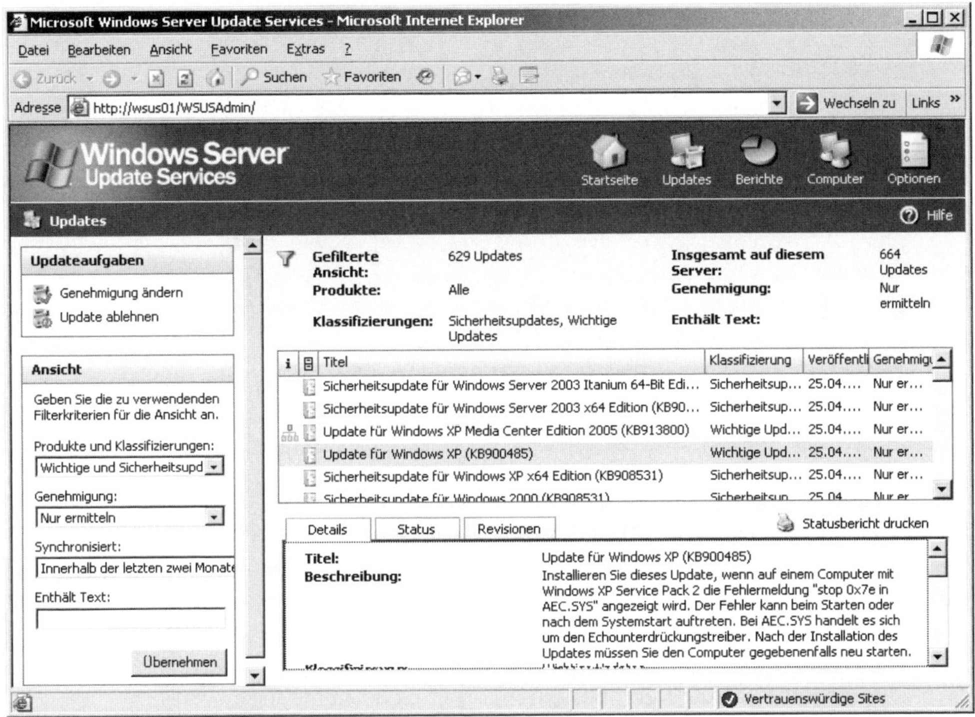

Abbildung 9.4 Die Verwaltungsseite **Updates**

Die Liste im oberen Bereich der Seite **Updates** zeigt eine Teilmenge der Updatemetadaten, wie die Bezeichnugn, die Klassifikation, das Veröffentlichungsdatum und den Genehmigungsstatus eines Updates. Zur Suche nach einer bestimmten Updatemenge verwenden Sie den Bereich **Ansicht** im linken Aufgabenbereich. Darin können Sie Updates nach Produktyp oder Namen, Klassifikation, Updatetyp, Genehmigungsstatus, Synchronisationsdatum oder Schlüsselwörtern filtern, wobei die letzte Option eine Suche nach Kennungen aus der Knowledge Base oder einem Sicherheitsbulletin ermöglicht, oder nach einem beliebigen Wort aus der Bezeichnung oder Beschreibung des Updates. Wenn Sie ein Update aus der Liste auswählen, werden Einzelheiten über das Update im Detailbereich im unteren Teil der Seite angezeigt. Die Updatemetadaten werden auf drei Registerkarten angezeigt: **Details**, **Status** und **Revisionen**.

Um die Genehmigung für die Installation von einem oder mehreren Updates auf Clientcomputern zu erteilen, wählen Sie die betreffenden Updates aus der Liste aus und klicken dann im linken Navigationsbereich auf **Genehmigung ändern**. Das in Abbildung 9.5

gezeigte Dialogfeld **Updates genehmigen** erscheint. Mit der Dropdownliste können Sie eine von vier Genehmigungsoptionen auswählen:

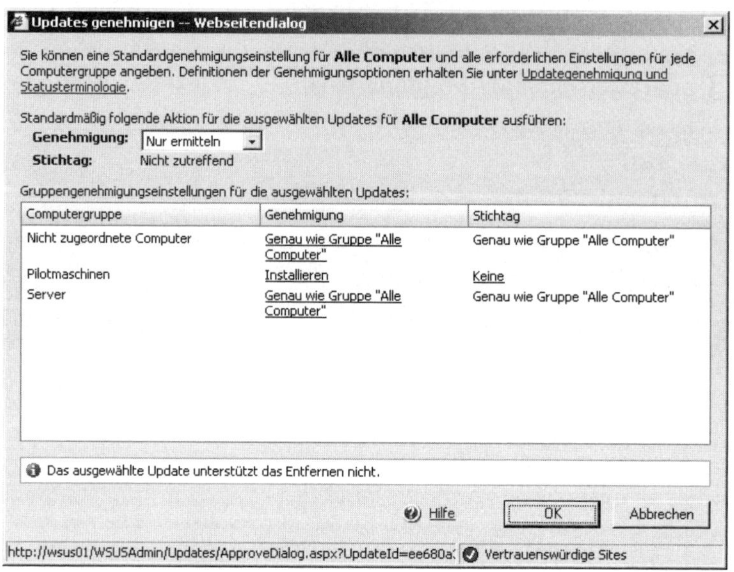

Abbildung 9.5 Die Seite **Updates genehmigen**

- **Nur ermitteln** Jeder Client wird das Update auf dem WSUS-Server finden und kann anhand der Updatemetadaten entscheiden, ob das Update gebraucht wird. Dann berichtet der Client, ob das Update gebraucht wird oder nicht. Anhand dieser Rückmeldung können Sie entscheiden, ob Sie die Installation dieses Updates genehmigen. **Nur ermitteln** bewirkt nicht, dass der Client das Update installiert. Der Client kann das Update nur erkennen und berichten, ob er es braucht.
- **Installieren** Jeder Client installiert das Update, sofern er es braucht. Da Updates ausführliche Metadaten enthalten, in denen das Update und seine Beziehungen zu anderen Updates beschrieben werden, können Clients das Update bewerten und herausfinden, ob es gebraucht wird. Hat ein Client beispielsweise bereits ein Service Pack installiert, sind alle einzelnen Updates, die bereits von diesem Service Pack abgedeckt werden, überflüssig und der Client überspringt das fragliche Update, auch wenn seine Installation genehmigt wurde. Dieses Verhalten verbessert die effiziente Nutzung der Ressourcen, da es die Installation von Duplikaten oder von veralteten Updates verhindert.
- **Nicht genehmigt** Clients laden keine Updatemetadaten herunter. Sie erkennen also nicht, ob das Update vorliegt, und berichten daher weder, ob das Update gebraucht wird, noch installieren sie es. Hat ein Client das Update bereits installiert, wird es zwar nicht entfernt, aber kein neuer Client erkennt oder installiert das Update.
- **Entfernen** Manche, aber nicht alle Updates unterstützen eine Entfernung durch WSUS und **Automatische Updates**. Die Genehmigung der Entfernung eines Updates veranlasst den Client, das Update zu deinstallieren. Die meisten Updates lassen sich mit dem Programm **Software** aus der Systemsteuerung einzeln entfernen.

Beachten Sie bitte in Abbildung 9.5, dass man in WSUS eine Frist für die Installation eines Updates setzen kann. Dadurch kann man sogar lokale Administratoren daran hindern, die Aktualisierung zu verzögern. Wenn ein Client erkennt, dass ein Update zur Installation freigegeben wurde und die Frist abgelaufen ist, wird das Update installiert. Obwohl WSUS eigentlich eine „Pull"-Technologie ist – Clients fragen WSUS nach Updates ab und laden Updates vom Server herunter –, sorgt die Möglichkeit zur Fristsetzung dafür, dass man notfalls ein eiliges Update an Clients „pushen" kann.

Die in der Dropdownlist **Genehmigung** gewählte Option gilt zusammen mit der im oberen Bereich des Dialogfelds **Updates genehmigen** vorgegebenen Frist standardmäßig für alle Computer, die für den betreffenden WSUS-Server konfiguriert wurden. WSUS-Server ist in der Lage, Computergruppen zu definieren (dieses Feature wird im Verlauf der Lektion näher besprochen). Jeder Computer, der keiner Computergruppe zugewiesen ist, erscheint in der vordefinierten Gruppe **Nicht zugeordnete Computer**. Wenn Sie Computergruppen definieren, können Sie die Genehmigungen und Fristen für jede Computergruppe separat festlegen. So können Sie ein Update zum Beispiel für eine Gruppe mit Pilotsystemen zur Installation freigeben, und für andere Computer zur Ermittlung (Abbildung 9.5). Verlief der Test des Updates auf den Pilotcomputern erfolgreich und wird das Update von anderen Computern angefordert, können Sie die Installation des Updates auf den restlichen Computern genehmigen.

Wenn Sie ein Update ablehnen möchten, klicken Sie im Aufgabenbereich der Seite **Updates** auf den Link **Update ablehnen**. Wenn Sie ein Update ablehnen, wird es von keinem Client installiert. Allerdings wird es nicht von den Clients entfernt, auf denen es bereits installiert ist. Die Updatedateien werden nicht vom WSUS-Server gelöscht.

Sie können den Vorgang der Genehmigung automatisieren, indem Sie eine automatische Genehmigung einstellen. Klicken Sie in der oberen Navigationsleiste auf den Link **Optionen** und dann auf den Link **Optionen für automatische Genehmigungen**. Sie können WSUS anweisen, die Ermittlung oder Installation von Udates für eine oder mehrere Computergruppen automatisch zu genehmigen. Diese WSUS-Version unterstützt keine automatischen Genehmigungen für eine Konfigurierung auf Basis der Produkte. Standardmäßig genehmigt WSUS automatisch die Ermittlung von wichtigen Updates und Sicherheitsupdates. Daher werden WSUS-Clients berichten, ob die Updates erforderlich sind, sobald Microsoft ein Update mit dieser Klassifikation veröffentlicht.

Es kommt vor, dass Microsoft die Metadaten oder Installationsdatei eines Updates überarbeitet und Updaterevisionen veröffentlicht. Sie können WSUS so einstellen, dass neue Versionen von bereits genehmigten Updates automatisch genehmigt werden. Microsoft veröffentlicht auch Updates für WSUS. Die Seite **Optionen für automatische Genehmigungen** bietet eine Option an, solche WSUS-Updates automatisch zu genehmigen.

Verwalten von Computergruppen

Mithilfe von Computergruppen ist ein Unternehmen in der Lage, bestimmte Computer anhand ihrer Aufgaben, Prioritäten, Standorte, Funktionen oder anderer Kriterien für Updates auszuwählen. Überlegen Sie sich beim Entwurf Ihrer Update-Infrastruktur, wie Sie Computergruppen zur Erfüllung der Planungsziele einsetzen können. Wenn Sie zum Beispiel eine Computergruppe für Test- oder Pilotcomputer einrichten, können Sie die sofortige Installation neuer Updates auf diesen Computern genehmigen und dann überprüfen, ob das Update Probleme verursacht. Anschließend können Sie die Installation des Updates auf den restlichen Computern genehmigen. Vielleicht möchten Sie auch eine Gruppe für Computer definieren, die schneller als andere aktualisiert werden sollen, beispielsweise Server, die dem Internet ausgesetzt sind. Indem Sie solche Server zu einer Computergruppe zusammenfassen, können Sie eine bestimmte Frist für Updates festlegen, damit diese Updates möglichst schnell installiert werden. WSUS bietet immer zwei vordefinierte Gruppen an: **Alle Computer** repräsentiert Clients, die dem WSUS-Server berichten, und **Nicht zugeordnete Computer** repräsentiert die Teilmenge der Clients, die zu keiner benutzerdefinierten Computergruppe gehören.

Die Verwaltung von WSUS-Computergruppen umfasst drei Arbeitsschritte. Zuerst wählen Sie eine der beiden Methoden für die Zuweisung von Computern an Gruppen aus: serverseitige oder clientseitige Zielzuordnung. Bei der serverseitigen Zielzuordnung, der Standardmethode, fügen Sie Computer in der WSUS-Verwaltungswebsite zu den Gruppen hinzu. Bei der clientseitigen Zielzuordnung können Sie Clients automatisch den Gruppen zuweisen, entweder mit Registrierungseinträgen oder mit Gruppenrichtlinien. Im zweiten Arbeitsschritt erstellen Sie die Computergruppen auf dem WSUS-Server. Drittens fügen Sie die Computer mit der Methode zu den Gruppen hinzu, die Sie im ersten Schritt gewählt haben.

Zur Verwaltung von Computergruppen klicken Sie in der oberen Navigationsleiste auf den Link **Computer**. Die Seite **Computer** listet alle Computer auf, die dem Server berichtet haben. Merken Sie sich bitte, dass Clients, wie im Verlauf dieser Lektion noch beschrieben wird, mit Registrierungseinträgen oder Gruppenrichtlinieneinstellungen auf den WSUS-Server ausgerichtet werden. WSUS-Gruppen sind aber in keiner Weise mit den Gruppen des Active Directory-Verzeichnisdiensts oder mit lokalen Sicherheitsgruppen verbunden. Zur Erstellung einer neuen Gruppe klicken Sie auf den Link **Computergruppe erstellen** und geben den Gruppennamen an. Zum Löschen einer Gruppe wählen Sie die betreffende Gruppe zuerst in der Liste **Gruppen** aus und klicken dann im Bereich **Aufgaben** auf **Ausgewählte Gruppe löschen**.

Zur Einstellung der clientseitigen oder serverseitigen Zielzuordnung klicken Sie in der oberen Navigationsleiste auf den Link **Optionen** und dann auf **Computeroptionen**. Wählen Sie eine der folgenden Einstellungen:

- **Die Aufgabe "Computer verschieben" in Windows Server Update Services verwenden** Sie ordnen Computer auf der WSUS-Verwaltungsseite den Gruppen zu.
- **Gruppenrichtlinien- oder Registrierungseinstellungen auf den Computern verwenden** Sie ordnen Clients durch Registrierungseinstellungen des Clients oder mithilfe von Gruppenrichtlinien den WSUS-Gruppen zu.

Für beide Methoden, clientseitige und serverseitige Zielzuordnung, müssen Sie die Gruppen auf dem WSUS-Server erstellen. Klicken Sie auf den Link **Computer** in der oberen Navigationsleiste. Klicken Sie dann auf **Computergruppe erstellen**, und geben Sie den Namen der Gruppe ein.

Wenn Sie eine serverseitige Zielzuordnung eingestellt haben, müssen Sie die Mitgliedschaft in den Gruppen auf dem WSUS-Server verwalten, und zwar auf der Seite **Computer**.

Wählen Sie einen Computer, und klicken Sie im Bereich **Aufgaben** auf den Link **Ausgewählten Computer verschieben**. In einer Update-Infrastruktur mit einer kleinen Anzahl von Computern und beschränkten Gruppenmitgliedschaften ist eine manuelle Verwaltung von Computergruppen möglich.

Bei komplexeren Netzwerken empfiehlt sich dagegen die clientseitige Zielzuordnung, die auch computerbasierte Zuordnung genannt wird. Bei der clientseitigen Zuordnung registrieren Clients ihre Gruppenmitgliedschaften, wenn sie dem WSUS-Server berichten. Die Gruppenmitgliedschaft von Clientcomputern wird mit einem Registrierungseintrag oder Gruppenrichtlinien festgelegt. In einer Umgebung ohne Active Directory konfigurieren Sie den Registrierungseintrag **TargetGroup** mit einer Zeichenfolge, die den Namen der Gruppe enthält, und den Registrierungseintrag **TargetGroupEnabled** mit dem DWORD-Wert 1. Diese beiden Registrierungseinträge sind unter dem Schlüssel **HKEY_LOCAL_MACHINE\Software\Policies\Microsoft\Windows\WindowsUpdate** zu finden. In einer Active Directory-Umgebung können Sie die Zuweisung der Updategruppenmitgliedschaft mit der Gruppenrichtlinie **Clientseitige Zielzuordnung aktivieren** automatisieren. Öffnen Sie im Gruppenrichtlinienobjekt-Editor den Knoten **Computerkonfiguration**, **Administrative Vorlagen**, **Windows-Komponenten**, **Windows Update**. Öffnen Sie die Einstellung **Clientseitige Zielzuordnung aktivieren**, und klicken Sie auf **Aktiviert**. Geben Sie den Namen der Computergruppe ein. Alle Computer im Gültigkeitsbereich des Gruppenrichtlinienobjekts berichten dem WSUS-Server von dieser Gruppenmitgliedschaft.

Bei clientseitiger Zuordnung berichtet ein Client zwar WSUS von seiner Gruppenmitgliedschaft, aber die Mitgliedschaft wird erst wirksam, wenn die Gruppe auf dem WSUS-Server existiert. Wie bei der serverseitigen Zuordnung müssen Sie also die Gruppen, die Sie für die Clients konfiguriert haben, auf dem WSUS-Server erstellen. Berichtet ein Client von der Mitgliedschaft in einer Gruppe, die es auf dem WSUS-Server nicht gibt, wird eine Warnung auf der Startseite der WSUS-Verwaltung eingetragen, um Sie auf das Problem hinzuweisen. Bis Sie das Problem durch die Erstellung der Computergruppe oder durch die Verschiebung des Computers in eine vorhandene Gruppe gelöst haben, wird der Computer als nicht zugeordneter Computer verwaltet.

Erstellen von Statusberichten

Die Seite **Berichte** der WSUS-Verwaltungswebsite ermöglicht die Anzeige und den Druck von Berichten über Updates oder Computer. Klicken Sie in der oberen Navigationsleiste auf den Link **Berichte**, und wählen Sie dann **Computerstatus** oder **Updatestatus**. Berichte lassen sich so filtern, dass sie die Ergebnisse für eine Computergruppe oder für **Alle Computer** zeigen, und zwar für eine oder mehrere Genehmigungsstufen. Updateberichte zeigen für jedes Update die Zahl der Computer an, die das Update als installiert, erforderlich, nicht erforderlich, unbekannt oder fehlgeschlagen einstufen. Sie können einen Update-Eintrag erweitern, um sich die Einzelheiten des Updates für die Computergruppen anzusehen, und Sie können einen Computergruppeneintrag erweitern, um sich die Details für jeden Computer aus der Gruppe anzusehen. Abbildung 9.6 zeigt einen Updatebericht.

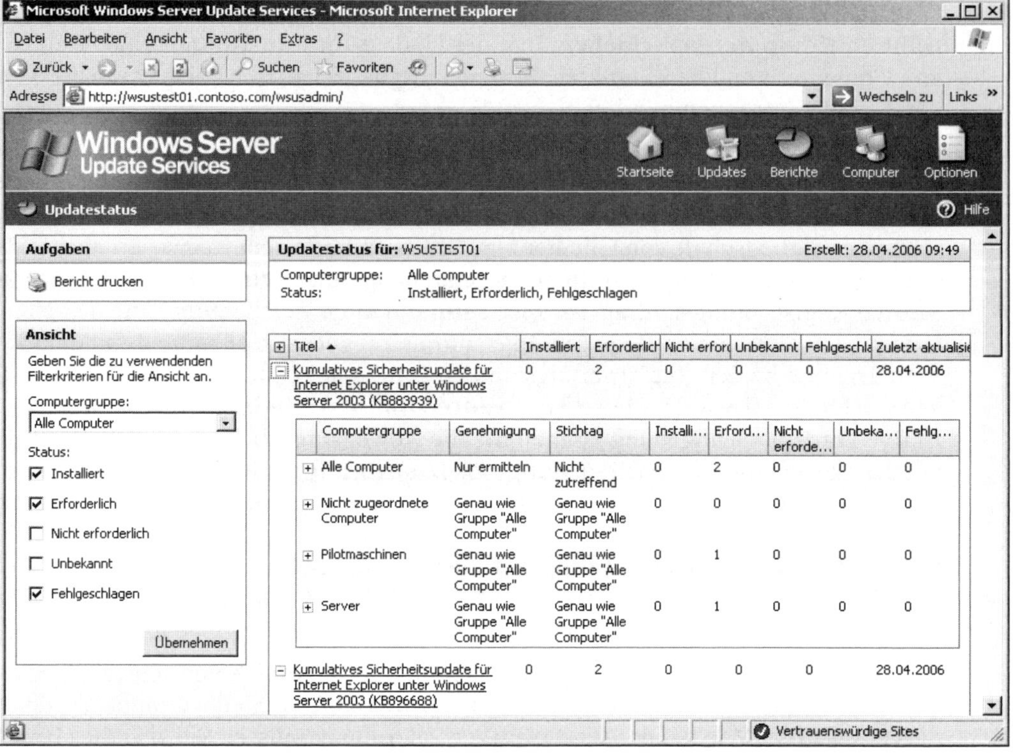

Abbildung 9.6 WSUS-Updatebericht

Ein Computerbericht zeigt für jeden Computer die Zahl der Updates an, die als installiert, erforderlich, nicht erforderlich, unbekannt oder fehlgeschlagen eingestuft werden. Wenn Sie einen Computereintrag erweitern, können Sie sich die Einzelheiten für jedes Update ansehen. Abbildung 9.7 zeigt einen Computerbericht.

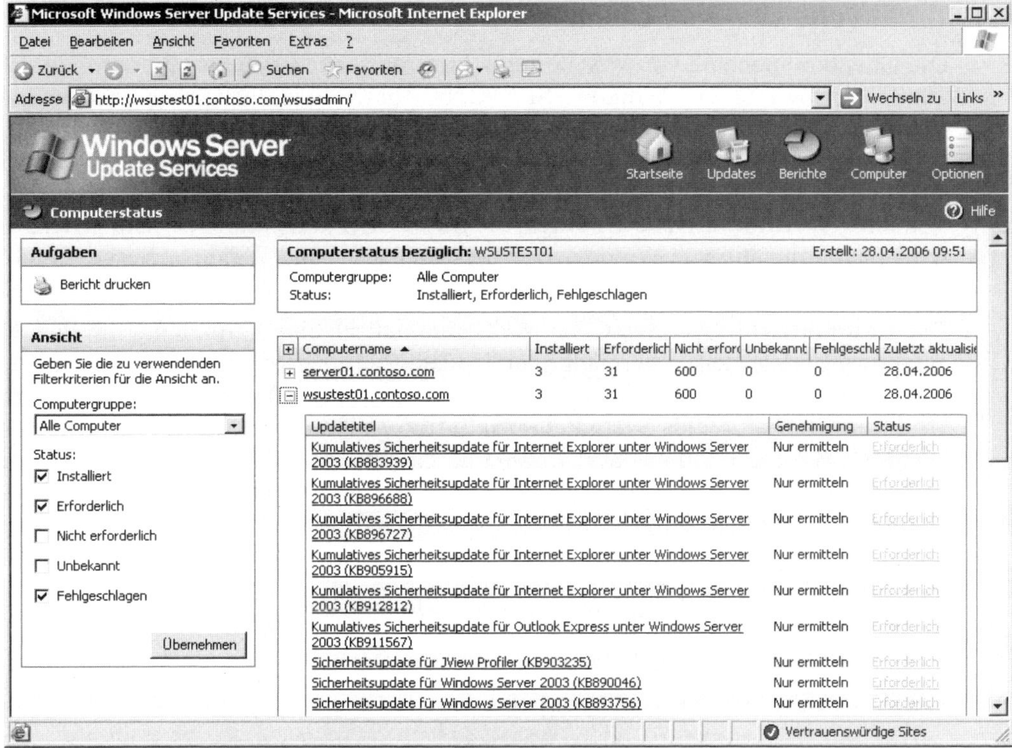

Abbildung 9.7 WSUS-Computerbericht

Über den Link **Berichte** der oberen Navigationsleiste können Sie noch zwei andere Berichtarten erstellen: Synchronisierungsberichte, in denen die Synchronisierungsaktivitäten aufgeführt werden, und Konfigurationsberichte, die sich als besonders nützlich erweisen, wenn Sie zusätzliche WSUS-Server einrichten, die zu den vorhandenen Servern passen müssen. Übrigens können Sie auf den Seiten **Updates** oder **Computer** auch über die Registerkarte **Status** auf Berichte zugreifen. Alle Berichte können nach Spalten sortiert und ausgedruckt werden.

Hinweis Vergessen Sie bei der Durchsicht der Berichte nicht, dass Sie nur die Aktivitäten eines einzigen WSUS-Servers sehen. Sie müssen sich die Berichte von jedem Server separat ansehen. Diese WSUS-Version unterstützt noch keine Zusammenführung der Statusdaten von mehreren Servern. Allerdings bietet Microsoft auf der WSUS-Website Beispieltools an, von denen eines diese „Rollup"-Funktionalität bietet. Mit einem anderen Tool können Sie anhand von Active Directory-Gruppen als Datenquelle WSUS-Computergruppen erstellen und mit Mitgliedern versehen.

Der *Automatische Updates*-Client

Die Clientkomponente von WSUS heißt **Automatische Updates** und wird von Windows 2000, Windows XP und Windows Server 2003 unterstützt. Der Automatische Updates-Client ist in Windows Server 2003, Windows 2000 Service Pack 3 und Windows XP Service Pack 1 enthalten. Wenn sich ein Client mit einer alten Version von Automatic Updates bei WSUS meldet, aktualisiert der Client sich selbst automatisch auf die neue Version von **Automatische Updates**, die mit WSUS kompatibel ist. Die neuere Version wird standardmäßig von Windows XP Service Pack 2 und Windows Server 2003 Service Pack 1 installiert.

Der **Automatische Updates**-Client stellt automatisch eine Verbindung mit dem Microsoft Windows Update-Server her, lädt dann Updates herunter und fordert den Benutzer auf, diese zu installieren. Diese Vorgehensweise kann auf der Registerkarte **Automatische Updates** des Dialogfelds **Systemeigenschaften** geändert werden. Der Zugriff erfolgt unter Windows XP und Windows Server 2003 durch Klicken auf **System** in der Systemsteuerung. Klicken Sie unter Windows 2000 in der Systemsteuerung auf **Automatische Updates**. Die Registerkarte **Automatische Updates** wird in Abbildung 9.8 gezeigt. Allerdings bietet die Registerkarte nur eine beschränkte Auswahl an Optionen an und ermöglicht keine Ausrichtung von **Automatische Updates** auf einen WSUS-Server. Zur vollständigen Konfigurierung von **Automatische Updates** für WSUS können Sie Gruppenrichtlinien oder Registrierungswerte verwenden.

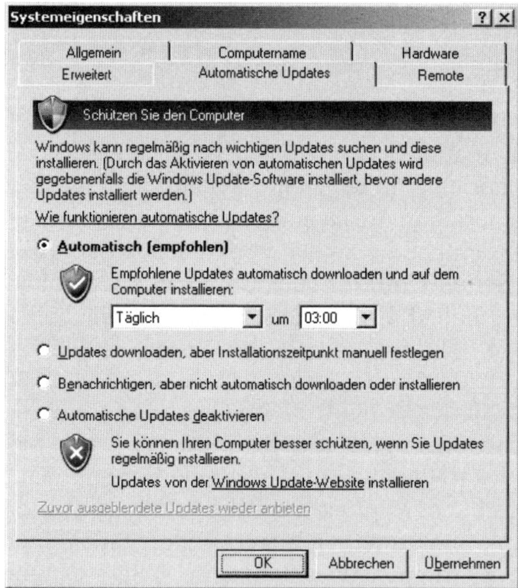

Abbildung 9.8 Die Registerkarte **Automatische Updates** im Dialogfeld **Systemeigenschaften**

Downloadverhalten

Automatische Updates bietet zwei Downloadverhalten:

- **Automatisch** Updates werden ohne Benachrichtigung des Benutzers heruntergeladen.
- **Benachrichtigung** Ist **Automatische Updates** für die Benachrichtigung des Benutzers vor dem Herunterladen von Updates konfiguriert, wird die Benachrichtigung zu einem verfügbaren Update im Systemereignisprotokoll registriert und einem angemeldeten Administrator des Computers gemeldet. Ist kein Administrator angemeldet, wartet **Automatische Updates** auf einen Benutzer mit Administratorrechten, bevor die Benachrichtigung in Form eines Ballons im Benachrichtigungsbereich der Taskleiste angezeigt wird.

Wenn das Herunterladen des Updates beginnt, verwendet **Automatische Updates** den intelligenten Hintergrundübertragungsdienst (BITS), um die Dateiübertragung unter Verwendung nicht genutzter Netzwerkbandbreite durchzuführen. Der intelligente Hintergrundübertragungsdienst stellt sicher, dass die Netzwerkleistung aufgrund der Dateiübertragung nicht beeinträchtigt wird. **Der Automatische Updates**-Client prüft die digitale Microsoft-Signatur und führt eine CRC-Prüfung jedes Pakets durch, bevor es installiert wird.

Installationsverhalten

Automatische Updates bietet zwei Installationsoptionen:

- **Benachrichtigung** **Automatische Updates** trägt ein Ereignis ins Systemprotokoll ein, aus dem hervorgeht, dass Updates zur Installation bereitstehen. Die Benachrichtigung erfolgt erst, nachdem sich ein lokaler Administrator angemeldet hat, bevor weitere Schritte erfolgen. Wenn sich ein Administrator angemeldet hat, wird in der Taskleiste eine Benachrichtigung in Ballonform angezeigt. Der Administrator muss auf den Ballon bzw. das Benachrichtigungssymbol klicken und kann dann aus den verfügbaren Updates auswählen, bevor die Installation gestartet werden kann. Falls ein Update den Neustart des Computers erfordert, kann **Automatische Updates** weitere in Frage kommende Updates erst nach dem Neustart erkennen.
- **Automatisch (geplant)** Nachdem Updates erfolgreich heruntergeladen wurden, wird ein Ereignis im Systemereignisprotokoll protokolliert. Ist ein Administrator angemeldet, wird ein Benachrichtigungssymbol angezeigt. Der Administrator kann die Installation jederzeit vor dem geplanten Installationszeitpunkt manuell starten.

  Zum geplanten Installationszeitpunkt wird ein angemeldeter Administrator mithilfe einer Countdownmeldung vor der Installation benachrichtigt. Er hat die Möglichkeit, die Installation abzubrechen, woraufhin die Installation bis zum nächsten geplanten Zeitpunkt verschoben wird. Ist ein Benutzer angemeldet, der kein Administrator ist, wird ein Warndialogfeld angezeigt, ohne dass der Benutzer die Installation verschieben kann. Ist kein Benutzer angemeldet, erfolgt die Installation automatisch. Falls ein Update einen Neustart erfordert, wird eine fünfminütige Countdownbenachrichtigung angezeigt, die den Benutzer über den anstehenden Neustart informiert. Nur ein Administrator kann den Neustart abbrechen.

Tipp Ist ein Computer zum geplanten Installationszeitpunkt für **Automatische Updates** nicht eingeschaltet, wird die Installation bis zum nächsten geplanten Zeitpunkt verschoben. Ist der Computer zu der geplanten Zeit nie eingeschaltet, erfolgt keine Installation. Sorgen Sie dafür, dass Systeme eingeschaltet bleiben, damit **Automatische Updates** die Installation erfolgreich durchführen kann, oder konfigurieren Sie die Richtlinieneinstellung **Zeitplan für geplante Installationen neu erstellen**, die später noch beschrieben wird.

Konfigurieren von *Automatische Updates* über Gruppenrichtlinien

Der **Automatische Updates**-Client verbindet sich standardmäßig mit dem Microsoft Windows Update-Server. Nach der Installation von WSUS in Ihrem Unternehmen können Sie **Automatische Updates** anweisen, sich mit bestimmten Intranetservern zu verbinden, indem Sie die Registrierung der Clients manuell konfigurieren oder mit **Windows Update**-Gruppenrichtlinien arbeiten.

Um **Automatische Updates** mit Gruppenrichtlinienobjekten zu konfigurieren, öffnen Sie ein Gruppenrichtlinienobjekt und wechseln zum Knoten **Computerkonfiguration\Administrative Vorlagen\Windows-Komponenten\Windows Update**. Die Windows Update-Richtlinien werden in Abbildung 9.9 gezeigt.

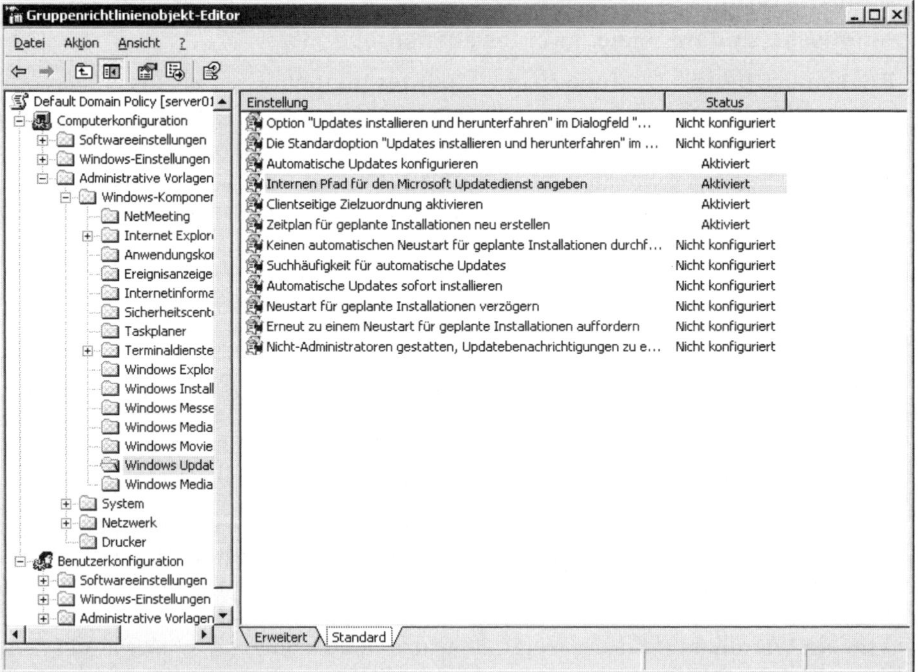

Abbildung 9.9 Windows Update-Richtlinien

Hinweis Die im Folgenden beschriebenen **Automatische Updates**-Richtlinien werden von der neusten Version der administrativen Vorlage **%WinDir%\Inf\Wuau.inf** unterstützt, die unter Windows XP SP2 und Windows Server 2003 SP1 standardmäßig installiert wird. Wenn Sie die Richtlinien nicht sehen, kopieren Sie **Wuau.inf** von einem passenden System, klicken den Knoten **Administrative Vorlagen** mit der rechten Maustaste an, wählen **Vorlagen hinzufügen/entfernen**, klicken auf **Hinzufügen** und suchen die Vorlage **Wuau.inf** aus.

Die folgenden Richtlinien sind verfügbar, die alle eine wichtige Rolle bei der Konfiguration einer effektiven Updateverteilung in Ihrem Unternehmen spielen.

- **Internen Pfad für den Microsoft Updatedienst angeben** Mithilfe dieser Richtlinie können Sie **Automatische Updates** auf einen Server umleiten, auf dem WSUS ausgeführt wird. Sie müssen die beiden Textfelder mit dem URL **http://serverFQDN** des WSUS-Servers konfigurieren. Wenn Sie WSUS auf einem anderen Port als Port 80 installiert haben, müssen Sie den betreffenden Port im URL angeben, wie beispielsweise in **http://serverFQDN:Port**.

Hinweis Sorgen Sie dafür, dass jede Firewall, einschließlich der Windows-Firewall, auf dem WSUS-Server eingehenden TCP-Datenverkehr auf Port 80 zulässt.

- **Suchhäufigkeit für automatische Updates** **Automatische Updates**-Clients fragen ihren WSUS-Server alle 22 Stunden ab, abzüglich eines Zufallswerts für den Zeitversatz. Mit dieser Richtlinie können Sie die Abfrageabstände ändern.
- **Automatische Updates konfigurieren** Wenn ein Update ermittelt wurde, können Sie das Download- und Installationsverhalten von **Automatische Updates**-Clients mit dieser Richtlinieneinstellung steuern. Es gibt drei Optionen: **Vor Download und Installation benachrichtigen**, **Autom. Downloaden, aber vor Installation benachrichtigen** und **Autom. Downloaden und laut Zeitplan installieren**. Diese Optionen sind Kombinationen des Installations- und Downloadverhaltens, das in der Lektion bereits behandelt wurden.
- **Zeitplan für geplante Installationen erneut planen** Wenn Installationen geplant sind und der Clientcomputer zum geplanten Zeitpunkt ausgeschaltet ist, sieht das Standardverhalten das Warten bis zum nächsten geplanten Zeitpunkt vor. Die Richtlinie **Zeitplan für geplante Installationen neu erstellen** bewirkt bei Festlegung auf einen Wert von 1 bis 60, dass **Automatische Updates** die Installation für die angegebene Anzahl Minuten nach dem Systemstart neu plant.
- **Clientseitige Zielzuordnung aktivieren** Wenn Sie den WSUS-Server auf die clientseitige Zielzuordnung eingestellt haben, können Sie diese Richtlinie benutzen, um Clients einer bestimmten Computergruppe zuzuordnen. Der Client berichtet den Gruppennamen an den WSUS-Server. Die Gruppe muss auf dem WSUS-Server definiert sein, wie in dieser Lektion bereits beschrieben.

Weitere Informationen Hilfestellung bei der Clientkonfiguration mit Registrierungsschlüsseln finden Sie in der WSUS-Dokumentation, die wie die WSUS-Installationsdateien von **http://www.microsoft.com/wsus** erhältlich sind.

Lernzielkontrolle

Die folgenden Fragen dienen dazu, die wichtigsten Lehrinhalte dieser Lektion zu vertiefen. Können Sie eine Frage nicht beantworten, arbeiten Sie das entsprechende Lektionsmaterial noch einmal durch, und versuchen Sie dann erneut, die Frage zu beantworten. Die Antworten auf die Lernzielkontrollfragen finden Sie im Abschnitt „Fragen und Antworten" am Ende dieses Kapitels.

1. Sie konfigurieren eine WSUS-Infrastruktur. Ein Server synchronisiert Metadaten und Inhalte durch Zugriff auf Windows Update. Andere Server (einer an jedem Standort) synchronisieren Inhalte durch Zugriff auf den übergeordneten WSUS-Server. Welcher der folgenden Schritte ist erforderlich, um die WSUS-Infrastruktur zu vervollständigen?
   a. Konfigurieren von **Automatische Updates**-Clients auf jedem System über die Systemsteuerung
   b. Konfigurieren von Gruppenrichtlinienobjekten, um Clients zum WSUS-Server an ihrem Standort zu verweisen
   c. Konfigurieren eines manuellen Inhaltsverteilungspunkts
   d. Genehmigen von Updates über die WSUS-Verwaltungsseite
2. Sie konfigurieren WSUS für eine Gruppe von Webservern. Sie möchten, dass sich die Webserver nachts auf Basis einer Liste genehmigter Updates auf Ihrem WSUS-Server selbst aktualisieren. Ab und zu meldet sich jedoch ein Administrator nachts an, um Wartungsarbeiten auf einem Webserver durchzuführen, und Sie möchten nicht, dass die Installation von Updates und mögliche Neustarts seine Aufgaben stören. Welche Windows Update-Richtlinienkonfiguration müssen Sie in diesem Fall wählen?
   a. Vor Download und Installation benachrichtigen
   b. Autom. Downloaden, aber vor Installation benachrichtigen
   c. Autom. Downloaden und laut Zeitplan installieren
3. Sie möchten, dass alle Netzwerkclients Updates nachts automatisch herunterladen und installieren, und haben das geplante Installationsverhalten für **Automatische Updates** konfiguriert. Sie stellen jedoch fest, dass einige Benutzer ihre Computer nachts ausschalten, sodass die Updates nicht aufgespielt werden. Mithilfe welcher Richtlinie können Sie Abhilfe schaffen, ohne den Installationszeitplan zu ändern?
   a. Internen Pfad für den Microsoft Updatedienst angeben
   b. Kein automatischer Neustart für geplante Installationen automatischer Updates
   c. Zeitplan für geplante Installationen neu erstellen
   d. Automatische Updates konfigurieren

Zusammenfassung der Lektion

- WSUS ist eine Intranetanwendung, die unter IIS 6.0 ausgeführt und über die webbasierte Verwaltungssite **http://*WSUS_Servername*/WSUSAdmin** verwaltet wird.
- Der WSUS-Server synchronisiert Inhalte für abonnierte Produkttypen und Updateklassifikationen und ermöglicht einem Administrator, die Genehmigung für jedes Update zentral zu konfigurieren. In der Regel wird WSUS in Unternehmen so konfiguriert, dass auch die tatsächlichen Updatedateien heruntergeladen werden.
- Updates können durch die Definition von Computergruppen auf den WSUS-Servern auf ausgewählte Computer beschränkt werden. Die Mitgliedschaft in diesen Gruppen kann auf dem Server, durch clientseitige Registrierungseinträge oder durch Gruppenrichtlinieneinstellungen verwaltet werden.
- **Automatische Updates**, eine Funktion unter Windows 2000, Windows XP und Windows Server 2003, ist für das Herunterladen und Installieren von Updates auf Clients zuständig.
- Mithilfe von Gruppenrichtlinien kann **Automatische Updates** so konfiguriert werden, dass Patches von einem WSUS-Server anstatt von Windows Update-Server abgerufen werden. Mit Gruppenrichtlinienobjekten kann auch das Verhalten der Clientcomputer beim Herunterladen, Installieren und Neustart gesteuert werden.

Lektion 2: Service Packs

Microsoft veröffentlicht Service Packs, um wichtige Updates, Sicherheitsrollups, Hotfixes, Treiberaktualisierungen und Funktionsverbesserungen zusammenzuführen. Wie bereits zu Beginn dieses Kapitels erwähnt, ist es nicht länger praktikabel, auf Service Pack 3 zu warten, bevor Service Pack 2 installiert wird. Sie müssen bei den Service Packs auf dem aktuellen Stand bleiben, um die Sicherheit und Integrität Ihres Unternehmensnetzwerks zu gewährleisten. WSUS, das in der vorigen Lektion besprochen wurde, ist in der Lage, auch Service Packs zu verarbeiten. SUS kann dies nicht. In Umgebungen, in denen Service Packs nicht mithilfe einer Update-Infrastruktur installiert werden, müssen Sie die in dieser Lektion vermittelten Fähigkeiten einsetzen, um Service Packs mithilfe von Gruppenrichtlinien zu installieren.

Am Ende dieser Lektion werden Sie in der Lage sein, die folgenden Aufgaben auszuführen:

- Herunterladen und Extrahieren eines Service Packs
- Bereitstellen eines Service Packs mithilfe einer auf Gruppenrichtlinien basierenden Softwareverteilung

Veranschlagte Zeit für diese Lektion: 5 Minuten

Herunterladen und Extrahieren von Service Packs

Sobald ein Service Pack freigegeben ist, wird es von Microsoft auf der Microsoft-Website zum Herunterladen und Installieren zur Verfügung gestellt. Ein Service Pack kann direkt von einem Microsoft-Server installiert werden. In diesem Fall startet der Clientcomputer das Service Pack-Setup auf der Microsoft-Website, woraufhin ein kleines Setupdienstprogramm auf den Client übertragen wird. Dieses Seteupdienstprogramm stellt erneut eine Verbindung mit dem Microsoft-Server her und steuert den Download und die Installation des gesamten Service Packs. Service Packs sind in der Regel ziemlich groß, weshalb die Durchführung dieser Aufgabe nacheinander auf allen Computern nur in sehr kleinen Umgebungen eine effiziente Bereitstellungsstrategie ist.

Service Packs können von Microsoft auch auf CD und über zahlreiche Microsoft-Ressourcen wie TechNet und MSDN bezogen werden. Service Pack-CDs enthalten häufig Extras wie aktualisierte Verwaltungsprogramme, neue Richtlinienvorlagen und weitere Software. Für Unternehmensumgebungen wird deshalb empfohlen, den Service Pack-Datenträger zu beziehen.

Wenn Sie keinen Zugriff auf eine CD mit dem Service Pack haben und das Service Pack auf mehr als einem System bereitstellen möchten, können Sie das gesamte Service Pack als Einzeldatei von der Microsoft-Website herunterladen. Die ausführbare Service Pack-Datei löst (z.B. nach einem Doppelklick darauf) die Installation des Service Packs aus. Diese Eindateienversion der ausführbaren Datei kann auch *extrahiert* werden, wodurch die vollständige Ordner- und Dateistruktur des Service Packs wiederhergestellt wird, als würde es sich um die Service Pack-CD handeln, ohne dass jedoch die Extras zur Verfügung stehen.

Um ein Service Pack zu extrahieren, starten Sie die ausführbare Datei in einer Eingabeaufforderung mit dem Parameter **-x**. Um z.B. das Windows Server 2003 SP1 für 32-Bit-Plattformen zu installieren, geben Sie **WindowsServer2003-KB889101-SP1-x86-DEU.exe -x** ein. Sie werden dann zur Angabe eines Ordners aufgefordert, in dem das Service Pack extrahiert werden soll. Nach Abschluss des Vorgangs enthält der Zielordner die vollständige Service Pack-Ordnerstruktur. Sie können anschließend die Installation des Service Packs wie von der CD starten, indem Sie auf **I386\Update\Update.exe** doppelklicken.

Bereitstellen von Service Packs mithilfe von Gruppenrichtlinien

Die Service Pack-Installation erfordert Administratorrechte auf dem lokalen Computer, es sei denn, das Service Pack wird über **Gruppenrichtlinie** oder Systems Management Server (SMS) installiert. Da Service Packs auf Computer angewendet werden, müssen sie über eine computerbasierte und nicht über eine benutzerbasierte Gruppenrichtlinie zugewiesen werden.

Um ein Service Pack zu verteilen, erstellen Sie einen freigegebenen Ordner und extrahieren entweder das Service Pack in diesen Ordner oder kopieren den Inhalt der Service Pack-CD in den Ordner. Über das Snap-In **Active Directory-Benutzer und -Computer** können Sie dann ein Gruppenrichtlinienobjekt erstellen oder ein vorhandenes auswählen. Klicken Sie auf **Bearbeiten**. Die Konsole **Gruppenrichtlinienobjekt-Editor** wird mit dem ausgewählten Gruppenrichtlinienobjekt geöffnet.

Erweitern Sie den Knoten **Computerkonfiguration\Softwareeinstellungen**. Klicken Sie mit der rechten Maustaste auf **Softwareinstallation**, wählen Sie **Neu** und danach **Paket**. Geben Sie den Pfad zur Service Pack-Datei **Update.msi** ein. Verwenden Sie ein UNC-Format (wie z.B. ***\\Server\Freigabe***) und *keinen* Pfad zu einem lokalen Volume wie **Laufwerk:\Pfad**. Klicken Sie im Dialogfeld **Software bereitstellen** auf **Zugewiesen**. Schließen Sie die Konsole **Gruppenrichtlinienobjekt-Editor**. Computer im Geltungsbereich des Gruppenrichtlinienobjekts (am Standort, in der Domäne oder der Organisationseinheit, mit der die Richtlinie verknüpft ist) stellen das Service Pack beim nächsten Systemstart automatisch bereit.

Tipp Bei Windows XP-Systemen mit konfigurierter Anmeldeoptimierung sind eventuell zwei Neustarts erforderlich. Die Anmeldeoptimierung kann deaktiviert werden, indem die Richtlinie **Beim Neustart des Computers und bei der Anmeldung immer auf das Netzwerk warten** im Richtlinienpfad **Computerkonfiguration\Administrative Vorlagen\ System\Anmeldung** aktiviert wird.

Lernzielkontrolle

Die folgenden Fragen dienen dazu, die wichtigsten Lehrinhalte dieser Lektion zu vertiefen. Können Sie eine Frage nicht beantworten, arbeiten Sie das entsprechende Lektionsmaterial noch einmal durch, und versuchen Sie dann erneut, die Frage zu beantworten. Die Antworten auf die Lernzielkontrollfragen finden Sie im Abschnitt „Fragen und Antworten“ am Ende dieses Kapitels.

1. Mit welchem Befehl können Sie den Service Pack-Download in Form einer Einzeldatei extrahieren?
   a. **Setup.exe -u**
   b. **Update.exe -x**
   c. **Update.msi**
   d. ***<Servicepackname>*.exe -x**
2. Welche Art von Softwarebereitstellung mithilfe von Gruppenrichtlinien muss zur Verteilung eines Service Packs verwendet werden?
   a. **Veröffentlicht** in **Computerkonfiguration\Softwareeinstellungen**
   b. **Zugewiesen** in **Computerkonfiguration\Softwareeinstellungen**
   c. **Veröffentlicht** in **Benutzerkonfiguration\Softwareeinstellungen**
   d. **Zugewiesen** in **Benutzerkonfiguration\Softwareeinstellungen**

Zusammenfassung der Lektion

- Service Packs können mit dem Parameter **-x** extrahiert werden.
- Mithilfe der Konsole **Gruppenrichtlinie** können Service Packs bereitgestellt werden, indem **Update.msi** über die Richtlinie **Computerkonfiguration\Softwareeinstellungen** zugewiesen wird.

Lektion 3: Verwalten von Softwarelizenzen

Der Endbenutzer-Lizenzvertrag ist mehr als nur ein Ärgernis, durch das Sie sich durchklicken müssen, um die Installation eines neuen Betriebssystems, eines Updates oder einer Anwendungen beginnen zu können. Der Endbenutzer-Lizenzvertrag ist ein bindender Vertrag, der Ihnen das Recht zur Nutzung einer Software verleiht. In einer Unternehmensumgebung ist die Verwaltung von Softwarelizenzen sehr wichtig. In dieser Lektion wird erläutert, wie Sie die Lizenzierungstools in Windows Server 2003 zum Registrieren und Überwachen von Lizenzen verwenden.

Am Ende dieser Lektion werden Sie in der Lage sein, die folgenden Aufgaben auszuführen:

- Beschreiben der Lizenzierungsmodi **Pro Server** und **Pro Gerät oder pro Benutzer**
- Konfigurieren von Lizenzen mithilfe der Eigenschaften von **Lizenzierung** in der Systemsteuerung und dem Verwaltungsprogramm **Lizenzierung**
- Erstellen von Lizenzgruppen

Veranschlagte Zeit für diese Lektion: 20 Minuten

Hinweis Die Evaluierungsversion von Windows Server 2003 Enterprise Edition, die Sie auf der zu diesem Buch gehörenden Begleit-CD-ROM finden, unterstützt die Lizenzierung nicht. Sie können den Beispielen in dieser Lektion nur folgen, wenn Sie die vollständige Einzelhandelsversion des Produkts erwerben.

Bezug einer Clientzugriffslizenz

Die Serverlizenz für Windows Server 2003 ermöglicht die Installation des Betriebssystems auf einem Computer. Sie benötigen jedoch eine Clientzugriffslizenz (Client Access License, CAL), bevor ein Benutzer oder Gerät sich legal mit dem Server verbinden darf. Clientzugriffslizenzen können als Paket bezogen werden und sind im erworbenen Betriebssystem häufig nicht inbegriffen. Legen Sie Kopien der Clientzugriffslizenz-Zertifikate und Ihrer Endbenutzer-Lizenzverträge zu den Akten – für den Fall, dass Ihr Unternehmen hinsichtlich der Einhaltung von Lizenzbedingungen überprüft wird.

Tipp Denken Sie daran, dass Sie bei einem Upgrade eines Servers von Microsoft Windows NT 4.0 oder Windows 2000 auf Windows Server 2003 auch Upgrades für die Clientzugriffslizenzen erwerben müssen.

Sie benötigen eine Clientzugriffslizenz für alle Verbindungen zu einem Windows Server 2003-Computer, die Serverkomponenten verwenden. Dazu zählen auch Datei- und Druckdienste sowie die Authentifizierung. Nur sehr wenige Serveranwendungen werden so eigenständig ausgeführt, dass für die Client/Server-Verbindung keine Clientzugriffslizenz erforderlich ist. Die wichtigste Ausnahme, bei der keine Clientzugriffslizenz benötigt wird, ist der nicht authentifizierte Zugriff über das Internet. Wenn während des Internetzugriffs keine Anmeldeinformationen ausgetauscht werden, z.B. wenn Benutzer Ihre öffentliche Website durchsuchen, ist keine Clientzugriffslizenz erforderlich. Aus diesem Grund sind keine Clientzugriffslizenzen für Windows Server 2003 Web Edition erforderlich.

Es gibt zwei Arten von Clientzugriffslizenzen: Windows-Clientzugriffslizenzen für Geräte, die einem Gerät das Herstellen einer Verbindung mit dem Server unabhängig von der Anzahl der Benutzer erlauben, die das Gerät gegebenenfalls verwenden, und Windows-Clientzugriffslizenzen für Benutzer, die einem Benutzer gestatten, sich von verschiedenen Geräten mit einem Server zu verbinden. Windows-Clientzugriffslizenzen für Geräte sind vorteilhaft für Unternehmen mit mehreren Benutzern pro Gerät, z.B. im Schichtbetrieb. Windows-Clientzugriffslizenzen für Benutzer sind am sinnvollsten für Unternehmen, bei denen Mitarbeiter von mehreren oder unbekannten Geräten aus auf das Netzwerk zugreifen.

Hinweis Die Lizenzierungstools und die Benutzeroberfläche der Windows-Clientzugriffslizenzen für Geräte oder für Benutzer sind identisch. Eine Clientzugriffslizenz für ein Gerät wird indirekt mithilfe von Lizenzgruppen registriert.

Die Anzahl der benötigten Clientzugriffslizenzen und die Nachverfolgung dieser Lizenzen hängt davon ab, welchen Clientzugriffslizenz-Modus Sie wählen.

Lizenzierung *Pro Server*

Die Lizenzierung **Pro Server** erfordert eine Benutzer- oder Geräte-Clientzugriffslizenz für jede gleichzeitige Verbindung. Ist ein Server mit 1000 Clientzugriffslizenzen konfiguriert, wird der 1001. gleichzeitigen Verbindung der Zugriff verweigert. Clientzugriffslizenzen sind für die Verwendung auf einem bestimmten Server vorgesehen. Wenn also dieselben 1000 Benutzer gleichzeitige Verbindungen mit einem zweiten Server benötigen, müssen Sie weitere 1000 Clientzugriffslizenzen erwerben.

Die Lizenzierung **Pro Server** ist nur in eingeschränkten Zugriffsszenarien von Vorteil, z.B. wenn eine Untergruppe Ihrer Benutzer auf sehr wenigen Servern auf ein Serverprodukt zugreift. Die Lizenzierung **Pro Server** ist weniger wirtschaftlich in Situationen, in denen mehrere Benutzer auf mehrere Ressourcen auf mehreren Servern zugreifen müssen. Wenn Sie nicht sicher sind, welcher Lizenzierungsmodus der richtige ist, wählen Sie **Pro Server**. Der Lizenzvertrag ermöglicht eine kostenfreie, einmalige Umwandlung in eine Richtung vom Lizenzierungsmodus **Pro Server** zum Modus **Pro Gerät oder pro Benutzer**, falls dies erforderlich werden sollte.

Die Lizenzierung *Pro Gerät oder pro Benutzer*

Der Lizenzierungsmodus **Pro Gerät oder pro Benutzer** unterscheidet sich vom Modus **Pro Arbeitsplatz** früherer Windows-Versionen. Bei diesem neuen Modus benötigen alle Geräte bzw. Benutzer, die sich mit einem Server verbinden, eine Clientzugriffslizenz. Doch mit dieser Lizenz kann sich ein Gerät oder Benutzer mit verschiedenen Servern im Unternehmen verbinden. Der Modus **Pro Gerät oder pro Benutzer** ist in der Regel der bevorzugte Modus für verteilte IT-Umgebungen, in denen mehrere Benutzer auf mehrere Server zugreifen.

Ein Entwickler, der z.B. einen Laptop- und zwei Desktopcomputer verwendet, benötigt nur eine Windows-Clientzugriffslizenz für Benutzer. Für 10 Tablet PCs, die von 30 Schichtarbeitern verwendet werden, sind nur 10 Windows-Clientzugriffslizenzen für Geräte erforderlich.

Die Gesamtzahl der Clientzugriffslizenzen entspricht der Anzahl an Geräten bzw. Benutzern oder einer Kombination beider, die auf Server zugreifen. Clientzugriffslizenzen können unter bestimmten, nachvollziehbaren Bedingungen neu zugewiesen werden. Eine Windows-Clientzugriffslizenz für Benutzer eines festen Mitarbeiters kann z.B. einem vorübergehenden Mitarbeiter zugewiesen werden, solange der feste Mitarbeiter im Urlaub ist. Eine Windows-Clientzugriffslizenz für Geräte kann einem Leihgerät neu zugewiesen werden, solange ein Gerät in Reparatur ist.

Die Lizenzierungsmodi **Pro Server** und **Pro Gerät oder pro Benutzer** werden in Tabelle 9.1 gezeigt.

Tabelle 9.1 Lizenzierungsmodi für Clientzugriffslizenzen

Pro Server	Pro Gerät oder pro Benutzer
	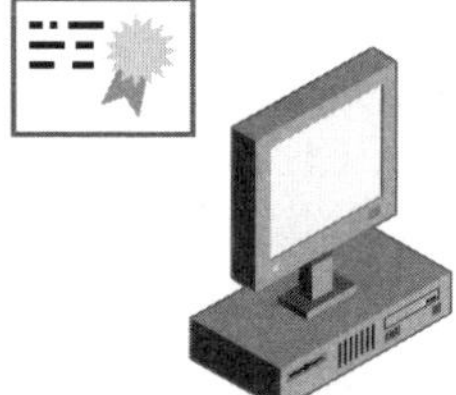
■ Der Modus **Pro Server** wird gewöhnlich gewählt, wenn es wenige Server mit begrenztem Zugriff gibt.	■ Der Modus **Pro Gerät oder pro Benutzer** wird gewöhnlich gewählt, wenn es viele Server mit häufigem und weit verteiltem Zugriff gibt.
■ Die Anzahl der benötigen Clientzugriffslizenzen hängt von der Anzahl der erforderlichen gleichzeitigen Verbindungen ab.	■ Dieser Modus ist in der Regel wirtschaftlicher, wenn die Anzahl der Clientzugriffslizenzen durch die Anzahl der Benutzer oder der Geräte bestimmt wird, die auf die Server zugreifen müssen, oder von beiden.

Tipp Windows Server 2003 enthält die Terminaldienste, die auch als Remotedesktop bezeichnet werden. Remotedesktop umfasst eine Lizenz für zwei (gleichzeitige) Verbindungen, mit denen sich Administratoren mit einem Remoteserver verbinden können. Damit die Terminaldienste als Anwendungsserver ausgeführt werden können, um Benutzern ohne administrative Rechte eine Verbindung mit gehosteten Anwendungen zu erlauben, müssen Sie Clientzugriffslizenzen für die Terminaldienste erwerben. Details zur Clientlizenzierung finden Sie unter **http://www.microsoft.com/windowsserver2003/howtobuy/licensing/ts2003.mspx**.

Es gibt zwei Dienstprogramme, mit denen Sie die Softwarelizenzierung nachverfolgen und verwalten können:

- **Lizenzierung in der Systemsteuerung** Die in Abbildung 9.10 gezeigte Systemsteuerungsoption **Lizenzierungsmodus wählen** verwaltet die Lizenzierungsanforderungen eines einzelnen Windows Server 2003-Computers. Sie können in diesem Fenster Clientzugriffslizenzen für einen Server im Modus **Pro Server** hinzufügen oder entfernen, den Lizenzierungsmodus von **Pro Server** in **Pro Gerät oder pro Benutzer** ändern und die Lizenzierungsreplikation konfigurieren.

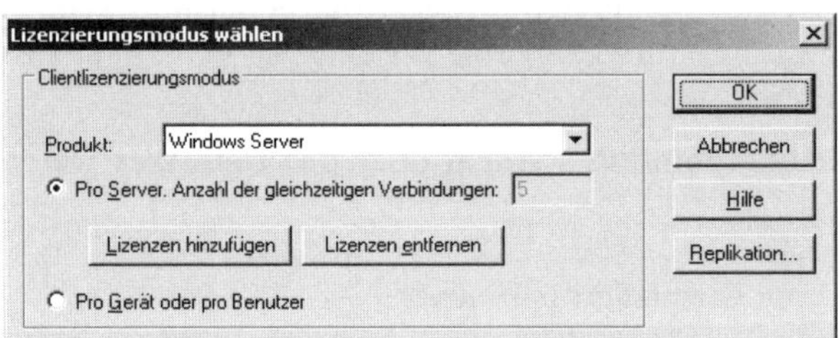

Abbildung 9.10 Die Systemsteuerungsoption **Lizenzierung**

- **Lizenzierung in Verwaltungsprogrammen** Das im nächsten Abschnitt behandelte Verwaltungsprogramm **Lizenzierung** ermöglicht die Verwaltung der Lizenzierung für ein Unternehmen, wobei die Steuerung der Lizenzierung und Lizenzreplikation in einem standortbasierten Modell zentralisiert wird.

Verwalten der Standortlizenzierung

Der Dienst **Lizenzprotokollierung**, der auf jedem Windows Server 2003-Computer ausgeführt wird, dient dem Zuweisen und Nachverfolgen von Lizenzen, wenn auf Serverressourcen zugegriffen wird. Um die Einhaltung von Lizenzbedingungen zu gewährleisten, werden Lizenzierungsinformationen in eine zentrale Lizenzierungsdatenbank auf einem Server am Standort repliziert. Dieser Server heißt Standortlizenzserver. Als Standortadministrator oder Administrator des Standortlizenzservers können Sie mit dem Microsoft-Dienstprogramm **Lizenzierung** in der Programmgruppe **Verwaltung** die Lizenzierung für den gesamten Standort anzeigen und verwalten. Diese neue Nachverfolgungs- und Verwaltungsfunktion für Lizenzen berücksichtigt nicht nur Lizenzen für Datei- und Druckdienste, sondern auch für IIS, Terminaldienste und BackOffice-Produkte wie Exchange und SQL Server.

Der Standortlizenzserver

Der Standortlizenzserver ist in der Regel der erste Domänencontroller, der an einem Standort erstellt wird. Um zu bestimmen, welcher Server der Lizenzserver eines Standorts ist, öffnen Sie **Active Directory-Standorte und -Dienste**, erweitern den Knoten des Standorts, klicken danach mit der rechten Maustaste auf **Licensing Site Settings** und wählen **Eigenschaften**. Der aktuelle Standortlizenzserver wird angezeigt (siehe Abbildung 9.11).

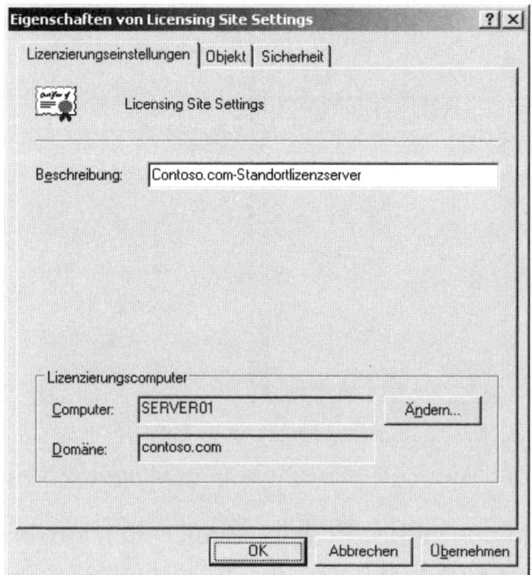

Abbildung 9.11 Bestimmen und Ändern des Standortlizenzservers

Um einem anderen Server oder Domänencontroller die Funktion des Standortlizenzservers zuzuweisen, klicken Sie auf **Ändern** und wählen den gewünschten Computer aus. Um den Lizenzierungsverlauf für Ihr Unternehmen beizubehalten, müssen Sie unmittelbar nach Übertragung der Funktion den Dienst **Lizenzprotokollierung** auf dem neuen Lizenzserver anhalten und dann die folgenden Dateien vom alten auf den neuen Lizenzserver kopieren:

- **%SystemRoot%\System32\Cpl.cfg** enthält Angaben zum Erwerbsdatum für das Unternehmen.
- **%SystemRoot%\Lls\Llsuser.lls** enthält Benutzerinformationen zur Anzahl der Verbindungen.
- **%SystemRoot%\Lls\Llsmap.lls** enthält Lizenzgruppeninformationen.

Starten Sie den Dienst **Lizenzprotokollierung** neu, nachdem alle Dateien kopiert wurden.

Verwalten von Standortlizenzen

Nachdem Sie den Standortlizenzserver für einen Standort bestimmt haben, können Sie die Lizenzinformationen auf diesem Server anzeigen, indem Sie **Lizenzierung** in der Programmgruppe **Verwaltung** öffnen. Über die Registerkarte **Server** in **Lizenzierung** (Abbildung 9.12) können Sie die Lizenzierung eines gesamten Standorts oder Unternehmens verwalten.

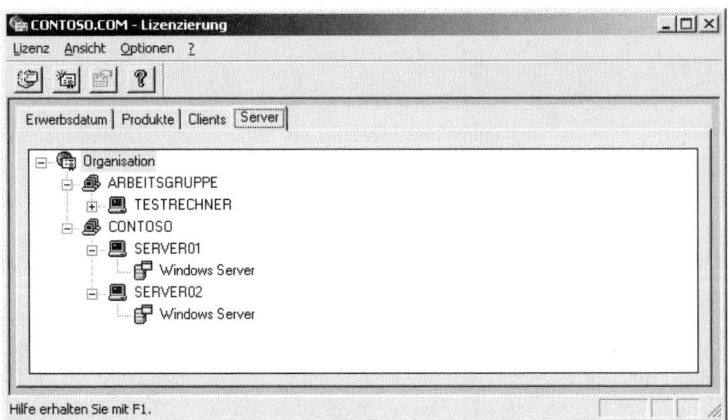

Abbildung 9.12 Die Registerkarte **Server** im Microsoft-Verwaltungsprogramm **Lizenzierung**

Auf der Seite **Server** von **Lizenzierung** können Sie alle Server eines Standorts oder einer Domäne verwalten, für die Sie über Administratorrechte verfügen. Sie können einen Server suchen, mit der rechten Maustaste auf ihn klicken und **Eigenschaften** auswählen, um die Lizenzen dieses Servers zu verwalten. Für jedes auf diesem Server installierte Serverprodukt können Sie **Pro-Server**-Lizenzen hinzufügen oder entfernen. Sie können auch, falls erforderlich, den Lizenzierungsmodus umwandeln. Der Lizenzierungsmodus **Pro Server** vergibt eine Lizenz, wenn sich ein Benutzer mit dem Serverprodukt verbindet. Sobald ein Benutzer die Verbindung mit dem Serverprodukt getrennt hat, stellt der Dienst **Lizenzprotokollierung** diese Lizenz einem anderen Benutzer zur Verfügung.

Über die Servereigenschaften können Sie die Lizenzreplikation konfigurieren, die auf einem Server in den Eigenschaften der Systemsteuerungsoption **Lizenzierung** festgelegt werden kann. Die Lizenzinformationen werden standardmäßig alle 24 Stunden vom Lizenzprotokollierdienst eines Servers auf den Standortlizenzserver repliziert. Das System staffelt die Replikation automatisch, um den Standortlizenzserver nicht zu überlasten. Wenn Sie die Replikationszeitpläne oder -frequenz steuern möchten, müssen Sie die Angaben für **Startzeit** und **Alle xx Stunden starten** auf jedem Server variieren, der Daten auf einen bestimmten Standortlizenzserver repliziert.

Um die Lizenzierung **Pro Gerät oder pro Benutzer** zu verwalten, klicken Sie in der Programmgruppe **Verwaltung** auf **Lizenzierung**, und wählen Sie anschließend im Menü **Lizenz** den Befehl **Neue Lizenz**. Wählen Sie im Dialogfeld **Neue Clientzugriffslizenz** das Serverprodukt und die Anzahl der erworbenen Lizenzen. Lizenzen werden zum Lizenzpool hinzugefügt. Wenn sich Geräte oder Benutzer von beliebiger Stelle im Standort mit dem Produkt verbinden, werden ihnen Lizenzen aus dem Pool, je eine Lizenz pro Gerät oder Benutzer, zugeordnet. Sobald ein Lizenzpool erschöpft ist, kommt es zu Lizenzverstößen, wenn weitere Geräte oder Benutzer auf das Produkt zugreifen.

Die Registerkarte **Erwerbsdatum** in **Lizenzierung** (siehe Abbildung 9.13) bietet einen Überblick über die für einen Standort erworbenen Lizenzen und zeigt die mit dem Hinzufügen oder Entfernen von Lizenzen verbundene Menge, das Datum und den Administrator.

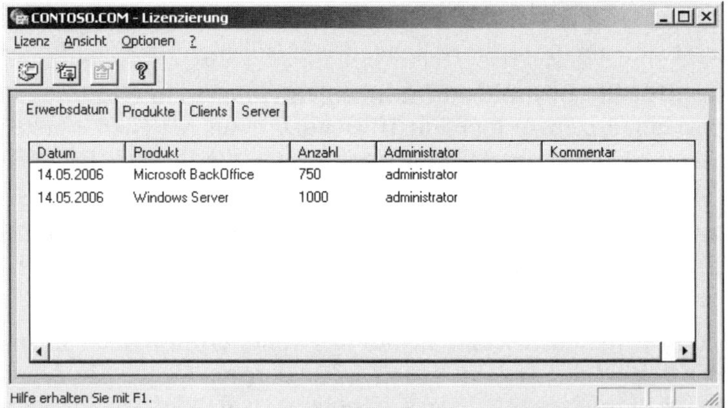

Abbildung 9.13 Die Registerkarte **Erwerbsdatum** im Microsoft-Verwaltungsprogramm **Lizenzierung**

Um kumulative Informationen zu Lizenzierung und Einhaltung anzuzeigen, klicken Sie auf die Registerkarte **Produktansicht**. Diese Registerkarte zeigt die Anzahl der erworbenen Lizenzen, die Benutzern oder Geräten (im Modus **Pro Gerät oder pro Benutzer**) zugeordnet wurden, bzw. (im Modus **Pro Server**) die Anzahl der Lizenzen, die für alle Server am Standort erworben wurden, und die bis dato erreichte Spitzenanzahl von Verbindungen. Anhand der Lizenzierungsstatussymbole in Tabelle 9.2 können Sie die Einhaltung der Lizenzbestimmungen ermitteln.

Tabelle 9.2 Symbole für den Lizenzierungsstatus

Symbol	Lizenzierungsstatus
	Die rechtlichen Lizenzbestimmungen für das Produkt werden eingehalten. Die Anzahl der Verbindungen ist kleiner als die Anzahl der erworbenen Lizenzen.
	Die rechtlichen Lizenzbestimmungen für das Produkt werden nicht eingehalten. Die Anzahl der Verbindungen übersteigt die Anzahl der erworbenen Lizenzen.
	Der zulässige Grenzwert für das Produkt wurde erreicht. Die Anzahl der Verbindungen entspricht der Anzahl der erworbenen Lizenzen. Wenn sich weitere Geräte oder Benutzer mit dem Serverprodukt verbinden, müssen Sie neue Lizenzen erwerben und protokollieren.

Lizenzgruppen

Die Lizenzierung **Pro Gerät oder pro Benutzer** erfordert eine Clientzugriffslizenz für jedes Gerät. Der Lizenzprotokollierdienst führt die Zuweisung und Nachverfolgung von Lizenzen jedoch nach Benutzername durch. Wenn mehrere Benutzer ein oder mehrere Geräte gemeinsam nutzen, müssen Sie Lizenzgruppen anlegen, da sonst die Lizenzen zu schnell aufgebraucht werden.

Eine Lizenzgruppe ist eine Zusammenstellung von Benutzern, die eine oder mehrere Clientzugriffslizenzen gemeinsam nutzen. Wenn sich ein Benutzer mit dem Serverprodukt verbindet, verfolgt der Lizenzprotokollierdienst den Benutzer nach dem Namen, weist jedoch eine Clientzugriffslizenz aus dem Kontigent zu, das der Lizenzgruppe zugewiesen ist. Dieses Konzept lässt sich am einfachsten anhand von Beispielen verdeutlichen:

- **10 Benutzer nutzen für die Bestandsaufnahme gemeinsam ein einzelnes Handheldgerät.** Es wird eine Lizenzgruppe mit 10 Benutzern als Mitglieder erstellt. Der Lizenzgruppe wird eine Clientzugriffslizenz zugewiesen, die für das einzelne Gerät gilt, das die Mitglieder gemeinsam nutzen.
- **100 Studenten nutzen gelegentlich einen Computerraum mit 10 Computern.** Es wird eine Lizenzgruppe mit 100 Studenten als Mitglieder angelegt, der 10 Clientzugriffslizenzen zugewiesen werden.

Um eine Lizenzgruppe zu erstellen, klicken Sie auf das Menü **Optionen**. Wählen Sie anschließend im Menü **Erweitert** den Befehl **Neue Lizenzgruppe**. Geben Sie den Gruppennamen ein, und weisen Sie eine Lizenz für jedes Clientgerät zu, das auf den Server zugreift. Die Anzahl der Lizenzen, die einer Gruppe zugewiesen werden, muss der Anzahl der Geräte entsprechen, die von den Mitgliedern der Gruppe verwendet werden.

Lernzielkontrolle

Die folgenden Fragen dienen dazu, die wichtigsten Lehrinhalte dieser Lektion zu vertiefen. Können Sie eine Frage nicht beantworten, arbeiten Sie das entsprechende Lektionsmaterial noch einmal durch, und versuchen Sie dann erneut, die Frage zu beantworten. Die Antworten auf die Lernzielkontrollfragen finden Sie im Abschnitt „Fragen und Antworten" am Ende dieses Kapitels.

1. Welche Lizenzmodi stellt Windows Server 2003 zur Verfügung? Wählen Sie alle zutreffenden Antworten aus.

   a. Pro Benutzer

   b. Pro Server

   c. Pro Arbeitsplatz

   d. Pro Gerät oder pro Benutzer

2. Sie heuern ein Team an, das ein Softwareentwicklungsprojekt realisieren soll. Sie arbeiten in drei Schichten, wobei in jeder Schicht sechs Programmierer arbeiten. Jeder Programmierer verwendet vier Geräte zum Entwickeln und Testen der Software, die von einem Windows Server 2003 authentifiziert wird. Welches ist die Mindestanzahl an erforderlichen Clientzugriffslizenzen, wenn die beteiligten Server den Lizenzierungsmodus **Pro Gerät oder pro Benutzer** aufweisen?

   a. 6

   b. 4

   c. 18

   d. 24

3. Mit welchem Tool können Sie den Standortlizenzserver für Ihren Standort bestimmen?
   a. **Active Directory-Domänen und -Vertrauensstellungen**
   b. Systemsteuerungsoption **Lizenzierung**
   c. **Active Directory-Standorte und -Dienste**
   d. DNS
4. Sie verwalten das Netzwerk eines Teams mit 500 Mitarbeitern im Telefonvertrieb. Sie haben im Lizenzierungsmodus **Pro Geräte oder pro Benutzer** 550 Lizenzen konfiguriert. Eine neue Kampagne wurde gestartet, weshalb Sie eine weitere Schicht mit 500 Mitarbeitern für den Telefonvertrieb einstellen. Was müssen Sie tun, um die Lizenznachverfolgung und die Einhaltung der Lizenzbestimmungen am effektivsten zu verwalten?
   a. Vorhandenen Clients die Lizenzen entziehen
   b. Die vorhandenen Lizenzen löschen und anschließend 500 Lizenzen hinzufügen
   c. Lizenzgruppen erstellen
   d. Eine Umwandlung in **Pro Server**-Lizenzen durchführen

Zusammenfassung der Lektion

- Windows Server 2003 bietet einen neuen Lizenzierungsmodus, gemäß dem ein Benutzer mittels einer Lizenz von mehreren Geräten aus auf ein Serverprodukt zugreifen darf bzw. gemäß dem eine Benutzergruppe von einem Gerät aus auf ein Serverprodukt zugreifen darf. Dieser Modus heißt **Pro Gerät oder pro Benutzer**.
- Wenn mehrere Benutzer von gemeinsam genutzten Geräten aus auf ein Serverprodukt zugreifen, fügen Sie diese Benutzer als Lizenzgruppe hinzu, und weisen ihr entsprechend der Anzahl der Geräte Lizenzen zu.
- Lizenzinformationen werden standardmäßig alle 24 Stunden auf den Standortlizenzserver repliziert.
- Die Lizenzierung kann mit der Systemsteuerungsoption **Lizenzierung** oder zentraler mithilfe des Verwaltungsprogramms **Lizenzierung** aus der Programmgruppe **Verwaltung** verwaltet werden.

Übung mit Fallbeispiel

Sie konfigurieren eine Updatestrategie für ein Netzwerk mit 1000 Clients, in dem Computer mit Windows XP und Windows 2000 vorhanden sind. Sie wollen verhindern, dass Benutzer Updates direkt von Microsoft Update herunterladen, und wollen eine Struktur einrichten, in der Sie wichtige Patches und Sicherheitsrollups für die Verteilung genehmigen können.

Sie haben vor Kurzem Desktop- und Laptopcomputer beschafft und das Standardimage des Unternehmens auf diese Systeme aufgespielt. Leider war das Image nicht mehr aktuell. Das Windows XP-Image war nur auf dem Stand von Service Pack 1. Ihre erste Aufgabe besteht deshalb darin, die Systeme auf das neueste Service Pack zu aktualisieren, damit der Automatische Updates-Client sowie alle Patches und Fixes auf den Computern installiert werden.

Hinweis In diesem praktischen Übungsszenario können Sie die Ergebnisse mithilfe eines zweiten Computers testen. Lassen Sie dazu den Computer der Domäne beitreten, und verschieben Sie sein Computerkonto in die Organisationseinheit **Desktops**.

Übung 1: Herunterladen und Extrahieren des Service Packs

1. Erstellen Sie einen Ordner auf Laufwerk **C:**, und geben Sie dem Ordner den Namen **ServicePack**.
2. Laden Sie das neueste Service Pack von der Microsoft-Downloadsite **http://www.microsoft.com/downloads** bzw. von der Windows XP-Site **http://www.microsoft.com/windowsxp** herunter. Speichern Sie es im Ordner **C:\ServicePack**.
3. Öffnen Sie eine Eingabeaufforderung, und geben Sie **cd C:\ServicePack** ein, um zum Ordner **ServicePack** zu wechseln.
4. Geben Sie **WindowsXP-KB395935-SP2-DEU.exe -x** ein. Ersetzen Sie **WindowsXP-KB395935-SP2-DEU** durch den Dateinamen des neuesten Service Packs, das Sie heruntergeladen haben.
5. Sie werden dann zur Angabe des Speicherorts aufgefordert, in den das Service Pack extrahiert werden soll. Geben Sie **C:\ServicePack** ein.
6. Das Service Pack wird extrahiert. Untersuchen Sie im Windows Explorer die erstellte Ordnerstruktur. Notieren Sie den Speicherort der Datei **Update.exe** (im Ordner **Update**), die zum Starten der Installation des Service Packs auf einem Einzelcomputer verwendet wird, und der Datei **Update.msi** (im selben Ordner), die Sie verwenden können, um das Service Pack über eine auf Gruppenrichtlinien basierende Softwareverteilung bereitzustellen.

Übung 2: Bereitstellen des Service Packs mithilfe von Gruppenrichtlinien

1. Geben Sie den Ordner **C:\ServicePack** mit dem Freigabenamen **ServicePack** frei.
2. Öffnen Sie **Active Directory-Benutzer und -Computer**.
3. Erweitern Sie die Domäne, und suchen (oder erstellen) Sie die Organisationseinheit **Desktops**.
4. Erstellen Sie in der Organisationseinheit **Desktops** das Computerobjekt **Desktop0569** als Vertreter eines der neuen Systeme.

Hinweis Wenn Sie über ein zweites System verfügen, mit dem Sie dieses Fallbeispiel durchführen können, verschieben Sie das Konto dieses Systems in die Organisationseinheit **Desktops**.

5. Erstellen Sie ein Gruppenrichtlinienobjekt namens **SP-Bereitstellung**.

   Wenn Sie die Konsole **Gruppenrichtlinienverwaltung** (Group Policy Management Console, GPMC) zur Verwaltung der Gruppenrichtlinien benutzen:

a. Öffnen Sie die Konsole **Gruppenrichtlinienverwaltung**.
b. Klicken Sie mit der rechten Maustaste auf die OU **Desktops**, und wählen Sie **Gruppenrichtlinienobjekt hier erstellen und verknüpfen**.
c. Nennen Sie das Gruppenrichtlinienobjekt **SP-Bereitstellung**.
d. Klicken Sie mit der rechten Maustaste auf das Gruppenrichtlinienobjekt **SP-Bereitstellung**, und klicken Sie auf **Bearbeiten**.

Andernfalls:

a. Klicken Sie mit der rechten Maustaste auf die Organisationseinheit **Desktops**, und wählen Sie **Eigenschaften**.
b. Klicken Sie auf die Registerkarte **Gruppenrichtlinie**.
c. Klicken Sie auf **Neu**, um ein neues Gruppenrichtlinienobjekt zu erstellen. Nennen Sie das Objekt **SP-Bereitstellung**.
d. Wählen Sie das Gruppenrichtlinienobjekt **SP-Bereitstellung** aus, und klicken Sie auf **Bearbeiten**.

Der **Gruppenrichtlinienobjekt-Editor** wird geöffnet.

6. Wechseln Sie zu **Computerkonfiguration\Softwareeinstellungen**.
7. Klicken Sie mit der rechten Maustaste auf **Softwareinstallation**, wählen Sie **Neu** und danach **Paket**.
8. Geben Sie den Pfad **\\server01.contoso.com\servicepack** ein, und drücken Sie die EINGABETASTE. Im Suchdialogfeld gelangen Sie zum Stamm des extrahierten Service Packs.
9. Wechseln Sie zur Datei **Update.msi**, die Sie in der vorherigen Übung bestimmt haben. Sie wählen die Datei **Update.msi** aus, und klicken auf **Öffnen**.
10. Wählen Sie **Zugewiesen** aus, und klicken Sie auf **OK**. Das Paket wird erstellt.
11. Schließen Sie den **Gruppenrichtlinienobjekt-Editor** und das Eigenschaftendialogfeld der Organisationseinheit **Desktops**.
12. (Optional) Wenn Sie über ein zweites System mit Windows XP verfügen, auf dem SP2 noch nicht installiert ist, können Sie die Bereitstellung des Service Packs testen. Bedenken Sie bitte, dass Windows XP-Computer standardmäßig mit einer optimierten Anmeldung konfiguriert sind. Unter Umständen sind daher zwei Neustarts erforderlich, bevor das Service Pack aufgespielt wird. Sie können die Service Pack-Stufe auf einem Computer überprüfen, indem Sie auf **Start** und dann auf **Ausführen** klicken und **winver** eingeben.

Übung 3: Installieren von WSUS

1. Wenn die Internetinformationsdienste noch nicht installiert sind, führen Sie Übung 1 von Kapitel 6, Lektion 4 durch. In dieser Übung werden die Internetinformationsdienste installiert.
2. Besuchen Sie die Website **http://www.microsoft.com/wsus**.

3. Suchen Sie das WSUS-Installationspaket und laden Sie es herunter.
4. Starten Sie die WSUS-Installation durch einen Doppelklick auf die heruntergeladene Datei.
5. Klicken Sie auf der Seite **Willkommen** auf **Weiter**.
6. Lesen und akzeptieren Sie den Endbenutzer-Lizenzvertrag, und klicken Sie auf **Weiter**.
7. Wählen Sie auf der Seite **Updatequelle auswählen** den Ort aus, an dem WSUS Updates lokal speichern soll, sofern die Standardvorgabe nicht akzeptabel ist. Klicken Sie auf **Weiter**.

Hinweis Die Updates können einige Gigabyte an Dateien umfassen. Wenn Sie nur über eine langsame Internetverbindung verfügen oder während dieser Übung Zeit sparen möchten, deaktivieren Sie das Kontrollkästchen **Updates lokal speichern**. WSUS synchronisiert dann die Updateinstallationsdateien nicht, was den Bedarf an freiem Speicherplatz auf der Festplatte und den Zeitaufwand für die erste Synchronisation verringert. Allerdings müssen Clients, die den WSUS-Server benutzen, die Updateinstallationsdateien von Microsoft Update herunterladen.

8. Wählen Sie auf der Seite **Datenbankoptionen** die Option **SQL Server-Desktopmodul (Windows) auf diesem Computer installieren,** und klicken Sie auf **Weiter**.
9. Wählen Sie auf der Seite **Websiteauswahl** die Option **Die vorhandene IIS-Standardwebsite verwenden (empfohlen)**, und klicken Sie auf **Weiter**.
10. Klicken Sie auf der Seite **Updateeinstellungen spiegeln** auf **Weiter**.
11. Es erscheint eine Seite, auf der die gewählte Installation angezeigt wird. Bestätigen Sie die Konfiguration mit einem Klick auf **Fertig stellen**.
12. Deaktivieren Sie nach dem Abschluss der Installation das Kontrollkästchen **Webverwaltungs-Tool starten**. Klicken Sie auf **Fertig stellen**.

Übung 4: Synchronisieren von WSUS

1. Wenn die WSUS-Verwaltungsseite nicht bereits angezeigt wird, öffnen Sie den Internet Explorer und wechseln zu **http://server01/WSUSAdmin**.

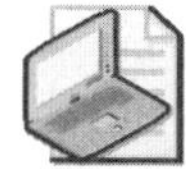

Hinweis Um die WSUS-Verwaltungsseite anzuzeigen, müssen Sie **Server01** gegebenenfalls zur Liste der **Vertrauenswürdigen Sites** hinzufügen, um auf die Site zugreifen zu können. Öffnen Sie den Internet Explorer, und wählen Sie im Menü **Extras** den Befehl **Internetoptionen**. Klicken Sie auf die Registerkarte **Sicherheit**. Wählen Sie **Vertrauenswürdige Sites** aus, und klicken Sie auf **Sites**. Fügen Sie **Server01** und **Server01.contoso.com** zur Liste vertrauenswürdiger Sites hinzu.

2. Klicken Sie in der **Aufgabenliste** auf **Als Erstes den Server synchronisieren**.
3. Klicken Sie im Bereich **Dateien und Sprachen aktualisieren** auf **Erweitert**.
4. Eine Warnungsmeldung weist darauf hin, dass Computer während der Konfigurationsänderung keine Updates vom Server erhalten. Klicken Sie auf **OK**.

5. Wählen Sie im Bereich **Sprachen** die Option **Nur Updates, die mit dem Gebietsschema dieses Servers (Deutsch) übereinstimmen, downloaden**.
6. Eine Warnungsmeldung weist darauf hin, das Sie vielleicht noch andere Sprachen im Netzwerk unterstützen müssen. Klicken Sie auf **OK**.
7. Klicken Sie **OK**, um das Dialogfeld **Erweiterte Synchronisierungsoptionen** zu schließen.

   In dieser Übung führen Sie die Synchronisierung manuell durch. Sie können jedoch die Synchronisierung mit den Optionen im Bereich **Zeitplan** auch zeitgesteuert durchführen. Wenn Sie mit dem Untersuchen und Ändern der Einstellungen fertig sind, klicken Sie auf **Einstellungen speichern**.
8. Klicken Sie unter **Aufgaben** auf den Link **Jetzt synchronisieren**. Wenn Sie die Einstellungen so vorgenommen haben, dass Updates auf den Server heruntergeladen werden, kann die Synchronisierung einige Zeit dauern.
9. Nach erfolgter Synchronisierung klicken Sie auf der oberen Navigationsleiste auf **Updates**.
10. Genehmigen Sie eine kleine Anzahl von Updates, damit Sie später mit der Genehmigung und automatischen Updates experimentieren zu können.
11. Untersuchen Sie die weiteren Seiten der WSUS-Verwaltungssite. Nachdem Sie sich mit der Site vertraut gemacht haben, schließen Sie den Internet Explorer.

Übung 5: Konfigurieren von *Automatische Updates*

1. Erstellen Sie ein Gruppenrichtlinienobjekt namens **WSUS-Config**.

   Wenn Sie die Konsole **Gruppenrichtlinienverwaltung** (Group Policy Management Console, GPMC) zur Verwaltung der Gruppenrichtlinien benutzen:

   a. Öffnen Sie die Konsole **Gruppenrichtlinienverwaltung**.

   b. Klicken Sie mit der rechten Maustaste auf die Domäne **contoso.com**, und wählen Sie **Gruppenrichtlinienobjekt hier erstellen und verknüpfen**.

   c. Nennen Sie das Gruppenrichtlinienobjekt **WSUS-Config**.

   d. Klicken Sie mit der rechten Maustaste auf das Gruppenrichtlinienobjekt **WSUS-Config**, und klicken Sie auf **Bearbeiten**.

   Andernfalls:

   a. Klicken Sie mit der rechten Maustaste auf die Domäne **contoso.com**, und wählen Sie **Eigenschaften**.

   b. Klicken Sie auf die Registerkarte **Gruppenrichtlinie**.

   c. Klicken Sie auf **Neu**, um ein neues Gruppenrichtlinienobjekt zu erstellen. Nennen Sie das Objekt **WSUS-Config**.

   d. Wählen Sie das Gruppenrichtlinienobjekt **WSUS-Config** aus, und klicken Sie auf **Bearbeiten**.

2. Wechseln Sie zu **Computerkonfiguration\Administrative Vorlagen\Windows-Komponenten\Windows Update**.
3. Doppelklicken Sie auf die Richtlinie **Internen Pfad für den Microsoft Updatedienst angeben,** und wählen Sie dann **Aktiviert**.
4. Geben Sie in *beiden* Textfeldern **http://server01.contoso.com** ein, und klicken Sie auf **OK**.
5. Doppelklicken Sie auf die Richtlinie **Automatische Updates konfigurieren**, und wählen Sie dann **Aktiviert**.
6. Wählen Sie in der Dropdownliste **Automatische Updates konfigurieren** die Option **4 – Autom. Downloaden und laut Zeitplan installieren**.
7. Bestätigen Sie den Installationszeitplan: täglich um 03.00 Uhr.
8. Klicken Sie auf **OK**.
9. Doppelklicken Sie auf die Richtlinie **Zeitplan für geplante Installationen neu erstellen**, und wählen Sie **Aktiviert**.
10. Geben Sie **10** in das Feld **Wartezeit nach Systemstart (Minuten)** ein, und klicken Sie auf **OK**.

Prüfungstipp Die Richtlinie **Zeitplan für geplante Installationen neu erstellen** dient zur Wiederholung einer verpassten geplanten Installation. So etwas kann passieren, wenn ein Computer zum geplanten Datum und Zeitpunkt ausgeschaltet war.

11. Schließen Sie den **Gruppenrichtlinieobjekt-Editor**.
12. Um die Konfiguration zu bestätigen, können Sie den Server neu starten, der ebenfalls zum Geltungsbereich der neuen Richtlinie gehört. Öffnen Sie in der Systemsteuerung das Tool **System**, und klicken Sie auf die Registerkarte **Automatische Updates**. Sie werden sehen, dass die Konfigurationsoptionen deaktiviert sind, da sie nun von Richtlinien bestimmt werden.

Zusammenfassung des Kapitels

- Die Windows Server Update Services (WSUS) ermöglichen Ihnen die Zentralisierung und Verwaltung der Genehmigung und Verteilung von Updates für eine Reihe von Microsoft-Betriebssystemen, Servern und Anwendungen. Ein oder mehrere WSUS-Server führen Listen genehmigter Updates und speichern bei Bedarf auch die eigentlichen Updatedateien. **Automatische Updates**-Clients werden üblicherweise über Gruppenrichtlinienobjekte konfiguriert, um Updates von WSUS-Servern des Intranets anstatt von Microsoft Update abzurufen.
- Service Packs können kostenlos von Microsoft bezogen werden. Besteht das Service Pack aus einer Einzeldatei, kann diese über die Eingabeaufforderung durch Eingabe des Dateinamens des Service Packs, gefolgt vom Parameter **-x**, extrahiert werden.
- Service Packs können leicht bereitgestellt werden, indem ein Softwareinstallationspaket den Softwareeinstellungsrichtlinien der Computerkonfiguration in einem Grup-

penrichtlinienobjekt zugewiesen wird. WSUS unterstützt im Gegensatz zu SUS die Bereitstellung von Service Packs in der Update-Infrastruktur.

- Das Nachverfolgen und Verwalten von Lizenzen und die Einhaltung von Lizenzbestimmungen ist eine wichtige Administratoraufgabe. Unter Windows Server 2003 können Sie Lizenzen basierend auf gleichzeitigen Verbindungen mit einem bestimmten Server zuweisen oder eine Lizenz für jedes Gerät oder jeden Benutzer verwalten, der sich mit beliebig vielen Servern in Ihrem Unternehmen verbindet.
- Lizenzen werden zwischen dem Dienst **Lizenzprotokollierung** und dem Standortlizenzserver repliziert. Der Standortlizenzserver kann mithilfe von **Active Directory-Standorte und -Dienste** bestimmt werden. Die Standortlizenzierung wird jedoch mit dem Programm **Lizenzierung** in der Programmgruppe **Verwaltung** verwaltet.
- Eine Lizenzgruppe ermöglicht Benutzern die gemeinsame Nutzung eines oder mehrerer Geräte. Die Anzahl der Windows-Clientzugriffslizenzen für ein Gerät wird der Lizenzgruppe zugewiesen.

Prüfungsrelevante Themen

Vor Absolvieren der Prüfung sollten Sie anhand der nachfolgend aufgeführten Schlüsselinformationen und -begriffe prüfen, welche Themen Sie gegebenenfalls noch einmal durcharbeiten müssen. Gehen Sie die entsprechenden Lektionen und Praxisübungen erneut durch, und lesen Sie die Abschnitte „Weiterführende Literatur“ in Teil II, um weitere Informationen zu den abgedeckten Lernzielen für die Prüfung zu erhalten.

Schlüsselinformationen

- Lesen Sie die Informationen über SUS auf der Begleit-CD-ROM dieses Buchs. Zum Zeitpunkt der Entstehung dieses Buchs konzentriert sich die Zertifizierungsprüfung noch auf SUS, nicht auf WSUS.
- Konzentrieren Sie sich, was SUS und WSUS betrifft, auf Verwaltungsaufgaben wie die Synchronisierung, das Genehmigen von Updates, das Anzeigen von Protokollen und Ereignissen sowie das Konfigurieren von **Automatische Updates** über die Option **System** in der Systemsteuerung (auf einem eigenständigen Computer) oder über Gruppenrichtlinien in einer größeren Umgebung. Berücksichtigen Sie, dass Sie einen Computer nicht über die Automatische Updates-Eigenschaften auf einem Client an einen WSUS-Server umleiten können. Sie müssen mit Gruppenrichtlinien oder einem Registrierungseintrag arbeiten, um den Client auf einen Intranetserver anstatt Microsoft Update auszurichten.
- Sie müssen in der Lage sein, die Lizenzanforderungen in einer Vielzahl von **Pro Server**- oder **Pro Geräte oder pro Benutzer**-Szenarien berechnen zu können. Lizenzgruppen ermöglichen mehreren Benutzern die gemeinsame Nutzung eines oder mehrerer Geräte.

Schlüsselbegriffe

Clientzugriffslizenz (Client Access License, CAL) Die Lizenz, die es einem Benutzer oder Gerät erlaubt, sich mit einem Serverprodukt beliebiger Funktionalität zu verbinden, einschließlich Datei- und Druckdienst sowie Authentifizierung.

Lizenzierungsmodus *Pro Server* Lizenzen werden zugewiesen, wenn sich ein Benutzer oder Gerät mit dem Serverprodukt verbindet. Trennt der Benutzer die Verbindung, wird die Lizenz in den Pool verfügbarer Lizenzen zurückgeführt. Dieser Modus erfordert genügend Lizenzen zur Unterstützung der Höchstzahl gleichzeitiger Verbindungen auf einem Einzelserver.

Lizenzierungsmodus *Pro Gerät oder pro Benutzer* Die Lizenzbestimmungen gestatten einer einzelnen Clientzugriffslizenz die Autorisierung eines Benutzers (der gegebenenfalls mehr als ein Gerät nutzt) oder eines Geräts (dass gegebenenfalls von mehreren Benutzern genutzt wird) für das Herstellen von Verbindungen mit beliebig vielen Servern.

Lizenzgruppe Da der Lizenzprotokollierdienst Lizenzen basierend auf dem Benutzer- und nicht dem Gerätenamen zuweist, werden Windows-Clientzugriffslizenzen für Geräte einer Lizenzgruppe zugewiesen. Eine Lizenzgruppe verfügt über einen oder mehrere Benutzer, denen Lizenzen entsprechend der Anzahl der Geräte zugewiesen werden, die von der Gruppe zum Herstellen von Verbindungen mit Serverprodukten verwendet werden.

Fragen und Antworten

Seite 414

Lernzielkontrolle Lektion 1

1. Sie konfigurieren eine WSUS-Infrastruktur. Ein Server synchronisiert Metadaten und Inhalte durch Zugriff auf Windows Update. Andere Server (einer an jedem Standort) synchronisieren Inhalte durch Zugriff auf den übergeordneten WSUS-Server. Welcher der folgenden Schritte ist erforderlich, um die WSUS-Infrastruktur zu vervollständigen?

   a. Konfigurieren von **Automatische Updates**-Clients auf jedem System über die Systemsteuerung

   b. Konfigurieren von Gruppenrichtlinienobjekten, um Clients zum WSUS-Server an ihrem Standort zu verweisen

   c. Konfigurieren eines manuellen Inhaltsverteilungspunkts

   d. Genehmigen von Updates über die WSUS-Verwaltungsseite

   Richtig sind Antwort b und d.

2. Sie konfigurieren WSUS für eine Gruppe von Webservern. Sie möchten, dass sich die Webserver nachts auf Basis einer Liste genehmigter Updates auf Ihrem WSUS-Server selbst aktualisieren. Ab und zu meldet sich jedoch ein Administrator nachts an, um Wartungsarbeiten auf einem Webserver durchzuführen, und Sie möchten nicht, dass die Installation von Updates und mögliche Neustarts seine Aufgaben stören. Welche Windows Update-Richtlinienkonfiguration müssen Sie in diesem Fall wählen?

   a. Vor Download und Installation benachrichtigen

   b. Autom. Downloaden, aber vor Installation benachrichtigen

   c. Autom. Downloaden und laut Zeitplan installieren

   Richtig ist Antwort c. Sie möchten, dass sich die Webserver selbst aktualisieren, weshalb Sie die Installation von Updates zeitlich planen müssen. Ein Administrator hat jedoch stets die Möglichkeit, die Installation abzubrechen.

3. Sie möchten, dass alle Netzwerkclients Updates nachts automatisch herunterladen und installieren, und haben das geplante Installationsverhalten für **Automatische Updates** konfiguriert. Sie stellen jedoch fest, dass einige Benutzer ihre Computer nachts ausschalten, sodass die Updates nicht aufgespielt werden. Mithilfe welcher Richtlinie können Sie Abhilfe schaffen, ohne den Installationszeitplan zu ändern?

   a. Internen Pfad für den Microsoft Updatedienst angeben

   b. Kein automatischer Neustart für geplante Installationen automatischer Updates

   c. Zeitplan für geplante Installationen neu erstellen

   d. Automatische Updates konfigurieren

   Richtig ist Antwort c. Updates werden mithilfe von Hintergrundprozessen und Bandbreite im Leerlauf automatisch heruntergeladen. Die Installation wird jedoch durch einen festgelegten Zeitplan ausgelöst. Ist ein Computer zum Installationszeitpunkt ausgeschaltet, wartet er bis zum nächsten geplanten Datum und Zeitpunkt. Die Richtlinie **Zeitplan für geplante Installationen neu erstellen** bewirkt bei Festlegung auf einen Wert von 1 bis 60, dass **Automatische Updates** die Installation des Updates 1 bis 60 Minuten nach dem Systemstart beginnt.

Seite 417

Lernzielkontrolle Lektion 2

1. Mit welchem Befehl können Sie den Service Pack-Download in Form einer Einzeldatei extrahieren?

   a. **Setup.exe -u**

   b. **Update.exe -x**

   c. **Update.msi**

   d. **<*Servicepackname*>.exe -x**

   Richtig ist Antwort d.

2. Welche Art von Softwarebereitstellung mithilfe von Gruppenrichtlinien muss zur Verteilung eines Service Packs verwendet werden?

   a. **Veröffentlicht** in **Computerkonfiguration\Softwareeinstellungen**

   b. **Zugewiesen** in **Computerkonfiguration\Softwareeinstellungen**

   c. **Veröffentlicht** in **Benutzerkonfiguration\Softwareeinstellungen**

   d. **Zugewiesen** in **Benutzerkonfiguration\Softwareeinstellungen**

   Richtig ist Antwort b.

Seite 426

Lernzielkontrolle Lektion 3

1. Welche Lizenzmodi stellt Windows Server 2003 zur Verfügung? Wählen Sie alle zutreffenden Antworten aus.

   a. Pro Benutzer

   b. Pro Server

   c. Pro Arbeitsplatz

   d. Pro Gerät oder pro Benutzer

   Richtig sind Antwort b und d.

2. Sie heuern ein Team an, das ein Softwareentwicklungsprojekt realisieren soll. Sie arbeiten in drei Schichten, wobei in jeder Schicht sechs Programmierer arbeiten. Jeder Programmierer verwendet vier Geräte zum Entwickeln und Testen der Software, die von einem Windows Server 2003 authentifiziert wird. Welches ist die Mindestanzahl an erforderlichen Clientzugriffslizenzen, wenn die beteiligten Server den Lizenzierungsmodus **Pro Gerät oder pro Benutzer** aufweisen?

a. 6

b. 4

c. 18

d. 24

Richtig ist Antwort c. Wenn die Lizenzierung basierend auf Geräten erfolgt, ergibt dies sechs mal vier, also 24 Geräte. Es ist wirtschaftlicher, die Lizenzierung basierend auf der Anzahl der Benutzer zu wählen, die 18 beträgt.

3. Mit welchem Tool können Sie den Standortlizenzserver für Ihren Standort bestimmen?

   a. **Active Directory-Domänen und -Vertrauensstellungen**

   b. Systemsteuerungsoption **Lizenzierung**

   c. **Active Directory-Standorte und -Dienste**

   d. DNS

   Richtig ist Antwort c.

4. Sie verwalten das Netzwerk eines Teams mit 500 Mitarbeitern im Telefonvertrieb. Sie haben im Lizenzierungsmodus **Pro Geräte oder pro Benutzer** 550 Lizenzen konfiguriert. Eine neue Kampagne wurde gestartet, weshalb Sie eine weitere Schicht mit 500 Mitarbeitern für den Telefonvertrieb einstellen. Was müssen Sie tun, um die Lizenznachverfolgung und die Einhaltung der Lizenzbestimmungen am effektivsten zu verwalten?

   a. Vorhandenen Clients die Lizenzen entziehen

   b. Die vorhandenen Lizenzen löschen und anschließend 500 Lizenzen hinzufügen

   c. Lizenzgruppen erstellen

   d. Eine Umwandlung in **Pro Server**-Lizenzen durchführen

   Richtig ist Antwort c.

K A P I T E L 1 0

Verwalten von Hardwaregeräten und Treibern

In diesem Kapitel abgedeckte Prüfungsziele:

- Installieren und Konfigurieren von Serverhardwaregeräten
  - Konfigurieren von Treibersignaturoptionen
  - Konfigurieren von Ressourceneinstellungen für ein Gerät
  - Konfigurieren von Geräteeigenschaften und -einstellungen
- Beheben von Problemen mit Hardwaregeräten
  - Diagnostizieren und Lösen von Problemen mit Hardwareeinstellungen
  - Diagnostizieren und Lösen von Problemen mit Serverhardware und Gerätetreiberupdates
- Überwachen der Serverhardware. Zu den Tools gehören der Geräte-Manager, der Assistent für die Behandlung von Geräteproblemen und entsprechende Optionen in der Systemsteuerung.

Bedeutung dieses Kapitels

Vom Monitor bis zur Tastatur, von der Maus bis Multimedia, Hardwaregeräte machen einen Computer brauchbar und nützlich. Unter Microsoft Windows Server 2003 werden Geräte im Geräte-Manager verwaltet und konfiguriert.

Die erste Aufgabe, die Sie in den Geräte-Manager führt, dürfte die Installation und Konfiguration eines Gerätetreibers sein. Damit ist die Software gemeint, die das Betriebssystem für die Kommunikation mit einem Gerät verwendet. Ein Treiber muss zum verwendeten Gerät und zum Betriebssystem passen. Die meisten Treiber sind nicht zwischen Betriebssystemen austauschbar. Ein Treiber, der z.B. für Windows 98 entwickelt wurde, kann unter Windows XP oder Windows Server 2003 nicht verwendet werden.

Neben der Erstinstallation eines passenden Treibers ist die ständige Wartung der Geräte und Treiberkonfigurationen erforderlich. Treiberaktualisierungen erfolgen häufig, da Funktionsänderungen an Betriebssystemen und Geräten entsprechende Anpassungen an den Treibern erforderlich machen. Normalerweise bietet der Gerätehersteller die aktualisierten Treiber für seine Geräte an. Auch Service Packs und Windows Update bieten eventuell überarbeitete Treiber. Als Administrator können Sie Gerätetreiber im Geräte-Manager manuell aktualisieren.

Angesichts der komplexen Interaktion zwischen einem Gerät, seinem Treiber und dem Betriebssystem können fehlerhafte Konfigurationen schnell zum Ausfall von Geräten führen. Daher ist es in den meisten Umgebungen nicht wünschenswert, dass Endbenutzer neue Treiber installieren dürfen. Administratoren haben jedoch meist nicht die Zeit, um auf sämtlichen Computern alle Geräte und deren Treiber ordnungsgemäß einzeln zu konfigurieren. Die Konfiguration von Treibersignaturoptionen und das Erteilen ausgewählter Berechtigungen an die entsprechenden Benutzer sorgt für die größte Flexibilität bei der Gerätekonfiguration und Treiberinstallation.

Lektionen in diesem Kapitel:

Bevor Sie beginnen

Dieses Kapitel setzt praktische Erfahrungen mit den gebräuchlichen Computergeräten wie Druckern, Zeigegeräten (Maus usw.), Tastaturen, Netzwerkkarten usw. voraus. Anschluss, Optimierung, Test und Problembehandlung solcher Geräte würden den Rahmen dieses Kapitels sprengen.

Beispiele und praktische Übungen, einschließlich Installation, Konfiguration und Problembehandlung von Geräten und Treibern, werden in einer Windows Server 2003-Umgebung mit Standardgeräten durchgeführt. Zur erfolgreichen Durchführung der Übungen müssen Sie über einen Windows Server 2003-Computer mit dem Namen **Server01** verfügen, der als Domänencontroller in der Domäne **contoso.com** fungiert.

Lektion 1: Installieren von Hardwaregeräten und Treibern

Hardwaregeräte kommunizieren mit dem Betriebssystem Windows Server 2003 unter Verwendung von Softwaretreibern. Geräte und ihre Treiber, falls nicht automatisch per Plug & Play installiert, können im Geräte-Manager konfiguriert werden.

Am Ende dieser Lektion werden Sie in der Lage sein, die folgenden Aufgaben auszuführen:

- Beschreiben der Beziehung zwischen Geräten und Treibern
- Untersuchen erkannter Geräte mit dem Geräte-Manager
- Installieren von Geräten mit dem Geräte-Manager

Veranschlagte Zeit für diese Lektion: 20 Minuten

Geräte und Treiber

Die einfachste Möglichkeit zur Unterscheidung von Geräten und den dazugehörigen Treibern ist die Einteilung in zwei logische Kategorien: Plug & Play- und Nicht-Plug & Play-Geräte. Plug & Play-Geräte sind wesentlich einfacher zu installieren und zu konfigurieren, zu unterstützen und zu verwalten. Auch die Problembehebung ist bei Plug & Play-Geräten einfacher.

Die meisten seit 1997 hergestellten Geräte sind Plug & Play-fähig. Die Windows Server 2003-Installations-CD enthält für viele Geräte passende Treiber. Sie werden bei der Installation in den Ordner **%WinDir%\Driver Cache** kopiert. Service Packs bieten in vielen Fällen aktualisierte Treiber, die im selben Ordner zwischengespeichert werden. Die vom Hersteller mitgelieferten Treiber werden gewöhnlich bei der Installation der Gerätesoftware auf das System kopiert.

Wenn Windows Server 2003 ein neues Plug & Play-Gerät erkennt und einen geeigneten Treiber für das Gerät findet, installiert es das Gerät automatisch. Dabei werden dem Gerät Ressourcen wie IRQs (Interrupt Request) und DMA (Direct Memory Access) zugewiesen. Anschließend wird das Gerät im Geräte-Manager angezeigt. Eine Geräteermittlung findet statt, wenn Sie einen Computer starten, wenn Sie im Geräte-Manager den Befehl **Nach geänderter Hardware suchen** geben oder wenn Sie den Hardware-Assistenten ausführen.

Kann Windows Server 2003 nach der Identifizierung eines Geräts keinen passenden Treiber finden, werden Sie aufgefordert, einen Datenträger mit Treibern des Herstellers einzulegen. Wenn Sie die Installation des Treibers abbrechen, kennzeichnet der Geräte-Manager die Existenz eines nicht konfigurierten Geräts durch ein gelbes Warnsymbol. Dieses in Abbildung 10.1 zu sehende Symbol kommt auch zum Einsatz, wenn Geräte auf dem System mehrfach vorhanden sind oder es zu Konflikten zwischen den Ressourcenanforderungen von Treibern gekommen ist, was bei neueren Computersystemen und Plug & Play-Geräten äußerst selten vorkommt.

Abbildung 10.1 Warnsymbol im Geräte-Manager

Falls ein Gerät von Windows Server 2003 nicht identifiziert werden kann, zeigt der Geräte-Manager es im Ordner **Andere Geräte** als unbekanntes Gerät oder, meistens im Fall eines USB- oder IEEE 1394-Geräts, als Verbundgerät an. Ein Symbol mit einem Fragezeichen auf gelbem Grund zeigt an, dass das Gerät nicht bekannt ist oder kein passender Treiber installiert wurde. Bei einem nicht konfigurierten oder identifizierten Gerät müssen Sie den entsprechenden Treiber manuell installieren, damit das Gerät ordnungsgemäß funktionieren kann.

Arbeiten mit dem Geräte-Manager

Der Geräte-Manager ist ein Snap-in für die Microsoft Management Console (MMC) und eine Komponente der Konsole **Computerverwaltung**. Sie können den Geräte-Manager auch über das Programm **System** aus der Systemsteuerung öffnen. Klicken Sie auf die Registerkarte **Hardware** und danach auf **Geräte-Manager**. Mit dem Menü **Ansicht** der MMC können Sie die Ansicht ändern, die standardmäßig die Geräte nach Kategorien in Gruppen zusammenfasst.

Mit dem Geräte-Manager können Sie Treiber aktualisieren und Gerätekonfigurationen ändern. In Tabelle 10.1 werden die Aufgaben vorgestellt, für die der Geräte-Manager genutzt werden kann.

Prüfungstipp Mit dem Geräte-Manager können Sie nur Geräte auf einem lokalen Computer verwalten. Wenn Sie einen Remotecomputer im Geräte-Manager untersuchen, zeigt der Geräte-Manager die Daten nur an, kann sie aber nicht ändern. Zur Verwaltung von Geräten auf einem Remotesystem verbinden Sie sich über **Remote Desktop** mit dem System und öffnen dann den Geräte-Manager.

Über den bereits erwähnten Befehl **Drucken** im Menü **Aktion** des Geräte-Managers können Sie eine Liste der Geräte, Treiber und Systemkonfiguration drucken. Oder Sie geben diese Werte mit dem Befehl **Driverquery** als CSV-Datei aus. Tabelle 10.2 zeigt die Befehlsparameter.

Tabelle 10.1 Im Geräte-Manager durchführbare Aufgaben

Aufgabe	Zweck
Bestimmen, ob die Hardware des Computers ordnungsgemäß funktioniert	Ordnungsgemäß konfigurierte Geräte sind nach Kategorie aufgelistet. Erkannte Geräte, die nicht konfigurierbar sind, weil entweder ein entsprechender Treiber fehlt oder ein unlösbarer Ressourcenkonflikt vorhanden ist, werden durch ein gelbes Symbol mit einem Ausrufezeichen gekennzeichnet. Geräte, die Windows Server 2003 nicht identifizieren kann, werden mit einem gelben Fragezeichen in der Kategorie **Andere Geräte** angezeigt.
Drucken einer Übersicht der Geräte, die auf dem Computer installiert sind	Wählen Sie im Detailbereich der MMC ein Gerät aus. Öffnen Sie das Menü **Aktion** und wählen Sie dann **Drucken**. Die Berichtstypen heißen **Systemübersicht**, **Ausgewählte Klasse oder ausgewähltes Gerät** und **Geräte- und Systemübersicht**.
Ändern von Hardware-Konfigurationseinstellungen	Klicken Sie mit der rechten Maustaste (oder doppelklicken Sie) auf ein Gerät, und wählen Sie **Eigenschaften**, um das Eigenschaftendialogfeld des Geräts zu öffnen.
Eigenschaftendialogfelder von Geräten	
Registerkarte **Allgemein**	Gibt den Gerätetyp, Hersteller, Speicherort und Status des Geräts an. In der Dropdownliste **Geräteverwendung** kann das Gerät aktiviert oder deaktiviert werden.
Registerkarte **Treiber**	Dient der Anzeige von Details zum Gerätetreiber, wie z.B. Treiberversion, Treiberanbieter und ob der Treiber über eine digitale Signatur verfügt. Über diese Seite können Sie eine Liste der Treiberdateien anzeigen, den Treiber aktualisieren, die Installation auf eine zuvor installierte Version des Treibers zurückführen oder den Treiber deinstallieren.
Registerkarte **Ressourcen**	Zeigt die Ressourcennutzung nach Gerät, einschließlich E/A-Bereichen, Speicheradressen und IRQ-Verwendung. Die Möglichkeit der Deaktivierung der automatischen Konfiguration, um die manuelle Konfiguration zu ermöglichen, ist geräteabhängig. Bei einigen Geräten ist die manuelle Konfiguration von Ressourcen nicht möglich.

Tabelle 10.2 Parameter des Befehls **Driverquery**

Parameter	Ausgabe
/S *System*	Gibt den Namen oder IP-Adresse (Internet Protocol) eines Remotecomputers an, zu dem eine Verbindung hergestellt werden soll. Die Standardeinstellung ist der lokale Computer.
/U *Domäne\Benutzer*	Führt den Befehl mit den Anmeldeinformationen des durch **Benutzer** oder **Domäne\Benutzer** angegebenen Benutzers aus. Ohne diesen Parameter wird der Befehl mit den Anmeldeinformationen ausgeführt, mit denen die Befehlsshell gestartet wurde.
/P *Kennwort*	Gibt das Kennwort des Benutzerkontos an, das mit dem Parameter **/U** angegeben wird.
/FO *Format*	Gibt das Format an, mit dem die Treiberinformationen angezeigt werden sollen. Gültige Werte sind **TABLE**, **LIST** und **CSV**. Das Standardausgabeformat ist **TABLE**. ▶

Parameter	Ausgabe
/NH	Blendet die Kopfzeile aus den angezeigten Treiberinformationen aus. Der Parameter kann nur bei Wahl von **TABLE** oder **CSV** für **/FO** verwendet werden.
/V	Liefert ausführliche, detaillierte Treiberinformationen. Für signierte Treiber keine gültige Option.
/SI	Zeigt die Eigenschaften signierter Treiber an.
/?	Zeigt ausführliche Hilfeinformationen an.

Benutzer, Administratoren und Geräteinstallation

Wie bei den meisten Installationsaufgaben haben Administratoren die Möglichkeit, beliebige Geräte und die dazugehörigen Treiber zu installieren. Benutzer verfügen dagegen nur über sehr eingeschränkte Möglichkeiten, Geräte auf einem Computer zu installieren. Benutzer können Plug & Play-Geräte standardmäßig nur unter folgenden Voraussetzungen installieren:

- Der Gerätetreiber befindet sich bereits auf dem Computer.
- Der Gerätetreiber hat eine digitale Signatur.
- Zur Treiberinstallation braucht Windows keine Benutzerschnittstelle anzuzeigen.

Ist eine dieser Bedingungen nicht erfüllt, kann der Benutzer das Gerät nicht installieren, es sei denn, er verfügt über zusätzliche delegierte administrative Berechtigungen.

Prüfungstipp Falls für die Installation eines Plug & Play-Geräts keine zusätzlichen Benutzerinteraktionen erforderlich sind und sich bereits ein signierter Treiber auf dem Computer befindet, darf jeder Benutzer das Gerät anschließen und verwenden. Dies gilt für alle USB-, parallele und IEEE 1394-Geräte, insbesondere Drucker. Das über Gruppenrichtlinien konfigurierte Benutzerrecht **Laden und Entladen von Gerätetreibern** gilt nicht für Plug & Play-Treiber und muss nicht aktiviert werden, damit ein Benutzer ein Plug & Play-Gerät installieren kann.

Treibersignaturoptionen

Gerätetreiber und Betriebssystemdateien in Windows 2000 und höher verfügen über eine digitale Signatur von Microsoft. Eine *digitale Signatur* stellt sicher, dass ein bestimmter Treiber oder eine bestimmte Datei durch einen anderen Programminstallationprozess weder geändert noch überschrieben wurde.

Gerätetreiber, die nicht von Microsoft stammen, können signiert sein oder auch nicht. Windows hält einen Benutzer, der kein Administrator ist, standardmäßig von der Installation nichtsignierter Treiber ab. Ein Administrator wird aufgefordert, die Installation eines nichtsignierten Treibers zu bestätigen.

Sie können steuern, wie ein Computer während der Installation auf nichtsignierte Treiber reagieren soll. Öffnen Sie in der Systemsteuerung das Programm **System**, klicken Sie auf die Registerkarte **Hardware** und dann auf die Schaltfläche **Treibersignierung**. Im Dialogfeld **Treibersignaturoptionen** wählen Sie eine der folgenden Optionen für die Installation nichtsignierter Treiber:

- **Ignorieren** Ermöglicht die Installation aller Gerätetreiber auf dem Computer unabhängig davon, ob sie über eine digitale Signatur verfügen. Diese Option ist nur verfügbar, wenn Sie als Administrator oder Mitglied der Gruppe **Administratoren** angemeldet sind.
- **Warnen** Zeigt eine Warnmeldung an, die das Zulassen oder Verweigern der Treiberinstallation ermöglicht, wenn ein Installationsprogramm oder Windows versucht, einen Gerätetreiber ohne digitale Signatur zu installieren. Dies ist die Standardeinstellung.
- **Sperren** Hindert ein Installationsprogramm oder Windows an der Installation von Gerätetreibern ohne digitale Signatur.

Die Gruppenrichtlinien sind ein effizientes Mittel zur Verwaltung der Treibersignaturoptionen von mehreren Computern. Mit der Richtlinie **Geräte: Verhalten bei der Installation von nicht signierten Treibern** können Sie eine der drei beschriebenen Optionen wählen. Sie finden die Richtlinie im Knoten **Computerkonfiguration\Windows-Einstellungen\Sicherheitseinstellungen\Lokale Richtlinien\Sicherheitsoptionen** eines Gruppenrichtlinienobjekts.

Identifizieren von nichtsignierten Gerätetreibern

Das Programm **Sigverif.exe** (Dateisignaturverifizierung) erfasst alle nichtsignierten Treiber in einer Protokolldatei. Wenden Sie **Sigverif** folgendermaßen an:

1. Klicken Sie auf **Start**, dann auf **Ausführen**. Geben Sie **Sigverif** ein, und klicken Sie auf **OK**.
2. Klicken Sie auf **Erweitert**, und wählen Sie auf der Registerkarte **Suchen** die Option **Nach Dateien suchen, die nicht digital signiert wurden**.
3. Aktivieren Sie das Kontrollkästchen **Unterordner einbeziehen**, und klicken Sie auf **Durchsuchen**.
4. Suchen Sie den Ordner **%SystemRoot%\System32\Drivers** heraus, und klicken Sie auf **OK**. Klicken Sie nochmals auf **OK** und dann auf **Starten**.

Sigverif braucht vielleicht einige Zeit, um die Liste der nichtsignierten Treiber aufzustellen. Sobald **Sigverif** fertig ist, zeigt es seine Ergebnisse an. Sie finden die Ergebnisse auch in der Protokolldatei **Sigverif.txt** im Ordner **%SystemRoot%**. Sie können die Protokolldatei mit jedem Texteditor öffen.

Verwalten von Hardware in der Systemsteuerung

Mit dem Hardware-Assistenten der Systemsteuerung können Sie manuell Hardware hinzufügen. Der Assistent sucht nach geänderter Hardware, wobei er alle Plug & Play-Geräte erkennen sollte, deren Treiber noch nicht installiert sind. Dann erwartet der Assistent von Ihnen die Angabe, wo er nach Treibern für diese Geräte suchen soll. Sie können die Treiber für ein nicht erkanntes Gerät auch manuell installieren.

Für viele Gerätekategorien gibt es in der Systemsteuerung entsprechende Anwendungen, mit denen diese Geräte konfiguriert werden können. Zu diesen Anwendungen gehören:

- Tastatur
- Maus
- Telefon- und Modemoptionen
- Sounds und Audiogeräte

Außerdem können Sie Netzwerkkarten im Ordner **Netzwerkverbindungen** verwalten, und Drucker im Ordner **Drucker und Faxgeräte**. Die Installation, Entfernung und Konfiguration von Geräten unterliegt mit diesen Anwendungen denselben Beschränkungen wie im Geräte-Manager: Viele Arbeiten setzen die Mitgliedschaft in der Gruppe **Administratoren** voraus.

Auflisten der Hardwaregeräte mit Systeminformationen

Das Programm **MSInfo32.exe** (oder **Systeminformationen**) listet die installierten Geräte im Knoten **Komponenten** auf. Sie können mit **MSInfo32** die Geräte eines lokalen Computers oder eines Remotecomputers untersuchen. Im Menü **Extras** der **Systeminformationen** können Sie auch das Dateisignaturverifizierungsprogramm **Sigverif.exe** starten.

Praktische Übung: Installieren von Gerätetreibern

In dieser praktischen Übung installieren Sie eine Netzwerkkarte, ändern die Einstellung **Treibersignaturoptionen** und stellen anschließend die Standardkonfiguration des Computers wieder her.

Übung 1: Installieren einer Netzwerkkarte

1. Wählen Sie in der Systemsteuerung die Option **Hardware**, und starten Sie den **Hardware-Assistenten**.
2. Klicken Sie auf **Weiter**, und warten Sie, bis der Hardware-Assistent den Computer auf neue Geräte durchsucht hat. Wenn Sie keine Geräte hinzugefügt haben, fragt Sie der Assistent, ob ein neues Gerät angeschlossen wurde.
3. Aktivieren Sie **Ja, die Hardware wurde bereits angeschlossen**, und klicken Sie auf **Weiter**.
4. Durchlaufen Sie die Liste **Installierte Hardware** nach unten, wählen Sie **Neue Hardware hinzufügen**, und klicken Sie auf **Weiter**.
5. Wählen Sie **Hardware manuell aus einer Liste wählen und installieren (für fortgeschrittene Benutzer)**, und klicken Sie auf **Weiter**.
6. Wählen Sie in der Liste **Allgemeine Hardwaretypen** die Option **Netzwerkadapter**, und klicken Sie auf **Weiter**.
7. Wählen Sie **Microsoft** als Hersteller und **Microsoft Loopbackadapter** als Netzwerkkarte, und klicken Sie auf **Weiter**.
8. Klicken Sie auf **Weiter** und anschließend auf **Fertig stellen**, um den Assistenten zu schließen.

Windows Server 2003 lädt nun den Treiber und installiert das Gerät. Die Netzwerkkarte **Microsoft Loopbackadapter** wird anschließend im Geräte-Manager unter der Kategorie **Netzwerkadapter** angezeigt.

Übung 2: Festlegen von Treibersignaturoptionen

1. Öffnen Sie in der Systemsteuerung das Dialogfeld **Systemeigenschaften**, und klicken Sie auf der Registerkarte **Hardware** auf **Treibersignierung**.
2. Aktivieren Sie die Option **Sperren**.
3. Klicken Sie auf **OK**.

Sie haben damit die Installation nichtsignierter Treiber unterbunden.

Übung 3: Zurücksetzen des Computers auf die Standardkonfiguration

1. Öffnen Sie den Geräte-Manager. Klicken Sie mit der rechten Maustaste auf **Microsoft Loopbackadapter**, und wählen Sie im Kontextmenü **Deinstallieren**.
2. Klicken Sie auf **OK**, um das Entfernen des Geräts zu bestätigen.
3. Schließen Sie den Geräte-Manager.
4. Öffnen Sie erneut das Dialogfeld **Treibersignaturoptionen**, und wählen Sie die Option **Warnen** aus.
5. Aktivieren Sie **Diese Aktion als Systemstandard festlegen**.
6. Klicken Sie zweimal auf **OK**.

Sie haben die Standardkonfiguration des Computers wiederhergestellt.

Lernzielkontrolle

Die folgenden Fragen dienen dazu, die wichtigsten Lehrinhalte dieser Lektion zu vertiefen. Können Sie eine Frage nicht beantworten, arbeiten Sie das entsprechende Lektionsmaterial noch einmal durch, und versuchen Sie dann erneut, die Frage zu beantworten. Die Antworten auf die Lernzielkontrollfragen finden Sie im Abschnitt „Fragen und Antworten" am Ende dieses Kapitels.

1. Sie wollen sicherstellen, dass nur signierte Treiber auf den Desktopcomputern in Ihrer Umgebung verwendet werden. Wie verwalten Sie die **Treibersignierung**, um dieses Ziel zu erreichen?

   ____

   ____

   ____

2. Ein Benutzer möchte einen USB-Drucker installieren, der an seinem Computer angeschlossen ist. Der Druckertreiber ist im Lieferumfang von Windows Server 2003 enthalten. Kann der Benutzer den Drucker installieren?

   ____

   ____

3. Sie möchten eine Liste der auf Ihrem Computer vorhandenen nichtsignierten Treiber in eine kommaseparierte CSV-Datei exportieren. Welches Programm können Sie benutzen?

____

____

Zusammenfassung der Lektion

- Der Geräte-Manager listet alle erkannten Geräte auf und zeigt Probleme bei der Geräteidentifizierung oder Treiberkonfiguration an.
- Die Geräte- und Treiberkonfiguration kann mit dem Geräte-Manager gedruckt oder mit dem Befehl **Driverquery** in eine CSV-Datei ausgegeben werden.
- Benutzer können alle Plug & Play-Geräte anschließen und installieren, für die auf dem Computer ein signierter Treiber vorliegt. Sollten Benutzereingriffe erforderlich sein, kann ein Benutzer ein Gerät nicht installieren.
- Zugriffe auf die Benutzeroberfläche für die Geräte- und Treiberkonfiguration können über lokale oder domänenbasierte Gruppenrichtlinien deaktiviert werden.
- Für das Verhalten des Betriebssystems bei der Installation nichtsignierter Treiber gibt es drei Einstellungen: **Ignorieren**, **Warnen** und **Sperren**.

Lektion 2: Konfigurieren von Hardwaregeräten und Treibern

Aufgrund von Änderungen beim Betriebssystem Windows Server 2003 oder bei der Vorgehensweise, mit der ein Hersteller die Funktionsweise eines Geräts programmiert, können aktualisierte Treiber erforderlich werden. Treiber können im Geräte-Manager aktualisiert werden.

Verhält sich ein aktualisierter Treiber nicht wie erwartet, können Sie den aktualisierten Treiber mit dem Geräte-Manager entfernen und den vorigen Treiber wiederherstellen. Diese Rücksetzungsfunktion finden Sie im Eigenschaftendialogfeld des Geräts.

Gelegentlich ist die von Windows Server 2003 durchgeführte automatische Ressourcenkonfiguration nicht ausreichend, um auf einem bestimmten Computer ein eindeutiges Schema der Geräteverwendung festzulegen. Falls für ein Gerät statische Ressourcen (IRQ, E/A-Anschluss, DMA und Speicherbereich) festgelegt werden müssen, können Sie im Geräte-Manager die automatischen Einstellungen deaktivieren und andere Einstellungen festlegen.

Am Ende dieser Lektion werden Sie in der Lage sein, die folgenden Aufgaben auszuführen:

- Aktualisieren, Zurücksetzen und Deinstallieren von Treibern mit dem Geräte-Manager
- Einsatz des Geräte-Managers zum Untersuchen und Konfigurieren von Ressourcen, die von Geräten verwendet werden

Veranschlagte Zeit für diese Lektion: 15 Minuten

Aktualisieren von Treibern

Im Geräte-Manager können die Treiber der meisten Geräte aktualisiert werden. Die Aktualisierung von Treibern muss unabhängig davon, ob das Gerät Plug & Play-fähig ist oder nicht, vom Administrator manuell an der Konsole des lokalen Computers oder über Remote Desktop durchgeführt werden, sofern der Benutzer nicht über die erweiterte Berechtigung dafür verfügt.

Hinweis Treiberaktualisierungen, die über Gruppenrichtlinien, mit Windows Update, Microsoft Update, Software Update Services (SUS) oder Windows Server Update Services (WSUS) durchgeführt werden, erfordern keine Administratoranmeldeinformationen für die Installation. In Kapitel 9, „Verwalten des Betriebssystems", finden Sie weitere Informationen über SUS, WSUS, Windows Update und Microsoft Update.

Die Aktualisierung eines Treibers gleicht der manuellen Installation eines Gerätetreibers: Im Eigenschaftendialogfeld des Geräts (Abbildung 10.2) klicken Sie auf die Registerkarte **Treiber** und dann auf **Aktualisieren**. Der Hardwareupdate-Assistent fragt Sie, wo die Treiber zu finden sind, und installiert sie. Für manche Treiber ist zwar nach der Installation ein Neustart des Computers erforderlich, bei den meisten Treibern für Peripheriegeräte aber nicht.

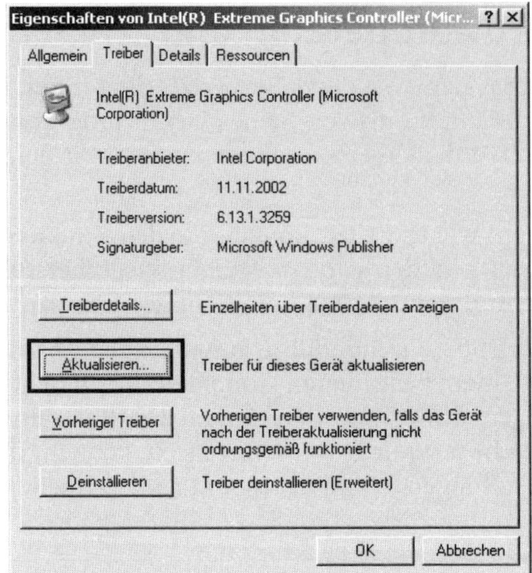

Abbildung 10.2 Treiberaktualisierung

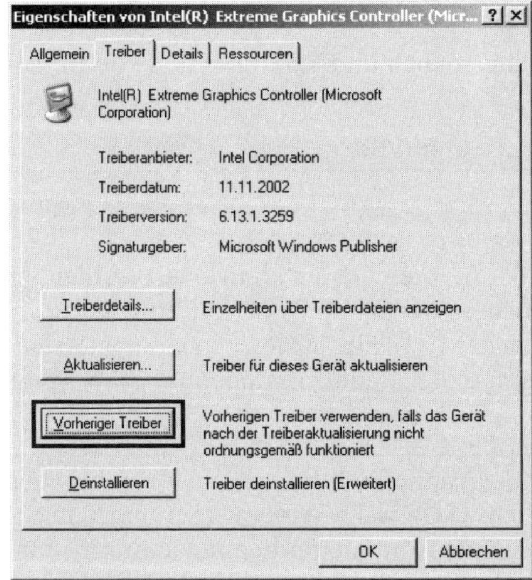

Abbildung 10.3 Die Option **Vorheriger Treiber**

Wiederherstellen des vorigen Treibers

Gelegentlich funktioniert ein neuer Treiber nicht ordnungsgemäß, oder es kommt zu unerwarteten Konflikten mit anderen Geräten. Im Geräte-Manager können Sie den aktualisierten Treiber wieder entfernen und den vorigen Treiber wiederherstellen – ein Vorgang, der „Rollback" (oder „Rückführung") genannt wird. Windows Server 2003 sichert automatisch den Treiber, der im Verlauf der Treiberaktualisierung ersetzt wurde, und stellt diesen über die Option **Vorheriger Treiber** auf der Registerkarte **Treiber** des Eigenschaftendialogfelds des Treibers zur Verfügung (Abbildung 10.3). Der Unterschied zwischen dieser Funktion und der Option **Letzte als funktionierend bekannte Konfiguration** wird in der nächsten Lektion behandelt.

Deinstallieren von Treibern

Treiber können im Geräte-Manager deinstalliert werden. Der Vorgang **Deinstallieren** wird auf der Registerkarte **Treiber** ausgelöst (Abbildung 10.4).

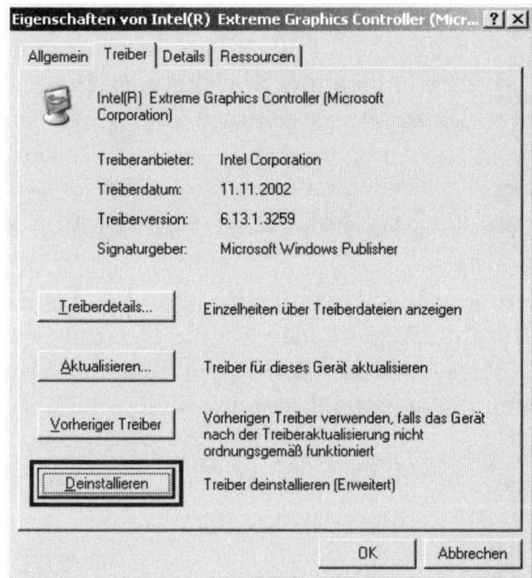

Abbildung 10.4 Deinstallieren von Treibern

Die Deinstallation eines Treibers hat unterschiedliche Auswirkungen, abhängig davon, ob das Gerät über den Plug & Play-Prozess erkannt und konfiguriert wurde. Wurde das Gerät über Plug & Play konfiguriert, führt das Entfernen des Treibers auch zum Entfernen des Geräts aus dem Geräte-Manager. Wurde der Treiber für das Gerät manuell hinzugefügt, bleibt das Gerät im Geräte-Manager sichtbar, ohne mit einem Treiber konfiguriert zu werden.

Reaktivieren eines deinstallierten Geräts

Wenn Sie ein Plug & Play-Gerät deinstallieren, entfernt Windows Server 2003 das Gerät auch dann aus der Konfiguration, wenn es noch mit dem Computer verbunden ist. Zur Reaktivierung des Geräts müssen Sie im Geräte-Manager nach Hardwareänderungen suchen. Wählen Sie in der Strukturansicht des Geräte-Managers den Stammknoten (den Computer), öffnen Sie dann das Menü **Aktion**, und wählen Sie **Nach geänderter Hardware suchen**. Oder benutzen Sie den Hardware-Assistenten aus der Systemsteuerung zur Identifizierung und Installation des Geräts. Wenn Sie ein Gerät deinstallieren, bei dem es sich nicht um ein Plug & Play-Gerät handelt, müssen Sie es zur Reaktivierung erneut installieren.

Tipp Sie können im Geräte-Manager einen beliebigen Knoten mit der rechten Maustaste anklicken und **Nach geänderter Hardware suchen** wählen. Wenn Sie das bei einem Controller tun, bleibt die Suche auf den betreffenden Controller beschränkt. Erscheint zum Beispiel ein bestimmtes Gerät nicht, das mit einem USB-Controller verbunden ist, können Sie diesen Controller auswählen und nach Hardwareänderungen suchen, damit das System das Gerät erkennt.

Konfigurieren von Ressourcen

Geräte und ihre Treiber benötigen Systemressourcen. Für Plug & Play-Geräte werden diese Ressourcen, z.B. IRQs, E/A-Ports, DMA-Einstellungen und Speicherbereiche, von Windows Server 2003 automatisch konfiguriert. Da solche Ressourcen knapp sind, ermöglicht Windows Server 2003 Geräten die gemeinsame Benutzung von Ressourcen. In den seltenen Fällen, in denen Ressourcen statisch festgelegt werden müssen, ermöglicht der Geräte-Manager die Festlegung der Ressourcen auf der Registerkarte **Ressourcen** im Eigenschaftendialogfeld eines Geräts (Abbildung 10.5).

Um eine Ressourcenzuweisung manuell zu konfigurieren, deaktivieren Sie das Kontrollkästchen **Automatisch konfigurieren**. Anschließend können Sie die Ressourceneinstellungen ändern, indem Sie die betreffende Ressource auswählen und dann auf **Einstellung ändern** klicken. Ressourcen, deren Einstellung sich nicht manuell ändern lässt, erscheinen nicht auf der Registerkarte **Ressourcen**.

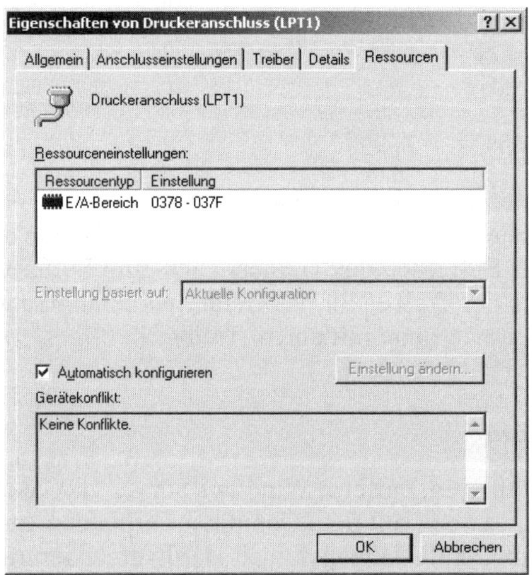

Abbildung 10.5 Die Registerkarte **Ressourcen** mit konfigurierbaren Eigenschaften eines Geräts

Vorsicht Wenn eine Ressource manuell festgelegt wird, stehen die Ressource und das Gerät nicht für die automatische Konfiguration zur Verfügung. Dadurch wird die Fähigkeit von Windows Server 2003 eingeschränkt, Anpassungen an der Ressourcenzuweisung vorzunehmen. Dies kann zu Problemen mit anderen Geräten führen.

Deaktivierung und Aktivierung von Geräten

Sie können Geräte im Geräte-Manager aktivieren und deaktivieren. Auf der Registerkarte **Allgemein** des Eigenschaftendialogfelds eines Geräts wird der aktuelle Zustand des Geräts in der Dropdownliste **Geräteverwendung** angezeigt. Durch die Deaktivierung eines Geräts können Sie das Gerät isolieren, ohne es deinstallieren zu müssen. Angenommen, Sie finden im Ereignisprotokoll zum Beispiel den Eintrag vor, dass ein CD-ROM-Laufwerk nicht richtig funktioniert. Wenn der Server online bleiben soll, können Sie erwägen, das CD-ROM-Laufwerk zu deaktivieren, damit es keine weiteren Einträge im Ereignisprotokoll verursachen oder Konflikte mit anderen Geräten oder dem Betriebssystem auslösen kann.

Hinweis Ein deaktiviertes Gerät erscheint im Geräte-Manager mit einem roten „x“.

Praktische Übung: Konfigurieren von Geräten

In dieser praktischen Übung ändern Sie vorübergehend die Konfiguration einer Netzwerkkarte und stellen die Karte außer Dienst, ohne das Gerät zu deinstallieren.

Übung 1: Deaktivieren eines Geräts

1. Öffnen Sie den Geräte-Manager, und wählen Sie eine für Ihren Computer konfigurierte Netzwerkkarte aus.
2. Doppelklicken Sie im Geräte-Manager auf den Eintrag der Netzwerkkarte.
3. Wählen Sie die Dropdownliste **Geräteverwendung** und anschließend den Eintrag **Gerät nicht verwenden (deaktivieren)** aus.

   Das Gerät ist nun in diesem Hardwareprofil deaktiviert.
4. Öffnen Sie das Eigenschaftendialogfeld der Netzwerkkarte, und wählen Sie **Gerät verwenden (aktivieren)**, um sie in diesem Hardwareprofil wieder zu aktivieren.

   Sie können auch mit der rechten Maustaste auf das Gerät klicken und je nach Status des Geräts **Aktivieren** oder **Deaktivieren** auswählen.

Lernzielkontrolle

Die folgenden Fragen dienen dazu, die wichtigsten Lehrinhalte dieser Lektion zu vertiefen. Können Sie eine Frage nicht beantworten, arbeiten Sie das entsprechende Lektionsmaterial noch einmal durch, und versuchen Sie dann erneut, die Frage zu beantworten. Die Antworten auf die Lernzielkontrollfragen finden Sie im Abschnitt „Fragen und Antworten“ am Ende dieses Kapitels.

1. Unter welchen Umständen müssen die Ressourceneinstellungen eines Geräts angepasst werden?

   ____

   ____

   ____

2. Sie möchten ein Plug & Play-Gerät vorübergehend aus einer Konfiguration entfernen, ohne es vom Computer zu trennen. Sie wollen den Aufwand auf ein Minimum reduzieren, der für eine spätere erneute Verwendung des Geräts erforderlich ist. Welche der folgenden Optionen ist für das Umsetzen dieser Vorgabe am besten geeignet?
   a. Wählen Sie auf der Registerkarte **Allgemein** im Eigenschaftendialogfeld des Geräts **Gerät nicht verwenden (deaktivieren)** aus.
   b. Klicken Sie im Geräte-Manager mit der rechten Maustaste auf das Gerät, und wählen Sie **Deinstallieren**.
   c. Halten Sie das Gerät mithilfe des Dienstprogramms **Hardware sicher entfernen** an.
3. Gregs Computer verfügt über eine externe USB-Festplatte, die über einen USB-Hub an seinen Computer angeschlossen ist. Er berichtet, dass die Festplatte ordnungsgemäß angeschlossen ist, wobei jedoch Laufwerk **G**, das normalerweise der Festplatte zugeordnet ist, nicht verfügbar ist. Bei der Untersuchung stellen Sie fest, dass die Anzeigelampe des Hubs nicht leuchtet und das Gerät im Geräte-Manager nicht angezeigt wird. Das Trennen und erneute Anschließen des Geräts bleibt ohne Erfolg. Wie lautet die schnellste Möglichkeit, die ordnungsgemäße Funktionalität der Festplatte wiederherzustellen?

   ____

   ____

   ____

   ____

Zusammenfassung der Lektion

- Im Geräte-Manager können Sie einzelne Geräte aktivieren oder deaktivieren.
- Bei einigen Geräten ist die manuelle Konfiguration der Systemressourcen möglich. Dies sollte jedoch nur geschehen, wenn ein Konflikt mit anderen Ressourcen auf dem Computer vorliegt. Die manuelle Konfiguration sollte auf ein Minimum beschränkt werden, damit Windows Server 2003 Ressourcen für alle Geräte so flexibel wie möglich automatisch konfigurieren kann.
- Verwenden Sie den Geräte-Manager zur Aktualisierung von Treibern.
- Die Option **Vorheriger Treiber** im Geräte-Manager ermöglicht die Entfernung aktualisierter Treiber und die Rückführung der Konfiguration auf einen Treiber, der zuvor für ein Gerät konfiguriert wurde.
- Wurde ein Plug & Play-Gerät deinstalliert, müssen Sie eine erneute Suche nach geänderter Hardware durchführen, um das Gerät wieder aktivieren zu können. Wurde ein nicht-Plug & Play-fähiges Gerät deinstalliert, muss es vor einer erneuten Verwendung neu installiert werden.

Lektion 3: Beheben von Hardwaregeräte- und Treiberproblemen

Treiberprobleme treten insbesondere dann auf, wenn die Gerätekonfiguration nicht per Plug & Play möglich ist oder Treiber wichtiger Systemkomponenten aktualisiert werden. Wenn eine ausschließlich per Plug & Play durchgeführte Gerätekonfiguration nicht möglich ist, steigt die Wahrscheinlichkeit von Unstimmigkeiten zwischen Geräten und ihren Treibern, von falsch konfigurierten Geräten und falsch zugewiesenen Ressourcen. Bei Aktualisierungen von Treibern wichtiger Systemkomponenten, für die ein Computerneustart erforderlich ist, werden Treiberprobleme vielleicht erst offenkundig, nachdem der Computer neu gestartet wurde.

Am Ende dieser Lektion werden Sie in der Lage sein, die folgenden Aufgaben auszuführen:

- Beschreiben von Methoden der Notfall-Wiederherstellung für Geräte
- Beschreiben und Untersuchen treiberbezogener Probleme

Veranschlagte Zeit für diese Lektion: 15 Minuten

Notfall-Wiederherstellung von Geräten

Gelegentlich kommt es bei der Installation oder Aktualisierung eines Gerätetreibers zu Funktionsproblemen des Geräts oder zu Konflikten mit anderen im Computer installierten Geräten. Je nach Wichtigkeit des Geräts kann die Auswirkung des Problems von lästig bis katastrophal reichen. Die fehlerhafte Konfiguration einer wichtigen Systemkomponente, zum Beispiel der Grafikkarte, kann den Computer unbrauchbar machen. Zudem gestaltet sich das Zurücksetzen eines Treibers ziemlich schwierig, wenn der Monitor nichts anzeigt.

Glücklicherweise gibt es viele Methoden zur Behebung einer fehlerhaften Treiberkonfiguration, je nach Fehlerszenario. Tabelle 10.3 zeigt die Tools, die bei einer falschen Treiberkonfiguration verwendet werden können.

Tabelle 10.3 Tools zur Behandlung von Treiberproblemen

Tool	Szenario	Zweck
Wiederherstellen des vorigen Treibers (Geräte-Manager)	Das Gerät arbeitet nicht korrekt, aber die meisten Systemfunktionen bleiben intakt.	Verwenden Sie die Registerkarte **Treiber** des Eigenschaftendialogfelds des Geräts, um den aktualisierten Treiber zu entfernen und den letzten Treiber wiederherzustellen, der ordnungsgemäß funktioniert hat. Wenden Sie sich an den Anbieter, um das Problem mit einem neuen Treiber zu beheben.
Letzte als funktionierend bekannte Konfiguration	Die Aktualisierung des Gerätetreibers erfordert einen Neustart, und der Computer kommt nicht bis an die Stelle, die Ihnen eine Anmeldung ermöglicht.	Drücken Sie beim Start des Computers F8 und wählen Sie die **Letzte als funktionierend bekannte Konfiguration**. Diese Option stellt den Registrierungsschlüssel **HKLM\System\CurrentControlSet** in dem Zustand wieder her, in dem er sich bei der ▶

Tool	Szenario	Zweck
		letzten erfolgreichen Anmeldung befand. Dieser Schlüssel enthält den größten Teil der Hardwarekonfiguration. Die Wirkung der **Letzten als funktionierend bekannte Konfiguration** ähnelt daher der Wiederherstellung des vorigen Treibers. Allerdings wird hier nicht nur ein Treiber wiederhergestellt, sondern die gesamte Konfiguration für alle Geräte und Dienste. Die **Letzte als funktionierend bekannte Konfiguration** hat keinen Nutzen, wenn Sie sich nach einer Änderung der Gerätekonfiguration mindestens einmal erfolgreich angemeldet haben, weil dann der Registrierungsschlüssel mit der Fehlkonfiguration als **Letzte als funktionierend bekannte Konfiguration** verwendet wird.
Abgesicherter Modus	Ein aktualisierter Treiber erfordert einen Neustart, Sie können sich auch anmelden, aber dann zeigen sich die Fehlersymptome. Oder das System stürzt nach einer Treiberaktualisierung ab und lässt sich nicht korrekt starten, auch nicht mit der **Letzten als funktionierend bekannten Konfiguration**.	Durch Drücken von F8 beim Systemneustart können Sie den **Abgesicherten Modus** als Startoption wählen. Dieser Modus arbeitet nur mit den minimal erforderlichen System- und Gerätetreibern, die zum Starten und Anmelden ausreichen. Öffnen Sie den Geräte-Manager, und deaktivieren Sie das problematische Gerät. Der **Abgesicherte Modus** eignet sich besonders zur Behebung von Problemen mit aktualisierten Grafiktreibern. Der abgesicherte Modus startet das System mit Standard-VGA-Treibern (Video Graphics Adapter).
Wiederherstellungskonsole	Das System stürzt ab oder lässt sich nicht korrekt starten. Auch die **Letzte als funktionierend bekannte Konfiguration** und der **Abgesicherte Modus** ermöglichen keinen Systemstart mit Anmeldung.	Die Wiederherstellungskonsole ermöglicht Ihnen in einer Befehlsshell die Anmeldung und den Zugriff auf begrenzte Bereiche des Dateisystems. In der Wiederherstellungskonsole können Sie den fraglichen Gerätetreiber deaktivieren, der das Problem verursacht. Sie müssen jedoch den korrekten Namen des Gerätetreibers kennen, der kryptisch sein kann. Der Befehl **Listsvc** listet alle Dienste und Treiber auf und unterstützt Sie auf diese Weise bei der Suche nach dem Treibernamen.

Statuscodes im Geräte-Manager

Wenn ein Gerät ausfällt, wird im Geräte-Manager als Fehlermeldung gewöhnlich neben dem Gerät ein Ausrufezeichen auf gelbem Grund angezeigt. Wenn Sie auf das Gerät doppelklicken (oder mit der rechten Maustaste auf das Gerät klicken und dann **Eigenschaften** wählen), wird ein Dialogfeld mit allen Fehlermeldungen angezeigt, die der Geräte-Manager entdeckt hat. Die Informationen in **Gerätestatus** enthalten einen kurzen erläuternden Text, doch für die Problembehandlung kann es erforderlich sein, dass Sie weitere Informationen erhalten. Häufig befindet sich ein Code im Text, der eine bessere Vorstellung davon liefert, wie das Problem zu behandeln ist. Tabelle 10.4 enthält einige dieser Codes und die vorgeschlagenen Methoden zur Problembehandlung. Die meisten anderen Fehlercodes haben mit einem Treiberproblem zu tun. In solchen Fällen sollten Sie den Treiber aktualisieren oder den Treiber entfernen und das Gerät neu installieren.

Tabelle 10.4 Problembehandlung bei Geräteausfall

Code	Erläuternder Text	Problembehandlungsmethode
1	Das Gerät ist nicht richtig konfiguriert. Um die Treiber für dieses Gerät zu aktualisieren, klicken Sie auf **Treiber aktualisieren**. Falls dies nicht funktioniert, konsultieren Sie die Hardwaredokumentation.	Aktualisieren Sie den Treiber über **Treiber aktualisieren**.
3	Der Treiber für dieses Gerät ist entweder beschädigt, oder es stehen nicht genügend Arbeitsspeicher oder andere Ressourcen zur Verfügung.	Der Treiber ist eventuell beschädigt. Wenn Sie versuchen, eine beschädigte Datei zu laden, ermittelt das System u.U. einen zu hohen Speicherbedarf. Prüfen Sie im Task-Manager, ob das System über genügend Arbeitsspeicher verfügt. Aktualisieren Sie den Treiber über **Treiber aktualisieren**. Oder Sie entfernen das Gerät und lassen den Geräte-Manager nach Hardwareänderungen suchen, damit er das Gerät identifiziert und erneut installiert.
6	Ein anderes Gerät verwendet die benötigten Ressourcen. Fahren Sie zur Lösung dieses Problems den Computer herunter, schalten Sie ihn aus und ändern Sie dann die Ressourcenkonfiguration des Geräts. Wenn Sie damit fertig sind, starten Sie den Geräte-Manager und ändern die Ressourceneinstellungen für das Gerät.	Die Ressourcenanforderung des Geräts führt zu einem Konflikt mit einem anderen Gerät, und Windows Server 2003 kann diesen Konflikt nicht automatisch lösen. Klicken Sie auf der Registerkarte **Allgemein** auf die Schaltfläche **Problembehandlung**. Oder Sie klicken auf die Registerkarte **Ressourcen** und überprüfen die Liste **Gerätekonflikt**. Deaktivieren Sie bei Bedarf das Kontrollkästchen **Automatisch konfigurieren**, und ändern Sie die Einstellungen der Ressourcen.

▶

Code	Erläuternder Text	Problembehandlungsmethode
7	Der Treiber für das Gerät muss erneut installiert werden. Klicken Sie auf **Treiber erneut installieren**, um den Treiber für das Gerät erneut zu installieren.	Deinstallieren Sie das Gerät im Geräte-Manager. Installieren Sie das Gerät anschließend mit **Nach geänderter Hardware suchen** oder mit dem Hardware-Assistenten der Systemsteuerung erneut.
10	Das Gerät kann nicht gestartet werden. Versuchen Sie, die Gerätetreiber für dieses Gerät zu aktualisieren.	Rufen Sie über die Schaltfläche **Treiber aktualisieren** den Hardware-Assistenten auf, ohne jedoch Windows Server 2003 Geräte automatisch erkennen zu lassen. Wählen Sie stattdessen **Software von einer Liste oder bestimmten Quelle installieren (für fortgeschrittene Benutzer)**, und verweisen Sie den Assistenten manuell auf den gewünschten Treiber.
12	Dieses Gerät kann nicht genug freie Ressourcen ermitteln, die verwendet werden können. Wenn Sie dieses Gerät verwenden möchten, müssen Sie eines der anderen Geräte im/am System deaktivieren.	Klicken Sie im Eigenschaftendialogfeld des fehlerhaften Geräts auf die Registerkarte **Ressourcen**. Windows Server 2003 listet die anderen Geräte auf, mit denen sich Konflikte ergeben haben. Deaktivieren oder entfernen Sie das fragliche Gerät. Dann können Sie das Gerät, das Sie entfernt haben, aktivieren oder erneut installieren. Vielleicht ist Windows Server 2003 in der Lage, die Ressourcen automatisch dem Gerät zuzuweisen. Andernfalls müssen Sie das manuell nachholen.

Problembehandlung von Modems und Netzwerkkarten

Jede Geräteklasse und jedes einzelne Gerät kann zusätzliche Eigenschaften und Fähigkeiten haben, die die Konfiguration, Optimierung und Problembehebung für das Gerät erleichtern. Modems bieten im Geräte-Manager zum Beispiel auf der Registerkarte **Diagnose** des Geräts eine Schaltfläche **Modem abfragen** an. Mithilfe dieser Schaltfläche werden typische Befehle an das Modem gesendet. Anschließend erscheint auf der Registerkarte **Diagnose** eine Zusammenfassung der Ergebnisse. Sie können sich das umfangreiche Protokoll der Transaktionen nach einem Klick auf **Protokoll anzeigen** ansehen.

Netzwerkkarten können mit zahlreichen Einstellungen konfiguriert werden, die das Verhalten der Netzwerkkarten beeinflussen. Eine der wichtigsten Einstellungen ist der Modus. Die meisten Netzwerkkarten, die 10 oder 100 MBps bieten, sollten auf Vollduplex eingestellt werden, um die beste Leistung zu liefern.

Lernzielkontrolle

Die folgenden Fragen dienen dazu, die wichtigsten Lehrinhalte dieser Lektion zu vertiefen. Können Sie eine Frage nicht beantworten, arbeiten Sie das entsprechende Lektionsmaterial noch einmal durch, und versuchen Sie dann erneut, die Frage zu beantworten. Die Antworten auf die Lernzielkontrollfragen finden Sie im Abschnitt „Fragen und Antworten“ am Ende dieses Kapitels.

1. Sie haben die Konfiguration eines neuen Grafiktreibers abgeschlossen und werden aufgefordert, den Computer neu zu starten, damit die Änderungen wirksam werden. Kurz nach der Anmeldung erlischt die Bildschirmanzeige, sodass die Arbeit am Computer nicht fortgesetzt werden kann. Welche Problembehandlungsmethoden oder -tools erlauben eine möglichst einfache Behebung des Problems mit dem Grafiktreiber?
   a. Letzte als funktionierend bekannte Konfiguration
   b. Zurücksetzen des Treibers
   c. Abgesicherter Modus
   d. Wiederherstellungskonsole
2. Im Geräte-Manager wird ein Gerät mit einem Fehlersymbol angezeigt. Auf der Registerkarte **Allgemein** des Eigenschaftendialogfelds des Geräts besagt der Gerätestatus, dass das Gerät nicht gestartet werden konnte. Wie können Sie das Problem beheben?

   ____

   ____

3. Der Anbieter einer in Ihrem Computer eingebauten drahtlosen Netzwerkkarte hat einen neuen Treiber veröffentlicht. Sie möchten testen, ob der Treiber ordnungsgemäß funktioniert. Mit welcher Option im Geräte-Manager sollten Sie den neuen Treiber installieren?

   ____

   ____

   ____

   ____

Zusammenfassung der Lektion

- Die Option **Letzte als funktionierend bekannte Konfiguration** eignet sich zum Zurücksetzen auf einen zuvor verwendeten Nicht-Plug & Play-Treiber, jedoch nur dann, wenn Sie sich nach dem Neustart nicht wieder am System angemeldet haben.
- Beim Starten des Computers im **Abgesicherten Modus** wird eine Minimalmenge an Treibern geladen und der Zugriff auf den Geräte-Manager ermöglicht, um einen Treiber zu deaktivieren, zu deinstallieren oder zurückzusetzen, der einen ordnungsgemäßen Systembetrieb verhindert.
- Die meisten Treiberprobleme treten bei der manuellen Konfiguration eines ungeeigneten Treibers auf.
- Die Ressourceneinstellungen sollten nur manuell angepasst werden, wenn das Betriebssystem in Konflikt stehende Einstellungen nicht beseitigen kann.
- Alle manuell konfigurierten Ressourcenzuordnungen müssen eindeutig sein.

Übung mit Fallbeispiel

Hardwareprofile ermöglichen die Optimierung der Systemleistung und des Stromverbrauchs. Jedes Hardwareprofil legt fest, welche Geräte und Dienste verwendet werden, wenn ein Computer mit dem betreffenden Profil gestartet wird. Die Betriebsdauer des Akkus eines Laptopcomputers kann beispielsweise durch die Erstellung eines „mobilen" Profils verlängert werden, das nicht benötigte Geräte deaktiviert, wenn der Computer vom Netzwerk getrennt ist.

Hardwareprofile bieten auch eine leistungsfähige Option zur Fehlerbehebung. Wenn es auf einem Computer zu Ressourcenkonflikten kommt, kann es ziemlich schwierig sein, herauszufinden, welche Ressourcen manuell zugewiesen werden müssen. Statt mit der Standardkonfiguration eines Systems zu experimentieren, erstellen Sie besser eine Kopie der Konfiguration in einem neuen Hardwareprofil und verwenden das neue Profil zur Behebung des Konflikts. Sobald Sie die richtige Ressourcenbelegung herausgefunden haben, können Sie das Ergebnis auf das Standardhardwareprofil anwenden.

In dieser Übung deaktivieren Sie in einem Hardwareprofil die Netzwerkkarte.

1. Klicken Sie im Dialogfeld **Systemeigenschaften** auf der Registerkarte **Hardware** auf **Hardwareprofile**.
2. Kopieren Sie das aktuelle Profil in ein neues Profil. Nennen Sie das Profil **Mobil**, und übernehmen Sie für die Einstellung **Auswahl der Hardwareprofile** die Standardeinstellung (das erste Profil in der Liste wird gewählt, falls innerhalb von 30 Sekunden keine Auswahl getroffen wird).
3. Starten Sie den Computer neu. Wenn Sie zur Auswahl eines Hardwareprofils aufgefordert werden, wählen Sie **Mobil**.
4. Melden Sie sich an, und öffnen Sie im Dialogfeld **Systemeigenschaften** auf der Registerkarte **Hardware** den Geräte-Manager.
5. Klicken Sie mit der rechten Maustaste auf die im Geräte-Manager angezeigte Netzwerkkarte, und wählen Sie **Eigenschaften**.
6. Wählen Sie im Eigenschaftendialogfeld für die Netzwerkkarte in der Dropdownliste **Geräteverwendung** den Eintrag **Gerät im aktuellen Hardwareprofil nicht verwenden (deaktivieren)**.

Sie haben nun die Netzwerkkarte in einem Profil deaktiviert. Sie können diese Methode in vielen Situationen einsetzen, auch bei der Behandlung von Geräteproblemen, indem Sie Hardwareprofile erstellen, die verschiedene Geräte aktivieren oder deaktivieren, damit Sie deren Wechselwirkungen und Ressourcennutzung testen können.

Übung zur Problembehandlung

Die Installations-CD von Windows Server 2003 enthält die meisten Treiber, die zum Konfigurieren der neuesten Plug & Play-Hardwaregeräte benötigt werden. Fehlkonfigurationen solcher Geräte sind sehr selten. Bei älteren Geräten, die noch nicht per Plug & Play konfiguriert werden und häufig eine manuelle Beseitigung von Ressourcenkonflikten erfordern, sind Fehlkonfigurationen wahrscheinlicher. Probleme können auch mit Treibern des Herstellers auftreten, die nicht von Microsoft getestet und verifiziert wurden.

Die **Letzte als funktionierend bekannte Konfiguration** versetzt den Registrierungsschlüssel **CurrentControlSet**, der die Gerätekonfiguration enthält, in den Zustand zurück, in dem er sich bei der letzten erfolgreichen Anmeldung eines Benutzers am Computer befand. Führt eine Änderung in der Gerätekonfiguration dazu, dass der Computer beim Start versagt und es nicht zu einer erfolgreichen Anmeldung kommt, ist die **Letzte als funktionierend bekannte Konfiguration** eine effiziente Option zur Problembehebung.

Ist die Anmeldung mit der problematischen Konfiguration erfolgreich, wird die **Letzte als funktionierend bekannte Konfiguration** durch die aktuelle Konfiguration ersetzt, und die **Letzte als funktionierend bekannte Konfiguration** ist zur Fehlerbehebung nicht mehr von Nutzen. Falls es zu dieser Situation kommt oder sich der Computer einfach nicht mehr erfolgreich starten lässt, ist der **Abgesicherte Modus** der nächste Schritt zur Fehlerbehebung. Im abgesicherten Modus lädt das System nur die erforderliche Mindestmenge an Treibern. Normalerweise müssten Sie in der Lage sein, sich im abgesicherten Modus anzumelden und die fehlerhaften Geräte und Treiber zu konfigurieren, zu deaktivieren oder zu entfernen.

In dieser Übung wählen Sie während des Computerstarts die Optionen **Letzte als funktionierend bekannte Konfiguration** und **Abgesicherter Modus**.

1. Starten Sie den Computer neu.
2. Drücken Sie während des Computerstarts F8.
3. Wählen Sie die **Letzte als funktionierend bekannte Konfiguration**.

   Ab diesem Zeitpunkt werden alle Gerätekonfigurationsänderungen, die seit der letzten erfolgreichen Anmeldung vorgenommen wurden, verworfen und das System in den Zustand zurückversetzt, der bei dieser Anmeldung herrschte.
4. Starten Sie den Computer neu.
5. Drücken Sie während des Computerstarts F8.
6. Wählen Sie den abgesicherten Modus.
7. Melden Sie sich am Computer an, und öffnen Sie den Geräte-Manager.

   Sie können nun Geräte und ihre Treiber für den Start im normalen Modus konfigurieren.

Zusammenfassung des Kapitels

- Sie benötigen Administratorrechte auf einem Computer, um Nicht-Plug & Play-Geräte und deren Treiber installieren zu können.
- Plug & Play-Geräte, für die es auf der Windows Server 2003-CD signierte Treiber gibt, werden ohne Eingreifen des Benutzers automatisch konfiguriert.
- Benutzer können Plug & Play-Geräte installieren, sofern der erforderliche Treiber bereits auf dem System vorhanden und kein Eingreifen der Benutzer erforderlich ist. Muss ein neuer Treiber installiert werden oder sind während der Installation zusätzliche Konfigurationen oder Eingaben erforderlich, können Benutzer das Gerät nicht installieren.
- Der Geräte-Manager zeigt mithilfe von speziellen Symbolen Geräte an, die aufgrund von Treiberidentifizierungs-, Installations- und Ressourcenkonfliktproblemen nicht konfiguriert werden können.
- Aktualisierte Treiber können über die Funktion **Vorheriger Treiber** im Geräte-Manager auf den zuvor verwendeten Treiber zurückgesetzt werden.
- Sie können Geräte im Geräte-Manager aktivieren oder deaktivieren.
- Sie können Plug & Play-Geräte deinstallieren und sie dann mit **Nach geänderter Hardware suchen** reaktivieren.

Prüfungsrelevante Themen

Vor Absolvieren der Prüfung sollten Sie anhand der nachfolgend aufgeführten Schlüsselinformationen und -begriffe prüfen, welche Themen Sie gegebenenfalls noch einmal durcharbeiten müssen. Gehen Sie die entsprechenden Lektionen und Praxisübungen erneut durch, und lesen Sie die Abschnitte „Weiterführende Literatur“ in Teil II, um weitere Informationen zu den abgedeckten Lernzielen für die Prüfung zu erhalten.

Schlüsselinformationen

- Im Geräte-Manager können Sie Gerätetreiber installieren, aktualisieren, entfernen und auf den vorigen Treiber zurücksetzen sowie Geräte in einem Hardwareprofil aktivieren bzw. deaktivieren. Bedenken Sie, dass der Geräte-Manager nur Einstellungen auf einem lokalen System ändern kann. Die Remoteverwendung des Geräte-Managers ist auf den schreibgeschützten Modus beschränkt.
- Benutzer können Plug & Play-Geräte nur installieren, wenn auf dem Computer bereits passende signierte Treiber vorhanden sind, die kein weiteres Eingreifen des Benutzers erfordern.
- Zum Installieren von Nicht-Plug & Play- und nichtsignierten oder vom Anbieter bereitgestellten Plug & Play-Treibern sind Administratorrechte erforderlich.
- Zur Problembehebung ist häufig die Aktualisierung oder Neuinstallation eines Treibers erforderlich, sofern kein Ressourcenkonflikt besteht.

- Ressourcenkonflikte werden beseitigt, indem zuerst das Kontrollkästchen **Automatisch konfigurieren** deaktiviert wird und anschließend die erforderlichen Ressourceneinstellungen vorgenommen werden.
- Die Option **Letzte als funktionierend bekannte Konfiguration** ist nur sinnvoll, wenn es zu einem Geräteversagen kommt, bevor ein Benutzer sich nach einem Systemneustart erfolgreich angemeldet hat.
- Im abgesicherten Modus wird eine Minimalmenge an Treibern und Diensten geladen, damit die Konfiguration der Problemgeräte korrigiert werden kann.

Schlüsselbegriffe

Vorheriger Treiber* im Vergleich zur *Letzten als funktionierend bekannten Konfiguration Für das Zurücksetzen des Treibers ist eine Anmeldung erforderlich. Dagegen macht eine erfolgreiche Anmeldung die letzte als funktionierend bekannte Konfiguration ungültig. **Vorheriger Treiber** und **Letzte als funktionierend bekannte Konfiguration** setzen beide einen Gerätetreiber auf die vorherige Konfiguration zurück. Allerdings sorgt die **Letzte als funktionierend bekannte Konfiguration** für die Rücksetzung der Konfigurationen *aller* Geräte und Dienste.

Abgesicherter Modus im Vergleich zur *Letzten als funktionierend bekannten Konfiguration* Bei der Anmeldung im abgesicherten Modus wird eine Minimalmenge an Treibern geladen. Die Option **Letzte als funktionierend bekannte Konfiguration** stellt die vorherige Treiberkonfiguration wieder her.

Deinstatallion eines Geräts im Vergleich zur Deaktivierung Bei der Deinstallation eines Geräts wird das Gerät aus allen Konfigurationen entfernt. Je nach Gerätetyp kann eine Plug & Play-Erkennung beim nächsten Systemneustart oder Vorgang **Nach geänderter Hardware suchen** erfolgen. Die Konfiguration des Geräts beim nächsten Systemneustart oder Vorgang **Nach geänderter Hardware suchen** behandelt das Gerät als neu.

Beim Deaktivieren eines Geräts bleibt die Konfiguration des Treibers bis zur nächsten Aktivierung des Geräts unverändert. Es kann jedoch erst nach Aktivierung wieder verwendet werden.

Fragen und Antworten

Lernzielkontrolle Lektion 1

Seite 447

1. Sie wollen sicherstellen, dass nur signierte Treiber auf den Desktopcomputern in Ihrer Umgebung verwendet werden. Wie verwalten Sie die **Treibersignierung**, um dieses Ziel zu erreichen?

   Nehmen Sie in einem Gruppenrichtlinienobjekt für Desktopcomputer für die Richtlinie **Geräte: Verhalten bei der Installation von nichtsignierten Treibern** die Einstellung **Installation nicht erlauben** vor.

2. Ein Benutzer möchte einen USB-Drucker installieren, der an seinem Computer angeschlossen ist. Der Druckertreiber ist im Lieferumfang von Windows Server 2003 enthalten. Kann der Benutzer den Drucker installieren?

   Ja. Ein USB-Drucker mit in Windows Server 2003 enthaltenem Treiber ist ein Plug & Play-Drucker. Der Treiber ist signiert, sodass die Installation ohne Benutzereingriffe möglich sein sollte.

3. Sie möchten eine Liste der auf Ihrem Computer vorhandenen nichtsignierten Treiber in eine kommaseparierte CSV-Datei exportieren. Welches Programm können Sie benutzen?

   Sigverif.exe ermöglicht den Export einer Liste der nichtsignierten Treiber in eine kommaseparierte CSV-Datei.

Lernzielkontrolle Lektion 2

Seite 453

1. Unter welchen Umständen müssen die Ressourceneinstellungen eines Geräts angepasst werden?

   Anpassungen an einem Treiber sind in der Regel erforderlich, um Konflikte bei Geräten aufzulösen, die vom Betriebssystem nicht vollständig automatisch konfiguriert werden können. Dazu zählen ältere ISA-Geräte (Industry Standard Architecture) und Geräte mit PCI-Verbindungen (Peripheral Component Interconnect).

2. Sie möchten ein Plug & Play-Gerät vorübergehend aus einer Konfiguration entfernen, ohne es vom Computer zu trennen. Sie wollen den Aufwand auf ein Minimum reduzieren, der für eine spätere erneute Verwendung des Geräts erforderlich ist. Welche der folgenden Optionen ist für das Umsetzen dieser Vorgabe am besten geeignet?

   a. Wählen Sie auf der Registerkarte **Allgemein** im Eigenschaftendialogfeld des Geräts **Gerät nicht verwenden (deaktivieren)** aus.

   b. Klicken Sie im Geräte-Manager mit der rechten Maustaste auf das Gerät, und wählen Sie **Deinstallieren**.

   c. Halten Sie das Gerät mithilfe des Dienstprogramms **Hardware sicher entfernen** an.

   Richtig ist Antwort a. Dieses Vorgehensweise ermöglicht Ihnen die vorübergehende Deaktivierung des Geräts. Um das Gerät wieder zu aktivieren, müssen Sie nur den Befehl **Aktivieren** wählen. Die anderen Möglichkeiten erfordern entweder eine Neuinstallation oder das erneute Suchen nach angeschlossener Hardware durch den Computer, um das Gerät wieder zu aktivieren.

3. Gregs Computer verfügt über eine externe USB-Festplatte, die über einen USB-Hub an seinen Computer angeschlossen ist. Er berichtet, dass die Festplatte ordnungsgemäß angeschlossen ist, wobei jedoch Laufwerk **G**, das normalerweise der Festplatte zugeordnet ist, nicht verfügbar ist. Bei der Untersuchung stellen Sie fest, dass die Anzeigelampe des Hubs nicht leuchtet und das Gerät im Geräte-Manager nicht angezeigt wird. Das Trennen und erneute Anschließen des Geräts bleibt ohne Erfolg. Wie lautet die schnellste Möglichkeit, die ordnungsgemäße Funktionalität der Festplatte wiederherzustellen?

   Klicken Sie im Geräte-Manager mit der rechten Maustaste auf den USB-Hub, und wählen Sie den Befehl **Nach geänderter Hardware suchen**. Durch diese Aktion wird eine Erkennung der an den Hub angeschlossenen Festplatte erzwungen, als würde es sich um ein neu angeschlossenes Gerät handeln.

Seite 458

Lernzielkontrolle Lektion 3

1. Sie haben die Konfiguration eines neuen Grafiktreibers abgeschlossen und werden aufgefordert, den Computer neu zu starten, damit die Änderungen wirksam werden. Kurz nach der Anmeldung erlischt die Bildschirmanzeige, sodass die Arbeit am Computer nicht fortgesetzt werden kann. Welche Problembehandlungsmethoden oder -tools erlauben eine möglichst einfache Behebung des Problems mit dem Grafiktreiber?

   a. Letzte als funktionierend bekannte Konfiguration

   b. Zurücksetzen des Treibers

   c. Abgesicherter Modus

   d. Wiederherstellungskonsole

   Richtig sind Antwort b und c. Die Option **Letzte als funktionierend bekannte Konfiguration** ist nutzlos, da Sie sich am Computer angemeldet haben, wodurch die letzten Änderungen in die **Letzte als funktionierend bekannte Konfiguration** übernommen wurden. Der abgesicherte Modus erlaubt den Start des Computers mit der Mindestmenge an Treibern und Diensten und das Zurücksetzen des Treibers im Geräte-Manager.

2. Im Geräte-Manager wird ein Gerät mit einem Fehlersymbol angezeigt. Auf der Registerkarte **Allgemein** des Eigenschaftendialogfelds des Geräts besagt der Gerätestatus, dass das Gerät nicht gestartet werden konnte. Wie können Sie das Problem beheben?

   Installieren Sie im Geräte-Manager über die Funktion **Treiber aktualisieren** den entsprechenden Treiber für das Gerät.

3. Der Anbieter einer in Ihrem Computer eingebauten drahtlosen Netzwerkkarte hat einen neuen Treiber veröffentlicht. Sie möchten testen, ob der Treiber ordnungsgemäß funktioniert. Mit welcher Option im Geräte-Manager sollten Sie den neuen Treiber installieren?

   Die im Geräte-Manager zu wählende Option heißt **Treiber aktualisieren**. Obwohl auch die Option **Treiber erneut installieren** die Installation des neuen Treibers ermöglicht, sorgt die Option **Treiber aktualisieren** für das Erstellen einer Sicherungsdatei des aktuellen Treibers, wodurch Sie den Treiber auf die vorige Version zurücksetzen können, sollte er nicht ordnungsgemäß funktionieren.

KAPITEL 11

Verwalten des Microsoft Windows Server 2003-Festplattenspeichers

In diesem Kapitel abgedeckte Prüfungsziele:

- Verwalten von Basisdatenträgern und dynamischen Datenträgern
- Optimieren der Leistung von Serverdatenträgern
- Implementieren von RAID-Lösungen
- Defragmentieren von Volumes und Partitionen
- Überwachen und Optimieren einer Serverumgebung zur Steigerung der Leistung von Anwendungen
- Überwachen von Datenträgerkontingenten
- Wiederherstellen nach einem Ausfall von Serverhardware

Bedeutung dieses Kapitels

Wenn es eine Binsenweisheit in der Informationstechnologie gibt, dann die, dass der Speicherplatz, der Ihnen heute noch zur Verfügung steht und nahezu unerschöpflich erscheint, morgen schon wieder belegt sein wird. Sie erinnern sich vielleicht noch an die Zeiten, als die Größe von Festplatten in Megabyte gemessen wurde. Mittlerweile sind viele Unternehmen schon bei Terabyte-Dimensionen angelangt. Aufgrund dieser Datenflut und der Benutzer, die alle diese Informationen benötigen, hat sich ein enormer Druck auf die Speichersubsysteme von Unternehmensservern entwickelt.

Großunternehmen implementieren zunehmend Speichernetzwerke (Storage Area Networks, SANs), die aus fehlertoleranten, über Fibre-Channel verbundenen Arrays aus Festplattenlaufwerken bestehen. Doch werden Speichermedien, die direkt an Ihre Server angeschlossen sind, nicht sofort vom Markt verschwinden. Sie sollten deshalb dafür sorgen, durch eine sorgfältige Konfiguration des Serverspeichers ein optimales Gleichgewicht zwischen Speicherkapazität, Leistung und Fehlertoleranz zu erreichen.

In diesem Kapitel erfahren Sie, wie Sie einen oder mehrere Datenträger nutzen, um Ihre Speicheranforderungen zu erfüllen. Sie werden die Speicheroptionen kennen lernen, die Microsoft Windows Server 2003 zur Verfügung stellt, einschließlich flexibler Strukturen, die das Erweitern der Kapazität, das Bereitstellen von Redundanz und eine Steigerung der Systemleistung erleichern, meist sogar ohne einen Neustart. Ferner wird das Konfigurieren und Wiederherstellen fehlertoleranter Datenträgersätze behandelt, die mithilfe der Windows Server 2003-RAID-Unterstützung (Redundant Array of Independent Disks) erstellt werden. Schließlich untersuchen Sie die Dienstprogramme **Datenträgerprüfung**, **Datenträgerkontingente** und **Defragmentierung**, die dafür sorgen, dass diese Laufwerke reibungslos arbeiten, und vielleicht die unvermeidliche Erschöpfung ihrer Kapazität herauszögern.

Lektionen in diesem Kapitel:

Bevor Sie beginnen

In diesem Kapitel werden die Fähigkeiten und Konzepte im Zusammenhang mit der Festplattenspeicherung behandelt. Anhand verschiedener praktischer Übungen können Sie die verschiedenen Konzepte und Fähigkeiten umsetzen. Bereiten Sie Folgendes vor:

- Einen Windows Server 2003-Computer, Standard Edition oder Enterprise Edition.
- Der Server sollte über ein Festplattenlaufwerk mit mindestens 1 GB freiem Speicherplatz verfügen.
- Der Computer heißt **Server01** und dient in der Domäne **contoso.com** als Domänencontroller.

Lektion 1: Grundlagen der Datenspeicherung auf Festplattenlaufwerken

Bevor Sie die Installation eines Festplattenlaufwerks und die Konfiguration dieses Laufwerks angehen, müssen Sie mit verschiedenen wichtigen Speicherkonzepten vertraut sein. Diese Lektion bietet eine Einführung in die Konzepte, Technologien, Funktionen und Begriffe im Zusammenhang mit der Festplattenspeicherung unter Windows Server 2003. Sie lernen die Unterschiede zwischen Basis- und dynamischen Datenträgern sowie die Vielzahl logischer Volumes kennen, die diese unterstützen.

Am Ende dieser Lektion werden Sie in der Lage sein, die folgenden Aufgaben auszuführen:

- Beschreiben der Konzepte und Terminologie der Festplattenspeicherung
- Unterscheiden zwischen Basis- und dynamischer Speicherung
- Beschreiben der Stärken und Schwächen von Basis- und dynamischen Datenträgern
- Beschreiben der Typen von Speichervolumes, die auf von Windows Server 2003 verwalteten Datenträgern unterstützt werden

Veranschlagte Zeit für diese Lektion: 15 Minuten

Physische Datenträger

Festplattenlaufwerke sind diese Gebilde aus Plastik, Metall und Silizium, die es Benutzern ermöglichen, ungeheure Menge nutzloser Daten und MP3s zu speichern, gelegentlich auch ein paar Dokumente für den laufenden Geschäftsbetrieb. Dies mag ein bisschen sarkastisch klingen, doch ist es wichtig, den Unterschied zwischen dem realen Gerät, das man anfassen kann, und seinen logischen Volumes zu verstehen, die im Folgenden besprochen werden. Wichtig ist auch der Hinweis, dass ein hoch entwickeltes Datenträgersubsystem, wie z.B. ein hardwarebasiertes RAID-System, aus mehreren Fesplattenlaufwerken bestehen kann. Die Hardwarecontroller abstrahieren jedoch die physischen Grundlagen des Datenträgersatzes, sodass Windows Server 2003 die Festplattenkombination auf einer etwas abstrakteren Ebene als einen einzelnen, zusammenhängenden Datenträger ansehen und benutzen kann.

Logische Volumes

Ein logisches Volume ist die Grundeinheit der Datenträgerspeicherung, die Sie konfigurieren und verwalten. Ein logisches Volume kann sich über mehrere physische Datenträger erstrecken. Logische Volumes (die im Kontext der Leistungsüberwachung auch logische Datenträger genannt werden) sind physisch voneinander getrennte Speichereinheiten, welche die Trennung verschiedener Datentypen ermöglichen, wie z.B. der Betriebssystems-, Anwendungs- und Benutzerdaten. Logische Volumes werden gewöhnlich mit einem einzelnen Laufwerkbuchstaben versehen.

Bei der weiteren Beschäftigung mit datenträgerbezogener Terminologie werden Sie Partitionen, logische Laufwerke und Volumes kennen lernen. In vielen Artikeln und Büchern wird kaum zwischen diesen Begriffen unterschieden, was in gewissem Umfang möglich ist, weil die technischen Unterschiede für die Benutzung des Datenträgers meistens vernachlässigbar sind. Doch die Benutzeroberflächen- und Befehlszeilenprogramme geben Ihnen klare Hinweise, weil Ihnen je nach der durchzuführenden Aufgabe der entsprechende logische Datenträgertyp angezeigt wird. Halten Sie sich nicht zu lange mit den Unterscheidungen der Begriffe auf, da diese in der Praxis nach und nach von selbst klar werden.

Bereitgestellte Volumes

Zuvor wurde gesagt: „Logische Volumes werden gewöhnlich mit einem einzelnen Laufwerkbuchstaben versehen." Diese Struktur begrenzt die Anzahl der Volumes (auf 26, wenn ich in der Vorschule richtig aufgepasst habe), die Sie auf einem System erstellen können, und die Flexibilität, mit der diese Volumes verwendet werden können. Das NTFS-Dateisystem von Windows Server 2003 erlaubt Ihnen, einem Volume einen Laufwerkbuchstaben zuzuweisen, oder dies nicht zu tun. Darüber hinaus können Sie ein Volume in einem oderen mehreren leeren Ordnern auf vorhandenen NTFS-Volumes bereitstellen. Sie können beispielsweise den leeren Ordner **Dokumente** auf einem vorhandenen Volume mit dem Laufwerkbuchstaben **X** erstellen und in diesem Ordner ein neues logisches Volume mit 120 GB bereitstellen. Wenn Benutzer zu **X:\Dokumente** navigieren, leitet das Datenträgersubsystem die E/A-Anforderungen (Ein-/Ausgabe) an das neue Volume um, ohne dass der Benutzer davon etwas bemerkt. Er ist aus seiner Sicht einfach in der Lage, auf Laufwerk **X** 120 GB zusätzliche Daten zu speichern.

Die Möglichkeiten dieses leistungsstarken Features sind „nahezu unbegrenzt", wie man so schön sagt. Durch das Bereitstellen eines Volumes in einem Ordnerpfad können Sie den auf dem Volume verfügbaren Festplattenspeicher erweitern. Wenn das vorhandene Volume im Gegensatz zum neuen Volume nicht fehlertolerant ist, repräsentiert der Ordner, in dem das Volume bereitgestellt wird (**X:\Dokumente**), einen fehlertoleranten Teil des Namespaces des vorhandenen Volumes. Sie könnten theoretisch alle logischen Volumes eines Servers in Ordern auf Laufwerk **C** oder **D** des Servers bereitstellen und dadurch unter dem Namespace eines einzelnen Laufwerkbuchstabens eine enorme Speicherkapazität zusammenführen.

Fehlertoleranz

Fehlertoleranz beschreibt die Fähigkeit eines Systems, den Betrieb fortzusetzen, wenn eine Komponente, in diesem Fall ein Festplattenlaufwerk, ausgefallen ist. Windows Server 2003 ermöglicht das Erstellen zweier Arten fehlertoleranter logischer Volumes: gespiegelte Volumes (RAID-1) und Stripesetvolumes mit Parität (RAID-5). Im weiteren Verlauf dieses Kapitels erfahren Sie weitere Details zu diesen Konfigurationen. Wichtig sind jedoch auch mehrere zu beachtende Fakten zur Windows Server 2003-Fehlertoleranz, die häufig auch Software-RAID genannt wird:

- Bei fehlertoleranten Datenträgerkonfigurationen werden mindestens zwei oder mehr Datenträger verwendet. Ein Teil des Speicherplatzes wird verwendet, um Daten zu speichern, mit deren Hilfe das System beim Ausfall eines Laufwerks wiederhergestellt werden kann.

- Die von Windows Server 2003 unterstützten Fehlertoleranzoptionen bieten keine Möglichkeit, den Betrieb eines Datenträgervolumes fortzusetzen, sollten zwei oder mehr Datenträger ausfallen.
- Das Betriebssystem ermöglicht die Verwendung von zwei oder mehr beliebigen Festplattenlaufwerken, um fehlertolerante Volumes zu erstellen. Sie benötigen keine zusätzliche Hardware oder Software, um von fehlertoleranten Serverkonfigurationen unmittelbar profitieren zu können. Wenn Sie jedoch unter Windows Server 2003 gespiegelte Volumes oder erstellte RAID-5-Volumes verwenden, ist die empfohlene Vorgehensweise der Einsatz ähnlicher oder identischer Festplattenlaufwerke auf demselben Bus. Das Kombinieren unterschiedlicher Datenträgerhardware oder das Verwenden von Laufwerken, die an verschiedenen Bussen wie SCSI (Small Computer Systems Interface) oder IDE (Integrated Device Electronics) angeschlossen sind, kann sich negativ auf die Systemleistung auswirken.
- Im Zusammenhang mit der Systemleistung ist zu sagen, dass die Windows Server 2003-Fehlertoleranz Prozessorzeit und andere Serverressourcen zum Verwalten der Volumes nutzt. Insbesondere RAID-5 kann sich sehr nachteilig auf die Serverleistung auswirken. Mittlerweile sind hardwarebasierte fehlertolerante Datenträgerarrays, *Hardware-RAID* genannt, erschwinglich geworden. Hardware-RAID-Systeme verwenden spezielle Controller, um Fehlertoleranz bieten zu können. Diese Systeme sind hinsichtlich Verwaltung und Wiederherstellung im Allgemeinen schneller und flexibler als Windows Server 2003-RAID.
- Da Hardware-RAID-Controller dem Betriebssystem die Verwaltungsaufgaben abnehmen, wird ein Hardware-RAID-Array unter Windows Server 2003 als einzelner Datenträger angezeigt.

Aufteilen der Daten

Es ist ratsam, die Speicheranforderungen sorgfältig zu untersuchen, bevor das Datenträgersubsystem auf einem Server konfiguriert wird. Administratoren installieren üblicherweise das Betriebssystem auf einem logischen Volume, das von Anwendungen und Daten getrennt ist. Durch das Isolieren des Betriebssystems ist es einfacher, das Betriebssystemvolume zu schützen und die Datenträgerbelegung so zu verwalten, dass auf dem Volume genügend Speicherplatz vorhanden ist. Es ist auch üblich, das Betriebssystem mit Fehlertoleranz zu konfigurieren.

Anwendungen werden im Allgemeinen auf einem zweiten getrennten Volume und Benutzerdaten und -dateien auf einem dritten Volume gespeichert. Durch die Isolierung von Datentypen können Sie die Sicherheit, Leistung und Fehlertoleranz für jeden Datentyp getrennt verwalten. Wenn eine Anwendung ein Transaktionsprotokoll verwendet, um Einträge in eine Datenbank vorzubereiten, wie z.B. der Active Directory-Verzeichnisdienst und Microsoft Exchange Server, ist es üblich, diese Protokolle auf Volumes zu speichern, die auf von der Datenbank selbst getrennten physischen Datenträgern gespeichert sind. So kann die Anwendung die Datenbank aus den Protokollen neu erstellen, sollte die Datenbank ausfallen.

Sobald Sie Ihre Speicheranforderungen hinsichtlich Datentyp, Sicherheit, Leistung und Fehlertoleranz sorgfältig untersucht haben, können Sie anfangen zu bestimmen, wie viele Datenträger Sie benötigen und wie sie konfiguriert werden sollen.

Basisdatenträger und dynamische Datenträger

Ein Betriebssystem muss eine Möglichkeit haben, den physischen Speicherplatz auf einem Festplattenlaufwerk optimal zu nutzen. Es gibt zwei Strukturen, die Windows Server 2003 nutzt, um Festplattenspeicher aufzuteilen und zuzuordnen: Basisdatenträger und dynamische Datenträger.

Basisdatenträger, Partitionen und logische Laufwerke

Basisdatenträger haben eine Struktur, mit der Sie wohl am ehesten vertraut sind. Ein Basisdatenträger ist partitioniert, jede Partition fungiert als physisch eigenständige Speichereinheit. Die Informationen zu Speicherort und Größe der einzelnen Partitionen werden in der Partitionstabelle des Master Boot Record (MBR) auf dem physischen Laufwerk gespeichert. Ein Basisdatenträger kann bis zu vier Partitionen enthalten, bei denen es sich entweder um vier primäre Partitionen oder drei primäre Partitionen und eine erweiterte Partition handeln kann.

Die logischen Speichereinheiten auf einem Basisdatenträger sind primäre Partitionen und logische Laufwerke. Das logische Volume kann wie erwähnt durch keine oder mehrere Laufwerkbuchstaben abgebildet und in Ordern auf einem vorhandenen NTFS-Volume bereitgestellt werden.

- **Primäre Partition** Jede primäre Partition nimmt auf einem Basisdatenträger ein logisches Volume auf. Falls ein Basisdatenträger zum Starten des Betriebssystems verwendet wird, darf nur eine primäre Partition auf dem Datenträger als aktiv markiert sein.

Tipp Das BIOS (Basic Input/Output System) des Computers sucht nach der aktiven Partition, um die hardwarespezifischen Dateien zu bestimmen, die zum Laden des Betriebssystems erforderlich sind. Diese Partition wird *Systempartition* genannt. Ihr wird in der Regel der Laufwerkbuchstabe **C** zugewiesen. Nach Beginn des Startprozesses wird das Betriebssystem geladen. Bei den meisten Servern ist auch das Betriebssystem auf Laufwerk **C** konfiguriert. Die Partition, in der das Betriebssystem gespeichert ist, heißt *Startpartition*. Diese Sprachregelung ist leider etwas verwirrend, da sich insbesondere die Variable **%SysVol%** auf dasselbe Volume bezieht. Erfreulicherweise ist diese Unterscheidung aber nicht von großer Bedeutung, da sich die meisten Installationen vollständig auf Laufwerk **C** befinden, wodurch dieses Laufwerk die Systempartition, die Startpartition und **%SysVol%** ist.

- **Erweiterte Partition** Ein Basisdatenträger kann auch eine erweiterte Partition enthalten. Im Gegensatz zu primären Partitionen wird eine erweiterte Partition weder formatiert, noch wird ihr ein Laufwerkbuchstabe zugewiesen. Stattdessen ist eine erweiterte Partition in weitere logische Laufwerke unterteilt. Logische Laufwerke sind logische Volumes auf einem Basisdatenträger.

In früheren Versionen von Microsoft-Betriebssystemen, wie z.B. Microsoft Windows 95, Windows 98 und MS-DOS, konnte das Betriebssystem nur die primäre Partition, auf der es installiert war, sowie die erweiterte Partition auf dem Laufwerk anzeigen, sofern vorhanden. Falls Sie weitere Speichersegmente auf dem Laufwerk wünschten, mussten Sie eine erweiterte Partition konfigurieren und diese in ein oder mehrere logische Laufwerke unterteilen. Da Microsoft Windows NT 4.0, Windows 2000, Windows XP und Windows Server 2003 auf alle Partitionen eines Datenträgers zugreifen können, benötigen Sie nur dann eine erweiterte Partition, wenn Sie mehr als vier logische Laufwerke auf einem einzelnen Datenträger haben möchten.

Dynamische Datenträger und Volumes

Microsoft Windows 2000, Windows XP und die Windows Server 2003-Produktfamilie unterstützen auch dynamische Datenträger. Die Speichereinheiten auf dynamischen Datenträgern heißen Volumes. Sie können bis zu 2000 dynamische Volumes erstellen, wenn auch die empfohlene Anzahl von dynamischen Volumes bei 32 oder weniger liegt. Die Kennung eines physischen Laufwerks und die Konfigurationsinformationen über seine Volumes werden auf dem Laufwerk in einer Datenbank gespeichert, die vom Dienst **Verwaltung logischer Datenträger** verwaltet wird.

Die logische Speichereinheit von dynamischen Datenträgern ist das Volume. Dynamische Datenträger unterstützen auf einem einzelnen Datenträger einfache Volumes. Wenn ein Computer über mehrere dynamische Datenträger verfügt, stehen Ihnen mehr Speicheroptionen zur Auswahl. Übergreifende, gespiegelte (RAID-1), Stripeset- (RAID-0) und Stripeset mit Parität-Volumes (RAID-5) sind logische Volumes, die Speicherplatz auf mehreren phyischen Datenträgern belegen. Jeder Volumetyp belegt den Speicherplatz unterschiedlich und zeichnet sich durch einen anderen Fehlertoleranzgrad aus. In der folgenden Auflistung werden die Volumetypen vorgestellt. Die jeweiligen Details werden im weiteren Verlauf des Kapitels behandelt.

- **Einfaches Volume** Die Entsprechung einer Basisdatenträgerpartition ist ein einfaches Volume eines dynamischen Datenträgers. Einfache Volumes belegen Speicherplatz auf einem einzelnen physischen Datenträger und entsprechen einem einfachen logischen Volume. Einfache Volumes können erweitert werden, indem verfügbarer Speicherplatz aus anderen Bereichen desselben Datenträgers eingebunden wird. Dadurch können Sie die Kapazität eines Volumes an das Wachstum der auf diesem Volume gespeicherten Daten anpassen. Da sich einfache Volumes auf einen einzelnen physischen Datenträger beschränken, bieten sie keine Fehlertoleranz.
- **Übergreifendes Volume** Ein übergreifendes Volume belegt Speicherplatz auf mehreren physischen Datenträgern. Bis zu 32 physische Datenträger können in ein übergreifendes Volume eingebunden werden. Dabei kann der auf jedem Datenträger belegte Speicherplatz unterschiedlich groß sein. Daten werden auf das Volume geschrieben beginnend mit dem Speicherplatz auf dem ersten Datenträger des Volumes. Sobald der Speicherplatz auf dem ersten Datenträger erschöpft ist, wird auf den zweiten Datenträger geschrieben usw. Übergreifende Volumes sind eine Möglichkeit der Steigerung der Laufwerkkapazität. Wenn ein einfaches oder übergreifendes Volume seine Kapa-

zitätsgrenze erreicht hat, können Sie das Volume mithilfe zusätzlicher neuer Speicherkapazität erweitern.

Auch übergreifende Volumes sind nicht fehlertolerant und eignen sich daher nicht für fehlertolerante Konfigurationen. Da sie in der Regel einen größeren Umfang haben und mehrere physische Datenträger beteiligt sind, steigt das Risiko eines Ausfalls. Wenn ein Datenträger in einem übergreifenden Volume beschädigt wird oder verloren geht, gehen die Daten des gesamten Volumes verloren. Aus diesen Gründen lässt Windows Server 2003 die Installation des Betriebssystems auf einem übergreifenden Volume nicht zu. Außerdem ist auch das Erweitern des Systemvolumes oder dessen Einbindung in ein übergreifendes Volume nicht möglich. Übergreifende Volumes werden nur als Behelfsmaßnahme empfohlen, wenn ein vorhandenes Volume seine Kapazitätsgrenze erreicht hat, oder in Situationen, in denen die Ausfalltoleranz hoch ist, wie z.B. bei einer großen Bibliothek schreibgeschützter Daten, die bei einem Ausfall aus der Bandsicherung wiederhergestellt werden können.

- **Stripesetvolume** Ein Stripesetvolume (RAID-0) kombiniert Bereiche mit freiem Speicherplatz auf verschiedenen Festplatten zu einem logischen Volume. Im Gegensatz zu einem übergreifenden Volume werden die Daten jedoch auf alle physischen Datenträger im Volume mit derselben Geschwindigkeit geschrieben. Da mehrere Spindeln verwendet werden, erhöht sich die Lese- und Schreibleistung beträchtlich, wenn zum Stripeset weitere physischen Datenträger hinzugefügt werden. Doch wie bei einfachen und übergreifenden Volumes gehen beim Ausfall eines Datenträgers in einem Stripesetvolume die Daten des gesamten Volumes verloren.
- **Gespiegeltes Volume** Ein gespiegeltes Volume (auch RAID-1 genannt) besteht aus zwei identischen Kopien eines einfachen Volumes, die sich auf je einer separaten Festplatte befinden. Gespiegelte Volumes bieten beim Ausfall eines physischen Datenträgers Fehlertoleranz.
- **RAID-5-Volume** Ein RAID-5-Volume ist ein fehlertolerantes Stripesetvolume. Speicherplatz auf drei oder mehr physischen Datenträgern wird zu einem einzigen Volume zusammengefasst. Daten werden mit derselben Geschwindigkeit auf alle physischen Datenträger geschrieben. Doch im Gegensatz zu einem Stripesetvolume werden die Daten mit Prüfsummen- bzw. Paritätsinformationen kombiniert. Sollte ein einzelner Datenträger des Volumes ausfallen, können die Daten auf dem betreffenden Datenträger aus den verbleibenden Daten und den Prüfsummeninformationen neu berechnet werden. Interessant ist vielleicht noch der technische Hinweis, dass die Paritätsinformationen auf alle Datenträger des RAID-5-Satzes verteilt sind.

Basisdatenträger im Vergleich zu dynamischen Datenträgern

Nach diesem Einstieg in dynamische und Basisdatenträger und die damit verbundenen Partitionen, logischen Laufwerke und Volumes stellt sich die Frage, was wohl besser ist. Die Antwort lautet wie so oft: „Kommt darauf an."

Dynamische Datenträger, auf denen Daten gespeichert werden, können relativ leicht unter Servern ausgetauscht werden, sodass Sie einen Datenträger mit nur kurzer Ausfallzeit aus einem ausgefallenen Server ausbauen und in einen funktionieren Server einbauen können. Dynamische Datenträger zeigen ihre Stärken, wenn der Computer mehr als einen dynamischen Datenträger enthält. Ein Windows 2000-, Windows XP- und Windows Server 2003-Computer kann eine Datenträgergruppe unterstützen, die wiederum mehrere dynamische Datenträger umfassen kann. Die Datenbank der **Verwaltung logischer Datenträger** wird auf alle Datenträger in der Datenträgergruppe repliziert, wodurch die Ausfallsicherheit der Konfigurationsinformationen für alle Datenträger der Gruppe erhöht wird. Darüber hinaus können Datenträger kombiniert werden, um verschiedene flexible und leistungsfähige Volumetypen zu erstellen, wie z.B. übergreifende Volumes, Stripesetvolumes (RAID-0), gespiegelte Volumes (RAID-1) und Stripeset mit Parität-Volumes (RAID-5).

Doch auch Basisdatenträger werden aus mehreren Gründen weiterhin zum Einsatz kommen:

- Die Speicherung auf Basisdatenträgern ist Standard unter Windows Server 2003, weshalb alle neuen Datenträger Basisdatenträger sind, bis Sie sie in dynamische Datenträger umwandeln. Dieser einfache Vorgang wird in Lektion 2 beschrieben.
- Dynamische Datenträger bieten in Computern, die nur über ein Festplattenlaufwerk verfügen, gegenüber Basisdatenträgern keine Vorteile.
- Das Verhalten der Datenbank der **Verwaltung logischer Datenträger** macht es zudem schwierig, einen für den Start des Betriebssystems verwendeten dynamischen Datenträger in einem anderen Computer zu installieren, wenn der ursprüngliche Computer ausfällt.
- Wechseldatenträger und Laptops unterstützen dynamische Datenträger nicht.
- Basisdatenträger sind der Branchenstandard, sodass der Zugriff auf Basisdatenträger aus vielen Betriebssystemen, einschließlich MS-DOS, allen Versionen von Microsoft Windows und den meisten nicht von Microsoft stammenden Betriebssystemen (von denen es ein paar geben soll) erfolgen kann. Aus diesem Grund können dynamische Datenträger nicht verwendet werden, wenn bei einem Dualbootsystem der Start eines früheren Betriebssystems erforderlich ist, das auf die Datenträger zugreifen muss. Beachten Sie, dass hier nur die Rede vom *lokalen* Zugriff ist. Wenn ein Client auf einer beliebigen Plattform über das Netzwerk auf Dateien zugreift, ist der zugrunde liegende Speicher- und Volumetyp für den Client ohne Belang.

Prüfungstipp Aufgrund der zunehmenden Bedeutung von virtuellen Computern unter Windows werden Multibootszenarien immer seltener werden (siehe **http://www.microsoft.com/windowsserver2003/techinfo/overview/virtualization.mspx**). Wenn Sie jedoch ein Multibootsystem mit Windows Server 2003 als einem der Betriebssysteme implementieren, sollten Sie jedes Betriebssystem auf einer getrennten, primären Partition installieren. Andere Konfigurationen sind mit Risiken behaftet. Weitere Informationen zu Multibootsystemen finden Sie im Hilfe- und Supportcenter, wenn Sie nach dem Schlüsselwort *Multiboot* suchen.

Lernzielkontrolle

Die folgenden Fragen dienen dazu, die wichtigsten Lehrinhalte dieser Lektion zu vertiefen. Können Sie eine Frage nicht beantworten, arbeiten Sie das entsprechende Lektionsmaterial noch einmal durch, und versuchen Sie dann erneut, die Frage zu beantworten. Die Antworten auf die Lernzielkontrollfragen finden Sie im Abschnitt „Fragen und Antworten“ am Ende dieses Kapitels.

1. Sie installieren ein neues Festplattenlaufwerk mit 200 GB. Sie wollen den Datenträger in fünf logische Volumes unterteilen: für das Betriebssystem, für Anwendungen, für die Basisverzeichnisse der Benutzer, für freigegebene Daten und für einen Softwareverteilungspunkt. Der Speicherplatz des Laufwerks soll gleichmäßig auf die fünf logischen Volumes verteilt werden. Außerdem möchten Sie 50 GB freien Speicherplatz für die künftige Erweiterung eines logischen Volumes behalten. Welches sind Ihre Konfigurationsoptionen angesichts von Basis- und dynamischen Datenträgern und der Typen logischer Volumes, die diese unterstützen?

   ____

   ____

   ____

   ____

2. Welche der folgenden Optionen bietet die Möglichkeit der Wiederherstellung nach dem Ausfall einer einzelnen Festplatte?
   a. Primäre Partition
   b. Erweiterte Partition
   c. Logisches Laufwerk
   d. Einfaches Volume
   e. Übergreifendes Volume
   f. Gespiegeltes Volume
   g. Stripesetvolume
   h. RAID-5-Volume

3. Sie betreiben in Ihrer Testumgebung ein Dualbootsystem. Auf dem Computer ist in der ersten primären Partition Windows NT 4.0 und in der zweiten primären Partition Windows Server 2003 installiert. Die Kapazität der Festplatte ist fast erschöpft, weshalb Sie ein neues Festplattenlaufwerk hinzufügen. Sie starten mit Windows Server 2003 und konfigurieren das Laufwerk als dynamischen Datenträger. Als Sie später mit Windows NT 4.0 neu starten wollen, wird die Festplatte nicht angezeigt. Warum?

   ____

   ____

4. Um Fehlertoleranz, maximale Leistung und den Austausch eines ausgefallenen Laufwerks bei laufendem Betrieb zu ermöglichen, haben Sie ein Hardware-RAID-Array mit sieben Festplatten implementiert. Nach der Installation des Arrays wird unter Windows Server 2003 nur eine neue Festplatte angezeigt. Warum?

   ____

   ____

   ____

   ____

Zusammenfassung der Lektion

- Die Datenträgerterminologie kann verwirrend sein, doch letztlich ist ein logisches Volume fast gleichbedeutend mit den Begriffen *Partition*, *logisches Laufwerk* oder *Volume*.
- Windows Server 2003 unterstützt Basis- und dynamische Datenträger. Basisdatenträger unterstützen maximal vier Partitionen: vier primäre Partitionen oder drei primäre Partitionen und eine erweiterte Partition, die mehrere logische Laufwerke unterstützt. Dynamische Datenträger unterstützen einfache Volumes und bei Konfiguration mehrerer dynamischer Datenträger übergreifende, gespiegelte, Stripeset- und RAID-5-Volumes.
- Fehlertoleranz bieten gespiegelte Volumes (RAID-1), bei denen sich eine vollständige Kopie der Daten des Volumes auf beiden Datenträgern befindet, und Stripesets mit Parität-Volumes (RAID-5), bei denen die Daten auf mehreren Datenträgern abgelegt und Paritätsinformationen zum Berechnen von Daten verwendet werden, die auf einem ausgefallenen Datenträger verloren gegangen sind.
- Einfache, übergreifende und Stripesetvolumes (RAID-0) sowie logische Laufwerke auf Basisdatenträgern sind nicht fehlertolerant. Falls ein Datenträger mit solchen Volumes ausfällt, gehen alle Daten verloren. Je größer diese Volumes sind oder je mehr physische Datenträger diese Volumes umfassen, desto größer ist die Wahrscheinlichkeit eines Ausfalls.

Lektion 2: Konfigurieren von Datenträgern und Volumes

In dieser Lektion werden die in Lektion 1 behandelten Konzepte der Festplattenspeicherung in die Praxis umgesetzt. Dabei beschäftigen wir uns mit dem Installieren, Konfigurieren und Verwalten des Festplattenspeichers. Es wird erklärt, wie mit dem Tool **Datenträgerverwaltung** die Erkennung und Initialisierung neu installierter Datenträger durchgeführt wird und wie diese Datenträger in Partitionen, logische Laufwerke und Volumes aufgeteilt werden. Sollte ein Volume seine Kapazitätsgrenze erreichen, erfahren Sie, wie Sie die Kapazität dieses Volumes erweitern können. Ferner werden die Vorgänge beim Austauschen von Datenträgern unter Servern behandelt. Schließlich lernen Sie den neuen leistungsstarken Befehl **Diskpart** kennen, der die Verwaltung des Festplattenspeichers über die Befehlszeile ermöglicht.

Am Ende dieser Lektion werden Sie in der Lage sein, die folgenden Aufgaben auszuführen:

- Installieren und Initialisieren eines physischen Datenträgers
- Verwalten der Konfiguration logischer Volumes auf dynamischen und Basisdatenträgern
- Bereitstellen eines Volumes in einem Ordner eines NTFS-Volumes
- Erweitern der Kapazität eines Volumes
- Austauschen von Datenträgern unter Servern
- Konvertieren von Basisdatenträgern in dynamische Datenträger
- Durchführen von Aufgaben der Datenträgerverwaltung mit **Diskpart**

Veranschlagte Zeit für diese Lektion: 25 Minuten

Datenträgerverwaltung

Zur Datenträgerverwaltung gehörende Aktivitäten werden mit dem gleichnamigen Snap-In **Datenträgerverwaltung** ausgeführt, das zur Konsole **Computerverwaltung** gehört. Öffnen Sie das Snap-In **Datenträgerverwaltung** in der Konsole **Computerverwaltung**, oder fügen Sie das Snap-In zu einer benutzerdefinierten Konsole hinzu.

Tipp Es gibt eine eigenständige Konsole **Datenträgerverwaltung**, die jedoch im Ordner **Verwaltungsprogramme** nicht angezeigt wird. Klicken Sie auf **Start**, wählen Sie **Ausführen**, und geben Sie **diskmgmt.msc** ein, um die eigenständige Konsole zu öffnen.

Über **Datenträgerverwaltung** können Sie den Festplattenspeicher auf lokalen und Remotesystemen verwalten. Das Snap-In bearbeitet die Datenträgerkonfiguration nicht direkt. Es arbeitet mit **Dmadmin** zusammen, dem Verwaltungsdienst für die Verwaltung logischer Datenträger, der auf dem verwalteten Computer gestartet wird, wenn Sie das Snap-In **Datenträgerverwaltung** starten.

Tipp Wenn Sie die **Datenträgerverwaltung** öffnen und die Fehlermeldung „Die Verbindung zum Dienst für die Verwaltung logischer Datenträger konnte nicht hergestellt werden" erhalten, überprüfen Sie den Status des Verwaltungsdiensts für die Verwaltung logischer Datenträger. Wurde der Dienst deaktiviert oder beendet, starten Sie ihn.

Abbildung 11.1 zeigt die Benutzeroberfläche von **Datenträgerverwaltung**. Der obere Abschnitt, die Volumeliste, zeigt Informationen zu den einzelnen Partitionen, logischen Laufwerken bzw. Volumes. Der untere Abschnitt mit der grafischen Ansicht zeigt die Speicherplatzbelegung der physischen Datenträger so, wie Windows Server 2003 sie erkennt. Sie können in einer der Darstellungen mit der rechten Maustaste auf ein Volume klicken, um das Kontextmenü zum Formatieren, Löschen oder Zuweisen eines Laufwerkbuchstabens zum Volume zu öffnen. Wenn Sie mit der rechten Maustaste auf verfügbaren Speicherplatz klicken, können Sie eine Partition oder ein Volume erstellen. Durch Klicken mit der rechten Maustaste auf das Statusfeld des Datenträgers (links in der grafischen Ansicht des Datenträgers) können Sie einen neuen Datenträger initialisieren, eine Konvertierung zwischen Basis- und dynamischen Datenträgern durchführen und auf das Dialogfeld mit den Hardwareeigenschaften des Datenträgers zugreifen.

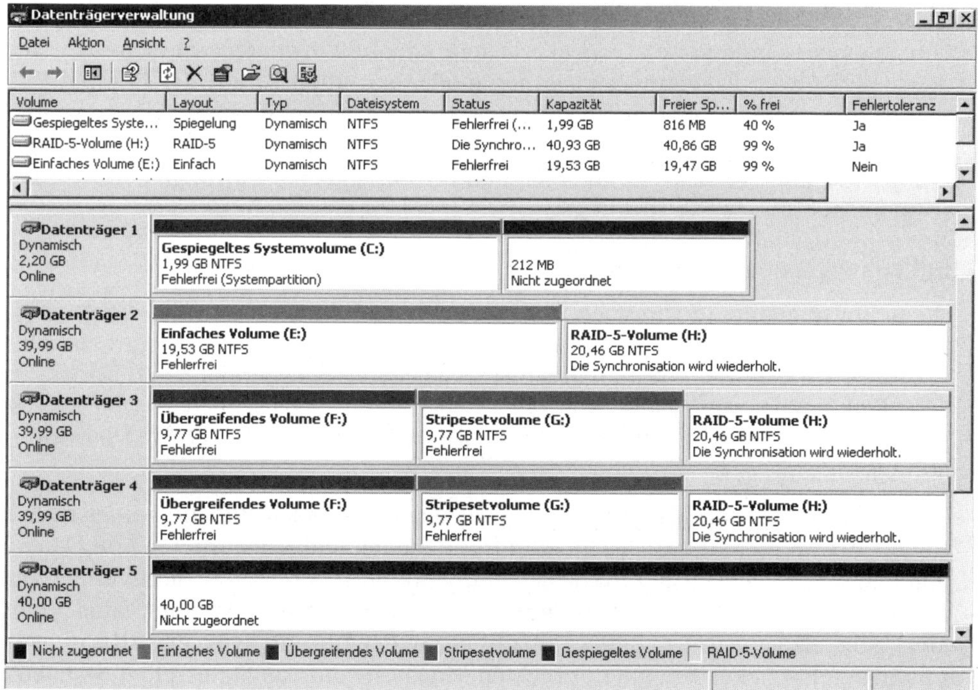

Abbildung 11.1 Die Konsole **Datenträgerverwaltung**

Konfigurieren von Datenträgern und Volumes

Das Konfigurieren von Speicherplatz umfasst die folgenden Schritte:

1. Die physische Installation des/der Datenträger.
2. Das Initialisieren des Datenträgers.
3. Auf einem Basisdatenträger das Erstellen von Partitionen und (bei einer erweiterten Partition) logischen Laufwerken, oder bei einem dynamischen Datenträger das Erstellen von Volumes.
4. Das Formatieren der Volumes.
5. Das Zuweisen von Laufwerkbuchstaben zu den Volumes oder das Bereitstellen der Volumes in leeren Ordnern auf vorhandenen NTFS-Volumes.

Um diese Aufgaben durchführen zu können, müssen Sie Mitglied der Gruppe **Administratoren** oder **Sicherungs-Operatoren** sein oder über eine entsprechende anderweitig delegierte Berechtigung verfügen. Das Formatieren eines Volumes ist nur Administratoren gestattet.

Installieren des Datenträgers

Um zu einem Computer einen neuen Datenträger hinzuzufügen, müssen Sie den bzw. die neuen physischen Datenträger installieren oder anschließen. War der Computer für die Installation der neuen Festplatte ausgeschaltet, starten Sie ihn neu. Öffnen Sie die **Computerverwaltung** und klicken Sie, falls das Laufwerk nicht automatisch erkannt wurde, mit der rechten Maustaste auf den Knoten **Datenträgerverwaltung**. Wählen Sie **Datenträger neu einlesen**.

Initialisieren des Datenträgers

Wenn Sie zu einem Server einen Datenträger hinzufügen, müssen Sie diesen initialisieren, bevor Sie den verfügbaren Speicherplatz Partitionen, logischen Laufwerken und Volumes zuordnen können. Beim Initialisieren eines Datenträgers schreibt das Betriebssystem eine Laufwerkssignatur, die Markierung für das Sektorende (wird auch als „Signaturwort“ bezeichnet) und einen MBR (Master Boot Record) oder eine GPT (GUID-Partitionstabelle) auf den Datenträger.

Wenn Sie die Konsole **Datenträgerverwaltung** nach der Installation eines neuen Datenträgers öffnen, wird der Assistent zum Initialisieren und Konvertieren von Datenträgern automatisch gestartet. Ein physisches Laufwerk, das nicht initialisiert wurde, wird vom Snap-In **Datenträgerverwaltung** mit dem Typ **Unbekannt** und dem Status **Nicht initialisiert** gekennzeichnet. Um einen Datenträger in der **Datenträgerverwaltung** manuell zu initialisieren, klicken Sie mit der rechten Maustaste auf das Statusfeld des Datenträgers und wählen **Datenträger initialisieren**. Der Assistent für die Datenträgerinitialisierung gibt Ihnen die Gelegenheit, den Datenträger in einen dynamischen Datenträger zu konvertieren. Standardvorgabe ist die Erstellung eines Basisdatenträgers.

Hinweis Auf einem Computer mit Itanium-Prozessor werden Sie aufgefordert, die Partitionsart zu wählen. Computer mit Itanium-Prozessor und mehreren Datenträgern unterstützen zwei Partitionsarten: GPT (GUID-Partitionstabelle) und MBR. Die Systempartition auf einem solchen Computer verwendet das Extensible Firmware Interface (EFI) und die Partitionsart GPT, um 64-Bit-Editionen der Windows Server 2003-Produktfamilie zu unterstützen. Weitere Informationen zu GPT-Partitionen und EFI finden Sie im Hilfe- und Supportcenter.

Erstellen von Partition und Volumes

Nach der Initialisierung des Datenträgers können Sie beginnen, eine Speicherstruktur aus Partitionen, logischen Laufwerken oder Volumes zu erstellen.

Ein neu initialisierter Datenträger wird standardmäßig als Basisdatenträger konfiguriert. Wenn der Datenträger ein Basisdatenträger bleiben soll, können Sie den Basisdatenträger in primäre und erweiterte Partitionen unterteilen, indem Sie mit der rechten Maustaste auf verfügbaren Speicherplatz klicken und **Neue Partition** wählen. Wenn Sie eine primäre Partition erstellen, wird die Partition ein logisches Volume. Klicken Sie nach Erstellen einer erweiterten Partition mit der rechten Maustaste erneut auf die Partition, und wählen Sie **Neues logisches Laufwerk**. Wie Sie bereits wissen, sind logische Laufwerke logische Volumes in einer erweiterten Partition.

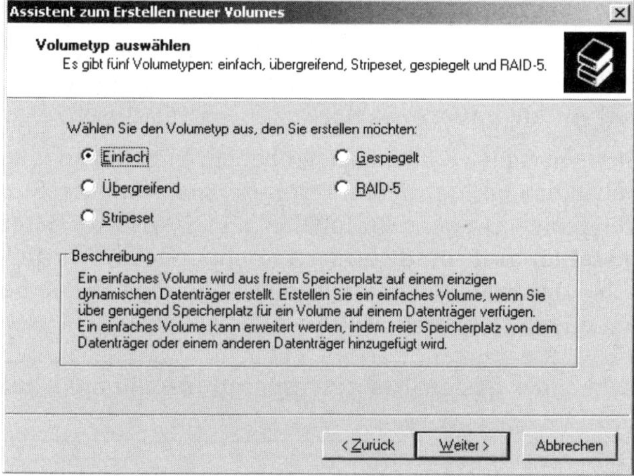

Abbildung 11.2 Die Seite **Volumetyp auswählen** im Assistenten zum Erstellen neuer Volumes

Wenn Sie einen neuen physischen Datenträger als dynamischen Datenträger konfigurieren möchten und dies nicht mit dem Assistenten zum Initialisieren und Konvertieren von Datenträgern tun, klicken Sie in **Datenträgerverwaltung** mit der rechten Maustaste auf das Statusfeld des Datenträgers (in der grafischen Darstellung ganz links), und wählen Sie **In dynamischen Datenträger konvertieren**. Sie können vorhandene Basisfestplatten mit denselben Schritten in dynamische Festplatten konvertieren. Diese Lösung wird im weiteren Verlauf dieser Lektion behandelt. Wenn Sie die dynamische Festplatte konfiguriert haben, klicken Sie mit der rechten Maustaste auf den nicht belegten Speicherplatz des

Datenträgers und wählen **Neues Volume**. Der Assistent zum Erstellen neuer Volumes begleitet Sie durch das Erstellen der unterstützten Volumetypen. Die Seite **Volumetyp auswählen** des Assistenten wird in Abbildung 11.2 gezeigt.

Sie können einen vorhandenen Basisdatenträger in einen dynamischen Datenträger konvertieren.

Formatieren von Volumes

Windows Server 2003 unterstützt die drei Dateisysteme FAT, FAT32 und NTFS. Machen wir es kurz: Sie sollten FAT und FAT32 nur verwenden, wenn es dafür ganz besondere Gründe gibt. Nur NTFS liefert den Grad an Stabilität, Ausfallsicherheit, Skalierbarkeit, Flexibilität und Sicherheit, der in den meisten Unternehmen erforderlich ist. Für viele zentrale Komponenten von Windows Server 2003, wie z.B. die Dateisicherheit, und Dienste wie Active Directory und die Remoteinstallationsdienste ist NTFS obligatorisch. Auch alle erweiterten Speicherverwaltungsaufgaben wie Volumes auf mehreren Datenträgern und Datenträgerkontingente benötigen NTFS. Wenn Sie immer noch glauben, Sie benötigen FAT oder FAT32, überlegen Sie es sich besser noch einmal gründlich. Und dann noch einmal.

Zuweisen von Laufwerkbuchstaben und Bereitstellen von Volumes

Wenn Sie ein Volume erstellen, wird diesem der nächste verfügbare Laufwerkbuchstabe zugewiesen. Im Assistenten zum Erstellen neuer Volumes und im Assistenten zum Erstellen neuer Partitionen können Sie einen anderen Buchstaben für das neue logische Volume angeben. Sie können auch mit der rechten Maustaste auf ein vorhandenes Volume klicken und **Laufwerkbuchstaben und -pfade ändern** wählen.

Ein Volume kann nur einen einzigen Laufwerkbuchstaben haben. Sie können jedoch auch ein Volume ohne Laufwerkbuchstaben konfigurieren. Darüber hinaus können Sie ein Volume in einem oder mehreren leeren Ordnern auf lokalen NTFS-Volumes bereitstellen. Im Dialogfeld **Laufwerkbuchstaben und -pfade ändern** können Sie auf **Entfernen** oder **Ändern** klicken, um einen vorhandenen Laufwerkbuchstaben oder eine Ordnerbereitstellung für das Volume zu löschen oder zu ändern.

Hinweis Der Laufwerkbuchstabe einer System- oder Startpartition kann nicht geändert werden.

Klicken Sie auf **Hinzufügen**, um einen Laufwerkbuchstaben oder Bereitstellungspunkt hinzuzufügen. Abbildung 11.3 zeigt einen Server, in dem der Ordner **Dokumente** auf Laufwerk **X** ein Bereitstellungspunkt für ein anderes Volume ist. Beachten Sie, dass der Ordner im Explorer-Namespace an exakt der vorgesehenen Stelle angezeigt wird, jedoch mit einem Datenträgervolumesymbol gekennzeichnet ist. Wenn ein Benutzer zu diesem Ordner wechselt, wird er unbemerkt zum Volume umgeleitet.

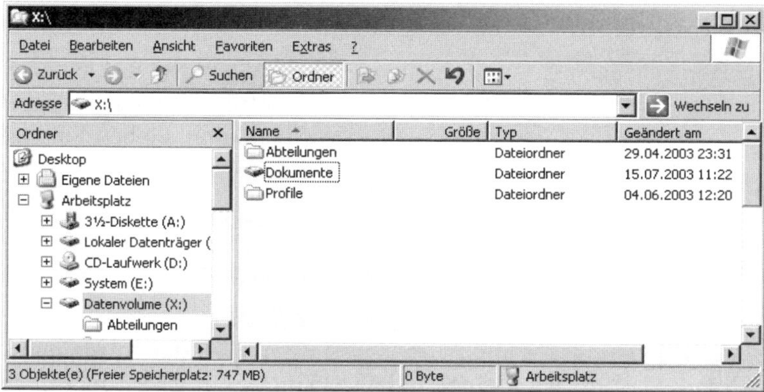

Abbildung 11.3 Ein in einem Ordnerpfad bereitgestelltes Volume

Das Bereitstellen eines Volumes in einem Ordner eines vorhandenen Volumes sorgt für eine Steigerung der Volumegröße und des freien Speicherplatzes. Sie können Volumes unabhängig davon bereitstellen, ob sich die betreffenden Volumes auf Basis- oder dynamischen Datenträgern befinden, und unabhängig vom Volumetyp. Der leere Ordner, d.h. der Pfad, welcher der Pfad zu dem bereitgestellten Volume wird, muss sich auf einem NTFS-Volume befinden. Das bereitgestellte Volume kann auch mit FAT oder FAT32 formatiert werden, was jedoch nicht die empfohlene Vorgehensweise ist.

Erweitern von Volumes

Eine weitere Möglichkeit der Steigerung der Volumekapazität ist die Erweiterung des Volumes. Sie können ein einfaches oder übergreifendes Volume auf einem dynamischen Datenträger erweitern, solange das Volume mit NTFS formatiert ist und es sich bei dem Volume nicht um das System- oder Startvolume handelt. Klicken Sie mit der rechten Maustaste auf das Volume, und wählen Sie **Volume erweitern**. Befolgen Sie die Anweisungen des Assistenten zum Erweitern von Volumes, um verfügbaren Speicherplatz auf dynamischen Datenträgern auszuwählen, auf die Sie das vorhandene Volume erweitern möchten. Wenn Sie ein einfaches Volume in den Speicherplatz eines anderen physischen Datenträgers erweitern, erstellen Sie ein übergreifendes Volume.

Mit dem Befehl **Diskpart** können Sie eine Partition auf einem Basisdatenträger erweitern. Die Basispartition muss mit NTFS formatiert sein, darf nicht die System- oder Startpartition sein und muss in unmittelbar zusammenhängenden Speicherplatz auf demselben physischen Datenträger erweitert werden, der entweder verfügbar und unformatiert oder mit NTFS formatiert ist.

Prüfungstipp Basislaufwerkspartitionen können nur auf Bereiche erweitert werden, die sich auf demselben physischen Laufwerk unmittelbar anschließen. Dynamische Volumes können auf jeden freien Bereich jedes verfügbaren physischen Laufwerks erweitert werden. Sie können keine Partitionen oder Volumes erweitern, die das Betriebssystem oder Startdateien enthalten.

Austauschen von Datenträgern zwischen Servern

Sie können Datenträger zwischen Computern austauschen. Wenn Sie z.B. einen Server offline schalten möchten, können Sie seine physischen Datenträger an einen anderen Server anschließen, damit der Zugriff auf die Daten weiter erfolgen kann. Gehen Sie dazu wie folgt vor:

1. Überprüfen Sie den Status des Datenträgers im Ausgangsserver. Es wird empfohlen, die **Datenträgerverwaltung** zu öffnen und zu bestätigen, dass als Datenträgerstatus **Fehlerfrei** angezeigt wird, bevor der Datenträger an den anderen Server angeschlossen wird. Ist der Datenträger nicht fehlerfrei, reparieren Sie ihn.
2. Deinstallieren Sie den Datenträger im Ausgangscomputer. Ist der Ausgangscomputer online, deinstallieren Sie den Datenträger, indem Sie im Geräte-Manager mit der rechten Maustaste auf den Datenträger klicken und **Deinstallieren** wählen.
3. Entfernen Sie einen dynamischen Datenträger ordnungsgemäß. Ist der Ausgangsserver online, öffnen Sie die **Datenträgerverwaltung**, klicken mit der rechten Maustaste auf den dynamischen Datenträger und wählen **Datenträger entfernen**. Bei Basisdatenträgern ist dieser Schritt weder erforderlich noch möglich.
4. Entnehmen Sie den Datenträger aus dem Computer. Wenn der Computer den Austausch des Laufwerks bei laufendem Betrieb unterstützt, können Sie das Laufwerk einfach entnehmen. Fahren Sie andernfalls den Computer herunter, um den physischen Datenträger zu entnehmen.
5. Schließen Sie den Datenträger an den Zielserver an. Öffnen Sie **Computerverwaltung**, und klicken Sie, falls das Laufwerk nicht automatisch erkannt wurde, mit der rechten Maustaste auf den Knoten **Datenträgerverwaltung**. Wählen Sie **Datenträger neu einlesen**. Fahren Sie andernfalls den Zielserver herunter, bevor Sie den physischen Datenträger hinzufügen.
6. Befolgen Sie die Anweisungen des Assistenten für das Suchen neuer Hardware. Wird der Assistent nicht gestartet, öffnen Sie den Geräte-Manager, um zu prüfen, ob das Laufwerk automatisch erkannt und installiert wurde. Ist dies nicht der Fall, öffnen Sie in der Systemsteuerung die Option **Hardware**.
7. Öffnen Sie die **Computerverwaltung**. Klicken Sie mit der rechten Maustaste auf **Datenträgerverwaltung**, und wählen Sie den Befehl **Datenträger neu einlesen**.
8. Klicken Sie mit der rechten Maustaste auf jeden mit **Fremd** markierten Datenträger, und wählen Sie den Befehl **Fremde Datenträger importieren**. Beim Importieren eines Datenträgers werden die LDM-Datenbanken auf einem neuen dynamischen Datenträger mit den vorhandenen Datenträgern abgeglichen.

Wichtige Anmerkungen zum Austauschen physischer Datenträger:

- Wenn ein importierter Datenträger Volumes enthält, die auf andere physische Datenträger übergreifen, müssen Sie alle physischen Datenträger anschließen und importieren, bevor der Zugriff auf die Volumes möglich ist.

- Wenn Sie Laufwerke aus mehreren Computern in einem einzelnen Computer installieren, tauschen Sie zuerst alle Laufwerke aus einem Computer aus, bevor Sie beginnen, die Laufwerke aus dem nächsten Computer auszutauschen.
- Ein Basisvolume, das in einem anderen Computer installiert wird, erhält den nächsten verfügbaren Laufwerkbuchstaben. Dynamische Volumes behalten den Laufwerkbuchstaben, den sie im Ausgangscomputer hatten. Wenn ein dynamisches Volume auf dem vorherigen Computer keinen Laufwerkbuchstaben hatte, erhält es auch auf dem neuen Computer keinen Laufwerkbuchstaben. Ist der Laufwerkbuchstabe auf dem neuen Computer bereits vergeben, erhält das Volume den nächsten verfügbaren Laufwerkbuchstaben.
- Verwenden Sie **Mountvol /n** oder die **Diskpart**-Befehle für die automatische Bereitstellung, um zu verhindern, dass neue Volumes automatisch bereitgestellt werden und ihnen ein Laufwerkbuchstabe zugewiesen wird. Wurden diese Befehle beim Hinzufügen eines neuen Datenträgers verwendet, müssen Sie die Volumes manuell bereitstellen und ihnen Laufwerkbuchstaben oder Pfade zuweisen.

Konvertieren der Speicherungsart

Sie können einen Basisdatenträger in einen dynamischen Datenträger konvertieren. Falls der Datenträger bereits Partitionen und logische Laufwerke enthält, werden diese Einheiten in die entsprechenden Einheiten für einen dynamischen Datenträger, d.h. in einfache Volumes, konvertiert. Die Struktur der Daten auf dem Datenträger bleibt unverändert, weshalb es möglich ist, einen Basisdatenträger zu konvertieren, der bereits Daten enthält. Die empfohlene Vorgehensweise ist dabei stets, Volumes zu sichern, bevor Datenträgerverwaltungsaufgaben ausgeführt werden.

Prüfungstipp Sie können die Speicherkapazität eines Basisdatenträgers ergänzen, indem Sie ihn in einen dynamischen Datenträger konvertieren und die einfachen Volumes dann erweitern.

Um einen Basisdatenträger in einen dynamischen Datenträger zu konvertieren, klicken Sie mit der rechten Maustaste auf das Statusfeld des Datenträgers und wählen **In dynamischen Datenträger konvertieren**. So einfach ist das. Wenn Sie einen Datenträger konvertieren, der eine System- oder Startpartition enthält, muss der Computer neu gestartet werden.

Tipp Konvertieren Sie Basisdatenträger nicht in dynamische Datenträger, wenn sie mehrere Betriebssysteme enthalten (beispielsweise, wenn der Datenträger für Dualboot mit einem anderen Betriebssystem eingerichtet ist). Nachdem der Datenträger in dynamisch konvertiert wurde, können Sie das Betriebssystem starten, mit dem Sie den Datenträger konvertiert haben. Sie können jedoch nicht die anderen Betriebssysteme auf dem Datenträger starten.

Der umgekehrte Vorgang ist leider nicht so einfach. Bei der Rückkonvertierung in einen Basisdatenträger werden die Daten auf dem Laufwerk gelöscht. Aus diesem Grund müssen Sie zuvor alle Daten auf dem Datenträger sichern. Sie müssen alle vorhandenen Volumes auf dem dynamischen Datenträger löschen, bevor Sie in der **Datenträgerverwaltung** mit der rechten Maustaste auf das Statusfeld des Datenträgers klicken und **In einen Basisdatenträger konvertieren** wählen. Nach dem erneuten Erstellen von Partitionen und logischen Laufwerken können Sie die Daten auf den Datenträger zurückschreiben. Auch wenn eine Konvertierung von einem dynamischen in einen Basisdatenträger technisch möglich ist, werden dabei alle Daten auf dem Datenträger gelöscht, sodass Sie von vorn beginnen müssen.

Durchführen von Datenträgerverwaltungsaufgaben über die Eingabeaufforderung

Windows Server 2003 bietet mehrere Befehlszeilenalternativen für die Datenträgerverwaltung. Dazu zählen u.a.:

- **Chkdsk** Durchsucht einen Datenträger auf Fehler und versucht optional, diese Fehler zu korrigieren.
- **Convert** Konvertiert ein Volume von FAT oder FAT32 in NTFS.
- **Fsutil** Führt verschiedene Aufgaben im Zusammenhang mit der Verwaltung von FAT-, FAT32- und NTFS-Volumes aus.
- **Mountvol** Verwaltet bereitgestellte Volumes und Analysepunkte.

Weitere Informationen Weitere Angaben über die Aufgaben und Syntax der Befehle finden Sie im Windows Hilfe- und Supportcenter.

Das wichtigste aller Befehlszeilenprogramme für die Datenträgerverwaltung ist jedoch **Diskpart**. Tabelle 11.1 zeigt eine Übersicht der **Diskpart**-Befehle zur Ausführung gängiger Datenträgerverwaltungsaufgaben. **Diskpart** kann interaktiv verwendet werden, oder Sie können ein Skript aufrufen. Um **Diskpart** interaktiv zu starten, geben Sie an der Eingabeaufforderung den Befehl **diskpart** ein. Wenn die **Diskpart**-Eingabeaufforderung (**DISKPART** >) angezeigt wird, können Sie jederzeit **?** eingeben, um Hilfe anzufordern. Die zum Befehl gehörende Dokumentation wird automatisch angezeigt, wenn Sie Hilfe zum Ausführen von Aufgaben benötigen. **Diskpart** ist auch im Hilfe- und Supportcenter umfassend dokumentiert.

Tabelle 11.1 Durchführen gängiger Datenträgerverwaltungsaufgaben über die Eingabeaufforderung

Aufgabe	An diskpart>	Beschreibung

Auflisten von Informationen zu Datenträgern, Partitionen und Volumes	`list disk`
	`list partition`
	`list volume`
		Der erste Befehl zeigt Datenträgerinformationen, der zweite Partitionsinformationen zum aktuellen Datenträger und der dritte Volume- und Partitionsinformationen zu allen Datenträgern an.

Erstellen eines einfachen Volumes	`create volume simple` `size=500 disk=2`	Bei Eingabe in einer Zeile erstellt dieser Befehl ein einfaches Volume mit 500 MB auf Datenträger 2. ▶

Aufgabe	An diskpart>	Beschreibung
Zuweisen eines Laufwerkbuchstabens	`select volume 4` `assign letter j`	Weist Volume 4 als Laufwerk **J** zu.
Erweitern eines einfachen Volumes	`select volume 4` `extend size=250 disk=2`	Erweitert das einfache Volume 4 (auf Datenträger 2) um weitere 250 MB auf demselben Datenträger.
Erstellen eines übergreifenden Volumes	`select volume 4` `extend size=250 disk=1`	Erweitert das einfache Volume 4 (auf Datenträger 2) um weitere 250 MB auf Datenträger1.
Löschen eines übergreifenden Volumes	`select volume 4` `delete volume`	Löscht das übergreifende Volume 4. War Volume 4 auf Datenträger 1 und 2 enthalten, wird der auf den beiden Datenträgern belegte Speicherplatz freigegeben.
Erstellen eines Volumebereitstellungspunkts	`select volume 4` `assign mount=e:\Ordner1`	Weist Volume 4 einen Volumebereitstellungspunkt zu, auf das über **E:\Ordner1** zugegriffen wird.
Erstellen eines Stripesetvolumes	`create volume stripe` `size=500 disk=1,2`	Bei Eingabe in einer Zeile erstellt dieser Befehl ein Stripesetvolume, das 500 MB auf Datenträger 1 und 2 und somit insgesamt 1GB Speicherplatz belegt.
Erstellen eines gespiegelten Volumes	`create volume simple` `size=00 disk=1 add disk 2`	Bei Eingabe in einer Zeile erstellt dieser Befehl ein gespiegeltes Volume, das 500 MB auf Datenträger 1 und 2 und somit insgesamt 500 GB fehlertoleranten Speicherplatz bietet.
Aufteilen einer Spiegelung	`select volume 5` `break disk 2`	Wählt die Spiegelung auf Volume 5 aus und teilt die Spiegelung auf Datenträger 2 auf.
Entfernen einer Spiegelung	`break disk 2 nokeep`	Löscht eine Spiegelung und entfernt die zuvor gespiegelten Daten auf Datenträger 2.
Erstellen eines RAID-5-Stripesets	`create volume raid` `size=500 disk=1,2,3`	Bei Eingabe in einer Zeile erstellt dieser Befehl ein RAID-5-Volume, das auf Datenträger 1, 2 und 3 insgesamt etwa 1 GB fehlertoleranten Speicherplatz bietet.
Konvertieren eines Basisdatenträgers in einen dynamischen Datenträger	`select disk 2` `convert dynamic`	Konvertiert Datenträger 2 von einem Basisdatenträger in einen dynamischen Datenträger.
Konvertieren eines dynamischen Datenträgers mit verfügbarem Speicherplatz in einen Basisdatenträger	`select disk 2` `convert basic`	Konvertiert Datenträger 2 von einem dynamischen Datenträger in einen Basisdaten träger.

Praktische Übung: Konfigurieren von Datenträgern und Volumes

In dieser Übung verwenden Sie das Snap-In **Datenträgerverwaltung** und **Diskpart**, um verschiedene Datenträgerverwaltungsaufgaben auf Datenträger 0 durchzuführen. Datenträger 0 muss als Basisdatenträger konfiguriert sein und mindestens 1 GB verfügbaren Speicherplatz besitzen, damit diese Übung durchgeführt werden kann.

Übung 1: Erstellen einer Partition mit dem Snap-In *Datenträgerverwaltung*

1. Melden Sie sich an **Server01** als **Administrator** an, und öffnen Sie das Snap-In **Datenträgerverwaltung** in der Konsole **Computerverwaltung**.

   Im oberen Abschnitt wird die Volumeliste, im unteren Abschnitt die grafische Ansicht angezeigt.

2. Klicken Sie in der grafischen Ansicht mit der rechten Maustaste auf den verfügbaren Speicherplatz auf dem Datenträger 0, und wählen Sie **Neue Partition**. Der Assistent zum Erstellen neuer Partitionen wird gestartet.

3. Erstellen Sie eine primäre Partition mit 250 MB. Übernehmen Sie den standardmäßig zugewiesenen Laufwerkbuchstaben. Nennen Sie das Volume **Datenvolume**, und führen Sie unter Verwendung von NTFS eine Schnellformatierung durch.

   Nach wenigen Augenblicken wird das neue Laufwerk **Datenvolume (*Laufwerkbuchstabe*:)** angezeigt. *Laufwerkbuchstabe* ist der Buchstabe, den der Assistent zum Erstellen neuer Partitionen der Partition zugewiesen hat. Nach Abschluss der Formatierung wird der Status der Partition als **Fehlerfrei** angezeigt.

Übung 2: Konvertieren eines Basisdatenträgers in einen dynamischen Datenträger über das Snap-In *Datenträgerverwaltung*

1. Klicken Sie in der **Datenträgerverwaltung** in der grafischen Ansicht mit der rechten Maustaste auf das Statusfeld von Datenträger 0, und wählen Sie **In dynamischen Datenträger konvertieren**. Das Dialogfeld **In dynamischen Datenträger konvertieren** wird angezeigt, das Kontrollkästchen von Datenträger 0 ist aktiviert.

2. Befolgen Sie die Anweisungen zum Konvertieren von Datenträger 0 in einen dynamischen Datenträger. Da Datenträger 0 das Systemlaufwerk ist, müssen Sie den Computer neu starten.

Übung 3: Verwenden von *Diskpart*

1. Öffnen Sie eine Eingabeaufforderung.

2. Geben Sie **diskpart** ein, und drücken Sie die EINGABETASTE. Die Eingabeaufforderung **diskpart>** wird angezeigt.

3. Geben Sie **?** ein, und drücken Sie die EINGABETASTE. Eine Liste der **Diskpart**-Befehle wird angezeigt.

4. Geben Sie **list disk** ein, und drücken Sie die EINGABETASTE. Eine Liste der Datenträger auf **Server01** wird angezeigt.

5. Geben Sie **create volume simple size = 250 disk = 0** ein, und drücken Sie die EINGABETASTE.
6. Geben Sie **list volume** ein, und drücken Sie die EINGABETASTE.

   Ein neues Volume ist erstellt worden. Das neue Volume wird mit einem Sternchen vor seinem Namen angezeigt. Das Sternchen gibt an, dass das Volume ausgewählt ist. Beachten Sie, dass dem Volume kein Laufwerkbuchstabe zugewiesen ist.
7. Geben Sie **assign letter z** ein, und drücken Sie die EINGABETASTE.
8. Geben Sie **list volume** ein, und drücken Sie die EINGABETASTE. Dem ausgewählten Volume ist der Buchstabe **Z** zugewiesen.
9. Geben Sie **extend size=250 disk=0** ein, und drücken Sie die EINGABETASTE.
10. Geben Sie **list volume** ein, und drücken Sie die EINGABETASTE. Das ausgewählte Volume (Laufwerk **Z**) hat nun eine Größe von 500 MB.
11. Geben Sie **exit** ein, und drücken Sie die EINGABETASTE. Die Eingabeaufforderung wird erneut angezeigt.
12. Geben Sie **format z: /fs:NTFS /v:Erweitertes_Volume /q** ein, und drücken Sie die EINGABETASTE. Eine Warnmeldung wird angezeigt, die besagt, dass alle Daten auf Laufwerk **Z** verloren gehen.
13. Drücken Sie J und dann die EINGABETASTE. Auf Laufwerk **Z** wird unter Verwendung von NTFS eine Schnellformatierung durchgeführt.
14. Geben Sie den Befehl **exit** ein, um das Befehlsfenster zu schließen.

Übung 4: Erweitern von Volumes über die *Datenträgerverwaltung*

1. Öffnen Sie die **Datenträgerverwaltung**.
2. Klicken Sie mit der rechten Maustaste auf **Erweitertes_Volume**, und wählen Sie den Befehl **Volume löschen**.
3. Bestätigen Sie das Löschen des Volumes durch Klicken auf **Ja**.
4. Klicken Sie mit der rechten Maustaste auf **Datenvolume**, und wählen Sie den Befehl **Volume erweitern**. Der Assistent zum Erweitern von Volumes wird gestartet.
5. Klicken Sie auf **Weiter**.
6. Ändern Sie die Größe des Speicherplatzes zum Erweitern des Volumes in 500 MB.
7. Klicken Sie auf **Weiter**.
8. Lesen Sie die zusammenfassenden Informationen. Klicken Sie auf **Fertig stellen**.

Übung 5: Laufwerkbuchstaben und bereitgestellte Volumes

1. Klicken Sie mit der rechten Maustaste auf **Datenvolume**, und wählen Sie den Befehl **Laufwerkbuchstaben und -pfade ändern**.
2. Ändern Sie den Laufwerkbuchstaben in **X**.
3. Klicken Sie mit der rechten Maustaste auf **Datenvolume (X:)**, und wählen Sie **Öffnen**. Der Windows Explorer wird geöffnet.

4. Erstellen Sie den Ordner **Dokumente**.
5. Schließen Sie den Windows Explorer.
6. Klicken Sie mit der rechten Maustaste auf den verfügbaren Speicherplatz auf Datenträger 0, und wählen Sie **Neues Volume**.
7. Erstellen Sie ein einfaches Volume, das den restlichen Speicherplatz auf dem Datenträger belegen soll. Anstatt einen Laufwerkbuchstaben zuzuweisen, stellen Sie das Volume im Pfad **X:\Dokumente** bereit. Formatieren Sie das Volume mit NTFS, und nennen Sie es **Mehr_Speicherplatz**.
8. Öffnen Sie den Windows Explorer, und stellen Sie sicher, dass die **Statusleiste** im Menü **Ansicht** ausgewählt ist. Untersuchen Sie das Volume **X:**. Wie viel freier Speicherplatz wird angezeigt? Wie viel freier Speicherplatz wird gemeldet, wenn Sie den Ordner **Dokumente** öffnen?

____

____

Lernzielkontrolle

Die folgenden Fragen dienen dazu, die wichtigsten Lehrinhalte dieser Lektion zu vertiefen. Können Sie eine Frage nicht beantworten, arbeiten Sie das entsprechende Lektionsmaterial noch einmal durch, und versuchen Sie dann erneut, die Frage zu beantworten. Die Antworten auf die Lernzielkontrollfragen finden Sie im Abschnitt „Fragen und Antworten" am Ende dieses Kapitels.

1. Diese Frage setzt das Szenario von Frage 1 der Lernzielkontrolle in Lektion 1 fort. Sie haben ein neues Festplattenlaufwerk mit 200 GB installiert. Sie haben es als Basisdatenträger konfiguriert und drei primäre Partitionen mit je 30 GB erstellt, um das Betriebssystem, die Basisverzeichnisse der Benutzer und freigegebene Daten darauf unterzubringen. Sie haben eine erweiterte Partition und zwei logische Laufwerke mit je 30 GB konfiguriert, um darauf die auf dem Computer installierten Anwendungen und einen Softwareverteilungspunkt unterzubringen. Es bleiben 50 GB verfügbarer Speicherplatz auf dem Datenträger. Mehrere Monate später stellen Sie fest, dass drei der Volumes sich ihrer Kapazitätsgrenze nähern. Sie wollen Vorbereitungen für den wahrscheinlichen Fall treffen, dass eine oder mehrere Partitionen erweitert werden müssen. Wie gehen Sie vor?

____

____

____

____

____

2. Welche Art von Datenträgerbereich bietet Unterstützung für logische Laufwerke?
   a. Primäre Partitionen
   b. Einfache Volumes
   c. Übergreifende Volumes
   d. Erweiterte Partitionen
   e. Verfügbarer Speicherplatz
3. Sie haben vor Kurzem zu einem Computer einen Datenträger hinzugefügt. Der Datenträger wurde zuvor in einem Windows 2000 Server-Computer verwendet. Der Datenträger erscheint im Geräte-Manager, wird jedoch in der **Datenträgerverwaltung** nicht korrekt angezeigt. Welche Aufgabe müssen Sie ausführen?
   a. Fremden Datenträger importieren
   b. Volume formatieren
   c. Datenträger neu einlesen
   d. Laufwerkbuchstabe oder Pfad ändern
   e. In dynamischen Datenträger konvertieren
4. Sie möchten einen externen FireWire-Datenträger von einem Basis- in einen dynamischen Datenträger konvertieren. Die Konvertierungsoption ist jedoch nicht verfügbar. Wie lautet die wahrscheinliche Erklärung hierfür?

   ____

   ____

Zusammenfassung der Lektion

- Datenträgerverwaltungsaufgaben können über das Snap-In **Datenträgerverwaltung** oder über die Eingabeaufforderung mit Befehlszeilenprogrammen wie **Diskpart** durchgeführt werden.
- Zu den gängigen Datenträgerverwaltungsaufgaben zählen das Erstellen und Löschen von Partitionen und Volumes sowie das Zuweisen von Laufwerkbuchstaben und Bereitstellungspunkten.
- Unter Windows Server 2003 können Sie einem Volume einen Laufwerkbuchstaben zuweisen, sofern erforderlich. Optional können Sie das Volume in einem oder mehreren leeren Ordnern auf NTFS-Volumes bereitstellen.
- Basisdatenträger können in dynamische Datenträger konvertiert werden. Bei einer Konvertierung von einem dynamischen Datenträger in einen Basisdatenträger müssen alle Daten und Volumes gelöscht werden.

Lektion 3: Verwalten von Volumes

Unter Windows Server 2003 sind mit NTFS formatierte Datenträgervolumes effizient und stabil, was bei einer Formatierung mit FAT oder FAT32 nicht unbedingt der Fall ist. Das NTFS-Dateisystem protokolliert alle Dateitransaktionen, ersetzt fehlerhafte Cluster automatisch und speichert Kopien wichtiger Informationen zu allen Dateien auf dem NTFS-Volume. Mithilfe dieser Mechanismen schützt NTFS aktiv die Integrität der Volumestruktur und der Metadaten des Dateisystems (damit sind die Verwaltungsdaten des Dateisystems gemeint). Benutzerdaten können dagegen gelegentlich beschädigt und mit ziemlicher Sicherheit fragmentiert werden. Benutzer haben leider auch die ärgerliche Angewohnheit, *enorme* Mengen veralteter und nicht zur Arbeit gehörender Daten auf Volumes zu speichern, auf die sie Zugriff haben. In dieser Lektion wird erklärt, wie Sie die Integrität von Datenträgervolumes erhalten und diese Volumes optimieren, indem Sie eine Defragmentierung durchführen und mithilfe von Datenträgerkontingenten Speicherlimits festlegen.

Am Ende dieser Lektion werden Sie in der Lage sein, die folgenden Aufgaben auszuführen:

- Überwachen und Erhalten der Datenträgerintegrität mithilfe von **Chkdsk**
- Überwachen und Verbessern der Datenträgerleistung mithilfe des Dienstprogramms **Defragmentierung**
- Konfigurieren und Überwachen von Speicherlimits für die Benutzer mithilfe des Dienstprogramms **Datenträgerkontingente**

Veranschlagte Zeit für diese Lektion: 20 Minuten

Chkdsk oder *Datenträgerprüfung*

Chkdsk oder **Datenträgerprüfung** ist ein Dienstprogramm, das im Windows Explorer oder über die Befehlszeile aufgerufen werden kann und mit dem Sie ein Datenträgervolume auf Dateisystemfehler untersuchen können. Es ermöglicht außerdem optional das Suchen nach fehlerhaften Sektoren auf der Festplatte und den Versuch ihrer Wiederherstellung.

Um die Datenträgerprüfung im Windows Explorer aufzurufen, öffnen Sie das Eigenschaftendialogfeld des Volumes, das Sie überprüfen möchten. Klicken Sie im Menü **Extras** auf **Jetzt prüfen**. In dem in Abbildung 11.4 gezeigten Dialogfeld **Überprüfung des Datenträgers** können Sie die Aufgaben wählen, die Sie durchführen möchten.

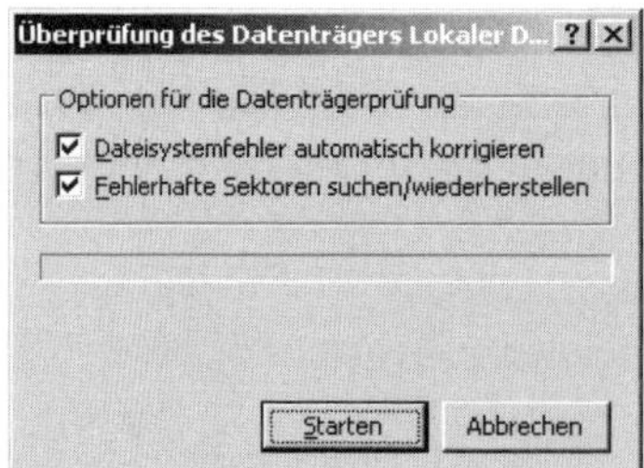

Abbildung 11.4 Das Dialogfeld **Datenträger prüfen**

Wenn Sie **Dateisystemfehler automatisch korrigieren** aktivieren, versucht die Datenträgerprüfung, Inkonsistenzen im Dateisystemkatalog zu korrigieren, wie z.B. Dateien, die zwar im Katalog stehen, jedoch nicht in einem Verzeichnis auf dem Volume vorhanden sind. Die Datenträgerprüfung führt drei Suchläufe über das Laufwerk durch, um die Metadaten zu untersuchen. Dies sind die Daten, mit denen die Organisation der Dateien auf dem Datenträger beschrieben wird. Die Suchläufe versuchen sicherzustellen, dass alle Dateien auf dem Volume mit den Angaben in der Masterdateitabelle (Master File Table, MFT) übereinstimmen, dass die Verzeichnisstruktur korrekt ist und dass die Sicherheitsbeschreibungen richtig sind.

Wenn Sie **Fehlerhafte Sektoren suchen/wiederherstellen** aktivieren, führt die Datenträgerprüfung einen vierten Suchlauf durch, der die Sektoren auf dem Volume überprüft, die für Benutzerdaten reserviert sind (im Gegensatz zu den Metadaten des Dateisystems, die immer überprüft werden). Wird ein fehlerhafter Sektor gefunden, werden die Daten wiederhergestellt und in einen fehlerfreien Sektor verschoben, sollte das Laufwerk fehlertolerant sein. Ist das Laufwerk nicht fehlertolerant, können die Daten nicht mithilfe der Datenträgerprüfung wiederhergestellt werden und müssen aus einer Sicherung zurückgeschrieben werden. Der fehlerhafte Sektor wird von der aktiven Nutzung ausgeschlossen, sodass künftig keine Daten mehr in den Sektor geschrieben werden.

Alle Dateien mit offenen Handles müssen geschlossen werden, bevor die Datenträgerprüfung ausgeführt werden kann. Wenn nicht alle Handles freigegeben werden können (was der Fall ist, wenn Sie die Datenträgerprüfung auf einem Systemvolume ausführen), werden Sie aufgefordert, die Ausführung der Datenträgerprüfung für einen Zeitpunkt zu planen, an dem das System neu gestartet wird. Wird die Datenträgerprüfung ausgeführt, können andere Prozesse nicht auf das Volume zugreifen. Je nach Größe des Volumes, den ausgewählten Prüfoptionen und anderen auf dem Computer ausgeführten Prozessen kann die Datenträgerprüfung sehr lange dauern und nimmt zudem während ihrer Ausführung Prozessor und Datenträger recht stark in Anspruch.

Die Datenträgerprüfung kann auch über die Eingabeaufforderung mit dem Befehl **Chkdsk** ausgeführt werden. Ohne Parameter wird **Chkdsk** im schreibgeschützten Modus auf dem aktuellen Laufwerk ausgeführt. Es wird ein Bericht mit der Belegung des Datenträgerspeichers angezeigt. Wie in der Explorer-Version unterstützt **Chkdsk** Parameter zum Beheben von Dateisystemfehlern (/**f**) und fehlerhafter Sektoren (/**r**).

Defragmentierung

Dateien werden auf einem Volume in Einheiten gespeichert, die *Zuordnungseinheiten* (cluster) genannt werden. Die Größe einer Zuordnungseinheit wird bei der Formatierung eines Laufwerks festgelegt. Viele NTFS-Volumes arbeiten mit einer Standardgröße von 4 KB für Zuordnungseinheiten. Jede Zuordnungseinheit kann nur eine Datei enthalten, auch wenn diese Datei kleiner ist als eine Zuordnungseinheit. Ist eine Datei größer als eine Zuordnungseinheit, wird die Datei in mehreren Zuordnungseinheiten gespeichert. Dabei enthält jede Zuordnungseinheit einen Zeiger auf das nächste Segment der Datei. Bei einem neuen Laufwerk sind alle Zuordnungseinheiten frei, sodass Dateien, die auf das Laufwerk geschrieben werden, in der Regel physisch aufeinander folgende Zuordnungseinheiten belegen. Es passiert jedoch schnell, dass freie Zuordnungseinheiten beim ständigen Löschen sowie Vergrößern und Verkleinern von Dateien nicht mehr vollständig zusammenhängend sind, sodass eine Datei in mehreren Zuordnungseinheiten gespeichert wird, die auf dem Datenträgerlaufwerk nicht mehr direkt aufeinander folgen. Diese so genannte Fragmentierung einer Datei führt zu einer verminderten Lese- und Schreibleistung. Mit der Zeit kann die Fragmentierung vieler Dateien auf einem Server die Systemleistung stark beeinträchtigen.

Windows Server 2003 bietet über die Befehlszeile und die Benutzeroberfläche aufzurufende Defragmentierungsprogramme, mit denen Volumes untersucht und defragmentiert werden können. Diese Tools wurden gegenüber Windows 2000 wesentlich verbessert, da es nun möglich ist, Volumes mit einer Clustergröße von mehr als 4 KB und die Masterdateitabelle zu defragmentieren. Sie können diese Tools zum Defragmentieren beliebiger lokaler Datenträgervolumes nutzen. Um jedoch die Defragmentierung zeitlich zu planen oder ein Remotevolume zu defragmentieren, benötigen Sie ein Tool eines anderen Anbieters, wie z.B. Diskeeper von Executive Software.

Um die in Abbildung 11.5 gezeigte integrierte Defragmentierung zu verwenden, öffnen Sie die Eigenschaften eines Datenträgervolumes und klicken auf der Registerkarte **Extras** auf **Jetzt defragmentieren**. Öffnen Sie alternativ das Snap-In **Defragmentierung** in der Konsole **Computerverwaltung** oder einer benutzerdefinierten MMC-Konsole. Wählen Sie ein Volume aus, und klicken Sie auf **Analysieren**. Das Tool zeigt eine Empfehlung an. Wenn das Tool angibt, dass das Volume fehlerhaft ist, sind Beschädigungen möglich, weshalb vor der Defragmentierung **Chkdsk** ausgeführt werden sollte.

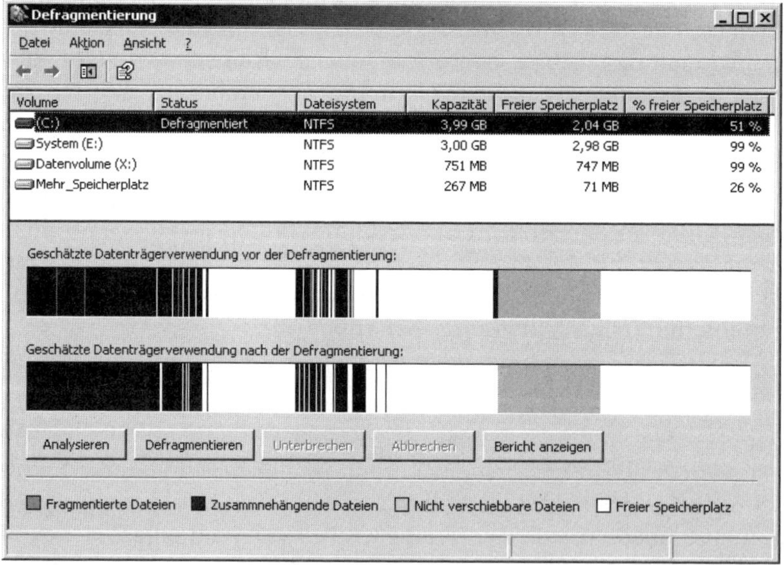

Abbildung 11.5 Defragmentierung

Wird eine Defragmentierung empfohlen, klicken Sie auf **Defragmentieren**. Sie können alle Arten von Volumes defragmentieren: FAT oder NTFS, Basis oder dynamisch. Auf dem Volume können Dateien geöffnet sein, die jedoch gegebenenfalls nicht effizient defragmentiert werden und den Prozess verlangsamen. Deshalb wird empfohlen, vor der Defragmentierung alle Dateien zu schließen. Die Defragmentierung verschiebt Dateien auf dem Laufwerk bei dem Versuch, alle Zuordnungseinheiten einer Dateien in zusammenhängenden Zuordnungseinheiten zusammenzuführen. Dabei wird auch der freie Speicherplatz zusammengeführt, wodurch eine Fragmentierung neuer Dateien weniger wahrscheinlich wird.

Hinweis Um ein Volume vollständig zu defragmentieren, sollten auf dem Volume mindestens 15 Prozent des Speicherplatzes frei sein. Dieser Speicherplatz wird zum Ablegen von Dateien während ihrer Defragmentierung verwendet. Enthält das Volume zahlreiche fragmentierte große Dateien, muss der für eine effektive Defragmentierung erforderliche freie Speicherplatz größer sein.

Datenträgerkontingente

In Windows 2000 wurden Datenträgerkontingente als integrierte Funktion eingeführt, um Administratoren die Implementierung von Speicherlimits zu ermöglichen, ohne in Tools anderer Anbieter investieren zu müssen. Windows Server 2003 bietet dieselbe Funktionalität. Sind Kontingente aktiviert, überwacht die Kontingentverwaltung die Dateien, die auf einem Volume im Besitz eines Benutzers sind. Anschließend wird die berechnete Datenträgernutzung durch diesen Benutzer mit Limits verglichen, die ein Administrator konfiguriert hat. Wenn diese Limits erreicht werden, wird der Benutzer benachrichtigt, dass sein Kontingent nahezu erschöpft ist, oder er wird daran gehindert, auf den Datenträger zu schreiben, oder beides.

Die Kontingentverwaltung meldet die Größe des freien Speicherplatzs auf einem Volume entsprechend dem Kontingent des Benutzers. Wenn also ein Benutzer ein Kontingent von 50 MB auf einem RAID-Volume mit 500 GB hat, wird dem Benutzer der freie Speicherplatz als 50 MB gemeldet, wenn der Benutzer erstmals auf das Volume zugreift. Wenn der Benutzer sein Kontingentlimit erreicht, werden Meldungen angezeigt, die denen ähneln, die angezeigt werden, wenn ein Volume fast voll oder voll ist. Das System warnt, dass der Speicherplatz fast erschöpft ist, und schlägt das Löschen nicht benötigter Dateien vor.

Prüfungstipp Kontingente werden nur auf NTFS-Volumes unterstützt.

Konfigurieren von Kontingenten

Das Konfigurieren von Kontingenten umfasst die folgenden Schritte: Aktivieren von Kontingenten auf einem Volume, Konfigurieren von Standardeinstellungen für Kontingente und Konfigurieren von Kontingenteinträgen für Ausnahmen von der Standardeinstellung.

Kontingente sind unter Windows Server 2003 standardmäßig deaktiviert und müssen auf Volumebasis aktiviert werden. Um Kontingente zu aktivieren, öffnen Sie das Eigenschaftendialogfeld des Volumes und klicken auf die Registerkarte **Kontingent**. Abbildung 11.6 zeigt die Kontingenteigenschaften eines Volumes.

Tipp In einem Großteil der Dokumentation wird vorgeschlagen, die Eigenschaften des Volumes im Windows Explorer anzuzeigen, indem mit der rechten Maustaste auf das Laufwerk geklickt und dann **Eigenschaften** gewählt wird. Leider beschränkt Sie diese Vorgehensweise ausschließlich auf die Konfiguration von Kontingenten für Volumes mit Buchstaben. Der Windows Explorer kann die Registerkarte **Kontingent** nicht für ein Volume anzeigen, das in einem Ordnerpfad bereitgestellt wird. Aus diesem Grund wird empfohlen, Kontingente in der **Datenträgerverwaltung** zu konfigurieren. In der **Datenträgerverwaltung** können Sie die Eigenschaften eines beliebigen Volumes öffnen und auf dessen Registerkarte **Kontingent** zugreifen.

Aktivieren Sie das Kontrollkästchen **Kontingentverwaltung aktivieren**. Wenn Sie Benutzer, die ihr Limit überschritten haben, daran hindern wollen, weitere Dateien auf das Volume zu schreiben, aktivieren Sie **Speicherplatz bei Kontingentüberschreitung verweigern**. Ist dieses Kontrollkästchen nicht aktiviert, können die Benutzer weiter Daten auf das Volume schreiben.

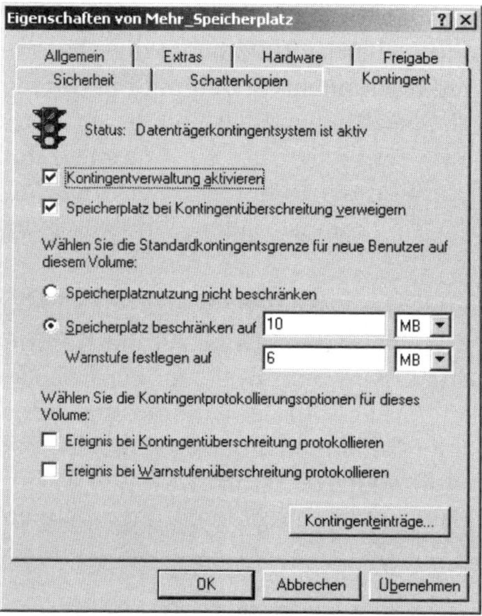

Abbildung 11.6 Die Registerkarte **Kontingent** im Eigenschaftendialogfeld eines Volumes

Kontingente werden auf zwei Weisen verarbeitet: erstens mithilfe von Kontingenteinträgen für bestimmte Benutzer, um ein Speicherlimit für jeden Benutzer festzulegen (oder unbegrenzt zu lassen), und zweitens mithilfe von Kontingenteinstellungen, die für alle Benutzer gelten, für die kein Kontingenteintrag vorhanden ist. Auf der Registerkarte **Kontingent** können Sie die Standardkontingenteinstellungen konfigurieren. Konfigurieren Sie ein Standardlimit (oder **Unbegrenzt**), das für so viele Benutzer wie möglich gilt. Auf diese Weise können Sie die Anzahl der Kontingenteinträge verringern, die Sie für Benutzer erstellen müssen, deren Limits von dieser Standardeinstellung abweichen. Beachten Sie, dass Sie sowohl das Speicherplatzlimit als auch eine Warnstufe konfigurieren können, die selbstverständlich niedriger sein muss als das Limit.

Schließlich können Sie Protokollierungsoptionen angeben. Die Kontingentverwaltung registriert Ereignisse im Systemprotokoll, die die Benutzer nach dem Namen identifizieren und angeben, dass diese ihre Warn- oder Kontingentlimits überschritten haben.

Klicken Sie nach der Konfiguration der Standardeinstellung für das Volume auf der Registerkarte **Kontingent** auf **Kontingenteinträge**, um das in Abbildung 11.7 gezeigte Dialogfeld **Kontingenteinträge** anzuzeigen.

Prüfungstipp Für Administratoren ist der Kontingenteintrag als **Unbegrenzt** konfiguriert. Dadurch können Administratoren das Betriebssystem, Dienste, Anwendungen und Daten ohne Überschreitung eines Kontingents installieren.

Kontingenteinträge für Mehr_Speicherplatz (\\?\Volume{91a2f43c-1818-4ad9-81a0-4e7f799f0b09})

Kontingent Bearbeiten Ansicht ?

Status	Name	Anmeldename	Speicher belegt	Kontingentsgrenze	Warnstufe	Prozent belegt
Begrenzung übersch...	Scott Bishop	sbishop@Contoso.com	31,62 MB	10 MB	6 MB	316
Warnung	Dan Holme	dholme@Contoso.com	11,06 MB	15 MB	10 MB	73
Warnung	Danielle Tiedt	dtiedt@Contoso.com	14,37 MB	15 MB	10 MB	95
OK		VORDEFINIERT\Administrat...	2 KB	Unbegrenzt	Unbegrenzt	Nicht zutreffend
OK	Lorrin Smith...	lsmithbates@Contoso.com	135,6 MB	Unbegrenzt	Unbegrenzt	Nicht zutreffend

5 Elemente insgesamt, 0 ausgewählt.

Abbildung 11.7 Das Dialogfeld **Kontingenteinträge**

Klicken Sie auf der Symbolleiste auf die Schaltfläche **Neuer Kontingenteintrag**, oder wählen Sie im Menü **Kontingent** den Befehl **Neuer Kontingenteintrag**, um einen oder mehrere Benutzer auszuwählen, für die Sie einen Kontingenteintrag erstellen möchten. Leider ermöglicht Windows Server 2003 nicht das Zuweisen von Kontingenteinträgen basierend auf Gruppen (im Gegensatz zu den meisten Kontingentverwaltungstools anderer Anbieter), doch im Dialogfeld **Benutzer wählen** können Sie zumindest mehrere Benutzer auswählen, bevor Sie auf **OK** klicken. Die Limits, die Sie im Dialogfeld **Neuen Kontingenteintrag hinzufügen** festlegen, gelten für alle ausgewählten Benutzer.

Prüfungstipp Merken Sie sich bitte, dass Windows Server 2003 SP1 Kontingente auf Basis von Volumes und Benutzern implementiert. Sie können weder Kontingente für einen Ordner in einem Volume einrichten, noch können Sie ein Gesamtkontingent für eine Gruppe festlegen. Sie müssen die Kontingente für jedes Mitglied der Gruppe einzeln festlegen.

Exportieren von Kontingenteinträgen

Wenn dieselben Kontingenteinträge für ein anderes NTFS-Volume gelten sollen, können Sie die Einträge exportieren und auf einem anderen Volume importieren. Wählen Sie im Menü **Kontingent** einen oder mehrere Kontingenteinträge, und klicken Sie auf **Exportieren**. Wählen Sie auf dem anderen Volume **Importieren**.

Überwachen von Kontingenten und Speicherplatz

Das Dialogfeld **Kontingenteinträge** zeigt die Speicherplatzbelegung für jeden Benutzer und gibt an, ob sie Warnstufen oder Limits überschreitet. Sie können nach Spalte sortieren, um die Benutzer zu bestimmen, die ihre Kontingentstufen oder -limits überschritten haben. Es gibt keinen Mechanismus, der zu Kontingentlimits eine Warnung anzeigt, weshalb Sie das Dialogfeld **Kontingenteinträge** oder in der Ereignisanzeige das Systemprotokoll überwachen müssen.

Hinweis Windows Server 2003 R2 bietet eine wesentlich verbesserte Verwaltung des Speicherplatzes, darunter auch eine erweiterte Kontingentverwaltung. Diese Features werden sich zwar in einer Produktivumgebung als sehr nützlich erweisen, aber sie werden in der Zertifizierungsprüfung noch nicht berücksichtigt. Weitere Informationen über die Speicherplatzverwaltung finden Sie in der Dokumentation von Windows Server 2003 R2.

Praktische Übung: Implementieren von Datenträgerkontingenten

In dieser praktischen Übung konfigurieren Sie die Standardeinstellungen für die Kontingentverwaltung, um die Menge der Daten zu begrenzen, die Benutzer auf **Server01** speichern können. Sie konfigurieren anschließend benutzerdefinierte Kontingenteinstellungen, um den Benutzern der Abteilung **Marketing** das Speichern von mehr Daten zu gestatten, da ihre Mediendateien in der Regel größer sind als die Geschäftsdokumente anderer Benutzer. Entwickler werden Sie von Kontingenten befreien.

Übung 1: Konfigurieren von Standardeinstellungen für Datenträgerkontingente

1. Öffnen Sie die Datenträgerverwaltung.
2. Klicken Sie mit der rechten Maustaste auf das Volume **Mehr_Speicherplatz**, und wählen Sie **Eigenschaften**.
3. Klicken Sie auf die Registerkarte **Kontingent**.
4. Aktivieren Sie das Kontrollkästchen **Kontingentverwaltung aktivieren**.
5. Aktivieren Sie das Kontrollkästchen **Speicherplatz bei Kontingentüberschreitung verweigern**.
6. Wählen Sie **Speicherplatz beschränken auf**.

   Konfigurieren Sie das Limit auf **10 MB** und die Warnstufe auf **6 MB**.
7. Aktivieren Sie beide Kontrollkästchen für die Protokollierung.
8. Klicken Sie auf **Übernehmen**.

   Das Meldungsfeld **Datenträgerkontingent** wird mit der Warnung angezeigt, dass das Volume erneut durchsucht wird, um die Datenträgerbelegungsstatistiken zu aktualisieren, falls Sie Kontingente aktivieren. Klicken Sie zum Bestätigen auf **OK**.
9. Schließen Sie das Eigenschaftendialogfeld des Volumes nicht, da Sie es in der nächsten Übung benötigen.

Übung 2: Erstellen benutzerdefinierter Kontingenteinträge für Benutzer

1. Klicken Sie im Eigenschaftendialogfeld von **Mehr_Speicherplatz** auf der Registerkarte **Kontingent** auf **Kontingenteinträge**, um das Dialogfeld **Kontingenteinträge** zu öffnen.

Insidertipp Beachten Sie, dass die Gruppe **Vordefiniert\Administratoren** aufgelistet wird. Wenn Sie Dateien erstellt haben, während Sie als nicht administrativer Benutzer angemeldet waren, gibt es auch einen Kontingenteintrag für diesen Benutzer, da das Benutzerkonto Besitzer von Dateien auf dem Volume ist.

Sie erstellen nun Kontingenteinträge, die den Marketingmitarbeitern Dan Holme and Danielle Tiedt mehr Speicherplatz als standardmäßig vorgesehen einräumen.

2. Klicken Sie im Menü **Kontingent** auf **Neuer Kontingenteintrag**.
3. Klicken Sie auf **Erweitert** und danach auf **Jetzt suchen**. Alle Benutzer in der Domäne werden aufgelistet.
4. Wählen Sie **Dan Holme** und **Danielle Tiedt** aus, und klicken Sie zweimal auf **OK**.
5. Legen Sie den Kontingenteintrag zur Begrenzung der Speicherplatzbelegung auf **15 MB** und die Warnstufe auf **10 MB** fest. Klicken Sie auf **OK**.

   Sie erstellen nun Kontingenteinträge, welche die Entwickler Lorrin Smith-Bates und Scott Bishop von Kontingenten befreien.
6. Wiederholen Sie die Schritte 2 bis 5, um Kontingenteinträge für Lorrin Smith-Bates und Scott Bishop zu konfigurieren. Legen Sie die Einträge so fest, dass sie keiner Kontingenteinschränkung unterliegen.

Übung 3 (optional): Testen von Datenträgerkontingenten

1. Melden Sie sich als Danielle Tiedt an.
2. Erstellen Sie im Ordner **X:\Dokumente** den Ordner **Dtiedt**.
3. Kopieren Sie den Ordner **Support** von der Windows Server 2003-CD-ROM in den Ordner **X:\Dokumente\Dtiedt**. Der Ordner **Support** ist 11 MB groß und damit kleiner als das Kontingent von Danielle Tiedt. Der Kopiervorgang wird erfolgreich abgeschlossen.
4. Melden Sie sich als Dan Holme an.
5. Erstellen Sie im Ordner **X:\Dokumente** den Ordner **Dholme**.
6. Kopieren Sie den Ordner **Support** von der Windows Server 2003-CD-ROM in den Ordner **X:\Dokumente\Dholme**. Der Ordner ist kleiner als das Datenträgerkontingent von Dan Holme, weshalb der Kopiervorgang abgeschlossen werden kann.
7. Kopieren Sie den Ordner **Valueadd** von der Windows Server 2003-CD-ROM in den Ordner **X:\Dokumente\Dholme**. Der Ordner ist 6 MB groß, weshalb das Datenträgerkontingent von Dan Holme nun überschritten wird. Der Kopiervorgang wird abgebrochen.

8. Melden Sie sich als Administrator an, und öffnen Sie das Dialogfeld **Kontingenteinträge** für das Volume **Mehr_Speicherplatz**. Sehen Sie sich die Informationen an, die zur Speicherplatzbelegung jedes Benutzers angezeigt werden.

Lernzielkontrolle

Die folgenden Fragen dienen dazu, die wichtigsten Lehrinhalte dieser Lektion zu vertiefen. Können Sie eine Frage nicht beantworten, arbeiten Sie das entsprechende Lektionsmaterial noch einmal durch, und versuchen Sie dann erneut, die Frage zu beantworten. Die Antworten auf die Lernzielkontrollfragen finden Sie im Abschnitt „Fragen und Antworten" am Ende dieses Kapitels.

1. Sie sind Administrator eines Windows Server 2003-Computers. Sie wollen Dateisystemfehler beheben und fehlerhafte Sektoren auf der Festplatte des Computers wiederherstellen. Welches Tool müssen Sie verwenden?
   a. Datenträgerprüfung (**Chkdsk**)
   b. Defragmentierung
   c. **Diskpart**
   d. Datenträgerkontingente
2. Sie sind Administrator eines Windows Server 2003-Computers. Die Festplatte des Computers enthält die beiden Datenvolumes **D** und **E**. Sie aktivieren Datenträgerkontingente auf den Volumes **D** und **E**, die alle Benutzer auf insgesamt 20 MB Speicherplatz begrenzen. Sie wollen jedoch den Speicherplatz in den Basisordnern der Benutzer, die in **D:\Benutzer** gespeichert sind, auf 10 MB pro Benutzer begrenzen. Ist dies möglich? Begründen Sie Ihre Antwort. Wo können Sie Kontingente implementieren?
   a. Auf allen Servern für alle Datenträger
   b. Auf allen physischen Datenträgern für alle Volumes
   c. Auf einem beliebigen Volume für alle Ordner
   d. In allen Ordnern
3. Wie groß ist der benötigte freie Datenträgerspeicher auf einem Volume, um eine vollständige Defragmentierung durchführen zu können?
   a. 5 Prozent
   b. 10 Prozent
   c. 15 Prozent
   d. 25 Prozent
   e. 50 Prozent

Zusammenfassung der Lektion

- Mit dem Tool **Datenträgerprüfung** können Sie Dateisystemfehler beheben und nach fehlerhaften Sektoren auf Ihrer Festplatte suchen und diese wiederherstellen.
- Die Defragmentierung verbessert die Systemleistung, indem Dateien so angeordnet werden, dass ihre Zuordnungseinheiten (cluster) zusammenhängend sind.
- Datenträgerkontingente ermöglichen das Festlegen und Überwachen von Speicherplatzlimits und optional das Verweigern des Schreibzugriffs für die Benutzer, die diese Limits überschreiten. Datenträgerkontingente werden benutzer- und volumeweise konfiguriert.

Lektion 4: Implementieren von RAID

Ein Datenträgersubsystem mit einer RAID-Konfiguration ermöglicht den Datenträgern im System eine bessere Zusammenarbeit in Hinblick auf Leistung, Fehlertoleranz, oder beides. In dieser Lektion werden die drei RAID-Typen behandelt, die unter Windows Server 2003 erstellt und verwaltet werden können. Darüber hinaus werden die Auswirkungen jedes Typs auf die Systemleistung, Volumekapazität und Fehlertoleranz sowie das Wiederherstellen von Daten bei Ausfall eines Datenträgers in einer RAID-Konfiguration erklärt.

Am Ende dieser Lektion werden Sie in der Lage sein, die folgenden Aufgaben auszuführen:

- Bestimmen der besten RAID-Implementierung vor dem Hintergrund einer bestimmten Speicheranforderung hinsichtlich Kapazitätsausnutzung, Fehlertoleranz und Leistung
- Konfigurieren eines Stripesetvolumes (RAID-0)
- Konfigurieren eines gespiegelten Volumes (RAID-1)
- Konfigurieren eines Stripesetvolumes mit Parität (RAID-5)
- Wiederherstellen nach Ausfall eines Datenträgers in einem fehlertoleranten Volume

Veranschlagte Zeit für diese Lektion: 25 Minuten

In Lektion 1 wurden die Volumetypen vorgestellt, die auf einem Windows Server 2003-Computer verfügbar sind. Die Volumetypen in RAID-Konfigurationen heißen Stripesetvolumes, gespiegelte Volumes und RAID-5-Volumes.

Implementieren von Fehlertoleranz für Datenträger

Wie in Lektion 1 erwähnt, ist die Fehlertoleranz die Fähigkeit eines Computer oder Betriebssystems, auf einen Störfall, wie z.B. einen Strom- oder Hardwareausfall, so zu reagieren, dass keine Daten verloren gehen und laufende Arbeiten nicht unterbrochen werden. Vollständig fehlertolerante Systeme, die mit fehlertoleranten Datenträgerarrays arbeiten, verhindern Datenverluste. Sie können RAID-Fehlertoleranz entweder als Hardware- oder Softwarelösung implementieren.

Hardwareimplementierung von RAID

Bei einer Hardwarelösung übernimmt die Schnittstelle des Datenträgercontrollers das Erstellen und erneute Erzeugen redundanter Informationen und sorgt auf diese Weise für Fehlertoleranz und für die Möglichkeit zur Wiederherstellung von Daten, sollte ein Laufwerk ausfallen. Einige Hardwarehersteller implementieren den RAID-Datenschutz direkt in der Hardware, z.B. durch Controllerkarten für Datenträgerarrays. Da diese Methoden herstellerspezifisch sind und die Fehlertoleranz-Softwaretreiber des Betriebssystems umgehen, bieten sie eine bessere Leistung als Softwareimplementierungen von RAID.

Berücksichtigen Sie die folgenden Punkte bei der Entscheidung für eine Software- oder Hardwareimplementierung von RAID:

- Hardware-Fehlertoleranz ist teurer als Software-Fehlertoleranz und kann die Optionen für die Hardwaregeräte auf einen einzelnen Hersteller begrenzen.
- Hardware-Fehlertoleranz bietet in der Regel eine schnellere Datenträger-E/A als Software-Fehlertoleranz.
- Fehlertoleranzlösungen auf Hardwarebasis können mit dem Austausch von Festplatten bei laufendem Betrieb (dem so genannten Hotswapping) und dem Hotsparing arbeiten, bei dem eine ausgefallene Festplatte automatisch durch eine Reservefestplatte ersetzt wird.

Softwareimplementierung von RAID

Windows Server 2003 unterstützt eine RAID-Implementierung (Stripeset, RAID-0), die nicht fehlertolerant ist, und zwei Implementierungen, die Fehlertoleranz bieten: gespiegelte Volumes (RAID-1) und Stripsetvolumes mit Parität (RAID-5). Sie können fehlertolerante RAID-Volumes nur auf mit NTFS formatierten dynamischen Datenträgern erstellen.

Bei Windows Server 2003-Implementierungen von RAID geht die Fehlertoleranz durch einen Datenträgerausfall verloren, bis der Fehler behoben ist. Fällt ein zweiter Datenträger aus, bevor die durch den ersten Ausfall verloren gegangenen Daten regeneriert wurden, können Sie die Daten nur durch das Zurückschreiben aus einer Sicherung wiederherstellen.

Prüfungstipp Die Fragen zu RAID beziehen sich in der Zertifizierungsprüfung für Windows Server 2003 immer auf die Softwareimplementierung von RAID, die vom Betriebssystem unterstützt wird. Wenn Sie den Umgang mit Hardware-RAID gewöhnt sind, vergessen Sie am besten alles, was Sie darüber wissen, wenn Sie die RAID-Fragen beantworten. Konzentrieren Sie sich darauf, wie RAID unter Windows Server 2003 implementiert ist.

Stripesetvolumes

Ein Stripesetvolume, das RAID-0 implementiert, verwendet zwei oder mehr Datenträger und schreibt Daten mit derselben Geschwindigkeit auf alle Datenträger. Dabei werden E/A-Anforderungen von mehreren Spindeln verarbeitet, wovon die Lese-/Schreibleistung profitiert. Stripesetvolumes sind bei Konfigurationen beliebt, bei denen Leistung und große Speicherkapazitäten wichtig sind, wie z.B. CAD (Computer-Aided Design) und Anwendungen mit digitalen Medien.

Hinweis Unter IDE bemerken Sie wahrscheinlich keine Leistungssteigerung, es sei denn, Sie verwenden mehrere Controller. Separate Controller, im Idealfall einer pro Laufwerk, verbessern die Leistung, indem E/A-Anforderungen sowohl auf Controller als auch Laufwerke verteilt werden.

Erstellen eines Stripesetvolumes

Zum Erstellen eines Stripesetvolumes benötigen Sie verfügbaren Speicherplatz auf mindestens zwei dynamischen Datenträgern. Klicken Sie mit der rechten Maustaste auf den jeweils verfügbaren Speicherplatz, und wählen Sie **Neues Volume**. Der Assistent zum Erstellen neuer Volumes begleitet Sie durch das Auswählen eines Stripesetvolumes und des anderen Datenträgerspeichers, der in das Volume einbezogen werden soll. Stripesetvolumes können Laufwerkbuchstaben oder Ordnerpfade zugewiesen werden. Sie dürfen nur mit NTFS formatiert werden.

Ein Stripesetvolume kann maximal 32 Datenträger umfassen. Die Menge des Speicherplatzes, der auf jedem Datenträger im Volume belegt wird, entspricht der kleinsten Speicherplatzmenge auf einem der Datenträger. Ein Beispiel: Wenn Datenträger 1 200 GB und Datenträger 2 120 GB verfügbaren Speicherplatz aufweist, kann das Stripesetvolume maximal 240 GB umfassen, da die Stripegröße auf Datenträger 1 nicht größer als die auf Datenträger 2 sein kann. Der gesamte Speicherplatz auf dem Volume wird für Daten verwendet. Für Fehlertoleranz ist kein Speicherplatz vorgesehen.

Wiederherstellen eines Stripesetvolumes

Da die Daten in Stripes auf mehreren physischen Datenträgern abgelegt werden, erfolgt eine Steigerung der Leistung bei gleichzeitiger Reduzierung der Fehlertoleranz. Das Risiko ist höher, da bei Ausfall eines Laufwerks im Volume alle Daten auf dem Volume verloren gehen. Deshalb ist es wichtig, eine Sicherung der Stripesetdaten anzulegen. Bei Ausfall eines oder mehrerer Datenträger in einem Stripesetvolume müssen Sie das Volume löschen, den/die ausgefallenen Datenträger austauschen und das Volume neu anlegen. Anschließend müssen Sie die Daten aus der Sicherung wiederherstellen.

Prüfungstipp Stripesetvolumes bieten eine maximale Speicherkapazität und Leistung, jedoch keine Fehlertoleranz. Die einzige Wiederherstellungsoption ist die Erstellung regelmäßiger Sicherungen.

Gespiegelte Volumes

Ein gespiegeltes Volume bietet eine gute Leistung bei herausragender Fehlertoleranz. Ein gespiegeltes Volume besteht aus zwei Datenträgern, alle Daten werden auf beide Volumes geschrieben. Verwenden Sie wie bei allen RAID-Konfigurationen zur Erzielung der maximalen Leistung und Fehlertoleranz auf Controllerebene separate Controller (durch das Hinzufügen eines Controllers erstellen Sie eine so genannte „Duplexing“-Konfiguration). Gespiegelte Volumes sind mit RAID-1-Hardwarekonfigurationen verwandt.

Erstellen gespiegelter Volumes

Zum Erstellen eines gespiegelten Volumes benötigen Sie verfügbaren Speicherplatz auf zwei dynamischen Datenträgern. Klicken Sie mit der rechten Maustaste auf den jeweils verfügbaren Speicherplatz, und wählen Sie **Neues Volume**. Der Assistent zum Erstellen neuer Volumes begleitet Sie durch das Auswählen eines gespiegelten Volumes und des Speicherplatzes auf einem anderen Datenträger, der in das Volume einbezogen werden soll. Gespiegelten Volumes können Laufwerkbuchstaben oder Ordnerpfade zugewiesen werden. Beide Kopien der Spiegelung nutzen gemeinsam dieselbe Zuweisung.

Sie können auch ein vorhandenes einfaches Volume spiegeln, indem Sie mit der rechten Maustaste auf das Volume klicken, auf den Befehl **Spiegelung hinzufügen** klicken und ein Laufwerk mit ausreichend verfügbarem Speicherplatz wählen.

Nach Einrichtung der Spiegelung beginnt das System mit dem sektorweisen Kopieren von Daten. Während dieser Zeit wird der Status des Volumes als **Die Synchronisation wird wiederholt** gemeldet.

Wiederherstellen nach Ausfällen gespiegelter Datenträger

Die Art der Wiederherstellung eines ausgefallenen Datenträgers in einem gespiegelten Volume hängt von der Art des Ausfalls ab. Wenn auf einem Datenträger vorübergehende E/A-Fehler aufgetreten sind, wird für beide Teile der Spiegelung der Status **Fehlerhafte Redundanz** gemeldet. Der Datenträger mit den Fehlern meldet, wie in Abbildung 11.8 gezeigt, den Status **Offline** oder **Fehlend**.

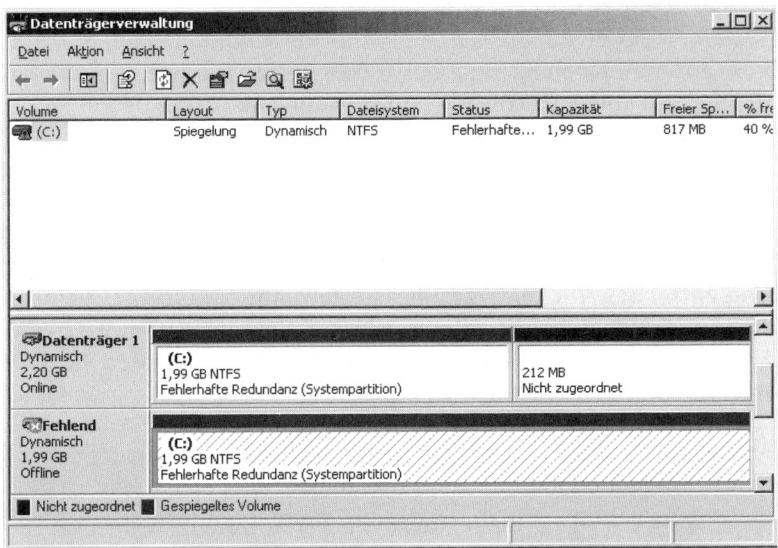

Abbildung 11.8 Ein gespiegeltes Volume mit einem ausgefallenen Datenträger

Klicken Sie nach Beseitigung der Ursache des E/A-Fehlers, z.B. einer fehlerhaften Kabelverbindung oder Stromversorgung, mit der rechten Maustaste auf das Volume auf dem problembehafteten Datenträger, und wählen Sie **Volume erneut aktivieren**. Sie können auch mit der rechten Maustaste auf den Datenträger klicken und den Befehl **Datenträger reaktivieren** wählen. Durch das Reaktivieren wird der Datenträger oder das Volume wieder online geschaltet. Die Spiegelung wird dann automatisch neu synchronisiert.

Wenn Sie die Spiegelung beenden möchten, haben Sie je nach gewünschtem Ergebnis drei Auswahlmöglichkeiten:

- **Das Volume löschen** Wenn Sie das Volume löschen, werden das Volume und alle enthaltenen Informationen entfernt. Der sich ergebende verfügbare Speicherplatz kann für neue Volumes verwendet werden.
- **Die Spiegelung entfernen** Wenn Sie die Spiegelung entfernen, wird diese aufgeteilt, und der Speicherplatz auf einem der Datenträger steht wieder zur Verfügung. Der andere Datenträger enthält weiter eine Kopie der gespiegelten Daten, jedoch ohne dass die Daten weiterhin fehlertolerant sind.
- **Die Spiegelung aufteilen** Wenn Sie die Spiegelung aufteilen, wird diese zwar aufgeteilt, doch bleiben auf beiden Datenträgern Kopien der Daten weiter erhalten. Der Teil der Spiegelung, den Sie auswählen, wenn Sie **Gespiegeltes Volume aufteilen** wählen, behält weiter den ursprünglichen Laufwerkbuchstaben, die freigegebenen Ordner, die Auslagerungsdatei und die Analysepunkte des gespiegelten Volumes. Das sekundäre Laufwerk erhält den nächsten verfügbaren Laufwerkbuchstaben.

Wie wird demnach ein ausgefallener Datenträger, d.h. ein Mitglied des gespiegelten Volumes, das einfach den Betrieb einstellt, vor diesem Hintergrund ausgetauscht? Nach dem physischen Austausch des Datenträgers müssen Sie die **Datenträgerverwaltung** öffnen, um den Datenträger neu einzulesen, zu initialisieren und in einen dynamischen Datenträger zu konvertieren. Doch nach all der Arbeit stellen Sie fest, dass Sie ein gespiegeltes Volume nicht erneut spiegeln können, selbst wenn eine Hälfte davon nicht mehr vorhanden ist. Was den anderen Datenträger betrifft, ist das gespiegelte Volume weiter vorhanden. Sein Redundanzpartner ist jedoch gerade in der Mittagspause. Sie müssen die Spiegelung entfernen, um die Spiegelung aufzuteilen. Klicken Sie mit der rechten Maustaste auf die Spiegelung, und wählen Sie den Befehl **Spiegelung entfernen**. Im Dialogfeld **Spiegelung entfernen** müssen Sie die Hälfte der Spiegelung auswählen, die fehlt. Wenn Sie auf **Spiegelung entfernen** klicken, wird das ausgewählte Volume gelöscht. Das nicht ausgewählte Volume wird ein einfaches Volume. Klicken Sie nach Abschluss des Vorgangs mit der rechten Maustaste auf das fehlerfreie einfache Volume, und wählen Sie **Spiegelung hinzufügen**. Nach Auswahl des neuen Datenträgers wird die Spiegelung neu erstellt.

Prüfungstipp Gespiegelte Volumes bieten Fehlertoleranz und eine bessere Schreibleistung als RAID-5-Volumes. Da jedoch jeder Datenträger in der Spiegelung eine vollständige Kopie der Daten aus dem Volume enthält, ist dieser Volumetyp hinsichtlich der Datenträgerausnutzung am wenigsten effizient.

RAID-5-Volumes

Ein RAID-5-Volume verwendet drei oder mehr physische Datenträger, um für eine hinsichtlich der Datenträgerausnutzung kostengünstige Fehlertoleranz und herausragende Leseleistung zu sorgen. Bei einem RAID-5-Volume werden Daten auf alle bis auf einen Datenträger geschrieben. Der verbleibende Datenträger speichert ein Parität genanntes Datensegment, das als Prüfsumme fungiert und Fehlertoleranz für den Stripe ermöglicht. Aufgrund der Berechnung der Parität während eines Schreibvorgangs belastet RAID-5 recht stark den Prozessor des Servers. Daher sind Schreiboperationen auf einem RAID-5-Volume am ineffizientesten. RAID-5 bietet jedoch eine verbesserte Leseleistung, da Daten von mehreren Spindeln gleichzeitig abgerufen werden.

Wenn Daten in einer Datei auf das Volume geschrieben werden, wird die Parität auf alle Datenträger im Satz verteilt. Doch hinsichtlich der Speicherkapazität entspricht der für die Fehlertoleranz verwendete Speicherplatz nur dem von einem Datenträger im Volume bereitgestellten Speicherplatz.

Prüfungstipp Die Formel für die Berechnung der effektiven Speicherkapazität eines RAID-5-Volumes ist die Größe des Stripes auf einem Volume mal der Anzahl der Volumes minus 1, oder *Größe* * (*Volumes* – 1). Wenn ein RAID-5-Volume mit vier dynamischen Datenträgern erstellt wird, auf denen dafür jeweils 500 GB Platz zur Verfügung stehen, werden 500 GB für die Parität verwendet. Die verbleibende effektive Speicherkapazität des Volumes beträgt also 1500 GB.

Dadurch ist RAID-5 aus Sicht der Kapazitätsausnutzung wirtschaftlicher als die Spiegelung. Bei dem kleinstmöglichen, aus drei Volumes bestehenden RAID-5-Volume wird ein Drittel der Kapazität für die Parität beansprucht, im Gegensatz zu einer Hälfte bei einem gespiegelten Volume, das für die Fehlertoleranz verwendet wird. Da maximal 32 Datenträger in ein RAID-5-Volume eingebunden werden können, ist es theoretisch möglich, ein fehlertolerantes Volume zu konfigurieren, das nur 1/32 seiner Kapazität braucht, um für Fehlertoleranz des gesamten Volumes zu sorgen.

Konfigurieren von RAID-5-Volumes

Sie benötigen Speicherplatz auf mindestens drei dynamischen Datenträgern, um ein RAID-5-Volume erstellen zu können. Klicken Sie mit der rechten Maustaste auf den verfügbaren Speicherplatz auf einem Datenträger, und wählen Sie **Neues Volume**. Der Assistent zum Erstellen neuer Volumes begleitet Sie durch das Auswählen eines RAID-5-Volumes und der Auswahl der Datenträger, die in das Volume einbezogen werden sollen.

Die Kapazität des Volumes wird durch die kleinste Menge verfügbaren Speicherplatzes auf einem der Datenträger des Volumes beschränkt. Wenn Datenträger 2 50 GB verfügbaren Speicherplatz aufweist, die Datenträger 3 und 4 dagegen 100 GB, kann der Stripe nur 50 GB auf den Datenträgern 3 und 4 belegen. Der auf jedem Datenträger im Volume belegte Speicherplatz ist gleich groß. Die Kapazität bzw. die vom Assistenten zum Erstellen neuer Volumes gemeldete Volumegröße repräsentiert die Menge an Speicherplatz, die für Daten nach Berücksichtigung der Paritätsinformationen zur Verfügung steht. Um unser Beispiel fortzuführen, wäre die Größe des RAID-5-Volumes 100 GB – die Gesamtkapazität abzüglich der Entsprechung des Speicherplatzes eines Datenträgers für die Parität.

RAID-5-Volumes können Laufwerkbuchstaben oder Ordnerpfade zugewiesen werden. Sie dürfen nur mit NTFS formatiert werden.

Da RAID-5-Volumes als systemeigene dynamische Volumes aus dem noch verfügbarem Speicherplatz erstellt werden, können Sie keinen anderen Volumetyp in ein RAID-5-Volume umwandeln, ohne die Daten dieses Volumes zu sichern und in das neue RAID-5-Volume zurückzuschreiben.

Wiederherstellen eines ausgefallenen RAID-5-Volumes

Falls ein einzelner Datenträger in einem RAID-5-Volume ausfällt, kann weiter auf die Daten zugegriffen werden. Im Verlauf von Lesevorgängen werden fehlende Daten aus den verbleibenden Daten und den Paritätsdaten sofort regeneriert. Die Systemleistung wird jedoch schlechter, und bei Ausfall eines zweiten Laufwerks wird es Zeit, die Sicherungsbänder herauszuholen. RAID-5- und gespiegelte Volumes können nur den Ausfall eines einzigen Laufwerks kompensieren.

Wenn das Laufwerk die Arbeit wieder aufnimmt, müssen Sie es gegebenenfalls neu einlesen lassen. Danach müssen Sie mit der rechten Maustaste auf das Volume klicken und auf **Volume erneut aktivieren** klicken. Das System erstellt anschließend die fehlenden Daten neu, das Volume ist wieder voll funktionsfähig.

Prüfungstipp Wie bei einem gespiegelten Volume ist der erste Schritt zur Problembehebung in einem ausgefallenen RAID-5-Volume die Reaktivierung des Volumes. Diese Operation zerstört keine Daten und versucht, das ausgefallene Volume wieder online zu bringen und einsatzbereit zu machen.

Wenn das Laufwerk keine Option zum Reaktivieren bietet oder Sie den Datenträger austauschen müssen, müssen Sie es gegebenenfalls neu einlesen lassen, initialisieren, in dynamisch konvertieren und dann mit der rechten Maustaste auf das Volume klicken und **Volume reparieren** wählen. Sie werden aufgefordert, den Datenträger auszuwählen, auf dem das fehlende Volumemitglied neu erstellt werden soll. Nach Auswahl des neuen Datenträgers erstellt das System die fehlenden Daten neu.

Vergleich von gespiegelten und RAID-5-Volumes

Gespiegelte Volumes (RAID-1) und RAID-5-Volumes bietet einen unterschiedlichen Grad an Fehlertoleranz. Die Wahl der zu implementierenden Option hängt vom Grad des benötigten Schutzes und von den Hardwarekosten ab. Die Hauptunterschiede zwischen gespiegelten und RAID-5-Volumes werden bei der Leistung und den Kosten spürbar. In Tabelle 11.2 werden einige Unterschiede zwischen RAID-1 und RAID-5 auf Softwareebene beschrieben.

Tabelle 11.2 RAID-Leistung und -Kosten

Gespiegelte Volumes (RAID-1)	Stripesetvolumes mit Parität (RAID-5)
Kann System- bzw. Startpartition schützen	Kann System- bzw. Startpartition nicht schützen
Erfordert zwei Festplatten	Erfordert mindestens drei Festplatten und lässt bis zu maximal 32 Festplatten zu
Höhere Kosten pro MB	Niedrigere Kosten pro MB
Benötigt 50 Prozent des Speicherplatzes für die Redundanz	Benötigt maximal 33 Prozent des Speicherplatzes für die Redundanz
Gute Lese- und Schreibleistung	Hervorragende Lese- und mäßige Schreibleistung
Beansprucht weniger Systemressourcen	Benötigt mehr Systemressourcen

Ermöglichen von Fehlertoleranz für das Systemvolume

Da RAID-5 ein systemeigenes dynamisches Volume ist, kann das Windows Server 2003-Betriebssystem nicht auf einem RAID-5-Volume installiert oder gestartet werden, das mithilfe der fehlertoleranten Datenträgertechnologien von Windows Server 2003 erstellt wurde.

Tipp *Hardware-RAID* ist jedoch für Windows Server 2003 transparent, weshalb das Betriebssystem auf Hardware-RAID-Arrays installiert werden kann (und sollte, sofern verfügbar).

Die einzige Möglichkeit zur Erzeugung von Fehlertoleranz für das System ohne Anschaffung eines Hardware-RAIDs ist demnach die Spiegelung des Systemvolumes. Sie können das Systemvolume spiegeln, indem Sie die Anweisungen zum Erstellen eines gespiegelten Volumes befolgen. Klicken Sie mit der rechten Maustaste auf das Systemvolume, und wählen Sie den Befehl **Spiegelung hinzufügen**. Im Gegensatz zu Windows 2000 ist kein Neustart erforderlich, und die Datei **Boot.ini** wird automatisch aktualisiert, sodass Sie vom sekundären Laufwerk starten können, sollte das primäre Laufwerk ausfallen.

Wenn die Laufwerke an IDE-Controller angeschlossen sind und das primäre Laufwerk ausfällt, müssen Sie gegebenenfalls dieses Laufwerk ausbauen, das sekundäre Laufwerk am primären Controller anschließen und seine Jumper und Kabel so einrichten, das es zum primären Laufwerk wird. Andernfalls kann das System nicht vom sekundären Laufwerk gestartet werden.

Tipp Wenn Sie das Systemvolume spiegeln möchten, verwenden Sie dazu einen oder zwei SCSI-Controller. Bei Verwenden von zwei Controllern müssen diese denselben Typ haben. Diese Konfiguration kann am einfachsten unterstützt und wiederhergestellt werden.

Aktualisieren von Datenträgern

Beim Aktualisieren von Datenträgern von früheren Versionen von Windows oder dem Versuch, Datenträger von einem Computer mit einer früheren Version von Windows in einem Windows Server 2003-Computer zu installieren, gibt es zwei mögliche Haken.

1. Wenn ein Datenträger in einem Windows 2000-Computer als Basisdatenträger konfiguriert war und anschließend in einen dynamischen Datenträger konvertiert wurde, können Sie die einfachen Volumes dieses Datenträgers mithilfe von Windows Server 2003 nicht auf andere Datenträger erweitern. Wenn Sie diese Datenträger demnach in einem Windows Server 2003-Computer installieren oder das Betriebssystem auf Windows Server 2003 aktualisieren, können Sie aus den einfachen Volumes des Datenträgers keine übergreifenden Volumes erstellen.
2. Windows Server 2003 unterstützt nicht unter Windows NT 4.0 erstellten Arrays mit mehreren Datenträgern. Unter Windows NT 4.0 wurden gespiegelte, Stripeset- und Stripeset mit Parität-Sätze (RAID-5) mithilfe von Basisdatenträgern erstellt. Unter Windows 2000 war der Einsatz dieser Datenträgersätze gestattet, wenngleich es ▶

wichtig war, die Sätze schnell in dynamische zu konvertieren, um die Problembehandlung und Wiederherstellung zu erleichtern. Windows Server 2003 erkennt diese Volumes nicht. Sollten Sie also ausgerechnet einen Server von Windows NT 4.0 auf Windows Server 2003 aktualisieren, werden die RAID-Sätze nicht mehr erkannt. Sie müssen vor einer Aktualisierung dieser Datenträger oder der Installation in einem Windows Server 2003-Computer alle Daten zuerst sichern und anschließend nach einer Neuerstellung der fehlertoleranten Sätze unter Windows Server 2003 die Daten wiederherstellen.

Praktische Übung: Planen einer RAID-Konfiguration

In dieser praktischen Übung gleichen Sie einen Server und seinen Speicherkapazität mit den Anforderungen von **contoso.com** ab und bestimmen eine geeignete Konfiguration.

Sie sind Administrator eines Servers der Firma Contoso. Der Server verfügt in einem SCSI-Subsystem über vier Datenträger:

- Datenträger 0: 80 GB
- Datenträger 1: 80 GB
- Datenträger 2: 40 GB
- Datenträger 3: 40 GB

Sie haben vor Kurzem eine Neuinstallation von Windows Server 2003 durchgeführt. Dazu haben Sie alle Daten auf den Datenträgern gesichert, alle Partitionen von diesen Datenträgern entfernt und das Betriebssystem in einer Partition mit 20 GB auf Datenträger 0 installiert.

Sie sollen nun den verbleibenden Speicherplatz auf den Laufwerken konfigurieren. Die Benutzerdaten werden nicht auf dem Betriebssystemvolume gespeichert. Sie wollen den Speicherplatz maximieren und für den Fall des Ausfalls eines einzelnen Datenträgers den Weiterbetrieb sicherstellen. Welche Konfiguration müssen Sie implementieren, und wie groß wird dabei die Gesamtspeicherkapazität für die Benutzer sein?

Die Antwort ist eine Kombination aus RAID-5- und gespiegelten Volumes mit einer Gesamtkapazität von 140 GB für die Benutzerdaten.

Um den Weiterbetrieb bei Ausfall eines einzelnen Datenträgers zu gewährleisten, müssen Sie Fehlertoleranz für das Betriebssystem selbst bereitstellen. Dazu ist ein gespiegeltes Volume erforderlich. Sie können das Betriebssystem nicht auf einem RAID-5-Volume installieren oder unterbringen. Mindestens 20 GB Speicherplatz ist deshalb für die Spiegelung des Betriebssystems erforderlich.

Eine RAID-5-Konfiguration maximiert den Datenträgerspeicher bei gleichzeitiger Fehlertoleranz für den Ausfall eines einzelnen Datenträgers. Sie können ein RAID-5-Volume mit drei oder mehr Datenträgern konfigurieren. In diesem Szenario führt die Konfiguration eines RAID-5-Volumes mit allen vier Datenträgern zu einer Maximierung des Datenspeicherplatzes. Der Stripe eines RAID-5-Volumes kann nur so groß sein wie die kleinste Menge an verfügbarem Speicherplatz. Obgleich die Datenträger 0 und 1 über 60 bzw.

80 GB freien Speicherplatz verfügen, bestimmen die kleineren Laufwerke (mit 40 GB) die Kapazität des Volumes. Bei 40 GB Speicherplatz auf vier Laufwerken hat das Volume eine potenzielle Kapazität von 160 GB. RAID-5 belegt jedoch für die Paritätsinformationen den Speicherplatz eines Datenträgers, was bedeutet, dass die sich ergebende Speicherkapazität dieses Volumes 120 GB beträgt.

Anschließend hat Datenträger 0 20 GB verfügbaren Speicherplatz und Datenträger 1 40 GB. Sie können die Spiegelung des Betriebssystemvolumes auf Datenträger 1 konfigurieren, wodurch auf diesem Laufwerk noch 20 GB frei bleiben. Der verbleibende Speicherplatz (20 GB pro Datenträger auf den Datenträgern 0 und 1) kann als gespiegeltes Volume für Benutzerdaten mit einer Speicherkapazität von 20 GB konfiguriert werden. Ein einfaches, übergreifendes oder Stripesetvolume wäre nicht fehlertolerant. Ein RAID-5-Volume benötigt mindestens drei physische Datenträger, sodass eine Spiegelung die effektivste Möglichkeit der Nutzung des verbleibenden Speicherplatzes für eine fehlertolerante Datenspeicherung ist.

Lernzielkontrolle

Die folgenden Fragen dienen dazu, die wichtigsten Lehrinhalte dieser Lektion zu vertiefen. Können Sie eine Frage nicht beantworten, arbeiten Sie das entsprechende Lektionsmaterial noch einmal durch, und versuchen Sie dann erneut, die Frage zu beantworten. Die Antworten auf die Lernzielkontrollfragen finden Sie im Abschnitt „Fragen und Antworten“ am Ende dieses Kapitels.

1. Sie implementieren Software-RAID auf Ihrem Windows Server 2003-Computer. Sie wollen die System- und die Startpartition mit Fehlertoleranz versehen. Welchen RAID-Typ müssen Sie verwenden?
   a. RAID-0
   b. RAID-1
   c. RAID-5
   d. Software-RAID kann nicht zum Schutz einer Startpartition verwendet werden.
2. Sie richten einen Windows Server 2003-Computer ein und möchten die Daten auf der Festplatte schützen. Sie möchten eine Lösung implementieren, die für die schnellste Datenträger-E/A sorgt und den Austausch von Festplatten bei laufendem Betrieb unterstützt. Welche RAID-Lösung müssen Sie verwenden?
   a. RAID-0
   b. RAID-1
   c. RAID-5
   d. Hardware-RAID

3. Sie richten RAID-5 auf Ihrem Windows Server 2003-Computer ein. Sie wollen fünf Festplatten mit je 20 GB verwenden. Mit welchem Prozentsatz an Redundanz müssen Sie bei dieser Konfiguration rechnen?
   a. 20
   b. 25
   c. 33
   d. 50
4. Sie richten Software-RAID auf einem Windows Server 2003-Computer ein, um Fehlertoleranz für die auf dem System gespeicherten Daten zu erreichen. Der Computer wird als Datenbankserver verwendet. Der Server führt viele Lesevorgänge, jedoch nur relativ wenige Schreibvorgänge aus. Ihr Ziel ist eine fehlertolerante Lösung mit herausragender Leseleistung. Welche RAID-Lösung müssen Sie verwenden?
   a. RAID-0
   b. RAID-1
   c. RAID-5
5. Ein Computer, auf dem Sie RAID-5 implementieren möchten, enthält drei Datenträger mit je 2 GB verfügbarem Speicherplatz. Im Snap-In **Datenträgerverwaltung** starten Sie den Assistenten zum Erstellen neuer Volumes, indem Sie mit der rechten Maustaste auf Bereiche mit verfügbarem Speicherplatz klicken. Auf der Seite **Volumetyp auswählen** ist die Option **RAID-5** nicht verfügbar. Wie lautet die wahrscheinliche Erklärung hierfür?
   a. RAID-5 ist bereits auf Hardwarebasis implementiert.
   b. Einer oder zwei der Datenträger sind als Basisdatenträger konfiguriert.
   c. Alle drei Datenträger sind als dynamische Datenträger konfiguriert.
   d. Alle drei Datenträger sind als Basisdatenträger konfiguriert.
   e. RAID-5 ist bereits auf Softwarebasis implementiert.
6. Ein Datenträger eines gespiegelten Volumes ist ausgefallen. Sie beschließen, den ausgefallenen Datenträger auszutauschen. Wie müssen Sie die Spiegelung auf den Datenträgeraustausch vorbereiten?

   ____

   ____

   ____

   ____

   ____

   ____

Zusammenfassung der Lektion

- Einige RAID-Typen bieten Fehlertoleranz durch die Implementierung von Datenredundanz. Sie können RAID-Fehlertoleranz entweder als Hardware- oder Softwarelösung implementieren.
- Hardwarelösungen bieten eine bessere Leistung als Softwarelösungen, sind in der Regel jedoch auch teurer.
- Windows Server 2003 unterstützt drei Softwareimplementierungen von RAID: Stripesetvolumes (RAID-0), gespiegelte Volumes (RAID-1) und Stripsetvolumes mit Parität (RAID-5).
- Ein Stripsetvolume (RAID-0) verteilt Daten auf alle Datenträger im Volume und bietet eine verbesserte Lese- und Schreibleistung, jedoch keine Fehlertoleranz.
- Bei einem RAID-5-Volume wird die Fehlertoleranz erreicht, indem zu den einzelnen Datenträgerpartitionen im Volume ein Stripe mit Paritätsinformationen hinzugefügt wird.
- Ein gespiegeltes Volume verwendet den Fehlertoleranztreiber, um dieselben Daten gleichzeitig auf ein Volume auf beiden physischen Datenträgern zu schreiben.
- Die Hauptunterschiede zwischen gespiegelten und RAID-5-Volumes werden bei der Leistung und den Kosten spürbar. Gespiegelte Volumes bieten eine gute Lese- und Schreibleistung. RAID-5-Volumes bieten eine bessere Leseleistung als gespiegelte Volumes, jedoch nur eine mäßige Schreibleistung.
- Der einzige Software-RAID-Typ, der für das Systemvolume verwendet werden kann, ist ein gespiegeltes Volume.

Übung mit Fallbeispiel

Hinweis Für dieses Fallbeispiel ist ein Internetzugang erforderlich.

Sie sind Serveradministrator bei der Firma Contoso. Die Datenspeicherkapazität der Dateiserver des Unternehmens sind fast erschöpft, weshalb eine Erweiterung erfolgen muss. Bislang hat das Unternehmen für Datenredundanzzwecke Bandsicherungen verwendet. Aufgrund des aktuellen Wachstums sind mehr als ein paar Minuten Ausfallzeit nicht länger hinnehmbar, wenn ein Festplattenlaufwerk eines Servers ausfällt. Aus diesem Grund hat man Sie aufgefordert, Datenspeicheroptionen auszuwählen, die für Fehlertoleranz sorgen.

Übung 1: Fehlertolerante Windows Server 2003-Volumes

Gehen Sie die Informationen in Lektion 4 durch, um zu überprüfen, wie Sie mithilfe dynamischer Windows Server 2003-Volumes fehlertolerante Server am besten konfigurieren können. Die praktische Übung in Lektion 4 dient als Informationsquelle für die verschiedenen Volumetypen, die zur Ermöglichung der Fehlertoleranz konfiguriert werden können.

Berücksichtigen Sie die besonderen Anforderungen bei IDE-Laufwerken. Wenn das Betriebssystem auf einem gespiegelten IDE-Laufwerk installiert ist und das primäre Laufwerk ausfällt, müssen Sie die Jumper oder Kabel des sekundären Laufwerks neu konfigurieren und sicherstellen, dass es an den primären IDE-Kanal angeschlossen ist. Vor diesem Hintergrund entscheiden Sie sich für eine stabilere Konfiguration mit zwei SCSI-Controllern mit einer Kopie der Spiegelung als erstem Datenträger für jede SCSI-Kette. Diese Konfiguration ermöglicht nicht nur die schnelle Wiederherstellung nach dem Ausfall eines einzelnen Laufwerks, sondern auch nach dem Ausfall eines der SCSI-Controller.

Berücksichtigen Sie anschließend die Auswirkungen von Windows Server 2003-RAID auf Leistung und Kapazität. Beachten Sie die Dauer der Wiederherstellung bei Ausfall eines Laufwerks (Herunterfahren des Servers, Austauschen des Laufwerks, Neustarten des Servers) und die Dauer der erneuten Erzeugung eines fehlenden Volumes.

Übung 2: Hardware-RAID

Nach Prüfung dieser Informationen entschließen Sie sich, Hardware-RAID näher zu untersuchen. Welche Vorteile bietet Hardware-RAID? Einige der Antworten finden Sie in Lektion 4.

Öffnen Sie den Internet Explorer, und wechseln Sie zu den Websites verschiedener Hardware- und Zubehöranbieter. Durchsuchen Sie die Sites nach RAID-Arrays. Sie werden RAID-Arrays finden, die Festplattenlaufwerke, RAID-Controller und RAID-Gehäuse umfassen, zu denen Sie Laufwerke hinzufügen müssen. Konzentrieren Sie sich auf die sofort einsatzbereiten RAID-Arrays, und beantworten Sie die folgenden Fragen:

- Welche Optionen sind verfügbar?

  ____

  ____

- Wer bietet Hardware-RAID-Arrays an?

  ____

  ____

- Welche Speicherkapazitäten bieten Hardware-RAID-Arrays?

  ____

  ____

- Welche RAID-Konfigurationen werden von den Hardware-RAID-Arrays implementiert? Gibt es Konfigurationen, die von Windows Server 2003 nicht unterstützt werden?

  ____

  ____

- Wie groß ist die Preisespanne für Hardware-RAID-Arrays?

  ____

  ____

- Was kosten Einstiegslösungen?

  ____

  ____

Zum Zeitpunkt der Entstehung dieses Buchs kosteten Hardware-RAID-Lösungen mit 720 GB Speicherkapazität, was näher an einem Terabyte als an der Größe eines einzelnen Laufwerks in den meisten Servern ist, weniger als 3000 Dollar.

Wie können Sie Ihrem Vorgesetzten den Wert von Hardware-RAID verdeutlichen? Würden Sie Hardware-RAID dem Windows Server 2003-RAID vorziehen? Begründen Sie Ihre Antwort.

Übung zur Problembehandlung

Sie sind Serveradministrator bei der Firma Contoso. Sie haben von einem vorherigen Administrator einen Server übernommen, der verschiedene interne SCSI-Festplattenlaufwerk enthält. Sie öffnen die Konsole **Datenträgerverwaltung**, um die Konfiguration dieser Laufwerke und ihrer Volumes zu bestimmen. Die folgende Abbildung zeigt die Konfiguration:

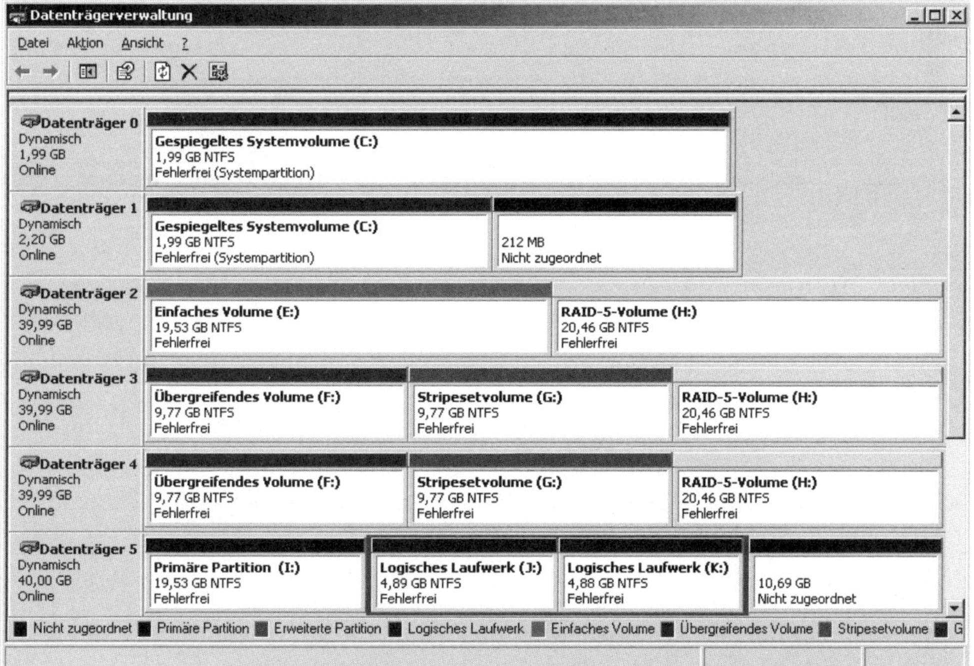

Die Wettervorhersage kündigt einen Orkan an, der am kommenden frühen Morgen über ihre Stadt hinwegfegen soll. Um auf Nummer Sicher zu gehen, starten Sie die Sicherung Ihrers Servers, kurz bevor Sie nach Hause gehen. Der Orkan ist so stark, dass Unternehmen wie das Ihre mehrere Tage geschlossen werden müssen. Die Stromversorgung im Firmengebäude von Contoso ist ausgefallen, und schließlich sind auch die Akkus Ihrer unterbrechungsfreien Stromversorgung erschöpft, sodass die Server nicht mehr mit Strom versorgt werden. Im Verlauf der ersten Stunden nach dem Wiedereinschalten der Stromversorgung kommt es mehrfach zu Stromschwankungen und Überspannungen.

Nach der Rückkehr zum Serverraum starten Sie die Server. Der Server meldet Fehler. Nach dem Öffnen der **Datenträgerverwaltung** sehen Sie die folgende, Furcht erregende Ansicht Ihrer Datenträger und Volumes:

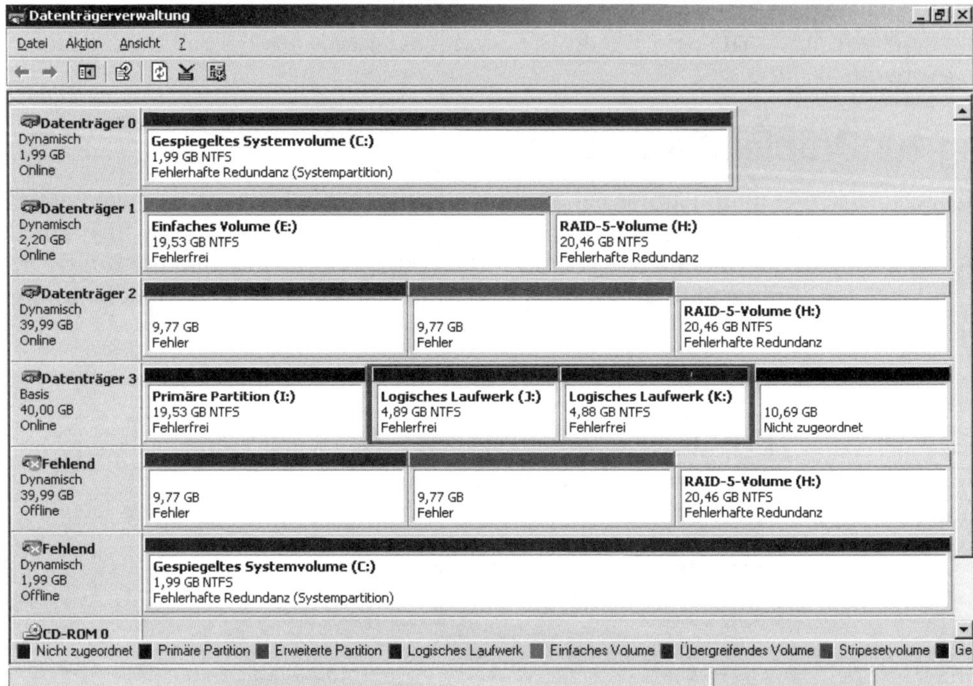

Zwei Laufwerke auf dem Server sind ausgefallen, von denen eines die Spiegelung des Betriebssystemvolumes enthielt. Das andere enthielt mehrere Volumetypen, wie z.B. Teile eines übergreifenden, eines Stripeset- und eines RAID-5-Volumes.

Sie haben ein noch verpacktes Laufwerk mit 80 GB auf Vorrat. Sie fahren den Server herunter und bauen die beiden ausgefallenen Laufwerke aus. Nach Einbau des neuen Datenträgers starten Sie den Server neu.

Übung

Nehmen Sie sich einen Moment Zeit, und halten Sie auf einem Blatt Papier die Schritte fest, die zum Wiederherstellen der verloren gegangenen Daten auf den ausgefallenen Volumes erforderlich sind. Gehen Sie sorgfältig vor. Fügen Sie die Schritte zum Aufräumen der fehlenden Datenträger und Volumes sowie zum Installieren, Konfigurieren und Ersetzen von Daten auf dem neuen Datenträger hinzu.

Wenn Sie der Meinung sind, dass Ihre Schrittliste so umfassend wie möglich ist, vergleichen Sie Ihre Antwort mit der folgenden.

Der Wiederherstellungsvorgang sieht wie folgt aus:

1. Melden Sie sich am System an.

2. Stellen Sie die Installation des neuen Festplattenlaufwerks fertig. Befolgen Sie alle Anweisungen des Assistenten für das Suchen neuer Hardware. Wird der Assistent für das Suchen neuer Hardware nicht gestartet, öffnen Sie den Geräte-Manager, um zu prüfen, ob der Datenträger automatisch erkannt und installiert wurde. Werden keine Datenträger angezeigt, installieren Sie den Datenträger über das Programm **Hardware** der Systemsteuerung.
3. Öffnen Sie die **Datenträgerverwaltung**.
4. Lassen Sie den neuen Datenträger erkennen, und initialisieren Sie ihn. Die **Datenträgerverwaltung** erkennt den neuen Datenträger wahrscheinlich und startet den Assistenten für die Datenträgerinitialisierung. Wird der Assistent nicht gestartet, prüfen Sie, ob der Datenträger in der **Datenträgerverwaltung** angezeigt wird. Falls nicht, klicken Sie mit der rechten Maustaste auf **Datenträgerverwaltung**, und wählen Sie den Befehl **Datenträger neu einlesen**. Sobald der Datenträger angezeigt wird, klicken Sie mit der rechten Maustaste auf den Datenträger, und wählen Sie **Initialisieren**.
5. Stellen Sie die Volumes (in beliebiger Reihenfolge) wieder her.

   Wiederherstellen des RAID-5-Volumes:

   a. Konvertieren Sie den neuen Datenträger in einen dynamischen Datenträger. Klicken Sie mit der rechten Maustaste auf den neuen Datenträger, und klicken Sie auf **In dynamischen Datenträger konvertieren**.

   b. Klicken Sie mit der rechten Maustaste auf einen funktionierenden Teil des RAID-5-Volumes, und wählen Sie **Volume reparieren**. Wählen Sie den neuen Datenträger aus, der über ausreichend Speicherplatz zur Unterstützung eines Mitglieds des Stripesets verfügt. Das RAID-5-Volume wird erstellt und synchronisiert.

   Wiederherstellen des gespiegelten Volumes:

   a. Entfernen Sie die Spiegelung. Klicken Sie mit der rechten Maustaste auf das ausgefallene Laufwerk, und wählen Sie den Befehl **Spiegelung entfernen**. Wählen Sie den mit **Fehlend** markierten Teil aus, und klicken Sie auf **Spiegelung entfernen**. Der restliche Teil der Spiegelung wird ein einfaches Volume.

   b. Klicken Sie mit der rechten Maustaste auf das einfache Volume, und wählen Sie den Befehl **Spiegelung hinzufügen**. Wählen Sie den neuen Datenträger aus, der über genug Speicherplatz für die Spiegelung verfügt, und klicken Sie auf **Spiegelung hinzufügen**. Die Spiegelung wird erstellt und synchronisiert.

   Wiederherstellen des Stripesetvolumes:

   a. Löschen Sie das Volume. Stripesetvolumes sind nicht fehlertolerant. Alle Daten auf dem Volume sind verloren gegangen.

   b. Erstellen Sie das Volume neu. Klicken Sie mit der rechten Maustaste an der Stelle auf den verfügbaren Speicherplatz, an der das Stripeset vorhanden war, und wählen Sie **Neues Volume**. Wählen Sie ein Stripesetvolume aus, und fügen Sie den neuen Datenträger zum Stripeset hinzu. Das Stripesetvolume wird erstellt und formatiert.

   c. Stellen Sie Daten aus der Sicherung im Stripesetvolume wieder her.

Wiederherstellen des übergreifenden Volumes:

a. Löschen Sie das Volume. Übergreifende Volumes sind nicht fehlertolerant. Alle Daten auf dem Volume sind verloren gegangen.

b. Erstellen Sie das Volume neu. Klicken Sie mit der rechten Maustaste an der Stelle auf den verfügbaren Speicherplatz, an der das Volume vorhanden war, und wählen Sie **Neues Volume**. Wählen Sie ein übergreifendes Volume aus, und fügen Sie den neuen Datenträger zum Stripeset hinzu. Wählen Sie die entsprechende Menge an Speicherplatz aus, die auf dem neuen Datenträger belegt werden soll. Das übergreifende Volume wird erstellt und formatiert.

c. Stellen Sie Daten aus der Sicherung im übergreifenden Volume wieder her.

6. Entfernen Sie die fehlenden Datenträger aus der Datenträgerverwaltung. Klicken Sie mit der rechten Maustaste auf die fehlenden Datenträger, und wählen Sie den Befehl **Datenträger entfernen**. Sie können den Datenträger mit der fehlenden Spiegelung erst entfernen, nachdem die Spiegelung entfernt wurde. Sie können den Datenträger mit einfachen, übergreifenden und RAID-5-Volumes erst entfernen, nachdem diese Volumes gelöscht und repariert worden sind.

7. Rufen Sie, nachdem alle Volumes neu synchronisiert und wiederhergestellt wurden, **Chkdsk** auf.

Zusammenfassung des Kapitels

- Windows Server 2003 unterstützt zwei Arten der Speicherung, „Basis“ und „dynamisch“, sowie die drei Dateisysteme FAT, FAT32 und NTFS. Die meisten hoch entwickelten Speicherverwaltungsfunktionen stehen nur auf dynamischen Datenträgervolumes zur Verfügung, die mit NTFS formatiert sind.
- Dynamische Datenträger bieten bei Konfigurationen mit mehreren Datenträgern flexible und leistungsstarke Optionen. Sie können übergreifende, gespiegelte, Stripeset- und RAID-5-Volumes implementieren, um Speicherplatz gemäß den Anforderungen an Kapazität, Leistung und Fehlertoleranz bereitzustellen.
- Datenträgervolumes können beschädigt oder fragmentiert werden oder ihre Kapazitätsgrenzen erreichen. Die Datenträgerprüfung, Defragmentierung und Datenträgerkontingente unterstützen Sie bei der Verwaltung von Volumes.
- Nicht alle RAID-Konfigurationen sind fehlertolerant. Gespiegelte und RAID-5-Volumes sind fehlertolerant, Stripesetvolumes dagegen nicht. Keiner der Windows Server 2003-Volumetypen ist fehlertolerant, wenn mehr als ein Datenträger im Volume ausfällt.

Prüfungsrelevante Themen

Vor Absolvieren der Prüfung sollten Sie anhand der nachfolgend aufgeführten Schlüsselinformationen und -begriffe prüfen, welche Themen Sie gegebenenfalls noch einmal durcharbeiten müssen. Gehen Sie die entsprechenden Lektionen und Praxisübungen erneut durch, und lesen Sie die Abschnitte „Weiterführende Literatur" in Teil II, um weitere Informationen zu den abgedeckten Lernzielen für die Prüfung zu erhalten.

Schlüsselinformationen

- Beschreiben der Auswirkungen der einzelnen Volumetypen auf Kapazität, Leistung und Fehlertoleranz. Seien Sie darauf vorbereitet, Datenträgerkonfigurationen auf Basis von Speicherplatzanforderungen zu empfehlen.
- Machen Sie sich damit vertraut, wie Datenträgerkontingente für Benutzer implementiert werden, und bestimmen Sie die Auswirkungen beider standardmäßigen Kontingenteinstellungen sowie bestimmter Kontingenteinträge.
- Machen Sie sich mit den Befehlen zum Erkennen und Reparieren eines Volumes vertraut, das vorübergehend offline war, nun jedoch wieder angeschlossen ist: **Datenträger neu einlesen** und **Datenträger reaktivieren** oder **Volume erneut aktivieren,** und **Chkdsk**.
- Machen Sie sich klar, wie fehlertolerante Volumes (gespiegelte und RAID-5-Volumes) auf einem ausgetauschten Datenträger wieder erstellt werden. Die dazugehörigen Befehle heißen: **Datenträger neu einlesen**, **Initialisieren**, **In dynamischen Datenträger konvertieren**, **Spiegelung aufteilen**, **Spiegelung entfernen** und **Volume reparieren**.

Schlüsselbegriffe

Einfaches Volume Die Entsprechung einer Basisdatenträgerpartition ist ein einfaches Volume eines dynamischen Datenträgers. Da einfache Volumes sich nur über einen physischen Datenträger erstrecken, bieten sie keine Fehlertoleranz.

Übergreifendes Volume Ein übergreifendes Volume belegt Speicherplatz auf mehreren physischen Datenträgern. Da ihr Umfang in der Regel größer ist und mehrere physische Datenträger beteiligt sind, steigt das Risiko eines Ausfalls. Übergreifende Volumes sind nicht fehlertolerant.

Stripesetvolume Daten werden mit derselben Geschwindigkeit auf 2 bis 32 physische Datenträger geschrieben. Es bietet maximale Leistung und Kapazität, jedoch keine Fehlertoleranz.

Gespiegeltes Volume Zwei Datenträger enthalten identische Kopien der Daten. Der einzige Software-RAID-Typ, der auf dem Systemvolume unterstützt wird. Gute Lese- und Schreibleistung, hervorragende Fehlertoleranz, jedoch kostspielig hinsichtlich der Datenträgerausnutzung, da 50 Prozent der potenziellen Kapazität des Volumes für die Datenredundanz verwendet wird.

RAID-5-Volume Daten werden mit derselben Geschwindigkeit auf 2 bis 32 physische Datenträger geschrieben und durch Paritätsinformationen ergänzt, um bei Ausfall eines einzelnen Datenträgers für Fehlertoleranz zu sorgen. Gute Leseleistung und gute Ausnutzung der Datenträgerkapazität. Aufwendig hinsichtlich der Prozessornutzung und Schreibleistung, da bei Schreibvorgängen die Parität berechnet werden muss.

Fragen und Antworten

Seite 475

Lernzielkontrolle Lektion 1

1. Sie installieren ein neues Festplattenlaufwerk mit 200 GB. Sie wollen den Datenträger in fünf logische Volumes unterteilen: für das Betriebssystem, für Anwendungen, für die Basisverzeichnisse der Benutzer, für freigegebene Daten und für einen Softwareverteilungspunkt. Der Speicherplatz des Laufwerks soll gleichmäßig auf die fünf logischen Volumes verteilt werden. Außerdem möchten Sie 50 GB freien Speicherplatz für die künftige Erweiterung eines logischen Volumes behalten. Welches sind Ihre Konfigurationsoptionen angesichts von Basis- und dynamischen Datenträgern und der Typen logischer Volumes, die diese unterstützen?

   Weisen Sie 150 GB Speicherplatz zu, damit 50 GB verfügbar bleiben. Dies bedeutet, dass jedes der fünf logischen Volumes über 30 GB verfügt. Sie können das Laufwerk als Basisdatenträger mit 0 bis 3 primären Partitionen konfigurieren, von denen jede ein logisches Laufwerk unterstützt (welches das logische Volume für einen Basisdatenträger ist). Die verbleibenden zwei bis fünf logischen Volumes würden als logische Laufwerke in einer erweiterten Partition erstellt. Ist der Datenträger als dynamischer Datenträger konfiguriert, würden alle fünf logischen Volumes als einfache Volumes eingerichtet. Wenngleich diese Konfiguration eine gültige Antwort auf die Frage ist, ist die empfohlene Vorgehensweise in diesem Szenario die Konfiguration des Datenträgers als dynamischen Datenträger. Die Gründe dafür erfahren Sie in der nächsten Lektion.

2. Welche der folgenden Optionen bietet die Möglichkeit der Wiederherstellung nach dem Ausfall einer einzelnen Festplatte?

   a. Primäre Partition

   b. Erweiterte Partition

   c. Logisches Laufwerk

   d. Einfaches Volume

   e. Übergreifendes Volume

   f. Gespiegeltes Volume

   g. Stripesetvolume

   h. RAID-5-Volume

   Richtig sind Antwort f und h.

3. Sie betreiben in Ihrer Testumgebung ein Dualbootsystem. Auf dem Computer ist in der ersten primären Partition Windows NT 4.0 und in der zweiten primären Partition Windows Server 2003 installiert. Die Kapazität der Festplatte ist fast erschöpft, weshalb Sie ein neues Festplattenlaufwerk hinzufügen. Sie starten mit Windows Server 2003 und konfigurieren das Laufwerk als dynamischen Datenträger. Als Sie später mit Windows NT 4.0 neu starten wollen, wird die Festplatte nicht angezeigt. Warum?

   Nur Windows 2000, Windows XP und die Windows Server 2003-Produktfamilie unterstützen dynamische Datenträger.

4. Um Fehlertoleranz, maximale Leistung und den Austausch eines ausgefallenen Laufwerks bei laufendem Betrieb zu ermöglichen, haben Sie ein Hardware-RAID-Array mit sieben Festplatten implementiert. Nach der Installation des Arrays wird unter Windows Server 2003 nur eine neue Festplatte angezeigt. Warum?

   Nach der Konfiguration verbergen Hardware-Datenträgersubsysteme mit einem unabhängigen Controller die physische Datenträgerstruktur vor dem Betriebssystem (man könnte auch sagen, sie „abstrahieren die Hardware") und übernehmen die E/A-Zugriffe auf die Datenträger des Arrays selbst. Die Betriebssystemleistung wird nicht durch die Berechnung von Parität oder die Durchführung gespiegelter Schreibvorgänge beeinträchtigt.

Seite 490

Lernzielkontrolle Lektion 2

1. Diese Frage setzt das Szenario von Frage 1 der Lernzielkontrolle in Lektion 1 fort. Sie haben ein neues Festplattenlaufwerk mit 200 GB installiert. Sie haben es als Basisdatenträger konfiguriert und drei primäre Partitionen mit je 30 GB erstellt, um das Betriebssystem, die Basisverzeichnisse der Benutzer und freigegebene Daten darauf unterzubringen. Sie haben eine erweiterte Partition und zwei logische Laufwerke mit je 30 GB konfiguriert, um darauf die auf dem Computer installierten Anwendungen und einen Softwareverteilungspunkt unterzubringen. Es bleiben 50 GB verfügbarer Speicherplatz auf dem Datenträger. Mehrere Monate später stellen Sie fest, dass drei der Volumes sich ihrer Kapazitätsgrenze nähern. Sie wollen Vorbereitungen für den wahrscheinlichen Fall treffen, dass eine oder mehrere Partitionen erweitert werden müssen. Wie gehen Sie vor?

   Sie müssen den Datenträger in einen dynamischen Datenträger konvertieren. Eine Partition auf einem Basisdatenträger kann nur um unmittelbar zusammenhängenden verfügbaren Speicherplatz erweitert werden. Durch die Konvertierung des Datenträgers in einen dynamischen Datenträger wird jede primäre Partition und jedes logische Laufwerk in ein einfaches Volume konvertiert. Einfache Volumes können um beliebigen verfügbaren Speicherplatz erweitert werden.

2. Welche Art von Datenträgerbereich bietet Unterstützung für logische Laufwerke?

   a. Primäre Partitionen

   b. Einfache Volumes

   c. Übergreifende Volumes

   d. Erweiterte Partitionen

   e. Verfügbarer Speicherplatz

   Richtig ist Antwort d.

3. Sie haben vor Kurzem zu einem Computer einen Datenträger hinzugefügt. Der Datenträger wurde zuvor in einem Windows 2000 Server-Computer verwendet. Der Datenträger erscheint im Geräte-Manager, wird jedoch in der **Datenträgerverwaltung** nicht korrekt angezeigt. Welche Aufgabe müssen Sie ausführen?

   a. Fremden Datenträger importieren

   b. Volume formatieren

   c. Datenträger neu einlesen

d. Laufwerkbuchstabe oder Pfad ändern

e. In dynamischen Datenträger konvertieren

Richtig ist Antwort c.

4. Sie möchten einen externen FireWire-Datenträger von einem Basis- in einen dynamischen Datenträger konvertieren. Die Konvertierungsoption ist jedoch nicht verfügbar. Wie lautet die wahrscheinliche Erklärung hierfür?

   Ein Wechseldatenträger kann nicht in einen dynamischen Datenträger konvertiert werden. Externe Laufwerke gelten als Wechseldatenträger.

Seite 500

Lernzielkontrolle Lektion 3

1. Sie sind Administrator eines Windows Server 2003-Computers. Sie wollen Dateisystemfehler beheben und fehlerhafte Sektoren auf der Festplatte des Computers wiederherstellen. Welches Tool müssen Sie verwenden?

   a. Datenträgerprüfung (**Chkdsk**)

   b. Defragmentierung

   c. **Diskpart**

   d. Datenträgerkontingente

   Richtig ist Antwort a.

2. Sie sind Administrator eines Windows Server 2003-Computers. Die Festplatte des Computers enthält die beiden Datenvolumes **D** und **E**. Sie aktivieren Datenträgerkontingente auf den Volumes **D** und **E**, die alle Benutzer auf insgesamt 20 MB Speicherplatz begrenzen. Sie wollen jedoch den Speicherplatz in den Basisordnern der Benutzer, die in **D:\Benutzer** gespeichert sind, auf 10 MB pro Benutzer begrenzen. Ist dies möglich? Begründen Sie Ihre Antwort. Wo können Sie Kontingente implementieren?

   a. Auf allen Servern für alle Datenträger

   b. Auf allen physischen Datenträgern für alle Volumes

   c. Auf einem beliebigen Volume für alle Ordner

   d. In allen Ordnern

   Richtig ist Antwort c. Sie können Kontingente nur volumeweise implementieren. Sie können kein Kontingent für den Ordner **Benutzer** auf Volume **D** konfigurieren. Das Kontingent gilt für das gesamte Volume. Sie können auch kein Kontingent von 20 MB pro Benutzer für den gemeinsamen Speicherplatz auf den Volumes **D** und **E** festlegen. Sie können jedoch ein Limit von 15 MB auf Volume D und von 5 MB auf Volume **E** oder eine andere Kombination konfigurieren, die 20 MB ergibt.

3. Wie groß ist der benötigte freie Datenträgerspeicher auf einem Volume, um eine vollständige Defragmentierung durchführen zu können?

   a. 5 Prozent

   b. 10 Prozent

   c. 15 Prozent

d. 25 Prozent

e. 50 Prozent

Richtig ist Antwort c.

Seite 511

Lernzielkontrolle Lektion 4

1. Sie implementieren Software-RAID auf Ihrem Windows Server 2003-Computer. Sie wollen die System- und die Startpartition mit Fehlertoleranz versehen. Welchen RAID-Typ müssen Sie verwenden?

   a. RAID-0

   b. RAID-1

   c. RAID-5

   d. Software-RAID kann nicht zum Schutz einer Startpartition verwendet werden.

   Richtig ist Antwort b. Ein gespiegeltes Volume kann eine beliebige Partition, so auch die Start- oder Systempartition enthalten.

2. Sie richten einen Windows Server 2003-Computer ein und möchten die Daten auf der Festplatte schützen. Sie möchten eine Lösung implementieren, die für die schnellste Datenträger-E/A sorgt und den Austausch von Festplatten bei laufendem Betrieb unterstützt. Welche RAID-Lösung müssen Sie verwenden?

   a. RAID-0

   b. RAID-1

   c. RAID-5

   d. Hardware-RAID

   Richtig ist Antwort d. Wenngleich Hardware-RAID teurer ist als die softwarebasierte Fehlertoleranz, ist die Datenträger-E/A schneller. Außerdem können Hardware-Fehlertoleranzlösungen mit dem Austausch von Festplatten bei laufendem Betrieb (dem so genannten Hotswapping) und dem Hotsparing arbeiten, bei dem eine ausgefallene Festplatte automatisch durch eine Reservefestplatte ersetzt wird.

3. Sie richten RAID-5 auf Ihrem Windows Server 2003-Computer ein. Sie wollen fünf Festplatten mit je 20 GB verwenden. Mit welchem Prozentsatz an Redundanz müssen Sie bei dieser Konfiguration rechnen?

   a. 20

   b. 25

   c. 33

   d. 50

   Richtig ist Antwort a. RAID-5-Volumes haben einen Kostenvorteil gegenüber gespiegelten Volumes, da die Datenträgerausnutzung optimiert wird. Je mehr Datenträger ein RAID-5-Volume umfasst, desto geringer sind die Kosten für den redundanten Datenstripe. Bei einer RAID-5-Konfiguration mit fünf Datenträgern können Sie von einer Redundanzrate von 20 Prozent ausgehen.

4. Sie richten Software-RAID auf einem Windows Server 2003-Computer ein, um Fehlertoleranz für die auf dem System gespeicherten Daten zu erreichen. Der Computer wird als Datenbankserver verwendet. Der Server führt viele Lesevorgänge, jedoch nur relativ wenige Schreibvorgänge aus. Ihr Ziel ist eine fehlertolerante Lösung mit herausragender Leseleistung. Welche RAID-Lösung müssen Sie verwenden?

   a. RAID-0

   b. RAID-1

   c. RAID-5

   Richtig ist Antwort c. RAID-5 bietet zwar nur eine mäßige Schreibleistung, dafür aber eine hervorragende Leseleistung. RAID-1 bietet eine gute Lese- und Schreibleistung, ohne jedoch die Leseleistung von RAID-5 erreichen zu können.

5. Ein Computer, auf dem Sie RAID-5 implementieren möchten, enthält drei Datenträger mit je 2 GB verfügbarem Speicherplatz. Im Snap-In **Datenträgerverwaltung** starten Sie den Assistenten zum Erstellen neuer Volumes, indem Sie mit der rechten Maustaste auf Bereiche mit verfügbarem Speicherplatz klicken. Auf der Seite **Volumetyp auswählen** ist die Option **RAID-5** nicht verfügbar. Wie lautet die wahrscheinliche Erklärung hierfür?

   a. RAID-5 ist bereits auf Hardwarebasis implementiert.

   b. Einer oder zwei der Datenträger sind als Basisdatenträger konfiguriert.

   c. Alle drei Datenträger sind als dynamische Datenträger konfiguriert.

   d. Alle drei Datenträger sind als Basisdatenträger konfiguriert.

   e. RAID-5 ist bereits auf Softwarebasis implementiert.

   Richtig ist Antwort b. Um ein RAID-5-Volume konfigurieren zu können, müssen mindestens drei der Datenträger dynamische Datenträger sein.

6. Ein Datenträger eines gespiegelten Volumes ist ausgefallen. Sie beschließen, den ausgefallenen Datenträger auszutauschen. Wie müssen Sie die Spiegelung auf den Datenträgeraustausch vorbereiten?

   Stellen Sie sicher, dass keine Prozesse auf das gespiegelte Volume zugreifen. Vergewissern Sie sich, dass der Ausfall der Spiegelung auf einen ausgefallenen Datenträger und nicht auf einen ausgefallenen Festplattencontroller zurückzuführen ist. Wählen Sie dann mithilfe von **Diskpart** oder des Snap-Ins **Datenträgerverwaltung** das ausgefallene Laufwerk aus, und entfernen Sie die Spiegelung. Fahren Sie, falls erforderlich, den Computer nach Entfernung der Spiegelung herunter, und tauschen Sie die ausgefallene Festplatte aus. Starten Sie den Computer neu, und rufen Sie auf dem anderen Laufwerk mit der Spiegelung **Diskpart** oder das Snap-In **Datenträgerverwaltung** auf, um die Spiegelung hinzuzufügen. Nach dem Hinzufügen der Spiegelung wird diese auf dem neuen Datenträger neu erzeugt.

KAPITEL 12

Überwachen von Microsoft Windows Server 2003

In diesem Kapitel abgedeckte Prüfungsziele:

- Überwachen der Systemleistung. Als Hilfsprogramme können die Ereignisanzeige und der Systemmonitor eingesetzt werden.
- Überwachen und Analysieren von Ereignissen
- Überwachen und Optimieren eines Servers zur Steigerung der Leistung von Anwendungen
- Überwachen der Leistungsobjekte für den Arbeitsspeicher
- Überwachen der Leistungsobjekte für das Netzwerk
- Überwachen der Leistungsobjekte für Prozesse
- Überwachen der Leistungsobjekte für Datenträger
- Überwachen der Serverhardware auf Engpässe
- Überwachen von Ereignissen

Bedeutung dieses Kapitels

Nach der Erstinstallation eines neuen Computers voller Ressourcen und makelloser Datenträger ist die Welt noch in Ordnung. Doch sobald der Server nicht mehr ganz so neu ist und durch zusätzlich installierte Anwendungen und die Benutzer weitere Anforderungen an ihn gestellt werden, können sich Probleme einstellen. Ohne Kenntnis der verfügbaren Überwachungstools und der empfohlenen Vorgehensweisen für ihre Verwendung in Ihrer Umgebung kann sich die Verschlechterung der Serverleistung von einem Ärgernis zu einem beträchtlichen Problem entwickeln.

Zu den ersten Schritten der Überwachung bei einem neuen Microsoft Windows Server 2003-Computer gehört das sorgfältige Erfassen der Basisdaten für Ressourcenverfügbarkeit und Leistung. Diese „Baseline" sollte regelmäßig mit den aktuellen Daten verglichen werden, damit sich ergebende Probleme mit Anwendungen oder Hardware gelöst oder abgewendet werden können, bevor sie gravierend werden. Mit der umfassenden Palette an Tools in Windows Server 2003 sollte kein Systemadministrator, der etwas auf sich hält, dabei ertappt werden, keine Ahnung zu haben.

Lektionen in diesem Kapitel:

Bevor Sie beginnen

Für das Durcharbeiten der Übungen in diesem Kapitel gelten folgende Voraussetzungen:

- Sie müssen über einen Computer namens **Server01** verfügen, auf dem Windows Server 2003 installiert ist
- **Server01** sollte als Domänencontroller in der Domäne **contoso.com** fungieren.

Lektion 1: Die Ereignisanzeige

Windows Server 2003 führt eine Reihe von Protokollen mit Informationen über die laufenden Prozesse. Zur Anzeige dieser Protokolle verwenden Sie das Snap-In **Ereignisanzeige** der Microsoft Management Console (MMC). Die **Ereignisanzeige** kann als eigenständiges oder als Erweiterungs-Snap-In verwendet werden. Durch die Anpassung der Optionen für jedes der Protokolle an die Anforderungen Ihrer Umgebung können Sie entsprechende Daten zur Problembehandlung von Hardware, Anwendungen, System und Ressourcenzugriffen erfassen.

Am Ende dieser Lektion werden Sie in der Lage sein, die folgenden Aufgaben auszuführen:

- Beschreiben der Typen der Ereignisanzeigeprotokolle
- Konfigurieren der gewünschten Aufzeichnung von Protokolldaten
- Anzeigen protokollierter Daten in gefilterter Form

Veranschlagte Zeit für diese Lektion: 20 Minuten

In der Ereignisanzeige verfügbare Protokolle

Der Windows Server 2003-Dienst **Ereignisprotokoll**, der auf allen Windows Server 2003-Computer vorhanden ist und automatisch gestartet wird, zeichnet Ereignisse in einer von drei Protokolldateien auf:

- **Anwendung** Enthält Informationen über bestimmte Anwendungen, die auf dem Computer laufen, wie von den Entwicklern der jeweiligen Anwendung festgelegt.
- **System** Enthält Informationen über Ereignisse, die von Komponenten wie Diensten und Gerätetreibern des Betriebssystems Windows Server 2003 generiert werden. Kann ein Dienst zum Beispiel nicht gestartet werden oder lässt sich ein Treiber beim Start des Computers nicht laden, werden entsprechende Einträge im Systemprotokoll vorgenommen. Die Ereignisarten, die in diesem Protokoll aufgezeichnet werden, werden vom Betriebssystem vorgegeben und lassen sich nicht ändern. Das ist das wichtigste Protokoll von Windows Server 2003. Wenn Sie nach Informationen über Systemprobleme suchen, sollten Sie stets zuerst in diesem Protokoll nachsehen.
- **Sicherheit** Kann Informationen über sicherheitsrelevante Ereignisse enthalten, wie beispielsweise fehlgeschlagene Anmeldungen, Zugriffsversuche auf geschützte Ressourcen (wie Drucker, Dateien und Ordner) und Erfolg oder Misserfolg von überwachten Ereignissen. In der Standardkonfiguration zeichnet Windows Server 2003 keine Daten im Sicherheitsprotokoll auf. Welche Ereignisse in diesem Protokoll erfasst werden, wird durch Überwachungsrichtlinien festgelegt, die Sie entweder in den Richtlinien des lokalen Computers oder in Gruppenrichtlinien festlegen. Standardmäßig können nur Mitglieder der Administratorgruppe dieses Protokoll einsehen.

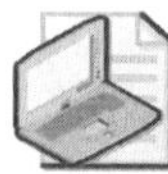

Hinweis Die Ereignisse in den Protokollen **Anwendung** und **System** werden vom Anwendungsentwickler bzw. Betriebssystem bestimmt. Das Protokoll **Sicherheit** muss hingegen zuerst für den Typ des aufzuzeichnenden Ereignisses konfiguriert werden (für jedes Ereignis als **Erfolgreich** oder **Fehlgeschlagen**). Sind Datei- und Objektzugriffsereignisse ausgewählt, müssen die Sicherheitseigenschaften jedes Objekts so konfiguriert werden, dass Ereignisse im Sicherheitsprotokoll aufgezeichnet werden.

Windows Server 2003-Computer, die als Domänencontroller fungieren, verfügen über zwei weitere Protokolle:

- **Verzeichnisdienst** Enthält Informationen über den Active Directory-Verzeichnisdienst, beispielsweise über widersprüchliche Objektreplikationen oder andere wichtige Ereignisse, die im Verzeichnisdienst aufgetreten sind.
- **Dateireplikationsdienst** Enthält Informationen über den Erfolg oder Fehlschlag der Replikationsaktivitäten, die zwischen Active Directory-Domänencontrollern stattfinden.

Windows Server 2003-Computer schließlich, die als DNS-Server (Domain Name System) fungieren, verfügen über ein weiteres Protokoll:

- **DNS-Server** Enthält Informationen über den Status und Operationen des **DNS-Server**-Dienstes.

Die **Ereignisanzeige** enthält zwar die wichtigsten Ereignisprotokolle von Windows Server 2003, aber nicht alle. Im Betriebssystem gibt es eine Anzahl von Diensten, die ihre eigenen, separaten Protokolle führen. Dabei handelt es sich gewöhnlich um einfache Textdateien, die Sie mit jedem Texteditor öffnen können, zum Beispiel mit dem Editor von Windows. Zu den separaten Protokollen, die Sie auf einem Windows Server 2003-Computer finden, gehören:

- Dynamic Host Configuration Protocol (DHCP)-Überwachung
- Dr. Watson (Programmfehler)
- Faxaktivität
- Windows-Firewall
- Microsoft-Internetinformationsdienste (IIS)
- Windows Media-Dienste-Clients
- WINS-Datenbanktransaktionen

Konfigurieren der Ereignisprotokolle

Jedes Protokoll verfügt im Snap-In **Ereignisanzeige** über ein eigenes Eigenschaftendialogfeld, in dem Sie die Aufbewahrungsparameter des Protokolls festlegen und steuern können, welche Informationen aus dem Protokoll angezeigt werden. Diese Einstellungen werden in den folgenden Abschnitten näher beschrieben.

Aufbewahrungseinstellungen des Ereignisprotokolls

Auf der Registerkarte **Allgemein** des Eigenschaftendialogfelds eines Protokolls (Abbildung 12.1) können Sie die maximale Protokollgröße einstellen und festlegen, was geschehen soll, wenn die Protokolldatei ihre Maximalgröße erreicht. Folgende Optionen stehen für die Aufbewahrung zur Wahl:

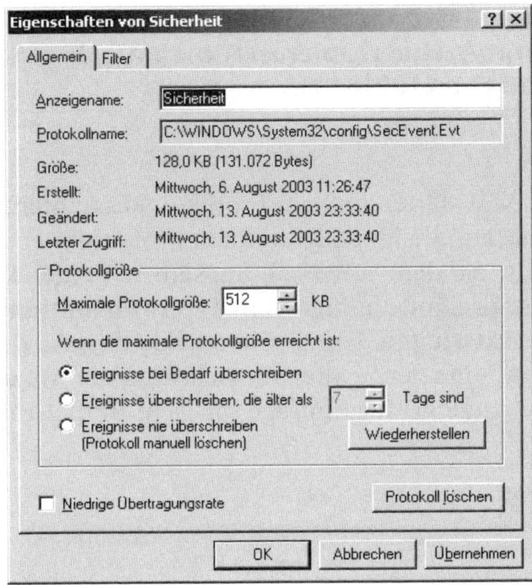

Abbildung 12.1 Die Einstellungen auf der Registerkarte **Allgemein** des Sicherheitsprotokolls

- **Ereignisse bei Bedarf überschreiben** Die ältesten Einträge werden nach Bedarf gelöscht, sobald das Protokoll die angegebene Maximalgröße erreicht.
- **Ereignisse überschreiben, die älter als X Tage sind** Protokolleinträge werden für die Anzahl von Tagen aufbewahrt, die mit dieser Option eingestellt wird (von 1 bis 365). Erreicht das Protokoll die angegebene Maximalgröße und gibt es keine Einträge, die älter sind als angegeben, schreibt das System keine neuen Ereigniseinträge mehr ins Protokoll.
- **Ereignisse nie überschreiben (Protokoll manuell löschen)** Das System bewahrt alle Protokolleinträge auf, bis ein Administrator sie manuell löscht. Wenn das Protokoll die angegebene Maximalgröße erreicht, schreibt das System keine neuen Einträge mehr ins Protokoll.

Sicherheitshinweis Bei Wahl der Standardeinstellung **Ereignisse bei Bedarf überschreiben** können wichtige Daten zum Ressourcenzugriff oder andere die Sicherheit betreffende Daten überschrieben werden, wenn das Protokoll nicht oft genug überprüft wird. Ein regelmäßiger Analysezeitplan wird empfohlen. Protokolldateien können bei Bedarf zur Bestandsführung oder anderen administrativen Zwecken archiviert (auf Festplatte gespeichert) werden.

Um besser dafür zu sorgen, dass keine Sicherheitsprotokolleinträge verloren gehen, bietet die Windows Server 2003-Gruppenrichtlinie in der Richtlinie **Computerkonfiguration/ Sicherheitseinstellungen** eine Einstellung, die das Herunterfahren eines Computers erzwingt, wenn in dessen Sicherheitsprotokoll keine Überwachungsinformationen mehr geschrieben werden können. Diese Einstellung erzwingt zwar eine disziplinierte administrative Arbeit, wenn das Sicherheitsprotokoll auf ein manuelles Löschen festgelegt ist, aber sie macht den Server auch für Denial-of-Service-Angriffe anfällig. Siehe „Auditing Security Events Best practices" unter **http://technet2.microsoft.com/WindowsServer/en/Library/5658fae8-985f-48cc-b1bf-bd47dc2109161033.mspx**.

Verwenden von Filtern

Wenn Sie die **Ereignisanzeige** das erste Mal starten und ein Protokoll auswählen, zeigt das Snap-In chronologisch alle Ereignisse an, die im ausgewählten Protokoll verzeichnet wurden. Je nach der Größe des Protokolls und den Aufbewahrungseinstellungen kann die Liste sehr lang sein. Allerdings sind viele Ereigniseinträge vom Typ **Informationen** und beschreiben nur die üblichen alltägliche Aktivitäten. Um bestimmte Einträge in der Liste zu finden, können Sie mit einem Klick auf eine der Spaltenüberschriften die Anzeigereihenfolge ändern. Oder Sie schränken die Anzeige der Einträge mit dem Befehl **Filter** oder **Suchen** auf wichtige Ereignisse ein.

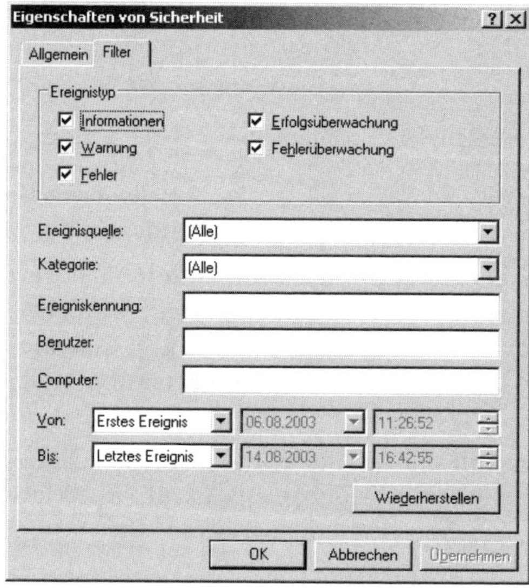

Abbildung 12.2 Filtereinstellungen für das Sicherheitsprotokoll

Wenn Sie die Einträge eines Protokolls filtern möchten, wählen Sie im Menü **Ansicht** den Befehl **Filter**. Dann öffnet sich das Eigenschaftendialogfeld des ausgewählten Protokolls mit aktivierter Registerkarte **Filter** (Abbildung 12.2). In diesem Dialogfeld können Sie die Ereignistypen auswählen, die angezeigt werden sollen, und die Ereignisliste durch andere Ereigniskriterien auf eine überschaubare Größe einschränken. Zur Suche nach bestimmten

Ereignissen in der Ereignisliste können Sie den Befehl **Suchen** aus dem Menü **Ansicht** verwenden. Er öffnet das Suchdialogfeld, das ähnliche Kriterien wie der Befehl **Filter** bietet.

Zugreifen auf Remoteereignisprotokolle

Wie viele MMC-Snap-Ins können Sie die **Ereignisanzeige** nicht nur zur Anzeige von Daten des lokalen Computers verwenden, auf dem Sie arbeiten, sondern auch zur Anzeige von Protokollen, die auf anderen Microsoft Windows-Computern liegen. Dazu wählen Sie in der Konsolenstruktur den Knoten **Ereignisanzeige (Lokal)** und wählen im Menü **Aktion** dann **Verbindung zu anderem Computer herstellen**. Im Dialogfeld **Computer auswählen** geben Sie den Namen des Computers an, dessen Ereignisprotokolle Sie sich ansehen möchten, und klicken dann auf **OK**.

Archivieren von Ereignisprotokollen

Das Snap-In **Ereignisanzeige** kann Protokolle in verschiedenen Formaten in Dateien schreiben, zum Beispiel als tabulatorseparierte Textdateien (.txt), kommaseparierte CSV-Dateien und als Ereignisprotokolldatei mit der Erweiterung .evt, die sich mit dem Snap-In öffnen lässt. Wenn Sie ein Protokoll in einer Datei speichern, erhalten Sie eine dauerhafte Aufzeichnung der Einträge und können anschließend die Protokolleinträge löschen. Eine regelmäßige Archivierung sorgt dafür, dass die Protokolldateien nicht zu groß werden und keine Einträge verloren gehen.

Praktische Übung: Ereignisüberwachung

In dieser praktischen Übung konfigurieren Sie das Sicherheitsprotokoll für den Datei- und Objektzugriff und filtern die im Sicherheitsprotokoll angezeigten Daten.

Übung 1: Konfigurieren des Sicherheitsprotokolls

In dieser Übung konfigurieren Sie die Überwachung des Datei- und Objektzugriffs.

1. Melden Sie sich am **Server01** als **Administrator** an, und öffnen Sie die Konsole **Active Directory-Benutzer und -Computer**.
2. Klicken Sie mit der rechten Maustaste auf die Organisationseinheit **Domain Controllers**, und wählen Sie im Kontextmenü den Befehl **Eigenschaften**.
3. Wählen Sie auf der Registerkarte **Gruppenrichtlinie** den Eintrag **Default Domain Controllers Policy**, und klicken Sie auf **Bearbeiten**.
4. Erweitern Sie unter dem Knoten **Computerkonfiguration** zuerst **Windows-Einstellungen**, danach **Sicherheitseinstellungen** und dann **Lokale Richtlinien**. Klicken Sie auf **Überwachungsrichtlinie**.
5. Klicken Sie im Detailbereich mit der rechten Maustaste auf **Objektzugriffsversuche überwachen**, und klicken Sie im Kontextmenü auf **Eigenschaften**.
6. Wählen Sie im Dialogfeld **Objektzugriffsversuche überwachen** den Befehl **Diese Versuche überwachen: Fehlgeschlagen**, und klicken Sie auf **OK**.

7. Schließen Sie den Gruppenrichtlinienobjekt-Editor. Klicken Sie auf **OK**, um das Eigenschaftendialogfeld für Domänencontroller zu schließen, und schließen Sie die Konsole **Active Directory-Benutzer und -Computer**.
8. Öffnen Sie eine Eingabeaufforderung, geben Sie **Gpupdate** ein, und drücken Sie die EINGABETASTE.
9. Wenn die Computerrichtlinie als aktualisiert gemeldet wird, schließen Sie die Eingabeaufforderung.

Sie haben soeben die Überwachung fehlgeschlagener Objektzugriffsversuche auf **Server01** (als Teil der Organisationseinheit **Domain Controllers**) aktiviert und die Gruppenrichtlinie aktualisiert, damit diese Einstellungen sofort wirksam werden.

Übung 2: Festlegen der Datei- und Objektüberwachung

In dieser Übung konfigurieren Sie die Überwachung eines Ordners, den Sie erstellen. Die Berechtigungen werden so festgelegt, dass sich ein Benutzer simulieren lässt, der versucht, unberechtigten Zugriff auf die Ressource zu erhalten.

1. Erstellen Sie auf dem Desktop den Ordner **Daten**.
2. Klicken Sie mit der rechten Maustaste auf den Ordner, und wählen Sie im Kontextmenü **Eigenschaften**.
3. Klicken Sie auf die Registerkarte **Sicherheit**, und wählen Sie Ihr Benutzerkonto aus.
4. Aktivieren Sie das Kontrollkästchen zum Erteilen der Berechtigung **Verweigern:Vollzugriff** für Ihr Benutzerkonto. Klicken Sie im Warndialogfeld auf **Ja**.
5. Klicken Sie auf **Erweitert** und dann auf die Registerkarte **Überwachung**. Fügen Sie einen Überwachungseintrag für **Ordner auflisten / Daten lesen: Fehlgeschlagen** zu Ihrem Benutzerkonto hinzu, und klicken Sie auf **OK**, um alle Eigenschaftendialogfelder zu schließen.
6. Doppelklicken Sie auf den Ordner **Daten**, um ihn zu öffnen. Es sollte die Warnmeldung **Zugriff verweigert** angezeigt werden.

Übung 3: Lesen des Sicherheitsprotokolls

In dieser Übung bestätigen Sie die Überwachung des fehlgeschlagenen Zugriffs auf den Ordner **Daten**.

1. Öffnen Sie in **Verwaltung** die Konsole **Computerverwaltung**.
2. Erweitern Sie den Knoten **Ereignisanzeige**, und klicken Sie im Ordnerbereich auf das Sicherheitsprotokoll.

   Oben in der Liste der Ereignisse werden mehrere Fehlversuchsüberwachungsereignisse (mit der Kennung 560) angezeigt, die sich auf Ihren fehlgeschlagenen Versuch des Zugriffs auf den Ordner **Daten** beziehen.
3. Klicken Sie mit der rechten Maustaste im Ordnerbereich auf das Sicherheitsprotokoll, wählen Sie im Kontextmenü den Befehl **Ansicht**, und wählen Sie anschließend **Filter**.

4. Wählen Sie im Dialogfeld **Filtern** jede der folgenden Optionen aus:
   - Ereignisquelle: Security
   - Kategorie: Objektzugriff
   - Ereignistyp: Fehlerüberwachung. Lassen Sie alle anderen deaktiviert.
5. Klicken Sie auf **OK**, um den Filter auf das Sicherheitsprotokoll anzuwenden.

Sie haben soeben die Daten des Sicherheitsprotokolls gefiltert, um nur die Ereignisse anzuzeigen, die zu fehlgeschlagenen Objektzugriffen gehören.

Lernzielkontrolle

Die folgenden Fragen dienen dazu, die wichtigsten Lehrinhalte dieser Lektion zu vertiefen. Können Sie eine Frage nicht beantworten, arbeiten Sie das entsprechende Lektionsmaterial noch einmal durch, und versuchen Sie dann erneut, die Frage zu beantworten. Die Antworten auf die Lernzielkontrollfragen finden Sie im Abschnitt „Fragen und Antworten" am Ende dieses Kapitels.

1. Welche Protokolle zeigt die Ereignisanzeige standardmäßig auf einem Domänencontroller an, der DNS ausführt? Um welche Protokolle handelt es sich, und welche Daten erfassen sie?

   ____

   ____

   ____

   ____

   ____

   ____

2. Sie haben Ihren Windows Server 2003-Computer für die Überwachung aller fehlgeschlagenen Objektzugriffe konfiguriert. Außerdem sind alle Dateien und Ordner für die Überwachung von **Ordner auflisten / Daten lesen: Fehlgeschlagen** konfiguriert. Alle anderen Ereignisanzeige- und Sicherheitsprotokolleinstellungen weisen die Standardkonfigurationen auf. Was passiert, wenn die Anzahl der Einträge im Sicherheitsprotokoll 16384 KB erreicht?

   ____

   ____

   ____

   ____

   ____

3. Sie möchten nicht, dass Daten im Sicherheitsprotokoll überschrieben werden. Sie möchten jedoch auch nicht, dass Ihr Windows Server 2003 zu irgendeinem Zeitpunkt dem Netzwerk nicht zur Verfügung steht. Welche Einstellungen müssen Sie auf dem Server konfigurieren?

____

____

____

____

____

____

Zusammenfassung der Lektion

Die Ereignisanzeige von Windows Server 2003 enthält mehrere Protokolle, die während des Systembetriebs Fehler und wichtige Ereignisse aufzeichnen. Das Systemprotokoll enthält Daten im Zusammenhang mit Diensten und anderen internen Betriebssystemfunktionen. Das Anwendungsprotokoll enthält Daten, die Softwareprogramme hineinschreiben. Das Sicherheitsprotokoll enthält Überwachungsdaten zu erfolgreichen und fehlgeschlagenen Zugriffen. Im Gegensatz zu den anderen Protokollen wird das Sicherheitsprotokoll hinsichtlich der Daten, die es aufnimmt, vom Administrator konfiguriert. Domänencontroller verfügen über zusätzliche Protokolle für die Dateireplikationsdienste und den Active Directory-Verzeichnisdienst. DNS-Server verfügen über ein Protokoll für das Domain Name System, das von den anderen Anwendungsprotokollen getrennt ist.

Bei komplexen und langen Protokollen können die anzuzeigenden Daten nach verschiedenen Kriterien gefiltert werden, wie z.B. Aufzeichnungsdatum und Datentyp, um die Anzeige lesbarer zu gestalten.

Alle Ereignisanzeigeprotokolle können hinsichtlich der maximalen Größe der Protokolldatei und der weiteren Verwendung der Protokolldatei bei Erreichen der Maximalgröße konfiguriert werden. Die Optionen bei Erreichen der Maximalgröße sind das sofortige Überschreiben älterer Daten, das Überschreiben von Daten ab einem bestimmten Alter oder das Erzwingen eines manuellen Löschens des Protokolls, ohne Daten zu überschreiben. In einer entsprechenden Konfiguration können Gruppenrichtlinien so eingestellt werden, dass das sofortige Herunterfahren eines Computers erzwungen wird, der keine Überwachungsinformationen mehr in das Sicherheitsprotokoll schreiben kann.

Lektion 2: Die Leistungskonsole

Mithilfe der Leistungskonsole können Sie die Aktivität der Computer im Netzwerk messen, und zwar mit zwei leistungsfähigen Snap-Ins: **Systemmonitor** und **Leistungsprotokolle und Warnungen**. Das Snap-In **Systemmonitor** ermöglicht in Echtzeit die Anzeige von Leistungsdaten, die von konfigurierbaren Komponenten geliefert werden. Diese Komponenten heißen Leistungsindikatoren. Das Snap-In **Leistungsprotokolle und Warnungen** zeichnet Leistungsdaten in Protokollen auf und führt bei Bedarf bestimmte Aktionen durch, sobald ein Indikator einen bestimmten Schwellenwert erreicht. Die Konsole **Leistung** kann zur Durchführung mehrerer Aufgaben genutzt werden. Dazu zählen u.a.:

- Erfassen und Anzeigen von Leistungsdaten in Echtzeit
- Anzeigen von Daten, die in einem Protokoll erfasst wurden
- Darstellen von Daten in einer Diagramm-, Histogramm- oder Berichtansicht
- Erstellen von HTML-Seiten (Hypertext Markup Language) aus Ansichten durch Importieren von Protokolldateieinstellungen
- Speichern von Überwachungskonfigurationen, die auf anderen Computern in den Systemmonitor geladen werden können

Am Ende dieser Lektion werden Sie in der Lage sein, die folgenden Aufgaben auszuführen:

- Überwachen von Leistungsdaten in Echtzeit
- Aufzeichnen von Leistungsdaten in einer Protokolldatei
- Konfigurieren von System- und Leistungsdatenwarnungen

Veranschlagte Zeit für diese Lektion: 20 Minuten

Konfigurieren des Systemmonitors

Mithilfe des Systemmonitors können Sie Daten erfassen und anzeigen, indem Sie Leistungsindikatoren auswählen, die Hardware-, Anwendungs- und Dienstaktivitäten der Computer im Netzwerk melden. Für die zu erfassenden Daten müssen drei Konfigurationseinstellungen vorgenommen werden.

- **Datentyp** Sie können eine oder mehrere Leistungsindikatorinstanzen von Systemmonitorobjekten angeben, für die Daten gemeldet werden sollen.
- **Datenquelle** Ein Leistungsindikator kann entweder lokale oder Remotecomputerdaten erfassen. Sie müssen auf dem Computer, dessen Daten Sie erfassen möchten, ein lokaler Administrator oder Mitglied der Gruppe **Leistungsprotokollbenutzer** sein.
- **Abfrageintervalle** Daten können manuell in Echtzeit oder in festgelegten regelmäßigen Abständen aufgezeichnet werden.

Anzeigen von Daten

Beim ersten Öffnen des Systemmonitors werden drei Leistungsindikatoren geladen, die mit dem Melden von Echtzeitdaten beginnen:

- **Speicher: Seiten/s** Die Rate, mit der Speicherseiten vom Datenträger gelesen oder auf den Datenträger geschrieben werden, um harte Seitenfehler zu beheben. Dieser Indikator ist der wichtigste Indikator für die Art von Problemen, die zu systemweiten Verzögerungen führen.
- **Physikalischer Datenträger (_Total): Durchschnittl. Warteschlangenlänge des Datenträgers** Die durchschnittliche Anzahl von Lese- und Schreibanforderungen, die im Messzeitraum für das ausgewählte Laufwerk in die Warteschlange gestellt wurden.
- **Prozessor (_Total): Prozessorzeit (%)** Der prozentuale Anteil der Zeit, die der Prozessor nicht im Leerlauf verbringt. Dies ist der wichtigste Indikator für die Prozessoraktivität. Er zeigt den durchschnittlichen Zeitanteil an, den der Prozessor im Messzeitraum beschäftigt ist.

Abbildung 12.3 zeigt den Systemmonitor mit den geladenen Standardleistungsindikatoren.

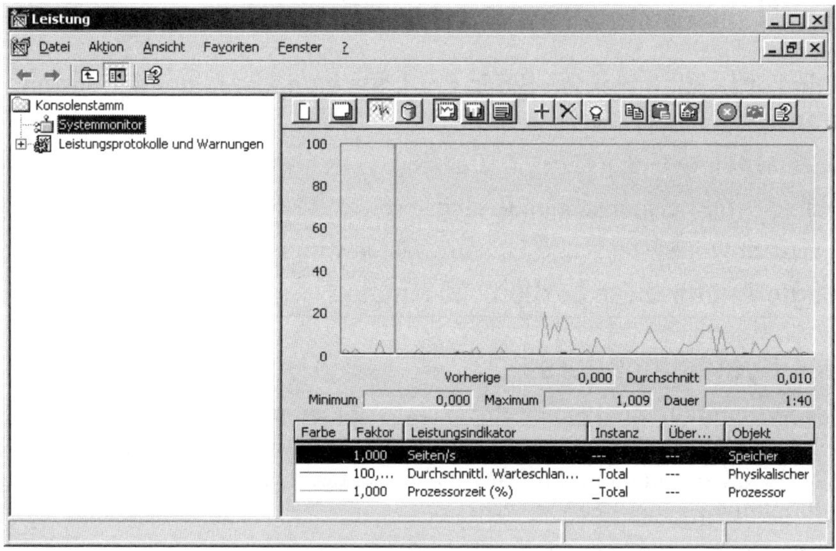

Abbildung 12.3 Der Systemmonitor in der Konsole **Leistung**

Die drei Leistungsindikatoren, die standardmäßig im Systemmonitor erscheinen, sind zwar nützliche Hinweise auf die Computerleistung, aber das Snap-In bietet noch Dutzende von anderen Indikatoren, die Sie zur Ansicht hinzufügen können. Um weitere Indikatoren zur Detailansicht des Systemmonitors hinzuzufügen, klicken Sie in der Symbolleiste auf die Schaltfläche **Hinzufügen** oder drücken STRG+I. Im Dialogfeld **Leistungsindikatoren hinzufügen** können Sie beliebige der verfügbaren Leistungsindikatoren auswählen, entweder für den lokalen Computer oder einen beliebigen Remotecomputer aus dem Netzwerk. Leistungsindikatoren werden nach dem Objekttyp, dem Leistungsindikator in der

Objektkategorie und der Instanz des Leistungsindikators angeordnet und zur Verfügung gestellt.

- **Leistungsobjekt** Eine logische Sammlung von Ressourcen-, Dienst- oder Anwendungsindikatoren.
- **Leistungsindikator** Ein Daten meldendes Element. Die gemeldeten Daten hängen vom Leistungsindikatortyp ab.
- **Instanz** Bezieht sich auf ein oder mehrere Vorkommen eines Leistungsindikators und wird gemäß der auf dem Computer verfügbaren Anzahl indiziert. Beispiel: Bei einem Computer mit zwei Prozessoren bezieht sich Instanz **0** auf den ersten Prozessor, Instanz **1** auf den zweiten Prozessor und **_Total** auf die Summe beider Instanzen. Bei einer einzelnen Instanz eines Leistungsindikators stehen Instanz **0** und **_Total** zur Verfügung.

Abbildung 12.4 zeigt den Leistungsindikator **Prozessorzeit (%)** für **Server01**, einen Computer mit einem Prozessor.

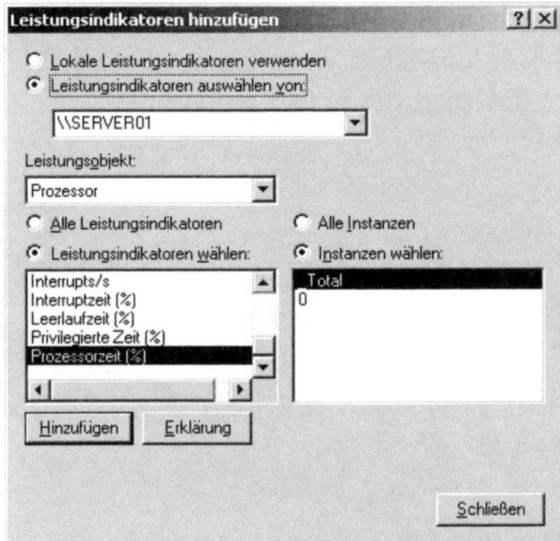

Abbildung 12.4 Der Leistungsindikator **Prozessorzeit (%)** bei einem Prozessor

Prüfungstipp Merken Sie sich bitte, dass **_Total** für die zusammengefassten Daten mehrerer Instanzen eines Leistungsindikators steht, falls mehrere Instanzen verfügbar sind.

Protokollierung und Warnungen

Mithilfe des Snap-Ins **Leistungsprotokolle und Warnungen** können Sie Leistungsdaten von denselben Leistungsobjekten und Indikatoren wie der Systemmonitor erfassen, wahlweise vom lokalen Computer oder von einem Remotecomputer, und die Daten in einem Protokoll speichern.

Wenn Sie in der Leistungskonsole das Snap-In **Leistungsprotokolle und Warnungen** wählen, sehen Sie drei Unterpunkte:

- **Leistungsindikatorenprotokolle** Ermöglicht der Leistungskonsole die Erfassung von Daten bestimmter Indikatoren in regelmäßigen Abständen über eine angegebene Zeitspanne in einer Protokolldatei.

- **Protokolle der Ablaufverfolgung** Ermöglicht der Leistungskonsole die Aufzeichnung von Informationen über Systemanwendungen, wenn bestimmte Ereignisse eintreten, beispielsweise Ein-/Ausgabeoperationen (E/A) auf Laufwerken oder Seitenfehler.
- **Warnungen** Ermöglicht der Leistungskonsole die Aufzeichnung von Werten eines bestimmten Indikators in regelmäßigen Abständen und die Durchführung einer Aktion, sobald der Indikator einen bestimmten Wert erreicht.

Einer der wichtigsten Vorteile von **Leistungsprotokolle und Warnungen** besteht darin, dass es die Aufzeichnung von Indikatordaten für eine spätere Analyse ermöglicht. Sie können sich die protokollierten Daten mit dem **Systemmonitor** ansehen oder die Daten zur Analyse und Berichterstellung für ein Tabellenkalkulationsprogramm oder Datenbanken exportieren. Außerdem können Sie die Indikatorprotokolle zur Ermittlung von Basisdaten für die Netzwerkleistung verwenden und die Protokolle dann in regelmäßigen Abständen auf Abweichungen von diesen Basisdaten überprüfen. Und Sie können Warnschwellen definieren, damit Sie informiert werden, wenn bestimmte Netzwerkdaten zu stark von den üblichen Werten abweichen.

Abbildung 12.5 zeigt das Konfigurationsdialogfeld einer Warnung auf **Server01**, wobei es darum geht, den Punkt zu erfassen, an dem der Wert für **Freier Speicherplatz (%)** unter 20 Prozent sinkt.

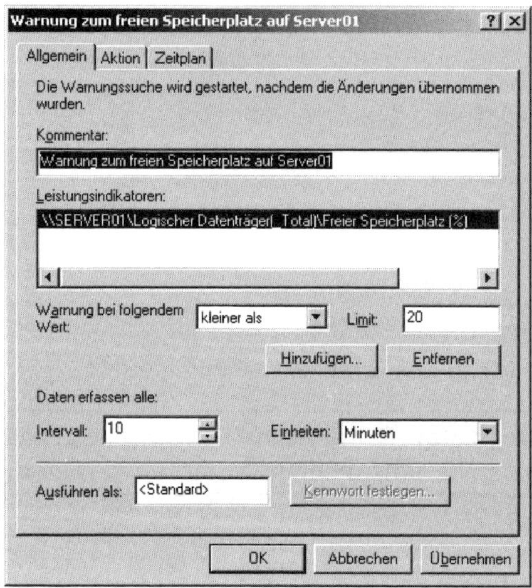

Abbildung 12.5 Warnungskonfiguration für freien Speicherplatz

Praxistipp Überwachen von Leistungsdaten

Bei der Überwachung von Leistungsdaten für den Server oder das Netzwerk sollten Sie von oben nach unten vorgehen: Beginnen Sie mit den allgemeinsten Überwachungskonfigurationen von Prozessorzeit (%), Warteschlangenlänge von Prozessor und Datenträger, Arbeitsspeicherbelegung und Netzwerk-E/A, um festzustellen, wo es zum Engpass gekommen ist. Nachdem Sie den Problembereich lokalisiert haben, suchen Sie die Dienste und Anwendungen, welche die Ressource verwenden, falls erforderlich auch auf Protokoll- und Threadebene. In der Regel verursacht entweder ein Gerät oder eine Anwendung das Problem, oder es herrscht ein allgemeiner Ressourcenmangel auf dem System. Einzelne Geräte können neu konfiguriert oder ausgetauscht werden. Globale Ressourcen (mehr Arbeitsspeicher, schnellerer Prozessor usw.) können den Anforderungen entsprechend hinzugefügt werden.

Die Ergebnisse dieser Überwachung können jedoch vieldeutig sein, wenn Sie über keine Basisdaten der Systemleistung verfügen, nach denen Sie die Überwachungsresultate beurteilen können. Führen Sie so bald wie möglich nach der Konfiguration eines neuen Computers verschiedene Überwachungsaktivitäten für die Hauptobjekte Prozessor, Arbeitsspeicher, Netzwerk und Prozesse (Anwendungen und Dienste) durch, um zu bestimmen, welche Leistung Ihr Computer unter normalen Bedingungen bei normaler Belastung, Spitzenbelastung und im Leerlauf liefert. Diese Analyse ergibt die so genannte *Baseline*. Falls bei einer späteren Überwachung Probleme oder Engpässe auftreten, können Sie mithilfe eines Abgleichs mit der Baseline eine Lösung finden.

Auswählen von Objekten und Leistungsindikatoren

Sie können die Leistungsobjekte und -indikatoren zur Überwachung eines Servers, sei es zur Sammlung von Basisdaten oder für eine routinemäßige Leistungsbewertung, auf zwei verschiedene Arten auswählen. Die eine Methode der Serverüberwachung untersucht die Funktion des Servers in der Umgebung und die entsprechenden Anforderungen, die von den Benutzern an diesen Server gerichtet werden. Die andere Methode der Serverüberwachung untersucht Objektkategorien von Leistungsindikatoren wie **Prozessor**, **Speicher**, **Netzwerkschnittstelle** und **Physikalischer Datenträger**. Dabei liegt der Schwerpunkt weniger auf der Funktion, die der Server erfüllt, als auf einem einheitlichen Überwachungsstandard.

Serverfunktionen

Die Überwachung gemäß Serverfunktion ist nützlich, wenn Server in der Netzwerkumgebung eine bestimmte Funktion erfüllen. Diese Funktionen werden von den Diensten und Ressourcen bestimmt, die der Server den Benutzern zur Verfügung stellt. Beispiele für Serverfunktionen sind Domänencontroller, Dateiserver und Webserver. Der Bedarf eines Servers an Ressourcen kann in einem Leistungsüberwachungsszenario mit den entsprechenden Objektleistungsindikatoren abgeglichen werden, welche die Ressourcen messen, die von einem Server mit dieser Funktion am meisten verwendet werden. Die Daten einer fortlaufenden Leistungsüberwachung können mit den Baselinedaten verglichen werden, um die Funktion zu optimieren. Tabelle 12.1 beschreibt die Objekte, die am häufigsten bei der Analyse eines Servers gemäß seiner Funktion verwendet werden.

Tabelle 12.1 Serverfunktionen und zu überwachende Objekte

Serverfunktion	Verwendete Ressourcen	Objekte und Leistungsindikatoren
Anwendungs-server	Speicher, Netzwerk und Prozessorcache	**Speicher**, **Prozessor**, **Netzwerkschnittstelle** und **System**
Sicherungs-server	Prozessor und Netzwerk	**System**, **Server**, **Prozessor** und **Netzwerkschnitt stelle**
Datenbankserver	Datenträger, Netzwerk und Prozessor	**Physikalischer Datenträger**, **Logischer Datenträger**, **Prozessor**, **Netzwerkschnittstelle** und **System**
Domänen-controller	Speicher, Prozessor, Netzwerk und Datenträger	**Speicher**, **Prozessor**, **System**, **Netzwerkschnitt-stelle**, Protokollobjekte (netzwerkabhängig; Optionen sind **TCPv4**, **UDPv4**, **ICMP**, **NBT-Verbindung**, **NWLink-IPX**, **NWLink-NetBIOS** und **NWLink-SPX**), **Physikalischer Datenträger** und **Logischer Datenträger**
Datei- und Druckserver	Speicher, Datenträger und Netzwerkkomponenten	**Speicher**, **Netzwerkschnittstelle**, **Physikalischer Datenträger**, **Logischer Datenträger** und **Druckerwarteschlange**
Mail-/Messa-gingserver	Prozessor, Datenträger, Netzwerk und Speicher	**Speicher**, **Cache**, **Prozessor**, **System**, **Physikali-scher Datenträger**, **Netzwerkschnittstelle** und **Logischer Datenträger**
Webserver	Datenträger, Cache und Netzwerkkomponenten	**Cache**, **Netzwerkschnittstelle**, **Physikalischer Datenträger** und **Logischer Datenträger**

Erstellen Sie für jede Serverfunktion mit den Leistungsindikatoren der betreffenden Objekte eine Baseline, und untersuchen Sie regelmäßig die einzelnen Server auf signifikante Veränderungen.

Objektkategorien

In einer Netzwerkumgebung, in der Server mehrere Funktionen übernehmen, kann die funktionsbasierte Überwachung zu beträchtlichen Lücken in den überwachten Daten führen. In diesem Fällen sollten vollständigere Daten über die einzelnen primären Objektkategorien erfasst werden.

Speicherleistungsindikatoren

Nachdem Sie eine Baseline für die Speicherbelegung festgelegt haben, sollten regelmäßige Überprüfungen auf Abweichungen von dieser Baseline durchgeführt werden. Die folgenden Leistungsindikatoren sind bei der Überwachung des Systemspeichers eines Computers nützlich:

- *Zu wenig verfügbarer Speicher:* **Speicher\Verfügbare Bytes, Verfügbare KB** und **Verfügbare MB** (zum Anzeigen der Größe in MB); **Prozess (_Total)\Arbeitsseiten; Speicher\Seiten/s; Speicher\Cachebytes** Diese Leistungsindikatoren zeigen an, wie viel Speicher von sämtlichen Prozessen belegt wird und wie viel Speicher verfügbar ist.
- *Häufige Hardwareseitenfehler:* **Speicher\Seiten/s; Prozess (_Total) \Arbeitsseiten; Speicher\Seiteneingabe/s; Speicher\Geänderte Seiten/s** Hardwareseitenfehler treten auf, wenn eine Speicherseite benötigt wird, die noch nicht eingelesen oder bereits wieder ausgelagert wurde. Eine übermäßige Auslagerung verschlechtert die Systemleistung und kann behoben werden, indem entweder die Anforderungen an den Computer reduziert werden oder der Arbeitsspeicher vergrößert wird.

Netzwerkleistungsindikatoren

Netzwerkleistungsindikatoren melden Daten von im Computer installierten Netzwerkkarten und aus dem Segment, in dem die Netzwerkkarten kommunizieren. Die folgenden Leistungsindikatoren sind für das Messen der Leistung eines Computers im Netzwerk von Nutzen:

- **Netzwerkschnittstelle\Ausgabewarteschlangenlänge; Gesamtanzahl Bytes/s** Die Warteschlangenlänge sollte niedrig, die Gesamtzahl der Bytes hoch sein. Dieser Status bedeutet, dass eine Netzwerkkarte Pakete schnell und ohne Verzögerung überträgt.
- **Netzwerkschnittstelle: Bytes gesendet/s; Aktuelle Bandbreite; Empfangene Bytes/s** Einheitlich und fortdauernd hohe Werte dieser Leistungsindikatoren bedeuten, dass ein Netzwerk mehr Daten übertragen muss, als optimal wäre. Das Segmentieren des Netzwerks in kleinere Teile oder Erhöhen seiner Bandbreite verringert die Wahrscheinlichkeit von Engpässen aufgrund übermäßigen Datenverkehrs.

Hinweis Verschiedene Arten von Netzwerkkonfigurationen ermöglichen verschiedene Effizienz- und Volumengrade des Datenverkehrs. Bei der Überwachung der Netzwerkauslastung (z.B. im Task-Manager) ist eine Nutzung von 30 Prozent beispielsweise der empfohlene maximale Höchstwert für ein Ethernet-Netzwerk ohne Switches. Dies bedeutet, dass ein 10-MBit-Ethernet-Netzwerk einen Engpass aufweist, wenn sein Durchsatz 3 MB pro Sekunde überschreitet. Wenn die Netzwerkauslastung über 40 Prozent liegt, wird die Leistung des Netzwerks zunehmend durch Kollisionen beeinträchtigt.

Prozessleistungsindikatoren

Für jede Anforderung einer Systemressource gibt es gewöhnlich einen Prozess, von dem die Anforderung stammt. Mithilfe von Prozessleistungsindikatoren können Sie die einzelnen Prozesse anzeigen (einschließlich Systemdienste), die Systemressourcen verwenden. Es folgen wichtige Leistungsindikatoren zum Erfassen prozessbasierter Leistungsdaten:

- *Speicherlecks und speicherintensive Anwendungen:* **Speicher\Nichtauslagerungsseiten reserviert; Speicher\Nicht-Auslagerungsseiten (Bytes); Speicher\Auslagerungsseiten (Bytes); Prozess (Prozessname)\Nicht-Auslagerungsseiten (Bytes); Prozess (Prozessname)\ Handleanzahl; Prozess (Prozessname)\Auslagerungsseiten**

(Bytes; Prozess (Prozessname)\Virtuelle Größe; Prozess (Prozessname)\Private Bytes** Diese Leistungsindikatoren zeigen die Speicherbelegung der einzelnen Prozesse an und ermöglichen eine Neuverteilung speicherintensiver Anwendungen (oder Isolation von Anwendungen, die reservierten Speicher nicht freigeben) auf andere Computer.

Hinweis Ob eine Anwendung zugewiesenen Speicher verliert, kann ermittelt werden, indem diese Anwendung auf einem eigenen Server ausgeführt wird und geprüft wird, ob die Speicherbelegung mit der Zeit ansteigt, auch wenn die Dienstanforderungen unverändert bleiben. Dieser Anstieg ohne entsprechenden äußeren Grund weist auf ein Speicherleck hin.

Datenträgerleistungsindikatoren

Die Leistungsindikatoren des Objekts **Physikalischer Datenträger** liefern Daten zur Aktivität der einzelnen Festplattenspeichergeräte. Die Leistungsindikatoren des Objekts **Logischer Datenträger** liefern Daten zu den im System definierten Volumes (**C:**, **D:** usw.). Das Überwachen des freien Speicherplatzes von **Logischer Datenträger** und der Leistungsindikatoren von **Physikalischer Datenträger** stellt nützliche Daten zur Verfügung. Es folgen wichtige Leistungsindikatoren für die Überwachung physikalischer und logischer Datenträger:

- **Logischer Datenträger\Freier Speicherplatz (%)** Dieser Leistungsindikator meldet den Prozentsatz des verfügbaren Speicherplatzes im Vergleich zum gesamten nutzbaren Speicherplatz auf dem logischen Volume. Dieser Leistungsindikator steht für einen physischen Datenträger nicht zur Verfügung.

Hinweis Beim Berechnen der Instanz **_Total** berechnen die Leistungsindikatoren **Freier Speicherplatz (%)** die Summe als Prozentsatz der einzelnen Datenträger neu.

- **Physikalischer Datenträger\Mittlere Bytes/Übertragung; \Mittlere Sek./Übertragung; \Durchschnittl. Warteschlangenlänge des Datenträgers; \Zeit (%)** Diese Leistungsindikatoren messen die Größe der E/A-Vorgänge (Ein-/Ausgabe) pro Zeiteinheit und den Auslastungsgrad des Laufwerks bei der Durchführung der angeforderten Datenträgeraktivität. Der Datenträger arbeitet effizient, wenn er große Datenmengen relativ schnell überträgt und im Durchschnitt für jede Spindel eine Warteschlangenlänge von <2 aufweist.

Praktische Übung: Verwenden der Leistungskonsole

In dieser praktischen Übung zeichnen Sie Leistungsdaten auf, analysieren die Daten im Systemmonitor und exportieren die Daten in ein Excel-Tabellenblatt.

Übung 1: Aufzeichnen von Leistungsdaten

In dieser Übung erstellen Sie eine Protokolldatei mit Daten über **Logischer Datenträger**, **Physikalischer Datenträger** und **Serverwarteschlangen**.

1. Melden Sie sich an **Server01** als Administrator an, und starten Sie die Konsole **Leistung**.
2. Erweitern Sie im Ordnerbereich den Knoten **Leistungsprotokolle und Warnungen**, und wählen Sie **Leistungsindikatorenprotokolle** aus.
3. Klicken Sie mit der rechten Maustaste auf den Detailbereich, und wählen Sie im Kontextmenü den Befehl **Neue Protokolleinstellungen**.
4. Erstellen Sie die Protokolldatei **Test**, und fügen Sie zu dem Protokoll die Objekte **Logischer Datenträger**, **Physikalischer Datenträger** und **Serverwarteschlangen** hinzu. Legen Sie das Datenabfrageintervall auf 8 Sekunden fest. Notieren Sie den Dateinamen und Speicherort des Protokolls, und klicken Sie auf **OK**, um das Protokoll zu starten.
5. Führen Sie während der Protokollaufzeichnung verschiedene Aktivitäten mit Anwendungen auf Ihrem Computer durch. Kehren Sie nach ca. 30 Sekunden zu **Leistungsprotokolle und Warnungen** zurück, und halten Sie die Protokollaufzeichnung an.
6. Klicken Sie im Systemmonitor auf **Protokolldaten anzeigen** (oder drücken Sie STRG+L bzw. die vierte Schaltfläche von links), und laden Sie die Protokolldatei des Tests.

Das Diagramm im Systemmonitor zeigt nun die in der Protokollsitzung aufgezeichneten Daten. Sie können die Ansicht auch in ein Histogramm oder einen Bericht ändern, um die Daten auf andere Weise anzuzeigen. Diese Protokolldatei, die Sie im Standardformat (als Binärdatei) erstellt haben, ist ausschließlich für die Verwendung in der Leistungskonsole vorgesehen.

Übung 2: Importieren protokollierter Daten

In dieser Übung speichern Sie die in Übung 1 protokollierten Daten für den Import nach Microsoft Excel.

1. Öffnen Sie, falls erforderlich, nochmals die Konsole **Leistung**.
2. Klicken Sie mit der rechten Maustaste auf die Protokolldateieinstellung **Test**, und wählen Sie **Eigenschaften**.
3. Klicken Sie im Eigenschaftendialogfeld **Test** auf die Registerkarte **Protokolldateien**, und ändern Sie anschließend **Protokolldateityp** von **Binärdatei** in **Textdatei (Komma getrennt)**.
4. Klicken Sie auf **OK**, und beginnen Sie mit der Aufzeichnung der Protokolldatei. Führen Sie ca. 30 Sekunden lang einige Aufgaben auf dem Datenträger des Computers aus, und halten Sie danach die Protokollaufzeichnung an.

Die erstellte Protokolldatei hat das CSV-Format, das in Excel geöffnet, angezeigt und untersucht werden kann.

Hinweis Wenn Sie die CSV-Datei in Excel laden möchten, kann die Datei über **Leistungsprotokolle und Warnungen** nicht geöffnet bleiben, da Excel exklusiven Zugriff auf die Datei benötigt, um sie öffnen zu können.

Lernzielkontrolle

Die folgenden Fragen dienen dazu, die wichtigsten Lehrinhalte dieser Lektion zu vertiefen. Können Sie eine Frage nicht beantworten, arbeiten Sie das entsprechende Lektionsmaterial noch einmal durch, und versuchen Sie dann erneut, die Frage zu beantworten. Die Antworten auf die Lernzielkontrollfragen finden Sie im Abschnitt „Fragen und Antworten" am Ende dieses Kapitels.

1. Sie möchten alle Ihre Windows Server 2003-Server so überwachen, dass sie regelmäßig und so effizient wie möglich defragmentiert werden können. Das Defragmentierungsprogramm, das Sie verwenden, erfordert mindestens 20 Prozent freien Speicherplatz auf jedem Volume, um die Defragmentierung ordnungsgemäß auszuführen. Wie sollten Sie in diesem Fall vorgehen?

   ____

   ____

   ____

   ____

   ____

2. Sie haben aufgrund seiner schwachen Leistung im Netzwerk die Überwachung eines Ihrer Windows Server 2003-Server gestartet. Sie kommen zu folgenden Ergebnissen:

   - Prozessor: Prozessorzeit (%): Hoch
   - Physikalischer Datenträger: Zeit (%): Niedrig
   - Speicher: Seiten/s: Niedrig
   - Prozessor: Interrupts/s: Hoch
   - Prozess: Prozessorzeit (%) (für Nichtdienstprozesse): Niedrig
   - Prozess: Prozessorzeit (%) (für Systemdienste): Niedrig

   Was ist höchstwahrscheinlich die Erklärung des Problems?

   ____

   ____

   ____

3. Der Server, mit dem Sie andere Server im Netzwerk überwachen, kann diese Aufgabe nicht mehr bewältigen, weshalb Sie die Belastung durch die Überwachung verringern müssen. Welcher Schritt hat die größte positive Auswirkung auf die Leistung des Überwachungscomputers bei gleichzeitiger Erfassung von so vielen Überwachungsdaten wie möglich?

   ____

   ____

   ____

   ____

Zusammenfassung der Lektion

Die Konsole **Leistung** verfügt über zwei konfigurierte Snap-Ins: **Systemmonitor** und **Leistungsprotokolle und Warnungen**. Der Systemmonitor dient der Meldung von Daten in Echtzeit an eine Konsolenschnittstelle, die als Diagramm, Histogramm oder in numerischer Form angezeigt werden können. Das Snap-In **Leistungsprotokolle und Warnungen** dient dem Schreiben von Daten in eine Datei (Protokoll) und dem Melden von Leistungsindikatorwerten, die über einen Schwellenwert hinausgehen (Warnung). Von **Leistungsprotokolle und Warnungen** erstellte Protokolle können zur Analyse in den Systemmonitor geladen und in verschiedene Dateitypen exportiert werden:

- Systemmonitor-Binärdatei (*.blg), mit oder ohne zirkuläre Überschreibung
- Textdatei (*.txt oder *.csv)
- SQL-Datenbank

Nachdem die Einstellungen für ein Protokoll konfiguriert wurden, können die Leistungsmonitoreinstellungen (über **Einstellungen speichern unter** im Kontextmenü des Protokolls) als HTML-Datei zur späteren Verwendung (über **Neue Protokolleinstellungen von** im Kontextmenü **Leistungsindikatorenprotokolle**) gespeichert werden.

Lektion 3: Der Task-Manager

Der Task-Manager liefert Informationen über Programme und Prozesse, die auf Ihrem Computer ausgeführt werden. Er zeigt ferner mehrere gängige Prozessleistungsindikatoren an.

Am Ende dieser Lektion werden Sie in der Lage sein, die folgenden Aufgaben auszuführen:

- Konfigurieren des Task-Managers zum Anzeigen von Leistungsdaten
- Starten und Beenden von Anwendungen und Prozessen mit dem Task-Manager

Veranschlagte Zeit für diese Lektion: 15 Minuten

Übersicht über den Task-Manager

Der **Task-Manager** ist eine wichtige Windows-Anwendung, mit der Sie Informationen über die aktuelle Computerleistung anzeigen und die auf dem System laufenden Programme und Prozesse verwalten können. Sie können den **Task-Manager** öffnen, indem Sie mit der rechten Maustaste auf einen freien Bereich der Taskleiste klicken oder STRG+ALT+ENTF drücken und anschließend die Schaltfläche **Task-Manager** anklicken. Das Dialogfeld **Windows Task-Manager** enthält standardmäßig fünf Registerkarten: **Anwendungen**, **Prozesse**, **Systemleistung**, **Netzwerk** und **Benutzer**.

Die Registerkarte *Anwendungen*

Die Registerkarte **Anwendungen** (Abbildung 12.6) zeigt den Status der Programme, die auf Benutzerebene auf dem Computer ausgeführt werden. Dienste und Systemanwendungen, die in einem anderem Kontext als dem des angemeldeten Benutzers ausgeführt werden, werden nicht angezeigt. Für jede angezeigte Anwendung zeigt die Spalte **Status** an, ob die Anwendung ausgeführt wird oder nicht reagiert.

Indem Sie eine Anwendung aus der Liste auswählen und auf **Wechseln zu** klicken, können Sie die ausgewählte Anwendung zum aktiven Fenster machen, wobei der **Task-Manager** im Hintergrund geöffnet bleibt. Sie können eine Anwendung auch schließen, indem Sie einen Eintrag aus der Liste auswählen und auf **Task beenden** klicken.

Wenn Sie eine Anwendung in der Liste mit der rechten Maustaste anklicken und im Kontextmenü **Zu Prozess wechseln** wählen, wechselt das Dialogfeld zur Registerkarte **Prozesse** und markiert den Prozess, der zur Anwendung gehört. Das ist hilfreich, wenn Sie den Prozess für eine bestimmte Anwendung suchen und der Prozessname kaum zu erraten ist. Wenn Sie auf **Neuer Task** klicken, erscheint das Dialogfeld **Neuen Task erstellen**, in dem Sie den Namen einer ausführbaren Datei oder eines Befehls eingeben oder danach suchen können. In seiner Funktionsweise entspricht dieses Dialogfeld dem Dialogfeld **Ausführen**, das über das Menü **Start** zugänglich ist.

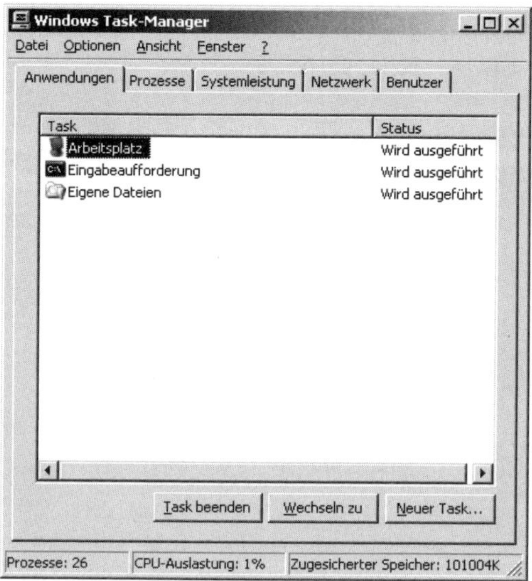

Abbildung 12.6 Die Registerkarte **Anwendungen** im Task-Manager

Die Registerkarte *Prozesse*

Die Registerkarte **Prozesse** zeigt Informationen zu allen Prozessen des Benutzers, die auf dem Computer ausgeführt werden. Wenn Sie das Kontrollkästchen **Prozesse aller Benutzer anzeigen** aktivieren, enthält die Liste neben den Anwendungen, die auf Benutzerebene ausgeführt werden, auch noch alle Dienste und andere Systemprozesse. Wenn Sie im Menü **Ansicht** den Befehl **Spalten auswählen** wählen, können Sie Datenspalten hinzufügen oder entfernen, wie beispielsweise die CPU-Auslastung, die Speicherauslastung und E/A-Vorgänge. Durch Klicken auf eine Spaltenüberschrift können Sie die Liste nach beliebigen Spalten sortieren.

Durch Klicken mit der rechten Maustaste auf einen beliebigen Prozess können Sie die Priorität des Prozesses ändern, bei Computern mit mehreren Prozessoren die Prozessoraffinität festlegen und einen Prozess beenden. Bei Prozessen mit untergeordneten oder dazugehörigen Prozessen können Sie alle dazugehörigen Prozesse durch Wählen von **Prozessstruktur beenden** beenden. Wenn Sie beispielsweise eine E-Mail-Anwendung beenden möchten, müssen Sie gegebenenfalls auch den MAPI-Spooler beenden. Demzufolge müssen Sie mit der rechten Maustaste auf die E-Mail-Anwendung klicken und den Befehl **Prozessstruktur beenden** wählen. Die Registerkarte **Prozesse** zeigt Abbildung 12.7.

Vorsicht Das Ändern von Prozesseinstellungen wie Priorität oder Prozessoraffinität kann sich nachteilig auf die Leistung anderer auf dem Computer ausgeführten Anwendungen auswirken. Das Beenden eines Prozesses, insbesondere einer Prozessstruktur, sollte nur erfolgen, wenn die normalen Beendigungsvorgänge fehlgeschlagen sind. Windows Server 2003 sichert glücklicherweise seine Prozesse gegen die Beendigung durch den Task-Manager ab, doch sind sie weiterhin anfällig für einen Ressourcenmangel aufgrund falscher Prioritätsanpassungen für andere Prozesse.

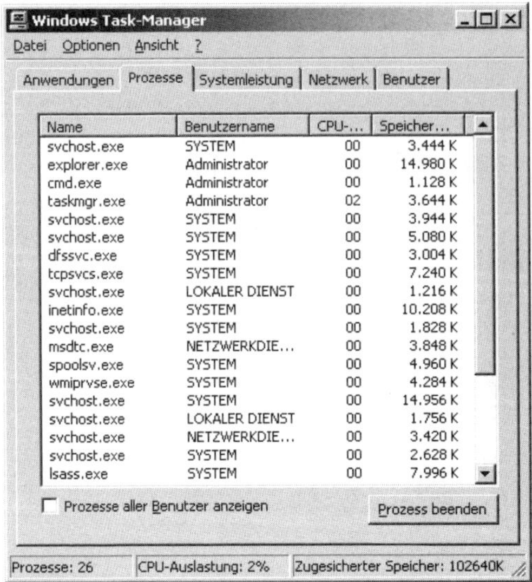

Abbildung 12.7 Die Registerkarte **Prozesse** im Task-Manager

Die Registerkarte *Systemleistung*

Die Registerkarte **Systemleistung** zeigt eine Echtzeitansicht wichtiger Elemente zur Computerleistung und Speicherauslastung. Es gibt ein Diagramm für die Auslastung jedes Prozessors und für die Speicherbelegung. In Textform werden physischer Speicher, Kernel- und zugesicherter Speicher angezeigt, sowie die Anzahl der Handles, Threads und aktiven Prozesse. Die Registerkarte **Systemleistung** wird in Abbildung 12.8 gezeigt.

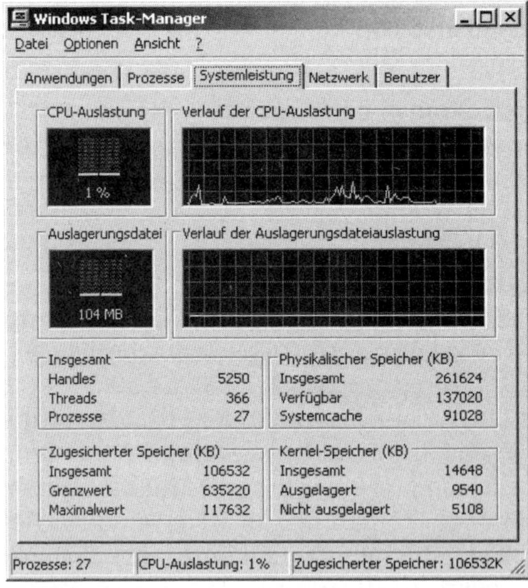

Abbildung 12.8 Die Registerkarte **Systemleistung** im Task-Manager

Die Registerkarte *Netzwerk*

Die Registerkarte **Netzwerk** (Abbildung 12.9) zeigt alle aktiven Netzwerkverbindungen mit Namen, Verbindungsgeschwindigkeit, Netzwerkauslastung und Status an. Es gibt auch ein Diagramm mit der Bandbreitennutzung der ausgewählten Netzwerkverbindung.

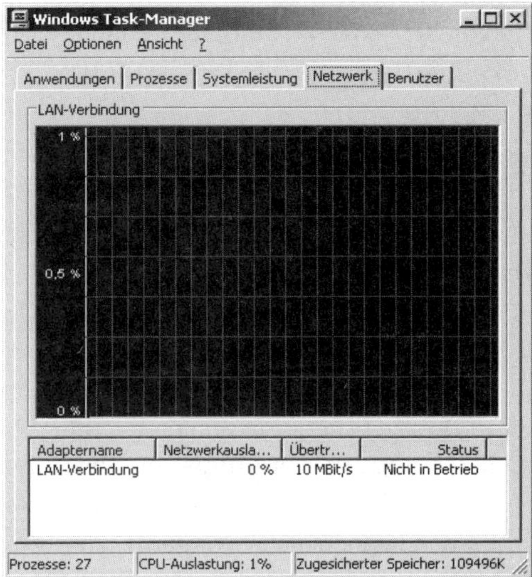

Abbildung 12.9 Die Registerkarte **Netzwerk** im Task-Manager

Abbildung 12.10 Die Registerkarte **Benutzer** im Task-Manager

Die Registerkarte *Benutzer*

Die Registerkarte **Benutzer** (Abbildung 12.10) zeigt alle angemeldeten Benutzer an. Benutzer können lokal an der Konsole oder remote über das Netzwerk angemeldet sein. Mit den Steuerelementen auf dieser Registerkarte können Sie Benutzer abmelden, sie zwangsweise vom Computer trennen oder ihnen Nachrichten senden. (Der Höflichkeit halber sollten Sie einen Benutzer informieren, bevor Sie seine Verbindung trennen).

Praktische Übung: Task-Manager

In dieser Übung starten Sie mit dem Task-Manager eine Anwendung und identifizieren ihren Prozess.

1. Klicken Sie mit der rechten Maustaste auf einen offenen Abschnitt der Taskleiste, und wählen Sie im Kontextmenü den Befehl **Task-Manager**.
2. Klicken Sie auf der Registerkarte **Anwendungen** auf **Neuer Task**. Geben Sie **Explorer** ein, und klicken Sie auf OK.

   Der Windows Explorer wird mit seinem Standardfenster (in der Regel **Eigene Dateien**) geöffnet. Der Anwendungsname **Eigene Dateien** (oder ein entsprechender Name einer anderen Anwendung) wird auf der Registerkarte **Anwendungen** im Task-Manager angezeigt.
3. Klicken Sie mit der rechten Maustaste auf den Namen der zuvor geöffneten Anwendung, und klicken Sie auf **Zu Prozess wechseln**.

Der Eingabefokus im Task-Manager wechselt zur Registerkarte **Prozesse**, der Prozess **Explorer.exe** wird markiert. An dieser Stelle können Sie die Priorität des Prozesses anpassen oder ihn beenden, sollte die Situation zwischen Anwendung und Task-Manager dies zulassen.

Lernzielkontrolle

Die folgenden Fragen dienen dazu, die wichtigsten Lehrinhalte dieser Lektion zu vertiefen. Können Sie eine Frage nicht beantworten, arbeiten Sie das entsprechende Lektionsmaterial noch einmal durch, und versuchen Sie dann erneut, die Frage zu beantworten. Die Antworten auf die Lernzielkontrollfragen finden Sie im Abschnitt „Fragen und Antworten" am Ende dieses Kapitels.

1. Welche Informationen kann der Task-Manager zur Leistung von Anwendungen bereitstellen?

   ____

   ____

2. Ihr Computer stürzt immer fast genau eine Stunde nach dem Systemstart ab. Sie vermuten, dass eine Anwendung Probleme mit der Speicherverwaltung hat und immer wieder neuen Speicher anfordert, den Speicher aber nach Gebrauch nicht vollständig ans System zurückgibt. Wie können Sie im Task-Manager herausfinden, welche Anwendung für das Problem verantwortlich ist?

3. Sie führen auf Ihrem Computer eine Datenbankanwendung aus. Der Computer verfügt über zwei Prozessoren. Sie möchten, dass die Datenbankanwendung auf dem zweiten Prozessor ausgeführt wird. Wie können Sie zu diesem Zweck den Task-Manager verwenden?

Zusammenfassung der Lektion

Der Task-Manager bietet eine dynamische Darstellung der aktuellen Leistung eines Computers im Zusammenhang mit ausgeführten Prozessen und Anwendungen. Bei konfigurierbaren Aktualisierungsintervallen und auswählbaren Datenspalten zeigt der Task-Manager die Prozessor-, Speicher- und E/A-Verwendung nach Prozessen an. Über die Registerkarte **Anwendungen** können Anwendungen gestartet und beendet werden. Auf der Registerkarte **Prozesse** können Sie die Priorität von Prozessen ändern und Prozesse samt untergeordneter Prozesse beenden. Die Registerkarte **Systemleistung** bietet einen Überblick über die Prozessor- und Speicherauslastung auf dem Computer. Die Registerkarte **Netzwerk** zeigt eine Übersicht der Netzwerknutzung und der grundlegenden Konfigurationsdaten. Die Registerkarte **Benutzer** ermöglicht, falls verfügbar, das Abmelden einer lokalen Sitzung oder das Trennen einer Remotesitzung. Bei einer Remotesitzung können Nachrichten an den verbundenen Benutzer gesendet werden.

Lektion 4: Der WMI-Anbieter für die Ereignisprotokollierung

WMI (Windows Management Instrumentation) ist die Microsoft-Implementierung von Web-Based Enterprise Management (WBEM), einer Initiative zur Festlegung von Standards zum Erstellen, Lesen und Ändern von Verwaltungsinformationen. WMI ist WBEM-konform und bietet integrierte Unterstützung für das Common Information Model (CIM). Dieses Datenmodell beschreibt die Objekte in einer Verwaltungsumgebung. Das WMI-Repository ist die Datenbank der Objektdefinitionen, der WMI-Objekt-Manager verarbeitet die Objekte gemäß der Eingabe durch WMI-Anbieter. Die WMI-Anbieter können viele verschiedene Eingaben von Diensten, Anwendungen und Systemkomponenten empfangen.

Am Ende dieser Lektion werden Sie in der Lage sein, die folgenden Aufgaben auszuführen:

- Verwenden von WMI und der WMI-Befehlszeile (WMIC) zum Überwachen ausgeführter Dienste
- Verwenden von WMI und WMIC zum Bestimmen installierter Programme
- Verwenden von WMI und WMIC zum Melden von Ereignisdaten

Veranschlagte Zeit für diese Lektion: 30 Minuten

Funktionsweise von WMI

WMI-Informationsquellen (Provider/Anbieter) übergeben Informationen über ihre Komponenten (Geräte, Dienste, Anwendungen usw.) an den WMI-Objekt-Manager, der die Informationen in der WMI-Datenbank (Repository) speichert. Abhängig davon, was von jedem Anbieter als Eingabe akzeptiert und als Ausgabe zurückgegeben wird, können Administratoren Methoden zum Bearbeiten der Komponenten, Festlegen von Eigenschaften und Konfigurieren von Ereignissen verwenden, über die Administratoren über Änderungen an den Komponenten informiert werden. Der Zugriff auf das WMI-Repository erfolgt über Verwaltungstools, die von einem System-, Anwendungs- oder Gerätehersteller bereitgestellt werden, über APIs (Application Programming Interfaces) oder Scripting (z.B. mit dem Windows Scripting Host) oder über die Eingabeaufforderung mithilfe von WMIC (Windows Management Interface Command-Line).

Insidertipp Sie müssen kein Scriptingexperte sein, um WMI wirksam einzusetzen, und Sie haben WMI bestimmt schon eingesetzt, ohne es zu merken. Viele Tools nutzen WMI bereits für die Berichterstellung und Konfiguration des Objekts des WMI-Anbieters. Einige Windows Server 2003-Tools, die mit WMI arbeiten, sind z.B. **Systeminformationen**, **Systemeigenschaften** und **Dienste**.

Windows Management Interface Command-Line (WMIC)

Die WMIC bietet eine Befehlszeilenschnittstelle zu WMI und dient der lokalen oder Remoteverwaltung von Computern mit WMI, die den Benutzer authentifizieren können, der WMIC ausführt. Damit WMIC einen Remotecomputer verwalten kann, muss nur WMI auf dem lokalen Computer vorhanden sein, über den die Überwachungsaktivität ausgeführt wird. WMIC muss nicht auf dem remote verwalteten Computer vorhanden sein. Mithilfe von WMIC können Sie verschiedene Arten von Tasks ausführen:

- **Lokale Verwaltung eines Computers** Sie befinden sich am Computer und verwalten ihn mit dem WMIC-Befehl.
- **Remoteverwaltung eines Computers** Sie befinden sich an der Konsole eines Computers und verwalten mit WMIC einen anderen Computer.
- **Remoteverwaltung mehrerer Computer** Sie befinden sich an der Konsole eines Computers und verwalten mit WMIC mehrere Computer über einen einzigen Befehl.
- **Administratives Scripting** Sie schreiben mithilfe von WMIC ein Verwaltungsskript (Batchdatei), um die Verwaltung eines Computers (lokal, remote oder mehrere Computer) zu automatisieren.

Verwaltung mit WMIC

Wenngleich eine vollständige Diskussion der WMIC-Verwendung mit WMI den Rahmen dieses Kapitels sprengen würde (es gibt mehrere interessante Bücher zu diesem Thema), sollen einige Referenzinformationen behandelt werden, damit Sie Fragen zur Überwachung mithilfe von WMI und WMIC treffend beantworten können. Falls nicht anders angegeben, setzt der Rest dieses Kapitel voraus, dass Sie WMIC im interaktiven Modus verwenden, wodurch Sie die Möglichkeit haben, einzelne Befehle aufzurufen und die Ergebnisse in der WMIC-Umgebung anzuzeigen.

Prüfungstipp Etwaige Verweise auf WMIC im interaktiven Modus im Vergleich zum nicht interaktiven Modus haben keine Auswirkung darauf, wie Befehle aufgebaut sind oder verwendet werden. Der Unterschied zwischen dem interaktiven und dem nicht interaktiven Modus hat mit der Anzahl der Befehle zu tun, die Sie ausführen möchten, und ob diese Befehle manuell oder über eine Batchdatei eingegeben werden. Öffnen Sie den interaktiven Modus von WMIC durch Eingeben von **Wmic** in die Befehlszeile. Drücken Sie die EINGABETASTE, und geben Sie **Exit** oder **Quit** ein. Der nicht interaktive Modus besteht aus einem einzeiligen Befehl, sei es in einer Befehlszeile oder einer Batchdatei, der mit WMIC beginnt.

WMI arbeitet im Kontext eines Namespaces, der standardmäßig **root\cli** (**MSFT_cli** im XSL-Stylesheet) heißt und steuert, welche Eigenschaften, Methoden (Verben) und Aliase in WMI verfügbar sind. Sie können bei Bedarf Aliase, Methoden und Eigenschaften hinzufügen (wofür eigene Programmierung erforderlich ist), jedoch ist die Liste für die meisten Überwachungsaufgaben völlig ausreichend.

Die Sicherheit für WMI wird über das Snap-In **WMI-Steuerung** (**Wmimgmt.msc**) in der WMI-MMC konfiguriert. Standardmäßig haben Benutzer über WMIC auf einem lokalen Computer die Berechtigung zum Lesen von WMI-Anbieterinformationen. Sie haben jedoch keine Berechtigung zum Herstellen einer Remoteverbindung oder Schreiben von Informationen außerhalb des Anbieterkontextes. Administratoren, die einem Benutzer oder einer Gruppe zusätzliche Berechtigungen erteilen möchten, müssen dazu das Snap-In **WMI-Steuerung** verwenden.

WMIC-Aliase

Der erste Parameter einer WMIC-Befehlszeile ist der Alias. Der Aliasname muss im WMI-Namespaceschema eindeutig sein und bietet Zugriff auf WMI-Informationen, ohne dass Sie sich komplexere Schemaobjekte und -eigenschaften merken müssen. Tabelle 12.2 beschreibt die Eigenschaften, die mit jeder Aliasinstanz verknüpft sind. Die vollständige Alias- und Namespacelisten sowie weitere detaillierte Informationen zu WMIC-Aliasen finden Sie im Windows Server 2003-Hilfe- und Supportcenter unter dem Stichwort „Aliasnamespaces und -klassen".

Tabelle 12.2 WMIC-Aliase

Eigenschaft	Beschreibung
(Anzeigename) FriendlyName	Der Name des Alias, der eindeutig sein muss.
Beschreibung (Description)	Eine Beschreibung des Alias. Dies ist der beschreibende Text, wenn **/?** in die WMIC-Befehlszeile eingegeben wird.
Formate (Formats)	Eine Liste, wobei jedes Format mit einem Namen und einer Liste der Eigenschaften (Objekte der Klasse **MSFT_CliProperty**) angezeigt wird. Alle Formate sind Objekte der Klasse **MSFT_CliFormat**.
Verben (Verbs)	Eine Liste mit Verben, welche die verschiedenen Verhaltensweisen beschreiben, die über diesen Alias zur Verfügung stehen. Die Verhaltensweisen haben zwei Formate: Standardverben, die direkt vom Dienstprogramm unterstützt werden. Benutzerdefinierte Verben, die einer bestimmten Methode zugeordnet werden müssen, die für das Ziel des Alias definiert ist. Alle Verben sind Objekte der Klasse **MSFT_CliVerb**.
Kennzeichner (Qualifiers)	Eine Liste mit Kennzeichnern, die WMI-Kennzeichner ähneln. Alle Kennzeichner sind Objekte der Klasse **MSFT_Qualifier**.
Ziel (Target)	Eine Liste mit Kennzeichnern, die WMI-Kennzeichnern ähneln. Alle Kennzeichner sind Objekte der Klasse **MSFT_Qualifier**.
Where-Klausel	Optionale **WHERE**-Klausel, die **Target** einschränkt und über Ersatzwerte verfügt, die Parameter des Alias sind. Die Ersatzwerte sind mit # markiert. Werden mehrere Parameter benötigt, werden sie mit den #-Markierungen nacheinander abgeglichen.
Verbindung (Connection)	Einzelheiten über die Computer, mit denen eine Verbindung hergestellt werden soll, zu den zu verwendenden Sicherheitsdetails usw. Wird keine Verbindung angegeben, haben die Computer, auf die der Zugriff erfolgen soll, den Wert **/NODE**, und der Namespace hat den Wert **/NAMESPACE**. Falls kein Benutzername und Kennwort angegeben wird, wird der Wert **/USER** bzw. **/PASSWORD**, falls verfügbar, verwendet (andernfalls wird das aktuelle Konto genutzt).
Anzeigen eines Alias-Schemas	Verwenden Sie als Alias einen Metaalias, um ein Aliasschema anzuzeigen. Beispiel: **ALIAS OS**.

WMIC-Verben

Die meisten Aliase verfügen über Aktionen, die sie ausführen. Diese Aktionen werden durch Aufrufen eines Befehls in Form eines Verbs gemeinsam mit dem Alias ausgelöst. In Kombination mit Parametern steuern diese Alias/Verb-Kombinationen, welche Konfiguration in der Anwendung oder dem System festgelegt wird und welche Informationen aus dem WMI-Repository ausgelesen werden. Tabelle 12.3 enthält die wichtigsten Verben für die Überwachung und deren Beschreibungen. Die vollständige Verbenlisten sowie weitere detaillierte Informationen zu WMIC-Verben finden Sie im Windows Server 2003-Hilfe- und Supportcenter unter dem Stichwort „WMIC-Verben".

Tabelle 12.3 WMIC-Verben

Verb	Aktion	Parameter	Beispiel
CALL	Ausführen von Methoden	Methoden- und Parameterliste, sofern anwendbar. Parameterlisten sind durch Kommas getrennt. Verwenden Sie **SERVICE CALL /?**, um eine Liste der verfügbaren Methoden und ihrer Parameter für den aktuellen Alias anzuzeigen.	`SERVICE WHERE CAPTION='TELNET' CALL STARTSERVICE`
GET	Abrufen bestimmter Eigenschaften	Eigenschaftenname oder Parameter	`PROCESS GET NAME`
LIST	Anzeigen von Daten	LIST ist das Standardverb. Es gibt zahlreiche Parameter und Adverbien, die mit dem Verb LIST verwendet werden können (Beispiel: BRIEF)	`PROCESS LIST BRIEF`

Verwenden von WMIC für die Überwachung

Wenn WMI auf einem Computer ausgeführt wird und der Benutzer, der WMIC ausführt, über ausreichende administrative Anmeldeinformationen verfügt, kann ein Computer über die Befehlszeile lokal oder remote überwacht werden. Im nicht interaktiven Modus können mehrere Befehle in einer Batchdatei enthalten sein, die entweder manuell oder nach einem automatisierten Zeitplan ausgeführt wird. Diese WMIC-Befehle können als CSV-Datei, Textdatei oder HTML-Seiten zur Ansicht und Analyse ausgegeben werden. Es folgen Beispiele gängiger Überwachungsszenarien und Ausgaben, welche die Verwendung von WMIC für die Überwachung veranschaulichen.

- **PRODUCT**

  Über diesen Befehl werden an die Konsole die Ergebnisse einer Abfrage nach aller auf dem lokalen Computer installierten Software ausgegeben.

- **/OUTPUT:c:\applog.htm NTEVENT WHERE "eventtype<3 AND logfile='Application'" GET Logfile, SourceName, Eventtype, Message, TimeGenerated /FORMAT:htable:"sortby=EventType"**

  Dieser Befehl gibt in eine HTML-Datei (**C:\applog.htm**) alle Ereignisse mit den Typen **0**, **1** oder **2** im Anwendungsprotokoll auf dem lokalen Computer aus. Die Liste wird in einer HTML-Tabelle (mit dem XML-Stylesheet **htable.xsl**) formatiert und nach **Ereignistyp** sortiert.

- **/OUTPUT:c:\applog.csv /NODE:@"c:\serverlist.txt" NTEVENT WHERE "eventtype<3 AND logfile='Application'" GET Logfile, SourceName, Eventtype, Message, TimeGenerated /FORMAT:csv:"sortby=EventType"**

  Dieser Befehl gibt in eine CSV-Datei (**C:\applog.csv**) alle Ereignisse mit den Typen **0**, **1** oder **2** aus den Anwendungsprotokollen der Computer aus, die in der Datei **serverlist.txt** aufgelistet sind. Die Liste wird in einer durch Kommas getrennten Liste (mit dem XML-Stylesheet **csv.xsl**) formatiert und nach **Ereignistyp** sortiert.

- **OS ASSOC**

  Dieser Befehl zeigt Informationen zu installierten Betriebssystem-Hotfixes und -Patches an.

Praktische Übung: WMI-Daten aus der Ereignisanzeige

In dieser praktischen Übung extrahieren Sie Daten aus der Ereignisanzeige und veröffentlichen diese auf einer Webseite.

1. Melden Sie sich als **Administrator** am **Server01** an, und öffnen Sie eine Eingabeaufforderung. Geben Sie **wmic** ein, und drücken Sie die EINGABETASTE. WMIC wird im interaktiven Modus geöffnet.
2. Geben Sie an der WMIC-Eingabeaufforderung den folgenden Befehl ein, um auf die Sicherheitsprotokolldaten in Lektion 1, Übung 3, zuzugreifen.

   NTEVENT WHERE "EVENTTYPE=5 AND LOGFILE='SECURITY'" GET LOGFILE, SOURCENAME, EVENTTYPE, MESSAGE, TIMEGENERATED

   Dieser Befehl gibt die Fehlerüberwachungseinträge auf der Konsole aus.
3. Geben Sie an der WMIC-Eingabeaufforderung den folgenden Befehl ein, um dieselben Informationen auf der Webseite **C:\seclog.htm** anzuzeigen.

   /OUTPUT:C:\seclog.htm NTEVENT WHERE "EVENTTYPE=5 AND LOGFILE='SECURITY'" GET LOGFILE, SOURCENAME, EVENTTYPE, MESSAGE, TIMEGENERATED /FORMAT:htable
4. Doppelklicken Sie auf die Datei **C:\Seclog.htm**, um sie im Internet Explorer zu öffnen.

Lernzielkontrolle

Die folgenden Fragen dienen dazu, die wichtigsten Lehrinhalte dieser Lektion zu vertiefen. Können Sie eine Frage nicht beantworten, arbeiten Sie das entsprechende Lektionsmaterial noch einmal durch, und versuchen Sie dann erneut, die Frage zu beantworten. Die Antworten auf die Lernzielkontrollfragen finden Sie im Abschnitt „Fragen und Antworten“ am Ende dieses Kapitels.

1. Sie benötigen für verschiedene Server im Netzwerk Informationen über Patches und Hotfixes. Sie möchten diese Informationen remote abrufen. Wie können Sie WMI zu diesem Zweck verwenden?

____

____

____

____

____

2. Sie benötigen eine Liste aller installierten Anwendungen auf 17 Computern in der Entwicklungsabteilung. Sie möchten diese Informationen remote abrufen. Wie können Sie WMI zu diesem Zweck verwenden?

____

____

____

____

____

3. Sie möchten einer kleinen Gruppe von Entwicklern die Möglichkeit einräumen, WMI zum Abrufen von Informationen über einige der Entwicklungsserver zu verwenden, ohne ihnen Administratorberechtigungen für die Server zu erteilen. Wie können Sie die Entwickler mit diesem Zugriffsrecht versehen?

____

____

Zusammenfassung der Lektion

WMI ist ein WBEM-kompatibles Dienstprogramm, das eine CIM-kompatible Datenbank mit Verwaltungsinformationen verwendet, die erfasst werden, indem es auf allen Windows Server 2003-Computern ausgeführt wird. Die Befehlszeilen-Schnittstelle für WMI heißt WMIC, die eine Reihe von Aliasen,Verben und Parametern verwendet, um die Konfiguration eines Computersystems zu ändern oder Informationen darüber abzurufen. WMIC kann sich mit einem beliebigen Computer remote verbinden, solange der Benutzer, der die Verbindung anfordert, über ausreichende Berechtigungen auf dem Remotecomputer verfügt. Der lokale Administrator auf einem Computer verfügt über die Berechtigung für Remoteverbindungen, sodass Domänenadministratoren eine Remoteverwaltung mithilfe von WMI und WMIC durchführen können. Zu Archivierungs- und Berichterstellungszwecken können WMI-Daten über WMIC in Form von CSV- oder HTML-Seiten ausgegeben werden. Über die Befehlszeile oder eine Textdatei können Befehle an mehrere Computer abgesetzt werden. Mit der Ausnahme, dass der WMIC-Befehl an den Anfang jeder Zeile gesetzt werden muss, unterscheidet sich das Aufrufen von Befehlen über eine Batchdatei im nicht interaktiven Modus nicht vom Verwenden von WMIC im interaktiven Modus.

Übung mit Fallbeispiel

Sie wurden zum Leiter der IT-Abteilung Ihres neuen Unternehmen ernannt und versuchen, bessere Vorgehensweisen als Ihr Vorgänger einzuführen. Ausfälle von Serverhardware kommen recht häufig vor, und die Zufriedenheit der Benutzer mit der Netzwerkleistung ist nicht sehr hoch. Erste Gespräche mit dem Administrationspersonal ergeben, dass in den letzten Jahren keine sorgfältige Planung durchgeführt wurde, sondern eine reine Ad-hoc-Problembehandlung auf der Tagesordnung stand.

Der stellvertretende Geschäftsführer beauftragt Sie, schnell für Ordnung zu sorgen und ihm die Sorge zu nehmen, dass wichtige Unternehmensdaten aufgrund lascher Sicherheitsvorkehrungen aus dem Unternehmen verschwinden könnten. Die Benutzerproduktivität soll verbessert werden. Dies schließt in Übereinstimmung mit den Unternehmensrichtlinien alle Anwendungen mit ein, die auf den Systemen der Benutzer installiert sind.

Hier kommt die Prüfliste, die Sie erstellen, um die IT-Umgebung besser zu gestalten:

- Erstellen Sie mit WMI oder einem anderen Dateidienstprogramm eine vollständige Liste aller dateibasierten Ressourcen, die sich auf Servern im Netzwerk befinden. Dokumentieren Sie vollständig die Berechtigungsstruktur für diese Ressourcen, und schalten Sie sich mit den Abteilungsleitern kurz, zum sicherzugehen, dass Sie die Anforderungen an den Zugriff auf Dateiressourcen genau verstehen.
- Erstellen Sie mithilfe der Ereignisanzeige und der Konsole **Leistung** ein exaktes Bild etwaiger unmittelbarer Engpassprobleme aufgrund von Geräteausfällen, falschen Dienstkonfigurationen und Inkompatibilitäten von Anwendungen. Ersetzen Sie Hardware, konfigurieren Sie Dienste ordnungsgemäß, und aktualisieren Sie bei Bedarf Anwendungen, um die Bestandteile der IT-Umgebung zu verbessern.
- Aktivieren Sie nach der Festlegung der Berechtigungen eine Fehlerüberwachung für den Objektzugriff, um herauszufinden, wer versucht, nichtautorisiert auf Ressourcen zuzugreifen, und mit welchen Mitteln.
- Definieren Sie mithilfe des Snap-Ins **Leistungsprotokolle und Warnungen** eine Baseline für die Server, nachdem eindeutig erkannte Engpässe entfernt wurden. Überwachen Sie anschließend Veränderungen bei der Serverleistung im Abgleich mit den Baselinedaten.

Übung zur Problembehandlung

Benutzer in der Helpdeskgruppe haben eigene Webseiten erstellt, um technische Daten für die Gruppe zu veröffentlichen, und verfügen über zahlreiche Dienstprogramme, mit denen Sie die Funktion und Stabilität von Anwendungen regelmäßig testen. Diese Benutzer haben um Hilfe bei der Frage gebeten, warum die Leistung ihrer Computer in jüngster Zeit beträchtlich nachgelassen hat.

Mithilfe der Konsole **Leistung** erfassen Sie die Basisdaten folgender Leistungsindikatoren:

- Cache\Datenzuordnungstreffer (%)
- Cache\Schnelle Lesevorgänge/s
- Cache\Verzögertes Schreiben – Seiten/s
- Logischer Datenträger\Freier Speicherplatz (%)
- Speicher\Verfügbare Bytes
- Speicher\Nichtauslagerungsseiten reserviert
- Speicher\Nicht-Auslagerungsseiten (Bytes)
- Speicher\Auslagerungsseiten reserviert
- Speicher\Auslagerungsseiten (Bytes)
- Prozessor (_Total)\Prozessorzeit (%)
- System\Kontextwechsel/s
- System\Prozessor-Warteschlangenlänge
- Processor (_Total)\Interrupts/s

Überwachen Sie auf den fehlerverdächtigen Computern eine Woche lang die normale Aktivität, und zeichnen Sie die Leistungsindikatorwerte für jeden Computer in einer separaten Protokolldatei auf. Erfassen Sie die Überwachungsdaten mithilfe eines Remotecomputers, um ihre Basisdaten nicht zu verfälschen.

Analysieren Sie die Daten, um zu bestimmen, ob es offenkundige Engpässe gibt. Diese Liste mit Leistungsindikatoren dient der Erstellung einer Baseline von Speicher, Datenträger-E/A und Prozessorleistung auf allen Computern. Nachdem der Engpass ermittelt wurde, müssen die Anwendungen (Prozesse) untersucht werden, um festzustellen, welche von ihnen den größten Anteil an dem Problem haben. Sie können dann die Anwendungen aktualisieren, falls das hilft, oder entfernen. Oder Sie fügen zu den Computern Ressourcen hinzu, damit diese die erforderlichen Aufgaben ausführen können.

Zusammenfassung des Kapitels

- Die Ereignisanzeige zeigt Daten in Form von Protokollen an. Die Protokolle **Anwendung**, **System** und **Sicherheit** sind auf allen Servern mit Windows Server 2003 vorhanden. Domänencontroller verfügen über zwei weitere Protokolle im Zusammenhang mit Active Directory. Andere Anwendungsserver (wie z.B. DNS) verfügen über eigene Protokolldateien.
- Die Konsole **Leistung (perfmon.msc)** verfügt über zwei Snap-Ins: **Systemmonitor** und **Leistungsprotokolle und Warnungen**. Der Systemmonitor zeigt Leistungsdaten in Echtzeit basierend auf Objektleistungsindikatoren und kann die von **Leistungsprotokolle und Warnungen** aufgezeichneten Protokolldaten in Form von Leistungsindikatorprotokollen (Abfragen in bestimmten Intervallen) oder (ereignisgesteuerten) Ablaufverfolgungsprotokollen anzeigen.

- Der Task-Manager dient der Anzeige von Leistungsdaten von Prozessen und Anwendungen in Echtzeit. Mit dem Task-Manager können Prozesse gestartet und beendet werden. Prozesse können ferner mit einer höheren oder niedrigeren CPU-Priorität versehen werden, und bei einem Computer mit mehreren Prozessoren kann ihnen eine Affinität zu einem bestimmten Prozessor zugewiesen werden.
- WMI ist ein Verwaltungssystem, das Daten von Computersystemen sammelt. Die Steuerungsoberfläche des Snap-Ins **WMI-Steuerung** ermöglicht die Anpassung von Berechtigungen über die Standardeinstellungen des lokalen Administrators hinaus, um Computer im Netzwerk zu verwalten. Wenngleich WMI für die Konfiguration vieler Arten von Systemeinstellungen wie Benutzer, Gruppen und Dienste verwendet werden kann, lag der Schwerpunkt in diesem Kapitel auf der Möglichkeit des Extrahierens von Daten aus dem WMI-Repository mithilfe der Befehlszeilenschnittstelle von WMI, die WMIC heißt. WMIC ermöglicht die Erstellung von Berichten zu ausgeführten Diensten sowie installierten Anwendungen und kann Daten aus der Ereignisanzeige zur einfacheren Verteilung und Analyse in CSV- oder HTML-Dateien veröffentlichen.

Prüfungsrelevante Themen

Vor Absolvieren der Prüfung sollten Sie anhand der nachfolgend aufgeführten Schlüsselinformationen und -begriffe prüfen, welche Themen Sie gegebenenfalls noch einmal durcharbeiten müssen. Gehen Sie die entsprechenden Lektionen und Praxisübungen erneut durch, und lesen Sie die Abschnitte „Weiterführende Literatur" in Teil II, um weitere Informationen zu den abgedeckten Lernzielen für die Prüfung zu erhalten.

Schlüsselinformationen

- Die Ereignisanzeige dient nicht der Konfiguration, sondern sammelt Daten von verschiedenen Datenanbietern. Die gemeldeten Daten werden im dazugehörigen Protokoll strukturiert und können zur Vereinfachung der Analyse gefiltert, sortiert und exportiert werden.
- Der Task-Manager kann nur auf dem lokalen Computer verwendet werden und ermöglicht nicht die Konfiguration von Speicher, Prozessor oder anderen Einstellungen. Der Task-Manager dient ausschließlich zum Starten und Beenden von Anwendungen, dem Versehen von Anwendungen mit einer anderen Priorität und der Festlegung der Prozessoraffinität von Anwendungen.
- Das Snap-In **Leistungsprotokolle und Warnungen** dient nicht zur Konfiguration, sondern zum Melden von Daten über Leistungsindikatorprotokolle, die von Anbietern (Objektleistungsindikatoren) gemäß einem festgelegten Intervall gemeldet werden, oder durch Ablaufverfolgungsprotokolle, die von ereignisgesteuerten Anbietern gemeldet werden.
- WMI erfordert Administratoranmeldeinformationen für den Zugriff auf einen Remotecomputer, um Einstellungen konfigurieren zu können.
- WMIC ist kein Tool der Active Directory-Schemaverwaltung. WMI verwaltet ein eigenes Schema.

Schlüsselbegriffe

Windows Management Instrumentation (WMI) Die Microsoft-Implementierung des Web-Based Enterprise Management (WBEM) zum Aufbau von Datenstandards beim Unternehmensmanagement.

Windows Management Instrumentation Control (WMIC) Ein Befehlszeilenprogramm mit einer Schnittstelle zum WMI-Repository (Datenbank) für Konfigurations- und Überwachungsverwaltungszwecke.

Task-Manager Ein grafisches Tool für die Bearbeitung von Prozessen.

Systemmonitor Eine Komponente der Konsole **Leistung,** wie auch das Snap-In **Leistungsprotokolle und Warnungen**. Verwechseln Sie den Systemmonitor nicht mit den **Systemeigenschaften**.

Fragen und Antworten

Lernzielkontrolle Lektion 1

Seite 533

1. Welche Protokolle zeigt die Ereignisanzeige standardmäßig auf einem Domänencontroller an, der DNS ausführt? Um welche Protokolle handelt es sich, und welche Daten erfassen sie?

   - **Anwendung** Entwickler von Anwendungen können ihre Software so programmieren, dass Konfigurationsänderungen, Fehler und andere Ereignisse in diesem Protokoll gemeldet werden.
   - **System** Das Betriebssystem Windows Server 2003 zeichnet Ereignisse (Dienststart, anormales Herunterfahren, Gerätefehler usw.) in diesem Protokoll auf. Die in diesem Protokoll gemeldeten Ereignisse sind vorkonfiguriert.
   - **Sicherheit** Anmeldungs- und Ressourcenzugriffsereignisse (Überwachungen) werden in diesem Protokoll aufgezeichnet. Die Konfiguration der meisten dieser Ereignisse liegt im Ermessen des Systemadministrators.
   - **Verzeichnisdienst** Dieses Protokoll enthält Ereignisse im Zusammenhang mit Active Directory, wie z.B. unvereinbare Objektreplikation oder bedeutende Ereignisse innerhalb des Verzeichnisses.
   - **Dateireplikationsdienst** Dieses Protokoll enthält Fehler oder bedeutende Ereignisse, die vom Dateireplikationsdienst im Zusammenhang mit dem Kopieren von Informationen zwischen Domänencontrollern während eines Replikationszyklus gemeldet wurden.
   - **DNS-Server** Dieses Protokoll enthält Fehler oder bedeutende Ereignisse, die vom DNS-Server gemeldet werden.

2. Sie haben Ihren Windows Server 2003-Computer für die Überwachung aller fehlgeschlagenen Objektzugriffe konfiguriert. Außerdem sind alle Dateien und Ordner für die Überwachung von **Ordner auflisten / Daten lesen: Fehlgeschlagen** konfiguriert. Alle anderen Ereignisanzeige- und Sicherheitsprotokolleinstellungen weisen die Standardkonfigurationen auf. Was passiert, wenn die Anzahl der Einträge im Sicherheitsprotokoll 16384 KB erreicht?

   Die Standardkonfiguration legt die maximale Protokolldateigröße mit 16384 KB fest und lässt das Überschreiben der Datei zu. Sobald also 16384 KB erreicht sind, werden die älteren Daten im Protokoll überschrieben.

3. Sie möchten nicht, dass Daten im Sicherheitsprotokoll überschrieben werden. Sie möchten jedoch auch nicht, dass Ihr Windows Server 2003 zu irgendeinem Zeitpunkt dem Netzwerk nicht zur Verfügung steht. Welche Einstellungen müssen Sie auf dem Server konfigurieren?

   Konfigurieren Sie in den Eigenschaften des Sicherheitsprotokolls das Protokoll mit **Ereignisse nie überschreiben (Protokoll manuell löschen)**. Legen Sie *nicht* die **Sicherheitsoptionen**-Gruppenrichtlinie **Überwachung: System sofort herunterfahren, wenn Sicherheitsüberprüfungen nicht protokolliert werden können** fest, da auf diese Weise der Server vom Netzwerk getrennt wird, wenn das Sicherheitsprotokoll voll ist. Es wird empfohlen, das Sicherheitsprotokoll in regelmäßigen Abständen zu prüfen, aber Sie brauchen es nicht zu oft zu tun, um zu verhindern, dass der Server heruntergefahren wird, nur weil Sie das Protokoll nicht rechtzeitig genug gelöscht haben.

Seite 544

Lernzielkontrolle Lektion 2

1. Sie möchten alle Ihre Windows Server 2003-Server so überwachen, dass sie regelmäßig und so effizient wie möglich defragmentiert werden können. Das Defragmentierungsprogramm, das Sie verwenden, erfordert mindestens 20 Prozent freien Speicherplatz auf jedem Volume, um die Defragmentierung ordnungsgemäß auszuführen. Wie sollten Sie in diesem Fall vorgehen?

   Konfigurieren Sie das Snap-In **Leistungsprotokolle und Warnungen** auf einer Arbeitsstation (oder einem nicht voll ausgelasteten Server), um das Objekt **Logischer Datenträger** und den Leistungsindikator **Freier Speicherplatz (%)** auf allen Remoteservern für jede Instanz auf dem jeweiligen Computer zu überwachen. Konfigurieren Sie ferner jeden Leistungsindikator mit einer Warnung und einem Schwellenwert von unter 20 Prozent freiem Speicherplatz. Konfigurieren Sie schließlich alle Warnungen so, dass eine Nachricht an den Administrator (und an beliebige andere Benutzerkonten, die diese Nachricht erhalten sollen) gesendet wird.

2. Sie haben aufgrund seiner schwachen Leistung im Netzwerk die Überwachung eines Ihrer Windows Server 2003-Server gestartet. Sie kommen zu folgenden Ergebnissen:

   - Prozessor: Prozessorzeit (%): Hoch
   - Physikalischer Datenträger: Zeit (%): Niedrig
   - Speicher: Seiten/s: Niedrig
   - Prozessor: Interrupts/s: Hoch
   - Prozess: Prozessorzeit (%) (für Nichtdienstprozesse): Niedrig
   - Prozess: Prozessorzeit (%) (für Systemdienste): Niedrig

   Was ist höchstwahrscheinlich die Erklärung des Problems?

   Wahrscheinlich ist, dass die Netzwerkkarte (oder ein anderes Gerät) ein Problem auf Hardwareebene hat. Die hohe Anzahl der Interrupts pro Sekunde bewirkt, dass der Prozessor mit der Verarbeitung von Dienstanforderungen von der Netzwerkkarte beschäftigt ist. Da alle anderen Leistungsindikatoren niedrige Werte aufweisen, ist es unwahrscheinlich, dass eine Anwendung oder ein Systemdienst fehlerhaft arbeitet.

3. Der Server, mit dem Sie andere Server im Netzwerk überwachen, kann diese Aufgabe nicht mehr bewältigen, weshalb Sie die Belastung durch die Überwachung verringern müssen. Welcher Schritt hat die größte positive Auswirkung auf die Leistung des Überwachungscomputers bei gleichzeitiger Erfassung von so vielen Überwachungsdaten wie möglich?

   Verlängern Sie das Abfrageintervall für die Aufzeichnung der Daten auf den Remotecomputern. Durch eine weniger häufige Datenabfrage und durch eine eventuelle Staffelung der Protokollierzeiten kann der Großteil der Überwachungsdaten bei gleichzeitiger Entlastung des Überwachungscomputers erhalten bleiben.

Seite 550

Lernzielkontrolle Lektion 3

1. Welche Informationen kann der Task-Manager zur Leistung von Anwendungen bereitstellen?

   Der Task-Manager kann Informationen zum Prozessor, zur Speicherbelegung (einschließlich Auslagerungsdatei) und zu grundlegenden Ein-/Ausgabewerten auf Prozessbasis liefern.

2. Ihr Computer stürzt immer fast genau eine Stunde nach dem Systemstart ab. Sie vermuten, dass eine Anwendung Probleme mit der Speicherverwaltung hat und immer wieder neuen Speicher anfordert, den Speicher aber nach Gebrauch nicht vollständig ans System zurückgibt. Wie können Sie im Task-Manager herausfinden, welche Anwendung für das Problem verantwortlich ist?

   Starten Sie alle Anwendungen normal. Sorgen Sie im Task-Manager für die Anzeige der Spalte **Veränd. der Speicherauslastung** (Menü **Ansicht, Spalten auswählen**), und klicken Sie auf die Spaltenüberschrift. Wenn das System im Leerlauf bleibt, sollte sich die Speicherbelegung durch die auf dem Computer ausgeführten Prozesse stabilisieren. Gibt es eine Anwendung, die immer mehr Speicher anfordert und nicht wieder abgibt, bleibt diese im oberen Bereich oder ganz oben in der Liste der auf dem Computer ausgeführten Prozesse. Der Wert für **Veränd. der Speicherauslastung** steigt zudem weiter an, auch wenn das System keine Aktivität aufweist.

3. Sie führen auf Ihrem Computer eine Datenbankanwendung aus. Der Computer verfügt über zwei Prozessoren. Sie möchten, dass die Datenbankanwendung auf dem zweiten Prozessor ausgeführt wird. Wie können Sie zu diesem Zweck den Task-Manager verwenden?

   Klicken Sie auf der Registerkarte **Anwendungen** mit der rechten Maustaste auf die Datenbankanwendung, und klicken Sie auf **Zu Prozess wechseln**. Klicken Sie mit der rechten Maustaste auf den Prozess, und legen Sie im Kontextmenü die Prozessoraffinität fest.

Seite 556

Lernzielkontrolle Lektion 4

1. Sie benötigen für verschiedene Server im Netzwerk Informationen über Patches und Hotfixes. Sie möchten diese Informationen remote abrufen. Wie können Sie WMI zu diesem Zweck verwenden?

   Verwenden Sie den Alias **OS ASSOC** mit dem Parameter **/node:**, um den WMIC-Befehl auf beliebig vielen Computern remote auszuführen. Die Umleitung der Ausgabe in eine CSV- oder HTML-Datei zur späteren Analyse ist ebenso möglich wie das Verwenden des Alias **/output** und des Parameters **/format**. Wenn z.B. **Server01** und **Server02** die Zielcomputer für WMIC sind, lautet der Befehl **/NODE:"SERVER01","SERVER02" OS ASSOC**.

2. Sie benötigen eine Liste aller installierten Anwendungen auf 17 Computern in der Entwicklungsabteilung. Sie möchten diese Informationen remote abrufen. Wie können Sie WMI zu diesem Zweck verwenden?

   Geben Sie die Computernamen in eine Textdatei ein (z.B. in Computer.txt). Verwenden Sie den Alias **PRODUCT** mit dem Parameter **/node:@**, um eine Auflistung der installierten Anwendungen auf allen Computern in der Liste abzurufen. Die Umleitung der Ausgabe in eine CSV- oder HTML-Datei zur späteren Analyse ist ebenso möglich wie das Verwenden des Alias **/output** und des

Parameters **/format**. **/NODE:@c:\Computer.txt PRODUCT** liefert z.B. die gewünschten Ergebnisse.

3. Sie möchten einer kleinen Gruppe von Entwicklern die Möglichkeit einräumen, WMI zum Abrufen von Informationen über einige der Entwicklungsserver zu verwenden, ohne ihnen Administratorberechtigungen für die Server zu erteilen. Wie können Sie die Entwickler mit diesem Zugriffsrecht versehen?

   Erteilen Sie jedem Entwickler oder einer Gruppe mit allen Entwicklern die Berechtigung für den WMI-Namespace mithilfe des Snap-Ins **WMI-Steuerung** (Wmimgmt.msc) in der WMI-MMC.

KAPITEL 13

Wiederherstellung nach Systemausfällen

In diesem Kapitel abgedeckte Prüfungsziele:

- Einrichten einer automatischen Systemwiederherstellung
- Wiederherstellen des Systems nach Serverhardwareversagen
- Durchführen der Systemwiederherstellung für einen Server

Bedeutung dieses Kapitels

Auch wenn Microsoft Windows Server 2003 einen sehr hohen Grad an Stabilität und Zuverlässigkeit bietet, können Netzteile, Lüfter, Chipsätze und auch Programme den Ausfall eines Computers bewirken. Und wenn ein Server in der Gesamtstruktur ausfällt, ist dieser Ausfall von allen zu spüren. Im bisherigen Verlauf dieses Trainings haben Sie erfahren, wie Sie empfohlene Vorgehensweisen implementieren und unterstützen, um das Risiko eines Ausfalls zu minimieren. Sie haben auch erfahren, wie Sie nach dem Ausfall bestimmter Dienste, Treiber und Hardwarekonfigurationen eine Wiederherstellung durchführen. In diesem Kapitel werden die verbleibenden Fähigkeiten vermittelt, die für eine Wiederherstellung eines Servers benötigt werden, wenn das Betriebssystem selbst beschädigt oder aufgrund eines katastrophalen Ausfalls kein Zugriff möglich ist.

Lektion in diesem Kapitel:

Bevor Sie beginnen

In diesem Kapitel werden die Fähigkeiten und Konzepte im Zusammenhang mit der Wiederherstellung eines ausgefallenen Servers behandelt. Bereiten Sie für die praktischen Übungen in diesem Kapitel Folgendes vor:

- Einen Computer, auf dem Windows Server 2003 ausgeführt wird. Die Beispiele verwenden den Computernamen **Server01**. Dabei kann es sich um einen Mitgliedsserver oder Domänencontroller handeln. Sicherungen, die im Verlauf der Übungen erstellt werden, erfolgen schneller, wenn der Computer ein Mitgliedsserver ist.

- Eine zweites physisches Festplattenlaufwerk ist erforderlich, um die Übung durchzuführen, in der die automatische Systemwiederherstellung demonstriert wird.
- Bei Durchführung der Übung zur automatischen Systemwiederherstellung werden alle Daten auf dem Datenträger mit dem Systemvolume gelöscht. Führen Sie die automatische Systemwiederherstellung nicht durch, wenn Sie die Daten auf diesem Datenträger behalten möchten.

Lektion 1: Wiederherstellung nach einem Systemausfall

Im schlimmsten Fall fällt die Serverhardware aus und kann nicht mehr wiederhergestellt werden. Um den Betrieb wiederaufnehmen zu können, benötigen Sie eine vollständige Sicherung des Servers, die Sie auf neuer Hardware wiederherstellen können. Diese vollständige Sicherung muss die auf dem Server gespeicherten Daten, Anwendungen und das Betriebssystem selbst umfassen. In Kapitel 7, „Sichern von Daten", wurde erklärt, wie Sie das Sicherungsprogramm und Befehlszeilenprogramm Ntbackup zum Sichern von Daten verwenden. In dieser Lektion erfahren Sie, wie Sie dieselben Dienstprogramme zum Sichern des Systems nutzen, damit Sie bei einem solchen schlimmsten anzunehmenden Fall den Betrieb schnell wiederherstellen können. Ferner wird erklärt, wie Sie mithilfe der Wiederherstellungskonsole bestimmte Probleme wie Dienst- oder Treiberausfälle beheben können.

Am Ende dieser Lektion werden Sie in der Lage sein, die folgenden Aufgaben auszuführen:

- Sichern des Systemstatus
- Vorbereiten eines Sicherungssatzes für die automatische Systemwiederherstellung und Reparieren eines Computers mithilfe der automatischen Systemwiederherstellung
- Installieren und Verwenden der Windows Server 2003-Wiederherstellungskonsole

Veranschlagte Zeit für diese Lektion: 60 Minuten

Übersicht über die Wiederherstellungsoptionen

Im Verlauf dieses Buchs wurden Methoden beschrieben, mit deren Hilfe nach bestimmten Arten von Ausfällen Reparaturen und Wiederherstellungen durchgeführt werden:

- **Datenverlust oder -beschädigung** In Kapitel 7 wurden die Sicherung und Wiederherstellung von Daten sowie der Volumeschattenkopie-Dienst besprochen. Dieses neue Feature in Windows Server 2003 ermöglicht Benutzern das Öffnen oder Wiederherstellen vorheriger Versionen von Dateien in freigegebenen Ordnern auf Servern.
- **Treiberaktualisierungen mit anschließender Systeminstabilität** In Kapitel 10, „Verwalten von Hardwaregeräten und Treibern", wurde die Funktion von Windows Server 2003 zum Zurücksetzen eines neuen Treibers vorgestellt. Wenn das System nach der Aktualisierung eines Treibers instabil ist, können der Treiber und etwaige neu konfigurierte Einstellungen auf eine zuvor installierten Version des Treibers und den dazugehörigen Status zurückgesetzt werden. Ein Zurücksetzen von Druckertreibern ist nicht möglich. Sie haben auch erfahren, dass Sie mit dem Geräte-Manager ein Gerät deaktivieren können, das für eine Instabilität verantwortlich ist. Falls eine Anwendung oder unterstützende Software eine Instabilität bewirkt, können Sie über die Option **Software** in der Systemsteuerung die betreffende Komponente entfernen.
- **Die Installation oder Aktualisierung eines Treibers oder Dienstes führt zu Instabilität beim Systemstart** In Kapitel 10 wurde die Verwendung der Option **Letzte als funktionierend bekannte Konfiguration** behandelt, welche den aktiven **ControlSet** der Registrierung auf den **ControlSet** zurücksetzt, der bei der letzten erfolgreichen

Anmeldung des Benutzers am System verwendet wurde. Wenn Sie einen Dienst oder Treiber installieren bzw. aktualisieren und das System anschließend abstürzt oder nicht bis zum Anmeldebildschirm neu gestartet werden kann, führt **Letzte als funktionierend bekannte Konfiguration** Sie zu der Version der Registrierung zurück, die aktiv war, bevor der Treiber oder Dienst installiert wurde. Sie haben auch die verschiedenen Optionen für den abgesicherten Modus kennen gelernt, die einen Start des Systems mit bestimmten deaktivierten Treibern oder Diensten ermöglichen. Der abgesicherte Modus kann häufig den Start eines ansonsten nicht mehr startfähigen Computers ermöglichen. Anschließend kann im Geräte-Manager ein problematischer Treiber oder Dienst deaktiviert, deinstalliert oder zurückgesetzt werden.

- **Ausfall des Datenträgersubsystems** In Kapitel 11, „Verwalten des Microsoft Windows Server 2003-Festplattenspeichers", wurden die Schritte, die zum Konfigurieren von Datenträgerredundanz mithilfe von gespiegelten (RAID-1) und RAID-5-Volumes erforderlich sind, und die Wiederherstellung nach Ausfall eines einzelnen Datenträgers innerhalb des fehlertoleranten Volumes behandelt.

Alle diese Wiederherstellungs- und Reparaturvorgänge setzen voraus, dass ein System zu einem gewissen Grad gestartet werden kann. Wenn ein System nicht neu gestartet werden kann, können Sie über die Optionen **Systemstatus**, **Automatische Systemwiederherstellung** und **Wiederherstellungskonsole** das System in einen betriebsfähigen Zustand zurücksetzen.

Systemstatus

In Microsoft Windows 2000 und Windows Server 2003 wurde im Sicherungsprozess das Konzept des *Systemstatus* eingeführt. Systemstatusdaten enthalten wichtige Elemente einer Systemkonfiguration. Dazu zählen:

- Die Registrierung des Systems
- Die Registrierungsdatenbank der COM+-Klassen
- Die Startdateien **boot.ini**, **ntdetect.com**, **ntldr**, **bootsect.dos** und **ntbootdd.sys**
- Vom Dienst **Windows-Dateischutz** geschützte Systemdateien

Außerdem umfassen die Systemstatusdaten die folgenden Elemente, wenn die entsprechenden Dienste auf dem System installiert wurden:

- Die Datenbank der Zertifikatdienste auf einem Zertifikatserver
- Active Directory-Verzeichnisdienst und den Ordner **Sysvol** auf einem Domänencontroller
- Clusterdienstinformationen auf einem Clusterserver
- Die Metabasis der Internetinformationsdienste (IIS) auf einem Server, auf dem IIS installiert ist

Um den Systemstatus im Sicherungsprogramm zu sichern, fügen Sie zur Sicherungsauswahl den Knoten **System State** hinzu. Abbildung 13.1 zeigt den Systemstatus und seine Komponenten.

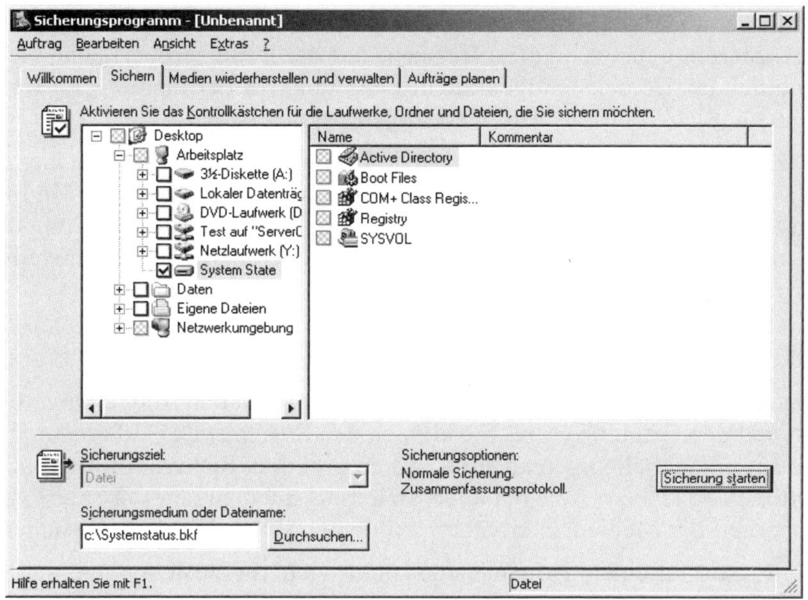

Abbildung 13.1 Der Systemstatus

Wenn Sie die Befehlszeile bevorzugen, verwenden Sie Ntbackup mit der folgenden Syntax:

`Ntbackup backup systemstate /J "`*`Name der Sicherung`*`" ...`

gefolgt vom Parameter **/F**, um eine Sicherung in eine Datei anzugeben, oder von den Parametern **/T**, **/G**, **/N**, **/P**, um eine Bandsicherung durchzuführen. Die Parameter des Befehls Ntbackup werden in Kapitel 7 ausführlich beschrieben.

Im Zusammenhang mit der Sicherung des Systemstatus gibt es mehrere wichtige Hinweise und Aspekte:

- Sie können nicht einzelne Komponenten des Systemstatus sichern. Sie können beispielsweise nicht nur die Registrierungsdatenbank der COM+-Klassen sichern. Aufgrund der gegenseitigen Abhängigkeiten unter den Systemstatuskomponenten können diese nur zusammen gesichert werden.
- Sie können mit Ntbackup oder dem Sicherungsprogramm den Systemstatus nicht von einem Remotecomputer aus sichern. Sie müssen Ntbackup oder das Sicherungsprogramm auf dem System ausführen, das gesichert wird. Sie können jedoch die Sicherung in eine Datei auf einem Remoteserver leiten, von dem dann die Datei auf ein anderes Sicherungsmedium übertragen werden kann. Oder Sie können ein Sicherungsprogramm eines anderen Anbieters erwerben, mit dem Sie den Systemstatus remote sichern können.
- Der Systemstatus umfasst die meisten Elemente der Konfiguration eines Systems, doch gegebenenfalls nicht alle Elemente, die erforderlich sind, um dem System seine volle Betriebsfähigkeit zurückzugeben. Es wird deshalb empfohlen, alle Start-, System-, Daten- und Anwendungsvolumes zu sichern, wenn Sie den Systemstatus sichern. Der Systemstatus ist ein wichtiger Teil einer vollständigen Sicherung, jedoch nur ein Teil davon.

- Das Durchführen einer Sicherung des Systemstatus stellt den Sicherungstyp automatisch auf **Kopieren**, auch wenn diese Tatsache auf der Benutzeroberfläche vielleicht nicht ersichtlich ist. Berücksichtigen Sie diesen Punkt bei der Planung, ob weitere Elemente in die Sicherungsauswahl einbezogen werden sollen.

Um den Systemstatus auf einem Computer wiederherzustellen, der betriebsfähig ist, verwenden Sie das Sicherungsprogramm. Aktivieren Sie auf der Registerkarte **Medien wiederherstellen und verwalten** das Kontrollkästchen **System State**. Ist der Computer nicht betriebsfähig, müssen Sie wahrscheinlich die automatische Systemwiederherstellung wählen, um den Computer wieder in Betrieb nehmen zu können.

Der Systemstatus auf einem Domänencontroller

Der Systemstatus auf einem Domänencontroller umfasst auch den Active Directory-Verzeichnisdienst und den Ordner **Sysvol**. Sie können den Systemstatus auf einem Domänencontroller wie auf einem beliebigen anderen System mit dem Sicherungsprogramm oder dem Befehl **Ntbackup** sichern. Wie bei allen Sicherungsmedien ist es überaus wichtig, die physische Sicherheit der Medien zu erhalten, auf denen Active Directory gesichert wird.

Um den Systemstatus auf einem Domänencontroller wiederherzustellen, müssen Sie den Computer neu starten, F8 drücken, um Startoptionen zu wählen, und **Verzeichnisdienstwiederherstellung** wählen. Dieser Modus ist eine Variante der in Kapitel 10 beschriebenen abgesicherten Modi. Bei Wahl von **Verzeichnisdienstwiederherstellung** fährt der Domänencontroller den Active Directory-Verzeichnisdienst hoch, ohne ihn zu starten. Sie können sich an dem Computer nur als lokaler Administrator mit dem Kennwort für die Verzeichnisdienstwiederherstellung anmelden, das festgelegt wurde, als der Server mit **Dcpromo** zu einem Domänencontroller heraufgestuft wurde.

Bei der Verzeichnisdienstwiederherstellung führt der Domänencontroller keine Authentifizierung oder Active Directory-Replikation durch. Zudem unterliegen die Active Directory-Datenbank und die unterstützenden Dateien keinen Dateisperren. Sie können deshalb den Systemstatus mit dem Sicherungsprogramm wiederherstellen.

Bei der Wiederherstellung des Systemstatus auf einem Domänencontroller müssen Sie die nichtautorisierende Wiederherstellung (normal) oder autorisierende Wiederherstellung von Active Directory und des Ordners **Sysvol** auswählen. Nach der Wiederherstellung des Systemstatus mit dem Sicherungsprogramm schließen Sie eine nichtautorisierende Wiederherstellung ab, indem Sie den Domänencontroller im normalen Modus neu starten. Da ältere Daten wiedergestellt wurden, muss der Domänencontroller sein Replikat von Active Directory und **Sysvol** aktualisieren, was automatisch über die standardmäßigen Replikationsmechanismen seiner Replikationspartner erfolgt.

In einigen Fällen soll vielleicht jedoch nicht erreicht werden, dass der wiederhergestellte Domänencontroller mit anderen funktionierenden Domänencontrollern synchronisiert wird, sondern Sie möchten stattdessen, dass alle Domänencontroller denselben Status aufweisen wie das wiederhergestellte Replikat. Wenn beispielsweise Objekte aus Active Directory gelöscht wurden, können Sie einen der Domänencontroller mit einem Sicherungssatz wiederherstellen, der vor dem Löschen der Objekte erstellt wurde. Sie müssen dann eine autorisierende Wiederherstellung durchführen, die ausgewählte Objekte als autorisiert (maßgebend) markiert und bewirkt, dass diese Objekte vom wiederhergestellten Domänencontroller auf dessen Replikationspartner repliziert werden.

Zur Durchführung einer autorisierenden Wiederherstellung müssen Sie zuerst eine nichtautorisierende Wiederherstellung mit dem Sicherungsprogramm ausführen, um den Systemstatus auf dem Domänencontroller wiederherzustellen. Wenn die Wiederherstellung abgeschlossen ist und Sie im Sicherungsprogramm auf **Schließen** klicken, werden Sie aufgefordert, den Computer neu zu starten. Wenn dies geschieht, müssen Sie **Nein** wählen. Lassen Sie keinen Neustart des Domänencontrollers zu. Öffnen Sie dann eine Eingabeaufforderung, und verwenden Sie **Ntdsutil**, um die gesamte wiederhergestellte Datenbank oder ausgewählte Objekte als autorisiert (oder maßgebend) zu markieren. Weitere Informationen zu **Ntdsutil** und zur autorisierenden Wiederherstellung erhalten Sie, indem Sie an der Eingabeaufforderung **Ntdsutil /?** eingeben, oder in den Onlinereferenzen im Hilfe- und Supportcenter. In dem Buch *Microsoft Windows Server 2003 Active Directory-Infrastruktur – Original Microsoft Training,* (Microsoft Press, 2003/2006) wird die Wiederherstellung von Domänencontrollern detailliert behandelt.

Prüfungstipp Was Sie sich für die Prüfung 70-290 unbedingt merken sollten, ist, dass der Systemstatus nur auf einem Domänencontroller wiederhergestellt werden kann, indem der Domänencontroller im Verzeichnisdienst-Wiederherstellungsmodus neu gestartet wird. Ferner sollten Sie wissen, dass mit **Ntdsutil** aus Active Directory gelöschte Objekte wiederhergestellt werden, indem diese Objekte als „autorisierend" (maßgebend) markiert werden, nachdem zuvor eine normale bzw. nichtautorisierende Wiederherstellung des Systemstatus mit dem Sicherungsprogramm durchgeführt wurde.

Automatische Systemwiederherstellung

Die Wiederherstellung eines ausgefallen Servers war bislang eine mühsame Aufgabe, welche die Neuinstallation des Betriebssystems, das Bereitstellen und Katalogisieren des Sicherungsbandes und eine anschließende vollständige Wiederherstellung umfasste. Die automatische Systemwiederherstellung (Automated System Recovery, ASR) vereinfacht diesen Prozess enorm. Die automatische Systemwiederherstellung erfordert das Erstellen eines dazugehörigen Sicherungssatzes, der eine Sicherung wichtiger Systemdateien samt Registrierung und eine Diskette umfasst, auf der die Windows-Systemdateien angegeben sind, die auf dem Computer installiert sind. Sollte der Server einmal ausfallen, starten Sie ihn einfach mit der Windows Server 2003-CD-ROM neu, und wählen Sie die Option zum Durchführen einer automatischen Systemwiederherstellung. Der Prozess verwendet die Liste der Dateien auf der zur automatischen Systemwiederherstellung gehörenden Diskette, um die Standardtreiber und -dateien von der originalen Windows Server 2003-CD-ROM wiederherzustellen, und stellt die restlichen Dateien im Sicherungssatz der automatischen Systemwiederherstellung wieder her.

Um einen Sicherungssatz für die automatische Systemwiederherstellung zu erstellen, öffnen Sie in der Programmgruppe **Zubehör** das Sicherungsprogramm, oder klicken Sie auf **Start**, dann auf **Ausführen**, und geben Sie **Ntbackup.exe** ein. Wenn der **Sicherungs-Assistent** gestartet wird, klicken Sie auf **Erweiterter Modus**. Wählen Sie dann auf der Begrüßungsregisterkarte des Sicherungsprogramms oder im Menü **Extras** den Befehl

Assistent für die automatische Systemwiederherstellung. Befolgen Sie die Anweisungen des Assistenten für die Vorbereitung der automatischen Systemwiederherstellung. Dieser fordert eine 1,44-MB-Diskette an, um die Diskette für die automatische Systemwiederherstellung zu erstellen. Der Assistent für die automatische Systemwiederherstellung wird in Abbildung 13.2 gezeigt.

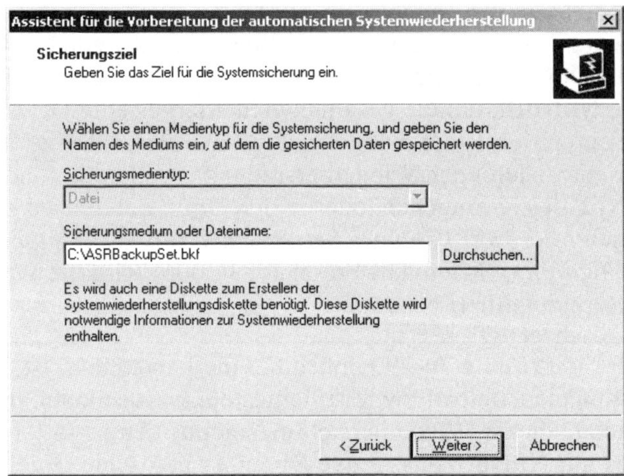

Abbildung 13.2 Die Seite **Sicherungsziel** im Assistenten für die automatische Systemwiederherstellung

Die vom Assistenten für die automatische Systemwiederherstellung erstellte Sicherung umfasst Konfigurationsinformationen für alle Datenträger im Computer, eine Sicherung des Systemstatus und eine Sicherung der Dateien samt Treibercache. Der Sicherungssatz ist ziemlich groß. Bei einer Standardinstallation von Windows Server 2003 beträgt die Größe der Sicherung für die automatische Systemwiederherstellung mehr als 1 GB.

Die Diskette für die automatische Systemwiederherstellung wird vom Assistenten für die Vorbereitung der automatischen Systemwiederherstellung erstellt und gilt für das System und den Zeitpunkt, an dem der Satz für die automatische Systemwiederherstellung erstellt wurde. Sie sollten den Sicherungssatz für die automatische Systemwiederherstellung und die dazugehörige Diskette sorgfältig beschriften und zusammen aufbewahren.

Die Diskette für die automatische Systemwiederherstellung enthält zwei Kataloge von Dateien auf dem System: **Asr.sif** und **Asrpnp.sif**. Falls das System über kein Diskettenlaufwerk verfügt, wenn Sie den Satz für die automatische Systemwiederherstellung erstellen, können Sie die Diskette nach Ausführung des Assistenten erstellen. Kopieren Sie dazu diese beiden Dateien aus dem Ordner **%SystemRoot%\repair** auf dem System auf einen anderen Computer mit einem Diskettenlaufwerk, und kopieren Sie die Dateien von diesem System auf die Diskette. Sollte die Diskette verloren gehen, können Sie die beiden Dateien aus dem Ordner **%SystemRoot%\repair** im Sicherungssatz für die automatische Systemwiederherstellung wiederherstellen. Sie *müssen* über die Diskette für die automatische Systemwiederherstellung verfügen, um eine solche durchführen zu können. Falls das System über kein Diskettenlaufwerk verfügt, müssen Sie eines anschließen, bevor die Wiederherstellung erfolgen kann.

Tipp Der Satz für die automatische Systemwiederherstellung enthält die Dateien, die zum Starten des Systems benötigt werden. Es handelt sich nicht um eine umfassende Sicherung des gesamten Systems. Deshalb wird dringend empfohlen, eine vollständige Sicherung samt Systemstatus, Systemvolume, Anwendungen und unter Umständen auch Benutzerdaten zu erstellen, wenn Sie Ihren Sicherungssatz für die automatische Systemwiederherstellung anlegen.

Für die Durchführung einer automatischen Systemwiederherstellung benötigen Sie Folgendes:

- Die Windows Server 2003-Installations-CD-ROM
- Den Sicherungssatz für die automatische Systemwiederherstellung
- Die Diskette für die automatische Systemwiederherstellung, die gleichzeitig mit dem Sicherungssatz für die automatische Systemwiederherstellung erstellt wurde

Tipp Sie benötigen ferner die gegebenenfalls erforderlichen Treiber für Massenspeichergeräte, die nicht zum Standardtreibersatz von Windows Server 2003 gehören. Um die Wiederherstellung zu erleichtern, sollten Sie in Betracht ziehen, diese Treiber auf die Diskette für die automatische Systemwiederherstellung zu kopieren.

Um ein System mithilfe der automatischen Systemwiederherstellung wiederherzustellen, starten Sie den Computer mit der Windows Server 2003-CD-ROM neu, als würden Sie das Betriebssystem auf dem Computer installieren. Falls Ihr Computer einen Treiber für ein Massenspeichergerät benötigt, der nicht im Windows Server 2003-Treibersatz enthalten ist, drücken Sie bei Aufforderung die Taste F6, und stellen Sie geeignete Treiber auf einer Diskette bereit. Nach dem Laden der ersten Treiber fordert das System Sie auf, zur Durchführung einer automatischen Systemwiederherstellung die Taste F2 zu drücken. Drücken Sie F2, und befolgen Sie die Anweisungen auf dem Bildschirm. Die automatische Systemwiederherstellung fordert die Diskette für die automatische Systemwiederherstellung an, die zwei Kataloge bzw. Listen von Dateien enthält, die zum Start des Systems benötigt werden. Diese Dateien werden von der CD-ROM geladen. Die automatische Systemwiederherstellung stellt die restlichen wichtigen Dateien samt Registrierung des Systems aus dem Sicherungssatz für die automatische Systemwiederherstellung des Systems wieder her. Im Verlauf dieses Prozesses erfolgt ein Neustart. Falls der Computer herstellerspezifische Treiber für Massenspeichergeräte anfordert, müssen Sie während dieses zweiten Neustarts ebenfalls die Taste F6 drücken. Da es zu einem Neustart kommt, müssen Sie entweder die Diskette nach dem anfänglichen textbasierten Teil der Wiederherstellung entnehmen oder die Startgeräte so festlegen, dass das System nicht versucht, von der Diskette neu zu starten.

Die Wiederherstellungskonsole

Die Wiederherstellungskonsole ist eine textorientierte Konsole, mit der Sie zum Zweck einer grundlegenden Problembehandlung und Systemwartung Zugriff auf die Festplatte eines Windows Server 2003-Computers erhalten. Sie ist besonders nützlich, wenn das Betriebssystem nicht gestartet werden kann, weil mithilfe der Wiederherstellungskonsole

Diagnosen ausgeführt, Treiber und Dienste deaktiviert, Dateien ersetzt und andere zielgerichtete Wiederherstellungsprozeduren durchgeführt werden können.

Installieren der Wiederherstellungskonsole

Die Wiederherstellungskonsole kann durch einen Start des Systems mit der Windows Server 2003-CD-ROM gestartet werden, indem bei Aufforderung die Taste R gedrückt wird. Doch wenn ein System ausgefallen ist, soll es in der Regel so schnell wie möglich wiederhergestellt werden, sodass Sie keine Zeit für die Suche nach einer Kopie der CD-ROM oder durch Warten auf den langen Neustartprozess verschwenden möchten. Aus diesem Grund wird empfohlen, die Wiederherstellungskonsole vorsorglich zu installieren.

Um die Wiederherstellungskonsole zu installieren, legen Sie die Windows Server 2003-CD-ROM ein und geben an der Befehlszeile ***CD-Laufwerk*:\i386\winnt32 /cmdcons** ein. Der Setup-Assistent installiert die 8 MB große Konsole im verborgenen Ordner **Cmdcons** und ändert die Datei **Boot.ini**, um die Wiederherstellungskonsole als Option während des Startprozesses anzuzeigen.

Entfernen der Wiederherstellungskonsole

Falls Sie die Wiederherstellungskonsole wieder entfernen möchten, sind Dateien und Ordner zu löschen, die verborgen sind. Wählen Sie im Windows Explorer im Menü **Extras** den Befehl **Ordneroptionen**. Klicken Sie auf die Registerkarte **Ansicht**, aktivieren Sie **Alle Dateien und Ordner anzeigen**, deaktivieren Sie **Geschützte Systemdateien ausblenden**, klicken Sie im Warnfenster zur Anzeige geschützter Systemdateien auf **Ja,** und klicken Sie auf **OK**.

Löschen Sie dann den Ordner **Cmdcons** und die Datei **Cmldr**, die sich beide im Stammordner des Systemlaufwerks befinden. Sie können danach die Startoption **Wiederherstellungskonsole** aus der Datei **Boot.ini** entfernen. Öffnen Sie in der Systemsteuerung **System**, klicken Sie auf die Registerkarte **Erweitert**, und klicken Sie unter **Starten und Wiederherstellen** auf die Schaltfläche **Einstellungen**. Wählen Sie dann im Dialogfeld **Starten und Wiederherstellen** unter **Systemstart** die Schaltfläche **Bearbeiten. Boot.ini** wird im Editor angezeigt. Entfernen Sie den Eintrag der Wiederherstellungskonsole, der etwa so aussieht:

```
c:\cmdcons\bootsect.dat="Microsoft Windows-Wiederherstellungskonsole" /cmdcons
```

Speichern und schließen Sie die Datei **Boot.ini**.

Verwenden der Wiederherstellungskonsole

Nachdem Sie die Wiederherstellungskonsole installiert haben, können Sie das System starten und im Startmenü **Microsoft Windows-Wiederherstellungskonsole** wählen. Falls die Konsole nicht installiert ist oder nicht erfolgreich gestartet werden kann, können Sie mithilfe der Windows Server 2003-CD-ROM neu starten und auf der Seite **Willkommen** die Taste R für Reparatur drücken. Das Laden von der CD-ROM dauert wesentlich länger, doch entspricht die angezeigte Wiederherstellungskonsole der auf dem lokalen System installierten Konsole.

Nach dem Start der Wiederherstellung (siehe Abbildung 13.3) werden Sie aufgefordert, die Installation von Windows zu wählen, an der Sie sich anmelden möchten. Sie werden aufgefordert, das Administratorkennwort einzugeben. Sie müssen das Kennwort verwenden, das dem lokalen Administratorkonto zugewiesen wurde und auf einem Domänencontroller dem Kennwort entspricht, das im Assistenten zum Installieren von Active Directory auf der Seite **Kennwort für den Verzeichnisdienste-Wiederherstellungsmodus** festgelegt wurde.

```
Microsoft Windows(R)-Wiederherstellungskonsole

Die Wiederherstellungskonsole bietet Reparatur- und Wiederherstellungs-
funktionen.

Geben Sie 'exit' ein, um die Wiederherstellungskonsole zu beenden und den
Computer neu zu starten.

1: C:\WINDOWS

Bei welcher Windows-Installation möchten Sie sich anmelden?
Drücken Sie die Eingabetaste, um den Vorgang abzubrechen. 1
Geben Sie das Administratorkennwort ein:
```

Abbildung 13.3 Die Wiederherstellungskonsole

Sie können an der Eingabeaufforderung der Konsole **help** eingeben, um die Befehle aufzulisten, die in der Wiederherstellungskonsole zur Verfügung stehen. Wenn Sie **help *Befehlsname*** eingeben, erhalten Sie Informationen zu einem bestimmten Befehl. Mit den meisten Befehlen sind Sie aus der herkömmlichen Befehlszeilenumgebung vertraut. Einige der Befehle verdienen besondere Aufmerksamkeit:

- **Listsvc** Zeigt die Dienste und Treiber, die in der Registrierung aufgelistet sind, sowie deren Starteinstellungen. Dies ist zur Ermittlung des Kurznamens eines Dienstes oder Treibers nützlich, damit man die Befehle **Enable** und **Disable** verwenden kann.
- **Enable/Disable** Steuert den Startstatus eines Dienstes oder Treibers. Falls ein Dienst oder Treiber das Betriebssystem am Start hindert, können Sie mit dem Befehl **Disable** der Wiederherstellungskonsole die Komponente deaktivieren und anschließend das System neu starten oder die Komponente reparieren oder deinstallieren.
- **Diskpart** Bietet die Möglichkeit des Erstellens und Löschens von Partitionen über eine Oberfläche, die der des textbasierten Teils des Setups ähnelt. Sie können danach den Befehl **Format** verwenden, um ein Dateisystem für eine Partition zu konfigurieren.
- **Bootcfg** Ermöglicht die Verwaltung des Startmenüs.

Aus Sicherheitsgründen gelten für die Wiederherstellungskonsole mehrere Beschränkungen. Diese Beschränkungen können mithilfe einer Kombination von Richtlinien (unter dem Knoten **Computerkonfiguration\Windows-Einstellungen\Sicherheitseinstellungen\Lokale Richtlinien\Sicherheitsoptionen** der Konsole **Lokale Computerrichtlinie**) und Umgebungsvariablen für die Wiederherstellungskonsole geändert werden.

- **Verzeichniszugriff** Sie können Dateien im Stammverzeichnis, in **%WinDir%** und im Ordner **Cmdcons** anzeigen. Deaktivieren Sie diese Beschränkung, indem Sie die Richtlinie **Kopieren von Disketten und Zugriff auf alle Laufwerke und alle Ordner zulassen** festlegen und den Befehl **set AllowAllPaths = true** verwenden. Vergessen Sie bei der Eingabe des Befehls nicht das Leerzeichen um das Gleichheitszeichens.

- **Kopieren von Dateien** Sie können Dateien nur auf die lokale Festplatte, nicht von dieser kopieren. Verwenden Sie die zuvor genannte Richtlinie und den Befehl **set AllowRemovableMedia = true**. Vergessen Sie bei der Eingabe des Befehls nicht das Leerzeichen auf beiden Seiten des Gleichheitszeichens.
- **Platzhalterzeichen** Sie dürfen zum Löschen von Dateien keine Platzhalterzeichen wie das Sternchen verwenden. Verwenden Sie die zuvor genannte Richtlinie, und geben Sie in die Wiederherstellungskonsole den Befehl **set AllowWildCards = true** ein. Vergessen Sie bei der Eingabe des Befehls nicht das Leerzeichen auf beiden Seiten des Gleichheitszeichens.

Notverwaltungsdienste

Die bisher in diesem Kapitel besprochenen Wiederherstellungsfunktionen setzen voraus, dass Sie entweder über eine funktionierende Netzwerkverbindung zum Server oder über direkten Zugang zum Server verfügen, damit Sie sich lokal anmelden können. Können Sie den Server weder mit einer lokalen Anmeldung noch über eine Netzwerkverbindung verwalten, werden Sie bei der Remoteverwaltung und Systemwiederherstellung von den Notverwaltungsdiensten (Emergency Management Services, EMS) unterstützt, einem neuen Feature in Microsoft Windows Server 2003. Mit den Notverwaltungsdiensten können Sie einen nicht reagierenden Server remote wiederherstellen und einen Server sogar ein- oder ausschalten. Die Notverwaltungsdienste unterstützen auch „headless server", also Server ohne lokale Tastatur, Monitor oder Maus. Allerdings stellen die Notverwaltungsdienste strenge Anforderungen an Windows Server 2003, den Verwaltungsclient und an die Hardware und Firmware des Servers. Wenn Sie mehr erfahren möchten, besuchen Sie die Microsoft-Website unter **http://www.microsoft.com** oder **http://www.microsoft.de** und suchen Sie nach „Emergency Management Services" oder nach „Notverwaltungsdienste".

Durch sorgfältige Installation, Konfiguration und Verwaltung eines Servers können Sie die Wahrscheinlichkeit eines Ausfalls beträchtlich verringern. Sollte der Server trotzdem Fehlersymptome entwickeln, helfen Ihnen die in diesem Buch vermittelten Fertigkeiten und Problembehandlungskonzepte bei der Diagnose und Beseitigung des Problems. Auch im Fall eines schwerwiegenden Fehlers helfen Ihnen eine Systemsicherung, die automatische Systemwiederherstellung, die Wiederherstellungskonsole und die Notverwaltungsdienste dabei, den Server wieder betriebsbereit zu machen.

Praktische Übung: Wiederherstellung nach einem Systemausfall

In dieser Übung sichern Sie den Systemstatus und erstellen einen Sicherungssatz für die automatische Systemwiederherstellung. Außerdem installieren und verwenden Sie die Wiederherstellungskonsole, um Treiber- oder Dienstprobleme zu behandeln. Schließlich können Sie, falls Sie Zugriff auf ein zweites physisches Festplattenlaufwerk haben, eine automatische Systemwiederherstellung durchführen, um einen ausgefallenen Server wiederherzustellen.

Übung 1: Sichern des Systemstatus

1. Melden Sie sich an **Server01** als **Administrator** an.
2. Öffnen Sie das Sicherungsprogramm.
3. Wenn der **Sicherungs-Assistent** gestartet wird, klicken Sie auf **Erweiterter Modus**.
4. Klicken Sie auf die Registerkarte **Sicherung**, und aktivieren Sie das Kontrollkästchen neben **System State**. Klicken Sie auch auf **System State**, damit die Komponenten des Systemstatus im anderen Bereich des Dialogfelds angezeigt werden.
5. Geben Sie einen Dateinamen für die Sicherungsdatei ein, wie z.B. **C:\Systemstatus.bkf**.
6. Starten Sie die Sicherung.
7. Untersuchen Sie nach Abschluss der Sicherung die Größe der Sicherungsdatei **Systemstatus.bkf**. Wie groß ist die Datei?

Übung 2: Erstellen eines Sicherungssatzes für die automatische Systemwiederherstellung

Für diese Übung ist eine leere Diskette und ca. 1,5 GB freier Datenträgerspeicher erforderlich. Wenn **Server01** einen zweiten physischen Datenträger enthält, erstellen Sie die Sicherung auf diesem Datenträger, damit Sie in Übung 4 eine automatische Systemwiederherstellung durchführen können.

1. Öffnen Sie das Sicherungsprogramm. Wenn der **Sicherungs-Assistent** gestartet wird, klicken Sie auf **Erweiterter Modus**.
2. Klicken Sie auf **Assistent für die automatische Systemwiederherstellung**, oder wählen Sie im Menü **Extras** den Befehl **Assistent für die automatische Systemwiederherstellung**.
3. Folgen Sie den Eingabeaufforderungen. Führen Sie eine Sicherung in die Datei **ASW-Sicherung.bkf** auf Laufwerk **C** oder, sofern ein zweiter physischer Datenträger vorhanden ist, auf diesem Volume durch.
4. Untersuchen Sie nach Abschluss der Sicherung die Größe der Sicherungsdatei **ASW-Sicherung.bkf**. Wie groß ist sie? Wie ist ihre Größe im Vergleich zu **Systemstatus.bkf**?

Übung 3: Installieren und Verwenden der Wiederherstellungskonsole

1. Legen Sie die Windows Server 2003-CD-ROM ein.
2. Klicken Sie auf **Start**, dann auf **Ausführen**, und geben Sie folgenden Befehl in das Feld **Öffnen** ein:

   ```
   D:\i386\winnt32.exe /cmdcons
   ```

   D: ist der Laufwerkbuchstabe des CD-ROM-Laufwerks. Die Wiederherstellungskonsole wird auf der lokalen Festplatte installiert.

3. Um einen Dienst zu simulieren, der eine Problembehandlung benötigt, öffnen Sie in der Programmgruppe **Verwaltung** die Konsole **Dienste**. Suchen Sie den Dienst **Nachrichtendienst**. Doppelklicken Sie auf den Dienst, und wählen Sie **Automatisch** als **Starttyp**.
4. Starten Sie den Server neu.
5. Wenn der Server das Startmenü anzeigt, wählen Sie **Microsoft Windows-Wiederherstellungskonsole**.
6. Geben Sie auf Aufforderung **1** ein, um die Installation von Windows Server 2003 zu wählen.
7. Geben Sie das Kennwort des lokalen Administratorkontos an.
8. Wenn die Eingabeaufforderung der Wiederherstellungskonsole angezeigt wird (standardmäßig **C:\Windows**>), geben Sie **help** ein, um eine Liste mit Befehlen anzuzeigen.
9. Geben Sie **listsvc** ein, um eine Liste mit Diensten und Treibern anzuzeigen. Beachten Sie, dass der Kurzname vieler Dienste nicht dem langen Namen entspricht. Der Kurzname des Dienstes **Nachrichtendienst** lautet **Messenger**. Prüfen Sie, ob der Starttyp auf **Automatisch** festgelegt ist.
10. Geben Sie **disable messenger** ein, um den Dienst zu deaktivieren. Die Ausgabe des Befehls gibt den Erfolg des Befehls und die ursprüngliche Startkonfiguration des Dienstes an (in diesem Fall **SERVICE_AUTO_START**). Sie sollten sich stets diese Einstellung notieren, damit Sie nach Abschluss der Problembehandlung den Dienst in seinen ursprünglichen Zustand zurücksetzen können.
11. Um die Wiederherstellungskonsole zu beenden, geben Sie **exit** ein und drücken die EINGABETASTE.

Übung 4: Wiederherstellen eines Systems mithilfe der automatischen Systemwiederherstellung

Warnung Diese Übung erfordert einen zweiten physischen Datenträger, auf dem in Lektion 2 die Sicherung für eine automatische Systemwiederherstellung erstellt wurde. In dieser Übung werden alle Daten auf dem physischen Datenträger mit der System- und Startpartition gelöscht. Fahren Sie nicht fort, wenn Sie darauf Daten gespeichert haben, die Sie unbedingt behalten möchten.

1. Schalten Sie den Computer aus.
2. Starten Sie den Computer neu, und gehen Sie in dessen BIOS. Sorgen Sie dafür, dass das System für den Start von der CD-ROM konfiguriert ist.
3. Legen Sie die Windows Server 2003-Installations-CD-ROM ein.
4. Starten Sie **Server01** neu. Passen Sie gut auf, und drücken Sie bei Aufforderung eine Taste, um von der CD-ROM starten.
5. Frühzeitig in der Textmodusphase des Setups fordert das System Sie auf, zur Durchführung einer automatischen Systemwiederherstellung die Taste F2 zu drücken. Drücken Sie F2.

6. Sie werden dann aufgefordert, die Diskette für die automatische Systemwiederherstellung in das Diskettenlaufwerk einzulegen. Legen Sie die in Übung 2 erstellte Diskette ein, und drücken Sie zum Fortfahren eine beliebige Taste.
7. Das Textmodussetup bereitet eine automatische Systemwiederherstellung vor, eine Minimalversion des Betriebssystems wird geladen. Dieser Schritt dauert einige Zeit.
8. Schließlich wird ein Windows Server 2003-Setup-Bildschirm angezeigt.
9. Das Windows Server 2003-Setup partitioniert und formatiert den Datenträger, kopiert Dateien, leitet die Windows-Konfiguration ein und bereitet einen Neustart vor.
10. Nehmen Sie die Diskette aus dem Diskettenlaufwerk, und lassen Sie den Computer neu starten.

    Die Installation wird fortgesetzt. Nach Abschluss der Installation sollte der Computer in seinen vorherigen Zustand wiederhergestellt worden sein.

Lernzielkontrolle

Die folgenden Fragen dienen dazu, die wichtigsten Lehrinhalte dieser Lektion zu vertiefen. Können Sie eine Frage nicht beantworten, arbeiten Sie das entsprechende Lektionsmaterial noch einmal durch, und versuchen Sie dann erneut, die Frage zu beantworten. Die Antworten auf die Lernzielkontrollfragen finden Sie im Abschnitt „Fragen und Antworten“ am Ende dieses Kapitels.

1. Sie richten einen Sicherungsauftrag auf einem Computer mit Windows Server 2003 ein. Sie möchten die Registrierung, die Startdateien und die COM+Klassen-Registrierungsdatenbank sichern. Welche Sicherungsoption müssen Sie wählen?
   a. **%WinDir%**
   b. **%SystemRoot%**
   c. **System State**
   d. Keine davon. Die Registrierung kann nicht gesichert werden.
2. Sie installieren einen Scanner auf einem Computer mit Windows Server 2003. Als Sie versuchen, den Computer neu zu starten, wird das Betriebssystem nicht gestartet. Welche der folgenden Optionen ist die am wenigsten eingreifende Wiederherstellungsmethode, um das System in einen betriebsfähigen Zustand zurückzuversetzen?
   a. Automatische Systemwiederherstellung
   b. Wiederherstellungskonsole
   c. Abgesicherter Modus
   d. **Verzeichnisdienstwiederherstellung**
3. Eine Festplatte auf einem Server mit Windows Server 2003 ist ausgefallen. Sie ersetzen den Datenträger, starten das System, initialisieren den Datenträger und erstellen ein NTFS-Volume auf dem neuen Datenträger. Sie möchten nun die Daten aus dem letzten Sicherungsauftrag des alten Datenträgers wiederherstellen. Wie können Sie die Daten wiederherstellen?

a. Kopieren Sie die Daten mit der Wiederherstellungskonsole auf den Datenträger.

b. Öffnen Sie das Sicherungsprogramm, und starten Sie den Wiederherstellungs-Assistenten.

c. Stellen Sie die Daten mithilfe der Sicherung für die automatische Systemwiederherstellung wieder her.

d. Verwenden Sie die Option **Letzte als funktionierend bekannte Konfiguration** im abgesicherten Modus, um den neuen Datenträger einzurichten.

4. Ein Dateiserver in Ihrem Netzwerk kann nicht gestartet werden. Nachdem alle anderen Optionen versagt haben, beschließen Sie, die automatische Systemwiederherstellung zu verwenden, um das System wiederherzustellen. Sie haben eine Sicherung für die automatische Systemwiederherstellung unmittelbar nach der Installation von Microsoft Windows Server 2003 und eine weitere vor zwei Monaten erstellt, nach der Installation eines Gerätetreibers. Sie führen einmal pro Woche eine vollständige Sicherung der Datendateien aus. Was wird durch die automatische Systemwiederherstellung wiederhergestellt? (Wählen Sie alle zutreffenden Antworten aus.)

   a. Die zwei Monate alten Datendateien

   b. Die Datendateien der letzten vollständigen Sicherung

   c. Die Datenträgerkonfiguration

   d. Das Betriebssystem

   e. Der zwei Monate alte Systemstatus

   f. Der Systemstatus zur letzten vollständigen Sicherung

Zusammenfassung der Lektion

- Der Systemstatus umfasst die Registrierung, die Startdateien, die COM+Klassen-Registrierungsdatenbank und weitere dienstspezifische wichtige Systemdateien. Es ist ratsam, eine Sicherungsstrategie zu planen, die das gemeinsame Sichern des Systemstatus mit dem System- und Startvolume koordiniert.
- Die automatische Systemwiederherstellung verwendet einen dem Setup ähnlichen Prozess, um einen Computer wieder betriebsfähig zu machen, und startet einen Wiederherstellungsvorgang, um Dateien aus dem Sicherungssatz für die automatische Systemwiederherstellung wiederherzustellen. Dieser Wiederherstellungsprozess für ein System sollte gewählt werden, wenn andere weniger eingreifende Methoden wie der abgesicherte Modus oder die Wiederherstellungskonsole wirkungslos geblieben sind.
- Die Wiederherstellungskonsole ist ein texorientierter Befehlsinterpreter und ermöglicht den Zugriff auf die Festplatte eines Windows Server 2003-Computers.

Prüfungsrelevante Themen

Vor Absolvieren der Prüfung sollten Sie anhand der nachfolgend aufgeführten Schlüsselinformationen und -begriffe prüfen, welche Themen Sie gegebenenfalls noch einmal durcharbeiten müssen. Gehen Sie die entsprechenden Lektionen und Praxisübungen erneut durch, und lesen Sie die Abschnitte „Weiterführende Literatur" in Teil II, um weitere Informationen zu den abgedeckten Lernzielen für die Prüfung zu erhalten.

Schlüsselinformationen

- Der Systemstatus kann mit dem Sicherungsprogramm oder über die Eingabeaufforderung gesichert werden, was jedoch lokal erfolgen muss. Sie können den Systemstatus nicht von einem Remotecomputer aus sichern. Sie können jedoch die Sicherung des lokalen Systemstatus in eine Datei auf einem Remotecomputer leiten, von dem dann die Datei auf ein anderes Sicherungsmedium übertragen werden kann.
- Um den Systemstatus auf einem Domänencontroller wiederherzustellen, müssen Sie den Computer im Verzeichnisdienst-Wiederherstellungsmodus neu starten. Der Systemstatus umfasst auch Active Directory. Durch Wiederherstellen des Systemstatus des Domänencontrollers führen Sie eine nichtautorisierende Wiederherstellung aus. Der Domänencontroller verwendet standardmäßige Replikationsmechanismen, um sich auf den aktuellen Stand zu bringen. Wenn Sie Objekte aus den wiederhergestellten Daten auf andere Domänencontroller replizieren möchten, müssen Sie mit **Ntdsutil** eine autorisierende Wiederherstellung durchführen, bevor der Domänencontroller für den normalen Betrieb neu gestartet wird.
- Die automatische Systemwiederherstellung verwendet einen Katalog von Systemdateien, die auf einer dazugehörigen Diskette gespeichert werden, um Dateien von der Windows Server 2003-CD-ROM wiederherzustellen, und eine dazugehörige umfassende Sicherung. Sie bereiten den Sicherungssatz und die Diskette für die automatische Systemwiederherstellung mit dem Assistenten für die automatische Systemwiederherstellung im Sicherungsprogramm vor. Um eine automatische Systemwiederherstellung durchzuführen, starten Sie den Computer über die Windows Server 2003-CD-ROM neu, und drücken Sie bei Aufforderung die Taste F2.
- Die Wiederherstellungskonsole ermöglicht die Durchführung zielgerichteter Reparaturen bei bestimmten Ursachen von Systemausfällen. Sie können Systemdateien ersetzen und problematische Treiber oder Dienste deaktivieren. Sie können auch verschiedene andere Systemwartungsaufgaben durchführen. Die Wiederherstellungskonsole kann von der Windows Server 2003-CD-ROM gestartet oder mit dem Befehl **winnt32 /cmdcons** auf der Festplatte des Servers installiert werden.

Schlüsselbegriffe

Systemstatus Eine Zusammenstellung wichtiger Systemkomponenten wie Registrierung, Startdateien und COM+Klassen-Registrierungsdatenbank. Die Komponenten des Systemstatus (System State) können mit dem Sicherungsprogramm oder dem Befehl **Ntbackup** gesichert werden. Die Komponenten können nicht einzeln gesichert werden.

Automatische Systemwiederherstellung Ein neues Feature, das den Notfall-Wiederherstellungsprozess in früheren Windows-Versionen ersetzt. Die automatische Systemwiederherstellung macht ein System wieder betriebsfähig, indem das Betriebssystem neu installiert und der Systemstatus aus dem dazugehörigen Sicherungssatz wiederhergestellt wird.

Wiederherstellungskonsole Eine textorientierte Konsole, die auf einer Befehlszeile den Zugriff auf Systemdateien ermöglicht und eine Teilmenge von Befehlen zum Durchführen von Reparaturen in einem ausgefallenen System bietet.

Fragen und Antworten

Seite 581

Lernzielkontrolle Lektion 1

1. Sie richten einen Sicherungsauftrag auf einem Computer mit Windows Server 2003 ein. Sie möchten die Registrierung, die Startdateien und die COM+Klassen-Registrierungsdatenbank sichern. Welche Sicherungsoption müssen Sie wählen?

   a. **%WinDir%**

   b. **%SystemRoot%**

   c. **System State**

   d. Keine davon. Die Registrierung kann nicht gesichert werden.

   Richtig ist Antwort c.

2. Sie installieren einen Scanner auf einem Computer mit Windows Server 2003. Als Sie versuchen, den Computer neu zu starten, wird das Betriebssystem nicht gestartet. Welche der folgenden Optionen ist die am wenigsten eingreifende Wiederherstellungsmethode, um das System in einen betriebsfähigen Zustand zurückzuversetzen?

   a. Automatische Systemwiederherstellung

   b. Wiederherstellungskonsole

   c. Abgesicherter Modus

   d. **Verzeichnisdienstwiederherstellung**

   Richtig ist Antwort c.

3. Eine Festplatte auf einem Server mit Windows Server 2003 ist ausgefallen. Sie ersetzen den Datenträger, starten das System, initialisieren den Datenträger und erstellen ein NTFS-Volume auf dem neuen Datenträger. Sie möchten nun die Daten aus dem letzten Sicherungsauftrag des alten Datenträgers wiederherstellen. Wie können Sie die Daten wiederherstellen?

   a. Kopieren Sie die Daten mit der Wiederherstellungskonsole auf den Datenträger.

   b. Öffnen Sie das Sicherungsprogramm, und starten Sie den Wiederherstellungs-Assistenten.

   c. Stellen Sie die Daten mithilfe der Sicherung für die automatische Systemwiederherstellung wieder her.

   d. Verwenden Sie die Option **Letzte als funktionierend bekannte Konfiguration** im abgesicherten Modus, um den neuen Datenträger einzurichten.

   Richtig ist Antwort b.

4. Ein Dateiserver in Ihrem Netzwerk kann nicht gestartet werden. Nachdem alle anderen Optionen versagt haben, beschließen Sie, die automatische Systemwiederherstellung zu verwenden, um das System wiederherzustellen. Sie haben eine Sicherung für die automatische Systemwiederherstellung unmittelbar nach der Installation von Microsoft Windows Server 2003 und eine weitere vor zwei Monaten erstellt, nach der Installation eines Gerätetreibers. Sie führen einmal pro Woche eine vollständige Sicherung

der Datendateien aus. Was wird durch die automatische Systemwiederherstellung wiederhergestellt? (Wählen Sie alle zutreffenden Antworten aus.)

a. Die zwei Monate alten Datendateien

b. Die Datendateien der letzten vollständigen Sicherung

c. Die Datenträgerkonfiguration

d. Das Betriebssystem

e. Der zwei Monate alte Systemstatus

f. Der Systemstatus zur letzten vollständigen Sicherung

Richtig sind Antwort c, d und e.

TEIL II

Prüfungsvorbereitung

KAPITEL 14

Verwalten und Warten physischer und logischer Geräte (1.0)

Eine der Hauptaufgaben des Systemadministrators besteht darin, die ordnungsgemäße Verwaltung und Wartung physischer und logischer Geräte auf den Servern sicherzustellen. Als physisches Gerät bezeichnet man ein Gerät, das man anfassen kann: eine Netzwerkkarte, eine Grafikkarte oder ein SCSI-Festplattenlaufwerk (Small Computer System Interface). Ein logisches Gerät ist ein Gerät, das vom Betriebssystem erstellt wird. Partitionen, Volumes und Stripesetdatenträger sind Beispiele für logische Geräte.

Mithilfe der Konsole **Datenträgerverwaltung** kann ein Systemadministrator die physischen und logischen Datenträger eines Microsoft Windows Server 2003-Systems verwalten und warten. Die Datenträgerverwaltungskonsole befindet sich als Knoten in der Computerverwaltung oder kann als eigenständige separate Konsole verwendet werden, indem sie zu einer benutzerdefinierten Microsoft Management Console (MMC) als Snap-In hinzugefügt wird. Die Datenträgerverwaltungskonsole ermöglicht einem Systemadministrator das Konvertieren von Basisdatenträgern in dynamische Datenträger, und umgekehrt, das Formatieren von Datenträgern mit den Dateisystemen NTFS, FAT oder FAT32, das Erweitern von Volumes auf mehrere Datenträger, das Konfigurieren der Datenträgerspiegelung sowie das Einrichten von Stripeset- und RAID-5-Volumes.

Mit der Zeit kann die Datenträgerfragmentierung die Leistung selbst der schnellsten Festplattenlaufwerke erheblich beeinträchtigen. Fragmentierung tritt auf, wenn Dateien zu einem Festplattenlaufwerk hinzugefügt oder gelöscht werden. Auf einem neuen Festplattenlaufwerk werden die Dateien zusammenhängend abgelegt. Wenn auf einem Datenträger mehr und mehr Dateien hinzugefügt und gelöscht werden, werden die Dateien je nach verfügbarem Speicherplatz auf dem Datenträger häufig nicht mehr in aufeinander folgenden Zuordnungseinheiten abgelegt. Als fragmentierte Datei bezeichnet man eine Datei, die in verschiedenen Bereichen des Festplattenlaufwerks gespeichert ist. Das Lesen einer fragmentierten Datei dauert länger als das Lesen einer Datei, die zusammenhängend auf der Festplatte abgelegt ist. Beim Defragmentieren werden Dateien auf der Festplatte neu angeordnet, sodass sie zusammenhängend und nicht fragmentiert gespeichert werden. Die Defragmentierung kann von einem Knoten der Computerverwaltung aus, als Snap-In für eine benutzerdefinierte MMC oder über das Befehlszeilenprogramm **Defrag** gestartet werden.

Der Geräte-Manager ermöglicht einem Systemadministrator die Verwaltung und Konfiguration weiterer Hardwaregeräte. Eine neue und wichtige Funktion von Windows Server 2003 besteht in der Möglichkeit, einen neu installierten Treiber durch einen zuvor verwendeten stabilen Treiber zu ersetzen. Bislang war es sehr schwierig, einen auf einem Server installierten, instabilen Treiber zu entfernen. Genau so schwierig war es, einen älteren Treiber über den neueren, instabilen Treiber zu installieren. Mithilfe des Geräte-Managers können Sie zudem prüfen, welche Systemressourcen von bestimmten Geräten verwendet werden, und Hardwarekonflikte zwischen installierten Geräten lösen.

Geprüfte Fähigkeiten und vorgeschlagene praktische Übungen

Für den Lernzielbereich „Verwalten und Warten des Ressourcenzugriffs" der Prüfung 70-290: *Verwalten und Warten einer Microsoft Windows Server 2003-Umgebung* sind folgende Fähigkeiten erforderlich:

- Korrektes Konvertieren von Basisdatenträgern in dynamische Datenträger und Bereitstellen von Volumes
  - Praktische Übung 1: Fügen Sie zu einem Windows Server 2003-System ein zweites physisches Festplattenlaufwerk hinzu. Konvertieren Sie diesen Basisdatenträger in einen dynamischen Datenträger. Für die Konvertierung verwenden Sie entweder den Assistenten zum Initialisieren und Konvertieren von Datenträgern, oder wählen Sie den Datenträger aus, und verwenden Sie eine Option im Menü **Aktion**.
  - Praktische Übung 2: Erstellen Sie drei leere Ordner auf dem Systemvolume: **Temp1**, **Temp2** und **Temp3**. Erstellen Sie drei gleich große Volumes auf dem gerade in einen dynamischen Datenträger konvertierten zweiten physischen Festplattenlaufwerk. Formatieren Sie die Volumes als NTFS, und stellen Sie das erste über den Ordner **Temp1**, das zweite über den Ordner **Temp2** und das dritte über den Ordner **Temp3** bereit.
- Überwachen der Serverhardware. Als Tools können der Geräte-Manager, der Assistent für die Behandlung von Geräteproblemen und andere geeignete Verwaltungsprogramme gewählt werden.
  - Praktische Übung 1: Machen Sie nicht-Plug & Play-fähige Geräte im Geräte-Manager ausfindig, indem Sie den Geräte-Manager aufrufen, das Menü **Ansicht** öffnen und die Option **Ausgeblendete Geräte anzeigen** auswählen. Beachten Sie die unterschiedlichen Geräte, die angezeigt werden, wenn **Ausgeblendete Geräte anzeigen** aktiviert bzw. deaktiviert wird.
  - Praktische Übung 2: Verwenden Sie den Geräte-Manager zunächst zum Drucken eines Berichts zu einer bestimmten Objektklasse auf dem System. Sehen Sie sich die Berichtoptionen an, und drucken Sie anschließend einen Bericht zu allen Geräten, die auf einem Windows Server 2003-System installiert sind.
- Ordnungsgemäßes Optimieren der Datenträgerleistung auf dem Server
  - Praktische Übung 1: Fügen Sie zu einem Windows Server 2003-System ein zweites physisches Festplattenlaufwerk hinzu, sodass insgesamt zwei Festplattenlaufwerke auf dem System installiert sind. Erstellen Sie mithilfe der Datenträgerverwaltung

eine Spiegelung des Systemvolumes. Sobald das gespiegelte Volume synchronisiert ist, teilen Sie die Spiegelung auf, und untersuchen Sie den Inhalt des neuen physischen Datenträgers.

- Praktische Übung 2: Fügen Sie zu einem Windows Server 2003-System drei zusätzliche physische Festplattenlaufwerke hinzu, sodass insgesamt vier Festplattenlaufwerke auf dem System installiert sind. Verwenden Sie die neuen Datenträger zur Erstellung eines RAID-5-Volumes.
- Praktische Übung 3: Analysieren und defragmentieren Sie die einzelnen Volumes auf dem Windows Server 2003-System. Beachten Sie, welche Farben in der Analyseanzeige für die Darstellung der einzelnen Dateitypen verwendet werden. Führen Sie eine Defragmentierung des Volumes durch, und vergleichen Sie die Unterschiede zwischen den Farben der anfänglichen Analyse und denen des neu fragmentierten Volumes.

- Installieren und Konfigurieren von Serverhardwaregeräten
  - Praktische Übung 1: Suchen Sie ein Hardwaregerät aus, das auf einem bereits konfigurierten Windows Server 2003-System installiert werden kann, z.B. eine zweite Netzwerkkarte. Fahren Sie das System herunter, und installieren Sie die Karte. Starten Sie das System erneut, und führen Sie das Verfahren zur Installation der Treiber und zur Konfiguration der Karte durch, sodass sie einwandfrei im Netzwerk funktioniert.
  - Praktische Übung 2: Verwenden Sie die Ansichten des Geräte-Managers, um eine Liste der im System installierten Objekte, sortiert nach den von ihnen verwendeten Ressourcen, anzuzeigen.
  - Praktische Übung 3: Verwenden Sie die Wiederherstellungskonsole, um den Treiber für eine zweite Netzwerkkarte zu deaktivieren. Überprüfen Sie im Geräte-Manager, ob der Treiber deaktiviert ist.

Weiterführende Literatur

In diesem Abschnitt wird zusätzliche Literatur nach Lernziel aufgeführt. Diese Quellen sollten Sie vor der Prüfung sorgfältig durcharbeiten.

Lernziel 1.1

Lesen Sie Kapitel 11, Lektionen 1, 2 und 3: „Grundlegendes zu den Optionen der Datenträgerspeicherung“, „Konfigurieren von Datenträgern und Volumes“ und „Verwalten von Speichervolumes“. In diesem Kapitel wird die Verwaltung und Konfiguration von Speicheroptionen auf Windows Server 2003-Systemen eingehend behandelt.

Microsoft Corporation: Windows Server 2003 Hilfe- und Supportcenter. Lesen Sie den Abschnitt „Konvertieren eines Basisdatenträgers in einen dynamischen Datenträger“.

Microsoft Corporation: Windows Server 2003 Hilfe- und Supportcenter. Lesen Sie den Abschnitt „Assistent zum Initialisieren und Konvertieren von Datenträgern“.

Microsoft Corporation: Windows Server 2003 Hilfe- und Supportcenter. Lesen Sie den Abschnitt „Datenträgerverwaltung“.

Lernziel 1.2

Lesen Sie Kapitel 12, „Überwachen von Microsoft Windows Server 2003". In diesem Kapitel werden die verschiedenen Tools behandelt, die zur Überwachung verschiedener Bereiche des Windows Server 2003-Betriebssystems eingesetzt werden können.

Microsoft Corporation: Windows Server 2003 Hilfe- und Supportcenter. Lesen Sie den Abschnitt „Anzeigen der Stromversorgung für USB-Hubs".

Microsoft Corporation: Windows Server 2003 Hilfe- und Supportcenter. Lesen Sie den Abschnitt „Anzeigen der Bandbreitenzuordnungen für einen USB-Hostcontroller".

Microsoft Corporation: Windows Server 2003 Hilfe- und Supportcenter. Lesen Sie den Abschnitt „Drucken von Informationen zu einem bestimmten Gerät".

Microsoft Corporation: Windows Server 2003 Hilfe- und Supportcenter. Lesen Sie den Abschnitt „Anzeigen von verborgenen Geräten".

Microsoft Corporation: Windows Server 2003 Hilfe- und Supportcenter. Lesen Sie die Informationen über den Geräte-Manager.

Lernziel 1.3

Lesen Sie Kapitel 11, Lektion 4, „Implementieren von RAID". In diesem Abschnitt wird erläutert, wie verschiedene Methoden von Software-RAID auf Windows Server 2003-Systemen implementiert werden können.

Microsoft Corporation: Windows Server 2003 Hilfe- und Supportcenter. Lesen Sie den Abschnitt „Defragmentierung".

Microsoft Corporation: Windows Server 2003 Hilfe- und Supportcenter. Lesen Sie den Abschnitt „Datenträgerverwaltung".

Lernziel 1.4

Lesen Sie Kapitel 10, Lektionen 3: „Beheben von Hardwaregeräte- und Treiberproblemen". In diesen Abschnitten werden einige der Probleme und Prozesse behandelt, die Administratoren bei der Behebung von Problemen mit Hardwaregeräten beachten sollten.

Microsoft Corporation: Windows Server 2003 Hilfe- und Supportcenter. Lesen Sie die Informationen über den Geräte-Manager.

Northrup, T.: *Microsoft Windows Server 2003 – Die technische Referenz,* Teilband *Microsoft Windows Server 2003 Problembehandlung.* Microsoft Press, 2005.

Lernziel 1.5

Lesen Sie Kapitel 10, Lektionen 1 und 2: „Installieren von Hardwaregeräten und Treibern" und „Konfigurieren von Hardwaregeräten und Treibern". In diesen Abschnitten werden einige der Probleme und Prozesse behandelt, die Administratoren bei der Installation und Konfiguration von Hardwaregeräten beachten sollten.

Microsoft Corporation: Windows Server 2003 Hilfe- und Supportcenter. Lesen Sie den Abschnitt „Signieren von Treibern für Windows".

Microsoft Corporation: Windows Server 2003 Hilfe- und Supportcenter. Lesen Sie die Informationen über den Geräte-Manager.

Lernziel 1.1: Verwalten von Basisdatenträgern und dynamischen Datenträgern

Der Unterschied zwischen Basisdatenträgern und dynamischen Datenträgern wirkt sich unmittelbar auf die Optionen aus, die einem Administrator bei der Verwaltung des Speichers auf einem Server zur Verfügung stehen. Dynamische Datenträger bieten mehr Optionen als Basisdatenträger. Dynamische Datenträger können für den Einsatz von Datenträgerspiegelung (RAID-1), übergreifenden Datenträgern, Stripesetvolumes (RAID-0) und RAID-5-Volumes konfiguriert werden. Basisdatenträger bieten diese Optionen nicht und können nur als einfache oder erweiterte Partitionen konfiguriert werden.

Für die Datenträgerverwaltung gibt es zwei Möglichkeiten. Sie können entweder die Datenträgerverwaltungskonsole oder die Befehlszeilenschnittstelle verwenden. Beide können zur Konvertierung von Datenträgern in dynamische bzw. Basisdatenträger verwendet werden.

Der Assistent zum Initialisieren und Konvertieren von Datenträgern wird immer dann ausgeführt, wenn ein neuer Datenträger auf einem Server installiert wird, und kann zur Initialisierung einer Festplatte und zur Konvertierung von Basisdatenträgern in dynamische Datenträger eingesetzt werden.

Nur Benutzer mit Administratorrechten, Mitglieder der Gruppe **Sicherungs-Operatoren** oder Benutzer, denen explizit die entsprechende Autorität erteilt wurde, können Basisdatenträger in dynamische Datenträger konvertieren, und umgekehrt.

Alle Basisdatenträger können in dynamische Datenträger konvertiert werden. Sind zum Zeitpunkt der Konvertierung jedoch Daten auf einem Basisdatenträger gespeichert, kann dieser nicht auf andere Datenträger ausgedehnt werden wie ein von vornherein dynamischer Datenträger. Ein konvertierter dynamischer Datenträger kann jedoch gespiegelt werden, sodass das Betriebssystemvolume mit Fehlertoleranz ausgestattet werden kann.

Wenn auf einem Server mehrere Betriebssysteme installiert sind, sollte der Administrator die Start- oder Systempartitionen nicht in dynamische Datenträger konvertieren. Nach einer Konvertierung in einen dynamischen Datenträger kann der Server kein anderes Betriebssystem mehr starten als dasjenige, unter dem diese Konvertierung durchgeführt wurde.

Eine weitere wichtige Methode zur Verwaltung von Festplatten ist Hardware-RAID. Ein Hardware-RAID-Controller stellt eine Verbindung mit mehreren Festplattenlaufwerken her und steuert den RAID-Prozess. Hardware-RAID-Controller sind in der Regel viel schneller als ein Software-RAID-Prozess wie der von Windows Server 2003 und unterstützen zudem mehr RAID-Typen.

Das Bereitstellen eines Volumes umfasst die Bereitstellung von einem Ordner aus, der sich auf einem anderen Volume befindet. Dieses bereitgestellte Volume kann auf einem Basisdatenträger oder auf einem dynamischen Datenträger vorliegen. Auf diese Weise kann ein Volume scheinbar mehr Informationen speichern, als seine tatsächliche physische Kapazität zulässt. Der Vorteil liegt darin, dass Ordner, die eine große Kapazität beanspruchen, auf separaten größeren Festplattenlaufwerken bereitgestellt werden können, damit sie nicht das gesamte Ursprungsvolume in Anspruch nehmen.

Fragen zu Lernziel 1.1

1.

Rooslan ist Systemadministrator in einem mittelständischen Unternehmen mit einer einzigen Windows Server 2003-Domäne. Sein Team ist für die Installation und Wartung von sechs Windows Server 2003-Systemen verantwortlich. Die einzelnen Server sind als eigenständige Server konfiguriert und nicht Mitglieder der Windows Server 2003-Domäne. Zwölf neue Festplattenlaufwerke wurden geliefert, und in jedem der Mitgliedsserver sollen jeweils zwei installiert werden. Rooslan überträgt diese Aufgabe an einen Praktikanten namens Alex, der in diesem Monat im Unternehmen arbeitet. Rooslan hat für Alex ein einfaches Benutzerkonto eingerichtet, das lokale Anmelderechte für jeden Server über das lokale Gruppenrichtlinienobjekt besitzt. Die Unternehmensrichtlinien schreiben vor, dass Alex' Benutzerkonto unter keinen Umständen auf einem der Windows Server 2003-Server zur Gruppe **Administratoren** hinzugefügt werden darf. Rooslan bittet Alex anschließend, jeden der neu installierten Basisdatenträger in einen dynamischen Datenträger zu konvertieren. Alex stellt nach einem Versuch fest, dass er diese Aufgabe nicht durchführen kann. Welche der folgenden Möglichkeiten kann Rooslan verwenden, ohne Alex' Benutzerkonto auf jedem dieser eigenständigen Windows Server 2003-Server zur Gruppe **Administratoren** hinzuzufügen?

A. Rooslan sollte Alex' Konto auf jedem Server zur Gruppe **Sicherungs-Operatoren** hinzufügen.

B. Rooslan sollte Alex' Konto zur Gruppe **Sicherungs-Operatoren** in der Domäne hinzufügen.

C. Rooslan sollte Alex' Konto zur Gruppe **Hauptbenutzer** in der Domäne hinzufügen.

D. Rooslan sollte das lokale Gruppenrichtlinienobjekt auf jedem Windows Server 2003 so ändern, dass Alex' Konto das Benutzerrecht **Durchführen von Volumewartungsaufgaben** erhält.

E. Rooslan sollte das lokale Gruppenrichtlinienobjekt auf jedem Windows Server 2003 so ändern, dass Alex' Konto das Benutzerrecht **Übernehmen des Besitzes von Dateien und Objekten** erhält.

2.

Rooslan ist Systemadministrator für einen Windows Server 2003-Dateiserver. Der Server besitzt derzeit zwei Festplattenlaufwerke. Das erste Laufwerk ist 30 GB groß und enthält sämtliche Betriebssystemdateien. Das zweite Laufwerk ist 80 GB groß und enthält Benutzerdaten in fünf separaten Freigaben. Jede Freigabe entspricht einer bestimmten Abteilung in Rooslans Unternehmen. Jede Freigabe ist in drei separate Ordner unterteilt. Bei dem ersten Ordner handelt es sich um einen Ordner für Abteilungsdokumente, der zweite ist ein Ordner für Zusammenarbeit und der dritte enthält individuelle Benutzerdaten.

Benutzer besitzen Lesezugriff auf den Ordner mit Abteilungsdokumenten, Lese- und Schreibzugriff auf den Ordner für Zusammenarbeit, und jeder einzelne Benutzer besitzt Vollzugriff auf seinen eigenen Datenordner. Nur der jeweilige Benutzer kann auf seinen Datenordner zugreifen. Andere Benutzer besitzen weder Lese- noch Schreibzugriff für den Inhalt dieses Ordners. Das System der fünf Freigaben funktioniert recht gut, und alle Angestellten des Unternehmens wissen, wo Dokumente gespeichert werden und wo sie zu finden sind.

Mit der Zeit verstärkt sich das Problem, dass der Bereich mit den Benutzerdaten für jede der fünf Abteilungen so schnell anwächst, dass der Datenträger mit den Benutzerdaten bald seine Kapazitätsgrenzen erreicht. Für die Manager des Unternehmens ist es wichtig, dass durch die Lösung des Problems nicht die Anzahl der Freigaben erhöht wird, auf die ein Angestellter zugreifen muss.

Rooslan hat folgende Ziele:

Primäres Ziel: Zu jeder Freigabe mehr Speicherplatz hinzufügen, sodass der Datenträger mit den freigegebenen Ordnern nicht an seine Kapazitätsgrenzen stößt.

Sekundäre Ziele:

Nur fünf Freigaben beibehalten und das Verzeichnis mit Benutzerdaten als Ordner außerhalb der Abteilungsfreigabe verwalten.

Fehlertoleranz für die Dateifreigabe bereitstellen.

Das derzeit angewendete Sicherheitsschema beibehalten, sodass einzelne Benutzer Vollzugriff auf ihre eigenen Verzeichnisse besitzen und andere Benutzer nicht darauf zugreifen können.

Rooslan führt folgende Aktionen durch: Während eines geplanten Zeitraums nach Mitternacht, wenn kein Benutzer mit dem Server verbunden ist, fährt Rooslan den Server herunter und baut fünf Festplattenlaufwerke mit je 100 GB in den Server ein. Anschließend formatiert er jedes Laufwerk als einzelnes Volume mit dem NTFS-Dateisystem. Dann erstellt er in jedem der Ordner, die die einzelnen Abteilungsfreigaben beherbergen, einen neuen Ordner namens **Temp**. Danach stellt er nacheinander die fünf Datenträger in je einem **Temp**-Ordner bereit, sodass jeder Ordner **Temp** jetzt auf eine eigene bereitgestellte Festplatte verweist. Anschließend kopiert Rooslan für jede Freigabe den gesamten Inhalt des Ordners für Benutzerdaten in den jeweiligen Ordner **Temp** und löscht den ursprünglichen Ordner für Benutzerdaten. Schließlich benennt er den Ordner **Temp** mit dem Namen des Ordners für Benutzerdaten um. Wie viele Ziele hat Rooslan auf diese Weise erreicht?

A. Rooslan hat sein primäres Ziel nicht erreicht. Alle sekundären Ziele wurden erreicht.

B. Rooslan hat sein primäres Ziel und ein sekundäres Ziel erreicht.

C. Rooslan hat sein primäres Ziel und zwei sekundäre Ziele erreicht.

D. Rooslan hat alle primären und sekundären Ziele erreicht.

E. Rooslan hat weder sein primäres noch seine sekundären Ziele erreicht.

3.

Auf einem Windows Server 2003-Domänencontroller gibt es mehrere Ordner, die einen erheblichen Anteil des Speicherplatzes auf dem Systemlaufwerk belegen. Diese Ordner heißen wie folgt:

C:\Datastore\Compress

C:\Datastore\Encrypt

C:\Datastore\Indiperf

Der Ordner **Compress** ist komprimiert. Dasselbe gilt für alle darin gespeicherten Dateien und Ordner. Der Ordner **Encrypt** ist verschlüsselt, ebenso alle darin gespeicherten Dateien und Ordner. Der Ordner **Indiperf** hostet Benutzerdaten. Jedes Verzeichnis im Verzeichnis **Indiperf** besitzt Berechtigungen, die jeweils individuell auf die einzelnen Benutzer zugeschnitten sind.

Sie gehen folgendermaßen vor: Sie installieren ein einzelnes Festplattenlaufwerk mit 100 GB, erstellen drei Volumes mit je 30 GB auf diesem Laufwerk und erstellen im Verzeichnis **Datastore** folgende Ordner:

C:\Datastore\Comptemp

C:\Datastore\Encrtemp

C:\Datastore\Inditemp

Anschließend stellen Sie im Verzeichnis **Comptemp** das erste 30-GB-Volume, im Verzeichnis **Encrtemp** das zweite 30-GB-Volume und im Verzeichnis **Inditemp** das dritte 30-GB-Volume bereit. Sie verschieben den Inhalt des Verzeichnisses **Compress** in das Verzeichnis **Comptemp**. Sie kopieren den Inhalt des Verzeichnisses **Encrypt** in das Verzeichnis **Encrtemp**. Sie verschieben den Inhalt des Verzeichnisses **Datastore** in das Verzeichnis **Inditemp**.

Anschließend löschen Sie die Verzeichnisse **Compress**, **Encrypt** und **Indiperf**. Schließlich benennen Sie das Verzeichnis **Comptemp** in **Compress**, das Verzeichnis **Encrtemp** in **Encrypt** und das Verzeichnis **Inditemp** in **Indiperf** um.

Welche der folgenden Aussagen trifft zu? (Wählen Sie alle zutreffenden Antworten aus.)

A. Der Inhalt des Verzeichnisses **Compress** ist anschließend komprimiert.

B. Der Inhalt des Verzeichnisses **Compress** ist anschließend nicht komprimiert.

C. Der Inhalt des Verzeichnisses **Encrypt** ist anschließend verschlüsselt.

D. Der Inhalt des Verzeichnisses **Encrypt** ist anschließend nicht verschlüsselt.

E. Der Inhalt des Verzeichnisses **Indiperf** behält die individuell zugeschnittenen NTFS-Berechtigungen bei.

F. Der Inhalt des Verzeichnisses **Indiperf** behält die individuell zugeschnittenen NTFS-Berechtigungen nicht bei.

4.

Lee hat zwei SCSI-Festplatten mit je 100 GB an einen Windows Server 2003-Server angeschlossen, für dessen Verwaltung er zuständig ist. Der Server besitzt außerdem einen einzelnen Hardware-RAID-Controller, der RAID-0, RAID-1 und RAID-5 unterstützt. Derzeit sind auf dem ersten Laufwerk 70 GB belegt. Das zweite Laufwerk ist leer. Lee hat Bedenken, dass die Festplatte des Servers ausfallen könnte und alle auf dem ersten Laufwerk gespeicherten Informationen verloren gehen könnten. Lee hat regelmäßige Sicherungsvorgänge in Erwägung gezogen, besitzt jedoch nicht die Ausrüstung, mit der regelmäßig 70 GB gesichert werden können. Lee möchte eine Lösung konfigurieren, die Fehlertoleranz für das erste Laufwerk gewährleistet. Welche der folgenden Möglichkeiten sollte er unter Berücksichtigung der aktuellen Konfiguration seines Windows Server 2003-Servers in Betracht ziehen?

A. Lee sollte über die Datenträgereigenschaften die Volumeschattenkopie-Dienste auf der zweiten Festplatte konfigurieren.

B. Lee sollte über die Datenträgereigenschaften die Volumeschattenkopie-Dienste auf der ersten Festplatte konfigurieren.

C. Lee sollte mithilfe des Konfigurationsprogramms des Hardware-RAID-Controllers auf den Datenträgern eine RAID-5-Konfiguration einrichten.

D. Lee sollte mithilfe des Konfigurationsprogramms des Hardware-RAID-Controllers auf den Datenträgern eine RAID-0-Konfiguration einrichten.

E. Lee sollte mithilfe des Konfigurationsprogramms des Hardware-RAID-Controllers auf den Datenträgern eine RAID-1-Konfiguration einrichten.

5.

Sie haben gerade einen SCSI-Controller und drei verbundene SCSI-Festplatten mit je 100 GB in Ihrem Windows Server 2003-System installiert. Nach der Installation der Hardware starten Sie den Server, melden sich mit einem Konto an, das Administratorrechte besitzt, und rufen die Datenträgerverwaltungskonsole auf. Sobald die Konsole geöffnet ist, wird Ihnen der Assistent zum Initialisieren und Konvertieren von Datenträgern angezeigt. Welche der folgenden Aufgaben können Sie mithilfe dieses Assistenten für die neu installierten SCSI-Datenträger durchführen? (Wählen Sie alle zutreffenden Antworten aus.)

A. Neue Datenträger initialisieren.

B. Dynamische Datenträger in Basisdatenträger konvertieren.

C. Basisdatenträger in dynamische Datenträger konvertieren.

D. Gespiegelte Datenträgerpaare erstellen.

E. Stripesets erstellen.

F. RAID-5-Volumes erstellen.

G. Übergreifende Volumes erstellen.

H. Eine primäre Partition erstellen.

I. Eine erweiterte Partition erstellen.

6.

Die Festplatten eines Windows Server 2003-Computers sind so konfiguriert, wie in der folgenden Abbildung gezeigt. Volume **Alpha** ist Start- und Systemvolume. Welche der folgenden Aussagen sind wahr, wenn keine Änderungen an der aktuellen Laufwerkskonfiguration vorgenommen werden? (Wählen Sie alle zutreffenden Antworten aus.)

A. Volume **Alpha** kann mit dem freien Platz von Datenträger 1 erweitert werden.

B. Volume **Alpha** kann mit dem freien Platz von Datenträger 2 erweitert werden.

C. Volume **Beta** kann mit dem freien Platz von Datenträger 1 erweitert werden.

D. Volume **Epsilon** kann mit dem freien Platz von Datenträger 2 erweitert werden.

E. Volume **Delta** kann mit dem freien Platz von Datenträger 1 erweitert werden.

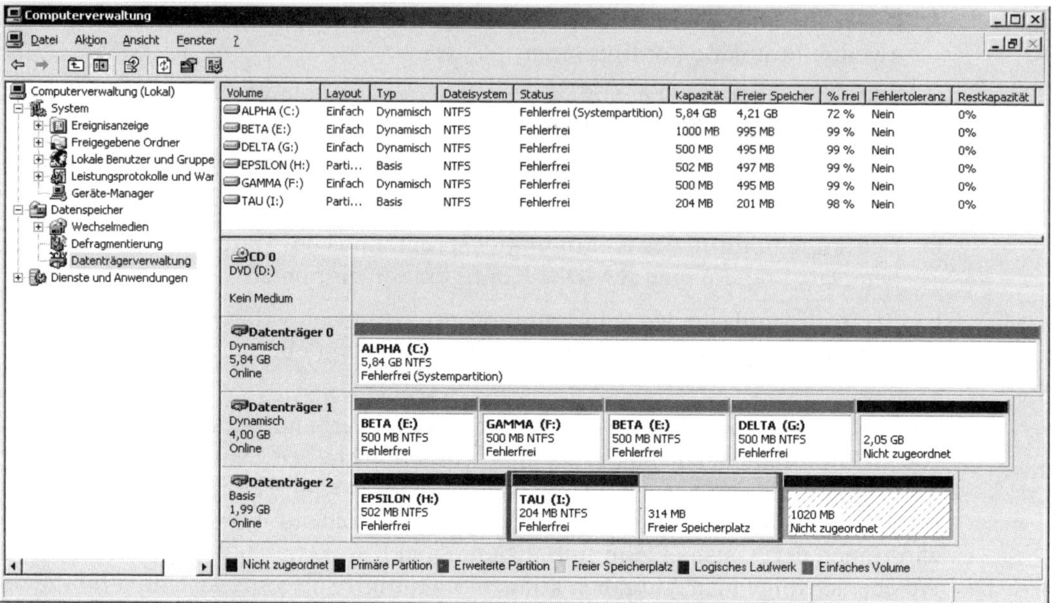

7.

Die Leistung eines Windows Server 2003-Dateiservers in Ihrer Abteilung ist im Lauf der Zeit immer schlechter geworden. Ein Kollege meint, das Volume, auf dem die freigegebenen Dateien gespeichert sind, sei vielleicht stark fragmentiert und Sie könnten die Leistung durch eine Defragmentierung verbessern. Vor der Defragmentierung des Volumes fragen Sie mit dem Programm **Fsutil** das **Dirty-Bit** ab und erfahren, dass das Volume fehlerhaft ist. Welcher der folgenden Schritte erscheint Ihnen vor der Defragmentierung des Volumes sinnvoll?

A. Dateien auf dem Volume löschen, damit mindestens 15 Prozent freier Speicherplatz verfügbar ist.

B. Den Datenträger, auf dem das Volume liegt, in einen dynamischen Datenträger konvertieren.

C. **Chkdsk /f** für das Volume ausführen.

D. Mit **Fsutil reparsepoint** alle Bereitstellungspunkte auf dem Volume löschen.

Antworten zu Lernziel 1.1

1. Richtige Antwort: A und D

A. **Richtig** Die Gruppe **Sicherungs-Operatoren** besitzt das Recht zum Durchführen der Konvertierung.

B. **Falsch** Dies funktioniert nicht, weil es sich um eigenständige Server und nicht um Mitglieder der Domäne handelt.

C. **Falsch** Dies funktioniert nicht, weil es sich um eigenständige Server und nicht um Mitglieder der Domäne handelt. Außerdem gibt es in der Domäne keine Gruppe **Hauptbenutzer**. Die Gruppe **Hauptbenutzer** existiert nur auf eigenständigen Servern.

D. **Richtig** Dies funktioniert, weil Benutzer, denen dieses Recht über ein Gruppenrichtlinienobjekt zugewiesen wurde, Aufgaben wie die Defragmentierung und Konvertierung durchführen können.

E. **Falsch** Die Übernahme des Besitzes von Dateien und Ordnern steht in keinem Zusammenhang mit der Datenträgerkonvertierung von Basisdatenträgern in dynamische Datenträger.

2. Richtige Antwort: B

A. **Falsch** Rooslan hat durch die Installation neuer 100-GB-Festplatten das primäre Ziel erreicht und auf jeder der Freigaben zusätzlichen Platz geschaffen, indem er die Benutzerdaten an eine andere Stelle kopiert hat.

B. **Richtig** Rooslan hat durch die Installation neuer 100-GB-Festplatten das primäre Ziel erreicht und auf jeder der Freigaben zusätzlichen Platz geschaffen, indem er die Benutzerdaten an eine andere Stelle kopiert hat. Rooslan hat das erste sekundäre Ziel erreicht, indem er die Datenträger als Ordner für Benutzerdaten bereitstellt. Unter der aktuellen freigegebenen Ordnerhierarchie müssen keine zusätzlichen freigegebenen Ordner eingeführt werden. Die kopierten Dateien behalten die NTFS-Berechtigungen nicht bei, weshalb das dritte sekundäre Ziel nicht erreicht wird. Es wurde an keiner Stelle erwähnt, dass irgendeine Fehlertoleranz verwendet wird. Das zweite sekundäre Ziel wird daher ebenfalls nicht erreicht.

C. **Falsch** Rooslan hat das erste sekundäre Ziel erreicht, indem er die Festplatten als Ordner für Benutzerdaten unter der aktuellen freigegebenen Ordnerhierarchie bereitstellt. Es müssen keine zusätzlichen freigegebenen Ordner eingeführt werden. Die kopierten Dateien behalten die NTFS-Berechtigungen nicht bei, weshalb das dritte sekundäre Ziel nicht erreicht wird. Es wurde an keiner Stelle erwähnt, dass irgendeine Fehlertoleranz eingeführt wird. Das zweite sekundäre Ziel wird daher ebenfalls nicht erreicht.

D. **Falsch** Rooslan hat das erste sekundäre Ziel erreicht, indem er die Festplatten als Ordner für Benutzerdaten unter der aktuellen freigegebenen Ordnerhierarchie bereitstellt. Es müssen keine zusätzlichen freigegebenen Ordner eingeführt werden. Die kopierten Dateien behalten die NTFS-Berechtigungen nicht bei, weshalb das dritte sekundäre Ziel nicht erreicht wird. Es wurde keine Art der Fehlertoleranz eingeführt, weshalb das zweite sekundäre Ziel nicht erreicht wird.

E. **Falsch** Rooslan hat durch die Installation neuer 100-GB-Festplatten das primäre Ziel erreicht und auf jeder der Freigaben zusätzlichen Platz geschaffen, indem er die Benutzerdaten an eine andere Stelle kopiert hat.

3. Richtige Antwort: B, C und F

A. **Falsch** Dateien, die zwischen Volumes kopiert oder verschoben werden, übernehmen das Komprimierungsattribut des Zielordners. Dies gilt auch für bereitgestellte Volumes. In diesem Beispiel war das Komprimierungsattribut des Zielordners nicht gesetzt.

B. **Richtig** Dateien, die zwischen Volumes kopiert oder verschoben werden, übernehmen das Komprimierungsattribut des Zielordners. Dies gilt auch für bereitgestellte Volumes. In diesem Beispiel war das Komprimierungsattribut des Zielordners nicht gesetzt.

C. **Richtig** Verschlüsselte Dateien, die zwischen NTFS-Volumes kopiert oder verschoben werden, behalten – unabhängig von den für den Zielordner gesetzten Attributen – den Verschlüsselungsstatus bei.

D. **Falsch** Verschlüsselte Dateien, die zwischen NTFS-Volumes kopiert oder verschoben werden, behalten – unabhängig von den für den Zielordner gesetzten Attributen – den Verschlüsselungsstatus bei.

E. **Falsch** Dateien, die zwischen Volumes verschoben werden, übernehmen die NTFS-Berechtigungen des Zielordners. Alle individuell angepassten NTFS-Berechtigungen gehen verloren. Das Verfahren zur Beibehaltung der Berechtigungen besteht darin, die Dateien zu sichern und anschließend wiederherzustellen.

F. **Richtig** Dateien, die zwischen Volumes verschoben werden, übernehmen die NTFS-Berechtigungen des Zielordners. Alle individuell angepassten NTFS-Berechtigungen gehen verloren. Das Verfahren zur Beibehaltung der Berechtigungen besteht darin, die Dateien zu sichern und anschließend wiederherzustellen.

4. Richtige Antwort: E

A. **Falsch** Die Volumeschattenkopie-Dienste bieten keine fehlertolerante Sicherung sämtlicher Daten auf dem ersten Datenträger.

B. **Falsch** Die Volumeschattenkopie-Dienste bieten keine fehlertolerante Sicherung sämtlicher Daten auf dem ersten Datenträger.

C. **Falsch** RAID-5 ist zwar eine fehlertolerante Lösung, kommt in dieser Situation jedoch nicht in Frage, weil nur zwei Festplattenlaufwerke vorliegen. RAID-5 erfordert mindestens drei Festplattenlaufwerke.

D. **Falsch** Auch wenn durch RAID-0 eine bessere Leistung erzielt wird, bietet dieses Verfahren keine Fehlertoleranz.

E. **Richtig** Lee sollte mithilfe des Konfigurationsprogramms des Hardware-RAID-Controllers auf den Datenträgern eine RAID-1-Konfiguration einrichten, die auch als Datenträgerspiegelung bezeichnet wird. Das Vorhandensein von Daten wirkt sich auf die verfügbaren Optionen aus. Zwar ist es möglich, ein Laufwerk, auf dem Daten gespeichert sind, zu spiegeln, eine Konvertierung in RAID-5 oder RAID-0 kann jedoch nicht durchgeführt werden, ohne die Daten zunächst zu löschen.

5. **Richtige Antwort: A und C**

A. **Richtig** Der Assistent zum Initialisieren und Konvertieren von Datenträgern wird immer ausgeführt, wenn zum System ein neuer Datenträger hinzugefügt und die Datenträgerverwaltungskonsole aufgerufen wird. Der Assistent kann nur begrenzt eingesetzt werden, nämlich für das Initialisieren eines Datenträgers und für das Konvertieren eines Basisdatenträgers in einen dynamischen Datenträger.

B. **Falsch** Diese Funktion kann nicht mithilfe des Assistenten zum Initialisieren und Konvertieren von Datenträgern durchgeführt werden.

C. **Richtig** Der Assistent zum Initialisieren und Konvertieren von Datenträgern wird immer ausgeführt, wenn zum System ein neuer Datenträger hinzugefügt und die Datenträgerverwaltungskonsole aufgerufen wird. Der Assistent kann nur begrenzt eingesetzt werden, nämlich für das Initialisieren eines Datenträgers und für das Konvertieren eines Basisdatenträgers in einen dynamischen Datenträger.

D. **Falsch** Diese Funktion kann nicht mithilfe des Assistenten zum Initialisieren und Konvertieren von Datenträgern durchgeführt werden.

E. **Falsch** Diese Funktion kann nicht mithilfe des Assistenten zum Initialisieren und Konvertieren von Datenträgern durchgeführt werden.

F. **Falsch** Diese Funktion kann nicht mithilfe des Assistenten zum Initialisieren und Konvertieren von Datenträgern durchgeführt werden.

G. **Falsch** Diese Funktion kann nicht mithilfe des Assistenten zum Initialisieren und Konvertieren von Datenträgern durchgeführt werden.

H. **Falsch** Diese Funktion kann nicht mithilfe des Assistenten zum Initialisieren und Konvertieren von Datenträgern durchgeführt werden.

I. **Falsch** Diese Funktion kann nicht mithilfe des Assistenten zum Initialisieren und Konvertieren von Datenträgern durchgeführt werden.

6. **Richtige Antwort: C und E**

A. **Falsch** Obwohl Datenträger 0 dynamisch ist, ist es nicht möglich, das Start- oder Systemvolume auf ein anderes Laufwerk zu erweitern.

B. **Falsch** Obwohl Datenträger 0 dynamisch ist, ist es nicht möglich, das Start- oder Systemvolume auf ein anderes Laufwerk zu erweitern. Außerdem müssen beide Datenträger dynamisch sein, wenn ein Volume von einem Datenträger auf einen anderen erweitert werden soll.

C. **Richtig** Da es sich bei Datenträger 1 um einen dynamischen Datenträger handelt, und nicht um einen Basisdatenträger, lässt sich Volume **Beta** auf einen beliebigen freien Bereich von Datenträger 1 erweitern. Wenn Sie sich die Abbildung genauer ansehen, werden Sie feststellen, dass Volume **Beta** bereits einmal auf Datenträger 1 erweitert wurde.

D. **Falsch** Volume **Epsilon** befindet sich auf einem Basisdatenträger und kann nicht ohne vorherige Konvertierung von Datenträger 2 in einen dynamischen Datenträger erweitert werden.

E. **Richtig** Da es sich bei Datenträger 1 um einen dynamischen Datenträger handelt, und nicht um einen Basisdatenträger, lässt sich Volume **Delta** auf einen beliebigen freien Bereich von Datenträger 1 erweitern.

7. Richtige Antwort: C

A. **Falsch** Wenn **Fsutil** ein Volume als beschädigt („dirty") bezeichnet, kann dies bedeuten, dass sich das Dateisystem in einem inkonsistenten Zustand befindet. Vor der Defragmentierung sollten Sie **Chkdsk /f** ausführen, um die Integrität des Dateisystems zu überprüfen und etwaige Probleme zu beheben. Vor Beginn einer Defragmentierung sollten zwar ungefähr 15 Prozent des Speicherplatzes auf dem Volume frei sein, aber die Ausführung von **Chkdsk /f** ist die beste Antwort.

B. **Falsch** Sie können Volumes auf Basisdatenträgern und dynamischen Datenträgern defragmentieren. Wenn **Fsutil** ein Volume als beschädigt bezeichnet, kann dies bedeuten, dass sich das Dateisystem in einem inkonsistenten Zustand befindet. Vor der Defragmentierung sollten Sie **Chkdsk /f** ausführen, um die Integrität des Dateisystems zu überprüfen und etwaige Probleme zu beheben.

C. **Richtig** Wenn **Fsutil** ein Volume als beschädigt bezeichnet, kann dies bedeuten, dass sich das Dateisystem in einem inkonsistenten Zustand befindet. Sie sollten **Chkdsk /f** ausführen, um die Integrität des Dateisystems zu überprüfen und etwaige Probleme zu beheben, bevor Sie versuchen, das Volume zu defragmentieren.

D. **Falsch** Die Option **Fsutil reparsepoint** dient zur Abfrage oder zum Löschen von Analysepunkten (reparse points). Analysepunkte werden für Abzweigungspunkte und Bereitstellungspunkte verwendet. Außerdem verwenden Dateisystemtreiber Analysepunkte zur Kennzeichnung von bestimmten Dateien, die für den Treiber eine besondere Bedeutung haben. Wenn **Fsutil** ein Volume als beschädigt bezeichnet, kann dies bedeuten, dass sich das Dateisystem in einem inkonsistenten Zustand befindet. Ihre erste Zuflucht in solch einer Situation sollte die Ausführung von **Chkdsk** sein.

Lernziel 1.2: Überwachen der Serverhardware

Die Überwachung der Serverhardware wird im Allgemeinen über die Geräte-Manager-MMC durchgeführt. Außerdem können auch andere Bereiche des Systems zur Überwachung und Erstellung von Berichten über die am Server angeschlossene Hardware verwendet werden, beispielsweise besondere Add-Ins der Systemsteuerung oder separate Dienstprogramme wie **Winmsd**.

Der Geräte-Manager kann entweder über die Computerverwaltung oder als eigene MMC in der Programmgruppe **Verwaltung** aufgerufen werden und ist die erste Anlaufstelle für die Hardwareverwaltung. Er zeigt den Betriebsstatus sämtlicher Hardware an, die mit dem System verbunden ist. Nicht-Plug & Play-fähige Geräte können durch Auswahl der Option **Ausgeblendete Geräte anzeigen** im Menü **Ansicht** angezeigt werden.

Das Dienstprogramm **Winmsd** wird über die Befehlszeile oder das Menü **Ausführen** aufgerufen und bietet ebenfalls eine Übersicht über die Hardware, die in einem bestimmten Windows Server 2003-System installiert ist.

Einige Geräte, beispielsweise Modems und Grafikkarten, werden am besten über das zuständige Verwaltungsprogramm in der Systemsteuerung verwaltet, und nicht mit dem Geräte-Manager.

Fragen zu Lernziel 1.2

1.

Sie arbeiten mit einem Windows Server 2003-System, das von Microsoft Windows 2000 Server aktualisiert wurde. Dieser Server verwendet einen aus dem alten System übernommenen, nicht-Plug & Play-fähigen SCSI-RAID-Controller. Das Gerät scheint optimal zu funktionieren, es wird jedoch im Geräte-Manager nicht angezeigt. Wie können Sie dieses Gerät im Geräte-Manager anzeigen?

A. Nur Plug & Play-fähige Geräte können im Geräte-Manager aufgeführt werden.

B. Sie müssen den Treiber für dieses Gerät in einen Treiber aktualisieren, der Plug & Play unterstützt.

C. Laufwerke und RAID-Controller werden im Geräte-Manager nicht dargestellt.

D. Sie müssen im Geräte-Manager das Menü **Ansicht** aufrufen und die Option **Ausgeblendete Geräte anzeigen** auswählen.

2.

Rooslan verwendet mehrere externe USB-Festplattenlaufwerke (Universal Serial Bus) als zusätzliche Speicheroption auf einem von ihm verwalteten Windows Server 2003-System. Außerdem verwendet er einen externen USB-CD-Brenner, eine Microsoft USB-IntelliMouse und eine USB-Tastatur. In letzter Zeit hat Rooslan festgestellt, dass einige USB-Festplattenlaufwerke eine ungleichmäßige Leistung erbringen. Er möchte einen Bericht über die derzeit beanspruchte Bandbreite und den Stromverbrauch verschiedener USB-Geräte erstellen, die am Windows Server 2003-System angeschlossen sind. Welche der folgenden Programme kann er hierfür verwenden? (Wählen Sie alle zutreffenden Antworten aus.)

A. Rooslan muss das Dienstprogramm **USB-Geräte** in der Systemsteuerung öffnen. In diesem Dienstprogramm werden die Beanspruchung der Bandbreite und der Stromverbrauch aller USB-Geräte aufgeführt, die am System angeschlossen sind.

B. Rooslan muss das Dienstprogramm **Energieoptionen** in der Systemsteuerung öffnen. Von hier aus kann er die Registerkarte **USB** aufrufen, um die Stromversorungsprofile verschiedener am System angeschlossener Geräte zu ermitteln.

C. Rooslan muss den Geräte-Manager öffnen, mit der rechten Maustaste auf **USB-Root-Hub** klicken und die Option **Eigenschaften** auswählen. Anschließend muss er auf die Registerkarte **Stromversorgung** klicken, auf welcher der Stromverbrauch nach angeschlossenen Geräten aufgeführt ist.

D. Rooslan muss den Geräte-Manager öffnen, mit der rechten Maustaste auf **USB universeller Hostcontroller** klicken und die Option **Eigenschaften** auswählen. Anschließend muss er auf die Registerkarte **Erweitert** klicken, auf der die Bandbreite belegenden Geräte sowie die jeweilige Bandbreitenbelegung aufgeführt sind.

E. Rooslan muss das Dienstprogramm **Bandbreite** in der Systemsteuerung öffnen. Von hier aus kann er die Registerkarte **USB** aufrufen, um die Profile für die belegte Bandbreite verschiedener am System angeschlossener Geräte zu ermitteln.

F. Rooslan muss den Task-Manager öffnen und anschließend die Registerkarte **USB-Geräte** wählen. Auf dieser Registerkarte werden die Belegung der Bandbreite und der Stromverbrauch aller USB-Geräte aufgeführt, die am System angeschlossen sind.

3.

Orins Unternehmen überwacht alle Geräte, die an den Windows Server 2003-Systemen angeschlossen sind. Die zuständigen Mitarbeiter haben gefordert, dass Ausdrucke mit einer Zusammenfassung aller im System installierten Geräte angefertigt werden. Diese Zusammenfassung muss die Produktversion, den Bustyp und Ressourceninformationen enthalten.

Orin hat folgende Ziele:

Primäres Ziel: Einen Ausdruck bereitstellen, der eine Zusammenfassung sämtlicher im System installierter Geräte enthält.

Sekundäre Ziele:

Sicherstellen, dass IRQ-Ressourceninformationen (Interrupt Request) in diesem Bericht enthalten sind.

Den Bericht in eine Datei, nicht auf einem Drucker ausgeben.

Orin geht folgendermaßen vor: In der Computerverwaltung aus der Programmgruppe **Verwaltung** öffnet er den Geräte-Manager, wählt das Windows Server 2003-System aus und wählt im Menü **Aktion** die Option **Drucken**. Anschließend legt er den Berichttyp auf **Geräte- und Systemübersicht** fest und klickt auf **Drucken**.

Welche der folgenden Ziele hat Orin erreicht?

A. Orin hat sein primäres Ziel und alle sekundäre Ziele erreicht.

B. Orin hat sein primäres Ziel und ein sekundäres Ziel erreicht.

C. Orin hat sein primäres Ziel, jedoch kein sekundäres Ziel erreicht.

D. Orin hat nicht sein primäres Ziel, jedoch alle sekundären Ziele erreicht.

E. Orin hat nicht sein primäres Ziel, jedoch ein sekundäres Ziel erreicht.

F. Orin hat keines seiner Ziele erreicht.

4.

Sie sind Systemadministrator für eine Reihe von Windows Server 2003-Systemen, die als Webserver für einen Internetdienstanbieter mittlerer Größe verwendet werden. Sie müssen für Ihren Vorgesetzten einen Bericht über die Netzwerkkarten erstellen, die in den einzelnen Servern installiert sind. Dieser Bericht sollte den Kartentyp sowie die verwendeten Hardwareressourcen wie z.B. den IRQ umfassen. Da das Unternehmen aufgrund der Bereitstellung von Webseiten im Internet ständigen Datenverkehr auffangen muss, sind in jedem Server mehrere Netzwerkkarten installiert. Um die Dinge noch komplizierter zu gestalten, wurden diese Karten im Allgemeinen nach Bedarf hinzugefügt, sodass sie von verschiedenen Herstellern stammen und sich in ihrem Typ unterscheiden. Welche der folgenden Methoden können Sie verwenden, um diesen Bericht für Ihren Vorgesetzten anzufertigen? (Wählen Sie alle zutreffenden Antworten aus.)

A. Sie führen auf jedem Windows Server 2003-System den Geräte-Manager aus. Sie wählen **Netzwerkadapter** und wählen anschließend im Menü **Aktion** den Befehl **Drucken**. Sie wählen **Ausgewählte Klasse oder ausgewähltes Gerät** und klicken anschließend auf **Drucken**.

B. Sie wählen auf jedem Windows Server 2003-System in der Systemsteuerung das Programm **Netzwerkverbindungen**. Sie wählen auf der Registerkarte **Erweitert** die Option **Netzwerkhardware** und klicken anschließend auf **Bericht generieren**.

C. Sie führen **Winmsd** von der Befehlszeile aus. Sie wählen im Knoten **Komponenten** den Knoten **Netzwerk** und anschließend den Knoten **Adapter** aus. Sie wählen im Menü **Datei** den Befehl **Drucken**.

D. Sie starten **Winipcfg** im Menü **Ausführen**. Sie wählen auf der Registerkarte **Adapter** die Option **Hardwarebericht generieren** und klicken anschließend auf **Drucken**.

E. Sie führen den Befehl **Ipconfig /Adapter** an der Befehlszeile aus. Sie kopieren die entsprechenden Informationen in eine Textdatei im Editor und drucken sie dann aus.

5.

Rooslan ist der leitende Systemadministrator eines mittelständischen Unternehmens. Vor mehreren Monaten kaufte und installierte er drei Windows Server 2003-Systeme und konfigurierte sie als Domänencontroller. Nachdem er sie eine Woche lang erfolgreich in einer Testumgebung getestet hatte, wurden die einzelnen Server im Rahmen der unternehmensweiten Verbreitung von Windows Server 2003 an einen entfernten Standort im Unternehmensnetz geschickt. Rooslan erhielt soeben einen Anruf von einem Administrator von einem der Standorte, an die diese Domänencontroller ausgeliefert wurden. Der Administrator hat festgestellt, dass beim Start des Domänencontrollers ein Fehlerbericht mit dem Hinweis angezeigt wird, dass ein Gerätetreiber während des Startvorgangs nicht geladen werden konnte. Der Administrator meldet Rooslan, dass er den Geräte-Manager auf ein fehlerhaftes Gerät untersucht hat, es gab jedoch keinen Hinweis auf seine Vermutung. Rooslan fragt den Administrator, ob er die ausgeblendeten Geräte angezeigt hat, und der Administrator antwortet, dass er nicht weiß, wie er dazu vorgehen muss. In den letzten 20 Startvorgängen ist der Fehler dreimal aufgetreten. Da er an diesem Morgen erneut aufgetreten ist, entschloss sich der Administrator zu diesem Anruf. Vor dem Telefonat hat der Administrator jedoch den Server neu gestartet, und der Fehler ist nicht aufgetreten. Rooslan startet eine Remotedesktopverbindung mit dem Server, um diesen zu untersuchen. Welche der folgenden Vorgehensweisen sollte Rooslan verwenden, um diesen Fehler zu diagnostizieren?

A. Nachdem Rooslan eine Verbindung zum Remotedomänencontroller hergestellt hat, sollte er den Geräte-Manager öffnen und im Menü **Ansicht** die Option **Ausgeblendete Geräte anzeigen** auswählen.

B. Nachdem Rooslan eine Verbindung zum Remotedomänencontroller hergestellt hat, sollte er das Systemprotokoll nach Einträgen durchsuchen, die von fehlgeschlagenen Gerätetreibern verursacht wurden.

C. Nachdem Rooslan eine Verbindung zum Remotedomänencontroller hergestellt hat, sollte er das Sicherheitsprotokoll nach Einträgen durchsuchen, die von fehlgeschlagenen Gerätetreibern verursacht wurden.

D. Nachdem Rooslan eine Verbindung zum Remotedomänencontroller hergestellt hat, sollte er das Geräteprotokoll nach Einträgen durchsuchen, die von fehlgeschlagenen Gerätetreibern verursacht wurden.

E. Nachdem Rooslan eine Verbindung zum Remotedomänencontroller hergestellt hat, sollte er das Anwendungsprotokoll nach Einträgen durchsuchen, die von fehlgeschlagenen Gerätetreibern verursacht wurden.

F. Nachdem Rooslan eine Verbindung zum Remotedomänencontroller hergestellt hat, sollte er **Winmsd** ausführen und in der Treiberliste nachsehen, ob Berichte über Treiber vorliegen, die nicht gestartet werden konnten.

6.

Sie haben kürzlich den Treiber für Ihr Sicherungsbandgerät unter Windows Server 2003 auf die neuste Version aktualisiert, die auf der Website des Herstellers erhältlich ist. Nach dem Neustart des Servers melden Sie sich an und möchten die Datensicherung testen. Sie stellen fest, dass das Bandgerät nicht mehr funktioniert. Welche der drei folgenden Features von Windows Server 2003 können Sie verwenden, um das Bandgerät mit möglichst geringem Verwaltungsaufwand wieder funktionsfähig zu machen?

A. Zurücksetzen des Treibers.

B. Letzte als funktionierend bekannte Konfiguration

C. Wiederherstellungskonsole

D. Automatische Systemwiederherstellung (Automated System Recovery, ASR)

E. Abgesicherter Modus

Antworten zu Lernziel 1.2

1. Richtige Antwort: D

A. **Falsch** Diese Aussage ist nicht richtig. Nicht-Plug & Play-fähige Hardware kann im Geräte-Manager angezeigt werden, indem Sie die Option **Ausgeblendete Geräte anzeigen** wählen.

B. **Falsch** Plug & Play ist eine Hardwarespezifikation, keine Softwarespezifikation, daher wirkt eine Treiberaktualisierung sich nicht auf die Anzeige des Geräts im Geräte-Manager aus.

C. **Falsch** Diese Geräte können im Geräte-Manager angezeigt werden.

D. **Richtig** Standardmäßig wird nicht-Plug & Play-fähige Hardware nicht im Geräte-Manager angezeigt. Um diese Art von Hardware im Geräte-Manager einzublenden, müssen Sie die Option **Ausgeblendete Geräte anzeigen** aktivieren. Auf diese Weise werden sämtliche ausgeblendeten Geräte angezeigt, u.a. ältere, nicht-Plug & Play-fähige Geräte wie der hier beschriebene SCSI-RAID-Controller.

2. Richtige Antwort: C und D

A. **Falsch** In der Systemsteuerung gibt es kein Dienstprogramm namens **USB-Geräte**.

B. **Falsch** Das Programm **Energieoptionen** steuert Geräte wie eine USV (unterbrechungsfreie Stromversorgung) und das Herunterfahren im Ruhezustand. Es zeigt keinerlei Informationen über den USB-Stromverbrauch an.

C. **Richtig** Die Eigenschaften des USB-Root-Hubs im Geräte-Manager listen den Stromverbrauch von USB-Geräten auf.

D. **Richtig** Im Eintrag **USB universeller Hostcontroller** wird die Bandbreitenbelegung von denjenigen Geräten aufgeführt, die Bandbreite belegen und diese an das System zurückmelden. Nicht alle USB-Geräte verwenden Strom vom System, denn viele besitzen eine eigene unabhängige Stromversorgung. Geräte wie Tastatur und Maus werden jedoch vom System versorgt. In gleicher Weise belegen nicht alle Geräte USB-Bandbreite. Wenn mehrere Bandbreite belegende Geräte in einem System installiert sind, muss deren Belegung überwacht werden, damit ihre Leistung nicht nachlässt.

E. **Falsch** In der Systemsteuerung gibt es kein Dienstprogramm namens **Bandbreite**.

F. **Falsch** Im Geräte-Manager gibt es keine Registerkarte **USB-Geräte**.

3. Richtige Antwort: B

A. **Falsch** Durch Einstellen des Berichtstyps auf Geräte- und Systemübersicht wird ein umfassender Bericht für jedes im System installierte Gerät, einschließlich der Ressourceninformationen, gedruckt und eine Übersicht über das System generiert. Somit sind das primäre und das erste sekundäre Ziel erreicht. Da die Aktivierung der Option **Ausgabe in Datei umleiten** nicht erwähnt wird, ist das zweite sekundäre Ziel nicht erreicht.

B. **Richtig** Durch Einstellen des Berichtstyps auf **Geräte- und Systemübersicht** wird ein umfassender Bericht für jedes im System installierte Gerät, einschließlich der Ressourceninformationen, gedruckt und eine Übersicht über das System generiert. Somit sind das primäre und das erste sekundäre Ziel erreicht.

C. **Falsch** Durch Einstellen des Berichtstyps auf **Geräte- und Systemübersicht** wird ein umfassender Bericht für jedes im System installierte Gerät, einschließlich der Ressourceninformationen, gedruckt und eine Übersicht über das System generiert. Somit sind das primäre und das erste sekundäre Ziel erreicht.

D. **Falsch** Durch Einstellen des Berichtstyps auf **Geräte- und Systemübersicht** wird ein umfassender Bericht für jedes im System installierte Gerät, einschließlich der Ressourceninformationen, gedruckt und eine Übersicht über das System generiert. Somit sind das primäre und das erste sekundäre Ziel erreicht. Da die Aktivierung der Option **Ausgabe in Datei umleiten** nicht erwähnt wird, ist das zweite sekundäre Ziel nicht erreicht.

E. **Falsch** Durch Einstellen des Berichtstyps auf **Geräte- und Systemübersicht** wird ein umfassender Bericht für jedes im System installierte Gerät, einschließlich der Ressourceninformationen, gedruckt sowie eine Übersicht über das System generiert. Somit sind das primäre und das erste sekundäre Ziel erreicht.

F. **Falsch** Durch Einstellen des Berichtstyps auf **Geräte- und Systemübersicht** wird ein umfassender Bericht für jedes im System installierte Gerät, einschließlich der Ressourceninformationen, gedruckt und eine Übersicht über das System generiert. Somit sind das primäre und das erste sekundäre Ziel erreicht.

4. Richtige Antwort: A und C

A. **Richtig** Sowohl der Geräte-Manager als auch **Winmsd** können zum Generieren dieser Informationen in einem Berichtformat verwendet werden, das gedruckt werden kann. Auf diese Weise können Sie schnell sämtliche relevanten Informationen auflisten, die Ihr Vorgesetzter von Ihnen erwartet.

B. **Falsch** Die gewünschten Informationen können nicht auf diese Weise generiert werden.

C. **Richtig** Sowohl der Geräte-Manager als auch **Winmsd** können zum Generieren dieser Informationen in einem Berichtformat verwendet werden, das gedruckt werden kann. Auf diese Weise können Sie schnell alle relevanten Informationen auflisten, die Ihr Vorgesetzter von Ihnen erwartet.

D. **Falsch** Die gewünschten Informationen können nicht auf diese Weise generiert werden.

E. **Falsch** Die gewünschten Informationen können nicht auf diese Weise generiert werden.

5. Richtige Antwort: B

A. **Falsch** Der Administrator hat angegeben, dass er den Geräte-Manager überprüft hat, auch wenn er nicht wusste, wie ausgeblendete Geräte angezeigt werden. Möglicherweise wurde der Fehler von einem ausgeblendeten Gerät verursacht. Da jedoch das System seit dem letzten Fehler einwandfrei gestartet wurde, sind an dieser Stelle keine Hinweise zu erwarten.

B. **Richtig** Da das System fehlerfrei gestartet war, als der Administrator Rooslan anrief, wird im Geräte-Manager kein Hinweis auf einen Fehler angezeigt. Rooslan kann über das Systemprotokoll, in welchem zumindest die letzten Neustarts und somit auch das Fehlerereignis aufgezeichnet sind, weitere Untersuchungen anstellen.

C. **Falsch** Diese Art von Ereignis wird im Systemprotokoll, nicht im Sicherheitsprotokoll, aufgezeichnet.

D. **Falsch** Es gibt kein Geräteprotokoll. Diese Ereignisse werden im Systemprotokoll festgehalten.

E. **Falsch** Dieses Ereignis wird im Systemprotokoll aufgezeichnet, nicht im Anwendungsprotokoll.

F. **Falsch** Da das System in diesem Fall korrekt gestartet wurde, kann **Winmsd** nicht zur Lösung dieses Problems beitragen.

6. Richtige Antwort: A

A. **Richtig** Die Rücksetzung des Treibers ermöglicht Ihnen die Reaktivierung einer zuvor installierten und funktionierende Version, falls der neue Treiber Probleme verursacht.

B. **Falsch** Die **Letzte als funktionierend bekannte Konfiguration** wird nach einer erfolgreichen Anmeldung aktualisiert. Das bedeutet, dass nach dem in der Frage erwähnten Neustart und der Anmeldung eine neue **Letzte als funktionierend bekannte Konfiguration** geschrieben wurde, die auch den neuen, fehlerhaften Treiber umfasst.

C. **Falsch** Mit der Wiederherstellungskonsole kann man zwar versuchen, ein nicht funktionierendes System wiederherzustellen, aber sie eignet sich nicht zum Austausch eines nicht funktionierenden Treibers.

D. **Falsch** Je nach dem Zeitpunkt, an dem die Sicherung für die automatische Systemwiederherstellung durchgeführt wurde, kann es durchaus sein, dass eine automatische Systemwiederherstellung den Computer wieder voll funktionsfähig macht. Da es aber die wesentlich einfachere Möglichkeit gibt, den Treiber auf eine zuvor installierte Version zurückzusetzen, ist die automatische Systemwiederherstellung nicht die beste Antwort.

E. **Falsch** Es gibt keinen Grund, das System im abgesicherten Modus zu starten, weil die normale Umgebung tadellos funktioniert. Nur das Bandgerät nicht.

Lernziel 1.3: Optimieren der Leistung von Serverdatenträgern

Ein Administrator legt Wert darauf, dass das Datenträgerteilsystem eines Servers eine optimale Leistung bietet. Auf den Serverdatenträgern müssen häufig intensive Lese-/Schreiboperationen durchgeführt werden, und selbst eine geringfügige Steigerung der Geschwindigkeit kann eine erhebliche Verbesserung herbeiführen.

Zur Steigerung der Lese-/Schreibleistung von Datenträgern auf einem Windows Server 2003-System gibt es drei Möglichkeiten. Die erste besteht darin, das Datenträgerstriping (RAID-0) zu implementieren. Für das Datenträgerstriping werden mindestens zwei Datenträger benötigt. Hierbei werden Daten gleichzeitig auf mehrere Datenträger geschrieben. Der Anfang einer Datei wird beispielsweise auf einen Datenträger geschrieben, während zur gleichen Zeit der mittlere Dateibereich auf einen zweiten Datenträger und das Ende der Datei auf einen dritten Datenträger geschrieben werden können. In ähnlicher Weise können der Anfang, der Mittelteil und das Ende einer Datei gleichzeitig von allen Datenträgern gelesen werden. Die gleichzeitige Durchführung dieser Vorgänge führt zu einem erheblichen Leistungsvorteil. Der Nachteil von RAID-0 besteht darin, dass bei einem Ausfall eines der Datenträger, aus denen sich das Stripesetvolume zusammensetzt, sämtliche Daten auf diesem Volume verloren gehen. Auf diesen Volumes sollten nur Daten gespeichert werden, die schnell gelesen und geschrieben werden müssen, jedoch keine Fehlertoleranz erfordern.

Die zweite Möglichkeit zum Erhöhen der Lese-/Schreibgeschwindigkeit von Datenträgern besteht darin, das Datenträgerstriping mit Parität zu implementieren, das auch als RAID-5 bezeichnet wird. Der Vorteil dieser Methode im Vergleich zum Datenträgerstriping liegt in der Fehlertoleranz. Wenn einer der Datenträger, aus denen sich ein RAID-5-Volume zusammensetzt, ausfällt, können die Daten dennoch über die Paritätsinformationen wiederhergestellt werden, die auf den übrigen Datenträgern gespeichert sind. RAID-5 ist die sicherste Methode zum Erhöhen der Lese-/Schreibleistung von Datenträgern. Die Technik ist über die Datenträgerverwaltungskonsole mit drei oder mehr dynamischen Datenträgern einfach zu implementieren.

Die letzte Möglichkeit zum Erhöhen der Lese-/Schreibgeschwindigkeit von Datenträgern besteht darin sicherzustellen, dass die darauf gespeicherten Dateien relativ wenig fragmentiert sind. Die Fragmentierung tritt auf Festplattenlaufwerken auf, wenn Dateien geschrieben und gelöscht werden. Da das Dateisystem freien Speicherplatz auf den Festplatten so zuordnen, wie dieser verfügbar wird, kann eine neu geschriebene Datei in mehreren Speicherbereichen über die Festplatte verteilt werden. Je weniger zusammenhängend eine Datei auf der Festplatte gespeichert ist, desto länger dauert das Schreiben oder Lesen der Datei. Bei der Defragmentierung werden Dateien auf der Festplatte neu angeordnet, sodass sie zusammenhängend und nicht fragmentiert gespeichert werden. Dieser Vorgang wird entweder über die Defragmentierungskonsole oder über das Befehlszeilenprogramm **Defrag** durchgeführt.

Fragen zu Lernziel 1.3

1.

Sie haben die Leistung mehrerer Windows Server 2003-Systeme dokumentiert. Insbesondere haben Sie die Lese-/Schreibgeschwindigkeit von Datenträgern bei verschiedenen Datenträgerkonfigurationen untersucht, wie Spiegelung, Striping, übergreifende Volumes und RAID-5, die alle von der Windows Server 2003-Software gesteuert werden. Sie haben einige Tests für verschiedene Konfigurationen durchgeführt, um festzustellen, welche Konfigurationen Leistungsvorteile gegenüber einfachen Volumes bieten. Welche der folgenden Aussagen über die verschiedenen Datenträgerkonfigurationen und ihre Leistung trifft zu? (Wählen Sie alle zutreffenden Antworten aus.)

A. Die Datenträgerspiegelung bietet ungefähr die gleiche Lese-/Schreibleistung wie ein einfaches Volume.

B. Datenträgerstriping bietet eine bessere Lese-/Schreibleistung als RAID-5.

C. Datenträgerstriping (RAID-0) bietet eine bessere Lese-/Schreibleistung als übergreifende Volumes.

D. Übergreifende Volumes bieten eine bessere Lese-/Schreibleistung als das Datenträgerstriping.

E. Datenträgerstriping bietet eine bessere Lese-/Schreibleistung als ein einfaches Volume.

2.

Rooslan ist ein Berater, der ein mittelständisches Unternehmen hinsichtlich der Optimierung der Datenträgerleistung von drei neu erworbenen Windows Server 2003-Systemen beraten soll. Es handelt sich hierbei um drei verschiedene Systeme mit jeweils identischer Hardware. Jeder Server besitzt sechs SCSI-Festplattenlaufwerke mit je 120 GB und keinen Hardware-RAID-Controller. Rooslan erhielt folgende Spezifikationen von den Teams, die die einzelnenWindows Server 2003-Systeme verwenden werden.

Das Team, das den ersten Server einsetzen soll, hat ein Ziel. Das Team hätte gerne ein zweites großes Volume von etwa 600 GB, auf dem sämtliche Daten gespeichert werden. Das erste Volume von 120 GB soll die Betriebssystemdateien und die Programmdateien enthalten. Geschwindigkeit und Fehlertoleranz spielen für dieses Team keine Rolle.

Das Team, das den zweiten Server einsetzen soll, hat drei Ziele. Das erste Ziel besteht darin, dass das primäre Volume 120 GB groß und fehlertolerant sein und die Betriebssystem- und Programmdateien aufnehmen soll. Als zweites Ziel soll das sekundäre Volume 120 GB groß und fehlertolerant sein und Programmdaten speichern. Das dritte Ziel sieht vor, dass das tertiäre Volume 240 GB groß sein und die schnellstmögliche Lese-/Schreibgeschwindigkeit bieten soll.

Das Team, das den dritten Server einsetzen soll, hat zwei Ziele. Das erste Ziel besteht darin, dass das primäre Volume etwa 120 GB groß und fehlertolerant sein und die Betriebssystem- und Programmdateien aufnehmen soll. Das zweite Ziel sieht vor, dass das sekundäre Volume etwa 480 GB groß sein und die bestmögliche Lese-/Schreibgeschwindigkeit bieten soll.

Rooslan installiert Windows Server 2003 auf dem Server des ersten Teams und verwendet dabei eine vollständige Datenträgerpartition, auf der er das Betriebssystem und die Programmdateien installiert. Sobald er Windows Server 2003 aufgerufen hat, konvertiert er die fünf anderen Datenträger in dynamische Datenträger und erstellt aus all diesen Datenträgern ein übergreifendes Volume.

Auf dem Server des zweiten Teams installiert Rooslan Windows Server 2003 und verwendet dabei die gesamten 120 GB, die auf dem Datenträger verfügbar sind. Nachdem er Windows Server 2003 konfiguriert hat, spiegelt er diesen 120-GB-Datenträger auf den zweiten 120-GB-Datenträger. Anschließend installiert er die relevanten Programmdateien auf diesem Volume. Danach erstellt er zwei weitere gespiegelte Paare mit dem dritten und vierten sowie dem fünften und sechsten 120-GB-Datenträger.

Auf dem Server des dritten Teams installiert Rooslan Windows unter Verwendung der gesamten auf dem ersten Datenträger verfügbaren 120 GB. Nachdem er Windows konfiguriert hat, spiegelt er den 120-GB-Datenträger auf den zweiten 120-GB-Datenträger. Anschließend installiert er die relevanten Programmdateien auf diesem Volume. Dann erstellt Rooslan mit den letzten vier 120-GB-Datenträgern ein RAID-5-Volume.

Welche der folgenden Aussagen fasst exakt die Anzahl der Teamziele zusammen, die Rooslan erreicht hat?

A. Rooslan erreicht das Ziel des ersten Teams sowie alle Ziele des zweiten Teams und alle Ziele des dritten Teams.

B. Rooslan erreicht das Ziel des ersten Teams, zwei der Ziele des zweiten Teams und alle Ziele des dritten Teams.

C. Rooslan erreicht das Ziel des ersten Teams, alle Ziele des zweiten Teams und eines der Ziele des dritten Teams.

D. Rooslan erreicht nicht das Ziel des ersten Teams, alle Ziele des zweiten Teams und eines der Ziele des dritten Teams.

E. Rooslan erreicht nicht das Ziel des ersten Teams, zwei der Ziele des zweiten Teams und eines der Ziele des dritten Teams.

F. Rooslan erreicht das Ziel des ersten Teams, zwei der Ziele des zweiten Teams und eines der Ziele des dritten Teams.

3.

Die folgende Abbildung zeigt die Datenträgerverwaltungs-Konfiguration eines Windows Server 2003-Systems. Welche der folgenden Aussagen trifft unter Berücksichtigung der in diesem Bild gezeigten Informationen auf die Volumes dieses Windows Server 2003-Systems zu? (Wählen Sie alle zutreffenden Antworten aus.)

A. Wenn Datenträger 1 ausfällt, gehen keine Daten verloren.

B. Wenn Datenträger 0 ausfällt, gehen keine Daten verloren.

C. Wenn Datenträger 2 ausfällt, gehen keine Daten verloren.

D. Die Lese-/Schreibgeschwindigkeiten des Volumes **Datastore** sind niedriger als die des Volumes **Archive**.

E. Die Lese-/Schreibgeschwindigkeiten des Volumes **Archive** sind niedriger als die des Volumes **Datastore**.

F. Wenn Datenträger 3 ausfällt, gehen Daten verloren.

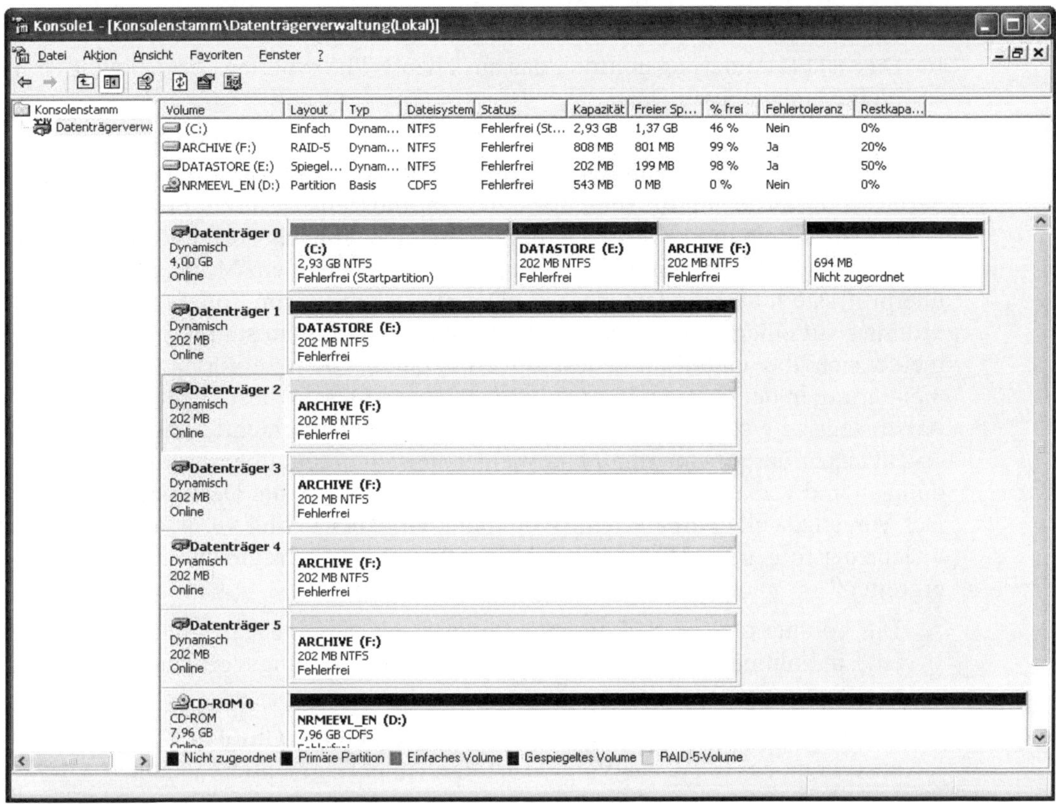

4.

Oksana betrachtet einen Bericht, der vom Programm **Defragmentierung** ihres Systems generiert wurde. Ihr System enthält zwei Volumes. Das erste Volume umfasst 100 GB und wird auf einem weiteren 100-GB-Datenträger gespiegelt. Das zweite Volume umfasst 400 GB und verwendet RAID-5 über fünf 100-GB-Datenträger. Bei dem von Oksana untersuchten Bericht handelt es sich um eine Analyse, die auf dem zweiten Volume angefertigt wurde, nicht auf dem ersten.

Oksana ist verwirrt, weil auf dem zweiten Volume mehrere Bereiche grün dargestellt werden. Grün weist bei einer Defragmentierungsanalyse auf Dateien hin, die nicht verschoben werden können. Oksana ist deshalb verwundert, weil sie der Ansicht war, dass die einzigen für die Defragmentierung nicht verschiebbaren Dateien sich auf dem System- oder Startvolume befinden. Welchen Grund gibt es für die nicht verschiebbaren Dateien, die in der Defragmentierungsanalyse für das zweite Volume aufgeführt werden? (Wählen Sie alle zutreffenden Antworten aus.)

A. Oksana hat versehentlich das erste Volume analysiert, welches die Start- und Systemdateien enthält.

B. Die Auslagerungsdatei befindet sich auf dem zweiten Volume.

C. Oksana hat verschlüsselte Dateien auf dem zweiten Volume abgelegt.

D. Oksana hat komprimierte Dateien auf dem zweiten Volume abgelegt.

E. Das NTFS-Änderungsjournal, das auf allen NTFS-Volumes gespeichert ist, ist eine nicht verschiebbare Datei.

5.

Oksana hat über die Befehlszeile einen Defragmentierungsauftrag auf allen Windows Server 2003-Systemen für sonntags um 2 Uhr morgens an ihrem Standort geplant. Dies ist der optimale Zeitpunkt für die Durchführung einer solchen Aufgabe, da die Aktivität der Server zu diesem Zeitpunkt sehr gering ist. Als sie an einem Montagmorgen die Protokolle überprüft, stellt Oksana fest, dass die Defragmentierung am Sonntagmorgen auf einem der Volumes auf einem der Windows Server 2003-Server nicht stattgefunden hat. Oksana meldet sich über eine Remotedesktopverbindung an dem Server an und prüft die Defragmentierung in der Computerverwaltungskonsole. Oksana beschließt, bis zum Ende des Arbeitstags zu warten und dann zu versuchen, die Defragmentierung für dieses Volume erneut auszuführen. Um 18.30 Uhr meldet sie sich erneut über die Remotedesktopverbindung an und versucht, auf dem problematischen Volume die Defragmentierung zu starten. Der Vorgang schlägt erneut fehl. Wodurch könnte der Fehler verursacht werden, und welche der folgenden Maßnahmen sollte Oksana zur Defragmentierung dieses Volumes ergreifen?

A. Das Volume kann nicht defragmentiert werden, da seine Kapazität annähernd erschöpft ist. Ein Volume muss für den Start des Defragmentierungsvorgangs mindestens 15 Prozent freien Speicherplatz besitzen.

B. Das Volume ist als fehlerhaft markiert. Oksana muss **Chkdsk** von der Befehlszeile aus ausführen, bevor sie das Volume erfolgreich defragmentieren kann.

C. Oksana muss das Volume manuell offline schalten, um die Defragmentierung durchzuführen. Anschließend kann der Datenträger einwandfrei defragmentiert werden.

D. Oksana muss die Bereitstellung des Datenträgers, der das Volume hostet, aufheben, um eine Defragmentierung durchzuführen. Anschließend kann der Datenträger einwandfrei defragmentiert werden.

6.

Sie sind Systemadministrator für mehrere kleine Unternehmen. Eines der kleinen Unternehmen, für das Sie arbeiten, hat berichtet, dass die Leistung des Servers sich verschlechtert. Der Server ist folgendermaßen konfiguriert:

Volume	Typ	Dateisystem	Fehlertoleranz	Fragmentierung
Laufwerk C	Dynamisch	NTFS	Gespiegelt	9%
Laufwerk D	Basis	NTFS	Keine	13%
Laufwerk E	Dynamisch	NTFS	Striped	23%
Laufwerk F	Dynamisch	NTFS	RAID-5	32%
Laufwerk G	Dynamisch	NTFS	RAID-5	41%

Auf welchem der Windows Server 2003-Systemvolumes empfiehlt Windows die Durchführung der Defragmentierung? (Wählen Sie alle zutreffenden Antworten aus.)

A. Laufwerk C

B. Laufwerk D

C. Laufwerk E

D. Laufwerk F

E. Laufwerk G

Antworten zu Lernziel 1.3

1. Richtige Antwort: A, B, C und E

A. **Richtig** Die Datenträgerspiegelung bietet keinen Vorteil hinsichtlich der Lese-/Schreibvorgänge, gewährleistet jedoch Fehlertoleranz.

B. **Richtig** RAID-5 muss im Gegensatz zum Datenträgerstriping (RAID-0) beim Schreiben auf die Datenträger Paritätsinformationen generieren. Die Paritätserzeugung von RAID-5 bringt eine Verzögerung mit sich, weshalb diese Methode langsamer ist als das Datenträgerstriping.

C. **Richtig** Übergreifende Volumes erbringen eine ähnliche Leistung wie ein einfaches Volume, wohingegen das Datenträgerstriping die schnellste Methode zum Lesen und Beschreiben eines Volumes ist.

D. **Falsch** Übergreifende Volumes erbringen eine ähnliche Leistung wie ein einfaches Volume, Datenträgerstriping bietet die beste Lese-/Schreibleistung.

E. **Richtig** Beim Datenträgerstriping können Daten gleichzeitig von mehreren Datenträgern gelesen bzw. auf mehrere Datenträger geschrieben werden, aus denen das Volume besteht. Bei einem einfachen Volume kann nur ein Datenträger beschrieben oder gelesen werden.

2. Richtige Antwort: F

A. **Falsch** Rooslan erreicht alle Ziele des ersten Teams. Für das zweite Team erreicht er das erste und das zweite Ziel. Da er sich beim dritten Volume für die Spiegelung und nicht für das Striping entschieden hat, wurde kein Volume von 240 GB mit der schnellstmöglichen Lese-/Schreibgeschwindigkeit erstellt. Das Volume umfasst 120 GB und bietet keine wesentlich bessere Leistung als ein einfaches Volume. Rooslan erreicht ein Ziel für das dritte Team. Er erreicht das erste Ziel durch Verwendung von RAID-5 anstelle von Striping, jedoch nicht das zweite. Das zweite Volume ist 360 GB und nicht, wie angegeben, 480 GB groß. Der Speicherplatz eines ganzen Laufwerks wird auf die Speicherung der Paritätsinformationen verwendet.

B. **Falsch** Rooslan erreicht alle Ziele des ersten Teams. Für das zweite Team erreicht er das erste und das zweite Ziel. Da er sich beim dritten Volume für die Spiegelung und nicht für das Striping entschieden hat, wurde kein Volume von 240 GB mit der schnellstmöglichen Lese-/Schreibgeschwindigkeit erstellt. Das Volume umfasst 120 GB und bietet keine wesentlich bessere Leistung als ein einfaches Volume. Rooslan erreicht ein Ziel für das dritte Team. Er erreicht das erste Ziel durch Verwendung von RAID-5 anstelle von Striping, jedoch nicht das zweite. Das zweite Volume ist 360 GB und nicht, wie angegeben, 480 GB groß. Der Speicherplatz eines ganzen Laufwerks wird auf die Speicherung der Paritätsinformationen verwendet.

C. **Falsch** Rooslan erreicht alle Ziele des ersten Teams. Für das zweite Team erreicht er das erste und das zweite Ziel. Da er sich beim dritten Volume für die Spiegelung und nicht für das Striping entschieden hat, wurde kein Volume von 240 GB mit der schnellstmöglichen Lese-/Schreibgeschwindigkeit erstellt. Das Volume umfasst 120 GB und bietet keine wesentlich bessere Leistung als ein einfaches Volume. Rooslan erreicht ein Ziel für das dritte Team. Er erreicht das erste Ziel durch Verwendung von RAID-5 anstelle von Striping, jedoch nicht das zweite. Das zweite Volume ist 360 GB und nicht, wie angegeben, 480 GB groß. Der Speicherplatz eines ganzen Laufwerks wird auf die Speicherung der Paritätsinformationen verwendet.

D. **Falsch** Rooslan erreicht alle Ziele des ersten Teams. Für das zweite Team erreicht er das erste und das zweite Ziel. Da er sich beim dritten Volume für die Spiegelung und nicht für das Striping entschieden hat, wurde kein Volume von 240 GB mit der schnellstmöglichen Lese-/Schreibgeschwindigkeit erstellt. Das Volume umfasst 120 GB und bietet keine wesentlich bessere Leistung als ein einfaches Volume. Rooslan erreicht ein Ziel für das dritte Team. Er erreicht das erste Ziel durch Verwendung von RAID-5 anstelle von Striping, jedoch nicht das zweite. Das zweite Volume ist 360 GB und nicht, wie angegeben, 480 GB groß. Der Speicherplatz eines ganzen Laufwerks wird auf die Speicherung der Paritätsinformationen verwendet.

E. **Falsch** Rooslan erreicht alle Ziele des ersten Teams. Für das zweite Team erreicht er das erste und das zweite Ziel. Da er sich beim dritten Volume für die Spiegelung und nicht für das Striping entschieden hat, wurde kein Volume von 240 GB mit der schnellstmöglichen Lese-/Schreibgeschwindigkeit erstellt. Das Volume umfasst 120 GB und bietet keine wesentlich bessere Leistung als ein einfaches Volume. Rooslan erreicht ein Ziel für das dritte Team. Er erreicht das erste Ziel durch Verwendung von RAID-5 anstelle von Striping, jedoch nicht das zweite. Das zweite Volume ist 360 GB und nicht, wie angegeben, 480 GB groß. Der Speicherplatz eines ganzen Laufwerks wird auf die Speicherung der Paritätsinformationen verwendet.

F. **Richtig** Rooslan erreicht alle Ziele des ersten Teams. Für das zweite Team erreicht er das erste und das zweite Ziel. Da er sich beim dritten Volume für die Spiegelung und nicht für das Striping entschieden hat, wurde kein Volume von 240 GB mit der schnellstmöglichen Lese-/Schreibgeschwindigkeit erstellt. Das Volume umfasst 120 GB und bietet keine wesentlich bessere Leistung als ein einfaches Volume. Rooslan erreicht ein Ziel für das dritte Team. Er erreicht das erste Ziel durch Verwendung von RAID-5 anstelle von Striping, jedoch nicht das zweite. Das zweite Volume ist 360 GB und nicht, wie angegeben, 480 GB groß. Der Speicherplatz eines ganzen Laufwerks wird auf die Speicherung der Paritätsinformationen verwendet.

3. Richtige Antwort: A, C und D

A. **Richtig** Bei Datenträger 1 handelt es sich um ein gespiegeltes Volume von Datenträger 0. Wenn dieser Datenträger ausfällt, gehen keine Daten verloren.

B. **Falsch** Wenn Datenträger 0 ausfällt, gehen Daten verloren, da nicht auf dem Volume **Datastore** befindliche Daten, wie beispielsweise das Startvolume, nicht geschützt sind.

C. **Richtig** Datenträger 2 ist Teil eines RAID-5-Arrays. Wenn daher Datenträger 2 ausfällt, können die Daten mithilfe der Paritätsinformationen wiederhergestellt werden.

D. **Richtig** Bei **Datastore** handelt es sich um ein gespiegeltes Volume, bei **Archive** um ein RAID-5-Volume. RAID-5 ist schneller als RAID-1 (Spiegelung).

E. **Falsch** Bei **Datastore** handelt es sich um ein gespiegeltes Volume, bei **Archive** um ein RAID-5-Volume. RAID-5 ist schneller als RAID-1 (Spiegelung).

F. **Falsch** Datenträger 3 ist ebenfalls Teil des RAID-5-Arrays. Wenn Datenträger 3 ausfällt, gehen daher keine Daten verloren.

4. Richtige Antwort: B und E

A. **Falsch** In der Fragestellung wird eindeutig angegeben, dass das zweite Volume analysiert wurde. Oksana hat sich also nicht geirrt.

B. **Richtig** Auslagerungsdateien sind nicht verschiebbar und werden daher vom Analyseprogramm der Defragmentierung grün dargestellt. In gleicher Weise wird auch das NTFS-Änderungsjournal auf NTFS-Volumes grün und damit als nicht verschiebbar angezeigt.

C. **Falsch** Verschlüsselte und komprimierte Dateien können verschoben werden.

D. **Falsch** Verschlüsselte und komprimierte Dateien können verschoben werden.

E. **Richtig** Auslagerungsdateien sind nicht verschiebbar und werden daher vom Analyseprogramm der Defragmentierung grün dargestellt. In gleicher Weise wird auch das NTFS-Änderungsjournal auf NTFS-Volumes grün und damit als nicht verschiebbar angezeigt.

5. Richtige Antwort: B

A. **Falsch** Wenn auf einem Datenträger weniger als 15 Prozent Speicher verfügbar ist, wird der Defragmentierungsvorgang beendet, der Datenträger ist jedoch nicht vollständig defragmentiert.

B. **Richtig** Die Defragmentierung schlägt nur dann fehl, wenn ein Datenträger fehlerhaft ist. Ist dies der Fall, wird er vom Betriebssystem als fehlerhaft markiert. Die einzige Möglichkeit, diesen Zustand zu ändern, besteht darin, **Chkdsk** auf dem Datenträger zu starten, um alle erforderlichen Reparaturen durchzuführen.

C. **Falsch** Datenträger können nicht defragmentiert werden, wenn sie offline geschaltet sind.

D. **Falsch** Volumes können nicht defragmentiert werden, wenn sie offline geschaltet sind.

6. Richtige Antwort: B, C, D und E

A. **Falsch** Diese Zahl liegt unter dem Schwellenwert von 10 Prozent. Windows empfiehlt daher keine Defragmentierung.

B. **Richtig** Diese Zahl liegt über dem Schwellenwert von 10 Prozent. Windows empfiehlt daher eine Defragmentierung.

C. **Richtig** Diese Zahl liegt über dem Schwellenwert von 10 Prozent. Windows empfiehlt daher eine Defragmentierung.

D. **Richtig** Diese Zahl liegt über dem Schwellenwert von 10 Prozent. Windows empfiehlt daher eine Defragmentierung.

E. **Richtig** Diese Zahl liegt über dem Schwellenwert von 10 Prozent. Windows empfiehlt daher eine Defragmentierung.

Lernziel 1.4: Problembehebung auf Serverhardwaregeräten

Computerhardware kann aus den verschiedensten Gründen funktionsunfähig sein. Wenn Sie versuchen, auf einem Windows Server 2003-Computer Hardwareprobleme zu beheben, sollten Sie überprüfen, ob die Gerätetreiber korrekt installiert sind, ob es Ressourcenkonflikte mit anderen Geräten des Computers gibt oder ob der Treiber vielleicht deaktiviert wurde. Ein guter Anfang für die Behebung von Hardwareproblemen ist, sich eine bestimmte Frage zu stellen: „Was hat sich an der Konfiguration des Computers geändert?" Wenn Sie gerade eine zweite Netzwerkkarte eingebaut haben und Ihr SCSI-Festplattencontroller arbeitet nicht mehr korrekt, können Sie fast darauf wetten, dass der Controller nach der Entfernung der zweiten Netzwerkkarte wieder funktioniert.

Die beiden wichtigsten Werkzeuge zur Behebung von Hardwareproblemen sind der Geräte-Manager und die Wiederherstellungskonsole. Im Geräte-Manager können Sie schnell überprüfen, welche Geräte Probleme haben und welche normal funktionieren. Sie können im Geräte-Manager auch die Ressourcenzuteilung für die Geräte ändern. Das ist eine ebenso einfache wie effiziente Methode, Hardwarekonflikte zu lösen. Mit der Wiederherstellungskonsole können Sie Geräte deaktivieren, die beim Systemstart Probleme verursachen. Sie ist für die Behebung von Hardwareproblemen zwar nicht so wichtig wie der Geräte-Manager, aber trotzdem ein wichtiges Werkzeug in jedem Problembehandlungs-Toolkit.

Fragen zu Lernziel 1.4

1.

Sie haben gerade auf einem Windows Server 2003-Computer, auf dem Microsoft Exchange Server 2003 ausgeführt wird, zusätzliche Hardware installiert. Sie haben folgende Ausrüstung eingebaut:

- Einen SCSI-Festplattencontroller
- Zwei 400-GB SCSI-Festplattenlaufwerke
- 2 GB RAM
- Eine Gigabit-Netzwerkkarte
- Ein Bandlaufwerk

Der Computer schließt POST erfolgreich ab. Wenn er versucht, Windows Server 2003 zu starten, zeigt er eine **Stop 0x7B**-Meldung an. Was könnten Sie tun, um diesen Fehler mit minimalem Verwaltungsaufwand zu beheben?

A. Die neuen 2 GB RAM entfernen

B. Die Gigabit-Netzwerkkarte entfernen

C. Das Bandlaufwerk entfernen

D. Den SCSI-Festplattencontroller entfernen

E. Die Datei **Boot.ini** bearbeiten

2.

Sie sind leitender Systemadministrator bei der Firma Contoso. Ihr Stellvertreter hat gerade einen eigenständigen Windows Server 2003-Computer, der an die Forschungsstation von

Contoso in der Antarktis versendet werden soll, um ein Modem ergänzt. Das Modem dient zur Remoteverwaltung. Ihr Stellvertreter beginnt damit, den Server so zu konfigurieren, dass er eingehende Anrufe annimmt. Es stellt sich heraus, dass das Modem anscheinend nicht funktioniert. Mit welchem der folgenden Geräte ergeben sich vermutlich Konflikte?

A. LPT1

B. COM2

C. Der primäre IDE-Kanal

D. Die Standardtastatur mit 101/102 Tasten

E. Das Standarddiskettenlaufwerk

3.

Sie sind Administrator in Contosos Antarktis-Forschungsstation. Sie haben gerade ein wissenschaftliches Gerät zur Analyse von Eisbohrkernen an den Anschluss COM1 eines Windows Server 2003-Computers angeschlossen. Ein Satellitenmodem, das zur Übermittlung der Daten an das Labor in den Vereinigten Staten ist an COM 2 angeschlossen. Nach der Durchführung einiger Tests kommen Sie zu dem Ergebnis, dass das wissenschaftliche Gerät anscheinend nicht so gut arbeitet, wie die Dokumentation vermuten lässt. Sie sehen noch einmal im Handbuch nach und finden heraus, dass Sie dafür sorgen müssen, dass der COM-Anschluss, an dem das Gerät angeschlossen ist, Vorrang vor dem anderen COM-Anschluss erhält. Welche Ressourceneinstellung können Sie ändern, um sicherzustellen, dass das an COM1 angeschlossene Gerät Vorrang vor dem an COM2 angeschlossenen Gerät hat, wenn beide Geräte gleichzeitig um die Aufmerksamkeit des Servers konkurrieren?

A. E/A-Bereich

B. IRQ

C. DMA-Kanal

D. Speicherbereich

4.

Ein kürzlich auf einem von Ihnen verwalteten Windows Server 2003-Computer installierter Treiber ist anscheinend fehlerhaft. Sie können den Computer weder im abgesicherten Modus noch in der **Letzten als funktionierend bekannte Konfiguration** starten. Aber Sie können die Wiederherstellungskonsole starten. Sie wissen, dass Sie den fraglichen Treiber mit dem **Disable**-Befehl deaktivieren können. Leider wissen Sie gar nicht so genau, wie der Treiber eigentlich heißt. Mit welchem der folgenden Befehle, die in der Wiederherstellungskonsole zur Verfügung stehen, können Sie alle Geräte und Treiber auflisten, damit sie den korrekten Namen erfahren und versuchen können, den Treiber zu deaktivieren, der für das Problem verantwortlich ist?

A. Bootcfg

B. Listsvc

C. Attrib

D. Listdrv

5.

Sie sind nach einer Woche Abwesenheit wieder zurück. Ihr Administratorkollege teilt Ihnen mit, dass ein DVD-ROM-Laufwerk von einem der Windows Server 2003-Computer, für die Sie verantwortlich sind, nicht mehr läuft. Der Geräte-Manager zeigt die Eigenschaften des Geräts an.

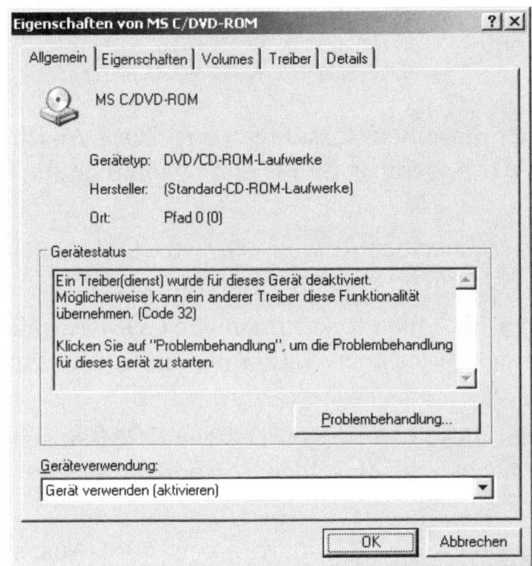

Was können Sie tun, damit das DVD-ROM-Laufwerk wieder funktioniert?

A. Den DVD-ROM-Treiber auf eine vorherige Version zurücksetzen

B. Den DVD-ROM-Treiber erneut installieren

C. Einen aktualisierten DVD-ROM-Treiber installieren

D. Den DVD-ROM-Treiber in der Wiederherstellungskonsole aktivieren

Antworten zu Lernziel 1.4

1. Richtige Antwort: E

A. **Falsch** RAM verursacht keine **Stop 0x7B**-Meldung. Diese Meldung hängt damit zusammen, dass in der Datei **Boot.ini** ein falsches Startgerät angegeben wurde.

B. **Falsch** Die Netzwerkkarte hat die **Stop 0x7B**-Meldung nicht verursacht. Diese Meldung weist darauf hin, dass in der Datei **Boot.ini** ein falsches Startgerät angegeben wurde.

C. **Falsch** Das Bandlaufwerk hat die **Stop 0x7B**-Meldung nicht verursacht. Diese Meldung weist darauf hin, dass in der Datei **Boot.ini** ein falsches Startgerät angegeben wurde.

D. **Falsch** Das wäre zwar eine Lösung, aber das Problem wurde durch den Einbau eines neuen Festplattencontrollers verursacht. Daher ist es einfacher, die Datei **Boot.ini** zu bearbeiten und den ARC-Pfad (Advanced RISC Computing) zu ändern.

E. **Richtig** Die Datei gibt mit einem ARC-Pfad an, wo Windows Server 2003 installiert ist. Wenn neue Festplattencontroller in den Computer eingebaut werden, ist es leicht möglich, dass dieser ARC-Pfad ungültig wird, weil sich die genaue Bezeichnung des Festplattenlaufwerks und der Partition, auf der Windows Server 2003 installiert ist, durch den neuen Controller ändern können. Dieses Problem können Sie beheben, indem Sie die **Boot.ini** bearbeiten und den ARC-Pfad (Advanced RISC Computing) anpassen.

2. Richtige Antwort: B

A. **Falsch** Modems benutzen fast immer dieselben Ressourcen wie COM-Anschlüsse. Es ist ziemlich unwahrscheinlich, dass der Anschluss LPT1, der gewöhnlich für Drucker verwendet wird, die Ursache ist.

B. **Richtig** Modems benutzen fast immer dieselben Ressourcen wie COM-Anschlüsse. Dies ist der Punkt, an dem Sie die Fehlersuche beginnen sollten.

C. **Falsch** Modems benutzen fast immer dieselben Ressourcen wie COM-Anschlüsse. Es ist ziemlich unwahrscheinlich, dass sich der primäre IDE-Kanal in Konflikt mit einem Modem befindet.

D. **Falsch** Modems benutzen fast immer dieselben Ressourcen wie COM-Anschlüsse. Es ist unwahrscheinlich, dass ein Modem versucht, dieselben Ressourcen wie eine Tastatur zu verwenden.

E. **Falsch** Modems benutzen fast immer dieselben Ressourcen wie COM-Anschlüsse. Es ist unwahrscheinlich, dass ein Modem versucht, dieselben Ressourcen wie ein Standarddiskettenlaufwerk zu verwenden.

3. Richtige Antwort: B

A. **Falsch** Die Änderung des IRQ-Werts, der einem Gerät zugewiesen ist, ändert dessen Priorität. Die Priorität beruht nicht auf einem E/A-Bereich.

B. **Richtig** Je niedriger der einem Gerät zugewiesene IRQ-Wert, desto höher seine Priorität. COM1 hat eine höhere Priorität, wenn man diesem Anschluss einen kleineren IRQ-Wert als COM2 zuweist (COM1 benutzt gewöhnlich IRQ 4, COM2 IRQ 3).

C. **Falsch** Die Änderung des IRQ-Werts, der einem Gerät zugewiesen ist, ändert dessen Priorität. Die Priorität beruht nicht auf dem DMA-Kanal.

D. **Falsch** Die Änderung des IRQ-Werts, der einem Gerät zugewiesen ist, ändert dessen Priorität. Die Priorität beruht nicht auf einem Adressenbereich.

4. Richtige Antwort: B

A. **Falsch** Dieser Befehl dient zur Bearbeitung der Datei **Boot.ini**, nicht zur Auflistung aller Dienste und Treiber.

B. **Richtig** Der Befehl **Listsvc** der Wiederherstellungskonsole listet alle Treiber und Dienste auf. Sobald Sie den korrekten Namen ermittelt haben, können Sie den problematischen Treiber mit dem Befehl **Disable** deaktivieren.

C. **Falsch** Der Befehl **Attrib** ändert Datei- oder Verzeichnisattribute. Er dient nicht dazu, alle Diente und Geräte eines Computers aufzulisten.

D. **Falsch** Es gibt keinen **Listdrv**-Befehl. Der Befehl **Listsvc** der Wiederherstellungskonsole listet alle Treiber und Dienste auf.

5. Richtige Antwort: D

A. **Falsch** Der DVD-ROM-Treiber wurde deaktiviert. Sie müssen ihn wieder aktivieren. Die Rücksetzung des Treibers auf eine zuvor installierte Version nützt nichts, weil der Treiber deaktiviert bleibt.

B. **Falsch** Der DVD-ROM-Treiber wurde deaktiviert. Sie müssen ihn wieder aktivieren. Die erneute Installation des Treibers nützt nichts, weil der Treiber deaktiviert bleibt.

C. **Falsch** Der DVD-ROM-Treiber wurde deaktiviert. Sie müssen ihn wieder aktivieren. Ein neuer Treiber nützt nichts, weil der Treiber deaktiviert bleibt.

D. **Richtig** Die Fehlermeldung lässt darauf schließen, dass der Treiber deaktiviert wurde. Sie können Gerätetreiber in der Wiederherstellungskonsole aktivieren.

Lernziel 1.5: Installieren und Konfigurieren von Serverhardwaregeräten

Bei einem signierten Treiber handelt es sich um einen Treiber, der ein digitales Zertifikat von Microsoft besitzt, welches garantiert, dass der Treiber mit einer breiten Vielfalt an Konfigurationen getestet und als zuverlässig eingestuft wurde. Windows Server 2003 kann so konfiguriert werden, dass nach einem solchen digitalen Zertifikat gesucht wird und dass Treiber, die nicht von Microsoft anerkannt sind, nicht installiert werden.

Vielleicht möchte ein Administrator nicht ausschließlich von Microsoft anerkannte Gerätetreiber verwenden. Administratoren können diese Signatureinstellungen außer Kraft setzen, indem sie diese Option manuell in den Systemeigenschaften festlegen. Zu den Optionen gehören **Sperren**, **Warnen** und **Ignorieren**. Die Option **Sperren** verhindert die Installation nichtsignierter Treiber. Die Option **Warnen** erlaubt die Installation, gibt jedoch eine Meldung aus, die bestätigt werden muss und die den Administrator darauf hinweist, dass der Benutzer im Begriff ist, nichtsignierte Treiber zu installieren. Die Option **Ignorieren** ruft keine Warnung hervor, sondern installiert die Treiber unabhängig von einer digitalen Signierung.

Im Geräte-Manager können Sie einstellen, welche Ressourcen ein Hardwaregerät verwendet, indem Sie das Gerät auswählen und anschließend im Menü **Aktion** die Option **Eigenschaften** wählen. Neu installierte Hardware kann gelegentlich einen Konflikt mit anderer Hardware im System hervorrufen. Diese Konflikte lassen sich am besten durch die Änderung von Ressourceneinstellungen wie E/A-Bereich und IRQ beheben.

Fragen zu Lernziel 1.5

1.

Oksana hat vor Kurzem Rooslan als Systemadministratorin für sechs Windows Server 2003-Systeme abgelöst. Diese sechs Server sind eigenständige Systeme und keine Domänenmitglieder. Nachdem sie ihre Aufgabe mehrere Wochen erfüllt hat, erhält Oksana die Genehmigung, ein DAT-Sicherungslaufwerk (Digital Audio Tape) für jedes der Windows Server 2003-Systeme anzuschaffen. Zu einem festgelegten Zeitpunkt fährt sie die Server herunter und installiert die neue Hardware. Nachdem alle Server neu gestartet sind, meldet Oksana sich an jedem Server an. Der Hardware-Assistent wird angezeigt. Sie beginnt mit der Installation der Software für die neue Hardware, stellt jedoch fest, dass der Treiber nicht installiert werden kann. Oksana untersucht anschließend die Treibersignatureinstellung in den Systemeinstellungen. Die Treibersignaturoption ist auf **Sperren** eingestellt, die übrigen Optionen werden abgeblendet dargestellt.

Obwohl die Treiber nicht digital von Microsoft signiert sind, entschließt Oksana sich, sie zu verwenden, da sie keine Gefahr für die Stabilität der von ihr verwalteten Server darstellen. Welche der folgenden Aktionen kann Oksana durchführen, um die Installation nichtsignierter Treiber auf allen sechs Windows Server 2003-Systemen zu ermöglichen? (Wählen Sie alle zutreffenden Antworten aus.)

A. Oksana sollte das Gruppenrichtlinienobjekt der Domäne neu konfigurieren und die Richtlinie **Verhalten bei der Installation von nichtsignierten Treibern** auf **Warnen, aber Installation erlauben** setzen.

B. Oksana sollte das lokale Gruppenrichtlinienobjekt neu konfigurieren und die Richtlinie **Verhalten bei der Installation von nichtsignierten Treibern** auf **Warnen, aber Installation erlauben** setzen.

C. Oksana sollte in den Systemeinstellungen im Dialogfeld **Treibersignaturoptionen** im Bereich **Administratoroption** das Kontrollkästchen **Diese Aktion als Systemstandard festlegen** aktivieren. Auf diese Weise kann sie die Option **Warnen** anstelle von **Sperren** aktivieren.

D. Oksana sollte das Gruppenrichtlinienobjekt neu konfigurieren, das dem Standort zugewiesen ist, in dem die Server eingerichtet sind, und die Richtlinie **Verhalten bei der Installation von nichtsignierten Treibern** auf **Warnen, aber Installation erlauben** setzen.

E. Oksana sollte das Gruppenrichtlinienobjekt neu konfigurieren, das auf die Organisationseinheit angewendet wird, in der die Server Mitglieder sind, und die Richtlinie **Verhalten bei der Installation von nichtsignierten Treibern** auf **Warnen, aber Installation erlauben** setzen.

2.

Sie sind Systemadministrator eines mittelständischen Unternehmens. Sie verwenden eine Testumgebung mit fünf Windows Server 2003-Systemen, die alle Mitglieder der einzigen Domäne Ihres Unternehmens sind. Da im Unternehmen Probleme mit einigen Benutzern auftraten, die genügend Rechte zur Installation nichtsignierter Treiber auf dem System besaßen, wurde das Standard-Gruppenrichtlinienobjekt der Domäne so konfiguriert, dass die Installation aller nichtsignierten Treiber auf Mitgliedscomputern der Domäne gesperrt ist. Das Gruppenrichtlinienobjekt der Domäne sperrt außerdem für alle Benutzer den Zugriff auf die Systemeigenschaften und blendet alle Symbole auf dem Desktop aus. Bis vor Kurzem funktionierte dieses System einwandfrei. Jetzt haben Sie jedoch eine Reihe neuer Hochleistungsnetzwerkkarten erhalten, die Sie auf den Servern der Testumgebung testen möchten. Diese Hochleistungsnetzwerkkarten wurden mit Treibern geliefert, die von Microsoft nicht digital signiert wurden. Da Sie keinen Zugriff auf die Systemeigenschaften besitzen, können Sie die Einstellung des Standard-Gruppenrichtlinienobjekts der Domäne nicht außer Kraft setzen, die die Installation nichtsignierter Treiber sperrt. Welche der folgenden Methoden ermöglicht es Ihnen, das Standard-Gruppenrichtlinienobjekt der Domäne außer Kraft zu setzen und die Einstellung auf Ihren Testservern auf **Warnen** festzulegen, ohne jedoch die allgemeine Einstellung für die übrigen Computer in Ihrer Domäne zu verändern?

A. Sie bearbeiten das lokale Gruppenrichtlinienobjekt auf den einzelnen Servern und setzen die Richtlinie **Verhalten bei der Installation von nichtsignierten Treibern** auf **Warnen, aber Installation erlauben**.

B. Sie bearbeiten das Gruppenrichtlinienobjekt, das auf den Standort angewendet wird, an dem sich die Server Ihrer Testumgebung befinden, und setzen die Richtlinie **Ver-**

halten bei der Installation von nichtsignierten Treibern auf **Warnen, aber Installation erlauben**.

C. Sie erstellen eine neue Organisationseinheit namens **Mylab**. Sie verschieben die Computerkonten für die Windows Server 2003-Systeme in die Organisationseinheit **Mylab**. Sie erstellen ein Gruppenrichtlinienobjekt, das die Richtlinie **Verhalten bei der Installation von nichtsignierten Treibern** auf **Warnen, aber Installation erlauben** setzt, und wenden es auf die Organisationseinheit **Mylab** an.

D. Sie bearbeiten das Gruppenrichtlinienobjekt der Domäne und setzen die Richtlinie **Verhalten bei der Installation von nichtsignierten Treibern** auf **Warnen, aber Installation erlauben**.

E. Sie erstellen eine Gruppe und fügen Ihr Benutzerkonto zu dieser Gruppe hinzu. Sie erstellen ein Gruppenrichtlinienobjekt, das die Richtlinie **Verhalten bei der Installation von nichtsignierten Treibern** auf **Warnen, aber Installation erlauben** setzt, und wenden es auf die neu erstellte Gruppe an.

3.

Sie sind Teilzeit-Systemadministrator für ein kleines Desktop-Publishing-Unternehmen. In Ihrem Büro befindet sich ein eigenständiger Windows Server 2003-Computer. Vor Kurzem haben Sie eine gebrauchte Faxkarte erhalten, ein Gerät, das das gleichzeitige Senden und Empfangen mehrerer Faxe ermöglicht. Sie installieren die Karte im Windows Server 2003-System, müssen jedoch feststellen, dass sie nicht funktioniert. Sie untersuchen den Geräte-Manager und bemerken, dass neben dem Symbol für die Faxkarte eine gelbe Warnung mit einem schwarzen Ausrufezeichen dargestellt wird. Sie vermuten einen IRQ-Konflikt mit einem anderen Gerät auf demselben System, einem veralteten RAID-Controller. Welche der folgenden Vorgehensweisen können Sie zum Bearbeiten der Konfiguration der Faxkarte verwenden, um einen IRQ-Konflikt zwischen der älteren Faxkarte und dem älteren RAID-Controller zu beheben?

A. Sie wählen im Geräte-Manager den RAID-Controller aus. Sie wählen im Menü **Aktion** die Option **Eigenschaften**. Sie wählen die Registerkarte **Ressourcen** und deaktivieren anschließend das Kontrollkästchen **Automatisch konfigurieren**. Sie wählen den IRQ aus und klicken auf **Einstellungen ändern**. Sie durchsuchen die IRQs, bis Sie einen IRQ finden, der keinen Konflikt mit anderen verursacht. Sie klicken auf **OK** und führen einen Neustart durch.

B. Sie wählen im Geräte-Manager die Faxkarte aus. Sie wählen im Menü **Aktion** die Option **Eigenschaften**. Sie wählen die Registerkarte **Ressourcen** und deaktivieren anschließend das Kontrollkästchen **Automatisch konfigurieren**. Sie wählen den IRQ aus und klicken auf **Einstellungen ändern**. Sie durchsuchen die IRQs, bis Sie einen IRQ finden, der keinen Konflikt mit anderen verursacht. Sie klicken auf **OK** und führen einen Neustart durch.

C. Sie wählen im Geräte-Manager den RAID-Controller aus. Sie wählen im Menü **Aktion** die Option **Eigenschaften**. Sie wählen die Registerkarte **Ressourcen** und deaktivieren anschließend das Kontrollkästchen **Automatisch konfigurieren**. Sie wählen den E/A-Bereich aus und klicken auf die Schaltfläche **Einstellung ändern**. Sie durchsuchen die

E/A-Bereiche, bis Sie einen finden, der keinen Konflikt mit anderen verursacht. Sie klicken auf **OK** und führen einen Neustart durch.

D. Sie wählen im Geräte-Manager die Faxkarte aus. Sie wählen im Menü **Aktion** die Option **Eigenschaften**. Sie wählen die Registerkarte **Ressourcen** und deaktivieren anschließend das Kontrollkästchen **Automatisch konfigurieren**. Sie wählen den E/A-Bereich aus und klicken auf die Schaltfläche **Einstellung ändern**. Sie durchsuchen die E/A-Bereiche, bis Sie einen finden, der keinen Konflikt mit anderen verursacht. Sie klicken auf **OK** und führen einen Neustart durch.

E. Sie wählen im Geräte-Manager den RAID-Controller aus. Sie wählen im Menü **Aktion** die Option **Eigenschaften**. Sie wählen auf der Registerkarte **Allgemein** in der Dropdownliste **Geräteverwendung** den Eintrag **Gerät nicht verwenden (deaktivieren)**.

F. Sie wählen im Geräte-Manager die Faxkarte aus. Sie wählen im Menü **Aktion** die Option **Eigenschaften**. Sie wählen auf der Registerkarte **Allgemein** in der Dropdownliste **Geräteverwendung** den Eintrag **Gerät nicht verwenden (deaktivieren)**.

4.

Sie haben vor Kurzem drei relativ alte Netzwerkkarten in einem Windows Server 2003-Mitgliedsserver installiert. Zwei der Netzwerkkarten funktionieren einwandfrei, die dritte scheint jedoch einen Konflikt mit einem anderen Gerät im System zu verursachen. Wie können Sie feststellen, welches andere Gerät im System mit der dritten Netzwerkkarte in Konflikt steht?

A. Sie führen den Geräte-Manager aus und suchen nach einem anderen Gerät mit einer gelben Warnung und einem schwarzen Ausrufezeichen.

B. Sie durchsuchen das Anwendungsprotokoll nach einem Eintrag, der das Gerät beschreibt, das den Konflikt mit der Netzwerkkarte verursacht.

C. Sie führen den Geräte-Manager aus und wählen die Netzwerkkarte aus, die mit einer gelben Warnung und einem schwarzen Ausrufezeichen gekennzeichnet ist. Sie wählen im Menü **Aktion** die Option **Eigenschaften**. Sie deaktivieren auf der Registerkarte **Ressourcen** das Kontrollkästchen **Automatisch konfigurieren**. Eine Liste mit in Konflikt stehenden Geräten wird zusammen mit den in Konflikt stehenden Ressourcen angezeigt.

D. Sie führen den Assistenten für die Behandlung von Geräteproblemen aus und wählen die Option **Alle Gerätekonflikte lösen**.

E. Sie führen den Assistenten für die Behandlung von Geräteproblemen aus und wählen die Option **Alle Gerätekonflikte melden**.

5.

Sie möchten eine Liste von mit Ihrem Windows Server 2003-System verbundenen Geräten anzeigen, die nach IRQ sortiert ist. Welche der folgenden Methoden können Sie zu diesem Zweck verwenden? (Wählen Sie alle zutreffenden Antworten aus.)

A. Sie verwenden den Geräte-Manager und wählen im Menü **Ansicht** die Option **Ressourcen nach Verbindung**.

B. Sie verwenden den Geräte-Manager und wählen im Menü **Ansicht** die Option **Ressourcen nach Typ**.

C. Sie verwenden den Geräte-Manager und wählen im Menü **Ansicht** die Option **Geräte nach Verbindung**.

D. Sie verwenden den Geräte-Manager und wählen im Menü **Ansicht** die Option **Geräte nach Typ**.

E. Dies ist nicht durchführbar.

6.

An ein Windows Server 2003-System sind zwei Modems angeschlossen, die für die Herstellung einer Mehrfachverbindung mit einem Remotestandort über Routing nach Bedarf verwendet werden. Sie haben festgestellt, dass die Qualität der Leitung zum Remotestandort nicht sonderlich hoch ist, und möchten die Übertragungsrate beider Modems ändern. Welches der folgenden Verwaltungsprogramme würden Sie zu diesem Zweck verwenden?

A. Sie verwenden den Geräte-Manager, um die Modems zu finden und ihre Eigenschaften auszuwählen.

B. Sie verwenden die **Telefon- und Modemoptionen** in der Systemsteuerung, um die Modemgeschwindigkeiten einzustellen.

C. Sie verwenden **Routing und RAS**, um die Modemgeschwindigkeit einzustellen.

D. Sie klicken mit der rechten Maustaste auf **Netzwerkumgebung** und wählen **Eigenschaften**. Sie bearbeiten die Eigenschaften der Mehrfachverbindung mit dem Remotestandort und reduzieren die Verbindungsgeschwindigkeit.

7.

Sie sind Systemadministrator für eine kleine Landwirtschaftsschule. Eines der Probleme, mit denen Sie sich beschäftigen müssen, besteht darin, dass die Schüler auf ihren Windows XP Professional-Arbeitsstationen in ihren Wohnheimräumen verschiedene Geräte installieren. Die Schule lässt nur Windows XP Professional-Arbeitsstationen zu, die sie an die Schüler verleiht, damit diese sich mit dem Netzwerk des Wohnheims verbinden können. Auf diese Weise kann die Verwaltung verhindern, dass Schüler Dateien über ein Peer-to-Peer-Netzwerk gemeinsam nutzen.

Ihre Gruppe innerhalb der Schule ist für die Wartung dieser Arbeitsstationen zuständig. Nach einer Analyse des Zeitraums, den Ihre Gruppe für den Support der Arbeitsstationen aufwendet, ist ersichtlich, dass 30 Prozent der Zeit auf die Reparatur von Fehlern verwendet wird, die durch die Installation nichtsignierter Gerätetreiber verursacht werden. Sie möchten verhindern, dass nichtsignierte Gerätetreiber auf den Wohnheimarbeitsstationen installiert werden. Welche der folgenden Methoden eignet sich zu diesem Zweck, ohne dass die Einstellungen auf anderen Computern innerhalb der Domäne beeinträchtigt werden?

A. Sie verschieben alle Computerkonten für Wohnheimarbeitsstationen in eine neue Organisationseinheit namens **Dormwkstn** (dormitory room workstations). Sie erstellen ein Gruppenrichtlinienobjekt, das die Richtlinie **Verhalten bei der Installation von nichtsignierten Treibern** auf **Warnen, aber Installation erlauben** setzt. Sie wenden dieses Gruppenrichtlinienobjekt auf die Organisationseinheit **Dormwkstn** an.

B. Sie erstellen eine Gruppe namens **Dormwkstn** und fügen zu dieser Gruppe alle Computerkonten für Wohnheimarbeitsstationen hinzu. Sie erstellen ein Gruppenrichtlinienobjekt, das die Richtlinie **Verhalten bei der Installation von nichtsignierten Treibern** auf **Warnen, aber Installation erlauben** setzt. Sie wenden dieses Gruppenrichtlinienobjekt auf die Gruppe **Dormwkstn** an.

C. Sie erstellen eine Gruppe namens **Dormwkstn** und fügen zu dieser Gruppe alle Benutzerkonten des Wohnheims hinzu. Sie erstellen ein Gruppenrichtlinienobjekt, das die Richtlinie **Verhalten bei der Installation von nichtsignierten Treibern** auf **Warnen, aber Installation erlauben** setzt. Sie wenden dieses Gruppenrichtlinienobjekt auf die Gruppe **Dormwkstn** an.

D. Sie verschieben alle Computerkonten für Wohnheimarbeitsstationen in eine neue Organisationseinheit namens **Dormwkstn**. Sie erstellen ein Gruppenrichtlinienobjekt, das die Richtlinie **Verhalten bei der Installation von nichtsignierten Treibern** auf **Installation nicht erlauben** setzt. Sie wenden dieses Gruppenrichtlinienobjekt auf die Organisationseinheit **Dormwkstn** an.

E. Sie erstellen eine Gruppe namens **Dormwkstn** und fügen zu dieser Gruppe alle Computerkonten für Wohnheimarbeitsstationen hinzu. Sie erstellen ein Gruppenrichtlinienobjekt, das die Richtlinie **Verhalten bei der Installation von nichtsignierten Treibern** auf **Installation nicht erlauben** setzt. Sie wenden dieses Gruppenrichtlinienobjekt auf die Gruppe **Dormwkstn** an.

8.

Oksana ist gerade aus dem Mutterschaftsurlaub zurückgekehrt und übernimmt wieder ihre Position als Systemadministratorin. Während ihrer Abwesenheit wurde ein Subunternehmer beauftragt, ihre Arbeit zu übernehmen. Die Firma schreibt zwar vor, dass keine Treiber auf ihren Windows Server 2003-Computern installiert werden dürfen, die den WHQL-Test (Windows Hardware Quality Labs) nicht durchlaufen oder nicht bestanden haben, aber Oksana vermutet, der Subunternehmer könnte diese Richtlinie ignoriert und einige nichtsignierte Treiber installiert haben, insbesondere für die SCSI-Festplattenlaufwerke und die Grafikadapter. Oksana hat keine Überwachung der Windows Server 2003-Computer konfiguriert, die sie verwaltet. Wie kann Oksana herausfinden, ob der Subunternehmer nichtsignierte Treiber auf den Windows Server 2003-Computern installiert hat, für die sie zuständig ist? (Wählen Sie alle zutreffenden Antworten aus.)

A. Oksana sollte das Systemprotokoll auf Treibersignaturereignisse prüfen.

B. Oksana sollte das Sicherheitsprotokoll auf Treibersignaturereignisse prüfen.

C. Oksana sollte das Programm **Sigverif.exe** ausführen.

D. Oksana sollte das Programm **Winmsd** ausführen.

E. Oksana sollte das Programm **Dxdiag** ausführen.

Antworten zu Lernziel 1.5

1. Richtige Antwort: B und C

A. **Falsch** Alle sechs Windows Server 2003-Serversysteme sind eigenständig und keine Domänenmitglieder. Die Bearbeitung von Gruppenrichtlinienobjekten, die auf eine Domäne angewendet werden, wirkt sich nicht auf diese Server aus, da sie von externen Gruppenrichtlinienobjekten nicht betroffen sind.

B. **Richtig** Die übrigen Optionen werden abgeblendet dargestellt, da das Kontrollkästchen **Diese Aktion als Systemstandard festlegen** im Bereich **Administratoroption** nicht aktiviert ist. Nach Aktivierung des Kontrollkästchens wird jede Änderung sofort vom lokalen Gruppenrichtlinienobjekt übernommen. Das lokale Gruppenrichtlinienobjekt kann auch bearbeitet werden, ohne das Kontrollkästchen zu aktivieren. Das Ergebnis ist dasselbe.

C. **Richtig** Die übrigen Optionen werden abgeblendet dargestellt, da das Kontrollkästchen **Diese Aktion als Systemstandard festlegen** im Bereich **Administratoroption** nicht aktiviert ist. Nach Aktivierung des Kontrollkästchens wird jede Änderung sofort vom lokalen Gruppenrichtlinienobjekt übernommen. Das lokale Gruppenrichtlinienobjekt kann auch bearbeitet werden, ohne das Kontrollkästchen zu aktivieren. Das Ergebnis ist dasselbe.

D. **Falsch** Alle sechs Windows Server 2003-Serversysteme sind eigenständig und keine Domänenmitglieder. Die Bearbeitung von Gruppenrichtlinienobjekten, die auf eine Domäne oder einen Standort angewendet werden, wirkt sich nicht auf diese Server aus, da sie von externen Gruppenrichtlinienobjekten nicht betroffen sind.

E. **Falsch** Alle sechs Windows Server 2003-Serversysteme sind eigenständig und keine Domänenmitglieder. Die Bearbeitung von Gruppenrichtlinienobjekten, die auf eine Domäne angewendet werden, wirkt sich nicht auf diese Server aus, da sie von externen Gruppenrichtlinienobjekten nicht betroffen sind.

2. Richtige Antwort: C

A. **Falsch** Lokale Gruppenrichtlinienobjekte werden durch Gruppenrichtlinienobjekte für Standort, Domäne und Organisationseinheit außer Kraft gesetzt. Da das fragliche Gruppenrichtlinienobjekt auf Domänenebene angewendet wird, hat es Vorrang vor den Einstellungen des lokalen Gruppenrichtlinienobjekts.

B. **Falsch** Lokale Gruppenrichtlinienobjekte werden durch Gruppenrichtlinienobjekte für Standort, Domäne und Organisationseinheit außer Kraft gesetzt. Da das fragliche Gruppenrichtlinienobjekt auf Domänenebene angewendet wird, hat es Vorrang vor den Einstellungen des Gruppenrichtlinienobjekts für den Standort.

C. **Richtig** Durch Erstellen einer Organisationseinheit und Verschieben der jeweiligen Computerkonten in der Testumgebung in diese Organisationseinheit kann eine Gruppenrichtlinie angewendet werden, die nur diese spezifischen Systeme betrifft. Da Gruppenrichtlinien, die auf Organisationseinheitsebene angewendet werden, diejenigen außer Kraft setzen, die auf Standort- oder Domänenebene gelten, hat eine auf Organisationseinheitsebene angewendete Richtlinie zur Treibersignatur Vorrang vor dem Standard-Gruppenrichtlinienobjekt der Domäne für Computer, die Mitglieder dieser Organisationseinheit sind.

D. **Falsch** Auf diese Weise werden die Einstellungen für sämtliche Computer in der Domäne geändert. Dies wurde in der Fragestellung untersagt.

E. **Falsch** Ein Gruppenrichtlinienobjekt kann nicht direkt auf Gruppen, sondern nur auf Standorte, Domänen, Organisationseinheiten und lokal angewendet werden. Gruppen können eingesetzt werden, um festzulegen, für welche Benutzer an einem Standort, in einer Domäne oder in einer Organisationseinheit das Gruppenrichtlinienobjekt gilt.

3. Richtige Antwort: B

A. **Falsch** Auf diese Weise wird die Konfiguration des RAID-Controllers geändert, nicht die der Faxkarte. Laut Fragestellung sollte die Konfiguration der Faxkarte bearbeitet werden.

B. **Richtig** Als erste Maßnahme sollte immer sichergestellt werden, dass der IRQ für die Faxkarte richtig eingestellt ist. Erst danach kann die E/A überprüft werden. Während die Einstellungen vorgenommen werden, zeigt das Dialogfeld gegebenenfalls weitere Konflikte an, die sich aus den aktuellen Einstellungen ergeben. Verändern Sie die IRQ-Einstellung weiter, bis ein freier IRQ gefunden ist. Es ist wenig sinnvoll, einen Konflikt zwischen einer Faxkarte und einem RAID-Controller zu beheben, wenn dadurch ein Konflikt zwischen der Faxkarte und einem anderen Gerät ausgelöst wird.

C. **Falsch** Durch diese Antwort werden das falsche Hardwaregerät und die falsche Ressourceneinstellung konfiguriert (E/A anstelle des IRQ).

D. **Falsch** Durch diese Antwort wird die falsche Ressourceneinstellung konfiguriert (E/A anstelle des IRQ).

E. **Falsch** Durch diese Aktion wird das Gerät lediglich deaktiviert, der Konflikt jedoch nicht behoben. Das Deaktivieren des RAID-Controllers ist zur Erhaltung eines stabilen Servers außerdem nicht sinnvoll.

F. **Falsch** Durch diese Aktion wird das Gerät lediglich deaktiviert, der Konflikt jedoch nicht behoben.

4. Richtige Antwort: C

A. **Falsch** Da das andere Gerät funktioniert, hat es Vorrang vor der dritten Netzwerkkarte erhalten. Es werden keine besonderen Probleme angezeigt.

B. **Falsch** Wenn ein Konflikt protokolliert wurde, wird dieser eher im Systemprotokoll als im Anwendungsprotokoll festgehalten.

C. **Richtig** Über die Registerkarte **Ressourcen** im Dialogfeld **Geräteeigenschaften** können Sie eine Liste aller Geräte generieren, die Ressourcen verwenden, die mit einem bestimmten Gerät in Konflikt stehen. Hier können Sie auch entscheiden, ob Sie ein Gerät manuell für die Verwendung anderer Ressourcen konfigurieren möchten oder, wenn dies nicht möglich ist, die Eigenschaften des den Konflikt verursachenden Geräts daraufhin prüfen, ob dessen Ressourcen geändert werden können.

D. **Falsch** Diese Option gibt es im Assistenten für die Behandlung von Geräteproblemen nicht.

E. **Falsch** Diese Option gibt es im Assistenten für die Behandlung von Geräteproblemen nicht.

5. Richtige Antwort: A und B

A. **Richtig** Eine nach IRQ sortierte Liste von Geräten kann generiert werden, indem Sie im Geräte-Manager Ressourcen nach Verbindung oder nach Typ anzeigen. Um die IRQ-Nummer für ein bestimmtes Gerät in anderen Ansichten zu finden, müssen die jeweiligen Geräteeigenschaften angezeigt werden.

B. **Richtig** Eine nach IRQ sortierte Liste von Geräten kann generiert werden, indem Sie im Geräte-Manager Ressourcen nach Verbindung oder nach Typ anzeigen. Um die IRQ-Nummer für ein bestimmtes Gerät in anderen Ansichten zu finden, müssen die jeweiligen Geräteeigenschaften angezeigt werden.

C. **Falsch** Diese Option sortiert nicht nach IRQ.

D. **Falsch** Diese Option sortiert nicht nach IRQ.

E. **Falsch** Eine nach IRQ sortierte Liste von Geräten kann generiert werden, indem Sie im Geräte-Manager Ressourcen nach Verbindung oder nach Typ anzeigen. Um die IRQ-Nummer für ein bestimmtes Gerät in anderen Ansichten zu finden, müssen die jeweiligen Geräteeigenschaften angezeigt werden.

6. Richtige Antwort: B

A. **Falsch** Die Modemübertragungsraten können nicht über den Geräte-Manager angepasst werden.

B. **Richtig** Da die Modemgeschwindigkeiten für mehrere Verbindungen eingestellt werden müssen, empfiehlt es sich, die Modemeigenschaften über die **Telefon- und Modemoptionen** in der Systemsteuerung zu bearbeiten.

C. **Falsch** Die MMC-Konsole **Routing und RAS** kann nicht zum Einstellen der Modemübertragungsrate verwendet werden.

D. **Falsch** Das Dialogfeld **Netzwerkverbindungen** (zugänglich über die Eigenschaften der Netzwerkumgebung oder die Systemsteuerung) kann nicht zum Einstellen der Modemübertragungsrate verwendet werden.

7. Richtige Antwort: D

A. **Falsch** Diese Option gestattet die Installation nichtsignierter Treiber, anstatt sie zu sperren.

B. **Falsch** Gruppenrichtlinienobjekte können nicht auf Verteiler- oder Sicherheitsgruppen angewendet werden.

C. **Falsch** Gruppenrichtlinienobjekte können nicht auf Verteiler- oder Sicherheitsgruppen angewendet werden.

D. **Richtig** Gruppenrichtlinienobjekte können auf Standorte, Domänen und Organisationseinheiten angewendet werden. Außerdem gibt es ein Gruppenrichtlinienobjekt, das lokal bearbeitet und angewendet werden kann. Die Richtlinie muss auf **Installation nicht erlauben** eingestellt sein.

E. **Falsch** Gruppenrichtlinienobjekte können nicht auf Verteiler- oder Sicherheitsgruppen angewendet werden.

8. Richtige Antwort: C und D

A. **Falsch** Das Systemprotokoll zeichnet die Installation eines nichtsignierten Treibers nicht auf. Es kann aber Informationen enthalten, wenn es Probleme mit dem Treiber oder dem dazugehörigen Gerät gegeben hat.

B. **Falsch** Es ist keine Überwachung konfiguriert, und das Sicherheitsprotokoll zeichnet die Installation eines nichtsignierten Treibers nicht auf.

C. **Richtig** Das Programm **Sigverif.exe** überprüft, welche Systemdateien und Gerätetreiberdateien digital signiert sind, und zeigt die Ergebnisse an. Wenn ein nichtsignierter Treiber auf einem Windows Server 2003-Computer installiert wurde, listet **Sigverif.exe** die betreffenden Gerätetreiberdateien in seinen Ergebnissen auf.

D. **Richtig** **Winmsd** kann zur Erstellung einer Liste der nichtsignierten Treiber verwendet werden. Wählen Sie den Knoten **Softwareumgebung**, **Signierte Treiber**. Dann erhalten Sie eine Liste aller Treiber, wobei für jeden Treiber der Signaturstatus angegeben wird.

E. **Falsch** Das Programm **Dxdiag** liefert Informationen darüber, ob Treiber signiert sind, die mit der DirectX-Implementierung zu tun haben. Aber es macht keine Angaben über andere Treiber, wie zum Beispiel SCSI-Laufwerkstreiber.

K A P I T E L 1 5

Verwalten von Benutzern, Computern und Gruppen (2.0)

Benutzer benötigen für ihre tägliche Arbeit Zugriff auf Netzwerkressourcen, sollten jedoch nicht unbefugt auf Daten zugreifen können. Dieser Zugriff wird durch die Anmeldung an einem Computer erzielt, der auf die Domäne zugreifen kann, und durch die anschließende Bestätigung als Mitglied von zugewiesenen Gruppen in der Domäne. Berechtigungen für Ressourcen können nur für Benutzer, Gruppen und Computer festgelegt werden, die von der Domäne erkannt werden.

Die Erstellung dieser Benutzer-, Gruppen- und Computerkonten kann manuell über Tools, die auf der Microsoft Windows Server 2003-Benutzeroberfläche zur Verfügung stehen, oder automatisch über Befehlszeilentools oder Verwaltungsskripts erfolgen. Die Methoden zum Erstellen von Benutzer-, Gruppen- und Computerkonten sind für den Prüfungserfolg entscheidend.

Im Zusammenhang mit der Erstellung und Verwaltung von Benutzer-, Gruppen- und Computerkonten steht das Erteilen von Berechtigungen, die der jeweils erforderlichen Zugriffsebene entsprechen, und die Verwaltung kontenbezogener Daten wie Anmeldeskripts und Benutzerprofile.

Geprüfte Fähigkeiten und vorgeschlagene praktische Übungen

Für den Lernzielbereich „Verwalten von Benutzern, Computern und Gruppen" der Prüfung 70-290: *Verwalten und Warten einer Microsoft Windows Server 2003-Umgebung* sind folgende Fähigkeiten erforderlich:

- Verwalten lokaler, servergespeicherter und verbindlicher Benutzerprofile
  - Praktische Übung 1: Konfigurieren Sie ein servergespeichertes Profil für den sicheren Zugriff. Richten Sie die Berechtigungen für einen individuellen Profilordner für den jeweiligen Benutzer ein. Stellen Sie sicher, dass keine anderen Benutzer auf die Daten zugreifen können und dass Benutzer sich anmelden und ihre Profildaten verwenden können.
  - Praktische Übung 2: Ändern Sie die Konfiguration des servergespeicherten Profils, um es als verbindliches Profil festzulegen. Benutzergruppen, die ein Profil gemeinsam verwenden, sollten nicht in der Lage sein, dieses zu ändern. Benennen Sie

hierzu das gemeinsam genutzte Profil von **Ntuser.dat** in **Ntuser.man** um. Die Verwendung eines verbindlichen Benutzerprofils verhindert nicht, dass Benutzer, die das Profil gemeinsam verwenden, Anwendungsdatendateien innerhalb der Profilordnerstruktur erstellen, bearbeiten oder löschen.

- Erstellen und Verwalten von Computerkonten in einer Active Directory-Umgebung
  - Praktische Übung 1: Verwenden Sie die MMC **Active Directory-Benutzer und -Computer**, um zwei neue Computerkonten innerhalb der Domäne zu erstellen.
  - Praktische Übung 2: Nehmen Sie eine neue Windows XP-Arbeitsstation in die Windows Server 2003-Domäne auf. Überprüfen Sie unter **Active Directory-Benutzer und -Computer**, ob das neue Computerkonto zum Verzeichnis hinzugefügt wurde.
- Erstellen und Verwalten von Gruppen
  - Praktische Übung 1: Erstellen Sie Benutzer-, Gruppen- und Computerkonten manuell. Verwenden Sie das MMC-Snap-In **Active Directory-Benutzer und -Computer** und die Befehlszeilenprogramme des Verzeichnisdienstes für die Erstellung von Benutzer-, Gruppen- und Computerkonten. Bearbeiten Sie die Eigenschaften von Benutzerkonten, und probieren Sie die Auswirkungen verschiedener Eigenschaftsänderungen aus. Verwenden Sie die Oberfläche der Systemeigenschaften auf einem Desktopcomputer, um Computer zur Domäne hinzuzufügen.
  - Praktische Übung 2: Erstellen Sie Benutzer-, Gruppen und Computerkonten automatisch.
  - Praktische Übung 3: Nehmen Sie Benutzer, Gruppen und Computer als Mitglieder in eine Gruppe auf. Verwenden Sie sowohl Programme der Benutzeroberfläche als auch Befehlszeilenprogramme.
  - Praktische Übung 4: Ermitteln Sie die Gruppenmitgliedschaft in einer komplexen Gruppenhierarchie. Verwenden Sie die Befehlszeilenprogramme des Verzeichnisdienstes zur Durchführung einer Massenanalyse.
- Erstellen und Verwalten von Benutzerkonten
  - Praktische Übung 1: Erstellen Sie vier verschiedene Benutzerkonten mithilfe der MMC **Active Directory-Benutzer und -Computer**.
  - Praktische Übung 2: Erstellen Sie ein einzelnes Benutzerkonto mithilfe der MMC **Active Directory-Benutzer und -Computer**. Konfigurieren Sie bestimmte Einstellungen für die Anmeldezeiten und die Gruppenmitgliedschaft des Benutzers. Erstellen Sie drei ähnliche Konten mithilfe des Befehls **Kopieren**.
- Problembehandlung für Computerkonten
  - Praktische Übung 1: Erstellen Sie ein Computerkonto mithilfe der MMC **Active Directory-Benutzer und -Computer**. Ändern Sie im Dialogfeld die Gruppe, die den Computer zur Domäne hinzufügen kann, von der Gruppe **Domänen-Admins** in die Gruppe **Benutzer**.
  - Praktische Übung 2: Suchen Sie in der MMC **Active Directory-Benutzer und -Computer** ein Windows XP-Testcomputerkonto, das vor Kurzem zur Domäne

hinzugefügt wurde. Deaktivieren Sie das Computerkonto mithilfe des Menüs **Aktion**. Versuchen Sie mithilfe dieses Computers Zugriff auf die Domäne zu erlangen.

- Problembehandlung für Benutzerkonten
  - Praktische Übung 1: Bearbeiten Sie das Standard-Gruppenrichtlinienobjekt der Domäne, und ändern Sie den Schwellenwert für die Kontosperrung auf drei Versuche. Melden Sie sich mit falschen Anmeldeinformationen über ein normales Benutzerkonto an einer Windows Server 2003-Domäne an, bis das Konto gesperrt ist. Verwenden Sie die MMC **Active Directory-Benutzer und -Computer**, um das Konto wieder zu aktivieren.
  - Praktische Übung 2: Setzen Sie das Kennwort eines Benutzerkontos zurück, und konfigurieren Sie das Konto so, dass der Benutzer bei der nächsten Anmeldung ein eigenes Kennwort eingeben muss.
- Problembehandlung bei der Benutzerauthentifizierung
  - Praktische Übung 1: Bearbeiten Sie das Standard-Gruppenrichtlinienobjekt der Domäne, um die Kennwortrichtlinien zu ändern. Konfigurieren Sie die Richtlinie **Kontensperrungsschwelle** auf drei ungültige Anmeldeversuche. Setzen Sie die Richtlinie **Kontosperrdauer** auf 30 Minuten.
  - Praktische Übung 2: Bearbeiten Sie das Standard-Gruppenrichtlinienobjekt der Domäne, um die Kennwortrichtlinien zu ändern. Setzen Sie die Richtlinie **Kennwortchronik erzwingen** auf 10 Kennwörter. Setzen Sie die Richtlinie **Minimales Kennwortalter** auf 2 Tage. Setzen Sie die Richtlinie **Minimale Kennwortlänge** auf 10 Zeichen.

Weiterführende Literatur

Dieser Abschnitt enthält eine nach Lernziel unterteilte Liste mit zusätzlicher Literatur. Wenn Sie vor der Prüfung weitere Vorbereitungen treffen möchten, sollten Sie dieses Material sorgfältig durcharbeiten.

Lernziel 2.1

Lesen Sie Kapitel 3, „Benutzerkonten“, das sich mit der Erstellung und Verwaltung von Benutzerkonten und Benutzerprofilen beschäftigt.

Lesen Sie Kapitel 4, „Gruppenkonten“, worin Sie zusätzliche Informationen zur automatischen Erstellung von Gruppen, von Gruppentyp und -bereich sowie zur Verschachtelung von Gruppen finden.

Microsoft Corporation: *Microsoft Windows Server 2003 Deployment Kit*. Band: *Designing a Managed Environment*. Redmond, Washington: Microsoft Press, 2003. Diesen Band finden Sie auf der Microsoft Website unter folgender Adresse: **http://www.microsoft.com/windowsserver2003/techinfo/reskit/deploykit.mspx**.

Lernziel 2.2

Lesen Sie Kapitel 5, „Computerkonten“, das Informationen zur manuellen und automatisierten Erstellung von Computerkonten, zu verschiedenen Verfahren zum Hinzufügen von Computerkonten zu einer Domäne sowie zum Zurücksetzen des Kennworts für ein Computerkonto enthält.

Microsoft Corporation: Windows Server 2003 Hilfe- und Supportcenter. Lesen Sie den Abschnitt „Verwalten von Computern“.

Lernziel 2.3

Lesen Sie Kapitel 4, „Gruppenkonten“, welches sich mit der Erstellung und Verwaltung von Gruppenkonten beschäftigt.

Microsoft Corporation: Windows Server 2003 Hilfe- und Supportcenter: „Verwalten von Domänenbenutzern und -gruppen: Verwalten von Gruppen“.

Lernziel 2.4

Lesen Sie Kapitel 3, „Benutzerkonten“, welches sich mit der Erstellung und Verwaltung von Benutzerkonten und -profilen beschäftigt.

Microsoft Corporation: Windows Server 2003 Hilfe- und Supportcenter: „Verwalten von Domänenbenutzern und -gruppen: Benutzer- und Computerkonten“.

Lernziel 2.5

Lesen Sie Kapitel 5, „Computerkonten“, welches Informationen zur manuellen und automatisierten Erstellung von Computerkonten, zu verschiedenen Verfahren zum Hinzufügen von Computerkonten zu einer Domäne sowie zum Zurücksetzen des Kennworts für ein Computerkonto enthält.

Microsoft Corporation: Windows Server 2003 Knowledge Base, Artikel 325850: „How to Use netdom.exe to Reset Machine Account Passwords of a Windows Server 2003 Domain Controller“ („Zurücksetzen von Computerkontokennwörtern eines Windows Server 2003-Domänencontrollers mit Netdom.exe“).

Lernziel 2.6

Lesen Sie Kapitel 3, „Benutzerkonten“, in welchem einige Techniken zur Problembehandlung bei Benutzerkonten beschrieben werden.

Microsoft Corporation: Windows Server 2003 Hilfe- und Supportcenter: „Verwalten von Domänenbenutzern und -gruppen: Benutzer- und Computerkonten“.

Lernziel 2.7

Lesen Sie Kapitel 3, „Benutzerkonten“, welches sich mit der Erstellung und Verwaltung von Benutzerkonten und -profilen beschäftigt.

Microsoft Corporation: Windows Server 2003 Hilfe- und Supportcenter: „Verwalten von Domänenbenutzern und -gruppen: Benutzer- und Computerkonten“.

Lernziel 2.1: Verwalten lokaler, servergespeicherter und verbindlicher Benutzerprofile

Nach der Anmeldung wird eine Reihe von Daten für den Benutzer geladen, die als Benutzerprofil bezeichnet werden. Dieses Profil enthält Anwendungseinstellungen, Desktopkonfigurationseinstellungen und -dateien und (standardmäßig) die Ordner **Eigene Dateien**, **Eigene Bilder** und andere zugehörige Ordner zum Speichern von Dateien. Diese Ordner können über Gruppenrichtlinien oder einzeln über Einstellungen des Benutzerkontos umgeleitet werden. Umgeleitete Profile können an einem beliebigen Speicherort im Netzwerk gespeichert werden. Wenn einem Benutzer ein Netzwerkprofilspeicherort zugeordnet ist, werden diese Profile als servergespeicherte Profile bezeichnet. Servergespeicherte Profile sind von einem beliebigen Computer aus zugänglich, an dem der Benutzer sich anmelden kann, und das Profil wird zur Verwendung auf dem lokalen Computer geladen. Wird ein servergespeichertes Profil als verbindlich konfiguriert, können vom Benutzer am Profil vorgenommene Änderungen nicht gespeichert werden. Auf diese Weise kann ein Profil von mehreren Benutzern gleichermaßen genutzt werden.

Fragen zu Lernziel 2.1

1.

Ihr Unternehmen hat 35 Computer an verschiedenen Stellen im gesamten Gebäude aufgestellt, damit der Zugriff auf Unternehmensinformationen auch möglich ist, wenn ein Mitarbeiter sich nicht an seinem Desktopcomputer befindet. Diese Computer werden verwendet, um E-Mails abzurufen, Firmennachrichten zu lesen und auf Richtlinieninformationen im Intranet des Unternehmens zuzugreifen.

Sie möchten erreichen, dass ein Benutzer an einem dieser gemeinsam genutzten Computer seine Desktopeinstellungen ändern kann und dass diese Desktopeinstellungen auch auf allen anderen gemeinsam genutzten Computern gelten.

Wie sollten Sie zu diesem Zweck vorgehen?

A. Sie konfigurieren ein verbindliches Profil und weisen es allen Benutzern in der Domäne zu.

B. Sie konfigurieren ein verbindliches Profil und weisen es allen gemeinsam genutzten Computern zu.

C. Sie konfigurieren ein servergespeichertes Profil und weisen es allen Benutzern in der Domäne zu.

D. Sie konfigurieren ein servergespeichertes Profil und weisen es allen gemeinsam genutzten Computern zu.

2.

Ihnen wurde die Verwaltung der Benutzerkonten, der Benutzerprofile und des Benutzerzugriffs auf Netzwerkressourcen übertragen. Derzeit nutzen alle Benutzer ein einziges Profil im Netzwerk gemeinsam, sodass Objekte einfach zu den Benutzerdesktops hinzugefügt bzw. daraus gelöscht werden können. Es können jedoch auch Desktopänderungen von den Benutzern vorgenommen und gespeichert werden. Sie möchten die Möglichkeit der zentralen Verwaltung der Benutzerdesktops erhalten, jedoch Änderungen an Desktopeinstellungen durch die Benutzer verhindern.

Wie sollten Sie zu diesem Zweck vorgehen?

A. Sie konfigurieren die Berechtigungen der Eigenschaftenseite **Sicherheit** des Profilordners, sodass die Schreibberechtigung verweigert wird.

B. Sie konfigurieren die Berechtigungen der Eigenschaftenseite **Freigabe** des Profilordners, sodass nur ein Lesezugriff erteilt wird.

C. Sie verändern die Attribute des Profilordners und aktivieren das Attribut **Schreibgeschützt**.

D. Sie ändern im Profilordner den Dateinamen von **Ntuser.dat** in **Ntuser.man**.

3.

Ihr Unternehmen hat während der letzten zehn Monate für Mitglieder der Vertriebs- und der IT-Abteilung servergespeicherte Profile eingesetzt. Die Profildaten werden auf einem Mitgliedsserver unter Microsoft Windows Server 2003 gespeichert. Als Dateisystem auf dem Volume des Servers, auf dem die Profile gespeichert sind, wird FAT32 verwendet. Die Freigabe, in der die Profile stehen, heißt **Profshare**. Profilpfade sind in den Eigenschaften der einzelnen Benutzer korrekt konfiguriert. In letzter Zeit haben Sie festgestellt, dass einige Benutzer auf die Daten zugreifen können, die in Profilen anderer Benutzer abgelegt sind. Sie möchten die servergespeicherten Benutzerprofile in Ihrem Netzwerk dahingehend sichern, dass nur der Benutzer, der sich am Profil anmeldet, auf die darin enthaltenen Daten zugreifen kann.

Wie sollten Sie zu diesem Zweck vorgehen? (Wählen Sie zwei Antworten aus; jede Antwort ist Teil der vollständigen Lösung.)

A. Sie weisen nur den Benutzern, die servergespeicherte Profile verwenden, Lese- und Schreibberechtigung für den Ordner zu, in dem die Profile gespeichert sind.

B. Sie konfigurieren SMB-Signaturen (Server Message Block) auf dem Server, auf dem die Profile gespeichert sind.

C. Sie konfigurieren SMB-Signaturen auf jedem Computer, der servergespeicherte Profile verwendet.

D. Sie konvertieren das Volume, auf dem die Profile gespeichert sind, in NTFS.

E. Sie konfigurieren das verschlüsselnde Dateisystem (Encrypting File System, EFS) für die Verschlüsselung des Ordners, in dem die Dateien gespeichert sind.

4.

Sie sind Administrator eines Unternehmens, das in der Eingangshalle des Gebäudes Computer aufstellen möchte, um den Zugriff auf öffentliche Unternehmensdaten zu ermöglichen. Mitglieder der Vertriebsabteilung müssen sich für Kundenpräsentationen mit ihren Domänenanmeldeinformationen an diesen Computern anmelden können. Andere Benutzer verwenden das Gastkonto.

Mitglieder der Vertriebsabteilung, deren Desktopcomputer und Benutzerkonten in der Organisationseinheit **Vertrieb** enthalten sind, wurden für die Verwendung servergespeicherter Profile konfiguriert. Die gemeinsam genutzten Computer in der Eingangshalle sind in der Organisationseinheit **Eingang** enthalten.

Sie möchten nicht, dass die Desktopcomputerprofile der Vertriebsmitarbeiter verwendet werden, wenn sie sich an einem der öffentlichen Computer in der Eingangshalle anmelden. Alle Benutzer der Computer in der Eingangshalle sollten dieselben Desktopeinstellungen verwenden, ohne dass Änderungen gespeichert werden können.

Welche Konfigurationsänderungen müssen Sie vornehmen? (Wählen Sie drei Antworten, von denen jede ein Teil der Lösung ist.)

A. Sie konfigurieren ein lokales Profil, nachdem Sie sich als Gast an einem der Computer in der Eingangshalle angemeldet haben. Sie kopieren es in den Standardbenutzerordner. Sie wiederholen diesen Vorgang an jedem Computer in der Eingangshalle.

B. Sie konfigurieren ein lokales Profil auf einem der Computer in der Eingangshalle. Sie kopieren es in dem Verzeichnis des Servers, das die servergespeicherten Profile enthält, in den Ordner **Default User**.

C. Sie erstellen ein Gruppenrichtlinienobjekt, das mit der Organisationseinheit **Vertrieb** verknüpft ist. Sie aktivieren unter **Computerkonfiguration** die Richtlinie **Nur lokale Benutzerprofile zulassen**.

D. Sie erstellen ein Gruppenrichtlinienobjekt, das mit der Organisationeinheit **Eingang** verknüpft ist. Sie aktivieren unter **Computerkonfiguration** die Richtlinie **Nur lokale Benutzerprofile zulassen**.

E. Sie ändern auf jedem Computer in der Eingangshalle den Namen von **Ntuser.dat** im Ordner **Default User** in **Ntuser.man**.

F. Sie ändern im Ordner **Default User** in dem Verzeichnis auf dem Server, das die servergespeicherten Profile enthält, den Dateinamen von **Ntuser.dat** in **Ntuser.man**.

G. Sie weisen alle Vertriebsmitarbeiter an, sich an jedem Computer in der Eingangshalle an- und wieder abzumelden. Sie kopieren den Inhalt des Ordners **Default User** auf jeden Computer in der Eingangshalle in jedes Benutzerprofilverzeichnis.

5.

Contoso hat in der Zweigstelle Wangaratta ein Arbeitsplatzmodell eingeführt, bei dem jeder Mitarbeiter nach dem Zufallsprinzip jede Woche an einem anderen Computer arbeitet. Damit jeder Mitarbeiter seine gewohnte Desktopkonfiguration unabhängig davon behalten kann, an welchem Computer er sich anmeldet, wurden Sie beauftragt, alle vorhandenen Benutzerkonten in der Organisationseinheit **Mitarbeiter** durch servergespeicherte Profile zu ersetzen. Die Profile werden in einem freigegebenen Ordner namens **Profile** auf **Server04** untergebracht, und jeder Profilordner erhält den Namen des betreffenden Benutzers als Namen. Mit welchem der folgenden Befehle erreichen Sie dies? (Wählen Sie die beste Antwort).

A. `DSGET USER OU=Mitarbeiter,DC=Contoso,DC=com | DSMOD USER -PROFILE "\\Server04\Profile\$username$"`

B. `DSMOD USER -PROFILE \\Server04\Profile\$username$ | DSGET USER OU=Mitarbeiter, DC=Contoso,DC=com`

C. `DSQUERY USER OU=Mitarbeiter,DC=Contoso,DC=com | DSMOD USER -PROFILE "\\Server04\Profile\$username$"`

D. `DSMOD USER -PROFILE \\Server04\Profile\$username$ | DSQUERY USER OU=Mitarbeiter,DC=Contoso,DC=com`

6.

In den nächsten zwei Wochen sollen 10 Praktikanten vom örtlichen College in Ihrer Firma praktische Erfahrungen sammeln. Zu deren Unterstützung wurden Sie beauftragt, ein servergespeichertes erforderliches Profil zu erstellen, das von allen Praktikanten gemeinsam benutzt wird. Das gemeinsame Profil wird auf **Server01** im Ordner **Praktikanten** unter dem freigegebenen Ordner **Profile** gespeichert. Sie haben die Berechtigungen entsprechend konfiguriert und **Ntuser.dat** in **Ntuser.man** umbenannt. Sie haben ein Vorlagenkonto für die Praktikanten erstellt und bearbeiten die Eigenschaften auf der Registerkarte **Profil**. Wie sollten Sie das Profil konfigurieren? (Wählen Sie die beste Antwort).

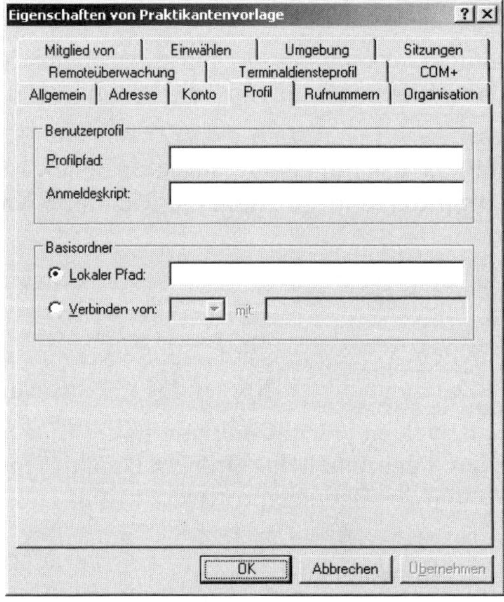

A. Geben Sie im Textfeld **Profilpfad** den Pfad **\\Server01\Profile\$username$** ein.

B. Geben Sie im Textfeld **Profilpfad** den Pfad **\\Server01\Profile\Praktikanten** ein.

C. Geben Sie im Textfeld **Lokaler Pfad** den Pfad **\\Server01\Profile\$username$** ein.

D. Geben Sie im Textfeld **Lokaler Pfad** den Pfad **\\Server01\Profile\Praktikanten** ein.

7.

Sie möchten am Stammsitz Ihrer Firma für 30 Benutzer aus dem oberen Management servergespeicherte Profile einrichten. Da es sich bei den Benutzern um leitende Angestellte handelt, ist es wichtig, dass keine anderen Benutzer im Netzwerk Zugriff auf die Profilordner erhalten. Sie erstellen auf **Server02** einen freigegebenen Ordner namens **Oberes-Management** und behalten die vorgegebenen Berechtigungen bei. Sie müssen dafür sorgen, dass der freigegebene Ordner für die Mitarbeiter nicht in der Netzwerkumgebung zu sehen ist. Sie müssen außerdem sicherstellen, dass Benutzer aus dem oberen Management ihre Profile ändern und zum Beispiel Dokumente auf dem Desktop speichern können. Welche Änderungen müssen Sie an der vorhandenen Konfiguration vornehmen? (Wählen Sie alle zutreffenden Antworten).

A. Bearbeiten Sie die Freigabeberechtigungen von **OberesManagement**. Sorgen Sie dafür, dass die Gruppe **Jeder** die Berechtigung **Vollzugriff** erhält.

B. Ändern Sie den Namen der Freigabe **OberesManagement** in **OberesManagement$**.

C. Erstellen Sie eine Verteilergruppe namens **OberesManagement**. Fügen Sie alle 30 Benutzerkonten aus dem oberen Management zu dieser Gruppe hinzu. Bearbeiten Sie die Freigabeberechtigungen von **OberesManagement**. Sorgen Sie dafür, dass die Gruppe **OberesManagement** auf Freigabeebene die Berechtigung **Vollzugriff** erhält.

D. Ändern Sie den Namen **OberesManagement** in **%OberesManagement%**.

E. Erstellen Sie eine Sicherheitsgruppe namens **OberesManagement**. Fügen Sie alle 30 Benutzerkonten aus dem oberen Management zu dieser Gruppe hinzu. Bearbeiten Sie die Freigabeberechtigungen von **OberesManagement**. Sorgen Sie dafür, dass die Gruppe **OberesManagement** auf Freigabeebene die Berechtigung **Vollzugriff** erhält.

Antworten zu Lernziel 2.1

1. Richtige Antwort: C

A. **Falsch** Verbindliche Profile lassen keine vom Benutzer vorgenommenen Änderungen an Desktopeinstellungen dauerhaft zu.

B. **Falsch** Ein verbindliches Profil lässt nicht zu, dass geänderte Einstellungen gespeichert werden. Außerdem werden Profile Benutzern und nicht Computern zugewiesen.

C. **Richtig** Ein servergespeichertes Profil bewirkt, dass einem Benutzer seine eigenen Einstellungen auf anderen Computern, an denen er sich anmeldet, zur Verfügung stehen.

D. **Falsch** Profile werden Benutzern und nicht Computern zugewiesen.

2. Richtige Antwort: D

A. **Falsch** Durch diese Aktion kann das Profil nicht mehr geladen werden, weil für den Ladevorgang Lese-/ Schreibzugriff auf das Profil erforderlich ist.

B. **Falsch** Durch diese Aktion kann das Profil nicht mehr geladen werden, weil für den Ladevorgang Lese-/ Schreibzugriff auf das Profil erforderlich ist.

C. **Falsch** Durch diese Aktion kann das Profil nicht mehr geladen werden, weil für den Ladevorgang Lese-/ Schreibzugriff auf das Profil erforderlich ist.

D. **Richtig** Auf diese Weise wird das Profil ordnungsgemäß geöffnet, Änderungen durch den Benutzer werden jedoch nach dem Abmelden nicht gespeichert.

3. Richtige Antwort: A und D

A. **Richtig** Auf diese Weise wird nur denjenigen Benutzern, die für die Verwendung servergespeicherter Profile konfiguriert wurden (der Vertriebs- und die IT-Abteilung), das Lesen von Daten gestattet, die in einem servergespeicherten Benutzerprofil enthalten sind. Allen übrigen Benutzern wird der Zugriff verweigert. Dies ist erst möglich, wenn das Dateisystem des Volumes, auf dem die Profildaten liegen, auf NTFS umgestellt ist. FAT32 kann nicht für individuelle Berechtigungen konfiguriert werden.

B. **Falsch** Durch diese Aktion wird zum Teil die Integrität aller über das Netzwerk gesendeten Pakete sichergestellt. Sind diese auf dem Datenträger gespeichert, wird der Zugriff durch unbefugtes Personal jedoch nicht verhindert.

C. **Falsch** Durch diese Aktion wird zum Teil die Integrität aller über das Netzwerk gesendeten Pakete sichergestellt. Sind diese auf dem Datenträger gespeichert, wird der Zugriff durch unbefugtes Personal jedoch nicht verhindert.

D. **Richtig** Auf diese Weise wird eine Steuerung des Zugriffs auf die Profile ermöglicht, wie sie auf dem Datenträger des Servers gespeichert sind. Das vorhandene FAT32-Dateisystem lässt die Einstellung solcher Berechtigungen nicht zu.

E. **Falsch** Servergespeicherte Profildaten können vom Server nicht verschlüsselt werden.

4. Richtige Antwort: A, D und E

A. **Richtig** Wenn Sie sich als Gast anmelden, wird ein lokales Profil erstellt. Dieses Profil kann anschließend nach Bedarf konfiguriert werden. Durch das Kopieren des Profils in den Ordner **Default User** wird dieses Profil von jedem Benutzer, der sich anmeldet, als Anfangsprofil verwendet, sofern für diesen Benutzer kein servergespeichertes Profil konfiguriert ist.

B. **Falsch** Die Daten im Ordner **Default User** auf dem Profilserver werden verwendet, um neue servergespeicherte Profile zu erstellen, die in diesem Fall nicht verwendet werden sollen.

C. **Falsch** Diese Richtlinie gilt für Computer, und die in diesem Fall relevanten Computer sind diejenigen in der Eingangshalle, nicht diejenigen in der Vertriebsabteilung.

D. **Richtig** Dieses Gruppenrichtlinienobjekt setzt die Einstellung des angemeldeten Benutzers zur Verwendung eines servergespeicherten Profils außer Kraft, indem der Einsatz servergespeicherter Profile auf dem Computer nicht zugelassen wird. Wenn auf den Computern in der Eingangshalle dieses Gruppenrichtlinienobjekt konfiguriert ist, können servergespeicherte Profile nicht geladen werden. Stattdessen werden nur lokale Profile verwendet.

E. **Richtig** Durch diese Konfiguration werden Änderungen an den lokalen Profilen verhindert.

F. **Falsch** Durch diese Aktion können neue servergespeicherte Profile nicht mehr bearbeitet werden. Dies ist jedoch nicht Ziel dieser Aufgabe.

G. **Falsch** Auf diese Weise wird das servergespeicherte Benutzerprofil einmal überschrieben. Bei der nächsten Anmeldung verwendet der Benutzer jedoch nach wie vor ein servergespeichertes Benutzerprofil.

5. Richtige Antwort: C

A. **Falsch** Der Befehl **Dsget** liefert Informationen über die Eigenschaften eines bestimmten Objekts. Er eignet sich nicht zur Erstellung einer Liste der Benutzer, die zu einer bestimmten Organisationseinheit gehören.

B. **Falsch** Der Befehl ist falsch formatiert, weil die Abfrage nach dem Befehl zur Profiländerung erfolgt und nicht davor. Außerdem ermittelt der Befehl **Dsget** Informationen über die Eigenschaften eines bestimmten Objekts. Er eignet sich nicht zur Erstellung einer Liste der Benutzer, die zu einer bestimmten Organisationseinheit gehören.

C. **Richtig** Der erste Teil mit **Dsquery** liefert eine Liste aller Benutzer, die zur Organisationseinheit **Mitarbeiter** gehören. Der zweite Teil mit **Dsmod** aktualisiert die Benutzerkonten mit der neuen Profiladresse.

D. **Falsch** Der Befehl ist falsch formatiert. Die Abfrage der Benutzerobjektdaten muss vor dem Befehl zur Änderung der Benutzerobjektprofile erfolgen.

6. Richtige Antwort: B

A. **Falsch** Damit erhalten Konten, die mit der Vorlage erstellt werden, ihre eigenen Benutzerprofile statt eines gemeinsamen Profils.

B. **Richtig** Weil das gemeinsame Profil im Ordner **Praktikanten** gespeichert wird, der sich wiederum im Ordner **Profile** befindet, lautet die korrekte Pfadangabe **Server01\Profile\Praktikanten**.

C. **Falsch** Die Eingabe dieses Pfads legt den Stammordner fest, und nicht den Profilpfad.

D. **Falsch** Die Eingabe dieses Pfads legt den Stammordner fest, und nicht den Profilpfad.

7. Richtige Antwort: B und E

A. **Falsch** Es gibt keinen Grund dafür, der Gruppe **Jeder** auf Freigabeebene Vollzugriff zu geben. Die Benutzer des Profils brauchen diese Berechtigung zwar, aber das erreichen Sie, indem Sie alle 30 Benutzer in einer Sicherheitsgruppe unterbringen und dieser Sicherheitsgruppe den Vollzugriff auf Freigabeebene geben.

B. **Richtig** Das Anhängen des Zeichens **$** macht den Freigabenamen für alle Benutzer unsichtbar, die sich in der Netzwerkumgebung umsehen.

C. **Falsch** Verteilergruppen kann man keine Berechtigungen zuweisen. Nur Sicherheitsgruppen können Berechtigungen zugewiesen werden.

D. **Falsch** Die Umbenennung der Freigabe in **%ObersManagement%** funktioniert nicht. Das Anhängen des Zeichens **$** macht den Freigabenamen für alle Benutzer unsichtbar, die sich in der Netzwerkumgebung umsehen.

E. **Richtig** Für servergespeicherte Benutzerprofile empfiehlt es sich, nur den Benutzern Freigaberechte zu gewähren, deren Profile in den betreffenden Ordnern gespeichert sind. Um servergespeicherte Profile bestmöglich einsetzen zu können, brauchen Benutzer, deren Profile unter einem bestimmen freigegebenen Ordner gespeichert sind, den Vollzugriff auf Freigabeebene.

Lernziel 2.2: Erstellen und Verwalten von Computerkonten in einer Active Directory-Umgebung

Computerkonten sind einer von drei Sicherheitsprinzipaltypen und besitzen ähnliche Eigenschaften wie Benutzer und Gruppen. Sie können Computern Eigenschaften für den Zugriff auf Ressourcen zuweisen und sie außerdem als Mitglieder von Gruppen definieren. Computer können Gruppenrichtlinienobjekte, Anmelde- und Abmeldeskripts verarbeiten und Aufgaben in Koordination mit anderen Objekten im Netzwerk durchführen.

Die Verwaltung dieser Konten umfasst das Erstellen des Computerkontos, das Benennen und Konfigurieren des Kontos sowie die Berechtigungsverwaltung. Diese Funktionen können über das MMC-Snap-In **Active Directory-Benutzer und -Computer** oder über verschiedene Befehlszeilenprogramme durchgeführt werden.

Fragen zu Lernziel 2.2

1.

In Ihrer Windows Server 2003-Domäne **contoso.com** befindet sich in der Organisationseinheit **Pservers** (Druckserver) ein Mitgliedsserver namens **Pserver01**. Dieser Server ist seit Längerem offline und kommuniziert nicht mit anderen Computern in der Domäne, um Druckaufträge anzunehmen. Sie haben beschlossen, dass das Kennwort für dieses Computerkonto in der Domäne zurückgesetzt werden muss.

Welchen Befehl können Sie verwenden, um das Computerkonto ordnungsgemäß zurückzusetzen?

A. `dsmod CN=pserver01,CN=Pservers,DC=contoso,DC=com -reset`

B. `dsmod computer pserver01.contoso.com -reset`

C. `dsmod contoso\pserver01 -reset`

D. `dsmod computer CN=pserver01,CN=Pservers,DC=contoso,DC=com -reset`

2.

Ein Domänencontroller unter Windows Server 2003 kann nicht mit anderen Domänencontrollern in der Domäne **contoso.com** replizieren. In der Ereignisanzeige bemerken Sie Meldungen mit dem Hinweis, dass der Zugriff auf diesen Domänencontroller verweigert wurde. Sie vermuten, dass das Kennwort des Domänencontrollers nicht ordnungsgemäß mit den anderen Domänencontrollern synchronisiert wurde und zurückgesetzt werden sollte.

Wie sollten Sie zu diesem Zweck vorgehen?

A. Sie klicken in **Active Directory-Benutzer und -Computer** mit der rechten Maustaste auf das Computerobjekt und wählen **Konto zurücksetzen**.

B. Sie verwenden auf dem Domänencontroller das Befehlszeilenprogramm **Dsmod**, um das Computerkennwort zurückzusetzen.

C. Sie verwenden auf dem Domänencontroller das Befehlszeilenprogramm **Netdom**, um das Computerkennwort zurückzusetzen.

D. Sie starten den Server in der Wiederherstellungskonsole und setzen mithilfe der Konsole das Computerkonto zurück.

3.

Sie verwalten als Netzwerkadministrator eine Windows Server 2003-Domäne namens **contoso.com**. Im Rahmen einer Netzwerkumstrukturierung wurden zur Gesamtstruktur untergeordnete Domänen namens **west.contoso.com** und **ost.contoso.com** hinzugefügt. Sie müssen drei Computerkonten für Dateiservercomputer aus der Domäne **contoso.com** in die Domäne **west.contoso.com** verschieben. Alle Server, die verschoben werden sollen, sind Windows Server 2003-Mitgliedsserver.

Wie sollten Sie zu diesem Zweck vorgehen?

A. Sie verwenden **Active Directory-Domänen und -Vertrauensstellungen**, um die Computerkonten zu verschieben.

B. Sie verwenden **Active Directory-Benutzer und -Computer**, um die Computerkonten zu verschieben.

C. Sie verwenden das Befehlszeilenprogramm **Movetree**, um die Computerkonten zu verschieben.

D. Sie verwenden das Dienstprogramm **Dsmove**, um die Computerkonten zu verschieben.

4.

Sie müssen eine Batchdatei erstellen, um die Einstellung der Attribute für Computer innerhalb Ihrer Windows Server 2003 Active Directory-Domäne **contoso.com** zu automatisieren. Sie möchten mit der Batchdatei sämtliche Computer in einer bestimmten Organisationseinheit innerhalb der Domäne bearbeiten. Manuell geben Sie bei Ausführung der Batchdatei die Organisationseinheit, das Attribut und den neuen Wert für das Attribut an. Alle weiteren Eingaben und Ausgaben der Batchdatei sollen automatisiert sein.

Welche Windows Server 2003-Befehle müssen Sie in die Batchdatei aufnehmen? (Wählen alle zutreffenden Antworten, von denen jede ein Teil der Lösung ist.)

A. `Dsget computer`

B. `Dsmod computer`

C. `Dsquery computer`

D. `Dsadd computer`

E. `Dsrm computer`

5.

Sie sind der leitende Netzwerkadministrator von Contoso. Ihr Stellvertreter hat versehentlich 1290 Computerkonten in der falschen Organisationseinheit erstellt, nämlich in der OU **Techniker** statt in der OU **TechComp**. Die Organisationseinheit **Techniker** soll keine Computerkonten enthalten. Mit welcher einfachen Befehlszeile können Sie alle 1290 Computerkonten in die richtige OU verschieben? (Wählen Sie die beste Antwort).

A. `dsquery computer ou=Techniker,dc=Contoso,dc=com | dsmod -newparent ou=TechComp,dc=Contoso,dc=com`

B. `dsget computer ou=Techniker,dc=Contoso,dc=com | dsmove -newparent ou=TechComp,dc=Contoso,dc=com`

C. `dsget computer ou=Techniker,dc=Contoso,dc=com | dsmod -newparent ou=TechComp,dc=Contoso,dc=com`

D. `dsquery computer ou=Techniker,dc=Contoso,dc=com | dsmove -newparent ou=TechComp,dc=Contoso,dc=com`

Antworten zu Lernziel 2.2

1. Richtige Antwort: D

A. **Falsch** Dieser Befehl verwendet die korrekte Syntax zur Namensdefinition, es fehlt jedoch das Schlüsselwort „computer".

B. **Falsch** Dieser Befehl enthält das korrekte Schlüsselwort „computer", der zurückzusetzende Computer wird jedoch nicht mit der korrekten Syntax zur Namensdefinition aufgeführt.

C. **Falsch** Dieser Befehl enthält nicht das Schlüsselwort „computer" und verwendet außerdem nicht die korrekte Syntax zur Namensdefinition.

D. **Richtig** Dieser Befehl verwendet das Schlüsselwort „computer" und außerdem die richtige Syntax zur Namensdefinition.

2. Richtige Antwort: C

A. **Falsch** Diese Aktion wäre für einen Mitgliedsservercomputer geeignet, ist bei einem Domänencontroller jedoch nicht anwendbar. Kennwörter von Domänencontrollern können nicht über **Active Directory-Benutzer und -Computer** zurückgesetzt werden.

B. **Falsch** Der Befehl **Dsmod** wäre für einen Mitgliedsservercomputer geeignet, ist bei einem Domänencontroller jedoch nicht anwendbar. Kennwörter für Domänencontroller können nicht mithilfe des Befehls **Dsmod** zurückgesetzt werden.

C. **Richtig** Dieser Befehl wird mit der Syntax **Netdom /resetpwd** an der Konsole des Domänencontrollers gegeben und setzt das Kennwort zurück.

D. **Falsch** Die Wiederherstellungskonsole kann nicht zum Zurücksetzen des Domänenkontos eines Computers verwendet werden.

3. Richtige Antwort: C

A. **Falsch** **Active Directory-Domänen und -Vertrauensstellungen** wird verwendet, um Eigenschaften für die Domäne festzulegen, z.B. die Domänenfunktionsebene (und Gesamtstrukturfunktionsebenen), und um Vertrauensstellungen zwischen Domänen zu verwalten. Es wird nicht für die Verwaltung von Sicherheitsprinzipalen innerhalb einer Domäne oder einer Gesamtstruktur eingesetzt.

B. **Falsch** **Active Directory-Benutzer und -Computer** kann nur zum Verschieben von Objekten innerhalb derselben Domäne verwendet werden.

C. **Richtig** Das Befehlszeilenprogramm **Movetree** kann zum Verschieben von Objekten zwischen Domänen eingesetzt werden.

D. **Falsch** Das Dienstprogramm **Dsmove** kann nur zum Verschieben von Objekten innerhalb derselben Domäne verwendet werden.

4. Richtige Antwort: B und C

A. **Falsch** **Dsget** gibt einen Wert aller Objekte eines bestimmten Typs zurück und akzeptiert keine Eingabe vom Befehl **Dsquery**, kann jedoch auch keine Eingabe an einen anderen Befehl leiten. **Dsget** kann die erforderlichen Änderungen nicht durchführen und auch keine Informationen an einen der Befehle weiterleiten, mit denen die Attribute bearbeitet werden können.

B. **Richtig** **Dsmod** kann Eingaben vom Befehl **Dsquery** erhalten, um Änderungen an Objektattributen in Active Directory vorzunehmen.

C. **Richtig** **Dsquery** kann Ausgaben an den Befehl **Dsmod** leiten, der anschließend Objektattribute in Active Directory bearbeiten kann.

D. **Falsch** Der Befehl **Dsadd** kann in Active Directory Objekte hinzufügen, jedoch keine Attribute verändern.

E. **Falsch** **Dsrm** kann Objekte aus Active Directory entfernen, jedoch keine Attribute verändern.

5. Richtige Antwort: D

A. **Falsch** Der erste Teil des Befehls ist zwar korrekt, aber im zweiten Teil wird der Befehl **Dsmod** statt des Befehls **Dsmove** verwendet. **Dsmod** kann nur zur Änderung von Objekteigenschaften verwendet werden und eignet sich nicht zur Verschiebung eines Objekts in eine andere OU.

B. **Falsch** **Dsget** kann nur zur Abfrage der Eigenschaften eines Objekts verwendet werden. Es eignet sich nicht zur Erstellung einer Liste aller Objekte, die in einer bestimmten OU enthalten sind.

C. **Falsch** **Dsget** kann nur zur Abfrage der Eigenschaften eines Objekts verwendet werden. Es eignet sich nicht zur Erstellung einer Liste aller Objekte, die in einer bestimmten OU enthalten sind. **Dsmod** kann nur zur Änderung von Objekteigenschaften verwendet werden und eignet sich nicht zur Verschiebung eines Objekts in eine andere OU.

D. **Richtig** Der erste Teil dieses Befehls ermittelt alle Computerkonten in der OU **Techniker**. Der zweite Teil des Befehls verschiebt diese Konten in die OU **TechComp**.

Lernziel 2.3: Erstellen und Verwalten von Gruppen

Die Zusammenfassung von Benutzerkonten in Gruppen bietet eine effiziente Möglichkeit zum Organisieren einzelner Benutzer in logische Einheiten, denen Berechtigungen zugewiesen werden können. Im Gegensatz zu Organisationseinheiten handelt es sich bei Gruppen um Sicherheitsprinzipale, die zu der DACL (Discretionary Access Control List) einer Ressource hinzugefügt werden können, um Berechtigungen zuzuweisen.

Die Typen der verfügbaren Gruppen, deren Bereich und die Kombinationen verschachtelter Gruppen, die verwendet werden können, sind abhängig von der Funktionsebene der Domäne, in der die Gruppen sich befinden. In gleicher Weise können einige Gruppen in einen anderen Typ oder Bereich konvertiert werden, wenn die Funktionsebene der Domäne hoch genug ist. Um sämtliche Gruppentypen, Bereiche, Verschachtelungs- und Konvertierungsmöglichkeiten zu unterstützen, muss es sich bei der Funktionsebene der Domäne um **Windows 2000 pur** oder **Windows Server 2003** handeln. Auf der niedrigeren Funktionsebene von **Windows 2000 gemischt** ist die Gruppenverschachtelung eingeschränkt, die Konvertierung gar nicht möglich.

Fragen zu Lernziel 2.3

1.

Sie sind Administrator einer Windows Server 2003-Domäne, die derzeit der Funktionsebene **Windows 2000 gemischt** entspricht. Ihre Windows 2003-Domäne **contoso.com** hat eine externe Vertrauensstellung mit der Microsoft Windows NT 4.0-Domäne **contoso_north** eingerichtet. Sie planen die Verwendung von Gruppen in Ihrer Domäne und müssen ermitteln, welche Gruppenbereiche in jeder Domäne der Gesamtstruktur verwendet werden können.

Welcher Gruppenbereich kann in diesem Kontext als Sicherheitsprinzipal eingesetzt werden?

A. **Lokal (in Domäne)**

B. **Global**

C. **Universal**

D. **Lokal (in Domäne)** mit einer verschachtelten globalen Gruppe

2.

Sie haben soeben die Domänenfunktionsebene Ihrer Gesamtstruktur **contoso.com**, bestehend aus einer einzigen Domäne, auf Windows Server 2003 angehoben. Sie möchten die Vorteile der Verschachtelungsmöglichkeiten von Sicherheitsgruppen nutzen.

Welche Schachtelung von Sicherheitsgruppen ist auf dieser Domänenfunktionsebene möglich? (Wählen Sie alle zutreffenden Antworten aus.)

A. **Lokal (in Domäne)** in **Lokal (in Domäne)**

B. **Global** in **Lokal (in Domäne)**

C. **Universal** in **Lokal (in Domäne)**

D. **Lokal (in Domäne)** in **Global**

E. **Global** in **Global**

F. **Universal** in **Global**

G. **Universal** in **Universal**

H. **Global** in **Universal**

I. **Lokal (in Domäne)** in **Universal**

3.

Sie haben soeben die Domänenfunktionsebene Ihrer Gesamtstruktur **contoso.com**, bestehend aus einer einzigen Domäne, auf Windows Server 2003 angehoben. Sie möchten die Vorteile der Konvertierungsmöglichkeiten von Sicherheitsgruppen nutzen.

Welche Konvertierung von Sicherheitsgruppen ist auf dieser Domänenfunktionsebene möglich? (Wählen Sie alle zutreffenden Antworten aus.)

A. **Lokal (in Domäne)** mit Benutzermitgliedern konvertieren in **Global**

B. **Global** mit Benutzermitgliedern konvertieren in **Universal**

C. **Global** mit globalen Gruppenmitgliedern konvertieren in **Universal**

D. **Universal** mit universellen Gruppenmitgliedern konvertieren in **Lokal (in Domäne)**

E. **Universal** mit universellen Gruppenmitgliedern konvertieren in **Global**

F. **Global** mit Benutzermitgliedern konvertieren in **Lokal (in Domäne)**

G. **Lokal (in Domäne)** mit Benutzermitgliedern konvertieren in **Universal**

4.

Sie sind Administrator der Windows Server 2003-Domäne **contoso.com**, die während einer Migration des Netzwerks auf die Funktionsebene **Windows 2000 gemischt** gesetzt wird. Sie planen während dieser Übergangszeit die Verwendung von Gruppen und möchten herausfinden, welche Gruppentypen Sie erstellen können und welche Bereiche diese Gruppen einnehmen dürfen.

Welche Möglichkeiten für Gruppentypen und Bereiche stehen auf dieser Funktionsebene zur Verfügung? (Wählen Sie alle zutreffenden Antworten aus.)

A. Lokal (in Domäne): Sicherheitstyp

B. Lokal (in Domäne): Verteilertyp

C. Globale Gruppe: Sicherheitstyp

D. Globale Gruppe: Verteilertyp

E. Universelle Gruppe: Sicherheitstyp

F. Universelle Gruppe: Verteilertyp

5.

Das Unternehmen Litware ist eine Softwarefirma mit einem Netzwerk, das aus zwei Gesamtstrukturen besteht. Die Gesamtstruktur **Litware.com** wird von den meisten Angestellten benutzt, und **Litware.local** von den Entwicklern. Eine Gesamtstrukturvertrauensstellung verbindet die beiden Gesamtstrukturen. Benutzer aus verschiedenen Domänen der Gesamtstruktur brauchen den Zugriff auf Ressourcen, die in irgendwelchen Domänen der

Gesamtstruktur **Litware.com** liegen. Welche Gruppenart sollten Sie in der Gesamtstruktur **Litware.local** erstellen, wenn Sie den Empfehlungen folgen?

A. Eine universelle Sicherheitsgruppe

B. Eine lokale Sicherheitsgruppe (lokal in der Domäne)

C. Eine universelle Verteilergruppe

D. Eine globale Sicherheitsgruppe (global in der Domäne)

E. Eine globale Verteilergruppe (global in der Domäne)

6.

Sie sind der leitende Netzwerkadministrator bei Contoso. Statt es selbst zu tun, beauftragen Sie Ihren Stellvertreter mit der Erstellung von 60 neuen lokalen Sicherheitsgruppen mit komplexen, aber eindeutigen Namen in **contoso.com**, der einzigen Domäne von Contoso, die sich auf der Funktionsebene **Windows Server 2003** befindet. Alle Gruppen befinden sich in der Organisationseinheit **Techniker**, die sonst keine weiteren Objekte enthält. Leider hat Ihr Stellvertreter die Gruppen als globale Gruppen definiert, und nicht als lokale Gruppen, wie Sie es ihm sagten. Derzeit haben die Gruppen keine Mitglieder. Welcher der folgenden Vorschläge trifft es am besten, wenn Sie die Gruppen mit minimalem Verwaltungsaufwand in lokale Gruppen (lokal in der Domäne) umwandeln wollen?

A. Es ist unmöglich, globale Gruppen in lokale Gruppen umzuwandeln.

B. Geben Sie den Befehl **dsquery group ou=Techniker,dc=Contoso,dc=com | dsmod group -scope u**, und geben Sie dann den Befehl **dsquery group ou=Techniker,dc=Contoso,dc=com | dsmod group -scope l**.

C. Geben Sie den Befehl **dsquery group ou=Techniker,dc=Contoso,dc=com | dsmod group -scope l**, und geben Sie dann den Befehl **dsquery group ou=Techniker,dc=Contoso,dc=com | dsmod group -scope u**.

D. Wählen Sie in **Active Directory-Benutzer und -Computer** alle Gruppen aus und ändern Sie ihren Bereich von **Global** in **Lokal (in Domäne)**.

Antworten zu Lernziel 2.3

1. Richtige Antwort: B

A. **Falsch** Lokale Gruppen in der Domäne können nur als Sicherheitsprinzipale auf Domänencontrollern in der Windows Server 2003-Domäne contoso.com verwendet werden.

B. **Richtig** Globale Gruppen stehen für die Berechtigungszuweisung in jeder Zugriffssteuerungsliste in der Gesamtstruktur zur Verfügung.

C. **Falsch** Universelle Gruppen stehen auf der Funktionsebene **Windows 2000 gemischt** nur als Verteilergruppen zur Verfügung, nicht als Sicherheitsgruppen.

D. **Falsch** Lokale Gruppen in der Domäne stehen auf dieser Funktionsebene nur auf Domänencontrollern in der Domäne contoso.com zur Verfügung, unabhängig von anderen Gruppen, die darin enthalten sind. Die verschachtelte globale Gruppe ist jedoch zur Berechtigungszuweisung verfügbar.

2. Richtige Antwort: A, B, C, E, G und H

A. **Richtig** Lokale Gruppen in der Domäne können andere lokale Gruppen aus derselben Domäne enthalten.

B. **Richtig** Diese Verschachtelung ist unabhängig von der Funktionsebene möglich.

C. **Richtig** Universelle Gruppen können in lokale Gruppen in der Domäne eingefügt werden.

D. **Falsch** Diese Verschachtelung ist auf keiner Funktionsebene möglich.

E. **Richtig** Globale Gruppen können in globale Gruppen eingefügt werden.

F. **Falsch** Diese Verschachtelung ist auf keiner Funktionsebene möglich.

G. **Richtig** Universelle Gruppen können in universelle Gruppen eingefügt werden.

H. **Richtig** Globale Gruppen können in universelle Gruppen eingefügt werden.

I. **Falsch** Diese Verschachtelung ist auf keiner Funktionsebene möglich.

3. Richtige Antwort: B, D und G

A. **Falsch** Lokale Gruppen in der Domäne können nicht in globale Gruppen konvertiert werden, unabhängig von der Domänenfunktionsebene.

B. **Richtig** Globale Gruppen, die keine anderen globalen Gruppen als Mitglieder enthalten, können in universelle Gruppen konvertiert werden.

C. **Falsch** Die Konvertierung von Gruppen dieses Typs könnte einen Zirkelbezug hervorrufen und ist nicht zulässig.

D. **Richtig** Für diesen Konvertierungstyp gibt es keinerlei Einschränkung auf dieser Funktionsebene, unabhängig von den Mitgliedern der universellen Gruppe.

E. **Falsch** Die Konvertierung von Gruppen dieses Typs könnte einen Zirkelbezug hervorrufen und ist nicht zulässig.

F. **Falsch** Dieser Konvertierungstyp ist nicht zulässig.

G. **Richtig** Solange eine lokale Gruppe in der Domäne keine anderen lokalen Gruppen in der Domäne als Mitglieder enthält, ist die Konvertierung in eine universelle Gruppe zulässig.

4. Richtige Antwort: A, B, C, D und F

A. **Richtig** Lokale Gruppen in der Domäne können mit dem Gruppentyp **Sicherheit** erstellt werden, stehen jedoch nur auf den Domänencontrollern in derjenigen Domäne zur Verfügung, in der sie erstellt wurden, bis die Funktionsebene der Domäne angehoben wird.

B. **Richtig** Lokale Gruppen in der Domäne können mit dem Gruppentyp **Verteiler** erstellt werden, stehen jedoch nur auf den Domänencontrollern in derjenigen Domäne zur Verfügung, in der sie erstellt wurden, bis die Funktionsebene der Domäne angehoben wird.

C. **Richtig** Globale Gruppen können unabhängig von der Funktionsebene der Domäne mit dem Gruppentyp **Sicherheit** erstellt werden.

D. **Richtig** Globale Gruppen können unabhängig von der Funktionsebene der Domäne mit dem Gruppentyp **Verteiler** erstellt werden.

E. **Falsch** Universelle Gruppen können erst mit dem Gruppentyp **Sicherheit** erstellt werden, wenn die Funktionsebene der Domäne angehoben wird.

F. **Richtig** Universelle Gruppen können unabhängig von der Funktionsebene der Domäne mit dem Gruppentyp **Verteiler** erstellt werden.

5. **Richtige Antwort: A**

A. **Richtig** Universelle Sicherheitsgruppen können Mitglieder aus mehreren Domänen enthalten und Zugriff auf Ressourcen in vertrauenswürdigen Gesamtstrukturen erhalten.

B. **Falsch** Lokale Gruppen können nur innerhalb ihrer Domäne eingesetzt werden und sind in anderen vertrauenswürdigen Gesamtstrukturen nicht zu sehen.

C. **Falsch** Eine universelle Verteilergruppe kann zwar Mitglieder aus mehreren Domänen der Gesamtstruktur haben, aber ihr können keine Berechtigungen zugewiesen werden.

D. **Falsch** Globale Sicherheitsgruppen sollten nur innerhalb derselben Gesamtstruktur verwendet werden, und nicht in vertrauenswürdigen Domänen. Den Empfehlungen zufolge sollten Sie in einer Situation wie dieser eine universelle Sicherheitsgruppe verwenden.

E. **Falsch** Verteilergruppen können keine Berechtigungen zugewiesen werden.

6. **Richtige Antwort: B**

A. **Falsch** Es ist möglich, leere globale Gruppen in Domänengruppen umzuwandeln, wenn Sie die globalen Gruppen zuvor in universelle Gruppen konvertieren. Anschließend können Sie die universellen Gruppen in lokale Gruppen konvertieren.

B. **Richtig** Es ist möglich, globale Gruppen in Domänengruppen umzuwandeln, wenn Sie die globalen Gruppen zuvor in universelle Gruppen konvertieren. Anschließend können Sie die universellen Gruppen in lokale Gruppen konvertieren. Der erste Befehl ermittelt alle Gruppen in der OU **Techniker** und konvertiert sie in universelle Gruppen. Der zweite Befehl ermittelt alle Gruppen in der OU **Techniker** und wandelt sie in lokale Gruppen um.

C. **Falsch** Es ist zwar möglich, leere globale Gruppen in Domänengruppen umzuwandeln, wenn Sie die globalen Gruppen zuvor in universelle Gruppen konvertieren, aber diese Befehlskombination bewirkt den umgekehrten Vorgang und versucht, alle Gruppen in lokale Gruppen und anschließend in universelle Gruppen umzuwandeln.

D. **Falsch** Es ist nicht möglich, das direkt zu tun. Die einzige Möglichkeit besteht darin, zuerst alle globalen Gruppen in universelle Gruppen zu konvertieren. Sobald das erledigt ist, können Sie die Gruppen in lokale Gruppen umwandeln.

Lernziel 2.4: Erstellen und Verwalten von Benutzerkonten

Benutzerkonten können einzeln über das Snap-In **Active Directory-Benutzer und -Computer** oder über das Verzeichnisdienst-Befehlszeilenprogramm **Dsadd** hinzugefügt werden. Diese Tools empfehlen sich für einzelne Konten. **Active Directory-Benutzer und -Computer** ist außerdem das benutzerfreundlichste Tool zur Verwaltung der Eigenschaften von Benutzerkonten, da es eine allgemeine und relativ übersichtliche Schnittstelle für diese Eigenschaften bietet. Die Befehlszeilenprogramme des Verzeichnisdienstes eignen sich eher zur Bearbeitung großer Mengen an Eigenschaften von vorhandenen Sammlungen von Benutzern wie Gruppen, Organisationseinheiten oder ganze Domänen.

Wenn Sie bereits ein Verzeichnis oder eine Datenbank von Benutzern verwenden, ist es vielleicht effizienter, diese Benutzer mithilfe von **Ldifde** oder **Csvde** in Ihr Active Directory zu importieren.

Fragen zu Lernziel 2.4

1.

Welche der folgenden Tools ermöglichen Ihnen die Erstellung von Active Directory-Sicherheitsprinzipalen (Benutzer-, Computer- und Gruppenkonten), basierend auf Benutzer- oder Dateieingabe? (Wählen Sie alle zutreffenden Antworten aus.)

A. Active Directory-Benutzer und -Computer

B. Active Directory-Domänen und -Vertrauensstellungen

C. Ntdsutil

D. Ldifde

E. Csvde

F. Dsadd

G. Dsquery

H. Dsmod

2.

Sie sind Administrator der Windows Server 2003-Domäne **contoso.com**. Ihr Unternehmen beschäftigt viele Zeitarbeitskräfte. Einige dieser Arbeitskräfte werden nur einmal eingesetzt, andere werden wiederholt in regelmäßigen Abständen beschäftigt.

Sie haben sich zum Ziel gesetzt, in einem automatisierten Vorgang festzustellen, welche Konten innerhalb des letzten Monats nicht verwendet wurden, und diese zu deaktivieren. Wenn die Konten wieder benötigt werden, möchten Sie sie zum entsprechenden Zeitpunkt wieder aktivieren.

Welches Befehlszeilenprogramm des Verzeichnisdiensts eignet sich zum Erreichen dieses Zieles?

A. `dsquery user domainroot -inactive 4 -disabled yes`

B. `dsquery user domainroot -inactive 4|dsmod user -disabled yes`

C. `dsquery user domainroot -inactive 4|dsrm -q`

D. `dsquery user domainroot -inactive 4|dsmove -newparent OU=disabled,DC=contoso, DC=com -q`

3.

Sie haben von **contoso.com** eine Verwaltungsaufgabe im Zusammenhang mit Benutzerkonten in Active Directory erhalten. Sie müssen alle Konten aus der Gruppe **Ost** in der Organisationseinheit **Vertrieb** in die neu erstellte Organisationseinheit **Vertrieb Ost** verschieben.

Durch welche Vorgehensweise wird diese Aufgabe erfüllt?

A. Sie verwenden **Active Directory-Benutzer und -Computer**, um die Gruppe **Ost** in die Organisationseinheit **Vertrieb Ost** zu verschieben.

B. Sie verwenden **Dsquery**, um die Mitglieder der Gruppe zu erhalten, leiten dann die Ausgabe an den Befehl **Dsmod** weiter (**stdin**) und verwenden die Organisationseinheit **Vertrieb Ost** als Ziel.

C. Sie verwenden **Dsquery**, um die Mitglieder der Gruppe zu erhalten, leiten dann die Ausgabe an den Befehl **Dsmove** weiter (**stdin**) und verwenden dabei die Organisationseinheit **Vertrieb Ost** als Ziel.

D. Sie verwenden **Dsquery**, um die Mitglieder der Gruppe zu erhalten, leiten dann die Ausgabe an den Befehl **Dsadd** weiter (**stdin**) und verwenden dabei die Organisationseinheit **Vertrieb Ost** als Ziel.

4.

Sie konfigurieren die Eigenschaften von Benutzerkonten in der Organisationseinheit **Vertrieb** der Domäne **contoso.com**. Sie möchten, dass die Basisverzeichnisse auf dem Netzwerkserver namens **Server01** gespeichert werden. Die Basisverzeichnisse sollen in einem freigegebenen Ordner namens **Home** auf Laufwerk **D:** des Servers abgelegt werden. Der Name der Freigabe lautet **Homedir**.

Wie stellen Sie die Basisverzeichnisse in der Eigenschaft **Basisordner** der einzelnen Benutzer ein?

A. D:\Home\%UserName%

B. \\Server01\d$\Home\%UserName%

C. \\Server01\%Homedir%\%UserName%

D. \\Server01\Homedir\%UserName%

5.

Was erreichen Sie durch die Ausführung des folgenden VBScript-Codes?

```
Set objOU = GetObject("LDAP://OU=Management,dc=Fabrikam,dc=com")
Set objUser = objOU.Create("User", "cn=Orin Thomas")
objUser.Put "sAMAccountName", "Orin Thomas"
objUser.SetInfo
Set objGroup = GetObject("LDAP://cn=Techniker,OU=Mitarbeiter, dc=Fabrikam,dc=com")
objGroup.Add "LDAP://cn=Orin Thomas,ou=Management,dc=Fabrikam,dc=com"
```

A. In der Organisationseinheit **Mitarbeiter** wird ein Konto namens **Orin Thomas** erstellt und dann zur Gruppe **Techniker** in der OU **Management** hinzugefügt.

B. In der OU **Management** wird ein Konto namens **Orin Thomas** erstellt und dann zur Gruppe **Techniker** in der OU **Mitarbeiter** hinzugefügt.

C. Das Script erstellt eine Gruppe namens **Techniker** und fügt ein Konto namens **Orin Thomas** zu dieser Gruppe hinzu.

D. Das Script erstellt die Organisationseinheiten **Management** und **Mitarbeiter**. Dann erstellt es das Benutzerkonto **Orin Thomas** und fügt es zur bereits vorhandenen Gruppe **Techniker** hinzu.

6.

Was wird durch die Ausführung des folgenden VBScript-Codes erreicht?

```
Set objUser = GetObject("LDAP://cn=Oksana,Ou=Techniker,dc=Litware,dc=com")
objMemberOf = objUser.GetEx("MemberOf")
For Each Group in objMemberOf
      Wscript.Echo Group
Next
```

A. Dieses Skript fügt das Benutzerkonto **Oksana** zur OU **Techniker** hinzu.

B. Dieses Skript gibt eine Liste aller Gruppen aus, in denen das Benutzerkonto **Oksana** direktes oder indirektes Mitglied ist.

C. Dieses Skript liefert eine nicht geschachtelte Liste aller Gruppen, in denen das Benutzerkonto **Oksana** Mitglied ist.

D. Dieses Skript liefert eine nicht geschachtelte Liste aller Gruppen, in denen die Benutzerkonten aus der Organisationseinheit **Techniker** Mitglieder sind.

7.

Welcher der folgenden Befehle zwingt die Benutzer aus der OU **Techniker**, die ihre Kennwörter in den letzten drei Wochen nicht geändert haben, ihre Kennwörter bei der nächsten Anmeldung zu ändern?

A. `dsquery user ou=Techniker,dc=contoso,dc=com -stalepwd 21 | dsmod user -mustchpwd yes`

B. `dsquery user ou=Techniker,dc=contoso,dc=com -stalepwd 21 | dsmod user -disabled yes`

C. `dsget user ou=Techniker,dc=contoso,dc=com -stalepwd 21 | dsmod user -mustchpwd yes`

D. `dsquery user ou=Techniker,dc=contoso,dc=com -stalepwd 21 | dsmove user -mustchpwd yes`

Antworten zu Lernziel 2.4

1. Richtige Antwort: A, D, E und F

A. **Richtig** **Active Directory-Benutzer und -Computer** ist das primäre Benutzeroberflächentool zur Erstellung von Sicherheitsprinzipalen.

B. **Falsch** **Active Directory-Domänen und -Vertrauensstellungen** wird zur Festlegung der Funktionsebene der Domäne oder Gesamtstruktur sowie zur Erstellung und Verwaltung von Vertrauensstellungen verwendet. Domänenkonten werden nicht über dieses Tool erstellt.

C. **Falsch** **Ntdsutil** wird zur Datenwiederherstellung, zur Bearbeitung von Metadaten und für andere Verzeichnisdienstfunktionen eingesetzt. **Ntdsutil** wird nicht zur Erstellung von Sicherheitsobjekten innerhalb von Active Directory verwendet.

D. **Richtig** **Ldifde** kann Objekte innerhalb von Active Directory erstellen und nutzt hierzu eine Datendatei oder Befehlszeilenparameter als Eingabe.

E. **Richtig** **Csvde** kann Objekte innerhalb von Active Directory erstellen und nutzt hierzu eine Datei mit durch Kommas getrennten Werten als Eingabe.

F. **Richtig** **Dsadd** ist ein Befehlszeilenprogramm, das zum Hinzufügen von Objekten zu Active Directory verwendet wird.

G. **Falsch** **Dsquery** wird zur Ausgabe von Informationen aus Active Directory eingesetzt. Diese Ausgabe kann zwar für andere Verzeichnisdienstbefehle verwendet werden, **Dsquery** kann jedoch keine Objekte innerhalb des Verzeichnisses erstellen.

H. **Falsch** **Dsmod** wird zum Bearbeiten von Attributen vorhandener Active Directory-Objekte eingesetzt.

2. Richtige Antwort: B

A. **Falsch** Durch diesen Befehl wird eine Liste von Benutzerkonten zurückgegeben, die seit mindestens vier Wochen nicht aktiv waren und deaktiviert sind. Durch den Befehl **Dsquery** wird keine Aktion hervorgerufen.

B. **Richtig** Dieser Befehl gibt eine Liste von Benutzerkonten zurück, die seit mindestens vier Wochen nicht mehr aktiv waren, und leitet diese Ausgabe an den Befehl **Dsmod** weiter, der dann die Konten deaktiviert.

C. **Falsch** Dieser Befehl gibt eine Liste von Benutzerkonten zurück, die seit mindestens vier Wochen nicht mehr aktiv waren, und leitet diese Ausgabe an den Befehl **Dsrm** weiter, der dann die Konten entfernt.

D. **Falsch** Dieser Befehl verschiebt alle Konten, die seit mindestens vier Wochen nicht mehr aktiv waren, in eine Organisationseinheit namens **disabled**, deaktiviert die Konten jedoch nicht.

3. Richtige Antwort: C

A. **Falsch** Durch diese Aktion wird die Gruppe in die Organisationseinheit **Vertrieb Ost** verschoben, die Benutzerkonten bleiben jedoch in der Organisationseinheit **Vertrieb**.

B. **Falsch** Der Befehl **Dsmod** kann Eigenschaften eines Benutzerkontos bearbeiten, die Organisationseinheit ist jedoch keine Eigenschaft eines Benutzerkontos.

C. **Richtig** Durch diese Aktion werden die Konten ordnungsgemäß in eine Organisationseinheit verschoben.

D. **Falsch** Durch diese Aktion würde versucht, neue Konten in der Organisationseinheit **Vertrieb Ost** zu erstellen und die alten Benutzerkonten in der Organisationseinheit **Vertrieb** zu belassen. Dieser Vorgang würde Fehler verursachen und fehlschlagen, da die Organisationseinheit und die Gruppe zwar voneinander getrennt, jedoch Bestandteil derselben Domäne sind.

4. Richtige Antwort: D

A. **Falsch** Auf diese Weise wird das Basisverzeichnis auf Laufwerk **D:** des Benutzercomputers eingestellt.

B. **Falsch** Diese Einstellung erfordert explizite Administratorrechte für den Zugriff auf die Stammfreigabe des Laufwerks **D:**, welche die Benutzer nicht besitzen.

C. **Falsch** Die Variable **%HomeDir%** bezieht sich auf das zugewiesene Basisverzeichnis, welches durch den Wert dieser Eigenschaft eingestellt wird. In diesem Fall schlägt der Verweis auf das Basisverzeichnis fehl.

D. **Richtig** Auf diese Weise wird das Basisverzeichnis des Benutzers auf einen Ordner innerhalb der Freigabe **Homedir** eingestellt. Der Ordner wird mit dem Anmeldenamen des Benutzers benannt.

5. Richtige Antwort: B

A. **Falsch** Dieses Skript erstellt in der OU **Management** ein Benutzerkonto namens **Orin Thomas**, nicht in der OU **Mitarbeiter**. Die Gruppe, zu der das Benutzerkonto hinzugefügt wird, gehört zur OU **Mitarbeiter**.

B. **Richtig** Dieses Skript erstellt in der OU **Management** ein Benutzerkonto namens **Orin Thomas** und fügt das Konto dann zur Gruppe **Techniker** aus der OU **Mitarbeiter** hinzu. Der erste Teil des Skripts erstellt das Objekt **Orin Thomas** und fügt es zur OU **Management** hinzu. Der zweite Teil fügt das Objekt zur Gruppe **Techniker** aus der OU **Mitarbeiter** hinzu.

C. **Falsch** Es ist das Benutzerkonto **Orin Thomas**, das durch dieses Skript erstellt wird, und nicht die Gruppe **Techniker**.

D. **Falsch** Dieses Skript erstellt keine neue OU.

6. Richtige Antwort: C

A. **Falsch** Das Skript benutzt keine Syntax, aus der hervorginge, dass ein Benutzerobjekt zu einer Gruppe hinzugefügt würde.

B. **Falsch** Dieses Skript ist zu einfach, um eine Liste der Gruppen zu erstellen, in denen das Benutzerkonto **Oksana** durch die Schachtelung von Gruppen indirekt Mitglied wäre.

C. **Richtig** Dieses Skript liefert eine Liste aller Gruppen, in denen das Benutzerkonto **Oksana** direktes Mitglied ist (ohne Mitgliedschaften in geschachtelten Gruppen).

D. **Falsch** Das Konto **Oksana** gehört zwar zur OU **Techniker**, aber das Skript gibt die Gruppenmitgliedschaften nur für dieses spezielle Konto an, nicht für die gesamte OU.

7. Richtige Antwort: A

A. **Richtig** Der erste Teil des Befehls ermittelt alle Benutzer, die ihre Kennwörter in den letzten drei Wochen nicht geändert haben. Der zweite Teil ändert die Bentzerkonten dieser Benutzer und erzwingt bei der nächsten Anmeldung eine Kennwortänderung.

B. **Falsch** Dieser Befehl deaktiviert alle Benutzerkonten, in denen das Kennwort in den letzten drei Wochen nicht geändert wurde.

C. **Falsch** Der Befehl **Dsget** kann nur ein einzelnes Objekt abfragen und keine Objektliste liefern.

D. **Falsch** Mit dem Befehl **Dsmove** kann man keinen Benutzer zwingen, sein Kennwort zu ändern.

Lernziel 2.5: Problembehandlung für Computerkonten

Computerkonten sind, ebenso wie Benutzer- und Gruppenkonten, Sicherheitsprinzipale in Active Directory. Den Computerkonten werden zum Zeitpunkt der Erstellung eine Sicherheitskennung (SID), eine relative Kennung (RID) und eine globale eindeutige Kennung (GUID) zugewiesen. Die RID wird von einem Domänencontroller in Active Directory aus einem Pool von RIDs bereitgestellt, die von einem einzigen Domänencontroller verteilt werden, dem die Funktion des RID-Masters zugewiesen wurde. Wenn die RID-Master-Funktion für einen längeren Zeitraum nicht verfügbar ist, können RID-Pools erschöpft sein, sodass die Erstellung von Computerkonten in der Domäne nicht mehr möglich ist.

Computerkonten besitzen außerdem ein Kennwort, das intern mit Active Directory synchronisiert wird. Wenn diese Kennwörter nicht mehr synchronisiert sind, müssen sie vom Administrator zurückgesetzt werden.

Fragen zu Lernziel 2.5

1.

Ein Benutzer schaltet nach langer Abwesenheit seinen Computer **Desk249** ein und versucht vergeblich, sich an der Domäne anzumelden. Sie versuchen ebenfalls, sich als Domänenadministrator am Computer des Benutzers anzumelden, haben jedoch genauso wenig Erfolg.

Sie kehren an Ihren eigenen Computer zurück und durchsuchen Active Directory nach dem Computer **Desk249**, finden jedoch keinen Computer dieses Namens im Verzeichnis. Sie melden sich über ein lokales Administratorkonto am Computer **Desk249** an und stellen fest, dass der Computer sich noch immer für ein Domänenmitglied hält. Nach kurzer Überlegung beschließen Sie, das Computerkonto neu zu erstellen. Sie möchten so schnell wie möglich und mit geringstem Verwaltungsaufwand erreichen, dass der Benutzer sich wieder an seinem Computer anmelden kann.

Wie sollten Sie zu diesem Zweck vorgehen?

A. Sie melden sich über das lokale Administratorkonto am Computer **Desk249** an. Im Programm **System** der Systemsteuerung klicken Sie auf der Registerkarte **Computername** auf die Schaltfläche **Klicken Sie auf Ändern, um diesen Computer umzubenennen oder sich einer Domäne anzuschließen**. Sie nehmen **Desk249** in eine Arbeitsgruppe namens **TEST** auf und führen einen Neustart durch. Sie melden sich erneut über das lokale Administratorkonto an. Sie kehren zur Seite mit der Arbeitsgruppen-/Domänenmitgliedschaft zurück. Mithilfe eines Kontos mit den Berechtigungen eines Domänenadministrators nehmen Sie den Computer **Desk249** wieder in die Active Directory-Domäne auf und starten **Desk249** neu.

B. Sie verwenden **Active Directory-Benutzer und -Computer**, um im Container **Computers** ein neues Computerkonto mit dem Namen **Desk249** zu erstellen. Sie starten **Desk249** neu.

C. Sie erstellen über **Dsadd** im Container **Computers** ein neues Computerkonto mit dem Computernamen **Desk249**. Sie starten **Desk249** neu.

D. Sie verwenden **Ntdsutil**, um das Computerkonto aus einer Sicherung von Active Directory wiederherzustellen, in der das Konto **Desk249** enthalten ist.

2.

Sie versuchen mithilfe des Snap-Ins **Computerverwaltung** einen Dateiserver im Netzwerk remote zu verwalten. Der Dateiserver ist ein Mitglied der Domäne, und Sie sind Mitglied der Gruppe **Domänenadministratoren**.

Sie können das Snap-In **Computerverwaltung** von Ihrem Computer aus nicht mit dem Dateiserver verbinden, das Herstellen einer Verbindung mit anderen Servern im Netzwerk funktioniert jedoch einwandfrei. Ebenso wie alle anderen Benutzer im Netzwerk können Sie auf Dateien auf dem Dateiserver zugreifen.

Welches Problem könnte auf dem Dateiserver vorliegen?

A. Der Computersuchdienst wird nicht ausgeführt.

B. Der Remoteregistrierungsdienst wird nicht ausgeführt.

C. Routing und RAS ist auf dem Dateiserver nicht installiert.

D. Das Computerkonto muss in Active Directory zurückgesetzt werden.

3.

Sie führen mehrere neue Windows Server 2003-Computer in Ihre Windows NT 4.0-Umgebung ein und verwenden zu diesem Zweck das Dienstprogramm **Sysprep**. Nachdem das Image auf alle Server kopiert wurde, testen Sie die Netzwerkverbindung zu den einzelnen Servern, um sicherzustellen, dass die Implementierung erfolgreich verlaufen ist.

Wenn Sie versuchen, sich am **Server03** remote anzumelden, zeigt eine Meldung an, dass keine Vertrauensstellung besteht. Es kann keine Verbindung hergestellt werden.

Wie gehen Sie vor, um das Problem zu lösen? (Wählen Sie alle zutreffenden Antworten aus.)

A. Sie verwenden den Befehl **Dsmod** auf **Server03**, um das Kennwort zurückzusetzen.

B. Sie verwenden **Active Directory-Benutzer und -Computer**, um das Kennwort für **Server03** zurückzusetzen.

C. Sie nehmen **Server03** in eine Arbeitsgruppe auf.

D. Sie nehmen **Server03** in die Domäne auf.

E. Sie löschen das Konto **Server03** aus der Domäne.

F. Sie deaktivieren das Konto **Server03** in der Domäne.

G. Sie erstellen ein Konto für **Server03** in der Domäne.

H. Sie aktivieren das Konto **Server03** in der Domäne.

4.

Sie fügen gerade zu einer neuen Windows Server 2003-Domäne Benutzer, Computer und Gruppen hinzu. Nachdem mehrere hundert Objekte durch einen Batchimport hinzugefügt wurden, geben Sie die letzten 24 Computer manuell ein. Nach erfolgreicher Eingabe von drei Computerkonten erhalten Sie Fehlermeldungen und können keine weiteren Computer zur Domäne hinzufügen.

Alle weiteren Netzwerkkonnektivitäts- und Serverfunktionen scheinen ordnungsgemäß zu funktionieren.

Wo liegt höchstwahrscheinlich die Ursache des Problems?

A. Der RID-Master ist nicht verfügbar.

B. Der PDC-Emulationsmaster ist nicht verfügbar.

C. Der Infrastrukturmaster ist nicht verfügbar.

D. Der Schemamaster ist nicht verfügbar.

5.

Kurz bevor Rooslan vor einem Monat in Urlaub fuhr, fiel die Festplatte seines Computers aus. Der Namen des Computerkontos in Active Directory lautet **Waverley01**. Es ist in Ihrer Organisation üblich, den Systemstatus und die Benutzerdaten jedes Desktopcomputers einmal im Monat zu sichern. Zwei Wochen vor dem Ausfall der Festplatte wurde eine Datensicherung von **Waverley01** vorgenommen. Einen Tag, bevor Rooslan wieder zur Arbeit erscheint, wechselt Ihr Assistent die Festplatte von Rooslans Computer aus und stellt die Systemstatusdaten und die Benutzerdaten wieder her. Rooslan ruft Sie an und teil Ihnen mit, dass er sich nicht bei der Domäne anmelden kann. Sie sehen das Ereignisprotokoll durch und finden folgende Nachricht:

„Die Einrichtung einer Sitzung von Computer "WAVERLEY01" ist an der Authentifizierung gescheitert. Der/die Kontoname(n) in der Sicherheitsdatenbank lauten WAVERLEY01$. Folgender Fehler ist aufgetreten: Zugriff verweigert.“

Was müssen Sie tun, um das Problem zu lösen?

A. Mithilfe von **Active Directory-Benutzer und -Computer** das Computerkonto **Waverley01** zurücksetzen

B. Mithilfe von **Active Directory-Benutzer und -Computer** das Benutzerkonto von Rooslan aktivieren

C. Mithilfe von **Active Directory-Benutzer und -Computer** das Computerkonto **Waverley01** deaktivieren und dann wieder aktivieren

D. Das Computerkonto **Waverley01** in eine andere OU verschieben

6.

Welche der folgenden Befehle können Sie zu einem Befehl kombinieren, mit dem sich die Computerkonten von allen Computern in der OU **Management** der Domäne **contoso.com** zurücksetzen lassen, deren Kennwort in den letzten 21 Tagen nicht geändert wurde? (Wählen Sie zwei Punkte aus. Jeder Punkt ist ein Teil der Antwort.)

A. `dsquery computer ou=management,dc=Contoso,dc=com -stalepwd 21 |`

B. `dsget computer ou=management,dc=Contoso,dc=com -stalepwd 21 |`

C. `dsquery computer cn=computers,dc=Contoso,dc=com -stalepwd 21 |`

D. `dsmod computer -disabled yes`

E. `dsmod computer -reset`

Antworten zu Lernziel 2.5

1. Richtige Antwort: A

A. **Richtig** Bei der Beziehung zwischen einem Computerkonto in Active Directory und der lokalen Arbeitsstation, in diesem Fall **Desk249**, handelt es sich um eine synchronisierte Beziehung. Es ist daher erforderlich, dass die Sicherheitseinstellungen beider Komponenten innerhalb eines einzigen Prozesses eingestellt werden. Die Computerseite (**Desk249**) der Beziehung muss ebenso neu erstellt werden wie das Konto in Active Directory.

B. **Falsch** Durch diese Aktion wird ein Computerkonto erstellt, das dem Computer **Desk249** nur dem Namen nach entspricht. Die beiden Teile der Objektbeziehung, Active Directory-Objekt und lokaler Computer, können in dieser Situation keine Kennwörter oder andere Sicherheitsinformationen synchronisieren.

C. **Falsch** Durch diese Aktion wird ein Computerkonto erstellt, das dem Computer **Desk249** nur dem Namen nach entspricht. Die beiden Teile der Objektbeziehung, Active Directory-Objekt und lokaler Computer, können in dieser Situation keine Kennwörter oder andere Sicherheitsinformationen synchronisieren.

D. **Falsch** Einzelne Computerkonten können nicht aus einer Sicherung wiederhergestellt werden, und es ist viel einfacher, die Beziehung vom Clientcomputer zu löschen und anschließend die Beziehung zwischen Client und Active Directory-Computerkonto neu zu erstellen.

2. Richtige Antwort: B

A. **Falsch** Der Computersuchdienst ist zum Auffinden benannter Computer und Dienste erforderlich. Der Computer kann jedoch gefunden werden.

B. **Richtig** Der Remoteregistrierungsdienst ist erforderlich, um festzustellen, ob für die Remoteverbindung genügend Rechte vorliegen. Durch den Start dieses Dienstes wird das Problem wahrscheinlich behoben.

C. **Falsch** Mit Routing und RAS werden DFÜ- und VPN-Verbindungen sowie das Routing über einen Computer gesteuert. Zur Verwaltung muss mit einem Computer keine Verbindung hergestellt werden.

D. **Falsch** Wenn das Kennwort nicht synchronisiert wäre, würde auch der Dateizugriff Probleme bereiten.

3. Richtige Antwort: C, D, E und G

A. **Falsch** Der Befehl **Dsmod** (und jedes andere Befehlszeilenprogramm des Verzeichnisdienstes) steht nur mit Active Directory zur Verfügung.

B. **Falsch** **Active Directory-Benutzer und -Computer** steht nur mit einer Installation von Active Directory zur Verfügung.

C. **Richtig** Durch diesen Schritt wird die Computeridentifikation für die Domäne auf dem lokalen Computer gelöscht.

D. **Richtig** Durch diesen Schritt wird das Computerkonto mit seinem Gegenstück in der Domäne synchronisiert.

E. **Richtig** Durch diesen Schritt wird die Computeridentifikation für die Domäne aus der Domäne gelöscht.

F. **Falsch** Durch das Deaktivieren des Kontos wird dessen Identität nicht entfernt. Das Problem liegt jedoch in einer falsch zugeordneten Identität.

G. **Richtig** Durch diesen Schritt wird ein Konto in der Domäne eingerichtet, mit dem der Computer eine Verbindung herstellen und eine Synchronisierung durchführen kann.

H. **Falsch** Wenn das Computerkonto neu erstellt wird, ist es bereits aktiviert. Wenn Sie es nach dem Deaktivieren wieder aktivieren, bleibt dasselbe Problem mit der Vertrauensstellung bestehen.

4. Richtige Antwort: A

A. **Richtig** Der RID-Master wird für die Zuordnung von Kennungen für neue Objekte im Verzeichnis benötigt. Ohne diese Kennungen können keine neuen Objekte erstellt werden.

B. **Falsch** Objekte können auf einen beliebigen Domänencontroller geschrieben werden. Die Rolle des Emulators eines primären Domänencontrollers ist daher nicht erforderlich.

C. **Falsch** Diese Funktion steht in keinem Zusammenhang mit der Erstellung von Sicherheitsprinzipalen innerhalb einer Domäne.

D. **Falsch** Diese Funktion kommt nicht in Frage, weil neue Objekte bis zu diesem Punkt erfolgreich erstellt wurden.

5. Richtige Antwort: A

A. **Richtig** Wahrscheinlich wurde in dem Zeitraum zwischen der Sicherung des Systemstatus und dem Ausfall der Festplatte das Kennwort des Computerkontos **Waverley01** geändert. Normalerweise erfolgen solche Kennwortänderungen automatisch. Die Wiederherstellung der Systemstatusdaten hat zur Wiederherstellung eines veralteten Kennworts geführt. Und das ist das Problem.

B. **Falsch** Das Problem ist nicht das Benutzerkonto von Rooslan, sondern das Computerkonto des Computers **Waverley01**.

C. **Falsch** Das Problem ist das veraltete Kennwort des Computerkontos, das aus der Sicherungskopie wiederhergestellt wurde. Eine Deaktivierung mit anschließender Aktivierung setzt das Kennwort nicht zurück.

D. **Falsch** Das Problem ist das veraltete Kennwort des Computerkontos, das aus der Sicherungskopie wiederhergestellt wurde. Eine Verschiebung des Kontos in eine andere OU löst das Problem nicht.

6. Richtige Antwort: A und E

A. **Richtig** Diese Abfrage liefert eine Liste der Computer aus der OU **Management**, deren Computerkennwörter in den letzten 21 Tagen nicht geändert wurden.

B. **Falsch** Das Programm **Dsget** kann keine Liste der Computer erstellen, deren Kennwörter nicht aktualisiert wurden.

C. **Falsch** In der Frage ging es um die Computer in der OU **Management**, deren Kennwörter zurückgesetzt werden sollen, und nicht um die Computer im Container **Computers**.

D. **Falsch** Hängt man diesen Befehl an Antwort A an, werden die Computerkonten aller Computer in der OU **Management** deaktiviert, deren Kennwörter in den letzten 21 Tagen nicht geändert wurden.

E. **Richtig** Hängt man **Dsmod computer -reset** an Antwort A an, werden alle Kennwörter der Computer zurückgesetzt, deren Computerkontenkennwort in den letzten 21 Tagen nicht geändert wurde.

Lernziel 2.6: Problembehandlung für Benutzerkonten

Benutzerkonten bieten Benutzern die Möglichkeit, sich zu authentifizieren und Zugriff auf Ressourcen sowohl auf dem lokalen Computer wie auch im Netzwerk zu erhalten. Wenn Eigenschaften des Benutzerkontos nicht ordnungsgemäß konfiguriert sind, können ein oder mehrere Typen des Ressourcenzugriffs fehlschlagen. Viele Probleme von Benutzern, die ihre Aufgaben auf einem Computer nicht erfüllen können, entstehen aus den Einstellungen der Benutzerkonten.

Die Benutzereinstellungen für den allgemeinen Netzwerkzugriff umfassen Benutzerrechtszuweisungen für die lokale und die Netzwerkanmeldung, DFÜ-Berechtigungen und Zugriffseinstellungen für die Terminaldienste.

Zur Konfiguration der Benutzereinstellungen gehören Basisverzeichnisse und Profilpfade.

Die Anmeldungskonfiguration und Einschränkungseinstellungen umfassen das Ablaufdatum des Kennworts, Kontosperrungsrichtlinien und die Zeiten, zu denen Benutzer sich an ausgewählten Arbeitsstationen anmelden dürfen.

Fragen zu Lernziel 2.6

1.

Ein Benutzer meldet, dass er sich von einem Laptop unter Windows 98 aus nicht am Netzwerk anmelden kann. Der Benutzer kann sich jedoch von einem Desktopcomputer unter Windows XP aus anmelden.

Ihre Umgebung wird durch eine Windows Server 2003-Domäne mit Active Directory gesteuert.

Auf dem Computer unter Windows 98 ist der Active Directory-Client nicht installiert.

Wo liegt höchstwahrscheinlich die Ursache des Problems?

A. Ein Computerkonto in der Domäne muss zurückgesetzt werden.

B. Das Kennwort des Benutzers ist länger als 14 Zeichen.

C. Das Konto des Benutzers muss so konfiguriert werden, dass die Anmeldung an allen Arbeitsstationen möglich ist.

D. Das Basisverzeichnis des Benutzers ist fehlerhaft.

2.

Ein Benutzer namens John meldet, dass seine servergespeicherten Profileinstellungen nicht ordnungsgemäß funktionieren, wenn er sich an verschiedenen Computern im Netzwerk anmeldet. John kann sich problemlos an jedem Computer in der Umgebung anmelden; das Hintergrundbild, Verknüpfungen und andere benutzerdefinierte Einstellungen sind jedoch auf jedem Computer unterschiedlich.

Sie überprüfen den Profilpfad in den Eigenschaften des Benutzerkontos und stellen fest, dass er auf **D:\Profile\John** eingestellt ist. Sie vergewissern sich, dass im Profilordner auf Laufwerk **D:** von **Server01**, dem Server mit den Benutzerprofilen für das Netzwerk, ein Ordner namens **John** vorliegt. Der freigegebene Ordner, in dem die Profilordner liegen, heißt zudem **Profile**.

Die servergespeicherten Profile anderer Benutzer funktionieren einwandfrei.

Wie gehen Sie vor, um das Problem zu lösen?

A. Sie setzen Johns Kennwort zurück.

B. Sie stellen das Basisverzeichnis für John auf **D:\Profile\%UserName%** ein.

C. Sie stellen den Profilpfad für John auf **\\Server01\Profile\%UserName%** ein.

D. Sie kopieren das Profil, das John verwenden möchte, in **D:\Profile\John** auf dem Profilserver.

3.

Ein Benutzer meldet, dass er über DFÜ nicht auf das Netzwerk zugreifen kann. Der Benutzer kann sich problemlos an einem lokalen Computer im Büro anmelden.

Sie stellen sicher, dass die standardmäßigen RAS-Richtlinien auf dem Routing- und RAS-Computer richtig eingestellt sind. Alle Modemgeräte bestehen die Diagnosetests.

Wo liegt die wahrscheinliche Ursache des Problems?

A. In den Eigenschaften des Benutzerkontos ist der Terminalserverzugriff nicht aktiviert.

B. In den Eigenschaften des Benutzerkontos ist die RAS-Berechtigung nicht aktiviert.

C. Der Benutzer besitzt in der Domäne kein Computerkonto für den Remotecomputer.

D. Der Benutzer stellt bei der Einwahl nicht die richtigen Anmeldeinformationen bereit.

4.

Sämtliche Benutzer in Ihrer Organisation können sich nur mit Smartcard und Kennwort anmelden. Die auf den Smartcards gespeicherten Zertifikate wurden von einer internen Zertifizierungsstelle des Unternehmens ausgestellt. Sie haben gerade erfahren, dass der Finanzvorstand es fertig gebracht hat, irgendwo im Umkleideraum der exklusiven Sauna der Geschäftsführung seine Brieftasche zu verlieren, in der sich auch seine Smartcard befand. Als wäre das nicht genug, gibt der Finanzvorstand auch noch zu, in seiner Brieftasche ein Zettelchen aufzubewahren, auf dem er das Kennwort notiert hat. Der Finanzvorstand braucht heute Abend noch Zugriff auf seine privaten Dateien, die auf dem Dateiserver gespeichert sind. Die Erstellung eines neuen Kontos bedeutet für Sie, dass Sie erst einmal damit beschäftigt sind, sämtliche Berechtigungen wieder korrekt einzustellen. Was müssen Sie außerdem tun, um zu verhindern, dass sich jemand, der die Brieftasche gefunden hat, Zugriff auf das Firmennetzwerk verschafft, während Sie dafür sorgen, dass der Finanzvorstand wieder Zugriff auf seine Dateien erhält? (Wählen Sie alle zutreffenden Antworten aus.)

A. Deaktiveren Sie das Konto des Finanzvorstands.

B. Setzen Sie das Kennwort des Finanzvorstands zurück.

C. Sperren Sie das Signaturzertifikat der Zertifizierungsstelle des Unternehmens.

D. Sperren Sie das Smartcardzertifikat des Finanzvorstands und aktualisieren Sie die Zertifikatsperrliste.

E. Stellen Sie eine neue Smartcard mit einem neuen Zertifikat für den Finanzvorstand aus.

5.

Rooslans Benutzerkonto gehört zur OU **Management** der Domäne **fabrikam.com**. Rooslan berichtet von Problemen mit seinem servergespeicherten Profil. Sie überprüfen in **Active Directory-Benutzer und -Computer** Rooslans Profilpfad und stellen fest, dass er auf **roaming-profiles\%Rooslan%** eingestellt ist. Außerdem stellen Sie fest, dass es im Verzeichnis **roaming-profiles** von **Server01**, dem Domänencontroller Ihrer Organisation, einen Ordner namens **Rooslan** gibt. Der Ordner **roaming-profiles** ist als **Roaming-profiles** freigegeben. Was müssen Sie tun, um Rooslans Problem zu lösen? (Wählen Sie die beste Antwort aus).

A. Sie deaktivieren Rooslans Benutzerkonto und aktivieren es anschließend wieder.

B. Sie sorgen dafür, dass Rooslan über die richtigen NTFS-Berechtigungen für den Profilordner verfügt.

C. Sie sorgen dafür, dass Rooslan über die korrekten Freigabeberechtigungen verfügt.

D. Sie geben folgenden Befehl:

```
dsmod user cn=Rooslan,ou=Management,dc=Fabrikam,dc=com -profile
\\server01\roaming-profiles\$username$
```

E. Sie geben folgenden Befehl:

```
dsmod user cn=Rooslan,ou=Management,dc=Fabrikam,dc=com -profile
\\server01\roaming-profiles\%UserName%
```

Antworten zu Lernziel 2.6

1. Richtige Antwort: B

A. **Falsch** Windows 98-Computer besitzen kein Computerkonto in der Domäne.

B. **Richtig** Windows 98-Computer unterstützen keine Benutzerkennwörter, die länger sind als 14 Zeichen. Dieses Problem kann durch Installation des Active Directory-Clients behoben werden.

C. **Falsch** Windows 98-Computer sind keine Domänenmitglieder und können durch diese Einstellung nicht gesteuert werden.

D. **Falsch** Beim Basisverzeichnis handelt es sich um ein Repository für Dateien, das auch im Fall einer Beschädigung die Anmeldung nicht verhindern würde.

2. Richtige Antwort: C

A. **Falsch** John kann sich anmelden, daher verursacht das Kennwort nicht das Problem.

B. **Falsch** Basisverzeichnisse und Profile werden von verschiedenen Konfigurationen verarbeitet, die in diesem Fall in keinem Zusammenhang stehen.

C. **Richtig** Der Profilpfad ist auf einen lokalen Laufwerkbuchstaben festgelegt, der auf jedem lokalen Computer, an dem John sich anmeldet, einem Laufwerk entspricht.

D. **Falsch** Das Kopieren des Profils ist keine Lösung des Problems, da die Konfiguration der Benutzereigenschaften nicht auf einen Netzwerkpfad eingestellt ist.

3. Richtige Antwort: B

A. **Falsch** Die Konfigurationseinstellungen für den Terminalserver werden nicht für DFÜ-Berechtigungen oder -Zugriff verwendet.

B. **Richtig** Die Einstellungen im Benutzerkonto verhindern wahrscheinlich, dass der Benutzer über eine DFÜ-Verbindung auf das Netzwerk zugreift.

C. **Falsch** Dies würde den Benutzer nicht an der Remoteeinwahl in das Netzwerk hindern.

D. **Falsch** Das Benutzerkonto lautet für den Remote- wie auch für den lokalen Zugriff gleich, daher ist es unwahrscheinlich, dass die Anmeldeinformationen fehlerhaft eingegeben wurden.

4. Richtige Antwort: B, D und E

A. **Falsch** Wenn Sie das Konto des Finanzvorstands deaktivieren, ist er heute Abend nicht in der Lage, auf seine privaten Dateien zuzugreifen, die auf dem Dateiserver gespeichert sind.

B. **Richtig** Weil das Kennwort des Finanzvorstands auf einem Zettelchen vermerkt ist, das sich in seiner Brieftasche befindet, sollten Sie dafür sorgen, dass er ein neues Kennwort erhält.

C. **Falsch** Das würde alle Zertifikate ungültig machen, die von der Zertifizierungsstelle des Unternehmens ausgestellt wurden, und alle hätten Probleme, sich anzumelden.

D. **Richtig** Die Sperrung des Smartcardzertifikats des Finanzvorstands macht die verlorene Karte nutzlos.

E. **Richtig** Der letzte Schritt ist, eine neue Smartcard und ein Zertifikat für den Finanzvorstand auszustellen, damit er sich wieder anmelden und auf seine Dateien zugreifen kann.

5. Richtige Antwort: D

A. **Falsch** Das Problem ist, dass der Pfad für Rooslans Profil nicht mit der korrekten UNC-Syntax (Universal Naming Convention), sondern falsch angegeben wurde. Eine Deaktivierung mit anschließender Aktivierung des Benutzerkontos von Rooslan löst das Problem nicht.

B. **Falsch** Das ist zwar keine schlechte Idee, aber die Fragestellung weist schon darauf hin, dass die falsche Syntax im UNC-Pfadnamen das eigentliche Problem ist.

C. **Falsch** Auch diese Überlegung ist nicht abwegig, aber die Fragestellung weist schon darauf hin, dass die falsche Syntax im UNC-Pfadnamen das eigentliche Problem ist.

D. **Richtig** Damit wird Rooslans Benutzerkonto auf das korrekte servergespeicherte Profil gesetzt.

E. **Falsch** Bei der Bearbeitung des Profilpfads in **Active Directory-Benutzer und -Computer** würden Sie zwar **%UserName%** verwenden, aber für die Befehlszeilenprogramme brauchen Sie **$username$**, damit nicht der Name desjenigen eingesetzt wird, der den Befehl gibt, sondern der Name des betreffenden Benutzers, um dessen Konto es sich handelt.

Lernziel 2.7: Problembehandlung bei der Benutzerauthentifizierung

Ohne eine ordnungsgemäße Authentifizierung kann ein Benutzer nicht auf Netzwerkressourcen zugreifen und sich in einigen Fällen auch nicht an seinem lokalen Computer anmelden. Die Grundlage der Authentifizierung liegt in der Kombination aus Benutzername und Kennwort, den Anmeldeinformationen des Benutzers. Wenn die vom Benutzer eingegebenen Anmeldeinformationen nicht mit denjenigen übereinstimmen, die vom System erwartet werden, kann der Benutzer mit der jeweiligen Ressource keine Verbindung herstellen. Wenn es sich bei der Ressource um den lokalen Computer handelt, ist gar keine Anmeldung möglich.

Fragen zu Lernziel 2.7

1.

Ein Mitarbeiter im Außendienst war mehrere Monate nicht mehr im Büro. Der Laptopcomputer, den der Benutzer auf seinen Reisen verwendet, ist nicht für den DFÜ-Zugriff auf das Unternehmensnetzwerk konfiguriert, da er hauptsächlich für Präsentationen und zur Kundendokumentation eingesetzt wird.

Nach seiner Rückkehr ins Büro schließt der Benutzer den Laptop an das Unternehmensnetzwerk an, kann sich jedoch nicht über ein lokales Konto an seinem Computer anmelden und erhält in einem Dialogfeld die Meldung **Fehler bei der Anmeldung**.

Wie sollten Sie in diesem Fall vorgehen?

A. Sie setzen das Kennwort des Benutzers in Active Directory zurück.

B. Sie setzen das Computerkonto des Benutzers in Active Directory zurück.

C. Sie verwenden die Kennwortrücksetzdiskette für diesen Benutzer, um das Kennwort auf dem lokalen Computer zurückzusetzen.

D. Sie trennen den Computer vom Netzwerk und starten ihn neu.

2.

Ein Benutzer kehrt von einer ausgedehnten Geschäftsreise zurück und verbindet seinen Computer wieder mit dem Netzwerk. Der Benutzer kann sich zwar anmelden, jedoch keine Verbindung mit den Netzwerkressourcen herstellen.

Sie untersuchen die Konten, die in **Active Directory-Benutzer und -Computer** mit dem Benutzer verknüpft sind, und stellen fest, dass der Laptop des Benutzers mit einem roten X markiert ist.

Wie gehen Sie vor, um das Problem zu lösen?

A. Sie setzen das Kennwort des Benutzers in Active Directory zurück.

B. Sie setzen das Computerkonto des Laptops in Active Directory zurück.

C. Sie löschen das Konto des Laptopcomputers aus der Domäne und nehmen den Laptop zunächst in eine Arbeitsgruppe und anschließend wieder in die Domäne auf.

D. Sie löschen das Computerkonto des Laptops und erstellen es neu.

3.

Sie sind Systemadministrator in einem mittelständischen Unternehmen mit einer einzigen Windows Server 2003-Domäne. Für das Standard-Domänenrichtlinienobjekt wurden folgende Kennwortrichtlinien eingestellt:

10 gespeicherte Kennwörter

Maximales Kennwortalter: 10 Tage

Minimales Kennwortalter: 2 Tage

Minimale Kennwortlänge: 10 Zeichen

Eine Gruppe von 40 Entwicklern, die in einer Abteilung Ihres Unternehmens arbeiten, haben bei der Geschäftsleitung einen separaten Satz an Kennwortrichtlinien nur für die Mitglieder dieser Gruppe durchgesetzt. Die Entwickler möchten, dass das minimale Kennwortalter auf 0 Tage und das maximale Kennwortalter auf 28 Tage gesetzt wird. Welche der folgenden Methoden ermöglichen es Ihnen, die Kennwortrichtlinie für diese Gruppe von Entwicklern zu ändern?

A. Sie erstellen unter der aktuellen Domäne eine untergeordnete Domäne und verschieben die Konten der Entwickler in diese Domäne. Sie bearbeiten das Standard-Gruppenrichtlinienobjekt der untergeordneten Domäne und implementieren die separate Kennwortrichtlinie, die von den Entwicklern gefordert wurde.

B. Sie erstellen eine separate Organisationseinheit und verschieben die Benutzerkonten der 40 Entwickler in diese Organisationseinheit. Sie erstellen und bearbeiten ein neues Gruppenrichtlinienobjekt und implementieren darüber die separate Kennwortrichtlinie, die von den Entwicklern verlangt wurde. Sie wenden das Gruppenrichtlinienobjekt auf die neu erstellte Organisationseinheit an, in der sich die Konten der Entwickler befinden.

C. Sie unterteilen das Netzwerk in neue Subnetze und erstellen einen neuen Standort in Active Directory. Sie platzieren alle Arbeitsstationen der 40 Entwickler in dieses neue Subnetz. Sie erstellen und bearbeiten ein neues Gruppenrichtlinienobjekt und implementieren darüber die separate Kennwortrichtlinie, die von den Entwicklern verlangt wurde. Sie wenden das Gruppenrichtlinienobjekt auf den neu erstellten Standort an, auf dem sich die Computerkonten der Entwickler befinden.

D. Sie bearbeiten das lokale Gruppenrichtlinienobjekt auf jeder Arbeitsstation der Entwickler und implementieren darüber die separate Kennwortrichtlinie, die von den Entwicklern gefordert wurde.

4.

Sie haben eine Gesamtstrukturvertrauensstellung zwischen den Gesamtstrukturen **contoso.com** und **fabrikam.com** konfiguriert. Ein Benutzer namens Rooslan, dessen Konto sich in der Domäne **development.contoso.com** befindet, soll für die nächsten acht Monate in der Domäne **engineering.fabrikam.com** arbeiten. In der Stammdomäne **contoso.com** gilt ein Kennwort nach der gültigen Kennwortrichtlinie 10 Tage. In der Domäne **development.contoso.com** gilt ein Kennwort 15 Tage. In der Stammdomäne **fabrikam.com** gilt ein Kennwort 20 Tage, und in der Domäne **engineering.fabrikam.com** gilt ein Kennwort 25 Tage. Am Tag vor seiner Versetzung ändert Rooslan sein Kennwort. Wenn jeder Computer, an dem sich Rooslan nun in den nächsten acht Monaten anmeldet, Mitglied der Domäne **engineering.fabrikam .com** ist, wie lange dauert es dann, bis er sein Kennwort wieder ändern muss?

A. 10 Tage

B. 15 Tage

C. 20 Tage

D. 25 Tage

5. Die Benutzerkonten in der Domäne **contoso.com** Ihrer Firma liegen im Standardcontainer **Users**. Ihre Firma möchte sicherstellen, dass alle Benutzerkonten von Subunternehmern am Tag nach Ablauf des jeweiligen Vertrags ablaufen. Oksanas Vertrag lief zwar letzten Freitag aus, aber sie hatte so gute Arbeit geleistet, dass die Firmenleitung ihr eine Festanstellung geben wollte. Oksana nahm das Angebot an. Aber als sie sich diesen Montag morgen anmelden wollte, erhielt sie eine Fehlermeldung mit dem Hinweis, ihr Konto sei abgelaufen und sie sollte sich mit dem Systemadministrator in Verbindung setzen. Mit welchem der folgenden Befehle erreichen Sie, dass sich Oksana bei der Domäne anmelden kann?

A. `dsmod user cn=Oksana,ou=users,dc=Contoso,dc=com -acctexpires never`

B. `dsmod user cn=Oksana,cn=users,dc=Contoso,dc=com -acctexpires never`

C. `dsmod user cn=Oksana,cn=users,dc=Contoso,dc=com -mustchpwd yes`

D. `dsmod user cn=Oksana,cn=users,dc=Contoso,dc=com -disabled no`

E. `dsmod user cn=Oksana,ou=users,dc=Contoso,dc=com -disabled no`

Antworten zu Lernziel 2.7

1. Richtige Antwort: C

A. **Falsch** Das Dialogfeld **Fehler bei der Anmeldung** wird nur angezeigt, wenn eine Kennwortrücksetzdiskette für ein Konto auf dem lokalen Computer erstellt wurde. Das Domänenbenutzerkonto ist von diesem Problem nicht betroffen.

B. **Falsch** Das Dialogfeld **Fehler bei der Anmeldung** wird nur angezeigt, wenn eine Kennwortrücksetzdiskette für ein Konto auf dem lokalen Computer erstellt wurde. Das Domänencomputerkonto ist von diesem Problem nicht betroffen.

C. **Richtig** Die Kennwortrücksetzdiskette wird für lokale Benutzerkonten erstellt und kann verwendet werden, wenn ein Benutzer wie in diesem Fall versucht, mit den falschen Anmeldeinformationen auf ein lokales Computerkonto zuzugreifen.

D. **Falsch** Das Dialogfeld **Fehler bei der Anmeldung** wird nicht durch die Verbindung des Computers mit dem Netzwerk oder durch irgendeine Netzwerkinteraktion hervorgerufen.

2. **Richtige Antwort: B**

A. **Falsch** Das Benutzerkennwort wirkt sich nicht, wie vom Symbol angedeutet, auf das Computerkonto in Active Directory aus.

B. **Richtig** Das Kennwort des Laptops und das des Domänencomputerkontos sind nicht mehr synchron und müssen daher zurückgesetzt werden.

C. **Falsch** Auf diese Weise würde das Problem zwar gelöst, es könnten jedoch andere Probleme verursacht werden, wenn für diesen Laptopcomputer Berechtigungen für Ressourcen eingerichtet wurden. Außerdem dauert dieser Vorgang viel länger als das Zurücksetzen eines Computerkennworts.

D. **Falsch** Durch diese Vorgehensweise würde das Problem noch verstärkt, da nicht nur die Kennwörter, sondern auch die SIDs nicht mehr übereinstimmen würden.

3. **Richtige Antwort: A**

A. **Richtig** Kennwortrichtlinien gelten in der gesamten Domäne. Die einzige Möglichkeit, für bestimmte Benutzer separate Kennwortrichtlinien einzuführen, besteht darin, die Benutzerkonten in andere Domänen zu verschieben. Eine untergeordnete Domäne übernimmt nicht die Kennwortrichtlinie der übergeordneten Domäne.

B. **Falsch** Kennwortrichtlinien gelten in der gesamten Domäne. Kennwortrichtlinien, die auf der Ebene der Organisationseinheit angewendet werden, setzen nicht die Kennwortrichtlinien außer Kraft, die auf Domänenebene eingerichtet wurden. Wenn diese Schritte durchgeführt werden, bleiben die Kennwortrichtlinien auf Domänenebene dieselben wie zuvor.

C. **Falsch** Kennwortrichtlinien gelten in der gesamten Domäne. Kennwortrichtlinien, die auf der Ebene des Standorts angewendet werden, setzen nicht die Kennwortrichtlinien außer Kraft, die auf Domänenebene eingerichtet wurden. Wenn diese Schritte durchgeführt werden, bleiben die Kennwortrichtlinien auf Domänenebene dieselben wie zuvor.

D. **Falsch** Kennwortrichtlinien gelten in der gesamten Domäne. Kennwortrichtlinien, die auf lokaler Ebene angewendet werden, setzen nicht die Kennwortrichtlinien außer Kraft, die auf Domänenebene eingerichtet wurden. Wenn diese Schritte durchgeführt werden, bleiben die Kennwortrichtlinien auf Domänenebene dieselben wie zuvor.

4. **Richtige Antwort: B**

A. **Falsch** Die Kennwortrichtlinie der Stammdomäne **contoso.com** hat keinen Einfluss auf Rooslans Konto.

B. **Richtig** Obwohl sich Rooslan an Computern der Domäne **engineering.fabrikam.com** anmeldet, ist diejenige Domäne für die Authentifizierung und für die Speicherung seines Kennworts zuständig, in der sein Konto gespeichert ist.

C. **Falsch** Die Kennwortrichtlinie der Stammdomäne **fabrikam.com** hat keinen Einfluss auf Rooslans Konto.

D. **Falsch** Die Kennwortrichtlinie der Domäne **engineering.fabrikam.com** hat keinen Einfluss auf Rooslans Konto.

5. **Richtige Antwort: B**

A. **Falsch** Der Standardcontainer **Users** wird mit **cn=users** angegeben, nicht mit **ou=users**.

B. **Richtig** Der Befehl ändert die Ablaufzeit von Oksanas Benutzerkonto von ihrem Vertragsende auf unbefristet. Somit kann sie sich am Netzwerk anmelden.

C. **Falsch** Das Problem liegt daran, dass Oksanas Konto abgelaufen ist. Es gibt keinen Grund, sie zu einer Kennwortänderung zu zwingen.

D. **Falsch** Das Problem ist nicht, dass Oksanas Konto deaktiviert wäre, sondern dass es abgelaufen ist. Es kann nur dadurch wieder aktiviert werden, dass das Ablaufdatum auf einen Zeitpunkt geändert wird, der in der Zukunft liegt, oder dass es unbefristete Gültigkeit erhält.

E. **Falsch** Der Standardcontainer **Users** wird mit **cn=users** angegeben, nicht mit **ou=users**. Außerdem ist Oksanas Konto nicht deaktiviert worden, sondern abgelaufen.

KAPITEL 16

Verwalten und Warten des Ressourcenzugriffs (3.0)

Für den Zugriff auf Ressourcen sind eine ordnungsgemäße Identifikation sowie entsprechende Berechtigungen erforderlich. Um im Netzwerk auf Dateien zugreifen zu können, ist keine weitere Konfiguration erforderlich. Sie müssen lediglich sicherstellen, dass die Ressource zugänglich (freigegeben) ist und dass der Benutzer über die entsprechenden Berechtigungen verfügt, um die gewünschte Aktion durchzuführen (Lesen, Schreiben, Löschen etc.). Der Prozess der Analyse des Benutzerzugriffstokens umfasst das Lesen der Einträge in der Zugriffssteuerungsliste der Ressource (Access Control List, ACL) und das Vergleichen der Liste mit den Sicherheitskennungen (Security Identifiers, SIDs) des Tokens. Wenn die Sicherheitsdienste, die den Zugriff auf die Ressource steuern, feststellen, dass die Kombination aus SIDs und deren Berechtigungen für die Durchführung der angeforderten Aufgabe ausreichen, wird der Zugriff gewährt. Andernfalls wird der Zugriff auf die Ressource verweigert.

Ein solcher auf Berechtigungen basierender Zugriff wird vom Betriebssystem auf der Grundlage des Dateisystems durchgesetzt, das auf dem Speichergerät installiert ist, auf dem sich die Ressource befindet. Bei einem FAT32-Dateisystem beispielsweise können Berechtigungen selbst dann nicht auf der Ebene des Dateisystems festgelegt werden, wenn Windows Server 2003 als Betriebssystem verwendet wird: Für diese Art der Berechtigungszuweisung sind NTFS-Berechtigungen erforderlich.

Freigabeberechtigungen können unabhängig vom Dateisystem festgelegt werden, auf dem die Ressourcen gespeichert sind. Die Freigabeberechtigungen werden nur durch das Betriebssystem gesteuert, und sie gelten für jede Einheit, die über das Netzwerk auf die Ressource zuzugreifen versucht.

Terminaldienste sind insofern einen anderen Typ des Ressourcenzugriffs, als sie über das Netzwerk hinweg eine lokale Umgebung für den Benutzer bieten. Die Erstellung und Verwendung dieser virtuellen lokalen Umgebung erfordert zusätzliche Berechtigungen und Konfigurationen, der Ressourcenzugriff auf Dateien und Ordner wird jedoch noch immer durch die Berechtigungen des Netzwerks (Freigabe) und des Dateisystems (NTFS) geregelt. Um die Terminaldienste richtig einsetzen zu können, sind Kenntnisse über die zusätzlichen Konfigurationsanforderungen und -möglichkeiten erforderlich.

Geprüfte Fähigkeiten und vorgeschlagene praktische Übungen

Für den Lernzielbereich „Verwalten und Warten des Ressourcenzugriffs“ der Prüfung 70-290: *Verwalten und Warten einer Microsoft Windows Server 2003-Umgebung* sind folgende Fähigkeiten erforderlich:

- Konfigurieren des Zugriffs auf freigegebene Ordner
  - Praktische Übung 1: Legen Sie Berechtigungen für einzelne Benutzer und Gruppen fest. Erstellen Sie zunehmend komplexe Sätze von Gruppenmitgliedschaften und Berechtigungszuweisungen, sodass ein Satz von Berechtigungen aus 2 bis 3 Ebenen entsteht. Verwenden Sie hierbei mehrere Gruppenmitgliedschaften für ein Benutzerkonto und verschachtelte Mitgliedschaften für Gruppen.
  - Praktische Übung 2: Konfigurieren Sie Berechtigungssätze für Netzwerkfreigaben. Konfigurieren Sie NTFS-Berechtigungen für dieselbe Ressource, und analysieren Sie die effektiv daraus hervorgehenden Berechtigungen für einen Benutzer.
- Problembehandlung bei Terminaldiensten
  - Praktische Übung 1: Konfigurieren Sie die Terminaldienste im Modus **Remotedesktop für Verwaltung**, sodass verschiedenen Benutzern Berechtigungen erteilt oder verweigert werden. Legen Sie Eigenschaften für zugelassene Benutzer fest, um deren Profilpfade und Basisverzeichnisse zu steuern und um festzulegen, ob deren Sitzungen remote über eine andere Terminaldienstesitzung gesteuert werden können.
  - Praktische Übung 2: Konfigurieren Sie die Gruppenrichtlinie für Terminaldienstebenutzer, um die Ausgabe des lokalen Druckers und Laufwerks an die Terminaldienstesitzung umzuleiten. Machen Sie sich mit dem Zweck und den Funktionen jeder dieser Einstellungen vertraut.
- Konfigurieren von Dateisystemberechtigungen
  - Praktische Übung 1: Legen Sie Berechtigungen für einzelne Benutzer und Gruppen fest. Erstellen Sie zunehmend komplexe Sätze von Gruppenmitgliedschaften und Berechtigungszuweisungen, sodass ein Satz von Berechtigungen aus 2 bis 3 Ebenen entsteht. Verwenden Sie hierbei mehrere Gruppenmitgliedschaften für ein Benutzerkonto und verschachtelte Mitgliedschaften für Gruppen.
  - Praktische Übung 2: Konfigurieren Sie Sätze von NTFS-Berechtigungen für Dateisystemobjekte. Konfigurieren Sie Freigabeberechtigungen für dieselbe Ressource, und analysieren Sie die effektiv daraus hervorgehenden Berechtigungen für einen Benutzer.
- Problembehandlung beim Zugriff auf Dateien und freigegebene Ordner
  - Praktische Übung 1: Greifen Sie auf die Eigenschaften einer Datei zu, für die Sie komplexe NTFS-Berechtigungen für mehrere Benutzergruppen festgelegt haben. Wählen Sie einen Benutzer, der Mitglied mehrerer Gruppen ist, denen Sie die Berechtigungen für die Datei zugewiesen haben. Verwenden Sie die Schaltfläche **Erweitert** auf der Registerkarte **Sicherheit**, um auf die Registerkarte **Effektive Berechtigungen** zuzugreifen. Geben Sie den Namen des Benutzers ein, um dessen effektive Berechtigungen für diese Datei zu ermitteln.

- Praktische Übung 2: Greifen Sie auf die Eigenschaften eines Ordners zu, für den mehrere Gruppen verschiedene NTFS-Berechtigungen erhalten haben. Verwenden Sie die Schaltfläche **Erweitert** auf der Registerkarte **Sicherheit**, um auf die Registerkarte **Effektive Berechtigungen** zuzugreifen. Geben Sie einen Gruppennamen ein, und zeigen Sie die effektiven Gruppenberechtigungen für den jeweiligen Ordner an.

Weiterführende Literatur

Dieser Abschnitt enthält eine nach Lernziel unterteilte Liste mit zusätzlicher Literatur. Diese Quellen sollten Sie vor der Prüfung sorgfältig durcharbeiten.

Lernziel 3.1

Lesen Sie Kapitel 6, „Dateien und Ordner". In diesem Kapitel werden Freigabeberechtigungen, NTFS-Berechtigungen und die Überwachung des Ressourcenzugriffs behandelt.

Microsoft Corporation: *Frequently Asked Questions: Security Technologies*. Diese webbasierte Ressource ist kostenlos und kann über folgenden URL aufgerufen werden: **http://www.microsoft.com/windowsserver2003/community/centers/security/security_faq.mspx.**

Lernziel 3.2

Lesen Sie Kapitel 2, Lektion 3, „Verwalten von Servern mit Remotedesktop für Verwaltung". In dieser Lektion werden Konfigurations- und Berechtigungsprobleme im Zusammenhang mit Terminaldiensten, Remotedesktop und Remoteunterstützung erörtert.

Microsoft Corporation: Windows Server 2003 Hilfe- und Supportcenter: „Remoteunterstützung".

Lernziel 3.3

Lesen Sie Kapitel 6, „Dateien und Ordner". In diesem Kapitel werden Freigabeberechtigungen, NTFS-Berechtigungen und die Überwachung des Ressourcenzugriffs behandelt.

Microsoft Corporation: Technet; Script Center: Disks and File Systems. Diese webbasierte Ressource ist kostenlos und kann über folgenden URL aufgerufen werden: **http://www.microsoft.com/technet/scriptcenter/default.mspx**.

Lernziel 3.4

Lesen Sie Kapitel 6, „Dateien und Ordner". Arbeiten Sie das Material zur Problembehandlung bei Berechtigungen durch, und informieren Sie sich, wie effektive Berechtigungen angezeigt werden.

Lesen Sie den folgenden Artikel im Microsoft Technet: **http://technet2.microsoft.com/WindowsServer/en/Library/87b011ec-b1b4-4baf-8ab0-53147b22a4201033.mspx**.

Lernziel 3.1: Konfigurieren des Zugriffs auf freigegebene Ordner

Freigabeberechtigungen werden innerhalb des Windows Server 2003-Betriebssystems an Netzwerkzugriffspunkten – so genannten Freigaben – innerhalb des Dateisystems festgelegt. Diese Freigabeberechtigungen werden über die Schnittstelle der Ordnereigenschaften (Registerkarte **Freigabe**) im Windows Explorer zugewiesen. Einzelne Dateien können nicht freigegeben werden.

Gibt es mehrere Benutzereinträge im Benutzerzugriffstoken, wird die Berechtigungen von jeder angegebenen SID analysiert, und die liberalste Berechtigung wird erteilt. Eine Ausnahme von dieser großzügigen Berechtigungszuordnung liegt vor, wenn einer (oder mehreren) der im Token angegebenen SIDs in der Zugriffssteuerungsliste der Ressourcen eine Zugriffsverweigerung zugewiesen wurde. In diesem Fall hat die Zugriffsverweigerung Vorrang.

Wenn auf dem Dateisystem NTFS-Berechtigungen verwendet werden, wird die effektive Freigabeberechtigung mit der effektiven NTFS-Berechtigung verglichen, und die restriktivste Berechtigung wird schließlich dem Benutzer als endgültige, effektive Berechtigung für die jeweilige Ressource zugewiesen.

Fragen zu Lernziel 3.1

1.

Server01 ist ein Dateiserver unter Microsoft Windows Server 2003, der von der Buchhaltungsabteilung verwendet wird, um Mitarbeitern Formulare für Zeittabellen und Ausgaben bereitzustellen. Sie richten die Berechtigungen an den Freigaben für diese Ordner ein und müssen dabei folgende Anforderungen erfüllen:

- Mitarbeiterspezifische Formulare werden im Ordner **Formulare** gespeichert. Diese Formulare sollen allen Mitarbeitern zugänglich sein.
- Nur authentifizierte Benutzer sollen auf die Formulare zugreifen können.
- Mitarbeiter können ausgefüllte Formulare in einem Ordner namens **Formulare\Berichte\<*Benutzername*>** ablegen.
- Benutzer sollten nur ihre eigenen Formulare lesen können, nicht die Formulare, die von anderen Benutzern dort abgelegt werden.
- Formulare für leitende Angestellte sind unter **Formulare\Manager** gespeichert. Diese Formulare sollten nur für leitende Angestellte zugänglich sein.

Der Ordner **Formulare** wird als **Formulare** freigegeben, der Ordner **Manager** als **Manager** und die Ordner der einzelnen Benutzer unter dem jeweiligen Benutzernamen.

Leitende Angestellte sind Mitglieder der globalen Gruppe **Manager**.

NTFS-Berechtigungen sind für alle Ordner auf **Authentifizierte Benutzer – Ändern** eingestellt.

Den freigegebenen Ordnern werden folgende Berechtigungen zugewiesen:

Freigegebener Ordner	Freigabeberechtigungen
Formulare	Jeder, Lesen
Manager	Manager, Lesen
<Benutzername>	*<Benutzername>* Ändern

Welche der folgenden Anforderungen wird erfüllt? (Wählen Sie alle zutreffenden Antworten aus.)

A. Alle Mitarbeiter können ihre Formulare herunterladen.

B. Alle Mitglieder können die ausgefüllten Formulare in ihren Ordnern ablegen.

C. Mitarbeiter können nur ihre eigenen ausgefüllten Formulare lesen.

D. Nur authentifizierte Benutzer können Formulare herunterladen.

E. Nur leitende Angestellte können Formulare für Manager herunterladen.

2.

Sie konfigurieren Freigabeberechtigungen für einen freigegebenen Ordner auf einem Dateiserver. Sie möchten, dass alle authentifizierten Benutzer Dateien in dem Ordner speichern, alle Dateien im Ordner lesen und ihre eigenen Dateien ändern und löschen können.

Wie lauten die korrekten Berechtigungen, die sie für den freigegebenen Ordner einrichten müssen, um dieses Ziel zu erreichen? (Wählen Sie alle zutreffenden Antworten aus.)

A. Authentifizierte Benutzer – Vollzugriff

B. Authentifizierte Benutzer – Ändern

C. Authentifizierte Benutzer – Lesen

D. Ersteller/Besitzer – Vollzugriff

E. Ersteller/Besitzer – Ändern

F. Ersteller/Besitzer – Lesen

3.

Sie konfigurieren Berechtigungen für einen freigegebenen Ordner in Ihrem Netzwerk. Sie möchten, dass alle authentifizierten Benutzer Lesezugriff auf die Dateien besitzen, wenn sie von ihren Computern aus eine Verbindung zu diesem Ordner herstellen, jedoch nur Mitglieder der Gruppe **Manager** sollten die Dateien lesen können, wenn sie lokal an dem Computer angemeldet sind, auf dem die Dateien gespeichert sind. Manager sollen außerdem die Dateien ändern können, wenn sie lokal angemeldet sind.

Alle Benutzer können sich lokal am Computer anmelden.

Welche Berechtigungen müssen Sie für den freigegebenen Ordner einrichten? (Wählen Sie alle zutreffenden Antworten aus.)

A. NTFS – Interaktiv – Ändern

B. NTFS – Interaktiv – Lesen

C. NTFS – Authentifizierte Benutzer – Ändern

D. NTFS – Manager – Ändern

E. Freigabeberechtigung – Netzwerk – Lesen

F. Freigabeberechtigung – Interaktiv – Lesen

G. Freigabeberechtigung – Manager – Ändern

4.

Der Ordner **Dokumente** auf **Server01** wird als **Dok$** freigegeben. Die Berechtigungen für den freigegebenen Ordner lauten folgendermaßen:

- Freigabeberechtigungen für **Dok$**: **Jeder – Vollzugriff**
- NTFS-Berechtigungen für den Ordner **Dokumente**: **Authentifizierte Benutzer – Lesen**, **Schreiben**; **Manager – Ändern**; **Administratoren – Vollzugriff**

Welche der folgenden Aussagen über den Ressourcenzugriff treffen zu? (Wählen Sie alle zutreffenden Antworten aus.)

A. Nur Administratoren können über das Netzwerk auf den freigegebenen Ordner zugreifen.

B. Alle Benutzer können über das Netzwerk auf den freigegebenen Ordner zugreifen.

C. Authentifizierte Benutzer können Dateien im Ordner löschen.

D. Manager können Dateien im Ordner löschen.

E. Authentifizierte Benutzer können Dateien in den Ordner schreiben.

F. Authentifizierte Benutzer können den Besitz an einer Datei im Ordner ändern.

G. Manager können den Besitz an einer Datei im Ordner ändern.

5.

Sie haben gerade auf einem Computer, auf dem Windows Server 2003 SP1 ausgeführt wird, eine neue Freigabe erstellt, um die Dateien von Benutzern aus der Technikabteilung zu speichern. Sie haben noch keine Änderungen an den Standardfreigabeberechtigungen und den NTFS-Berechtigungen vorgenommen. Die Abbildung zeigt die Eigenschaften der Freigabe. Welche der folgenden Aussagen sind nach den vorliegenden Informationen wahr? (Wählen Sie alle zutreffenden Antworten aus.)

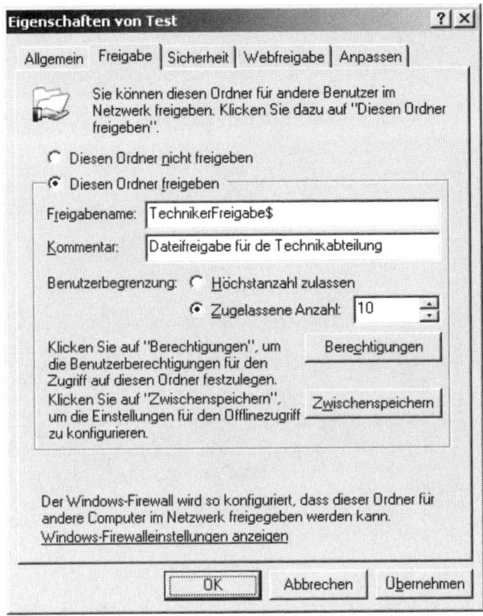

A. Alle 30 Mitglieder der Technikabteilung können gleichzeitig auf ihre Dokumente zugreifen.

B. Wenn fünf Manager und zwei Assistenten gleichzeitig Dokumente lesen, die in der Freigabe gespeichert sind, können nur 10 Mitglieder aus der Technikabteilung gleichzeitig auf ihre Dokumente in der Freigabe zugreifen.

C. Mitlieder der globalen Gruppe **Techniker** finden diese Freigabe in der **Netzwerkumgebung**.

D. Standardmäßig erhält die Gruppe **Jeder** die Freigabeberechtigung **Lesen (Zulassen)**.

E. Standardmäßig erhalten Mitglieder der globalen Gruppe **Techniker** keine Freigabeberechtigungen.

6.

Jesper Aaberg ist Mitglied der Gruppen **Buchhaltung** und **Entwickler**. Lene Aalling ist Mitglied der Gruppen **Manager** und **Leitende Angestellte**. Syed Abbas ist nur Mitglied der Gruppe **Entwickler**. Die globalen Gruppen **Leitende Angestellte** und **Buchhaltung** sind in der Organisationseinheit (OU) **Techniker** gespeichert. Die Gruppen **Buchhaltung** und **Leitende Angestellte** verfügen über die Freigabeberechtigungen **Lesen (Zulassen)** und **Ändern (Zulassen)**. Die Gruppen **Entwickler** und **Manager** verfügen nur über die Freigabeberechtigung **Lesen (Zulassen)**. Die Gruppe **Techniker** erhält die gezeigte Freigabeberechtigung. Welche der folgenden Aussagen sind wahr? (Wählen Sie alle zutreffenden Antworten aus.)

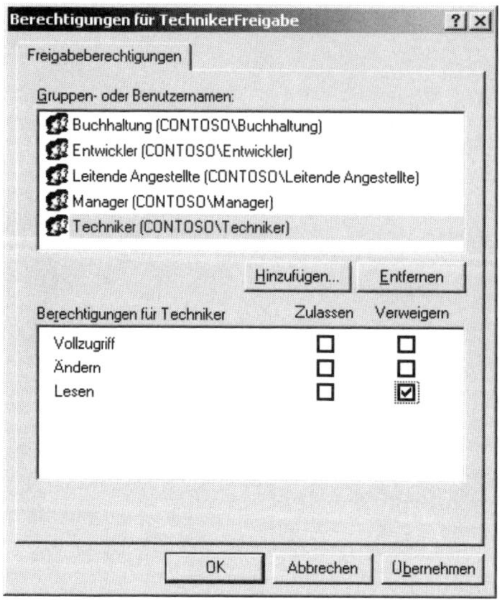

A. Jespers effektive Freigabeberechtigung ist **Lesen (Zulassen)** und **Ändern (Zulassen)**.

B. Jespers effektive Freigabeberechtigung ist **Lesen (Verweigern)**.

C. Lenes effektive Freigabeberechtigung ist **Lesen (Zulassen)** und **Ändern (Zulassen)**.

D. Lenes effektive Freigabeberechtigung ist **Lesen (Verweigern)**.

E. Syeds effektive Freigabeberechtigung ist **Lesen (Verweigern)**.

7.

Sie sind Netzwerkadministrator in einer großen Klinik. Auf allen Servern der Klinik wird Windows Server 2003 SP1 ausgeführt, und bei den Clientcomputern handelt es sich um Tablet PCs mit der Windows XP Tablet PC-Edition. Die Ärzte der Klinik möchten die Krankenblätter der Patienten erstellen, löschen und bearbeiten können. Das Pflegepersonal der Klinik soll die Krankenblätter einsehen können, aber sie dürfen nicht in der Lage sein, die Krankenblätter zu ändern oder zu löschen. In der Klinik darf sonst niemand Zugriff auf diesen vertraulichen Ordner erhalten, mit Ausnahme der Gruppe der Netzwerkadministratoren. In der Klinik gibt es eine Domäne auf der Funktionsebene **Windows Server 2003**. In der Domäne gibt es eine lokale Sicherheitsgruppe für die Ärzte und eine zweite lokale Sicherheitsgruppe für das Pflegepersonal.

Sie haben auf einem Mitgliedsserver der Domäne einen Ordner namens **Unterlagen** eingerichtet. Dieser Ordner wird als **Krankenblätter$** freigegeben. Als Freigabeberechtigungen haben Sie die Standardvorgaben des Windows Server 2003 SP1-Mitgliedsservers übernommen. Die NTFS-Berechtigungen sind so eingestellt, dass alle Benutzer aus der Domäne über die Berechtigungen **Lesen (Zulassen)**, **Ändern (Zulassen)** und **Schreiben (Zulassen)** verfügen. Welche Änderungen müssen Sie mindestens vornehmen, damit die Freigabeberechtigungen den Anforderungen der Klinik entsprechen? (Wählen Sie alle zutreffenden Antworten aus.)

A. Sie entfernen die Gruppe **Jeder** aus der Liste der Freigabeberechtigungen.

B. Sie entfernen die Gruppe **Jeder** aus der Liste der NTFS-Berechtigungen.

C. Sie geben der Gruppe **Ärzte** die Freigabeberechtigung **Vollzugriff (Zulassen)**.

D. Sie geben der Gruppe **Ärzte** die Freigabeberechtigung **Ändern (Zulassen)**.

E. Sie geben der Gruppe **Pflegepersonal** die Freigabeberechtigung **Lesen (Zulassen)**.

Antworten zu Lernziel 3.1

1. Richtige Antwort: A, B und D

A. **Richtig** Alle Mitarbeiter können als Mitglieder der Gruppe **Jeder** über den freigegebenen Ordner **Formulare** auf ihre Formulare zugreifen.

B. **Richtig** Alle Mitarbeiter können durch die ihnen zugewiesene Berechtigung **Ändern** auf ihre Benutzerordner zugreifen.

C. **Falsch** Auch wenn die für jeden Benutzerordner eingestellte Berechtigung **Ändern** den Zugriff über diesen Freigabepunkt einschränkt, kann jeder Benutzer über den freigegebenen Ordner **Formulare** zu den einzelnen Ordnern navigieren.

D. **Richtig** Unter Windows Server 2003 enthält die Gruppe **Jeder** standardmäßig nicht die Identität **Anonymous-Anmeldung**.

E. **Falsch** Auch wenn die Benutzer nicht direkt auf den freigegebenen Ordner **Manager** zugreifen können, haben sie die Möglichkeit, über den freigegebenen Ordner **Formulare** dorthin zu navigieren.

2. Richtige Antwort: C und E

A. **Falsch** Durch das Festlegen der Berechtigung **Authentifizierte Benutzer – Vollzugriff** wird das Bearbeiten oder Löschen aller Dateien im Ordner gestattet, sodass die Benutzer mehr Berechtigungen erhalten als nötig.

B. **Falsch** Durch das Festlegen der Berechtigung **Authentifizierte Benutzer – Ändern** wird das Bearbeiten aller Dateien im Ordner gestattet, sodass die Benutzer mehr Berechtigungen erhalten als nötig.

C. **Richtig** Durch die Berechtigung **Authentifizierte Benutzer – Lesen** wird das Lesen aller Dateien im Ordner gestattet, sodass diese Anforderung erfüllt wird.

D. **Falsch** Die Berechtigung **Ersteller/Besitzer – Vollzugriff** erlaubt Benutzern das Ändern oder Löschen ihrer eigenen Dateien, jedoch auch das Ändern der Berechtigungen für diese Dateien. Mit der Fähigkeit, die Berechtigungen zu ändern, könnte der Ersteller/Besitzer Berechtigungen festlegen, die anderen Benutzern das Ändern oder Löschen der Dateien erlauben.

E. **Richtig** Durch Erteilen der Berechtigung **Ersteller/Besitzer – Ändern** wird Benutzern, die eine Datei erstellt haben, gestattet, die Datei zu ändern oder zu löschen. Demzufolge wird diese Anforderung erfüllt.

F. **Falsch** Durch die Berechtigung **Ersteller/Besitzer – Lesen** wird den Benutzern nicht gestattet, Dateien im Ordner zu erstellen oder zu verändern, sodass diese Anforderung nicht erfüllt wird.

3. Richtige Antwort: D und E

A. **Falsch** Durch diese Einstellung erhält jeder am Computer angemeldete Benutzer die Möglichkeit, Dateien zu ändern. Die NTFS-Berechtigungen sind die einzigen Berechtigungen, die für lokal angemeldete Benutzer gelten; aus diesen besteht die Einheitsgruppe **Interaktiv**.

B. **Falsch** Durch diese Einstellung erhält jeder am Computer angemeldete Benutzer die Möglichkeit, Dateien zu lesen. Dies entspricht nicht den Anforderungen. Die NTFS-Berechtigungen sind die einzigen Berechtigungen, die für lokal angemeldete Benutzer gelten; aus diesen besteht die Einheitsgruppe **Interaktiv**.

C. **Falsch** Durch diese Einstellung erhält jeder am Computer angemeldete Benutzer die Möglichkeit, Dateien zu lesen. Dies entspricht nicht den Anforderungen. Die NTFS-Berechtigungen sind die einzigen Berechtigungen, die für lokal angemeldete Benutzer gelten; aus diesen besteht die Einheitsgruppe **Interaktiv**.

D. **Richtig** Durch diese Einstellung wird Managern, die lokal angemeldet sind, die Berechtigung zum Ändern erteilt. Sie erhalten diese Berechtigung ebenso beim Zugriff auf die Dateien vom Netzwerk aus, wenn die Berechtigungen nicht weiter eingeschränkt werden.

E. **Richtig** Durch diese Einstellung erhalten alle Benutzer, die über das Netzwerk auf den Ordner zugreifen, Lesezugriff. Werden keine weiteren Freigabeberechtigungen zugewiesen, besitzen Manager außerhalb des Kontexts der Mitgliedschaft in der Einheitsgruppe **Netzwerk** keinen zusätzlichen Zugriff auf die Dateien.

F. **Falsch** Die Berechtigung **Interaktiv** kann zwar festgelegt werden, ist jedoch für Benutzer, die sich über das Netzwerk anmelden, ohne Belang. Die Einheitsgruppe **Interaktiv** ist für Benutzer bestimmt, die sich lokal an der Konsole des Computers anmelden.

G. **Falsch** Diese Einstellung erlaubt Managern, die Dateien über das Netzwerk zu ändern. Dies entspricht nicht den Anforderungen: Manager sollen die Dateien nur dann lesen und bearbeiten können, wenn sie lokal am Computer angemeldet sind.

4. Richtige Antwort: B, D und E

A. **Falsch** Das Zeichen **$** im Freigabenamen blendet die Freigabe aus der Suchliste aus, betrifft jedoch nicht die Berechtigungen der Freigabe über das Netzwerk. Auch wenn Freigaben, die vom Betriebssystem als verborgene Freigaben zum Stamm eines Laufwerks erstellt werden, nur für Administratoren zugänglich sind, wird die Zugriffsberechtigung für verborgene Freigaben, die manuell erstellt werden, nicht automatisch auf Administratoren beschränkt.

B. **Richtig** Die Kombination der Freigabeberechtigung **Vollzugriff** und der NTFS-Berechtigungen **Lesen** und **Schreiben** ermöglichen den Zugriff über das Netzwerk durch authentifizierte Benutzer.

C. **Falsch** Benutzer verfügen nicht über die Berechtigung **Löschen** oder **Ändern**, welche zum Löschen von Dateien erforderlich sind.

D. **Richtig** Die NTFS-Berechtigung **Ändern** ermöglicht Managern das Löschen von Dateien.

E. **Richtig** Die NTFS-Berechtigung **Schreiben** ermöglicht authentifizierten Benutzern das Schreiben von Dateien in den Ordner.

F. **Falsch** Die NTFS-Berechtigungen **Lesen** und **Schreiben** reichen zum Ändern des Dateibesitzes nicht aus.

G. **Falsch** Die NTFS-Berechtigung **Ändern** reicht zum Ändern des Dateibesitzes nicht aus.

5. Richtige Antwort: D und E

A. **Falsch** Die Freigabe ist so konfiguriert, dass sie von höchstens 10 Benutzern gleichzeitig verwendet werden kann.

B. **Falsch** Die Beschränkung der Benutzerzahl gilt für alle Benutzer, unabhängig von der Gruppenmitgliedschaft.

C. **Falsch** Durch die Verwendung des Zeichens **$** am Ende des Freigabenamens wird die Freigabe versteckt. Es ist für normale Benutzer unmöglich, in versteckten Freigaben zu navigieren.

D. **Richtig** Standardmäßig verfügt die Gruppe **Jeder** bei neuen Freigaben über die Freigabeberechtigung **Lesen (Zulassen)**.

E. **Richtig** Standardmäßig verfügt bei neuen Freigaben die Gruppe **Jeder** über die Freigabeberechtigung **Lesen (Zulassen)**.

6. Richtige Antwort: A und C

A. **Richtig** Da Jesper Mitglied der Gruppe **Buchhaltung** ist, verfügt er über die effektive Freigabeberechtigung **Lesen (Zulassen)** und **Ändern (Zulassen)**.

B. **Falsch** Der Gruppe **Techniker** wurde zwar die Freigabeberechtigung **Lesen (Verweigern)** zugewiesen, aber weder Jesper noch Lene sind Mitglieder der Gruppe **Techniker**. Die globalen Gruppen **Leitende Angestellte** und **Buchhaltung** sind zwar in der OU **Techniker** gespeichert, aber einer OU können keine Freigabeberechtigungen zugewiesen werden. Es ist die *Gruppe* **Techniker**, der die Berechtigungen zugewiesen wurden.

C. **Richtig** Da Lene Mitglied der Gruppe **Leitende Angestellte** ist, verfügt er über die effektive Freigabeberechtigung **Lesen (Zulassen)** und **Ändern (Zulassen)**.

D. **Falsch** Der Gruppe **Techniker** wurde zwar die Freigabeberechtigung **Lesen (Verweigern)** zugewiesen, aber weder Jesper noch Lene sind Mitglieder der Gruppe **Techniker**. Die globalen Gruppen **Leitende Angestellte** und **Buchhaltung** sind zwar in der OU **Techniker** gespeichert, aber einer OU können keine Freigabeberechtigungen zugewiesen werden. Es ist die *Gruppe* **Techniker**, der die Berechtigungen zugewiesen wurden.

E. **Falsch** Syed ist nur Mitglied der Gruppe **Entwickler**. Seine effektive Freigabeberechtigung ist **Lesen (Zulassen)**.

7. Richtige Antwort: A, D und E

A. **Richtig** Standardmäßig verfügt die Gruppe **Jeder** über die Freigabeberechtigung **Lesen (Zulassen)**. Sie müssen diese Berechtigung löschen, um die Anforderungen der Klinik einzuhalten.

B. **Falsch** Aus der Fragestellung ging hervor, dass die Änderungen nur an den Freigabeberechtigungen zu erfolgen brauchen, nicht an den NTFS-Berechtigungen. Es ist zwar möglich, den Zugriff über NTFS-Berechtigungen zu steuern, aber danach wurde nicht gefragt.

C. **Falsch** Die Gruppe **Ärzte** braucht keine Freigabeberechtigung **Vollzugriff (Zulassen)**, weil die Freigabeberechtigung **Ändern (Zulassen)** schon ausreicht, um die Anforderungen zu erfüllen.

D. **Richtig** Die Zuweisung der Freigabeberechtigung **Ändern (Zulassen)** ermöglicht den Ärzten in Kombination mit den bestehenden NTFS-Berechtigungen das Hinzufügen, Bearbeiten und Löschen von Patientendaten.

E. **Richtig** Mitglieder der Gruppe **Pflegepersonal** müssen die Dokumente zwar lesen können, aber sie dürfen nicht in der Lage sein, Dokumente zu ändern oder zu löschen.

Lernziel 3.2: Problembehandlung der Terminaldienste

Terminaldienste besitzen im Vergleich zu Freigabeberechtigungen für andere Ressourcen spezielle Berechtigungs- und Konfigurationseinstellungen. Zusätzlich zu der expliziten Berechtigung zur Nutzung der Terminaldienste erfordert der Einsatz von Terminaldiensten Benutzerrechte (z.B. lokale Anmeldung) für den Computer, auf dem die Terminaldienste ausgeführt werden. Unter Windows Server 2003 werden all diese Rechte und die Berechtigung zur Nutzung der Terminaldienste der Gruppe **Remotedesktopbenutzer** verliehen.

Die Einstellungen der Terminaldienste für Remotesteuerung, Basisverzeichnis, Anwendungsstart und Profileinstellungen darf man nicht mit den Berechtigungen und Benutzerrechten verwechseln, die für den Zugriff auf die Terminaldienste erforderlich sind.

Fragen zu Lernziel 3.2

1.

Sie haben verschiedene Benutzer so konfiguriert, dass sie über die Terminaldienste eine Verbindung mit **Server01** herstellen können, und die Standardkonfiguration über die Konsole **Terminaldienstekonfiguration** so geändert, dass die Umleitung von Clientdruckern ermöglicht wird. Das Ziel besteht darin, dass alle Benutzer des Terminalservers über ihre Terminalserversitzung Druckaufträge an Druckgeräte senden können, die auf ihrem lokalen Computer konfiguriert sind.

Die Benutzer beklagen sich jedoch, dass sie keine Druckaufträge an ihre lokal konfigurierten Druckgeräte senden können.

Wie gehen Sie vor, um das Problem zu lösen?

A. Sie deaktivieren die Einstellung **Clientdruckerumleitung nicht zulassen** in der Gruppenrichtlinie für jeden Terminalserver-Clientcomputer.

B. Sie deaktivieren die Einstellung **Clientdruckerumleitung nicht zulassen** in der Gruppenrichtlinie für den Terminalservercomputer.

C. Sie weisen den Benutzer an, den lokalen Drucker in seiner Terminalserversitzung zu installieren.

D. Sie verwenden ein Anmeldeskript für die Terminalserversitzung der Benutzer, um den Drucker hinzuzufügen.

2.

Sie haben mehrere Clientcomputer mit dem Terminaldiensteclient und der Remotedesktopverbindung konfiguriert und einen Terminalserver im Modus **Remotedesktop für Verwaltung** (Standard) eingerichtet. Wenn die Benutzer eine Verbindung mit dem Terminalserver herzustellen versuchen, erhalten sie eine Fehlermeldung, dass die lokale Richtlinie dieses Systems keine interaktive Anmeldung erlaubt.

Wie gehen Sie vor, um das Problem zu lösen?

A. Sie fügen die Benutzer zur Gruppe **Remotedesktopbenutzer** hinzu.

B. Sie konfigurieren für jeden Benutzer das Benutzerrecht zur lokalen Anmeldung am Terminalserver.

C. Sie nehmen die entsprechenden Gruppenrichtlinieneinstellungen für die Client/Server-Datenumleitung vor.

D. Sie aktivieren für jeden Benutzer die Remotesteuerungseinstellung der Terminaldienste.

3.

Ein Benutzer hat Sie per E-Mail um eine Remoteunterstützungssitzung gebeten. Sie versuchen, eine Verbindung zum Computer des Benutzers herzustellen, um die Remotedesktopsitzung einzurichten, können jedoch keine Netzwerkverbindung herstellen.

Sie können jedoch über die Freigabe **C$** auf den Computer des Benutzers und auf das Dateisystem zugreifen.

Was ist die wahrscheinlichste Ursache des Problems?

A. Ihr Benutzerkonto ist kein Mitglied der lokalen Gruppe **Administratoren** auf dem Computer des Benutzers.

B. Sie haben nicht den Terminaldiensteclient auf Ihrem Computer installiert.

C. Port 3389 ist in der Firewall zwischen Ihrem Netzwerksegment und dem Netzwerksegment, in dem sich der Computer des Benutzers befindet, nicht geöffnet.

D. Das Konto des Benutzers ist in Active Directory so konfiguriert, dass keine Remotesteuerung zulässig ist.

4.

Alle Computerbenutzer in Ihrem Unternehmen greifen über einen einzelnen Terminalserver (**Server01**), der sich in demselben LAN-Segment befindet, auf mehrere Anwendungen zu. Sie verwenden Windows Server 2003 Active Directory und DNS, und beim Terminalserver handelt es sich um einen Server unter Windows Server 2003.

Am Vortag haben Sie zu Geschäftsschluss den Terminalserver in **App1** umbenannt. Sie haben sowohl als Administrator wie auch als normaler Benutzer sichergestellt, dass der Server mit seinem neuen Namen über die Terminaldienste zugänglich ist. Außerdem haben Sie dies über den Windows Explorer überprüft.

Heute Morgen melden alle Benutzer, dass sie keine Verbindung mit dem Terminalserver herstellen können. Sie stellen fest, dass über den Windows Explorer eine Verbindung mit dem Terminalserver hergestellt werden kann, eine Benutzerverbindung über die Terminaldienste jedoch nicht möglich ist. Sie können sich als Administrator mit dem Terminalserver verbinden.

Was ist die wahrscheinlichste Ursache des Problems?

A. Der Terminalservereintrag in DNS muss aktualisiert werden.

B. Die Verbindungsberechtigungen für den Terminalserver müssen aktualisiert werden.

C. Ein Terminaldienste-Lizenzserver muss installiert und konfiguriert werden.

D. Der Terminalserver muss neu gestartet werden.

5.

Sie versuchen über den Client von Remotedesktop für Verwaltung eine Verbindung mit **Server01** herzustellen, erhalten jedoch eine Meldung, dass keine Verbindung möglich ist, weil die Anzahl gleichzeitiger Verbindungen überschritten wurde.

Sie können sich über den Client von Remotedesktop für Verwaltung mit **Server02**, **Server03** und **Server04** verbinden, welche Mitgliedsserver in derselben Domäne sind. Sie besitzen Administratorrechte für jeden dieser Server.

Server01 ist für Sie nicht direkt zugänglich, weil er sich an einem Remotestandort befindet.

Welche Maßnahmen sollten Sie zur Lösung des Problems ergreifen? (Wählen Sie alle zutreffenden Antworten aus.)

A. Sie stellen über den Client von Remotedesktop für Verwaltung eine Verbindung mit **Server02** her.

B. Sie stellen mit der Terminaldiensteverwaltung von der Terminaldienstesitzung auf **Server02** aus eine Verbindung mit **Server01** her. Sie trennen eine der Remotesitzungen.

C. Sie stellen über den Client von Remotedesktop für Verwaltung eine Verbindung mit **Server01** von der Terminaldienstesitzung auf **Server02** aus her. Sie trennen eine der Remotesitzungen.

D. Sie öffnen das Dialogfeld **Eigenschaften von Server01** in **Active Directory-Benutzer und -Computer**. Sie konfigurieren **Server01** so, dass Terminaldiensteverbindungen verweigert werden, und konfigurieren ihn erneut, um Terminaldiensteverbindungen zuzulassen.

E. Sie stellen über den Client von Remotedesktop für Verwaltung eine Verbindung mit **Server01** von der Terminaldienstesitzung auf **Server02** aus her. Sie öffnen die Eigenschaftenseite **System** für **Server01** und konfigurieren **Server01** so, dass Remotedesktopverbindungen verweigert werden. Anschließend konfigurieren Sie **Server01** so, dass Remotedesktopverbindungen zulässig sind.

6.

Sie haben vor Kurzem einen Windows Server 2003 SP1-Computer konfiguriert, damit Benutzer aus der Buchhaltungsabteilung ihre Software über eine Terminaldiensteverbindung benutzen können. Die globale Gruppe **TsBuchhaltung** ist auf dem Windows Server 2003 SP1-Computer Mitglied der lokalen Gruppe **Remotedesktopbenutzer**. Die Benutzer aus der Buchhaltungsabteilung, die Zugriff brauchen, sind alle Mitglieder dieser globalen Gruppe. Wie Sie nach einigen Wochen feststellen, haben manche der Buchhalter herausgefunden, dass Sie den Umfang der Kontrolle verändern können, den andere Benutzer über ihre Sitzungen haben. Man braucht wohl nicht zu erwähnen, das dies nicht geschehen dürfte. Die Berechtigungen für das **RDP-TCP**-Objekt (Remote Desktop Protocol / Transmission Control Protocol) werden in der Abbildung gezeigt. Wie können Sie das Problem mit möglichst geringem Verwaltungsaufwand lösen? (Wählen Sie die beste Antwort aus).

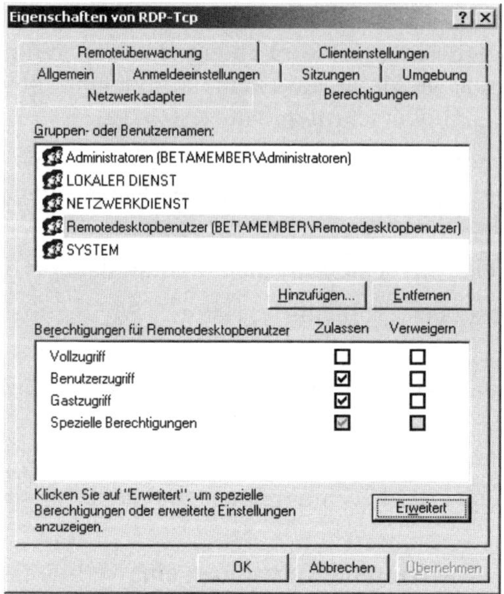

A. Entfernen Sie das Konto **TsBuchhaltung** aus der lokalen Gruppe **Remotedesktopbenutzer**. Fügen Sie die Domänenbenutzerkonten der Buchhalter manuell zur lokalen Gruppe **Remotedesktopbenutzer** hinzu.

B. Erstellen Sie auf den Windows Server 2003 SP1-Computern für alle Buchhalter lokale Konten. Fügen Sie diese Konten zur Gruppe **Remotedesktopbenutzer** hinzu.

C. Entziehen Sie der Gruppe **Remotedesktopbenutzer** die Berechtigung **Benutzerzugriff (Zulassen)**.

D. Wählen Sie die Gruppe **Remotedesktopbenutzer**, und klicken Sie auf die Schaltfläche **Erweitert**. Entfernen Sie die Berechtigung **Informationen festlegen**.

7.

Am ersten März dieses Jahres haben Sie einen Computer aufgebaut, auf dem Windows Server 2003 SP1 mit den Terminaldiensten ausgeführt wird. Der Server hat seitdem tadellos funktioniert, und 30 Benutzer haben sich regelmäßig mit ihren Domänenkonten angemeldet und ihre Anwendungen ausgeführt. Heute ist der 28. Juni. Heute Morgen gingen 10 Telefonanrufe und Voicemails von aufgebrachten Benutzern ein, die keine Verbindung mehr mit dem Terminalserver herstellen konnten. Sie senden einen Ping an den Server und stellen fest, dass der Server anscheinend immer noch läuft. Welcher der folgenden Erklärungsversuche erklärt am besten, was geschehen sein könnte? (Wählen Sie die beste Antwort aus).

A. Die Festplatte des Servers ist ausgefallen.

B. Die Terminaldienstlizenzen, die für die 30 Benutzer gekauft wurden, sind abgelaufen und müssen erneuert werden.

C. Die Probezeit ist abgelaufen und Sie müssen einen Lizenzserver installieren.

D. Die Domänenkonten der Benutzer sind abgelaufen.

8.

Nach einem Routinetest, bei dem die Auslastung von Systemressourcen wie Prozessor und Speicher überprüft wird, kommen Sie zu dem Ergebnis, dass Ihr Terminalserver auf Windows Server 2003-Basis maximal 20 Verbindungen gleichzeitig bedienen kann. Da es in Ihrer Organisation nur 19 Leute gibt, die diesen Server benutzen, haben sich bisher keine besonderen Probleme daraus ergeben. Heute Morgen haben Sie aber fünf Telefonanrufe von Leuten erhalten, die den Server regelmäßig benutzen und sich darüber beschwerten, dass sie keine Verbindung mehr erhalten. Sie untersuchen den Sachverhalt genauer und stellen fest, dass 10 andere Benutzer keine Probleme mit der Verbindung haben und derzeit auf dem Server arbeiten. Mit welchem der folgenden Schritte können Sie sicherstellen, dass eine möglichst große Zahl von Benutzern eine Verbindung mit dem Server herstellen kann, ohne dass die Leistung des Servers einbricht? (Wählen Sie die beste Antwort aus.)

A. Stellen Sie **Getrennte Sitzung beenden** auf 10 Minuten ein.

B. Stellen Sie **Maximale Verbindungen** auf 32 ein.

C. Stellen Sie das **Zeitlimit für aktive Sitzungen** auf 30 Minuten ein.

D. Stellen Sie das **Leerlaufzeitlimit** auf 10 Minuten ein.

Antworten zu Lernziel 3.2

1. Richtige Antwort: A

A. **Richtig** Diese Einstellung ist standardmäßig auf **Nicht konfiguriert** festgelegt. Wenn Sie sie auf **Aktiviert** einstellen, setzt diese Gruppenrichtlinieneinstellung die Konsoleneinstellungen des Terminalservers für die Eigenschaft der Datenumleitung außer Kraft. Wenn Sie diese Richtlinie von **Aktiviert** in **Deaktiviert** ändern, sollte das Problem behoben sein.

B. **Falsch** Diese Gruppenrichtlinieneinstellung ist für das Verhalten eines lokalen Computers während einer Terminaldienstesitzung relevant. Durch Aktivieren dieser Einstellung für den Terminalservercomputer werden von der betreffenden Konsole ausgehende Terminalserversitzungen beeinflusst, nicht von den Clientcomputern eingehende, wie in der Fragestellung beschrieben.

C. **Falsch** Auf diese Weise würde eine Netzwerkdruckerverbindung mit dem lokalen Computer konfiguriert. Dies ist unter diesen Umständen nicht erforderlich. Zusätzliche Schritte für die Freigabe und die Einrichtung von Berechtigungen für den Drucker müssten vom lokalen Computer aus eingeleitet werden.

D. **Falsch** Auf diese Weise würde eine Netzwerkdruckerverbindung mit dem lokalen Computer konfiguriert. Dies ist unter diesen Umständen nicht erforderlich. Zusätzliche Schritte für die Freigabe und die Einrichtung von Berechtigungen für den Drucker müssten vom lokalen Computer aus eingeleitet werden.

2. **Richtige Antwort: A**

A. **Richtig** Die Gruppe **Remotedesktopbenutzer** besitzt die geeignete Konfiguration und die entsprechenden Rechte, die für den Zugriff auf den Terminalserver erforderlich sind.

B. **Falsch** Durch diese Einstellung werden alle Einschränkungen der Verbindungsherstellung durch die Benutzer beseitigt, jedoch müssen noch immer Berechtigungen für die Verbindung am Terminalserver selbst eingerichtet werden. Außerdem ermöglicht diese Aktion dem Benutzer eine lokale Anmeldung an der Konsole, was nicht unbedingt erstrebenswert ist.

C. **Falsch** Durch diese Einstellung wird die Drucker- und Laufwerkumleitung innerhalb einer Benutzersitzung geregelt, jedoch nicht die Konfiguration des Anmeldezugriffs auf die Sitzung selbst.

D. **Falsch** Durch diese Einstellung wird der Einsatz der Remotesteuerung in einer hergestellten Terminaldienstesitzung geregelt, jedoch nicht der Anmeldezugriff auf die Sitzung selbst.

3. **Richtige Antwort: C**

A. **Falsch** Dies ist nicht der Fall, da Sie eine Verbindung mit einer administrativen Freigabe (**C$**) auf dem Computer des Benutzers herstellen können.

B. **Falsch** Der Terminaldiensteclient ist in einer Remoteunterstützungssitzung nicht relevant. Die Windows Messenger-Dienste sind für die Herstellung und Verwendung einer Remoteunterstützungssitzung zuständig.

C. **Richtig** Die Remoteunterstützungsdienste verwenden zur Kommunikation Port 3389. Wenn Sie mit dem Computer des Benutzers keine Verbindung herstellen können, liegt hier wahrscheinlich die Ursache des Problems.

D. **Falsch** Diese Einstellung legt fest, ob die Remotesteuerung in einer Terminalserversitzung des Benutzers gestattet ist, nicht die Remoteunterstützung.

4. **Richtige Antwort: C**

A. **Falsch** Wenn der Computer über den Windows Explorer erreichbar ist, ist die Namensauflösung kein Problem.

B. **Falsch** Die Verbindungsberechtigungen wurden ordnungsgemäß konfiguriert, wie Sie nach der Namensänderung auf dem Terminalserver sichergestellt haben, und es können keine weiteren Aktualisierungsprobleme auftreten. Diese Berechtigungen werden durch keine Aktualisierungsvorgänge von DNS oder Gruppenrichtlinien beeinflusst.

C. **Richtig** Dies ist wahrscheinlich die Ursache des Problems. Terminaldienste werden für 120 Tage installiert und ordnungsgemäß ausgeführt. Nach Ablauf dieses Zeitraums verweigert der Terminalserver weitere Verbindungen, bis ein Lizenzserver konfiguriert und verfügbar ist.

D. **Falsch** Der Dienst ist wahrscheinlich nicht das Problem, weil Sie als Administrator eine Verbindung herstellen können und weil der Dienst nach der Änderung des Servernamens einwandfrei ausgeführt wurde.

5. Richtige Antwort: A und B

A. **Richtig** Durch das Herstellen einer Verbindung mit einem anderen Terminalserver (jeder der anderen zugänglichen Server ist geeignet) erhalten Sie Zugriff auf die Konsole **Terminaldiensteverwaltung**. Auf diese Weise trennen Sie eine der hergestellten Terminaldienstesitzungen mit **Server01**, sodass Sie eine andere unter Ihren Anmeldeinformationen herstellen können.

B. **Richtig** Die Terminaldiensteverwaltung kann eine Verbindung mit jedem Server in der Domäne herstellen, der die Terminaldienste ausführt. Von der Terminaldiensteverwaltung aus können Sie eine der Remotesitzungen trennen, sodass Sie eine andere unter Ihren Anmeldeinformationen herstellen können.

C. **Falsch** Wenn Sie über den Remotedesktopclient auf Ihrem Computer keine Verbindung mit **Server01** herstellen können, wird Ihnen bei dem Versuch von einem anderen Computer aus ebenfalls die Verbindung verweigert, auch wenn es sich bei dem anderen Computer um einen Terminalserver handelt.

D. **Falsch** Diese Option steht nicht zur Verfügung. Das Dialogfeld **Eigenschaften** eines Systems in Active Directory-Benutzer und -Computer ermöglicht nicht die Konfiguration von Terminaldiensten.

E. **Falsch** Durch dieses Deaktivieren und Neuaktivieren wird weder die Konfiguration des Computers verändert, noch werden hierdurch aktive Sitzungen getrennt. Da die Remoteverbindung wegen einer Beschränkung der Sitzungsanzahl verweigert wird, bleibt das Problem bestehen.

6. Richtige Antwort: D

A. **Falsch** Das Problem besteht darin, dass der Gruppe **Remotedesktopbenutzer** spezielle Berechtigungen zugewiesen wurden. Sie müssen auf die Schaltfläche **Erweitert** klicken und diese speziellen Berechtigungen entfernen. Die Entfernung der Gruppe **TsBuchhaltung** und das anschließende manuelle Einfügen der Domänenbenutzerkonten der Buchhalter in die Gruppe **Remotedesktopbenutzer** bringt Sie wieder in die Anfangssituation.

B. **Falsch** Das löst nicht das Problem, weil das Problem durch die Zuweisung von speziellen Berechtigungen an die Gruppe **Remotedesktopbenutzer** verursacht wurde.

C. **Falsch** Das Problem ist nicht die Berechtigung **Benutzerzugriff (Zulassen)**, sondern die Zuweisung von speziellen Berechtigungen an die Gruppe **Remotedesktopbenutzer**.

D. **Richtig** Das Problem ist, dass die spezielle Berechtigung **Informationen festlegen** zugewiesen wurde. Dadurch erhalten die Buchhalter in einem Umfang die Kontrolle über ihre Sitzungen, den sie nicht haben dürfen.

7. Richtige Antwort: C

A. **Falsch** Wäre die Festplatte des Servers ausgefallen, würde der Server nicht auf einen Ping antworten. Wäre eine andere ausgefallene Festplatte das Problem, könnten die Benutzer über die Terminaldienste eine Verbindung herstellen. Die Benutzer können sich nicht verbinden, aber Sie erhalten eine Antwort auf den Ping. Also ist das nicht das Problem.

B. **Falsch** Wenn Sie die Terminalserverlizenzen eingekauft haben, gelten die Lizenzen so lange, wie der Server funktioniert.

C. **Richtig** Der Terminalserver wird mit einer Probezeit von 120 Tagen ausgeliefert. Das entspricht nicht von ungefähr der Anzahl der Tage vom 1. März bis zum 28. Juni. Nach dem Ablauf dieser Probezeit können sich Benutzer nur noch verbinden, wenn sie von einem Lizenzserver eine gültige Lizenz erhalten.

D. **Falsch** Wären die Domänenkonten der Benutzer abgelaufen, könnten sie sich nicht bei der Domäne anmelden und würden sich genau darüber beschweren, und nicht über den verweigerten Zugriff auf den Terminalserver.

8. Richtige Antwort: A

A. **Richtig** Geht man von den dargestellten Optionen aus, scheint dies noch die beste Lösung für das Problem zu sein. Wenn getrennte Sitzungen nicht beendet werden, täuschen sie mehr aktive Verbindungen vor, als tatsächlich bestehen. Wenn getrennte Sitzungen nach 10 Minuten beendet werden, werden wieder Verbindungen für andere Benutzer frei.

B. **Falsch** Das würde das anstehende Problem zwar lösen, aber auf Kosten der Leistung. Das Problem ist, dass getrennte Sitzungen auf dem Server weiter bestehen bleiben und neue Benutzer am Zugang hindern.

C. **Falsch** Würde man diese Beschränkung festlegen, würde die Sitzung eines Benutzers nach 30 Minuten zwangsweise beendet werden, und zwar unabhängig davon, was der Benutzer tut oder nicht tut. Das Problem ist, dass getrennte Sitzungen weiter bestehen bleiben.

D. **Falsch** Leerlaufsitzungen sind nicht das Problem, weil eine Leerlaufsitzung immer noch über eine aktive Verbindung verfügt. Was tatsächlich unterbunden werden muss, sind inaktive Verbindungen, bei denen kein Client mehr mit dem Server verbunden ist und die das Zustandekommen von neuen Sitzungen behindern.

Lernziel 3.3: Konfigurieren von Dateisystemberechtigungen

Um innerhalb des Dateisystems Berechtigungen für Objekte (Ordner und Dateien) einzustellen, müssen Sie zur Zugriffssteuerungsliste (Access Control List, ACL) des Objekts Einträge hinzufügen können. ACLs sind Bestandteil des NTFS-Dateisystems. Dieses Dateisystem muss daher auf jedem Computer installiert sein, auf dem sich Ressourcen befinden, die Sie über das Dateisystem schützen möchten.

Genau wie Freigabeberechtigungen werden NTFS-Berechtigungen zu effektiven Berechtigungen miteinander kombiniert. Alle SIDs, die in Ihrem Benutzertoken aufgelistet sind, werden mit den Einträgen in der ACL für eine Ressource verglichen. Alle Berechtigungen für Ihre verschiedenen SIDs werden sortiert, und die liberalste Berechtigung wird erteilt.

Ausnahmen zu dieser liberalen Berechtigungskombination gelten, wenn irgendeine Berechtigung, die mit einer Ihrer SIDs verknüpft ist, eine Zugriffsverweigerung ist: In diesem Fall hat die Zugriffsverweigerung Vorrang.

Fragen zu Lernziel 3.3

1.

Ein Benutzer namens Joe besitzt ein Konto in der Domäne **contoso.com** und ist Mitglied der globalen Gruppe **Vertrieb**. Die Berechtigungen für den Ordner **Dokumente** auf dem Dateiserver, angezeigt mit dem Befehl **Cacls**, lauten folgendermaßen:

```
C:\>cacls dokumente
C:\Dokumente CONTOSO\Joe:(OI)(CI)(DENY)(Beschränkter Zugriff:)
                                 READ_CONTROL
                                 FILE_READ_DATA
                                 FILE_READ_EA
                                 FILE_READ_ATTRIBUTES

             CONTOSO\Vertrieb:(OI)(CI)(DENY)(Beschränkter Zugriff:)
                                   FILE_WRITE_DATA
                                   FILE_APPEND_DATA
                                   FILE_WRITE_EA
                                   FILE_WRITE_ATTRIBUTES

             VORDEFINIERT\Administratoren:F
             CONTOSO\Vertrieb:(CI)R
             CONTOSO\Vertrieb:(OI)(CI)(Beschränkter Zugriff:)
                                   READ_CONTROL
                                   SYNCHRONIZE
                                   FILE_GENERIC_READ
                                   FILE_READ_DATA
                                   FILE_READ_EA
                                   FILE_READ_ATTRIBUTES
```

```
VORDEFINIERT\Administratoren:(OI)(CI)F
NT-AUTORITÄT\SYSTEM:(OI)(CI)F
ERSTELLER-BESITZER:(OI)(CI)(IO)F
VORDEFINIERT\Benutzer:(OI)(CI)R
VORDEFINIERT\Benutzer:(CI)(Beschränkter Zugriff:)
                     FILE_APPEND_DATA
VORDEFINIERT\Benutzer:(CI)(Beschränkter Zugriff:)
                     FILE_WRITE_DATA
```

Wie lauten Joes effektive Berechtigungen für den Ordner **Dokumente**?

A. Zugriff verweigert

B. Lesen

C. Ändern

D. Vollzugriff

2.

Sie konfigurieren die Berechtigungen für den freigegebenen Ordner **Finanzen** auf dem Dateiserver **Server01**. Sie müssen Berechtigungen für die Gruppen **Buchhaltung** und **BuchhManager** für den Ordner konfigurieren, um folgende Ziele zu erreichen:

- Die Gruppe **Buchhaltung** soll Lesezugriff auf den Inhalt des Ordners **Finanzen** besitzen.
- Die Gruppe **BuchhManager** soll die Berechtigung **Ändern** für den Inhalt des Ordners **Finanzen** erhalten.
- Alle Benutzer benötigen Lesezugriff auf eine Datei namens **Summary.rpt** im Ordner **Finanzen**. Benutzer sollen auf keine weiteren Dateien im Ordner zugreifen können.

Wie konfigurieren Sie die Freigabe- und NTFS-Berechtigungen für den Ordner **Finanzen**?

A. Freigabe: Buchhaltung – Lesen; BuchhManager – Lesen; Benutzer – Lesen
NTFS: Buchhaltung – Lesen; BuchhManager – Ändern; Benutzer – Lesen

B. Freigabe: Buchhaltung – Vollzugriff; BuchhManager – Vollzugriff; Benutzer – Lesen
NTFS: Buchhaltung – Lesen; BuchhManager – Ändern; Benutzer – Auflisten, Lesen für **Summary.rpt**

C. Freigabe: Buchhaltung – Lesen; BuchhManager – Ändern; Benutzer – Lesen
NTFS: Buchhaltung – Lesen; BuchhManager – Vollzugriff; Benutzer – Lesen

D. Freigabe: Buchhaltung – Vollzugriff; BuchhManager – Vollzugriff; Benutzer – Lesen verweigern
NTFS: Buchhaltung – Lesen; BuchhManager – Lesen; Benutzer – Auflisten, Lesen für **Summary.rpt**

3.

Die aktuellen Berechtigungen für den freigegebenen Ordner **Dokumente** werden in der folgenden Abbildung dargestellt:

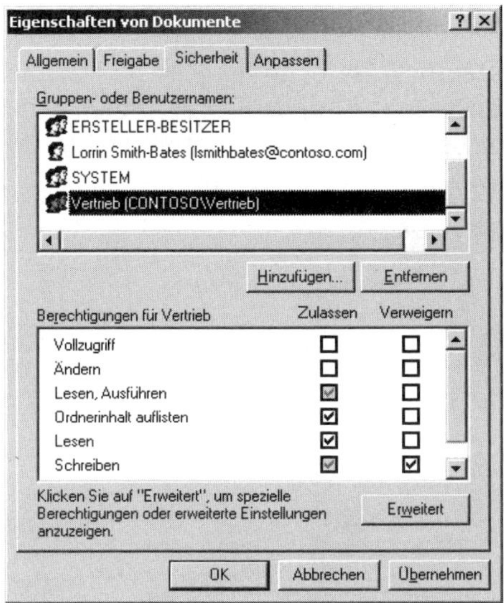

Welche der folgenden Aussagen über die Berechtigungen der Gruppe **Vertrieb** trifft zu? (Wählen Sie alle zutreffenden Antworten aus.)

A. Attribute des Ordners können gelesen werden.

B. Attribute des Ordners können geschrieben werden.

C. Dateien können in den Ordner geschrieben werden.

D. Dateien können nicht in den Ordner geschrieben werden.

E. Dateien können aus dem Ordner gelesen werden.

F. Dateien können nicht aus dem Ordner gelesen werden.

4.

Ein Ordner namens **Berichte** auf **Server01** liegt im Ordner **Marketing\Zusammenfassung**. Der Ordner **Marketing** wird im Netzwerk unter dem Namen **MKTG** freigegeben.

Benutzer sollen in den Ordnern **Marketing** und **Zusammenfassung** keine Dateien lesen, bearbeiten oder hinzufügen können, müssen jedoch auf die Dateien im Ordner **Berichte** zugreifen.

Wie lautet die minimale NTFS-Berechtigung, die diese Benutzer für die Ordner **Marketing** und **Zusammenfassung** benötigen, um auf die Dateien im Ordner **Berichte** über das Netzwerk zugreifen zu können?

A. Ordner auflisten/Daten lesen

B. Ordner durchsuchen/Datei ausführen

C. Erweiterte Attribute lesen

D. Attribute lesen

5.

Hazem Abolrous ist Mitglied der Gruppen **Buchhaltung**, **Entwickler** und **Techniker**. Allen drei Gruppen wurden NTFS-Berechtigungen für den Ordner **Konzepte** zugewiesen. Der Gruppe **Buchhaltung** wurde die NTFS-Berechtigung **Ordnerinhalt auflisten (Zulassen)** zugewiesen. Der Entwicklergruppe wurde die NTFS-Berechtigung **Lesen (Zulassen)** zugewiesen. In der Abbildung werden die effektiven Berechtigungen von Hazems Benutzerkonto gezeigt, wie sie das Tool **Effektive Berechtigungen** angibt. Welche NTFS-Berechtigungen müssen anhand dieser Informationen der Gruppe **Techniker** für den Ordner **Konzepte** zugewiesen worden sein? (Wählen Sie die beste Antwort aus.)

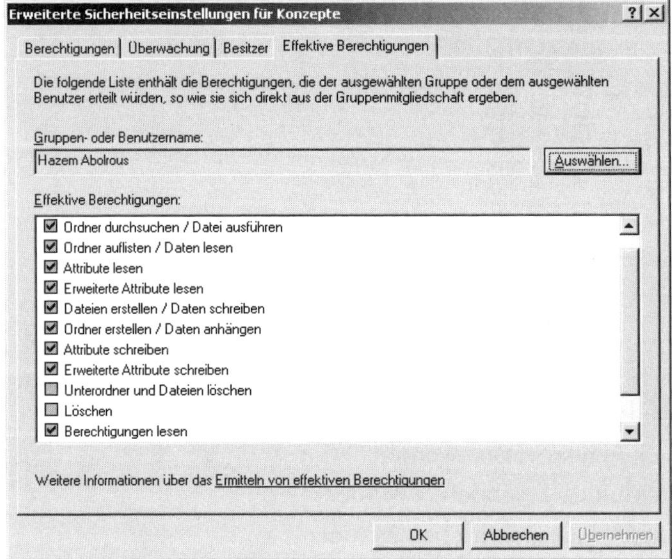

A. Vollzugriff (Zulassen)

B. Schreiben (Zulassen)

C. Ändern (Zulassen)

D. Lesen (Zulassen)

Antworten zu Lernziel 3.3

1. Richtige Antwort: A

A. **Richtig** Die Berechtigung **Lesen (Verweigern)**, die Joes Benutzerkonto zugewiesen ist und am Anfang der Berechtigungsliste verarbeitet wird, setzt alle übrigen außer Kraft und sperrt seinen Zugriff auf den Ordner.

B. **Falsch** Die Berechtigung **Lesen (Verweigern)**, die Joes Benutzerkonto zugewiesen ist und am Anfang der Berechtigungsliste verarbeitet wird, setzt alle übrigen außer Kraft und sperrt seinen Zugriff auf den Ordner.

C. **Falsch** Die Berechtigung **Lesen (Verweigern)**, die Joes Benutzerkonto zugewiesen ist und am Anfang der Berechtigungsliste verarbeitet wird, setzt alle übrigen außer Kraft und sperrt seinen Zugriff auf den Ordner.

D. **Falsch** Die Berechtigung **Lesen (Verweigern)**, die Joes Benutzerkonto zugewiesen ist und am Anfang der Berechtigungsliste verarbeitet wird, setzt alle übrigen außer Kraft und sperrt seinen Zugriff auf den Ordner.

2. Richtige Antwort: B

A. **Falsch** Diese Einstellungen gewähren Benutzern vollen Lesezugriff auf alle Dateien im Ordner **Finanzen**. Die Anforderungen werden damit nicht erfüllt.

B. **Richtig** Diese Einstellungen gewähren den Benutzern Lesezugriff über die Freigabe, jedoch keine Berechtigungen für die Dateien über NTFS, außer den geeigneten Lesezugriff auf **Summary.rpt**. Diese Einstellungen entsprechen somit den Anforderungen.

C. **Falsch** Diese Einstellungen ermöglichen den Benutzern vollständigen Lesezugriff auf den Ordner **Finanzen**. Die Anforderungen werden daher nicht erfüllt.

D. **Falsch** Diese Einstellungen gewähren den Benutzern den geeigneten Zugriff auf die Datei **Summary.rpt**, die NTFS-Einstellungen beschränken jedoch die Benutzer aus **BuchhManager** auf Lesezugriff auf alle Dateien im Ordner **Finanzen**. Die Anforderungen werden somit nicht erfüllt.

3. Richtige Antwort: A, D und E

A. **Richtig** Die Leseberechtigung, die sowohl implizit als auch explizit zugewiesen wurde, ermöglicht das Lesen von Attributen. Bestimmte Einstellungen, die das Lesen von Attributen einschränken, können vorgenommen werden, jedoch wird in diesem Fall das Kontrollkästchen auf dieser Ebene der Zusammenfassung deaktiviert, nicht aktiviert, angezeigt.

B. **Falsch** Schreibberechtigungen, die der Gruppe **Vertrieb** implizit gewährt, jedoch explizit verweigert werden, führen dazu, dass die Schreibberechtigung der Gruppe **Vertrieb** für diese Ressource verweigert wird. Explizite Zugriffsverweigerungen haben Vorrang vor geerbten gewährten Berechtigungen. Zu den Schreibberechtigungen gehört das Schreiben von Attributen.

C. **Falsch** Schreibberechtigungen, die der Gruppe **Vertrieb** implizit gewährt, jedoch explizit verweigert werden, führen dazu, dass die Schreibberechtigung der Gruppe **Vertrieb** für diese Ressource verweigert wird. Explizite Zugriffsverweigerungen haben Vorrang vor geerbten gewährten Berechtigungen. Zu den Schreibberechtigungen gehört das Erstellen von Dateien.

D. **Richtig** Schreibberechtigungen, die der Gruppe **Vertrieb** implizit gewährt, jedoch explizit verweigert werden, führen dazu, dass die Schreibberechtigung der Gruppe **Vertrieb** für diese Ressource verweigert wird. Explizite Zugriffsverweigerungen haben Vorrang vor geerbten gewährten Berechtigungen. Zu den Schreibberechtigungen gehört das Schreiben von Attributen.

E. **Richtig** Die Leseberechtigung, die sowohl implizit als auch explizit zugewiesen wurde, ermöglicht das Lesen von Dateien im Ordner.

F. **Falsch** Die Leseberechtigung, die sowohl implizit als auch explizit zugewiesen wurde, ermöglicht das Lesen von Dateien im Ordner.

4. Richtige Antwort: B

A. **Falsch** Die Benutzer erhalten auf diese Weise zwar Zugriff auf den Ordner **Berichte**, können jedoch auch die Dateien im Ordner auflisten. Dies ist somit nicht die minimal erforderliche Berechtigung.

B. **Richtig** Diese Berechtigung ermöglicht den Benutzern das Navigieren durch die Ordner **Marketing** und **Zusammenfassung**, um auf den Ordner **Berichte** zuzugreifen. Die Benutzer können keine Dateien in den Ordnern **Marketing** und **Zusammenfassung** auflisten, geschweige denn darauf zugreifen.

C. **Falsch** Die Möglichkeit, die erweiterten Attribute der Ordner zu lesen, ermöglicht nicht den Zugriff auf Unterordner.

D. **Falsch** Die Möglichkeit, die Attribute der Ordner zu lesen, ermöglicht nicht den Zugriff auf Unterordner.

5. Richtige Antwort: B

A. **Falsch** Würde man nur Berechtigungen der Gruppen **Buchhaltung** und **Entwickler** mit dem Tool **Effektive Berechtigungen** auswerten, dann wären nur die Kontrollkästchen **Ordner durchsuchen/Datei ausführen**, **Ordner auflisten/Daten lesen**, **Attribute lesen**, **Erweiterte Attribute lesen** und **Berechtigungen lesen** markiert. Wie die Abbildung zeigt, sind außer diesen Kontrollkästchen auch noch die Kontrollkästchen **Dateien erstellen/Daten schreiben**, **Ordner erstellen/Daten anhängen**, **Attribute schreiben** und **Erweiterte Attribute schreiben** markiert. Außerdem geht aus der Abbildung hervor, dass die Kontrollkästchen **Unterordner und Dateien löschen** und **Löschen** nicht markiert sind. Wie Sie wissen, sind NTFS-Berechtigungen kumulativ. Wäre der Gruppe **Techniker** die NTFS-Berechtigung **Vollzugriff (Zulassen)** zugewiesen worden, wären alle Kontrollkästchen auf der Registerkarte **Effektive Berechtigungen** markiert worden, einschließlich der Kontrollkästchen **Unterordner und Dateien löschen** und **Löschen**.

B. **Richtig** Würde man nur Berechtigungen der Gruppen **Buchhaltung** und **Entwickler** mit dem Tool **Effektive Berechtigungen** auswerten, dann wären nur die Kontrollkästchen **Ordner durchsuchen/Datei ausführen**, **Ordner auflisten/Daten lesen**, **Attribute lesen**, **Erweiterte Attribute lesen** und **Berechtigungen lesen** markiert. Wie die Abbildung zeigt, sind außer diesen Kontrollkästchen auch noch die Kontrollkästchen **Dateien erstellen/Daten schreiben**, **Ordner erstellen/Daten anhängen**, **Attribute schreiben** und **Erweiterte Attribute schreiben** markiert. Außerdem geht aus der Abbildung hervor, dass die Kontrollkästchen **Unterordner und Dateien löschen** und **Löschen** nicht markiert sind. Wie Sie wissen, sind NTFS-Berechtigungen kumulativ. Die einzige Möglichkeit, die Markierung der ersten vier zusätzlichen Kontrollkästchen zu erreichen, ohne dass die letzten beiden ebenfalls markiert werden, ist die Zuweisung der NTFS-Berechtigung **Schreiben (Zulassen)** an die Gruppe **Techniker**.

C. **Falsch** Würde man nur Berechtigungen der Gruppen **Buchhaltung** und **Entwickler** mit dem Tool **Effektive Berechtigungen** auswerten, dann wären nur die Kontrollkästchen **Ordner durchsuchen/Datei ausführen**, **Ordner auflisten/Daten lesen**, **Attribute lesen**, **Erweiterte Attribute lesen** und **Berechtigungen lesen** markiert. Wie die Abbildung zeigt, sind außer diesen Kontrollkästchen auch noch die Kontrollkästchen **Dateien erstellen/Daten schreiben**, **Ordner erstellen/Daten anhängen**, **Attribute schreiben** und **Erweiterte Attribute schreiben** markiert. Außerdem geht aus der Abbildung hervor, dass die Kontrollkästchen **Unterordner und Dateien löschen** und **Löschen** nicht markiert sind. Wie Sie wissen, sind NTFS-Berechtigungen kumulativ. Wäre der Gruppe **Techniker** die NTFS-Berechtigung **Ändern (Zulassen)** zugewiesen worden, wären auf der Registerkarte **Effektive Berechtigungen** auch das Kontrollkästchen **Löschen** markiert worden.

D. **Falsch** Würde man nur Berechtigungen der Gruppen **Buchhaltung** und **Entwickler** mit dem Tool **Effektive Berechtigungen** auswerten, dann wären nur die Kontrollkästchen **Ordner durchsuchen/Datei ausführen**, **Ordner auflisten/Daten lesen**, **Attribute lesen**, **Erweiterte Attribute lesen** und **Berechtigungen lesen** markiert. Wie die Abbildung zeigt, sind außer diesen Kontrollkästchen auch noch die Kontrollkästchen **Dateien erstellen/Daten schreiben**, **Ordner erstellen/Daten anhängen**, **Attribute schreiben** und **Erweiterte Attribute schreiben** markiert. Außerdem geht aus der Abbildung hervor, dass die Kontrollkästchen **Unterordner und Dateien löschen** und **Löschen** nicht markiert sind. Wie Sie wissen, sind NTFS-Berechtigungen kumulativ. Wäre der Gruppe **Techniker** die NTFS-Berechtigung **Lesen (Zulassen)** zugewiesen worden, wären Hazems effektive Berechtigungen dieselben, wie sie sich schon durch die Mitgliedschaft in den Gruppen **Buchhaltung** und **Entwickler** ergeben.

Lernziel 3.4: Problembehandlung beim Zugriff auf freigegebene Dateien und Ordner

Wenn für eine Ressource Berechtigungen festgelegt wurden, sind die Zugriffsregeln unumstößlich. Versucht ein Benutzer, Zugriff auf eine Ressource zu erhalten, und die effektiven Berechtigungen verweigern den Zugriff, so ist der Zugriff verweigert. Soweit zur Theorie.

In der Praxis kommt es dann zu unerwarteten Vorfällen, wenn angenommen wird, dass der Ressourcenzugriff ordnungsgemäß konfiguriert wurde, dies jedoch nicht der Fall ist. In diesen fehlerhaften Konfigurationen können Benutzer entweder nicht auf die benötigten Ressourcen zugreifen oder sie können auf Ressourcen zugreifen, auf die sie nicht zugreifen sollen. Beides keine erfreuliche Situation.

Die fehlerhafte Konfiguration kommt in einer von zwei Varianten vor: Entweder ist der Benutzer kein Mitglied einer Gruppe, die Berechtigungen für die Ressource besitzt, oder das Ergebnis aus der Kombination von Freigabe- und NTFS-Berechtigungen entspricht nicht den Erwartungen. In jedem Fall sollte eine sorgfältige Analyse der Konfiguration von Gruppenmitgliedschaften und Berechtigungszuweisungen die meisten Probleme beim Ressourcenzugriff lösen.

Fragen zu Lernziel 3.4

1.

Ein Benutzer ruft das Helpdesk an und gibt an, dass er sich nicht am Netzwerk anmelden kann. Mit **Active Directory-Benutzer und -Computer** untersuchen Sie Active Directory und stellen fest, dass das Benutzerkonto nicht existiert. Weitere Untersuchungen der Ereignisprotokolle der Verzeichnisdienste ergeben, dass das Konto gelöscht wurde.

Sie erstellen das Benutzerkonto in **Active Directory-Benutzer und -Computer** neu. Welche weiteren Schritte müssen Sie unternehmen, um die Wiederherstellung des Ressourcenzugriffs für den Benutzer abzuschließen? (Wählen Sie alle zutreffenden Antworten aus.)

A. Das Benutzerkonto in die entsprechenden Gruppen aufnehmen.

B. Das Computerkonto zurücksetzen.

C. Dem Benutzerkonto entsprechende Gruppenrichtlinien erneut zuweisen und anwenden.

D. Ressourcen, für welche die Berechtigungen auf der Basis des Benutzerkontos erteilt oder verweigert wurden, erneut mit Berechtigungen versehen.

E. Ressourcen, für welche die Berechtigungen auf der Basis der Gruppenmitgliedschaft erteilt oder verweigert wurden, erneut mit Berechtigungen versehen.

2.

Ein Benutzer namens Joe übernimmt zusätzliche Verantwortung für die Netzwerkadministration in seiner Abteilung, der Finanzabteilung. Von Joes Computer aus und unter seinem Namen angemeldet, verwenden Sie den Befehl **Ausführen als** mit Ihren Administratoranmeldeinformationen, um das Snap-In **Active Directory-Benutzer und -Computer** zu laden, und anschließend fügen Sie Joe zur Gruppe **Itadmin3** der Abteilung hinzu, die über delegierte Verwaltungsberechtigungen für die Benutzerkonten in der Organisationseinheit **Finanzen** verfügt. Danach schließen Sie das Snap-In **Active Directory-Benutzer und -Computer**.

Als Joe versucht, ein Benutzerkennwort in der Organisationseinheit **Finanzen** zurückzusetzen, wird ihm der Zugriff verweigert.

Welchen zusätzlichen Schritt müssen Sie ausführen, damit der Benutzer die delegierten Verwaltungsaufgaben übernehmen kann?

A. Sie fügen Joes Benutzerkonto zur vordefinierten Gruppe **Konten-Operatoren** für die Domäne hinzu.

B. Sie fügen Joes Benutzerkonto zur Organisationseinheit **Itadmin3** hinzu.

C. Sie setzen Joes Computerkonto zurück.

D. Sie weisen Joe an, sich ab- und anschließend wieder an seinem Computer anzumelden.

3.

Der Benutzer Joe besitzt ein Benutzerkonto, das Mitglied in der Organisationseinheit **Vertrieb** in der Domäne **contoso.com** ist. Sein Benutzerkonto ist außerdem Mitglied der globalen Gruppe **Angestellte**.

Nachdem Joe der Abteilung **Finanzen** zugewiesen wurde, nehmen Sie Joes Benutzerkonto in die globale Gruppe **Finanzen** auf. Joe meldet sich anschließend an seinem Computer an und versucht, auf einen freigegebenen Ordner namens **Dokumente** auf **Server01** zuzugreifen, erhält jedoch die Meldung **Zugriff verweigert**, wenn er Dateien in dem Ordner zu speichern versucht.

Die Freigabeberechtigungen für die Freigabe **Dokumente** sind nachfolgend aufgeführt.

Sicherheitsprinzipal	Berechtigungen
Joe (Benutzerkonto)	Zulassen: Lesen
Finanzen (Globale Gruppe)	Zulassen: Lesen
Angestellte (Globale Gruppe)	Zulassen: Lesen

Die NTFS-Berechtigungen für den Ordner **Dokumente** sind nachfolgend aufgeführt.

Sicherheitsprinzipal	Berechtigungen
Joe (Benutzerkonto)	Zulassen: Lesen
Finanzen (Globale Gruppe)	Zulassen: Lesen, Schreiben
Angestellte (Globale Gruppe)	Zulassen: Lesen
System	Zulassen: Vollzugriff
Administratoren	Zulassen: Vollzugriff

Warum kann Joe nicht auf den Ordner **Dokumente** zugreifen?

A. Freigabeberechtigungen haben Vorrang vor den NTFS-Berechtigungen.

B. Joes Benutzerkonto muss in die Organisationseinheit **Finanzen** verschoben werden.

C. Die NTFS-Berechtigungen für Joes Benutzerkonto müssen entfernt werden, damit die Gruppen-NTFS-Berechtigungen in Kraft treten.

D. Joes Benutzerkonto muss aus der globalen Gruppe **Angestellte** entfernt werden.

Antworten zu Lernziel 3.4

1. Richtige Antwort: A und D

A. **Richtig** Das Benutzerkonto muss wieder in dieselbe Gruppe aufgenommen werden, in der es sich vor dem Löschvorgang befand. Wenn das Benutzerkonto in Gruppen, zu denen Sie es hinzufügen möchten, bereits vorhanden ist, müssen Sie es erst entfernen und anschließend erneut hinzufügen. Das vorherige Konto besaß zwar denselben Kontonamen, jedoch eine andere SID. Ressourcenberechtigungen für die Gruppe müssen nicht erneut zugewiesen werden, da die Mitgliedschaft der Gruppe als einzige Information in dieser Gruppe geändert wird.

B. **Falsch** Das Computerkonto ist an kein bestimmtes Benutzerkonto gebunden und muss daher nicht zurückgesetzt werden. Das Zurücksetzen des Computerkontos ist nur dann nötig, wenn das Computerkonto nicht mehr mit der Domäne synchronisiert ist.

C. **Falsch** Gruppenrichtlinien werden auf Standorte, Domänen und Organisationseinheiten angewendet. Unabhängig von der Organisationseinheit, in die das neue Benutzerkonto aufgenommen wird, werden die Gruppenrichtlinien für die Organisationseinheit und die Gruppenrichtlinien auf Domänenebene bei der nächsten Anmeldung des Benutzers automatisch aktualisiert.

D. **Richtig** Alle Berechtigungszuweisungen, die basierend auf einzelnen Benutzerkonten vorgenommen wurden, müssen erneut erstellt werden. Wenn das Benutzerkonto in Gruppen, zu denen Sie es hinzufügen möchten, bereits vorhanden ist, müssen Sie es erst entfernen und anschließend erneut hinzufügen. Das vorherige Konto besaß zwar denselben Kontonamen, jedoch eine andere SID.

E. **Falsch** Die Berechtigungen für Gruppen haben sich nicht geändert, nur die Mitgliedschaft. Es werden keine neuen Berechtigungen für Gruppen benötigt, zu denen ein neues Mitglied hinzugefügt wird. Das Benutzertoken nimmt die Liste aller Gruppen, in denen der Benutzer Mitglied ist, in seine SID-Liste auf, wenn der Benutzer sich anmeldet.

2. Richtige Antwort: D

A. **Falsch** Durch diese Aktion wird Joes Befugnis weit über die Grenzen der Organisationseinheit **Finanzen** hinaus auf die gesamte Domäne erweitert. Außerdem gibt es möglicherweise zusätzliche Fähigkeiten und Berechtigungen, die mit der Gruppe **Konten-Operatoren** verknüpft sind und nicht an die Gruppe **Itadmin3** delegiert wurden.

B. **Falsch** Die Mitgliedschaft von Joes Konto in einer Organisationseinheit steht in keinem Zusammenhang mit seiner Berechtigung zur Verwaltung der Benutzerkonten in der Organisationseinheit **Finanzen**. Die Gruppenmitgliedschaft in der Gruppe **Itadmin3** verleiht die delegierte Autorität, nicht die Mitgliedschaft des Benutzerkontos in einer Organisationseinheit.

C. **Falsch** Das Zurücksetzen eines Computerkontos ist erforderlich, wenn ein Computer nicht mehr mit der Domäne synchronisiert ist. Dies steht in keinem Zusammenhang mit den Berechtigungen des Benutzers, der zu diesem Zeitpunkt an dem Computer angemeldet ist. Solange der Computer mit der Domäne kommunizieren kann, und das ist erwiesenermaßen möglich, da Joe angemeldet und mit Active Directory verbunden ist, regeln die Benutzerberechtigungen die Möglichkeit, eine Verwaltungsaufgabe wie diese zu erfüllen.

D. **Richtig** Die Gruppenmitgliedschaft tritt erst in Kraft, wenn Joes Anmeldeinformationen erneut überprüft wurden und ein neues Token zugewiesen wurde, das diese neue Gruppenmitgliedschaft enthält. Diese Tokenzuweisung geschieht nur während der Anmeldung. Da Joe an seinem Computer angemeldet war, als die Gruppenmitgliedschaft geändert wurde, enthält sein Token noch nicht die SIDs, die mit der neuen Gruppenmitgliedschaft verknüpft sind.

3. Richtige Antwort: A

A. **Richtig** Die Freigabeberechtigung **Lesen** für Joes Benutzerkonto und die globale Gruppe **Finanzen** beschränken seinen Zugriff auf eine Leseberechtigung. Die restriktivere der beiden effektiven Berechtigungen zwischen NTFS- und Freigabeberechtigungen tritt in Kraft.

B. **Falsch** Die Position von Joes Benutzerkonto in Active Directory steht in keinem Zusammenhang mit dem Ressourcenzugriff. Benutzer, Gruppen und Computer sind die einzigen Verzeichnisobjekte, die als Sicherheitsprinzipale fungieren und denen Ressourcenberechtigungen zugewiesen werden können.

C. **Falsch** Joes effektive NTFS-Berechtigung ist **Lesen, Schreiben** aufgrund seiner Mitgliedschaft in der globalen Gruppe **Finanzen**. Die Einschränkung wird durch die effektive Freigabeberechtigung **Lesen** herbeigeführt, nicht durch eine Beschränkung der NTFS-Berechtigungen.

D. **Falsch** Das Entfernen von Joe aus der globalen Gruppe **Angestellte** hat in diesem Fall keinerlei Auswirkung, weil die Einschränkung der Berechtigung **Schreiben** von der Freigabeberechtigung, nicht von der NTFS-Berechtigung herrührt. Sobald die Freigabeberechtigung entweder für Joes Benutzerkonto oder für die globale Gruppe **Finanzen** angehoben wird, ist Joe in der Lage, Dateien in den Ordner **Dokumente** zu schreiben.

KAPITEL 17

Verwalten und Warten einer Serverumgebung (4.0)

Die Verwaltung eines Microsoft Windows Server 2003-Systems erfordert eine genaue Kenntnis der Vorgänge auf dem System. Diese Informationen findet man am besten in den Ereignisprotokollen. Die drei Hauptereignisprotokolle auf einem Windows Server 2003-System sind System-, Sicherheits- und Anwendungsprotokoll. Ereignisprotokollansichten können gefiltert werden, sodass nur Informationen angezeigt werden, die für den Administrator von Interesse sind.

Ein weiterer Teil der Serververwaltung besteht darin sicherzustellen, dass wichtige Updates rechtzeitig heruntergeladen und auf das System angewendet werden. Viele der schwerwiegendsten Systemrisiken der letzten Jahre waren bereits von Microsoft durch Patches behoben worden, aber nicht alle Systemadministratoren hatten die Zeit gefunden, diese Patches auf den Servern zu installieren. Hätten die Administratoren die Zeit investiert, um diese Patches zu installieren, wären sie nicht Würmern wie Code Red und Slammer ausgesetzt gewesen. Windows Server Update Services (WSUS) werden unter Windows Server 2003 ausgeführt und ermöglichen einem Unternehmen, einen im eigenen Netzwerk befindlichen Windows-Server als Update-Server einzusetzen, von dem die Updates heruntergeladen werden können, statt von Microsoft Update-Servern aus dem Internet.

Die Lizenzierung ist ein weiterer Bereich, der Aufmerksamkeit verdient. Wenn ein Unternehmen auf seine Lizenzen hin überprüft wird und Mängel gefunden werden, werden die Verstöße unter Umständen empfindlich bestraft. Eine genaue Kenntnis der Lizenzierung kann einem Unternehmen außerdem viel Geld einsparen, da es möglicherweise günstigere Lizenzierungsoptionen findet als die derzeit verwendeten.

Zur Remoteverwaltung von Servern gibt es verschiedene Tools. Hierzu gehören die Terminaldienste, die Remoteunterstützung, die Computerverwaltungskonsole sowie HTML-Tools zur Remoteverwaltung. Jedes kann in einer bestimmten Situation eingesetzt werden, um eine bestimmte Reihe von Aufgaben zu erfüllen. Administratoren sollten die Vorzüge und Einschränkungen jeder Form der Remoteverwaltung kennen.

Die Möglichkeit, eine zuverlässige Datei- und Druckserverinfrastruktur zu warten, ist ebenfalls wichtig. Systemadministratoren müssen dazu in der Lage sein, Probleme auf Datei- und Druckservern zu diagnostizieren und zu beheben sowie die Leistung von Datei-

und Druckservern zu überwachen, um festzustellen, ob Maßnahmen zur Verbesserung der Leistung ergriffen werden sollten.

Geprüfte Fähigkeiten und vorgeschlagene praktische Übungen

Für den Lernzielbereich „Verwalten und Warten einer Serverumgebung" der Prüfung 70-290: *Verwalten und Warten einer Microsoft Windows Server 2003-Umgebung* sind folgende Fähigkeiten erforderlich:

- Überwachen und Analysieren von Ereignissen
  - Praktische Übung 1: Richten Sie einen Filter für das Sicherheitsprotokoll ein, um nach allen Ereignissen zu suchen, die vom Administratorkonto generiert wurden.
  - Praktische Übung 2: Richten Sie einen Filter für das Systemprotokoll ein, um nach allen fehlgeschlagenen Geräteereignissen zu suchen, die in der letzten Woche aufgetreten sind.
- Verwalten der Software-Aktualisierungsinfrastruktur
  - Praktische Übung 1: Installieren und konfigurieren Sie das Add-In **WSUS**, um eine Liste von Updates zu generieren, die Sie genehmigt haben, und um diese Updates auf den WSUS-Server herunterzuladen. Verwenden Sie die Gruppenrichtlinien für die Konfiguration eines Windows XP Professional-Systems, das den WSUS-Server als Server für automatische Updates verwenden soll.
  - Praktische Übung 2: Implementieren Sie ein Service Pack mithilfe von Gruppenrichtlinien auf einem System unter Windows XP Professional.
- Verwalten der Software-Standortlizenzierung
  - Praktische Übung 1: Starten Sie in der Systemsteuerung das Programm **Lizenzierung**, und lesen Sie im Hilfemenü über das Umschalten zwischen **Pro Server** und **Pro Benutzer und pro Gerät** nach.
  - Praktische Übung 2: Installieren Sie den Lizenzprotokollierserver auf einem Windows Server 2003-System.
- Remoteverwaltung von Servern
  - Praktische Übung 1: Installieren Sie die HTML-Remoteverwaltungstools (Hypertext Markup Language) auf einem Mitgliedsserver unter Windows Server 2003, und verwenden Sie die Tools zum Ändern des Servernamens.
  - Praktische Übung 2: Melden Sie sich über den Remotedesktop für Verwaltung der Terminaldienste an einem Remotesystem unter Windows Server 2003 an.
- Problembehandlung für Druckerwarteschlangen
  - Praktische Übung 1: Erstellen Sie zwei freigegebene Drucker, die zu demselben physischen Druckgerät führen. Stellen Sie die Priorität des ersten freigegebenen Druckers auf 99 und die Priorität des zweiten freigegebenen Druckers auf 1 ein. Senden Sie fünf Druckaufträge an jeden Drucker, und stellen Sie fest, welcher freigegebene Drucker seine Aufträge zuerst abschließt.

- Praktische Übung 2: Senden Sie mehrere Druckaufträge an einen Drucker. Halten Sie einen Druckauftrag an, und stellen Sie die Priorität der übrigen Aufträge um. Beachten Sie, wie die Reihenfolge der verarbeiteten Druckaufträge sich ändert.

- Überwachen der Systemleistung
  - Praktische Übung 1: Erstellen Sie eine Konsolenansicht **Leistung**, in der die Durchschnittswerte für **Prozessorzeit (%)**, **Aktuelle Warteschlangenlänge** und den verfügbaren Speicher entweder in Kilobyte (KB) oder in Megabyte (MB) angezeigt werden.
  - Praktische Übung 2: Erstellen Sie eine Konsolenansicht **Leistung**, in der die durchschnittlichen Werte für **Prozessorzeit (%)** für mehrere Anwendungen angezeigt werden, die auf dem Server ausgeführt werden.
- Überwachen von Datei- und Druckservern
  - Praktische Übung 1: Aktivieren Sie auf einem Volume ein Kontingent mit 10 MB für alle Benutzer außer für den Administrator. Erstellen Sie auf dem Volume einen freigegebenen Ordner. Öffnen Sie das freigegebene Volume auf einer Windows XP-Arbeitsstation mit einem anderen als dem Administratorkonto. Versuchen Sie mehr als 10 MB Daten in die Freigabe zu kopieren.
  - Praktische Übung 2: Richten Sie eine Reihe individueller Kontingente auf einem Volume eines Windows Server 2003-Systems ein. Legen Sie das Kontingent eines Benutzers auf 10 MB, das eines anderen Benutzers auf 15 MB und das eines dritten Benutzers auf 20 MB fest. Exportieren Sie diese Kontingente in eine Datei, und importieren Sie sie auf ein anderes Volume.
- Überwachen und Optimieren eines Servers auf Anwendungsleistung
  - Praktische Übung 1: Stellen Sie die Konsole **Leistung** so ein, dass sie die durchschnittliche Warteschlangenlänge für Datenträger und Netzwerk-E/A anzeigt.
  - Praktische Übung 2: Öffnen Sie den **Task-Manager** und wählen Sie die Registerkarte **Prozesse**. Aktivieren Sie das Kontrollkästchen **Prozesse aller Benutzer anzeigen**. Klicken Sie zweimal auf die Spaltenüberschrift **CPU-Auslastung**, damit Sie die Prozesse leichter erkennen, die den Hauptanteil der Rechenzeit beanspruchen. Klicken Sie zweimal auf die Spaltenüberschrift **Speicherauslastung**, wenn Sie die Prozesse besser erkennen möchten, die am meisten Speicher belegen.
- Verwalten eines Webservers
  - Praktische Übung 1: Konfigurieren Sie eine zweite IP-Adresse für den Ethernet-Adapter auf einem Windows Server 2003-System, auf dem die Internetinformationsdienste (IIS) installiert sind. Konfigurieren Sie eine Website, die auf HTTP-Anforderungen für die erste IP-Adresse reagiert, und eine zweite Website, die auf Anforderungen für die zweite IP-Adresse reagiert.
  - Praktische Übung 2: Konfigurieren Sie die Websitesicherheit so, dass nur Hosts mit bestimmten IP-Adressen auf die Website zugreifen können. Versuchen Sie von einer zulässigen und von einer unzulässigen Host-IP-Adresse auf die Website zu-

zugreifen, und stellen Sie auf diese Weise sicher, dass die Sicherheitseinstellungen funktionieren.

- Praktische Übung 3: Konfigurieren Sie zwei Websites so, dass sie von einer einzigen IP-Adresse aus ausgeführt werden, und leiten Sie den Inhalt über Hostheadernamen weiter.

Weiterführende Literatur

In diesem Abschnitt wird zusätzliche Literatur nach Lernziel aufgeführt. Es empfiehlt sich, diese Quellen vor der Prüfung sorgfältig durchzuarbeiten.

Lernziel 4.1

Lesen Sie Kapitel 12, „Überwachen von Microsoft Windows Server 2003“, welches eine Lektion über die Verwendung der Ereignisanzeige enthält.

Microsoft Corporation: Windows Server 2003 Hilfe- und Supportcenter. Lesen Sie den Abschnitt „Ereignisanzeige“.

Microsoft Corporation: *Windows Server 2003 Administrator's Companion,* Second Edition (Microsoft Press, 2006).

Lernziel 4.2

Lesen Sie Kapitel 9, „Verwalten des Betriebssystems“, welches Lektionen über die Verwendung der Windows Server Update Services und über die Implementierung von Service Packs enthält.

Microsoft Corporation: Windows Server 2003 Hilfe- und Supportcenter. Lesen Sie den Abschnitt über Software-Updates.

Lernziel 4.3

Lesen Sie Kapitel 9, „Verwalten des Betriebssystems“, welches eine Lektion zur Verwaltung der Softwarelizenzierung enthält.

Microsoft Corporation: Windows Server 2003 Hilfe- und Supportcenter. Lesen Sie den Abschnitt „Lizenzierung“.

Microsoft Corporation: *Windows Server 2003 Administrator's Companion,* Second Edition (Microsoft Press, 2006).

Lernziel 4.4

Lesen Sie Kapitel 2, „Verwalten von Microsoft Windows Server 2003“, welches Informationen über die Remoteverwaltung von Servern mithilfe der Microsoft Management Console (MMC), über die Remoteverwaltung mithilfe von Remotedesktop für Verwaltung und über die Verwendung der Remoteunterstützung bietet.

Microsoft Corporation: Windows Server 2003 Hilfe- und Supportcenter. Lesen Sie die Abschnitte „Terminaldienste“, „HTML-Tools zur Remoteverwaltung“ und „Remoteunterstützung“.

Microsoft Corporation: *Windows Server 2003 Administrator's Companion*, Second Edition (Microsoft Press, 2006).

Lernziel 4.5

Lesen Sie Kapitel 8, „Drucker", welches Informationen über die Wartung, Überwachung und Problembehandlung bei Druckern enthält.

Microsoft Corporation: *Windows Server 2003 Administrator's Companion*, Second Edition (Microsoft Press, 2006).

Lernziel 4.6

Lesen Sie Kapitel 12, „Überwachen von Microsoft Windows Server 2003", welches eine Lektion über die Verwendung der Ereignisanzeige enthält.

Microsoft Corporation: Windows Server 2003 Hilfe- und Supportcenter. Lesen Sie den Abschnitt „Ereignisanzeige".

Microsoft Corporation: *Microsoft Windows Server 2003 – Die technische Referenz.* Teilband *Microsoft Windows Server 2003 Leistungsoptimierung* (Microsoft Press, 2005).

Lernziel 4.7

Lesen Sie Kapitel 12, „Überwachen von Microsoft Windows Server 2003", welches eine Lektion über die Verwendung des Systemmonitors enthält.

Microsoft Corporation: Windows Server 2003 Hilfe- und Supportcenter. Lesen Sie den Abschnitt „Leistung".

Microsoft Corporation: *Microsoft Windows Server 2003 – Die technische Referenz.* Teilband *Microsoft Windows Server 2003 Leistungsoptimierung* (Microsoft Press, 2005).

Lernziel 4.8

Lesen Sie Kapitel 12, „Überwachen von Microsoft Windows Server 2003", welches eine Lektion über die Verwendung des Systemmonitors enthält.

Microsoft Corporation: Windows Server 2003 Hilfe- und Supportcenter. Lesen Sie den Abschnitt „Leistung".

Microsoft Corporation: *Microsoft Windows Server 2003 – Die technische Referenz.* Teilband *Microsoft Windows Server 2003 Leistungsoptimierung* (Microsoft Press, 2005).

Lernziel 4.9

Lesen Sie Kapitel 6, „Dateien und Ordner", welches eine Lektion über die Verwaltung von IIS enthält.

Microsoft Corporation: Windows Server 2003 Hilfe- und Supportcenter. Lesen Sie den Abschnitt zu den Internet Information Services.

Microsoft Press: *Internetinformationsdienste [IIS] 6.0 – Die technische Referenz* (Microsoft Press, 2004)

Lernziel 4.1: Überwachen und Analysieren von Ereignissen

Das Ereignisprotokoll kann für die Aufzeichnung einer sehr großen Menge an Daten über das System konfiguriert werden. Es kann schwierig sein, diese Daten zu sichten, um eine bestimmte Folge von Ereignissen zu finden, wenn Sie nicht genau wissen, wie die Protokolle so gefiltert werden können, dass nur die relevanten Informationen angezeigt werden.

Es gibt unterschiedliche Möglichkeiten, Ereignisse im Ereignisprotokoll zu filtern. Die erste besteht darin, den Ereignistyp anzugeben, d.h. Informationen, Warnung, Fehler, Erfolgsüberwachung oder Fehlerüberwachung. Ein weiterer Typ ist die Ereignisquelle, also das System oder der Dienst auf dem Windows Server 2003-Server, der das Ereignis generiert hat. Die Kategorie gibt an, welches Subsystem des Servers das Ereignis generiert hat. Ereignisse können außerdem nach Ereigniskennung, Benutzername und Computername gefiltert und auf einen bestimmten Zeitraum beschränkt werden. Durch die effiziente Filterung des Ereignisprotokolls ist ein Administrator schnell in der Lage, nur die relevanten Daten anzuzeigen, ohne sich zunächst durch Ereignisse kämpfen zu müssen, die für die aktuelle Aufgabe nicht von Bedeutung sind.

Fragen zu Lernziel 4.1

1.

Sie möchten Informations- und Warnungsereignisse im Anwendungsprotokoll einsehen, die durch Datenträgerkontingente generiert wurden. Sie möchten nur diese Ereignistypen und keine Informations- und Warnungsereignisse aus anderen Quellen anzeigen. Welchen der folgenden Schritte sollten Sie zu diesem Zweck unternehmen?

A. Sie bearbeiten in der Ereignisanzeige die Eigenschaften des Systemprotokolls. Sie stellen auf der Registerkarte **Filter** sicher, dass die Kontrollkästchen für Informations- und Warnungsereignisse aktiviert und die Kontrollkästchen **Fehler**, **Erfolgsüberwachung** und **Fehlerüberwachung** deaktiviert sind.

B. Sie bearbeiten in der Ereignisanzeige die Eigenschaften des Anwendungsprotokolls. Sie stellen auf der Registerkarte **Filter** sicher, dass die Kontrollkästchen für Informations- und Warnungsereignisse aktiviert und die Kontrollkästchen **Fehler**, **Erfolgsüberwachung** und **Fehlerüberwachung** deaktiviert sind.

C. Sie bearbeiten in der Ereignisanzeige die Eigenschaften des Anwendungsprotokolls. Sie stellen auf der Registerkarte **Filter** sicher, dass die Kontrollkästchen für Informations- und Warnungsereignisse deaktiviert und die Kontrollkästchen **Fehler**, **Erfolgsüberwachung** und **Fehlerüberwachung** aktiviert sind. Sie setzen die Ereignisquelle auf **Datenträgerkontingent**.

D. Sie bearbeiten in der Ereignisanzeige die Eigenschaften des Anwendungsprotokolls. Sie stellen auf der Registerkarte **Filter** sicher, dass die Kontrollkästchen für Informations- und Warnungsereignisse aktiviert und die Kontrollkästchen **Fehler**, **Erfolgsüberwachung** und **Fehlerüberwachung** deaktiviert sind. Sie stellen die Ereignisquelle auf **Chkdsk** ein.

E. Sie bearbeiten in der Ereignisanzeige die Eigenschaften des Anwendungsprotokolls. Sie stellen auf der Registerkarte **Filter** sicher, dass die Kontrollkästchen für Informations- und Warnungsereignisse aktiviert und die Kontrollkästchen **Fehler**, **Erfolgsüberwachung** und **Fehlerüberwachung** deaktiviert sind. Sie setzen die Ereignisquelle auf **Datenträgerkontingent**.

F. Sie bearbeiten in der Ereignisanzeige die Eigenschaften des Systemprotokolls. Sie stellen auf der Registerkarte **Filter** sicher, dass die Kontrollkästchen für Informations- und Warnungsereignisse aktiviert und die Kontrollkästchen **Fehler**, **Erfolgsüberwachung** und **Fehlerüberwachung** deaktiviert sind. Sie setzen die Ereignisquelle auf **Datenträgerkontingent**.

2.

Rooslan arbeitet an einem Windows Server 2003-System, das eine ungleichmäßige Leistung zeigt. Das Systemprotokoll ist auf eine maximale Protokollgröße von 50 MB und für das Überschreiben von Ereignissen bei Bedarf eingestellt. Rooslan möchte Fehlerereignisse im Systemprotokoll anzeigen, die im Lauf der letzten Woche aufgetreten sind. Wie kann er zu diesem Zweck vorgehen?

A. Er startet den Assistenten für die Ereignisanzeige und aktiviert das Kontrollkästchen **Fehler anzeigen**. Er stellt das Anzeigedatum auf die letzten sieben Tage ein.

B. Rooslan bearbeitet in der Ereignisanzeige die Eigenschaften des Systemprotokolls. Auf der Registerkarte **Filter** stellt er sicher, dass nur das Kontrollkästchen **Fehler** aktiviert ist.

C. Rooslan bearbeitet in der Ereignisanzeige die Eigenschaften des Anwendungsprotokolls. Auf der Registerkarte **Filter** stellt er sicher, dass nur das Kontrollkästchen **Fehler** aktiviert ist und dass das Datum des ersten Ereignisses sieben Tage zurückliegt und das Datum des letzten Ereignisses auf das aktuelle Datum eingestellt ist.

D. Rooslan bearbeitet in der Ereignisanzeige die Eigenschaften des Systemprotokolls. Auf der Registerkarte **Filter** stellt Rooslan sicher, dass nur das Kontrollkästchen **Fehler** aktiviert ist und dass das Datum des ersten Ereignisses sieben Tage zurückliegt und das Datum des letzten Ereignisses auf das aktuelle Datum eingestellt ist.

E. Rooslan bearbeitet in der Ereignisanzeige die Eigenschaften des Systemprotokolls. Auf der Registerkarte **Filter** stellt Rooslan sicher, dass nur das Kontrollkästchen **Informationen** aktiviert ist und dass das Datum des ersten Ereignisses sieben Tage zurückliegt und das Datum des letzten Ereignisses auf das aktuelle Datum eingestellt ist.

3.

Rooslan wurde von seinem Vorgesetzten beauftragt, einen Bericht über die Anmeldeaktivitäten eines bestimmten Benutzers namens Agim in den letzten zwei Monaten zu erstellen. Die Geschäftsleitung möchte anhand von Agims Anmeldeaktivität feststellen, an welchen Tagen Agim am Arbeitsplatz erschienen ist, da er häufig durch Abwesenheit glänzte. Die Anmeldeereignisse wurden in den letzten sechs Monaten innerhalb der Windows Server 2003-Domäne überwacht. Die Größe aller Ereignisprotokolldateien ist auf 190.240 KB festgelegt. Kein Ereignisprotokoll hat diese Größe bereits erreicht, und die Daten der letzten sechs Monate sind verfügbar. Welche der folgenden Möglichkeiten eignet sich am besten, um die für Rooslans Aufgabe relevanten Daten anzuzeigen?

A. Erstellen Sie einen Filter für das Systemprotokoll. Suchen Sie nur nach Erfolgsereignissen, und stellen Sie die Ereignisquelle auf **Security**. Stellen Sie für das erste Ereignis ein Datum ein, das zwei Monate zurückliegt, und für das letzte Ereignis das aktuelle Datum.

B. Erstellen Sie einen Filter für das Systemprotokoll. Suchen Sie nur nach Erfolgsereignissen, und stellen Sie die Ereignisquelle auf **Security**. Geben Sie als Benutzer den Kontonamen von Agim an. Stellen Sie für das erste Ereignis ein Datum ein, das zwei Monate zurückliegt, und für das letzte Ereignis das aktuelle Datum.

C. Erstellen Sie einen Filter für das Systemprotokoll. Suchen Sie nur nach Erfolgsereignissen, und stellen Sie als Ereignisquelle **Security Account Manager** ein. Geben Sie als Benutzer den Kontonamen von Agim an. Stellen Sie die Ereigniskennung auf 538. Stellen Sie für das erste Ereignis ein Datum ein, das zwei Monate zurückliegt, und für das letzte Ereignis das aktuelle Datum.

D. Erstellen Sie einen Filter für das Sicherheitsprotokoll. Suchen Sie nur nach Erfolgsereignissen, und stellen Sie die Ereignisquelle auf **Security**. Stellen Sie für das erste Ereignis ein Datum ein, das zwei Monate zurückliegt, und für das letzte Ereignis das aktuelle Datum. Stellen Sie die Ereigniskennung auf 538.

E. Erstellen Sie einen Filter für das Sicherheitsprotokoll. Suchen Sie nur nach Erfolgsereignissen, und stellen Sie die Ereignisquelle auf **Security Account Manager**. Geben Sie als Benutzer den Kontonamen von Agim an. Stellen Sie die Ereigniskennung auf 538. Stellen Sie für das erste Ereignis ein Datum ein, das zwei Monate zurückliegt, und für das letzte Ereignis das aktuelle Datum.

F. Erstellen Sie einen Filter für das Sicherheitsprotokoll. Suchen Sie nur nach Erfolgsereignissen, und stellen Sie die Ereignisquelle auf **Security**. Geben Sie als Benutzer den Kontonamen von Agim an. Stellen Sie die Ereigniskennung auf 538. Stellen Sie für das erste Ereignis ein Datum ein, das zwei Monate zurückliegt, und für das letzte Ereignis das aktuelle Datum.

4.

Lee hat den Verdacht, dass sich ein anderer Benutzer im Büro an seiner Arbeitsstation über sein Konto anzumelden versucht. Er glaubt nicht, dass der andere Benutzer bereits erfolgreich war, möchte jedoch gerne einen Bericht aller fehlgeschlagenen Anmeldeversuche über sein Konto im letzten Monat anzeigen. Um seine Vermutung zu überprüfen, hat Lee einen Zettel neben seinen Monitor gelegt, auf welchem „Kennwort = Gillian1948“ geschrieben stand. „Gillian1948“ ist nicht sein Kennwort. Er nimmt an, dass dieses falsche Kennwort ausprobiert wurde, falls jemand versucht hat, sich unbefugt an seiner Arbeitsstation anzumelden. In der Domäne werden nur Anmeldeereignisse auf Erfolg und Fehlschlag überwacht. Wie können Sie eine Ansicht in der Ereignisanzeige erstellen, anhand derer Sie feststellen können, ob über Lees Benutzerkonto fehlgeschlagene Anmeldeversuche stattgefunden haben?

A. Erstellen Sie einen Filter für das Systemprotokoll. Suchen Sie nur nach Fehlschlägen, und stellen Sie die Ereignisquelle auf **Security** ein. Geben Sie als Benutzer Lees Kontonamen an. Stellen Sie für das erste Ereignis ein Datum ein, das einen Monat zurückliegt, und für das letzte Ereignis das aktuelle Datum.

B. Erstellen Sie einen Filter für das Systemprotokoll. Suchen Sie nur nach Erfolgsereignissen, und stellen Sie die Ereignisquelle auf **Security**. Geben Sie als Benutzer Lees Kontonamen an. Stellen Sie für das erste Ereignis ein Datum ein, das einen Monat zurückliegt, und für das letzte Ereignis das aktuelle Datum.

C. Erstellen Sie einen Filter für das Systemprotokoll. Suchen Sie nur nach Erfolgsereignissen, und stellen Sie die Ereignisquelle auf **Security Account Manager**. Geben Sie als Benutzer Lees Kontonamen an. Stellen Sie für das erste Ereignis ein Datum ein, das einen Monat zurückliegt, und für das letzte Ereignis das aktuelle Datum.

D. Erstellen Sie einen Filter für das Sicherheitsprotokoll. Suchen Sie nur nach Erfolgsereignissen, und stellen Sie die Ereignisquelle auf **Security Account Manager** ein. Geben Sie als Benutzer Lees Kontonamen an. Stellen Sie für das erste Ereignis ein Datum ein, das einen Monat zurückliegt, und für das letzte Ereignis das aktuelle Datum.

E. Erstellen Sie einen Filter für das Sicherheitsprotokoll. Suchen Sie nur nach Fehlschlägen, und stellen Sie die Ereignisquelle auf **Security** ein. Geben Sie als Benutzer Lees Kontonamen an. Stellen Sie für das erste Ereignis ein Datum ein, das einen Monat zurückliegt, und für das letzte Ereignis das aktuelle Datum.

5.

Sie verwalten einen Windows Server 2003-Computer namens **Jupiter.contoso.com**. Auf **Jupiter** wurde eine spezielle Anwendung installiert, die ein Fremdhersteller für Ihre Organisation entwickelt hat. Der Installationsprozess dieser Anwendung ist ziemlich kompliziert. Seit einer Woche kommt es gelegentlich vor, dass die Anwendung abstürzt. Heute Morgen ist die Festplatte von **Jupiter** vollständig ausgefallen. Sie haben sich eigentlich für heute vorgenommen, die Gründe für die Abstürze der Anwendung herauszufinden. Zum Glück haben Sie gestern kurz vor Feierabend eine Kopie des Anwendungsprotokolls von **Jupiter** auf eine Netzwerkfreigabe kopiert.

In Ihrem Labor steht ein Windows Server 2003-Computer namens **Neptun**, auf dem **Virtual Server 2005 R2** installiert ist. Sie halten auf **Neptun** in virtueller Form eine Entwicklungskopie jedes Servers, für den Sie zuständig sind, damit Sie Updates vor der Installation auf den Produktivcomputern testen können. Der virtuelle Entwicklungsserver, der zu **Jupiter** gehört, heißt **Io**.

Sie öffnen das Anwendungsprotokoll von **Jupiter** auf **Neptun** und stellen fest, dass viele Einträge in den Feldern **Kategorie** und **Beschreibung** keine gültigen Daten aufweisen. Wie können Sie sich alle Einträge aus dem Anwendungsprotokoll von **Jupiter** mit möglichst geringem Aufwand ansehen?

A. Sie starten **Io** in **Virtual Server 2005 R2** und öffnen **Jupiters** Anwendungsprotokoll in **Ios** Ereignisanzeige.

B. Sie installieren die speziell entwickelte Anwendung auf **Neptun**.

C. Sie bearbeiten die Anzeigeeigenschaften des importierten Anwendungsprotokolls in der Ereignisanzeige von **Neptun**. Klicken Sie auf **Wiederherstellen**.

D. Sie geben auf der Befehlszeile den Befehl **mmc.exe %SystemRoot%\system32 \eventvwr.msc /auxsource=Jupiter**. Importieren Sie die Protokolldatei.

6.

Heute ist der erste Januar 2006, und Rich Haddock, der Systemadministrator von Contoso, hat alle Hände voll zu tun. Richard ist für die Terminalserver von Contoso zuständig. Auf einem der Server wurde eine speziell entwickelte Anwendung installiert, die von vielen Benutzern aus der Buchhaltungsabteilung eingesetzt wird. Einer dieser Benutzer, Jonathan Haas (Benutzerkonto **j.haas**) hat sich beschwert, es gebe seit dem 26. Dezember häufig Probleme mit der Anwendung. Rich versucht, alle Fehler zu finden, die bei Jonathans Arbeit mit der Anwendung in der letzten Woche aufgetreten sind. Zu diesem Zweck hat er ein Filter für die Anzeige der Daten definiert, wie in der Abbildung gezeigt.

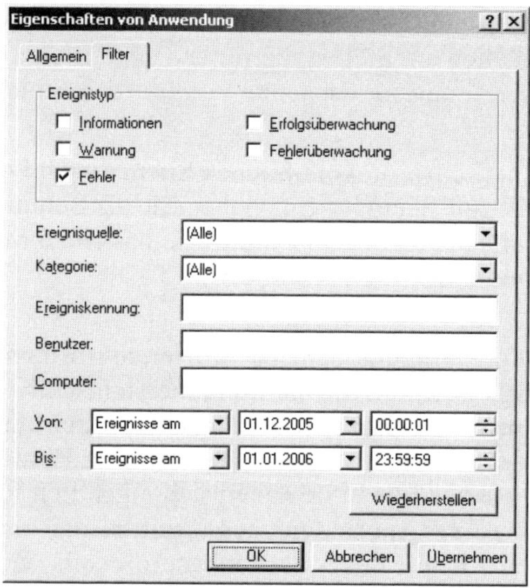

Welche Änderungen muss Rich vornehmen, damit nur die gewünschten Protokolleinträge angezeigt werden? (Wählen Sie alle zutreffenden Antworten aus.)

A. Er muss im Feld **Benutzer** den Namen **r.haddock** eingeben.

B. Er muss das **Ereignistyp**-Kontrollkästchen **Warnung** aktivieren.

C. Er muss das Datum im Feld **Von** auf den 26.12.2005 ändern.

D. Er muss das Datum im Feld **Bis** auf den 26.12.2005 ändern.

E. Er muss im Feld **Benutzer** den Namen **j.haas** eingeben.

Antworten zu Lernziel 4.1

1. Richtige Antwort: E

A. **Falsch** Auf diese Weise werden sämtliche Informations- und Warnungsereignisse aus dem Systemprotokoll und nicht die aus dem Anwendungsprotokoll angezeigt.

B. **Falsch** Auf diese Weise werden sämtliche Informations- und Warnungsereignisse aus dem Anwendungsprotokoll angezeigt, nicht nur diejenigen, die von Datenträgerkontingenten erzeugt wurden.

C. **Falsch** Auf diese Weise werden die Fehler-, Erfolgsüberwachungs- und Fehlerüberwachungsereignisse anstelle der für Sie relevanten Informations- und Warnungsereignisse angezeigt.

D. **Falsch** Auf diese Weise werden die Informations- und Warnungsereignisse von **Chkdsk** und nicht die von Datenträgerkontingenten angezeigt.

E. **Richtig** Diese Einstellung führt zur gewünschten Anzeige.

F. **Falsch** Diese Einstellung betrifft das Systemprotokoll, und nicht das für Sie relevante Anwendungsprotokoll.

2. Richtige Antwort: D

A. **Falsch** Es gibt keinen Assistenten für die Ereignisanzeige.

B. **Falsch** Auf diese Weise wird die Anzeige der Fehlerereignisse nicht auf die letzte Woche beschränkt.

C. **Falsch** In der Fragestellung wird das Systemprotokoll, nicht das Anwendungsprotokoll verlangt.

D. **Richtig** Durch diesen Filter werden nur die Fehlerereignisse im Systemprotokoll angezeigt, die in den letzten sieben Tagen aufgetreten sind.

E. **Falsch** Auf diese Weise werden nur Informationsereignisse der letzten sieben Tage aus dem Systemprotokoll angezeigt, jedoch nicht die erforderlichen Fehlerereignisse.

3. Richtige Antwort: F

A. **Falsch** Das Sicherheitsprotokoll muss untersucht werden, nicht das Systemprotokoll.

B. **Falsch** Das Sicherheitsprotokoll muss untersucht werden, nicht das Systemprotokoll.

C. **Falsch** Das Sicherheitsprotokoll muss untersucht werden, nicht das Systemprotokoll.

D. **Falsch** Auf diese Weise werden die Anmeldeereignisse sämtlicher Benutzer in den letzten beiden Monaten aufgeführt.

E. **Falsch** Als Ereignisquelle sollte **Security**, nicht **Security Account Manager** verwendet werden. Die Sicherheitskontenverwaltung (Security Account Manager, SAM) wird für Ereignisse zur Kontenverwaltung wie beispielsweise das Hinzufügen von Benutzern oder Kennwortänderungen eingesetzt.

F. **Richtig** Auf diese Weise werden die erforderlichen Daten angezeigt. Alle Ereigniskennungen in dieser Aufgabe wurden auf 538 festgelegt, hierbei handelt es sich jedoch um die Anmeldeereigniskennung. Ist die Einstellung **Benutzer** nicht auf den Namen von Agims Konto festgelegt, werden die Anmeldeereignisse sämtlicher Benutzer angezeigt. Durch Einstellen der richtigen Datumsangaben wird der Bericht auf den fraglichen Zeitraum eingeschränkt.

4. Richtige Antwort: E

A. **Falsch** Das Sicherheitsprotokoll muss untersucht werden, nicht das Systemprotokoll.

B. **Falsch** Das Sicherheitsprotokoll muss untersucht werden, nicht das Systemprotokoll.

C. **Falsch** Das Sicherheitsprotokoll muss untersucht werden, nicht das Systemprotokoll.

D. **Falsch** Die Ereignisquelle muss auf **Security** und der Ereignistyp auf **Fehlerüberwachung** festgelegt werden.

E. **Richtig** Da lediglich erfolgreiche und fehlgeschlagene Anmeldeereignisse überwacht wurden und der Filter so eingestellt ist, dass nur fehlgeschlagene Anmeldeversuche über Lees Konto im letzten Monat angezeigt werden, wird durch diese Vorgehensweise der gewünschte Bericht erzeugt.

5. Richtige Antwort: A

A. **Richtig** Die Spezialanwendung verwendet benutzerdefinierte Ereignisse. Da die Anwendung nicht auf dem Server **Neptun** installiert ist, werden die benutzerdefinierten Ereignisse nicht korrekt angezeigt, wenn Sie das fremde Ereignisprotokoll öffnen. Sie könnten die fragliche Anwendung zwar auf **Neptun** installieren, aber das wäre wesentlich mehr Arbeit als der Start des Servers **Io** in Virtual Server 2005 R2.

B. **Falsch** Das würde zwar funktionieren, wäre aber wesentlich mehr Arbeit als der Start von **Io** in Virtual Server 2005 R2, wo Sie dann das Anwendungsprotokoll anzeigen können.

C. **Falsch** Die Wiederherstellung der Standard-Anzeigeoptionen ist keine Lösung. Die Spezialanwendung verwendet benutzerdefinierte Ereignisse. Da die Anwendung nicht auf dem Server **Neptun** installiert ist, werden diese benutzerdefinierten Ereignisse nicht korrekt angezeigt, wenn Sie das fremde Ereignisprotokoll öffnen.

D. **Falsch** Die Option **auxsource=Jupiter** würde funktionieren, wenn **Jupiter** nicht abgestürzt wäre. Wenn Sie den virtuellen Server **Io** gestartet hätten, könnten Sie zwar **auxsource=Io** verwenden, aber es wäre einfacher, sich auf **Io** anzumelden und das Anwendungsprotokoll dort zu lesen.

6. Richtige Antwort: C und E

A. **Falsch** Rich sucht nach Fehlern, die bei Jonathans Arbeit aufgetreten sind. Folglich würde er Jonathans Kontonamen eingeben.

B. **Falsch** Rich interessiert sich nur für Fehler, die im Zusammenhang mit Jonathans Arbeit aufgetreten sind, nicht für Warnungen.

C. **Richtig** Jonathan beschwert sich darüber, dass es seit dem 26. Dezember zu Fehlern gekommen ist.

D. **Falsch** Damit könnte man nicht die Fehler anzeigen, für die sich Rich interessiert, denn die Schwierigkeiten begannen am 26. Dezember.

E. **Richtig** Die Eingabe von **j.haas** im Feld **Benutzer** filtert die Anzeige der Protokolleinträge, sodass nur Einträge angezeigt werden, die durch Jonathans Arbeit entstanden sind.

Lernziel 4.2: Verwalten der Software-Aktualisierungsinfrastruktur

Bei Windows Server Update Services (WSUS) handelt es sich um ein Add-In für Windows Server 2003, das aber nicht auf den Installationsmedien vorhanden ist. Sie müssen es von der Microsoft-Website herunterladen. WSUS ermöglicht Administratoren die Erstellung einer genehmigten Liste von Updates, die unternehmensweit angewendet werden können.

WSUS besteht aus zwei Teilen. Der erste Teil ist der WSUS-Server, auf welchem eine Liste genehmigter Updates geführt wird. Der WSUS-Server kann außerdem für die Speicherung von Updates konfiguriert werden, sodass Clients die genehmigten Updates nicht extra von den Microsoft Windows Update-Servern herunterladen müssen. Der zweite Teil besteht aus den Clients, die für die Verwendung des lokalen WSUS-Servers anstelle des Windows Update-Internetservers konfiguriert werden müssen. Diese Konfiguration kann nur über eine Einstellung in den Gruppenrichtlinien erfolgen, nicht über die Registerkarte **Automatische Updates** im Programm **System** in der Systemsteuerung. Da diese Konfiguration über ein lokales Gruppenrichtlinienobjekt erfolgen kann, können Sie für Standorte, Domänen und Organisationseinheiten unterschiedliche Updateverfahren vorsehen.

Einige Updates, beispielsweise Service Packs, können auch ohne WSUS angewendet werden, indem Sie einfach die Softwareinstallationseinstellungen der Gruppenrichtlinie verwenden. Der relevante Bereich der Gruppenrichtlinien befindet sich im Knoten **Computerkonfiguration\Softwareeinstellungen**. Das Service Pack muss in eine Dateifreigabe extrahiert werden, die für alle Clients im Netzwerk zugänglich ist. In manchen Fällen, etwa bei langsamen WAN-Verbindungen (Wide Area Network), werden es Administratoren vorziehen, das extrahierte Service Pack an jedem Standort in einer Dateifreigabe zu speichern und anschließend ein standortbezogenes Gruppenrichtlinienobjekt zu verwenden, um die Computer an den einzelnen Standorten auf die lokalen Aktualisierungsdateien auszurichten, damit nicht alle Systeme das Service Pack aus einem zentralen Speicherort kopieren müssen.

Zur Zeit während dieses Buch entsteht wird in der Prüfung 70-290 der Vorgänger von WSUS behandelt, der Software Update Services (SUS) genannt wird. SUS wird auf der Microsoft-Website nicht mehr zum Download angeboten, und wahrscheinlich wird die Prüfung irgendwann auf WSUS umgestellt. Damit Sie sich besser in den beiden Technologien zurechtfinden, werden die meisten Fragen in diesem Abschnitt so gestellt, dass die Antworten für SUS und für WSUS gelten. Wenn sich die Produkte in ihrer Funktionsweise unterscheiden, wird im Antworttext darauf hingewiesen.

Fragen zu Lernziel 4.2

1.

Sie sind Systemadministrator für ein mittelständisches Unternehmen und ziehen in Betracht, WSUS zu implementieren, um die von Microsoft bereitgestellten Updates für Ihre Windows XP Professional-Systeme zu verwalten. Ihr Unternehmen setzt derzeit eine Proxylösung ein, die auf einer anderen Plattform ausgeführt wird und eine Authentifizierung mit Benutzername und Kennwort erfordert. Die Datenbank mit Benutzernamen und Kennwörtern für den Proxy unterscheidet sich von der Datenbank, die in der Windows

Server 2003-Domäne verwendet wird. Welche der folgenden Optionen steht Ihnen in dieser Situation für die Konfiguration einer Software-Aktualisierungsinfrastruktur zur Verfügung?

A. Da WSUS nicht für die Authentifizierung an einem Proxy konfiguriert werden kann, müssen sämtliche Updates manuell von einem Administrator heruntergeladen und auf dem WSUS-Server abgelegt werden. Die Computer unter Windows XP Professional sollten über Gruppenrichtlinien so konfiguriert werden, dass sie den WSUS-Server wegen der Softwareaktualisierungen kontaktieren.

B. Da WSUS im Gegensatz zu Windows XP-Clients nicht für die Authentifizierung an einem Proxy konfiguriert werden kann, sollten Windows XP-Clients sich weiterhin an Microsoft wenden, um die Aktualisierungen herunterzuladen.

C. WSUS kann für die Authentifizierung an einem Proxy konfiguriert werden, um eine Liste von Updates zu ihrer Genehmigung herunterzuladen. Windows XP-Systeme sollten so konfiguriert werden, dass sie den WSUS-Server nach von Ihnen genehmigten Updates durchsuchen und diese automatisch aus der Microsoft-Website herunterladen.

D. WSUS kann für die Authentifizierung an einem Proxy konfiguriert werden, um eine Liste von Updates zu Ihrer Genehmigung sowie die Updates selbst herunterzuladen. Windows XP-Systeme sollten so konfiguriert werden, dass sie den WSUS-Server auf genehmigte Updates untersuchen und diese anschließend vom WSUS-Server abrufen.

2.

Sie sind Systemadministrator in einem mittelständischen Unternehmen, das die unternehmensweite Implementierung von WSUS auf allen Windows XP Professional-Arbeitsstationen und Windows Server 2003-Systemen in Erwägung zieht. Vor dem unternehmensweiten Einsatz wird zunächst ein Pilotprogramm implementiert. Ihnen wird eine Testumgebung mit 10 Windows XP Professional-Arbeitsstationen, einem Windows Server 2003-Mitgliedsserver mit WSUS, einem Windows Server 2003-Domänencontroller und einem eigenständigen Windows Server 2003-System zugewiesen. Sie möchten alle Systeme mit Ausnahme des WSUS-Servers so konfigurieren, dass sie jeden Morgen um 07.00 Uhr auf dem WSUS-Server automatisch nach Updates suchen, diese herunterladen und installieren. Welchen der folgenden Schritte sollten Sie zu diesem Zweck unternehmen? (Wählen Sie alle zutreffenden Antworten aus.)

A. Sie verwenden auf jedem Windows XP Professional-Arbeitsstationscomputer die Registerkarte **Automatische Updates** in der Systemkonsole der Systemsteuerung, um den Updateserver auf die Adresse des WSUS-Servers einzustellen. Sie richten die Windows XP-Arbeitsstationen so ein, dass sie jeden Tag um sieben Uhr morgens Updates automatisch herunterladen und installieren.

B. Sie verwenden auf jedem Windows Server 2003-System außer dem WSUS-Server die Registerkarte **Automatische Updates** in der Systemkonsole der Systemsteuerung, um den Update-Server auf die Adresse des WSUS-Servers einzustellen. Sie richten diese Server so ein, dass sie jeden Tag um sieben Uhr morgens Updates automatisch herunterladen und installieren.

C. Sie platzieren die Windows XP Professional-Arbeitsstationen und den Windows Server 2003-Domänencontroller in eine separate Organisationseinheit namens **Uptest**. Sie erstellen ein Gruppenrichtlinienobjekt und verknüpfen es mit der Organisationseinheit

Uptest. Sie sorgen dafür, dass die Adresse des WSUS-Servers in der Richtlinie **Internen Pfad für den Microsoft Updatedienst angeben** angegeben wird. Sie setzen die Richtlinie **Automatische Updates konfigurieren** des Gruppenrichtlinienobjekts der OU **Uptest** auf automatisches Downloaden und Installieren. Sie stellen bei dieser Gelegenheit den geplanten Installationszeitpunkt auf **Täglich** und die Uhrzeit auf 7.00 Uhr ein.

D. Sie bearbeiten auf dem eigenständigen Windows Server 2003-System die **Windows Update**-Eigenschaften des lokalen Gruppenrichtlinienobjekts und geben dabei als Adresse des Update-Servers in der Richtlinie **Internen Pfad für den Microsoft Updatedienst angeben** den WSUS-Server an. Sie setzen die Richtlinie **Automatische Updates konfigurieren** auf automatisches Downloaden und Installieren und stellen den geplanten Installationstag auf **Täglich** und die Uhrzeit auf 7.00 Uhr ein. Sie wenden dieses Gruppenrichtlinienobjekt auf die Organisationseinheit **Uptest** an.

E. Sie bearbeiten auf dem WSUS-Server die **Windows Update**-Eigenschaften des lokalen Gruppenrichtlinienobjekts und geben dabei als Adresse des Update-Servers in der Richtlinie **Internen Pfad für den Microsoft Updatedienst angeben** den WSUS-Server an. Sie setzen die Richtlinie **Automatische Updates konfigurieren** auf automatisches Downloaden und Installieren und stellen den geplanten Installationstag auf **Täglich** und die Uhrzeit auf 7.00 Uhr ein. Sie wenden dieses Gruppenrichtlinienobjekt auf die Organisationseinheit **Uptest** an.

3.

Rooslan arbeitet für ein Unternehmen mit einer einzigen Zweigstelle, die über ISDN BRI (Integrated Services Digital Network Basic Rate Interface) mit der Hauptgeschäftsstelle verbunden ist. Der Remotestandort verfügt über eine 10-MBit-Verbindung mit dem Internet. Die Hauptgeschäftsstelle besitzt eine 20-MBit-Verbindung mit dem Internet. Die ISDN BRI-Verbindungen werden hauptsächlich für den Active Directory- und DFS-Replikationsdatenverkehr (Distributed File System) eingesetzt. Das Unternehmen verwendet eine einzige Windows Server 2003-Domäne. Die Zweigstelle und die Hauptgeschäftsstelle sind zu Replikationszwecken jeweils als separater Standort in Active Directory konfiguriert. Es gibt zwei Windows Server 2003-Systeme, auf denen WSUS ausgeführt wird. Ein Server befindet sich am Standort der Hauptgeschäftsstelle. Er wurde für das Hosten einer Liste genehmigter Updates und für die lokale Speicherung dieser genehmigten Updates konfiguriert. Der andere WSUS-Server steht am Remotestandort zur Verfügung.

Primäres Ziel:

Rooslan möchte erreichen, dass die Windows XP Professional-Arbeitsstationen und die Windows Server 2003-Systeme nur Updates herunterladen, die in der Liste genehmigter Updates auf dem WSUS-Server enthalten sind.

Sekundäres Ziel:

Rooslan möchte die ISDN BRI-Verbindungen nicht durch die Übertragung von Updates vom WSUS-Server an der Hauptgeschäftsstelle übermäßig belasten.

Tertiäres Ziel:

Die Menge der an die Hauptgeschäftsstelle heruntergeladenen Updates über die 20-MBit-Verbindung soll so gering wie möglich gehalten werden.

Durch welche der folgenden Möglichkeiten kann Rooslan sämtliche Ziele erreichen? (Wählen Sie alle zutreffenden Antworten aus. Die Kombination der richtigen Antworten bildet zusammen die Lösung.)

A. Rooslan sollte ein Gruppenrichtlinienobjekt bearbeiten und die **Windows Update**-Eigenschaften konfigurieren. Die Richtlinie **Internen Pfad für den Microsoft Updatedienst angeben** sollte die Einstellungen des zweiten WSUS-Servers für die Felder über Updateermittlung und Statistik enthalten. Diese Gruppenrichtlinie sollte anschließend auf den Remotestandort angewendet werden.

B. Der zweite WSUS-Server sollte für das Abrufen einer Liste genehmigter Updates vom ersten WSUS-Server konfiguriert werden. Außerdem sollte der zweite WSUS-Server so eingerichtet werden, dass die Updatedateien auf den Microsoft Windows Update-Servern verwaltet werden.

C. Der erste WSUS-Server sollte für das Hosten einer Liste genehmigter Updates und für das Herunterladen und Speichern dieser genehmigten Updates konfiguriert werden.

D. Rooslan sollte ein Gruppenrichtlinienobjekt bearbeiten und die **Windows Update**-Eigenschaften konfigurieren. Die Richtlinie **Internen Pfad für den Microsoft Updatedienst angeben** sollte die Einstellungen des ersten WSUS-Servers für die Felder zu Updateermittlung und Statistik enthalten. Diese Gruppenrichtlinie sollte anschließend auf den Standort der Hauptgeschäftsstelle angewendet werden.

E. Rooslan sollte ein Gruppenrichtlinienobjekt bearbeiten und die **Windows Update**-Eigenschaften konfigurieren. Die Richtlinie **Internen Pfad für den Microsoft Updatedienst angeben** sollte die Einstellungen des ersten WSUS-Servers für die Felder zu Updateermittlung und Statistik enthalten. Diese Gruppenrichtlinie sollte anschließend auf den Remotestandort angewendet werden.

F. Rooslan sollte ein Gruppenrichtlinienobjekt bearbeiten und die **Windows Update**-Eigenschaften konfigurieren. Die Richtlinie **Internen Pfad für den Microsoft Updatedienst angeben** sollte die Einstellungen des zweiten WSUS-Servers für die Felder über Updateermittlung und Statistik enthalten. Diese Gruppenrichtlinie sollte anschließend auf den Standort der Hauptgeschäftsstelle angewendet werden.

4.

Mick arbeitet als Netzwerkadministrator für ein Unternehmen, das über fünf Zweigstellen verfügt, die über die ganze Stadt verteilt sind. Die Hauptgeschäftsstelle besitzt die einzige Verbindung mit dem Internet und hostet außerdem einen Proxyserver. In der Hauptgeschäftsstelle werden 200 Windows XP Professional-Arbeitsstationen und mehrere Windows Server 2003-Systeme eingesetzt. Jede der fünf Zweigstellen verfügt über 150 Windows XP Professional-Arbeitsstationen und mehrere Windows Server 2003-Systeme. Die Zweigstellen sind über ISDN BRI mit der Hauptgeschäftsstelle verbunden. Derzeit kann keines der Windows-Systeme Updates von einem Microsoft Windows Update-Server abrufen, da sie sich nicht am Proxy authentifizieren können. Die Geschäftsleitung hat Mick gebeten, WSUS im gesamten Unternehmen zu implementieren, sodass genehmigte Updates auf Arbeitsstationen und Servern installiert werden können. Außerdem soll Mick das Aufkommen an Updatedatenverkehr über die ISDN BRI-Leitungen auf ein Minimum beschränken. Durch welche der folgenden Methoden kann dieses Ziel erreicht werden?

A. Mick konfiguriert einen WSUS-Server in der Hauptgeschäftsstelle, auf dem eine Liste genehmigter Updates verwaltet wird und der diese Updates von den Microsoft Windows Update-Servern herunterlädt und speichert. Er konfiguriert eine Gruppenrichtlinie, die die Clients anweist, den WSUS-Server als Updateserver zu verwenden. Er wendet dieses Gruppenrichtlinienobjekt auf die Standorte der Hauptgeschäftsstelle und der Zweigstellen an.

B. Mick konfiguriert einen WSUS-Server in der Hauptgeschäftsstelle, auf dem eine Liste genehmigter Updates verwaltet wird, die Updates selbst werden jedoch auf den Microsoft Windows Update-Servern geführt. Er konfiguriert eine Gruppenrichtlinie, die die Clients anweist, den WSUS-Server als Updateserver zu verwenden. Er wendet dieses Gruppenrichtlinienobjekt auf die Standorte der Hauptgeschäftsstelle und der Zweigstellen an.

C. Mick konfiguriert einen WSUS-Server in der Hauptgeschäftsstelle, auf dem eine Liste genehmigter Updates verwaltet wird, die Updates selbst werden jedoch auf den Microsoft Windows Update-Servern geführt. Mick konfiguriert einen WSUS-Server in jeder Zweigstelle, auf dem eine Liste genehmigter Updates verwaltet wird, die Updates selbst werden jedoch auf den Microsoft Windows Update-Servern geführt. Er erstellt ein Gruppenrichtlinienobjekt und wendet es auf die einzelnen Standorte an. Das Gruppenrichtlinienobjekt sollte über eine entsprechende Richtlinie verfügen, sodass Clients ihren lokalen WSUS-Server als Updateserver einsetzen.

D. Mick konfiguriert einen WSUS-Server in der Hauptgeschäftsstelle, auf dem eine Liste genehmigter Updates verwaltet wird und der diese genehmigten Updates herunterlädt und speichert. Er konfiguriert WSUS-Server in allen Zweigstellen, die mit dem WSUS-Server in der Hauptgeschäftsstelle synchronisiert werden. Er konfiguriert eine Gruppenrichtlinie, die die Clients anweist, den WSUS-Server der Hauptgeschäftsstelle als Updateserver zu verwenden. Er wendet dieses Gruppenrichtlinienobjekt auf die Standorte der Hauptgeschäftsstelle und der Zweigstellen an.

E. Mick konfiguriert einen WSUS-Server in der Hauptgeschäftsstelle, auf dem eine Liste genehmigter Updates verwaltet wird und der diese genehmigten Updates herunterlädt und speichert. Er konfiguriert WSUS-Server in allen Zweigstellen, die mit dem WSUS-Server in der Hauptgeschäftsstelle synchronisiert werden. Er erstellt ein Gruppenrichtlinienobjekt und wendet es auf die einzelnen Standorte an. Das Gruppenrichtlinienobjekt sollte über eine entsprechende Richtlinie verfügen, sodass Clients ihren lokalen WSUS-Server als Updateserver einsetzen.

5.

Orin ist Systemadministrator für eine Fakultät der örtlichen Universität. In der Fakultät werden 40 Windows XP Professional-Arbeitsstationen und zwei Windows Server 2003-Systeme eingesetzt. Eines dieser Systeme ist als Domänencontroller konfiguriert, das andere als Datei- und Druckserver. Alle Computer der Fakultät sind Mitglieder einer einzigen Windows Server 2003-Domäne. Microsoft hat vor Kurzem ein Service Pack für Windows XP veröffentlicht, welches Orin getestet hat und nun auf die Windows XP Professional-

Arbeitsstationen der Fakultät anwenden möchte. Orin extrahiert das Service Pack in ein Verzeichnis auf dem Dateiserver namens ***Freigabe*****\neuessrvpk**. Welche der folgenden Methoden kann Orin verwenden, um das Service Pack auf sämtlichen Windows XP Professional-Arbeitsstationen zu installieren? (Wählen Sie alle zutreffenden Antworten aus.)

A. Orin kann jede Windows XP Professional-Arbeitsstation aufsuchen und das Service Pack von der Dateifreigabe aus installieren.

B. Orin kann eine Gruppe namens **Xpwkstn** erstellen und alle Computerkonten der Windows XP Professional-Arbeitsstationen in diese Gruppe aufnehmen. Anschließend kann er ein Gruppenrichtlinienobjekt erstellen, in welchem er ein neues Paket im Knoten **Computerkonfiguration\Softwareeinstellungen** einrichtet und dabei den Speicherort der .msi-Datei des Service Packs, die Freigabe ***Freigabe*****\neuessrvpk**, angibt. Im Dialogfeld **Software bereitstellen** sollte er die Option **Zugewiesen** auswählen und anschließend dieses Gruppenrichtlinienobjekt auf die Gruppe **Xpwkstn** anwenden.

C. Orin kann eine Gruppe namens **Xpusrs** erstellen und alle Benutzer, die Windows XP Professional-Arbeitsstationen verwenden, in diese Gruppe aufnehmen. Anschließend kann er ein Gruppenrichtlinienobjekt erstellen, in welchem er ein neues Paket im Knoten **Computerkonfiguration\Softwareeinstellungen** einrichtet und dabei den Speicherort der .msi-Datei des Service Packs, die Freigabe ***Freigabe*****\neuessrvpk**, angibt. Im Dialogfeld **Software bereitstellen** sollte er die Option **Zugewiesen** auswählen und anschließend dieses Gruppenrichtlinienobjekt auf die Gruppe **Xpusrs** anwenden.

D. Orin kann eine Organisationseinheit namens **Xpwkstn** erstellen und alle Computerkonten der Windows XP Professional-Arbeitsstationen in diese Organisationseinheit aufnehmen. Anschließend kann er ein Gruppenrichtlinienobjekt erstellen, in welchem er ein neues Paket im Knoten **Computerkonfiguration\Softwareeinstellungen** einrichtet und dabei den Speicherort der .msi-Datei des Service Packs, die Freigabe ***Freigabe*****\neuessrvpk**, angibt. Im Dialogfeld **Software bereitstellen** sollte er die Option **Zugewiesen** auswählen und anschließend dieses Gruppenrichtlinienobjekt auf die Organisationseinheit **Xpwkstn** anwenden.

6.

Ihr Manager ist beunruhigt, weil das neuste Service Pack für Windows XP automatisch auf allen Computern der Organisation installiert wurde, obwohl noch niemand überprüft hatte, ob sich mit den verschiedenen installierten benutzerdefinierten Anwendungen Probleme ergeben könnten. Die Abbildung zeigt die Konfiguration der automatischen Genehmigung, wie sie auf dem WSUS-Server Ihrer Organisation vorliegt.

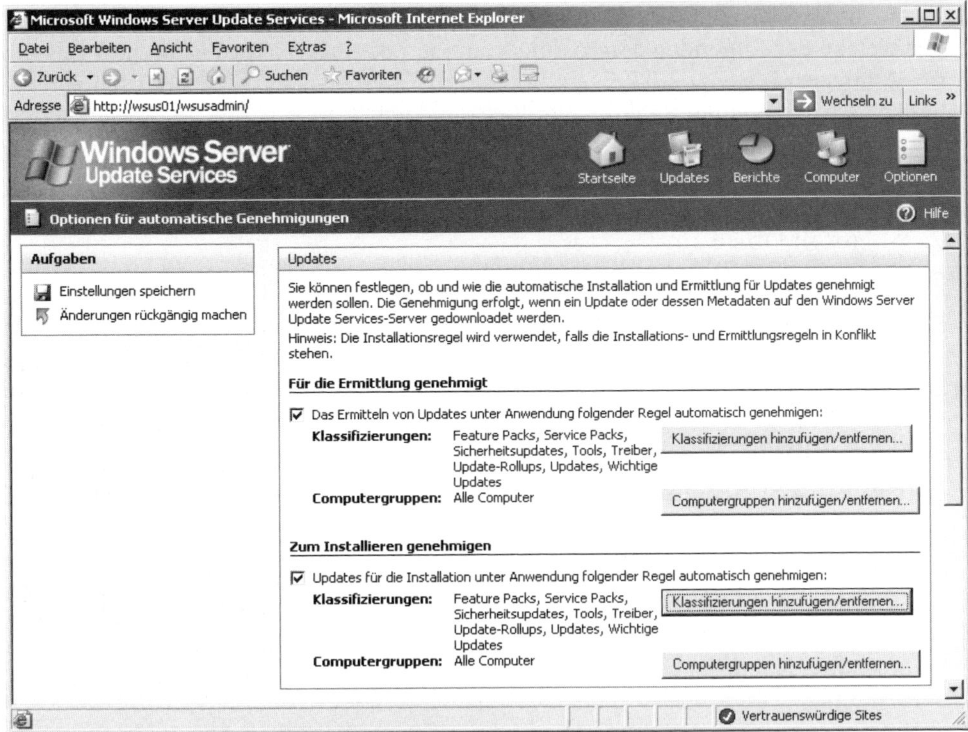

Welche der folgenden Änderungen können Sie vornehmen, um sicherzustellen, dass wichtige Updates und Sicherheitsupdates automatisch installiert werden, aber Service Packs, Tools, Update-Rollups, Updates und Feature Packs erst nach einer expliziten Genehmigung?

A. Klicken Sie im Bereich **Für Ermittlung genehmigen** auf **Klassifzierung hinzufügen/entfernen**. Deaktivieren Sie die Kontrollkästchen für Treiber, Feature Packs, Service Packs, Tools, Update-Rollups und Updates.

B. Klicken Sie im Bereich **Für Ermittlung genehmigen** auf **Klassifzierung hinzufügen/entfernen**. Deaktivieren Sie die Kontrollkästchen für Treiber, Feature Packs, Service Packs, Wichtige Updates, Sicherheitsupdates, Tools, Update-Rollups und Updates.

C. Klicken Sie im Bereich **Zum Installieren genehmigen** auf **Klassifzierung hinzufügen/entfernen**. Deaktivieren Sie die Kontrollkästchen für Treiber, Feature Packs, Service Packs, Wichtige Updates, Sicherheitsupdates, Tools, Update-Rollups und Updates.

D. Klicken Sie im Bereich **Zum Installieren genehmigen** auf **Klassifzierung hinzufügen/entfernen**. Deaktivieren Sie die Kontrollkästchen für Treiber, Feature Packs, Service Packs, Tools, Update-Rollups und Updates.

E. Löschen Sie das Kontrollkästchen **Das Ermitteln von Updates unter Anwendung folgender Regel automatisch genehmigen**.

F. Löschen Sie das Kontrollkästchen **Updates für die Installation unter Anwendung folgender Regel automatisch genehmigen**.

7.

Für welche der folgenden Microsoft-Produkte erkennt das Tool Microsoft Baseline Security Analyzer (MBSA) 2.0 keine administrativen Schwachpunkte oder fehlende Sicherheitsupdates? (Wählen Sie alle zutreffenden Antworten aus.)

A. ISA Server 2004

B. Exchange Server 2003

C. Microsoft Office 2003

D. Internetinformationsdienste (IIS) 6.0

E. Microsoft SQL Server 2000 SP4

Antworten zu Lernziel 4.2

1. Richtige Antwort: D

A. **Falsch** WSUS kann für die Authentifizierung an einem Proxy konfiguriert werden.

B. **Falsch** WSUS kann für die Authentifizierung an einem Proxy konfiguriert werden.

C. **Falsch** Windows XP-Softwareupdate kann nicht für die Authentifizierung an einem eigenständigen Proxy konfiguriert werden. In diesem Fall sollte der WSUS-Server ebenfalls für das Herunterladen der Updates konfiguriert werden, sodass Windows XP-Systeme wiederum relevante Updates vom WSUS-Server herunterladen und installieren können.

D. **Richtig** Da der Mechanismus zur Softwareaktualisierung von Windows XP-Clients sich nicht an einem Proxy authentifizieren kann, müssen diese die Updates vom lokalen WSUS-Server abrufen. Die Liste der Updates, die geladen und installiert werden, basiert auf der Liste genehmigter Updates, die vom Administrator des WSUS-Servers konfiguriert wurde.

2. Richtige Antwort: C und D

A. **Falsch** Windows XP Professional-Computer können nicht über die Systemkonsole so konfiguriert werden, dass sie einen anderen Update-Server kontaktieren.

B. **Falsch** Windows Server 2003-Systeme können nicht über die Systemkonsole so konfiguriert werden, dass sie einen anderen Update-Server kontaktieren.

C. **Richtig** Dies ist die korrekte Vorgehensweise für Computer, die Mitglieder der Domäne sind: Sie fügen sie alle zu einer Organisationseinheit hinzu und wenden anschließend ein Gruppenrichtlinienobjekt mit den entsprechenden Aktualisierungseinstellungen an.

D. **Richtig** Da dieser Server kein Domänenmitglied ist, muss diese Einstellung im lokalen Gruppenrichtlinienobjekt konfiguriert werden.

E. **Falsch** Aus der Frage ging hervor, dass der WSUS-Server seine Updates über das Internet von Microsoft Windows Update-Servern erhalten sollte, nicht von sich selbst.

3. Richtige Antwort: A, B, C und D

A. **Richtig** Dies deckt den zweiten Teil des sekundären Ziels sowie einen Teil des primären Ziels ab. Wenn die Gruppenrichtlinie auf den ersten WSUS-Server verweisen würde, käme es zu einer Überlastung der ISDN BRI-Verbindung durch das Herunterladen von Updates.

B. **Richtig** Diese Einstellung bewirkt, dass Clients, die für die Verbindungsherstellung mit diesem WSUS-Server konfiguriert sind, die Liste genehmigter Updates von diesem Server erhalten, die Updates selbst jedoch von den Microsoft Windows Update-Servern herunterladen. Dies deckt den ersten Teil des sekundären Ziels ab.

C. **Richtig** Der erste Server kann dem Standort der Hauptgeschäftsstelle Updatedienste sowie eine Liste genehmiger Updates bereitstellen. Ferner können diese Updates vom Server abgerufen werden. Dies ist ein Teil des tertiären und des primären Ziels.

D. **Richtig** Auf diese Weise wird das tertiäre Ziel vollständig erfüllt und ein Teil des primären Ziels abgedeckt. Durch Verwendung des ersten WSUS-Servers anstelle des zweiten ruft die Hauptgeschäftsstelle die Updateliste sowie die Updates selbst vom ersten WSUS-Server ab. Würde hierbei auf den zweiten WSUS-Server verwiesen, würden die genehmigten Updates von Microsoft heruntergeladen. Dies wäre keine optimale Nutzung der Verbindung der Hauptgeschäftsstelle mit dem Internet.

E. **Falsch** Dies würde bedeuten, dass Computer am Remotestandort ihre Updates vom ersten WSUS-Server und nicht von den Microsoft-Updateservern herunterladen würden. Die Bandbreite der ISDN BRI-Leitung würde hierdurch stark beansprucht. Diese Lösung widerspricht dem sekundären Ziel.

F. **Falsch** Diese Lösung würde dazu führen, dass Clients an der Hauptgeschäftsstelle genehmigte Updates von Microsoft und nicht vom ersten WSUS-Server herunterladen. Dies widerspricht dem tertiären Ziel.

4. Richtige Antwort: E

A. **Falsch** Auch wenn Updates auf diese Weise an alle Clients des Unternehmens verteilt werden, führt dies auch zu einer Überlastung der ISDN BRI-Leitungen mit Updatedatenverkehr, weil jede Clientarbeitsstation ihre Updates vom zentralen WSUS-Server herunterlädt.

B. **Falsch** Auch wenn Clients auf diese Weise eine Liste der Updates erhalten, können Sie keine Updates von den Microsoft Windows Update-Servern herunterladen, weil sie sich nicht am Proxy authentifizieren können.

C. **Falsch** Auch wenn Clients auf diese Weise eine Liste der Updates erhalten, können Sie keine Updates von den Microsoft Windows Update-Servern herunterladen, weil sie sich nicht am Proxy authentifizieren können.

D. **Falsch** Auch wenn Updates auf diese Weise an alle Clients des Unternehmens verteilt werden, führt dies auch zu einer Überlastung der ISDN BRI-Leitungen mit Updatedatenverkehr, weil jede Clientarbeitsstation ihre Updates vom zentralen WSUS-Server herunterlädt. Die Zweigstellencomputer müssen ihren lokalen WSUS-Server verwenden.

E. **Richtig** Durch diese Lösung werden Updates an alle Computer des Unternehmens verteilt, der Updatedatenverkehr wird jedoch nur einmal durch die ISDN BRI-Verbindungen geleitet. Diese Lösung entspricht den Kriterien der Geschäftsleitung.

5. Richtige Antwort: A und D

A. **Richtig** Diese Methode funktioniert, ist jedoch nicht die effizienteste Möglichkeit für diesen Vorgang.

B. **Falsch** Gruppenrichtlinienobjekte können nicht auf Gruppen, sondern nur auf Standorte, Domänen und Organisationseinheiten angewendet werden.

C. **Falsch** Gruppenrichtlinienobjekte können nicht auf Gruppen, sondern nur auf Standorte, Domänen und Organisationseinheiten angewendet werden.

D. **Richtig** Die Gruppenrichtlinie wird nur auf diejenigen Windows XP Professional-Arbeitsstationen angewendet, die in der Organisationseinheit **Xpwkstn** aufgenommen wurden. Da jedoch alle relevanten Windows XP Professional-Arbeitsstationen zu dieser Organisationseinheit hinzugefügt wurden, wird das Service Pack beim nächsten Neustart der Computer installiert.

6. Richtige Antwort: D

A. **Falsch** Das Problem besteht darin, dass bestimmte Dateiarten automatisch genehmigt werden, obwohl das nicht geschehen sollte. Sie müssen die Klassifizierungen im Bereich **Zum Installieren genehmigen** ändern. Beachten Sie bitte, dass die Genehmigung für SUS anders als für WSUS erfolgt. Unter SUS ist die Genehmigung noch nicht so weit entwickelt und erlaubt keine Differenzierung nach Updatetyp.

B. **Falsch** Das Problem besteht darin, dass bestimmte Dateiarten automatisch genehmigt werden, obwohl das nicht geschehen sollte. Sie müssen die Klassifizierungen im Bereich **Zum Installieren genehmigen** ändern. Beachten Sie bitte, dass die Genehmigung für SUS anders als für WSUS erfolgt. Unter SUS ist die Genehmigung noch nicht so weit entwickelt und erlaubt keine Differenzierung nach Updatetyp.

C. **Falsch** Bei dieser Konfiguration erfordern alle Dateien eine manuelle Genehmigung, auch wichtige Updates und Sicherheitsupdates. Wahrscheinlich möchten Sie aber, dass wichtige Updates und Sicherheitsupdates automatisch installiert werden. Beachten Sie bitte, dass die Genehmigung für SUS anders als für WSUS erfolgt. Unter SUS ist die Genehmigung noch nicht so weit entwickelt und erlaubt keine Differenzierung nach Updatetyp.

D. **Richtig** Die Entfernung der Treiber, Feature Packs, Service Packs, Tools, Update-Rollups und Updates aus der Klassifizierung im Bereich **Zum Installieren genehmigen** ändert nichts an der automatischen Installation von wichtigen Updates und Sicherheitsupdates. Beachten Sie bitte, dass die Genehmigung für SUS anders als für WSUS erfolgt. Unter SUS ist die Genehmigung noch nicht so weit entwickelt und erlaubt keine Differenzierung nach Updatetyp.

E. **Falsch** Das Löschen des Kontrollkästchens **Das Ermitteln von Updates unter Anwendung folgender Regel automatisch genehmigen** liefert nicht das gewünschte Ergebnis. Mit „Ermitteln" ist der Vorgang gemeint, bei dem überprüft wird, ob Computer ein bestimmtes Update benötigen. Beachten Sie bitte, dass die Genehmigung für SUS anders als für WSUS erfolgt. Unter SUS ist die Genehmigung noch nicht so weit entwickelt und erlaubt keine Differenzierung nach Updatetyp.

F. **Falsch** Wenn Sie das Kontrollkästchen **Updates für die Installation unter Anwendung folgender Regel automatisch genehmigen** löschen, werden wichtige Updates oder Sicherheitsupdates nicht automatisch installiert. Beachten Sie bitte, dass die Genehmigung für SUS anders als für WSUS erfolgt. Unter SUS ist die Genehmigung noch nicht so weit entwickelt und erlaubt keine Differenzierung nach Updatetyp.

7. Richtige Antwort: A und B

A. **Richtig** Das Tool MBSA 2.0 erkennt keine administrativen Schwächen oder fehlende Sicherheitsupdates beim Internet Security and Acceleration Server 2004.

B. **Richtig** Das Tool MBSA 2.0 erkennt keine administrativen Schwächen oder fehlende Sicherheitsupdates bei Exchange Server 2003.

C. **Falsch** Das Tool MBSA 2.0 erkennt administrative Schwächen oder fehlende Sicherheitsupdates bei Microsoft Office 2003.

D. **Falsch** Das Tool MBSA 2.0 erkennt administrative Schwächen oder fehlende Sicherheitsupdates bei den Internetinformationsdiensten 6.0.

E. **Falsch** Das Tool MBSA 2.0 erkennt administrative Schwächen oder fehlende Sicherheitsupdates bei Microsoft SQL Server 2000 SP4.

Lernziel 4.3: Verwalten der Software-Standortlizenzierung

Die Lizenzierung ist ein Kapitel, das selbst den technisch versiertesten Systemadministrator verwirren kann. Für ein Windows Server 2003-System gibt es zwei Lizenzierungsmöglichkeiten: **Pro Server** oder **Pro Benutzer/Pro Gerät**. Durch die Lizenzierung **Pro Server** werden gleichzeitige Verbindungen mit einem einzigen Server geregelt. Der Modus **Pro Benutzer/Pro Gerät** lizenziert Verbindungen von einem einzelnen Benutzer oder Gerät mit mehreren Servern. Wenn Sie zunächst nicht sicher sind, für welchen Modus Sie sich entscheiden sollten, empfiehlt es sich, **Pro Server** zu wählen, weil das Lizenzierungsmodell eine kostenlose Konvertierung von diesem Modus in die **Pro Benutzer/Pro Gerät**-Lizenzierung gestattet.

Die **Pro Server**-Lizenzierung eignet sich vor allem dann, wenn von einzelnen, beliebigen Arbeitsstationen aus gleichzeitig auf wenige Server zugegriffen wird. Die **Pro Benutzer**-Lizenzierung ist empfehlenswert, wenn Benutzer an mehreren Arbeitsstationen arbeiten, um auf einen einzigen oder auf mehrere Server zuzugreifen. Die **Pro Gerät**-Lizenzierung ist besonders dann sinnvoll, wenn mehrere Benutzer an einem einzigen Gerät arbeiten, um auf mehrere Server zuzugreifen.

Für den Terminalserver im Anwendungsdienstemodus sind Clientzugriffslizenzen (CALs) für die Clients erforderlich, die eine Verbindung zu diesem Dienst herstellen. Clientzugriffslizenzen für die Terminaldienste sind bereits in Windows 2000 und Windows XP Professional enthalten, sodass zu diesen Clientbetriebssystemen eine Verbindung hergestellt werden kann.

Fragen zu Lernziel 4.3

1.

Worin liegt der Unterschied zwischen einer Windows-Clientzugriffslizenz für Geräte und einer Windows-Clientzugriffslizenz für Benutzer? (Wählen Sie alle zutreffenden Antworten aus.)

A. Eine Windows-Clientzugriffslizenz für Geräte ermöglicht einem Gerät wie beispielsweise einer Arbeitsstation das Herstellen einer Verbindung mit einem Server, unabhängig von der Anzahl der Benutzer, die dieses Gerät verwenden.

B. Eine Windows-Clientzugriffslizenz für Geräte ermöglicht einem einzelnen Benutzer das Herstellen einer Verbindung mit mehreren Servern, solange dieser nur eine einzige Arbeitsstation verwendet.

C. Eine Windows-Clientzugriffslizenz für Benutzer ermöglicht einem einzelnen Benutzer den Zugriff auf den Server von mehreren Geräten aus, beispielsweise Arbeitsstationen.

D. Eine Windows-Clientzugriffslizenz für Benutzer ermöglicht einem einzelnen Benutzer den Zugriff auf einen Server von einer einzigen Arbeitsstation aus.

2.

Rooslan ist in einem mittelständischen Unternehmen mit drei Windows Server 2003-Systemen für die Lizenzierung zuständig. Diese Systeme heißen **Server Alpha**, **Server Beta** und **Server Gamma**. **Server Alpha** ist im **Pro Server**-Modus lizenziert und mit 500 Clientzugriffslizenzen konfiguriert. **Server Beta** ist im **Pro Server**-Modus lizenziert und mit 700 Clientzugriffslizenzen konfiguriert. **Server Gamma** ist im **Pro Server**-Modus lizenziert und mit 600 Clientzugriffslizenzen konfiguriert. Wie viele **Pro Server**-Clientzugriffslizenzen sind in Rooslans Unternehmen erforderlich, wenn 550 Windows XP Professional-Arbeitsstationen eingesetzt werden und 500 von diesen gleichzeitig auf **Server Alpha**, 525 von ihnen auf **Server Beta** und 540 auf **Server Gamma** zugreifen?

A. 500

B. 540

C. 1.565

D. 1.800

3.

Sie sind in einem kleinen Unternehmen für die Lizenzierung verantwortlich. Ihr Unternehmen beschäftigt 17 Entwickler und 22 Vertriebsmitarbeiter. Insgesamt 13 Entwickler verwenden jeweils zwei Windows XP Professional-Arbeitsstationen an ihren Arbeitsplätzen. Vier Entwickler verwenden zusätzlich zu ihren beiden Windows XP Professional-Arbeitsstationen auch Tablet PCs. Je zwei Vertriebsmitarbeiter teilen sich einen Tablet PC. Der Dateiserver des Unternehmens ist im Modus **Pro Gerät** bzw. **Pro Benutzer** konfiguriert. Wie lautet die Mindestanzahl an Lizenzen, die zur Einhaltung der Lizenzbestimmungen erforderlich ist?

A. 17 **Pro Gerät**-Lizenzen und 11 **Pro Benutzer**-Lizenzen.

B. 22 **Pro Gerät**-Lizenzen und 17 **Pro Benutzer**-Lizenzen.

C. 38 **Pro Benutzer**-Lizenzen und 22 **Pro Gerät**-Lizenzen.

D. 17 **Pro Benutzer**-Lizenzen und 11 **Pro Gerät**-Lizenzen.

4.

Ihr Unternehmen verwendet einen einzigen Terminalserver im Anwendungsservermodus, der mehreren Benutzern das Herstellen einer Verbindung gestattet, um eine bestimmte Menge an Anwendungen auszuführen. Von den Benutzern, die eine Verbindung zu diesem Server herstellen, verwenden 77 Windows XP Professional-Arbeitsstationen, die am 1. Januar 2005 gekauft wurden, und 15 haben Apple Mac OS X-Arbeitsstationen, auf denen der Microsoft RDP-Client (Remote Desktop-Protokoll) installiert ist. Es werden immer nur maximal 70 gleichzeitige Verbindungen mit dem Terminalserver im Anwendungsmodus hergestellt. Wie viele weitere Clientzugriffslizenzen für die Terminaldienste sind zur Einhaltung der Lizenzbestimmungen für diese Zusammensetzung an Clients erforderlich, wenn 20 bereits erworben wurden?

A. 92

B. 77

C. 15

D. 72

5.

Der Lizenzprotokollierdienst verfolgt Pro Gerät- oder Pro Benutzer-Lizenzen nach Benutzernamen. Ein Unternehmen setzt insgesamt 30 Schichtarbeiter ein, wobei je 10 Mitarbeiter in einer 8-Stunden-Schicht arbeiten. In einem Zeitraum von 24 Stunden verwenden drei verschiedene Benutzer dieselbe Windows XP Professional-Arbeitsstation. Jeder der 30 Schichtarbeiter besitzt ein eigenes Anmeldekonto. Wie heißt die Methode, nach der je drei Benutzernamen in Gruppen zusammengefasst werden können, sodass nur eine Pro Gerät-Lizenz anstelle von 30 Pro Benutzer-Geräten auf dem Lizenzprotokollierserver aufgezeichnet wird?

A. Lizenzgruppen

B. Lizenzsperrung

C. Lizenzcluster

D. Lizenzzusammenfassung

6.

Sie sind der Administrator einer Microsoft Windows Server 2003-Gesamtstruktur, in der es drei separate Strukturen gibt, die 21 einzelne Domänen enthalten. Die Gesamtstruktur befindet sich auf der Funktionsebene Windows Server 2003. In der Gesamtstruktur gibt es 20 Windows Server 2003-Computer, auf denen die Terminaldienste ausgeführt werden. Drei Domänen verfügen über jeweils vier Terminalserver, und acht Domänen haben jeweils einen Terminalserver. Gelegentlich verbinden sich Benutzer aus einer Domäne mit einem Terminalserver, der zu einer anderen Domäne gehört. Auf allen Clients wird Microsoft Windows XP Professional ausgeführt. Wie viele Lizenzserver sind für diese Server mindestens erforderlich?

A. Ein Unternehmenslizenzserver

B. 11 Unternehmenslizenzserver

C. 11 Domänenlizenzserver

D. 21 Domänenlizenzserver

E. Ein Domänenlizenzserver

Antworten zu Lernziel 4.3

1. Richtige Antwort: A und C

A. **Richtig** Eine Windows-Clientzugriffslizenz für Geräte ermöglicht einem Gerät wie beispielsweise einer Arbeitsstation das Herstellen einer Verbindung mit einem Server, unabhängig von der Anzahl der Benutzer, die dieses Gerät verwenden. Windows-Clientzugriffslizenzen für Geräte eignen sich für Unternehmen, in denen mehrere Benutzer dieselbe Arbeitsstation verwenden, beispielsweise bei der Schichtarbeit in Callcentern.

B. **Falsch** Eine Windows-Clientzugriffslizenz für Geräte ermöglicht einem Gerät wie beispielsweise einer Arbeitsstation das Herstellen einer Verbindung mit einem Server, unabhängig von der Anzahl der Benutzer, die dieses Gerät verwenden. Windows-Clientzugriffslizenzen für Geräte eignen sich für Unternehmen, in denen mehrere Benutzer dieselbe Arbeitsstation verwenden, beispielsweise bei der Schichtarbeit in Callcentern.

C. **Richtig** Eine Windows-Clientzugriffslizenz für Benutzer ermöglicht einem einzelnen Benutzer den Zugriff auf den Server von mehreren Geräten aus, beispielsweise Arbeitsstationen. Dies empfiehlt sich für Benutzer, die mehrere Arbeitsstationen oder Geräte zu verschiedenen Zeiten verwenden.

D. **Falsch** Eine Windows-Clientzugriffslizenz für Benutzer ermöglicht einem einzelnen Benutzer den Zugriff auf den Server von mehreren Geräten aus, beispielsweise Arbeitsstationen. Dies empfiehlt sich für Benutzer, die mehrere Arbeitsstationen oder Geräte zu verschiedenen Zeiten verwenden.

2. Richtige Antwort: C

A. **Falsch** Die Summe von 500 **Pro Server**-Clientzugriffslizenzen ist für **Server Alpha** erforderlich, außerdem 525 **Pro Server**-Clientzugriffslizenzen für **Server Beta** und 540 **Pro Server**-Clientzugriffslizenzen für **Server Gamma**. Die Gesamtsumme dieser Clientzugriffslizenzen beträgt 1.565.

B. **Falsch** Die Summe von 500 **Pro Server**-Clientzugriffslizenzen ist für **Server Alpha** erforderlich, außerdem 525 **Pro Server**-Clientzugriffslizenzen für **Server Beta** und 540 **Pro Server**-Clientzugriffslizenzen für **Server Gamma**. Die Gesamtsumme dieser Clientzugriffslizenzen beträgt 1.565.

C. **Richtig** Die Summe von 500 **Pro Server**-Clientzugriffslizenzen ist für **Server Alpha** erforderlich, außerdem 525 **Pro Server**-Clientzugriffslizenzen für **Server Beta** und 540 **Pro Server**-Clientzugriffslizenzen für **Server Gamma**. Die Gesamtsumme dieser Clientzugriffslizenzen beträgt 1.565.

D. **Falsch** Die Summe von 500 **Pro Server**-Clientzugriffslizenzen ist für **Server Alpha** erforderlich, außerdem 525 **Pro Server**-Clientzugriffslizenzen für **Server Beta** und 540 **Pro Server**-Clientzugriffslizenzen für **Server Gamma**. Die Gesamtsumme dieser Clientzugriffslizenzen beträgt 1.565. Wenn 1.800 Pro Server-Clientzugriffslizenzen tatsächlich lizenziert wurden, sind nur 1.565 von ihnen erforderlich, um die Lizenzbedingungen einzuhalten.

3. Richtige Antwort: D

A. **Falsch** Jedem Entwickler kann eine **Pro Benutzer**-Lizenz zugewiesen werden. Anschließend kann er ohne weiteres auf mehrere Systeme zugreifen. Demnach benötigt man für 17 Entwickler 17 **Pro Benutzer**-Lizenzen. Jedem vom Vertriebsteam verwendeten Tablet PC kann eine **Pro Gerät**-Lizenz zugewiesen werden; für 11 Tablet PCs benötigt man dementsprechend 11 **Pro Gerät**-Lizenzen.

B. **Falsch** Jedem Entwickler kann eine **Pro Benutzer**-Lizenz zugewiesen werden. Anschließend kann er ohne weiteres auf mehrere Systeme zugreifen. Demnach benötigt man für 17 Entwickler 17 **Pro Benutzer**-Lizenzen. Jedem vom Vertriebsteam verwendeten Tablet PC kann eine **Pro Gerät**-Lizenz zugewiesen werden; für 11 Tablet PCs benötigt man dementsprechend 11 **Pro Gerät**-Lizenzen. Diese Lösung würde zwar die Lizenzbedingungen erfüllen, entspricht jedoch nicht der kleinstmöglichen Anzahl.

C. **Falsch** Jedem Entwickler kann eine **Pro Benutzer**-Lizenz zugewiesen werden. Anschließend kann er ohne weiteres auf mehrere Systeme zugreifen. Demnach benötigt man für 17 Entwickler 17 **Pro Benutzer**-Lizenzen. Jedem vom Vertriebsteam verwendeten Tablet PC kann eine **Pro Gerät**-Lizenz zugewiesen werden; für 11 Tablet PCs benötigt man dementsprechend 11 **Pro Gerät**-Lizenzen. Lösung B würde zwar die Lizenzbedingungen erfüllen, entspricht jedoch nicht der kleinstmöglichen Anzahl.

D. **Richtig** Jedem Entwickler kann eine **Pro Benutzer**-Lizenz zugewiesen werden. Anschließend kann er ohne weiteres auf mehrere Systeme zugreifen. Demnach benötigt man für 17 Entwickler 17 **Pro Benutzer**-Lizenzen. Jedem vom Vertriebsteam verwendeten Tablet PC kann eine **Pro Gerät**-Lizenz zugewiesen werden; für 11 Tablet PCs benötigt man dementsprechend 11 **Pro Gerät**-Lizenzen.

4. Richtige Antwort: D

A. **Falsch** Wenn es nicht vor Erscheinen von Windows Server 2003 gekauft wurde, ist keine kostenlose Terminaldienste-Clientzugriffslizenz (TS-CAL) im Lieferumfang von Windows XP Professional enthalten. Wurde Windows XP Professional vor Erscheinen von Windows Server 2003 gekauft, kann der Lizenznehmer eine kostenlose TS-CAL von Microsoft anfordern. Anhand der gegebenen Informationen brauchen 77 Windows XP Professional-Computer und 15 Apple Mac OS X-Computer Lizenzen. Insgesamt 20 Lizenzen wurden bereits erworben. Es müssen also (77 + 15 – 20) = 72 weitere Lizenzen gekauft werden, um die Lizenzbestimmungen einzuhalten.

B. **Falsch** Wenn es nicht vor Erscheinen von Windows Server 2003 gekauft wurde, ist keine kostenlose Terminaldienste-Clientzugriffslizenz (TS-CAL) im Lieferumfang von Windows XP Professional enthalten. Wurde Windows XP Professional vor Erscheinen von Windows Server 2003 gekauft, kann der Lizenznehmer eine kostenlose TS-CAL von Microsoft anfordern. Anhand der gegebenen Informationen brauchen 77 Windows XP Professional-Computer und 15 Apple Mac OS X-Computer Lizenzen. Insgesamt 20 Lizenzen wurden bereits erworben. Es müssen also (77 + 15 – 20) = 72 weitere Lizenzen gekauft werden, um die Lizenzbestimmungen einzuhalten.

C. **Falsch** Wenn es nicht vor Erscheinen von Windows Server 2003 gekauft wurde, ist keine kostenlose Terminaldienste-Clientzugriffslizenz (TS-CAL) im Lieferumfang von Windows XP Professional enthalten. Wurde Windows XP Professional vor Erscheinen von Windows Server 2003 gekauft, kann der Lizenznehmer eine kostenlose TS-CAL von Microsoft anfordern. Anhand der gegebenen Informationen brauchen 77 Windows XP Professional-Computer und 15 Apple Mac OS X-Computer Lizenzen. Insgesamt 20 Lizenzen wurden bereits erworben. Es müssen also (77 + 15 – 20) = 72 weitere Lizenzen gekauft werden, um die Lizenzbestimmungen einzuhalten.

D. **Richtig** Wenn es nicht vor Erscheinen von Windows Server 2003 gekauft wurde, ist keine kostenlose Terminaldienste-Clientzugriffslizenz (TS-CAL) im Lieferumfang von Windows XP Professional enthalten. Wurde Windows XP Professional vor Erscheinen von Windows Server 2003 gekauft, kann der Lizenznehmer eine kostenlose TS-CAL von Microsoft anfordern. Anhand der gegebenen Informationen brauchen 77 Windows XP Professional-Computer und 15 Apple Mac OS X-Computer Lizenzen. Insgesamt 20 Lizenzen wurden bereits erworben. Es müssen also (77 + 15 – 20) = 72 weitere Lizenzen gekauft werden, um die Lizenzbestimmungen einzuhalten.

5. **Richtige Antwort: A**

A. **Richtig** Eine Lizenzgruppe ist eine Zusammenstellung von Benutzern, die eine oder mehrere Clientzugriffslizenzen gemeinsam nutzen. Wenn sich ein Benutzer mit dem Serverprodukt verbindet, erkennt der Lizenzprotokollierdienst den Benutzer am Namen und weist eine Clientzugriffslizenz aus dem Kontingent zu, das der Lizenzgruppe zugewiesen ist.

B. **Falsch** Der richtige Name dieser Methode lautet „Lizenzgruppen“.

C. **Falsch** Der richtige Name dieser Methode lautet „Lizenzgruppen“.

D. **Falsch** Der richtige Name dieser Methode lautet „Lizenzgruppen“.

6. **Richtige Antwort: A**

A. Richtig Ein einzelner Unternehmenslizenzserver reicht für die Lizenzverwaltung aller Terminalserver aus der Gesamtstruktur aus. Ein Domänenlizenzserver kann nur die Lizenzen einer einzelnen Domäne verwalten. Da es in vielen Domänen der Gesamtstruktur Terminalserver gibt, ist ein einzelner Unternehmenslizenzserver die effizienteste Konfiguration.

B. Falsch Ein einzelner Unternehmenslizenzserver reicht für die Lizenzverwaltung aller Terminalserver aus der Gesamtstruktur aus. Ein Domänenlizenzserver kann nur die Lizenzen einer einzelnen Domäne verwalten. Da es in vielen Domänen der Gesamtstruktur Terminalserver gibt, ist ein einzelner Unternehmenslizenzserver die effizienteste Konfiguration.

C. Falsch Ein einzelner Unternehmenslizenzserver reicht für die Lizenzverwaltung aller Terminalserver aus der Gesamtstruktur aus. Ein Domänenlizenzserver kann nur die Lizenzen einer einzelnen Domäne verwalten. Da es in vielen Domänen der Gesamtstruktur Terminalserver gibt, ist ein einzelner Unternehmenslizenzserver die effizienteste Konfiguration.

D. Falsch Ein einzelner Unternehmenslizenzserver reicht für die Lizenzverwaltung aller Terminalserver aus der Gesamtstruktur aus. Ein Domänenlizenzserver kann nur die Lizenzen einer einzelnen Domäne verwalten. Da es in vielen Domänen der Gesamtstruktur Terminalserver gibt, ist ein einzelner Unternehmenslizenzserver die effizienteste Konfiguration.

E. Falsch Ein einzelner Unternehmenslizenzserver reicht für die Lizenzverwaltung aller Terminalserver aus der Gesamtstruktur aus. Ein Domänenlizenzserver kann nur die Lizenzen einer einzelnen Domäne verwalten. Da es in vielen Domänen der Gesamtstruktur Terminalserver gibt, ist ein einzelner Unternehmenslizenzserver die effizienteste Konfiguration.

Lernziel 4.4: Remoteverwaltung von Servern

Da Serverräume mit ihrem hohen Geräuschpegel meistens keine ideale Arbeitsumgebung darstellen, verwaltet ein Großteil der Systemadministratoren die Windows Server 2003-Systeme remote von ihren Schreibtischen aus. Administratoren suchen den Serverraum von Zeit zu Zeit auf, um beispielsweise Sicherungsbänder zu wechseln, sie verbringen jedoch in den seltensten Fällen viel Zeit in demselben Raum mit den Servern, die sie verwalten.

Windows Server 2003 bietet verschiedene Methoden zur Remoteverwaltung. Das erste Tool ist die Computerverwaltungskonsole, die für das Herstellen einer Verbindung mit einem Remotesystem konfiguriert werden kann und die Durchführung vieler Verwaltungsaufgaben ermöglicht, die auch auf einem lokalen System vorgenommen werden. Zu einer einzigen Computerverwaltungskonsole können mehrere Server hinzugefügt werden, sodass der Administrator mithilfe nur eines Tools mehrere Systeme verwalten kann.

Die zweite Art der Remoteverwaltung besteht in der Verwendung der Terminaldienste, um den Server remote zu steuern. Dem Administrator wird auf diese Weise der Serverbildschirm angezeigt, sodass er sämtliche Verwaltungsaufgaben genauso durchführen kann, als säße er direkt vor dem Server.

Eine weitere Art der Remoteverwaltung sind die HTML-Remoteverwaltungstools. Diese ermöglichen es einem Administrator, eine Verbindung mit einem auf dem Windows Server 2003-System ausgeführten Webdienst herzustellen und eine begrenzte Anzahl von Verwaltungsaufgaben durchzuführen. Sie bieten eine Verwaltungsmöglichkeit über WAN-Leitungen niedriger Bandbreite, beispielsweise bei Verwendung eines Modems, welche eine Terminaldiensteverbindung unmöglich machen würden.

Die Remoteunterstützung unterscheidet sich leicht von der Verbindung mit einem Server über die Terminaldienste. Wenn eine Einladung zur Remoteunterstützung ausgegeben wird, kann ein Administrator, der am Server arbeitet, eine Einladung an einen weiteren Administrator versenden, sodass dieser remote die durchgeführten Maßnahmen verfolgen kann.

Fragen zu Lernziel 4.4

1.

Rooslan ist der leitende Systemadministrator eines mittelständischen Unternehmens. Sein Büro befindet sich im Hauptsitz des Unternehmens in Melbourne, Australien. Soeben hat er einen Telefonanruf von Alex erhalten, der für die Wartung der Server in einer der Zweigstellen des Unternehmens in Auckland, Neuseeland, zuständig ist. Die beiden Standorte sind über eine ISDN BRI-Leitung verbunden. Alex muss einige Registrierungseinstellungen auf einem der Server in Auckland bearbeiten und möchte, dass Rooslan ihm remote dabei zusieht und sicherstellt, dass Alex den Vorgang korrekt abschließt. Welche der folgenden Technologien ermöglicht es Rooslan, Alex bei der Bearbeitung der Registrierung des Servers in Auckland zuzusehen und ihm bei Vorgängen zu helfen, mit denen er sich nicht auskennt?

A. Remoteunterstützung

B. Remoteverwaltungsmodus der Terminaldienste

C. HTML-Remoteverwaltungstools

D. Computerverwaltungskonsole

E. REGEDT32

2.

Rooslan arbeitet von zu Hause aus und verwendet eine DFÜ-Verbindung mit dem RRAS-Server des Unternehmens, sodass er auf Windows Server 2003-Systeme im Unternehmens-LAN (Local Area Network) zugreifen kann. Es ist 02.15 Uhr in der Nacht und das Gebäude, in dem der Server sich befindet, ist leer. Rooslan möchte auf den Festplattenlaufwerken mehrerer Server in seinem Büro eine Defragmentierung durchführen. Rooslans Windows XP Professional-Arbeitsstation an seinem Heimarbeitsplatz ist kein Mitglied der Windows Server 2003-Domäne des Unternehmens. Welches der folgenden Tools kann Rooslan verwenden, um remote eine Datenträgerdefragmentierung auszulösen?

A. Er kann den Knoten **Defragmentierung** in der Computerverwaltungskonsole von Windows XP Professional verwenden, um sich mit den Remotesystemen zu verbinden und die Defragmentierung zu starten.

B. Remoteunterstützung

C. Remoteverwaltungsmodus der Terminaldienste

D. **Defrag.exe** an der Befehlszeile der Windows XP Professional-Arbeitsstation

3.

Sie möchten den Namen eines eigenständigen Windows Server 2003-Systems ändern, das sich an einem Remotestandort des Unternehmensnetzwerks befindet. Das System wird als FTP- und WWW-Server eingesetzt, und es steht kein lokaler Administrator zur Verfügung. Im Gegensatz zu Ihrer Windows XP Professional-Arbeitsstation ist dieser Server kein Mitglied der Windows Server 2003-Domäne des Unternehmens. Welche der folgenden Tools können Sie zu diesem Zweck verwenden? (Wählen Sie alle zutreffenden Antworten aus.)

A. Die lokale Computerverwaltungskonsole

B. HTML-Remoteverwaltungstools

C. Remoteverwaltungsmodus der Terminaldienste

D. Die Konsole **Active Directory-Benutzer und -Computer**

4.

Sie sind Systemadministrator für ein kleines Unternehmen, das vor Kurzem einen Mitbewerber aufgekauft hat. Ihr Unternehmen verwendet eine Windows Server 2003-Domäne, in der sämtliche Computer Mitglieder sind. Das Konkurrenzunternehmen bringt sechs eigenständige Windows Server 2003-Systeme ein. Die beiden Netzwerke wurden integriert, und es gibt keine Firewalls zwischen Ihrer Windows XP Professional-Arbeitsstation und den Remoteservern. Ihr Windows XP Professional-System ist ein Domänenmitglied, und Sie besitzen die Berechtigungen eines Domänen-Administrators. Außerdem besitzen Sie Administratorrechte für jeden der eigenständigen Server. Ihnen stehen die Telefonnummern der Personen an jedem Standort zur Verfügung, die derzeit Administratorberechtigungen für die einzelnen Server besitzen und während der Geschäftszeiten angemeldet sind. Welche der folgenden Tools können verwendet werden, um die eigenständigen Windows Server 2003-Remotesysteme als Mitglieder der Unternehmensdomäne zu konfigurieren? (Wählen Sie alle zutreffenden Antworten aus.)

A. Die Computerverwaltungskonsole auf Ihrem Windows XP Professional-System

B. Active Directory-Benutzer und -Computer

C. HTML-Remoteverwaltungstools

D. Remoteverwaltungsmodus der Terminaldienste

E. Remoteunterstützung

5.

Alex ist Systemadministrator einer Satellitenverfolgungsstation irgendwo im Outback von Australien. Die Station ist über eine ISDN-Leitung mit einem zentralen Standort in Sydney verbunden. Alex hat Schwierigkeiten bei der Konfiguration der Verfolgungssoftware auf dem Server und befindet sich in einem Supporttelefonat mit einem Administrator am zentralen Standort, der ihn durch das Verfahren zu leiten versucht. Der Administrator bittet Alex, ihm eine Einladung zur Remoteunterstützung zu senden, damit er Alex besser durch das Verfahren führen kann. Über welche der folgenden Methoden kann die Einladung zur Remoteunterstützung an den Administrator gesendet werden?

A. Alex kann eine Remoteeinladung an den Administrator über den Windows Messenger und den Assistenten der Remoteunterstützung senden.

B. Alex kann mithilfe des Assistenten der Remoteunterstützung eine entsprechende Einladung per E-Mail an den Administrator senden.

C. Alex kann die Einladung als Datei erstellen und sie auf einem FTP-Server ablegen. Der Administrator kann diese anschließend herunterladen und darauf zugreifen.

D. Alex kann den Client der Remotedesktopverbindung ausführen und sich mit dem System des Administrators verbinden.

E. Alex kann die Einladung als Datei erstellen und sie in einer Dateifreigabe ablegen, auf die der Administrator zugreifen kann.

Antworten zu Lernziel 4.4

1. Richtige Antwort: A

A. **Richtig** Alex kann eine Einladung zur Remoteunterstützung an Rooslan senden, sodass Rooslan den Bildschirm des Servers beobachten kann, während Alex die erforderlichen Registrierungsänderungen vornimmt.

B. **Falsch** Auch wenn Rooslan auf diese Weise den Serverbildschirm remote anzeigen kann, kann er nicht genau die Änderungen verfolgen, die Alex an der Registrierung vornimmt.

C. **Falsch** Diese Technologie ermöglicht Rooslan zwar die Remoteverwaltung des Servers, lässt ihn jedoch nicht die Registrierung anzeigen oder Alex bei den Registrierungsänderungen beobachten.

D. **Falsch** Diese Technologie ermöglicht Rooslan zwar die Remoteverwaltung des Servers, lässt ihn jedoch nicht die Registrierung anzeigen oder Alex bei den Registrierungsänderungen beobachten.

E. **Falsch** Diese Technologie ermöglicht Rooslan zwar die Anzeige der Registrierung, lässt ihn jedoch nicht die Registrierung des Remoteservers anzeigen oder Alex bei den Registrierungsänderungen beobachten.

2. Richtige Antwort: C

A. **Falsch** Die Datenträgerdefragmentierung, die mit Windows XP und Windows Server 2003 ausgeliefert wird, kann nicht zur Durchführung einer Remotedefragmentierung eingesetzt werden.

B. **Falsch** Da sich im Gebäude mit den Servern niemand befindet, können keine Einladungen zur Remoteunterstützung versendet werden.

C. **Richtig** Dieses Tool ermöglicht Rooslan das Herstellen einer Remoteverbindung mit den einzelnen Servern und das Starten der Datenträgerdefragmentierung.

D. **Falsch** Der Befehl **Defrag** kann nicht zum Defragmentieren von Remotesystemen verwendet werden.

3. Richtige Antwort: B und C

A. **Falsch** Da das System kein Domänenmitglied ist, können Sie sich nicht über die lokale Computerverwaltungskonsole anmelden, um Verwaltungsaufgaben auf diesem Server durchzuführen.

B. **Richtig** Die HTML-Remoteverwaltungstools können zum Umbenennen eines Servers sowie zum Hinzufügen des Servers zu einer Domäne verwendet werden. Bestimmte Server, beispielsweise Zertifikatserver, können nicht umbenannt werden.

C. **Richtig** Der Remoteverwaltungsmodus der Terminaldienste kann zum Ändern des Namens eines eigenständigen Mitgliedsservers eingesetzt werden.

D. **Falsch** Diese Konsole eignet sich nicht zum Ändern des Namens eines eigenständigen Servers.

4. Richtige Antwort: C, D und E

A. **Falsch** Die lokale Computerverwaltungskonsole kann sich nicht bei den eigenständigen Remoteservern authentifizieren, daher kann deren Domänenmitgliedschaft auf diesem Weg nicht bearbeitet werden.

B. **Falsch** Auch wenn dieses Tool verwendet werden kann, um die eigenständigen Server mit Computerkonten in der Domäne auszustatten, kann auf diese Weise nicht die Domänenmitgliedschaft der Server remote geändert werden.

C. **Richtig** Die HTML-Remoteverwaltungstools können zum Ändern der Domänenmitgliedschaft eines eigenständigen Windows Server 2003-Systems eingesetzt werden.

D. **Richtig** Sie können sich auf diese Weise mit der Serverkonsole verbinden und die Domänenmitgliedschaft der eigenständigen Server ändern.

E. **Richtig** Sie können an jedem Standort einen der Mitarbeiter anrufen und ihn dazu veranlassen, Ihnen eine Einladung zur Remoteunterstützung zu senden, sobald er am Server angemeldet ist.

5. Richtige Antwort: A, B, C und E

A. **Richtig** Diese Methode der Einladungszustellung funktioniert.

B. **Richtig** Diese Methode der Einladungszustellung funktioniert.

C. **Richtig** Diese Methode der Einladungszustellung funktioniert.

D. **Falsch** Dies funktioniert nicht, weil auf diese Weise keine Einladung zur Remoteunterstützung versendet wird und weil Alex sich zwar mit dem System des Administrators, der Administrator sich jedoch nicht mit dem Server verbindet, an dem Alex arbeitet.

E. **Richtig** Diese Methode der Einladungszustellung funktioniert ebenfalls. Sobald die Einladung auf den lokalen Computer des Administrators kopiert wurde, kann die Remoteverwaltungssitzung gestartet werden.

Lernziel 4.5: Problembehandlung für Druckerwarteschlangen

Im Zusammenhang mit Druckerwarteschlangen auf Druckservern können mehrere Arten von Problemen auftreten. Beispielsweise entsteht ein Problem, wenn nicht genügend Speicherplatz für das ordnungsgemäße Spoolen umfangreicher Druckaufträge zur Verfügung steht. Es gibt zwei Möglichkeiten, um dieses Problem zu beheben: Erhöhen Sie die Menge an Speicherplatz auf dem Volume, das der Spooler benutzt, oder verlegen Sie den Druckspooler auf ein anderes Volume mit höherer Kapazität.

Probleme können außerdem auftreten, wenn bestimmte Benutzer Druckaufträge schneller abwickeln müssen als andere. Dies kann durch das Einstellen von Prioritäten für Druckaufträge geregelt werden. Mehrere freigegebene Drucker können auf ein bestimmtes Druckgerät verweisen, und jedem freigegebenen Drucker kann eine andere Druckpriorität zugewiesen werden. Je höher die Prioritätsnummer, desto schneller erreichen die Aufträge, die von dem jeweiligen freigegebenen Drucker gesendet wurden, das Gerät.

Fragen zu Lernziel 4.5

1.

Foley arbeitet als Systemadministrator für eine Anwaltskanzlei. Dort gibt es eine Gruppe von 20 Rechtsanwaltsgehilfen, welche die Anwälte bei der Verwaltungsarbeit unterstützen. Alle Gehilfen verwenden einen einzigen Hochgeschwindigkeits-Laserdrucker, der auf einem Windows Server 2003-System freigegeben ist. Die Gehilfen müssen regelmäßig umfangreiche Dokumente drucken. Trotz seiner Geschwindigkeit ist der Laserdrucker fast ununterbrochen in Betrieb. Einige Gehilfen haben festgestellt, dass es fast 20 Minuten dauern kann, bis die anderen Aufträge in der Warteschlange verarbeitet sind und ihr eigener Auftrag ausgegeben wird. Keiner der Gehilfen möchte vor dem Senden seiner Dokumente zunächst eine Liste verfügbarer Drucker durchsehen, um festzustellen, auf welchem die wenigsten Dokumente verarbeitet werden. Welche der folgenden Optionen sollte Foley in Betracht ziehen, um den Zeitraum zu minimieren, den die Drucker für die Verarbeitung von Dokumenten für sämtliche Anwaltsgehilfen beanspruchen?

A. Foley sollte einen zweiten Hochgeschwindigkeits-Laserdrucker desselben Modells und Herstellers bestellen und einen Druckerpool einrichten.

B. Foley sollte verschiedene Druckprioritäten für die einzelnen Rechtsanwaltsgehilfen einstellen, die auf einer entsprechenden Liste der Vorgesetzten beruhen. Der wichtigste Gehilfe sollte eine Priorität von 1 und der unwichtigste eine Priorität von 99 erhalten.

C. Foley sollte verschiedene Druckprioritäten für die einzelnen Rechtsanwaltsgehilfen einstellen, die auf einer entsprechenden Liste der Vorgesetzten beruhen. Der wichtigste Gehilfe sollte eine Priorität von 99 und der unwichtigste eine Priorität von 1 erhalten.

D. Foley sollte drei weitere Hochgeschwindigkeits-Laserdrucker erwerben und sie mit eigenen Druckerfreigaben auf dem Druckserver installieren. Die Gehilfen können anschließend die Druckerfreigabe mit den wenigsten Aufträgen in der Warteschlange auswählen.

2.

Sie sind Systemadministrator eines mittelständischen Unternehmens. Sie haben mehrere Anrufe von Benutzern in Ihrem Unternehmen erhalten, weil diese keine umfangreichen Druckaufträge von 160 Seiten an einen freigegebenen Abteilungsdrucker senden können. Wenn sie die Aufträge an einen Drucker senden, der auf einem anderen Server freigegeben ist, treten keine Schwierigkeiten auf. Auch wenn sie den Auftrag in zehnseitige Teilaufträge unterteilen, kann dieser verarbeitet werden. Diese Methode ist jedoch umständlich und stößt auf wenig Begeisterung. Der Server, auf dem der freigegebene Abteilungsdrucker verwaltet wird, bietet auf demselben Volume außerdem eine Dateifreigabe an. Welchen der folgenden Schritte sollten Sie zur Lösung dieses Problems unternehmen?

A. Sie ändern die Eigenschaften des freigegebenen Druckers und erhöhen die maximale Größe von Druckaufträgen auf 200 Seiten.

B. Sie entfernen das für den Drucker eingestellte Kontingent, um das Drucken größerer Aufträge zu ermöglichen.

C. Sie erstellen eine neue Druckerfreigabe auf demselben Server und verweisen auf dasselbe Druckgerät.

D. Sie räumen die Festplatte des Servers auf und entfernen nicht benötigte Dateien aus der Dateifreigabe, um den verfügbaren Festplattenspeicher zu erhöhen.

3.

Sie erhalten einen Telefonanruf von einem wütenden Vorgesetzten namens Gregory, der ein Dokument an den Drucker gesendet hat, das noch nicht verarbeitet wurde. Gregory teilt Ihnen mit, dass derzeit ein anderer Auftrag verarbeitet wird, der schon seit 20 Minuten den Drucker blockiert. Gregory benötigt den Ausdruck möglichst sofort, weil er zum Flughafen muss. Sie untersuchen die Druckwarteschlagen und stellen fest, dass diese die folgenden Aufträge enthält. Jeder Benutzer des Druckers druckt standardmäßig mit einer Priorität von 10.

2004Budget	Wird gedruckt	Philipp	238/945
Vertriebsdok		Darren	24
Richtlinien		James	45
Schemata		Lee	12
Übernahmeangebot		Gregory	5

Durch welchen der folgenden Schritte wird Gregorys Druckauftrag schnellstmöglich verarbeitet und Philipps Dokument erst dann gedruckt, wenn die übrigen Druckaufträge in der Warteschlange beendet sind?

A. Sie ändern die Priorität von Gregorys Dokument auf 99 und ändern die Prioritäten von Philipps, Darrens, James' und Lees Dokumenten auf 1.

B. Sie ändern die Priorität von Gregorys Dokument auf 1 und ändern die Prioritäten von Philipps, Darrens, James' und Lees Dokumenten auf 99.

C. Sie ändern die Priorität von Gregorys Dokument auf 99. Sie halten den Druckvorgang für Philipps Dokument an. Sie ändern die Priorität von Philipps Dokument auf 1. Sobald die Dokumente der anderen Benutzer gedruckt sind, setzen Sie den Druckvorgang von Philipps Dokument fort.

D. Sie ändern die Priorität von Gregorys Dokument auf 1. Sie halten den Druckvorgang für Philipps Dokument an. Sie ändern die Priorität von Philipps Dokument auf 99. Nachdem der Druckvorgang von Gregorys Dokument begonnen hat, heben Sie die Pause von Philipps Druckvorgang auf.

4.

Foley arbeitet als Systemadministrator für eine Anwaltskanzlei. Dort gibt es eine Gruppe von 20 Rechtsanwaltsgehilfen, welche die Anwälte bei der Verwaltungsarbeit unterstützen. Alle Gehilfen verwenden einen einzigen Hochgeschwindigkeits-Laserdrucker, der auf einem Windows Server 2003-System freigegeben ist. Die Gehilfen müssen regelmäßig umfangreiche Dokumente drucken. Trotz seiner Geschwindigkeit ist der Laserdrucker fast ununterbrochen in Betrieb. Einige Gehilfen haben festgestellt, dass es fast 20 Minuten dauern kann, bis die anderen Aufträge in der Warteschlange verarbeitet sind und ihr eigener Auftrag ausgegeben wird. Fünf der Gehilfen arbeiten für Seniorpartner. Foley möchte den Drucker so konfigurieren, dass Druckaufträge von diesen fünf Gehilfen den Drucker schneller erreichen als die Aufträge der 15 übrigen Gehilfen. Durch welche der folgenden Methoden kann dieses Ziel erreicht werden?

A. Foley erstellt einen zweiten Drucker namens **Snrprtnr** und verknüpft diesen mit demselben Hochgeschwindigkeits-Laserdruckergerät. Er legt die Priorität dieses Druckers auf 99 fest. Er erstellt eine Sicherheitsgruppe und fügt die fünf Rechtsanwaltsgehilfen, die für die Seniorpartner arbeiten, zu dieser Sicherheitsgruppe hinzu. Er verleiht nur dieser Gruppe die Berechtigung, über den freigegebenen Drucker **Snrprtnr** zu drucken. Er stellt sicher, dass der ursprüngliche freigegebene Drucker noch immer die Standardpriorität 1 besitzt. Er konfiguriert die Arbeitsstationen der fünf Anwaltsgehilfen, die für die Seniorpartner arbeiten, sodass sie über den freigegebenen Drucker **Snrprtnr** und nicht über den ursprünglichen Drucker drucken.

B. Foley erstellt einen zweiten Drucker namens **Snrprtnr** und verknüpft diesen mit demselben Hochgeschwindigkeits-Laserdruckergerät. Er stellt die Priorität dieses Druckers auf 1 ein. Er erstellt eine Sicherheitsgruppe und fügt die fünf Rechtsanwaltsgehilfen, die für die Seniorpartner arbeiten, zu dieser Sicherheitsgruppe hinzu. Er verleiht nur dieser Gruppe die Berechtigung, über den freigegebenen Drucker **Snrprtnr** zu drucken. Er stellt sicher, dass der ursprüngliche freigegebene Drucker noch immer die Standardpriorität 99 besitzt. Er konfiguriert die Arbeitsstationen der fünf Anwaltsgehilfen, die für die Seniorpartner arbeiten, sodass sie über den freigegebenen Drucker **Snrprtnr** und nicht über den ursprünglichen Drucker drucken.

C. Foley erstellt einen zweiten Drucker namens **Snrprtnr** und verknüpft diesen mit demselben Hochgeschwindigkeits-Laserdruckergerät. Er stellt die Priorität dieses Druckers auf 99 ein. Er erstellt eine Sicherheitsgruppe und fügt die fünf Rechtsanwaltsgehilfen, die für die Seniorpartner arbeiten, zu dieser Sicherheitsgruppe hinzu. Er stellt sicher, dass der ursprüngliche freigegebene Drucker noch immer die Standardpriorität 1 besitzt. Er konfiguriert die Arbeitsstationen der 15 Anwaltsgehilfen, die nicht für die Seniorpartner arbeiten, sodass sie über den freigegebenen Drucker **Snrprtnr** und nicht über den ursprünglichen Drucker drucken.

D. Foley erstellt einen zweiten Drucker namens **Snrprtnr** und verknüpft diesen mit demselben Hochgeschwindigkeits-Laserdruckergerät. Er stellt die Priorität dieses Druckers auf 99 ein. Er erstellt eine Sicherheitsgruppe und fügt die Konten der 15 Rechtsanwaltsgehilfen, die nicht für die Seniorpartner arbeiten, zu dieser Sicherheitsgruppe hinzu. Er verleiht nur dieser Gruppe die Berechtigung, über den freigegebenen Drucker **Snrprtnr** zu drucken. Er stellt sicher, dass der ursprüngliche freigegebene Drucker noch immer die Standardpriorität 1 besitzt. Er konfiguriert die Arbeitsstationen der fünf Anwaltsgehilfen, die für die Seniorpartner arbeiten, sodass sie über den freigegebenen Drucker **Snrprtnr** und nicht über den ursprünglichen Drucker drucken.

Antworten zu Lernziel 4.5

1. Richtige Antwort: A

A. **Richtig** Ein Druckerpool teilt die Aufträge, die an den freigegebenen Drucker gesendet werden, auf zwei separate Druckgeräte auf.

B. **Falsch** Diese Möglichkeit funktioniert aus verschiedenen Gründen nicht. Zunächst einmal werden Prioritäten den freigegebenen Druckern, nicht den Benutzern zugewiesen. Zwei freigegebene Drucker drucken auf demselben Druckgerät, und der Drucker mit der höheren Priorität wird als erster verarbeitet. Aufträge, die mit der Priorität 99 an den Drucker gesendet werden, werden schneller verarbeitet als Aufträge mit der Priorität 1.

C. **Falsch** Dies funktioniert nicht, weil Prioritäten den freigegebenen Druckern, nicht den Benutzern zugewiesen werden. Zwei freigegebene Drucker drucken auf demselben Druckgerät, und der Drucker mit der höheren Priorität wird als erster verarbeitet.

D. **Falsch** In der Fragestellung wird angegeben, dass die Gehilfen nicht gezwungen werden sollen nachzuprüfen, welche Drucker längere Warteschlangen besitzen als andere.

2. Richtige Antwort: D

A. **Falsch** Freigegebene Drucker schränken Druckaufträge nicht hinsichtlich der Seitenanzahl eines Auftrags ein.

B. **Falsch** Kontingente können unter Windows Server 2003 nicht für freigegebene Drucker eingestellt werden.

C. **Falsch** Auf diese Weise wird das Problem nicht behoben. Der Grund für das Problem liegt scheinbar darin, dass zum Hosten einer großen Spooldatei nicht genügend Festplattenspeicher zur Verfügung steht.

D. **Richtig** Die umfangreicheren Aufträge werden nicht gedruckt, weil dem Spoolvorgang nicht genügend Speicher für große Dateien zur Verfügung steht. Die kleineren Spooldateien kleinerer Aufträge können hingegen im verfügbaren Speicher erstellt werden.

3. Richtige Antwort: C

A. **Falsch** In diesem Fall muss Gregory dennoch warten, bis Philipps Dokument vollständig ausgegeben wurde, bevor sein eigenes Dokument gedruckt wird.

B. **Falsch** Auf diese Weise erhält Gregorys Dokument die niedrigste Priorität, sodass es erst nach allen übrigen Dokumenten in der Warteschlange gedruckt wird. Auch zusätzliche Druckaufträge werden noch vor Gregorys bearbeitet.

C. **Richtig** Auf diese Weise wird Gregorys Dokument schnell gedruckt. Die Dokumente der übrigen Benutzer folgen Gregorys Dokument. Wenn Sie anschließend Philipps Druckauftrag fortsetzen, wird dieser an der entsprechenden Stelle wieder aufgenommen.

D. **Falsch** Dies würde bedeuten, dass Gregory warten muss, bis Darrens, James' und Lees Dokumente gedruckt sind, da sie eine höhere Priorität als sein Dokument besitzen.

4. Richtige Antwort: A

A. **Richtig** Auf diese Weise werden die Dokumente der Anwaltsgehilfen, die für die Seniorpartner arbeiten, mit einer höheren Priorität gedruckt als die Dokumente der übrigen 15 Gehilfen.

B. **Falsch** Die Priorität 1 hat für die Gehilfen, die für die Seniorpartner arbeiten, zur Folge, dass sie warten müssen, bis alle übrigen Druckaufträge beendet sind, bevor ihre Druckaufträge auf dem Hochgeschwindigkeits-Laserdrucker ausgegeben werden.

C. **Falsch** Auf diese Weise erhalten die Druckaufträge der 15 Anwaltsgehilfen, die nicht für die Seniorpartner arbeiten, eine höhere Druckpriorität als die Druckaufträge der fünf Gehilfen, die für die Seniorpartner tätig sind.

D. **Falsch** Die Gehilfen, die für die Seniorpartner arbeiten, können auf diese Weise nicht auf den freigegebenen Drucker **Snrprtnr** zugreifen, weil der Zugriff zwar den 15 anderen Gehilfen, jedoch nicht ihnen erteilt wurde.

Lernziel 4.6: Überwachen der Systemleistung

Nach dem Aufbau eines Servers sollte ein Systemadministrator dessen Leistungsdaten messen und speichern, damit er eine Zahlenbasis hat (eine „Baseline“), die er für zukünftige Vergleiche heranziehen kann. Das wichtigste Werkzeug, das einem Systemadministrator zur Erfassung der Leistungsdaten eines Windows Server 2003-Computers zur Verfügung steht, ist die Konsole **Leistung**. Mit der Konsole **Leistung** kann ein Administrator nahezu alle Aspekte des Serverbetriebs messtechnisch erfassen, angefangen bei der Prozessorauslastung, bis hin zur Menge des verbliebenen freien Speichers und der Datenträgerauslastung. Andere Tools, wie der **Task-Manager**, **Msinfo32.exe** und diverse Befehlszeilenprogramme wie beispielsweise **Tasklist**, liefern ebenfalls nützliche Informationen zur Systemleistung, weil sie in der Lage sind, in Echtzeit die Tasks anzuzeigen, die auf einem Computer ausgeführt werden. Sie können den **Task-Manager** und **Taskkill.exe** einsetzen, um einen Prozess zu beenden, der Fehler aufweist und mehr als seine übliche Menge an Ressourcen beansprucht.

Fragen zu Lernziel 4.6

1.

Sie sind über Telnet auf einem Server angemeldet, der zu langsam geworden ist. Sie möchten eine Liste aller Benutzerprozesse aufstellen, die mehr als 5 MB Speicher beanspruchen. Mit welcher der folgenden Methoden können Sie das tun?

A. Sie geben den Befehl **mem /program**.

B. Sie verwenden den **Task-Manager** und sortieren die Anzeige nach der Speicherauslastung.

C. Sie geben den Befehl **tasklist /fi "memusage gt 5120"**.

D. Sie verwenden **Msinfo32** und sortieren die Anzeige nach der Speicherauslastung.

2.

Sie sind der Administrator eines Windows Server 2003-Computers, der zur Domäne **Contoso.com** gehört. Welches der folgenden Programme können Sie auf Ihrem Computer verwenden, um eine Liste aller Prozesse zu erstellen, die auf einem anderen Windows Server 2003-Computer der Domäne ausgeführt werden, auf dem Sie Administratorrechte haben? (Wählen Sie alle zutreffenden Antworten aus.)

A. **Task-Manager**

B. **Msinfo32.exe**

C. **Tasklist.exe**

D. **Computerverwaltung**-Konsole

E. **Dienste**-Konsole

3.

Sie sind Administrator der Domäne **Tailspintoys.com**. Auf einem anderen Windows Server 2003-Computer ist anscheinend ein Prozess abgestürzt und der Computer ist sehr langsam geworden. Der Server steht im Keller und Ihr Büro befindet sich im 42. Stock. Welches der folgenden Programme können Sie zur Beendigung des betreffenden Prozesses einsetzen, ohne selbst in den Keller gehen zu müssen?

A. **Msinfo32.exe**

B. **Dienste**-Konsole

C. **Tasklist.exe**

D. **Taskkill.exe**

E. **Task-Manager**

4.

Sie sind Administrator in der Antarktis-Forschungsstation von Contoso. Sie haben im Lager alte Komponenten gefunden und daraus einen Server aufgebaut, mit dem Sie einen neuen Server ersetzen möchten, der nach Tasmanien zurücktransportiert wurde, weil er ein anderes Mainboard, einen neuen Prozessor und RAM braucht. Der Server soll als DNS-Server (Domain Name System) der Forschungsstation dienen. Sie zeichnen in den ersten Tagen die Leistungsdaten des Servers auf und erhalten unter anderem folgende Durchschnittswerte:

Prozessor, Prozessorzeit: 72 Prozent

Serverwarteschlangen, Warteschlangenlänge: 1

Speicher, zugesicherte verwendete Bytes: 65 Prozent

Physikalischer Datenträger, aktuelle Warteschlangenlänge: 3

Netzwerkschnittstelle, Ausgabeschlangenlänge: 2

Welches dieser Ergebnisse verdient Ihre besondere Aufmerksamkeit?

A. Prozessor, Prozessorzeit

B. Serverwarteschlangen, Warteschlangenlänge

C. Speicher, zugesicherte verwendete Bytes

D. Physikalischer Datenträger, aktuelle Warteschlangenlänge

E. Netzwerkschnittstelle, Ausgabeschlangenlänge

5.

Welche der folgenden durchschnittlichen Leistungsdaten weisen auf einen Engpass in der betreffenden Komponente hin? (Wählen Sie alle zutreffenden Antworten aus.)

A. System, Prozessor-Warteschlangenlänge: 5

B. Prozessor (_Total), Prozessorzeit: 72 Prozent

C. Speicher, zugesicherte verwendete Bytes: 60 Prozent

D. Physikalischer Datenträger, aktuelle Warteschlangenlänge: 1

E. Netzwerkschnittstelle, Ausgabeschlangenlänge: 1

Antworten zu Lernziel 4.6

1. Richtige Antwort: C

A. **Falsch** Dadurch werden zwar Basisinformationen über den Speicher angezeigt, aber nur über den Speicher, der unter MS-DOS verfügbar ist.

B. **Falsch** Der **Task-Manager** hat eine grafische Benutzeroberfläche und kann nicht in Telnet eingesetzt werden.

C. **Richtig** **Tasklist** ist ein Befehlszeilenprogramm, das Informationen über die Prozesse von allen Benutzern eines Computers anzeigen kann. Der Aufruf des Befehls mit **/fi "memusage gt 5120"** bewirkt, dass **Tasklist** nur die Prozesse anzeigt, die mehr als 5120 KB Speicher belegen.

D. **Falsch** **Msinfo32** ist hat eine grafische Benutzeroberfläche und kann nicht in Telnet verwendet werden.

2. Richtige Antwort: B und C

A. **Falsch** Der **Task-Manager** kann nur eine Liste der Tasks anzeigen, die auf dem lokalen Computer ausgeführt werden. Er liefert keine Liste der Tasks, die auf einem Remotecomputer laufen.

B. **Richtig** Es ist möglich, mit Msinfo32.exe eine Verbindung zu einem Remotecomputer herzustellen und eine Liste der Tasks anzuzeigen, die auf dem Computer ausgeführt werden.

C. **Richtig** Es ist möglich, mit dem Befehlszeilenprogramm **Tasklist.exe** eine Liste der Tasks aufzustellen, die auf einem Remotecomputer ausgeführt werden.

D. **Falsch** Es ist zwar möglich, mit der Konsole **Computerverwaltung** Dienste anzuzeigen, die auf einem Remotecomputer ausgeführt werden, aber es ist nicht möglich, mit dieser Konsole eine Liste der Tasks zu erstellen, die auf einem Remotecomputer ausgeführt werden.

E. **Falsch** Es ist zwar möglich, mit der Konsole **Dienste** die Dienste anzuzeigen, die auf einem Remotecomputer ausgeführt werden, aber es ist nicht möglich, mit dieser Konsole eine Liste der Tasks zu erstellen, die auf einem Remotecomputer ausgeführt werden.

3. Richtige Antwort: D

A. **Falsch** Sie können mit **Msinfo32.exe** zwar die Prozesse anzeigen, die auf einem Remotecomputer ausgeführt werden, aber Sie können die Prozesse nicht mit diesem Programm beenden.

B. **Falsch** Sie können mit der Konsole **Dienste** zwar Dienste beenden, die auf einem Remotecomputer ausgeführt werden, aber Sie können damit keinen Prozess beenden, der auf einem Remotecomputer ausgeführt wird.

C. **Falsch** Sie können mit dem Programm **Tasklist.exe** zwar eine Liste der Prozesse anzeigen, die auf einem Remotecomputer ausgeführt werden, aber Sie können einen Remoteprozess nicht mit diesem Programm beenden.

D. **Richtig** Sie können mit **Taskkill.exe** einen Prozess beenden, der auf einem Remotecomputer ausgeführt wird.

E. **Falsch** Mit dem **Task-Manager** können Sie keinen Prozess beenden, der auf einem Remotecomputer ausgeführt wird.

4. Richtige Antwort: D

A. **Falsch** Ein Wert von 72 Prozent deutet zwar darauf hin, dass der Prozessor einiges zu tun hat, aber erst eine Auslastung von mehr als 90 Prozent wäre ein Grund für eine genauere Untersuchung. Die Zahl, die aus dem Rahmen fällt, ist die Warteschlangenlänge 3.

B. **Falsch** Der Durchschnittswert für die Länge der Serverwarteschlangen ist zwar nicht optimal, aber nicht so auffallend wie die Warteschlangenlänge 3 des Datenträgers.

C. **Falsch** Ein Wert von 65 Prozent für die zugesicherten verwendeten Bytes sollte zwar weiter überwacht werden, ist aber nicht so bedenklich wie die Warteschlangenlänge des Datenträgers.

D. **Richtig** Eine durchschnittliche Warteschlangenlänge von 3 für den Datenträger weist darauf hin, dass die Festplatte nicht mit dem Rest des Servers mithalten kann. Wenn Sie die Gelegenheit dazu haben, sollten Sie die Festplatte durch eine schnellere ersetzen.

E. **Falsch** Die Länge der Ausgabeschlange des Netzwerkadapters weist zwar darauf hin, dass der Adapter an seiner Kapazitätsgrenze arbeitet, aber sie bedeutet noch keine Überlastung, wie es bei der Warteschlangenlänge des Datenträgers der Fall ist.

5. Richtige Antwort: A und B

A. **Richtig** Eine durchschnittliche Prozessor-Warteschlangenlänge von mehr als 5 deutet darauf hin, dass der Prozessor zu schwach ist, um mit dem Rest des Computers mitzuhalten.

B. **Richtig** Eine durchschnittliche Prozessorauslastung von mehr als 90 Prozent ist bedenklich.

C. **Falsch** Ein Wert von mehr als 80 Prozent für die zugesicherten verwendeten Bytes wäre bedenklich.

D. **Falsch** Ein Wert von mehr als 2 für die Warteschlangenlänge des physikalischen Datenträgers wäre bedenklich.

E. **Falsch** Ein Wert von mehr als 2 für die Ausgabeschlangenlänge des Netzwerkadapters wäre bedenklich.

Lernziel 4.7: Überwachen von Datei- und Druckservern

Die meisten Server übernehmen entweder die Funktion des Druckservers oder bieten Dateifreigaben an. Für einen Administrator ist es von größter Wichtigkeit, dass diese Server effizient und zuverlässig funktionieren.

Administratoren von Dateiservern müssen sicherstellen, dass das Volume, das die Dateifreigabe enthält, nicht zu sehr mit Daten angefüllt wird. Dies kann geschehen, wenn alte Daten über den notwendigen Zeitraum hinaus beibehalten und jeden Tag neue Daten geschrieben werden. Administratoren müssen weiterhin sicherstellen, dass einzelne Benutzer im Vergleich zu ihren Kollegen keine übermäßig große Datenmenge auf dem Server ablegen. Eine Möglichkeit sicherzustellen, dass ein Volume nicht vollständig gefüllt wird und dass alle Benutzer nicht uneingeschränkt Daten ablegen können, besteht darin, Kontingente auf der Partition einzurichten. Ein Kontingent verhindert, dass ein Benutzer mehr als eine zugewiesene Menge an Speicherplatz belegen kann. Die Registerkarte **Kontingent** ist über die Eigenschaften eines einzelnen Volumes zugänglich.

Druckerwarteschlangen können auf dem Server oder remote überwacht werden. Außerdem ist die Überwachung über die Leistungskonsole möglich. Die Leistungskonsole kann einen direkten Bericht der aktuellen Anzahl von Druckaufträgen erstellen, die einem bestimmten Druckserver zugewiesen sind. Auf diese Weise kann ein Administrator entscheiden, ob die Druckauslastung auf anderen Servern aufgeteilt werden sollte, wenn der Vorgang ungewöhnlich lang zu dauern scheint.

Fragen zu Lernziel 4.7

1.

Rooslan ist Systemadministrator für eine mittelgroße Fakultät an der örtlichen Universität. Derzeit ist er für fünf Windows Server 2003-Systeme verantwortlich. Eines dieser Systeme dient als Dateifreigabe für die Fakultät und wird gleichermaßen von Studenten, Doktoranden, Professoren und Verwaltungsangestellten zur gemeinsamen Nutzung von Dateien verwendet. Der Dateiserver ist mit zwei Festplatten konfiguriert. Die erste Festplatte ist in zwei Volumes unterteilt. Das erste umfasst 10 GB und enthält das Betriebssystem, das zweite ist 30 GB groß und enthält die Dateifreigabe für Studenten. Die zweite Festplatte enthält ein einziges Volume von 80 GB, auf dem die Dateifreigaben für Doktoranden, Professoren und Verwaltungsangestellte liegen. Rooslan fürchtet, dass die Volumes, die diese Daten aufnehmen, vollständig gefüllt werden können, und möchte Datenträgerkontingente einrichten. Alle Studenten der Fakultät sind Mitglieder der Gruppe **Student**, alle Doktoranden sind Mitglieder der Gruppe **Doktorand**, alle Professoren sind Mitglieder der Gruppe **Prof**, und alle Verwaltungsangestellten sind Mitglieder der Gruppe **Verwaltung**. Kein Benutzer ist Mitglied mehrerer Gruppen. Die Freigabeberechtigungen sind so eingestellt, dass nur die jeweilige Gruppe Zugriff auf die Freigabe besitzt. Nach Absprache mit verschiedenen Vertretern der Fakultät hat Rooslan sich folgendes Kontingentschema überlegt:

- Studenten dürfen maximal 100 MB Daten auf dem Server speichern.
- Doktoranden dürfen maximal 300 MB Daten auf dem Server speichern.
- Verwaltungsangestellte dürfen maximal 500 MB Daten auf dem Server speichern.
- Professoren dürfen maximal 800 MB Daten auf dem Server speichern.

Anhand welcher der folgenden Methoden kann Rooslan dieses Kontingentschema implementieren?

A. Rooslan sollte die Freigabeeigenschaften der Studentenfreigabe bearbeiten, das Kontingent auf 100 MB festlegen und das Kontrollkästchen **Speicherplatz bei Kontingentüberschreitung verweigern** aktivieren. Anschließend sollte er die Freigabeeigenschaften der Doktorandenfreigabe bearbeiten, das Kontingent auf 300 MB festlegen und das Kontrollkästchen **Speicherplatz bei Kontingentüberschreitung verweigern** aktivieren. Dann sollte er die Freigabeeigenschaften der Freigabe für Verwaltungsangestellte bearbeiten, das Kontingent auf 500 MB festlegen und das Kontrollkästchen **Speicherplatz bei Kontingentüberschreitung verweigern** aktivieren. Schließlich sollte er die Freigabeeigenschaften der Professorenfreigabe bearbeiten, das Kontingent auf 800 MB festlegen und das Kontrollkästchen **Speicherplatz bei Kontingentüberschreitung verweigern** aktivieren.

B. Rooslan sollte die Eigenschaften des Ordners bearbeiten, der die Studentenfreigabe enthält, das Kontingent auf 100 MB festlegen und das Kontrollkästchen **Speicherplatz bei Kontingentüberschreitung verweigern** aktivieren. Anschließend sollte er die Eigenschaften des Ordners bearbeiten, der die Doktorandenfreigabe enthält, das Kontingent auf 300 MB festlegen und das Kontrollkästchen **Speicherplatz bei Kontingentüberschreitung verweigern** aktivieren. Danach sollte er die Eigenschaften des Ordners bearbeiten, der die Freigabe für Verwaltungsangestellte enthält, das Kontingent auf 500 MB festlegen und das Kontrollkästchen **Speicherplatz bei Kontingentüberschreitung verweigern** aktivieren. Schließlich sollte er die Eigenschaften des Ordners bearbeiten, der die Professorenfreigabe enthält, das Kontingent auf 800 MB festlegen und das Kontrollkästchen **Speicherplatz bei Kontingentüberschreitung verweigern** aktivieren.

C. Rooslan sollte die Eigenschaften des Volumes bearbeiten, das die Studentenfreigabe hostet. Er sollte die Registerkarte **Kontingent** aufrufen, die Kontrollkästchen **Kontingentverwaltung aktivieren** und **Speicherplatz bei Kontingentüberschreitung verweigern** aktivieren, auf der Registerkarte **Kontingenteinträge** die Gruppe **Student** hinzufügen und ein Kontingent von 100 MB anwenden. Rooslan sollte anschließend die Eigenschaften des Volumes bearbeiten, das die Freigaben für Doktoranden, Professoren und Verwaltungsangestellte enthält. Er sollte die Registerkarte **Kontingent** aufrufen und die Kontrollkästchen **Kontingentverwaltung aktivieren** und **Speicherplatz bei Kontingentüberschreitung verweigern** aktivieren. Auf der Registerkarte **Kontingenteinträge** sollte er die Gruppe **Doktorand** hinzufügen und ein Kontingent von 300 MB anwenden; danach sollte er die Gruppe **Verwaltung** hinzufügen und ein Kontingent von 500 MB anwenden. Zuletzt sollte er die Gruppe **Prof** hinzufügen und ein Kontingent von 800 MB anwenden.

D. Rooslan sollte die Eigenschaften des Volumes bearbeiten, das die Studentenfreigabe enthält. Er sollte die Registerkarte **Kontingent** aufrufen, die Kontrollkästchen **Kontingentverwaltung aktivieren** und **Speicherplatz bei Kontingentüberschreitung verweigern** aktivieren und den Speicherplatz auf 100 MB beschränken. Anschließend sollte er das Volume mit den Freigaben für Doktoranden, Verwaltungsangestellte und Professoren auf Band sichern. Danach sollte er das Volume löschen und die Festplatte in drei gleich große Volumes partitionieren. Die Freigabe für Doktoranden sollte er im ersten neuen Volume wiederherstellen, die Freigabe für Verwaltungsangestellte im zweiten neuen Volume und die Freigabe für Professoren im dritten neuen Volume. Er sollte die Eigenschaften des Volumes bearbeiten, das die Doktorandenfreigabe enthält, die Registerkarte **Kontingent** aufrufen, die Kontrollkästchen **Kontingentverwaltung aktivieren** und **Speicherplatz bei Kontingentüberschreitung verweigern** aktivieren und den Speicherplatz auf 300 MB beschränken. Er sollte die Eigenschaften des Volumes bearbeiten, das die Freigabe für Verwaltungsangestellte enthält, die Registerkarte **Kontingent** aufrufen, die Kontrollkästchen **Kontingentverwaltung aktivieren** und **Speicherplatz bei Kontingentüberschreitung verweigern** aktivieren und den Speicherplatz auf 500 MB beschränken. Er sollte die Eigenschaften des Volumes bearbeiten, das die Professorenfreigabe enthält, die Registerkarte **Kontingent** aufrufen, die Kontrollkästchen **Kontingentverwaltung aktivieren** und **Speicherplatz bei Kontingentüberschreitung verweigern** aktivieren und den Speicherplatz auf 800 MB beschränken.

2.

Rob hat eine Reihe einzelner Kontingente für 250 Benutzer auf einer Partition eines Windows Server 2003-Dateiservers eingerichtet. 30 Benutzer besitzen ein Kontingent von 10 MB, 45 ein Kontingent von 15 MB, 100 ein Kontingent von 30 MB, 25 ein Kontingent von 60 MB und 50 ein Kontingent von 100 MB. Vier weitere Windows Server 2003-Systeme benötigen genau dasselbe Kontingentschema. Welche der folgenden Methoden kann Rob verwenden, um dieses Kontingentschmea auf den vier anderen Servern zu implementieren?

A. Kontingente werden über Gruppenrichtlinien angewendet. Rob muss die vier anderen Server zu derselben Organisationseinheit hinzufügen.

B. Rob muss die Konsole **Active Directory-Benutzer und -Computer** verwenden, um die vier anderen Systeme zur Kontingentsicherheitsgruppe hinzuzufügen, die er für den ursprünglichen Server erstellt hat .

C. Dieser Vorgang ist ohne ein Produkt zur Kontingentverwaltung eines anderen Anbieters nicht möglich.

D. Kontingenteinstellungen sind in der Registrierung gespeichert. Rob muss den Kontingentregistrierungsschlüssel auf dem ursprünglichen Server exportieren und ihn anschließend in die Registrierung der vier anderen Server importieren.

E. Von der Seite mit den Kontingenteinträgen aus muss Rob alle 250 Einträge markieren und in eine Datei exportieren. Diese Datei kann er anschließend auf die anderen Server kopieren und in die Seite mit den Kontingenteinträgen jeder Partition importieren, auf die dieses Kontingentschema angewendet werden soll.

3.

Laherty ist IT-Consultant für ein kleines Grafikdesignunternehmen, das einen Dateiserver unter Windows Server 2003 mit einem einzigen Volume verwendet. Dieser Dateiserver fungiert außerdem als Druckserver und ist mit einem Farblaserdrucker zum Ausdrucken von Werbematerial in Postergröße wie auch mit einem Schwarzweißlaserdrucker zum Ausdrucken von Briefen und Memos verbunden. Laherty hat auf diesem Server Datenträgerkontingente konfiguriert, die jedem der acht Benutzer im Büro das Speichern von maximal 8 GB von Dateien auf dem Server gestatten. Laherty ist der Einzige mit dem Recht zum Ändern von Berechtigungen auf dem Dateiserver. Er besucht dieses kleine Unternehmen einmal in der Woche. Als er am Freitag das Unternehmen aufsucht, informiert ihn Rob, einer der Benutzer, dass er seit Mittwoch verschiedene Poster nicht drucken konnte. Rob gibt außerdem an, dass er Dokumente auf dem Schwarzweißdrucker drucken konnte. Er hat nicht versucht, andere große Dateien auf dem Farblaserdrucker auszugeben. Laherty fragt bei anderen Benutzern im Unternehmen nach und stellt fest, dass diese wie gewohnt auf beiden Druckern drucken können. Laherty bittet einen der anderen Benutzer, Robs Posterdatei zu drucken. Die Datei wird einwandfrei ausgegeben. Rob versucht es erneut, jedoch vergeblich. Laherty bittet Rob, ein sehr kleines Farbbild auf dem Drucker auszugeben, und dies gelingt ohne Probleme. Welcher der folgenden Gründe bietet die beste Erklärung für Robs Problem?

A. Die Berechtigungen für den freigegebenen Drucker wurden geändert.

B. Die auf den Drucker angewendeten Kontingente wurden für Rob zu klein eingestellt.

C. Der auf Robs Windows XP-Arbeitsstation installierte Druckertreiber ist fehlerhaft.

D. Robs Datenträgerkontingent auf dem Server ist annähernd erschöpft.

E. Die Datei, die Rob zu drucken versucht, ist beschädigt.

F. Die Datei, die Rob zu drucken versucht, ist zu groß für den Arbeitsspeicher des Druckers.

4.

Rooslan ist Systemadministrator für ein Unternehmen mit vier Druckservern. Derzeit versucht er festzustellen, welcher der vier Server die meisten Aufträge am Tag druckt und welcher die wenigsten. Er überlegt, drei neue freigegebene Drucker zu erstellen, und muss den Druckserver mit der niedrigsten Anzahl verarbeiteter Aufträge auswählen. Außerdem möchte er prüfen, wie viele Seiten seit dem letzten Neustart gedruckt wurden. Welche der folgenden Möglichkeiten kann er hierfür nutzen?

A. Er prüft in den Druckereigenschaften jedes freigegebenen Druckers auf jedem Druckserver die Statistiken **Anzahl der seit letztem Neustart gedruckten Seiten** und **Anzahl der seit letztem Neustart gedruckten Aufträge**.

B. Er führt die Leistungskonsole auf seiner Windows XP-Arbeitsstation aus. Er fügt den Leistungsindikator **Gesamtanzahl gedruckter Seiten** für jeden der vier Druckserver hinzu.

C. Er führt die Leistungskonsole auf seiner Windows XP-Arbeitsstation aus. Er fügt den Leistungsindikator **Gesamtanzahl gedruckter Aufträge** für jeden der vier Druckserver hinzu.

D. Er führt die Leistungskonsole auf seiner Windows XP-Arbeitsstation aus. Er fügt für jeden der vier Druckserver, die er überwachen möchte, die Leistungsindikatoren **Gesamtanzahl gedruckter Aufträge** und **Gesamtanzahl gedruckter Seiten** hinzu.

5.

Sie überwachen die nachlassende Leistung eines Windows Server 2003-Dateiservers, dessen Hardware bereits ziemlich veraltet ist. Die Konsole **Leistung** hat in der vergangenen Stunde folgende Durchschnittswerte angezeigt:

Speicher, Seiten pro Sekunde: 100

Logischer Datenträger, Übertragungen pro Sekunde: 200

Prozessor, Prozessorzeit (in Prozent): 40,2

System, Prozessor-Warteschlangenlänge: 2

Welche Aktion würde die Leistung dieses Servers am deutlichsten steigern?

A. Einbau eines RAID-5-Arrays

B. Aufrüstung durch zusätzlichen Speicher

C. Einbau eines zweiten Prozessors

D. Einbau einer zweiten Netzwerkkarte

Antworten zu Lernziel 4.7

1. Richtige Antwort: D

A. **Falsch** Kontingente können nicht über Freigabeeigenschaften festgelegt werden. Sie können nur für Volumes eingerichtet werden.

B. **Falsch** Kontingente können nicht über Ordnereigenschaften festgelegt werden. Sie können nur für Volumes eingerichtet werden.

C. **Falsch** Auch wenn Kontingente über die Volumeeigenschaften hinzugefügt werden, können sie nicht auf Gruppen angewendet werden – nur auf einzelne Benutzer und das gesamte Volume.

D. **Richtig** Kontingente können auf Volumebasis für einzelne Benutzer und für alle Benutzer des Volumes festgelegt werden. Kontingente können nicht für bestimmte Benutzersicherheitsgruppen eingerichtet werden. Durch Sichern und Neupartitionieren des Datenträgers wird auf jede Freigabe das richtige Kontingent für die Benutzer angewendet, die sie verwenden.

2. Richtige Antwort: E

A. **Falsch** Kontingente werden nicht über Gruppenrichtlinien angewendet.

B. **Falsch** Kontingente werden nicht nach Sicherheitsgruppen angewendet.

C. **Falsch** Kontingenteinstellungen können in eine Datei exportiert und anschließend auf einer anderen Partition wieder importiert werden.

D. **Falsch** Kontingenteinstellungen werden nicht durch Exportieren und Importieren von Registrierungsschlüsseln angewendet.

E. **Richtig** Mithilfe dieser Methode werden Kontingente auf andere Partitionen oder andere Server übertragen. Wählen Sie im Dialogfeld **Kontingenteinträge** alle Einträge aus, die exportiert werden sollen, und wählen Sie im Menü **Kontingent** die Option **Exportieren**. Kopieren Sie die Datei an eine Stelle, an der sie von dem anderen Server aus zugänglich ist, und wählen Sie von dessen Dialogfeld **Kontingenteinträge** im Menü **Kontingent** die Option **Importieren**.

3. Richtige Antwort: D

A. **Falsch** Niemand außer Laherty besitzt Zugriff auf diese Berechtigungen, und Laherty kommt nur freitags ins Unternehmen. Rob konnte die große Datei erst seit Mittwoch nicht mehr drucken, daher liegt hier nicht das Problem.

B. **Falsch** Windows Server 2003 unterstützt keine Druckkontingente.

C. **Falsch** Dies ist unwahrscheinlich, weil Rob zu einem späteren Zeitpunkt ein kleineres Farbbild auf dem Drucker ausgeben konnte.

D. **Richtig** Druckaufträge werden zunächst gespoolt, bevor sie an den Drucker gesendet werden. In dieser Situation besitzt der Server nur ein einziges Volume, auf das Kontingente angewendet wurden. Es ist wahrscheinlich, dass Robs Auftrag nicht gespoolt werden konnte, da die Spooldatei seine Kontingentgrenze überschreitet.

E. **Falsch** Dies ist unwahrscheinlich, weil ein anderer Benuzter dieselbe Datei auf dem Drucker drucken konnte.

F. **Falsch** Dies ist unwahrscheinlich, weil ein anderer Benutzer dieselbe Datei auf dem Drucker drucken konnte.

4. Richtige Antwort: D

A. **Falsch** Diese Statistiken gibt es nicht.

B. **Falsch** Auf diese Weise werden nicht die erforderlichen Informationen über die Anzahl der gedruckten Aufträge erzeugt.

C. **Falsch** Auf diese Weise werden nicht die erforderlichen Informationen über die Anzahl der gedruckten Seiten erzeugt.

D. **Richtig** Auf diese Weise werden die gewünschten Informationen generiert. Rooslan sollte diese Konsole eine Zeit lang geöffnet lassen, um sicherzustellen, dass die Zahlen genau sind. Außerdem sollte er jeden der Server zu einem ähnlichen Zeitpunkt neu starten, damit nicht ein Server bereits seit wesentlich längerer Zeit in Betrieb ist und auf diese Weise die Ergebnisse verfälscht.

5. Richtige Antwort: B

A. **Falsch** Ein schnelleres Festplattensystem löst nicht das Problem, dass ungefähr die Hälfte der Laufwerksaktivität darin besteht, Speicherseiten auszulagern und wieder einzulesen.

B. **Richtig** Die Angabe **Speicher: Seiten/s** bezieht sich auf die Gesamtzahl an Speicherseiten, die ausgelagert oder eingelesen werden. Wenn die Zahl der Speicherseiten pro Sekunde mehr als 25 Prozent der Übertragungen pro Sekunde des logischen Datenträgers beträgt, verbringt der Server wahrscheinlich einen großen Teil seiner Zeit damit, Speicherseiten auszulagern und wieder einzulesen, statt Benutzeranfragen zu bearbeiten. Diese Zahl deutet darauf hin, dass die Hälfte der Übertragungen des logischen Datenträgers mit dem Auslagern und Einlesen von Speicherseiten zu tun hat.

C. **Falsch** Der Prozessor wird zwar belastet, ist aber noch weit von seiner Kapazitätsgrenze entfernt. Als Grenzwert, bei dem die Auslastung des Prozessors langsam bedenklich wird, könnte man 90 Prozent ansehen.

D. **Falsch** Keiner der Messwerte deutet auf ein Problem mit der Netzwerkkarte hin.

Lernziel 4.8: Verwalten und Optimieren eines Servers auf Anwendungsleistung

Die Erhaltung der Reaktionsschnelligkeit eines Anwendungsservers ist für einen Systemadministrator von größter Wichtigkeit. Ein Server mit geringer Leistung ist für Benutzer frustrierend, und diese neigen dazu, ihren Unmut an der Person auszulassen, die für die Verwaltung dieser Server verantwortlich ist. Als Administrator sollten Sie auf Engpässe achten. Schon der Austausch einer einzigen Komponente kann den Benutzern unter Umständen die Arbeit beträchtlich erleichtern.

Fragen zu Lernziel 4.8

1.

Sie befürchten, dass die CPU eines Druckservers, der für 10 freigegebene Drucker zuständig ist, Spooldateien nicht schnell genug verarbeiten kann. Anhand welcher der folgenden Möglichkeiten können Sie prüfen, ob Ihre Vermutung stimmt?

A. Sie prüfen in den Eigenschaften der freigegebenen Drucker die Angaben zur Prozessornutzung des Spoolers.

B. Sie konfigurieren die Leistungskonsole für die Verfolgung der Prozessornutzung des Druckspoolers (**Prozess\Prozessorzeit (%)\spoolsv**) auf dem Druckserver über den Zeitraum eines normalen Arbeitstages und konfigurieren die Anzeige so, dass der maximale Wert angezeigt wird.

C. Sie konfigurieren die Leistungskonsole für die Verfolgung der Prozessornutzung des Druckspoolers (**Prozess\Prozessorzeit (%)\spoolsv**) auf dem Druckserver über den Zeitraum eines normalen Arbeitstages und konfigurieren die Anzeige so, dass der durchschnittliche Wert angezeigt wird.

D. Sie konfigurieren die Leistungskonsole für die Verfolgung der Prozessornutzung des Druckspoolers (**Prozess\Prozessorzeit (%)\spoolsv**) auf der Arbeitsstation über den Zeitraum eines normalen Arbeitstages und konfigurieren die Anzeige so, dass der durchschnittliche Wert angezeigt wird.

2.

Rooslan möchte herausfinden, warum ein bestimmtes Windows Server 2003-System keine gute Leistung bietet. Er ist unsicher, ob das Problem bei den Datenträgerlaufwerken, beim Prozessor oder bei der Menge an verfügbarem Speicherplatz zu suchen ist. Welche der folgenden Maßnahmen sollte er ergreifen, um eine bessere Vorstellung von der Leistung der einzelnen Systeme im Lauf eines Arbeitstages zu erhalten? (Wählen Sie alle zutreffenden Antworten aus.)

A. Er sollte die Leistungskonsole verwenden, um die Werte von **Prozessorzeit (%)**, **Aktuelle Warteschlangenlänge** und **Verfügbare MB** zu verfolgen. Die Anzeige sollte auf die maximalen Werte eingestellt werden, und die Konsole sollte für die Dauer eines normalen Arbeitstages ausgeführt werden.

B. Er sollte die Leistungskonsole verwenden, um die Werte von **Prozessorzeit (%)**, **Aktuelle Warteschlangenlänge** und **Verfügbare MB** zu verfolgen. Die Anzeige sollte auf die aktuellen Werte eingestellt werden, und die Konsole sollte für die Dauer eines normalen Arbeitstages ausgeführt werden.

C. Er sollte die Leistungskonsole verwenden, um die Werte von **Prozessorzeit (%)**, **Aktuelle Warteschlangenlänge** und **Verfügbare MB** zu verfolgen. Die Anzeige sollte auf die minimalen Werte eingestellt werden, und die Konsole sollte für die Dauer eines normalen Arbeitstages ausgeführt werden.

D. Er sollte die Leistungskonsole verwenden, um die Werte von **Prozessorzeit (%)**, **Aktuelle Warteschlangenlänge** und **Verfügbare MB** zu verfolgen. Die Anzeige sollte auf die durchschnittlichen Werte eingestellt werden, und die Konsole sollte für die Dauer eines normalen Arbeitstages ausgeführt werden.

3.

Jyothi Pai macht sich Gedanken darüber, ob die Netzwerkkarte eines Anwendungsservers, für den er zuständig ist, von 100 Megabit auf 1 Gigabit umgestellt werden sollte. Er überwacht die durchschnittliche Ausgabewarteschlange der Netzwerkkarte über den Zeitraum eines normalen Arbeitstages. Welche Werte bieten Grund zur Sorge und weisen darauf hin, dass Jyothi die Netzwerkkarte durch eine schnellere Netzwerkkarte ersetzen sollte? (Wählen Sie alle zutreffenden Antworten aus.)

A. 0

B. 1

C. 2

D. 3

E. 4

4.

Zu Ihren wichtigsten Aufgabenbereichen als Systemadministrator gehört die Betreuung eines Anwendungsservers, auf dem Geschäftspartner den Status ihrer Bestellungen überprüfen können. Zwei der größten Geschäftspartner Ihrer Organisation haben sich darüber beschwert, dass der Anwendungsserver zwischen 8 Uhr morgens und Mittag nur sehr zögerlich reagiert. Sie vermuten, dass das Leistungsproblem entweder mit einem Speicherleck oder mit einem Prozess zu tun hat, der in dieser Zeit zu viel Prozessorzeit beansprucht. Eine steigende Anzahl von Seitenfehlern ist oft ein Hinweis auf ein Speicherleck.

Wie können Sie überprüfen, ob es zwischen 8 Uhr morgens und Mittag eine höhere Zahl von Seitenfehlern gibt als zu anderen Zeiten, und wie können Sie die Prozessorauslastung in diesen vier Stunden überprüfen? (Wählen Sie zwei Antworten aus.)

A. Sie erstellen ein Ablaufprotokoll über alle auftretenden Seitenfehler.

B. Sie erstellen ein Leistungsindikatorprotokoll über alle auftretenden Seitenfehler.

C. Sie erstellen ein Ablaufprotokoll, in dem Sie die Prozessorzeit zwischen 8 Uhr morgens und 12 Uhr 01 erfassen.

D. Sie erstellen ein Leistungsindikatorprotokoll, in dem Sie die Prozessorzeit zwischen 8 Uhr morgens und 12 Uhr 01 erfassen.

5.

Benutzer beschweren sich bei Ihnen darüber, dass eine spezielle Anwendung, die auf einem Server aus Ihrem Zuständigkeitsbereich installiert wurde, nur sehr langsam läuft. Sie stellen über Remotedesktop eine Verbindung mit dem Server her und stellen im **Task-Manager** fest, dass die fragliche Anwendung über 50 Prozent der Prozessorzeit beansprucht. Sie starten die Leistungskonsole. Sie möchten herausfinden, wie viele Threads darauf warten, vom Prozessor ausgeführt zu werden. Welche der folgenden Leistungsindikatoren sollten Sie verwenden?

A. Server: Serversitzungen

B. Serverwarteschlangen: Aktuelle Clients

C. Objekte: Prozesse

D. Serverwarteschlangen: Warteschlangenlänge

Antworten zu Lernziel 4.8

1. Richtige Antwort: C

A. **Falsch** In den Eigenschaften der freigegebenen Drucker stehen solche Zahlen nicht zur Verfügung.

B. **Falsch** Die Prozessorzeit kann kurzfristig Spitzenwerte von 100 Prozent erreichen. Dies bietet jedoch keinen Anhaltspunkt für die durchschnittliche Prozessornutzung durch den Spooler.

C. **Richtig** Auf diese Weise erhalten Sie einen guten Anhaltspunkt für die Prozessorzeit, die der Druckspooler auf dem Druckserver im Lauf eines normalen Arbeitstags beansprucht.

D. **Falsch** Auf diese Weise wird die Arbeitsstation, nicht der Druckserver untersucht.

2. Richtige Antwort: D

A. **Falsch** Bei Maximalwerten handelt es sich möglicherweise um ungewöhnliche Spitzen, weshalb sie keine Auskunft über die durchschnittliche Leistung geben.

B. **Falsch** Aktuelle Werte geben keine Auskunft über die durchschnittliche Leistung während eines ganzen Arbeitstages.

C. **Falsch** Minimale Werte geben keine Auskunft über die durchschnittliche Leistung während eines Arbeitstages.

D. **Richtig** Auf diese Weise erhält Rooslan einen guten Anhaltspunkt für die durchschnittliche Leistung jedes Teilsystems und kann anhand dieser Zahlen seine weiteren Schritte planen.

3. Richtige Antwort: C, D und E

A. **Falsch** Ein durchschnittlicher Wert von 0 ist nicht beunruhigend.

B. **Falsch** Ein durchschnittlicher Wert von 1 ist nicht beunruhigend und weist lediglich darauf hin, dass die Netzwerkkarte mit einem gelegentlichen Rückstand im Datenverkehr arbeitet.

C. **Richtig** Der Erklärung zu den einzelnen Leistungsindikatoren der Leistungskonsole zufolge bieten Werte von 2 und darüber Anlass zur Sorge und weisen möglicherweise darauf hin, dass eine Aufrüstung notwendig ist.

D. **Richtig** Der Erklärung zu den einzelnen Leistungsindikatoren der Leistungskonsole zufolge bieten Werte von 2 und darüber Anlass zur Sorge und weisen möglicherweise darauf hin, dass eine Aufrüstung notwendig ist.

E. **Richtig** Der Erklärung zu den einzelnen Leistungsindikatoren der Leistungskonsole zufolge bieten Werte von 2 und darüber Anlass zur Sorge und weisen möglicherweise darauf hin, dass eine Aufrüstung notwendig ist.

4. Richtige Antwort: B und D

A. **Falsch** Ablaufprotokolle sind ereignisgesteuert. Das bedeutet, dass sie das Eintreten eines bestimmten Ereignisses aufzeichnen, beispielsweise den Start eines Prozesses, Seitenfehler und Kontextumschaltungen. Ablaufprotokolle sind nur von begrenztem Nutzen, wenn Sie die Prozessorauslastung in einem bestimmten Zeitraum erfassen oder überprüfen wollen, ob in diesem Zeitraum mehr Seitenfehler auftreten als zu anderen Zeiten.

B. **Richtig** Leistungsindikatorprotokolle eignen sich zur Aufzeichnung von Änderungen in Leistungsindikatorobjekten. Werden die richtigen Indikatoren gewählt, kann ein Leistungsindikatorprotokoll zum Beispiel zeigen, ob es in einem bestimmten Zeitraum zu einer höheren Anzahl von Seitenfehlern pro Sekunde kommt als während des restlichen Tages. Sie können auch die Prozessorauslastung in einem bestimmten Zeitraum erfassen.

C. **Falsch** Ablaufprotokolle sind ereignisgesteuert. Das bedeutet, dass sie das Eintreten eines bestimmten Ereignisses aufzeichnen, beispielsweise den Start eines Prozesses, Seitenfehler und Kontextumschaltungen. Ablaufprotokolle sind nur von begrenztem Nutzen, wenn Sie die Prozessorauslastung in einem bestimmten Zeitraum erfassen oder überprüfen wollen, ob in diesem Zeitraum mehr Seitenfehler auftreten als zu anderen Zeiten.

D. **Richtig** Leistungsindikatorprotokolle eignen sich zur Aufzeichnung von Änderungen in Leistungsindikatorobjekten. Werden die richtigen Indikatoren gewählt, kann ein Leistungsindikatorprotokoll zum Beispiel zeigen, ob es in einem bestimmten Zeitraum zu einer höheren Anzahl von Seitenfehlern pro Sekunde kommt als während des restlichen Tages. Sie können auch die Prozessorauslastung in einem bestimmten Zeitraum erfassen.

5. Richtige Antwort: D

A. **Falsch** Der Leistungsindikator **Server: Serversitzungen** gibt die Zahl der aktiven Sitzungen auf dem Server an. Er sagt nichts über die Anzahl der Threads aus, die auf ihre Ausführung durch den Prozessor warten.

B. **Falsch** Der Leistungsindikator **Serverwarteschlangen: Aktuelle Clients** gibt die Anzahl der Clients an, die von der CPU bedient werden. Er sagt nichts über die Anzahl der Threads aus, die auf ihre Ausführung durch den Prozessor warten.

C. **Falsch** **Objekte: Prozesse** gibt die Anzahl der Prozesse an, die zum Zeitpunkt der Datenerfassung auf dem Computer vorhanden waren. Er sagt nichts über die Anzahl der Threads aus, die auf ihre Ausführung durch den Prozessor warten.

D. **Richtig** Die **Warteschlangenlänge** der **Serverwarteschlangen** hilft Ihnen dabei, die Anzahl der Threads zu ermitteln, die auf ihre Ausführung durch den Prozessor warten. Sie könnten auch **System: Prozessor-Warteschlangenlänge** verwenden, aber dieser Indikator wurde in dieser Frage nicht angeboten.

Lernziel 4.9: Verwalten eines Webservers

Die Internetinformationsdienste (IIS), Version 6, gehören zum Lieferumfang von Windows Server 2003, werden jedoch standardmäßig nicht installiert. Eine Version von Windows Server 2003, die exakt auf das Bereitstellen von Webseiten ausgerichtet ist, steht ebenfalls zur Verfügung: die Web Edition. Die Basisfunktionalität von IIS besteht in der Bereitstellung von Webseiten, sowohl für Clients, die sich remote über das Internet verbinden, wie auch für Hosts, die über das LAN eine Verbindung herstellen. IIS kann jedoch noch in einem viel größeren Umfang eingesetzt werden. IIS kann als Plattform zur Unterstützung von .NET Web-Diensten, Windows Media-Diensten, Zertifikatdiensten und zur HTML-Remoteverwaltung des Windows Server 2003-Systems verwendet werden. IIS unterstützt außerdem einen FTP-Dienst, der für die Dateiübertragung zwischen Remotehosts und dem Server eingesetzt werden kann. Zusätzlich unterstützt IIS einen NNTP-Dienst (Network News Transfer Protocol), über den Newsgroups vom Server aus gehostet werden können, die von Clients wie Outlook Express sowie von anderen Newsgroupclients gelesen werden können.

Der Zugriff auf IIS kann auf verschiedene Weise konfiguriert werden. Er kann, basierend auf IP-Adresse, DNS-Name oder Netzwerkadresse, verweigert oder gewährt werden. Der Zugriff kann außerdem auf diejenigen Hosts, die das korrekte Zertifikat besitzen, oder durch die Windows-Authentifizierung nur auf die Benutzer beschränkt werden, die Konten auf dem System oder innerhalb der Domäne besitzen. Diese Arten der Zugriffseinschränkung schließen sich nicht gegenseitig aus: Clients können auch dann noch zur Angabe ihrer Anmeldeinformationen aufgefordert werden, wenn sie sich von Hosts aus verbinden, die sich in einem zulässigen Netzwerkbereich befinden.

Die Anzahl der Verbindungen mit einer Website kann ebenfalls beschränkt werden. Dies ist aus verschiedenen Gründen sinnvoll: Zum einen wird verhindert, dass zu viele Benutzer den Server überlasten und die Leistung beeinträchtigt wird, zum anderen wirkt sich der Webserver bei ausgeprägtem Datenverkehr nicht so stark auf die Internetverbindung aus.

Fragen zu Lernziel 4.9

1.

Rooslan ist Administrator eines Windows Server 2003-Systems, auf dem die Internetinformationsdienste ausgeführt werden. Der Server hostet eine einzige Website, die vertrauliche Firmeninformationen enthält. Diese Informationen dürfen nur für bestimmte Hosts in bestimmten Subnetzen innerhalb des unternehmensweiten WANs zugänglich sein. Rooslan möchte, dass Hosts nur von den folgenden IP-Adressbereichen aus auf den Server zugreifen können:

10.10.10.1 bis 10.10.10.126

10.10.10.129 bis 10.10.10.190

10.10.20.225 bis 10.10.20.238

10.10.30.193 bis 10.10.30.254

Rooslan bearbeitet die standardmäßigen Websiteeigenschaften, ruft die Registerkarte **Verzeichnissicherheit** auf und klickt im Bereich **Einschränkungen für IP-Adressen und Domänennamen** auf **Bearbeiten**. Er wählt **Zugriff verweigert** aus und klickt anschließend auf **Hinzufügen**, um die Ausnahmen aufzulisten. Welche der folgenden Netzwerkkennungen und Subnetzmasken sollte er eingeben, um den Zugriff auf die oben genannten IP-Adressbereiche zu beschränken? (Wählen Sie alle zutreffenden Antworten aus.)

A. Netzwerkkennung: 10.10.10.0, Subnetzmaske: 255.255.255.128

B. Netzwerkkennung: 10.10.10.0, Subnetzmaske: 255.255.255.0

C. Netzwerkkennung: 10.10.10.128, Subnetzmaske: 255.255.255.64

D. Netzwerkkennung: 10.10.10.128, Subnetzmaske: 255.255.255.192

E. Netzwerkkennung: 10.10.20.224, Subnetzmaske: 255.255.255.224

F. Netzwerkkennung: 10.10.20.224, Subnetzmaske: 255.255.255.240

G. Netzwerkkennung: 10.10.30.192, Subnetzmaske: 255.255.255.192

2.

Oksana fürchtet, dass eine neue Website, die sie starten möchte, die Internetverbindung ihres Unternehmens schnell überlasten könnte. Die Website wird auf einem Windows Server 2003-System mit IIS 6.0 gehostet. Sie enthält Streamingmedien und Dateien für den Download. Oksana wendet sich an den Netzwerkadministrator, der sie darauf hinweist, dass die Website pro Sekunde maximal 2 MB der Bandbreite des Unternehmens beanspruchen darf, damit keine erheblichen Probleme verursacht werden. Oksana möchte außerdem die maximale Anzahl der gleichzeitig mit der Website verbundenen Benutzer auf 200 beschränken. Wie sollte Oksana vorgehen, um diese Beschränkungen des Datenverkehrs für ihre Website durchzusetzen? (Wählen Sie alle zutreffenden Antworten aus.)

A. Oksana sollte die Netzwerkeigenschaften des Windows Server 2003-Systems, das die Website hostet, bearbeiten und die maximale Ausgangsgeschwindigkeit auf 2.048 KB pro Sekunde ändern.

B. Oksana sollte die Eigenschaften der Website bearbeiten. Sie sollte auf der Registerkarte **Leistung** im Bereich **Bandbreiteneinschränkung** das Kontrollkästchen **Verfügbare Netzwerkbandbreite für diese Website einschränken** aktivieren und die Option **Maximale Bandbreite (in KB pro Sekunde)** auf 2 setzen.

C. Oksana sollte die Eigenschaften der Website bearbeiten. Sie sollte auf der Registerkarte **Leistung** das Kontrollkästchen **Verfügbare Netzwerkbandbreite für diese Website einschränken** aktivieren und die Option **Maximale Bandbreite (in KB pro Sekunde)** auf 2.000.000 setzen.

D. Oksana sollte die Eigenschaften der Website bearbeiten. Sie sollte auf der Registerkarte **Leistung** im Bereich **Bandbreiteneinschränkung** das Kontrollkästchen **Verfügbare Netzwerkbandbreite für diese Website einschränken** aktivieren und die Option **Maximale Bandbreite (in KB pro Sekunde)** auf 2.048 setzen.

E. Oksana sollte die Eigenschaften der Website bearbeiten. Auf der Registerkarte **Leistung** sollte sie die Option **Websiteverbindungen** auswählen und den Wert der Option **Verbindungen begrenzt auf** auf 100 setzen.

F. Oksana sollte die Eigenschaften der Website bearbeiten. Auf der Registerkarte **Leistung** sollte sie die Option **Websiteverbindungen** auswählen und den Wert der Option **Verbindungen begrenzt auf** auf 200 setzen.

3.

Sie haben auf einem eigenständigen Windows Server 2003-System mit IIS im Eigenschaftendialogfeld der Standardwebsite auf der Registerkarte **Verzeichnissicherheit** unter **Authentifizierung und Zugriffssteuerung** auf **Bearbeiten** geklickt und das Kontrollkästchen **Anonymen Zugriff aktivieren** deaktiviert. Welche der folgenden Authentifizierungsmethoden stehen Ihnen zur Verfügung? (Wählen Sie alle zutreffenden Antworten aus.)

A. Integrierte Windows-Authentifizierung

B. Digest-Authentifizierung

C. Standardauthentifizierung

D. .NET Passport-Authentifizierung

4.

Sie sind Websiteadministrator eines Windows Server 2003-Systems, das von Ihrem ISP gehostet wird. Sie möchten mehrere verschiedene Websites von diesem Server aus betreiben, Ihr Internetdienstanbieter (Internet Service Provider, ISP) kann jedoch Ihrem gehosteten Server nicht mehr als eine einzige öffentliche IP-Adresse zuweisen. Die Ihnen zugewiesene öffentliche IP-Adresse lautet 207.46.248.234. Die Sites, die Sie betreiben möchten, heißen folgendermaßen:

www.adatum.com

www.alpineskihouse.com

www.proseware.com

www.tailspintoys.com

Jede Site besitzt eigene Inhalte und steht in keinem Zusammenhang mit den anderen Sites. Welchen der folgenden Schritte sollten Sie zur Lösung dieses Problems unternehmen? (Wählen Sie zwei aus. Jede Antwort ist Teil der vollständigen Lösung.)

A. Sie konfigurieren den DNS-Server, der die Datensätze für **www.adatum.com**, **www.alpineskihouse.com**, **www.proseware.com** und **www.tailspintoys.com** enthält, sodass die Datensätze dieser Hosts auf die IP-Adresse 207.46.248.234 verweisen.

B. Sie konfigurieren den DNS-Server, der die Datensätze für **www.adatum.com**, **www.alpineskihouse.com**, **www.proseware.com** und **www.tailspintoys.com** enthält, sodass die Datensätze dieser Hosts auf die IP-Adresse 207.46.234.248 verweisen.

C. Sie erstellen vier separate Websites, **www.adatum.com**, **www.alpineskihouse.com**, **www.proseware.com** und **www.tailspintoys.com**. Sie setzen im Assistenten zum Erstellen einer Website die IP-Adressen der einzelnen Websites auf **207.46.248.234**. Als Hostheader der Websites geben Sie den jeweiligen Namen der Website ein. Im Pfad für das Basisverzeichnis der Websites geben Sie jeweils **c:\inetpub\wwwroot** ein. Sie deaktivieren die Standardwebsite.

D. Sie erstellen vier separate Websites, **www.adatum.com**, **www.alpineskihouse.com**, **www.proseware.com** und **www.tailspintoys.com**. Sie setzen im Assistenten zum Erstellen einer Website die IP-Adressen der einzelnen Websites auf **207.46.234.248**. Als Hostheader der Websites geben Sie den jeweiligen Namen der Website ein. Im Pfad für das Basisverzeichnis der Website geben Sie das jeweilige Verzeichnis ein, das den Inhalt der entsprechenden Website hostet. Sie deaktivieren die Standardwebsite.

E. Sie erstellen vier separate Websites, **www.adatum.com**, **www.alpineskihouse.com**, **www.proseware.com** und **www.tailspintoys.com**. Sie setzen im Assistenten zum Erstellen einer Website die IP-Adressen der einzelnen Websites auf **207.46.248.234**. Als Hostheader der Websites geben Sie den jeweiligen Namen der Website ein. Im Pfad für das Basisverzeichnis der Website geben Sie das jeweilige Verzeichnis ein, das den Inhalt der entsprechenden Website hostet. Sie deaktivieren die Standardwebsite.

5.

Contoso.com bietet IT-Support für kleine und mittlere Firmen. Das technische Personal ist oft zu Niederlassungen der verschiedenen Firmen unterwegs. Die Buchführung über Aufträge und Arbeitszeiten erfolgt mit einer Webanwendung, die auf einem Windows Server 2003-Computer im überwachten Subnetz von Contoso installiert wurde. Bei den internen und externen Firewalls handelt es sich um Windows Server 2003-Computer mit ISA Server 2003. Der Zugriff auf die Anwendung erfolgt durch das unterstützte Personal via Internet sowie vom internen Netzwerk von Contoso. Der Server, auf dem die Anwendung ausgeführt wird, ist Mitglied der Domäne **screened.contoso.com**. Im selben Webverzeichnis liegt auch eine Verwaltungsanwendung, die aber nur von Contoso-Managern benutzt wird. Die NTFS-Berechtigungen sind für jede Anwendung so eingestellt, dass nur Mitglieder der entsprechenden Gruppen Zugang haben.

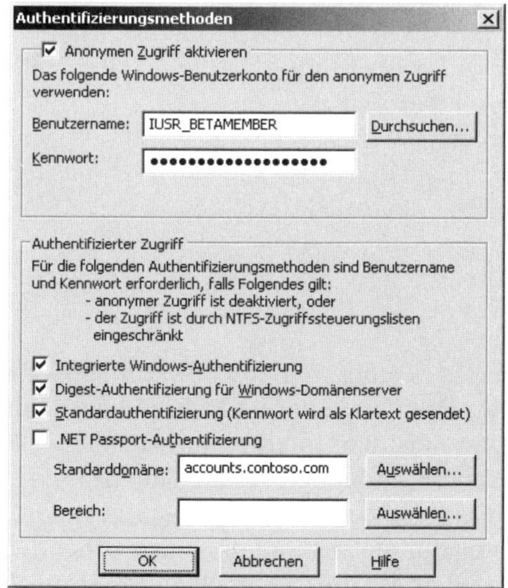

Alle Benutzerkonten sind in der Domäne **accounts.contoso.com** gespeichert. In der Gesamtstruktur von Contoso werden Windows 2000- und Windows Server 2003-Domänencontroller eingesetzt.

Nach einer kürzlich erfolgten Sicherheitsüberwachung wurden folgende Richtlinien für die Webanwendung eingeführt, mit der die Zeiterfassung erfolgt:

- Kennwörter dürfen nicht in Klartext an die Webanwendungen übermittelt werden.
- Nur authentifizierte Benutzer dürfen Zugriff auf die Webanwendungen erhalten.
- Kennwörter dürfen nicht mit umkehrbarer Verschlüsselung in Active Directory gespeichert werden.

Die Abbildung zeigt das Dialogfeld mit den Authentifizierungsmethoden für das Verzeichnis, in dem die beiden Anwendungen gespeichert sind.

Welche der folgenden Änderungen müssen Sie durchführen, damit die Authentifizierung bei den Webanwendungen gemäß den neuen Richtlinien erfolgt? (Wählen Sie alle zutreffenden Antworten aus.)

A. Sie löschen das Kontrollkästchen **Anonymen Zugriff aktivieren**.

B. Sie löschen das Kontrollkästchen **Digest-Authentifizierung für Windows-Domänenserver**.

C. Sie löschen das Kontrollkästchen **Standardauthentifizierung**.

D. Sie löschen das Kontrollkästchen **Integrierte Windows-Authentifizierung**.

E. Sie geben im Textfeld **Bereich** den Domänennamen **accounts.contoso.com** ein.

6.

Im überwachten Subnetz Ihrer Organisation gibt es einen Windows Server 2003-Computer. Der Computer ist als Webserver konfiguriert. Der Computer ist Mitglied der Domäne ihrer Organisation. Sie möchten Benutzern aus dem Internet und aus dem Intranet Ihrer Organisation eine Authentifizierung ermöglichen, damit sie Dokumente in ein bestimmtes Verzeichnis des Servers hochladen können. Kennwörter dürfen nicht unverschlüsselt über das Internet, das Intranet oder das überwachte Subnet übermittelt werden. Mit welcher der folgenden Technologien könnten Sie dieses Ziel erreichen?

A. FTP

B. SMTP

C. Telnet

D. WebDAV

7.

Im überwachten Subnetz Ihrer Organisation gibt es einen Windows Server 2003-Computer. Der Computer ist als Webserver konfiguriert. Der Computer ist Mitglied der Domäne Ihrer Organisation. Die Website wird von Benutzern aus dem Internet und aus dem Intranet besucht. Auf dem Computer wurden drei Webanwendungen für die Buchführung über Aufträge und Arbeitszeiten, Rechnungsstellung und Lagerhaltung installiert. Die Entwickler Ihrer Firma haben zwei der Anwendungen aktualisiert und die entsprechenden Test auf ihren internen Webservern abgeschlossen. Außerdem müssen noch einige statische Seiten aktualisiert werden. Die Updates liegen alle in einem freigegebenen Ordner auf einem Intranet-Dateiserver, der die Verzeichnisstruktur der Website spiegelt. Ein Skript auf dem Webserver stellt die entsprechenden NTFS-Berechtigungen für Websitedateien ein. Sie sind über Remotedesktop auf dem Webserver angemeldet und haben den freigegebenen Ordner des Intranet-Dateiservers einem Netzlaufwerk zugeordnet. Welcher der folgenden Schritte ist für eine Aktualisierung der Website erforderlich? (Wählen Sie alle zutreffenden Antworten aus.)

A. Sie kopieren die aktualisierten Websitedateien vom freigegebenen Ordner an die entsprechende Stelle auf dem Webserver.

B. Sie starten das Skript auf dem Webserver, mit dem die NTFS-Berechtigungen für Websitedateien eingestellt werden.

C. Sie stoppen die Website und starten sie neu.

D. Sie stoppen den WWW-Publishingdienst und starten ihn neu.

8.

Sie sind Administrator bei Fabrikam, einem Unternehmen, das technischen Support für kleine und mittlere Firmen anbietet. Alle Techniker sind mit einem Laptop ausgerüstet, den sie mit zum Kunden nehmen können. Die Entwickler von Fabrikam haben eine spezielle Anwendung zur Buchführung über Aufträge und Arbeitszeiten entwickelt. Diese Anwendung speichert die Auftragsliste jedes Technikers in einer Datei, die eine clientseitige Anwendung auf den Laptops vom Webserver herunterladen kann. Die Dateien mit den Auftragslisten haben die Namenserweiterung .tlf. Wenn ein Techniker mit einem bestimmten Kunden fertig ist, lädt die clientseitige Anwendung die Datei per WebDAV wieder zum Webserver hoch. Gelegentlich suchen die Techniker mit dem Internet Explorer nach den Auftragslistendateien, statt mit der clientseitigen Anwendung. Sie möchten die Geräte nun so konfigurieren, dass die clientseitige Anwendung aufgerufen wird, wenn ein Techniker im Internet Explorer eine Aufgabenlistendatei anklickt. Mit welchem der folgenden Schritte erreichen Sie das?

A. Sie bearbeiten die Standarddokumente auf den Laptops der Techniker. Sie verknüpfen die Erweiterung .tlf mit der clientseitigen Anwendung.

B. Sie bearbeiten die Standarddokumente auf dem Webserver. Sie verknüpfen die Erweiterung .tlf mit der clientseitigen Anwendung.

C. Sie bearbeiten die ISAPI-Filter des Webservers (ISAPI steht für Internet Server Application Program Interface).

D. Sie bearbeiten die MIME-Typen (Multipurpose Internet Mail Extensions) des Webservers.

9.

Sie sind Systemmanager bei einem ISP. Sie haben einen Kunden, den man, zurückhaltend formuliert, als inkompetenten Entwickler beschreiben könnte. Die Webanwendung, die dieser Kunde programmiert hat, stürzt häufig ab. Und wenn die Anwendung abstürzt, bringt sie es irgendwie fertig, die anderen Webanwendungen, die auf demselben Windows Server 2003 für andere Kunden installiert sind, mit in die Tiefe zu reißen. Leider ist dieser inkompetente Entwickler ein guter Freund Ihres Chefs und Sie werden ihn daher nicht so leicht los. Wie können Sie dafür sorgen, dass diese Anwendung beim Absturz nicht die anderen Anwendungen mitreißt, die auf dem Server ausgeführt werden?

A. Sie erstellen einen neuen Anwendungspool und verschieben alle Kundenwebsites in diesen Pool. Sie stellen die Wiederverwendung der Arbeitsprozesse auf 5 Minuten ein.

B. Sie erstellen einen neuen Anwendungspool und verschieben die problematische Website in diesen Pool. Sie aktivieren das Kontrollkästchen **Schutz für schnelle Fehler aktivieren** für den neuen Anwendungspool.

C. Sie erstellen einen neuen Hostheader für die problematische Website.

D. Sie stellen die Warteschlange für Kernelanforderungen in den Eigenschaften des Anwendungspools auf 4000 Anfragen ein.

10.

Der Windows Server 2003-Computer, für den Sie zuständig sind, hostet 157 Websites, jede mit ihrer eigenen komplexen Konfiguration. Mit welcher der folgenden Methoden können Sie die Konfigurationen aller Websites sichern? (Wählen Sie alle zutreffenden Antworten aus.)

A. Sie sichern den Systemstatus.

B. Sie geben in einer Eingabeaufforderung den Befehl **iisback /backup**.

C. Sie kopieren das Verzeichnis **c:\inetpub\directory** an einen anderen Ort.

D. Sie verwenden in der Konsole **Computerverwaltung** im Kontextmenü des Knotens **Internetinformationsdienste** den Befehl **Konfiguration sichern/wiederherstellen**.

Antworten zu Lernziel 4.9

1. Richtige Antwort: A, D, F und G

A. **Richtig** Auf diese Weise wird der ersten Reihe von Hosts, 10.10.10.1 bis 10.10.10.126, der Zugriff auf die Website gewährt. 10.10.10.127 ist die Broadcastadresse für das Subnetz, daher kein Host im unternehmensweiten WAN.

B. **Falsch** Auf diese Weise wird Hosts besonders im Bereich 10.10.10.224 bis 10.10.10.254 Zugriff erteilt, die keinen Zugriff auf die Website erhalten sollen.

C. **Falsch** Diese Subnetzmaske ist ungültig. Der letzte Teil der Subnetzmaske kann die Werte 0, 128, 192, 224, 240, 248, 252, 254 und 255 enthalten.

D. **Richtig** Auf diese Weise wird der zweiten Menge von Hosts, 10.10.10.129 bis 10.10.10.190, der Zugriff auf die Website gewährt. In diesem Subnetzschema ist 10.10.10.128 die Netzwerkadresse und daher keine Hostadresse. 10.10.10.190 ist die Broadcastadresse und daher kein adressierbarer Host.

E. **Falsch** Dies würde den Hosts von 10.10.20.225 bis 10.10.20.255 Zugriff auf die Website ermöglichen.

F. **Richtig** Auf diese Weise wird der dritten Menge von Hosts, 10.10.20.225 bis 10.10.20.238, der Zugriff auf die Website gewährt. 10.10.20.224 ist die Netzwerkadresse und 10.10.20.238 die Broadcastadresse in diesem Subnetzschema.

G. **Richtig** Auf diese Weise wird der vierten Reihe von Hosts, 10.10.30.193 bis 10.10.30.254, der Zugriff auf die Website gewährt. 10.10.30.192 ist die Netzwerkadresse und 10.10.30.254 die Broadcastadresse in diesem Subnetzschema.

2. **Richtige Antwort: D und F**

A. **Falsch** Die Bandbreitennutzung der Netzwerkkarten kann nicht über die Netzwerkeigenschaften gesteuert werden.

B. **Falsch** Auf diese Weise wird der Datenverkehr auf 2 KB und nicht auf 2 MB beschränkt.

C. **Falsch** Auf diese Weise wird die erlaubte Bandbreite auf etwa 1,953 MB pro Sekunde festgelegt.

D. **Richtig** 2.048 KB entspricht 2 MB. Auf diese Weise werden die Datenübertragungen von diesem Server auf 2 MB pro Sekunde beschränkt.

E. **Falsch** Auf diese Weise wird die Anzahl der Verbindungen auf 100, nicht auf 200 beschränkt.

F. **Richtig** Auf diese Weise wird die Anzahl gleichzeitiger Verbindungen auf 200 beschränkt.

3. **Richtige Antwort: A, C und D**

A. **Richtig** Diese Methode ist verfügbar und verwendet Konten, die auf dem eigenständigen Windows Server 2003-System erstellt wurden.

B. **Falsch** Diese Option ist nur verfügbar, wenn das Windows Server 2003-System Mitglied einer Active Directory-Umgebung ist. Da es sich um ein eigenständiges System und somit nicht um ein Domänenmitglied handelt, kann diese Option nicht verwendet werden.

C. **Richtig** Diese Option ist verfügbar und funktioniert mit den meisten Browsern. Der Nachteil dieser Methode liegt darin, dass Authentifizierungsinformationen in Klartext und nicht in verschlüsseltem Format übermittelt werden.

D. **Richtig** Diese Authentifizierungsmethode steht zur Verfügung, muss vom Administrator jedoch weiter konfiguriert werden.

4. **Richtige Antwort: A und E**

A. **Richtig** Dies ist der erste Teil der richtigen Antwort.

B. **Falsch** Dies ist die falsche IP-Adresse. Die letzten beiden Zahlengruppen wurden vertauscht.

C. **Falsch** Auf diese Weise verweisen sämtliche Websites auf denselben Inhalt, nicht auf unterschiedliche Inhalte.

D. **Falsch** Auf diese Weise überwacht die Website die falsche IP-Adresse. Die letzten beiden Zahlengruppen wurden vertauscht.

E. **Richtig** Auf diese Weise wird sowohl die richtige IP-Adresse festgelegt als auch auf das entsprechende Verzeichnis verwiesen, in dem die jeweiligen Websitedaten gehostet werden.

5. Richtige Antwort: A, B und C

A. **Richtig** Das Deaktivieren des Kontrollkästchens **Anonymen Zugriff aktivieren** bewirkt, dass nur authentifizierte Benutzer Zugriff auf die Webanwendung haben.

B. **Richtig** Wenn zur Authentifizierung in Domänen, die Windows 2000-Domänencontroller haben, die Digest-Authentifizierung verwendet wird, dann werden die Kennwörter in Active Directory mit reversibler Verschlüsselung gespeichert, was wesentlich unsicherer ist als die normale Speicherungsmethode. Sind alle Domänencontroller mit Windows Server 2003 ausgestattet, ist eine erweiterte Digest-Authentifizierung möglich, bei der keine reversible Verschlüsselung verwendet wird.

C. **Richtig** Das Löschen des Kontrollkästchens **Standardauthentifizierung** bewirkt, dass Kennwörter nicht als Klartext übermittelt werden.

D. **Falsch** Die integrierte Windows-Authentifizierung ermöglicht Benutzern eine sichere Authentifizierung mit ihren Domänenkonten. Einige Firewalls unterstützen zwar auf den Servern, die sie schützen, keine Clients, die eine integrierte Windows-Authentifizierung verwenden, aber ISA Server 2004 lässt diese Authentifizierung bei den Servern zu, die er veröffentlicht.

E. **Falsch** Das Textfeld **Bereich** brauchen Sie nur, wenn Sie die Digest-Authentifizierung verwenden. Wenn Sie in Domänen, die mit Windows 2000-Domänencontrollern betrieben werden, eine Digest-Authentifizierung einsetzen, werden Kennwörter in Active Directory mit umkehrbarer Verschlüsselung gespeichert, was wesentlich unsicherer ist als die normale Speicherungsmethode. Sind alle Domänencontroller mit Windows Server 2003 ausgestattet, ist eine erweiterte Digest-Authentifizierung möglich, bei der keine reversible Verschlüsselung verwendet wird.

6. Richtige Antwort: D

A. **Falsch** Mit FTP kann man zwar Dateien hochladen, aber die Authentifizierung erfolgt unverschlüsselt und ist für Ihre Zwecke daher nicht zu gebrauchen.

B. **Falsch** SMTP ist das Protokoll, mit dem E-Mails übertragen werden. Es eignet sich nicht dazu, Dateien auf einen Server hochzuladen.

C. **Falsch** Telnet verwendet eine unverschlüsselte Authentifizierung. Außerdem ist es schwierig, ohne zusätzliche Technologie Dateien über Telnet auf einen Remoteserver zu übertragen.

D. **Richtig** WebDAV, auch als Webordner bekannt, erlaubt beim Hoch- oder Herunterladen von Dateien von einem Webserver eine verschlüsselte Authentifizierung. Solange eine verschlüsselte Form der Authentifizierung erforderlich ist (Digest, Windows integriert), werden keine Anmeldeinformationen über das Netzwerk übertragen.

7. Richtige Antwort: A, B

A. **Richtig** Durch das Kopieren der aktualisierten Dateien aus dem freigegebenen Ordner an die entsprechende Stelle auf dem Webserver werden diese Dateien aktualisiert.

B. **Richtig** Durch die Ausführung des Skripts für die Einstellung der NTFS-Berechtigungen auf dem Webserver wird dafür gesorgt, dass alle Berechtigungen, die bei der Aktualisierung verändert wurden, wieder die vorgesehenen Einstellungen erhalten.

C. **Falsch** Es ist nicht erforderlich, eine Website zu beenden und neu zu starten, nur weil Dateien oder Anwendungen aktualisiert werden.

D. **Falsch** Es ist nicht erforderlich, den WWW-Publishingdienst zu beenden und neu zu starten, nur weil Dateien oder Anwendungen auf einer Website aktualisiert werden.

8. Richtige Antwort: D

A. **Falsch** Sie müssen die MIME-Typen auf dem Server bearbeiten. Durch die Bearbeitung der MIME-Typen auf dem Server erfährt der Browser, welche Anwendung er öffnen soll.

B. **Falsch** Sie müssen die MIME-Typen auf dem Server bearbeiten. Durch die Bearbeitung der MIME-Typen auf dem Server erfährt der Browser, welche Anwendung er öffnen soll.

C. **Falsch** Sie müssen die MIME-Typen auf dem Server bearbeiten. Durch die Bearbeitung der MIME-Typen auf dem Server erfährt der Browser, welche Anwendung er öffnen soll. ISAPI-Filter werden zwar auch anhand der Namenserweiterung aufgerufen, aber sie sind für die Serverseite vorgesehen, und nicht für clientseitige Prozesse.

D. **Richtig** Durch MIME-Typen erfährt der Browser, welche Anwendung er beim Zugriff auf eine bestimmte Dateinamenserweiterung aufrufen soll.

9. Richtige Antwort: B

A. **Falsch** Wenn Sie alle Kundenwebsites verschieben, befinden sich alle wieder im selben Pool, in dem sich auch die problematische Webanwendung befindet. Und das Problem bleibt ungelöst.

B. **Richtig** Eine Verschiebung der problematischen Website in ihren eigenen Anwendungspool schützt die anderen Websites vor den beschriebenen Abstürzen. Die Anwendungspools sind voneinander unabhängig, und der Zustand des einen Pools wirkt sich nicht direkt auf den Zustand von anderen Pools aus.

C. **Falsch** Die Erstellung eines neuen Hostheaders löst das Problem nicht. Die beste Lösung ist eine Verschiebung der problematischen Website in ihren eigenen Anwendungspool.

D. **Falsch** Eine Beschränkung der Warteschlange für Kernelanforderungen löst das Problem nicht. Die beste Lösung ist eine Verschiebung der problematischen Website in ihren eigenen Anwendungspool.

10. Richtige Antwort: A, B und D

A. **Richtig** Durch die Sicherung der Systemstatusdaten wird auch die IIS-Metabasis gesichert. Dadurch werden die Konfigurationen aller Websites gesichert.

B. **Richtig** Der in einer Eingabeaufforderung gegebene Befehl **iisback /backup** sichert alle Websitekonfigurationen.

C. **Falsch** Dadurch werden vielleicht einige Websitedaten gesichert, aber keine Konfigurationsdaten.

D. **Richtig** Durch den Befehl **Konfiguration sichern/wiederherstellen** aus dem Kontextmenü des Knotens **Internetinformationsdienste** der Konsole **Computerverwaltung** wird die IIS-Metabasis gesichert, und damit auch die Konfigurationen aller Websites.

KAPITEL 18

Verwalten und Implementieren von Notfall-Wiederherstellungen (5.0)

Notfälle kommen unweigerlich vor. Datenträger fallen aus, Dateien gehen verloren und Netzteile brennen mit Qualmwölkchen, einigen Funken und beißendem Geruch durch. Systemadministratoren dürfen nicht auf einen Notfall warten, bevor sie eine Vorgehensweise festlegen. Bevor es zu einem Notfall kommt, müssen Administratoren Prozeduren geplant und implementiert haben, mit denen die Systemfunktionalität so schnell wie möglich wiederhergestellt wird.

Der erste Schritt zum Schutz der Daten, die auf Windows Server 2003-Systemen gespeichert sind, besteht darin, dafür zu sorgen, dass diese ordnungsgemäß gesichert werden. Windows Server 2003 verfügt über ein integriertes Sicherungsprogramm, mit dem Administratoren einen Großteil der Sicherungsaufgaben durchführen können. Wichtige Systeme sollten alle 24 Stunden oder mitunter auch öfter gesichert werden. Sicherungen können auf verschiedene Medienformate geschrieben werden.

Windows Server 2003 bietet auch die für Serverproduktfamilie neue Funktion der automatischen Systemwiederherstellung. Die automatische Systemwiederherstellung dient der Zurückführung auch eines völlig funktionsunfähigen Systems in einen betriebsfähigen Zustand. Die automatische Systemwiederherstellung speichert verschiedene Konfigurationsinformationen auf einer gesonderten Diskette und andere Konfigurationsinformationen im Sicherungssatz für die automatische Systemwiederherstellung. Die automatische Systemwiederherstellung stellt nur ein System, jedoch keine Daten wieder her, die auf dem System gespeichert sind. Gespeicherte Daten müssen weiter auf übliche Weise gesichert werden.

Die Notverwaltungsdienste (Emergency Management Services, EMS) sind ein weiteres neues Tool, mit dem Administratoren einen Server verwalten oder nach einem Hardwareversagen wiederherstellen können. Mit den Notverwaltungsdiensten können Sie einen Server über ein Nullmodemkabel verwalten, mit dem zwei Computer über COM-Anschlüsse verbunden werden. Die Schnittstelle der Notverwaltungsdienste ist zwar nur textorientiert, ermöglicht aber die Verwaltung des Servers auch dann, wenn der TCP/IP-Stapel (Transmission Control Protocol/Internet Protocol) eines Servers versagt hat oder im Server ein

STOP-Fehler aufgetreten ist. Je nach Schweregrad des Fehlers ist es vielleicht möglich, mit den Notverwaltungsdiensten einen problematischen Prozess zu schließen, eine IP-Adresse neu einzustellen oder sogar Befehlszeilenprogramme wie zum Beispiel **Ntbackup** zu verwenden.

Ein Administrator muss auch unbedingt wissen, wie ein in der **Datenträgerverwaltung** eingerichtetes fehlertolerantes Volume repariert wird, sollte ein Datenträger ausfallen. Die Wiederherstellung eines gespiegelten Volumes unterscheidet sich von der Wiederherstellung eine RAID-5-Volumes. Administratoren sollten ihre fehlertoleranten Konfigurationen testen und dabei Datenträger deaktivieren, um zu prüfen, ob der Server bei Ausfall eines Datenträgers betriebsfähig bleibt.

Schließlich ist auch die Fähigkeit der korrekten Wiederherstellung von Dateien und Ordnern aus Sicherungssätzen von Bedeutung. Bei Verwenden von inkrementellen und Differenz-Sicherungen erfolgt im Allgemeinen die Wiederherstellung aus dem älteren Sicherungssatz. Anschließend müssen die Daten mit den Daten aus dem neueren Sicherungssatz überschrieben werden.

Geprüfte Fähigkeiten und vorgeschlagene praktische Übungen

Für den Lernzielbereich „Verwalten und Implementieren von Notfall-Wiederherstellungen" der Prüfung 70-290: *Verwalten und Warten einer Microsoft Windows Server 2003-Umgebung* sind folgende Fähigkeiten erforderlich:

- Durchführen einer Wiederherstellung des Serversystems
  - Praktische Übung 1: Führen Sie auf einem Server eine Sicherung für die automatische Systemwiederherstellung durch und stellen Sie den Server anschließend mit der automatischen Systemwiederherstellung wieder her.
  - Praktische Übung 2: Sichern Sie die Systemstatusdaten auf einem Server, auf dem die Internetinformationsdienste (IIS) installiert sind. Ändern Sie die IIS-Einstellungen. Stellen Sie die Systemstatusdaten wieder her und überprüfen Sie die IIS-Einstellungen auf Veränderungen.
- Verwalten von Sicherungsprozeduren
  - Praktische Übung 1: Stellen Sie mit verschiedenen Medien wie Bandlaufwerken, lokalen Festplatten und Netzwerkspeicher Sicherungssätze her.
  - Praktische Übung 2: Erstellen Sie mehrere Sicherungen und speichern Sie die Sicherungen auf einem lokalen Festplattenlaufwerk. Löschen Sie die Kataloge der Dateien mithilfe der Registerkarte **Medien wiederherstellen und verwalten**. Klicken Sie mit der rechten Maustaste auf den Knoten **Datei**, und wählen Sie **Datei katalogisieren**. Navigieren Sie zu den verschiedenen Sicherungen und sorgen Sie dafür, dass die Kataloge neu erstellt werden.
- Wiederherstellen nach einem Ausfall von Serverhardware
  - Praktische Übung 1: Erstellen Sie eine Spiegelung des Start-/Systemvolumes. Starten Sie das Windows Server 2003-System von der Spiegelung.

  - Praktische Übung 2: Erstellen Sie in der Konsole **Datenträgerverwaltung** einen RAID-5-Satz. Speichern Sie einige Daten auf einem Volume, das auf dem RAID-5-Satz liegt. Deaktivieren Sie eines der Laufwerke des RAID-5-Satzes und aktivieren Sie den Satz erneut. Reparieren Sie den RAID-5-Satz.
  - Praktische Übung 3: Installieren Sie die Notverwaltungsdienste. Starten Sie den Server neu und stellen Sie über den COM-Anschluss eine Verbindung her. Experimentieren Sie mit den Notverwaltungsdiensten.
- Wiederherstellen von gesicherten Daten
  - Praktische Übung 1: Üben Sie mit einem vollständigen Sicherungssatz, bestimmte Dateien und Ordner an anderen Speicherroten auf dem Server wiederherzustellen.
  - Praktische Übung 2: Erstellen Sie eine vollständige Sicherung und anschließend drei inkrementelle Sicherungen. Stellen Sie die Daten an einem anderen Speicherort in der richtigen Reihenfolge wieder her. Achten Sie darauf, das ältere Versionen der Dateien keine jüngere Versionen überschreiben.
- Planen von Sicherungsaufträgen
  - Praktische Übung 1: Erstellen Sie einen Sicherungsauftrag, und sorgen Sie für dessen tägliche Durchführung.
  - Praktische Übung 2: Erstellen Sie einen Sicherungsauftrag, der einmal pro Woche eine vollständige Sicherung der von Ihnen ausgewählten Dateien und Ordner erstellt. Erstellen Sie einen zweiten Sicherungsauftrag, der an den restlichen Tagen der Woche dieselben Dateien und Ordner täglich sichert, und zwar als inkrementelle Sicherung.

Weiterführende Literatur

In diesem Abschnitt wird zusätzliche Literatur nach Lernziel aufgeführt. Diese Quellen sollten Sie vor der Prüfung sorgfältig durcharbeiten.

Lernziel 5.1

Lesen Sie Kapitel 13, „Wiederherstellung nach Systemausfällen“.

Microsoft Corporation: Windows Server 2003 Hilfe- und Supportcenter. Lesen Sie den Abschnitt „Systemstatusdaten“.

Microsoft Corporation: Windows Server 2003 Hilfe- und Supportcenter. Lesen Sie den Abschnitt „Übersicht über die automatische Systemwiederherstellung“.

Microsoft Corporation: Windows Server 2003 Hilfe- und Supportcenter. Lesen Sie den Abschnitt „Übersicht über Volumeschattenkopie“.

Microsoft Corporation: Windows Server 2003 Hilfe- und Supportcenter. Lesen Sie den Abschnitt „Autorisierende, primäre und normale Wiederherstellung“.

Microsoft Corporation: *Windows Server 2003 Administrator's Companion*, Second Edition (Microsoft Press, 2006).

Lernziel 5.2

Lesen Sie Kapitel 7, „Sichern von Daten“.

Microsoft Corporation: Windows Server 2003 Hilfe- und Supportcenter. Lesen Sie den Abschnitt „Verwalten von Medien“.

Microsoft Corporation: *Windows Server 2003 Administrator's Companion*, Second Edition (Microsoft Press, 2006).

Lernziel 5.3

Lesen Sie Kapitel 11, Lektion 4, „Implementieren von RAID“.

Lesen Sie Kapitel 13, „Wiederherstellung nach Systemausfällen“.

Microsoft Corporation: Windows Server 2003 Hilfe- und Supportcenter. Lesen Sie den Abschnitt „Ersetzen der fehlerhaften Spiegelung durch eine neue Spiegelung auf einem anderen Datenträger“.

Microsoft Corporation: *Windows Server 2003 Administrator's Companion*, Second Edition (Microsoft Press, 2006).

Lernziel 5.4

Lesen Sie Kapitel 7, Lektion 2, „Wiederherstellen von Daten“, und Lektion 3, „Erweiterte Sicherung und Wiederherstellung“.

Microsoft Corporation: Windows Server 2003 Hilfe- und Supportcenter. Lesen Sie den Abschnitt „Sichern und Wiederherstellen von Daten“.

Microsoft Corporation: *Windows Server 2003 Administrator's Companion*, Second Edition (Microsoft Press, 2006).

Lernziel 5.5

Lesen Sie Kapitel 7, Lektion 3, „Erweiterte Sicherung und Wiederherstellung“.

Microsoft Corporation: Windows Server 2003 Hilfe- und Supportcenter. Lesen Sie den Abschnitt „Planen einer Sicherung“.

Microsoft Corporation: *Windows Server 2003 Administrator's Companion*, Second Edition (Microsoft Press, 2006).

Lernziel 5.1: Durchführen einer Wiederherstellung des Serversystems

Wenn ein Windows Server 2003-System auf eine Weise abstürzt, die nicht durch den einfachen Neustart des Systems korrigiert werden kann, müssen andere Optionen untersucht werden. Die neue Windows Server 2003-Funktion **Automatische Systemwiederherstellung** verwendet zum Wiederherstellen eines Systems eine Kombination aus einer Diskette mit Windows-Einstellungen, einem besonderen Sicherungssatz für die automatische Systemwiederherstellung und den Windows Server 2003-Installationsdatenträgern. Die automatische Systemwiederherstellung sollte als letzter Ausweg verwendet werden, da die Betriebssystemdateien neu installiert werden. Wichtig ist auch der Hinweis, dass die automatische Systemwiederherstellung keine auf dem Server gespeicherten Daten, sondern nur wichtige Windows Server 2003-Dateien sichert.

Bei der Wiederherstellung eines Domänencontrollers muss der Systemadministrator festlegen, welche Art der Active Directory-Wiederherstellung, falls überhaupt, durchgeführt werden soll. Bei einer autorisierenden Wiederherstellung hat die im Sicherungssatz gespeicherte Datenbank des Microsoft Active Directory-Verzeichnisdienstes Vorrang vor der in der Domäne replizierten Active Directory-Datenbank. Bei einer nichtautorisierenden Wiederherstellung wird die Datenbank aus dem Sicherungssatz nach der Wiederherstellung von der aktuellen Active Directory-Datenbank überschrieben. Verwenden Sie eine autorisierende Wiederherstellung, wenn Sie versehentlich etwas aus dem Verzeichnis löschen und die Löschung sich auf andere Domänencontroller ausbreitet. Verwenden Sie eine nichtautorisierende Wiederherstellung, wenn Sie einfach nur versuchen, die Active Directory-Datenbank auf einem einzelnen Computer wiederherzustellen, und es nicht darum geht, ein Objekt wiederherzustellen, das aus allen Instanzen der Datenbank in der Domäne gelöscht wurde.

In einigen Fällen erlaubt die Wiederherstellung der Systemstatusdaten einem Server die Rückkehr zur Betriebsfähigkeit. Die Systemstatusdaten umfassen die Registrierung des Systems, die COM+-Klassen-Registrierungsdatenbank sowie die vom Dienst **Windows-Dateischutz** geschützten Start- und Systemdateien. Abhängig von den auf dem Windows Server 2003-System installierten Diensten können die Systemstatusdaten auch die Datenbank der Zertifikatdienste, Active Directory und den Ordner **Sysvol** auf einem Domänencontroller, die Clusterdienstinformationen auf einem Clusterserver und die Metabasis der Internetinformationsdienste (IIS) umfassen. Falls einer dieser Bereiche des Betriebssystems beschädigt wurde, kann das Wiederherstellen der Systemstatusdaten gegebenenfalls die Betriebsfähigkeit des Servers wiederherstellen.

Fragen zu Lernziel 5.1

1.

Rooslan ist Systemadministrator in einem mittelständischen Unternehmen mit 400 Mitarbeitern an zwei Standorten. Täglich wird um 02.00 Uhr eine vollständige Sicherung samt Systemstatusdaten der drei Windows Server 2003-Domänencontroller im Netzwerk erstellt. Eines Morgens löscht Foley, ein für Rooslan arbeitender Administrator, versehentlich drei Organisationseinheiten aus Active Directory. Foley bemerkt seinen Fehler erst mehrere

Stunden später, als der Fehler bereits auf die anderen Domänencontroller repliziert worden ist. Da in den letzten 24 Stunden keine anderen Änderungen an der Active Directory-Datenbank vorgenommen wurden, entschließt sich Rooslan, die Systemstatusdaten aus der Sicherung wiederherzustellen, die um 02.00 Uhr erstellt wurde. Bei welchem Wiederherstellungstyp werden die drei gelöschten Organisationseinheiten in der Active Directory-Datenbank wiederhergestellt?

A. Autorisierende Wiederherstellung

B. Nichtautorisierende Wiederherstellung

C. Primäre Wiederherstellung

D. Sorgfältige Wiederherstellung

2.

Rooslan hat soeben einen Panikanruf von Foley erhalten, einem ihm in einem mittelständischen Unternehmen unterstellten Administrator. Foley hat versehentlich die Organisationseinheit gelöscht, welche die Benutzerkonten des leitenden Geschäftsführungsteams in der Active Directory-Datenbank enthielt. Bevor Foley etwas gegen den Fehler unternehmen konnte, ist eine Replikation auf die Domänencontroller in der Domäne erfolgt, sodass der Löschvorgang in das Netzwerk weiterverbreitet wurde. Sicherungen der Systemstatusdaten aller Domänencontroller werden täglich um 02.30 Uhr erstellt. An diesem Tag wurden keine weiteren Änderungen an der Active Directory-Datenbank vorgenommen, weshalb Foley von Rooslan die Anweisung erhält, eine autorisierende Wiederherstellung der Active Directory-Datenbank auf einem der Domänencontroller vorzubereiten. Rooslan geht in den Serverraum, nimmt die Sicherungsmedien der letzten Nacht hervor und fährt einen der Windows Server 2003-Domänencontroller herunter. In welchem der folgenden Modi muss Rooslan den Windows Server 2003-Domänencontroller starten?

A. Er startet den Windows Server 2003-Domänencontroller im Modus **Letzte als funktionierend bekannte Konfiguration**.

B. Er startet den Windows Server 2003-Domänencontroller im abgesicherten Modus.

C. Er startet den Windows Server 2003-Domänencontroller in der Wiederherstellungskonsole.

D. Er startet den Windows Server 2003-Domänencontroller normal.

E. Er startet den Windows Server 2003-Domänencontroller im Modus **Verzeichnisdienstwiederherstellung**.

3.

Sie sind Systemadministrator von fünf Windows Server 2003-Systemen, die Mitglieder der Domäne sind. Auf diesen fünf Servern wird mithilfe der Internetinformationsdienste (IIS) eine Vielzahl von Websites gehostet. Jeder der Server verfügt über zwei Festplattenlaufwerke. Die erste Festplatte enthält das Volume mit den Betriebssystem- und Programmdateien. Auf der zweiten Festplatte befindet sich das Volume, auf dem alle Websitedaten gespeichert werden. Die Websitedaten und der Systemstatus werden alle 24 Stunden auf einem Netzwerk-Dateiserver gesichert. Sämtliche Websiteeinstellungen, wie z.B. Sicherheitsberechtigungen und Domänenzugriffsbeschränkungen, sind für jede Website eindeutig.

Eines Morgens fällt das Festplattenlaufwerk mit dem Betriebssystem auf einem der IIS-Server aus. Das zweite Festplattenlaufwerk mit den Websitedaten ist dagegen voll betriebsfähig. Sie holen aus dem Lagerraum eine Ersatzfestplatte, bauen sie in den Server ein und installieren Windows Server 2003 sowie die Programmdateien, die sich auf dem Server befanden. Mit welcher der folgenden Methoden können Sie die Funktionalität des Webservers in den Zustand zurückversetzen, den dieser vor dem Ausfall hatte? (Wählen Sie alle zutreffenden Antworten aus.)

A. Sämtliche Funktionalität wurde bereits auf dem Server wiederhergestellt, sodass keine weiteren Schritte erforderlich sind.

B. Sie stellen die Dateien, die zu den Websites gehören, mit dem Sicherungsprogramm aus der Netzwerkdateifreigabe auf dem zweiten Festplattenlaufwerk des IIS-Servers wieder her, den Sie wiederherstellen möchten.

C. Sie verwenden die Verzeichnisdienstwiederherstellung auf dem IIS-Server, um die Systemstatusdaten aus der Netzwerkfreigabe wiederherzustellen.

D. Sie kopieren, während Sie am wiederherzustellenden IIS-Server angemeldet sind, die neueste Sicherung vom Netzwerkdateiserver auf das lokale Festplattenlaufwerk. Sie stellen die Systemstatusdaten aus dieser Sicherung wieder her und starten nötigenfalls den Server neu.

E. Sie verwenden, während Sie am wiederherzustellenden IIS-Server angemeldet sind, das Sicherungsprogramm zum Wiederherstellen der Systemstatusdaten aus der im Netzwerkspeicherort gespeicherten Sicherung und starten bei Bedarf den Server neu.

4.

Welche der folgenden Aussagen zum Wiederherstellen einer eigenständigen Stammzertifizierungsstelle trifft zu, bei der eine Festplatte in dem Volume ausgefallen ist, in dem das Betriebssystem und die Zertifikatdatenbank gehostet wird?

A. Die Zertifikatdatenbank kann nur mithilfe des Snap-Ins **Zertifizierungsstelle** wiederhergestellt werden.

B. Beim Wiederherstellen einer Zertifizierungsstelle muss auch die IIS-Metabasis wiederhergestellt werden, falls diese beschädigt oder gelöscht wurde.

C. Beim Wiederherstellen der Systemstatusdaten auf einem Server, auf dem eine eigenständige Zertifizierungsstelle installiert ist, muss ein Kennwort eingegeben werden.

D. Bei der Wiederherstellung des privaten Schlüssels, des Zertifizierungsstellenzertifikats, der Zertifikatdatenbank und des Zertifikatdatenbankprotokolls, die alle mithilfe des Snap-Ins **Zertifizierungsstelle** der Microsoft Management Console (MMC) gesichert wurden, muss ein Kennwort eingegeben werden.

E. Die Zertifikatdatenbank wird wiederhergestellt, wenn eine automatische Systemwiederherstellung durchgeführt wird.

5.

Ein Hacker hat Zugriff auf Ihren Webserver erlangt und viele wichtige Systemdateien auf einem Windows Server 2003-System, für dessen Verwaltung Sie zuständig sind, gelöscht bzw. beschädigt. Nachdem Sie eine Weile mit der Wiederherstellungskonsole verbracht haben, kommen Sie zu dem Schluss, dass der Schaden so groß ist, dass Sie die automatische Systemwiederherstellung verwenden müssen, um die vorherige Betriebsfähigkeit des Servers wiederherzustellen. Sie haben den Server zuletzt vor vier Tagen auf die automatische Systemwiederherstellung vorbereitet. Welche der folgenden Vorgehensweisen ist für den Start der automatischen Systemwiederherstellung korrekt?

A. Sie starten im Modus **Verzeichnisdienstwiederherstellung** mithilfe der Diskette für die automatische Systemwiederherstellung neu, die Sie während des Vorbereitungsprozesses für die automatische Systemwiederherstellung vor vier Tagen erstellt haben.

B. Sie starten mithilfe der Windows Server 2003-Installations-CD-ROM neu und legen bei Aufforderung die Diskette für die automatische Systemwiederherstellung ein, die Sie während des Vorbereitungsprozesses für die automatische Systemwiederherstellung vor vier Tagen erstellt haben.

C. Sie starten im abgesicherten Modus neu und legen die Diskette für die automatische Systemwiederherstellung ein, die Sie während des Vorbereitungsprozesses für die automatische Systemwiederherstellung vor vier Tagen erstellt haben.

D. Sie starten im Modus **Verzeichnisdienstwiederherstellung** neu und legen bei Aufforderung die Diskette für die automatische Systemwiederherstellung ein, die Sie während des Vorbereitungsprozesses für die automatische Systemwiederherstellung vor vier Tagen erstellt haben.

E. Sie starten über die Wiederherstellungskonsole und legen bei Aufforderung die Diskette für die automatische Systemwiederherstellung ein, die Sie während des Vorbereitungsprozesses für die automatische Systemwiederherstellung vor vier Tagen erstellt haben.

6.

Oksana ist eine Ihnen unterstellte Systemadministratorin in Ihrem Unternehmen. Sie ist zuständig für die Verwaltung zweier Windows Server 2003-Systeme, auf denen die Internetinformationsdienste (IIS) ausgeführt werden. Jeder Server hostet eine einzelne Website, von denen jede eindeutige Konfigurationsinformationen besitzt. Diese eindeutige Konfiguration umfasst einzelne Listen zugelassener und nicht zugelassener Hosts sowie Kontozugriffslisten. Auf beiden Windows Server 2003-Systemen ist IIS am Standardspeicherort installiert. Oksana ruft Sie an, um Sie zu informieren, dass sich ein Virus auf einem der IIS-Server eingenistet hat. Der Virus hat für das Löschen von 95 Prozent der Webinhalte, die auf dem Server gespeichert sind, sowie für die Beschädigung der IIS-Metabasis gesorgt. Das System wurde mittlerweile mithilfe eines aktualisierten Virenscanners bereinigt, der alle Spuren infizierter Dateien gelöscht hat. Mehrere andere Bereiche des Systems wurden jedoch von dem Virus beschädigt, wodurch es überaus instabil geworden ist. Im Verlauf der Woche wurden verschiedene Bereiche der Website in größerem Rahmen aktualisiert. Heute ist Freitag. Oksana hat in der vergangenen Woche die folgenden Notfall-Wiederherstellungsmaßnahmen ausgeführt.

Donnerstag: Erstellen des Sicherungssatzes für die automatische Systemwiederherstellung

Mittwoch: Inkrementelle Sicherung der Websitedaten

Donnerstag: Inkrementelle Sicherung der Websitedaten

Montag: Sicherung der Systemstatusdaten

Sonntag: Vollständige Sicherung der Websitedaten

Alle betreffenden Sicherungsmedien sind verfügbar. Mit welcher der folgenden Methoden kann Oksana die IIS-Metabasis und die verloren gegangenen Websitedaten wiederherstellen?

A. Oksana muss nur eine automatische Systemwiederherstellung durchführen.

B. Oksana muss eine automatische Systemwiederherstellung durchführen. Nach deren Abschluss muss Sie die Sicherungsdaten vom Mittwoch wiederherstellen.

C. Oksana muss eine automatische Systemwiederherstellung durchführen. Nach deren Abschluss muss sie die Sicherungsdaten vom Sonntag, Donnerstag und Mittwoch wiederherstellen.

D. Oksana muss die Sicherung der Systemstatusdaten vom Montag, die vollständige Sicherung vom Sonntag und die inkrementelle Sicherung vom Mittwoch wiederherstellen.

E. Oksana muss die Sicherung der Systemstatusdaten vom Montag, die vollständige Sicherung vom Sonntag und die inkrementellen Sicherungen vom Dienstag und Mittwoch wiederherstellen.

7.

Im Serverraum hat es gebrannt. Dabei ist der Behälter mit den Datenträgern für die automatische Systemwiederherstellung verloren gegangen. Der Behälter mit den Sicherungsbändern ist jedoch unbeschädigt. Drei Ihrer Windows Server 2003-Systeme wurden so beschädigt, dass sie nicht mehr betriebsfähig sind. Zwei weitere scheinen den Brand unbeschädigt überstanden zu haben. An jedes Windows Server 2003-System war ein DAT-Laufwerk (Digital Audio Tape) mit 40 GB angeschlossen. Vor mehreren Tagen wurde für jeden Server eine vollständige Sicherung für die automatische Systemwiederherstellung durchgeführt. Jedes der fünf Windows Server 2003-Systeme verfügte über eine eindeutige Konfiguration, die sich von allen anderen unterschied. Welche der folgenden Aussagen zur Wiederherstellung der drei beschädigten Server mithilfe der automatischen Systemwiederherstellung trifft zu?

A. Wenn die Hardware repariert ist, können diese Server nicht wiederhergestellt werden. Besondere Dateien, die sich auf einer Diskette für die automatische Systemwiederherstellung befinden, sind für den wiederherzustellenden Server eindeutig. Geht diese Diskette verloren, ist der entsprechende Sicherungssatz für die automatische Systemwiederherstellung für diesen Server nutzlos.

B. Wenn die Hardware repariert ist, können diese Server wiederhergestellt werden. Sie müssen eine Sicherung für die automatische Systemwiederherstellung auf einem der funktionstüchtigen Server durchführen und eine neue Diskette erstellen. Mithilfe dieser

Diskette für die automatische Systemwiederherstellung können Sie dann die automatische Systemwiederherstellung auf den beschädigten Servern durchführen.

C. Wenn die Hardware repariert ist, können diese Server wiederhergestellt werden. Sie müssen das Sicherungsprogramm auf einem der funktionstüchtigen Server ausführen und mit diesem die Dateien **Asr.sif** und **Asrpnp.sif** aus dem Sicherungssatz für die automatische Systemwiederherstellung des funktionstüchtigen Servers auf Diskette wiederherstellen. Mithilfe dieser Diskette für die automatische Systemwiederherstellung können Sie dann die automatische Systemwiederherstellung auf den beschädigten Servern durchführen.

D. Wenn die Hardware repariert ist, können diese Server wiederhergestellt werden. Sie müssen das Sicherungsprogramm auf einem der funktionstüchtigen Server ausführen und mit diesem die Dateien **Asr.sif** und **Asrpnp.sif** aus dem Sicherungssatz für die automatische Systemwiederherstellung der einzelnen beschädigten Server auf Diskette wiederherstellen. Sie können anschließend die entsprechende Diskette für die automatische Systemwiederherstellung der zuvor beschädigten Server während des automatischen Systemwiederherstellungsprozesses auf dem jeweiligen Server verwenden.

8.

Rooslan möchte sicherstellen, dass nur Mitglieder der Gruppe **Administratoren** Systemstatusdaten auf einem bestimmten Windows Server 2003-System wiederherstellen können, das über eine Datenbank einer Zertifizierungsstelle verfügt. Welche der folgenden Vorgehensweisen beschreibt korrekt, wie dies erreicht werden kann, ohne der Gruppe **Sicherungs-Operatoren** das Recht zu verweigern, andere Sicherungssätze wiederherzustellen?

A. Sorgen Sie beim Starten der Sicherung dafür, dass im Dialogfeld Informationen zum Sicherungsauftrag das Kontrollkästchen **Zugriff auf Sicherungsdaten nur für Besitzer oder Administrator zulassen** aktiviert ist.

B. Wählen Sie auf der Registerkarte Medien wiederherstellen und verwalten die Medieneigenschaften, in welche die Systemstatusdaten geschrieben werden. Ändern Sie die Berechtigungen so, dass nur die Gruppe **Administratoren** auf diese Medien zugreifen darf.

C. Die Wiederherstellung von Sicherungssätzen kann stets von Mitgliedern der Gruppen **Administratoren** und **Sicherungs-Operatoren** durchgeführt werden. Der Zugriff kann nicht auf eine der Gruppen beschränkt werden.

D. Bearbeiten Sie das lokale Gruppenrichtlinienobjekt, und ändern Sie die Richtlinie Sichern von Dateien und Verzeichnissen im Container **Computerkonfiguration\Windows-Einstellungen\Sicherheitseinstellungen\Lokale Richtlinien\Zuweisen von Benutzerrechten** so, dass die Gruppe Sicherungs-Operatoren entfernt wird.

E. Bearbeiten Sie das lokale Gruppenrichtlinienobjekt, und ändern Sie die Richtlinie **Wiederherstellen von Dateien und Verzeichnissen** im Container **Computerkonfiguration\Windows-Einstellungen\Sicherheitseinstellungen\Lokale Richtlinien\Zuweisen von Benutzerrechten** so, dass die Gruppe **Sicherungs-Operatoren** entfernt wird.

Antworten zu Lernziel 5.1

1. Richtige Antwort: A

A. **Richtig** Eine autorisierende Wiederherstellung bedeutet, dass Active Directory-Objekte, die ursprünglich aus der Active Directory-Datenbank gelöscht wurden, beim nächsten Mal nicht überschrieben werden, wenn der wiederhergestellte Server mit anderen Domänencontrollern in der Domäne repliziert wird. Wird keine autorisierende Wiederherstellung verwendet, werden die gelöschten Objekte entfernt, wenn die anderen Domänencontroller in der Domäne die Replikation durchführen.

B. **Falsch** Active Directory-Objekte, die mithilfe einer nichtautorisierenden Wiederherstellung wiederhergestellt werden und seitdem aus dem Verzeichnis gelöscht wurden, werden entfernt, wenn der Server das nächste Mal mit den anderen Domänencontrollern in der Domäne eine Replikation durchführt.

C. **Falsch** Active Directory-Objekte, die mithilfe einer primären Wiederherstellung wiederhergestellt werden und seitdem aus dem Verzeichnis gelöscht wurden, werden entfernt, wenn der Server das nächste Mal mit den anderen Domänencontrollern in der Domäne eine Replikation durchführt.

D. **Falsch** Es gibt keine Wiederherstellungsmethode mit diesem Namen.

2. Richtige Antwort: E

A. **Falsch** Durch das Starten des Domänencontrollers im Modus **Letzte als funktionierend bekannte Konfiguration** wird die Active Directory-Datenbank nicht so wiederhergestellt, dass die Organisationseinheit mit dem Konto des leitenden Geschäftsführungsteams wiederhergestellt werden kann.

B. **Falsch** Durch das Starten des Domänencontrollers im abgesicherten Modus wird die Active Directory-Datenbank nicht so wiederhergestellt, dass die Organisationseinheit mit dem Konto des leitenden Geschäftsführungsteams wiederhergestellt werden kann.

C. **Falsch** Die Active Directory-Datenbank kann nicht über die Wiederherstellungskonsole wiederhergestellt werden.

D. **Falsch** Durch das normale Starten des Domänencontrollers wird die Active Directory-Datenbank nicht so wiederhergestellt, dass die Organisationseinheit mit dem Konto des leitenden Geschäftsführungsteams wiederhergestellt werden kann.

E. **Richtig** Der Modus **Verzeichnisdienstwiederherstellung** ist ein Sondermodus, in dem die Active Directory-Datenbank wiederhergestellt werden kann. Im Modus **Verzeichnisdienstwiederherstellung** kann der Administrator wählen, ob eine autorisierende oder nichtautorisierende Wiederherstellung der Active Directory-Datenbank erfolgen soll.

3. Richtige Antwort: D und E

A. **Falsch** Obgleich die Daten vorhanden sind, fehlen sämtliche Websiteeinstellungen. Diese sind in den Systemstatusdaten gespeichert, die wiederhergestellt werden müssen.

B. **Falsch** Da die Websitedateien nicht betroffen sind, bleibt das Verwenden des Sicherungsprogramms ohne Auswirkungen. Es überschreibt lediglich die bereits auf dem zweiten Festplattenlaufwerk vorhandenen Dateien mit exakten Duplikaten.

C. **Falsch** Da diese Server keine Domänencontroller, sondern Mitgliedsserver in der Domäne sind, verfügen Sie nicht über eine Active Directory-Datenbank. Aus diesem Grund haben Sie nicht die Möglichkeit, die Computer im Modus **Verzeichnisdienstwiederherstellung** zu starten.

D. **Richtig** Die IIS-Metabasis, die alle IIS-Einstellungen enthält, wird bei der Sicherung der Systemstatusdaten ebenfalls gesichert. Wenngleich sie aus dem Netzwerkspeicherort wiederhergestellt werden kann, ist dies auch möglich, wenn die Sicherung auf das lokale Festplattenlaufwerk kopiert wird.

E. **Richtig** Die IIS-Metabasis, die alle IIS-Einstellungen enthält, wird bei der Sicherung der Systemstatusdaten ebenfalls gesichert. Solange Sie am Server angemeldet sind, auf dem Sie die Wiederherstellung durchführen, können Sie auf Remoteservern gespeicherte Sicherungsdaten verwenden.

4. Richtige Antwort: B, D und E

A. **Falsch** Die Zertifikatdatenbank kann mit dem Sicherungsprogramm wiederhergestellt werden, da sie auch zu den Systemstatusdaten gehört.

B. **Richtig** Die Webseiten der Zertifikatdienste können nur geladen werden, wenn IIS ordnungsgemäß funktioniert und für die Unterstützung der Zertifizierungsstelle konfiguriert ist. Ist eine Zertifizierungsstelle installiert, erfolgen die entsprechenden Änderungen an der IIS-Metabasis.

C. **Falsch** Zur Wiederherstellung der Systemstatusdaten ist kein Kennwort erforderlich. Sicherungen und Wiederherstellungen sind jedoch auf die Gruppe **Administratoren** beschränkt.

D. **Richtig** Diese Maßnahme dient der Sicherheit, damit ein Eindringling, der gegebenenfalls in den Besitz der Sicherungsbänder gelangt ist, nicht anhand der Sicherungsdaten seine Version derselben Zertifizierungsstelle erstellen kann. Wurde die Datenbank zusammen mit dem Systemstatus gesichert, ist für den Zugriff auf diese Daten kein Kennwort erforderlich.

E. **Richtig** Die automatische Systemwiederherstellung speichert die Systemstatusdaten, zu denen auch die Zertifikatdatenbank gehört.

5. Richtige Antwort: B

A. **Falsch** Die Diskette für die automatische Systemwiederherstellung kann nicht als Startdiskette verwendet werden. Sie enthält Informationen zum System, jedoch nicht die zum Starten von Windows Server 2003 notwendigen Dateien.

B. **Richtig** Dies ist die korrekte Methode für die Durchführung einer automatischen Systemwiederherstellung auf einem Windows Server 2003-System. Die für die automatische Systemwiederherstellung erstellte Diskette ist keine Startdiskette, sondern speichert ausschließlich wichtige Systemkonfigurationsdateien, wie z.B. die Datenträgeranordnung, die zu Beginn des Wiederherstellungsprozesses benötigt werden. Weitere Dateien werden entweder von den Installationsdatenträgern oder aus dem Sicherungssatz für die automatische Systemwiederherstellung kopiert.

C. **Falsch** Durch den Start im abgesicherten Modus wird die automatische Systemwiederherstellung nicht ausgelöst.

D. **Falsch** Die automatische Systemwiederherstellung kann nicht im Modus **Verzeichnisdienstwiederherstellung** ausgelöst werden.

E. **Falsch** Über die Wiederherstellungskonsole kann die automatische Systemwiederherstellung nicht ausgelöst werden.

6. Richtige Antwort: C

A. **Falsch** Bei der automatischen Systemwiederherstellung werden keine Dateien wiederhergestellt, wenngleich die IIS-Metabasis wiederhergestellt wird und die Dateien repariert werden, die für die Systeminstabilität sorgen.

B. **Falsch** Bei der automatischen Systemwiederherstellung werden keine Dateien wiederhergestellt, wenngleich die IIS-Metabasis wiederhergestellt wird und die Dateien repariert werden, die für die Systeminstabilität sorgen.

C. **Richtig** Die automatische Systemwiederherstellung stellt die Dateien, die für die Instabilität sorgen, und die IIS-Metabasis wieder her. Da die Sicherungen inkrementell sind, muss sowohl jede inkrementelle Sicherung als auch die ursprüngliche vollständige Sicherung wiederhergestellt werden, um alle fehlenden Daten neu zu erzeugen.

D. **Falsch** Dadurch wird die Instabilität nicht behoben, die von Dateien bewirkt wird, die sich von den durch den Systemstatus gesicherten Daten unterscheiden. Ferner werden keine Dateien wiederhergestellt, die während der inkrementellen Sicherung vom Dienstag gesichert wurden.

E. **Falsch** Wenngleich dadurch die Metabasis und alle Websitedaten wiederhergestellt werden, ändert sich nichts an den Dateien, die für die Systeminstabilität sorgen.

7. Richtige Antwort: D

A. **Falsch** Diese Aussage ist nicht richtig. Eine neue Diskette für die automatische Systemwiederherstellung kann aus dem dazugehörigen Sicherungssatz für die automatische Systemwiederherstellung auf den DAT-Bändern für den jeweiligen Server erstellt werden.

B. **Falsch** Es hieß, dass jeder Server über eine eindeutige Konfiguration verfügt, was bedeutet, dass sich die auf die Diskette für die automatische Systemwiederherstellung für einen Server geschriebenen Daten von denen auf einer solchen Diskette für einen anderen Server unterscheiden.

C. **Falsch** Wenngleich diese Vorgehensweise fast korrekt ist, bedeutet das Wiederherstellen der Dateien **Asr.sif** und **Asrpnp.sif** aus dem Sicherungssatz für die automatische Systemwiederherstellung des funktionstüchtigen Servers, anstatt aus dem Sicherungssatz für die automatische Systemwiederherstellung des beschädigten Servers, dass die Diskette für die automatische Systemwiederherstellung ungeeignete Informationen enthält, um die beschädigten Server wiederherzustellen.

D. **Richtig** Beim Schreiben eines Sicherungssatzes für die automatische Systemwiederherstellung werden die Dateien, die auf die Diskette für die automatische Systemwiederherstellung geschrieben werden, auch in den Sicherungssatz für die automatische Systemwiederherstellung geschrieben, der auf den Sicherungsmedien gespeichert wird. Dies bedeutet, dass auch bei Verlust der Diskette für die automatische Systemwiederherstellung diese aus Informationen wiederhergestellt werden kann, die im Sicherungssatz für die automatische Systemwiederherstellung gespeichert sind.

8. Richtige Antwort: A

A. **Richtig** Dies ist die einzige Methode, um festzulegen, welche Benutzer oder Gruppen die Wiederherstellung eines bestimmten Sicherungssatzes durchführen dürfen.

B. **Falsch** Diese Funktionalität ist auf der Registerkarte **Medien wiederherstellen und verwalten** nicht vorhanden.

C. **Falsch** Der Zugriff kann über die in Antwort A beschriebene Vorgehensweise auf die Gruppe **Administratoren** beschränkt werden.

D. **Falsch** Dies ändert nicht das Recht der Gruppe **Sicherungs-Operatoren** zum Wiederherstellen von Sicherungssätzen, sondern hindert diese am Sichern von Dateien und Ordnern.

E. **Falsch** Dies hindert die Gruppe **Sicherungs-Operatoren** an der Wiederherstellung sämtlicher Daten, und nicht nur der Systemstatusdaten.

Lernziel 5.2: Verwalten von Sicherungsprozeduren

Bei der Sicherung der Systemstatusdaten werden die folgenden Elemente in den Sicherungssatz geschrieben: Die Registrierung des Systems, die COM+-Klassen-Registrierungsdatenbank, Startdateien und vom Dienst **Windows-Dateischutz** geschützte Systemdateien. Abhängig von den auf dem Windows Server 2003-System installierten Diensten können die Systemstatusdaten auch die Datenbank der Zertifikatdienste, Active Directory und den Ordner **Sysvol** auf einem Domänencontroller, die Clusterdienstinformationen auf einem Clusterserver und die IIS-Metabasis umfassen.

Wenn ein Administrator prüfen möchte, ob ein Sicherungsauftrag erfolgreich durchgeführt wurde, muss die Überprüfung vor der Ausführung des Sicherungsauftrags konfiguriert werden. Die Überprüfung eines Sicherungsauftrags kann nicht getrennt erfolgen, nachdem der Auftrag abgeschlossen wurde. Bei der Überprüfung werden die in die Sicherung geschriebenen Dateien und Ordner mit den gesicherten Dateien und Ordnern abgeglichen. Wenngleich das Überprüfen der Sicherungsprotokolle einen Administrator über einen aufgetretenen Fehler informieren kann, erhält er nur eine Warnung, dass die gesicherte Datei nicht mit der ursprünglichen Datei übereinstimmt, wenn die Überprüfung aktiviert ist.

Bestimmte Typen von Medien wie Bandlaufwerke, lokale Festplatten und verschiedene Wechseldatenträger eignen sich zum Speichern von Sicherungssätzen. Sicherungssätze können auch in Dateifreigaben im Netzwerk geschrieben werden. Einige Geräte, wie z.B. CD-Brenner, werden vom Windows Server 2003-Sicherungsprogramm nicht unterstützt.

Fragen zu Lernziel 5.2

1.

Rooslan ist Systemadministrator eines Windows Server 2003-Systems, auf dem die Internetinformationsdienste (IIS) ausgeführt werden. Dieser Server dient dem Ausstellen digitaler Zertifikate an Dritte im Internet. Über diese Zertifikate können Abonnenten auf besonders eingeschränkte Bereiche einer Website zugreifen, die anderen Benutzern der Site nicht zur Verfügung stehen. Rooslan möchte die IIS-Konfiguration und die Zertifikatdatenbank einmal pro Woche sichern. Er will ferner sicherstellen, dass einmal wöchentlich alle Dateien und Ordner im Ordner **C:\Inetpub** gesichert werden. Schließlich möchte er, dass sämtliche Änderungen an Dateien und Ordnern in diesem Verzeichnis nach der wöchentlichen Sicherung täglich mit einer Methode gesichert werden, die den wenigsten Speicherplatz auf dem Sicherungsmedium belegt. Welche der folgenden Sicherungen muss Rooslan ausführen? (Wählen Sie alle zutreffenden Antworten aus.)

A. Eine vollständige Sicherung an jedem Tag der Woche

B. Eine vollständige Sicherung einmal pro Woche

C. Eine vollständige Sicherung samt Systemstatusdaten einmal pro Woche

D. Eine Differenz-Sicherung an jedem Tag der Woche

E. Eine inkrementelle Sicherung an jedem Tag der Woche

2.

Welche der folgenden Methoden ermöglicht eine automatische Überprüfung, dass eine Sicherung erfolgreich abgeschlossen wurde?

A. Sie klicken vor Beginn des Sicherungsauftrags auf **Erweitert** und aktivieren **Daten nach der Sicherung überprüfen**.

B. Sie führen im Sicherungs-Assistenten einen Überprüfungsauftrag durch.

C. Sie wählen im Sicherungsprogramm auf der Registerkarte **Medien wiederherstellen und verwalten** die Eigenschaften der durchgeführten Sicherung aus und wählen **Überprüfen**.

D. Im Windows Server 2003-Sicherungsprogramm gibt es keine Möglichkeit der Überprüfung, dass ein Auftrag erfolgreich abgeschlossen wurde.

3.

Auf welche der folgenden Geräte kann das Windows Server 2003-Sicherungsprogramm Sicherungen schreiben? (Wählen Sie alle zutreffenden Antworten aus.)

A. CD-Brenner

B. Netzwerkfreigabe

C. DAT-Bandlaufwerk

D. DVD-Brenner

4.

Sie sind Administrator mehrerer Windows Server 2003-Dateiserver. Ihre Abteilung hat vor Kurzem einen Dateiserver beschafft, der wesentlich mehr Speicherkapazität aufweist als alle anderen Server in Ihrem lokalen Netzwerk. Sie sind dabei, mehrere Dateifreigaben von den anderen Servern auf diesen neuen Server zu verschieben. Da jeder Dateiserver eindeutige NTFS-Berechtigungen aufweist, verwenden Sie das Windows Server 2003-Sicherungs- bzw. Wiederherstellungsprogramm, um sicherzustellen, dass die für die ursprünglichen Dateien und Ordner geltenden Berechtigungen nach dem Verschieben auf den neuen Server erhalten bleiben. Die Sicherungssätze befinden sich nun auf einem der Volumes auf dem neuen Server. Ihre Speicherorte heißen wie folgt:

E:\Dateifreigabesicherung1.bkf

E:\Dateifreigabesicherung2.bkf

E:\Dateifreigabesicherung3.bkf

Sie führen das Windows Server 2003-Sicherungsprogramm aus. Sie möchten, dass alle Sicherungssätze in die Registerkarte **Medien wiederherstellen und verwalten** des Sicherungsprogramms importiert werden, damit Sie alle Dateien und Ordner in neuen Verzeichnissen auf dem neuen Server wiederherstellen können. Welche der folgenden Methoden können Sie zu diesem Zweck verwenden?

A. Sie doppelklicken auf alle Dateien. Dadurch werden diese in die Registerkarte **Medien wiederherstellen und verwalten** importiert.

B. Sie ziehen die Sicherungsdateien aus dem Windows Explorer auf die Registerkarte **Medien wiederherstellen und verwalten** des Sicherungsprogramms.

C. Sie wählen im Sicherungs-Assistenten im Menü **Extras** den Befehl **Sicherungsdatei katalogisieren**. Sie wechseln nacheinander zu den einzelnen Dateien und katalogisieren diese.

D. Medien, die nicht mit dem Sicherungsprogramm erstellt wurden, können nicht für eine Wiederherstellung importiert werden.

Antworten zu Lernziel 5.2

1. Richtige Antwort: C und E

A. **Falsch** Dabei werden die IIS-Konfiguration und Zertifikatdatenbank nicht gesichert. Außerdem wird nicht der geringstmögliche Speicherplatz auf dem Sicherungsmedium belegt.

B. **Falsch** Dabei werden die IIS-Konfiguration und Zertifikatdatenbank nicht gesichert.

C. **Richtig** Auf diese Weise werden die IIS-Konfiguration und die Zertifikatdatenbank gesichert, und die erforderliche vollständig Sicherung wird durchgeführt.

D. **Falsch** Differenz-Sicherungen belegen mehr Speicherplatz auf den Sicherungsmedien als inkrementelle Sicherungen. Bei Differenz-Sicherungen werden alle seit der letzten vollständigen Sicherung erstellten oder geänderten Informationen gespeichert.

E. **Richtig** Inkrementelle Sicherungen belegen den wenigsten Speicherplatz und sichern nur Daten, die seit der letzten inkrementellen Sicherung erstellt oder geändert wurden.

2. Richtige Antwort: A

A. **Richtig** Auf diese Weise wird sichergestellt, dass die Sicherung die ausgewählten Daten korrekt gespeichert hat.

B. **Falsch** Im Windows Server 2003-Sicherungsprogramm gibt es keine Funktion für einen Überprüfungsauftrag.

C. **Falsch** Diese Option gibt es nicht.

D. **Falsch** Diese Aussage ist nicht richtig. Ein Auftrag muss unmittelbar nach seinem Abschluss überprüft werden, indem im Verlauf der Ausführung des Sicherungsauftrags die Option **Daten nach der Sicherung überprüfen** aktiviert wird.

3. Richtige Antwort: B und C

A. **Falsch** CD-Brenner werden nicht als Geräte erkannt, auf die das Windows Server 2003-Sicherungsprogramm Sicherungen schreiben kann.

B. **Richtig** Das Windows Server 2003-Sicherungsprogramm kann Sicherungen in Netzwerkfreigaben schreiben.

C. **Richtig** Bandlaufwerke sind die üblichen Geräte für die Sicherung von Daten und werden deshalb vom Windows Server 2003-Sicherungsprogramm erkannt.

D. **Falsch** CD- und DVD-Brenner werden nicht als Geräte erkannt, auf die das Windows Server 2003-Sicherungsprogramm Sicherungen schreiben kann.

4. Richtige Antwort: C

A. **Falsch** Obgleich dadurch das Sicherungsprogramm geöffnet wird, erfolgt keine automatische Einrichtung der ausgewählten Daten für einen Import- oder Wiederherstellungsvorgang.

B. **Falsch** Diese Methode funktioniert nicht.

C. **Richtig** Dies ist eine der Methoden, mit welcher der Inhalt dieser Dateien zur Registerkarte **Medien wiederherstellen und verwalten** hinzugefügt werden kann.

D. **Falsch** Diese Aussage ist nicht richtig. Der Befehl **Sicherungsdatei katalogisieren** im Menü **Extras** ermöglicht den Import von Sicherungsdateien in das Dienstprogramm.

Lernziel 5.3: Wiederherstellen nach einem Ausfall von Serverhardware

Wenn ein Server mit entsprechender Fehlertoleranz ausgestattet wurde, ist das Wiederherstellen nach einem Ausfall eines Festplattenlaufwerks weniger dramatisch, als es anfänglich erscheinen mag. Windows Server 2003 kann über die Konsole **Datenträgerverwaltung** für die Verwendung der Datenträgerspiegelung oder von RAID-5-Sätzen konfiguriert werden. Beide Konfigurationen ermöglichen einem Server bei Ausfall eines Festplattenlaufwerks den Weiterbetrieb.

Gespiegelte Volumes (RAID-1) werden in der Regel für das Start-/Systemvolume eines Windows Server 2003-Systems verwendet. Einer der Gründe dafür ist, dass das Start-/Systemvolume von den Dienstprogrammen für die Datenträgerverwaltung in Windows Server 2003 nicht für den Einsatz in einem Software-RAID-5-Array konfiguriert werden kann. Der Server kann von beiden Datenträgern eines gespiegelten Satzes gestartet werden. Nach der Erstellung eines gespiegelten Satzes wird zum Auswahlmenü des Betriebssystem (**Boot.ini**) beim Start eine neue Option hinzugefügt.

RAID-5-Volumes dienen gewöhnlich zur Speicherung von Daten- und Programmdateien. Ein RAID-5-Volume, das aus mindestens drei und höchsten 32 Datenträgern bestehen kann, ist in der Lage, nach dem Ausfall eines seiner Festplattenlaufwerke den Betrieb fortzusetzen. Die Leistung wird beeinträchtigt, doch das Volume ist weiter betriebsfähig. Später kann der Administrator den Server ausschalten, eine Ersatzfestplatte einbauen und das Volume neu erstellen. Nachdem das Volume neu erstellt wurde, kann die ursprüngliche Leistung wieder erzielt werden.

Fragen zu Lernziel 5.3

1.

Rooslan ist Systemadministrator eines Windows Server 2003-Systems mit vier SCSI-Festplattenlaufwerken (Small Computer System Interface). Der Server enthält zwei Volumes, die je ein gesamtes SCSI-Festplattenlaufwerk belegen. Das erste Festplattenlaufwerk enthält das erste Volume mit den Betriebssystem- und Programmdateien. Das zweite Festplattenlaufwerk enthält das zweite Volume mit Programmdateien und mehreren Dateifreigaben. Die Datenträgerspiegelung wurde in der Konsole **Datenträgerverwaltung** konfiguriert. Das erste Volume wird auf den dritten Datenträger, das zweite Volume auf den vierten Datenträger gespiegelt.

Der vierte Datenträger fällt aus. Welche der folgenden Aufgaben muss Rooslan ausführen, um die Fehlertoleranz auf diesem Server wiederherzustellen? (Wählen Sie alle zutreffenden Antworten aus.)

A. Rooslan muss die Spiegelung zwischen dem ersten und dritten Datenträger entfernen, bevor die Ersatzfestplatte installiert wird.

B. Rooslan muss die Spiegelung zwischen dem zweiten und vierten Datenträger aufteilen, bevor die Ersatzfestplatte installiert wird.

C. Rooslan muss eine neue Spiegelung zwischen dem zweiten und vierten Datenträger erstellen, nachdem die Ersatzfestplatte installiert wurde.

D. Rooslan muss den ausgefallenen Datenträger entfernen, den neuen Datenträger installieren und anschließend die Spiegelung zwischen dem ersten und dritten Datenträger aufteilen.

2.

Oksana ist Systemadministratorin eines Windows Server 2003-Systems, dessen Systemvolume über die Konsole **Datenträgerverwaltung** auf ein zweites physisches Festplattenlaufwerk gespiegelt wurde. Die erste Festplatte, die das Systemvolume hostet, fällt aus, sodass das System nicht mehr betriebsfähig ist. Ein Ersatzdatenträger steht zur Verfügung. Welche der folgenden Aufgaben muss Oksana ausführen, um die Fehlertoleranz des Windows Server 2003-Systems wiederherzustellen?

A. Sie verwendet die Windows Server 2003-Installationsdatenträger zum Starten der Wiederherstellungskonsole. In der Wiederherstellungskonsole entfernt sie die Spiegelung. Sie fährt den Server herunter und installiert den Ersatzdatenträger. Sie verwendet die Windows Server 2003-Installationsdatenträger zum Starten der Wiederherstellungskonsole. In der Wiederherstellungskonsole erstellt sie einen neuen Spiegelungssatz.

B. Sie baut das ausgefallene Festplattenlaufwerk aus und startet vom gespiegelten Volume. Sie ruft die Konsole **Datenträgerverwaltung** auf und entfernt die Spiegelung mit der ausgefallenen Festplatte. Sie fährt das System herunter und installiert den Ersatzdatenträger. Sie startet den Server vom gespiegelten Volume. Sie ruft die Konsole **Datenträgerverwaltung** auf. Sie initialisiert den neu installierten Datenträger und konvertiert ihn in dynamisch. Sie erstellt ein gespiegeltes Paar zwischen der ursprünglichen Spiegelung und diesem neuen Datenträger.

C. Sie entfernt den ausgefallenen Datenträger. Sie installiert den Ersatzdatenträger. Sie startet den Server von den Windows Server 2003-Installationsdatenträgern und wählt die Reparatur der Installation.

D. Sie baut den ausgefallenen Datenträger aus. Sie installiert den Ersatzdatenträger. Sie startet den Server mit der Option **Letzte als funktionierend bekannte Konfiguration**. Sie führt den Assistenten für die Systemreparatur aus.

3.

Rooslan ist Systemadministrator eines Windows Server 2003-Systems, auf dem SQL Server 2000 ausgeführt wird. An den Server sind sechs SCSI-Festplattenlaufwerke angeschlossen. Die ersten beiden bilden ein gespiegeltes Paar und hosten das Volume mit den Betriebssystem- und Programmdateien. Die anderen vier SCSI-Datenträger sind als RAID-5 konfiguriert und hosten ein einzelnes Volume mit allen Datenbankdaten. Gegenwärtig sind 40 Prozent des Volumes belegt. Einer der vier Datenträger im RAID-5-Volume fällt aus. Welche der folgenden Aussagen zu dieser Situation trifft zu?

A. Der Server setzt seinen Betrieb fort, keine Daten sind verloren gegangen.

B. Der Server stellt den Betrieb ein. Der Server setzt seinen Betrieb fort, sobald der ausgefallene Datenträger ausgetauscht wurde.

C. Nachdem das Volume reaktiviert wurde, kann der Server seinen Betrieb fortsetzen. Neue Daten können nicht in das RAID-5-Volume geschrieben werden, aktuelle Daten können jedoch gelesen und gesichert werden.

D. Alle Daten sind verloren gegangen. Für Fehlertoleranz ist ein Stripeset- anstelle eines RAID-5-Volumes erforderlich.

4.

Auf einem Windows Server 2003-System sind neun SCSI-Festplattenlaufwerke installiert. Auf Datenträger 1 befindet sich das Volume mit den Betriebssystem- und Programmdateien. Die Datenträger 2, 5 und 8 bilden ein einzelnes RAID-5-Volume. Die Datenträger 3, 4 und 6 enthalten ein einziges RAID-5-Volume. Datenträger 1 wird von Datenträger 7 gespiegelt. Datenträger 9 hostet ein einzelnes Volume.

Welche der Datenträger können gleichzeitig ausfallen, ohne dass der Server nach einem Neustart seinen Betrieb einstellen muss?

A. Die Datenträger 1, 2 und 5 können gleichzeitig ausfallen.

B. Die Datenträger 6, 7 und 8 können gleichzeitig ausfallen.

C. Die Datenträger 1, 7 und 8 können gleichzeitig ausfallen.

D. Die Datenträger 1, 6 und 9 können gleichzeitig ausfallen.

E. Die Datenträger 1, 2 und 3 können gleichzeitig ausfallen.

5.

Sie sind in Contosos Forschungsstation in der Antarktis Systemadministrator. Heute Morgen sind Grafik- und Netzwerkadapter des Windows Server 2003 SP1-Computers, der für die wissenschaftliche Analyse von Eisbohrkernen verwendet wird, ausgefallen. Der Server ist zwar so konfiguriert, dass Sie beide Komponenten bei laufender Maschine austauschen können, aber wie Sie festgestellt haben, scheint der neue Grafikadapter nicht zu funktionieren. Um die Sache noch etwas komplizierter zu machen, verwendet die Forschungsstation keinen DCHP-Server (Dynamic Host Configuration Protocol) und der Ersatznetzwerkadapter hat noch keine IP-Adresse erhalten. Im Lager sind keine Ersatzteile mehr. Angesichts der nicht gerade verkehrsgünstigen Lage der Forschungsstation wird es ein Weilchen dauern, bis neue Ersatzteile geliefert werden können.

Solange ein Computer keine IP-Adresse erhalten hat, kann er nicht mit dem Netzwerk kommunizieren. Es dauert ungefähr 20 Tage, bis das Auswertungsprogramm, das auf dem Windows Server 2003-Computer läuft, die vollständige Analyse eines einzigen Eisbohrkerns abgeschlossen hat. Die Analyse, die derzeit durchgeführt wird, läuft bereits seit 15 Tagen. Wenn man das Auswertungsprogramm vor dem Neustart des Servers nicht in einer definierten Weise anhalten kann, müssen Sie die Analyse von vorn beginnen. Sie haben eine noch nicht abgelaufene Einladung zur Remoteunterstützung für den Server, die auf einem Dateiserver gespeichert ist. Vor dem Hardwareausfall haben Sie den folgenden Screenshot der Startkonfiguration des Servers angefertigt.

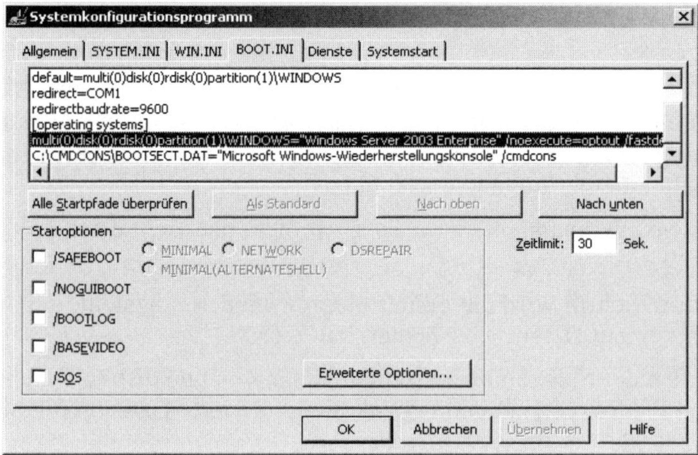

Mit welchem der folgenden Mittel können Sie dem neuen Netzwerkadapter eine IP-Adresse zuweisen, ohne die Analyse des Eisbohrkerns von vorn beginnen zu müssen?

A. Wiederherstellungskonsole

B. Telnet

C. Remotedesktop

D. Remoteunterstützung

E. Notverwaltungsdienste

6.

Ein Windows Server 2003 SP1-Computer, für den Sie zuständig sind, reagiert nicht mehr. Es ist zwar kein STOP-Fehler sichtbar, aber der Bildschirm scheint eingefroren zu sein. Tastatur- und Mauseingaben scheinen keine Wirkung zu haben. Auf einen Ping reagiert der Computer nicht. Sie vermuten, dass ein bestimmter Prozess dieses Problem verursacht. Bevor Sie den Server neu starten, möchten Sie versuchen, diesen Prozess zu beenden und mit dem Befehlszeilenprogramm **Ntbackup** eine Sicherungskopie zu erstellen. Mit welchem der folgenden Mittel können Sie Ihr Ziel erreichen, sofern alle erforderlichen Installationen und Einstellungen vorgenommen wurden?

A. Wiederherstellungskonsole

B. Notverwaltungsdienste

C. Abgesicherter Modus mit Eingabeaufforderung

D. Telnet

E. Wiederherstellungsmodus der Verzeichnisdienste

Antworten zu Lernziel 5.3

1. Richtige Antwort: B und C

A. **Falsch** Weder der erste noch der dritte Datenträger ist ausgefallen, weshalb das Aufteilen der Spiegelung nicht zur Wiederherstellung der Fehlertoleranz beiträgt, sondern lediglich den aktuellen Fehlertoleranzgrad mindert.

B. **Richtig** Eine neue Spiegelung kann erst erzeugt werden, nachdem diese Spiegelung entfernt wurde.

C. **Richtig** Durch diesen Schritt wird die Fehlertoleranz wiederhergestellt, indem der Spiegelungssatz mit einem Datenträger neu erstellt wurde.

D. **Falsch** Das Aufteilen der Spiegelung zwischen dem ersten und dritten Datenträger verbessert nicht die Fehlertoleranz, denn der zweite und vierte Datenträger sind das Problem.

2. Richtige Antwort: B

A. **Falsch** Über die Wiederherstellungskonsole können gespiegelte Sätze weder entfernt noch erstellt werden.

B. **Richtig** Dies ist eine Möglichkeit zur Wiederherstellung der Fehlertoleranz auf diesem Server. Nach Erstellung des gespiegelten Volumes kann der Server dieses wie das Original verwenden.

C. **Falsch** Über diese Vorgehensweise wird die ursprüngliche Fehlertoleranz nicht wiederhergestellt.

D. **Falsch** Über diese Vorgehensweise wird die ursprüngliche Fehlertoleranz nicht wiederhergestellt.

3. Richtige Antwort: A

A. **Richtig** Der Server setzt seinen Betrieb fort, keine Daten sind verloren gegangen. Die Lese- und Schreibleistung ist schlechter als normal, da Paritätsinformationen in lesbare Daten konvertiert werden müssen. Zudem muss der ausgefallene Datenträger später ausgetauscht werden.

B. **Falsch** Das Volume kann über die Konsole **Datenträgerverwaltung** reaktiviert werden, weshalb die Antwort falsch ist.

C. **Falsch** Da gegenwärtig nur 40 Prozent des Volumes belegt sind, können Daten auf den Datenträger geschrieben und von diesem gelesen werden. Die Leistung nimmt dabei jedoch ab.

D. **Falsch** Stripesetvolumes sind nicht fehlertolerant, weshalb die Antwort falsch ist. Die Daten gehen nicht verloren, wenn eines der Mitglieder des RAID-5-Volumes ausfällt.

4. Richtige Antwort: B und E

A. **Falsch** Datenträger 1 wird von Datenträger 7 gespiegelt, ist also fehlertolerant. Datenträger 2 ist jedoch wie Datenträger 5 Mitglied desselben RAID-5-Volumes. RAID-5 ist bei gleichzeitigem Ausfall zweier Datenträger nicht mehr betriebsfähig.

B. **Richtig** Datenträger 6 befindet sich nicht in einem RAID-5-Satz mit Datenträger 7 oder 8. Datenträger 7 bildet ein Paar mit Datenträger 1, und Datenträger 8 befindet sich nicht in einem RAID-5-Satz mit Datenträger 6 oder 7.

C. **Falsch** Die Datenträger 1 und 7 bilden einen gespiegelten Satz des Systemvolumes.

D. **Falsch** Datenträger 9 verfügt nicht über Fehlertoleranz.

E. **Richtig** Datenträger 1 wird von Datenträger 7 gespiegelt, ist also fehlertolerant. Datenträger 2 befindet sich nicht in einem RAID-5-Volume mit Datenträger 3, kann also ausfallen. Datenträger 3 befindet sich nicht in einem RAID-5-Volume mit Datenträger 2, kann also ausfallen, sodass der Server nach einem Neustart betriebsfähig bleibt.

5. Richtige Antwort: E

A. **Falsch** Ein Neustart mit der Wiederherstellungskonsole würde die laufende Eisbohrkernanalyse unbrauchbar machen. Außerdem scheint der Ersatzgrafikadapter nicht zu funktionieren. Es gibt also keine Garantie dafür, dass Sie die Wiederherstellungskonsole überhaupt sehen.

B. **Falsch** Telnet setzt einen funktionierenden Netzwerkadapter voraus. Der Computer reagiert aber nicht im Netzwerk. Also ist das kein gangbarer Weg.

C. **Falsch** Remotedesktop setzt einen funktionierenden Netzwerkadapter voraus. Der Computer reagiert aber nicht im Netzwerk. Folglich ist dies keine Option.

D. **Falsch** Remoteunterstützung setzt einen funktionierenden Netzwerkadapter voraus. Der Computer reagiert aber nicht im Netzwerk. Also ist dies keine Lösung.

E. **Richtig** Aus dem Screenshot des Systemkonfigurationsprogramms geht hervor, dass die Notverwaltungsdienste anscheinend auf dem Computer aktiviert wurden und über COM1 zugänglich sind. Sie können die Notverwaltungsdienste verwenden, um dem neuen Adapter eine IP-Adresse zuzuweisen. Anschließend stehen Ihnen andere Verwaltungsmethoden zur Verfügung, wie Remotedesktop, Telnet und Remoteunterstützung.

6. Richtige Antwort: B

A. **Falsch** Der Zugriff auf die Wiederherstellungskonsole setzt voraus, dass Sie den Server neu starten.

B. **Richtig** Mit den Notverwaltungsdiensten können Sie über einen COM-Anschluss eine Verbindung herstellen und Verwaltungsarbeiten durchführen. Sie können Prozesse beenden und eine Eingabeaufforderung öffnen, um Befehlszeilenprogramme auszuführen.

C. **Falsch** Der abgesicherte Modus mit Eingabeaufforderung macht einen Neustart des Servers erforderlich.

D. **Falsch** Zugriff per Telnet setzt ein funktionierendes Netzwerk voraus. Aus der Frage geht hervor, dass der Computer im Netzwerk nicht reagiert.

E. **Falsch** Der Wiederherstellungsmodus der Verzeichnisdienste setzt einen Neustart voraus.

Lernziel 5.4: Wiederherstellen von gesicherten Daten

Ziel jeder Wiederherstellungsprozedur ist die Sicherstellung, dass alle gesicherten Daten korrekt wiederhergestellt werden. Sofern Sie nicht jeden Tag eine vollständige Sicherung auf separaten Sicherungsmedien durchführen, ist es nicht immer einfach zu verstehen, welche Bänder für eine Sicherung zu verwenden und in welcher Reihenfolge sie wiederherzustellen sind.

Entscheidend für das Verstehen, wie Dateien wiederhergestellt werden, ist das Verständnis der Funktionsweise der verschiedenen Sicherungsmethoden. Ein Systemadministrator muss wissen, warum alle Bänder mit der letzten vollständigen Sicherung wiederhergestellt werden müssen, wenn inkrementelle Sicherungen durchgeführt wurden. Ebenso muss ein Systemadministrator wissen, warum nur die letzte und neueste Differenz-Sicherung wiederhergestellt werden muss, wenn die Differenz-Methode verwendet wurde.

Obgleich Systemadministratoren Daten aus Angst sichern, dass die Sicherungen für eine vollständige Neuerstellung eines Servers erforderlich sind, erfolgen Wiederherstellungen in der Regel dann, wenn ein Benutzer eine Datei verloren oder gelöscht hat. Wenn ein Administrator den Sicherungssatz mit der fehlenden Datei schnell bestimmen kann, spart er Zeit. Administratoren wollen normalerweise nicht auf der Suche nach einer einzelnen Datei die Sicherungssätze einer Woche durchforsten, wenn ein Durchlauf durch einen Sicherungssatz ausreicht.

Fragen zu Lernziel 5.4

1.

Sie sind als Systemadministrator eines mittelständischen Industrieunternehmens für mehrere Windows Server 2003-Systeme zuständig. Einer der Server ist ein Datei- und Druckserver. Der Server enthält drei Datenträger, von denen einer das Volume mit dem Betriebssystem enthält. Die beiden anderen sind als Stripeset konfiguriert und enthalten mehrere Dateifreigaben. Sicherungen werden auf ein DAT-Laufwerk auf dem Server geschrieben, die Sicherungsbänder werden nicht am Standort aufbewahrt. Die gesicherten Daten umfassen alle Dateien und Ordner auf dem Stripesetvolume, das die Dateifreigaben sowie die Systemstatusdaten enthält. Der Rest des Betriebssystemvolumes wird nicht gesichert, wenngleich ein Sicherungssatz für die automatische Systemwiederherstellung einmal pro Monat erstellt wird. Der Sicherungsplan sieht so aus:

Sonntag, 02.00 Uhr. Vollständige Sicherung und Systemstatusdaten.

Montag bis Samstag, 02.00 Uhr. Inkrementelle Sicherung und Systemstatusdaten.

Am Donnerstag um 14.00 Uhr fällt der zweite Datenträger im Stripeset aus. Sie verfügen vor Ort über einen identischen Ersatzdatenträger und können die Sicherungsbänder samt Sicherungssatz und Diskette für die automatische Systemwiederherstellung der letzten sieben Tage aus dem standortexternen Aufbewahrungsort holen. Welcher der folgenden Schritte ist erforderlich, um die verloren gegangenen Daten wiederherzustellen?

A. Sie bauen den ausgefallenen Datenträger aus und ersetzen ihn durch das Ersatzgerät. Über die Konsole **Datenträgerverwaltung** erzeugen Sie das Stripesetvolume neu.

B. Sie bauen den ausgefallenen Datenträger aus und ersetzen ihn durch das Ersatzgerät. Sie starten den Server von der Installations-CD-ROM neu, und legen die Diskette für die automatische Systemwiederherstellung ein, um diese zu starten.

C. Sie bauen den ausgefallenen Datenträger aus und ersetzen ihn durch das Ersatzgerät. Sie stellen die Systemstatusdaten wieder her. Über die Konsole **Datenträgerverwaltung** erzeugen Sie das Stripesetvolume neu.

D. Sie bauen den ausgefallenen Datenträger aus und ersetzen ihn durch das Ersatzgerät. Über die Konsole **Datenträgerverwaltung** erzeugen Sie das Stripesetvolume auf dem ursprünglichen und dem Ersatzdatenträger neu. Sie stellen mithilfe des Sicherungsprogramms die Daten in dem Stripesetvolume aus den Sicherungssätzen wieder her, die am Sonntag und Donnerstag erstellt wurden.

E. Sie bauen den ausgefallenen Datenträger aus und ersetzen ihn durch das Ersatzgerät. Über die Konsole **Datenträgerverwaltung** erzeugen Sie das Stripesetvolume auf dem ursprünglichen und dem Ersatzdatenträger neu. Sie stellen mithilfe des Sicherungsprogramms die Daten in dem Stripesetvolume aus den Sicherungssätzen wieder her, die am Sonntag, Montag, Dienstag, Mittwoch und Donnerstag erstellt wurden.

2.

Sie sind als Systemadministrator eines universitären Fachbereichs für die Verwaltung von vier Windows Server 2003-Dateiservern zuständig. Sie erhalten einen Anruf von der Sekretärin des Fachbereichleiters, dass sie aus Versehen eine wichtige Datei vom Dateiserver gelöscht hat. Es handelt sich um ein Forschungsdokument, das der Fachbereichsleiter morgen auf einem Symposium präsentieren möchte, weshalb die Datei schnellstmöglich wiederhergestellt werden muss. Außer freitags um 22.00 Uhr, wenn eine vollständige Sicherung durchgeführt wird, erfolgt jeden Abend eine Differenz-Sicherung. Die Sicherung jedes einzelnen Tages wird auf ein eigenes Band geschrieben, das entsprechend mit dem Tag beschriftet wird. Heute ist Donnerstag. Die Sekretärin glaubt, dass sie die Daten gestern morgen gelöscht hat. Die Datei wurde zuletzt am Montag bearbeitet und blieb über das Wochenende unverändert. Welche Sicherungsbänder enthalten eine Kopie der Datei, falls diese Angaben stimmen? (Wählen Sie alle zutreffenden Antworten aus.)

A. Das Band vom Freitag

B. Das Band vom Samstag

C. Das Band vom Sonntag

D. Das Band vom Montag

E. Das Band vom Dienstag

F. Das Band vom Mittwoch

3.

Sie sind für die Verwaltung eines Windows Server 2003-Dateiservers eines Wirtschaftsprüfungsunternehmens zuständig. Einer der Wirtschaftsprüfer informiert Sie, dass er versehentlich mehrere wichtige Kalkulationstabellen vom Dateiserver gelöscht hat. Außer montags um 02.00 Uhr, wenn eine vollständige Sicherung durchgeführt wird, erfolgt jeden Abend eine Differenz-Sicherung. Die Sicherung jedes einzelnen Tages wird auf ein eigenes Band geschrieben, das entsprechend mit dem Tag beschriftet wird. Heute ist Freitag. Der

Wirtschaftsprüfer glaubt, dass er die Kalkulationstabellen gestern Abend versehentlich gelöscht hat. Es fehlen fünf Kalkulationstabellen. Nur an zweien wurden in der letzten Woche Änderungen vorgenommen. Die erste wurde Montagnachmittag zuletzt bearbeitet, an der zweiten wurde am Mittwoch nur eine kleine Änderung vorgenommen. Welche der folgenden Aussagen zu dieser Situation trifft zu? (Wählen Sie alle zutreffenden Antworten aus.)

A. Die drei Dateien, die in der letzten Woche nicht bearbeitet wurden, sind nur auf dem Sicherungsband vom Montag vorhanden.

B. Alle fünf Dateien sind auf dem Sicherungsband vom Donnerstag vorhanden.

C. Zwei der fünf gelöschten Kalkulationstabellendateien sind auf dem Sicherungsband vom Donnerstag vorhanden.

D. Zwei der fünf gelöschten Kalkulationstabellendateien sind auf dem Sicherungsband vom Mittwoch vorhanden.

E. Keine der fünf gelöschten Kalkulationstabellendateien ist auf dem Sicherungsband vom Dienstag vorhanden.

4.

Rooslan ist für die Sicherungen eines Windows Server 2003-Systems zuständig, auf dem mehrere Websites gehostet werden. Diese Websites enthalten sehr viele Inhalte, die von einzelnen Siteadministratoren täglich aktualisiert werden. Alle Websitedateien befinden sich auf einem Datenträger und Volume, der bzw. das von demjenigen getrennt ist, auf dem das Betriebssystem und die Programmdateien gespeichert sind. Eine vollständige Sicherung samt Systemstatusdaten der Website wird jeden Dienstag um 03.00 Uhr in einen Netzwerkspeicherort geschrieben. Diese Sicherung dauert ca. zwei Stunden. Eine Differenz-Sicherung der Website wird an allen anderen Tagen um 03.00 Uhr in einen Netzwerkspeicherort geschrieben. Diese Sicherung dauert ca. 1,5 Stunden. Am Samstag um 04.30 Uhr fällt der Datenträger mit dem Volume, auf dem die Websitedaten gespeichert sind, vollständig aus. Sie erhalten eine Nachricht auf Ihrem Pager und sind um 05.30 im Serverraum. Sie verfügen über eine Ersatzfestplatte, deren Eigenschaften mit denen der ausgefallenen Festplatte identisch sind. Sie tauschen den ausgefallenen Datenträger aus und wollen den Wiederherstellungsprozess starten. Welchen der folgenden Sicherungssätze verwenden Sie, um eine möglichst vollständige Version der Websitedaten wiederherzustellen? (Wählen Sie alle zutreffenden Antworten aus.)

A. Den Sicherungssatz vom Dienstag

B. Den Sicherungssatz vom Mittwoch

C. Den Sicherungssatz vom Donnerstag

D. Den Sicherungssatz vom Freitag

E. Den Sicherungssatz vom Samstag

5.

Rooslan ist zuständig für das Sichern des Intranetservers einer Abteilung. Auf diesem Server wird IIS unter Windows Server 2003 ausgeführt. Der Server verfügt über eine physische Festplatte mit einem einzelnen Volume, das mit NTFS formatiert ist. Im Ordner

Wwwroot wurde eine Freigabe erstellt. Nur Administratoren und die Mitglieder des Personals, das für die Verwaltung des Intranetservers zuständig ist, haben Zugriff auf diese Freigabe. Das Mitglied des Personals, das die Seiten des Intranetservers verwaltet, hat diese Freigabe mithilfe eines Anmeldeskripts als separates Laufwerk zugeordnet. Rooslan führt am Ersten jeden Monats eine Sicherung des Servers für die automatische Systemwiederherstellung durch. Jeden Montag um 07.00 Uhr führt er eine vollständige Sicherung des Ordners **Wwwroot** und aller seiner Unterordner sowie eine Sicherung der Systemstatusdaten durch. Dienstags, mittwochs, donnerstags und freitags führt er um 08.00 Uhr eine inkrementelle Sicherung des Ordners **Wwwroot** und aller seiner Unterordner durch. Am Wochenende erfolgen keine Sicherungen auf diesem Server. Alle Sicherungen werden auf DAT-Bänder geschrieben und mit dem Tag beschriftet, an dem die Sicherung durchgeführt wurde. Am Donnerstag nach dem Mittagessen erhält Rooslan in seinem Raum Besuch. Der Mitarbeiter, der für die Verwaltung des Intranetservers zuständig ist, berichtet, dass der Server am Morgen mit einem Virus infiziert war. Der Virus hat alle Dokumente auf der Festplatte sowie alle Dateien und Ordner in dem zugeordneten Ordner **Wwwroot** gelöscht. Rooslan geht nach unten in den Serverraum und sucht die Sicherungsbänder der letzten sieben Tage. Welche der Sicherungsbänder benötigt er, damit er die Websitedateien so vollständig wie möglich wiederherstellen kann? (Wählen Sie alle zutreffenden Antworten aus.)

A. Das Band vom Montag

B. Das Band vom Dienstag

C. Das Band vom Mittwoch

D. Das Band vom Donnerstag

E. Das Band vom Freitag

6.

Oksana ist zuständig für die Verwaltung mehrerer Abteilungsserver einer örtlichen Hochschule. Jeder Dateiserver ist mit drei Festplattenlaufwerken konfiguriert. Das erste Festplattenlaufwerk enthält ein Volume mit den Betriebssystem- und Programmdateien. Auf den anderen beiden Festplattenlaufwerken befindet sich ein einziges übergreifendes Volume. Alle freigegebenen Ordner befinden sich auf dem übergreifenden Volume. Sicherungen werden alle 24 Stunden auf DAT-Bänder geschrieben. Jeden Sonntag um 05.00 Uhr erfolgt eine vollständige Sicherung aller Dateien und Ordner auf dem übergreifenden Volume, einschließlich einer Sicherung der Systemstatusdaten. Montags, mittwochs und freitags um 06.00 Uhr erfolgen inkrementelle Sicherungen. Jedes Band wird mit dem Tag beschriftet, an dem die Sicherung geschrieben wurde. Freitagnachmittag fällt einer der Datenträger aus, auf dem sich das übergreifende Volume befindet. Oksane tauscht den Datenträger aus und erstellt das übergreifende Volume neu. Welche der folgenden Angaben beschreibt die korrekte Reihenfolge, in der Oksana die Sicherungsbänder für das übergreifende Volume wiederherstellen muss?

A. Das Band vom Sonntag, gefolgt vom Band vom Freitag

B. Das Band vom Freitag, gefolgt vom Band vom Sonntag

C. Das Band vom Sonntag, gefolgt vom Band vom Montag, Mittwoch und Freitag

D. Das Band vom Freitag, gefolgt vom Band vom Mittwoch, Montag, und Sonntag

E. Das Band vom Sonntag, gefolgt vom Band vom Montag und Freitag

7.

Rooslan ist als Administrator zuständig für die Verwaltung eines Windows Server 2003-Systems, das zur Analyse von Daten aus wissenschaftlichen Experimenten verwendet wird. Der Server besitzt vier SCSI-Festplattenlaufwerke. Auf einem befindet sich ein einzelnes Volume mit dem Betriebssystem und dem Datenanalyseprogramm. Die anderen drei SCSI-Festplattenlaufwerke sind in einem einzelnen Stripesetvolume konfiguriert. Auf dem Stripesetvolume werden die unverarbeiteten und die verarbeiteten Daten gespeichert. Täglich um 06.00 Uhr erfolgt eine vollständige Sicherung des Stripesetvolumes. Alle vier Stunden werden Differenz-Sicherungen des Stripesetvolumes erstellt, die erste um 10.00 Uhr, die zweite um 14.00 Uhr, die dritte um 18.00 Uhr und die letzte um 22.00 Uhr. Fünf DAT-Bänder werden für die täglichen Sicherungen verwendet, je eines für jede erfolgte Sicherung. Die Bänder werden mit dem Tag und der Uhrzeit der Sicherung beschriftet. Am Dienstag um 19.08 Uhr fällt eines der SCSI-Festplattenlaufwerke aus, das zum Stripesetvolume gehört. Um 19.30 Uhr hat Rooslan es ausgetauscht und ein neues Stripesetvolume erstellt. Er verfügt über die letzten 10 DAT-Bänder, die für Sicherungen dieses Servers verwendet wurden. In welcher Reihenfolge muss Rooslan die Daten in dem Stripesetvolume bei geringstmöglichem Zeitaufwand wiederherstellen?

A. Die vollständige Sicherung von Dienstag, 06.00 Uhr, gefolgt von der Differenz-Sicherung von Dienstag, 18.00 Uhr.

B. Dienstag, 18.00 Uhr, gefolgt von Dienstag, 06.00 Uhr

C. Dienstag, 18.00 Uhr, gefolgt von Dienstag, 02.00 Uhr, Dienstag, 10.00 Uhr und schließlich Dienstag, 06.00 Uhr

D. Dienstag, 06.00 Uhr, gefolgt von Dienstag, 10.00 Uhr, Dienstag, 14.00 Uhr und schließlich Dienstag, 18.00 Uhr

E. Nur Dienstag, 18.00 Uhr.

8.

Mick ist Systemadministrator eines Windows Server 2003-Systems, das am örtlichen Flughafen als Abteilungsdateifreigabe verwendet wird. Der Server besitzt zwei SCSI-Festplatten. Jeder Datenträger enthält ein einziges Volume. Das erste Volume enthält die Betriebssystem- und Programmdateien. Auf dem zweiten Volume befinden sich die Dateifreigaben. Die Sicherung des Servers erfolgt täglich auf ein einzelnes DAT-Band, das entsprechend mit dem Tag beschriftet wird. Der Sicherungsplan sieht so aus:

Samstag, 04.00 Uhr, vollständige Sicherung

Sonntag, 04.00 Uhr, Differenz-Sicherung

Montag, 05.30 Uhr, inkrementelle Sicherung

Dienstag, 04.00 Uhr, Differenz-Sicherung

Mittwoch, 05.30 Uhr, inkrementelle Sicherung

Donnerstag, 04.00 Uhr, Differenz-Sicherung

Freitag, 05.40.00, inkrementelle Sicherung

Der Datenträger mit dem Volume mit den Dateifreigaben fällt am Donnertag um 13.34 Uhr aus. Mick kann innerhalb von 30 Minuten den Datenträger austauschen und das Volume neu erstellen. Er hat Vollzugriff auf die Sicherungsbänder der letzten 10 Tage. Welche der folgenden Angaben entspricht der Reihenfolge der Wiederherstellung, mit der Mick die vollständigste Wiederherstellung der Dateifreigaben erreichen kann?

A. Das Band vom Samstag

B. Das Band vom Donnerstag, gefolgt vom Band vom Mittwoch, dem vom Montag und dem vom Samstag, das zuletzt in das Volume zurückgeschrieben wird

C. Das Band vom Donnerstag, gefolgt vom Band vom Dienstag, dem vom Sonntag und dem vom Samstag, das zuletzt in das Volume zurückgeschrieben wird

D. Das Band vom Samstag, gefolgt vom Band vom Sonntag, dem vom Dienstag und dem vom Donnerstag, das zuletzt in das Volume zurückgeschrieben wird

E. Das Band vom Samstag, gefolgt vom Band vom Montag und dem vom Mittwoch, das zuletzt in das Volume zurückgeschrieben wird

F. Das Band vom Samstag, gefolgt vom Band vom Montag, dem vom Mittwoch und dem vom Donnerstag, das zuletzt in das Volume zurückgeschrieben wird

9.

Laherty ist Systemadministrator eines Windows Server 2003-Systems, auf dem IIS zum Hosten mehrerer Websites ausgeführt wird. Der Server besitzt vier SCSI-Festplattenlaufwerke. Das erste SCSI-Festplattenlaufwerk enthält ein Volume mit den Betriebssystem- und Programmdateien. Die anderen drei SCSI-Festplattenlaufwerke sind als RAID-5 konfiguriert und enthalten ein einziges Volume mit allen Websitedaten. Das RAID-5-Volume wird alle 24 Stunden auf ein einzelnes DAT-Band gesichert. Der Sicherungsplan sieht so aus:

Freitag, 06.00 Uhr, vollständige Sicherung samt Systemstatusdaten.

Samstag, 06.00 Uhr, Differenz-Sicherung

Sonntag, 06.00 Uhr, inkrementelle Sicherung

Montag, 06.00 Uhr, Differenz-Sicherung

Dienstag, 06.00 Uhr, inkrementelle Sicherung

Mittwoch, 06.00 Uhr, Differenz-Sicherung

Donnerstag, 06.00 Uhr, inkrementelle Sicherung

Die folgenden Dateien werden zu den entsprechenden Zeitpunkten geschrieben oder geändert:

DateiA.htm Erstellt am Freitag um 13.00 Uhr

DateiB.htm Geändert am Samstag um 14.00 Uhr

DateiC.htm Geändert am Sonntag um 10.00 Uhr

DateiD.htm Erstellt am Montag um 09.00 Uhr

DateiE.htm Geändert am Dienstag um 11.00 Uhr

DateiF.htm Geändert am Mittwoch um 16.00 Uhr

Am Donnerstag um 17.12 Uhr infiziert ein Virus im Netzwerk das Windows Server 2003-System und löscht den gesamten Inhalt auf dem RAID-5-Volume. Laherty entfernt den Virus vom Server und startet den Wiederherstellungsprozess. Er beginnt mit der Wiederherstellung aller Dateien in der Sicherung vom Freitag und stellt anschließend alle Dateien in den Sicherungen vom Samstag, Montag, Mittwoch und schließlich Donnerstag wieder her. Welche Dateien fehlen Laherty nach Abschluss seiner Wiederherstellungsprozedur bzw. haben nicht die neueste Version?

A. DateiA.htm

B. DateiB.htm

C. DateiC.htm

D. DateiD.htm

E. DateiE.htm

F. DateiF.htm

10.

Die Festplatte des Windows Server 2003 SP1-Computers, auf dem Windows Server Update Services (WSUS) ausgeführt wird, ist gerade ausgefallen. Der Server war mit einem 80-GB-Volume konfiguriert und WSUS wurde mit den Standardeinstellungen installiert. Sie haben WSUS einige Zeit benutzt und regelmäßig Berichte über den Updatestatus und den Computerstatus angefertigt. Im Lauf der Zeit hat der WSUS-Server mehr als ein Gigabyte an Updates heruntergeladen. Einmal in der Woche wird das Volume des WSUS-Servers und der Systemstatus vollständig gesichert. Nach dem Austausch des ausgefallenen Festplattenlaufwerks installieren Sie Windows Server 2003, aktualisieren das Betriebssystem mit Service Pack 1, installieren IIS 6 und installieren anschließend WSUS. Welche der folgenden Daten sollten Sie nun wiederherstellen, damit

- möglichst wenig Updates erneut heruntergeladen werden.
- die WSUS-Konfiguration wiederhergestellt wird.
- die vorhandenen Berichte wiederhergestellt werden.

Wählen Sie alle zutreffenden Antworten aus.

A. Systemstatusdaten

B. IIS-Metabasis

C. **%SystemDrive%\WSUS\MSQL$WSUS\DATA**

D. **%SystemDrive%\WSUS\MSQL$WSUS\LOG**

E. **%SystemDrive%\WSUS\MSQL$WSUS\WSUSContent**

Antworten zu Lernziel 5.4

1. Richtige Antwort: E

A. **Falsch** Stripesetvolumes sind keine Stripesetvolumes mit Parität, weshalb beim Ausfall eines der Datenträger im Satz alle Daten verloren gehen und aus der Sicherung wiederhergestellt werden müssen.

B. **Falsch** Die automatische Systemwiederherstellung stellt nur die Systemdaten und keine anderen Daten wieder her. Daten müssen unabhängig von der automatischen Systemwiederherstellung gesichert werden.

C. **Falsch** Stripesetvolumes sind keine Stripesetvolumes mit Parität, weshalb beim Ausfall eines der Datenträger im Satz alle Daten verloren gehen und aus der Sicherung wiederhergestellt werden müssen. Die Systemstatusdaten sind in diesem Fall nicht hilfreich, da ausschließlich Dateifreigabedaten verloren gegangen sind.

D. **Falsch** Diese Vorgehensweise wäre korrekt, wenn es sich bei den Sicherungen von Montag bis Sonntag nicht um inkrementelle, sondern um Differenz-Sicherungen handeln würde. Alle Dateien, die nach der Sicherung am Sonntag um 02.00 Uhr und nach der Sicherung am Mittwoch um 02.00 Uhr geändert wurden, würden nicht wiederhergestellt.

E. **Richtig** Diese Vorgehensweise ist richtig. Das Neuerstellen des Stripesetvolumes bedeutet, dass es keine Daten enthält. Das Wiederherstellen der Daten aus den Sicherungsbändern bei Verwendung der vollständigen Sicherung und aller inkrementellen Sicherungen bedeutet, dass so viele Informationen wie möglich gerettet werden.

2. Richtige Antwort: A, D und E

A. **Richtig** Das Band vom Freitag enthält eine vollständige Sicherung und eine Kopie der Datei, wie sie am Freitag um 22.00 Uhr vorlag.

B. **Falsch** Da die Datei am Wochenende nicht geöffnet wurde, hat sie sich nicht geändert. Dies bedeutet, dass sie von einer Differenz-Sicherung unberührt bleibt.

C. **Falsch** Da die Datei am Wochenende nicht geöffnet wurde, hat sie sich nicht geändert. Dies bedeutet, dass sie von einer Differenz-Sicherung unberührt bleibt.

D. **Richtig** Die Datei wurde am Montag geändert, weshalb sie auf das Band vom Montag geschrieben wurde. Da es sich um eine Differenz-Sicherung handelt, wird das Archivbit nicht gesetzt.

E. **Richtig** Wenngleich die Datei am Montag geändert wurde, hat eine Differenz-Sicherung das Archivbit nicht gesetzt. Dies bedeutet, dass das Band vom Dienstag auch eine Kopie der Datei enthält.

F. **Falsch** Die Datei wurde am Mittwoch gelöscht, weshalb sie auf dem Sicherungsband vom Mittwoch nicht vorhanden ist.

3. Richtige Antwort: A und C

A. **Richtig** Alle fünf Dateien sind auf dem Sicherungsband vom Montag enthalten. Zwei dieser Dateien weisen jedoch nicht den aktuellen Stand auf, da sie später in der Woche bearbeitet wurden.

B. **Falsch** Nur die beiden Dateien, die diese Woche geändert wurden, sind auf dem Sicherungsband vom Donnerstag vorhanden.

C. **Richtig** Da das Sicherungsband vom Donnerstag um 02.00 Uhr erzeugt wurde, sind diese Dateien vorhanden. Sie wurden Donnerstagabend gelöscht. Die kleine Änderung am Mittwochnachmittag bedeutet, dass die zweite Datei erstmals nach der Änderung am Donnerstagmorgen gesichert wird.

D. **Falsch** Die Kalkulationstabelle, die nur am Mittwochnachmittag geändert wurde, ist nicht auf dem Sicherungsband vom Mittwoch vorhanden, da die Differenz-Sicherung um 02.00 Uhr am Mittwoch erfolgt ist.

E. **Falsch** Die Kalkulationstabelle, die Montagnachmittag geändert wurde, ist auf dem Sicherungsband vom Dienstag vorhanden.

4. Richtige Antwort: A und D

A. **Richtig** Dieser Sicherungssatz enthält die Systemstatusdaten, die wiederum die IIS-Metabasis enthalten, sowie alle Dateien auf den Websites am Dienstagmorgen.

B. **Falsch** Der Sicherungssatz vom Mittwoch wird nicht benötigt, da alle darin enthaltenen Dateien im Sicherungssatz vom Freitag enthalten sind. Dieser Sicherungssatz würde benötigt, wenn anstelle einer Differenz- eine inkrementelle Sicherung gewählt worden wäre.

C. **Falsch** Der Sicherungssatz vom Donnerstag wird nicht benötigt, da alle darin enthaltenen Dateien im Sicherungssatz vom Freitag enthalten sind. Dieser Sicherungssatz würde benötigt, wenn anstelle einer Differenz- eine inkrementelle Sicherung gewählt worden wäre.

D. **Richtig** Dieser enthält alle Dateien, die zwischen der vollständigen Sicherung am Dienstagmorgen und der Sicherung am Freitagmorgen geändert wurden. Alle im Tagesverlauf des Freitags geänderten Dateien sind verloren gegangen, da die Sicherung von Samstag nicht schnell genug abgeschlossen werden konnte, bevor das Festplattenlaufwerk ausfiel.

E. **Falsch** Dieser Sicherungssatz wurde nicht vollständig erstellt und kann nicht wiederhergestellt werden, da die Sicherungsdatei mit dem Satz auf dem Server nicht fertig geschrieben war, als der Ausfall erfolgte.

5. Richtige Antwort: A, B, C und D

A. **Richtig** Das Band vom Montag enthält alle Dateien in ihrer ursprünglichen Form. Alle Dateien, die geändert wurden, können durch Wiederherstellungen von Bändern überschrieben werden, die später in der Woche erstellt wurden.

B. **Richtig** Alle Dateien, die zwischen den Sicherungen vom Montag und Dienstag geändert wurden, befinden sich auf diesem Band.

C. **Richtig** Alle Dateien, die zwischen den Sicherungen vom Dienstag und Mittwoch geändert wurden, befinden sich auf diesem Band.

D. **Richtig** Alle Dateien, die zwischen den Sicherungen vom Mittwoch und Donnerstag geändert wurden, befinden sich auf diesem Band.

E. **Falsch** Das Band vom Freitag wurde noch nicht erstellt.

6. Richtige Antwort: C

A. **Falsch** Dabei werden die inkrementellen Sicherungen vom Montag und Mittwoch ausgelassen.

B. **Falsch** Dabei werden die inkrementellen Sicherungen vom Montag und Mittwoch und das Überschreiben der neueren Dateien (Band vom Freitag) durch ältere (Band vom Montag) ausgelassen.

C. **Richtig** Dies ist die korrekte Vorgehensweise zum Wiederherstellen des Volumes. Der vollständigste Satz wird zuerst geschrieben, wobei neuere Dateien ältere überschreiben, bis der neueste Satz, der von Freitag, diejenigen überschreibt, die zuvor in das Volume zurückgeschrieben wurden.

D. **Falsch** Dies ist die umgekehrte Reihenfolge, die zum gleichen Ergebnis führt, als würde nur das Band vom Sonntag in das Volume zurückgeschrieben.

E. **Falsch** Dabei werden Dateien ausgelassen, die zwischen dem Zeitpunkt der Sicherung vom Montag und der vom Mittwoch geändert wurden.

7. Richtige Antwort: A

A. **Richtig** Die erste stellt alle Daten wieder her, die auf diesem Volume am Dienstag um 06.00 Uhr vorhanden sind. Das Band von Dienstag 18.00 Uhr überschreibt diejenigen Dateien, die geändert wurden, und fügt alle neuen hinzu, die seit der vollständigen Sicherung von Dienstag, 18.00 Uhr, erstellt wurden.

B. **Falsch** Dadurch werden zuerst alle Dateien wiederhergestellt, die seit der Sicherung von Dienstag 06.00 Uhr erstellt oder geändert wurden. Alle geänderten Dateien werden anschließend von den Dateien von Dienstag 06.00 Uhr überschrieben. Alle Änderungen seit der morgendlichen vollständigen Sicherung gehen verloren, da sie von älteren Dateien überschrieben werden.

C. **Falsch** Dadurch werden zuerst alle Dateien wiederhergestellt, die seit der Sicherung von Dienstag 06.00 Uhr erstellt oder geändert wurden. Alle geänderten Dateien werden anschließend von den Dateien von Dienstag 06.00 Uhr überschrieben. Alle Änderungen seit der morgendlichen vollständigen Sicherung gehen verloren, da sie von älteren Dateien überschrieben werden.

D. **Falsch** Wenngleich dabei die Dateien korrekt wiederhergestellt werden, erfolgt dies nicht auf schnellstmögliche Weise. Das Ergebnis entspricht dem der Wiederherstellung der Bänder von Dienstag 06.00 Uhr, gefolgt von Dienstag 18.00 Uhr. Bei dieser Vorgehensweise werden jedoch zwei zusätzliche Bänder unnötigerweise wiederhergestellt.

E. **Falsch** Dabei werden nur die Dateien wiederhergestellt, die seit Dienstag 06.00 Uhr erstellt oder geändert wurden. Alle Dateien auf dem Server, die nicht in den letzten 13 Stunden erstellt oder geändert wurden, werden nicht wiederhergestellt.

8. Richtige Antwort: F

A. **Falsch** Dadurch wird die Dateifreigabe mit dem Zeitpunkt sechs Tage vor dem Ausfall wiederhergestellt.

B. **Falsch** Dies ist der korrekte Bändersatz. Die Reihenfolge der Wiederherstellung ist jedoch falsch, da sie umgekehrt erfolgt. Dabei wird jede Datei, die in den letzten sechs Tagen geändert wurde, von der Version überschrieben, die am Morgen des vorherigen Samstags vorhanden war.

C. **Falsch** Dadurch werden nicht alle Dateien wiederhergestellt, und neuere Versionen derselben Datei werden durch ältere Dateien überschrieben.

D. **Falsch** Die Gründe, warum diese Antwort falsch ist, sind ein wenig kompliziert. Aufgrund des Wesens von Sicherungen werden Dateien, die zwischen Sonntag 04.00 Uhr und Montag 05.30 Uhr geschrieben wurden, mittels der oben beschriebenen Vorgehensweise nicht wiederhergestellt. Das liegt daran, dass die Sicherung von Montag 04.00 Uhr das Archivbit zurücksetzt, sodass die Differenz-Sicherung vom Dienstag nur Dateien sichert, die seit der Sicherung vom Montag geändert wurden. Gleiches gilt für Dateien, die zwischen Dienstag- und Mittwochmorgen geschrieben wurden.

E. **Falsch** Bei dieser Reihenfolge fehlen alle Dateien, die zwischen Mittwoch 05.30 Uhr und Donnerstag 04.00 Uhr geschrieben wurden.

F. **Richtig** Diese Reihenfolge erzielt die vollständigste Wiederherstellung der Dateifreigaben und stellt alle Dateien wieder her, die bis Donnerstag 04.00 Uhr in der Dateifreigabe vorhanden waren.

9. Richtige Antwort: B und D

A. **Falsch** **DateiA.htm** wird wiederhergestellt, wenn Laherty die Sicherung vom Samstag zurückschreibt.

B. **Richtig** Die neueste Version von **DateiB.htm** wird nicht wiederhergestellt. Während der Sicherung vom Sonntag wird das Archivbit gesetzt, was bedeutet, dass die Datei von der Differenz-Sicherung vom Montag nicht berücksichtigt wird.

C. **Falsch** **DateiC.htm** wird wiederhergestellt, wenn Laherty die Sicherung vom Montag zurückschreibt.

D. **Richtig** **DateiD.htm** wird nicht wiederhergestellt. Während der inkrementellen Sicherung vom Dienstag wird das Archivbit gesetzt, was bedeutet, dass die Datei von der Differenz-Sicherung vom Mittwoch nicht berücksichtigt wird.

E. **Falsch** **DateiE.htm** wird wiederhergestellt, wenn Laherty die Differenz-Sicherung vom Mittwoch zurückschreibt.

F. **Falsch** **DateiF.htm** wird wiederhergestellt, wenn Laherty die inkrementelle Sicherung vom Donnerstag zurückschreibt.

10. Richtige Antwort: C, D und E

A. **Falsch** Zur Wiederherstellung von WSUS brauchen Sie nicht die Systemstatusdaten wiederherzustellen. Sämtliche WSUS-Datenbankdateien liegen in den Ordnern **%SystemDrive%\WSUS\MSQL$WSUS\DATA** und **%SystemDrive%\WSUS\MSQL$WSUS\LOG**.

B. **Falsch** Zur Wiederherstellung von WSUS brauchen Sie nicht die IIS-Metabasis wiederherzustellen. Die Installation von WSUS und die Wiederherstellung der gesicherten WSUS-Datenbank und des Ordners **WSUSContent** stellen den Server in dem Zustand wieder her, in dem er sich bei der letzten Sicherung befand.

C. **Richtig** Sämtliche WSUS-Datenbankdateien liegen in den Ordnern **%SystemDrive%\WSUS\MSQL$WSUS\DATA** und **%SystemDrive%\WSUS\MSQL$WSUS\LOG**. Zur Wiederherstellung der WSUS-Datenbank müssen Sie diese beiden Ordner wiederherstellen.

D. **Richtig** Sämtliche WSUS-Datenbankdateien liegen in den Ordnern **%SystemDrive%\WSUS\MSQL$WSUS\DATA** und **%SystemDrive%\WSUS\MSQL$WSUS\LOG**. Zur Wiederherstellung der WSUS-Datenbank müssen Sie diese beiden Ordner wiederherstellen.

E. **Richtig** Der Ordner **WSUSContent** enthält die von Microsoft heruntergeladenen Updates. Wird dieser Ordner nicht wiederhergestellt, müssen Sie die Updates erneut herunterladen!

Lernziel 5.5: Planen von Sicherungsaufträgen

Sicherungsaufträge werden am besten ausgeführt, wenn der zu sichernde Server nur minimal genutzt wird. Dies sind in der Regel Zeiten mitten in der Nacht und nicht die normalen Geschäftszeiten, zu denen der Systemadministrator in seinem Büro ist. Anstatt jede Nacht zum 02.00 Uhr zurück ins Büro zu kommen oder aufzustehen, um die frühmorgendliche Terminaldienstverbindung aufzubauen, können Sie unter Windows Server 2003 im Sicherungsprogramm Sicherungsaufträge planen.

Es stehen mehrere Zeitplanoptionen zur Verfügung. Aufträge können für die tägliche, wöchentliche oder monatliche Ausführung beim Systemstart, bei Systemleerlauf oder bei der Anmeldung eines Benutzers konfiguriert werden. Sie können Aufträge so konfigurieren, dass sie jede Woche, jede zweite Woche oder jede 100. Woche oder jeden Tag, jeden zweiten Tag oder jeden 100. Tag ausgeführt werden.

Systemadministratoren konfigurieren in der Regel mehrere Zeitpläne auf einem Server, die eine vollständige Sicherung an bestimmten Tagen der Woche und inkrementelle oder Differenz-Sicherungen an den anderen Tagen vorsehen. Die Art des konfigurierten Zeitplans hängt von dem Medientyp ab, auf dem die Sicherungssätze gespeichert werden. Inkrementelle Sicherungen an sechs Tagen nach einer vollständigen Sicherung benötigen weniger Zeit und Speicherplatz als Differenz-Sicherungen an sechs Tagen nach einer vollständigen Sicherung.

Fragen zu Lernziel 5.5

1.

Sie erarbeiten eine Sicherungsstrategie für ein Windows Server 2003-System, auf dem IIS ausgeführt wird. Der Server verfügt über ein Festplattenlaufwerk mit einem einzelnen Volume. Sie haben die folgenden Ziele:

Primäres Ziel: Eine vollständige Sicherung einmal pro Woche auf ein Band schreiben.

Sekundäre Ziele: Die IIS-Metabasis montags, mittwochs und freitags sichern. Sicherstellen, dass alle seit der letzten vollständigen Sicherung geänderten oder erstellten Daten am Dienstag und Donnerstag gesichert werden.

Bei welchen der folgenden Angaben zu geplanten Sicherungen werden diese Ziele erfüllt? (Wählen Sie alle zutreffenden Antworten aus.)

A. Eine vollständige Sicherung jeden Sonntag um 02.00 Uhr und eine Sicherung des Systemstatus jeden Montag, Mittwoch und Freitag um 03.00 Uhr.

B. Vollständige Sicherung mit Systemstatusdaten am Montag um 02.00 Uhr. Tägliche Sicherung mit Systemstatusdaten am Mittwoch, Freitag und Sonntag um 03.00 Uhr. Differenz-Sicherung am Dienstag und Donnerstag um 03.30 Uhr.

C. Vollständige Sicherung mit Systemstatusdaten am Freitag um 23.00 Uhr. Inkrementelle Sicherung mit Systemstatusdaten am Mittwoch und Montag um 23.30 Uhr. Differenz-Sicherung am Dienstag und Donnerstag um 23.30 Uhr.

D. Vollständige Sicherung mit Systemstatusdaten am Mittwoch um 23.00 Uhr. Tägliche Sicherung mit Systemstatusdaten am Montag und Freitag um 23.00 Uhr. Differenz-Sicherung am Dienstag und Donnerstag um 23.00 Uhr.

E. Inkrementelle Sicherung mit Systemstatusdaten am Montag, Mittwoch und Freitag um 02.00 Uhr. Differenz-Sicherung mit Systemstatusdaten am Dienstag und Donnerstag um 02.00 Uhr. Kopie-Sicherung am Sonntag um 02.00 Uhr.

2.

Rooslan erarbeitet eine Sicherungsstrategie für vier Windows Server 2003-Systeme, die von einem universitären Fachbereich als Dateifreigaben genutzt werden. Die Hardware aller Windows Server 2003-System ist überaus fehlertolerant, weshalb die Sicherungsstrategie sich auf die Wiederherstellung gelöschter und verloren gegangener Dateien sowie auf das Zurücksetzen von Dateien anstatt auf eine reine Notfall-Wiederherstellung konzentriert. Ferner gibt es eine Fachbereichsrichtlinie, die vorsieht, eine wöchentliche Momentaufnahme des Status der Dateiserver in einem Archiv 20 Jahre aufzubewahren. Rooslans Sicherungsstrategie muss die folgenden Bedingungen berücksichtigen:

Bedingung 1: Mindestens eine Sicherung aller Dateien und Ordner auf allen Windows Server 2003-Systemen pro Woche.

Bedingung 2: Ein Maximum von zwei Sicherungssätzen für einen Wiederherstellungsvorgang einer einzelnen Datei, einschließlich einer vollständigen Wiederherstellung aller Dateien und Ordner auf dem Server.

Bedingung 3: Dateien müssen auf täglicher Basis abgerufen werden können. Falls eine Datei im Verlauf der Woche am Dienstag, Mittwoch und Donnerstag geändert wurde, müssen drei verschiedene Versionen dieser Datei aus den Sicherungssätzen wiederhergestellt werden können. Mehrere Kopien derselben Datei brauchen Bedingung 2 nicht zu erfüllen.

Welche der folgenden Sicherungsstrategien erfüllt Rooslans Anforderungen? (Wählen Sie alle zutreffenden Antworten aus.)

A. Vollständige Sicherung auf allen Servern jeden Montag um 01.30 Uhr. Kopie-Sicherung an allen Tagen der Woche um 02.00 Uhr auf allen Servern, ausgenommen Montag.

B. Vollständige Sicherung auf allen Servern jeden Donnerstag um 22.00 Uhr. Inkrementelle Sicherung an allen Tagen der Woche um 22.00 Uhr auf allen Servern, ausgenommen Montag.

C. Vollständige Sicherung aller Dateien und Ordner auf allen Servern täglich um 21.00 Uhr.

D. Vollständige Sicherung aller Dateien und Ordner auf allen Servern am Montag, Mittwoch, Freitag und Samstag um 22.00 Uhr. Inkrementelle Sicherung aller Server am Dienstag, Donnerstag und Sonntag um 22.00 Uhr.

3.

Oksana erarbeitet eine Sicherungsstrategie für ein Windows Server 2003-System, auf dem IIS ausgeführt wird. Auf dem Server wird eine stark frequentierte Website ausgeführt, deren Inhalt nahezu stündlich aktualisiert wird. Mehrere Aspekte der IIS-Konfiguration ändern sich im Verlauf der Woche. Die Konfiguration ist so kompliziert geworden, dass ihre regelmäßige Sicherung überaus wichtig ist. Oksanas Sicherungsstrategie muss die folgenden Bedingungen berücksichtigen:

Bedingung 1: Alle Websitedaten müssen mindestens einmal alle zwei Wochen vollständig gesichert werden.

Bedingung 2: Die Systemstatusdaten müssen mindestens zweimal pro Woche gesichert werden.

Bedingung 3: Sämtliche Sicherungssätze mit Ausnahme einer vollständigen Sicherung dürfen nur Dateien enthalten, die in den letzten 24 Stunden erstellt oder geändert wurden. Systemstatusdaten sind von dieser Bedingung ausgenommen.

Welcher der Sicherungspläne berücksichtigt alle drei formulierten Bedingungen?

A. Vollständige Sicherung ausgewählter Dateien und Ordner montags um 23.50 Uhr. Inkrementelle Sicherungen ausgewählter Dateien und Ordner an allen Wochentagen außer montags um 23.55 Uhr.

B. Vollständige Sicherung ausgewählter Dateien und Ordner jeden zweiten Montag um 23.50 Uhr. Differenz-Sicherungen ausgewählter Dateien und Ordner an allen Wochentagen außer montags um 23.55 Uhr. Systemstatussicherung montags, mittwochs und freitags um 14.00 Uhr.

C. Vollständige Sicherung ausgewählter Dateien und Ordner montags um 12.05 Uhr. Inkrementelle Sicherungen ausgewählter Dateien und Ordner samt Systemstatusdaten an allen Wochentagen um 23.55 Uhr.

D. Vollständige Sicherung ausgewählter Dateien und Ordner montags um 12.05 Uhr. Tägliche Sicherung ausgewählter Dateien und Ordner samt Systemstatusdaten an allen Wochentagen um 23.59 Uhr.

E. Vollständige Sicherung ausgewählter Dateien und Ordner montags um 12.05 Uhr. Kopie-Sicherung ausgewählter Dateien und Ordner samt Systemstatusdaten an allen Wochentagen um 23.59 Uhr.

4.

Die folgenden Benutzer verfügen über Konten, die Mitglieder der folgenden Gruppen auf einem eigenständigen Windows Server 2003-System sind.

Orin – **Administratoren**

Oksana – **Sicherung-Operatoren**

Rooslan – **Hauptbenutzer**

Mick – **Replikations-Operatoren**

Laherty – **Netzwerkkonfigurations-Operatoren**

Keine dieser Benutzer oder Gruppen wurden mithilfe einer lokalen Gruppenrichtlinie geändert. Eine vollständige Sicherung aller Dateien und Ordner auf dem Server samt Systemstatusdaten soll einmal täglich um 02.00 Uhr ausgeführt werden. Bei der Zeitplankonfiguration fordert das Sicherungsprogramm an, dass ein Konto mit den entsprechenden Anmeldeinformationen zur Ausführung dieser Sicherung eingegeben werden muss. Welche der oben angegebenen Benutzerkonten verfügen über die erforderlichen Berechtigungen zur korrekten Ausführung dieses geplanten Sicherungsauftrags?

A. Orin

B. Oksana

C. Rooslan

D. Mick

E. Laherty

Antworten zu Lernziel 5.5

1. Richtige Antwort: B und D

A. **Falsch** Dadurch werden das primäre und das erste sekundäre Ziel erreicht, das zweite sekundäre Ziel wird hingegen nicht erreicht.

B. **Richtig** Dadurch werden das primäre Ziel und die beiden sekundären Ziele erreicht. Die IIS-Metabasis wird bei der Sicherung der Systemstatusdaten gesichert. Dies bedeutet, dass die Metabasis laut diesem Zeitplan am Montag, Mittwoch, Freitag und Sonntag gesichert wird. Der Sonntag ist für das primäre Ziel nicht erforderlich, verhindert jedoch nicht die Erfüllung der Vorgabe. Durch die Differenz-Sicherung am Dienstag und Donnerstag wird das zweite der sekundären Ziele erfüllt.

C. **Falsch** Dadurch werden das primäre und das erste sekundäre Ziel erreicht. Das zweite sekundäre Ziel wird nicht erreicht, da die inkrementellen Sicherungen bewirken, dass die Differenz-Sicherungen am Dienstag und Donnerstag nur Dateien sichern, die sich seit der letzten inkrementellen anstatt der letzten vollständigen Sicherung geändert haben.

D. **Richtig** Das primäre sowie beide sekundären Ziele werden erreicht. Wichtig ist es, sich zu merken, dass tägliche Sicherungen ebenso wie Differenz-Sicherungen das Archivbit nicht zurücksetzen. Bei der nächsten Sicherung nach einer täglichen oder Differenz-Sicherung wird angenommen, dass die Datei noch nicht gesichert wurde, falls sie geändert wurde oder seit der letzten Sicherung neu ist.

E. **Falsch** Wenngleich die inkrementelle Sicherung das Archivbit zurücksetzt, gilt sie nicht als vollständige Sicherung des Servers einmal pro Woche. Bei der Kopie-Sicherung wird das Archivbit nicht zurückgesetzt, weshalb ihre Funktionalität der einer Differenz-Sicherung entspricht.

2. **Richtige Antwort: A, C und D**

A. **Richtig** Die vollständige Sicherung auf allen Servern jeden Montag um 01.30 Uhr erfüllt die erste Bedingung. Durch das Verwenden von Kopie-Sicherungen wird die zweite Bedingung erfüllt. Das tägliche Durchführen von Kopie-Sicherungen erfüllt die dritte Bedingung.

B. **Falsch** Die erste und dritte Bedingung werden erfüllt, die zweite hingegen nicht, da bei inkrementellen Sicherungen gegebenenfalls mehr als ein Sicherungssatz für eine vollständige Wiederherstellung des Servers erforderlich ist.

C. **Richtig** Dadurch werden alle drei Bedingungen erfüllt. Es wird zwar mehr Speicherplatz als bei den anderen Optionen belegt, doch die vorgegebenen Anforderungen werden erfüllt.

D. **Richtig** Dadurch werden alle drei Bedingungen erfüllt. Es gibt keine zwei inkrementellen Sicherungen hintereinander, weshalb die zweite Bedingung erfüllt wird. Gäbe es mehr als eine inkrementelle Sicherung hintereinander, wäre die zweite Bedingung nicht erfüllt.

3. **Richtige Antwort: C und D**

A. **Falsch** Bei diesem Sicherungsplan wird die zweite Bedingung erfüllt.

B. **Falsch** Bei Verwenden von Differenz-Sicherungen wird die dritte Bedingung nicht erfüllt.

C. **Richtig** Dadurch werden alle drei Bedingungen erfüllt.

D. **Richtig** Dadurch werden alle drei Bedingungen erfüllt. Wenngleich eine tägliche Sicherung das Archivbit nicht zurücksetzt, werden nur Dateien und Ordner in der Auswahl gesichert, die an diesem Tag geändert wurden, wodurch die dritte Bedingung erfüllt wird.

E. **Falsch** Kopie-Sicherungen funktionieren ähnlich wie Differenz-Sicherungen in der Weise, dass das Archivbit nicht zurückgesetzt wird. Es werden jedoch alle Dateien kopiert, so auch diejenigen, die nicht geändert wurden.

4. **Richtige Antwort: A und B**

A. **Richtig** Mitglieder der Gruppen **Administratoren** und **Sicherungs-Operatoren** verfügen über die erforderlichen Berechtigungen zur Ausführung geplanter Sicherungsaufträge.

B. **Richtig** Mitglieder der Gruppen **Administratoren** und **Sicherungs-Operatoren** verfügen über die erforderlichen Berechtigungen zur Ausführung geplanter Sicherungsaufträge.

C. **Falsch** Mitglieder der Gruppe **Hauptbenutzer** verfügen nicht über ausreichende Berechtigungen zur Ausführung geplanter Sicherungsaufträge.

D. **Falsch** Mitglieder der Gruppe **Replikations-Operatoren** verfügen nicht über ausreichende Berechtigungen zur Ausführung geplanter Sicherungsaufträge.

E. **Falsch** Mitglieder der Gruppe **Netzwerkkonfigurations-Operatoren** verfügen nicht über ausreichende Berechtigungen zur Ausführung geplanter Sicherungsaufträge.

Glossar

802.11 Bezieht sich auf eine Reihe von IEEE-Spezifikationen (Institute of Electrical and Electronics Engineers) für Drahtlosnetzwerke.

802.11a Eine Erweiterung der 802.11-Spezifikation, die für drahtlose LANs (Wireless Local Area Networks) gilt und Übertragungen mit bis zu 54 MBit/s im 5-GHz-Band ermöglicht.

802.11b Eine Erweiterung der 802.11-Spezifikation, die für drahtlose LANs gilt und Übertragungen mit bis zu 11 MBit/s (mit Rückschritten auf 5,5, 2 und 1 MBit/s) im 2,4-GHz-Band ermöglicht. Die 802.11b-Spezifikation ist eine 1999 vorgenommene Ratifizierung des ursprünglichen 802.11-Standards, die eine Drahtlosfunktionalität vergleichbar dem Ethernet bietet. Dieser Standard wird auch Wi-Fi genannt.

802.11g Eine Erweiterung der 802.11-Spezifikation, die für drahtlose LANs (WLANs, Wireless Local Area Networks) gilt und Übertragungen mit bis zu 54 MBit/s im 2,4-GHz-Band ermöglicht Der 802.11g-Standard ist abwärtskompatibel mit der 802.11b-Spezifikation, wodurch eine Zusammenarbeit ermöglicht wird.

A

Active Directory Beginnend mit Microsoft Windows 2000 Server und fortgesetzt in Windows Server 2003, ersetzt Active Directory die Windows NT-Sammlung aus Verzeichnisfunktionen mit einer Funktionalität, die auf Standards wie Domain Name System (DNS), Lightweight Directory Access Protocol (LDAP) und dem Kerberos-Sicherheitsprotokoll aufbaut bzw. diese integriert.

Active Directory Service Interface (ADSI) Eine Programmierschnittstelle, die Zugriff auf Active Directory bietet.

Active Directory-integrierte Zone Eine DNS-Zone (Domain Name System), die in Active Directory gespeichert ist, sodass sie Active Directory-Sicherheitsfeatures aufweist und für die Multimasterreplikation eingesetzt werden kann.

ActiveX Ein lose definierter Satz an Technologien, der Softwarekomponenten die Interaktion in einer vernetzten Umgebung ermöglicht.

ActiveX-Komponente Eine wiederverwendbare Softwarekomponente, die der ActiveX-Spezifikation entspricht und in einer ActiveX-fähigen Umgebung eingesetzt werden kann.

Address Resolution Protocol (ARP) Ein TCP/IP-Protokoll (Transmission Control Protocol/Internet Protocol) und AppleTalk-Protokoll, das eine IP-zu-MAC-Adressübersetzung (Media Access Control) für IP-Pakete bereitstellt.

Adresse Ein genau definierter Ort, an dem eine Informationseinheit im Arbeitsspeicher oder auf einem Datenträger gespeichert ist. Ebenfalls der eindeutige Bezeichner für einen Knoten in einem Netzwerk. Im Internet der Code, durch den ein einzelner Benutzer identifiziert wird. Das Format lautet ***Benutzername@Hostname***, wobei *Benutzername* für Benutzername, Anmeldename oder Kontonummer steht, und *Hostname* den Namen des verwendeten Computers oder Internetproviders bezeichnet. Der Hostname kann aus mehreren Wörtern bestehen, die durch Punkte miteinander verkettet sind.

Advanced Configuration Power Interface (ACPI) Eine Industriespezifikation, welche die Energieverwaltung auf verschiedenen Computergeräten definiert. Zum Nutzen der Vorteile von Plug & Play sowie der Energieverwaltungsfunktionen müssen Geräte ACPI-kompatibel sein.

Allgemeiner Name (Common Name, CN) Der primäre Name eines Objekts in einem LDAP-Verzeichnis (Lightweight Directory Access Protocol) wie z.B. Active Directory. Der CN muss innerhalb des Containers oder der Organisationseinheit (Organizational Unit, OU) eindeutig sein, in dem/der das Objekt vorliegt.

Anmeldeskript Typischerweise eine Stapelverarbeitungsdatei, die ausgeführt wird, wenn ein Benutzer sich an einem System anmeldet oder sich davon abmeldet. Ein Anmeldeskript dient zur Konfiguration der anfänglichen Benutzerumgebung. Ein Abmeldeskript versetzt ein System in einen vordefinierten Zustand zurück. Ein Skript kann mehreren Benutzern manuell oder durch Gruppenrichtlinien zugewiesen werden.

Anmeldung Der Vorgang des Zugreifens auf ein Computersystems; Beispiel: „Melden Sie sich am Netzwerk an, und lesen Sie Ihre E-Mail-Nachrichten."

Anonymer FTP-Zugriff Eine Methode, bei der ein FTP-Programm zur Anmeldung an einem anderen Computer und zum Kopieren von Dateien eingesetzt wird, wenn Sie über kein Konto auf diesem Computer verfügen. Bei der Anmeldung geben Sie als Benutzername *Anonym* und Ihre E-Mail-Adresse als Kennwort ein. Dies ermöglicht den Zugriff auf öffentlich verfügbare Dateien. *Siehe auch* File Transfer Protocol (FTP).

AppleTalk In Macintosh-Computer integrierte LAN-Architektur (Local Area Network) zur Verbindungsherstellung mit Druckern. Ein Netzwerk mit Windows Server 2003- und Macintosh-Clients kann mit Verwendung der AppleTalk-Netzwerkintegration (früher Macintosh-Dienste) als AppleTalk-Netzwerk fungieren.

Arbeitsstation Unter Windows NT ein Computer, auf dem das Betriebssystem für Windows NT-Arbeitsstationen ausgeführt wird. In einem weiteren Kontext dient der englische Begriff Workstation zur Beschreibung von beliebigen leistungsstarken Computern, die für den Grafik- oder CAD-Bereich (Computer-Aided Design) oder beliebige andere Bereiche mit hohen Leistungsanforderungen optimiert sind.

Archivattribut (A) Ein Dateiattribut, das von Sicherungsprogrammen dazu verwendet wird, die Notwendigkeit zur Sicherung dieser Datei zu bestimmen. Das Archivattribut ist auf True gesetzt, wenn eine Datei erstellt oder geändert wurde. Differenz-Sicherungen und inkrementelle Sicherungen sichern Dateien nur dann, wenn das Archivattribut gesetzt ist (True).

Asynchronous Transfer Mode (ATM) Eine Netzwerktechnologie, die auf dem Senden von Daten in Zellen oder Paketen fester Größe basiert. Es handelt sich um einen asynchronen Transfer, da die Übertragung der Zellen mit Informationen von einem bestimmten Benutzer nicht zwingend periodisch erfolgt.

Attribut Ein Merkmal. In der Windows-Dateiverwaltung stellen Attribute Informationen dazu bereit, ob eine Datei schreibgeschützt, versteckt, komprimiert, verschlüsselt oder zur Sicherung markiert (noch nicht archiviert) ist oder indiziert werden sollte.

Auslagerung Eine virtuelle Speicheroperation, bei der Seiten aus dem Arbeitsspeicher auf die Festplatte übertragen werden, wenn die Kapazität des Arbeitsspeichers erschöpft ist. Greift ein Thread auf eine Seite zu, die sich nicht im Arbeitsspeicher befindet, tritt ein Seitenfehler auf. Der Speichermanager verwendet in diesem Fall Seitentabellen zum Auffinden der angeforderten Seite auf der Festplatte und lädt die Seite in den Arbeitsspeicher.

Authentifizierung Prüfung der Identität eines Benutzers oder Computerprozesses. Unter Windows Server 2003, Windows 2000 und Windows NT umfasst die Authentifizierung einen Vergleich von Benutzer-SID und Kennwort mit einer Liste autorisierter Benutzer auf einem Domänencontroller.

Automatische Systemwiederherstellung Ein Feature von Windows Server 2003, mit dem der Administrator einen ausgefallenen Server effizient wieder in Betrieb setzen kann. Mit dem Assistenten für die automatische Systemwiederherstellung des Sicherungsprogramms erstellen Sie einen Wiederherstellungssatz, der eine Diskette mit einem Katalog aus Systemdateien und eine umfassende Sicherung enthält. Wenn ein Server ausfällt, starten Sie ihn mit der Windows Server 2003-CD-ROM und drücken F2, wenn Sie zum Start der automatischen Systemwiederherstellung aufgefordert werden.

Automatische Updates Eine clientseitige Komponente, die dazu verwendet werden kann, ein System mit Sicherheitsrollups, Patches und Treibern immer auf dem neuesten Stand zu halten. Automatische Updates bezeichnet ebenfalls die Clientkomponente einer SUS-Infrastruktur (Software Update Services), die einem Unternehmen die zentrale Bereitstellung und Verwaltung von Updates ermöglicht.

Autorisierende Wiederherstellung Gibt eine Art der Wiederherstellung von Active Directory an. Bei Durchführung einer autorisierenden Wiederherstellung mithilfe des Sicherungsprogramms und **Ntdsutil** im Active Directory-Wiederherstellungsmodus werden die Verzeichnisobjekte oder spezifischen Objekte im Verzeichnis, die autorisierend wiederhergestellt wurden, auf andere Domänencontroller in der Gesamtstruktur repliziert. *Siehe auch* Nichtautorisierende Wiederherstellung.

B

Bandbreite In einem Netzwerk die Übertragungskapazität eines Kommunikationskanals, ausgedrückt in Megabit pro Sekunde (MBit/s). Ethernet verfügt beispielsweise über eine Bandbreite von 10 MBit/s, die Bandbreite von Fast Ethernet beträgt 100 MBit/s.

Basic Input/Output System (BIOS) Das von einem PC-Mikroprozessor (Personal Computer) verwendete Programm zum Starten des Systems und zur Verwaltung des Datenflusses zwischen Betriebssystem und Computergeräten, z.B. Festplatten, CD-ROM, Grafikkarte, Tastatur und Maus.

Basisfestplatte Ein physischer Datenträger, der mit Partitionen konfiguriert ist. Die Festplattenstruktur ist mit früheren Versionen von Windows sowie verschiedenen Nicht-Windows-Betriebssystemen kompatibel.

Benutzerkonto Ermöglicht den Benutzerzugriff auf ein Netzwerk. Jedes Benutzerkonto verfügt über einen eindeutigen Benutzernamen und eine Sicherheitskennung (Security Identifier, SID).

Benutzerprinzipalname (User Principal Name, UPN) Ein Attribut aller Benutzerobjekte in Active Directory, das den Benutzer innerhalb der Gesamtstruktur eindeutig identifiziert. Der UPN umfasst den Benutzeranmeldenamen und ein Suffix, z.B. **lsmithbates@contoso.com**.

Benutzerprofil Informationen über Benutzerkonten. *Siehe auch* Profil.

Benutzerrecht Ein Anmelderecht oder Privileg, das einem Benutzer die Ausführung einer Systemaufgabe ermöglicht, z.B. die lokale Anmeldung oder das Wiederherstellen von Dateien und Ordnern. Da Benutzerrechte nicht ressourcenspezifisch, sondern systemspezifisch sind, setzen sie Berechtigungen für einzelne Ressourcen außer Kraft. Beispielsweise können Benutzer mit dem Benutzerrecht **Sichern von Dateien und Verzeichnissen** eine Datei selbst dann auf Band sichern, wenn ihnen die Leseberechtigung für diese Datei verweigert wurde.

Bereich In DHCP (Dynamic Host Configuration Protocol) der Bereich von IP-Adressen (Internet Protocol), der für das Leasing an DHCP-Clients durch den DHCP-Dienst verfügbar ist. In Bezug auf Gruppen beschreibt der Bereich, wo im Netzwerk der Gruppe Berechtigungen zugewiesen werden können.

Bereichsgruppierung Eine Sammlung aus Bereichen, die zu einem Verwaltungsbereich zusammengefasst werden. Die Zusammenfassung von Bereichen zu einer Bereichsgruppierung ermöglicht die Verwendung von mehr als einem logischen Subnetz in einem physischen Subnetz.

Bereichsvertrauensstellung Dient der Verbindung zwischen einem Nicht-Windows Kerberos-Bereich und einer Windows Server 2003-Domäne. Bereichsvertrauensstellungen können transitiv oder nicht transitiv, unidirektional oder bidirektional sein.

Betriebsmaster Ein Domänencontroller, dem so genannte Einzelmasteroperationen zugewiesen wurden – d.h. Active Directory-Operationen, die nicht an mehreren Stellen im Netzwerk gleichzeitig ausgeführt werden dürfen. Zu den Einzelmasteroperationen zählen beispielsweise die Schemabearbeitung, die Domänenbenennung sowie die RID-Zuweisung (Relative Identifier).

Bindung Eine Softwareverbindung zwischen einer Netzwerkkarte und einem Netzwerktransportprotokoll wie z.B. TCP/IP (Transmission Control Protocol/Internet Protocol).

BOOTP Wird in TCP/IP-Netzwerken (Transmission Control Protocol/Internet Protocol) zum Bezug von Konfigurationsdaten für Arbeitsstationen ohne Festplatte eingesetzt. Zu diesen Daten zählen die eigene IP-Adresse der Arbeitsstation, der Speicherort eines BOOTP-Servers im Netzwerk sowie der Speicherort einer Datei, die zum Start des Computers in den Speicher geladen wird. Dies ermöglicht das Starten eines Computers ohne Festplatte oder Diskette. Steht für „Boot Protocol".

Broadcasting Das gleichzeitige Versenden von Nachrichten an alle Computer in einem Netzwerk. *Siehe auch* Multicasting.

C

Clientzugriffslizenz (Client Access License, CAL) Das Recht, eine Verbindung zu einem Dienst oder einer Anwendung herzustellen. Clientzugriffslizenzen können pro Server oder pro Gerät/pro Benutzer konfiguriert werden.

Cluster Eine Gruppe von Computern, die in einer Weise zusammengefasst sind, dass sie sich wie ein Einzelsystem verhalten. Das Clustering wird im Rahmen des Netzwerklastausgleichs sowie zur Fehlertoleranz eingesetzt. In Bezug auf Datenspeicher ist ein Cluster die kleinste Einheit an Festplattenspeicher, die einer Datei zugewiesen werden kann (daher auch *Zuordnungseinheit* genannt).

Clusterdienst Eine Sammlung aus Softwarekomponenten auf einem Knoten, die für die Verwaltung clusterspezifischer Aktivitäten sorgt.

Codec Eine Technologie zur Komprimierung und Dekomprimierung von Daten, speziell im Audio- oder Grafikbereich. Codecs können in Software, Hardware oder einer Kombination aus beidem implementiert werden.

Container Ein Active Directory-Objekt, das über Attribute verfügt und Teil des Active Directory-Namespaces ist. Im Gegensatz zu Objekten bildet ein Container in der Regel keine konkreten Elemente ab. Er dient zur Aufnahme von Objektgruppen und weitere Container.

D

Dateireplikationsdienst Ein Dienst, der die Konsistenz des Ordners **Sysvol** auf Domänencontrollern sicherstellt. Der Dateireplikationsdienst repliziert, oder kopiert, alle Änderungen, die am Ordner **Sysvol** eines Domänencontrollers vorgenommen werden, auf alle weiteren Domänencontroller. Der Dateireplikationsdienst kann auch zum Replizieren von Ordnern in einem verteilten Dateisystem (Distributed File System, DFS) eingesetzt werden.

Datenträgerkontingent Eine vom Administrator festgelegte Begrenzung des Festplattenspeichers, der einem Benutzer zur Verfügung steht.

Definierter Name (DN) Im Kontext von Active Directory bedeutet „definiert", dass es sich um einen eindeutigen Namen handelt. Der DN umfasst den Namen der Domäne, in der das Objekt gespeichert wird, sowie den vollständigen Pfad in der Containerhierarchie, der zu diesem Objekt führt.

Delegieren Zuweisen von administrativen Rechten über einen Teil des Namespaces an einen anderen Benutzer oder eine andere Gruppe.

Dienstressourceneintrag (SRV) Ein Eintrag in einer DNS-Zone, der den Computer (per Name) angibt, der einen bestimmten Dienst hostet. Dienstressourceneinträge ermöglichen Clients eine Abfrage von DNS zur Ermittlung von Diensten.

Digitale Signatur Ein Attribut eines Treibers, einer Anwendung oder eines Dokuments, das den Ersteller der Datei identifiziert. Alle von Microsoft bereitgestellten Treiber sind mit der digitalen Signatur von Microsoft versehen, um Sicherheit im Hinblick auf Stabilität und Kompatibilität mit den Treibern von Windows Server 2003 und Windows 2000 Server zu gewährleisten.

DNS-Namenserver Server, die Informationen zu einem Teil der DNS-Datenbank (Domain Name System) enthalten. Diese Server stellen Computernamen für Anforderungen zur Namensauflösung über das Internet bereit. Auch Domänennamenserver genannt.

Domain Name System (DNS) Ein Dienst in TCP/IP-Netzwerken (Transmission Control Protocol/ Internet Protocol), das Internet eingeschlossen, die Domänennamen in IP-Adressen übersetzen. Dies ermöglicht bei der Abfrage von Remotesystemen die Verwendung benutzerfreundlicher Namen wie **Finanzserver** oder **Adatum.com** anstelle von IP-Adressen wie z.B. 192.168.1.10.

Domäne Eine Gruppe von Computern, die eine gemeinsame Sicherheitsrichtlinie und eine gemeinsame Benutzerkontendatenbank verwenden. Eine Windows Server 2003-Domäne ist nicht das Gleiche wie eine Internetdomäne. *Siehe auch* Domänenname.

Domänencontroller Ein Server in einer Domäne, der Kontoanmeldungen akzeptiert und die Authentifizierung für diese Anmeldungen einleitet. In einer Active Directory-Domäne steuert der Domänencontroller den Zugriff auf die Netzwerkressourcen und ist an der Replikation beteiligt.

Domänenfunktionsebene Die Ebene, auf der eine Active Directory-Domäne betrieben wird. Je höher die Funktionsebene, desto mehr Active Directory-Features sind verfügbar. Es gibt vier Ebenen: Windows 2000 gemischt, Windows 2000 pur, Windows Server 2003 interim und Windows Server 2003.

Domänenname In Active Directory der Name einer Sammlung vernetzter Computer, die ein gemeinsames Verzeichnis verwenden. Im Internet der eindeutige Textname zur Identifizierung eines bestimmten Hosts. Ein Computer kann über mehr als einen Domänennamen verfügen, ein Domänenname kann jedoch nur auf einen Computer verweisen. Domänennamen werden von DNS-Namenservern in IP-Adressen aufgelöst.

Domänennamenmaster Der Domänencontroller, der das Hinzufügen oder Entfernen von Domänen in der Gesamtstruktur steuert. *Siehe auch* Betriebsmaster.

DWORD Ein Datentyp, der vier Bytes in Hexadezimalschreibweise umfasst.

Dynamic Data Exchange (DDE) Kommunikation zwischen Prozessen, die in der Windows-Betriebssystemfamilie implementiert sind. Werden zwei Programme mit DDE-Unterstützung ausgeführt, können sie Daten mittels Übertragungen austauschen. Übertragungen sind bidirektionale Verbindungen zwischen zwei Anwendungen, bei denen wechselweise Daten übertragen werden.

Dynamic Host Configuration Protocol (DHCP) Ein TCP/IP-Protokoll (Transmission Control Protocol/Internet Protocol) zur automatischen Zuweisung von IP-Adressen sowie zur Konfiguration von TCP/IP für Netzwerkclients.

Dynamic-Link Library (DLL) Ein Programmmodul, das ausführbaren Code und Daten für die gemeinsame Nutzung durch verschiedene Programme enthält. Ein Programm verwendet die DLL nur, wenn das Programm aktiv ist. Die DLL wird entladen, wenn das Programm geschlossen wird.

Dynamische Festplatte Eine Festplatte, die mit Volumes konfiguriert wurde. Die Konfiguration einer dynamischen Festplatte wird in der LDM-Datenbank (Logical Disk Manager) gespeichert und auf andere dynamische Festplatten auf dem gleichen Computer repliziert. Dynamische Festplatten können nur unter Windows Server 2003, Windows XP und Windows 2000 eingesetzt werden.

E

Effektive Berechtigungen Die Berechtigungen, die sich nach Auswertung der gewährten Gruppen- und Benutzerberechtigungen sowie verweigerter, vererbter und explizit definierter Berechtigungen für eine Ressource ergeben. Die effektiven Berechtigungen legen den tatsächlichen Zugriffsumfang für einen Sicherheitsprinzipal fest.

Einheitlicher Modus In Windows 2000-Domänen der Zustand einer Domäne, wenn alle Domänencontroller auf Windows 2000 aktualisiert wurden und der Administrator den einheitlichen Betriebsmodus aktiviert hat. In Windows Server 2003-Domänen, in denen keine Windows 2000- oder Windows NT 4.0-Domänencontroller verwendet werden, wird der einheitliche Modus einfach als Modus oder Funktionsebene **Windows Server 2003** bezeichnet. *Siehe auch* Domänenfunktionsebene.

Engpass Liegt vor, wenn der Bedarf an Computersystemressourcen und Diensten höher liegt als die vorhandenen Ressourcen, sodass es zu einer Leistungsbeeinträchtigung kommt.

Erweiterte Partition Ein nicht startfähiger Teil einer Festplatte, der in logische Laufwerke unterteilt werden kann. Es kann pro Festplatte nur eine erweiterte Partition verwendet werden.

Ethernet Ein LAN-Protokoll (Local Area Network). Ethernet unterstützt Datenübertragungen von bis zu 10 MBit/s, verwendet eine Bustopologie sowie eine Verkabelung aus dicken oder dünnen Koaxial-, Glasfaser- oder verdrillten Kupferkabeln. Eine neuere Version von Ethernet, das so genannte Fast Ethernet, unterstützt Datenübertragungsraten von bis zu 100 MBit/s; eine noch neuere Version, Gigabit Ethernet, bietet Unterstützung für Datenraten von bis zu 1000 MBit/s.

Extensible Authentication Protocol (EAP) Eine Erweiterung des PPP-Protokolls (Point-to-Point Protocol), das beliebige Authentifizierungsmethoden zur Validierung einer PPP-Verbindung zulässt.

Extensible Markup Language (XML) Eine gekürzte Fassung von SGML (Generalized Markup Language (SGML), die eine flexible Entwicklung benutzerdefinierter Dokumenttypen ermöglicht und ein nichtproprietäres, persistentes und prüffähiges Dateiformat zur Speicherung und Übertragung von Text und Daten innerhalb und außerhalb des Webs bereitstellt.

Externe Vertrauensstellung Eine uni- oder bidirektionale Vertrauensstellung zur Bereitstellung des Zugriffs auf eine Windows NT 4.0-Domäne oder eine Domäne, die sich in einer anderen Gesamtstruktur befindet und keiner Gesamtstrukturvertrauensstellung angehört.

F

Failover Eine Operation, die automatisch auf eine Reservedatenbank, einen Reserveserver oder ein Reservenetzwerk umschaltet, wenn das Hauptsystem ausfällt oder aufgrund von Wartungsarbeiten zeitweise heruntergefahren werden muß. In Serverclustern der Vorgang des Offlineschaltens von Ressourcen auf einem Knoten und ihrer anschließenden Wiederherstellung auf einem anderen Knoten.

Fehlertoleranz Die Fähigkeit eines Systems, bei Auftreten eines unerwarteten Hardware- oder Softwarefehlers die Datenintegrität sicherzustellen. Viele fehlertolerante Computersysteme spiegeln alle Operationen, d.h., sämtliche Operationen werden auf zwei oder mehr duplizierten Systemen durchgeführt, damit bei Ausfall eines Systems ein anderes den Betrieb übernehmen kann.

File Transfer Protocol (FTP) Eine Methode zur Übertragung einer oder mehrerer Dateien von einem Computer auf einen anderen. Die Übertragung findet über ein Netzwerk oder eine Telefonleitung statt. Da FTP auf einer Vielzahl von Systemen implementiert ist, ist es eine einfache Möglichkeit zur Übertragung von Informationen zwischen eigentlich inkongruenten Systemen wie z.B. einem PC und einem Minicomputer.

Firewall Ein schützender Filter für Nachrichten und Anmeldungen. Eine direkt mit dem Internet verbundene Organisation nutzt eine Firewall, um nichtautorisierten Zugriff auf das organisationseigene Netzwerk zu verhindern. *Siehe auch* Proxyserver.

G

Gateway Ein Gerät zur Verbindung von Netzwerken, die unterschiedliche Protokolle nutzen. Durch das Gateway können Informationen von einem dieser Systeme auf ein anderes übertragen werden.

Geräte-Manager Ein Verwaltungstool, mit dem die Geräte auf einem Computer verwaltet werden können. Mithilfe des Geräte-Managers können Sie Geräteeigenschaften anzeigen und ändern, Gerätetreiber aktualisieren, Geräteeinstellungen konfigurieren und Geräte deinstallieren.

Gerätetreiber Ein Programm, das einem bestimmten Gerät, z.B. einem Modem, einer Netzwerkkarte oder einem Drucker die Kommunikation mit dem Betriebssystem ermöglicht. Wenngleich ein Gerät auf einem System installiert werden kann, kann Windows das Gerät erst nach Installation und Konfiguration eines geeigneten Treibers verwenden. Gerätetreiber werden (für alle aktivierten Geräte) beim Computerstart automatisch geladen und anschließend transparent ausgeführt.

Gesamtstruktur Eine Gruppe aus einer oder mehreren Active Directory-Strukturen, die über bidirektionale transitive Vertrauensstellungen verknüpft sind und sich gegenseitig vertrauen. Alle Strukturen in einer Gesamtstruktur verwenden ein gemeinsames Schema, eine gemeinsame Konfiguration und einen globalen Katalog. Umfasst eine Gesamtstruktur mehrere Strukturen, bilden die Strukturen keinen fortlaufenden Namespace. Im Gegensatz zu Strukturen benötigt eine Gesamtstruktur keinen eindeutigen Namen.

Gesamtstrukturvertrauensstellung Eine transitive Vertrauensstellung zur gesamtstrukturübergreifenden gemeinsamen Verwendung von Ressourcen. Kann uni- oder bidirektional sein.

Gleichzeitig Simultan.

Global eindeutige Kennung (Globally Unique Identifier, GUID) Teil des Identifizierungsmechanismus von Active Directory, wird für jedes Objekt im Verzeichnis erzeugt. Bei Umbenennung eines Benutzer- oder Computerobjekts ändern sich die Sicherheitskennung (Security Identifier, SID), der relativ definierte Name (RDN) und der definierte Name (DN), die GUID bleibt jedoch erhalten.

Globale Gruppe Eine Gruppe, die in der eigenen Domäne und in vertrauenden Domänen verwendet werden kann. Eine globale Gruppe kann jedoch nur Benutzerkonten und weitere globale Gruppen der eigenen Domäne enthalten.

Globaler Katalog Enthält ein vollständiges Replikat aller Active Directory-Objekte der Hostdomäne sowie ein Teilreplikat aller Verzeichnisobjekte für jede Domäne in der Gesamtstruktur. Ein globaler Katalog umfasst Informationen zu allen Objekten in sämtlichen Domänen der Gesamtstruktur, sodass für das Auffinden von Informationen im Verzeichnis keine unnötigen domänenübergreifenden Abfragen erforderlich sind. Eine einzige Abfrage des globalen Katalogs liefert Informationen darüber, wo das Objekt sich befindet.

Gruppenrichtlinienobjekt (Group Policy Object, GPO) Eine Sammlung aus Richtlinien, die an zwei Standorten gespeichert werden: einem Gruppenrichtliniencontainer und einer Gruppenrichtlinienvorlage. Der Gruppenrichtliniencontainer ist ein Active Directory-Objekt, das Versionsinformationen, Statusinformationen und weitere Richtlinieninformationen (z.B. Anwendungsobjekte) speichert. Die Gruppenrichtlinienvorlage wird für dateibasierte Daten verwendet und speichert Informationen zu Softwarerichtlinie, Skript und Bereitstellung. Die Gruppenrichtlinienvorlage befindet sich im **Sysvol**-Ordner des Domänencontrollers.

Gruppenrichtlinienobjekt-Editor Konsole zur Festlegung von Regeln für Computer und Benutzer in Windows Server 2003 und Windows 2000 Server. In der Konsole **Gruppenrichtlinienobjekt-Editor** können Richtlinien zu Dateibereitstellung, Anwendungsbereitstellung, An- und Abmeldeskripts, Skripts für Start und Herunterfahren, Domänensicherheit, IPSec (Internet Protocol Security) usw. gespeichert werden.

GUID-Partitionstabelle (GPT) Der Speicherort für Festplattenkonfigurationsdaten bei Festplatten, die für 64-Bit-Versionen von Windows verwendet werden.

Gut verbunden Schnelle und zuverlässige Verbindung für die Anforderungen der Active Directory-Standortkommunikation. Die Definition von „ausreichend schnell und zuverlässig" für ein bestimmtes Netzwerk richtet sich nach den Anforderungen des spezifischen Netzwerks.

H

Headless Server Ein Server ohne Monitor, Tastatur, Maus oder Grafikkarte, der remote verwaltet wird.

Host Ein beliebiges Gerät im Netzwerk, das TCP/IP verwendet. Als Host wird auch ein Computer im Internet bezeichnet, an dem eine Anmeldung möglich ist. Sie können mittels FTP Dateien von einem Hostcomputer abrufen und andere Protokolle (z.B. Telnet) verwenden, um den Hostcomputer zu nutzen.

Hostdatei Eine lokale ASCII-Textdatei, die der Zuordnung von Hostnamen zu IP-Adressen dient. Jede Zeile in der Datei repräsentiert einen Host, beginnend mit der IP-Adresse, mindestens einem Leerzeichen und dem Hostnamen.

Hypertext Ein System zum Schreiben und Anzeigen von Text, das eine Verknüpfung des Textes auf vielfältige Weise ermöglicht, verfügbar in mehreren Detailstufen. Hypertextdokumente können auch Links zu verwandten Dokumenten enthalten, beispielsweise zu Dokumenten, auf die in den Fußnoten verwiesen wird.

Hypertext Markup Language (HTML) Eine Sprache zum Schreiben von Seiten, die im Internet oder Intranet verwendet werden. HTML verfügt über Codes zur Definition von Schriftarten, Layout, eingebetteten Grafiken und Hyperlinks.

Hypertext Transfer Protocol (HTTP) Methode zur Übertragung von Webseiten über das Netzwerk.

I

Identitätsspeicher Eine Datenbank bestehend aus Sicherheitsidentitäten oder Sicherheitsprinzipalen. Active Directory ist der Identitätsspeicher für eine Windows Server 2003-Domäne.

Instanz Die feinste Abstufung bei einem Leistungsindikator. Ein Leistungsobjekt wie z.B. **Logischer Datenträger** verfügt über Indikatoren, z.B. **Freier Speicherplatz (%)**. Dieser Leistungsindikator kann in mehreren Instanzen vorhanden sein, die spezifische Exemplare dieses Indikators darstellen, z.B. der freie Speicherplatz auf Datenträger C:\ und Datenträger D:\.

Intelligenter Hintergrundübertragungsdienst (BITS) Ein Dienst, der zur Übertragung zwischen einem Client und einem HTTP-Server (Hypertext Transfer Protocol) eingesetzt wird. BITS (Background Intelligent Transfer Service) verwendet die nicht genutzte Netzwerkbandbreite und verringert die Übertragungsanforderungen, wenn anderer Netzwerkdatenverkehr zunimmt.

IntelliMirror Ein Technologiepaket, das eine Übertragung der Betriebssystemumgebung eines Benutzers auf einen anderen Computer ermöglicht, damit die Umgebung dem Benutzer zu anderen Computern „folgen" kann und auch offline benutzt werden kann. Zu den Komponenten zählen Benutzerprofile, -daten und -anwendungen.

Internet Control Message Protocol (ICMP) Ein Protokoll, das zum Berichten von Problemen bei der Datenübertragung eingesetzt wird, wenn beispielsweise ein Host oder Port nicht verfügbar ist. ICMP wird außerdem zum Senden von Anforderungspaketen genutzt, über welche die Verfügbarkeit eines Hosts geprüft wird. Der empfangende Host sendet ein Paket zurück, sofern er verfügbar und betriebsbereit ist. *Siehe auch* Ping-Signal.

Internet Printing Protocol (IPP) Ein Protokoll, mit dessen Hilfe ein Client einen Druckauftrag über das Internet oder ein Intranet an einen Drucker senden kann. Die Kommunikation zwischen Client und Drucker wird in HTTP gekapselt.

Internet Protocol Security (IPSec) Ein IETF-Standard (Internet Engineering Task Force), der Authentifizierung und Verschlüsselung über das Internet ermöglicht. IPSec findet breite Anwendung in Virtuellen Privaten Netzwerken (VPNs).

Internetauthentifizierungsdienst (IAS) Die Microsoft-Implementierung von RADIUS (Remote Authentication Dial-In User Service), einem Authentifizierungs- und Kontoführungssystem, das von vielen Internetdienstanbietern (Internet Service Providers, ISPs) eingesetzt wird. Wenn ein Benutzer mithilfe von Benutzername und Kennwort eine Verbindung zum ISP herstellt, werden die Informationen an einen RADIUS-Server übergeben, der die Richtigkeit der Informationen prüft und anschließend Zugriff auf das ISP-System erteilt.

Internetprotokoll (IP) Das netzwerkübergreifende Protokoll, das als Grundlage des Internets verwendet wird. Das Internetprotokoll ermöglicht das Routen von Informationen von einem Netzwerk zu einem anderen. Die Daten werden hierbei in Pakete aufgeteilt und am Zielort wieder zusammengesetzt.

Internetprotokoll, Version 6 (IPv6) Eine neue Version des Internetprotokolls, die von Windows Server 2003 unterstützt wird. Die aktuelle Version von IP ist Version 4, auch bekannt als IPv4. IPv6, zuvor unter dem Namen IPng (IP – The Next Generation) bekannt, ist eine Weiterentwicklung von Version 4 und wird für einige Zeit parallel mit dieser eingesetzt werden.

Internetwork Packet Exchange/Sequenced Packet Exchange (IPX/SPX) In Novell NetWare-Netzwerken verwendetes Transportprotokoll.

Interruptanforderung (Interrupt Request, IRQ) Einer von mehreren möglichen Hardwareinterrupts, identifiziert durch eine Nummer. Die Nummer des IRQs bestimmt, welcher Interrupthandler verwendet wird.

IP-Adresse Eine 128-Bit-Nummer, üblicherweise dargestellt als vierteilige Dezimalzahl, die durch Punkte aufgeteilt wird (z.B. 192.168.1.10). Die IP-Adresse dient der eindeutigen Identifizierung eines Computers im Internet. Jeder Computer im Internet verfügt über eine eindeutige IP-Adresse.

K

Katalog Ein Index für Dateien in einem Sicherungssatz.

Kerberos Ein identitätsbasiertes Sicherheitssystem, das am Massachusetts Institute of Technology (MIT) entwickelt wurde und Benutzer bei der Anmeldung authentifiziert. Jedem Benutzer, der sich am Netzwerk anmeldet, wird ein eindeutiger Schlüssel zugewiesen, ein so genanntes *Ticket*. Das Ticket wird anschließend in Nachrichten eingebettet, um den Absender der Nachricht zu identifizieren. Das Kerberos-Sicherheitsprotokoll ist der primäre Authentifizierungsmechanismus von Windows Server 2003 und Windows 2000 Server.

Kernel Der Teil der Ausführungsschicht (oder des Betriebssystems), der den Prozessor verwaltet. Der Kernel ist für Threadzeitplanung und -verteilung, Interrupt- und Ausnahmebehandlung sowie für die Multiprozessorsynchronisierung verantwortlich.

Knoten Ein Punkt in einer Konsolenstruktur, der mit mindestens einem darunter befindlichen Element verknüpft ist. In einem lokalen Netzwerk (Local Area Network, LAN) ein Gerät, das mit anderen Geräten im Netzwerk kommunizieren kann. Beim Clustering ein Computer, der Mitglied eines Clusters ist.

Konsolenstruktur Standardmäßig der linke Bereich in einer Microsoft Management Console (MMC), in dem die in der Konsole enthaltenen Elemente angezeigt werden.

Kontosperrung Ein Sicherheitsfeature, durch das ein Benutzerkonto deaktiviert wird, wenn innerhalb eines bestimmten Zeitraums eine festgelegte Anzahl fehlgeschlagener Anmeldeversuche überschritten wird. Gesperrte Konten können nicht verwendet werden und müssen durch einen Administrator entsperrt werden.

Kryptografie mit öffentlichen Schlüsseln Eine Methode der sicheren Datenübertragung, bei der zwei unterschiedliche Schlüssel eingesetzt werden: ein öffentlicher Schlüssel für die Datenverschlüsselung und ein privater Schlüssel für das Entschlüsseln der Daten.

L

Layer Two Tunneling Protocol (L2TP) Eine Erweiterung des PPP-Protokolls (Point-to-Point Protocol), das in Kombination mit IPSec zur Bereitstellung sicherer VPN-Verbindungen eingesetzt wird.

Lightweight Data Interchange Format (LDIF) Ein ASCII-Dateiformat zur Übertragung von Daten zwischen LDAP-Verzeichnisdiensten (Lightweight Directory Access Protocol).

Lightweight Directory Access Protocol (LDAP) Ein Protokoll für den Zugriff auf einen Verzeichnisdienst. LDAP ist eine vereinfachte Version des DAP-Protokolls (Directory Access Protocol), das für den Zugriff auf X.500-Verzeichnisse verwendet wird. LDAP ist das primäre Zugriffsprotokoll für Active Directory.

LISTSERV Eine Programmfamilie, die Internetmailinglisten verwaltet, indem es in der Liste gepostete Nachrichten verteilt und Mitglieder automatisch hinzufügt und löscht.

Lizenzgruppe Eine Gruppe von Benutzern oder Geräten, die gemeinsam eine oder mehrere Clientzugriffslizenzen (Client Access Licenses, CALs) verwenden. Lizenzgruppen werden unter Verwendung des Tools **Lizenzierung** im Ordner **Verwaltung** verwaltet.

Lmhosts Eine der Hostdatei ähnliche ASCII-Textdatei, die jedoch zum Verknüpfen von IP-Adressen zu Hostnamen in einem Netzwerk verwendet wird. Zur Unterscheidung der Dateien sollten Sie sich Lmhosts als LAN Manager Hosts merken.

Logischer Drucker Dient zur Repräsentation eines physischen Druckers. Ein logischer Drucker wird auf einem Windows-Computer erstellt und umfasst Druckertreiber, Druckereinstellungen, Druckstandards und weitere Konfigurationsinformationen, die steuern, wann und wie ein Druckauftrag an den Drucker gesendet wird.

Lokale Domänengruppe Eine in Zugriffssteuerungslisten (Access Control Lists, ACLs) verwendete lokale Gruppe, die nur in der eigenen Domäne verwendet wird. Eine lokale Domänengruppe kann Benutzer und globale Gruppen anderer Domänen der Gesamtstruktur, universelle Gruppen und weitere lokale Domänengruppen der eigenen Domäne enthalten.

Lokales Netzwerk (Local Area Network, LAN) Eine Gruppe vernetzter Computer, die in der Regel über einen relativ begrenzten Bereich verteilt sind (z.B. im gleichen Gebäude oder auf einer Etage des Gebäudes), damit Daten zwischen den Computern ausgetauscht werden können.

M

MAC-Adresse (Media Access Control) Eine eindeutige 48-Bit-Nummer, die einer Netzwerkkarte durch den Hersteller zugewiesen wird. MAC-Adressen werden für die Zuordnung bei der TCP/IP-Netzwerkkommunikation eingesetzt.

Master Boot Record (MBR) Der erste Sektor auf einer Festplatte, der die Datenstrukturen zum Starten des Computers enthält. Der MBR enthält die Partitionstabelle für den Computer sowie ein kleines Programm, das als Masterbootcode bezeichnet wird.

Master File Table (MFT) Eine spezielle Systemdatei auf einem NTFS-Volume (NT File System), die aus einer Datenbank zur Beschreibung sämtlicher Dateien und Unterverzeichnisse auf dem Volume besteht.

Medienpool Eine logische Sammlung von Wechselmedien, die den gleichen Verwaltungsrichtlinien unterliegen.

Mehrfacheinwahl Bündelung von zwei oder mehr physischen Kommunikationsleitungen zu einer einzigen logischen Verbindung, um die verfügbare Bandbreite zu erhöhen.

Microsoft Management Console (MMC) Ein Framework zur Verwaltung der administrativen Tools, auch *Snap-Ins* genannt. Eine solche Konsole kann Tools, Ordner oder andere Container, Webseiten und weitere Verwaltungselemente enthalten. Diese Elemente werden im linken Bereich der Konsole, der Konsolenstruktur, angezeigt. Eine Konsole verfügt über eines oder mehrere Fenster, in denen die Konsolenstruktur angezeigt werden kann. *Siehe auch* Snap-In.

Mitgliedsserver Ein Server, der Teil einer Domäne ist, jedoch nicht als Domänencontroller fungiert. Mitgliedsserver können als Datei- oder Druckserver eingesetzt werden oder andere Funktionen erfüllen. Ein Mitgliedsserver führt weder Anmeldeauthentifizierungen durch noch verwaltet er eine Sicherheitsdatenbank.

Multicasting Das gleichzeitige Versenden einer Nachricht an mehr als ein Ziel in einem Netzwerk. Das Multicasting unterscheidet sich insofern vom Broadcasting, als eine Multicastingnachricht nur an ausgewählte Empfänger gesendet wird.

Multimasterreplikation Ein Active Directory-Feature, das auf einem Domänencontroller erstellte Objekte (z.B. Benutzer, Gruppen, Computer, Domänen, Organisationseinheiten, Sicherheitsrichtlinien usw.) auf sämtliche Domänencontroller in einer Domäne kopiert. Alle Domänencontroller enthalten auf diese Weise die gleichen Verzeichnisdaten, und die Domäne hängt nicht von einer einzigen Verzeichnisinformationsquelle ab.

Multitasking Ein Zaubertrick eines Computers, durch den der Prozessor so schnell zwischen verschiedenen Aufgaben (Tasks) wechselt, dass die Aufgaben scheinbar gleichzeitig ausgeführt werden. Der Erfolg eines Multitaskingsystems hängt davon ab, wie gut die verschiedenen Tasks voneinander isoliert sind.

Multithreading Die parallele Verarbeitung verschiedener Threads innerhalb eines einzigen Programms. Da mehrere Threads gleichzeitig verarbeitet werden können, muss die Verarbeitung eines Threads nicht abgeschlossen sein, bevor ein weiterer Thread gestartet werden kann.

N

Namensauflösung Der Vorgang der Zuordnung eines Namens zur entsprechenden IP-Adresse.

Namespace Ein Name oder eine Gruppe von Namen, die gemäß einer Namenskonvention definiert sind; ein beliebig begrenzter Bereich, in dem ein vorgegebener Name aufgelöst werden kann. Active Directory ist in erster Linie ein Namespace, wie jeder Verzeichnisdienst. Das Internet verwendet einen hierarchischen Namespace, der Namen in Kategorien unterteilt, die als Domänen erster Ebene bezeichnet werden, z.B. .com, .edu und .gov.

NetBIOS Enhanced User Interface (NetBEUI) Ein kleines, schnelles Protokoll, das wenig Speicher benötigt, aber nur für das Routing in *Token Ring-Netzwerken* eingesetzt werden kann. Über Router angebundene Remotestandorte können NetBEUI nicht für die Kommunikation verwenden.

Network Access Server (NAS) Ein Server, der PPP-Verbindungen (Point-to-Point Protocol) akzeptiert und im bedienten Netzwerk platziert.

Network News Transfer Protocol (NNTP) Ein Protokoll für Verteilung, Abfrage, Abruf und Veröffentlichung von Nachrichten im Internet.

Netzwerk Zwei oder mehr Computer, die zum Zweck der gemeinsamen Ressourcennutzung miteinander verbunden sind.

Netzwerkadressübersetzung (Network Address Translation, NAT) Eine Technologie, die in lokalen Netzwerken (LANs) einen Satz IP-Adressen für den internen Datenverkehr sowie einen zweiten Satz Adressen für den externen Datenverkehr bereitstellt.

Netzwerkanmeldedienst Ein Dienst, der Anmeldeanforderungen von beliebigen Clients entgegennimmt und eine Authentifizierung über die SAM-Kontodatenbank (Security Accounts Manager) ermöglicht.

Netzwerklastausgleich Eine Technologie, die eine effiziente Nutzung mehrerer Netzwerkkarten ermöglicht.

Newsgroup Im Internetbereich eine Art elektronisches schwarzes Brett zu einem bestimmten Thema. USENET News (auch bekannt als Netnews) ist ein System, das Tausende von Newsgroups in allen Teilen des Internets bereitstellt.

Nichtautorisierende Wiederherstellung Wenn der Systemstatus eines Domänencontrollers wiederhergestellt wird, wird Active Directory wiederhergestellt. Beim Neustart des Domänencontrollers werden Verzeichnisinformationen, die nur so aktuell sind wie der Sicherungssatz, durch normale Replikationsprozesse zwischen dem wiederhergestellten Domänencontroller und den Replikationspartnern auf den neuesten Stand gebracht.

NTFS File System (NTFS) Das systemeigene Dateisystem von Windows Server 2003, Windows 2000 und Windows NT. Unterstützt lange Dateinamen, eine Vielzahl von Berechtigungen für freigegebene Dateien zur Verwaltung des Zugriffs auf Dateien und Ordner sowie ein Transaktionsprotokoll, das die Vervollständigung nicht abgeschlossener, dateibezogener Aufgaben ermöglicht, falls das Betriebssystem unterbrochen wird.

O

Objekt Ein Attributsatz, der ein konkretes Objekt wie z.B. einen Benutzer, Drucker oder eine Anwendung darstellt. Die Attribute enthalten Daten, mit denen das Element beschrieben wird, das durch das Objekt identifiziert werden soll. Benutzerattribute können beispielsweise den Vornamen, den Nachnamen und die E-Mail-Adresse des Benutzers enthalten. Die Klassifizierung des Objekts definiert, welche Attributtypen verwendet werden. Als Benutzer klassifizierte Objekte können beispielsweise Attributtypen wie allgemeiner Name (Common Name, CN), Rufnummer und E-Mail-Adresse verwenden, wohingegen als Organisation klassifizierte Objekte Attributtypen wie Organisationsname und Geschäftszweig umfassen. Ein Attribut kann, je nach Typ, einen oder mehrere Werte annehmen.

Objektkennung (Object Identifier, OID) Eine global eindeutige Kennung (Globally Unique Identifier, GUID), die bei Objekterstellung durch den Verzeichnissystem-Agenten (Directory System Agent, DSA) zugewiesen wird. Die GUID wird in einem Attribut, der Objekt-GUID, gespeichert, die Bestandteil aller Objekte ist. Dieses Attribut kann weder bearbeitet noch gelöscht werden. Beim Speichern eines Verweises auf ein Active Directory-Objekt in einem externen Datenspeicher (z.B. einer Datenbank) sollten Sie die Objekt-GUID verwenden, da sich diese im Gegensatz zu Namen nicht ändert.

Ordnerumleitung Eine Option in den Gruppenrichtlinien, mit der die Spezialordner eines Benutzers, z.B. der Ordner **Eigene Dateien**, auf einem Netzwerkordner platziert werden.

Organisationseinheit (Organizational Unit, OU) Ein Containerobjekt in Active Directory, das zur Zusammenfassung von Computern, Benutzern und anderen Ressourcen zu logischen Einheiten verwendet wird. Eine Organisationseinheit ist die kleinste Einheit, mit der eine Gruppenrichtlinie verknüpft werden kann. Gleichzeitig ist die Organisationseinheit der kleinste Bereich, für den Verwaltungsautorität delegiert werden kann.

P

Paket Die Basiseinheit für über ein Netzwerk gesendete Informationen. Jedes Paket enthält die Zieladresse, die Absenderadresse, Informationen zur Fehlerkorrektur sowie Daten. Größe und Format eines Pakets richten sich nach dem verwendeten Protokoll.

PDC-Emulationsmaster Der Domänencontroller, der Netzwerkclients ohne Active Directory-Clientsoftware bedient und Änderungen auf alle Windows NT-Reservedomänencontroller repliziert. Der PDC-Emulationsmaster verarbeitet außerdem Authentifizierungsanforderungen für Konten mit kürzlich geänderten Kennwörtern, wenn die Änderung noch nicht in der gesamten Domäne repliziert wurde.

Ping Ein auf IP (Internet Protocol) basierendes Dienstprogramm, mit dem geprüft wird, ob ein anderer Computer verfügbar und betriebsbereit ist. Es wird eine kurze Nachricht gesendet, auf die der andere Computer automatisch antwortet. Antwortet der andere Computer nicht auf das Ping-Signal, weist dies häufig darauf hin, dass auf IP-Ebene keine Kommunkation zwischen den zwei Computern aufgebaut werden kann.

Point of Presence (POP) Ein physischer Standort in einem geografischen Raum, in dem ein Netzwerkprovider, z.B. ein Telekommunikationsunternehmen, die Ausstattung bereitstellt, über die Benutzer eine Netzwerkverbindung herstellen. Auch die Zentrale des lokalen Telekommunikationsunternehmens in einem bestimmten Bereich wird gelegentlich als lokaler Zugriffspunkt für diesen Bereich bezeichnet.

Point-to-Point Tunneling Protocol (PPTP) Ein Protokoll, das Router-zu-Router- und Host-zu-Netzwerk-Verbindungen über eine Telefonleitung bereitstellt (oder eine Netzwerkverbindung, die wie eine Telefonleitung arbeitet). *Siehe auch* Serial Line Internet Protocol (SLIP).

Port/Anschluss Aus Sicht eines Computersystems ein physischer Verbindungspunkt am Computer (Anschluss), an den Sie Geräte anschließen können, die Daten in den Computer einspeisen und an andere Geräte übertragen. Ein Drucker ist z.B. typischerweise an einen parallelen Anschluss angeschlossen (auch LTP-Anschluss genannt), ein Modem ist üblicherweise an einen seriellen Anschluss angeschlossen (auch als COM-Anschluss bezeichnet). Aus Netzwerkperspektive ist ein Port ein nummerierter Kommunikationskanal, über den Informationen von einem Computersystem an ein anderes übertragen werden. Die Terminaldienste beispielsweise kommunizieren auf Port 3389.

Post Office Protocol (POP) Ein Protokoll, das ein Mailserver im Internet für Mailzugriff und -download auf einen Computer verwendet. Dieses Protokoll wird üblicherweise mit Versionsnummer (POP2, POP3 usw.) angegeben, um eine Verwechslung mit den lokalen Zugriffspunkten (Points of Presence, POPs) zu vermeiden.

Primäre Partition Ein Teil der Festplatte, der durch ein Betriebssystem als ein potenziell startfähiges logisches Laufwerk gekennzeichnet ist. MS-DOS unterstützt nur eine primäre Partition. MBR-Festplatten (Master Boot Record) können bis zu vier primäre Partitionen unterstützen. Computer mit Intel Itanium-Prozesser verwenden eine GUID-Partitionstabelle, die Unterstützung für bis zu 128 primäre Partitionen bietet.

Primärer Domänencontroller (PDC) In einer Windows NT-Domäne der Server, der Domänenanmeldeanforderungen authentifiziert und die Sicherheitsrichtlinie sowie die Masterdatenbank einer Domäne verwaltet. In einer im gemischten Modus ausgeführten Windows 2000- oder Windows Server 2003-Domäne fungiert einer der Domänencontroller in jeder Domäne als PDC-Emulationsmaster für kompatible Clients und Server.

Profil Wird vom System geladen, wenn sich ein Benutzer anmeldet. Das Profil definiert die Benutzerumgebung, einschließlich Netzwerkeinstellungen, Druckerverbindungen, Desktopeinstellungen und Programmelementen.

Proxyserver Ein Server, der Webanforderungen von Clients erhält, Webseiten abruft und diese an Clients weiterleitet. Proxyserver können die Leistung für Benutzergruppen durch eine Zwischenspeicherung der abgerufenen Seiten erheblich steigern. Proxyserver bieten außerdem Sicherheit, indem Sie die IP-Adressen interner Clients vom Internet abschirmen.

Q

Quality of Service (QoS) Eine Reihe von Standards zur Qualitätssicherung einer Datenübertragung in einem Netzwerk.

R

RAS-Dienst (Remote Access Service) Ermöglicht Benutzern die Verbindungsherstellung von Remotestandorten sowie das Zugreifen auf ein Netzwerk, um Dateien, Drucker und E-Mails zu nutzen. Der Computer, der die Verbindung einrichtet, wird als RAS-Client bezeichnet; der antwortende Computer ist der RAS-Server.

Redundant Array of Independent Disks (RAID) Festplattenverwaltungs- und Stripingtechniken zur Implementierung von Fehlertoleranz.

Relativ definierter Name (Relative Distinguished Name, RDN) Active Directory verwendet das Konzept eines relativ definierten Namens (RDN), der Teil des definierten Namens (Distinguished Name, DN) ist, der wiederum ein Attribut des Objekts selbst ist.

Relativer Bezeichner (Relative Identifier, RID) Der Teil der Sicherheitskennung (Security Identifier, SID), der für ein Objekt eindeutig ist.

Remote Authentication Dial-In User Service (RADIUS) Ein sicheres Authentifizierungsprotokoll, das von vielen Internetdienstanbietern (Internet Service Providers, ISPs) eingesetzt wird. Ein Benutzer stellt eine Verbindung zum ISP her und gibt Benutzername und Kennwort ein. Diese Informationen werden durch einen RADIUS-Server überprüft, anschließend wird der Zugriff auf das ISP-System autorisiert.

Remotedesktop für Verwaltung Eine auf den Terminaldiensten basierende Technologie, die zu Remoteverwaltungszwecken bis zu zwei Remoteverbindungen mit einem Server ermöglicht. Unter Windows 2000 wurde dieses Feature als Terminalserver im Remoteverwaltungsmodus bezeichnet.

Remoteinstallationsdienste (Remote Installation Services, RIS) Ermöglicht Clients das Starten von einem Netzwerkserver und die Verwendung spezieller, vor dem Start ausgeführter Diagnosetools (auf dem Server installiert) zur automatischen Installation eines Clientbetriebssystems.

Remoteunterstützung Ermöglicht weniger erfahrenen Benutzern das Anfordern persönlicher, interaktiver Hilfe von einem erfahrenen Benutzer. Die Anforderung erfolgt über den Windows Messenger. Wenn der Hilfeanforderung nachgekommen und eine Remotesitzung eingerichtet wurde, kann der Experte den Benutzerdesktop anzeigen und nach Einwilligung durch den Benutzer auch steuern.

Replikation Auf Netzwerkcomputern die Fähigkeit, die Inhalte eines als Exportverzeichnis gekennzeichneten Verzeichnisses in andere Verzeichnisse, die so genannten Importverzeichnisse, zu kopieren. Active Directory-Änderungen werden in regelmäßigen Abständen auf alle Domänencontroller repliziert.

Requests for Comments (RFCs) Eine sich ständig weiterentwickelnde Sammlung an Informationen, welche die Funktionen innerhalb der TCP/IP-Produktfamilie näher beschreibt. Einige RFCs sind offizielle Dokumente der IETF (Internet Engineering Task Force), welche die Standards von TCP/IP und Internet definieren, während andere einfache Vorschläge für zukünftige Standards sind, und wieder andere bewegen sich irgendwo dazwischen. Einige der Dokumente haben Anleitungscharakter, wohingegen andere recht technischer Natur sind.

Reservedomänencontroller (BDC) In einer Windows NT-Domäne ein Computer, der eine Sicherung der Datenbank speichert, die sämtliche Sicherheits- und Kontoinformationen des primären Domänencontrollers (PDC) enthält. Die Datenbank wird regelmäßig und automatisch mit der Kopie auf dem PDC synchronisiert. Ein BDC (Backup Domain Controller) führt zusätzlich Anmeldeauthentifizierungen durch und kann, falls erforderlich, zu einem PDC heraufgestuft werden. In einer Windows Server 2003- oder Windows 2000-Domäne sind Reservedomänencontroller nicht erforderlich; sämtliche Domänencontroller fungieren als gleichberechtigte Peers und können Aufgaben zur Verzeichnisverwaltung durchführen.

Router Ein Netzwerkhardwaregerät (oder ein auf dem Computer installiertes Softwarepaket), das die Verbindung zwischen zwei oder mehr Netzwerken steuert. Router ermitteln die Zieladressen der über sie geleiteten Pakete und entscheiden, welche Route für deren Zustellung verwendet wird.

S

Schema Ein Definitionssatz der Objektklassen und Attribute, die in Active Directory gespeichert werden können. Wie andere Objekte in Active Directory besitzen Schemaobjekte eine Zugriffssteuerungsliste (Access Control List, ACL), um Änderungen auf autorisierte Benutzer zu beschränken.

Schemamaster Ein einzelner Domänencontroller, der für die Nachverfolgung aller Schemaaktualisierungen innerhalb einer Gesamtstruktur verantwortlich ist.

Seite Ein Dokument bzw. eine Sammlung an Informationen, die über das Web zur Verfügung gestellt wird. Eine Seite kann Text, Grafiken, Video- und Sounddateien umfassen. Bezieht sich auch auf einen Teil des Arbeitsspeichers, die dem virtuellen Speichermanager für die Auslagerung auf und von einer Festplatte zur Verfügung steht.

Serial Line Internet Protocol (SLIP) Ein Protokoll zur Ausführung von IP (Internet Protocol) über serielle Leitungen oder Telefonleitungen unter Verwendung von Modems. Wurde schnell durch PPTP (Point-to-Point Tunneling Protocol) ersetzt. SLIP ist zur Kompatibilität mit anderen Softwarekomponenten für den Remotezugriff Bestandteil des Windows-Remotezugriffs.

Server Ein Computer, der anderen Computern in einem Netzwerk einen Dienst zur Verfügung stellt. Ein Dateiserver beispielsweise stellt Dateien für Clientcomputer bereit.

Server Message Block (SMB) Ein Protokoll der Anwendungsschicht, das einem Client Zugriff auf Dateien und Drucker auf Remoteservern ermöglicht. Clients und Server, die zur Unterstützung von SMB konfiguriert sind, können unter Verwendung von SMB über Protokolle der Transport- und Netzwerkschicht kommunizieren, TCP/IP (Transmission Control Protocol) eingeschlossen.

Servergespeichertes Benutzerprofil Ein Profil, das an einem vom Netzwerk aus zugänglichen Speicherort abgelegt ist und einem Benutzer bei Anmeldung an einem beliebigen Computer den Zugriff auf seine Desktopeinstellungen, Anwendungsdaten und weitere Einstellungen ermöglicht. *Siehe auch* Profil.

Shortcutvertrauensstellung Wird zur Reduzierung der Anmeldezeiten zwischen zwei Domänen in einer Windows Server 2003- oder Windows 2000-Gesamtstruktur verwendet. Diese Art von Vertrauensstellung ist transitiv und kann uni- oder bidirektional sein.

Sicherheitsbeschreibung Ein Objektattribut, das Informationen zu Besitz und Zugriffsteuerung enthält.

Sicherheitskennung (Security Identifier, SID) Eine eindeutige Nummer, die jedem Computer, jeder Gruppe und jedem Benutzerkonto in einem Windows Server 2003-, Windows 2000- oder Windows NT-Netzwerk zugewiesen wird. Interne Prozesse im Betriebssystem verweisen auf die SID eines Kontos, nicht auf einen Namen. Eine gelöschte SID wird nicht wieder verwendet.

Sicherheitskontenverwaltung (Security Accounts Manager, SAM) Ein im Rahmen der Anmeldung verwendeter Dienst zur Verwaltung von Benutzerkontoinformationen, einschließlich der Gruppenmitgliedschaft.

Sicherheitsprinzipal Eine Identität, der Berechtigungen für eine Ressource erteilt werden können. Ein Sicherheitsprinzipal ist ein Objekt, das ein SID-Attribut enthält. Windows Server 2003 unterstützt vier Sicherheitsprinzipale: Benutzer, Gruppen, Computer und das **InetOrgPerson**-Objekt.

Sicherungsmedienpool (Backup) Ein logischer Satz aus Sicherungsspeichermedien, der bei der Sicherung unter Windows Server 2003 und Windows 2000 verwendet wird.

Simple Object Access Protocol (SOAP) Ein XML/HTTP-basiertes Protokoll, das Anwendungen eine plattformunabhängige Möglichkeit zur Kommunikation über das Internet ermöglicht.

Smartcard Ein kreditkartengroßes Gerät, das Benutzeranmeldeinformationen wie Kennwörter, Zertifikate, öffentliche und private Schlüssel sowie weitere persönliche Informationen sicher speichert.

Snap-In Ein Tool, das zu einer MMC-unterstützten (Microsoft Management Console) Konsole hinzugefügt werden kann. Sie können ein Erweiterungs-Snap-In hinzufügen, um die Funktionalität eines Snap-Ins zu erweitern.

Socket Ein Endpunkt einer Verbindung. Zwei Sockets bilden einen vollständigen Pfad einer bidirektionalen Pipe für eingehende und ausgehende Daten zwischen vernetzten Computern. Die Windows Sockets-API ist eine Netzwerk-Anwendungsprogrammierschnittstelle (Application Programming Interface, API) für Programmierer, die für die Windows-Produktfamilie entwickeln.

Software Update Services (SUS) Eine serverbasierte Technologie, die den Erwerb und die Genehmigung von Sicherheitsrollups und wichtigen Updates zur Verteilung an Netzwerkclients zentralisiert, die den Client für automatische Updates ausführen.

Spiegel/Spiegelung 1. Zwei Partitionen auf zwei Festplatten (auch RAID-1 genannt), die so konfiguriert sind, dass beide identische Daten enthalten. Fällt eine Festplatte aus, kann der Betrieb mit den Daten der jeweils anderen Festplatte fortgesetzt werden. 2. Ein FTP-Server (File Transfer Protocol), der dieselben Dateien wie ein anderer Server bereitstellt. Einige FTP-Server sind so beliebt, dass weitere Server als

Spiegel eingerichtet werden, um die FTP-Last auf mehr als eine Site zu verteilen.

Standort In Active Directory ein Bereich mit einem oder mehreren gut verbundenen Subnetzen. Wenn sich Benutzer an einem Standort anmelden, verwenden Clients Active Directory-Server am gleichen Standort. *Siehe auch* Gut verbunden.

Struktur Eine Active Directory-Struktur ist eine Erweiterung des Konzepts einer Verzeichnisstruktur. Es handelt sich um eine Hierarchie aus Objekten und Containern, die veranschaulicht, wie Objekte verbunden sind, bzw. den Pfad von einem Objekt zu einem anderen angibt. Bei den Endpunkten in der Struktur handelt es sich üblicherweise um Objekte.

Struktur Einer von fünf Abschnitten in der Registrierung. Jede Struktur (engl. *hive*) ist ein diskreter Abschnitt aus Schlüsseln, Unterschlüsseln und Werten, die Konfigurationsinformationen für den Computer speichern. Jede Struktur ist eine Datei, die von einem System auf ein anderes kopiert, jedoch nur unter Verwendung des Registrierungs-Editors bearbeitet werden kann.

Subnetz Der Teil eines TCP/IP-Netzwerks (Transmission Control Protocol/Internet Protocol), in dem alle Geräte ein gemeinsames Präfix verwenden. Beispielsweise befinden sich alle Geräte, deren IP-Adressen mit 198 beginnen, im selben Subnetz. IP-Netzwerke werden unter Verwendung einer Subnetzmaske unterteilt.

Suchdienst Ein Dienst, der eine aktuelle Computerliste verwaltet und diese bei Bedarf Anwendungen zur Verfügung stellt. Versucht ein Benutzer, eine Verbindung zu einer Ressource in der Domäne herzustellen, wird der Suchdienst kontaktiert, um eine Liste der verfügbaren Ressourcen bereitzustellen. Die (unter anderem) in der **Netzwerkumgebung** und in der Konsole **Active Directory-Benutzer und -Computer** angezeigte Liste stammt vom Suchdienst. Wird auch *Computersuchdienst* genannt.

System zur Wechselmedienverwaltung (Removable Storage Management, RSM) Ein Feature von Windows Server 2003, das eine Schnittstelle zu automatischen Wechslern und Medienbibliotheken bietet, mehreren Anwendungen die gemeinsame Nutzung lokaler Bibliotheken und Band- oder Festplattenlaufwerke ermöglicht sowie die Wechselmedien in Systemen mit nur einem Server steuert.

SystemRoot (Systemstamm) Pfad und Ordner, in dem sich die Windows-Systemdateien befinden. Der Wert **%SystemRoot%** kann in Pfaden als Platzhalter für den tatsächlichen Speicherort verwendet werden. Zur Ermittlung des Systemstammordners auf einem Computer geben Sie in einer Eingabeaufforderung **%SystemRoot%** ein.

Systemstatus Die Sammlung kritischer Systemdateien, z.B. Registrierung, COM+-Registrierungsdatenbank und Startdateien, die regelmäßig gesichert werden müssen, um die Möglichkeit für eine Systemwiederherstellung zu gewährleisten.

Sysvol Der Ordner auf einem Domänencontroller, der Gruppenrichtlinien und Anmeldeskripts enthält. Der **Sysvol**-Ordner wird unter Verwendung des Dateireplikationsdienstes zwischen den Domänencontrollern repliziert.

T

Telnet Protokoll und Programm zur Anmeldung an einer Internetsite von einer anderen Internetsite aus. Das Telnet-Protokoll/-Programm ermöglicht den Wechsel zur Anmeldeaufforderung eines anderen Hosts.

Terminal Ein Gerät, welches das Senden von Befehlen an einen anderen Computer ermöglicht. Ein solches Gerät verfügt mindestens über eine Tastatur, einen Bildschirm und einige einfache Schaltkreise. Sie verwenden üblicherweise die Terminalsoftware in einem PC. Die Software emuliert ein physisches Terminal und ermöglicht Ihnen das Senden von Befehlen an einen anderen Computer.

Terminaldienste Die zugrunde liegende Technologie für Remotedesktop für Verwaltung, Remoteunterstützung und Terminalserver.

Thread Eine ausführbare Einheit, die zu einem (und nur einem) Prozess gehört. In einer Multitaskingumgebung kann ein einzelnes Programm verschiedene Threads enthalten, die gleichzeitig ausgeführt werden.

Token Ring Eine Form des Computernetzwerks, bei dem die Computer ringförmig miteinander verbunden sind. Ein *Token*, ein spezielles Bitmuster, bewegt sich innerhalb des Rings. Zur Kommunikation mit einem anderen Computer ruft ein Computer das Token ab und hängt eine Meldung an das Token an. Das Token setzt seinen Weg im Netzwerk fort und liefert die Nachricht am angegebenen Zielort ab.

Transitive Vertrauensstellung Die standardmäßige Vertrauensstellung zwischen Windows Server 2003-Domänen in einer Domänenstruktur oder Gesamtstruktur. Transitive Vertrauensstellungen sind immer bidirektional. Wenn eine Domäne einer Domänenstruktur oder einer Gesamtstruktur beitritt, wird automatisch eine transitive Vertrauensstellung eingerichtet.

Transmission Control Protocol/Internet Protocol (TCP/IP) Ein Protokollstapel, der Netzwerken die Kommunikation miteinander im Internet ermöglicht.

U

Überwachungsrichtlinie Definiert die Arten von Sicherheitsereignissen, die protokolliert werden sollen. Die Überwachungsrichtlinie kann auf einem Server oder einem Einzelcomputer definiert werden.

Umgebungsvariable Eine Zeichenfolge mit Umgebungsinformationen wie z.B. Laufwerk, Pfad oder Dateiname, verknüpft mit einem symbolischen Namen. Zur Definition von Umgebungsvariablen kann entweder das Programm **System** in der Systemsteuerung oder der Befehl **Set** an der Eingabeaufforderung verwendet werden.

Uniform Resource Locator (URL) Das Standardformat zur Angabe der Adresse einer Ressource im Internet, die Teil des Internets ist. Beispiel: **http://www.adatum.com**. Die gängigste Form der Verwendung eines URLs ist die Eingabe in einen Webbrowser.

Universal Naming Convention (UNC) Ein PC-Format zur Angabe des Standorts von Ressourcen in einem Netzwerk. UNC verwendet das folgende Format: ***Server\Pfad_der_freigegebenen_Ressource***. Zur Identifizierung der Datei **Beispiel.txt** im Ordner **Beispiel** auf dem Server **Beispielserver** würde der folgende UNC-Pfad verwendet: **\\Beispielserver\Beispiel\Beispiel.txt**.

Universal Plug and Play (UPnP) Ein Standard, der einem an ein Netzwerk angeschlossenen Gerät, wie z.B. einem PC, Peripherie- oder drahtlosen Gerät, den Bezug einer IP-Adresse (Internet Protocol) und die Verwendung von Internet- und Webprotokollen wie HTTP (Hypertext Transfer Protocol) ermöglicht, um ihr Vorhandesein und ihre Verfügbarkeit im Netzwerk anzukündigen.

Universal Serial Bus (USB) Eine Schnittstelle zwischen einem Computer und Add-On-Geräten, die eine vereinfachte Verbindung und Plug & Play-Erkennung dieser Geräte ermöglicht. USB-Anschlüsse unterstützen mehrere Geräte pro Anschluss und gestatten in der Regel das Hinzufügen von Geräten im laufenden Betrieb.

Universelle Gruppe Eine Gruppe, die sich an einem beliebigen Standort innerhalb einer Domänenstruktur oder Gesamtstruktur befinden kann. Mitglieder können aus beliebigen Domänen stammen, und Rechte und Berechtigungen können in beliebigen Domänen zugewiesen werden. Universelle Gruppen sind nur verfügbar, wenn die Domäne im einheitlichen Modus ausgeführt wird.

UNIX Ein Betriebssystem, das zur gleichzeitigen Nutzung durch viele Computerbenutzer (Multiuser) entworfen wurde und über integriertes TCP/IP (Transmission Control Protocol/Internet Protocol) verfügt. Ein gebräuchliches Betriebssystem für Server im Internet.

Untergeordnete Domäne Eine Domäne, die sich direkt unterhalb einer anderen Domäne befindet (diese wird als *übergeordnete Domäne* bezeichnet). **Engineering.scribes.com** ist beispielsweise eine untergeordnete Domäne von **scribes.com**, der übergeordneten Domäne. Auch *Subdomäne* genannt.

Untergeordnetes Objekt Ein Objekt, das in einem anderen Objekt verschachtelt ist. Eine Datei ist beispielsweise dann ein untergeordnetes Objekt, wenn sie in einem Ordner liegt. Der Ordner ist dieser Datei übergeordnet.

Unternehmen Begriff zur Umschreibung der gesamten Geschäftstätigkeit, einschließlich aller Filialbüros und Zweigniederlassungen.

V

Vererbung Die Weitergabe von Berechtigungen von einem übergeordneten Objekt an die untergeordneten Objekte. Die Vererbung findet in Active Directory und auf NTFS-Datenträgern Anwendung.

Verknüpfen Das Binden von Dateien mit einer bestimmten Erweiterung an ein spezifisches Programm. Wenn Sie auf eine Datei mit dieser Erweiterung doppelklicken, wird das verknüpfte Programm gestartet und die Datei geöffnet. Unter Windows werden verknüpfte Dateierweiterungen üblicherweise als registrierte Dateitypen bezeichnet.

Verteiltes Dateisystem (Distributed File System, DFS) Ein Dateiverwaltungssystem, bei dem sich Dateien auf unterschiedlichen Computern befinden können, das dem Benutzer jedoch als eine einzige Verzeichnisstruktur angezeigt wird.

Vertrauensstellung Ein Sicherheitsbegriff, der besagt, dass ein Arbeitsstations- oder Servercomputer einem Domänencontroller insoweit vertraut, als dieser im Namen von Arbeitsstation bzw. Server Benutzeranmeldungen authentifiziert. Bedeutet auch, dass ein Domänencontroller einem Domänencontroller in einer anderen Domäne vertraut, um eine Anmeldung zu authentifizieren.

Verwaltung logischer Datenträger (LDM) Der LDM-Dienst (Logical Disk Manager) ist für das Verwalten von Konfigurationsinformationen für Festplatten verantwortlich, die als dynamische Festplatten konfiguriert wurden.

Verzeichnisdienst Ein Mittel zur Speicherung von Verzeichnisdaten und zur Bereitstellung dieser Daten für Netzwerkbenutzer und Administratoren. Active Directory speichert z.B. Informationen zu Benutzerkonten wie Namen, Kennwörter, Telefonnummern usw. und ermöglicht anderen autorisierten Benutzern im selben Netzwerk, auf diese Informationen zuzugreifen.

Virtuelles Privates Netzwerk (VPN) Ein Netzwerk, das unter Verwendung öffentlicher Leitungen zur Verbindung von Knoten eingesetzt wird. VPNs verwenden Verschlüsselungsmethoden wie z.B. IPSec (Internet Protocol Security) und andere Sicherheitsmechanismen, um zu gewährleisten, dass ausschließlich autorisierte Benutzer auf das Netzwerk zugreifen können und keine Daten abgefangen werden.

Voice over Internet Protocol (VoIP) Eine Methode, bei der das Internet als Übertragungsmedium für Telefonanrufe genutzt wird.

Vollqualifizierter Domänenname (FQDN) Ein Domänenname, der die Namen aller Netzwerkdomänen bis zum Stamm umfasst, um einen Standort in der Namespacestruktur der Domäne klar zu kennzeichnen. Beispiele für vollqualifizierte Domänennamen (Fully Qualified Domain Name, FQDN) sind **Accts.finance.adatum.com** oder **Sales.europe.microsoft.com**.

Volumeschattenkopie-Dienst (Volume Shadow Copy Service, VSS) Ein Dienst, der Snapshotsicherungen von Dateien erzeugt und einem Sicherungsprogramm die Sicherung dieses Snapshots ermöglicht – unabhängig davon, ob die Originaldatei gesperrt oder geöffnet ist.

W

Warteschlangenlänge Ein Leistungsindikator, der die Anzahl der Anweisungen misst, die auf eine Verarbeitung durch ein Objekt wie z.B. den Prozessor oder die Festplatte warten. Liegt die Warteschlangenlänge für einen längeren Zeitraum über dem Wert 2 oder 3, deutet dies darauf hin, dass für die Verarbeitungslast auf einem System nicht genügend Ressourcen zur Verfügung stehen.

Web-Based Enterprise Management (WBEM) Ein Satz Management- und Internetstandardtechnologien, die zur Vereinheitlichung der Verwaltung von Computerumgebungen in Unternehmen entwickelt wurden. Windows Management Instrumentation (WMI) ist die Microsoft-Implementierung von WBEM.

Weitbereichsnetzwerk (Wide Area Network, WAN) Netzwerke, die einen größeren Bereich als ein einzelnes Gebäude oder ein Universitätsgelände umfassen.

Wiederherstellungskonsole Eine Befehlszeilenschnittstelle, die im Rahmen der Problembehandlung begrenzten Zugriff auf das System bietet. Die Wiederherstellungskonsole kann durch einen Start des Systems mit der Windows Server 2003-CD-ROM gestartet werden, indem bei Aufforderung die Taste R gedrückt wird.

Windows Internet Name Service (WINS) Ein Dienst zur Namensauflösung, der in einer gerouteten Umgebung NetBIOS-Computernamen in IP-Adressen (Internet Protocol) konvertiert.

Windows Management Instrumentation (WMI) Eine Programmierschnittstelle, die Zugriff auf die Hardware, Software und andere Komponenten eines Computers bietet. WMI ist die Microsoft-Implementierung von Web-Based Enterprise Management (WBEM) zur Errichtung von Datenstandards beim Unternehmensmanagement.

Windows Sockets (Winsock) Winsock ist für Windows-basierte Programme eine Standardmethode zur Arbeit mit dem TCP/IP-Protokoll (Transmission Control Protocol/Internet Protocol). Sie können Winsock verwenden, wenn Sie SLIP zur Verbindungsherstellung mit dem Internet nutzen.

X

X.500 Ein von der International Telecommunications Union (ITU) etablierter Verzeichnisdienststandard. Der gleiche Standard wurde auch von der International Standards Organization/International Electro-technical Commission (ISO/IEC) veröffentlicht. Der X.500-Standard definiert das im Verzeichnisdienst verwendete Informationsmodell. Alle Informationen im Verzeichnis werden in Form von Einträgen gespeichert, von denen jeder mindestens einer Objektklasse angehört. Die tatsächlichen Informationen in einem Eintrag werden durch Attribute bestimmt, die in diesem Eintrag enthalten sind.

Z

Zertifikat Ein Berechtigungsnachweis, der Ursprung, Authentizität und Zweck eines öffentlichen Schlüssels für eine Entität belegt, die über den entsprechenden privaten Schlüssel verfügt.

Zertifikatssperrliste Eine digital signierte Liste (veröffentlicht durch eine Zertifizierungsstelle) mit Zertifikaten, die nicht länger gültig sind.

Zertifizierungsstelle Der Dienst, der für die Entgegennahme und Bearbeitung von Zertifikats- und Sperranforderungen zuständig ist und darüber hinaus den richtliniengesteuerten Registrierungsprozess für Benutzer verwaltet, die ein Zertifikat anfordern.

Zone Ein Teil des DNS-Namespaces (Domain Name System), der aus einer einzelnen Domäne oder einer Domäne und untergeordneten Domänen besteht und als einzelne, separate Einheit verwaltet wird.

Zugriffssteuerungseintrag (Access Control Entry, ACE) Ein Eintrag in einer Zugriffssteuerungsliste (Access Control List, ACL), der den Zugriffsumfang für einen Benutzer oder eine Gruppe definiert.

Zugriffssteuerungsliste (Access Control List, ACL) Ein mit einer Datei, einem Verzeichnis oder einer anderen Ressource verknüpfter Datensatz, der die Benutzer- oder Gruppenberechtigungen für die Ressource definiert. In Active Directory ist die ACL eine Liste aus Zugriffssteuerungseinträgen (Access Control Entries, ACEs), die zusammen mit dem zu schützenden Objekt gespeichert werden. Unter Microsoft Windows NT wird eine ACL als binärer Wert gespeichert, die so genannte Sicherheitsbeschreibung.

Zugriffstoken oder Sicherheitszugriffstoken Eine Sammlung aus Sicherheitskennungen (Security Identifiers, SIDs), die einen Benutzer und dessen Gruppenmitgliedschaften repräsentieren. Das Sicherheitsteilsystem vergleicht die SIDs im Token mit den SIDs in einer Zugriffssteuerungsliste (Access Control List, ACL), um den Ressourcenzugriff zu bestimmen.

Zuordnungseinheit Die kleinste Einheit für verwalteten Speicherplatz auf einer Festplatte oder einem logischen Volume. Auch *Cluster* genannt.

Zwischenspeicherung Ein Prozess, der zur Leistungsverbesserung beiträgt. Informationen, auf die bereits zugegriffen wurde, werden an einem Speicherort abgelegt, der schneller verfügbar ist als der ursprüngliche Speicherort. Die Datei- und Druckfreigabe für Microsoft-Netzwerke nutzt die Festplattenzwischenspeicherung, bei der vor Kurzem abgerufene Festplatteninformationen für den schnellen Zugriff im Arbeitsspeicher gehalten werden. Der Remotedesktopclient kann zuvor angezeigte Screenshots vom Terminalserver auf der lokalen Festplatte zwischenspeichern, um die Leistung der RDP-Verbindung (Remote Desktop Protocol) zu steigern.

Stichwortverzeichnis

C

D

E

F

G

H

I

J

K

S

T

U

V

Die Autoren

Dan Holme ist Absolvent der Yale University und der Thunderbird American Graduate School of International Management. Er kann auf 10 Jahre Erfahrung als Consultant und Trainer zurückblicken, in denen er Lösungen für Zehntausende von IT-Spezialisten der angesehensten Organisationen und Unternehmen weltweit bereitgestellt hat. Zu seinen Kunden zählen AT&T, Johnson & Johnson, HP, Boeing, Home Depot und Intel. In jüngerer Zeit war er maßgeblich an der Planung und Einführung von Active Directory in verschiedenen Unternehmen beteiligt, wie zum Beispiel NBC 10 Olympics und General Electric. Dan ist Leiter der Consulting- und Schulungsabteilung von Intelliem. Der integrative Ansatz dieses Unternehmens, in dem kundenspezifische Entwürfe und Konfigurationen mit produktivitätsbezogenen Schulungsmaßnahmen und Knowledge-Management-Services zu maßgeschneiderten Lösungen verschmolzen werden, sorgt bei IT-Spezialisten und Benutzern für beträchtliche Produktivitätssteigerungen (info@intelliem.com). Vom sonnigen Arizona aus reist Dan zu Kundenstandorten rund um den Globus – und lässt keine Gelegenheit aus, sein liebstes Transportmittel zu nutzen: das Snowboard. Ohne seine Freunde wäre Dan heute nicht der, der er ist, und so möchte er all denjenigen herzlich danken, die ihm auf seinem Weg beigestanden haben: Lyman, Barb & Dick, Bob & Joni, Stan & Marylyn & Sondra, die Friels, Mark & Derrik, Ken & Craig, Curt & James, und Maddie. Der besondere Dank von „Danny Dash“ gilt Craig, Antonio, Art und den Mikes von Torino für medaillenverdächtige Arbeit!

Orin Thomas ist Autor, Redner, Trainer und Systemadministrator in einer Person und arbeitet für Certtutor.net, einer Organisation, die Hilfe bei der Vorbereitung auf Zertifizierungsprüfungen anbietet. Seine Erfahrungen in der IT-Branche sind beeindruckend: Er hat praktisch alles gemacht, vom Netzwerksupport bis hin zur Systemadministration bei einem der größten Unternehmen Australiens. Er hat die Melbourne Infrastructure Administrators gegründet, schreibt regelmäßig für die Zeitschrift *Windows IT Pro* und hat als Koautor mehrere Bücher für Microsoft Press verfasst. Er ist Inhaber mehrerer Zertifikate und hat die Universität von Melbourne mit dem Bachelor of Science (mit Auszeichnung) abgeschlossen. Sein Dank geht an seine wunderschöne Frau Oksana und an seinen Sohn Rooslan für ihr Verständnis und ihre Unterstützung. Und nicht zuletzt ein herzliches Dankeschön an Karen Szall, Maria Gargiulo, Ken Jones, Dan Holme und die anderen Teammitglieder bei Microsoft für ihre Hilfe bei der zweiten Auflage des 70-290-Trainings.